中国酿酒工业
年鉴
2009

中国酿酒工业协会
中国酿酒工业年鉴编委会 编

YEARBOOK OF CHINA ALCOHOLIC DRINKS INDUSTRY

中国轻工业出版社

特别鸣谢

TEBIEMINGXIE

- 中粮酒业有限公司
- 四川省宜宾五粮液集团有限公司
- 华润雪花啤酒（中国）有限公司

- 中法合营王朝葡萄酿酒有限公司
- 四川剑南春股份有限公司
- 安徽古井(集团)有限责任公司
- 山西杏花村汾酒集团有限责任公司
- 北京燕京啤酒集团公司
- 中国贵州茅台酒厂有限责任公司

SNOW BEER WON T
雪花啤酒

GLOBAL CHAMPION
全球摘冠

五粮液
中国名酒
五粮液
WULIANGYE YIBIN CO.LTD.
宜宾五粮液股份有限公司 地址：四川省宜宾市岷江西路150号

世界
名酒
五粮液

Chateau SunGod
GREATWALL
长城桑干酒庄

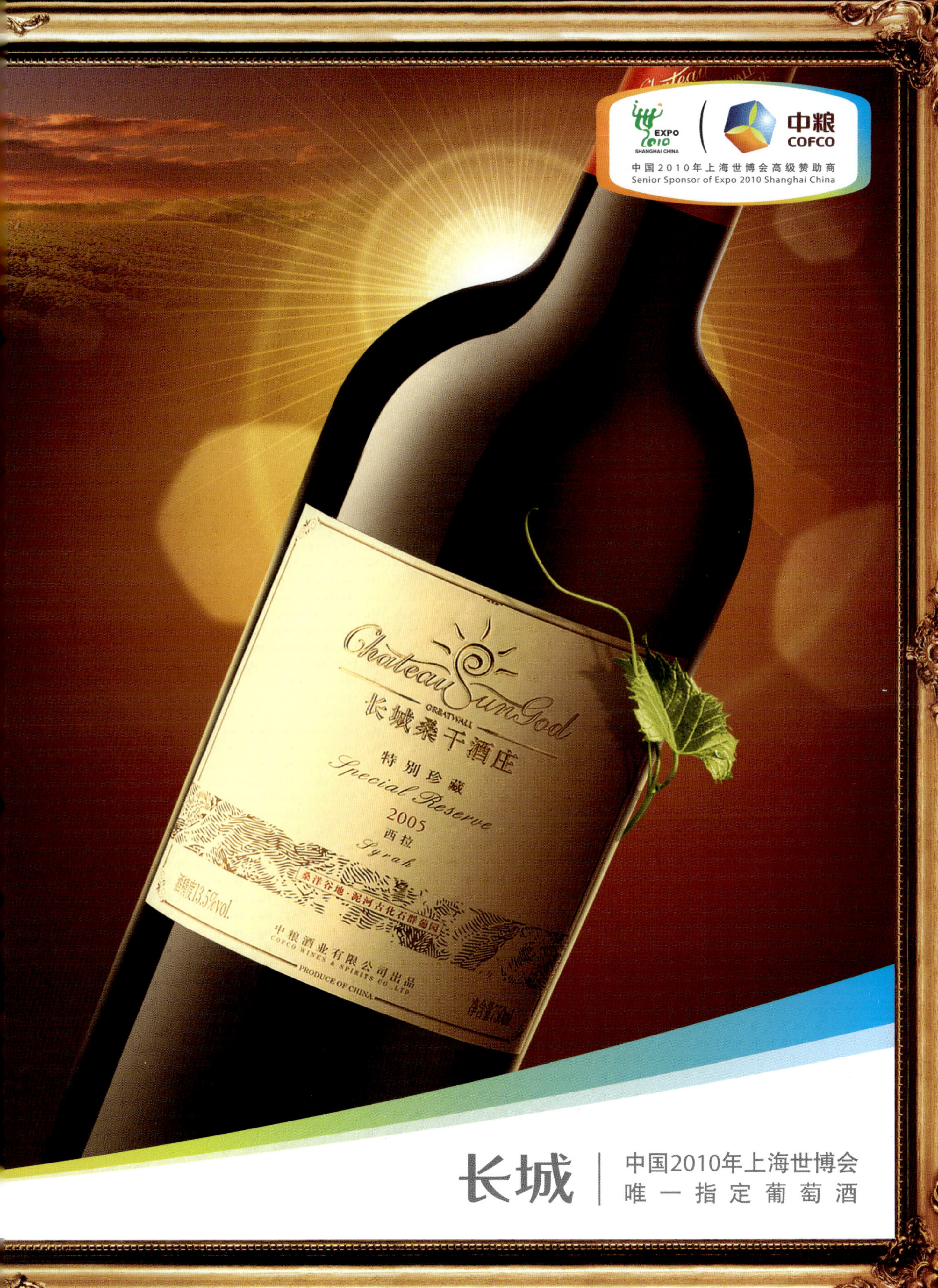
中粮
COFCO
中国2010年上海世博会高级赞助商
Senior Sponsor of Expo 2010 Shanghai China
Chateau SunGod
GREATWALL
长城桑干酒庄
特别珍藏
Special Reserve
2005
西拉
Syrah
中粮酒业有限公司出品
COFCO WINES & SPIRITS CO.,LTD.
PRODUCE OF CHINA
长城
中国2010年上海世博会
唯一指定葡萄酒

燕京1980年建厂，1993年组建集团。经过30年的发展，燕京已经成为中国大型啤酒企业集团之一。2009年啤酒产销量达到470万千升,进入世界啤酒行业前八强。

在发展中，燕京始终秉承“以情做人，以诚做事，以信经商”的经营理念，以严谨的工作态度、科学的管理手段、世界最选进的生产装备，酿造高品质产品，让消费者尽情享受由此带来的美好生活。

燕京啤酒 BEI JING YANJING BEER GROUP CORP 科技大厦 MANSION OF SCIENCE AND TECHNOLOGY

感动世界 超越梦想

燕京啤酒
清爽怡人
Beijing 2008
燕京啤酒
YANJING BEER
北京2008年奥运会赞助商
Official Sponsor of the Beijing 2008 Olympic Games
感动世界 超越梦想

杏花村
中国驰名商标
巴拿
用心釀造

奖章

中国驰名商标

誠信天下

古井酒文化博物馆是中国白酒工业第一个国家AAAA级旅游景区——古井酒文化博览园的明珠，全国首批工业旅游示范点，中国著名的行业馆之一

国家AAAA级旅游景区

古井酒文化博物馆

古井贡酿酒公园入口

游客参观古井酒文化博物馆

古井、古槐、古井亭

明代窖池群

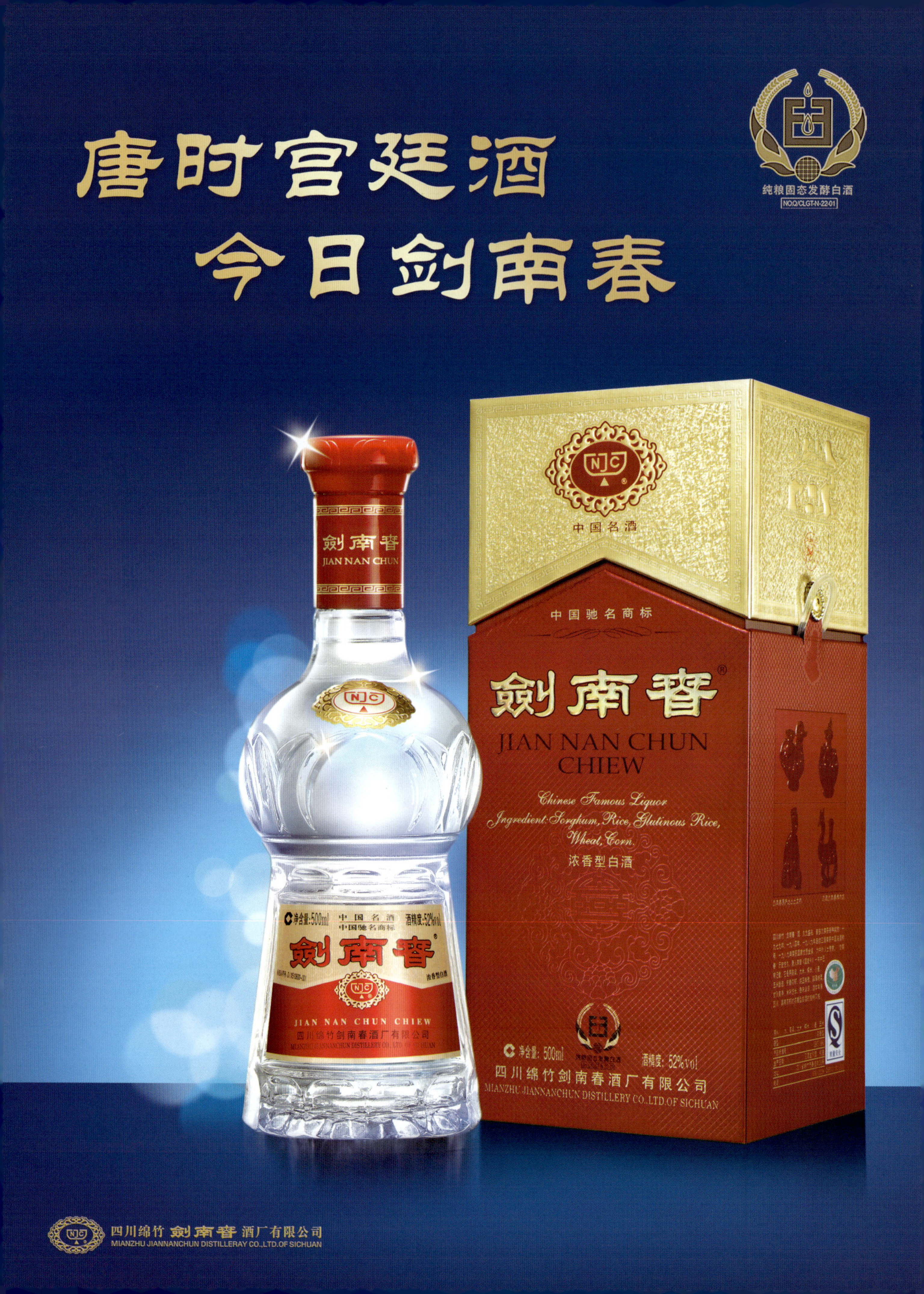
唐时宫廷酒
今日剑南春
纯粮固态发酵白酒
NO.Q/CLGT-N-22-01
剑南春
JIAN NAN CHUN
中国名酒
中国驰名商标
剑南春
JIAN NAN CHUN CHIEW
Chinese Famous Liquor
Ingredient: Sorghum, Rice, Glutinous Rice, Wheat, Corn.
浓香型白酒
净含量:500ml
酒精度:52%vol
四川绵竹剑南春酒厂有限公司
MIANZHU JIANNANCHUN DISTILLERY CO.,LTD.OF SICHUAN
JIAN NAN CHUN CHIEW
四川绵竹剑南春酒厂有限公司
四川绵竹剑南春酒厂有限公司
MIANZHU JIANNANCHUN DISTILLERAY CO.,LTD.OF SICHUAN

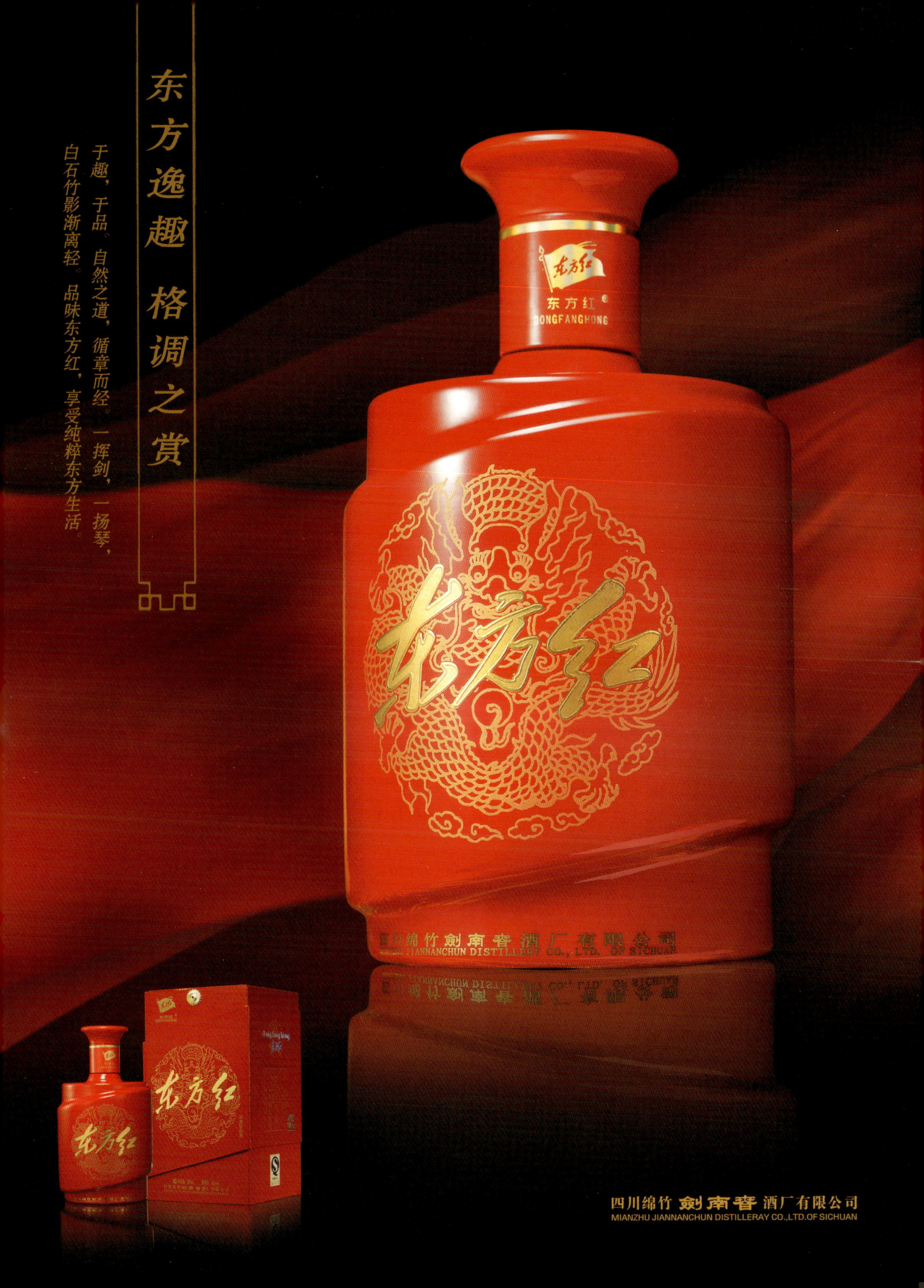

东方逸趣 格调之赏

于趣，于品。自然之道，循章而经。一挥剑，一扬琴，
白石竹影渐离轻。品味东方红，享受纯粹东方生活。

四川绵竹 剑南春 酒厂有限公司
MIANZHU JIANNANCHUN DISTILLERAY CO.,LTD.OF SICHUAN

DYNASTY®
RED WINE
中国驰名商标
——品味，源自酒的王朝——
酒的王朝
王朝酒堡

- 王朝酒堡建筑面积为10510平方米，主体地下一层，地上三层。酒堡设计借鉴了法国波尔多地区十九世纪古堡风格，结合王朝文化的精髓，在欧式建筑典雅纤致、华贵浪漫的主旋律上，体现出王朝公司中法合璧、融会贯通的主要特点。
- 王朝酒堡地下一层，设有王朝博物馆和一座供技术、科研使用的小规模地下酒窖。王朝博物馆主要展示王朝公司的历史与发展，世界著名葡萄酒品牌，葡萄和葡萄酒的产生、发展与传播，葡萄酒的酿造过程，葡萄酒的鉴赏、品评、礼仪、保健等。
- 王朝酒堡地上一层，设有国家级企业技术中心的检验检测机构，包括：检验室、化验室、实验室等。结合工业旅游设有接待大厅、购物大厅、餐饮大厅。
- 王朝酒堡地上二层，设有国家级企业技术中心的综合办公室和培训中心。
- 王朝酒堡地上三层，设有餐饮、住宿、娱乐等设施。
- 王朝酒堡前广场设有欧洲风格的葡萄长廊。
- 王朝酒堡后面设有庭院式花园和大规模的名种葡萄种植示范园，供游人观赏和采摘。

序

2009版《中国酿酒工业年鉴》面世了。这本年鉴是继2008版《中国酿酒工业年鉴》出版之后的又一部大型资料型工具书。它翔实、系统、真实地记录和反映了2008—2009年我国酿酒行业在不同领域、不同酒种中的改革发展过程，是一幅从不同层面、不同视角再现酿酒工业发展现状的壮阔画卷，具有权威性、史料性、珍藏性、实用性和可读性的特点。

2008年，是一个难忘之年，年初的雪灾、五月份的四川汶川地震、下半年的奶粉事件以及世界金融海啸对我国经济造成了严重的影响，但同时我们也取得了成功举办奥运、“神七”升天等辉煌成就，大悲大喜震撼人心，令世界刮目相看。2009年，承接着2008年的喜与乐，同样也非比寻常。金融危机的袭击让整个酿酒行业的同仁感受到什么是痛苦与挣扎，但正如温总理所言，“大难兴邦”，天灾人祸让人们经受了锻炼，经住了考验；金融危机，让人们变得更加坚强。这两年不仅是我国政治经济生活极具意义的历史时期，也是我国酿酒行业发展历程中的一个重要阶段。回顾这两年，我们可以自豪地说，在每个历史事件面前，我们酿酒行业的企业家和全体员工都交出了令人满意的答卷。

前有所稽，后有所鉴，居今鉴往，才能继往开来。在总结过去经验，广泛听取各方面专家以及读者意见的基础上，本年鉴在内容、篇章结构上做了进一步改进，在2008版年鉴的基础上，新增了改革篇、奥运篇、抗震篇等内容，内容更加丰富，形式更加新颖，2009版年鉴必将对我国酿酒行业的健康发展起到应有的推动作用。

在本年鉴的编撰过程中，中国酿酒工业协会各分会，各省、市、自治区酒业协会，各酿酒企业，各有关部门及酿酒界的专家、学者给予了大力支持，各位工作人员付出了辛勤劳动，使得编撰工作顺利进行。在此，一并表示诚挚的感谢。希望《中国酿酒工业年鉴》越编越好，继续为酿酒行业发展和社会主义市场经济提供服务。

编辑说明

一、《中国酿酒工业年鉴》（2009年版）全面系统地记述了2008—2009年中国酿酒工业发展的基本情况。全书设有十八个篇目：

（一）题词篇：收录了党和国家领导人为酒类行业、酿酒企事业单位所作的题词、题字。

（二）摄影篇：下设五个栏目，友好往来、行业活动、协会工作、大爱无疆、奥运圣火。其中，友好往来栏目是酒类企事业单位参加国际活动，进行国际往来、交流、合作的重要照片；行业活动栏目是酒类企事业单位开展的在行业中产生积极影响并具有重要意义的活动照片；协会工作栏目收录了中国酿酒工业协会、地方协会各项重大活动照片。大爱无疆是汶川地震后酒类企事业单位开展的爱心捐款活动的照片；奥运圣火是酒类企事业单位积极参与奥运圣火传递的照片。

（三）行业篇：包括中国酿酒工业协会工作情况及行业综述；中国酿酒工业协会白酒分会、啤酒分会、葡萄酒分会、果露酒分会、黄酒分会、酒精分会、技术专业委员会等各酒种分会工作情况及行业综述。

（四）区域篇：主要记录了中国各省、市、自治区酿酒工业的发展状况与区域经济优势以及各省、市、自治区酒业协会工作综述。

（五）政策篇：收录了2008—2009年中国酿酒行业、酿酒企业发展规划的政策法规。包括国家各部委颁布的有关酒类行业的政策法规文件、酿酒行业地方法规与管理办法等。

（六）标准篇：主要记载2008—2009年颁布、制定、执行的与酿酒工业发展、酒类生产相关的国家标准、行业标准及索引。

（七）专述篇：包括国家各部委领导同志关于发展酿酒工业经济的讲话；中国酿酒工业协会领导关于酿酒经济发展的专述文章；专家、学者关于酿酒经济发展的论文；知名企业家关于酿酒经济发展的专稿。

（八）改革篇：包括从1978年到2009年，改革开放30多年以来酿酒企业的发展概况。

（九）奥运篇：主要内容包括酒类企业事业单位开展奥运、体育营销方面的相关专题报道。

（十）抗震篇：在“5•12”大地震中，酒类企事业单位奉献爱心，捐款捐物的统计以及各类酒类企事业单位积极自救、奉献爱心的专题报道。

（十一）统计篇：通过国家统计部门公布的酿酒工业经济指标、产值、产量等统计数据与分析，反映中国酿酒工业2008、2009年的发展状况。

（十二）企业篇：介绍酿酒工业重点优秀企业的综合发展情况、产品情况、市场情况、科技成果、环保节能成果；以及由国家各部委、中国酿酒工业协会组织的酿酒行业优秀企业评选结果名单等。

（十三）年鉴人物篇：入选“年鉴人物”的知名企业家的彩色照片以及个人小传。

（十四）人物篇：包括中国酿酒行业领域做出突出贡献的专家、学者、知名人士介绍；中国酿酒骨干企业中做出突出贡献的知名企业家、酿酒专家介绍。

（十五）品牌篇：收录了酒类企业各类评选活动的名单以及品牌介绍及相关资料。

（十六）装备篇：系统介绍了酿酒行业技术装备领域发展概况以及重点技术装备企业风采。

（十七）大事记：主要包括2008—2009年中国酿酒工业发展的重大事件和重要活动。

（十八）附录：酿酒行业相关科研机构、大专院校，相关网站、媒体、书刊的介绍。

二、年鉴在编排方面求新求实，尽量减少资料性不强的材料，增加有创意、有价值的新栏目，同时对照片和图表的编排也做了较大的改进与扩充。本年鉴所反映的内容时间大部分涵盖2008—2009年，部分内容涉及2008年以前。

三、《中国酿酒工业年鉴》（2009年版）在组稿、编辑、出版过程中，各省、市、自治区酒业协会、各行业专业委员会的领导、作者给予了积极配合和热情指导，在此，一并表示衷心的感谢。

《中国酿酒工业年鉴》编辑部

电　　话：（010）84470075　64651607

网　　址：www.zgnj.org

E-mail：zgnjgynj@sina.com

各省、自治区、直辖市酒业协会撰稿人

于长水	北京市酿酒协会
左润华	天津市酿酒工业协会
范长秀	河北省白酒葡萄酒工业协会
李振华	河北省啤酒工业协会
樊文毅	山西省酿酒工业协会
荆玉林	内蒙古自治区白酒协会
李　忠	辽宁省白酒工业协会
庄守义	辽宁省啤酒专业协会
周玉山	吉林省酒业协会
季树太	黑龙江省酒业协会
吴建华	上海市酿酒专业协会
刘建华	江苏省白酒专业协会
傅森林	浙江省啤酒工业协会
翟大文	安徽省酒业协会
朱榕光	福建省轻工业联合会白酒黄酒分会
周光存	江西省酿酒工业协会
姜祖模	山东省白酒工业协会
李玉玲	山东省啤酒工业协会
蒋　辉	河南省酒业协会
宫金山	湖北省酒业协会
刘维平	湖南省酒业协会
彭　洪	广东省酒业行业协会
宋　苹	广西壮族自治区酿酒协会
高怀昌	重庆市酒类管理协会
张　渝	四川省食品工业协会
刘际爽	四川省酿酒工业协会
高士敏	贵州省酿酒工业协会
白希智	陕西省酿酒工业协会
孙立伟	甘肃省酿酒工业协会
尹　君	宁夏回族自治区酿酒协会

青睐乡都，
用仰望的目光抵达天山南麓焉耆县七个星小镇，
乡都酒堡使你无法拒绝！
自2002年4月20日成立以来，
新疆乡都酒业有限公司，
先后被评为自治区人民政府重点扶持民营企业、
新疆农业产业化龙头企业，
并在中国葡萄酒行业中率先通过国家有机食品认证。
25000亩位于中纬度温带地区的葡萄基地，
融入地下150米深层的天山雪融水，
是乡都葡萄酒优质酿酒葡萄贵族血统的来源。
纯粹的绿色生态庄园、纯净的阳光、沙土，
赋予乡都葡萄酒醇美的身份品质。
我们沉醉一种生活，我们享受一种情绪……
乡都酒堡，释放贵族情绪的每一滴经典再现！
让我们现在开始启程，
一起去乡都，品位生活……
A Wine With Great Vitality
乡都
一支有生命的葡萄酒！
Xinjiang Xiangdu Winery Co., Ltd.
LES CHAMPS D'OR
Xinjiang Xiangdu Winery Co., Ltd.
新疆乡都酒业有限公司
品鉴热线：010-58701309 021-52356550
0991-2838589 0996-2022518
有机食品
ORGANIC FOOD

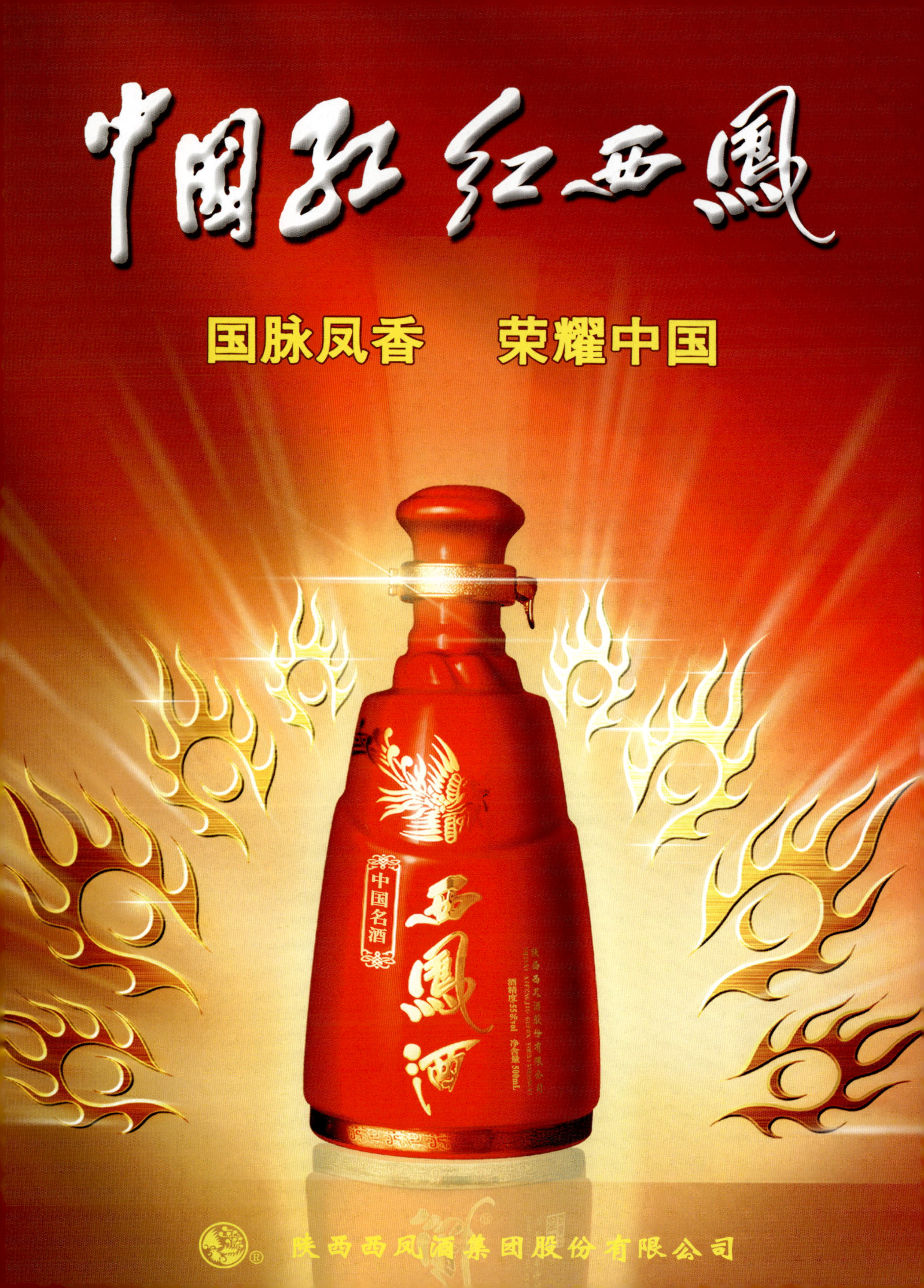

中國紅 紅西鳳
国脉凤香 荣耀中国
中国名酒
西鳳酒
陕西西凤酒集团股份有限公司

目录

题词篇

摄影篇

行业篇

目录

区域篇

目录

目录

政策篇

目录

目录

标准篇

专述篇

目录

改革篇

奥运篇

抗震篇

目录

统 计 篇

2008年数据目录

2009年数据目录

目录

目录

企业篇

目录

人物篇

目录

品牌篇

装备篇

装备发展

企业风采

大事记

附录

科研机构、大专院校

目录

目录

题词篇

收录了党和国家领导人为酒类行业、酿酒企事业单位所做的题词、题字。

王国春

Wang Guochun

YEARBOOK FIGURE

王国春，1985年1月担任四川省宜宾五粮液酒厂厂长，1993年兼任厂党委书记，现任四川省宜宾五粮液集团有限公司党委书记、董事长，宜宾市政协副主席（兼）、中共十五大代表、中共四川省委第八届委员。

二十多年来，五粮液集团有限公司在以王国春同志为首的领导班子的带领下，坚持体制、技术和管理创新，用高新技术和先进适用技术改造传统产业，走质量、规模、效益和多元化发展的路子，使五粮液集团由一个传统酿酒小厂发展成为多元化现代大型企业集团。目前，五粮液集团公司的经济效益已相当于1986年前的160个五粮液酒厂，并且连续实现十三年高速增长，连续十二年居全国食品行业之冠，“五粮液”已成为中国三大最大价值品牌之一。

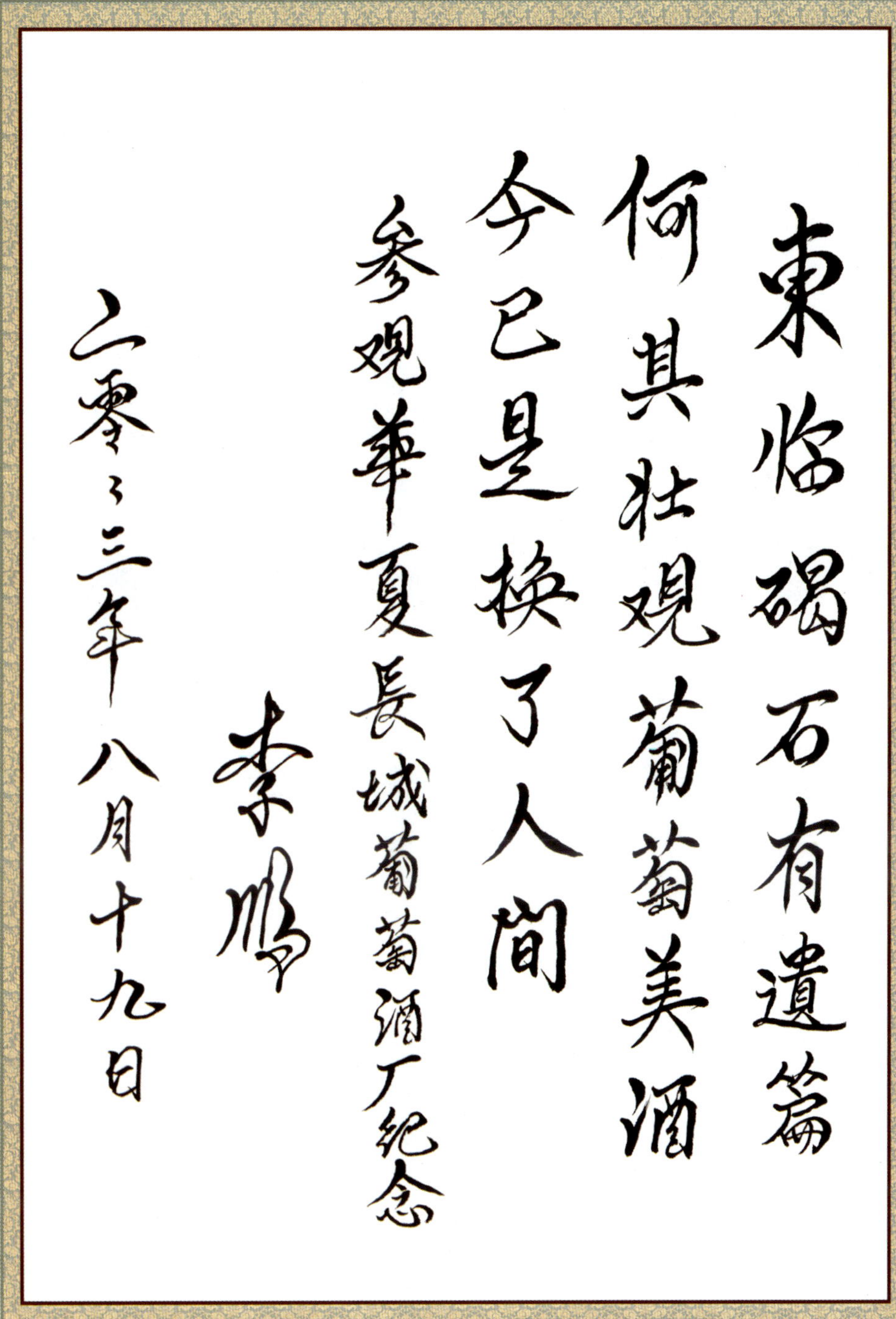

2003年8月19日，曾任全国人大常委会委员长李鹏参加华夏长城葡萄酒厂，写下：“东临碣石有遗篇，何其壮观，葡萄美酒，今已是换了人间”。

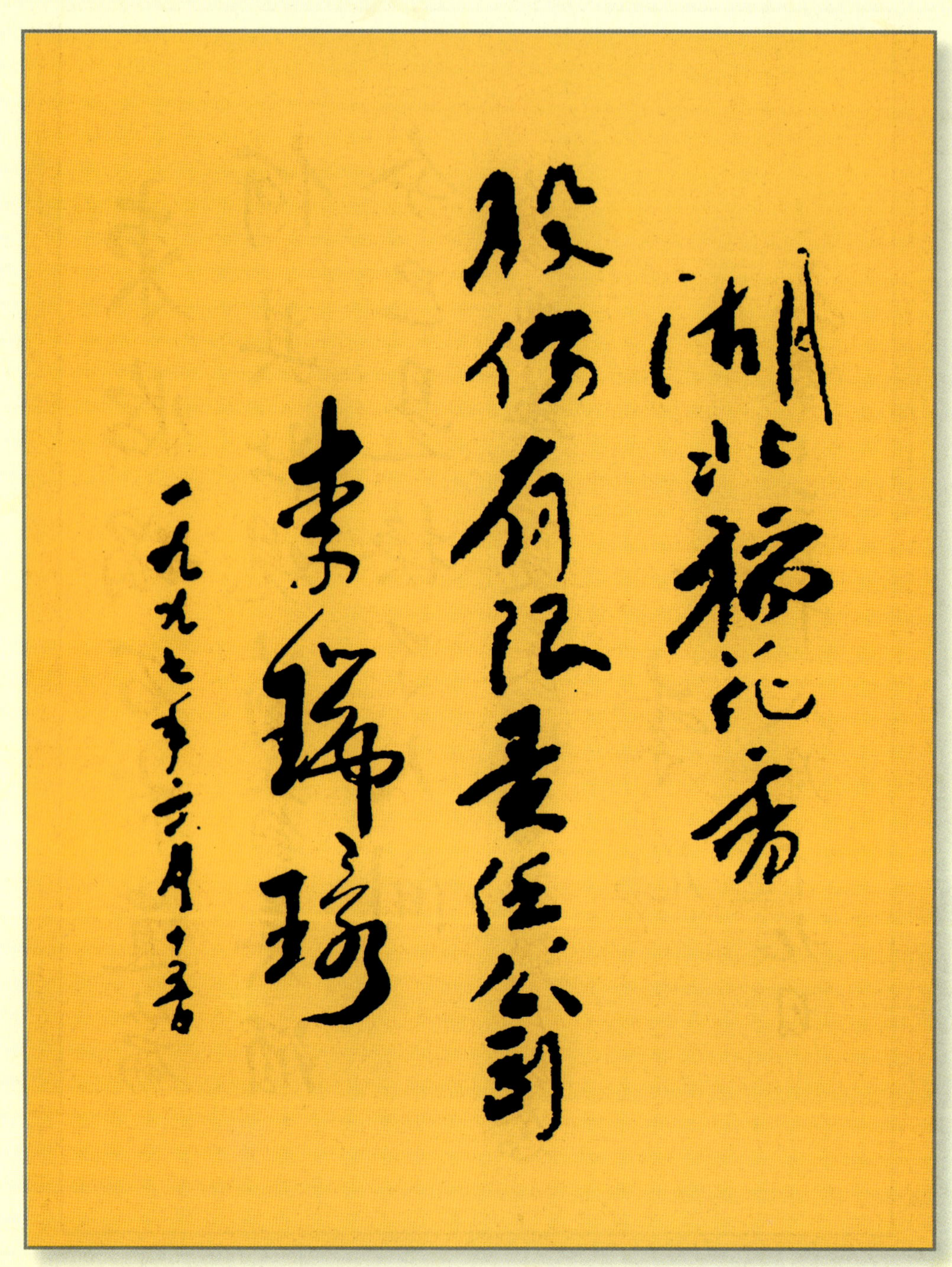

1997年，时任中共中央政治局常委、全国政协主席李瑞环为稻花香题厂名。

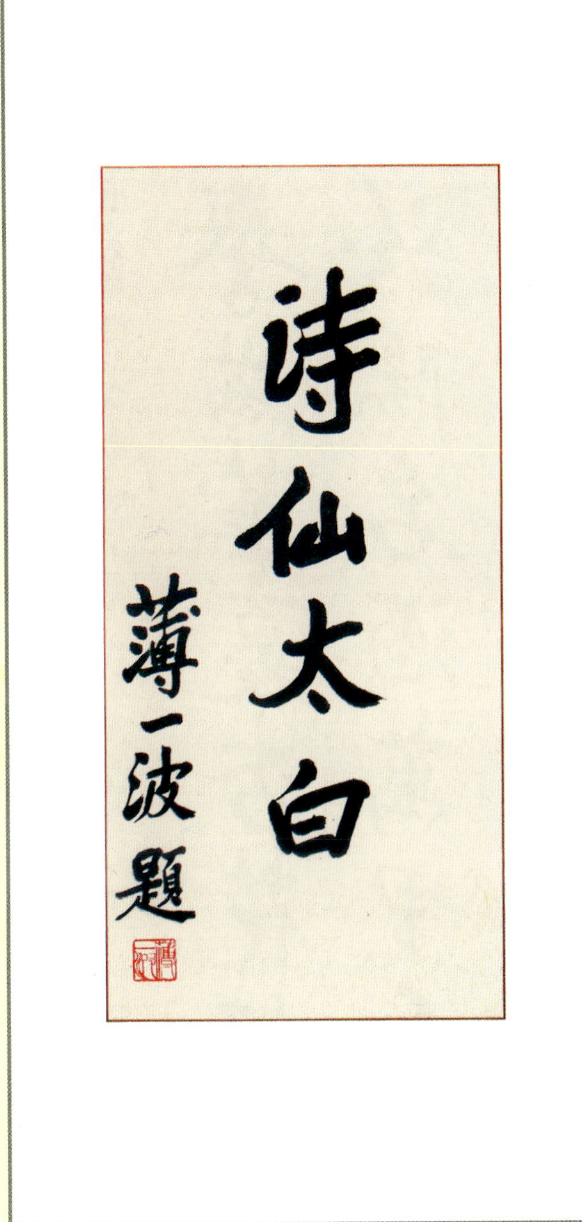

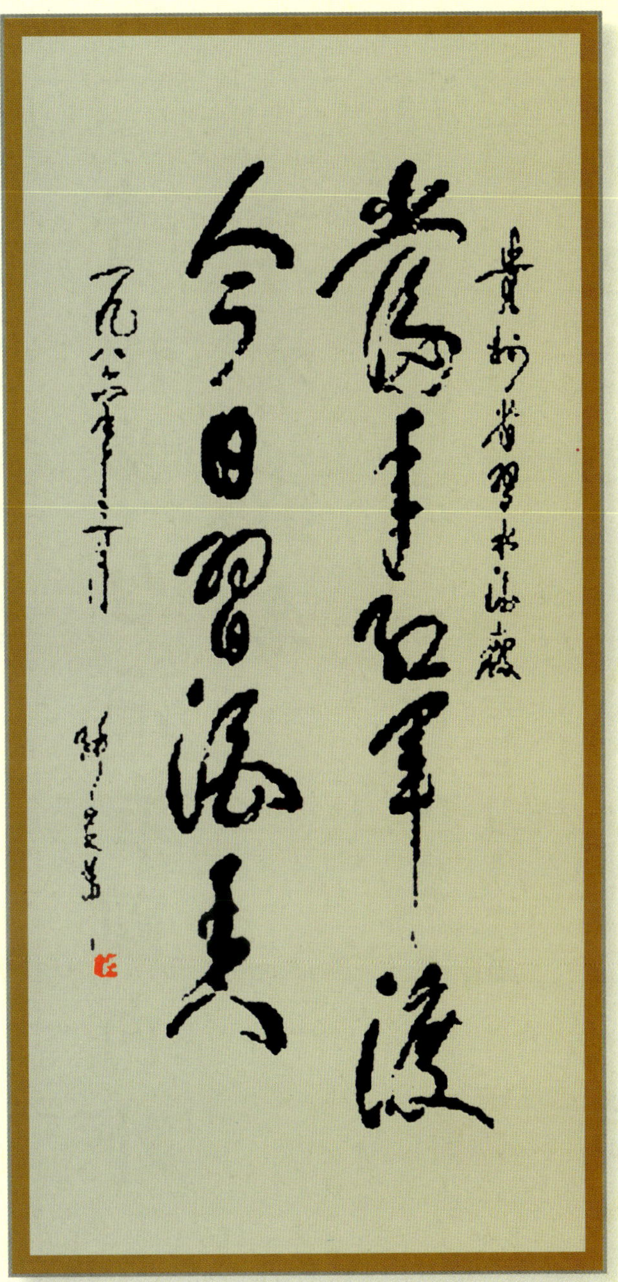

曾任中共中央顾问委员会副主任薄一波在品尝了诗仙太白酒之后挥毫写下“诗仙太白”。

1986年，曾任中央军委副秘书长、国务院副总理张爱萍将军为习酒题词：“当年红军渡、今日习酒美”。

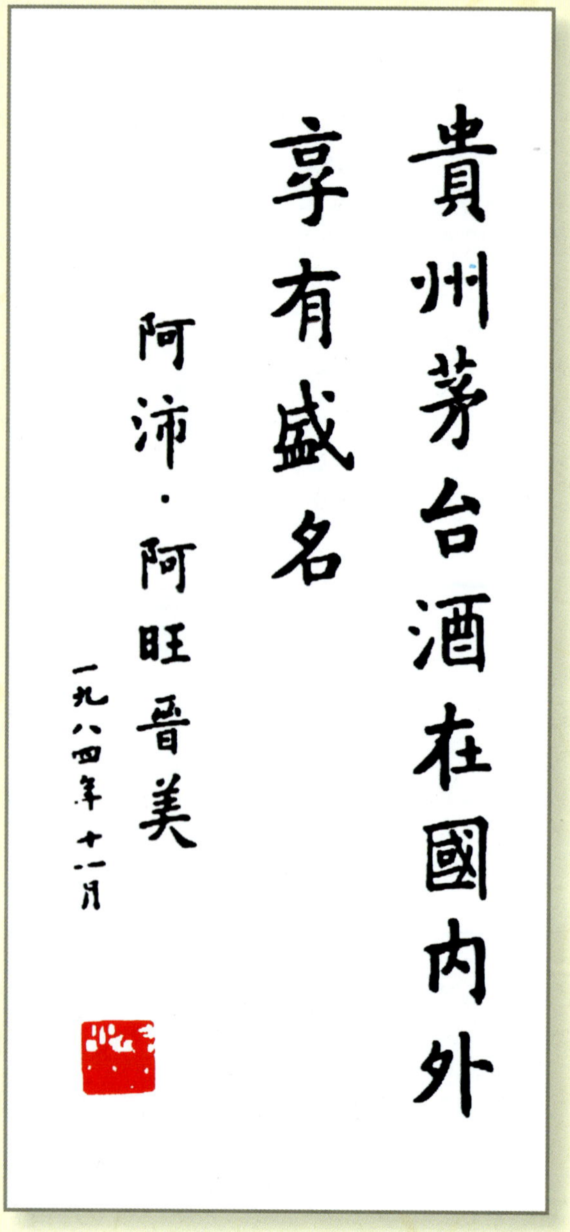

貴州茅台酒在國内外享有盛名

阿沛·阿旺晋美

一九八四年十一月

1984年11月，时任全国人大常委会副委员长阿沛•阿旺晋美为茅台题词：“贵州茅台酒在国内外享有盛名”。

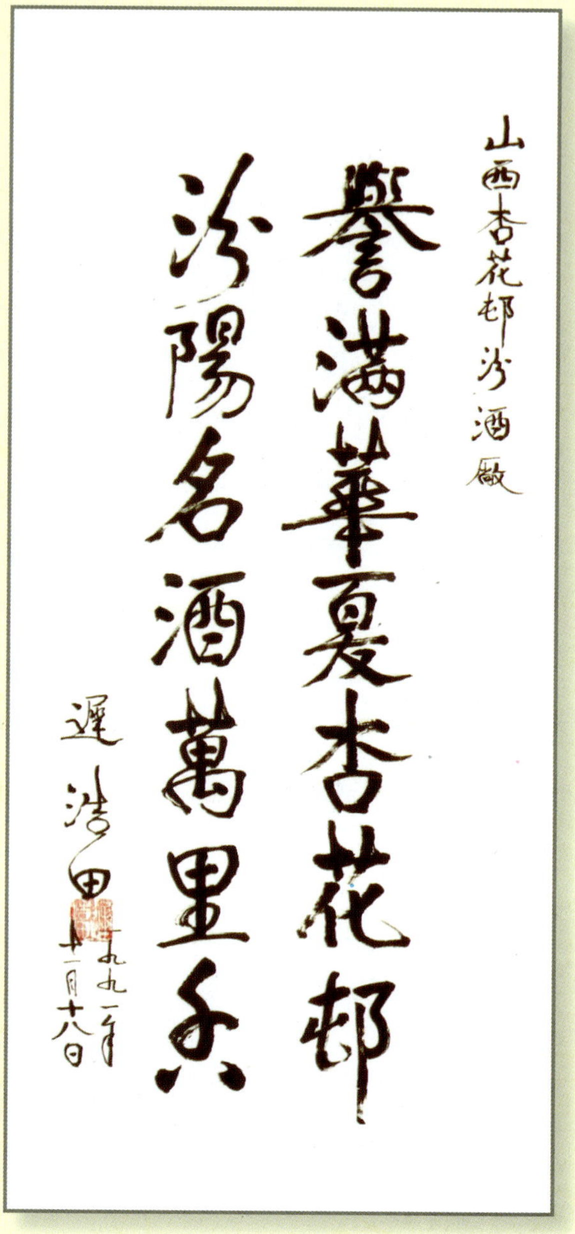

山西杏花邨汾酒廠

譽滿華夏杏花邨

汾陽名酒萬里香

遲浩田

一九九一年一月十六日

1991年，时任中央军委委员、中国人民解放军总参谋长，继任中央政治局委员、中央军委副主席、国务委员、国防部长迟浩田将军为汾酒题词：“誉满华夏杏花村，汾阳名酒万里香”。

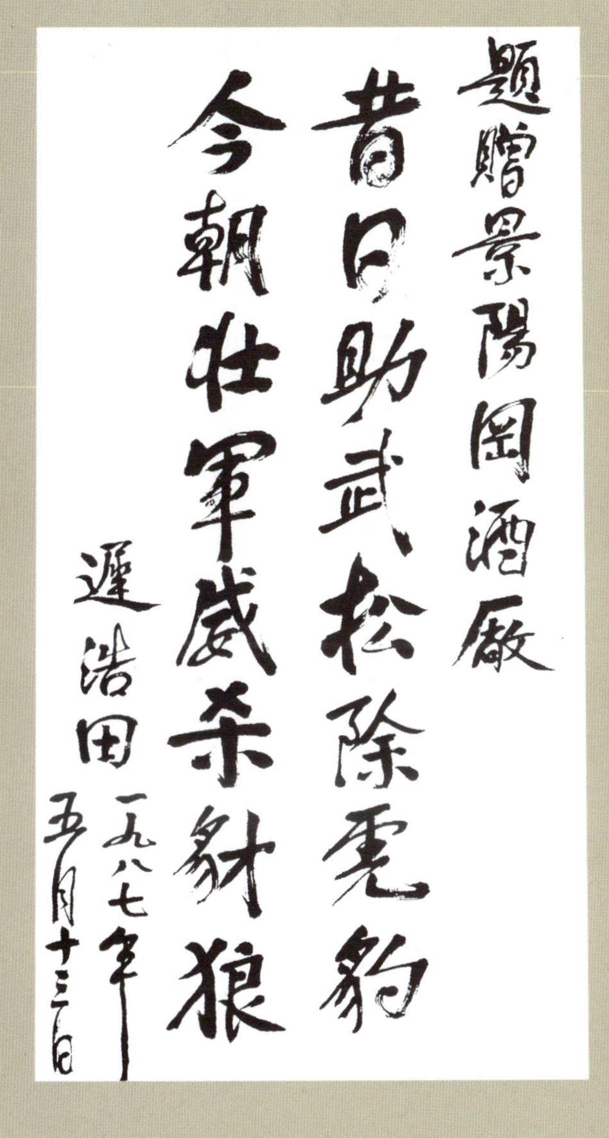

1987年5月13日，时任济南军区政委，后任中国人民解放军总参谋长，继任中央政治局委员、中央军委副主席、国务委员、国防部长的迟浩田将军来到景阳冈酒厂，挥毫泼墨书写下了：“昔日助武松除虎豹，今朝壮军威杀豺狼”。

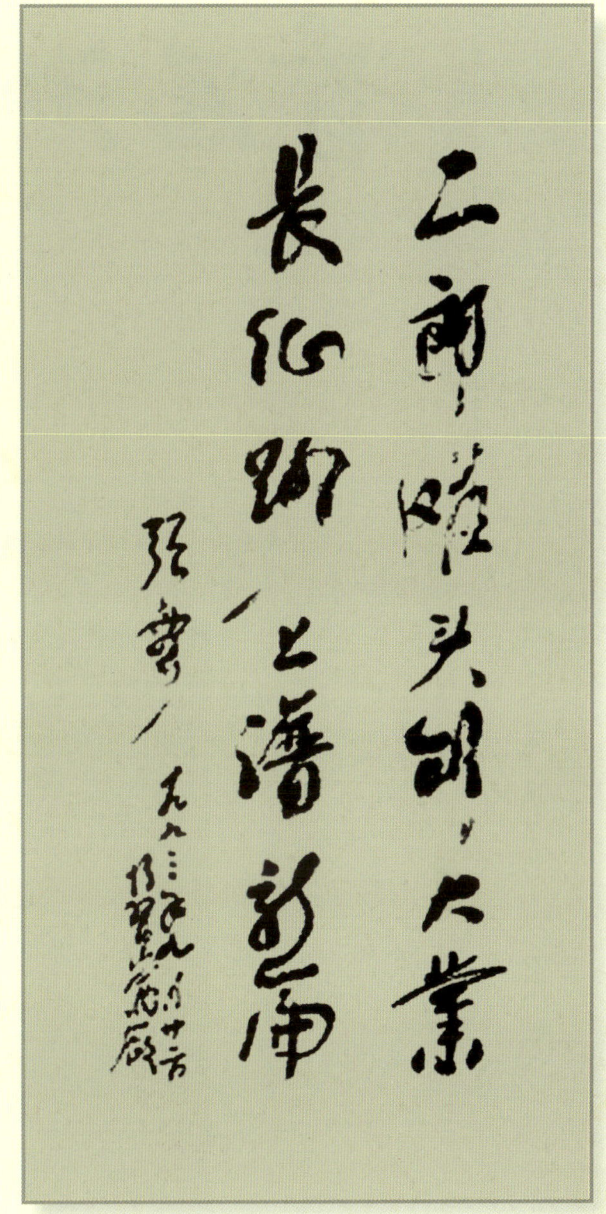

1993年9月，时任中央军委副主席张震给习酒题词：“二郎滩头创大业，长征路上谱新篇”。

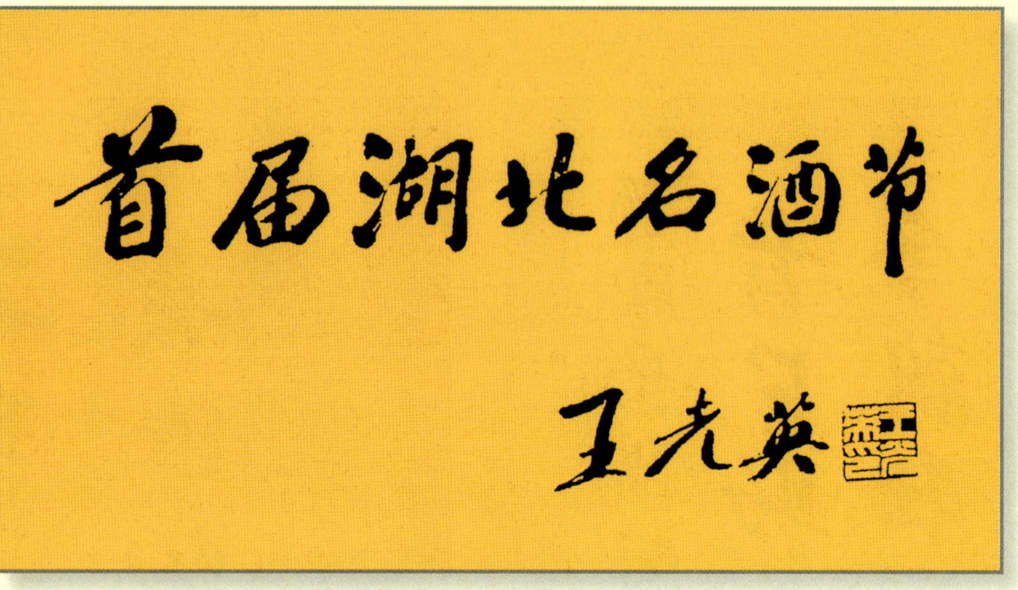

曾任全国人大常委会副委员长王光英为首届湖北名酒节题节名。

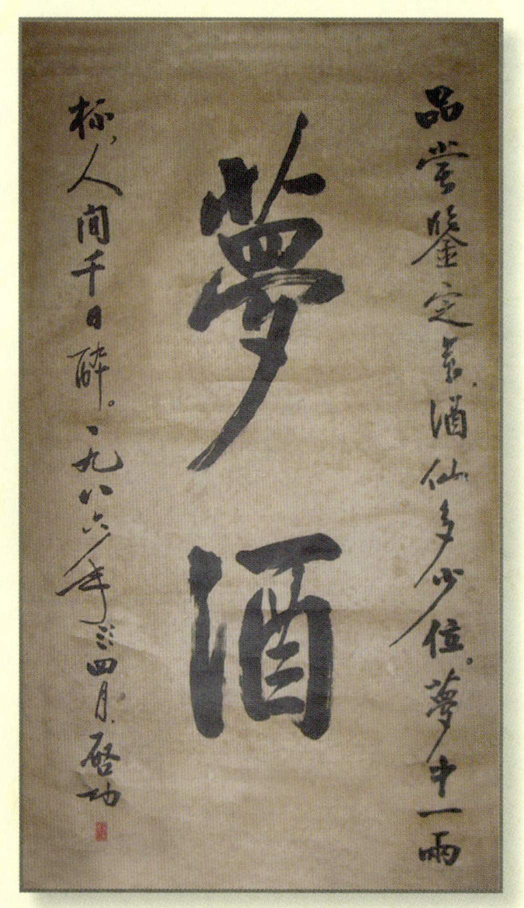

1986年4月，曾任中国书法家协会主席的启功先生为宜宾红楼梦写下：“梦酒”。

曾任北京市政协副主席、著名书法家廖沫沙为宜宾红楼梦题词：“丹山碧水万家乐，玉液琼浆四海香”。

1985年，曾任中国作家协会书记处书记，《诗刊》主编兼编委，当代著名诗人臧克家诗曰：“儿时景芝酒名扬，长辈贪杯我闻香。佳酿声高人已老，沾唇不禁念故乡”。

1985年3月，曾任中国美术家协会副主席，中国共产党第八次全国代表大会代表，第一、二、三届全国人大代表，第五、六、七届全国政协委员，华君武漫画一幅：“六四年社教，我在曲阜，纪律甚严，不敢饮酒。春节将到，除夕晚购得景芝白酒一瓶，痛饮，至今犹忆其香味”。

摄影篇

下设五个栏目，友好往来、行业活动、协会工作、大爱无疆、奥运圣火。其中，友好往来栏目是酒类企事业单位参加国际活动，进行国际往来、交流、合作的重要照片；行业活动栏目是酒类企事业单位开展的在行业中产生积极影响并具有重要意义的活动照片；协会工作栏目收录了中国酿酒工业协会、地方协会各项重大活动照片。大爱无疆是汶川大地震后酒类企事业单位开展的爱心捐款活动的照片；奥运圣火是酒类企事业单位积极参与奥运圣火传递的照片。

曲喆

Qu Zhe

YEARBOOK FIGURE

现任中粮集团总裁助理、中国食品有限公司总经理兼中粮酒业有限公司董事长。具有19年国际投资贸易经验，是长城葡萄酒品牌大整合的发起者，“中国葡萄酒产业新洋务运动”理念的创立者和企业柔性管理的倡导者。

博鳌亚洲论坛期间，小布什与袁仁国进行了亲切的交谈并合影留念。

中粮酒业董事长曲喆向歌王多明戈赠送长城葡萄酒。

2008年诺贝尔经济学奖获得者保罗•克鲁格曼先生与著名经济学家茅于轼、博鳌亚洲论坛秘书长龙永图、中国证监会研究中心主任祁斌、中国民生银行行长洪崎、中粮君顶酒庄总裁陈云昌先生等人在论坛中进行高端对话。

国际葡萄与葡萄酒组织(OIV)主席贝纳德、总干事卡斯特卢琪一行，在蓬莱市委书记刘炳国，蓬莱市副市长慕庆和等有关领导陪同下，专程考察参观中粮集团•君顶酒庄有限公司，听取了公司总裁陈云昌关于酒庄发展现状及前景规划等情况的介绍。

OIV国际葡萄与葡萄酒组织领导一行考察中粮君顶酒庄。

乔天明董事长向克林顿先生赠送珍藏品剑南春。

乔天明董事长和克林顿先生共饮美酒剑南春。

克林顿先生欣然为“剑南春拓展全球市场战略启动仪式”“画龙点睛”。

来自美国旧金山大学的教授手捧青花瓷与红星工作人员合影留念。

王朝公司与法国GCF集团签订独家销售代理协议。

爱斐堡酒庄小镇开放，迎来首批台湾游客。

罗杰斯接受了张裕公司总工程师李记明博士赠送的张裕爱斐堡赤霞珠干红。

比利时利昂先生来黑龙江越橘庄园公司考察，利昂先生正在品酒。

西北农林科技大学葡萄酒学院组织国际葡萄与葡萄酒高级研讨班。

首届国际葡萄酒发展高级论坛在北京成功举行，该论坛由农业部国际合作司和河北省农业厅联合举办。共有100多位中外代表参加，分别来自美国、阿根廷、加拿大、智利、法国、德国、西班牙、瑞士、中国等国家。

汾酒集团协办新晋商高层峰会，与山西各界讨论本省文化复兴到经济复兴的课题。

中粮君顶酒庄总裁陈云昌陪同中粮集团董事长宁高宁，中粮集团总裁助理、中粮酒业董事长曲喆，到访葡萄酒节。

2008年8月27日，燕京啤酒570万元重奖中国水军。图为顺义区区长张延昆、国家体育总局水上中心主任韦迪、李福成、赵春香为杨文军、孟关良颁发“冠军蝉联特别奖”。

2008年8月27日，燕京啤酒570万元重奖中国水军。图为燕京啤酒董事长李福成、总工程师贾凤超为唐宾、金紫薇、奚爱华、张杨杨颁发“团队拼搏奖”。

燕京啤酒与国家体育总局水上运动管理中心、中国皮划艇队结为官方合作伙伴。

燕京啤酒发布奥运营销口号“感动世界，超越梦想”之延伸口号“为中国干杯”。

燕京啤酒成为北京2008年奥运会赞助商，同时发布奥运营销口号“感动世界，超越梦想”。

齐齐哈尔市副市长曲秀丽及北大仓集团总经理隋熙凤在神州七号发射前，慰问航天英雄翟志刚、刘伯明。

北大仓董事长隋熙明在参加全国十一届人大会上与齐齐哈尔市代表团合影。

剑南春集团公司董事长乔天明接受央视记者采访时说："品质至上、诚信经营是剑南春持之以恒的信念，剑南春年份酒100%够年份。"

山西杏花村汾酒厂股份有限公司总经理韩建书访问台湾金门酒厂。

2008年雪花啤酒勇闯天涯极地探索队员准备起程。

2008年雪花啤酒勇闯天涯极地探索的队员们胜利到达目的地。

2009年“雪花啤酒 勇闯天涯”挑战乔戈里队员向卡日瓦西小学小学生赠送文具。

2009年“雪花啤酒 勇闯天涯”挑战乔戈里队员胜利抵达乔戈里。

2008华润雪花啤酒斥资千万与清华大学携手普及传承中国古建筑文化。图为中国古建筑研究传播项目签约仪式新闻发布会。

2009年华润雪花啤酒斥资千万的中国古建筑项目系列丛书之一《北京五书》在京召开新书上市发布会。

张裕百年酒窖百年来举办的品鉴会。

张裕25万亩葡萄基地及7大国际酒庄布局揭幕仪式。

洋河酒厂成功承办苏鲁豫皖第五届白酒峰会。

洋河酒厂获“中国企业营销创新奖”。

西北农林科技大学葡萄酒学院创始人李华教授在全国人民代表大会上发言。

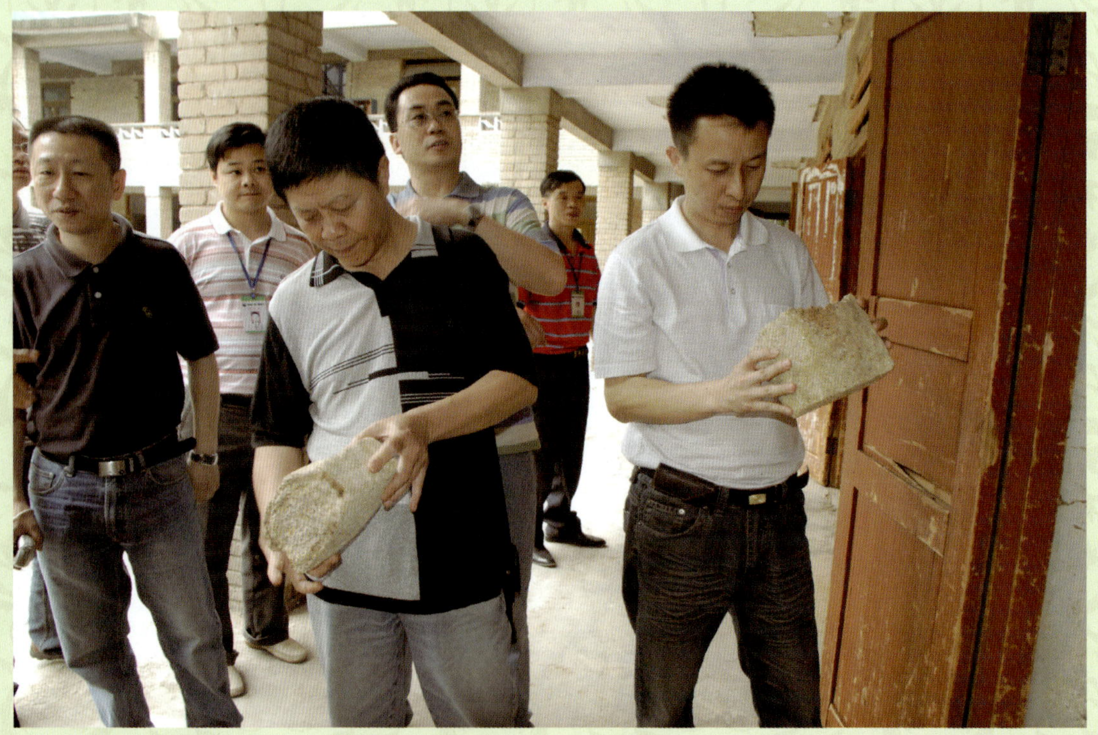

泸州老窖客人到习酒参观交流。

古井同乡（北京）恳谈会召开。

古井集团淡雅美酒窖藏仪式。

习酒公司乐山经销商大会颁奖现场。

习酒公司重庆经销商大会现场。

习酒责任有限公司成立十周年大会现场图片。

赵本山加盟北大仓出任副董事长，齐齐哈尔市领导及北大仓领导迎接赵本山来北大仓。

2009年6月23号，山东省即墨市黄酒行业协会成立。

“剑南春之夜•时尚诗乐舞《大唐华章》”片段。

2009年6月16日，北京市糖业烟酒公司成立60周年庆典招待会在北京饭店隆重举行。北京市区有关单位领导、二商集团出资企业代表、行业社团相关代表等300多人参加了庆典活动。

广东顺德酒厂的红荔牌系列酒品在广东台山参展备受市民喜爱，市委书记给予充分肯定。

广东顺德酒厂有限公司获颁“佛山市民最喜爱的品牌企业”。

2008年12月22日，宜宾市市委书记杨冬生为红楼梦酒业集团第一期技改工程开工致词，并宣布正式开工。

2009年12月5日，金士百公司被环保局授予吉林省首家“环境友好企业”称号。此奖项不仅是环保领域的最高荣誉，而且更证明了金士百公司在清洁生产、污染治理、节能减排、绿色环保、资源综合利用等方面都已处于国内领先水平，为全面促进行业循环经济发展、绿色环保事业作出了突出贡献。

广东省九江酒厂有限公司董事长梁林章陪同相关领导举行九江双蒸酒酿制工艺入选省级非物质文化遗产名录的揭幕仪式。

稻花香“151”工程庆典。

协会工作

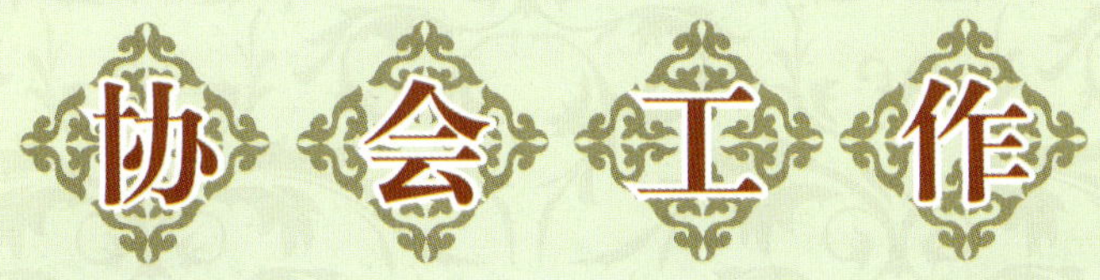

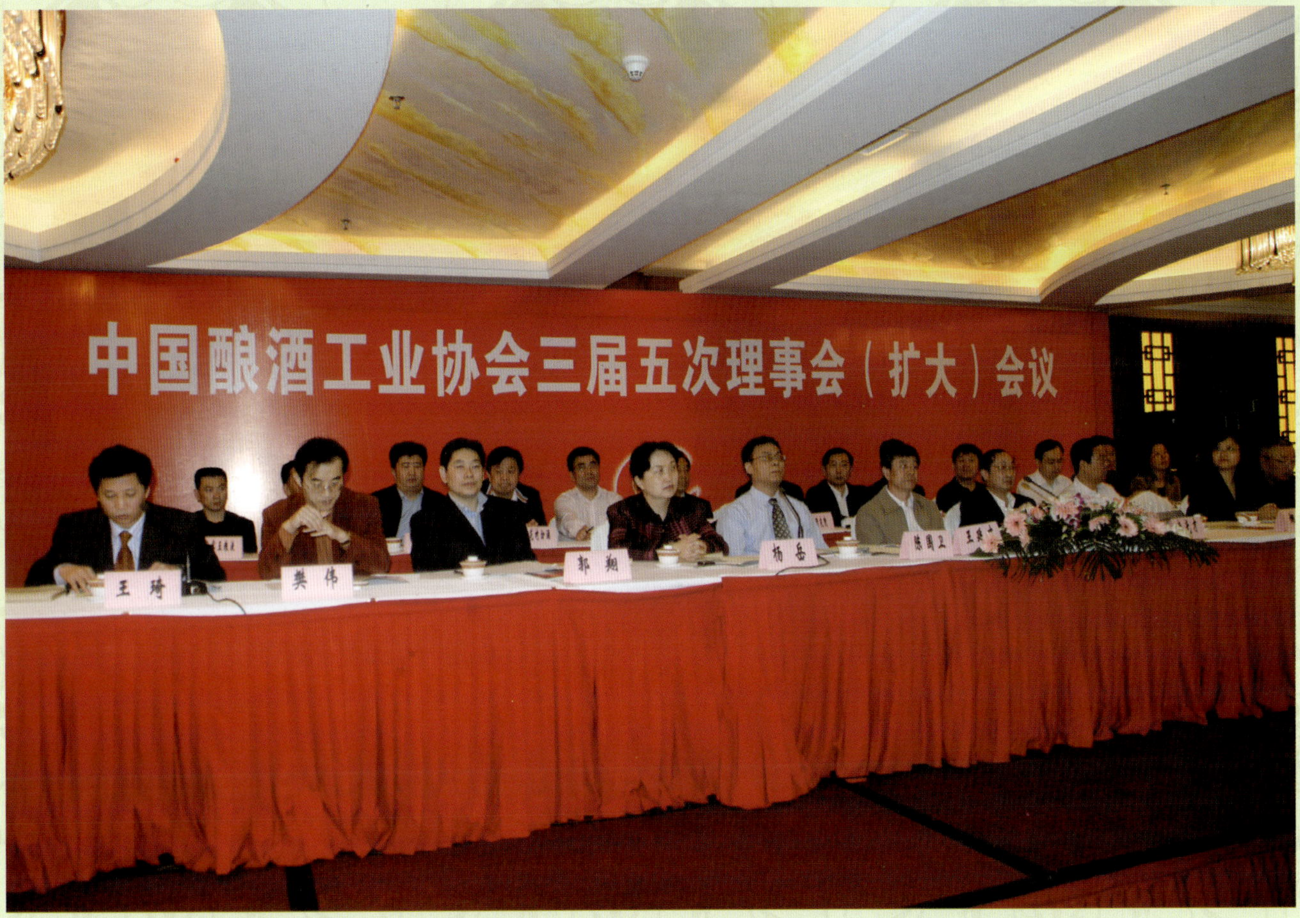

2008年4月8日，中国酿酒工业协会三届五次理事会（扩大）会议在武汉江城明珠豪生大酒店胜利召开。

2008年4月，中国酿酒工业协会啤酒分会召开换届会议。

2008年5月7日至8日，国家级评酒委员年会在四川成都召开。四川省人民政府副秘书长陈泓贵、中国酿酒工业协会理事长王延才、四川省酿酒协会会长范中成等领导出席会议。

2008年6月1日，由中华慈善总会、中国酿酒工业协会主办的“众生大爱 似酒天长”世界名酒慈善赈灾拍卖晚会，在北京荣尊堡国际休闲会议中心圆满落幕。中国酿酒工业协会理事长王延才宣布：此次拍卖会所筹集的善款将在第一时间由中华慈善总会送往灾区，为灾区孩子的六一儿童节送去一份祝福。

2008年8月24日，中国酿酒工业协会理事长王延才在中国北方酱香经典北大仓酒品鉴会暨北大仓珍藏版老枪酒研讨会上致辞。

2008年中国啤酒原料报告会在甘肃召开。

2008年10月，由中国酿酒工业协会主办，中华人民共和国卫生部、国资委、发改委、质监总局、工商总局、环保总局共同支持举办的首届世界酒业大会在北京举办，协会的相关工作人员参加了该大会。

2008年底，广东省九江酒厂有限公司相关领导在生产现场向中国酿酒工业协会秘书长王琦介绍产品生产工艺。

2008年12月5日，由中国酿酒工业协会、中国食品发酵工业研究院联合主办的“贺郭其昌先生九十寿辰暨中国葡萄酒发展座谈会”在北京举行。

2009年2月2日，全国财贸轻纺烟草工会全国委员会向中国酿酒工业协会理事长王延才正式授予“全国财贸轻纺烟草行业优秀工会之友”称号。

2009年2月27日，全国各省酒协秘书长座谈会在京召开。

2009年2月25日至26日，中国酿酒工业协会三届七次理事会（扩大）会议暨"食品安全•信息•金融"论坛在京召开，王延才理事长出席并作了重要讲话。

2009年3月6日，中国酿酒工业协会邀请在京部分酒行业全国人大代表进行座谈会，王延才理事长和部分参会人员进行亲切合影。

2009年4月17日，由中国酿酒工业协会主办的首届全国酿酒行业信息工作会在山东泰安召开。

2009年，中国酿酒工业协会理事长王延才参加红星集团建厂60周年庆祝活动。

2009年4月26日至30日，中国酿酒工业协会秘书长王琦、中国酿酒工业协会产业政策研究室副主任李言冰一行在甘肃省酿酒工业协会副理事长孙利伟等人的陪同下，对甘肃黄河集团黄河啤酒厂、甘肃兰州五泉啤酒厂、华润雪花啤酒甘肃有限公司、甘肃莫高实业发展股份有限公司、威龙葡萄酒股份有限公司武威生产基地、甘肃皇台酒业股份有限公司、甘肃滨河食品工业（集团）有限责任公司、甘肃省酒泉市金泉酒厂、甘肃紫轩酒业有限公司进行了考察调研。

2009年4月24日，河南省酒业协会在河南省郑州市隆重集会，庆祝河南酒业协会成立25周年。图为中国酿酒工业协会理事长王延才发表讲话。

2009年4月24日，河南省酒业协会在河南省郑州市隆重集会，庆祝河南酒业协会成立25周年。

2009年5月9日至10日，“2009中国啤酒大麦产业发展论坛”在江苏省盐城市隆重召开。

2009年5月10日，中国酿酒工业协会市场专业委员会成立筹备会在北京召开。

2009年5月26日，中国轻工业联合会会长步正发在中国酿酒工业协会秘书长王琦，中国轻工业联合会人事教育部副主任徐祥楠、孟琪等人的陪同下，考察调研了茅台酒厂。

2009年7月3日，由中国酿酒工业协会主办的“2009中国国际酒业博览会”在北京中国国际展览中心拉开帷幕。

2009年酒博会上，潘蓓蕾副会长和王延才理事长进行亲切交谈。

2009年7月30日，由中国酿酒工业协会、中国财贸轻纺烟草工会、中国就业培训技术指导中心、中国轻工业职业技能鉴定指导中心联合举办的“‘诺玛科杯’全国首届葡萄酒品酒职业技能竞赛决赛”落下帷幕。

2009年9月4日，工业和信息化部、中国轻工业联合会在广州珠江啤酒集团召开酿酒行业推行清洁生产现场交流会。

2009年9月12日，山东省济南市举办“芝麻香·中国香”中国芝麻香型白酒发展论坛。

2009年10月16日至17日，中国酿酒工业协会白酒分会技术委员会（扩大）会议在湖南省常德共和大酒店举行。中国白酒工业专家及著名白酒企业负责人共80多人参加了会议。

2009年第十九届国际啤酒节开幕之际，中国酿酒工业协会王延才理事长应邀参加啤酒节开幕式。

2009年10月20日，中国酿酒工业协会啤酒原料专业委员会成立大会暨产业发展论坛在北京召开。

中国酿酒工业协会理事长王延才与青岛啤酒董事长金志国亲切合影。

2009年11月16日至19日，中国酿酒工业协会理事长王延才等领导出席广东九江双蒸博物馆开馆仪式。

2008年6月1日，由中华慈善总会、中国酿酒工业协会主办的“众生大爱 似酒天长”世界名酒慈善赈灾拍卖晚会，在北京荣尊堡国际休闲会议中心圆满落幕。中国酿酒工业协会理事长王延才等相关领导参加了此次拍卖会。

由中国慈善总会和中国酿酒工业协会主办的“众生大爱 似酒天长”世界名酒赈灾慈善义（拍）卖会上，“千尊红星”1949珍藏拍得善款11980元。

华润雪花SOS希望村200套板房完工。

雪花四川区域公司举行“真爱照亮梦想”活动。

在四川省慈善总会（抗震救灾）捐赠仪式上，贵州茅台集团捐赠资金数千万元。

震惊全国的"5•12"大地震后，汾酒集团全体员工积极捐款捐物，共捐款500多万，帮助灾区重建家园。

由音乐之帆慈善基金、中粮君顶酒庄有限公司联合主办的“音乐之帆•君顶慈善夜”暨蒲公英少儿交响乐团汇报演出，于2009年6月21日在北京象征中国顶级生活理念的前门23号的花园式广场隆重举行。图为中粮君顶酒庄品牌总监林燕生女士同著名艺人瞿颖小姐为拍得中粮君顶元年纪念酒的嘉宾颁奖。

习酒公司在四川省民政厅向“5•12”大地震汶川灾区捐款。

洋河公司及全体员工积极向灾区捐款，获省“首届慈善之星”称号。

北大仓集团总经理隋熙凤为四川地震灾区捐款。

2008年5月14日重庆诗仙太白酒业（集团）有限公司向汶川捐赠救灾物质。

北京牛栏山公司向“5•12”大地震汶川灾区人们献爱心。

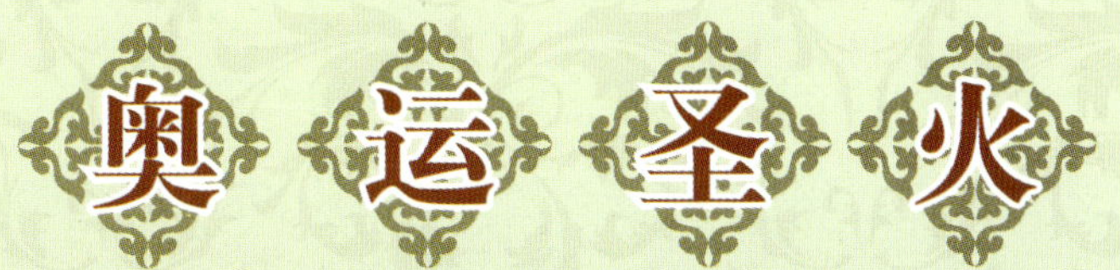

2008年6月14日，2008年北京奥运火炬在贵州遵义市传递，中国贵州茅台酒厂有限责任公司党委书记、总经理袁仁国传递了最后一棒，并点燃圣火盆。

2008年5月4日，2008年北京奥运火炬在三亚传递，中粮酒业董事长曲喆在三亚传递了完美的一棒。

陈宝国、刘璇、李福成、杨文军四位火炬手在燕京科技大厦前合影。

燕京啤酒董事长、总经理李福成携奥运冠军刘璇传递火炬。

燕京啤酒董事长、总经理李福成和奥运冠军杨文军。

燕京啤酒董事长、总经理李福成与燕京员工共享火炬欢乐。

奥运冠军杨文军和燕京啤酒副总经理赵晓东交接火炬。

燕京啤酒副总经理赵晓东执火炬走出厂区。

陈宝国传递火炬进人燕京啤酒厂区交给奥运冠军刘璇。

2008年5月23日，2008年北京奥运火炬在上海传递，中粮酒业销售总监刘旭在上海传递爱心圣火。

2008年7月21日，中粮酒业经销商代表丁忠义在奥帆之都青岛传递奥运圣火。

2008年5月9日，2008年北京奥运火炬在广东惠州传递，中粮酒业长城葡萄酒元老奚德智激情参加了圣火传递。

汾酒集团股份有限公司总经理韩建书传递奥运圣火。

2008年7月21日，青岛啤酒营销总裁严旭参加了奥运火炬传递。

2008年7月21日，青岛啤酒公司董事长金志国高举祥云火炬，在青岛啤酒公司总部所在的香港中路上进行了传递。

2008年5月26日，江苏洋河酒厂股份有限公司总经理张雨柏参加了奥运火炬传递。

2008年6月1日，湖北枝江酒业有限公司董事长兼总经理蒋红星参加了火炬传递活动。

2008年7月13日，全国人大代表、黑龙江北大仓（酒业）集团董事长隋熙明参加火炬传递。

2008年5月23日，2008年北京奥运火炬在上海市传递，福建省燕京惠泉啤酒股份有限公司副董事长赵鹏先生作为企业代表参加了传递活动。

中国酿酒大师、牛栏山酒厂厂长李怀民作为北京奥运火炬手正在进行火炬传递。

2008年5月26日，双沟酒业股份有限公司总经理李风云神态凝重地传完火炬。

银麦啤酒公司赵久标总经理进行火炬传递。

安徽明光酒业有限公司自发组织奥运迎接活动。

西北农林科技大学葡萄酒学院院长王华教授当选2008北京奥运会火炬手。

2008年7月25日，金星啤酒集团董事长张铁山作为企业界的火炬手代表，接棒传递奥运激情。

行业篇

行业篇：包括中国酿酒工业协会工作情况及行业综述；中国酿酒工业协会白酒分会、啤酒分会、葡萄酒分会、果露酒分会、黄酒分会、酒精分会、技术专业委员会等各酒种分会工作情况及行业综述。

季克良

Ji Keliang

YEARBOOK FIGURE

季克良，中共党员，高级工程师。1964年毕业于无锡轻工业学院（现江南大学）食品发酵专业，分配到贵州茅台酒厂工作至今，曾从事茅台酒的生产技术、科研、质量管理、党务等工作。

1981年，季克良任贵州茅台酒厂副厂长、工程师，1991年任厂长兼厂党委副书记、总工程师。同时，季克良还是我国著名评酒专家，曾任全国第四届、第五届评酒委员，中共十五大代表，享受国务院特殊津贴的高级知识分子，1995年被评为“中国商界十大风云人物”。曾发表白酒技术及企业管理论文数十篇。1997年当选十五大代表，是贵州省第九届人大代表，省七届政协常委。1998年任贵州茅台酒厂厂长兼董事长，1992年、1995年全国食品工业优秀企业家；全国“五一”劳动奖章获得者；全国劳动模范；贵州省有突出贡献的优秀专家；贵州省有突出贡献的国企经营管理者。

2008年中国酿酒行业综述

2008年，是一个难忘之年。冻灾、地震、奥运、奶粉事件、“神七”升天、金融海啸接踵而至，大灾大难、大喜大悲、震撼人心、贯穿全年。但正如温总理所言，“大难兴邦”，天灾人祸让人们经受了锤炼，经住了考验，而奥运成功、“神七”升天又使人们信心倍增。回顾2008，我们可以自豪地说，在每个历史事件面前，我们酿酒行业的企业家和全体员工都交出了令人满意的答卷。这些成绩主要表现在以下几个方面：

一、行业运行平稳，经济效益继续提高

去年，受灾害和金融危机的影响，国内外消费市场萎缩，轻工行业遭遇了前所未有的困境。但就酒类行业而言，经过全行业的积极应对，努力工作，各酒种经济指标均保持良好的增长趋势（其中，除啤酒利润指标11月份出现负增长外，其他指标仍有大幅增长，如主营业务收入增长24.61%,税金总额增长12.72%，利润增长26.92%）。

2008年1～12月份完成：

饮料酒总产量 5504.46万千升， 同比增长 6.55%。其中：

酒　精　681.27万千升，　同比增长 4.13%；

白　酒　569.34万千升，　同比增长 11.79%；

啤　酒　4103.09万千升，　同比增长 5.46%；

黄　酒　80.93万千升，　同比增长 10.86%；

葡萄酒　69.83万千升，　同比增长 23.81%。

2008年1～11月份完成：

主营业务收入 3071.86亿元， 同比增长 24.61%。其中：

酒　精　348.90亿元，　同比增长 27.47%；

白　酒　1411.90 亿元，　同比增长 29.94%；

啤　酒　1052.60 亿元，　同比增长 16.43%；

黄　酒　74.62 亿元，　同比增长 19.4%；

葡萄酒　183.83亿元，　同比增长 32.88%；

税金总额　362.30亿元，　同比增长 12.72%。其中：

酒　精　17.42亿元，　同比增长 13.71%；

白　酒　178.60亿元，　同比增长 19.64%；

啤　酒　142.11亿元，　同比增长 4.02%；

黄　酒　6.30亿元，　同比增长 29.16%；

葡萄酒　17.87亿元，　同比增长 16.70%。

实现利润　284.34亿元，　同比增长 26.92%。其中：

酒　精　14.06亿元，　同比增长 37.85%；

白　酒　186.43亿元，　同比增长 36.79%；

啤　酒　55.01亿元，　同比增长 2.91%；

黄　酒　6.20亿元，　同比增长 38.63%；

葡萄酒　22.63亿元，　同比增长 37.92%。

从上述指标可以看出，当年行业运行平稳，多数指标同比增长仍达两位数。受灾害和金融危机的影响，和上年比，当年的增速有所放缓，产量比上年减5个百分点；税金比上年减3个百分点；利润比上年减16个百分点。尽管如此，我们还应该看到进入21世纪以来，全行业各项指标逐年增长的情况。2001年饮料酒产量为3069.87万千升，税金193.05亿元，利润64.62亿元。到2008年产量达5504万千升，税金400余亿元，利润300余亿元。七年间产量增长了80%，税金翻了一番，利润翻了两番。在如此高速增长的情况下，放缓增速，进行必要的调整并不是坏事，我们应该以此为契机和动力，加快结构调整的步伐，转变经济增长的方式，为进一步的发展做好准备。

二、抗震救灾，奉献爱心

2008年是灾害严重之年，年初冻灾的伤痛刚刚修复，汶川特大地震又突然而至，地震涉及四川、甘肃、陕西、重庆等10个省市区，灾区总面积达50多万平方公里、受灾群众4600万多人，灾地区人民生命财产和经济社会发展蒙受了巨大损失。

每年的1月份，是白酒企业一年中最好的销售季节。但

2008年1月中旬，罕见的雨雪冰冻灾害，使南方部分地区电网垮塌，铁路供电中断，造成大量的成品酒无法运输。灾害发生后协会及时和各地方协会、企业保持紧密联系，积极向国家有关部门反映受灾情况，进行抗灾、救灾。由于政府积极组织救灾和企业自身努力，就全国来说白酒销量并未受到太大的影响。

“5•12”汶川特大地震是新中国成立以来破坏性最强、波及范围最广、救灾难度最大的地震灾害，主要发生在我国的产酒大省四川，灾区的许多名优酒企业损失严重。地震使剑南春损失严重：基础酒损失20%～30%；建筑物损毁面积较大，直接损失8亿元。地震虽然给剑南春造成巨大物质财富损失，但剑南春的核心生产要素没有受到破坏。震后26天，“天益老号”等部分曲酒车间恢复运转；震后56天，酿酒生产线全面恢复；震后96天，新包装中心竣工投产。丰谷酒业公司，距汶川仅90多公里，地震造成部分建筑物和机器设备不同程度的损坏，部分产品也遭受毁损，直接经济损失超过1.1亿元。甘肃陇南也受到了余震的波及，甘肃金徽酒业、红川酒业有限公司生产设施都受到严重损坏。华润、青岛、重啤等啤酒集团在灾区都建有生产厂，也都身受其害，其中绵竹华润工厂严重受损。

地震发生后，酿酒行业的同仁们所做出的举动令全行业的人们为之感动。剑南春集团在危难之际不忘社会责任，地震发生后倾力救治伤员、救助受灾群众。据不完全统计，剑南春捐助政府和受灾群众各类物资价值达2000多万元，被民政部授予“2008年度中华慈善奖”。丰谷公司为鼓舞灾区群众，投入300余万元广告费用在中央电视台和灾区地方媒体进行公益宣传，并为抗震救灾工作提供现金和物资超过400万元。当甘肃金徽酒业在看到重灾区农村群众生命财产遭受到更加严重的损失时，强烈的社会责任感深深牵动着企业负责人和员工的心，他们主动向灾区捐款捐物超过210万元。五粮液身处灾区，自身也受到影响，但五粮液集团积极抗灾、救灾，送物资、建学校、献爱心，累计为灾区捐赠款物达5000多万元。

四川地震灾情牵动着酒行业同仁的心，广大酒类企业和职工纷纷慷慨解囊，捐款、捐物，奉献爱心。据不完全统计，酒企业捐款、捐物近5亿余元。

在大灾面前，酿酒行业的广大酒企和职工，特别是骨干企业，有钱出钱，有力出力，奉献爱心，慷慨解囊，这些充分说明，经过30多年来的改革开放，我们的企业无论是经济实力还是企业社会责任感都有了明显的提高，追求经济效益和社会效益统一的新价值观已经初步形成。

三、抓住百年机遇，为行业增光

2008年8月8日至9月17日，举国关注、举世瞩目的北京奥运会、残奥会在北京成功举办。中国人民举办了一届有特色、高水平的奥运会、残奥会，向国际社会履行了“两个奥运同样精彩”的郑重承诺。在这场承载着国人百年梦想的国际盛典里，我们的酿酒企业满怀为国争光的豪情壮志，抓住百年机遇，为奥运加油，为行业增光，涌现出一大批支持奥运、参与奥运、奉献奥运的先进集体和先进个人。

北京2008年奥运会共有63家赞助企业，其中奥运会赞助商10个，奥运会独家供应商15个，酿酒行业有中粮酒业长城葡萄酒作为独家供应商，青岛啤酒、燕京啤酒、百威啤酒作为奥运会赞助商也名列其中。

奥运会期间，白酒、黄酒的企业也利用奥运题材，开展奥运营销，为奥运会的成功举办贡献了力量。

在北京奥运会的舞台上，通过同国际品牌的同台表演，我们的多数企业积累了经验，看到了不足，提升了品牌，增强了信心，为今后走出国门、走向世界创造了条件。北京奥运会虽然结束了，但奥运营销仍在继续，奥运会“更强、更快、更高”的精神，北京奥运会“科技奥运、绿色奥运、人文奥运”的理念，将成为酿酒行业宝贵的精神财富。

2008年中国酿酒工业协会工作情况

2008年，中国酿酒工业协会基于“加强协会建设，提高协会服务能力；推广循环工作，构建和谐社会；维护行业利益，发挥协会作用”等几个工作思路，一年来完成了日常的工作。同时，在以下几个方面重点开展了协会工作：

一、关注酒业与经济的关系，构建和谐社会

随着我国酿酒生产的快速发展和人民消费能力、消费需求的不断提高，社会、环境、资源向酿酒企业提出了更高的要求，传统的经济增长模式、单纯追逐利润的价值观、责任观已经不利于行业健康发展。为了鼓励企业关注社会、善待环境、珍惜资源和承担社会责任，完成构建“民主法制、公平正义、诚信友爱、充满活力、安定有序、人与自然和谐相处”和谐社会的目标，协会与国际酒饮料政策研究中心（ICAP），于2008年10月19～20日在北京联合举办了以“酒业社会责任——经济•环境•文化”为主题的“2008世界酒业大会”。

会议得到了政府有关部门和广大企业的大力支持，中国政协常委、中国轻工业联合会副会长潘蓓蕾为大会作了书面报告，中国商务部部长助理房爱卿等政府领导以及中国食品科技学会黄酒分会会长毛照显、中国食品发酵研究院副院长熊正河等行业专家参加了会议，茅台、青啤、王朝等行业知名品牌企业领导围绕主题进行了现场演讲。

贵州茅台酒股份有限公司董事长袁仁国在会议发言中指出：“社会责任是企业利益与社会利益的统一，与企业的经济、绩效成正向发展关系。企业应该依法生产，诚信经营，注重食品安全，推动中国酒业迈上更高的层次，营造中国酒类良好的竞争环境。”

保乐力加（中国）贸易有限公司亚洲公共事务副总裁沙万里进行了“21世纪酒类企业责任”主题演讲，向中国企业介绍了保乐力加在向消费者提供优质产品的同时，通过“反对酒后驾车”、支持文化事业等多种方式，倡导采取履行社会责任方面的有效措施。

会议期间，与会代表达成了共识，发布了《中国酒企业和社会责任宣言》，号召“广大企业应承担更多社会责任，加强对劳动者、资源、环境等利益相关者的利益保护；积极开展科学饮酒，理性消费的教育宣传，提倡科学饮酒，反对酒后驾车和未成年人饮酒等不良习惯，努力降低酒精危害；企业要承担质量安全第一责任人的法律责任，遵守政策法规，不生产不安全食品，不经营不合格产品；加强自律、诚信经营；爱护环境、节约资源”，拉开了倡导中国酒业勇担社会责任的序幕。

二、及时进行危机公关，全力维护行业利益

2008年，我国乳业经历了重大考验，三聚氰胺奶粉事件（业内号称为：中国乳品行业的“9•11”事件）给乳品行业带来灭顶之灾。企业资金困难，产品库存严重不足，市场低迷，消费信心不足的问题，至今未能得到很好的解决。十几亿的巨额赔偿使一些企业更加艰难。事件发生后，潘蓓蕾副会长主持召开八个食品行业协会的理事长、秘书长会议，要求从三鹿婴幼儿配方奶粉事件中警醒、自省，引以为戒，举一反三，防患于未然。根据潘部长的指示和食品管理中心的安排，协会利用各种机会向全行业广大企业宣传食品安全的重要性，帮助企业研究、解决生产中遇到的食品安全问题，让人民买得放心，喝得开心。从去年国家质检总局质量抽检的情况看，我国酒类产品的质量稳步提高，没有给政府和人民添麻烦。

但树欲静而风不止，2008年9月23日，网上突然出现“酒类产品抽查出致癌物质”的传闻：“传闻国家质检总局又抽查酒类产品，在贵州茅台、青岛啤酒、烟台张裕和中粮长城中发现了致癌物质亚硝酸钠。”受传闻影响，张裕A、青岛啤酒股票双双跌停，贵州茅台股票下跌9.43%，水井坊、泸州老窖、古井贡酒等9支酒类股也受殃及全部跌停，其余酒类股除伊力特外，跌幅都在8%以上。一场来势凶猛的行业危机和企业危机迫在眉睫，即将爆发。

传闻发生后，能否在第一时间进行辟谣，对遏制事态的发展至关重要，如果因为别人造谣而保持沉默的话，很可能会导致事态的进一步恶化。传言会因企业的缄默而快速演绎出许多版本，并且借助网络快速传播，使危机达到无法控制的地步，给行业和企业造成不可估量的损失。

协会在获悉消息后，连夜召开紧急会议，与国家相关部门和各相关企业联系、沟通，于当日晚23点左右，在协会网站和媒体杂志上发布《关于“酒类产品抽查出现致癌物质传闻”的通报》，进行了严正声明。指出近期国家质量监督检验检疫总局没有安排酒类产品检测工作；经与此记者联系，其未能提供信息来源，该消息来源不实；经权威机关检测该产品都显示并无致癌物质。

贵州茅台、青岛啤酒、烟台张裕和中粮长城也相继发布声明辟谣，表示产品不含亚硝酸钠。

2008年9月24日，国家质检总局在其官方网站上也声明：日前，国家质检总局没有对贵州茅台、青岛啤酒、烟台张裕和中粮长城进行抽查，这种说法与事实不符。

由于政府部门和协会及时参与，充分发挥政府、协会的权威性及公信力，企业产品过硬、反应快速和权威媒体的及时报道，事件发生90小时后，国家新闻总局就出面辟谣，打消了投资者和消费者心中的疑虑与恐惧，使事态得到了有效控制，股价很快站稳，大部飘红。

为了打击、惩处制造假新闻的违法违规行为，2008年9月25日，协会向国家质检总局和中宣部提交了《关于请求查处“酒类产品抽查出现致癌物质”虚假新闻的报告》。2008年9月28日，中宣部、广东省委宣传部要求中共深圳市委宣传部调查全景网刊登相关传言情况。经查：全景网在发布财经信息方面没有进行严格把关，但不是该消息的源头，操纵股市的证据不足、可能性不大。

2008年10月9日，广东省委宣传部对全景网进行了处理：责成全景网进行全面整改，整顿网站编发业务流程，完善内部审核机制，杜绝类似的情况再发生；并处以人民币1万元的罚款。到此，这场危机公关完美收场。

2008年10月中旬，国家质检总局来电指出，“四川省畜牧食品局在四川久源实业有限公司生产的DDGS中检出三聚氰胺，怀疑是其酒精生产工艺中使用了尿素作为氮源所造成”。接到电话后，酒精分会马上第一时间电话调研，组织专家分析、论证。并及时向国家质检总局、工业和信息化部上报了《关于在酒精生产中使用尿素作为氮源的有关问题的报告》，详细说明了正常酒精生产中使用尿素不会产生三聚氰胺。之后，国家卫生部委托国家处理三鹿牌婴幼儿奶粉事件领导小组办公室，组织专家召开了尿素在食品及酒精酿造工业中的使用情况调研座谈会，会上协会专家对酒精生产中使用尿素的安全性进行了说明，使得国家有关管理部门对酒精生产中尿素的使用与三聚氰胺问题区分开来。

同年10月，有人将6年前媒体刊登过的《国内葡萄酒业内人士向外界惊曝“洋垃圾”内情》的报道拿出来，并使用了更为蛊惑人心的题目——《比奶业地震更为恐怖的葡萄酒业》、《你敢喝国产葡萄酒吗》贴在网上。如果让这种虚假失实的文章继续传播，极有可能损害我国葡萄酒产业，影响酿酒葡萄种植农民及相关的产业，并有可能影响我国主要酿酒葡萄种植产区的社会稳定。对此，协会秘书处当即在网上予以澄清和反击，同时向国家质监总局、工信部、中宣部等国家有关部门积极反映情况，建议相关部门及时制止，遏制了别有用心的炒作。

在实施电子监管码管理问题上，协会自始至终站在行业和企业的立场上持反对意见，多次要求暂缓执行，现在这项工作已经叫停。

通过这些事件，我们体会到协会为行业、企业服务要体现到实处，为了行业和企业的利益，在关键时刻要敢于挺身而出，敢于运用自己的公信力和建立自己的公信力；面对危机要果断、迅速，不能瞻前顾后；为了行业的健康发展，协会应该尽快建立预警应急机制。

三、协助政府和企业共同抵御经济危机

受金融危机影响，从当年下半年开始，我国轻工业增长放缓，一些行业利润大幅下降，企业出现生存危机。轻工行业所遭受的困难，引起了党中央、国务院的高度关注。2008年11月19日，国务院总理温家宝主持召开国务院常务会议，研究部署促进轻纺工业健康发展的政策措施，确定了促进轻纺工业健康发展的6项政策措施。遵照国务院会议精神，协会在中轻联的领导下做了以下几方面的工作：

一是加强调研。开展调整出口退税对行业影响的调研，研究行业出现的新问题。酒精分会相继向国家部委报送了《关于恢复酒精产品出口退税政策的建议》、《中国酿酒工业协会对酒类出口退税率的意见》，为酒精行业争取优惠政策。

白酒分会先后到广东、辽宁、江苏、安徽、山东等省开展调研工作，与企业探讨、分析白酒行业整体经营状况和行业受危机影响的程度，积极组织行业企业应对经济危机。

二是加强联动。加强与发改委、工信部、科技部、环保部、国资委等国家有关部委的联动，加强与地方行业管理机构的联动，加强与产业集群的联动。通过加强联动沟通信息，协调关系，促进行业发展。

三是做好项目。参与制定《酿酒行业振兴规划2009—2011》、《酿酒行业食品安全检测设备升级专项申报材料》等工作，积极为行业和企业争取技改项目和专项资金。

据悉，目前《轻工业振兴三年规划草案》经工信部、国家发改委审议后上报国务院，有望于“两会”前后出台。

四、加强协会网站建设，提高服务能力

为了促进行业的信息化建设和提高协会的服务能力，2008年，我们对协会的网站进行了改版。通过近半年的努力工作，协会网站工作有了明显的起色，主要表现在以下几方面：

1. 办站宗旨更加明确

根据协会行业管理组织的性质，协会网站的办站宗旨是：办成展示协会形象的窗口；办成为行业、会员、消费者服务的平台；办成行业自律的工具，真正发挥“桥梁”、“纽带”的作用。

2. 特色更加明显

网站的特色是全面、专业、权威。力求做到内容涵盖所有的酒种，提倡百家争鸣；网站观点、论述中规中矩，有别于新闻、娱乐媒体；重要经济信息准确可靠，有根有据。

3. 内容日益丰富

目前，网站设有栏目28个，根据行业工作的需要，我们将不断进行增减。

4. 服务能力日益增强

在去年的抗灾救灾、奥运宣传、危机公关等工作中都发挥了作用。

5. 浏览量大幅增加

不到半年已有10万访问量（IP），150余万浏览量（PV），访问者以消费者居多。

协会的网站起步晚，很年轻，需要改进的地方很多。而协会最需要的是业界同仁的支持，只有大家都参与了，协会的网站才能办得鲜活、全面、有用、切合实际。现在网络都已经联通，但协会更希望的是思想的联通，工作的联通，信息的联通。今年，协会准备在网站开办两个栏目：一是《信息数据中心》，把行业有关数据和协会掌握的行业信息全部上网，今后凡是交纳会费的会员都可享用。二是《永不落幕的网博会》，免费为交纳会费的会员提供展示企业形象、产品的平台，沟通消费者的渠道，希望业界同仁踊跃参加。

五、分会的工作情况

一年来，各个分会按照年初的安排和政府、企业的要求做了大量的工作。

啤酒分会 组织召开了“啤酒分会第三届会员大会暨理事会”，“2005届国家级啤酒评酒委员年会”，“中国酿酒工业协会啤酒分会技术委员会2008年度扩大会议”；完成了啤酒工业循环经济重点技术的调研总结工作和年度啤酒行业统计工作；完善了《啤酒酿造工》、《酿酒师》和《品酒师》国家职业标准并编写教材等工作。

白酒分会 组织开展了“中国白酒169计划”项目研究，完成了白酒生产许可技术支持报告，《酒类产品甲醇、杂醇油质量安全检测与评估专项调查》报告等工作。

酒精分会 组织召开了2008年年会，2008年技术委员会年会，参与编写了《我国玉米加工业发展现状与展望》、《酿酒行业“十一五”科技发展需求》、《推动酒精行业节能减排、转变经济增长方式的综合性政策研究》、《酒精产品消费税现状和政策调整的可行性研究》、《酒精行业清洁生产专项》等技术报告。

葡萄酒、果露酒分会 召开了2008年国家级葡萄酒评委年会，果露酒企业税收座谈会，重新修订完成了《酒庄标志管理办法》，完成了葡萄酒、果露酒企业生产情况统计工作，制定了葡萄酒、果露酒酿造工、品酒师、酿酒师职业技能培训教材，召开了“和硕县葡萄产业发展论坛”等工作。

职业技能鉴定站 2008年1～12月底共鉴定24批，约3000人；编制、颁布了酿酒师、品酒师国家职业标准；开展了调酒师培训基础工作。开展了第二批行业信用评价，有15家企业通过评价。

总体来说，2008年是一个很不寻常的，令人难忘的一年，这一年既有痛苦，也有欢乐，这一年协会变得更加冷静、更加成熟、更加坚强、更加自信、更加渴望未来，希望2009年协会能够取得更好的成绩。

2009年中国酿酒行业综述

一、行业总体情况概述

近几年，我国酿酒行业发生了重大变革，在产业规模、技术改造、节能减排、产品质量、食品安全、人才建设、社会责任、经济效益等诸多方面都取得了较好的成绩。我国酿酒工业又迈上健康发展的坦途，也迎来了酿酒行业的第二个春天。

经过产业结构调整，白酒产量稳中有增，低度白酒有了较大的市场空间，品质稳定的优良白酒越来越受到消费者的青睐；啤酒产量稳步上升，连续八年居世界第一，风味向低浓度、低色泽、不同口味、多品种方向发展；葡萄酒产量多年来保持两位数的快速增长，全汁葡萄酒已成为主流，干型、半干型占到总产量的一半以上；黄酒克服地域界限，开始向北方扩张。

经过改革、改制，企业结构日趋现代化，以国营为主的单一所有制形式发生了很大变化，形成了外国独资、中外合资、国有、集体、私营等多种所有制并存的经济格局。经过并购、重组、强强联合，企业集团化正在形成。这些酿酒企业集团的形成壮大，引领和规范了行业的发展，成为行业的榜样和中坚。

不断完善标准体系，强化食品安全意识，健全食品安全检测检验体系，健全事故预防和应急处置机制，加快食品安全诚信体系建设，积极构建科学的食品安全体系，酒类产品的安全得到了充分的保障。

随着科学发展观的深入人心和企业技术改造力度的加强，全行业循环经济、清洁生产、节能减排的环保意识有了很大的加强。

二、行业经济运行情况分析

近几年，酿酒行业秉承以市场需求为导向，以满足消费为目标，在注重社会效益的同时，赢得了良好的经济效益。

2009年全国饮料酒总产量5188.56万千升，与2004年的4532.60万千升相比增长14.47%。

2009年全国发酵酒精产量731.74万千升，与2004年的304.33万千升相比增长140.44%。

2009年1～11月饮料酒和发酵酒精累计实现销售收入3762.38亿元，比2004年增长154.43%；实现利润360.26亿元，比2004年（104.08亿元）增长246.14%；上缴税金432.38亿元，比2004年增长85.21%。

总体来看，行业各项经济指标均有不同程度的增长，增速稳中有升，符合产业政策总的发展方向。

1、利润情况

多年来，行业在发展规模的同时注重效益的增长，利润总额2009年提高到了360.26亿元。其中啤酒提高到了73.11亿元；白酒提高到了234.89亿元；黄酒提高到了6.24亿元；葡萄酒提高到了27.69亿元；果露酒提高到了7.05亿元；发酵酒精提高到了11.27亿元。

综合分析，白酒、啤酒、黄酒、葡萄酒、果露酒增长都超过100%以上，特别是果露酒、白酒增长更为明显，分别接近或达到去年同期的3倍；从整体上看白酒和啤酒两大酒种的利润比重较大，白酒利润占行业65%以上；啤酒利润占行业20.29%。

2、上缴税金情况

酒类产品的税收总额也有了明显的增加。税收总额2009年提高到了432.38亿元，其中啤酒提高到了159.29亿元；白酒提高到了222.51亿元；黄酒提高到了5.94亿元；葡萄酒提高到了20.29亿元；果露酒提高到了7.41亿元；发酵酒精行业上缴税金也上升到16.93亿元。白酒、啤酒两大行业的税收总额均超过100亿元，二者合计占行业比重达88.30%，是酿酒行业的纳税大户；从增长速度看，较快的是发酵酒精、果露酒、白酒和葡萄酒。

酿酒行业利税总额超过700亿元，达到792.64亿元，几近800亿元，这是多年来行业同仁共同努力的结果。

3、销售利润率情况

酿酒行业在加大规模、提高产品质量的同时，注重经营，积极开拓市场，饮料酒和发酵酒精销售利润率在2009年升至9.58%。分酒种来看，白酒行业毛利率提高幅度最大，果露酒行业次之，接下来是啤酒行业，葡萄酒和发酵酒精销售利润率分别提高1.12和0.81个百分点；黄酒销售利润率提高幅度最小，但也达到0.5个百分点。从毛利率看，依然是白酒和葡萄酒毛利率最高，均达到12.5%左右。发酵酒精由于属于中间产品，毛利率较低，为3.02%。

4、资产负债率情况

酿酒行业资产负债率情况更加趋于合理和减少负债，全行业总资产负债率2009年减少至50.76%。发酵酒精行业下降至67.74%；白酒行业下降至43.31%；啤酒下降至54.51%；黄酒下降至50.41%；葡萄酒提高到55.28%；果露酒提高至58.13%。

可以看出，这几年果露酒行业资产负债率由不足40%迅速提高到接近60%，提高幅度高达20个百分点，说明企业投资者已经由谨慎转为乐观，对未来前景普遍看好；另外，葡萄酒行业资产负债率也略有上升；其他酒种都有所降低，以白酒行业下降最为明显，2009年白酒行业资产负债率为43.31%，行业整体债务情况良好；还值得关注的是，发酵酒精行业资产负债率由70%以上下降至67.74%，说明行业朝着更加稳健的方向发展。

5、进出口情况

加入WTO以来，进口酒关税逐步下调，为洋酒进入中国市场创造了机会，特别是2008年下半年以来的金融风暴，使得国外酒商纷纷把目光转向中国市场，我国酒类产品进口特别是葡萄酒进口的数量和金额大幅攀升，2009年我国酒类产品进口额高达1047万美元；而受消费需求限制，以及金融危机影响，我国酒类产品出口形势不甚乐观，2009年出口金额仅370万美元。但是与2004年相比，我国酒类产品进出口金额五年来都有大幅提高。与2004年相比，酒类产品进口金额由246万美元提高到1047万美元；出口金额由197万美元提高到370万美元。不容忽视的是，我国酒类产品出口数量占国内产量的比重很低，而且产品出口价格偏低，出口国家和地区单一，以周边亚洲地区为主，欧美主流市场仍未进入。这是我国酿酒行业值得思考和关注的问题。

从上述经济运行数据可以看出：骨干酒类生产企业依靠自己强大的经济实力和科研实力，深入开展科学技术研究，通过产品结构的调整，满足了广大消费者的需要，增强了企业的竞争能力，也提高了企业的经济效益。全行业更加注重投入产出效率、资源利用和环境保护的关系。目前，全行业转变经济增长方式的趋势良好。

2009年中国酿酒工业协会工作情况

多年来，协会以服务为核心，努力适应新形势、新要求，着力推进政府与企业沟通机制，深入开展行业调查研究，积极向政府部门反映行业、会员诉求，提出行业发展和立法等方面的意见和建议，参与相关法律法规、宏观调控和产业政策的研究、制定，参与制订、修订行业标准和行业发展规划等工作。在协会工作能力建设、为会员以及行业服务两方面，较好地完成了三届理事会设定的目标。

一、积极构建酒类产业安全体系，切实提高行业安全水平

食品安全事关人民群众身体健康和生命安全，事关经济发展与社会和谐。为提升酒业安全水平，协会从完善标准体系，健全食品安全检测检验体系，健全事故预防和应急处置机制，加快食品安全诚信体系建设入手，积极构建科学的食品安全体系。

1. 积极促进完善行业标准体系

加强我国酒类标准体系建设，为我国酒类产业的健康发展提供了重要的支撑，在酒类产业国际化进程中起到了关键作用。为此，协会以筹建和发展全国酒类专业标准化技术委员会为契机，在国家标准化管理委员会统一领导下，与国家饮料酒标准化中心通力合作，全力支持各分委会秘书处承担单位筹备成立了全国酿酒标准化技术委员会、全国食品标准化技术委员会、全国酿酒标准化（啤酒、葡萄酒、酒精、黄酒）分技术委员会以及全国白酒标准化技术委员会、全国白酒标准化技术委员会分技术委员会的过程中（包括：浓香型、酱香型、清香型、豉香型、凤香型、米香型、老白干香型、特香型），搭建酒类标准化技术平台，理顺标准制（修）订沟通协调渠道，加强完善标准，为行业发展、品牌建设、技术创新、百姓消费和市场监管等方面提供服务。

这几年，协会起草、参与制（修）订和正在制（修）订的标准有：

基础类：《饮料酒分类》、《预包装饮料酒标签通则》等。

原辅料类：《啤酒大麦》、《啤酒花制品》、《食用酒精》等。

管理类：《啤酒企业HACCP实施指南》、《黄酒企业良好生产规范》、《葡萄酒企业良好生产规范》、《啤酒企业良好操作规范》等。

产品类：《啤酒》、《黄酒》、《奶酒》、《葡萄酒》、《地理标志产品 通化山葡萄酒》、《地理标志产品绍兴酒(绍兴黄酒)》、《地理标志产品 烟台葡萄酒》、《地理标志产品 昌黎葡萄酒》、《地理标志产品 沙城葡萄酒》、《地理标志产品 贺兰山东麓葡萄酒》、《白兰地》、《威士忌》、《伏特加（俄得克）》等。

分析方法类：《啤酒分析方法》、《果蔬汁、果酒中512种农药及相关化学品残留量的测定 液相色谱-串联质谱法》、《酒精通用分析方法》、《蒸馏酒与配制酒卫生标准的分析方法》、《发酵酒及其配制酒卫生标准的分析方法》、《葡萄酒、果酒通用分析方法》、《蜂蜜、果汁和果酒中497种农药及相关化学品残留量的测定 气相色谱—质谱法》、《蜂蜜、果汁和果酒中420种农药及相关化学品残留量的测定 液相色谱—串联质谱法》等。

环保及综合利用类：《取水定额 第6部分：啤酒制造》、《取水定额 第7部分：酒精制造》、《啤酒工业污染物排放标准》等。

卫生类：《发酵酒卫生标准》、《发酵酒及其配制酒卫生标准的分析方法》等。

参与的白酒标准有：《白酒工业术语》、《地理标志产品 舍得白酒》、《地理标志产品 沱牌白酒》、《地理标志产品 国窖1573白酒》、《白酒企业良好生产规范》、《白酒中锰的测定 电感耦合等离子体原子发射光谱法》、《浓酱兼香型白酒》、《玻璃容器 白酒瓶》、《白酒厂卫生规范》、《白酒分析方法》、《白酒检验规则和标志、包装、运输、贮存》、《浓香型白酒》、《清香型白酒》、《米香型白酒》、《凤香型白酒》、《豉香型白酒》、《液态法白酒》、《固液法白酒》、《特香型白酒》、《芝麻香型白酒》、《老白干香型白酒》、《蒸馏酒及配制酒卫生标准》、《蒸馏酒与配制酒卫生标准的分析方法》。

参与《清洁生产标准》——白酒制造业、啤酒制造业、葡萄酒制造业、酒精制造业的标准起草和修订工作。

承担了《酿造工》、《酿酒师》、《品酒师》等国家职业标准的起草制定工作。

2. 逐步探索建立具有酒行业特色的信用体系

诚实守信是市场经济的基础，是完善社会主义市场经济和构建社会主义和谐社会的客观要求，诚信体系建设已成为维护正常经济秩序的重要条件。2009年，工业和信息化部会同发展改革委、监察部、农业部、商务部、卫生部、工商总局、质检总局、食品药品监管局等部门共同发布了《食品工业企业诚信体系建设工作指导意见》，行业诚信体系建设工作将发挥更大的作用。

3. 推动企业进一步完善食品安全检测检验体系

随着国家对食品安全监管的日益严格和企业自身食品安全意识的提升，建立健全企业食品安全检测检验体系已经成为行业发展的又一重要课题。协会在2008—2009年开展了专项调查、研究和课题申报工作。协会以建议政府出资重点加强酒行业食品安全检验检测中心建设，使其基本达到具有定量检测农药残留、药物残留、重金属残留、激素类药物、添加剂等食品安全项目检测的手段和能力为目的，制定了《酿酒行业食品安全检测设备升级方案》，《方案》上报至国家发改委和工信部，得到了有关部门的高度重视。

4. 完善酒行业应急机制，全力维护行业利益

为加强酿酒行业食品安全建设，切实提高行业质量安全水平，根据国务院《重大食品安全突发事件应急处理办法》和国家质检总局“建立食品安全突发事件的风险预警和应急处理机制”等要求，协会各分会分别建立了各酒

种“酒类风险预警和应急处理机制”，变“被动应对”为“主动干预”，对酒类产品质量安全问题做到早发现、早预警、早控制和早处理。

5.积极配合卫生部等九部委开展全国打击违法添加非食用物质和滥用食品添加剂专项整治活动

为了严厉打击在食品中违法添加非食用物质的行为，清理、规范食品添加剂市场，整顿食品中滥用食品添加剂的行为，卫生部等九部委在认真吸取三鹿牌婴幼儿配方奶粉重大食品安全事件教训的基础上，开展了全国打击违法添加非食用物质和滥用食品添加剂专项整治活动。协会按照有关部署，组织企业开展自查活动，召开白酒、啤酒、葡萄酒、黄酒等行业的食品添加剂和加工助剂申报工作座谈会，查找、收集、整理相关助剂的来源、分子结构、化学名称、使用量、残留量、国内外安全性评价资料、国外允许使用的法规证明文件、检测方法及标准等。最终，根据卫生部的要求，在广泛征求行业意见的基础上，提出了《酿酒工业用加工助剂使用名单》(包括已列入GB 2760附录C和未列入GB 2760附录C的加工助剂名单)和《酿酒行业传统工艺一直沿用但未经批准的添加物质》(包括拟申请新的食品添加剂和扩大适用范围、使用量和拟申请新资源食品类)名单。全力解决多年来行业食品添加剂、加工助剂的使用问题和市场纠纷，消除酒行业生产过程中的食品安全隐患。

二、积极开展调研、组织活动，促进完善法律、法规体系

为了及时向酒界人大代表反映协会调研收集到的行业比较普遍、突出的问题，促进酒行业的全国人大代表互相熟悉、加深了解，通报协会呼吁立法的有关情况，协会在2009年3月邀请在京酒行业全国人大代表进行座谈。通报了近几年的工作情况，共同探讨了协会今后的工作思路。青岛啤酒股份有限公司董事长金志国介绍了自己已经准备好的人大代表议案——《关于加快制定〈中华人民共和国酒法〉的议案》，参会代表对金志国代表的议案表示非常赞同，所有在场的人大代表当即在议案上签了字，并表示全力支持建立《酒法》。酒行业人大代表对协会这种做法表示肯定。

随后，协会应全国政协邀请，参加了由全国政协、商务部、发改委、国务院法制办、国家质检总局、国家税务总局等多部门及全国政协提案委员会组成的全国政协推进酒类立法调研组，赴四川省成都市、泸州市、宜宾市，山东省青岛市、烟台市、济南市，就推进酒类立法工作开展调研。调研组以召开座谈会和实地调研相结合的方式，广泛听取了政府部门、酒类企业、有关专家及地方政协对我国酒类行业管理和立法工作的意见和建议，就提高我国酒类管理的法制化水平进行了深入的研讨。协会通过参与调研活动，加强了与政府部门的沟通，也提高了行业服务水平。

同时，工信部、商务部等部门也多次向协会征求制定《酒法》、《白酒法》等的有关意见，协会将调研所获信息与政府部门进行了详细汇报和沟通，已经得到了政府部门的高度重视。

三、促进行业人才队伍建设，完善行业人力资源体系

为进一步贯彻落实《中华人民共和国劳动法》和《中华人民共和国职业教育法》，根据《国务院关于大力推进职业教育改革与发展的决定》（国发[2002]16号）要求，协会以职业技能培训与鉴定为依托，突出表彰行业高、精、尖人才的导向和教育激励作用，逐步提高行业人力资源水平。

（1）以表彰行业高、精、尖人才为手段，激励行业高级人才培养。

（2）逐步完善职业技能培训、鉴定体系。

（3）举办白酒、啤酒、葡萄酒品酒职业技能竞赛。

四、加强技术保障体系，促进行业科技创新

协会现有11个分支机构和3个业务部门。各分支机构根据协会工作安排，结合酒种特点和行业实际情况，通过开展技术交流、专题研讨、现场会商、项目评审，召开发展论坛、研讨会等多种形式为行业提供技术服务。

2009年，协会如期完成了酒精分会、啤酒分会、白酒分会、葡萄酒分会、果露酒分会、黄酒分会技术委员会的年会、技术活动和工作会议，召开了酒精分会、啤酒分会、白酒分会、葡萄酒分会、果露酒分会、黄酒分会评酒委员年会（培训会），形式多种多样，内容丰富多彩。与此同时，协会按照各酒种《国家级酒评酒委员管理细则》规定，在开展评酒委员培训，召开评酒委员年会的基础上，努力开展多种形式的品（评）酒活动，积极提高评酒委员的突出作用。其中，葡萄酒分会、果露酒分会和市场

专业委员会在2009年联合召开会议，将评酒委员与市场营销人员相结合，相互交流、相互学习，互相促进。这种技术人员和营销人员互动的形式得到参会代表的一致好评，很多代表建议今后多搞这样的活动。根据企业的提议，协会将继续探索在评酒委员年会过程中开展形式多样、而且新颖的评（品）酒活动。

五、规范健全酒类生产许可制度，强化酒类生产经营许可管理

为了保障酒类产品食品安全，遏制假冒伪劣泛滥，保护消费者合法权益，提高全行业经济利益，国家质监总局在全国开展了产品生产许可证制度。协会根据与国家质检总局签订的《白酒生产许可证技术服务合同》、《酒精生产许可证技术服务合同》要求，组织了对白酒、酒精产品生产许可证实施细则的修订；白酒、酒精产品技术资料编写；完成了《白酒、酒精行业内存在的质量隐患和质量安全问题的调研及试验分析报告》；《酒类产品甲醇、杂醇油质量安全检测与评估专向调查报告》等工作。参与起草和修订了《啤酒生产许可证审查细则》、《其他酒生产许可证审查细则》。完善行业的生产许可证制度，为实现我国以法治酒、从源头进行治理提供了技术保障，为我国酒行业持续健康发展奠定了新的良好的基础。

同时，应商务部要求，协会抽调人力、物力，与商务部所属机构共同完成了《酒类商品批发经营管理规范》、《酒类商品零售经营管理规范》和《酒类流通管理办法》的起草和完善工作。两个规范对酒类批发、零售企业的经营范围、经营资质、质量控制等作了明确规定，提高了准入门槛。《酒类流通管理办法》是酒类流通行业的第一部全国性规章。该办法的实施及“QS”标志、酒类随附单制度的执行，有力地规范了酒类流通秩序，促进了酒类市场有序发展，维护了国家利益，保护了酒类生产者、经营者和消费者的合法权益。

六、积极促进转变经济发展模式

（1）2009年9月，由国家工业和信息化部、中国轻工业联合会主办、中国酿酒工业协会承办的酿酒行业推行清洁生产现场交流会在广州珠江啤酒集团公司召开。会议通过树立清洁生产典型企业、总结清洁生产经验、加强企业交流，推动酿酒行业清洁生产工作迈向新台阶。

（2）参与编写了《我国玉米加工业发展现状与展望》、《酿酒行业“十一五”科技发展需求》、《推动酒精行业节能减排、转变经济增长方式的综合性政策研究》、《酒精行业清洁生产专项》等技术报告。

（3）参加国家环保总局《国家先进污染防治示范技术名录》和《国家鼓励发展的环境保护技术目录》的编制工作，将啤酒行业的10项内容列入目录。

（4）与北京工商大学等单位，组织相关技术工作人员50多人，开展了调查工作，完成了白酒、啤酒、果露酒、黄酒和酒精行业的产排污系数制定工作。为我国第一次全国污染源普查，提供了产排污系数，能够及时、准确地测算相应行业的污染物产生量和排放量。

七、完善行业服务体系，全力维护行业利益

1.夯实服务基础，加强协会自身建设

协会根据《工业和信息化部关于充分发挥行业协会作用的指导意见》（工信部产业[2009]126号）等相关文件精神，围绕加强协会制度建设、组织建设、思想素质建设，强化自律、深化改革等多个方面开展工作，努力形成一套真正适合我国酒行业工作实际的协会服务体系，达到了三届理事会的预期目标。

2.加强思想建设、作风建设，提高协会服务意识

协会在思想建设上，认真贯彻落实“三个代表”、“科学发展观”等重要思想，自觉把协会工作置于建立和谐社会的目标之中，置于走新型工业化道路的要求之中，努力转变思想观念，增强责任感、危机感和紧迫感，树立干事创业的意识，把促进行业先进生产力发展作为协会工作的出发点。2009年4月28日，经中轻联党委批准，成立了中国酿酒工业协会党支部，以协会党支部为核心，定期组织学习科学发展观等重要思想，学习市场经济的基本理论和管理理论，加强思想作风建设，以提高秘书处全体人员为我国实现社会主义现代化服务、为酒行业服务、为会员服务的自觉性。

3.加强基础条件建设、制度建设保障协会服务水平

为了提高协会服务效率和质量，在第三届理事会期间，协会逐步改善办公环境和条件，及时配备先进的办公设备、建立电子信息网站等，初步实现办公集中化和自动化，大大提高了办公效率。与此同时，协会逐步健全秘书处工作制度、财务管理制度、考核和奖惩激励办法等，努力形成高效率、高质量的工作状态，保证了协会的服务水平。

4.加强组织建设、人才队伍建设，提高协会综合服务能力

协会在充分发挥员工主观能动性、调动团队积极性的基础上，一方面加强团队建设，不断优化团队的学历、能力、性格、年龄结构，引进了十余名青年骨干力量。另一方面，经国家民政部2009年4月10日以民社登[2009]1115号《社会团体分支（代表）机构登记通知书》批准，成立了市场专业委员会和啤酒原料专业委员会，并分别于2009年7月4日和10月20日召开了市场专业委员会和啤酒原料专业委员会成立大会。

5.加强行业调研，重视会员发展，完善会员服务和管理工作

协会一直致力于为会员提供优质、高效的服务，把调研活动作为一项工作制度，通过经常性的调研活动，充分接近企业，了解行业实际，倾听企业要求。

6.以服务为中心，提倡协商机制，充分发挥桥梁和纽带作用

定期召开协会及分会会员代表大会、理事会、常务理事会、理事长办公会。严格执行会员代表大会、理事会授权下，常务理事会和理事长办公会议作出决定、秘书处贯彻落实的工作机制，努力把协会真正办成会员之家。同时，定期召开全国酒协秘书长会议，密切与各省兄弟协会的工作机制。

八、拓展协会服务职能，切实履行好服务企业的宗旨

1.关注特色区域建设

协会为了提升重点产区的知名度，规范荣誉称号的命名，增强其权威性及透明度，根据一些政府、地方协会的要求及中国轻工业联合会的部署，制定了《关于授予中国酿酒行业特色区域荣誉称号的行业规范》。

2009年7月，中国轻工业联合会委托中国酿酒工业协会牵头组成考察组到宜宾实地考察3个月后，根据相关标准和程序严格评估后，协会与中国轻工业联合会联合共同授予宜宾“中国白酒之都”荣誉称号。

2009年，授予青岛市红酒坊特色街区“中国（青岛）国际葡萄酒街”荣誉称号。

2.推进行业原料基地和市场建设

协会组织召开了“中国酿酒工业协会啤酒原料专业委员会成立大会暨产业发展论坛”、“中国啤酒原料报告会”、“中国酿酒工业协会市场专业委员会成立大会暨首届CIADE酒业市场论坛”、“中国顶级酒商领袖联席会议”、“中国国际葡萄酒峰会暨首届中国国际葡萄酒技术贸易与投资年会”等多次专题活动。通过活动加强行业交流，讨论事关行业市场和原料基地建设的现状及发展前景的问题。

3.夯实基础，奋力突进酒行业信息化

协会在2009年4月17日，在山东泰安顺利召开首届全国酿酒行业信息工作会，发布了《中国酿酒工业协会关于推进行业信息化工作的指导意见》和《中国酿酒工业协会信息员工作细则》。

从2006年开始创办中国酿酒工业协会官方网站。目前，网站设有栏目28个。2009年，协会网站又新开两个栏目，一是《永不落幕的酒业网博会》，二是《中国酿酒工业协会信息中心》。网站及时了解全国酒行业生产运行态势，为会员企业日常经济决策提供依据。

4.办好期刊杂志，充分利用纸质媒体资源服务行业

《会员通讯》、《酒精》、《中国黄酒》、《中国酿酒工业行业信息》等作为行业内部的交流资料深受企业欢迎。

继续办好《啤酒科技》等行业公开发行刊物基础上，积极申请创办《酒》杂志等行业科技类期刊。

5.做好数据统计，为行业发展服务

建立完善行业统计队伍建设，组织行业统计交流活动，及时向政府部门上报行业情况，发行年度行业研究报告。

6.开展构建和谐企业、和谐社会活动

协会召开了全国酿酒行业劳动关系和谐企业表彰大会，大会向66家酒类企业颁发了“全国酿酒行业劳动关系和谐企业”证书和奖牌。在全国范围内开展这样的活动，酒行业尚属首例。

2008年白酒行业综述

2008年是不平凡的一年，受特大地震灾害和世界金融危机的影响，我国经济发展速度明显趋缓，白酒行业面对日益严峻的形势，积极响应国家号召，发挥自身优势，努力扭转不利局面，取得明显效果，保证了2008年白酒行业发展继续保持稳步、和谐、向前。

一、行业经济运行状况

2008年，我国白酒行业各项经济指标继续保持平稳增长，总体运行良好：

从产量情况看（表1），白酒行业2005—2008年连续4年实现快速增长，产业结构调整效果明显。2008年白酒行业完成产量569.34万千升，同比增长15.79%。产量超过10万千升的地区有15个，分别是：四川省、山东省、河南省、辽宁省、湖北省、江苏省、安徽省、内蒙古自治区、河北省、贵州省、北京市、吉林省、江西省、重庆市、山西省。全国产量区域差异明显，传统产酒大省依然占据行业主导地位。

表1 2008年全国各区域白酒产量

单位：千升

序号	省份	产量	增长率	序号	省份	产量	增长率
1	北京市	175649.08	15.79%	16	河南省	579039.30	13.98%
2	天津市	46477.09	20.51%	17	湖北省	323903.67	58.87%
3	河北省	199863.49	17.18%	18	湖南省	66273.86	52.48%
4	山西省	102057.40	10.73%	19	广东省	98535.83	13.40%
5	内蒙古自治区	242945.50	12.68%	20	广西自治区	36485.00	57.29%
6	辽宁省	431717.18	15.75%	21	海南省	7364.00	45.48%
7	吉林省	168106.31	27.45%	22	重庆市	102111.27	10.49%
8	黑龙江省	91722.00	-1.15%	23	四川省	1117602.77	29.42%
9	上海市	6729.00	-1.67%	24	贵州省	183503.47	22.22%
10	江苏省	295008.02	22.57%	25	云南省	37375.00	9.72%
11	浙江省	26206.47	11.09%	26	陕西省	69246.92	36.89%
12	安徽省	290052.78	-15.06%	27	甘肃省	26904.40	22.95%
13	福建省	23882.94	18.57%	28	青海省	10399.00	26.80%
14	江西省	116670.72	116.60%	29	宁夏自治区	6444.30	4.17%
15	山东省	765515.45	-0.31%	30	新疆自治区	45647.00	-8.97%

注：国家统计局数字应是全国规模以上企业数字，但本表含规模以下企业281家数据。

从销售情况看（表2），2008年白酒行业实现销售收入1574.85亿元，同比增长27.79%，依然保持较高的增长率，全国规模以上企业中高档白酒销量增长迅猛。这说明：一是全国规模以上白酒企业产品结构调整效果明显，注重发展企业文化和品牌文化，生产、营销方式更趋成熟和理性；二是科学饮酒、健康饮酒、快乐饮酒的文化理念逐渐被我国酒类消费者所认同，适量喝酒、喝好酒的消费方式对名优白酒的消费产生了积极影响。

表2 2008年全国各区域白酒销售情况

单位：千元

序号	省 份	销 售 额	增长率	序号	省 份	销 售 额	增长率
1	北京市	2054098	36.39%	16	河南省	11192262	37.59%
2	天津市	687270	28.95%	17	湖北省	9308544	49.79%
3	河北省	4433740	46.43%	18	湖南省	2021505	45.16%
4	山西省	2549238	-6.17%	19	广东省	1703703	34.28%
5	内蒙古自治区	4615188	27.98%	20	广西自治区	566457	48.84%
6	辽宁省	3702676	65.62%	21	海南省	92243	-2.67%
7	吉林省	2493930	29.51%	22	重庆市	1303076	15.06%
8	黑龙江省	1300324	1.78%	23	四川省	54151281	21.75%
9	上海市	70640	29.31%	24	贵州省	12399506	48.63%
10	江苏省	8551399	31.33%	25	云南省	211061	52.30%
11	浙江省	272420	10.40%	26	陕西省	1987163	20.06%
12	安徽省	8722034	15.85%	27	甘肃省	905067	21.71%
13	福建省	773541	108.88%	28	青海省	267883	51.23%
14	江西省	3293278	35.10%	29	宁夏自治区	173512	44.11%
15	山东省	16660092	18.32%	30	新疆自治区	1022166	13.59%

从利润和税金情况看（表3和表4），2008年1～11月白酒行业实现利润186.43亿元，同比增长36.79%；实现税金178.60亿元，同比增长19.64%。利润增长率依然较高，但对比2007年，增长速度略有放缓；税金增长率较2007年也有小幅回落。

2008年白酒行业利润和税金增速小幅回落的原因是多方面的，主要表现在：一是生产原料上涨，劳动生产成本升高，导致白酒行业利润率回落；二是销售成本、管理费用增加。目前，白酒行业成本结构中产品销售成本比例较高，占到63.29%；销售费用比例为8.50%；管理费用比例为6.05%。

骨干企业2008年经济效益更加突出，销售收入超过10亿元的企业有20家，比2007年销售排名前20位企业的销售额净增63.64亿元，这20家企业的销售收入总额为711.85亿元，占全行业销售总额45.20%；利润总额2008年超过1亿元的企业有19家，而2007年只有10家，这19家企业的利润总额为143.24亿元，其中茅台、五粮液、泸州老窖三家企业利润合计114.48亿元。由此可见，2008年骨干企业主导行业作用更加显著。

表3 2008年1～11月全国各区域白酒利润情况

单位：千元

序号	省 份	利 润	增长率	序号	省 份	利 润	增长率
1	北京市	126547	31.95%	10	江苏省	722963	35.08%
2	天津市	36772	67.17%	11	浙江省	39830	-25.06%
3	河北省	235213	18.44%	12	安徽省	552257	43.71%
4	山西省	351087	-33.46%	13	福建省	7991	-64.63%
5	内蒙古自治区	214751	23.80%	14	江西省	220558	26.70%
6	辽宁省	180381	97.54%	15	山东省	973485	32.90%
7	吉林省	61097	31.99%	16	河南省	1175564	46.85%
8	黑龙江省	71685	82.46%	17	湖北省	317306	101.11%
9	上海市	1861	275.20%	18	湖南省	38127	-51.22%

序号	省 份	利 润	增长率	序号	省 份	利 润	增长率
19	广东省	117639	53.59%	25	云南省	10057	-144.85%
20	广西自治区	50640	63.35%	26	陕西省	69751	25.75%
21	海南省	94	17.50%	27	甘肃省	62584	4777.94%
22	重庆市	73244	71.16%	28	青海省	44284	131.80%
23	四川省	6496954	23.93%	29	宁夏自治区	16100	67.90%
24	贵州省	6229678	58.29%	30	新疆自治区	144547	39.46%

表4 2008年1～11月全国各区域白酒税金情况

单位：千元

序号	省 份	税 金	增长率	序 号	省 份	税 金	增长率
1	北京市	510702	17.45%	16	河南省	744246	33.86%
2	天津市	175314	43.34%	17	湖北省	515569	16.72%
3	河北省	492240	17.46%	18	湖南省	166100	3.32%
4	山西省	640415	-2.58%	19	广东省	458960	21.62%
5	内蒙古自治区	498728	26.42%	20	广西自治区	126037	24.83%
6	辽宁省	147497	28.34%	21	海南省	3553	-33.04%
7	吉林省	104422	8.37%	22	重庆市	96372	24.94%
8	黑龙江省	138122	2.55%	23	四川省	5368846	19.06%
9	上海市	8381	20.31%	24	贵州省	2313662	27.35%
10	江苏省	1198959	39.06%	25	云南省	33322	103.88%
11	浙江省	18891	10.07%	26	陕西省	279243	-6.57%
12	安徽省	1186936	30.90%	27	甘肃省	100027	-15.41%
13	福建省	68417	2.34%	28	青海省	46728	33.54%
14	江西省	534724	14.86%	29	宁夏自治区	10109	-18.08%
15	山东省	1733260	11.27%	30	新疆自治区	140410	-3.13%

总体看来，2008年一方面由于国家宏观调控的积极作用，另一方面由于企业自身抗风险能力的加强以及白酒出口量小的原因，使自然灾害和金融危机没有对我国白酒业造成明显影响（详见图1、2、3）。白酒行业经济实现持续平稳的增长，生产逐渐规范，市场流通逐步回归理性，在产业结构调整、优化产品结构、转变经济增长方式等方面得到进一步加强，在科学生产、资源合理利用、提高效率等方面取得显著效果，这些都在行业整体的抗风险能力上得到集中体现。

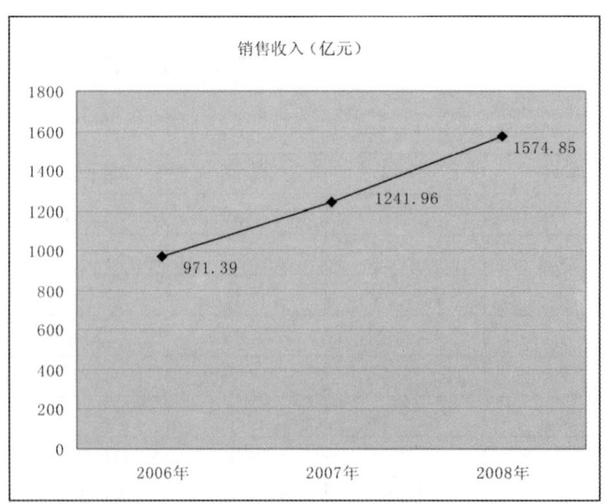

图1 2006年、2007年、2008年白酒行业销售收入

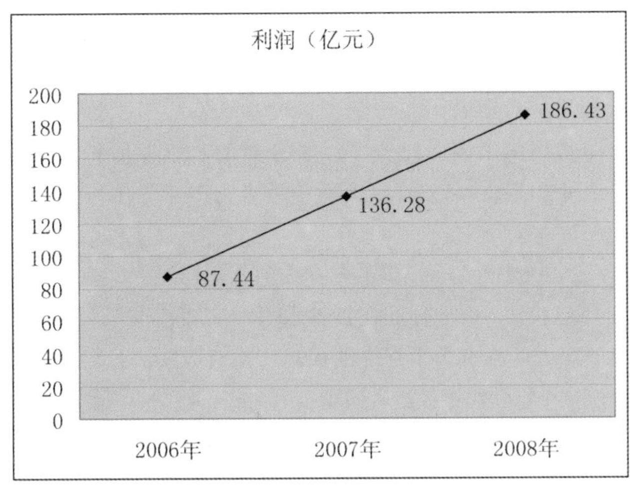

图2 2006年11月、2007年11月、2008年11月
白酒行业利润总额

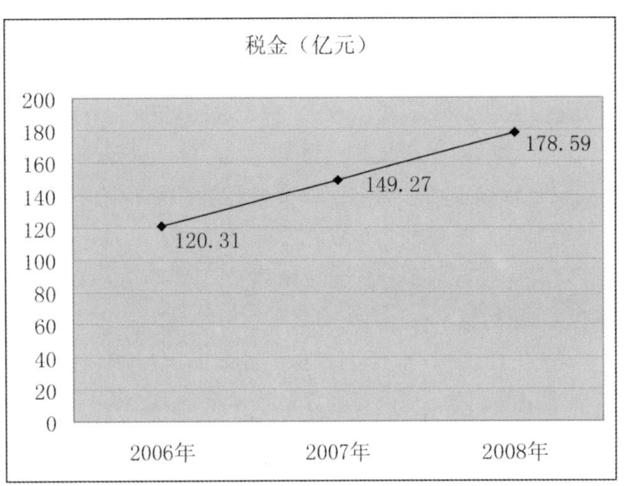

图3 2006年11月、2007年11月、2008年11月
白酒行业税金总额

二、白酒行业2008年度特点、问题

1.2008年白酒行业特点分析

（1）宏观政策促使白酒企业严控质量，企业社会责任感增强 2008年乳制品行业“三聚氰胺”事件的爆发引起全社会对食品安全问题的高度关注，国家加强了对食品行业的监管力度。白酒产品作为重要监管对象之一，小企业被纳入“小酒坊”管理，对假冒伪劣产品的打击力度逐步加大。国家对白酒产品标签以及添加剂的控制更加严格，随着业内对《食品安全法（草案）》不断深化执行，各地白酒企业普遍将严控产品质量作为2008年的工作重点。

另一方面，白酒企业的社会责任感空前高涨。尤其是在抗震救灾中，白酒企业踊跃捐款捐物，在社会上形成了良好的舆论影响，白酒行业声誉大幅提升。此外，各地白酒企业还积极承担社会责任，热心参与组织公益活动，企业美誉度同步提高。宏观环境与行业氛围共同推动着白酒行业的稳步发展。

（2）注重内部改革以应对外部危机，白酒技术装备水平进一步提升 为化解金融危机带来的不利影响，很多白酒企业不断调整自身战略，通过实施多元化的发展来增加盈利点，同时，加大科研力度，通过提升科技含量来赋予产品高附加值，增强市场竞争力。另外，白酒企业普遍从内部求变，不断进行体制创新，加大对技能型人才的培养，精心规划，严控环节，提高生产效率，实现资源利用的最大化，进一步降低企业成本输出。2008年，白酒企业在保护知识产权方面开展了大量工作，已有16家企业的独特酿造技艺被先后认定为“国家级非物质文化遗产”。广大企业还积极参与到行业标准化建设的工作当中，随着“中国白酒169计划”的深入开展，“年份酒”等一系列问题逐步得到解决。

针对此次金融危机，国家注入4万亿支持资金，其中一部分将用于落后行业的技术改造，酿酒行业正在积极争取相应的资金支持。同时，国家在2008年对增值税进行了一系列调整，鼓励企业进行技术改造与创新，提高企业的技术装备与劳动效率。利用这一契机，各地白酒企业主动进行内部设备的改造升级，扩建窖池，新增储酒罐，更新灌装线。企业的原酒生产、储存能力大大增强，行业整体技术装备水平得到了进一步提升。同时各省之间的技术交流十分频繁，如川、苏、鲁、豫、皖、鄂等省的白酒企业间多次组织大规模参观互访，对不同区域、不同风格的白酒生产特点进行了认真的分析探讨，形成了一系列宝贵的理论成果，对下一步的实际生产具有重要指导作用。

（3）资本运作趋势明显，针对二线品牌的整合力度加大 2008年，白酒行业的品牌整合进程加速，业内的成熟品牌企业开始以资本运作为手段，加速优化市场布局，提升自身品牌的综合实力。业外资本特别是海外资本进一步渗透入白酒行业，积极参与业内品牌整合。一线企业不论是资金还是技术都能够自足，对外资的需求并不强烈，但希望借助海外资本的渠道优势涉足全球市场，加速品牌、管理、营销等各方面的国际化进程。而海外资本则力图迅速切入中国高端白酒市场，因而将资本运作的目标集中在一线名优白酒品牌。以此为基础，二者间的整合博弈正处于发展期。

相比于对外部资金的需求，一线白酒品牌布局全国的愿望十分强烈，在市场渗透难度大、费用高的情况下，一线白酒品牌倾向于直接并购强势区域品牌，以资本运作的方式整合目标市场。而二线酒类企业在经济紧缩的大背景下普遍面临严峻挑战，在资金方面存在较大压力，对资本运作、品牌整合的主观愿望越来越强。所以，以二线白酒品牌为对象的资本运作行为力度有所加大。

品牌间的有效整合，有利于提升品牌层次，打造航母式的白酒品牌，从而提高行业整体竞争力，这一趋势在2008年已经初见端倪

（4）企业大力推广文明健康的新型酒文化 随着整体经济形势下滑，白酒行业销售形势日益严峻，特别是高端产品受到强烈冲击，销量明显萎缩。针对这种现象，生产企业在市场营销中大力传播健康、文明的理念，积极树立白酒产品、白酒行业的健康形象。同时，消费者的消费需求呈多元化发展，这给白酒产品的市场推广带来了新课题，固守传统营销思路的企业将被市场淘汰，符合白酒基本消费心理的特色酒文化营销受到欢迎。2008年，很多白酒企业积极与消费者开展沟通互动，倡导推广理性、健康的饮酒方式，并创新发展传统的酒文化和品牌文化，使企业形象与社会精神文明建设相统一。

通过上述工作，白酒企业一定程度上弥补了市场环境恶化所带来的损失，并为白酒行业下一步的创新发展打下了基础。

（5）白酒消费趋向理性，消费结构向两极倾斜 2008年，白酒市场的理性化程度越来越高：第一方面，消费者在金融危机面前开始理性选择产品，由盲目追捧“高价酒”转而选择“高性价酒”；第二方面，随着商务部整治商业贿赂等一系列政策的出台，酒类流通领域的秩序进一步加强，终端乱收费现象得到一定的抑制；第三方面，随着《食品包装规范》等相关标准逐步落实，生产企业在包装上更加追求实用、简洁，过度包装现象得到有效控制。受这些因素综合影响，白酒产品的市场表现向理性化回归，价格、定位日趋合理。同时，白酒行业的消费总量趋向平稳，并逐渐向两极倾斜。茅台、五粮液等一线强势品牌继续领跑行业，金融危机则扩大了中低档白酒的潜在市场空间，区域强势品牌的消费群体不断扩大，品牌与价格成为消费者选购白酒产品时最注重的因素。

综合以上分析：2008年，中国白酒不但实现了产销方面的增长，同时科学调整产业结构，积极运作资本整合，还在企业建设、品牌塑造上坚持创新开拓，最终实现了行业综合实力与企业竞争力的共同提升。广大生产企业在全力应对当前困难形势的同时，认真思考长远战略，为即将到来的国际化竞争以及今后的长远发展积累了宝贵经验和资本，这对于2008年里多灾多难的中国白酒行业来说尤为可贵。

2.2008年白酒行业主要存在的几点问题

近年来，白酒行业在技术水平、品牌建设、人员整体素质等方面都有较大程度的提高，面对成绩，我们还要看到，整个行业仍存在诸多问题：

（1）食品安全意识薄弱对良好的行业形象塑造不利。食品安全问题在2008年成为全社会关注的焦点，白酒行业由于传统观念的影响屡遭非议，特别是部分媒体的歪曲报道给中国白酒带来了严重的形象危机。对此，生产企业基本上处于被动地位，只是在问题出现之后进行后期的澄清和补救，虽然一定程度上挽回了行业声誉，但在市场上已造成恶劣影响，给行业未来的发展造成了潜在危机。这表明酒生产企业对食品安全认识不高，对社会舆论的引导意识不强。2008年，白酒生产企业普遍开始推广文明健康的新型酒文化，但在重塑白酒形象、传播健康理念等方面则主动性不强，力度不足，创新不够。以2008年的奥运营销为例，相比于啤酒、葡萄酒等酒种，白酒行业的总体表现较为平淡，这也从另一角度反映出中国白酒的品牌传播意识有待升级。

（2）过度包装仍普遍存在，资源浪费现象严重 2007年，国家颁布了强制性国家标准《限制商品过度包装通则》，明确提出了限制商品过度包装的基本要求、限量要求和计算方法。但就2008年的情况来看，白酒行业中的过度包装问题仍然存在，特别是在中高端白酒中尤为突出，很大程度上助长了社会的浮躁、奢靡之风，更造成严重的资源浪费和环境污染，这显然与建设节约型社会的目标背道而驰，同时也加重了企业的生产成本。2008年，白酒原材料价格仍居高不下，给企业带来沉重的生产成本压力。这就要求白酒企业进一步重视节能降耗，增收节支。以此为出发点，部分白酒企业在包装问题上创新了思路，大胆提出简洁、实用、个性的包装理念，并将之作为重要卖点结合到产品的市场推广过程中，反响较好，可供其他企业加以借鉴。

（3）市场竞争无序，企业销售成本居高不下 白酒行业的市场竞争在2008年更趋激烈，白酒企业为了抢夺市场，盲目投入，进店费、买店费、恶性促销等方式仍被大

量使用，更有甚者竟以诋毁竞争对手，损害对方品牌美誉度来达到提高自己产品销量的目的。促销手法的无序，破坏了企业的营销系统，造成恶性循环，直接给企业带来沉重的经营压力，让企业在不断深入的依赖中越走越窄。目前在白酒行业成本结构中占据最大比例的是产品销售成本，达到63.29%，销售费用比例为8.5%，管理费用比例为6.05%，严重的无序竞争导致企业发展后劲不足，同时也影响了行业风气，延缓了行业升级的步伐。

为了规范市场竞争，各级酒管部门长期以来一直在大力推进酒类立法工作的进程，协助政府职能部门建立和完善立法的基础工作，但到2008年为止，酒类立法仍没有取得实质性进展，白酒的市场竞争督导力度不够，督导效果不明显，这就更需要我们行业企业加强自律，提高对企业社会责任的认识，做到公平、健康的竞争，要以硬实力求生存。

（4）产品概念、市场营销雷同，个性化诉求有待加强 2008年，中国白酒市场竞争没有实现质的提升，仍停留在以前的低水平阶段，产品销售雷同化的问题仍被广泛诟病。从生产工艺、酿造原料、环境等因素来看，白酒产品本身并不存在同质化的问题，而且各企业的产品普遍具备差异化卖点。另外，2008年白酒平均价格仍在稳步上涨，并没有表现出产品雷同化市场的“价格战”特征。2008年白酒行业存在的问题是营销雷同化，企业、产品的个性化诉求有待加强。由于雷同化的营销方式，白酒产品的差异化、个性化卖点无法得到充分传播，消费者缺乏专业的白酒品鉴知识，从而形成了“白酒产品同质化”的片面认识，这与时下求新、求异的大众消费心理不符，是中国白酒在与葡萄酒、啤酒以及洋酒竞争过程中的不利因素。

（5）地方保护造成中小企业偏安一隅，阻碍市场流通 由于白酒企业一直是一些地方的财政支柱，在利益驱动下，部分地区不断新建、扩建白酒生产项目，造成酒厂数量多而规模小，产品供过于求，违背了公平竞争的规则，阻碍了全国性市场的流通。中小企业不能长期存在侥幸心理，应该提高自身市场意识，加强企业品牌建设，在区域市场内做大做强。

（6）产品价格脱离消费本质 企业过度追求利润，并在一定程度上受到税收政策的影响，造成一些奢侈白酒的出现，高价白酒已经脱离了产品本身，超出了普通消费者的购买力，注定不会成为消费主流。而目前低档白酒领域除了二锅头以外，很少再有全国性品牌企业。很多低劣的白酒趁机进入农村等消费不成熟的市场，也为白酒行业的食品安全埋下隐患。因此，企业要注重价格与质量之间的平衡，兼顾消费者的利益，要和谐、理性地发展。

（7）金融危机引发的相关问题 2008年爆发的金融危机，一定程度上已经对白酒行业造成影响，但要看到白酒在中国消费者心中不可取代的地位，行业发展的主旋律仍将是稳定持续地向前。金融危机使一部分企业销售与利润大幅下滑，迫使企业缩减成本，其中必将涉及员工待遇、产品成本等问题。这就要求白酒企业要处理好眼前困难与长远发展两者间的关系，在确保产品质量、保证员工利益的同时，通过技术升级、降低包装成本等积极手段，化解危机，转危为安。

（8）技术标准研究滞后，标准体系不完善 白酒的技术标准应该是引领白酒行业健康发展的重要技术手段，是规范行业技术行为的保障，是限制企业不法行为和小作坊粗制滥造的有效措施。但是令人遗憾的是，现有的国家白酒标准不但没有起到上述作用，反倒是很多白酒规模企业在某种程度上还受到了标准的制约。这其中，原因之一是现有国家标准体系不完善，许多不法企业和小作坊很容易利用漏洞，打着国家标准的旗号制造劣质产品，大搞不正当竞争；之二是现有标准的整体技术水平偏低，各标准间关联性差，自相矛盾。白酒行业虽然标准众多，却是执行容易控制难，大都徘徊在推荐性标准范畴，因此建立强有力的技术标准体系，保障白酒行业健康发展迫在眉睫。

综上所述，2008年中国白酒存在的一些问题，其深层次原因还是在于行业整体的现代化程度不高，市场创新意识不强等。2008年，国际资本不断向白酒行业渗透，中国白酒距离“国际化竞争”的时代越来越近，但由于上述弊端的影响，中国白酒还很难实现规模化地“走出去”，未来的国际化竞争很有可能是一场在中国白酒“家门口”进行的“保卫战”，市场形势严峻。

中国白酒在2008年已经初步呈现产业升级的态势，但由于内外种种因素的影响，这一发展态势还不明显。白酒行业如何战胜金融危机所造成的影响，同时加快产业发展速度，提升行业整体竞争力，这些将是2009年白酒行业需要重点解决的问题。

2008年中国酿酒工业协会白酒分会工作情况

中国酿酒工业协会白酒分会在当前我国经济发展的新形势下，积极配合政府部门工作，及时调整思路，转变观念，进一步加强服务意识，着重在引导行业进行产品结构调整、提高技术质量、强化人才建设、加强食品安全管理等方面做了一些工作，得到了政府部门和会员单位的肯定和认可。

2008年，白酒分会全面推进酒类科学管理体系建设，坚持以服务行业为宗旨，以解决行业企业最关心、最直接、最现实的利益问题为重点，在引导行业加强产业结构调整、深化体制改革，促进行业健康发展，提高行业生产技术等方面做了以下工作：

一、严格市场准入，规范生产，确保食品安全

截至2008年12月，全国共发白酒生产许可证8821张，2008年共完成规模企业换证146份、变更25份、其他36份、新发证20份。

当前我国食品安全形势严峻，食品行业安全诚信危机接连发生。2008年11月，国家质检总局召开食品质量安全市场准入专业技术委员会工作会议，中国酿酒工业协会作为全国酒类市场准入专业技术委员会主任单位出席了会议。会议主要内容是探讨食品市场准入工作中遇到的问题和食品行业中存在的质量安全隐患。会议指出：①要深入分析食品安全问题产生的原因和监管、机制等深层次问题，以科学发展观为指导，加强研究探讨，加大对违法企业的查处力度，严格生产许可证制度，努力建立监管的长效机制，确保食品质量安全监管工作落到实处、取得实效；②作为生产者的企业，要自觉落实企业第一责任人的职责，严格保证产品质量；③要专门研究食品质量安全的潜在隐患，及时设立防范体系，从源头避免食品质量安全事故，使食品从种植养殖、生产加工、流通销售到餐饮消费的全过程中得到更加严格的监管，提高监管工作的有效性。

白酒行业从2000年开始实行市场准入制度，在政府有关部门高度重视下，不断规范酒类产品生产准入和市场准入体系，逐步实现了以法治酒。近3年未发生一起食品安全事故，食品安全市场准入管理制度在遏制酒类行业不正当竞争、无序重复建设、制假售假等方面都起到了巨大的作用，为白酒重点企业提供了大力的支持，规范了白酒生产，提高了产品质量，保障了消费者的安全消费。

二、开展技术交流活动，促进人才队伍建设

2008年中国酿酒工业协会国家级白酒评委年会（第二届）于5月7～8日在四川省成都市温江区召开，这次年会的目的是让评委们广泛接触各种原酒的质量风味，了解原酒质量状况，锻炼和提高对商品原酒的品控能力和质价比的评判标准。

本次年会，共征集了6个省市33家企业的89个原酒样品，其中浓香（大曲浓香）54个样品、酱香（大曲酱香）20个样品、清香（大曲清香、麸曲清香、小曲清香）15个样品。这些酒样，按价格分为高、中、低三个档次。130名评委，分两组对提供的89个样品酒分香型、分档次，以相同酒度，采用人机结合的办法，进行了18个轮次的感官品评，品评结果归纳如下：

（1）企业提供的原酒产品，高、中、低三个档次质量差距明显。

（2）企业报价与产品实际质量水平有一定差距，报价偏高。

（3）评委们按规定范围（高档90～95分、中档85～89分、低档80～84分）进行了评分，品评结果均在此分数范围之内，证明了评委给分标准掌握得很好。

（4）品评过程中，其中一轮安排了同一个酒样在两个品评组中同时出现，结果两组打分相同，小数点后数字都完全一致。证明了评委们有较高的准确度和较为一致的评判标准。

（5）大多数评委反映，通过这次对原酒的品评，对三个香型、三个档次的原酒质量、价格有了进一步的了解，为以后选用原酒有重要的参考价值。这次年会尝试以价位分档次来进行品评，有新意也适应市场，值得今后进一步实践。

三、促进白酒行业科技水平提高

为了提高中国白酒科技水平，开创中国白酒行业产、学、研合作的新模式，2007年4月，由中国酿酒工业协会牵头组织，相关院校、研究单位、企业共同参与建立了“中国白酒169计划”项目组。

169项目组经过近2年的辛勤工作，目前已完成白酒年份酒的研究，该项研究成果提出采用感官、物理、化学的方法相结合来鉴定白酒年份酒，到此，白酒年份酒的鉴定方法又上升了一个台阶。

四、全力维护行业利益，为企业做好服务工作

1. 积极反映企业呼声，发挥“桥梁”作用

（1）2007年11月，国家质量技术监督管理总局、商务部、国家工商管理总局联合发文，关于贯彻加强食品安全的特别规定中，明确提出对9大类69小类产品实施电子监管码管理。随着“电子监管码”实施日期的临近，企业的质疑声音也越来越高。事实上，“电子监管码”已经不仅仅是酒行业的问题，饮料行业、乳制品行业、化妆品行业对此都有较大意见。今年“两会”期间，“电子监管码”问题也成为了一个热点，杭州娃哈哈集团董事长、总经理宗庆后建议取消对食品行业的产品实行“电子监管码”制度。

在中国酿酒工业协会三届五次理事会（扩大）会议（武汉会议）上，来自全国100余家白酒企业代表在讨论时，对白酒产品实施产品质量电子监管提出了诸多意见，中国酿酒工业协会根据白酒会员企业的要求，向国家质检总局递交了报告，题为《关于暂缓在白酒产品中实施产品质量电子监管的建议》（中酒协[2008]17号），建议国家质检总局暂缓在白酒产品中实施产品质量电子监管的工作。

目前，国家质检总局电子监管工作已经暂停。

（2）近年来，国家对白酒税收政策多次进行调整，意在通过经济手段促进白酒行业规范发展并确保税收，体现了科学决策、民主决策的精神，并在实践中取得一定成效。

鉴于目前的经济形势和西方金融危机的影响，白酒分会向国家税务总局、货物和劳务税司提交报告，建议进一步调整白酒税收政策，取消现行的“白酒企业外购已纳消费税的产品不得抵扣消费税”的规定。

2. 为了打击制假、售假的嚣张气焰，维护企业合法权益，弘扬优秀品牌，白酒分会2008年推荐13家企业申请驰名商标，多次处理企业因种种不明原因被处罚事件。

3. 配合国家认证认可监督管理委员会，酿酒行业率先在行业内开展了“国家食品质量认证——酒类”认证工作和宣传贯彻工作，2008年白酒分会先后组织3次活动，为107个产品进行了产品质量认证。

4. 维护行业声誉，稳定经营环境

2008年我国发生三聚氰胺毒奶粉事件，部分唯利是图的媒体记者在全国上下出现食品危机的时刻，歪曲报道，刻意营造食品安全恐慌，使白酒、啤酒、葡萄酒多家企业瞬间蒙受巨大经济损失。白酒分会听闻“亚硝酸钠致癌”传言，连夜展开调查，查实传闻确属乌有，并立即会同其他分会落实调查报告，由协会将有关情况汇报国家质检总局。国家新闻总局于事发90小时之后辟谣，及时避免了一场信任危机，挽回了行业声誉。白酒分会在此期间，接到国家卫生部等有关部门传来的“白酒生产过程中添加尿素产生三聚氰胺的问题”文件后，及时开展广泛调查，上交了调查报告，同时联系企业参加卫生部召开的座谈会，说明情况，避免了事态发展。

5. 2008年，针对当前经济发展的不利局面，我国政府实行了包括投入4万亿元人民币投资计划以拉动内需等一系列举措。白酒分会按照政府指示精神，结合行业实际，积极为行业争取专项资金，目前已上报“食品安全检测设备升级专项”、“白酒行业清洁生产技术改造专项”计划。

五、完成了白酒生产许可技术支持报告

由于协会与国家质检总局在北京签订了《白酒、酒精生产许可技术支持技术服务合同》，所以根据合同要求，白酒分会完成下列项目：

（1）白酒产品生产许可证实施细则的修订；

（2）白酒行业内存在的质量隐患和质量安全问题的调研及试验分析报告；

（3）白酒产品技术资料编写。

通过近一年的工作，2008年3月已将报告上交国家质检

总局。在《行业内存在的质量隐患和检查出的质量安全问题》分析报告中，中国酿酒工业协会提出了：

1. 小酒坊是白酒产品质量安全问题的最大隐患

据不完全统计，全国有白酒生产企业1.8万余家，办理生产许可证的8000余家，规模以上企业1000余家。在1.8万多家企业中，有相当一部分是小酒坊。这些企业沿袭着家庭作坊式的生产方式，大都资金短缺、生产条件落后、卫生条件差、检测手段不齐全，不能严格执行标准，不能对生产环节加以严格控制，产品以低档酒、散装酒为主，这些企业的产品消费区域又多在农村、老少边穷地区，消费者多属于低收入者，安全意识不强，很容易发生质量安全事故，近几年来发生的白酒质量事故也充分印证了这一点。

问题的原因是：①入行门槛低；②高税产品，有地方保护；③监管力量不足、监管不力，特别是市场流通环节监管薄弱。

2. 白酒产品添加甜味剂有待规范管理

甜味剂可改善白酒产品质量，普遍应用于白酒生产中。甜味剂作为改善食品口味的一类食品添加剂，在经科学风险评估基础上，很多国家已批准了甜味剂在许多食品中广泛使用。甜味剂在一定范围内使用，应不存在安全问题。美国、日本等发达国家食品安全技术法规经过膳食风险评估后，制定了饮料酒中不同甜味剂允许添加限量。由于在世界范围内对蒸馏酒类产品添加甜味剂安全性尚未定论，也未形成相关标准法规，因此，我国白酒行业甜味剂问题需要加强部门间的有效沟通，研究和商榷，协调和完善产品标准体系和卫生标准体系，从管理规范化的层面促进白酒中甜味剂使用问题的妥善解决。

3. 解决白酒产品年份酒问题的措施及建议

统一规范的管理年份酒的相关法律法规必须尽早出台，迅速解决中国白酒存在的潜在危机，对中国白酒的健康发展是十分必要的。年份酒的管理应从四个方面进行。一是年份酒生产企业资证管理，建立严格的门槛，通过企业严格的管理体系和生产技术能力作为年份酒生产的基本保障。二是建立科学的年份酒理化检测方法来判断年份酒的真伪，通过试验摸索出每种酒的不同年份的物理化学特征。三是确定年份酒的感官鉴定方法，即由国家资深评委通过感官品评来鉴定年份酒的年限，建立不同年份酒的感官标准以便更有效地保障年份酒的品质。同时通过感官品评防止在酒中添加非自身发酵的特征香味物质，从而弥补理化检测不足。四是建立年份酒的日常监督管理体系，实行年份酒封存管理和每瓶年份酒标签管理，即企业每批次年份酒的生产都是在监控范围。

六、完成《酒类产品甲醇、杂醇油质量安全检测与评估专项调查》报告

根据国家质检总局《关于下达2007年生产加工环节全国产品质量和食品安全监管专项整治行动经费的通知》（国质检财函[2007]1049号）文件精神，白酒分会协会承担了《酒类质量安全检测评估与甲醇、杂醇油超标等专项调查》课题，并按文件要求，2008年3月已将报告上交国家质检总局。国家质检总局食品司领导给予了高度评价。

报告提出三条建议：

（1）普查结果表明，市面流通的洋酒甲醇超标严重，对我国消费者身心健康和安全存在威胁，建议今后增加市场监督力度，重点抽查市场流通的洋酒产品。

（2）普查结果表明，葡萄酒、黄酒和啤酒等发酵酒种相对蒸馏酒而言，甲醇和杂醇油含量处于较低水平，不存在超标现象。建议政府部门重点监控洋酒蒸馏酒产品，达到有的放矢、重点突出，实现对酒类食品安全监管。

（3）调查结果表明，主流白酒产品甲醇和杂醇油含量控制很好，但低端产品偶有超标现象，建议今后加强散装低档白酒的监管，同时鼓励低端白酒走固液法工艺白酒路线，有效降低白酒中的甲醇和杂醇油含量。

七、完成了白酒行业的产排污系数制定工作

协会联合北京工商大学等单位，组织相关技术工作人员50多人，开展了调查工作。此次调查共涵盖包括白酒在内的5个酒种，实测企业75个，获取数据近千个。基本涵盖了相应行业的各种不同的产品、工艺、规模、原材料，以及末端治理技术设备等因素组合，科学地反映了行业污染物产生和排放的客观规律。在第一次全国污染源普查中，各地普查员利用本专题提供的产排污系数，能够及时、准确地测算相应行业的污染物产生量和排放量。

2009年白酒行业综述

一、2009年白酒行业的发展特点

2009年以来，白酒行业在消费税从严征收、“禁酒令”等一系列政策、法律法规相继实施的情况下，依然保持了良好的回升势头，尤其是进入下半年，行业回升态势更为明确，企业效益进一步提升，经济保持了较快的增长。

1. 2009年累计实现

产量706.93万千升，同比增长23.82%；

销售收入2095.17亿元，同比增长27.49%；

2009年1～11月白酒行业累计实现：

利润总额234.89亿元，同比增长25.73%；

税金总额222.51亿元，同比增长23.93%。

2. 行业资本/劳动密集度

2009年11月末，我国白酒制造业人均产品销售收入为52.88万元/人，比上年同期增加了9.82万元/人；人均资产总额为51.54万元/人，比上年同期增加了6.03万元/人。

3. 行业盈利情况

2009年1～11月，我国白酒制造业累计利润总额为234.89亿元，比上年同期增加了48.46亿元；亏损企业累计亏损额为2.53亿元，同比下降42.50%。11月末，我国白酒制造业亏损面为9.34%，比上年同期减少了0.92个百分点。

4. 全国白酒重点产区行业运营状况

从全国各区域表现来看，2009年全国白酒企业实现销售收入2095.17亿元，同比增长27.49%。其中15个地区销售收入超过20亿元，分别是：四川省、山东省、贵州省、江苏省、河南省、湖北省、安徽省、内蒙古自治区、辽宁省、河北省、山西省、吉林省、江西省、陕西省、北京市。

全国白酒产量（见表1）分布依旧集中在几个传统区域。其中产量超过20万千升的地区有10个，分别是：四川省、山东省、河南省、辽宁省、湖北省、吉林省、内蒙古自治区、江苏省、安徽省、河北省。这10个产区的白酒产量占全国总产量的79.47%。

表1 2009年全国各地区白酒产量

单位：万千升

序号	省名	产量	同比增长	序号	省名	产量	同比增长
1	北京市	18.03	2.36%	16	河南省	71.96	18.00%
2	天津市	4.11	-11.37%	17	湖北省	43.54	30.62%
3	河北省	23.45	17.48%	18	湖南省	12.45	76.05%
4	山西省	9.91	-3.68%	19	广东省	9.39	-8.44%
5	内蒙古自治区	34.36	37.83%	20	广西自治区	3.70	4.81%
6	辽宁省	47.32	9.71%	21	海南省	0.99	82.28%
7	吉林省	34.48	70.86%	22	重庆市	17.01	41.11%
8	黑龙江省	10.32	42.94%	23	四川省	155.96	40.70%
9	上海市	0.77	13.94%	24	贵州省	13.79	-17.68%
10	江苏省	34.14	10.72%	25	云南省	4.75	25.62%
11	浙江省	2.40	-14.51%	26	陕西省	7.04	3.53%
12	安徽省	29.71	10.23%	27	甘肃省	3.78	9.48%
13	福建省	3.09	31.95%	28	青海省	1.06	3.69%
14	江西省	15.36	31.72%	29	宁夏自治区	2.29	239.50%
15	山东省	86.87	20.33%	30	新疆自治区	4.91	11.47%

5.行业规模企业发展情况

2009年，我国白酒行业骨干企业业绩优良，排名前50位企业实现销售收入总额1129.88亿元，占全行业销售收入总额的53.93%；利润总额187.28亿元，占全行业利润总额的79.73%；税金总额151.07亿元，占全行业税金总额的67.89%，白酒规模企业在行业内占据绝对主导地位。

总体看来，白酒行业坚持走“优质化、低度化、个性化、低消耗、少污染、高效益”的道路，通过几年的不断优化、调整结构，呈现出一派欣欣向荣的发展态势。

二、白酒行业近年来的发展特点

1.宏观政策、法律法规对白酒产业的影响

长期以来，白酒都被列为国家产业政策限制发展行业，致使白酒在行业发展、科技投入、赋税征收、广告宣传、社会舆论等诸多方面承受着巨大的压力。目前，粮食白酒、薯类白酒的税率统一为20%，0.5元从量计税依然没有取消。税收政策对白酒产品的结构必然产生调节作用，影响白酒产品的定位和走势。由于靠产量获取利润的低端产品得不到税收政策的支持，加上各方面生产成本的提高，致使许多管理规范、安全诚信、质量有保障的企业纷纷放弃低端产品，而一些不规范甚至是非法生产的小企业乘虚而入，大量生产低端白酒产品，占领农村、边远地区消费市场，这些企业通过偷漏税等手段扰乱了正常的市场竞争，更给白酒质量安全带来了严重隐患。

近期，国家有关部门针对白酒产业又出台了一系列新的政策和法律法规，如“禁酒令”、限制广播电视酒类广告发布以及从严征收白酒消费税等，给行业带来了不小的震动。目前看来，白酒新税政的实施只是我们国家税制全面改革的一个小的开端，税收政策大范围调整已经是大势所趋，所以白酒企业应该尽快适应新形势，拓展思路，集中精力加速创新企业管理、生产、科研机制，同时肩负起白酒企业理应承担的社会责任，大力提倡“健康饮酒”和“酒后禁驾”，树立白酒企业良好的社会形象。

在白酒立法方面，2009年酒类立法工作终于提上了日程，白酒业多年的夙愿即将达成。2009年10月24日至11月1日，陈宗兴副主席带队，组织国务院法制办、发改委、商务部、税务总局、质检总局等国务院相关部门和中国酿酒工业协会、中国酒类流通协会等行业协会负责人，赴四川和山东，深入酒类生产、批发、零售企业实地调研，组织召开一系列座谈会，广泛听取了企业、专家、协会、政府管理部门对酒类行业管理和立法工作的意见和建议。“酒法”的制定，既能从根本上维护白酒的社会秩序，又能严格监管企业自身的白酒品质，必然对白酒业的发展起到促进作用，达成一个双赢的局面。

2.市场逐步开放，企业资本整合、渠道整合步伐加快

白酒市场近年来逐渐开放，兼容并包、多样共存的形式愈见明显。企业的管理模式和经营理念正在经历变革，外部资金大量注入，资本运作频频，收购、整合、重组成为近年来我国白酒业新的看点和亮点。2008年世界范围的金融危机，促使我国白酒行业加速洗牌，白酒业生产格局由传统型向现代型、市场格局由区域型向全国型逐渐转变。

3.产品和营销模式趋向个性化发展

近年来，白酒市场竞争越发激烈，白酒生产企业为了适应市场，积极转变经营模式，加大了科研力度，加快了创新步伐，越来越多的企业开始注重消费需求和品牌的深层次发展，在产品结构调整方面勇于创新，产品开发更倾向时尚化、个性化、传统文化和现代文化的兼容并蓄。随着我国国民收入水平的提高，消费能力的不断升级，白酒产品高端化趋势也愈加明显。产品和营销模式的个性化发展，进一步促进了白酒行业产品和市场的多样化发展。

4.强调食品质量安全，企业社会责任感增强

多年来，国家有关部门不断强化白酒生产许可证制度，小企业被纳入“小酒坊”管理，假冒伪劣产品的打击力度逐步加大。国家对白酒产品标签以及添加剂的控制更加严格，随着业内对新颁布的《食品安全法》不断深化执行，各地白酒企业普遍将严控产品质量作为工作重点。

另一方面，白酒企业更加注重社会责任。在2008年抗震救灾中，白酒企业踊跃捐款捐物，在社会上形成了良好的舆论影响，白酒行业声誉大幅提升。此外，各地白酒企业还积极承担社会责任，热心参与组织公益活动，企业美誉度同步提高。宏观环境与行业氛围共同推动着白酒行业的稳步发展。

5.积极转变经济发展模式，不断加大科技创新力度

近年来，白酒行业不断加速淘汰落后产能，规模企业积极发展循环经济，加大节能减排力度，大跨步向现代生产迈进。在管理方面，企业逐步建立了有利于自主创新的制度与激励机制；在生产、科研组织管理模式方面都有不同程度的创新发展；在产、学、研结合方面，过去几年间，行业协

会、科研机构、规模企业共同探索，在协会牵头组织下，先后设立了“中国白酒169计划”科研项目，构建了“白酒行业产业技术创新战略联盟”，逐步摸索出一个适合白酒行业创新发展的合作模式，为提高白酒企业盈利能力，增强企业核心竞争力和市场竞争力奠定了良好基础。

6. 地方政府逐渐重视白酒产业发展

针对金融危机，国家政府部门提出了一系列支撑计划，地方政府也提出了相应配套的刺激白酒行业经济发展计划，这些都很大程度上推动了我国白酒业的良性发展。如四川省推行的“长江上游白酒经济带和千亿产业的建设规划”系统工程；山东省出台了《山东省白酒产业振兴和调整指导意见》；贵州省委、省政府规划2015年将茅台镇居民全部搬迁，给茅台酒生产创造更好的环境等。这一系列的决策，都说明有关政府部门对于白酒产业的认识正在发生改变，并逐步开始将白酒产业作为先进的生产方式、支柱产业和新的经济增长点来发展。

三、白酒行业近年来发展中存在的问题

1. 白酒业距离“蓝海”竞争还很遥远

当前，白酒业产品概念、营销方式雷同，风格诉求高度重合，包装色彩趋于一致的情况越来越明显，终端的恶性竞争激烈，重战术、轻品牌的情况仍很普遍。这种只重眼前利益，忽略长远发展，不计成本、急功近利地无序竞争，实际上是以牺牲品牌为代价，不利于行业的持续健康发展。作为白酒企业，只有满足消费者的价值需求，实现白酒消费的理性回归才是出路；只有处理好行业利益的一致性和企业利益的不一致性问题，坚持白酒行业的共同利益，规范白酒市场竞争行为，才能真正使白酒市场脱离“红海”，走上和谐、健康发展的正轨。

2. 白酒产品传统地位受到冲击和威胁

随着人们消费能力的增强，生活方式的现代化，消费结构逐步趋向多元化，白酒产品在酒饮料市场所占的份额正在不断缩减，“无酒不成席”的传统生活方式也悄然发生改变，白酒的传统地位开始动摇，面临着巨大压力。白酒行业应该在机制改革、科技进步、品牌建设、社会责任、传承文化、节能创新等多方面进行深刻思考，尽快摆脱在经济发展和消费结构调整中遇到的瓶颈。

3. 行业标准体系不健全

我国白酒业的硬件设施和管理标准与国家食品卫生标准差距很大，标准化体系不健全，技术标准由于种种原因，长期以来发展缓慢。标准的出台实效很差，新标准不新，行业技术标准发展不平衡，跟不上行业技术的进步速度。标准之间缺乏系统科学的研究，有些标准严重滞后，有些标准间有抵触，这些都远不能适应新的《食品安全法》要求，也严重影响了白酒行业的健康发展，阻碍了白酒行业的技术进步和产品更新。

4. 白酒产业整体工业现代化进程缓慢

与啤酒、葡萄酒等酒种相比，白酒存在着装备水平低，技术进步慢的现象。不少白酒企业设备老化，检测手段落后，处于粗放型生产，手工作坊式操作。一些企业忽视传承与创新的辩证关系，拒绝尝试现代工业的管理方法和先进手段，不注重科研投入、人才培养和储备，影响了白酒产业与现代工业经济的同步发展。

5. 倡导循环经济、加强环保节能的意识尚需加强

近年来，白酒规模企业逐步发展循环经济，重视节能环保，但仍有相当一部分中、小型白酒企业对此认识不足或尚不具备能力。节约资源，走科技含量高、经济效益好、资源消耗低、环境污染少的路子，是坚持和落实科学发展观的必然要求，也是关系我国经济社会可持续发展全局的重大问题。白酒行业即使受到传统工艺的特殊性限制，也应该在节能增效、清洁生产、“三废治理”方面积极探索，最大范围地采取工业化处理设施，杜绝对环境造成的污染。

6. 白酒产业的社会美誉度低，各方压力较大

长期以来，白酒一直承受着巨大的舆论压力，总是被描述成影响健康的因素，是耗费粮食的落后产业，甚至与腐败、交通事故、犯罪等一概而论，这些评价当然是不客观、不公正的。但是仅仅我们自己知道这些片面的误解是不够的。显然，在这方面也没有得到行业企业的完全重视，相当一部分白酒企业仍停留在只重生产经营，忽视行业整体形象建设的阶段，对宣传和倡导健康饮酒方式的认识明显不足。

为白酒正名、让白酒复苏、使科学饮酒深入人心，是行业企业必须正视和面对的问题，只有大家齐心协力维护行业声誉，把为行业树立公信作为目标，以倡导健康饮酒为己任，才可以弘扬白酒文化的深刻内涵，才可以化解社会对白酒长期的误解。

7. 行业准入门槛低，重复建设现象仍然存在

目前，白酒行业约有1.8万家生产企业，其中获得生产许可证的企业有8821家，仍有近万家白酒企业处于食品生

产监管范围之外。白酒作为传统产业，具有“投资小，见效快”的特点，对科技水平要求不高，行业准入门槛低，导致小作坊式的生产形式大量存在，这些企业沿袭着家庭作坊式的生产方式，大都资金短缺、生产条件落后、卫生条件差、检测手段不齐全，不能严格执行标准，不能对生产环节加以严格控制，产品以低档酒、散装酒为主。由于政府监管部门缺乏足够的力量对这些数量巨大且散乱、隐蔽的小企业进行严格监管，农村、边远地区白酒消费群体的食品安全意识不强等原因，导致白酒低端产品市场长期存在质量安全隐患。这些不规范小企业又普遍存在偷漏税现象，严重影响了国家税收，扰乱了白酒市场，加重了行业不正当竞争，损害了合法经营企业的正当利益。因此，国家相关部门还应进一步严格生产许可证和市场流通制度，提高行业准入门槛，保障白酒产品质量安全。

2009年中国酿酒工业协会白酒分会工作情况

一、全面推进生产许可证工作

截至2009年12月，全国共发白酒生产许可证8821张。近年来，白酒审查部共完成白酒企业换证2373家、变更367家、新发证286家、其他39家。

二、大力开展技术交流活动

2009年，国家级白酒评酒委员年会评委们对“中国白酒169计划”项目中已进行阈值测定的78个呈香物质，分13轮次进行了感官描述，这是评委队伍组建以来第一次如此广泛和精确地对白酒中呈香物质作嗅觉感受和感官描述。从初步综合结果来看，评委们的感受描述大多一致。这虽然是单体和微量的感受，但增进了评委们的专业知识，为今后勾、调、评的进一步发展提供了技术支持。

三、深入研究白酒行业发展战略

近年来，中国酿酒工业协会白酒分会技术委员会进行了多次研讨会议，共收到学术论文186篇，对白酒技术标准、产业政策、循环经济、创新体系、科学研究等多个领域进行了广泛、系统的探讨，论文观点新颖、有深度，观点独特，具有广泛的指导意义。

2009年白酒分会技术委员会对我国白酒现行标准进行了全面论述，指出了现行标准的落后、不足之处，提出具有前瞻性的意见与建议，为进一步改革、完善我国白酒现行标准奠定了坚实的理论基础。

四、推动行业人才队伍建设

随着知识经济时代的到来，高知识化、高科技化将成为产业发展的必然趋势。经济结构全面调整和产业大规模升级，必然使劳动密集型产业和它所吸收的就业者面临新的选择。白酒行业过去那种数量大、技能要求不高的数量型就业势必向数量精、技能性强的质量型就业转变。面对这一现实，中国酿酒工业协会多次向原劳动和社会保障部提出建立国家酿酒行业职业分类的建议，经过立项、专家调研、专家答辩、制定国家职业标准等程序，原劳动和社会保障部终于批准将酿酒师、品酒师、酿造工纳入国家职业分类大典，白酒行业从此有了自己的职业等级序列，有了针对酿酒行业从业人员技术要求的国家职业标准。

2009年11月、12月，由协会组织的“全国白酒行业职业技能教师培训会议”分别在成都和广州举行。不久之后，接受过培训并通过考核的白酒行业职业技能教师就将走上各自的岗位开展培训工作。在国家有关部门的大力支持下，在白酒行业同仁的共同努力下，我国白酒品酒师实现职业化、规范化、科学化的进程指日可待。

五、走技术创新之路，促进酿酒行业健康发展

为了推动酿酒行业技术创新体系建设，促进行业产、学、研结合工作，2007年4月，由中国酿酒工业协会牵头组织，相关院校、研究单位、企业共同参与成立了“中国白酒169计划”项目。2年后的2009年，“169计划”摸索出了很多很好的产、学、研合作经验，并且创造了符合白酒行业发展需要的新的合作模式：以技术创新项目为载体，采取多样化、多层次的合作形式，实行资源共享，成果共享，优势互补，风险共担。在技术领域，“169计划”研究成果填补了白酒基础科学研究领域的多项空白，采用微生物生态学、分子酶学、分子生物学等现代生物技术手段，围绕白酒产业共性的、关键的科学与技术问题进行创新性研究，建立了以风味化学物定向的功能微生物和酶技术的平台，对白酒年份酒、白酒中微量成分、白酒中风味化合物、白酒中异味化合物以及白酒风味定向功能微生物方面的研究都取得了巨大突破。

建立“中国白酒169计划”项目，是开创中国白酒行业产、学、研合作新模式的一项重大举措，是行业发展的需要，是改变落后局面的需要。近年来，白酒行业在科技研发上虽然取得了一些突破，但总体上看，工艺技术和装备水平仍比较落后，缺乏资源高效利用和循环利用的共性和关键技术，企业自主创新能力不强，远不能适应行业经济发展的需要。因此，要进一步加大白酒行业关键技术的研发和推广力度，引导和督促企业加快实施以清洁生产、防治污染、综合利用为主要内容的技术改造。进一步推进“中国白酒169计划”将给中国白酒技术进步带来更多的机遇，也必将实现加速提高企业自身创新能力，提升企业盈利水平，增强企业核心竞争力，帮助企业建立市场竞争优势的伟大目标。

六、发挥协会“桥梁”作用，维护行业利益

近年来，白酒分会利用大量工作时间，深入全国各地白酒企业调查研究，掌握了解行业企业在新形势下产生的新情况、新问题，为政府机关提供决策依据，立场鲜明地为行业服务，维护行业正当权益。经过多种形式、多种途径，多次向国务院、全国人大、国家政协、发改委、财政部、税务总局等有关政府部门，反映白酒企业呼声，替企业分忧解难，解决实际问题，真正发挥行业协会的桥梁纽带作用。为了打击制假、售假的嚣张气焰，维护企业利益和合法权益，弘扬优秀品牌，白酒分会共推荐42家企业申请驰名商标，多次处理企业因种种不明原因被处罚事件。

七、完成白酒生产许可技术支持报告

自2007年到2009年，协会与国家质检总局连续3年签订了《白酒、酒精生产许可技术支持技术服务合同》。根据合同要求，白酒分会完成了下列项目：

（1）白酒产品生产许可证实施细则的修订。

（2）白酒行业内存在的质量隐患和质量安全问题的调研及试验分析报告。

（3）白酒产品技术资料编写。

在行业内存在的质量隐患和检查出的质量安全问题分析报告中，中国酿酒工业协会提出了：

（1）小酒坊的存在是白酒产品质量安全问题的最大隐患。

（2）白酒产品添加甜味剂有待规范管理。

（3）解决白酒产品年份酒问题的措施及建议。

白酒行业多年以来，一直在夹缝中求生存，与人民生活息息相关，但又长期被列为限制发展行业，加之社会舆论对白酒的种种误解，导致白酒业经济发展遭遇很大阻碍。白酒分会在未来的工作中将着力建设新的服务体系，充分发挥行业协会的作用，努力为行业营造良好的发展环境，做白酒行业协调、健康发展的铺路石。

2008年啤酒行业综述

或许没有哪一年如2008年这样能够如此强烈地留存在人们的记忆中，在不断发生特殊事件的2008年，诸如原材料价格上涨、雪灾震灾、奥运召开、“神七”飞天、食品安全问题、经济增长减速、金融危机等，不断冲击着人们的眼球和神经。或许世界第一的宝座已经不能成为啤酒业界欣然自豪的谈资，4103.09万千升——2008年我国的啤酒产量，没有悬念地突破了4000万千升，也不出预料地连续七年蝉联世界第一啤酒大国的称号。这个成绩是啤酒战线全体员工克服了重重困难，努力奋斗的成果，也是全体会员共同努力的结果。

由于在国家统计局的统计中，啤酒行业的范围包括麦芽加工及啤酒工厂的其他产业，因此其主营业务收入（销售收入）、利润、税收等经济指标数据偏大，绝对数可信度较差，但和上年同期对比，其所反映的趋势是比较可信的。从2007年开始，国家统计局公布的工业指标除产量外，以工业总产值、销售产值和出口交货值为主，其他经济指标改为每季度公布一次，在2、5、8、11月公布。因此，2008年的全年指标是按1～11月数据推算过来的。以下报告中所列统计数据仅供参考。

一、啤酒产量增幅回落，惯性增长

2008年，我国啤酒产量完成4103.09万千升，比上年同期（调整数）增长5.46%（如按当年公布数3931.37万千升计算为4.37%），净增长171.72万千升。结束了连续三年10%以上大幅增长的势头，增幅回落。

从啤酒工业总产值（现价）比较看，2008年完成1141.19亿，比上年（调整数）增长13.20%（按当年公布数计算为10.67%）。产值增长率远高于产量增长率，说明产品价值和价格的变化符合市场发展形势。各省、直辖市、自治区中啤酒产量超过100万千升的和上年持平，仍为15个；其中超过200万千升的有山东、河南、广东、浙江、江苏、四川、辽宁、湖北8个，比上年增加2个省市；出现负增长的省市有北京、广东、河北等10个，比上年大幅增加（上年仅为2个省市）。啤酒产量增加20万千升以上的省市有河南、四川、山东3个；增长率超过10%的省市有青海、宁夏、四川、甘肃、河南等9个。从全国看，啤酒产量增加较多和增长率较高的省市和前几年相反，多为中西部地区。

从产量数据上好像可以直观看到，经济危机对啤酒产业的发展产生了较大影响，而且对经济发达地区的影响相对较大，对经济不发达地区影响相对较小。从世界范围看，发达国家啤酒的人均消费量增长缓慢，而在经济增长较快地区，增速比发达国家高3%左右。中国啤酒消费存在着地域分布的不均衡性，中国啤酒业的发展路径与世界啤酒的发展路径基本一致，也就是从发达地区向不发达地区过渡，这是一种可循规律和趋势表象，和经济危机几乎没有太大关联，只不过经济危机加速了这个趋势的进度。区域发展的不平衡也为啤酒企业提供了抢占市场份额的机会以及行业增长的均衡空间，因此，对不发达地区的开发将成为各啤酒企业战略部署的重点，而中国啤酒产量仍有较大的提升空间。

二、销售收入增幅高于产量增幅

2008年啤酒行业主营业务收入（销售收入）1151.80亿元，比上年同期增长13.03%（和当年公布数比较为18.91%），千升啤酒销售收入比上年增长13.94%。从表面看，啤酒价格大幅上升，但实际上啤酒行业单位产品售价提升是被动的，据中国人民银行公布的企业商品价格（反映企业间商品交易价格变动趋势和程度的综合物价指数，调查的价格是企业间在最初批发环节的集中交易价格）数据显示，2008年企业商品价格较上年上涨6.8%（农产品和资源类等大宗商品价格上涨幅度与其他类商品相比要高出许多），而2008年啤酒行业主营业务生产成本同比上升了18.81%，抵消了销售收入的增长。由此可以认为，啤酒产品售价的提高主要是来自于生产成本的提高而促动了售价的提升，并未完全体现出真正的价值回归。

从国家统计局公布的行业分类指标中，以啤酒产品工业销售产值为例可从表1、表2看出变化特点。

表1 2008年啤酒业与相关产业销售产值比值表

年份	与饮料酒业之比（%）	与饮料业之比（%）	与食品制造业之比（%）	与轻工行业之比（%）
2007年	40.42	20.90	17.51	1.40
2008年	37.28	18.98	15.22	1.26

2008年啤酒产量的增幅低于饮料酒总量增幅1.23个百分点，相比上年占饮料酒总量的比例下降了1个百分点为85%，销售产值占饮料酒之比下降了3.14个百分点，仅为37.28%；啤酒业与饮料业、食品制造业乃至轻工行业之比，相比上年均有所降低（见表1），说明啤酒产品在市场的议价能力仍相对薄弱。

表2 2008年我国啤酒业销售产值按控股情况分类比值表

控股情况	企业单位数比例（%）	销售产值比例（%）	去年同期增长率（%）
国有控股	5.41	5.90	1.31
集体控股	9.46	10.05	9.48
私人控股	56.08	31.83	15.56
港澳台控股	9.80	12.05	11.73
外商投资	19.26	40.16	14.31

从表2中的控股情况看，私人控股啤酒企业数占50%以上，且多为小企业，故销售产值只占31.83%，延续了上年的变化趋势，为同期增长率最高的企业类型，说明了私营企业在啤酒销售价格变化中有较好的发展势头。外商投资啤酒企业的企业数比例不足20%，但销售产值占据了40.16%，相比上年也有14.31%的增长率，说明外资企业在啤酒销售市场中具有相对较高的议价能力。

三、行业经济指标降低明显，盈利下滑

2008年我国经济增长减速，企业盈利能力下降已成共识，啤酒行业也不可能独善其身。利税总额实现208.17亿元，比上年微增0.29%，千升啤酒利税则比上年降低3.91%。其中利润总额降低6.09%，而税金总额增长2.97%；千升啤酒利润降低9.97%，千升啤酒税金降低1.34%。亏损企业亏损额增长13.05%，应收账款净额增长12.40%，产品存货增长2.41%。该数据显示出，2008年我国啤酒行业经济指标降低较为明显，盈利水平下滑有目共睹。

其实从2007年行业的经济指标中已经体现出效益下滑的趋势了，单独从2008年啤酒行业的总体经济指标看，虽然没有出乎大多数人的猜测，但也有意料之外。在2008年6～9月份期间，啤酒原料价格处于历史高位，且高居不下时，行业预测如果长此下去有可能会出现全行业亏损的情况，随后的原料价格大幅回落，将对2009年的行业情况有所改善，但是对2008年全年经济指标产生的影响不大，不过，企业生存压力因此得到部分释放。引起经济指标下降既有客观因素，又有主观因素。从利润表现看，企业间两极变化趋势明显，亏损企业亏损额增加，但仍有利润好的企业表现突出，使行业利润下降幅度相比其他经济前沿的行业要小得多。从地域分布来看，人口密集度较高且流动性较强的沿海地区受经济危机影响较明显，效益下滑较大，而中西部地区受影响则不明显。总体而言，属于低价值快速消费品的啤酒产品虽不能幸免于危机之外，但仍算得上是不幸中的幸运儿。从消费品行业总体来看，消费品行业对金融危机虽不能说“免疫”，但对消费品行业的长期发展和总体影响不大。对于国际金融危机未来的走势对

我国啤酒业的短期影响目前尚无法量化和预测。

四、啤酒生产成本显著提高

2008年，啤酒生产成本提高的因素表现尤为明显，千升啤酒生产成本同比上升了13.83%，是近几年生产成本上升幅度最高的一年。分析生产成本上升的因素，最突出的首要原因仍然是原料。自2006年9月以来，啤酒行业遭遇了世界性啤酒大麦紧缺，价格大幅提升，至2008年10月，两年间的进口大麦单价高点和低点之比为2.6，提高了160%。2008年，我国进口啤酒大麦107.64万吨，比上年增长30.16%，全年平均进口单价比上年提高了50.51%，平均每吨大麦价格提高151美元，2008年底价每吨296美元。2008年进口酒花量有所降低，和国内酒花产量提高、酒花制品质量提升不无关系，但是进口酒花价格与往年相比仍有大幅度提高，2008年进口颗粒酒花1213.81吨，比上年降低33.33%；但进口香型酒花比例增大，使全年平均价格翻了一倍还多；进口酒花浸膏和液汁比上年大幅减少了92.17%，平均价格提高了22.78%。除此以外，大米、煤、原油、包装物、运输费用相比上年都有不同程度上涨，而且劳动力成本和环保成本相对比较刚性。因此，这些因素仍对全年的啤酒生产成本造成不同程度的影响。

随着国际油价的冲高回落，能源类、资源类以及农产品价格在2008年四季度都有不同程度的下降，各种商品价格的下降对啤酒行业影响不一。啤酒原辅料价格降幅较大，以啤酒大麦为例，仅年底两个月下跌了55.55%，跌势相比当初涨势要急。从趋势上看仍有下跌空间，但是因为原料使用的滞后性，对行业全年的生产成本并未带来较大改观。国际原油价格虽然大幅回落，但国内油价下降幅度较小，所以，运输成本以及使用燃油锅炉的企业也未能受益较多。除此以外，煤、电和包装物的价格也都呈现回落态势。总体而言，商品价格的下降未对2008年行业的生产成本产生较大影响，但是，2009年的啤酒生产成本降低几成定局，而且，企业生存压力和心理压力也因此得到了缓解。

五、啤酒进出口平稳增长

2008年，我国啤酒出口量和出口额再创新高，出口啤酒24.16万千升，是进口量的8.6倍。由于出口单价低，出口额仅为进口额的3.5倍。出口单价提高8.50%，有提高趋势，但低于行业平均售价增幅。进口啤酒2.81万千升，进口平均价格增长5.09%，增幅小于出口单价。

从国家统计局公布的按行业企业规模分类和资本控股分类的出口交货值变化看。也表现出2008年小型企业出口比例虽然不大，但其增长率超过大中型企业。从控股分类看，出口交货值的重点及增长主要是外商控股企业，内资控股企业的出口交货值比例不大，增长速度也比较慢。中国目前啤酒出口的地区仍以东南亚国家和地区为主。据了解，部分东南亚国家和地区为了拉动消费，抵御经济危机，下调了消费税，这将对国产啤酒的出口产生正面效应。

六、外资观望、内资并购

并购和新建一直是近几年啤酒行业快速发展的主线，2006年和2007年，外资在国内的并购达到了高潮。在2008年的国际啤酒业并购中，最吸引眼球的当属英博以520亿美元收购了AB公司。但是国内的并购和新建项目中，最耀眼的不是外资品牌，而是华润、青岛和燕京三大国有控股的行业龙头集团。华润收购吉林通化、浙江洛克和山东琥珀，在上海投资新建40万千升，在呼伦贝尔和东莞分别新建20万千升规模项目，以及河北燕郊、辽宁、四川等地的新、改、扩建项目投产。青岛啤酒在蓄势几年之后，分别在江西南昌、四川成都、山东济南、江苏徐州、甘肃等地也陆续有新建项目开工和投产，还收购了烟台朝日啤酒的39%股权。燕京啤酒也不甘寂寞，收购了内蒙古塞北星和山西朔州三禾，在河北、广西玉林、湖南衡阳等地也不断传来新项目上马和投产的消息。

经济危机使外资谨慎了许多，虽然2008年外资在国内也仍有项目投资，但相对三大集团的动作显然要逊色许多。一般而言，“买涨不买跌”，外资在此时选择了观望，而内资企业却闻风而动，不为危机所撼，可能正应验了“危机其实就是危险中孕育了机会”这句话，经济危机的集中爆发，使多数行业的投资搁浅或暂停，普遍的做法是或套现或观望，金融界流行一句话，叫做“现金为王”。2008年，啤酒行业的投入和新项目上马，无论是资金规模还是频率，和上两年相比，如果不分内外资，均是有过之而无不及。从中也可以看出，中国企业对中国啤酒工业乃至中国经济未来的信心。

七、产品结构向小包装、个性化、高档化发展

我国啤酒产品目前已经基本由10°P以下啤酒主导，为了适应市场需求，啤酒企业也加快了推陈出新的速度，各种精品以及不同容量和不同包装形式的产品不断上市，以满足不同层次消费者的特殊需求。瓶装啤酒向小容量变化则有利于安全性，近几年500毫升以下瓶装啤酒比例增长较快，专用瓶小包装酒市场前景很好。产品结构已开始走出640毫升翠绿瓶装淡色啤酒一统天下的尴尬，正向着个性化、高档化和多元化发展。比较可喜的一面是，国内品牌为了消化生产成本上升带来的压力，提高了高档产品的比例，向高端市场谋求发展并展开攻势，且颇有斩获。

为降低成本，目前啤酒生产的辅料比例已提高至40%以上，并使用价格较低的小麦芽部分替代大麦芽。辅料普遍采用糖浆、淀粉、玉米等。啤酒企业都在不断努力，通过工艺和设备改进，降低各种消耗，从企业内部消化一些原料提价带来的影响。

八、啤酒产品质量一直稳定

啤酒产品的质量多年来一直比较稳定，合格率较高，这和啤酒企业对产品质量的重视是分不开的。每年二季度国家质监总局都要对啤酒产品进行全国性抽查，2008年的抽查结果显示，产品实物质量抽样合格率为99.8%，比上年提高了10.5个百分点。不合格的还是小型企业或委托加工的“贴牌”公司，不合格项仍为原麦汁浓度和双乙酰超标，标签标注不规范的问题没有出现。

“三聚氰胺”事件的爆发，无论是从中央到地方，还是各行各业乃至每个企业，都把食品安全放到了更为重要的位置。从《食品安全法》征求意见稿的问世，到GB 2760《食品添加剂使用卫生标准》的出台，全国范围内的食品展开了添加剂大检查，各啤酒企业也积极展开了自检，对使用的原料和各类添加剂、助剂是慎之又慎，提高物料利用率退居到次要的位置，在副产品回收利用时也考虑到了对质量的影响。食品安全从未像现在这样引起如此多层面的广泛关注，也从未如此牵动每个消费者的神经。国家相关部门建立了食品添加剂生产经营和使用流通的规范化和常态化的监管机制，消费者也通过各种媒体得以了解到食品添加剂的专业知识并且高度关注。因此，食品安全今后将成为企业日常更为重要的工作，绝对不是短期行为。

九、重视循环经济、节能减排

近两年，国内几家啤酒大集团应用循环经济新技术，降低资源消耗，综合耗能下降到50千克/千升左右，已经接近国际先进水平，实现综合利用，真正实现了变废为宝，并取得了良好的经济效益和社会效益。啤酒工业的经济效益主要表现在税收水平高，而利润水平低。目前，推广的节能措施都需要设备更新和进行一定的技术改造，资金投入比较大，中小啤酒企业在这方面显得力不从心。

随着啤酒工业的迅速发展，对资源的需求，对环境的影响，对社会的作用日益增加。因此，关注“企业社会责任”，承担“企业社会责任”，正确处理与社会、环境、资源的关系，已经成为我国啤酒业向前发展的需要和必然。2008年5月12日，四川省汶川县发生8.0级地震，灾情牵动着全国啤酒行业干部职工的心，全国啤酒行业同仁纷纷捐款捐物，支援抗震救灾。据协会不完全统计，啤酒行业共捐赠了约3000万元的款项和物质，啤酒业界在大灾面前表现出了高度的社会责任感。因此，我们不仅要为社会创造财富，更应为子孙后代创造一个蓝天碧水，优美和谐的生存环境，成为承担行业、社会、时代责任的载体，把企业打造成为富有责任感、受人尊敬的优秀企业公民。

十、打造营销团队，感受资讯时代

产能的迅速扩大，也促进了啤酒企业营销水平的提高，大中型啤酒企业不断进行内部机构改革，形成营销、制造、战略投资三大中心，深化、提升了营销职能，弱化、合并了制造管理职能，“酒香不怕巷子深”的时代已经一去不返。奥运期间，青岛、燕京、百威三大啤酒赞助商加之华润雪花“非奥运营销”借势奥运等体育活动实现了营销创新。奥运期间由于运输限制使啤酒产销量受到一些影响，但实质上，奥运营销给消费者带来的视觉冲击和长久的心理影响不是短期销量可以替代的。企业借助奥运提升了企业形象和品牌形象，其意义可谓立足长远。

2008年中国酿酒工业协会啤酒分会工作情况

2008年4月，啤酒分会完成了换届工作，在第三次会员大会上，啤酒分会秘书处提出了第三届理事会的工作设想，其主题思想就是积极为会员、为啤酒企业做好服务工作。在过去的一年中，在理事会成员的大力支持下，啤酒分会开展了以下工作：

一、年度重点工作

1.召开“中国酿酒工业协会啤酒分会第三届会员大会暨理事会”

2008年4月7～9日，在武汉召开的中国酿酒工业协会三届五次理事扩大会上，啤酒分会召开了第三届会员大会暨理事会。会议中进行了换届选举，分别选举出理事长、副理事长、秘书长、常务理事单位和理事单位。

会议中，对在2007年举办的“‘诺维信杯’全国啤酒评酒大赛”中取得前三名的选手颁发了“全国技术能手”奖章及证书，向山东省啤酒工业协会颁发了优秀组织奖；向2007年度“啤酒行业科技进步优秀论文奖”获得者颁发了奖杯及证书；向2007年度“全国酿酒行业信用等级评价”企业颁发了奖牌。

会议期间，召开了“倡导理性饮酒，做良好企业公民”论坛，论坛达成了一致的观点，并提出了“倡导理性饮酒，做良好企业公民，促进啤酒产业健康发展”的宣言。

2008年5～6月，对换届后的副理事长、常务理事及理事单位进行了重新登记。

2.啤酒工业循环经济重点技术的调研和总结工作

啤酒工业循环经济重点技术的调研和总结工作一直被作为一项重要工作在抓，2007年即进行了广泛的企业调查并作为了2008年技术委员会会议的主要议题，2008年年初该工作的初步成果已经经过理事长办公会议讨论通过，并形成终稿上报。

3.完善《啤酒酿造工》、《酿酒师》和《品酒师》国家职业标准并编写教材

2008年3～4月，在完善《啤酒酿造工》、《酿酒师》和《品酒师》国家职业标准后，已经由国家劳动和社会保障部发布。2008年5～6月，啤酒分会着手相关教材编写准备，随后成立了教材编写小组，并将于今年上半年完成教材编写工作，目前已完成初稿。

4.政策服务及完成政府等相关部门交办的相关工作

完成了工业和信息化部的《产业结构调整目录》（2008年本）的意见、工业和通信业技术改造投资指南的修改建议、酿酒行业振兴规划2009—2011、轻工业近期发展导向（酿酒）、酒行业产业结构调整投资项目管理；完成了国家环保部的污染物调查工作、酿酒行业环境友好产品与清洁生产工艺名录；向商务部等部委呈报了雨雪冰冻灾害对我国酿酒行业影响的汇报材料；向国家发改委等部委呈报了啤酒行业节水情况调查报告、酿酒行业清洁生产专项；向中国轻工业联合会上报了粮食浪费情况调查、酿酒行业节能减排工作的相关意见、对酒类出口退税率的意见等；参加了商务部对英博与AB公司合并的听证会以及青岛啤酒收购烟台朝日股权经营集中的听证会，并提供了相应材料。

5.标准化行业服务工作

参与《啤酒瓶》标准审定会。《啤酒瓶》标准是行业内的一个重要标准，在业内受到普遍关注，各方在这一标准上的争议也十分激烈。2008年5月，啤酒分会参加了在上海召开的《啤酒瓶》标准审定会，与会期间与多家企业代表进行了沟通，了解企业需要，结合行业情况据理力争，提出相关的修改意见，希望尽快完成这一标准的审定工作，早日发布。针对和玻璃行业的分歧点，撰写了“关于GB 4544《啤酒瓶》标准修订中不能列入‘建议可回收啤酒瓶使用期两年’的申述意见”的报告上报国家标准委。

参与《PET啤酒瓶》标准审查会。PET啤酒瓶在行业中

的应用前景较好，已有部分企业开始使用。2008年11月，啤酒分会参加了在珠海召开的《PET啤酒瓶》标准审查会，代表使用单位——啤酒企业提出了修改意见。

GB 4927《啤酒》国家标准的宣传。啤酒分会在获得修订后的GB 4927《啤酒》国家标准的报批稿后，立即将其中的主要修改点和重要内容摘录，分别在《啤酒科技》杂志和协会网站发表或公布，以便啤酒企业尽快掌握和了解。到目前，该标准因为主要条文强制性原因，目前尚未正式发布。

二、年度常规工作

1.完成2007年年度啤酒行业统计工作

2008年2～5月，在各省市区协会和啤酒企业的协助下，啤酒分会完成了2007年年度啤酒行业统计工作。在《啤酒科技》杂志上公布了产量、销售收入、利税总额排行，向各省市区协会反馈了各类统计结果。根据统计数据的全面性，对在统计工作中表现较好的协会、企业和个人进行了奖励。在对2007年行业统计数据分析的基础上，完成了年度行业总结和发展趋势报告。

2.召开“2005届国家级啤酒评酒委员年会”

2008年8月，在啤酒原料报告会期间，举办了“2005届国家级啤酒评酒委员年会”，49名国家级啤酒评酒委员出席了年会。年会期间，评委们对从市场购买的45个国内外啤酒样品进行了品评，通过本次品评，使评酒委员对目前市场销售的啤酒产品的感官质量有了新的认识。

3.召开“中国酿酒工业协会啤酒分会技术委员会2008年度扩大会议”

2008年10月，召开了啤酒分会技术委员会第四次工作会议，本次工作会议以扩大会议的形式召开，邀请了34名特邀代表参加年会活动。在2007年技术委员会第三次工作会议上，确定了技术委员会2008年的工作方案是“应用新技术，努力节能降耗，发展循环经济”。具体工作内容是：各技术委员针对本单位进行“啤酒工业循环经济重点技术的试点应用总结”，汇总后编辑出版“中国啤酒工业的循环经济”专辑之二。经过几个月的努力，技术委员都认真地按工作方案要求进行了10项节能减排的应用总结，有31名委员发表了38篇应用总结和新技术试验论文，专辑收录了36篇。该专辑在会上作为会议资料发放，并发送给啤酒企业，作为采用节能降耗技术的经验总结，以推动行业循环经济的发展。

三、行业服务工作

1.为缓解啤酒行业原料紧张做工作

2007年以来，啤酒主要原料啤酒大麦的进口价格大幅飙升，为缓解啤酒行业进口啤酒大麦紧张的局面，啤酒分会在了解了国内外啤酒大麦供应趋势的前提下，向国家质检总局动植物检疫监管司上报了“关于开放阿根廷等国啤酒大麦的进口渠道，以保证啤酒行业的基本生产需求”的报告。

2008年8月，和甘肃省玉门市政府、玉门拓璞啤酒花集团举办了“2008中国啤酒原料报告会”，在当前啤酒原料供应紧张的形势下召开会议，得到了业界热烈响应和良好口碑。

2.反映行业呼声，为企业排忧解难

啤酒行业电子监管码的问题：国家质量技术监督管理总局、商务部、国家工商管理总局联合发文，关于贯彻加强食品安全的特别规定中，明确提出对9大类69小类产品实施电子监管码管理，啤酒产品也在此列。不少企业也都接到各地质检局的通告，要求在指定日期之前完成啤酒产品“一品一码”附码上市。对于这项规定企业表示实施难度很大，主要表现为企业的生产成本增高、设备的升级更换、生产中的可操作性等问题。啤酒分会在2008年3月，汇总了国内几家大型企业的意见，并起草了“关于申请啤酒行业暂缓实施产品质量电子监管的请示”呈报国家质量技术监督管理总局，希望总局对于啤酒生产企业的实际困难予以考虑，在电子监管码问题上放宽要求。

为协调解决啤酒市场纠纷，啤酒分会在协会网站发布通告，倡导啤酒企业加强质量自检，切实保证消费者的食品消费安全，在生产、经营活动中要自我约束，规范企业自身行为，要坚持诚信为本的原则，倡导行业理性竞争，以维护公平的市场竞争环境并稳定消费者信心。向国家质监总局反映了情况，并呈送了有关报告。

3.组织酒类产品认证感官品评

在2008年6月和11月两次组织了酒类产品认证感官品评，共品评45个啤酒样品，统计品评结果后，分别为每个样品出具了品评报告。

4.完成协会的日常工作

为啤酒企业出具申报“中国驰名商标”的证明函；解答企业的咨询，例如添加剂及加工助剂使用问题、各种认证的相关问题等；为啤酒企业在市场中遇到的纠纷开具证明与说明，例如啤酒生产中使用石膏、标签标准不规范等问题；向国家职能部门提出各种意见与建议；完成日常的数据统计工作；随时与企业及相关单位保持良好的沟通与联系，例如及时了解年初雪灾和汶川地震中受灾企业的情况。

5.刊物出版发行

啤酒分会一直利用《啤酒科技》杂志作为载体，介绍啤酒行业的政策法规、标准等资料，行业内各种会议及活动结果，及时传达行业信息。行业内的大小事情都是通过《啤酒科技》向企业传达，如年度统计数据、进出口啤酒及其原材料等都会在杂志分月刊登。如标准修订前后，啤酒分会就在《啤酒科技》上介绍了主要修订内容、执行日期，并提醒啤酒企业有关注意事项。

在省市协会和啤酒企业的大力支持下，啤酒分会承担行业统计工作，组织每季度统计资料的汇总和交换。信息内有全国企业的“产量、消耗、劳动、财务、效益、价格、销量”等方面的23项31个指标。真实反映了全国啤酒行业生产经营状况及发展水平，在啤酒企业间的信息交流方面发挥了很好的作用，为各级领导和啤酒企业的经营决策提供了重要的依据和参考。

四、参加酿酒工业协会工作

1. 配合协会组织召开“2008世界酒业大会”

2008年10月，在协会和ICAP(国际酒精政策研究中心)联合召开的“2008世界酒业大会”中，在会议组织、嘉宾邀请、会务安排等方面承担了部分工作。

2. 参加“2008国际啤酒饮料制造技术及设备展览会”

由协会协办的“2008国际啤酒饮料制造技术及设备展览会”在10月开幕，啤酒分会在展览会期间组织了相关会议以及参观活动，并在展会中设展位宣传协会及协会刊物——《啤酒科技》。

3. 配合协会网站改版

随着全社会信息化和电子化的发展，对会员的交流和服务也要求协会必须拥有自己的网站。2008年9月，协会网站改版，分会在网站的定位、信息录入、宣传推广等方面做了工作。

4. 配合协会参加民政部评估

2008年9月，协会参加了民政部的评估活动，在此期间，积极组织了分会的相关评估材料。

5. 加强国际合作与交流

2008年6月，参加了由ICAP（国际酒精政策研究中心）在新加坡举办的“亚太酒精国际论坛”。2008年9月，以分会名义加入了世界酿造协会（WBO）。

6. 参与食品添加剂及加工助剂调查

啤酒分会在2007年承接并在2008年开展了食品用加工助剂的调查工作，食品添加剂及助剂一直是企业生产中容易引起纠纷的敏感部分，此次调查啤酒分会广泛地向各生产企业发放调查表，并将返回来的调查表进行分类统计，形成最后的报告上交有关部门。另外，在研究过《GB 2760—2007食品添加剂使用卫生标准》后，撰写了“啤酒行业执行食品添加剂卫生标准的相关说明”的文章，并在《啤酒科技》杂志发表，针对其中相关条款进行了解释说明，提醒啤酒生产企业生产中应注意的标签标注、添加剂与助剂区分等问题。2008年11月，应国家质监总局要求，在行业中进行了食品添加剂及加工助剂的使用情况调查。

2009年啤酒行业综述

2008年全球性爆发的金融危机对中国经济的发展也许是件好事，正是因为金融危机使中国经济过于依赖出口的状况被改变。党中央、国务院实施了及时、有力且有效的一揽子计划和政策措施，把保持经济平稳较快发展和加快转变发展方式有机地统一了起来，使中国经济率先回升向好。由此，中国的内需市场也得以全面拉动。受益于中国经济的企稳回升，受益于国内内需市场的旺盛需求，作为快速消费品的啤酒产品也得以保持了较好的增长态势。2009年啤酒产量实现4236.38万千升，连续八年领跑世界啤酒业。

一、啤酒产量增幅收窄，增量维持稳定区间

2009年我国啤酒产量完成4236.38万千升，比上年同期（调整数3955.86万千升）增长7.09%（如按当年公布数4103.09万千升计算为3.25%），净增长281万千升。由于我国啤酒产量的基数逐渐增大，预计今后出现10%以上增长的概率将越来越低。

各省、直辖市、自治区中啤酒产量超过100万千升的比上年增加2个，为17个；其中超过200万千升的有山东、河南、广东、湖北、浙江、辽宁、江苏7个，比上年减少1个；出现负增长的有河北、上海、江苏、福建4个，比上年大幅减少（上年为10个）。啤酒产量增加20万千升以上的省市有山东、湖北、广东3个；增长率超过10%的有西藏、江西、山东、贵州、湖北等13个。从全国看，啤酒产量增加较多和增长率较高的省市区延续2008年的增长态势，仍多为中西部地区。

产量即销量，销量即市场。能够反映出行业状况的第一要素就是产量。我国啤酒产销量之所以在如此高位仍能保持良好的增长态势，究其根本原因乃是拥有泱泱13亿人口的消费市场和内需市场的激活，在经历了经济危机之后的国内消费市场迅速恢复了旺盛的需求，作为快速消费品的啤酒产品也在这次蓬勃的消费潮中受益匪浅。从啤酒产量的细分数据上可以间接看出我国啤酒产销量的几个变化特点：一是啤酒消费走出增长低谷，重新步入健康轨道；二是高速增长转变为平稳增长，增量保持稳定；三是城市啤酒消费趋于平衡，农村市场快速崛起；四是发达地区增速变缓，不发达地区增长提速。随着啤酒消费市场的逐步转变，我们相信中国啤酒产量仍有较为可观的提升空间。

二、啤酒售价持续增长，相比同业仍有差距

2009年啤酒行业实现销售收入1262.19亿元，比上年同期增长11.54%（和当年公布数比较为9.58%），低于国家统计局公布的“2009年主要统计数据”中“社会消费品零售总额——粮油食品、饮料烟酒类”14.0%的增长率。千升啤酒销售收入比上年增长5.23%。从国家统计局公布的按行业的分类指标中，以啤酒产品工业销售产值为例可从表1、表2看出变化特点。

表1 2009年啤酒业与相关产业销售产值比值表

年 份	与饮料酒业之比（%）	与饮料业之比（%）	与食品制造业之比（%）	与轻工行业之比（%）
2008年	37.28	18.98	15.22	1.26
2009年	35.60	17.88	14.60	1.25

2009年啤酒产量的增幅低于饮料酒总量增幅2.05个百分点，相比上年占饮料酒总量的比例下降了1.92个百分点，为82.33%；销售产值占饮料酒之比下降了1.68个百分点，为35.60%。啤酒业与饮料业、食品制造业乃至轻工行业之比，相比2008年均有所降低（见表1），已出现连续三年的降低走势。由此说明啤酒产品与相关产业

的产品相比，一是连续高速增长之后增速态势趋缓；二是啤酒产品在市场的议价能力仍处于相对弱势地位。由此也可以间接反映出，啤酒业的过度竞争态势高于其他相关产业。

表2 2009年我国啤酒业销售产值按控股情况分类比值表

控股情况	企业单位数比例（%）	销售产值比例（%）	销售产值同比增长（%）
国有控股	4.73	5.89	12.32
集体控股	8.78	10.70	26.14
私人控股	55.57	31.81	13.29
港澳台控股	8.95	12.21	16.39
外商投资	21.96	39.39	5.45

从表2中可以看出，私人控股啤酒企业数仍占半数以上，和上年持平。此类型企业多为小规模企业，销售产值占比远低于企业数比例，销售产值同比增长率和上年不同，低于集体控股和港澳台控股企业，说明私营企业在经历宏观经济和消费市场复苏阶段，未能保持较好的发展势头。外商投资啤酒企业的企业数比例和销售产值占比在近几年基本保持在20%和40%上下，说明外资企业在啤酒销售市场中相对其他类型企业发展较为平稳，因此，其波幅也较小。

三、经济指标增幅明显，增长结构发生转变

2009年，我国啤酒工业实现利税242.59亿元，比上年增长16.53%。千升啤酒利税比上年增长11.91%，其中利润增长31.37%，税金增长10.97%；千升啤酒利润增长26.15%，千升啤酒税金增长6.39%。数据显示出，2009年我国啤酒行业经济指标呈现出较好的回升势头。从经济指标中可以看出，利润增幅较为可观。利润的增长一方面来自于啤酒售价的提高；另一方面是原辅材料价格下降使生产成本降低；还有就是随着行业集中度的不断提高和企业管理水平的日趋成熟，向管理要效益，向整合要效益成为趋势，啤酒企业在向产业集团化兼并扩张的同时，日趋重视和细化内部管理，从而强化了自身的规模效益。因此，整合效应和管理效益成为2009年行业利润的重要组成部分。

从分省市区经济效益指标来看，千升啤酒销售收入增长10%以上的省市区有陕西、四川、新疆、宁夏、贵州、吉林。亏损省市区由上年的8个减少为6个，其中5个为连续亏损，分别为浙江、河北、天津、山西、吉林，但亏损额普遍降低；贵州、安徽、上海3个省市扭亏为盈，海南省由盈转亏。利润增长较多的省市区有山东、湖北、四川、广西、北京、陕西、安徽、内蒙古；利润增幅在30%以上的省市区有宁夏、陕西、江西、湖北、四川、北京、黑龙江、广西、内蒙古。

人口密集度较高且流动性较强的沿海地区在经历了经济危机和产能迅速扩大之后，盈利水平下降较为明显，且目前尚处于经济复苏阶段。而受经济危机影响不明显的内陆省份和西部地区其盈利水平好转的情况在近两年得以体现，2009年的行业利润情况可以反映出这种趋势进一步得到了强化。

四、原料价格处于低谷，未来存在上升预期

2008年四季度以来，啤酒原料价格大幅下降，啤酒行业受益于2009年的观点在上年的年度分析报告中曾有过分析。2009年我国进口啤酒大麦173.85万吨，比上年增长61.51%，全年平均进口单价比上年下降了44.45%，平均每吨大麦价格降低200.05美元，2009年底价每吨235美元。2009年进口酒花量继续降低，全年进口颗粒酒花560.93吨，比上年降低53.79%，平均单价降低54.61%。2009年啤酒大麦进口量占总需求量的45%，因此，进口大麦价格的降低一方面直接降低了啤酒生产成本；另一方面低价的进口大麦也带动了国内大麦价格的降低。进口酒花浸膏和液

汁比上年增长了169.97%，平均价格降低了52.20%。国家统计局公布的“2009年主要统计数据”中显示，“原材料、燃料、动力购进价格”同比下降7.9%；“生产资料出厂价格”同比下降6.7%。因此，与啤酒行业有关的包装物、煤、原油等价格都处于低位。综合以上因素对全年的啤酒生产成本的影响均是正面的。

从进口啤酒大麦月度价格走势来看，自2009年7月份以来，大麦价格一直在低位徘徊。目前，虽不言见底，但是涉及啤酒行业的资源类商品价格将来仍会走强，且总体趋势是向上的。

五、啤酒出口量减价增，进口啤酒量升价减

2009年我国出口啤酒21.03万千升，同比下降12.96%，出口额12268.87万美元，出口单价提高了8.80%；进口啤酒4.05万千升，同比增长43.97%，进口额4911.84万美元，进口平均价格下降8.09%。

自2002年以来，我国啤酒进出口形势一直呈现出口量增长，进口量降低的趋势，进出口单价增长幅度变化不大。2009年的进出口形势发生了一些变化，呈现出出口量下降，出口单价上升，而进口量增长，进口单价降低的情况。虽然，每年啤酒产品的进出口量均不大，和我国总的啤酒消费量相比，影响也不大，但是，从中也可以看出一些啤酒消费市场变化的端倪，体现出了消费者对高端产品的需求正在逐步增强，高端啤酒市场的份额也在缓步扩大。

六、兼并扩张步伐趋缓，产能增加有待消化

啤酒行业的并购和新建工厂一直是近几年行业关注的焦点，即使在经济危机爆发的2008年也没有例外。步入2009年之后，相比上两年，国际、国内啤酒巨头的扩张步伐明显减速。分析其中原因有二：一是各大集团的布局布点战略基本告一段落；二是经过近两年的快速扩张后，新增产能过速，有待消费市场的消化。

即便如此，在2009年仍有不少并购和新建项目。百威英博转让青岛啤酒27%的股份，两次转让的资金额达到了9.015亿美元无疑是重头戏。但是，华润、燕京、青岛三大集团仍是扩张大戏的主角。华润雪花兼并山东琥珀、内蒙古海拉尔、安庆天柱、辽宁松林、浙江洛克、裕腾伊春，新建扩产的宁波奉化、山西运城及山东和福建的项目投产及开工；燕京啤酒的新疆二期、四川工厂、云南嵩明和湖南衡阳技改工程，青岛啤酒买断济南趵突泉和滕州工厂开工等项目在2009年也不断开工和投产。此外，百威英博在广东佛山、三水、河北唐山、浙江衢州，重庆啤酒在安徽亳州、天长，重庆的合川、黔江，以及金星、蓝贝、乌苏、银麦等啤酒企业或集团也都有新项目上马。如果从2009年全年上马新项目总规模上看，应该不比2008年少。但是，如果从频次上看，2009年的新项目比较集中在上半年，下半年则较少，且其中投产项目多于开工项目，投产项目多是上年开工的。因此，可以看出啤酒行业扩张布局的频率在逐步放缓。

七、产品结构继续调整，高端产品份额扩大

近几年我国啤酒行业的产品结构得到了较大的转变，呈现出低度化、多元化、精品化、个性化、小型化等特点。大众化啤酒产品基本由10°P以下啤酒主导，而高端产品则出现高原麦汁浓度的现象，主流产品呈现低档啤酒低度化，高档啤酒高度化的特点。啤酒企业也加快了推陈出新的速度，各种精品不断上市，以满足不同层次消费者的特殊需求。

与以往不同的是，不仅仅是国外品牌生产高档啤酒，连内资品牌也提高了高档产品的比例，向高端市场谋求发展并展开攻势，例如：青岛啤酒生产的“奥古特”啤酒，每听零售价达50元，更有甚者河北蓝贝集团肇庆蓝带工厂生产的“蓝带1844”，每瓶售价高达298元，虽然无法预知该产品的市场情况和消费者的接受程度，但是，它的出现可能将扭转啤酒在消费者心目中的大众化、低端消费品形象。可以预见的是今后啤酒行业的竞争态势将随着产业集中度的提高，生产成本的波动对行业盈利水平的影响将越来越小，价格竞争将被弱化和矮化，资本、品牌、渠道、服务竞争将越来越重要，而高端市场的竞争则尤为激烈。

八、履行企业社会责任，构建良性发展环境

《中国快速消费品行业企业社会责任指数研究报告》在2009年12月发布，调查显示，将近半数的受访公众对中国国内快速消费品行业履行社会责任的现状表示“一般”，仅有三成一的公众表示满意。在当前，企业应履行

社会责任已成为社会共识。但是，在如何履行社会责任及履行哪些社会责任上，啤酒行业还存在一定误区，企业社会责任绝不仅仅是“慈善事业与社会公益”。调查还显示，消费者所关注的企业社会责任顺序前三名为：产品质量、环境保护和诚信经营。近年来食品安全事件不断，消费者迫切需要健康安全的产品和诚信的市场环境，而这些都是企业最基本的社会责任。

啤酒产品的质量多年来一直比较稳定，合格率较高，这是啤酒企业对产品质量高度重视的结果。每年二季度，国家质监总局都要对啤酒产品进行全国性抽查。2009年的抽查结果显示，大中型企业产品合格率为100%，小型企业产品合格率为94.9%。不合格的是小型企业和“贴牌”公司，不合格项是使用非“B”瓶包装、原麦汁浓度不合格和标注不规范，往年的双乙酰超标问题没有出现。

随着啤酒工业的迅速发展，对资源的需求，对环境的影响，对社会的作用日益增加。因此，关注“企业社会责任”，承担“企业社会责任”，正确处理与社会、环境、资源的关系，已经成为我国啤酒业向前发展的需要和必然。在这一点上，一些大中型啤酒企业率先开了个好头，比如百威英博和青岛啤酒，每年发布年度企业社会责任报告，热心公益事业，积极倡导理性饮酒，这是对社会的承诺也是对消费者的承诺，取得了良好的公众形象。

近两年，由于啤酒行业的产能迅速增加而带来的市场过度竞争事件屡有发生，时有在某地市场上由于不正当竞争发生纠葛的媒体报道，更有甚者，在经销商为了争夺市场的个别事件中有大打出手的情况发生。不正当竞争会导致市场混乱和资源浪费等诸多社会问题，而公平竞争是市场经济有效性的根本保证，通过合理的公平竞争，市场机制优胜劣汰的作用才能得以发挥，才能促使企业降低成本、改善管理和积极创新，从而实现提高效率和优化资源配置的目标。因此，我们呼吁啤酒企业在竞争过程中遵循商业操守、诚信经营，遵守国家有关法律法规的同时，在正确处理企业利益与社会利益的关系上，慎重审视与定位，在追求利益和理性竞争间寻找平衡点。

九、清洁生产刻不容缓，低碳经济成为趋势

近两年，国家对清洁生产和节能减排方面实施的政策力度逐渐加强，监管机制和约束机制逐步健全，同时也在陆续出台对实施清洁生产的鼓励政策。目前，国内大中型啤酒企业在应用清洁生产和节能减排新技术和降低资源消耗方面，已经逐步接近国际先进水平，并取得了良好的经济效益和社会效益。但是，中小企业对实施清洁生产仍缺乏资金和动力，而中小企业在行业中的企业数量上仍占多数，所以，以全行业而论，普及度尚不高。有关调查显示，消费者对目前快速消费品行业最不满意的是“环境保护”，甚至超越了对产品质量和售后服务的关注，所以，这个因素在影响消费心理方面占据了举足轻重的地位。对啤酒企业而言，这个因素将会直接影响到企业形象和品牌形象，并最终在市场份额中得以体现。

低碳经济以低能耗、低排放、低污染为基础，其实质是提高能源利用效率和创建清洁能源结构，核心是技术创新、制度创新和发展观的改变。低碳经济是哥本哈根联合国气候变化峰会上的主要议题之一，发展低碳经济是一场涉及生产模式、生活方式、价值观念和国家权益的全球性革命。积极应对低碳经济和及早进入低碳模式，对啤酒行业来说，既是挑战，也是机遇。积极迎接和发展低碳经济，建设低碳模式，既是啤酒行业实现可持续发展的内在需求，也是促进啤酒行业实现经济增长方式转变的机遇。因为，发展低碳经济有利于突破行业发展过程中资源和环境的瓶颈，走新型工业化道路；有利于调整产业结构，顺应中国经济乃至世界经济社会变革的潮流；也有利于推动啤酒行业产业升级和技术创新，打造啤酒行业未来的国际核心竞争力。

2009年中国酿酒工业协会啤酒分会工作情况

啤酒分会2009年的工作计划的主题思想就是积极为会员、为啤酒企业做好服务工作。在过去的一年中，在理事会成员的大力支持下，啤酒分会开展了以下工作：

一、年度重点工作

1.完成2008年年度啤酒行业统计工作

2009年2～5月，在各省、直辖市、自治区协会和啤酒企业的协助下，啤酒分会完成了2008年年度啤酒行业统计工作。在《啤酒科技》杂志上公布了产量、销售收入、利税总额排行，向各省市区协会反馈了各类统计结果。根据统计数据的全面性，对在统计工作中表现较好的协会、企业和个人进行了奖励。在对2008年行业统计数据进行分析的基础上，完成了题为“疾风知劲草，凌寒待春阳”的行业总结和发展趋势报告。

2.召开“中国酿酒工业协会啤酒分会三届理事会一次理事长办公会”、“中国酿酒工业协会啤酒分会三届二次理事（扩大）会议”

2009年2月15～17日，在苏州召开中国酿酒工业协会啤酒分会三届理事会一次理事长办公会；2009年2月24～26日，在“中国酿酒工业协会三届七次理事会（扩大）会议”中，啤酒分会召开了“啤酒分会三届二次理事（扩大）会议”。会议审议通过了啤酒分会2008年工作报告和啤酒分会2009年工作计划，对GB 4927—2008《啤酒》、《添加剂使用卫生标准》、《啤酒瓶》国家标准重要内容进行了通报与探讨。会议中，颁发了2008年度“啤酒行业科技进步优秀论文奖”获得者颁发了奖杯及证书。

3.承办“酿酒行业推行清洁生产现场交流会”

2009年9月4日，由国家工业和信息化部、中国轻工业联合会主办、中国酿酒工业协会承办的酿酒行业推行清洁生产现场交流会在广州珠江啤酒集团公司隆重举行。本次会议层次很高，国家工信部苗圩副部长、轻工业联合会潘蓓蕾副会长、广东省人民政府佟星副省长等多位重要领导出席现场会，国家环保部、人大环资委、国务院法制办和全国各省、直辖市、自治区经信委和工信厅均派员参加，大中型啤酒企业代表悉数到场，与会人员共计280余人，共同交流了酿酒企业通过推行清洁生产和节约增效的实践经验，对提高我国啤酒工业清洁生产水平具有深远影响。

4.举办“2009全国啤酒感官品评技能高级特训班”

2009年11月29日至12月3日，在山东省济南市圆满举办了“2009全国啤酒感官品评技能高级特训班”。本次特训由啤酒分会主办，中国食品发酵工业研究院和山东省啤酒工业协会协办，并得到了青岛啤酒（济南）有限公司的全力支持和配合。参加本次特训的人员来自于全国28个省、直辖市、自治区的170个啤酒生产企业，共308人，各大、中、小型啤酒企业均踊跃派员工参加，参加特训的人员均是啤酒企业技术部门和质量部门的精英，其中一部分人员是企业的专职品酒员，大部分人员经过了各省、直辖市、自治区或企业内部的培训和选拔。参加本次特训的人员多达308人，超过历年任何一次品评培训人数，品评现场规模宏大，场面空前壮观。通过一系列的品评技能培训，提高了参加培训人员的感官品评技能水平以及质量评价和分析能力；并且通过学习原料、半成品、过程样品以及成品啤酒的不同品评方法，能够帮助啤酒企业建立生产全过程的感官质量品评体系。

5.完善《食品添加剂使用卫生标准》啤酒行业使用加工助剂名单

2009年3月底，受卫生部委托，协助修改《食品添加剂使用卫生标准》加工助剂名单，啤酒分会立即召集主要啤酒企业和研究机构制订修改方案，经过磋商、讨论、研究和仔细斟酌，对现有加工助剂名单中的助剂进行了筛选，对未在加工助剂名单中的助剂种类进行确定，然后分工进行了大量的试验、资料收集，材料汇总后，已于6月底上报卫生部。在此期间，协助20多家啤酒企业协调解决加工助剂使用问题和市场纠纷。

6.编写《啤酒酿造工》、《酿酒师》、《品酒师》国家职业资格教材

2009年3～12月，根据编写的《啤酒酿造工》、《酿酒师》、《品酒师》国家职业标准，着手相关教材编写工作，系列教材共11本在年内基本完成了编写工作，计划于2010年一季度完成教材印刷。

7.完成“啤酒工业污染物排放分析及总量控制方案”等课题

啤酒分会于2008年10月接受国家环保部委托，承接了“啤酒工业污染物排放分析及总量控制方案”课题，在掌握一定啤酒行业发展动态的基础上，重点对企业应用循环经济技术、节能减排现状进行了调查，通过分析，提出了啤酒工业的污染物排放总量控制方案，于今年4月完成课题，上报环保部。

2009年6月接受工信部委托，承接了“酿酒（啤酒）行业清洁生产推行方案”课题，期间经过多稿修改，已于年底将征求意见稿上报轻工业联合会和国家工信部。

2009年11月，接受中国标准化研究院委托，承接了《啤酒行业用水技术与水平调研报告》和《取水定额 第6部分：啤酒》国家标准修订工作，目前这项工作正在进行中。

二、主办协办工作

1.主办“2009中国纯生啤酒高端论坛”

2009年7月，啤酒分会在深圳主办了“2009中国纯生啤酒高端论坛”，本次论坛由青岛啤酒股份有限公司协办，论坛期间，有行业领导、国内外啤酒专家学者和啤酒企业代表、设备制造商相聚一堂，对我国啤酒产业发展进行展望，共同探讨了纯生啤酒的制造技术和发展方向，相信会进一步促进我国啤酒制造技术的科技进步，改善啤酒行业的产品结构，为我国啤酒产业的兴旺发达增光添色。

2.主办“2009年国际啤酒酿造新技术高峰论坛”

2009年11月，啤酒分会、江南大学与ASBC共同主办了“2009年国际啤酒酿造新技术高峰论坛”，会议内容涉及啤酒大麦及麦芽质量控制、啤酒酵母及微生物管理、啤酒花品质、啤酒酿造技术及啤酒工厂节能减排技术等，使与会人员能及时了解国际啤酒酿造技术；提高我国啤酒工业科技研发水平及企业生产管理水平；促进了国内外啤酒企业之间的沟通和交流。

3.参与“2009中国国际酒业博览会”和“‘万昌杯’首届中国酒类产品包装设计大赛”工作

自2009年4月以来，积极参与了“2009中国国际酒业博览会”和“‘万昌杯’首届中国酒类产品包装设计大赛”的筹备和展出工作。

4.协助筹备及成立“中国酿酒工业协会啤酒原料专业委员会”

自2009年4月10日民政部国家民间组织管理局批准成立并登记啤酒原料专业委员会以来，啤酒分会参与了啤酒原料专业委员会的筹备成立工作，成立大会暨产业发展论坛于2009年10月20日在北京举行。大会经讨论，原则上通过了专业委员会的实施细则，第一届理事会五年工作设想和2009—2010年工作计划；选举产生了第一届理事单位及理事长，副理事长、秘书长和副秘书长。春蕾麦芽企业集团等41家单位成为第一届理事单位，永顺泰麦芽集团有限公司等15家单位成为副理事长单位。会议前期及举办期间，啤酒分会全体人员参与并协助了原料专业委员会的筹办及组织工作。

三、行业服务工作

1.参加和出席的其他活动

2009年，啤酒分会还分别参加江苏盐城的“2009啤酒大麦发展论坛”，出席了各种企业活动，包括：啤酒市场调研考察，啤酒新工厂投产扩产，出席了各地方和啤酒企业举办的啤酒节、啤酒花节、品鉴会、新品发布会等。

2.完成政府各种委托的材料上报和协会的日常工作

完成了政府相关部门各种委托的组织材料上报，如：《鼓励进口技术和产品目录》调整意见、节能环保装备（技术）推荐目录、酿酒行业轻工振兴方案2009—2011、啤酒产品质量安全分析报告、中国啤酒城（都）认定条件、对《酿酒工业废水治理工程技术规范》的建议、酿酒行业食品安全检测设备升级专项申报材料，参与了重点行业节能减排技术筛选与评估课题等。

为啤酒企业出具申报“中国驰名商标”的证明函；解答企业的咨询，例如添加剂问题、各种认证的相关问题等；为啤酒企业在市场中遇到的纠纷开具证明与说明，例如啤酒生产中使用石膏、标签标准不规范等问题；向国家职能部门提出各种意见与建议；完成日常的数据统计工作；随时与企业及相关单位保持良好的沟通与联系等。

3.组织酒类产品认证感官品评

在2009年6月，组织了酒类产品认证感官品评，共品评9个批次啤酒样品，统计品评结果后，分别为每个样品出具了品评报告。

4.刊物出版

啤酒分会一直利用《啤酒科技》杂志作为载体，介绍啤酒行业的政策法规、标准等资料，行业内各种会议及活动结果，及时传达行业信息。行业内的大小事情都是通过《啤酒科技》向企业传达，如年度统计数据、进出口啤酒及其原材料等都会在杂志分月刊登。如标准修订前后，啤酒分会就在《啤酒科技》上介绍了主要修订内容、执行日期，并提醒啤酒企业有关注意事项。

在省市协会和啤酒企业的大力支持下，啤酒分会承担了行业统计工作，组织每季度统计资料的汇总和交换。信息内有全国企业的“产量、消耗、劳动、财务、效益、价格、销量”等方面23项31个指标。真实反映了全国啤酒行业生产经营状况及发展水平，在啤酒企业间的信息交流方面发挥了很好的作用，为各级领导和啤酒企业的经营决策提供了重要的依据和参考。

进入2009年以来，面对诸多的不确定性和悲观预期，啤酒行业和啤酒人大胆创新，积极进取，勇于拼搏，没有被困难和挫折吓倒，成功取得了丰硕成果。一年以来，中国酿酒工业协会啤酒分会伴随着啤酒行业一起成长，努力抓住行业热点和焦点，积极为行业服务，虽然在各方面做了一些工作，但是离行业的要求仍有距离，希望以后能取得更多更好的成就。

2008年葡萄酒行业综述

一、葡萄酒行业发展特点

1.葡萄酒产量保持较快增长速度，经济效益提高

根据国家统计局对国有及年销售收入500万元以上企业的统计（表1），2008年葡萄酒产量69.83万千升，增长23.4%；工业总产值191.68亿元，增长27.02%；销售产值183.22亿元，增长23.75%。

2.葡萄酒生产的区域及企业的集中度仍然较高

根据2008年统计数据，全国葡萄酒产量前十位的省市区占了全国产量的96.26%，居前五位的山东、吉林、河北、河南、天津占86.55%，居前三位的山东、吉林、河北占70.20%。如按品牌计算，张裕、长城、王朝、威龙四个品牌的产量占到全国产量的39.68%。

表1　2008年我国啤酒业销售产值按控股情况分类比值表

序号	省市名称	产量总计(千升)	比上年增长(%)	工业总产值(千元)	比上年增长(%)	工业销售产值(千元)	比上年增长(%)
1	山　东	280853.28	16	10862800	27.12	10457191	18.5
2	吉　林	110120.8	90.92	1390763	108.31	1279150	99.8
3	河　北	99290.74	7.47	1985672	12.83	1888439	16.83
4	河　南	68791.3	43.95	916152	21.47	914505	24.79
5	天　津	45379	6.43	1263500	-3.69	1353430	15.44
6	新　疆	17280.6	90.65	446312	24.57	407973	51.82

续表

序号	省市名称	产量总计(千升)	比上年增长(%)	工业总产值(千元)	比上年增长(%)	工业销售产值(千元)	比上年增长(%)
7	北　京	15871.94	-10.48	235752	8.03	206138	-6.59
8	甘　肃	14142.76	31.89	569772	36.89	493682	35.53
9	辽　宁	13482	123.56	440284	54.86	392071	55.27
10	陕　西	7039.56	40.93	107190	48.9	99265	32.99
合　计		672251.98		18218197		17491844	
占全行业比重		96.26		95.05		95.47	

3.产品出口增速加快，进口小包装产品持续较快增长

2008年出口葡萄酒0.5万千升，增长-44.71%。其中2升以下包装出口0.47万千升，增长-44.72%；2升以上包装出口0.03万千升，增长-44.57%。

2008年进口（表2）葡萄酒16.33万千升，增长10.74%。其中，2升以下包装的进口5.76万千升，增长36.09%；2升以上包装的进口10.57万千升，增长0.53%。

表2 2008年葡萄酒进口量前五位的国家分布统计表

	国　家	进口量(千升)
2升以下包装的	法　国	22944
	澳大利亚	11628
	意大利	5053
	智　利	4206
	美　国	3867
2升以上包装的	智　利	47980
	阿根廷	25170
	西班牙	10792
	法　国	5413
	意大利	5017

4.企业分布情况

我国葡萄酒生产区分布在26个省、直辖市、自治区，但主要集中在山东、河北、河南、天津、吉林、宁夏、北京、甘肃、新疆、陕西、云南、辽宁等。

目前，全国有葡萄酒企业约600家。截至2008年底，国有及年销售收入在500万元以上的非国有企业为167家，山东、河北两省企业数约占总数的43.11%，其次主要分布在吉林、河南、新疆、辽宁、甘肃等省区。

二、存在问题

我国葡萄酒产业经过这些年的发展，无论是对葡萄酒的理解，还是在管理、技术、装备水平和产品品质方面都上了一个台阶，有了很大的提高。但从国内外的现实情况来看，我国葡萄酒产业又到了新的关口，既有新的发展机遇，也将面临更高层面、更严峻的挑战。因此，我们更应清醒地看到产业中存在的问题，并努力去解决它，使我国

的葡萄酒产业迈上新的台阶。

1. 葡萄酒产业管理缺位，已影响产业的发展

葡萄酒作为食品曾归口于轻工业部门管理，而酿酒葡萄种植归口于农业部门或林业部门管理，而且，这种管理模式所产生的影响一直延续至今。随着轻工业部门机构的改革，葡萄酒产品不再由一个部门统一管理，而各产区酿酒葡萄的种植又分别属农业、林业等不同部门管理。产业管理的缺位，对全产业的产区区划、产业政策、科学研究等工作产生了影响，已经制约了葡萄酒产业的发展。

2. 产区普遍缺乏科学的产业发展规划

目前的中国葡萄酒产区大多是自发形成的，在国家的层面没有进行周密的产业规划，各地的规划往往有一定的局限性，发展的规模以及市场定位有一定的缺陷。在一些产区也出现了局部过热的现象，所制定的规划普遍缺乏对整个行业的深入分析，对行业中存在的问题重视不够；过于重视产业发展的规模，不注重总结本地区以前产业发展中的经验和教训；不注重研究选择适合本地区的、合理的品种结构；没有处理好产业发展规模、速度与葡萄酒行业自身规律的关系。

3. 酿酒葡萄科研及科研成果推广工作滞后

我国现有与葡萄相关的研究机构主要是从事对鲜食葡萄的研究，对酿酒葡萄的研究处于起步阶段，由于对酿酒葡萄的研究，投入多，研究周期长，在现有的科研机制下，影响了科研单位及人员的积极性。而对于产区政府来说，有的没有认识到科研工作对产区整体发展的重要性或限于资金的原因，在酿酒葡萄种植科研方面的投入明显不够。

现在虽然有的院校、产区政府或企业在科研方面已取得阶段性成果，但推广工作没有跟上。因而，对整个行业来说，科研工作已经远远滞后于行业发展的需求。

4. 酿酒葡萄栽培配套技术亟待提升

我国农业劳动力越来越少的社会现状决定了，对于大规模的酿酒葡萄种植，机械化是必由之路。但是，我国大部分产区受自然条件所限，酿酒葡萄在冬季需要埋土方能越冬，这一现实，制约了葡萄种植方式，某种程度上也制约了机械化在葡萄园中广泛推广。适应中国条件的酿酒葡萄机械辅助种植，从架型选择、修剪方式以及防寒越冬措施等，成为中国酿酒葡萄栽培管理模式亟待解决的核心问题。

5. 酿酒葡萄品种单一，葡萄酒产品特色不突出

我国酿酒葡萄种植面积在最近10年左右时间，获得了较好的发展，但是，品种过于单一。红色品种中超过60%为赤霞珠，白色品种中超过70%为霞多丽，如此高度集中的单一品种，很难适应中国地域广阔，酿酒葡萄产区自然条件各不相同的生产局面。这也是造成原料质量低下，产区风格、特点不明显的主要原因。因此，也造成了我国葡萄酒产品品种比较单一，各产区及企业产品的特点、个性不突出，同质化现象严重。产品以干红葡萄酒为主，干白葡萄酒产量比重仍然偏低，其他葡萄酒更是凤毛麟角；品种葡萄酒以赤霞珠为主，其他品种葡萄酒很少。

6. 行业自律薄弱，行业规范、标准跟不上发展的需要

前几年出现的年份葡萄酒不规范的问题，以及目前存在的食品添加剂使用不规范、产品概念炒作等问题，都反映出了行业及企业自律意识薄弱和行业规范制定工作滞后的问题。

GB 15037—2006《葡萄酒》国家标准已对年份葡萄酒、品种葡萄酒和产地葡萄酒作了规定，但在对这类产品的规范方面，由于相应规范的制定工作没有跟上，这类产品仍处于无法监督的状态；同样，在酿酒葡萄种植和品种等方面的规范工作，也跟不上行业快速发展的需要。这种状况得不到改善，势必影响行业的整体竞争能力和健康发展。

7. 进口葡萄酒对本土葡萄酒冲击日益显现

随着中国葡萄酒进口关税的降低，进口葡萄酒数量的逐年增加，无论是新的品牌还是早已进入我国的老品牌，市场的推广方式不断更新，力度明显加大，并加强了在我国进行葡萄酒文化的渗透和产品的推广，进口产品的销售量将持续上升。由于世界范围葡萄酒生产相对过剩，国外葡萄酒产品有强烈的开发新兴消费市场的愿望，中国也就成为世界葡萄酒生产者大力开发、抢占的目标。

三、行业发展趋势

1. 葡萄酒行业保持现有发展速度

从近几年国内葡萄酒生产及销售的增长态势，以及进口葡萄酒增长速度来看，我国葡萄酒的生产和消费已逐步进入快速道，产品产量和消费量的增长将继续保持现有的发展速度。

全球发生的金融危机对葡萄酒的影响还是有的，但从今年一季度和二季度的情况来看，其影响在逐渐减小，我们有理由相信，随着经济的复苏，葡萄酒行业仍将恢复较快的增长速度。

2. 葡萄酒产品的市场进一步扩大

从统计资料来看，这几年，在葡萄酒产量增长的同时，其他酒类也保持了增长的态势，这说明整个酒类市场

都在扩大。而目前，我国葡萄酒的消费主要集中在沿海经济发达地区，随着葡萄酒产品的推广，葡萄酒文化和知识的普及，将有更多地区的消费者逐步接受葡萄酒产品，市场将进一步扩大。

3. 仍将保持较高的生产集中度

目前，国内几大葡萄酒品牌保持着较快的增长速度，一线品牌和二线品牌占据着大部分份额。近期内，这种格局很难打破，仍将保持这种态势。

4. 更多资本进入产业

随着葡萄酒产业的发展，业外资本进入的速度将会有所加快，这给产业的发展带来新的力量。

5. 国外葡萄酒品牌的竞争更趋激烈

随着我国葡萄酒产业的发展和市场的扩大，国外葡萄酒品牌进入我国葡萄酒市场的欲望日益强烈，其方式有较早的产品进入，到现在的在产区建酒庄，收购企业股份等。同时，产品市场的推广方式不断更新，力度明显加大，并加强了在我国进行葡萄酒文化的渗透，进口产品的销售量将持续上升，特别要引起关注的是，近一、二年部分进口餐酒的价格开始走低，国内外品牌的竞争将更趋激烈。

2008年中国酿酒工业协会葡萄酒分会工作情况

一、组织制定职业技能培训教材

在2008年1月份召开的2007年中国葡萄酒技术委员会年会上，经讨论，初步确定了教材大纲。2008年6月召开酿酒师、品酒师教材编写工作座谈会，进一步讨论、细化教材大纲，并分工、安排各参与编写单位的任务。

二、召开“和硕县葡萄产业发展论坛”

2008年8月与新疆巴音郭楞蒙古族自治州和硕县县委、县政府共同在和硕县召开了“和硕县葡萄产业发展论坛”，旨在推动和硕县葡萄酒产业更好、更快地发展。协会邀请了葡萄酒行业内的专家到会，为和硕县葡萄酒产业的发展规划、酿酒葡萄种植方式和品种的选择、产品的开发提出了意见和建议。新疆自治区林业厅、巴州政府和硕县的各有关政府部门及乡镇的领导，邻近的和静县、焉耆县政府的领导参加了论坛。

三、就相关问题向有关部门建议

根据在葡萄酒行业实施电子监管码的情况，向全国人大常委会法制工作委员会和国家质监总局反映了实施中存在的问题，并提出了在《食品安全法(草案)》中删除有关电子监管码的相关内容和暂缓在葡萄酒行业中实施电子监管码的建议。

四、完成葡萄酒行业企业生产情况统计工作

这是每年的例行工作，参与2007年协会统计的企业的产品产量，与国家统计局统计数据相比较，占其66.2%。

五、召开2008年国家级葡萄酒评委年会

由于北京举办奥运会，影响了酒样的运输，原定于2008年7月召开的年会推迟到当年12月，在云南弥勒举办。技术委员会专家、评委、资格评委和其他代表，共计96人参加了本次年会。会议期间，品评、交流了国外的起泡酒、香槟酒和国内昌黎、怀来、宁夏产区2008年原酒，鉴评了企业选送的产品样品。

会议期间，还召开了专题座谈会，就葡萄酒行业存在的问题及或可能存在的食品安全隐患进行了讨论。代表建议，各企业在遇到紧急情况时，要及时与协会联系，通过协

会就共性问题主动与相关部门沟通；希望协会对OIV及有关国家在葡萄酒中使用辅料(添加剂)的名单进行整理，与有关政府部门沟通；建立应急预案处理系统，应对突发事件。

六、对相关法规重新修订，完成报批

根据国家工商管理总局的初步审查，原“办法”中，对申请使用标志的单位，仅限于酒庄联盟成员的限定，不符合《集体商标、证明商标注册和管理办法》的要求，为此，对原办法作了重大的修订，并更名为《中国葡萄酒酒庄酒标志证明商标使用管理规则》，征求了联盟成员的意见，已报国家工商管理总局待批。

七、完成葡萄酒清洁生产标准

这项标准的草案由国家环保部在在网上公示后，召开了审定会通过了审定。

2009年葡萄酒行业综述

根据国家统计局对规模以上企业的统计，2009年葡萄酒产量96万千升，同比增长27.63%；总产值232.62亿元，同比增长20.35%；工业销售产值222.85亿元，同比增长20.72%。2009年出口葡萄酒0.5万千升，增长-44.71%。

2009年进口葡萄酒17.12万千升，增长4.87%；其中：2升以下包装的9.1万千升，增长58%；2升以上包装的8.02万千升，增长-24.1%。

值得重视的是，2升以下小包装葡萄酒进口9.1万千升，同比增长58%，进口量首次超过2升以上大包装产品。

根据协会初步统计的结果，干红葡萄酒约占73%，干白葡萄酒约占8%，半甜、甜葡萄酒约占13%。

2009年葡萄酒进口量前五位的国家分布统计

	国　家	进口量(千升)
2升以下包装的	法　国	40561.22
	澳大利亚	18620.74
	智　利	6811.75
	意大利	6297.17
	美　国	6233.18
2升以上包装的	智　利	42764.02
	澳大利亚	19322.28
	美　国	3680.68
	西班牙	3652.24
	法　国	3285.51

2009年中国酿酒工业协会葡萄酒分会工作情况

一、申报葡萄酒产品用加工助剂和食品添加剂名单

根据卫生部有关部门的要求，开展对已列入和未列入GB 2760《食品添加剂使用卫生标准》但需要增补的葡萄酒产品用加工助剂，以及已列入GB 2760但需要扩大使用范围和未列入GB 2760但需要增补的葡萄酒产品用食品添加剂资料的准备工作，以报卫生部审批。为此，专门召开了座谈会，初步确定上报的加工助剂、添加剂名单；协调安排相关企业，根据名单收集国内外相关资料，对加工助剂、添加剂在产品中的含量和残留量进行检测等工作。加工助剂的相关工作已经全部完成，已将资料报卫生部待批。

二、组织职业技能竞赛

“诺玛科杯”全国首届葡萄酒品酒职业技能竞赛分初赛和决赛两个阶段，组织全国各省、直辖市、自治区酿酒协会，按照大赛组委会的安排，分省市区单独或赛区进行初赛，经过选拔，有55名选手进入决赛，于7月29～30日在北京进行了决赛。最终，第一名获得全国五一劳动奖状，前三名获全国技术能手称号，第4～15名的选手获得全国轻工(酿酒)行业技术能手称号。

三、完成酒类相关课题

受工信部、国资委和财政部的委托，协会承担了《酿酒葡萄种植与葡萄酒产业政策研究》课题。根据要求成立了课题组。课题组报告初稿完成后，于7月份开会通过专家审定后，上报工信部、国资委和财政部。

四、组织召开年会

11月29日至12月1日在厦门召开了2009年葡萄酒、果露酒国家级评委年会。会议期间，举办的技术讲座对企业送样的产品进行了鉴评，特别对新旧世界的赤霞珠葡萄酒、国外的配制型果酒和配制酒进行品评和交流。

五、召开2009年中国葡萄酒技术委员会年会

与甘肃省武威市人民政府共同举办了“武威国际葡萄酒产业研讨会暨2009中国葡萄酒技术委员会年会”。与会领导与专家，结合国内外葡萄酒产业的状况，对武威市葡萄酒产业的发展提出了意见和建议；技术委员会还讨论了上报卫生部的葡萄酒中使用的加工助剂、食品添加剂的名单的范围和葡萄酒产品质量分级等问题。

六、组织编写相关职业技能培训教材

在2008年编写完成教材初稿的基础上，进行了多次调整、修改，于2009年召开了教材定稿座谈会，现已定稿，进行最后校对，对教材作文字方面的修改。

七、完成葡萄酒行业企业生产情况统计工作

这是每年的例行工作，参与2008年协会统计的企业46家，生产的产品产量，与国家统计局统计数据相比较，占其60.84%。

八、完成《中国葡萄酒酒庄联盟标志证明商标使用管理规则》及证明商标注册

根据国家工商管理总局的初步审查，对原办法作了重大的修订，并更名为《中国葡萄酒酒庄酒标志证明商标使用管理规则》，现已获得国家工商管理总局的批准。随后，对原有的细则修改后征求了现有酒庄联盟成员和申请成员的意见，各成员已将意见返馈。

2008年黄酒行业综述

2008年是我国不平常的一年，年初的雪灾，5月份的四川汶川大地震，下半年的三鹿毒奶粉事件和世界金融海啸，对我国经济造成严重的影响，但也取得了成功举办北京奥运、“神七”升天等辉煌成就，大悲大喜震撼人心，令世界刮目相看。正如温总理所言“大难兴邦”，我国经济将在中央经济工作会议精神的指引下，在以胡锦涛总书记为核心的党中央领导下，奋发图强，战胜困难，共渡难关，实现国民经济平稳增长。

一、行业运行稳健，经济效益持续提升

受灾害和金融危机影响，国内外消费市场萎缩，中国轻工行业遭遇前所未有的困难，但就黄酒行业而言，虽受到一定的冲击，经过全行业的共同积极应对，不断创新，全国黄酒各项经济指标均保持良好的增长趋势：

根据对规模以上企业的统计(96家)

2008年1～12月（全行业产量约240万千升）

黄酒产量80.93万千升，同比增长10.86%；

2008年1～11月份

主营业务收入74.62亿元，同比增长19.40%；

税金总额6.30亿元，同比增长29.16%；

实现利润6.20亿元，同比增长38.63%。

从上述指标可以看出，黄酒行业正在摆脱低价竞争局面，进入良性发展阶段，全行业各项经济指标已经是第六年呈两位数增长。

黄酒行业进入21世纪以来，保持了持续健康的发展态势。2001年，全行业黄酒总产量约为130万千升，规模以上企业主营业收入25.83亿元，税金总额3.12亿元，利润总额1.91亿元。到2008年，全行业黄酒总产量约为240万千升，主营业收74.62亿元，税金总额6.30亿元，利润总额6.20亿元，七年间产量增长了85%，销售收入增长2.89倍，税金总额增长2.01倍，利润总额增长3.25倍，数据表明黄酒行业正进入快速成长期。今年由于受金融危机影响，增长速度有所放缓，黄酒行业正好可以此为契机，调整结构，转变经济增长方式，为进一步发展做好准备。

二、构建和谐社会，自觉承担企业社会责任

2008年是我国自然灾害严重之年，年初的雪灾，“5•12”四川汶川大地震，使我国人民生命财产和社会经济的发展蒙受了巨大的损失，中国黄酒行业的广大职工和干部自觉伸出援助之手，向灾区人民捐款捐物，有的企业义拍陈酒，把所拍资金捐给了灾区人民重建家园。据不完全统计，全国黄酒行业捐款捐物超过一千万元。

同样，2008年8月8日至9月17日举世瞩目的北京奥运会、残奥会期间，我们的黄酒企业满怀着为国争光的豪情壮志，抓住机遇，为奥运加油，为行业争光。黄酒骨干企业还利用奥运题材开展奥运营销，为奥运的成功举办贡献了力量。

有的黄酒企业扶助贫困孩子上学，结对子扶贫，资助贫困家庭等，体现了企业的一份爱心，一份社会责任，这些行为受到了人们的广泛赞扬。

在大灾面前，在国家大事面前，在困难面前，黄酒行业的企业和职工，有钱出钱，有力出力，奉献爱心，体现了企业的社会责任，为构建和谐社会做出了贡献。

三、黄酒行业做大做强，黄酒产业不断升级

进入21世纪以来，黄酒行业进入了发展的快车道，2008年又有新气象。

作为黄酒产业转型升级的标志性建设项目，中国绍兴黄酒集团公司黄酒产业园区总投资25亿元、占地1250亩的黄酒产业园区建设项目已投入规划设计。园区建成后，将形成年产优质绍兴黄酒30万千升和5万吨玻璃瓶生产能力，形成从黄酒酿造、灌装、存贮的一体化生产管理格局。园区建成后，将成为黄酒生产、科研、工业旅游为一体的现代化、规模化、集约化的黄酒产业基地。

上海金枫酿酒有限公司和上海冠生园华光酿酒药业有限公司强强联合，通过资产置换改第一食品为金枫酒业，成为又一家纯黄酒产业的上市公司，它将加快上海黄酒业的发展。

塔牌绍兴酒厂年产2万千升黄酒传统手工生产项目，已

于2008年投入冬酿试生产，塔牌绍兴酒厂坚持传统手工生产方式，新车间落成后，该厂产能将提高到年产传统黄酒3.5万千升。

浙江乌毡帽酒业有限公司在喜迎建厂60周年之际，于2008年10月21日举行了2.5万千升清爽型黄酒技改项目落成典礼。该项目投产后，该公司年产将达到3.5万千升。

绍兴女儿红酿酒公司2万千升绍兴酒机械化大罐发酵项目，已破土动工，将于2009年冬酿投产，项目建成后，“女儿红”将形成年产3万千升的生产能力。

宁波阿拉酿酒有限公司年产2万千升黄酒机械化大罐发酵车间已经建成，准备试生产。

会稽山2万千升绍兴酒项目，已通过论证，将要进入施工设计。

其他地区如浙江、上海、江苏、福建、安徽、湖南、山东等地的不少企业也在不同层度地进行技术改造和扩建，业外资本越来越关注黄酒，并逐步进入黄酒产业。黄酒蛋糕越做越大，工艺技术装备不断改进，产业不断升级，现代工业体系逐步形成。

四、创新使黄酒行业呈现百花争艳的局面

1.理念创新

2008年，行业专家和学者，根据黄酒行业的特点和独有的优势提出了构建“绿色黄酒、人文黄酒、科技黄酒、和谐黄酒”的新理念，它从食品健康安全的要求出发，弘扬和宣传黄酒文化，科技进步促进产业升级，为行业发展与社会、环境、资源、健康和谐发展的关系提出了黄酒发展新思路，得到了全行业的认同，将成为行业发展的新理念。

2.宣传黄酒文化创新活动不断

继中国黄酒博物馆开馆，古越龙山、塔牌利用“中国绍兴黄酒节”之机，举办“绍兴酒开酿节”活动，宣传黄酒文化；江苏吴江桃源举办“第六届黄酒文化旅游节”宣传黄酒文化，展现古镇风貌，助推经济发展活动；古越龙山中央酒库参与“大世界吉尼斯之最”活动；以“中国味、和天下”为主题的黄酒文化与产业发展高峰论坛在福建泉州举办，对黄酒文化推广和市场拓展有深远的影响；湖南胜景山河举办携百万市民唱响“健康集结号”活动；企业在当地政府支持下举办“天气变冷、黄酒升温，百万市民与健康干杯”行动，市民免费乘坐专车到现场，参加品黄酒、参观车间及抽奖活动，宣传和推介了中国黄酒；黄酒分会理事长傅建伟先生做客“人民网”，揭秘千年黄酒的现代产业之旅，黄酒现象引起中央媒体关注。

其他：在山东即墨举办了振兴“北方黄酒”高层论坛；安徽郎溪举办了振兴“徽派黄酒”高层论坛；福建龙岩举办了振兴“闽派黄酒”高层论坛；湖南岳阳举办了振兴“湘派黄酒”高层论坛。各地黄酒企业利用黄酒文化的独特优势，宣传黄酒，拓展市场。

3.营销创新

一年来，黄酒企业的营销工作不断创新。如：古越龙山绍兴酒股份有限公司推出“原酒”交易，赋予“原酒”以珍藏的文化内涵和产品增值的预期，这种“原酒”交易既是一种个性化消费服务，又可以作为投资，赢得了人们的青睐，原酒交易额达到1.2亿元，取得了较好的经济效益；会稽山绍兴酒有限公司也推出“1998珍藏贮酒卡”，把年份原酒作为古董来珍藏，还推出“标准化”营销的理念，建设标准化营销体系，把黄酒产品和黄酒文化送到消费者面前；浙江湖州乾昌酒业有限公司，将黄酒整容、修身，采用时尚包装顺利进入新潮夜店和KTV；浙江乌毡帽酒业有限公司计划以工业旅游带动和促进营销。

还有上海金枫的“金色年华”、江苏张家港的“花开富贵”、湖南岳阳“胜景山河”等，都利用各自的优势进行各种营销活动，宣传黄酒，扩大品牌影响，取得了良好的效益。

五、不断加大科技投入提升黄酒科技含量

2008年，黄酒企业进一步加大了科技的投入，不少企业与大专院校，科研单位合作，建立了企业的技术中心，到目前为止黄酒行业已有省级技术中心三家，市级技术中心十余家，黄酒的骨干龙头企业正在努力申报成立国家级技术中心。

2008年，全国黄酒质量监督检验中心三项重点科研项目获得通过：

1.国家质量监督检验检疫总局科技项目——黄酒主要成分的近红外光谱快速检测的研究。

2.浙江省科技计划项目——组成黄酒色香味的机理研究和功能因子的确定。

3.绍兴市科技计划项目——食品中的环已基氨磺酸钠检测方法研究。

另外，古越龙山与江南大学合作开发的氨基丁酸新型黄酒获得成功。

嘉善黄酒股份有限公司，先后开发了“西塘1618”、“七一南湖红”；乌毡帽酒推出“竹韵系列”和“陈酿冰雕系列”产品；龙岩沉缸酒业有限公司推出了“1796系列”、“客文化系列”和“缸缸好”产品；陕西秦洋长生酒业有限公司推出了“谢村桥系列”新产品等。黄酒新产品、新包装不断涌现，科技含量、质量档次、文化气氛、品位形象不断提升。

六、黄酒广告宣传逐渐向多形式展开

2008年黄酒广告宣传进一步加大，宣传的形式开始多样化。

1.电视宣传

古越龙山连续数年大手笔投入央视黄金档进行广告宣传取得了巨大成果之后，调整策略，加强针对性的宣传，进入“体育”、“鉴宝”等栏目，使广告宣传与消费群体相吻合、相沟通；会稽山的宣传也有新的形式，如：赞助体育活动，在凤凰电视台投入广告等；其他金枫、塔牌、女儿红、沙洲优黄、阿拉、胜景山河、善好、乌毡帽等都在各地采取各种不同形式的广告，宣传黄酒，宣传品牌。

2.会展宣传

2008年黄酒骨干企业积极参加全国性和国际性会展活动，如：绍兴酒抱团参加全国糖酒会展览受到关注；黄酒骨干企业在全国糖酒会上高调亮相，展示黄酒品牌；黄酒行业抱团参加第九届中国国际食品和饮料展览会；黄酒企业积极参加“2008中国国际酒业博览会”等，展示黄酒产品，宣传黄酒品牌，提高了黄酒知名度。

3.文化宣传

2008年会稽山与阳光卫视联合拍摄高清数字电影《水客》，宣传黄酒文化；“古越龙山”中央黄酒仓库申报“大世界吉尼斯之最”，展示黄酒文化(绍兴酒传统酿造技艺，丹阳金坊封缸酒传统酿造技艺，金华传统酿造技艺)；三种黄酒传统技艺项目获国务院批准，为“国家级非物质文化遗产”，弘扬了中华黄酒文化；绍兴黄酒节和绍兴酒开酿节活动，吴江桃源黄酒文化旅游节，都宣传和弘扬了黄酒文化；另外黄酒骨干企业在各地与媒体合作举办各种高层论坛，宣传黄酒文化，提升黄酒品牌。酒文化是黄酒得天独厚的优势，弘扬黄酒文化，对宣传中国黄酒具有举一反三的效果。通过酒文化的宣传和弘扬，中国黄酒的地位得到了彰显和提高。

总之，2008年的中国黄酒发展形势良好，但由于国际金融危机的影响，国内外经济形势十分严峻，老百姓消费谨慎，消费能力下降，从去年下半年开始，高档酒消费明显趋缓，特别是一些中小企业困难更大。在这不利的经济形势下，我们企业要冷静分析，沉着应对，调整结构，练好内功，渡过难关，确保黄酒行业稳定发展。

2008年中国酿酒工业协会黄酒分会工作情况

一、召开三届四次常务理事会(扩大)会议

中国酿酒工业协会黄酒分会第三届第四次常务理事会(扩大)会议，于2008年6月14日在江苏省张家港市国贸酒店举行。会议审议了2007年黄酒行业的工作报告，并就如何又好、又快发展黄酒产业为主题组织了讨论，并就有关问题取得了共识；会议提议并通过增补胡普信高级工程师为黄酒分会副秘书长；会议特别邀请了“特劳特中国战略定位咨询公司”邓德隆先生作“黄酒企业战略”定位的学术报告；此外，会议听取了本次会议的承办单位“江苏新

美星包装机械公司”、“黄酒新型灌装技术”的介绍，参观了工厂，为代表们提供了包装设备改革的新思路。

二、组织参与论坛会

一年来分会秘书处组织参与多种论坛会，这对于探讨黄酒发展中的重大议题、开发新智、弘扬黄酒文化、扩大黄酒宣传、提高相关企业的知名度有较大的积极作用。这些论坛包括：

1月12日，国家食品行业生产力促进中心在杭州举办“黄酒安全探讨会”，就黄酒的健康安全作了比较全面的探讨。

5月14日，由中国食品科技学会黄酒学会和法国爱博展览集团联合举办的“中国黄酒发展论坛”在上海举行。这次论坛的主题是“合作、和谐、发展”，中国酿酒工业协会理事长王延才、中国酒类流通协会秘书长刘员、黄酒学会理事长毛照显、华夏酒报总编辑刘世松、江南大学教授赵光鳌，从不同视角，作了精辟的讲话，黄酒企业代表从黄酒发展实际作了发言。

7月19日，由福建省食品工业协会和龙岩新罗区政府主办的“福建(闽派)黄酒发展战略营销论坛暨沉缸酒新品发布会”在福建龙岩市举行。会上，中国食品科学技术学会黄酒分会理事长毛照显、中国酿酒工业协会黄酒分会秘书长沈振昌、福建省食品工业协会会长汪乔生作了重要讲话。福建师大、福州大学多位教授参加了会议，为闽派黄酒发展献计献策。

9月24～26日，由华夏酒报社牵头主办，陕西、甘肃、四川、重庆有关协会协办，陕西秦洋长生酒业有限公司承办的“西部黄酒发展高峰论坛暨谢村黄酒保健理疗功能研究成果鉴定会”在西安市举行。中国酿酒工业协会张立文主任、中国食品科学技术学会黄酒分会理事长毛照显先生、江南大学赵光鳌教授等应邀参加了会议。会议对促进西部黄酒发展产生了积极作用。

12月19日，黄酒分会与(国家)食品行业生产力促进中心在上海联合举办“中国黄酒保健、安全、创新、发展论坛和黄酒分会技术委员会换届会议”，国家工信部郭翔处长、国家食品药品监督检验局石阶平处长、中国酿酒工业协会秘书长王琦、江南大学校长助理徐岩、中国食品发酵工业研究院院长孙颖、中国黄酒学会会长毛照显等参加了会议，并均作了重要发言。上海金枫酒业总经理董鲁平先生代表会议承办单位致欢迎词；大会由郭翔处长致开幕词，并作重要讲话；王琦秘书长作了重要讲话和指示；黄酒分会理事长傅建伟作了热情洋溢又语重心长的闭幕词。会上黄酒分会沈振昌秘书长作了题为《我国黄酒产业现状》的主题报告，(国家)食品行业生产力促进中心执行主任温凯作了《中国黄酒食品安全状况》的调查报告，江南大学校长助理徐岩教授作了《黄酒科技研究与发展》的专题演讲，赵光鳌教授作了《黄酒发展理念》的专题报告。中国黄酒学会会长毛照显、张五九副院长、中国食品集团公司投资管理公司副总董建辉、山东即墨酒厂厂长杜祖远、上海金枫酒业技术中心主任俞剑燊、福建宏盛闽候酒业总经理许景等专家、学者和企业领导均在大会作了发言，大会围绕中国黄酒保健、安全、创新、发展的主题，进行探讨和交流，会议将对中国黄酒的发展起到极大的促进作用。

三、进行能耗调查

为了了解各黄酒企业能源消耗的信息，并为各企业制订黄酒节能降耗指标提供参考数据，黄酒分会于4月15日发出了“关于要求填报产品能耗统计调查表的通知”。通过调研，分会秘书处编制了机制黄酒单位产品能耗、传统黄酒单位产品能耗、灌装酒(瓶酒)单位产品能耗、65度白酒(糟烧头吊)单位产品能耗、65度白酒(液态糟烧)单位产品能耗等汇总表，于6月24日请部分企业代表及专家进行审议。

经过充分的调研和征求意见，黄酒分会制订了黄酒行业单位产品能源消耗推荐标准，发放给各企业，供各黄酒企业节能降耗作参考对照，也为各地政府主管部门对能耗的管理提供参考数据。

四、及时、稳妥有效解决酒坛价格暴涨问题

2008年8月，分会秘书处根据企业的反映，对于吉皖陶器有限公司通过组建酒坛销售公司，用垄断的经营方法，把酒坛的价格从原来的11元一只暴涨到18元一只，每只提价7元，这种做法严重地损害了黄酒企业的利益。为此，分会召开了相关骨干企业和用酒坛大户座谈会，商讨应对办法和措施，由于黄酒企业的团结协作，制止了这次酒坛价格暴涨的行为。为黄酒行业免除了巨额的经济损失。

五、举办黄酒品酒员培训班

为了继续培养黄酒品酒职业人才，早在2007年，分会就委托陈靖显副秘书长(黄酒评酒专家)编写黄酒品酒培训教材。2008年初《黄酒品评与勾兑》教材完稿，经沈振昌秘书长、邹慧君国家评委认真审稿，《黄酒品评与勾兑》培训教材正式成书。培训班于8月3日在绍兴市委党校开课。经过教、学双方的努力，取得了较好的成绩，79位学员取得了结业证书。

六、编写黄酒职业资格培训教程

根据人力资源和社会保障部的要求及中国酿酒工业协会的布置，分会成立了编写班子，成员有沈振昌、陈靖显、胡普信、张友根、邹慧君、赵光鳌、韩吉臣、袁军川、潘兴祥、范洪等。2008年6月24日，在塔牌绍兴酒厂召开编写会议，讨论了编写大纲，并进行分工，目前编写工作还在紧张、有序进行中。

七、技术委员会换届工作

中国酿酒工业协会黄酒分会技术委员会自2004年成立以来，在各位技术委员的积极努力下，在进行科学技术研究、发表论文、开发新产品和酒文化宣传等方面取得了丰硕成果，为促进黄酒行业的技术进步发挥了良好的作用。

鉴于第一届技术委员任期已满，黄酒分会技术委员会换届会议于12月19日在上海举行第二届技术委员会，聘请技术委员68名。聘请傅建伟教授级高级工程师为技术委员会主任，沈振昌高级经济师、陈靖显高级工程师、胡普信高级工程师为副主任。

特聘国家工信部郭翔处长、黄酒学会理事长毛照显、江南大学赵光鳌教授、徐岩教授、资深企业家陈品光为高级顾问。技术委员会专家组由傅建伟、郭翔、毛照显、沈振昌、陈靖显、胡普信、邹慧君、于秦峰、俞关松、董鲁平、夏梅芳、许荣年、毛健等13人组成。

换届大会收到了技术委员会的论文30多篇，在大会上进行了演讲和书面交流。

八、加强信息建设

(1)《中国黄酒网》改版。改版后的《中国黄酒网》内容丰富，并且连接了企业网站，中国黄酒网成了行业的窗口，会员企业和消费者的服务平台。

(2)合作建立了中国黄酒电子商务信息平台。

(3)《中国黄酒》内刊由季刊改双月刊并改版和增加版面。

《中国黄酒》内刊越办越好，得到了企业的好评，这里要感谢各协办单位对《中国黄酒》内刊的大力支持。

九、组织去日本考察

日本是亚洲大陆东北太平洋上的一个岛国，位于中国东北部，是由四个大岛和周围3000多个小岛组成，是我国一衣带水的近邻，是中国黄酒出口的主要国家，大约每年需2万千升左右的进口量。

为了了解日本国饮料酒消费情况，分会组团前往日本考察，参加考察的共有16人；考察团还参观了麒麟啤酒厂，通过各地的参观、考察，初步了解了日本酒类消费的一些情况，对黄酒出口日本有积极作用。

十、进行咨询服务，做好日常工作

分会秘书处应黄酒企业要求，多次到企业进行实地咨询服务。

分会秘书处认真完成中国酿酒工业协会交办的各项工作，也协助政府及有关部门做了一些工作。

一年来，分会工作人员，在人手不多、工作繁重的情况下，恪尽职守、兢兢业业为行业服务，为政府部门服务，为会员单位服务，他们的工作理念是：只要对行业发展有益，对企业发展有利，他们都会认真地、努力地去做，为维护行业的利益，维护企业的利益，尽到一份责任。

2009年黄酒行业综述

一、2009年黄酒行业发展概况

中国酿酒工业协会黄酒分会第三届理事会所经历的五年期间，黄酒行业发生了较大的变化，在产业规模、技术改造、技术进步、产品质量、新品开发、食品安全、人才培养、社会责任、节能减排、经济效益等方面都取得了较好的成绩。

在这几年中，黄酒行业骨干企业开始了并购、重组，强强联合，走企业集团化之路，企业集团的形成和壮大，将引领和规范行业的发展，成为行业的中坚力量和榜样。此外，黄酒行业在食品安全、清洁生产、循环经济、节能减排、企业诚信等方面的意识不断增强，标准化体系不断完善，食品安全得到了充分的保障。随着社会的进步，经济的发展，不少企业已把企业社会责任，作为企业文化建设，全行业社会责任意识不断提升。

2009年，虽然受国际金融危机的影响，高端黄酒市场曾一度受到冲击，但黄酒行业仍然以两位数增长的速度快速发展。黄酒产品在保证和扩大普通消费群体的同时，积极开发适合现代快节奏生活群体的新产品。黄酒产品向传统的更加经典、新型的更加时尚的方向发展，黄酒消费群体不断扩大。在产品质量档次不断提高的同时，黄酒企业越来越重视品牌建设，宣传黄酒文化、宣传企业品牌已形成一定氛围，行业主要品牌知名度越来越高，行业正在克服地域界限，向全国扩张。

中高档黄酒产品的崛起顺应了黄酒的消费升级趋势，推动了黄酒行业盈利模式从单纯总量增长模式向产品结构调整升级为主、总量增长为辅的模式转变。未来黄酒行业的产业结构和行业整合步调将会进一步加快，黄酒行业迈上了健康发展坦途，黄酒的春天将更加灿烂。

二、行业经济运行情况

黄酒行业在2009年以市场为导向，以满足消费者需求为目标，取得了较好的经济效益和社会效益。2009年全国通过QS认证的企业有905家，国家统计口径规模以上企业112家。

1. 黄酒产量

（1）行业调查数

2005年200万千升左右

2006年220万千升左右

2007年230万千升左右

2008年250万千升左右

2009年270万千升左右

五年增长 35%

（2）国家统计局对规模以上黄酒企业的统计数据

2006年为70.20万千升

2007年为75.70万千升

2008年为89.62万千升

2009年为106.26万千升

（注：2005年没有国家统计数据）

2. 主要经济指标情况（规模以上企业统计）

	2005年	2006年	2007年	2008年	2009年
销售收入（亿元）	44.56	56.78	73.10	81.38	91.20
利润总额（亿元）	3.40	4.31	6.29	6.76	6.81
税金总额（亿元）	4.26	5.60	6.31	6.87	6.91
资产总额（亿元）	79.09	86.59	96.11	104.18	117.81
资产负债率（%）	58.30	53.42	52.87	50.37	50.41

根据国家统计部门对黄酒行业规模以上企业统计数据：

（1）2009年销售收入91.20亿元，比2005年44.56亿元增长104.66%。

（2）2009年利润总额6.81亿元，比2005年3.40亿元增长100.29%。

（3）2009年税金总额6.91亿元，比2005年4.26亿元增长62.20%。

（4）2009年资产总计117.81亿，比2005年79.09亿元增长48.95%。

（5）2009年资产负债率为50.41%，比2005年58.30%的负债率下降了7.89%。

（6）2009年我国黄酒出口量为19354.15千升，创汇2473.06万美元，虽受金融风暴的影响，仍稳中有升。

从上述经济运行的数据可以看出，黄酒企业，特别是黄酒骨干企业，通过加强管理，调整产品结构，创新市场营销理念，满足消费需求，注重投入产出效率，转变经济增长方式，全国黄酒行业呈现健康稳定的良性发展态势。

三、行业发展情况分析

1.行业集中度不断提高

黄酒骨干企业通过扩建、收购、兼并不断壮大实力，如“古越龙山”收购“女儿红”、“会稽山”收购“加善黄酒”；上海“金枫”和“和酒”合并；江苏张家港酿酒有限公司、塔牌绍兴有限公司通过技术改革扩大产能，使行业集中度不断提高。根据对规模以上企业统计，排名前五位的企业2009年销售收入占到行业的48.81%，利润总额占行业的77.94%，行业排名前五家企业总资产占60.36%，排名前十家企业总资产占73.72%，行业集中度不断提高，规模效益初步形成。

2.开拓新品、满足市场、推动黄酒消费

黄酒行业一直以来是以低度、营养、健康为价值取向，以“绿色黄酒、人文黄酒、科技黄酒、和谐黄酒”为理念，推出了一系列贴近市场、贴近不同消费群体的黄酒新产品。“古越龙山”、“会稽山”、“金枫”、“和酒”、“塔牌”、“女儿红”、“沙洲优黄”、“乌毡帽”、“宁波阿拉”、“胜景山河”等企业，利用自身的优势和地区民俗文化、市场特点，开发了具有个性特色的新产品，满足了不同消费需要，餐饮、夜场及年轻人消费不断增加，消费档次也不断提高。

3.弘扬黄酒文化，注重品牌建设

中国黄酒文化是世界上积淀最深厚的酒文化之一，它不仅历史悠久，内容丰富，还涉及政治、经济、文学、艺术、民俗等领域，是行业取之不尽、用之不竭的宝藏。近年来，各企业运用黄酒文化的优势，开展宣传活动，如建设中国黄酒博物馆，举办黄酒节、开酿节、封坛节、黄酒文化高层论坛、开研讨会、新品发布会，以及借助影剧宣传、广告宣传等形式，宏扬黄酒文化，宣传企业品牌。多年来黄酒行业品牌建设获得了重大进展，至2009年黄酒行业已有七个“中国名牌”，近20个“中国驰名商标”。

更值得一提的是品牌建设与文化建设相得益彰。有三项黄酒酿造技艺（“绍兴酒传统酿造技艺”、“丹阳金坛封缸酒传统酿造技艺”、“金华酒传统酿造技艺”）被国务院批准为“国家级非物质文化遗产”。有一项被认定为“大世界吉尼斯之最”（古越龙山绍兴酒股份有限公司的黄酒中央仓库）。酒文化建设、品牌建设，为黄酒进一步开拓市场打下了基础。

4.加强科研投入，促进技术进步

近年来黄酒企业加大了科学研究的投入，不少企业与大专院校、科研单位合作，建立了企业的技术中心。目前已建立省级技术中心三家，市级技术中心十余家，黄酒的骨干龙头企业正在申报成立国家级技术中心。

近年来获得的科研成绩斐然，主要成果有：

——中国绍兴黄酒集团有限公司与浙江大学、江南大学等合作进行“黄酒保健功能研究”，研究证明：绍兴黄酒具有排铅、提高耐缺氧、抗氧化等多种保健功能。

——古越龙山、会稽山、金枫与江南大学、中国食品发酵研究院联合研究“黄酒微量组分控制技术及标准研究”并取得阶段性成果。

——国家黄酒质量监督检测中心“黄酒中有害物质的风险预警研究”。

——湖南胜景山河生物科技有限公司与江南大学联合开发的多肽黄酒。

——古越龙山绍兴酒股份有限公司与江南大学“生产富含γ-氨基丁酸黄酒的研究”，以及“黄酒沉淀机理的研究”等。

黄酒行业通过产、学、研的科技合作，促进了行业的技术进步，为黄酒健康、稳定发展提供了保障。

5.技术改造方兴未艾，黄酒产业初显张力

近年来黄酒业重视技术改造，不断增加投资力度。如：宁波阿拉酿酒有限公司年产2万千升生产线投产；湖南胜景山河生物科技有限公司1万千升扩建项目投产；浙江塔牌绍兴酒有限公司传统酿造黄酒2万千升黄酒技改项目建成投产；绍兴女儿红年产2万千升机械化黄酒技改项目建成投产；浙江乌毡帽酒业有限公司2.5万千升清爽型黄酒项目竣工投产；上海“金枫”酿酒与“和酒”强强合作，新建10万千升黄酒项目已经开工建设；中国绍兴黄酒集团有限公司，占地1250亩，投资25亿的黄酒产业转型升级的标志性建设项目已经动工兴建。这座黄酒工业园区建成后，将形成年产优质绍兴黄酒30万千升和玻璃瓶5万吨生产能力，集黄酒酿造、黄酒科研、黄酒陈贮以及黄酒生产工业旅游为一体的现代化、规模化的黄酒产业基地。另外业外资本已经关注和涉足黄酒产业，黄酒这个蛋糕正在加速做大。

6. 需要关注的几个问题

（1）黄酒的地域性消费仍然是抑制黄酒发展的瓶颈。

黄酒企业和黄酒市场主要集中在华东地区（见表1），并占绝对优势，黄酒的地域性消费，是我们需要认真面对的问题。

（2）黄酒产品的价值和价格不相称，黄酒总体价格偏低，黄酒还没有完全摆脱低价竞争的局面。

（3）由于黄酒是中国的独有酒种，黄酒的很多基础性研究和机理研究要靠黄酒行业自己，因此黄酒行业必须加大科研投入，加强科学研究，以不断提高黄酒产业的科技含量。

表1 2009年按地区分布的主要经济指标

	企业数量比例（%）	总产量比例（%）	工业总产值比例（%）	销售收入比例（%）	总资产比例（%）
东北	1.78	0.16	0.11	0.11	1.15
华北	6.25	1.07	6.79	6.98	0.20
华东	74.10	93.52	80.44	79.30	93.16
西北	2.67	0.54	0.38	0.49	0.84
西南	2.67	0.03	1.68	2.09	0.76
中南	12.50	4.68	10.28	9.38	3.90

2009年中国酿酒工业协会黄酒分会工作情况

近年来，协会以科学发展观为指导，以服务行业服务企业为核心，努力适应行业发展的新形势和新要求，着力发挥好桥梁和纽带作用，推进政府与企业沟通机制，开展行业调研，反映行业、企业的诉求，为促进行业的发展，维护行业的利益努力工作，取得了一定的成效，较好地完成了三届理事会预定的目标。

一、健全服务体系

1. 常务理事（扩大）会议制度

协会建立常务理事会正常工作机制，每年黄酒酿酒旺季结束后，召开常务理事会（扩大）会议。三届一次常务理事会于2005年6月5日在福州召开；三届二次常务理事会于2007

年3月28日在北京召开；三届四次常务理事会于2008年6月14日在江苏张家港召开；三届五次常务理事会于2009年5月16日在青岛召开。

常务理事会还邀请国家有关部门的领导作形势报告和工作指导，邀请相关专家作学术报告。

一年一次的常务理事（扩大）会议的作用在于总结工作，分析形势，统一认识，明确方向，使业界团结一致，与时俱进地促进行业持续健康发展。

2.技术委员会

中国酿酒工业协会黄酒分会技术委员会自2004年成立以来，通过各位技术委员的积极努力，在酿酒科学技术研究、论文发表、新产品开发和酒文化宣传等方面取得了丰硕成果，为促进黄酒行业的技术进步发挥了良好的作用。

3.国家级黄酒评酒委员会

国家级黄酒评酒委员会是我国黄酒感官质量鉴定的权威机构，评酒委员是所在企业发挥感官质量把关、新产品开发的主要技术力量，评酒委员们的工作对确保世界三大发酵酒之一的黄酒质量的传承和创新具有特别重要的意义。五年来，黄酒国家评委对提高黄酒质量，开发黄酒新产品发挥了良好的作用。

2009年黄酒国家评酒委员会进行了换届考核考试工作，建立了力量更为强大，布局更为合理的第八届国家级黄酒评委队伍。

二、构建安全体系，提高行业安全水平

食品安全事关人民的身体健康安全，是社会和谐与国家经济发展的大事，多年来分会为积极构建科学的食品安全体系做了一些积极有效的工作。

1.完善行业标准体系

标准体系的建设，是黄酒产业健康发展的重要支柱，分会积极配合上级有关部门和国家标准化中心，参与起草及修订：

（1）《黄酒企业良好生产规范》，《GB/T 13662—2008黄酒》国家标准，《地理标志产品绍兴酒（绍兴黄酒）》国家标准。

（2）《黄酒酿造工》、《黄酒品酒师》、《黄酒酿酒师》等国家职业标准。

（3）宣传贯彻黄酒标准体系：分会于2005年邀请原国家食品发酵标准化中心专家宣讲GB 7718—2004和GB 13432—2004两个强制性国标，于2008年和2009年与国家黄酒质量监督检测中心联合举办培训班，宣讲贯彻食品添加剂使用卫生标准和《GB/T 13662—2008》版黄酒国家标准，提高企业对执行标准的认识和理解，以避免因使用不当造成的损失。

2.完善应急机制，维护行业利益

建立应急机制，及时、妥善地处理影响和损害行业的整体利益的突发事件，维护了行业的整体利益，维护了企业的合法权益：

（1）建立食品安全预警机制 成立了以分会傅建伟理事长为首，由骨干企业负责人及有关专家为成员的黄酒行业食品安全预警组织以防范和应对食品安全事件。

（2）妥善地解决了黄酒行业“焦糖色素事件” 由于“绿色食品”黄酒焦糖色使用规定与《食品添加剂使用卫生标准》和《黄酒》国家标准中对“焦糖色”使用范围存在交叉矛盾，引发了相关企业产品被查扣的“黄酒焦糖色素”事件，分会认为事件的根本原因是国标存在交叉矛盾，而非企业执行错误。分会及时向国家标委会和有关部门反映，通过积极努力的工作和上级部门的协调，“焦糖色”事件得到圆满解决，事后修订了《黄酒》国标中有关焦糖色使用的相关规定，化解了矛盾，完善了标准。

（3）妥善地化解了“陈化粮事件”危机 2006年9月18日，《现代快报》报道了“万吨陈化粮酿出4800万瓶毒酒”的消息，一时间对黄酒行业产生了极大的负面影响，为维护行业的利益，分会及时作出反应，要求企业认真客观应对，邀请相关专家和权威检测机构对所涉及的产品进行了客观、公正、透明的安全性检测和评估，澄清事实，并请媒体对事实作客观的报道，引导正确舆论导向，及时地化解了危机，维护了黄酒行业的整体利益，也保护了企业免受无故损失。

3.组织参与食品安全论坛和黄酒安全调查与评估工作

（1）分会与中国质量万里行市场调查中心联合举办“黄酒质量与健康消费”高层论坛。

（2）2007、2008年分会与国家黄酒质量监督检验中心，共同参与国家食品行业生产力促进中心，由国家药监局委托的“我国黄酒产品安全调查与评价”和“黄酒消费安全与评价”工作，对黄酒生产从原料、生产工艺、添加物、包装材料等进行安全性调查和评估，以及黄酒消费的安全与评价。通过对黄酒的健康、安全进行正确的评价，有利于指导企业的安全生产和消费者的安全消费。同时2008年分会与国家食品生产力促进中心联合举办了“中国黄酒保健、安全、创新、发展”论坛。宣传黄酒健康，确保黄酒安全。

国家工信部、国家食品药品监督检验局、中国酿酒工业协会的有关领导和大专院校科研单位的有关专家参加了会议。

（3）与江南大学生物工程学院共同组织了“黄酒产品质量与安全技术”研讨会，对黄酒产品质量安全作进一步探讨。

4.联络、组织、协调黄酒微量组分控制技术和标准的研究

2005年，分会在中国酿酒工业协会的支持下，组织联络了“古越龙山”、“会稽山”、“金枫”三家黄酒骨干企业与江南大学、中国食品发酵工业研究院成立了“黄酒中微量组分控制技术和标准的研究”的科研项目攻关小组，分会发挥了召集、组织、协调、联络的作用，该课题到2007年取得了阶段性成果。

三、维护行业利益

1.争取烹饪黄酒免征消费税

经过几年努力，烹饪黄酒标准（GB/T 2745—2005），于2005年7月由国家发改委发布。标准发布后，分会致力于要求“烹饪黄酒”与其他“调味品”一样免征消费税，在上级领导部门的支持下，2008年国家税务总局下文，免征“烹饪黄酒”消费税，为行业减轻了税赋。

2.及时应对和化解酒坛价格暴涨事件

分会及时应对吉皖陶器有限公司通过组建酒坛销售公司，用垄断的经营方法，把酒坛（25公斤/只）的价格从原来11元左右一只提价暴涨到18元一只，涨幅达70%，黄酒行业每年大约需要酒坛在800万至1000万只，这种做法如果让其得逞，黄酒行业每年就会因酒坛涨价而产生经济利益的损失。分会紧急召开相关骨干企业和用坛企业大户座谈会，磋商应对办法和应对措施，由于企业的团结、协调，赢得了主动权，抑制了酒坛价格暴涨，目前酒坛价格仍维持在10元左右一只。

3.进行能耗调查，制定行业能耗参考标准

为了使行业各企业有节能降耗的参考数据，黄酒分会于2008年开展了黄酒企业实际能耗调查，通过调查分析和充分征求企业及相关专家的意见，编制了传统黄酒产品能耗，机制黄酒产品能耗，灌装酒（瓶酒）能耗，65度白酒（糟烧头吊）和65度白酒（液态复吊糟烧）能耗的推荐标准，发放给各企业，供各企业节能降耗作参考对照，也为各地政府主管部门提供了能耗管理参考数据。

四、行业人材培训

黄酒行业是一个传统古老的行业，在黄酒发展步伐加快的今天，尤感人才紧缺。培养黄酒人才，是黄酒持续、稳定、健康发展的大事，分会急行业之所急，做了大量的工作。

1.与学校联合培养黄酒专业人才

（1）2007年，分会与绍兴市中等专业学校共同组建了“黄酒专业教育委员会”，联合办学，培养“黄酒酿造”中等专业人才。

（2）帮助浙江工业技术学院筹建“黄酒学院”，分会秘书处胡普信副秘书长任该院兼职院长，“黄酒学院”将于下半年开班，培养黄酒高等专业人才。

2.组织高级技师、高级酿酒师培训和鉴定

2005年，黄酒分会与江南大学联合举办了第一期黄酒高级技师培训班。参加培训的学员来自全国黄酒企业从事生产技术的主管或骨干51名。经过6天时间的培训、考试、鉴定，全部获得了国家劳动与社会保障部颁发的“一级（高级）技师资格证书”。

2006年，举办了第二期黄酒高级技师培训与鉴定。参加培训的技师和高级技师有48人。通过培训和鉴定，获得高级技师职称的有44人，获得技师职称的有2人。

2009年，于福建举办了高级酿酒师培训鉴定，有72位黄酒行业高层技术骨干参加培训鉴定，全部获得“国家高级酿酒师”职称证书。

3.举办黄酒品酒员培训班

黄酒行业的快速发展以及消费需求的不断升级和变化，使得黄酒企业对品评勾兑人才要求越来越高，为此，分会组织专家，新编《黄酒品评与勾兑》培训教材，并于2008、2009年分别举办全国黄酒评酒员培训班，进行评酒和勾兑技能知识的培训，共有168人次参加培训，并获得结业证书。

4.举办黄酒新技术与感官品评技术高级研修班。

2006年，黄酒分会技术委员会与江南大学联合举办黄酒新技术与感官品评技术高级研修班，研修班特邀美国加州大学戴维斯食品科学与技术系教授索迈克博士（由江南大学钟芳博士担任翻译）讲授了感官品评技术，江南大学赵光鳌教授讲授了“黄酒固形物剖析及形成机理研究”，江南大学戴军博士讲授了“绍兴黄酒功能性组分检测与研究”，中国绍兴黄酒集团有限公司邹慧君总工讲授了“日本酿酒科技信息和有关日本清酒科技研究成果”。这次研修班是一次学术研修和交流的盛会，大家认为这是一次知识充电。

5.编制新职业建议书和培训教材

（1）编制新职业建议书 编制《黄酒酿造师》和《黄酒品酒师》新职业建议书，这是中国酿酒工业协会根据中华人民共和国劳动和社会保障部国家职业分类大典与职业资格工作委员会交办的任务。于2007年8月31日完成了任

务。从此在《中华人民共和国职业分类大典》中又新增了酿酒师和品酒师两个新职业，使黄酒行业的人才更专业化。

（2）编写全国酿酒行业职业技能鉴定的统一培训教材——《黄酒酿造工》 2007年根据培训黄酒酿造工的需要和中国酿酒工业协会的要求，黄酒分会组织专家进行黄酒酿造工职业技能培训教材的编写，黄酒界的七位专家，冒着酷暑高温，利用业余时间完成了撰稿任务。又花了十几天时间进行统稿和编审，于7月底前完成了培训教材稿件编写任务。

（3）编写黄酒职业资格培训教材 根据人力资源和社会保障部的要求以及中国酿酒工业协会的布置，分会成立了编写班子，2008年6月24日在塔牌绍兴酒厂召开编写会议，讨论了编写大纲，并进行分工，目前编写工作已接近完成。

6.质检人员培训。为了提高质量检测人员的操作技术水平，2009年黄酒分会与全国黄酒质量监督检验中心联合举办了质量管理和质检人员培训班。近60名黄酒检测技术人员参加了培训，本次培训还进行实际操作训练，得到了较好的效果。

五、搞好行业服务

1.建立行业信息平台

（1）办好《中国黄酒》内刊 《中国黄酒》是分会编印的内部刊物，是沟通行业与政府、分会与广大会员的桥梁。是交流企业管理，生产技术的信息平台。近年来，在十余家协办单位的支持下，在编委会的领导下，《中国黄酒》越办越好。2007年4月21日在宁波召开了第五次编委会议，进行了编委会组成人员调整。2008年《中国黄酒》内刊由季刊改为双月刊并增加了版面，受到了业内人士的欢迎。

（2）改版“中国黄酒网”站 “中国黄酒网”改版后内容更加丰富，且连接企业网点，成为了行业的窗口，是会员企业为消费者服务的平台，得到了企业的好评。

（3）《中国黄酒》出版 由黄酒学会发起，黄酒分会秘书处积极参与，编写了一本《中国黄酒》专著，由上海辞书出版社出版，该书全面介绍了中国黄酒的历史与现状，介绍了黄酒生产技术与黄酒饮用文化。这是一本宣传中国黄酒知识性的读物，并对扩大黄酒宣传很有益处。

2.搭建行业交流平台

（1）举办全国黄酒新品鉴赏及学习、交流活动 进入21世纪以来，黄酒行业积极开拓市场，发扬创新精神，推出了很多黄酒新品，满足了不同层次的消费需求，提升了黄酒企业的盈利水平，使黄酒行业出现了欣欣向荣的大好形势。为了检阅新产品开发的成果，促进黄酒产品在新的起点上进行创新活动，分会组织举办了全国黄酒新品鉴赏及学习、交流活动。该活动于2007年9月在浙江省三门县举行，对48只黄酒新品进行了鉴赏。这次活动受到上级和业内人士的关注，黄酒企业参与活动的热情十分踊跃，原定80人的规模，结果大大超员，参会人员达到142人。第七届国家级黄酒评酒委员和黄酒分会技术委员成员出席了会议，国家发改委郭翔处长、黄酒学会毛照显会长、赵光鳌教授等知名人士参加了活动。

鉴赏活动采用密码编号的方式进行，组成了专家点评组，进行现场点评，鉴赏会先请评委发表意见，再由点评组专家发表意见，然后把评语用电脑输入显示到大屏幕上，供大家推敲。会后将点评意见用书面形式函告生产企业。

通过这次新品鉴赏，与会人士从中得到许多知识和教益，收获很大，拓宽了开发新品的思路，增强了开发新品的信心，这次活动将促进整个黄酒行业的产品开发和创新。

（2）组织“和酒杯”论文评选 进入21世纪以来，黄酒界的学者，企业管理工作者和生产第一线的工程技术人员，对黄酒技术的继承和创新，对黄酒发展前景的探索，对黄酒产品的开发等，孜孜不倦地作了研究，发表了多篇有价值的论文，发表在报纸杂志上，有力推动了黄酒行业的发展。

（3）组织和参与论坛会、研讨会、新品发布会等为中国黄酒摇旗呐喊：

——2008年5月14日，由中国食品科技学会黄酒分会和法国爱博展览集团联合在上海举办主题为“合作、和谐、发展”高层论坛。

——2008年7月，参与福建省食品工业协会和龙岩市新罗区政府主办的“福建闽派黄酒发展战略营销论坛暨沉缸酒新品发布会”。

——2008年9月，在西安市参加由《华夏酒报》牵头举办，陕西、甘肃、四川、重庆有关协会协办，陕西秦洋长生酒业有限公司承办的“西部黄酒发展高峰论坛暨谢村黄酒保健功能研究成果鉴定会”。

——2008年月12月，黄酒分会与国家食品行业生产办促进中心在上海联合举办“中国黄酒保健、安全、创新、发展论坛”。

——2009年，湖南胜景山河举办“携百万市民唱响“健康集结号”活动，百万市民与健康干杯，在中西部地区宣传推介黄酒。

——2009年6月，“中国酒文化论坛”在浙江舟山市举行。

——分会傅建伟理事长座谈“人民网”，揭秘千年黄酒的现代产业之旅，黄酒现象引起中央媒体关注。

——2009年8月，参与徽古南丰酒业有限公司在合肥市举办的“徽派黄酒发展论坛”。

——多次参与酒乡绍兴黄酒节、开酿节以及绍兴酒创新发展高层论坛和研讨会。

——参与“古越龙山”、“会稽山”、“塔牌”、“唐宋酒业”、“山东即墨”、老酒“即墨妙府”、“浙江加善酒业”、“安吉乌毡帽”酒业、“上海皇家”酒业、“绍兴梁祝酒业”、“南湖胜景山河”、“安徽禾裕酒业”等企业高层论坛、“研讨会”、“新品发布会”、“招商会”、“奠基仪式”、“开业仪式”、“古越龙山”中央酒库获“大世界吉尼斯之最”活动等各种节会活动，与企业一起共同宣传黄酒，宣传黄酒品牌，推介黄酒新品，拓展黄酒国内外市场，探讨黄酒发展趋势和思路，为中国黄酒发展摇旗呐喊！

3.技术服务

（1）推介冷冻过滤技术解决瓶装黄酒沉淀问题，使瓶装黄酒延长了市场的寿命。

（2）举办配糟工艺学习班 黄酒配糟混合发酵工艺是金芳才先生的一项发明专利，该工艺可以提高原料利用率，提高出酒率，并具“循环经济”和节能减排意义。为此黄酒分会于2007年1月在绍兴举办了专利转让推介学习班，有多家企业技术人员参加学习，并受让专利。

（3）技术支持和帮助 近年来黄酒分会派出专家，先后为福建老酒有限公司、安徽海神酿酒有限公司、舟山东海酒业有限公司、宁波阿拉酿酒有限公司、中朝酒业有限公司、湖州乾昌酒业有限公司、浙江善好酒业集团有限公司、浙江古越龙山绍兴酒股份有限公司、浙江塔牌绍兴酒厂、杭州下沙酒厂、安徽古南丰酒业有限公司、会稽山绍兴酒有限公司、上海皇家酿酒有限公司、湖南胜景山河生物科技有限公司等单位进行技术交流、技术评审、技术鉴定、技术咨询、技术帮助、新产品推介、新闻发布等服务工作。

（4）参与技术鉴定和科研项目验收工作 近年来黄酒分会多次委派专家参与技术鉴定和科研项目验收。如：

①2007年1月，浙江省科委、绍兴市科技局组织的浙江古越龙山绍兴酒股份有限公司的三只新产品鉴定。

②绍兴市质量技术监督检测院完成的“小舜江水酿制绍兴酒的可行性研究”和“积分脉冲安倍法测定黄酒中氨基酸及糖的检测方法研究”。

③桂林三花酒业有限公司两只“老桂林酒”的鉴定。

④浙江古越龙山绍兴酒股份有限公司与浙江大学联合研究课题——“解决绍兴黄酒沉淀的新技术，同时鉴定与江南大学联合研究的γ-氨基丁酸”项目。

⑤会稽山绍兴酒有限公司新产品“养君酒”的鉴定。

⑥湖北劲牌酒业公司“小曲白酒风味物质分析检测”项目。

⑦浙江古越龙山绍兴酒股份有限公司“黄酒行业科技创新平台建设”。

⑧会稽山绍兴酒有限公司年产黄酒二万千升技改项目的扩产设计审定。

⑨女儿红酿酒有限公司年产二万千升技改项目的扩产设计审定等。

（5）其他方面的服务

①根据上级有关部门的要求，进行黄酒行业排污情况的调查。

②配合和组织行业参加中国国际酒类博览会。

③根据上级部门的要求，对黄酒行业食品添加剂和生产助剂的调查、整理工作。

④参与黄酒食品生产准入（QS）实施细则的审查修改工作。

⑤认真接待来访、来电、来函，解答和解决生产技术上的有关问题和难题，提供生产经营上的相关信息，帮助企业解决一些实际问题。

4.组织考察活动

为了了解国外饮料酒市场情况，拓展黄酒从业人员在经济全球化情况下的眼界，黄酒分会每年组织一次国外考察活动，通过考察了解异国的风土人情，饮酒习俗，饮料酒市场的品种和消费特点，了解国外饮料酒制造商的一些情况。

近年间，分会组织企业考察了日本、澳大利亚、韩国、泰国及柬埔寨等国家，走访市场，参观酒企业，从中得到了不少启迪，得到了一些新思路、新理念，对促进黄酒行业持续创新具有积极的推动作用。

2008年酒精行业综述

一、2008年我国酒精行业情况

1. 酒精产量继续增长

2008年全国发酵酒精产量681.26万千升(以年销售收入500万元以上的企业计，不包括小企业和自产自用的酒精量，表1)，比2007年654.23万千升增长4.13%。与2007年度增幅17.87%相比，酒精产量增长速度继续大幅回落。

表1 2008年全国各省份酒精产量

单位：千升

省份	2008年	2007年	增长率	省份	2008年	2007年	增长率
吉林省	1364949.45	1232011	0.107904	河北省	126047	110284	0.142931
河南省	817665	644238.9	0.269195	湖北省	52564.47	30555.92	0.720271
广西自治区	662706.89	556088.04	0.19173	山西省	45303.96	76659	-0.40902
黑龙江省	569287	522574	0.08939	新疆自治区	38833.97	26689.27	0.455041
安徽省	549845	564656	-0.02623	辽宁省	30625	47087	-0.34961
内蒙古自治区	538827	495444.52	0.087563	湖南省	12940	7989.7	0.619585
山东省	492071.74	464863.76	0.058529	甘肃省	12819.01	5733	1.236004
江苏省	489393	737887	-0.33676	宁夏自治区	5302	7570	-0.2996
四川省	388677.6	315787	0.230822	海南省	4559	4693	-0.02855
天津市	262435	323346	-0.18838	陕西省	4195	10548	-0.60229
云南省	202022.54	201671.21	0.001742	贵州省	2124.9	2111.99	0.006113
广东省	138687.41	153098	-0.09413	浙江省	780.33	693.27	0.125579

由表1可知：在统计的24省(直辖市、自治区，以下称省)中，河南省增产173426.1千升、吉林省132938.5千升、广西自治区106618.9千升、四川省72890.6千升、黑龙江省46713千升、内蒙古自治区43382.48千升、山东省27207.98千升、湖北省22008.55千升、河北省15763千升、新疆自治区12144.7千升、甘肃省7086.01千升、湖南省4950.3千升、云南省351.33千升、浙江省87.06千升、贵州省12.91千升，共15个省产量增加；安徽、江苏、天津、广东、山西、辽宁、宁夏、海南和陕西9个省产量减少。

2008年全国各省酒精产量增长量见表2。

表2 2008年全国各省酒精产量增长量

省份	河南	吉林	广西	四川	黑龙江	内蒙古
增加量（千升）	173426.1	132938.5	106618.9	72890.6	46713	43382.48
省份	山东	湖北	河北	新疆	甘肃	湖南
增加量（千升）	27207.98	22008.55	15763	12144.7	7086.01	4950.3
省份	云南	浙江	贵州	海南	宁夏	陕西
增加量（千升）	351.33	87.06	12.91	-134	-2268	-6353
省份	广东	安徽	辽宁	山西	天津	江苏
增加量（千升）	-14410.6	-14811	-16462	-31355	-60911	-248494

2008年各月全国酒精产量统计见表3。

表3 2008年各月全国酒精产量

单位：千升

1月	2月	3月	4月	5月	6月
576127.73	540456	641314.36	623714.67	549364.82	579840.1
7月	8月	9月	10月	11月	12月
513361.59	575163.04	490616.4	587033.97	522741.86	641096.15

2008年五家燃料乙醇企业产量见表4。

表4 2008年五家燃料乙醇企业产量

	企业名称	产量（万吨）
1	吉林燃料乙醇有限公司	48
2	河南天冠企业集团有限公司	46.98
3	安徽丰原生化股份有限公司	39.82
4	黑龙江中粮生化能源（肇东）有限公司	15
5	广西中粮生物质能源有限公司	11.72
合 计		161.52

除五家燃料乙醇生产企业外，产量较大的企业有吉林新天龙酒业有限公司(29.2万吨)、梅河口市阜康酒精有限责任公司(23万吨)、天津市冠达实业总公司(17.81万吨)、吉安生化乾安酒精有限责任公司(14.1万吨)、承德避暑山庄企业集团有限责任公司(9.5万吨)。

2.酒精行业各项经济指标

据国家统计局统计快报，2008年酒精行业工业销售产值(当年价格)为430.06682亿元，比2007年同期336.80205亿元增长27.69%。工业总产值(当年价格)454.97861亿元，比2007年同期370.10349亿元增长22.93%。2008年前11个月累计主营业务收入为348.89708亿元，2007年同期为273.71045亿元，同比增长27.47%。2008年前11个月累计主营业务成本为306.20279亿元，2007年同期为242.93288亿元，同比增长26.04%。2008年前11个月累计主营业务税金及附加为7.19329亿元，2007年同期为6.63967亿元，同比增长8.34%。2008年前11个月累计利润总额14.50891亿元，2007年同期为10.19880亿元，同比增长39.14%。2008年前11个月累计应缴增值税10.23167亿元，2007年同期8.68429亿元，同比增长17.82%。

3.酒精进出口情况

2008年全国酒精出口10.8110万千升（8.73万吨），比2007年的酒精出口12.9973万千升（10.50吨）继续减少；出口创汇6571.2679万美元，每千升酒精创汇607.83美元；2007年出口创汇6322.9258万美元，每千升酒精创汇486.48美元。每千升酒精创汇有所提高。2008年全国进口酒精401.934千升（324.55吨），2007年为677.726千升（547.25吨）。

4.食用酒精产品生产许可证换（发）证情况

食用酒精审查部依据《食用酒精产品生产换（发）证实施细则》和有关法规，对申证企业进行材料审查，并组织审查组到企业现场审查和产品抽样检测。2008年食用酒精审查部共审核食用酒精产品申证材料73份，其中换发证59份、变更14份。

二、2008年酒精行业发展特点

1.酒精产量增长，增幅继续回落

2008年全国发酵酒精产量681.26万千升，比2007年同期654.23万千升增长4.13%。与2007年度增幅17.87%相比，酒精产量增长速度继续大幅回落。一方面是国家燃料乙醇试点推广缓慢。只有广西中粮生物质能源有限公司20万吨木薯原料燃料乙醇于2007年12月22日投产运行，从2008年2月起，广西全境封闭销售车用乙醇汽油。另一方面是国家限制玉米深加工项目发展的政策作用逐渐显现。

2.金融危机对我国酒精行业影响巨大

酒精行业形势与经济发展形势和石油价格密切相关，2008年全年酒精成品和原辅料价格先扬后抑。2008年前三季度，受石油价格高企影响，一些以石油裂解生产乙烯进而生产相关衍生物的工业转而采用乙醇为原料生产，带动工业酒精市场需求。但同时，酒精生产原辅材料如玉米、木薯、煤炭及运费也居高不下，还受到酒精产能过剩的影响，生产企业利润微薄。

在10月以后，金融危机发生和石油价格暴跌以后，酒精下游产品价格也直线下降，与酒精价格形成倒挂。工业酒精需求几乎陷于停滞，吨酒精价格从2008年10月初的5400元左右下降到11月的4400元和12月的3900元左右，直接导致前三季度能维持生产的企业不得不面临停产境地。根据协会不完全统计，全国酒精生产企业的停产率超过50%，木薯酒精生产企业停产率更高，东北5万吨以下的酒精生产企业几乎全部停产。到2009年2月中旬为止，工业酒精的下游需求有所反弹，带动了木薯酒精生产，酒精价格也有所回升。

3.酒精行业投资停滞

主要是燃料乙醇发展缓慢。政府考虑国家粮食安全问题，已经停止玉米燃料乙醇的发展。政策上，实现从粮食为主的原料路线向非粮转变，重点开发不与人争粮，不与粮争地且经济性较好的薯类、甜高粱淀粉质原料，发展糖蜜酒精调节市场供应。但只有广西中粮生物质能源有限公司20万吨木薯原料燃料乙醇于2007年底投产运行。现阶段，国际油价低迷也不利于燃料乙醇的发展。同时，受酒精行业低利润水平和酒精产能过剩影响，酒精行业的投资热情也大幅降温。

4.酒精出口继续萎缩

受2006年9月国家取消酒精的出口退税政策的影响，2007年累计出口量12.9973万千升，2008年的出口量降低至10.8110万千升，与2006年101.7779万千升相比继续萎缩。

在国内国外市场严重低迷情况下，出口需倚仗国家税收政策的调整。但在国际金融危机的背景下，出口需求的恢复仍需要继续等待。历史上出口量最多的2006年才102万千升，正常年份出口量也才25万千升，即使酒精出口退税政策得到调整，酒精出口对国内市场的行情影响也是有限的。

5.企业竞争使技术和管理水平的竞争特点更加明显

以玉米酒精为例，技术水平较高的企业吨酒精粮耗平均水平可以达到3吨甚至3吨以下；吨酒精一次取水平均水平在20吨以下，个别企业可以达到10吨以下至5吨左右；吨酒精综合能耗在500千克标准煤左右；吨酒精消耗蒸汽在6吨左右（含后续糟液处理工序）；大部分企业采用了双酶法液化糖化工艺、大罐发酵技术、浓醪发酵工艺，发酵终了的酒精浓度在13%（vol）左右，不少企业达到15%（vol）以上；酒精蒸馏基本采用多效蒸馏工艺；基本实现了全程计算机监控和自动控制。

而技术水平较低的企业，吨酒精粮耗平均水平可以达到3.15吨以上，吨酒精一次取水平均水平在30吨以上，吨酒精综合能耗在600千克标准煤以上，吨酒精消耗蒸汽在8吨左右（含后续糟液处理工序）；发酵终了的酒精浓度在

11%（vol）左右，仅在蒸馏工序装备了自动化仪表，没有实现自动化控制。

技术及管理水平与酒精成品价格和企业利润水平密切相关。经过最近几年的行业激烈竞争和大洗牌后，行业内的企业数量有所减少。带来的结果是企业规模的提升和技术水平的提高。行业规模以上企业总数是210家。在严峻的经济形势下，大量中小企业纷纷停产，而规模企业可以依靠较高技术水平和管理水平及规模优势来维持生产，在一定程度上淘汰了落后的生产技术和装备。

2008年中国酿酒工业协会酒精分会工作情况

一、有关酒精税收政策问题

酒精税收方面的相关建议：

（1）通过取消消费税的办法来统一酒精企业的税负，创造一个公平竞争的环境；

（2）如不能马上取消酒精消费税，则应准予白酒生产中所用食用酒精已纳税款准予抵扣，避免重复征税，也可使不缴税的酒精没有市场；

（3）加大对无证生产食用酒精和使用无证食用酒精单位的查处；

（4）对现有酒精厂的环保达标工作进行认真检查。在此基础上，协会于2008年3月两会期间通过行业的全国人大代表和政协委员，提交了政协提案和人大议案，建议取消酒精消费税。

在《以经济手段促进酒精行业结构调整 为节能减排工作和建立节约型社会做出贡献》建议中，协会指出，多年来，我国酒精行业一直存在以下问题困扰着政府主管部门和行业企业：如产能过剩，供需矛盾突出；酒精利润水平下降；节能减排任重道远；小酒精厂偷漏税严重，污染治理不彻底。偷逃税款和减少治污费用成为其获取不法利润的两个主要来源，使得行业内企业竞争无序。因此，在市场经济条件下，可以通过国家经济手段，不用强制性手段，而用市场自身的调节和法制手段来使小的酒精生产企业由于市场竞争力低而主动关闭或破产，从而达到酒精行业健康发展和国家设定的节能减排的目标，也节约了财政投入。为配合国家建设节约型社会，协会建议：调整国家财政政策，取消酒精5%消费税；加大污染治理核查，杜绝违规污染物排放，保证酒精生产企业达标排放。

在2008年10月金融危机爆发后，鉴于急转直下的严峻形势，协会在充分调研后形成《关于调整酒精产品税收政策的建议》（中酒协[2008]34号）和《关于恢复酒精产品出口退税政策的建议》（中酒协[2008]36号），明确提出恢复酒精产品出口退税政策和取消酒精产品5%消费税，上报了财政部税政司、国家税务总局货物和劳务税司、国家发改委经济运行局、中国轻工业联合会。

二、召开酒精分会技术委员会2008年年会

2008年3月11～13日，在山东省德州市召开了酒精分会技术委员会2008年会。同时，与会代表参加了山东省酒精行业设备技术交流会。酒精分会秘书长赵建华到会并讲话。到会技术委员会代表共21人，到会的企业代表150人左右。会议主要对《食用酒精产品生产许可实施细则(征求意见稿)》进行了细致的讨论修改。本次会议得到山东省酒精工业协会的大力协助。

三、修改《食用酒精产品生产许可证实施细则（征求意见稿）》

完成《食用酒精产品生产许可证实施细则（征求意见

稿）》并上报总局，其中新增内容如执行国家产业政策，加大行业准入的门槛，关闭3万吨以下小企业，为行业健康发展创造条件。审查部最近把有关卫生许可的内容加入细则中，下一步有关新的食品安全法的内容可能也要加入细则中。

四、组织召开酒精分会2008年年会

年会于8月28～30日在黑龙江省鹤岗市召开，出席大会的有一百多家单位的160多名代表。会议就2007年和2008年上半年酒精行业经济运行情况进行了分析。邀请国家发改委工业司刘群处长，介绍了我国燃料乙醇的发展和政策情况；邀请国家粮油信息中心王晓辉处长，报告分析了我国玉米原料市场情况；邀请栗永清会长做了黑龙江省酒业协会黑龙江省酒精行业发展情况介绍。会议颁发了“天冠杯”首届全国酒精行业科技与发展优秀论文奖。围绕节能减排和非粮替代主题，协会邀请了部分企业代表发言交流。黑龙江省兴汇粮食加工有限公司介绍了该企业生产经营和节能减排经验，得到与会代表肯定。参会代表参观了黑龙江省兴汇粮食加工有限公司。

五、组织首届全国酒精行业科技与发展优秀论文奖

按照“全国酒精行业科技与发展优秀论文奖”评选办法，组织酒精分会技术委员会全体委员认真打分，技术委员会秘书处对评分进行了统计，根据优秀论文评选办法规定，评选出首届全国酒精行业科技与发展优秀论文共35篇，其中特等奖1篇，一等奖17篇，二等奖17篇。

六、参与编写《我国玉米加工业发展现状与展望》

《我国玉米加工业发展现状与展望》一书依据研究内容分别阐述玉米酒精工业、发酵工业、饲料工业三个主要玉米加工业发展现状、问题、趋势和政策建议。酒精分会一直参与此项工作。

七、《酿酒师》教材和《酒精制造行业产排污系数使用手册》编写

完成《酿酒师》国家标准有关酒精部分的编写，于2008年底如期完成《酒精酿酒师》和《酿造工》教材编写。酒精分会委托江南大学生物工程学院编写完成《酒精酿酒师》和《酿造工》教材，在此表示感谢。

2008年初依据2007年第一次全国污染源普查工业污染源产排污系数核算项目的调研，参与制定《1510酒精制造行业产排污系数使用手册》，并得到顺利使用。

八、标准修订

参加2008年9月5日“食用酒精”、“工业酒精”、“酒精通用试验方法”三项国家标准审定会。《发酵酒精和白酒工业水污染物排放》标准的审定会，依据行业现状对有关标准数据反映了行业呼声。在中国食品发酵工业研究院和中国酿酒工业协会承担的《清洁生产标准酒精制造业》的编制工作中，《酒精制造企业清洁生产情况调查表》和相关技术指标的定义与计算公式进行了修改，并向企业发文进行调查。

参与修订《发酵酒精和白酒工业水污染物排放标准》。协会在充分征求意见后，向环保总局有关人员反映了行业实际情况，指出征求意见稿中个别指标过严，并得到采纳。

参与修订《食用酒精》GB 10343—2008、《工业酒精》GB/T 394.1—2008、《酒精通用分析方法》三项国家标准。《食用酒精》GB 10343-2008。新标准于2009年10月1日起执行。与旧标准相比，提高了优级产品中醛、正丙醇和不挥发物的要求，对检验规则做了适当的修改，同时标准的部分条文改为推荐性。《工业酒精》GB/T 394.1—2008于2009年6月1日起执行，主要变化是增加了粗酒精中甲醇的要求，分析方面也作了相应调整。《酒精通用分析方法》GB/T 394.2—2008于2009年6月1日起执行。

九、起草编写《酿酒行业“十一五”科技发展需求》

编写产业政策研究课题计划书《推动酒精行业节能减排、转变经济增长方式的综合性政策研究》、《酒精产品消费税现状和政策调整的可行性研究》及《酒精行业清洁生产专项》作为科技支撑计划项目并报联合会。参与完成《酿酒行业外资并购情况及有关建议》并报发改委工业司。

十、应对行业突发事件

“三鹿奶粉”事件发生后，酒精行业也被卷入。最先是四川某酒精厂的DDGS中检出较高含量的三聚氰胺，质检总局食品司最先向协会电话通报并咨询此事。酒精分会马

上在第一时间电话调研，抓紧时间于2008年10月10日正式上报了《关于在酒精生产中使用尿素作为氮源的有关问题的报告》（中酒协[2008]07号），详细说明了正常酒精生产中使用尿素不会产生三聚氰胺，同时也向工业和信息化部反映了此问题。之后，国家卫生部委托国家处理“三鹿牌婴幼儿奶粉”事件领导小组办公室组织专家于11月10日召开了食品工业用尿素使用情况研讨会，会上酒精分会对酒精生产中使用尿素的安全性进行了说明。此次危机攻关，最终使得国家有关管理部门对酒精生产中尿素的使用与三聚氰胺问题区分开来，没有给整个行业带来不利影响。

另一个是就在2009年部分地区进口木薯原料重金属超标，是否会危及酒精的质量安全问题，向国家质检总局食品司进行了说明：因食用酒精是蒸馏产品，木薯原料里的重金属不会在蒸馏过程中进入酒精产品里。我国《食用酒精》GB 10343—2002国家标准里对重金属也作了严格限定（≤1mg/L，以Pb计。这里的限定是考虑到酒精也是一种溶剂，可能会因酒精冷凝器或酒精容器材质问题而有微量重金属溶入）。

十一、完成《酒精》内刊四期

《酒精》刊物这几年来在河南天冠集团的大力支持下走到今天。今后协会还要依靠行业同仁们的继续支持。在以后进行酒精行业优秀论文评选时，协会会以在《酒精》刊物发表论文为主，同时选一部分在年会上交流的论文，不再考虑其他来源的论文，以促进《酒精》内刊的工作。请大家踊跃投稿，支持刊物健康发展，促进行业技术交流。

2009年酒精行业综述

一、2009年我国酒精行业发展情况

1.酒精产量缓慢增长

2009年全国发酵酒精产量731.74万千升（以年销售收入500万元以上的企业计，不包括小企业和自产自用的酒精量见表1）比2008年同期689.93万千升增长6.06%。与2007年度增幅4.13%相比，增长速度有所提升。

表1 2009年全国各省份酒精产量

单位：千升

省份	2009	2008	增长率(%)	省份	2009	2008	增长率(%)
吉林省	1464397	1362449	7.48	山西省	52118	45239	15.21
江苏省	846501	469577	80.27	湖北省	51037	51749	-1.38
内蒙古自治区	801129	540082	48.33	新疆自治区	39269	38934	0.86
河南省	738228	824347	-10.45	天津市	38717	262435	-85.25
广西自治区	716785	638621	12.24	湖南省	20033	12940	54.81
安徽省	599694	632785	-5.23	甘肃省	12486	14256	-12.42
黑龙江省	589352	572883	2.87	宁夏自治区	11488	5302	116.68
山东省	480587	481672	-0.23	辽宁省	7477	31437	-76.22

续表

省份	2009	2008	增长率(%)	省份	2009	2008	增长率(%)
四川省	382402	444485	-13.97	陕西省	7154	127	5533.07
云南省	203687	204352	-0.33	海南省	3677	2468	48.99
广东省	145784	137377	6.12	贵州省	1870	2125	-11.99
河北省	103218	123347	-16.32	浙江省	269	310	-13.37

由表1可知：在统计的24个省(直辖市、自治区，以下称省)中，产量较多的省份及产量是吉林146.44万千升、江苏84.65万千升、内蒙古80.11万千升、河南73.82万千升、广西71.68万千升、安徽59.97万千升、黑龙江58.94万千升、山东48.06万千升、四川38.24万千升、云南20.37万千升。

由表2可知增长量较大的省份：江苏增长37.69万千升、内蒙古26.10万千升、吉林10.19万千升、广西7.82万千升、黑龙江1.65万千升。减产量较大的省份：天津22.37万千升、河南8.61万千升、四川6.21万千升、安徽3.31万千升、辽宁2.40万千升。

表2　2009年全国各省份酒精产量增长量

单位：千升

省份	产量	增长量	产量	2009年	增长量
江苏省	846501	376924	浙江省	268.83	-41.5
内蒙古自治区	801129.47	261047.5	贵州省	1870.08	-254.82
吉林省	1464397	101947.6	云南省	203687.4	-664.69
广西自治区	716785.41	78164.28	湖北省	51037	-712
黑龙江省	589352	16469	山东省	480587	-1085.34
广东省	145784	8406.59	甘肃省	12486	-1770
湖南省	20033	7093	河北省	103218	-20129
陕西省	7154	7027	辽宁省	7477	-23960
山西省	52118.44	6879.48	安徽省	599694	-33091
宁夏自治区	11488.3	6186.3	四川省	382402	-62083
海南省	3677	1209	河南省	738227.5	-86119.5
新疆自治区	39268.93	334.96	天津市	38717	-223718

2009年各月全国酒精产量统计见图1。

表3　2009年各月全国酒精产量

单位：万千升

1月	2月	3月	4月	5月	6月
57.45	61.30	72.45	59.78	56.69	56.07
7月	**8月**	**9月**	**10月**	**11月**	**12月**
47.88	50.49	54.27	71.52	71.16	77.48

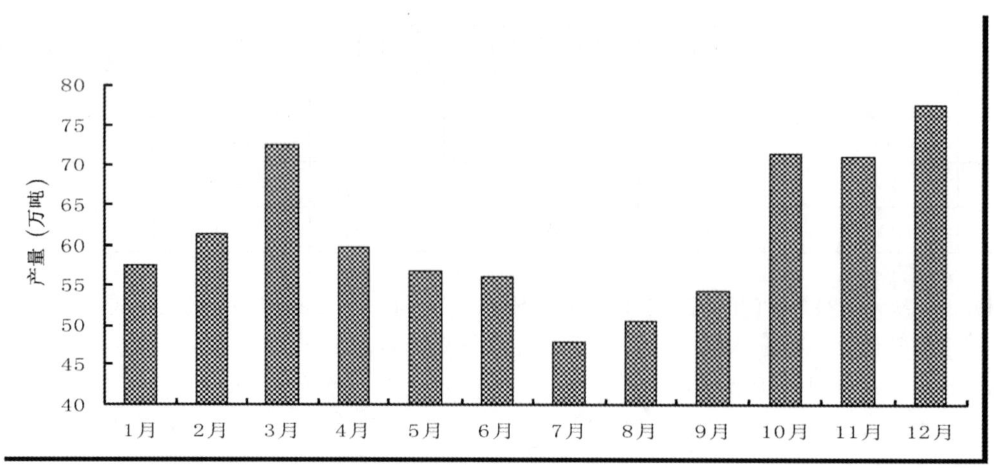

图1 2009年各月酒精产量

根据协会统计，2009年全年燃料乙醇产量为173.2万吨，五家燃料乙醇企业产量见表4。

表4 2009年燃料乙醇产量

单位：万千升

	企业名称	2008	2009
1	河南天冠企业集团有限公司	46.98	49.5
2	吉林燃料乙醇有限公司	48	46
3	安徽丰原生化股份有限公司	39.82	42
4	中粮生化能源（肇东）有限公司	15	19.4
5	广西中粮生物质能源有限公司	11.72	16.3
合　计		161.52	173.2

除五家燃料乙醇生产企业外，根据协会统计，产量较大的企业有：

中粮生化能源（肇东）有限公司24.24万千升（19.57万吨）（非燃料乙醇）；

吉林新天龙酒业有限公司34.9509万千升；

梅河口市阜康酒精有限责任公司29.7600万千升；

安徽安特集团有限公司10.4364万千升；

承德避暑山庄企业集团有限责任公司10.0869万千升。

2.酒精行业各项经济指标；

据国家统计局统计快报（图1、图2），2009年酒精行业工业销售产值(当年价格) 为460.996亿元，比2008年同期420.736亿元增长9.57%。工业总产值(当年价格)478.129亿元，比2008年同期455.089亿元增长5.06%。2009年前11个月累计主营业务收入（当年价格）为372.822亿元，2008年同期为348.934亿元，同比增长6.85%。2009年前11个月累计主营业务成本（当年价格）为337.322亿元，2008年同期为306.623亿元，同比增长10.01%。2009年前11个月累计主营业务税金及附加为6.89259亿元，2008年同期为7.36589亿元，同比减少6.43%。2009年前11个月累计利润总额11.274亿元，2008年同期为13.753亿元，同比减少18.03%。2009年前11个月累计应缴增值税10.034亿元，2008年同期9.827亿元，同比增长2.09%。

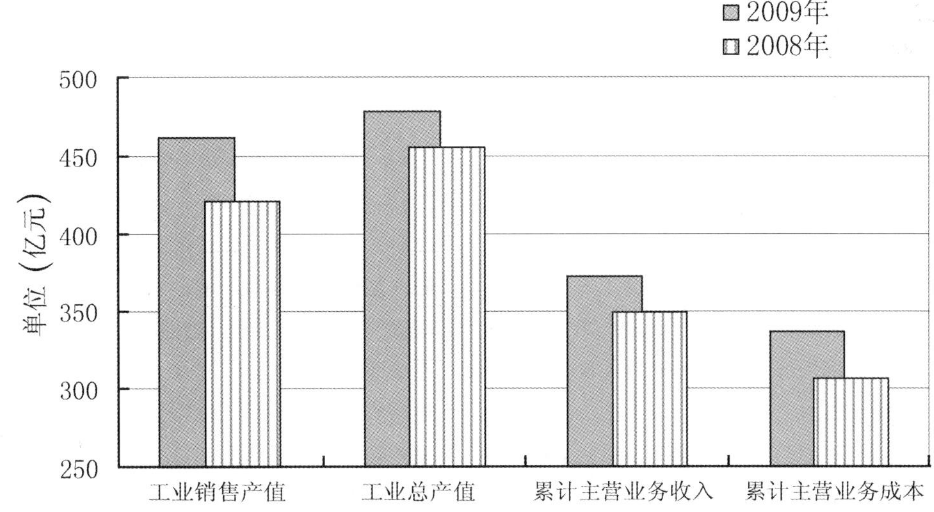

图2　2008年和2009年1～11月酒精行业经济数据对比一

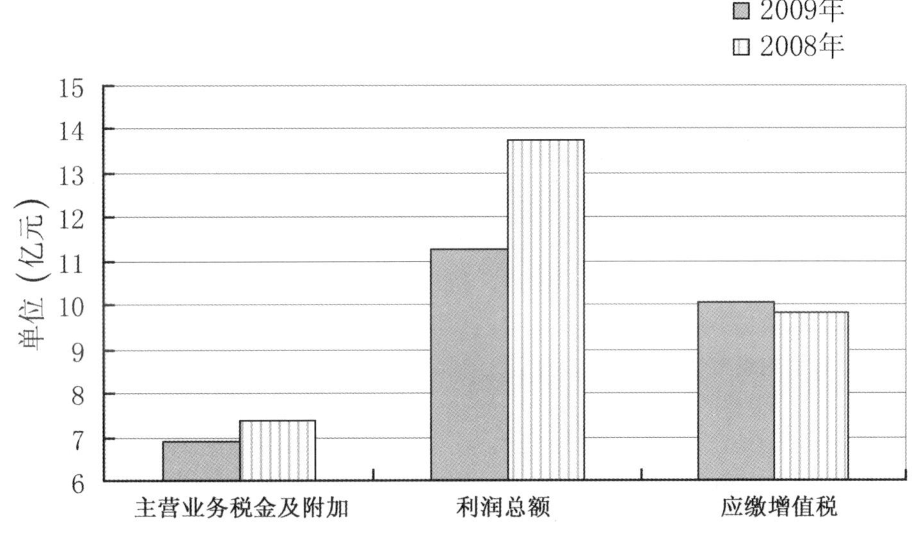

图3　2008和2009年1～11月酒精行业经济数据对比二

3.酒精进出口情况

2009年全国酒精出口10.804万千升，与2008年的酒精出口10.8110万千升基本持平；出口创汇5967.5322万美元，每千升酒精创汇552.34美元，比2008年每千升酒精创汇607.83美元每千升酒精创汇大幅下降。2009年全国进口酒精158.623千升，2008年为401.934千升。

4.食用酒精产品生产许可证换（发）证情况

食用酒精审查部依据《食用酒精产品生产换（发）证实施细则》和有关法规，对申换证企业进行材料审查，并组织审查组到企业现场审查和产品抽样检测。2009年食用酒精审查部共审核食用酒精产品申换证材料53份。

5.国家酒精税收政策方面

一是酒精出口退税率由无恢复到5%。

我国在2006年9月以前，酒精出口退税率13%。2006年9月酒精出口退税率为0，同时出口时仍要征收5%消费税。从此开始酒精出口一直处于萎缩状态。从2006年底开始，特别是金融危机之后，酒精分会多次向有关部门提交报告，建议恢复酒精出口退税政策，扩大出口贸易，提振行业信心。2009年6月8日，财政部及税务总局颁布《关于进一步提高部分商品出口退税率的通知》，酒精的出口退税率提高至5%。由于我国酒精出口国地区酒精需求量减少及国内酒精价格高企，国际竞争力较弱，此次仅退税5%的税收政策对我国酒精行业的影响是有限的。但企业酒精出口时，其消费税5%是免征的，其在提升企业信心上有一定作用。从全年酒精出口量没有出现大幅提升上也可以看出这点。

二是酒精进口关税由30%下调为5%。

2009年12月8日，国务院关税税则委员会下发了《关于2010年关税实施方案的通知》（税委会[2009]28号），自2010年1月1日起，我国将进一步调整进出口关税税则，继续履行加入世界贸易组织的关税减让承诺，进口关税总水平降至9.8%。其中，任何浓度的改性乙醇及其他酒精(税则号列为22072000)进口关税由30%下调为5%。

随着进口酒精关税大幅下调，未来一年内，行业竞争将更加激烈。国外酒精进入中国的最大潜在国家和地区是巴西以及东南亚。巴西主要是工业酒精，预计对国内食用酒精不会形成威胁，但可以工业酒精价格冲击整体酒精价格。另一个地区是东南亚地区。近年来，东南亚木薯酒精发展较快。随着东盟自由贸易区(AFTA)关税措施的实施（“共同有效普惠关税”，英文简称CEPT。该关税措施是一项东盟会员国间的合作协议，约定各会员国选定共同产品类别，具体排定减税的程序及时间表，并自1993年1月1日起计划在15年内，逐步将关税全面降低至0～5%），由于该地区不同于我国的国内税收政策，不排除东南亚木薯酒精进入中国市场的可能性。我们也将密切关注态势发展，及时向有关部门反映情况。

6.淘汰落后产能

2010年4月初，国务院下发《关于进一步加强淘汰落后产能工作的通知》（国发〔2010〕7号），是继《国务院关于发布实施〈促进产业结构调整暂行规定〉的决定》（国发〔2005〕40号）和《国务院关于印发节能减排综合性工作方案的通知》（国发〔2007〕15号）之后，进一步加强此方面工作。现在《产业结构调整指导目录》正在进行修改，曾经征求行业意见，协会建议酒精仍列为限制类。3月16～17日，王延才理事长参加了工业和信息化部在福建厦门召开2010年全国消费品工业工作会议，淘汰落后产能目标完成情况纳入地方政府绩效考核体系，工信部将下达各地淘汰落后产能计划指标，同时明确了各省区人民政府是负责本地区淘汰落后产能工作的主体，企业是淘汰落后产能的责任主体。在2009年制定轻工振兴规划中，2009—2011年，淘汰落后酒精产能100万吨。新增34.5万吨（原来为2006年为10.1万吨，2007年为40万吨，2008年44.4万吨，2009年35.5万吨，2010年为30万吨，共160万吨）。下一步，一是我们将配合工信部，做好淘汰落后产能工作；二是通过落实《清洁生产酒精制造业》、《清洁生产审查指南 酒精制造业》及《酒精污染物排放标准》的实施，促进淘汰落后产能；三是继续建议通过税收政策，促进淘汰落后产能。通过这几年的工作，2006—2009年，酒精行业按照计划淘汰落后产能130万吨。酒精行业规模化和集约化趋势越来越明显，酒精生产企业数量从2000年以前的1000家，减少到2004年的457家，到现在约400家。年产10万吨以上的大型企业已经成为行业产量和技术进步的主体。

二、2009年酒精行业发展特点

1.酒精总产量增长，增幅缓慢提升

2009年全国发酵酒精产量731.74万千升，比2008年同期689.93万千升增长6.06%。与上一年度增幅4.13%相比，增长速度有所提升。从9月份开始到年底，全国酒精产量一反4～8月连续五个月的负增长，开始回到增长态势。说明金融危机之后，我国酒精行业已经从低谷走出。木薯酒精开工率和全年产量要高于2008年，工业酒精需求量也不断恢复。燃料乙醇发展缓慢，全年燃料乙醇产量为173.2万吨，较2008年161.52万吨增长仅7.23%。

2.全年酒精价格及主要原料价格走出前抑后扬态势

2009年初，受金融危机影响，工业酒精需求停滞，全国酒精价格最低到3500元/吨，3月初稍有回升到4000元左右。到8月开始从4500元向近6000元回升，以吉林为例，从7月初酒精价格为4400元/吨，逐步到年底的5500元/吨。原料价格方面也不断上涨。因为木薯需求量在不断回升，木薯价格从年初的每吨1000元左右涨到年底近1900元。玉米作为酒精生产的主要原料，2010年一直持续高位运行，以东北为例，吨玉米价格持续在1400～1800元波动。其他地方要略高于这个价格。根据2009年12月初国家粮油信息中心发布中国主要农产品产量预测，2009年我国玉米产量预计为16300万吨，同比减1.8%；再加上2010年上半年我国西南部地区的干旱，将直接影响我国广西、云南木薯产量，进而影响玉米价格。由此判断，酒精主要生产原料木薯和玉米的价格仍将高位运行。2009年酒精和玉米价格走势见图4。

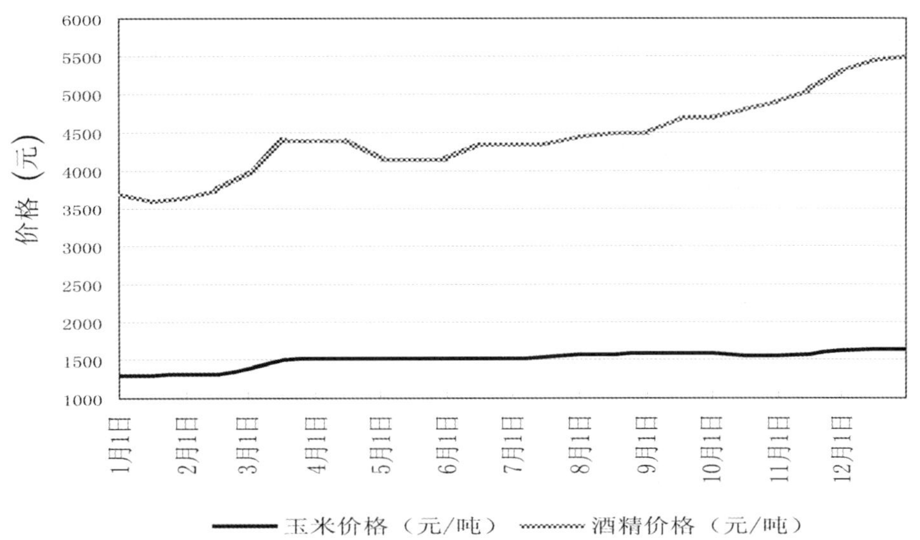

图4　2009年酒精和玉米价格走势

3.产能仍严重过剩，重复建设难以得到控制

全国年产能超过10万吨的酒精企业有30家以上，而年产量超10万吨的企业不到10家（含燃料乙醇企业），甚至有些企业处于停产状态。原料主产地区的优势更加明显，东北优势为玉米，广西和江苏优势为木薯。这些地区酒精产量仍在增加，仍有企业扩大产能。而其他地区因高原料价格不得不限产停产。

4.产值提升，但利税大幅下降

由图2和图3中2009年、2008年1～11月酒精行业经济数据对比可以看出， 2009年酒精行业工业销售产值、工业总产值、前11个月累计主营业务收入、前11个月累计主营业务成本都有不同程度的增长（5%～10%）；而2009年前11个月累计主营业务税金及附加、前11个月累计利润总额、前11个月累计应缴增值税基本处于负增长水平，其中以利润总额同比减少18.03%为最大降幅，反映出行业利润率大幅降低且利润微薄。

5.酒精出口继续萎缩

受2006年9月国家取消酒精的出口退税政策的影响，2009年酒精出口量继续萎缩（图5）。2009年6月出口退税政策调整后，全年出口量也没有从根本上改观。但从个别企业了解，出口量有所增加。

在国内国外市场严重低迷情况下，出口需仍倚仗国家税收政策的大幅调整。出口退税5%的政策，不能从根本上改变我国酒精出口形势。

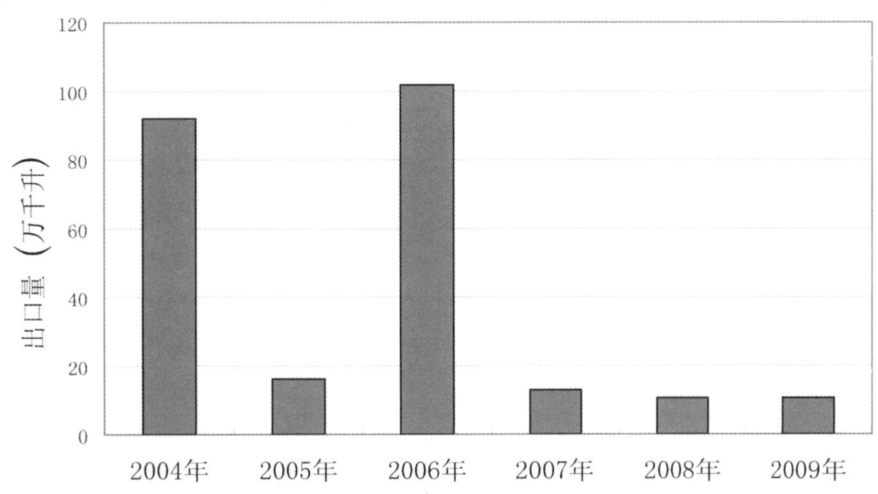

图5　2004—2009年我国酒精出口量

2009年中国酿酒工业协会酒精分会工作情况

一、召开酒精分会三届四次理事会(扩大)会议

2009年2月25～26日在北京召开酒精三届四次理事会，出席本次会议的代表共80余人。王琦理事长向与会代表作了2008年度酒精分会工作报告。会议邀请到中粮集团生化能源事业部市场和战略部总经理王春才作了中国酒精行业现状及发展趋势报告、南宁商品交易所总裁闫文鸿作了中国食用酒精行业2008年回顾与2009年展望报告。此次会议增补宁波万隆食用酒精有限公司、广东中科天元新能源科技有限公司、梅河口市阜康酒精有限责任公司为酒精分会三届理事会理事单位。与会代表讨论了《全国酒精行业主要技术指标分级标准（2009年修改稿）》，并提出修改意见。

二、召开2009酒精制造技术及装备高层论坛

2009年7月3日召开了2009酒精制造技术及装备高层论坛，中国酿酒工业协会副理事长肖德润到会致辞。论坛邀请到了中科天元、诺维信、上海东潮、安琪公司、天津大学石化中心、四川亚连科技等装备先进企业对酒精生产先进技术进行了详细的讲解。对目前企业技术研究的主要方向做了简要介绍，并对酒精行业节能减排的方法和措施提出了合理化的建议。会上免费向酒精生产企业发放了《中国酒精制造相关企业名录》。

三、召开酒精行业形势分析会

2009年7月4日，由酒精分会副秘书长张国红主持召开了酒精行业形势分析会，会议邀请到了中国酿酒工业协会王延才理事长、财政部税政司谭龙处长、能源局刘群处长、国家粮油信息中心王晓辉处长，针对目前我国酒精行业的发展形势、关注的玉米等原料价格的走势和发展、燃料乙醇的发展和国家政策导向及酒精税收政策等问题进行了介绍，并和参会代表进行互动交流。在听取了酒精企业代表的汇报之后，三位领导一致表示将整理汇总代表的意见逐级向上级领导反映，要为酒精行业走出困境迎接更好的发展做出努力。参会代表对此次面对面与相关领导直接沟通的方式给予了很高的评价，希望今后能多组织这样的会议，让行业的呼声更直接地上传到管理层，更好地促进酒精行业的发展。本次会议使有关政策制定部门进一步了解了行业产品情况，为后续工作打下基础。

四、召开2009年酒精分会技术委员会年会

2009年7月4日下午，在酒精分会王琦理事长的主持下，召开了酒精分会技术委员会年会。会上各委员针对清洁生产审核指南——酒精制造业（征求意见稿）、清洁生产标准——酒精制造业（征求意见稿）、全国酒精行业主要技术指标（2009年修改讨论稿）三个文件进行了讨论。会上各委员畅所欲言，结合自身生产过程中的具体情况对三个文件的主要数值作出了相应的调整。同时探讨了行业技术创新联盟工作的初步工作计划。

五、召开2009年酒精分会年会

2009年10月12～14日，酒精分会2009年年会在广西南宁市举行。本次会议报到代表共计200多人，涵盖了酒精生产企业、酒精生产相关单位、酒精贸易商、酒精下游应用企业的代表。中国酿酒工业协会副理事长兼秘书长、兼酒精分会理事长王琦作了2008年和2009年前8个月酒精行业经济运行分析报告。广西酿酒协会会长宋苹向与会代表介绍了广西酒精行业发展情况的报告，广西凭祥市丰浩酒精有限公司总经理卢柳忠同志介绍了该公司生产经营和节能减排经验，南宁大宗商品交易所总裁闫文鸿做了中国酒精电子交易发展介绍，广东省物资进出口公司总经理陈国雄做了题目为“把握机遇 和谐共进”的酒精产品市场营销经验介绍。

本次会议同时举行了节能减排技术经验交流会议和酒精产品市场营销交流及供需洽谈会。在节能减排技术经验交流会议上，会议邀请到了华南理工大学、四川亚连科技有限责任公司、杰能科（中国）生物工程有限公司、诺维信（中国）投资有限公司、天津市九环能源环保研究所所长、河南天冠企业集团有限公司、河南开封得胜锅炉股份有限公司、北京世纪华德科技开发有限公司、郑州鼎盛机械设备有限公司、胜动集团动力机械公司等单位进行经验交流和发言。在酒精产品市场营销交流及供需洽谈会上，生产商代表和经销商代表进行了交流和洽谈，并进行了酒精电子交易模式体验。许多生产商代表和经销商代表，以及下游应用企业对酒精远期电子交易表示了很大兴趣。会后，会议代表参观了广西凭祥市丰浩酒精有限公司。最后，与会代表参观学习了该公司节能减排、发展循环经济的经验做法。

六、联合国家变性燃料乙醇与燃料乙醇标准化秘书处河南天冠集团召开全国燃料乙醇行业标准化工作研讨会

中国酿酒工业协会和国家变性燃料乙醇与燃料乙醇标准化技术委员会联合主办的全国燃料乙醇行业标准化工作研讨会于2009年12月29日在北京召开。本次会议上，由国家变性燃料乙醇与燃料乙醇标准化技术委员会秘书处河南天冠集团杜风光总工介绍了三年燃料乙醇标准体系建设计划及增补标委会委员事宜，研讨了国内外应用高比例乙醇汽油及相关标准、车用含水燃料乙醇应用等有关情况。与会专家委员讨论了现行变性燃料乙醇标准执行中出现的有关问题、燃料乙醇标准体系建设计划等有关问题。国家能源局能源节约和科技装备司刘群处长出席并致辞。中国酿酒工业协会理事长王延才作为标委会的主任委员出席会议并讲话。会上，中国酿酒工业协会酒精分会王琦理事长向与会代表通报了酒精行业2009年下半年我国酒精行业发展形势。中石化石油科学院杨国勋教授和重庆诚投再生能源发展有限公司应邀作了主题发言。出席会议的代表主要有标委会委员和五家燃料乙醇生产企业的代表共26人。

七、承担清洁生产示范推行方案编制

承担工业和信息化部委托的《酿酒（酒精）行业清洁生产示范推行方案》编制工作。方案中，分析了酒精行业基本情况和酒精行业清洁生产现状，指出我国酒精行业推行酒精清洁生产的指导思想、基本原则、任务和目标、分步实施计划、保障措施、政策支持和组织领导。

方案中，2010—2011年，研究、示范或推广包括但不限于以下的酒精清洁生产技术研究：①生料发酵技术（含高效生淀粉水解酶技术）；②高转化率酒精酵母技术；③无蒸煮工艺技术；④酒精生产废水零排放技术；⑤利用玉米酒糟二次发酵生产蛋白质技术；⑥非粮原料（如纤维素、黄姜、芭蕉叶等）酒精生产技术。示范：①高浓醪发酵技术（酒精含量15%以上，含双边发酵技术）；②复合液化酶低温蒸煮工艺。推广：①废水全糟处理技术（玉米酒精糟液离心后的废水IC工艺和薯类酒精糟液全糟厌氧处理技术）；②大罐发酵技术；③差压蒸馏技术；④间接蒸汽蒸馏技术；⑤真空闪蒸降温技术；⑥自动化控制技术；⑦离心清液回配技术；⑧冷却水和中水重复利用技术；⑨沼气发电技术等。

酒精行业清洁生产重点技术需求及应用推广目录（第一批）2010年3月由工业和信息部公布实施，其中推广以下技术：浓醪发酵技术、酒糟离心清液回配技术、糟液废水全糟处理技术等。

八、酒精行业节能减排技术筛选与评估工作

由科技部、工信部组织《轻工行业节能减排技术筛选与评估》课题，该课题由中国轻工业联合会负责牵头组织，确定了纸浆造纸、皮革、发酵、酿造等七大行业、十三种产品的节能减排技术的筛选与评估。受轻工业联合会的委托，酒精分会联合北京工商大学负责酒精行业酒精产品对应的生产工艺、生产流程中的关键节点的编制，以能耗、水耗及污染物排放量等为指标对典型技术进行综合评价，对先进节能减排技术进行函调和现场调研等工作。

九、完成《酒精》内刊四期

《酒精》刊物是酒精分会内刊，为行业的技术信息交流提供了一个平台，多年来由河南天冠集团协办。2009年按季出刊四期，但稿源仍显不足，请行业内技术专业人员踊跃投稿，支持刊物健康发展，促进行业技术交流。 另一个是酒精分会正在组织专家对美国酒精教本第五版进行翻译，预计2009年底前出版。

2009年科教装备行业综述

一、技术突破

2009年，中国的酿酒机械在新产品、新技术方面不断取得突破，为中国的酿酒行业技术进步提供装备保障

例如：南京乐惠轻工装备制造有限公司的啤酒包装机械包括洗瓶机、灌酒机和杀菌机等核心产品。经过多年的研发，逐步投入工业化生产。由乐惠自主开发的Brewtech啤酒酿造自控系统，具有独立知识产权。Brewtech具有先进的配方功能和设备性能，拥有可靠的安全设计和通过严格的软件可靠性验证。Brewtech的成功，改变了中国啤酒自控系统只能做低端市场的局面，在高端市场打破了欧洲供应商的垄断。

哈尔滨汉德轻工医药装备有限责任公司研制出酒花异构设备，并与哈尔滨啤酒集团签订多套设备合同。

威海远航科技发展有限公司研制的“麦芽增湿粉碎机”、“大型原料前处理智能化控制系统”、“大米粉碎调浆一体机” 、“DFT调浆机” 4项科技成果通过技术鉴定。新一代麦汁压滤机YH0808型研制成功。

秦皇岛中德机械有限公司自主研发的新产品“热熔胶喷胶贴标机”，通过了国家科学技术委员会的科技成果鉴定。

另外一些企业的自主创新产品获得了国家专利：宁波沪港食品机械制造有限公司在电磁加热方法、啤酒糖化装置设计制造上成功取得了专利证书。杭州兴源过滤机有限公司兴源过滤机械知识产权保护工作获重大收获，2009年获得授权发明专利达10项。

宁波沪港食品机械制造有限公司投入研制蒸馏酒设备，目前全套图纸已经绘制完毕。

广东轻工业机械二厂有限公司PⅡSC52—233节能型杀菌机在6月投入生产销售。

重庆轻工业机械厂成功研制的新产品JCGN20型 “冲灌拧”一体机，被浙江省一家全国知名的黄酒公司选购，新产品获得市场的认可。

二、产销两旺，发展势头良好

中国的酿酒机械市场产销两旺，成为全球金融危机背景下的世界液态食品机械行业的热点地区。

由宁波乐惠公司承建的百威啤酒(佛山)有限公司和位于百威啤酒(唐山)有限公司完整糖化车间交钥匙工程，采用了诸多先进技术和设备，均一次投产成功。同时乐惠将成为喜力啤酒集团首个非欧洲啤酒酿造间供应商，为中国制造赢得声誉。

宁波沪港食品机械制造有限公司与台湾金色三麦啤酒品牌酿造商成功建立友好合作关系，成功进入台湾市场。

青岛德隆包装设备有限公司成为中国首家为百威英博国外集团提供配件的供应商，并已成为百威英博贴标机及配件的最大供应商。

三、中国酿酒机械企业参与国际市场竞争

北京中轻合力机械设备有限公司组织部分中国液态食品企业参观2009年日本国际食品机械工业展 (FOOMA2009)和日本相关企业。

东南亚最负盛名的Propack Asia在泰国曼谷隆重开幕，达意隆携泰国代理TOPWELL联合参展，旨在进一步加大拓展泰国市场的力度。

北京中轻合力机械设备有限公司和京慕国际展览有限公司共同组织的中国参展团，成功完成了dinktec2009的组团参展任务。中国参展企业面积2000多平方米，参展商数量54家（包含港、澳、台地区企业）。在境外展商参展数目排名上，中国上升到了第三位。不少企业在展会的现场就接到了意向订单，并且约定在展会结束后到企业参观和考察。

中国内地的参展企业有：

广州达意隆包装机械股份有限公司

南京轻工业机械厂
合肥中辰轻工机械有限公司
重庆轻工业机械厂
宁波沪港食品机械制造有限公司
汕头市信粤贸易有限公司
广州市万世德包装机械有限公司
北京中轻合力机械设备有限公司
福州沃隆流体设备有限公司
成都凯成轻工医药装备有限公司
秦皇岛中德实业有限公司
温州奥米流体设备科技有限公司
兆荣贸易（深圳）有限公司
浙江德玛克机械有限公司
浙江狮林铜业有限公司
浙江远安流体设备有限公司
溧阳市四方不锈钢制品有限公司
上海南华换热器制造有限公司
温州博德真空镀铝有限公司
四川隆鑫科技包装有限公司
广州华研精密机械有限公司
江苏省金荣机械有限公司
台州市黄岩迈格机械模具有限公司
宁波乐惠食品机械有限公司
广东星联精密机械有限公司
江苏新美星包装机械有限公司
杭州中亚机械有限公司
青岛澳兰多流体科技有限公司
杭州永创机械有限公司
温州好博机械有限公司
内蒙古灵奕（集团）信息技术有限责任公司
浙江大宇轻工机械有限公司
浙江维兰特流体科技有限公司
莱州市同力机械有限公司

四、中国酿酒机械企业的管理、人才和标准化工作等综合实力更上台阶

南京轻工业机械厂通过ISO 14001环境管理体系认证，并获得认证证书。

广东轻工业机械有限公司申志勇同志和佛山市南海平航机械有限公司夏鹏同志，荣获“全国机械工业劳动模范”尤荣称号。

受全国包装机械标准化技术委员会的邀请，廊坊百冠包装机械有限公司参与起草了《PET 瓶无菌冷灌装生产线》和《液体食品包装设备验收规范》两个国家标准。江苏星A包装机械集团有限公司参加起草的国标《液体食品包装设备验收规范》已由国标委发布公告并实施。

达意隆贯穿了品质是企业生命源头的整个发展过程，2008年12月，达意隆总投资额超过1000万元人民币的检测中心正式投入使用。

2009年中国酿酒工业协会科教设计装备分会工作情况

2009年面对严重的全球金融危机，中国政府采取了积极有效的应对措施，国民经济迅速摆脱了危机影响，率先恢复增长。中国酿酒行业的科教设计装备得益于整个酿酒行业的平稳发展，在2009年获得显著的进步和发展。

2009年2月，召开中国酿酒工业协会科教设计装备委员会会议，会议审议并通过了科教设计装备委员会2008年度工作报告，研讨了在国际金融危机形势下中国酿酒装备企业2009年经营形势分析及对策。

2009年3～5月期间，对山东等地酿酒装备企业、科研院所和地方行业协会进行了走访和调研。

参与了由中国酿酒工业协会主办，北京中轻合力机械设备有限公司、北京时瑞展览有限公司承办的“2009国际制酒设备、原辅料与包装展”。

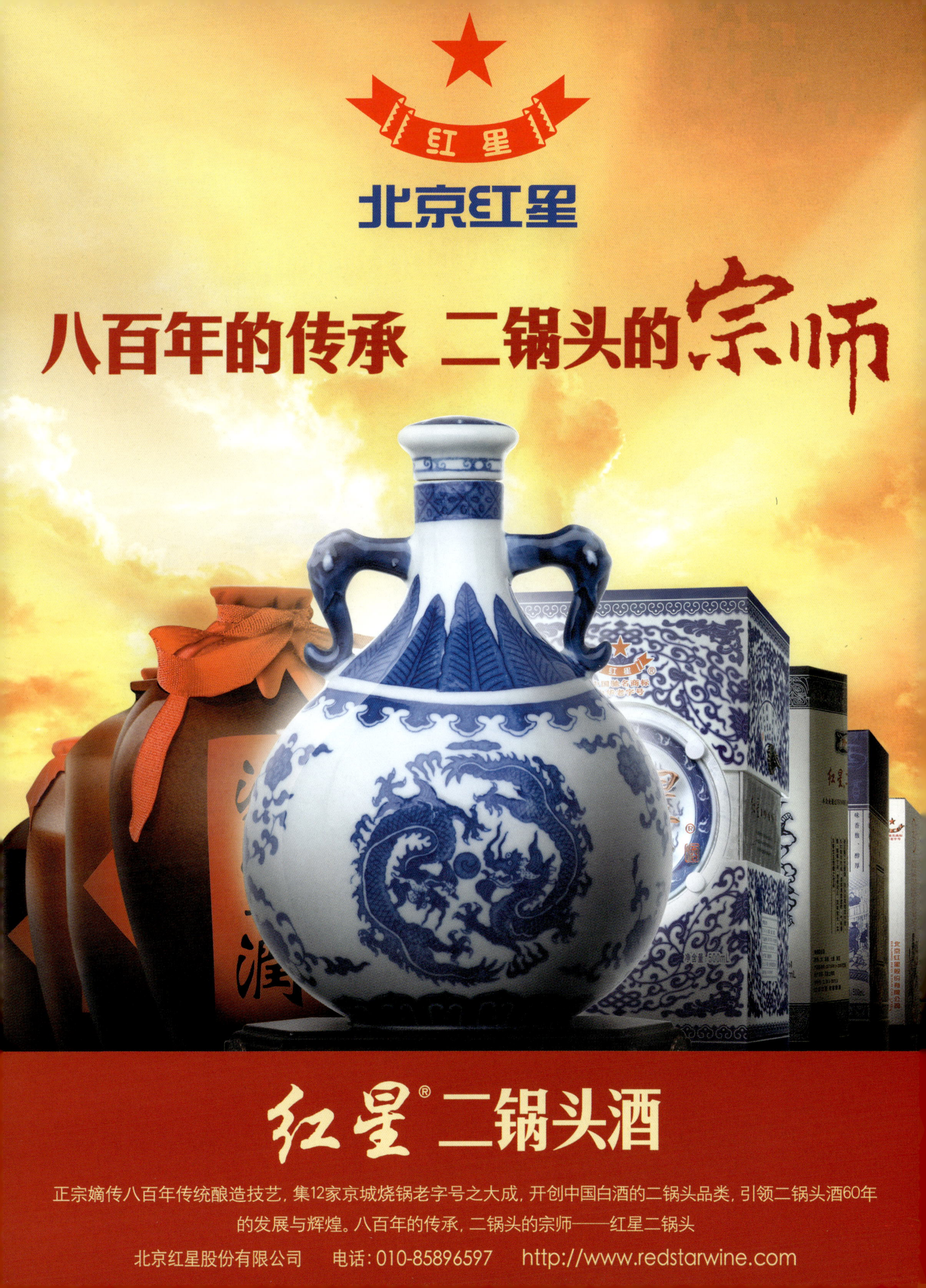
红星
北京红星
八百年的传承 二锅头的宗师
红星®二锅头酒
正宗嫡传八百年传统酿造技艺，集12家京城烧锅老字号之大成，开创中国白酒的二锅头品类，引领二锅头酒60年的发展与辉煌。八百年的传承，二锅头的宗师——红星二锅头
北京红星股份有限公司 电话：010-85896597 http://www.redstarwine.com

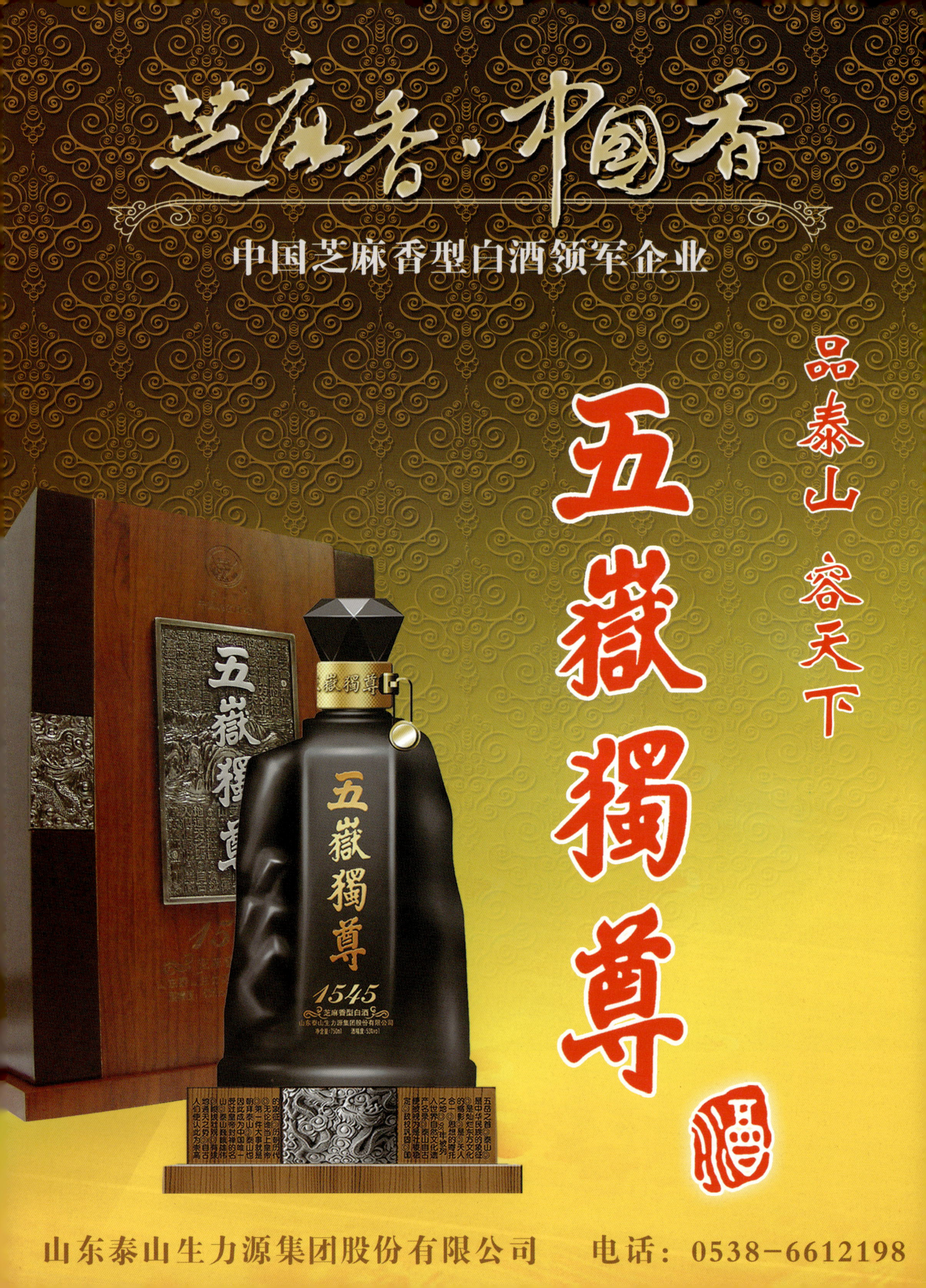
芝麻香·中国香
中国芝麻香型白酒领军企业
品泰山 容天下
五嶽獨尊
酒
五嶽獨尊
1545
芝麻香型白酒
山东泰山生力源集团股份有限公司
山东泰山生力源集团股份有限公司 电话：0538-6612198

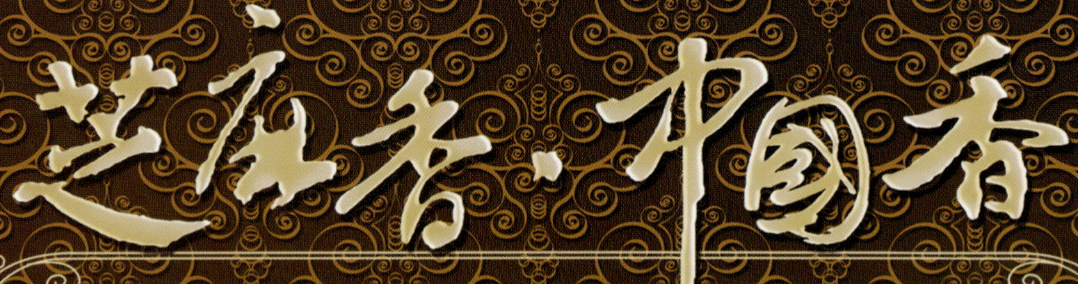

中国驰名商标

绿色食品
GreenFood

实力创
红荔牌
红米酒
HONGLIPAI
RED RICE CHEW

造好品质
红荔牌
红米酒
OLD RED RICE CHIEW
中国驰名商标

区域篇

主要记录了中国各省、直辖市、自治区酿酒工业的发展状况与区域经济优势，以及各省、直辖市、自治区酒业协会工作综述。

吴　飞

Wu Fei

YEARBOOK FIGURE

2006年起担任中粮酒业有限公司总经理。作为一家世界级酒类品牌运营商的少帅，前瞻性提出了“国际化布局与专业化营销并行，坚持自主品牌创新与引进国际知名品牌并重”的经营理念。承前启后地完成了旗下长城品牌的深度整合，通过系统化、专业化和多元化的奥运营销实战，实现了长城品牌国际化飞跃。

北京

2008年北京酒业综述

2008年中国人民战胜了南方的冰雪灾害，战胜了“5•12”汶川大地震，成功举办了第29届奥运会和残奥会，“神七”宇宙飞船实现了太空行走，向全世界展示了一个强大的中国形象。在2008年，北京酿酒企业受到了资金不足、能源紧缺、运输紧张、原材料价格上涨等诸多不利因素的影响，特别是2008年四季度受到国际金融风暴的波及，国内外市场萎缩，酒类产品流通不畅的现象十分严重。但是，面对这样的苦难环境，酿酒行业全体员工在国家政策和各级政府的支持下，积极推出适应市场变化的新产品，积极采取各种各样的促销措施，使市场出现转机，最终，2008年北京酿酒行业连续取得了第九个丰收年。

饮料酒 2008年全市饮料酒产量合计483.94万千升，与去年同期相比增长了3.94%；产品销售收入155.15亿元，与去年同期相比增长了10.90%；总体实现利润7.76亿元，与去年同期相比增长了7.18%。

啤　酒 2008年，北京市啤酒总产量464.60万千升（本市地产啤酒152.67万千升），与去年同期相比增长了2.68%；现价产值124.66亿元，与去年同期相比增长了9%；产品销售收入124.15亿元，增长了11%。其中，北京燕京啤酒集团公司啤酒产量422.31万千升，销售收入116.72亿元；北京青岛三环啤酒产量14.34万吨，销售收入2.09亿元；北京五星青岛啤酒有限公司啤酒产量13.61万千升，销售收入2.76亿元；华润雪花啤酒集团公司北京分公司啤酒产量10.30万千升，销售收入1.63亿元；北京啤酒朝日有限公司啤酒产量4.04万千升，销售收入0.95亿元。

白　酒 2008年北京市白酒产量17.4567万吨，增长16.34%；现价产值26.77亿万元，增长26%；产品销售收入25.59亿元，增长25.1%。其中，北京红星股份有限公司白酒产量7.8万吨，销售收入12.63亿元；北京牛栏山酒厂白酒产量8.0万吨，销售收入12.5亿元；北京京都酒业公司白酒产量6665吨，销售收入1426万元；北京二锅头酒业公司白酒产量5279吨，销售收入3533万元。

葡萄酒 2008年北京葡萄酒产量16275吨，现价产值23160万元；产品销售收入23620万元。其中，北京丰收葡萄酒公司葡萄酒产量10245吨，销售收入11475万元；北京龙徽酿酒公司葡萄酒产量5980吨，销售收入12145万元。

露　酒 2008年北京露酒产量107吨，销售收入480万元。其中，北京仁和酒业公司菊花白酒产量100吨，销售收入480万元。

由上可见，2008年北京市酿酒行业的形势从总体上说是好的。希望在2009年，北京市酿酒行业能够继续保持这种发展势头，让酿酒行业的发展更上一层楼。

2008年北京酿酒协会工作情况

2008年，北京酿酒协会在各级领导和各会员单位的关心和支持下，较好地完成了年初安排的各项工作任务，并取得了一些成绩。2008年协会参与的工作主要包括以下这些方面：

一、调整产业结构，取得了新成绩

多年来，协会一直积极服务于企业，大力提倡企业推广一些符合市场需求、高附加值、高利润的新产品。经过企业的多年努力，2008年，北京地区先后推出了一批相当具有市场前景的白酒新产品，根据市场反应来看，这些新产品不同程度地博得了消费者的喜爱和好评。

二、节能环保工作取得了新的进展

2008年1月4日，北京市科委科技促进中心和北京市工经联针对北京市传统发酵领域能耗高的现状，确立了《北京市传统发酵工业节能降耗需求分析与技术选择》的调研课题。北京酿酒协会参与了课题组调研活动，并与相关企业技术人员对该课题调研报告进行了评审鉴定。目前该调研已进入了后续实施阶段，由北京市科委科技促进中心确立了三个带有实质内容的研发课题，即《低品位能源诊断与综合利用技术研发》，示范的企业包括啤酒、白酒、酿造等行业，预计万元产值节能20%以上；《工业生产过程用水诊断与分质处理、回用技术》，示范企业包括啤酒、白酒、饮料等行业，预计万元产值节水25%以上；《节能、节水改造技术应用推广政策与机制研究》，对节能节水工程给予了政策和机制上的保证。三个课题将于2010年完成，政府对参与课题的示范企业有资金支持和技术支持。北京酿酒协会是这三个课题的参与单位，协会将争取到更多的酿酒企业成为该课题的受益者。

2008年5月，北京酿酒协会继续参加了北京市发展和改革委员会对北京市三个啤酒企业能耗、水耗的审计，推动了相关企业的节能、节水工作。

2008年10月，北京酿酒协会还对行业内大型骨干企业2007年完成的工业能耗、水耗指标进行了调研。根据这些调研，协会完成了北京工业系统“北京工业能耗、水耗指导指标跟踪调查统计报告”。报告显示，北京酿酒骨干企业非常重视节能节水工作，每年都有大量的资金专门投入到节能、节水的项目中，同时每年都有节能、节水新成果，万元产值耗能、耗水逐年下降，很好地完成了《北京市工业能耗水耗指导指标》规定的指标。调研中协会也发现部分的民营白酒企业水资源浪费严重。希望这些企业负责人能主动承担起节约用水的社会责任，为酿酒行业的节能、节水工作做出贡献。

三、弘扬企业历史文化，增强企业核心竞争力

2008年初，协会帮助北京顺鑫农业股份有限公司牛栏山酒厂的《牛栏山牌二锅头酒酿制技艺》，北京红星股份有限公司的《红星牌二锅头酒酿制技艺》，北京仁和酒业有限公司的《仁和牌菊花白酒酿制技艺》等完成了“国家级非物质文化遗产”的申请报告。5月，中共北京市委组织部委托北京市工促局对“北京酿酒行业非物质文化遗产传承人才培养工作”进行课题调研。协会积极参与了调研工作，协助课题组对相关企业、相关人员进行了座谈，对拥有非物质文化遗产的企业、酿造技艺、传承人三者之间的关系进行了研讨，组织企业编写了非物质文化遗产传承人才培养规划。针对酿酒行业大工业生产和多传承人的特点，力争制定出一个既具有北京酿酒行业特点，又切合实际的传承人才培养方案（目前此工作正在进行过程中）。

四、贯彻落实科学发展观，促进企业科技交流

北京白酒产品以清香型二锅头酒为主。增加二锅头酒的科技含量、提高二锅头酒的产品质量、调整二锅头酒的产品结构对于北京白酒的发展至关重要。经过协会和各方面的充分准备，2008年6月在陕西省汾酒集团公司召开了“全国清香类白酒高层论坛峰会”，国内清香类白酒中的

不同流派代表、企业领导和国家部分著名酿酒专家出席了此次会议。大家对清香类白酒的工艺技术、未来发展进行了研讨，出席会议的国家级品酒师还品评了清香类白酒的新产品。此外，协会还在华北地区各酿酒协会的协助下，与出席会议的汾酒集团公司等企业领导共同发起并建立了清香类白酒高峰论坛机制，起草了《清香类白酒高峰论坛章程》，同时，2009年清香类白酒高峰论坛预备会议拟在北京召开，这也为清香类白酒的发展搭建了一个很好的交流平台。

五、化解企业间的矛盾，维护企业的合法权益

2007年北京一家民营白酒企业在不知情的情况下生产了低档菊花白酒。北京仁和酒业公司希望协会出面协助处理此事。为此，北京酿酒协会首先听取了仁和酒业公司的意见并查验了“菊花白酒续展注册证明”。随后将仁和酒业公司的意见以及注册材料转达给了侵权企业，并提出了一个协调建议。最终，侵权企业接受了仁和酒业公司意见以及协会的建议，他们主动收回了北京市场上未售出的产品，此次事件最后得到了妥善的解决。近几年，行业内时常发现仿制同行企业畅销产品的外包装和仿用畅销产品瓶型的现象。这种行为给被仿冒企业和被仿冒产品带来了很大的伤害，也损害了仿制者本身的行业形象和社会形象。因此，为了遏制这种现象的产生，协会采用主动劝导的方法，提倡企业走自己的路，创造自己企业特色的产品。这一做法的结果就是，现在各种小白酒企业研发的新产品，从内在到瓶型以及外包装盒等形式上，都能够体现出自己的特点，这是企业自信心的体现，也是企业进步的一个表现。

六、促进行业交流与合作

2008年，协会协助北京红星股份公司领导和相关人员到河北衡水老白干酒业公司、安徽口子窖酒公司、古井贡酒集团公司、双轮池集团公司参观学习；4月协助北京牛栏山酒厂领导和相关人员到山西汾酒集团公司、汾阳王酒业公司、梨花春集团公司参观学习；10月协会组织北京葡萄酒企业领导和相关人员及部分白酒企业领导出席了华北地区酿酒协会联席会议，研讨了华北地区葡萄酒和白酒发展战略，参观了沙城长城葡萄酒有限公司。

七、完成了国家级协会要求协办的工作

协会较好地完成了对行业企业的咨询服务工作，并为北京市工促局都市工业处、市商务局酒类流通处提供了服务，2008年5月，协会协助北京市工商局商标处复评了北京红星股份公司的“古钟牌”商标、北京牛栏山酒厂的“华灯牌”商标、北京二锅头酒业公司的“永丰牌”商标，以上三个品牌继续获得了“北京市著名商标”的称号。

2008年协会工作虽然有了一定的成绩，但是还有很多不尽如人意的地方。如：协会工作人员年龄老化而接替人选至今没有着落、协会经费不足、交通工具欠缺等，这些缺失在不同程度上给协会的工作人员全面开展工作带来了很大的不便，希望这些问题能够早日得到改善，以便让协会更好地服务于北京酿酒行业，为北京市酿酒企业的发展提供一份力量。

2009年北京酒业综述

2009年，我们迎来了新中国六十华诞，60年的辉煌成就带来了酿酒行业60年的大发展。2009年，第一部《中华人民共和国食品安全法》颁布，酒类食品安全纳入法制轨道。2009年，酿酒企业加大了清洁生产的执行力度，全行业“节能、节水、降耗”工作提高到了新的水平。2009年我们度过了世界金融危机最困难的一年，北京酒类产品的产量、销量、销售收入、利税收入再创历史新高。在大好形势下，北京酒业也有了长足的发展。

2009年是北京酿酒行业努力奋斗的一年，各项经济指标都取得了新成就。2009年，全市饮料酒总产量522.2631万吨，同比增长9%；实现产值172.3939亿元，同比增长14%；实现销售收入173.5173亿元，同比增长14%；实现税金32.3137亿元，同比增长14.6%；实现利润10.2147亿元，同比增长13.9%。

2009年，北京啤酒总产量504.36万吨，同比增长9%。其中：北京燕京啤酒集团公司啤酒产量467.25万吨，同比增长11%(北京地区啤酒产量121.12万吨，同比增长9.7%)；实现产值136.1535亿元，同比增长16.3%；销售收入136.1531亿元，同比增长16.7%。北京青岛三环啤酒公司啤酒产量14.37万吨，同比增长0.2%；实现产值2.8354亿元，同比增长30.3%；销售收入2.589亿元，同比增长37%。北京五星青岛啤酒公司啤酒产量12.05万吨，同比增长-11%；实现产值2.7350亿元，同比增长-2.23%；销售收入2.7146亿元，同比增长1.7%。中国华润雪花啤酒公司(北京分公司)啤酒产量6.6785万吨，同比增长-35%；实现产值9701万元，同比增长-40%；销售收入7825万元，同比增长-52%。北京啤酒朝日有限公司啤酒产量4.0045万吨，同比增长0.0%；实现产值1.0574亿元，同比增长0.7%；销售收入0.9587亿元，同比增加0.0%。

2009年，北京瓶装白酒总产量17.61万吨，同比增长4%。其中：北京红星股份有限公司白酒产量7.2514万吨，同比增长-0.7%；实现产值11.5953亿元，同比增长-0.2%；销售收入13.5853亿元，同比增长7.5%。北京牛栏山酒厂白酒产量9.0040万吨，同比增长12.6%；实现产值13.8698亿元，同比增长26%；销售收入13.1032亿元，同比增长14.8%。北京二锅头酒业公司白酒产量4409万吨，同比增长-16. 5%；实现产值3591万元，同比增加-1.7%；销售收入3438.2万元，同比增长2.8%。北京京都酒业公司白酒产量7662万吨，同比增长15%；实现产值4819万元，同比增长19%；销售收入1779万元，同比增长24.7%。

2009年，北京葡萄酒产量15328吨，同比增长-6%。其中：北京龙徽酿酒公司葡萄酒产量4990吨，同比增长-17%；实现产值1.2870亿元，同比增长7.5%；销售收入1.5232亿元，同比增长8%。北京丰收葡萄酒公司葡萄酒产量10318吨，同比增长0.7%；实现产值1.0332亿元，同比增长-8.2%；实现销售收入1.0109亿元，同比增长-11.2%。

2009年北京酿酒协会工作情况

一、继续做好食品安全工作

2008年，三聚氰胺事件引起全社会对食品安全的高度关注。2009年2月6日，国务院成立了“食品安全委员会”；2009年2月8日全国人大常委会通过了“中华人民共和国食品安全法”，对食品安全提出了更高要求。2009年3月10日北京酿酒协会在“北京京都酒业公司”召开了白酒企业常务理事单位技术负责人会议，学习了食品安全法。研究了北京白酒产品存在的安全隐患，制定了提高和改进北京白酒产品安全的七项措施。同时成立了北京酿酒行业企业食品安全联络组，确定了工作任务。

2009年4月，协会协助“北京仁和酒业公司”建立了与“中国酿酒协会葡萄酒果露酒分会”的联系。在中国酿酒协会葡萄酒果露酒分会的帮助下，完成了“菊花白酒”配方的补充备案工作。以后，协会又多次参加了“菊花白酒”汇报会，代表行业向政府主管部门表明意见。为使“菊花白酒”符合食品安全法的要求，协会协助企业做了许多基础性工作。

2009年，协会走访了各主要白酒企业，同企业领导和相关人员座谈。对白酒标签标识内容、添加剂的使用交换了意见，对需要共同做到的事项在企业间进行了说明和协调，得到了企业的理解和支持。2009年北京酒类产品的各项整改工作基本上达到了食品安全法的要求。

二、继续在全行业开展节能、节水、降耗工作

2009年，协会把帮助企业做好节能、节水、降耗工作作为协会工作重点内容，2009年1月13日按照市经信委和工经联的部署对全行业2005年以来的节能、节水成果进行了调研，为今后的节能、节水工作提供了依据。3月18日协会受市发改委“节能环保中心”委托完成了“北京燕京啤酒股份公司”“北京五星青岛啤酒股份公司”“北京青岛三环啤酒股份公司”的节能环保目标评价工作。4月15日协会参加了“北京燕京啤酒股份公司”清洁生产审核报告验收工作，这是北京酿酒企业第一个通过清洁生产验收的企业，为行业节能、节水、降耗树立了榜样。8月6日在市工经联的主持下，协会与市科委“可持续发展促进会”达成合作协议：帮助北京牛栏山酒厂在2010年完成包装工房洗瓶机水回收治理再利用项目，每年可以节水8万立方米。9月24日市发改委“节能环保中心”召开相关协会和相关企业会议，公布了全市新一轮实施清洁生产审核的企业名单，并做了动员。

三、完成了既定的行业合作项目

为了选拔北京地区参加第一届全国葡萄酒品酒师品酒大赛选手，协会组织北京相关企业的品酒师参加了华北区联合培训班。7月10日协会与河北酒协、天津酒协在天津召开了2009年华北区、直辖市酿酒协会联席会暨首届葡萄酒高峰论坛筹备会，研究了论坛的具体事项。10月21日华北区、直辖市酿酒协会联席会暨首届葡萄酒高峰论坛在天津市如期召开，围绕“食品安全、葡萄酒发展”的主题，有多位业内著名人士发言。论坛期间品评了华北地区生产的部分葡萄酒。论坛取得了成功。9月12日协会在北京牛栏山酒厂组织召开了全国第二届清香类白酒高峰论坛筹备会，山西酒协和汾酒集团公司、河北酒协和衡水老白干集团公司、河南酒协和宝丰集团公司及北京牛栏山酒厂、北京红星股份公司等单位负责人应邀出席筹备会，会上决定设立全国清香类白酒合作组织秘书处，确定了秘书长，理顺了几方面的关系，明确了各自的任务，为合作组织长期开展工作完成了组织上的准备；会议还研究了高峰论坛的具体事项。11月16日全国第二届清香类白酒高峰论坛在河南宝丰集团公司召开，论坛取得了预期效果。自7月6日开始，协会还多次与“市商务委酒类流通处”、“北京市酒类流通行业协会”协商共同举办“北京酒”高峰论坛事项。在相关媒体的帮助下，11月21日“首届北京酒·市场高峰论坛”在北京香山饭店举行。北京部分大型酒类骨干经销企业和北京大型酒类生产企业的主要负责人出席论坛。大家围绕论坛主题对“北京酒类市场现状、发展前景、北京酒业发展规划、市场竞争力等方面发表了各自的观点，增进了北京工商酒业企业间的友谊，加深了相互了解。发言者一致表示要为北京酒业的发展做出努力。北京市商务委主管领导应邀光临会议作指导。

四、积极协助成立北京市酒类流通行业协会

国内各省、直辖市、自治区都已成立了“酿酒协会”，同时大多数省、直辖市、自治区还成立了“酒类流通行业协会”，二者相互配合为发展本地区酒类产品和酒类市场做出了积极的贡献。部分酒业发达地区工商进一步联手，成立了具有更多政府委托职能的“酒业管理协会”。这是适应形势发展，促进本地区酒业生产经营的重大举措。

五、参加行业会议

2009年协会多次参加应对国际金融风暴的研讨会和市场变化分析会，经常走访超市和酒类经销商，了解酒类产品市场变化，并及时向企业和有关领导提供了信息。

六、参加相关标志的审定活动

2009年6月10日，协会领导组织参加了中国食协白酒专业委员会对山东“花冠酒”、“孔府家酒”申报纯粮固态发酵白酒标志的审定；并分别组织参加了国家酒类标准样品技术委员会对“五粮液酒”“宝丰酒”地理标志产品国家标准的编审和“茅台酒”“水井坊酒”国家标准样品的复制工作，受到有关企业的欢迎。

七、到其他酒厂参观学习

协助北京牛栏山酒厂分别于8月和12月带领企业中层以上干部和主要领导先后赴陕西省“西凤酒厂、太白酒厂”和贵州省“茅台酒厂、董酒厂”学习参观，对企业启发教育深刻，使其受到鼓舞和鞭策。

八、2009年协会继续完成了行业统计工作

完成了政府交办的有关任务和各项咨询服务等工作，受到了好评。

天津

2008年天津酒业综述

2008年，天津市酿酒行业遵循党中央的战略部署，认真实践科学发展观，克服了诸多不利因素，千方百计提高经济运行的质量和效益，以突出的成绩迎来了十一届三中全会召开暨改革开放30周年。

2008年，全市有20户酿酒企业纳入了国家统计局工交司和中国酿酒工业协会的统计范畴，其中白酒企业6户、酒精企业4户、葡萄酒企业4户、啤酒企业3户、黄酒企业1户、其他酒业2户。酿酒企业全年实现总产量579546千升，同比减少了14.56%；销售收入409089万元，同比增加了2.42%；税金65169万元，同比增加了20.88%；利润26944万元，同比增加了28.95%。

白酒总产量46477千升，同比增加了17.18%，排序居全国第二十位；销售收入68727万元，同比增加了28.95%。

酒精总产量262435千升，同比减少了14.83%，排序居全国第十位；销售收入142794万元，同比减少了14.54%。

葡萄酒总产量45379千升，同比增加了6.43%，排序居全国第五位；销售收入135343万元，同比增加了15.44%。中法合营王朝葡萄酒酿酒有限公司一枝独秀，占总产量的85%和销售收入的91%。

啤酒总产量217482千升，同比减少了17.99%，排序居全国第二十五位；销售收入59322万元，同比持平。

黄酒总产量1775千升，同比持平，排序居全国第十一位；销售收入601万元，同比增加6.94%。

其他酒总产量5998千升，同比增加6.43%；销售收入2302万元，同比增加了22.64%。

2008年天津酒业协会工作情况

2008年，在中国酿酒工业协会、天津市经委和天津市食品工业协会的指导下，在会员单位的支持下，天津市酿酒工业协会主要开展了以下五项工作：

一、服务于行业，开展经济技术交流

本协会把“服务”当作协会工作的根本宗旨，我们以科学发展观统领服务工作，以推动天津市酿酒行业的和谐发展。2008年，协会先后组织部分会员单位参加了中酒协三届五次理事会（4月上旬）、全国首届清香类白酒企业高峰论坛（5月中旬）、中酒协酒精分会2008年会（10月下旬）、华北区、直辖市酒业协会联席会（10月下旬）等活动，协会紧紧围绕着酿酒行业共同关注的经济技术课题以及创新发展思路的问题进行研讨和交流。这些活动不仅有效地使企业树立节能减排、提质降耗、技术创新的意识，也良好地推动了行业的发展，使企业认清了发展的方向，开阔了自己的视野，拓宽了发展的思路。此外，协会就与酿酒行业相关的政策及时向中酒协和政府部门反馈建议和意见，如电子监管码的试用、取消酒精消费税和恢复酒精出口退税等。

协会于2008年11月18日在蓟县召开六届二次理事会，通报前三季度酿酒行业经济运行的情况，介绍酿酒行业技术创新的动态，研讨了天津市白酒企业整合的进度和趋势，剖析了酒精企业面临的困境与对策，并预测全球金融危机对酿酒行业带来的影响以及冲击，这一活动使企业进一步认清了形势，坚定了信心。

协会主持了一项酿酒企业科研成果的鉴定活动，还参与了九项关于企业标准的审定活动。协会及时向企业传递行业发展动态，通报最新的科研成果。此外，协会还组织技术人员参加新技术和新标准的培训，有4人获得国家职业技能鉴定高级考评员资格。

二、关注食品安全，创建食品安全示范企业

在天津市食品安全信用体系建设办公室的指导下，协会组织了创建食品安全示范企业活动，在2008年，有两批共计10户会员企业获得了天津市食品安全示范企业称号。协会认为，食品安全的基础在企业，除了良好的设施和严格的制度外，管理人员的素质更为重要，各会员单位在协会的鼓励与支持下，2008年共计8人获得了国家生产许可证审查中心核准的QS注册检察员资格，5人获得国家认监委核准的产品等级认证GMP+HACCP注册检察员资格。

三、提高产品质量，争创名牌和著名商标

质量是企业的生命，协会帮促企业提高产品质量、调整产品结构就是企业生存和发展的必由之路。2008年复审天津市食品工业名牌产品五个，共拥有市名牌产品九个，其中中国名牌一个；2008年申请认定天津市著名商标一个，申请延续认定天津市著名商标五个，共拥有天津市著名商标十四个。

四、弘扬酒文化，提升企业形象

近几年来协会对会员单位弘扬酒文化的活动给予了积极的支持和宣传，“义聚永”、“梦庄园”、“王朝”和“津酒”先后筹建了酒博物馆和酒文化园，以开展工业旅游和邀请消费者代表参观的形式面向社会开放，对弘扬酒文化、倡导文明饮酒、宣传企业产品、提高企业知名度、培养忠诚的消费群体、建设和谐社会具有重大的现实意义。

五、开展自律和诚信建设活动

在市社团管理局的指导下，协会连续两年开展自律与诚信建设活动。坚持按核定标准收会费，绝不违规摊派；坚持无偿服务，杜绝擅自扩大收费范围；坚持勤俭办会，规范收支，厉行节约；坚持会员自愿原则，组织协会活动绝不强拉硬拽；坚持民主作风，重大事项广泛征求会员单位意见，增强协会凝聚力；坚持纽带桥梁作用，认真完成上级协会和部门交办的各项任务。

2009年天津酒业综述

2009年受国际金融危机的严重冲击，世界经济深度衰退、国内经济发展受阻；酿酒行业受到国际和国内因素的双重打击，粮食等主要原材料和能源的涨价推高了酒类产品成本，供过于求，税制调整和无序竞争使白酒市场更加残酷和险恶，品牌、质量和价格的搏杀推动了啤酒企业的整合，洋酒大量进口对酿酒企业形成巨大冲击，重复建设和政策约束使得大部分酒精企业陷入亏损、停产的困境。天津市的酿酒企业冷静洞察经济运行态势，缜密谋划经营管理对策，审时度势调整优化经济结构，千方百计保持经营主动权，除酒精企业受大环境的制约逆境求生存之外，白酒、啤酒、葡萄酒和其他酒企都好于2008年的水平。

2009年天津酿酒协会工作情况

一、开展经济技术交流

组织会员企业参加中酒协三届七次理事扩大会议、天津市食品安全法宣贯大会和食品安全法宣讲会、华北暨直辖市首届葡萄酒发展论坛、第二界全国清香类白酒高峰论坛，围绕企业共同关注的问题和行业创新发展思路进行研讨和交流。6月中旬接待了由四川省食协兼酒协范中成会长率领的一行四十八人组成的四川省白酒考察团，来自“五粮液”、“泸州老窖” 、“剑南春”、“水井坊”、“郎酒”等二十余家白酒企业和四川大学、中科院四川分院等五家科研院校的专家和国家评委参观考察了津酒集团和王朝葡萄酒公司，增进了津、川酿酒行业的友谊。

及时向企业印发《轻工业振兴三年规划草案》，引导企业强化食品安全、加速技术进步；优化产业结构，提高企业集中度，推动行业持续、健康发展。协会还以《天津酿酒》杂志不定期地向会员企业通报行业的动态和信息。

二、推动企业优化经济结构

天津市的酿酒企业在优化企业投资(资本)结构、优化产品结构和优化企业运营结构上做了大量工作，并初见成效。泰达酒业公司引进民营资本，缓解资金窘态，发挥“芦台春”品牌优势开发反适销新品，恢复停滞多年的清香型白酒生产。挂月集团果断停产酒精，力推白酒生产经营，为提升白酒品质和调整产品结构实施技术创新，在冀东大溶洞景区选择天然溶洞贮存机质白酒，利用适宜的恒温恒湿条件促进优质白酒在陶坛里老熟、谐调和增香，2009年10月31号举行藏酒溶洞“灵仙洞”的封洞仪式，华北地区首例洞藏白酒正式启动。渔阳酒业公司在完成企业改制后一方面优化产品结构，开发百年渔阳系列高端产品，提升档次，增加效益；另一方面优化并更新生产设施。2009年，万吨生产能力的规范化灌装车间建成投产，具全市领先水平。津酒集团的津酒系列产品又有了突破，迎国庆60周年纪念珍藏酒上市，52度帝王风范和40度金扁凤大批量投放市场，形成新的经济增长点；新开发的贵族系列酱香型白酒刚问世即获得消费者青睐；为重振直沽高粱酒雄风，试验用地缸发酵法生产基酒；津酒集团在确保当期生产经营的前提下，千方百计筹措资金保障蓟县上苍技改基建项目实施，为企业的持续发展构建新基地。

三、充分发挥天津葡萄酒技术优势

葡萄酒是天津市唯一名列国内前茅的酒种，王朝更是天津市酿酒行业唯一的国家名牌产品，借助王朝公司的技术优势是开展协会工作的动力。2009年10月下旬，由王朝公司承办了华北区暨直辖市首届葡萄酒发展论坛，论坛的主题是：葡萄酒的质量和安全、葡萄酒的现状分析与展望。八位业内专家做了精彩的专题报告，十二名国家评委认真品评了参会企业的18种葡萄酒并给予了综合评语，与会代表参观了王朝公司。在王朝公司的鼎立支持下，首届论坛取得圆满成功。

四、持续实施名牌战略

2009年，津牌津酒和渔阳牌白酒两个天津市食品工业名牌产品接受复评。“华梦”、“玉羊”和“桂春”三个天津市著名商标通过复评；“金星”、“渔阳”、“津酒”、“天尊”和“DYNASTY”五个天津市著名商标通过延续认定，“雍阳”通过审查被认定为天津市著名商标。

五、宣贯食品安全法

鉴于《食品安全法》于2009年6月1日起施行，国家质监总局在2009年开展质量和食品安全年活动，葡萄酒、白酒可能成为检查重点，并专项治理。协会组织会员企业参加《食品安全法》的宣贯和审讲，向会员企业通报酿酒行业有关食品安全的投诉信息，引导企业严格遵循《食品安全法》组织生产，杜绝食品安全事故的发生。

河北

2008年河北白酒、葡萄酒行业综述

一、白酒行业

河北省地域辽阔，人口众多，有着光荣的酿酒历史，远在1915年的世界巴拿马万国博览会上直隶－高粱酒（衡水老白干）就荣获巴拿马万国博览会金奖。20世纪60～70年代，从台酒、衡水老白干、燕潮酩、迎春酒、沧州白酒等获国家优质酒。2008年在河北省白酒行业广大职工的努力下，较好地完成了全年任务，特别是衡水老白干、承德乾隆醉、平泉山庄老酒、刘伶醉等骨干企业，经济效益比2007年有了大幅度提高。2008年全省规模以上企业共完成白酒产量19.99万千升，比2007年增加17.18%；销售收入完成44.3亿元，比2007年增加46.43%；税金完成4.9亿元，比2007年增加17.46%；利润完成2.4亿元，比2007年增加18.44%，在全国产量排列第九位。

综上所述，河北省白酒行业在全国排中上等水平，但与全国四川、山东、江苏等省相比，无论从产量、品牌知名度，还是质量等方面都有很大差距，要想使河北白酒在今后发展中更上一层楼，还必须做好以下几方面的工作：

1. 发挥龙头企业作用，不断创名牌、树品牌

衡水老白干是河北省的龙头企业，从2007年7月1日开始衡水老白干酒执行“老白干香型”国家标准，该香型成为全国第十一个香型。“老白干香型”酒是全国北方地区清香类白酒的代表之一，清香类白酒具有清香纯正、酒体协调柔顺、后味爽净绵长的特征。同时，该酒微量成分较单纯，有益成分高、有害成分少，不但易被消费者接受，同时有利于同国际接轨，打出国门走向世界。其他板城烧锅酒、山庄老酒、刘伶醉、丛台酒等也是河北名酒，要进一步扩大省内外的知名度，不断提高产量走向全国。

2. 根据市场需求不断调整产品结构

企业要充分重视科研工作，不断开发新产品，在今后的发展中，不断提高低度白酒的比例，保留传统产品，重点开发适应不同消费层次、不同消费口味的高、中、低档产品。以低档产品占领市场，中高档产品提高效益。同时根据各地的实际情况，增加多种香型、不同风格的新产

品，特别是骨干企业要不断创新，生产本企业独特口味的产品，以适应不断变化的白酒市场。

3、严格食品安全制度，稳定提高产品质量

食品安全是每个食品生产企业的社会责任，生产白酒企业要把好原辅材料的进厂质量关，严格从原料到半成品、成品的工艺操作规程，加强半成品的中间检验，严把成品出厂质量关，严格按照国家卫生标准和产品标准进行生产，不能让河北省白酒在市场上出现任何不合格产品，绝不能让假冒伪劣和有毒有害的产品流入市场。同时要不断培养品酒勾调人员，要求产品批批稳定，并进一步购置必要的科研设备，将仪器检测和品评相结合，在生产优质原酒的基础上，生产出更多更好的新一代产品，满足市场的需求，进一步提高企业的经济效益和社会效益。

4、完善企业经营环境，大力开展宣传工作

企业要培养一支理论水平高，有一定专业知识和丰富营销经验，并与客户关系融洽，有开拓精神的营销队伍。要诚信为本，合法经营，不搞不正当竞争，这样才能在激烈的市场竞争中永立不败之地。与此同时，企业应抓好包装装潢的创新工作，使内外包装不搞华丽昂贵而要新颖、大方、典雅。各企业应根据本企业的实际情况开展适度的广告宣传工作，花钱少而达到较好的宣传效果。

二、葡萄酒行业

河北省是全国葡萄酒大省，远在20世纪70年代末和80年代初就生产出中国第一瓶干白葡萄酒和干红葡萄酒。全省葡萄酒主要集中产于秦皇岛市的昌黎和卢龙县，张家口市的怀来和涿鹿，现种植葡萄30余万亩，主要有龙眼、玫瑰香（麝香）赤霞珠、品丽珠、解百纳等20余种酿酒的品种葡萄。2008年全省生产葡萄酒9.33万千升，销售收入19.12亿元，税金2.65亿元，利润2.50亿元。产品产量、销售收入、税利主要以中国长城葡萄酒有限公司和华夏长城葡萄酿酒有限公司为主，占全省80%以上。河北省大力发展葡萄酒应做好以下几方面工作：

1. 进一步做好科学的产业发展规划

河北省及葡萄酒主要产区的秦皇岛市和张家口市，要对葡萄酒行业发展进一步做好科学的产业发展规划，处理好产业发展规模、速度与葡萄酒行业自身规律的关系，注意总结本省和本地区以前发展的经验和教训，研究本省本地区合理的品种结构。要对整个行业进行深入分析，防止局部过热，出现发展不平衡的现象。

2. 充分利用地理气候条件，发展适合本地区的酿酒葡萄品种

河北省昌黎、卢龙、张家口怀涿盆地，光照充足，昼夜温差大，土壤为褐色，质地偏沙，多丘陵山地，十分适合葡萄生长。发展葡萄酒，葡萄是基础，要不断扩大种植面积，引进优良品种进一步向葡萄基地化、基地区域化、区域品种化发展。

3. 优化产品结构，创名牌、打品牌

河北省要继续保持以干型和半干型葡萄酒为主的生产结构，不断生产单品种葡萄酒，年份酒、产区酒继续打出自己的品牌，如华夏生产的92干红、A产区干红、中国长城葡萄酒公司生产的五星干红等，与此同时还要不断创新、生产新的品牌，如赤霞珠干红、解百纳干红、梅鹿辄干红等，使河北省葡萄酒进一步走向国外。

4. 学习世界先进水平，不断提高产品质量，严格安全生产

20世纪90年代后，河北省大企业通过引进国外先进的技术和设备，如葡萄破碎、压榨、果汁分离、控温发酵、苹果酸—乳酸发酵、冷冻处理、橡木桶贮存、膜过滤及包装设备等，使生产技术和设备达到了国外先进水平，但我们还应虚心学习成熟的先进技术，解决好目前生产工艺和技术上存在的问题，不断提高产品质量。与此同时把好原辅料采购、原料处理、发酵、后加工、贮存、灌装等整个工艺过程中的食品安全关，严格执行各项操作规程，使产品卫生和质量达到国家标准，使产品做到安全、卫生、营养，满足消费者需求，进一步使河北省葡萄酒行业在现有的基础上健康发展。

2008年河北白酒、葡萄酒工业协会工作情况

2008年河北省白酒、葡萄酒工业协会在河北省行业主管部门的领导下，在中国酿酒工业协会的指导下，主要完成以下几方面工作，现总结如下：

（1）2008年4月初在武汉参加了中国酿酒工业协会三届四次（扩大）常务理事会，通报了全国酿酒行业各项经济技术指标的完成情况，总结了工作，提出了2009年的工作计划。

（2）2008年4月中旬，在承德市召开了河北省白酒、葡萄酒工业协会2008年年会暨四届五次理事会，42个企业62人参加会议。会议传达了中国酿酒工业协会三届四次常务理事会（扩大）的会议精神；通报了2007年全国、全省白酒、葡萄酒各项主要经济技术指标的完成情况；总结了2007年协会的工作情况，并提出2008年协会的主要工作任务；企业交流了经验并对全行业及协会工作进行了充分讨论，并参观了承德乾隆醉酒业有限公司，会议取得了成功。

（3）2008年6月在山西省杏花村汾酒厂召开了由华北五省市酿酒协会组织的全国清香类白酒发展高峰论坛，河北省衡水老白干等有关企业参加会后发布了发展清香类白酒的共同协议，每年召开一次，轮流担任执行主席。

（4）2008年6月中旬，协会和衡水老白干酒业公司共同邀请了全国清香类知名酿酒专家，高景炎、王元太高级工程师来到衡水老白干酒业公司，对全厂的生产进行了全面考察，并对中层以上的技术干部开展了讲座，就原料制曲讲解了操作要点和工艺参数的控制，受到了大家的好评。

（5）2008年9月参加了全国白酒技术委员会在张家界召开的全国学术论文交流和评奖活动，河北省衡水老白干酒业公司、乾隆醉、丛台酒业公司派科技人员出席，丛台酒业公司论文获三等奖。

（6）2008年10月中旬，组织企业参加了在河北省怀来县召开的全华北地区及直辖市酒业联席会议。河北省白酒、葡萄酒工业协会主持了会议并作了发言。同时，河北省衡水老白干酿酒集团公司、中国长城葡萄酒有限公司、昌黎华夏长城葡萄酒有限公司在会上作了发言，交流了经验。会议提出了今后华北地区酒业发展的方向和具体措施。

（7）2008年11月上旬召开了河北省白酒工业协会信息通讯员会议，全省22家重点骨干企业负责统计工作的同志参加了会议。会议交流了经验，并对统计工作的主要项目及统计方法提出了修改意见，并结合全国开展的节能减排工作，对吨酒耗能指标进行了讨论，为制定标准作了大量的基础工作。

（8）2008年12月下旬，举办了河北省第五批白酒酿造工职业技能培训和鉴定工作，经过三天的培训和一天的理论和实操考试，共有20人晋升为高级技师，11人为技师，9人为中高级工。

（9）2008年根据企业要求，广泛深入地开展了对企业生产技术、产品质量、产品结构的技术咨询活动。同时完成了省有关部门和中国酿酒协会安排、布置的各项日常工作。

2009年河北白酒、葡萄酒行业综述

2009年河北白酒、葡萄酒总体发展趋势良好，各项指标均出现上涨的趋势，与上年同期相比，在产量、销售收入、利税以及利润方面均取得了良好的成绩：

（1）产量完成23.45万千升，同比增长17.48%。

（2）销售收入完成50.09亿元，同比增长13.6%。

（3）利税完成10.92亿元，同比增长47.2%。

（4）其中利润完成3.59亿元，同比增长50.10%。

2009年河北白酒、葡萄酒工业协会工作情况

2009年河北省白酒、葡萄酒工业协会在省行业主管部门的领导下，在中国酿酒工业协会的指导下，主要完成以下几方面工作，现小结如下：

（1）2009年2月24～26日在北京参加中国酿酒工业协会三届五次理事会及各省市酿酒协会秘书长会议。会议通报了全国酿酒工业2008年全行业各项经济技术指标的完成情况，总结了协会工作，并提出了2009年的工作任务。

（2）根据《社团管理条例》及协会章程规定，经省民政厅和省工经联批准，于4月22日在石家庄市召开了河北省白酒、葡萄酒工业协会第五次会员代表大会。会议通过了协会工作报告；通过章程修正说明及新的协会章程；通过了五年来财务审计报告；选举了第五届理事会、常务理事会及协会领导成员，并交流了企业工作经验，提出新一年的工作任务。代表大会取得圆满成功。

（3）2009年5月26～28日，参加了在贵阳由中国轻工业联合会劳动人事部召开的全国轻工职工培训与鉴定的专业会议。在会上汇报了协会开展白酒酿造工特有工种的培训和鉴定情况；会议布置了2009年开展特有工种的培训与鉴定的有关政策及任务，明确酿酒行业开展酿酒师和品酒师的培训和鉴定的方法、程序及有关任务。

（4）2009年6月7～10日，接待四川酒协代表团来河北省衡水老白干、刘伶醉、承德乾隆醉等企业参观考察，协会同四川酒协及43名代表团成员交流了协会和企业的基本情况及各项工作的开展情况，起到了互相学习、互相交流的作用，使会员学到了四川白酒协会及企业的好经验，收获很大。

（5）2009年6月下旬，协会会同河北省财贸轻纺工会在石家庄市召开了首届河北省葡萄酒品酒职业技能比赛，河北省共有25人参加比赛，天津王朝和北京、内蒙古等葡萄酒企业有7人也参加了此次比赛。协会从此次比赛中选拔了12人代表河北省参加了全国葡萄酒品酒技能大赛，15人授予“河北省酿酒行业技术能手”的称号，12人获“比赛优秀奖”。在全国大赛中，河北省华夏葡萄酿酒公司于庆泉获全国比赛第一名，中国长城葡萄酒有限公司李福东获第三名。河北省有5人进入全国前十三名。此次大赛河北省取得优异成绩，受到中国酿酒协会的表彰。

（6）2009年10月20日，在天津市召开了华北地区葡萄酒发展高峰论坛会议，河北省长城、华夏、地王、茅台、丘比特、抚宁金山等大中型葡萄酒企业参加了会议。会议交流了经验，并对全华北地区21个代表性的样品由17位国家评委及企业总工程师进行品评鉴定，会议取得圆满成功。

（7）2009年11月15～17日，华北酒业联合会在河南宝丰召开了“第二届全国清香类白酒发展论坛”，协会同衡

水老白干酒厂参加了会议。会议分析了我国北方清香类白酒的发展现状，为今后进一步发展奠定了基础。

（8）2009年第四季度，协会两次参加了由省工信厅召开的河北省酒类健康发展的讨论会，并编写了白酒、葡萄酒生产方面的发展意见，被工信厅采用。该文件今年3月初以工信厅、省技术监督局、商务厅和省工商局正式文件发布，对河北省酒类健康发展提出了指导性意见。

（9）继续做好河北省白酒行业各月技术经济指标的统计和汇总工作。全省13个白酒企业的产量、销售收入、税利占全行业的50%～80%；对骨干企业的生产和营销起到了互相学习、共同进步的积极作用。

（10）2009年度协会主要领导深入衡水老白干、永清酒厂、安国祁州酒业等企业考察指导，并参加有关企业的产品品鉴会、新闻发布会、产品鉴定会等工作。

（11）完成了中国酿酒工业协会、省有关部门、省工经联布置的有关工作及协会的日常工作。

2008—2009年河北啤酒行业综述

截止2008年底，河北省啤酒行业入统企业共计27家，完成啤酒总产量132.45万千升，比2007年降低10.56%；税金完成45170万元，比2007年降低19.60%；利润为3604万元。2009年1～7月份，全省完成啤酒产量66.88万千升，比去年同期下降15.66%；产值完成17.9亿元，比去年同期下降15.62%；全行业亏损0.98亿元。

通过以上数据可以看出，与其他省市相比，河北省去年以来，啤酒生产及效益下降严重，分析原因：

一、受全球金融危机影响，河北省啤酒企业多为中小型企业，多数资金压力大，市场竞争能力较弱。

二、没有大品牌，河北省啤酒自有品牌全部为区域性品牌，影响力较弱，市场附加值较低，影响企业的投入和扩大再生产能力。

三、河北啤酒销售市场不规范，恶性竞争、不公平竞争、名目繁多的有奖销售扰乱了市场秩序，为此，河北省政府正在制定有关政策规定，以有效规范市场，变无序为有序，还河北省啤酒市场良好的营销秩序。

2008—2009年河北啤酒协会工作情况

2009年河北啤酒协会努力开展工作，学习实践科学发展观，深入开展节能减排清洁生产，狠抓产品质量，增加花色品种，提高经济效益，使河北省啤酒工业的发展水平不断提高。

一、努力实践科学发展观

通过全方位分析河北省啤酒工业生产发展中存在的不利因素和有利因素，协会及时调整工作方向，针对企业规模相对较小，没有大品牌，产品销售受区域化影响较大等问题，狠抓产品结构的调整，努力增加中高档产品比例，提高了产品附加值和销售收入，同时加大宣传力度，改变营销策略，得到了广大消费者的认可，提高了品牌认知度。宣化钟楼、石家庄嘉禾、蓝贝酒业的蓝贝、蓝带等品牌影响面不断扩大，成为拉动河北省啤酒行业发展的动力。

二、认真贯彻国家有关节能减排的重大政策

协会采取有效措施，重点针对节水及废水处理、节电、节煤及废气处理等问题进行深入调查并指导和督促企业进行整改，收到明显效果。目前绝大数企业已将煮沸锅热能回收设备投入使用，可节约热能30%，废水废气做到了全部处理，水循环利用设备的上马大大解决了耗水高的问题，平均降耗20%左右，电耗、煤耗也有较大幅度的降低，使企业既节约了能源，降低了成本，又优化了厂区环境，文明生产水平不断提高。下一步，协会还要依照工信部制定的啤酒行业各项节能标准，加大工作力度，力争使我省啤酒企业全部达标。

三、组织培训班

在宣化新钟楼啤酒有限公司，组织全省啤酒评酒员培训班，通过考试选拔出7名同志参加2010年的全国啤酒评酒员考试。

四、组织相关展会

组织河北省啤酒企业参加了全国啤酒机械设备展览，积极推动了我省企业装备的更新换代和技术进步。

五、参与制定相关制度

应省工信厅邀请，参与制定了河北省《关于促进酒业健康发展的实施意见》，目前该意见已正式下发全省，将对我省啤酒工业的发展起促进作用。

六、加强信息管理

加强协会信息传送工作。协会利用网络实现了与会员单位、中国酿酒工业协会等部门的信息连接，加快了信息传递速度。

山西

2008年山西酒业综述

根据统计的数字，2008年全省白酒（折65度商品酒）102057.4千升，同比增长12.7%；啤酒120446千升，同比增长-17.8%；发酵酒精（折96度、商品量）45304千升，同比增长-40.9%；白酒销售收入39.90亿元，同比增长11.66%。

一、白酒

白酒工业是山西酿酒工业的重中之重，而白酒工业中山西杏花村汾酒集团有限责任公司一枝独秀的局面，仍将延续。它在省内市场占到70%，这种局面使得杏花村汾酒集团公司的发展缺少竞争动力。

近几年，山西民营白酒企业发展又快又好，销售额过亿元的企业有山西梨花春酿酒集团公司、山西汾阳王酒业有限公司。原酒生产企业超万吨的企业有文水天波酒业公司、祁县宏固酒业公司、祁县良友酒业有限公司。原酒产品有清香型高档大曲酒、中档多微麸曲酒、低档普通麸曲酒，还有十几种大曲调味酒。

二、葡萄酒

太原市清徐县原是重点产地，20世纪90年代企业破产，到了21世纪开始起步，近几年发展势头较好。山西清徐葡萄酒有限公司主要生产中低档葡萄酒，价格在10～25元，规模也是千吨，主要是省内市场。山西怡园酒庄葡萄酒为高档酒，规模千吨，质量档次高，占领省内和沿海部分市场。

2008年山西酿酒工业协会工作情况

一、行业协会会议

（1）组织协调在山西杏花村汾酒集团举办的“全国清香类型白酒企业高峰论坛”。

（2）组织企业参加华北区、直辖市酒业协会联席会议。

（3）召开山西省酿酒工作会议。

二、举办培训班

为加大企业调整产品结构的力度，加快提高中高档产品的比重，协会结合近几年山西省调味酒生产技术的发展，在山西应县梨花春酿酒集团宾馆，举办了为期5天的“提高勾调技术培训班”。由著名专家王元太高工和杏花村汾酒集团的雷振河、康健高工进行授课，来自北京和山西的51名学员通过理论和实际培训，在勾调理论和勾调技术方面都有了很大提高，尤其在不同调味酒的使用方面，通过以酒勾酒，对提高中高档白酒的质量，作用非常明显。

三、举办展会

山西省商务厅、山西省贸促会、山西省工业经济联合会举办“第三届山西省酒饮食品博览会”，为省内的酒类生产企业搭建产品展示的平台。

四、企业调研

协会对省内的白酒企业进行调研，了解并参观了山西杏花村汾酒集团生产开发的“风冷式冷却器”的使用效果，认为其在节能减排、节约水资源方面，在北方地区有非常大的推广价值。

2009年山西酒业综述

一、山西省酿酒工业2009年形势

根据山西省统计局的数字，2009年全省饮料酒产量356364千升，同比增长9.4%。其中白酒（折65度商品酒）99116千升，同比增长-3.7%；啤酒254205千升，同比增长16.1；发酵酒精（折96度、商品量）52118千升，同比增长15.2。

二、酿酒工业特点

1.白酒

山西民营白酒企业，销售额过亿元的有山西梨花春酿酒集团公司、山西汾阳王酒业有限公司。原酒生产企业超万吨的有文水天波酒业公司、祁县宏固酒业公司、祁县良友酒业有限公司，原酒产品有清香型高档大曲酒、中档多微麸曲酒、低档普通麸曲酒，还有十几种清香型大曲白酒调味酒。

2.啤酒

山西啤酒产量在25万千升，省内企业所占比例较小，仅剩大同云岗啤酒有限公司和晋城白马王啤酒有限公司两家企业。

3.葡萄酒

太原市清徐县原是重点产地。山西清徐葡萄酒有限公司主要生产中低档葡萄酒，价格在10～25元，规模千吨，主要是省内市场。山西怡园酒庄葡萄酒为高档酒，规模千吨，质量档次高，占领省内和沿海部分市场。

4.酒精

山西酒精生产企业获得生产许可证的企业仅有2家，生产能力15万千升。

2009年山西酿酒工业协会工作情况

2009年初确定山西省酿酒工业协会的主要工作：一是参加中国酿酒工业协会组织的会议和培训；二是召开“山西省酿酒工业工作座谈会”；三是组织省内的重点企业参加在河南宝丰举办的“第二届全国清香类型白酒高峰论坛”。通过企业和协会工作人员的共同努力，这几项工作都顺利进行，取得了令人满意的效果，现在将一年来协会的工作总结如下：

一、参加中国酿酒工业协会组织的会议和培训

（1）2009年2月参加了中国酿酒工业协会三届理事（扩大）会。

（2）2009年2月参加了中国酿酒工业协会召开的全国各省、直辖市、自治区酒协秘书长座谈会。

（3）2009年11月，协会与杏花村汾酒集团的技术人员参加了中国酿酒工业协会组织的“全国白酒酿酒师酿造工教师培训班”。

（4）2009年12月，协会与杏花村汾酒集团的国家评委参加了中国酿酒工业协会组织的“全国白酒品酒师教师培训班”。

二、结合食品安全法的实施对全省的重点白酒企业进行调研

针对白酒质量安全方面的问题，协会组织人员对山西杏花村汾酒集团、山西汾阳王酒业有限公司、山西梨花春酿酒有限公司、太原酒厂、山西神泉酒业有限公司、阳高大泉山酒业有限公司、山西清徐葡萄酒有限公司、清徐野泉酒业有限公司、文水天波酒业、太原百世酒业等11个企业食品添加剂的使用、食用酒精的标注等问题进行了调研。

三、召开山西省白酒工业工作座谈会

2009年5月在太原召开“山西省白酒工业工作座谈会暨省酿酒工业协会三届四次理事会”，通过学习讨论，提高了对白酒质量安全的认识。会议提出，各企业生产的主品牌和主导产品，必须执行固态法工艺和标准，大中型企业必须坚持以高档产品为主。小企业生产的低档白酒可执行固液法标准，食品添加剂只能添加单体的，复合的不能加。

国家评委和省评委对参会企业的产品，结合浓香型和酱香型白酒的产品进行了品评，找出了清香型白酒与浓香型、酱香型白酒在香气与口感方面的差距。

节水：山西杏花村汾酒集团汾青分厂开发的风冷冷却器，利用自然空气代替水，可以节约大量的水资源，适合在北方地区推广使用。

节粮：山西神泉酒业有限公司打破传统的班组生产模式，采用每组两天生产3班料，全年平均出酒率45%，既节约了粮食，提高了出酒率，也增加了职工的收入。

四、承办相关行业活动

2009年11月19日参与了由华北地区及直辖市七省、市、自治区酿（白）酒协会组织，河南省酒业协会和宝丰酒业有限公司承办的“第二届全国清香类型白酒企业高峰论坛”。会议邀请著名专家沈怡芳、高月明进行了专题发言，山西汾酒集团、文水天波酒业、汾酒集团汾青分厂参加了会议，山西神泉酒业有限公司做了书面发言。参会的15名国家评委对参会企业的28个中高档白酒进行了品评。

五、参加论坛

2009年10月在天津参加了“2009年华北区及直辖市首届葡萄酒发展论坛”。

六、编写《山西酿酒信息》简报

2009年编写了四期简报，内容涉及酒行业的政策、法规、技术、营销、培训等，供省内酿酒企业参考。

七、举办博览会

协助山西省商务厅、山西省贸促会、山西省工业经济联合会举办“第四届山西省酒饮食品博览会”，为省内的酒类生产企业搭建产品展示的平台。

八、为省内的白酒、啤酒、酒精企业进行服务

协会组织有关方面的技术人员到企业进行技术服务、技术咨询、职业技能培训和生产许可证咨询、核查工作。

九、推广“风冷式冷却器”

推广山西杏花村汾酒集团孝义汾青分厂机加工车间生产开发的“风冷式冷却器”，从节水减排、节约水资源方面来说，在北方地区有非常大的推广价值。

内蒙古

2008年内蒙古酒业综述

一年来，自治区酒业协会在自治区经委的领导和关怀下，在中国酿酒工业协会精心指导下，在会长及各位副会长、常务理事、理事和会员单位的大力支持下，积极、主动开展工作，取得了一定成绩。全区酿酒行业经济运行情况如下：

一、经济运行情况

随着自治区经济的快速增长，人们的生活水平的逐步提高，2008年全区酿酒行业生产和效益取得了可喜的成绩，据统计：

全区规模以上白酒企业52家，白酒总产量为24.29万千升，同比增长12.68%，列全国第8位，完成销售收入35.92亿元，同比增长22.46%；啤酒产量98.28万吨，同比增长10.21%，列全国第16位，完成销售收入14.67亿元，同比增长15.87%。

二、运行主要特点

1. 重点企业效益度不断增加

2008年白酒利税超过千万元的企业有：内蒙古河套酒业集团股份有限公司、鄂尔多斯酒业集团公司、内蒙古顺鑫宁城老窖酒业有限公司、内蒙古蒙古王酒业有限公司、内蒙古骆驼酒业股份有限公司、锡盟太旗草原酿酒有限责任公司、内蒙古科尔沁王酒业有限责任公司、内蒙古绰尔河酒业有限责任公司、敖汉华海酒业有限责任公司。利税总额占到了全区规模以上白酒企业的60.1%，其中河套酒业集团的利税总额占到了全区的26.5%。啤酒行业利税超千万元的企业有：燕京啤酒（包头雪鹿）股份有限公司、燕京啤酒（赤峰）有限责任公司、海拉尔啤酒（集团）有限责任公司、华润雪花啤酒(呼伦贝尔)有限公司、内蒙古金川保健啤酒股份有限责任公司、华润雪花啤酒(兴安)有限公司，利税总额占到了全区的77.8%。

2. 产品质量稳定提高

为满足市场需要，适应市场竞争，积极调整产品结构，中高档产品的比重逐年提高，产品质量得到明显的改进和提升。年份酒、发酵型奶酒、益生啤酒、荞麦啤酒、奶啤酒等特色啤酒相继投放市场，提高了市场竞争能力，同时也提高了产品附加值，增加了企业经济效益。

3. 奶酒发展势头看好

随着乳业的迅猛发展以及人们对天然、绿色、保健饮品的日益需求，内蒙古奶酒业也得到了快速发展，成为我国最大的奶酒生产地。涌现出腾格里塔拉、百吉纳、龙驹、天骄、牧马人、乳香飘等奶酒品牌，并在市场有了一定知名度，奶酒产品由地产、地销扩大到20多个省、直辖市、自治区。总之，奶酒发展势头看好。

2008年内蒙古酒业协会工作情况

一、以服务为宗旨，积极主动开展工作

1.组织召开自治区酒业协会二届三次理事会暨专家组年会

2008年11月26～27日，在呼和浩特市内蒙古锦江国际大酒店隆重召开了“内蒙古自治区酒业协会二届三次理事会暨专家组年会”。

参加这次会议的领导包括：十一届全国人大常务委员会委员、全国人大民族委员会副主任委员、自治区酒业协会名誉会长哈斯巴根同志；九届自治区政协副主席、自治区酒业协会名誉会长郧宝恒同志；自治区经济委员会主任牙萨宁同志；自治区质量技术监督局、食品监督处处长孙磐同志；自治区工商行政管理局消保处处长潘景玉同志和来自全区酒业协会的理事、专家近31个单位60余人。

会议由自治区经委行业规划处处长、自治区酒业协会秘书长荆玉林同志主持，内蒙古河套酒业集团股份有限公司董事长兼CEO、自治区酒业协会会长张庆义同志致开幕词，他在讲话中通报了全区酿酒行业经济运行情况，指出了目前全区酿酒行业存在的问题，针对这些问题提出了促进行业发展的有关措施及建议。

自治区经委主任牙萨宁同志、自治区质量技术监督局监督处处长孙磐同志、自治区工商行政管理局消保处处长潘景玉同志，分别做了重要讲话。

自治区酒业协会副秘书长张九如同志分别作了自治区酒业协会“2007年度工作报告”、“2008年度工作计划”和“2007年度财务报告”，并得到理事会一致通过。

自治区酒业协会顾问，专家组组长范仲仁同志作了专家组年会讲话，讲话对自治区酒业协会专家组方案作了补充，就专家组如何提高自治区酿酒行业的科技水平，促进酿酒行业健康、持续发展，针对专家组的任务，以及今后如何开展工作，提出了很好的意见和建议，对专家组成人员进行了调整，新增2004年以后取得各酒种的国家评委，补充相关酿酒行业的大专院校及科研单位的人员，对已不从事本专业的人员，适当调整后，新的专家组名单经研究讨论后已发文公布。

会议围绕节能、减排、降耗；狠抓产品质量，重视食品安全；关注企业社会责任，承担企业社会责任；积极应对经济下滑等热点问题进行了大会交流发言。发言的单位有：内蒙古河套酒业集团股份有限公司、包头骆驼酒业股份有限公司、包头市转龙酒业有限责任公司、内蒙古科尔沁王酒业有限责任公司、燕京啤酒(赤峰)有限责任公司。

另外，内蒙古金川保健啤酒高科技股份有限公司、华润雪花（呼伦贝尔）有限公司向大会提交了书面交流材料。

会议通过了内蒙古天骄蒙古酿酒厂、内蒙古大盛魁酒业有限责任公司、内蒙古八里罕酒业有限公司、内蒙古库布其酒业有限责任公司四个单位为新增会员单位，通过了内蒙古库布其酒业有限责任公司为新增理事单位。

会议还组织与会人员参观了内蒙古呼和浩特新奥淳原生态酒业有限责任公司。

会议建议：有关部门应制定白酒行业准入条件，提高白酒企业生产准入门槛，加强白酒生产许可证的管理，加大无证经营的查处力度等。酒业协会根据理事们的建议整理成议案，由自治区人大代表提交给人大会议。

2.组织召开全区白酒、啤酒、葡萄酒、奶酒、果酒产品质量检评会

2008年9月，按照酒类产品行业检评程序与办法，协会分别在呼和浩特市、巴彦淖尔市组织召开了2008年度全区白酒产品质量检评会与全区啤酒、葡萄酒、奶酒等产品质量检评会，参加白酒检评60人，啤酒、葡萄酒、奶酒、果酒检评30人，参加检评酒样共60个，其中白酒酒样40个，啤酒、葡萄酒、奶酒、果酒20个。今年行业检评的方式与往年有所不同，主要是通过品评汇总评委意见，由国家级评委对每个产品给予点评，肯定该产品优点的同时指出其不足，提出改进的参考意见，并印发给各参评企业。通过行业检评，促进了自治区酒行业的技术进步，提高了科学管理水平，使自治区酒行业稳定、健康发展。

3.组织自治区啤酒酿造和食品检验职业技能鉴定报名摸底工作

协会组织职业技能鉴定活动是全区酿酒行业科学技术进步发展的需要，也是培养和提高在职员工基本素质和技

能的需要，更是企业长远发展的需要。

4.奶酒市场前景看好

奶酒是自治区具有蒙古族特色的酒种，具有丰富的文化内涵和深厚的历史底蕴，营养价值高，市场前景好。为规范奶酒行业健康、有序发展，2008年11月15日“奶酒”国家标准审定会在呼和浩特市召开，与会专家经过认真评审、讨论，一致通过了以河套酒业集团为组长单位（其子公司内蒙古百吉纳奶酒有限责任公司为起草单位），中国食品发酵工业研究院共同负责起草、编制的“奶酒”国家标准，并上报国家标准委员会批准发布。

5.组织捐款

2008年5月12日四川汶川发生8.0级大地震，内蒙古酒业抗震救灾，吹响了集结号，从骨干企业到一些中小企业，从企业老总到普通员工，爱心在“集结”，真情在涌动，捐款、捐物，勇担社会责任，据不完全统计，全区酿酒企业捐款千万元以上。

6.做好食品安全宣传工作

受三鹿奶粉事件影响，百姓对食品安全产生不信任感，食品安全也因此成为百姓比较关注的敏感话题。2008年9月23日网上出现题为“酒类产品抽查出现致癌物质”的文章，酒业协会及时在《内蒙古酒业》简报上转摘文章进行辟谣，澄清事实，维护企业利益。

7.倡导“诚信”促企业发展

为贯彻落实科学发展观，促进企业稳定发展，积极倡导全区酿酒企业“以诚实守信为荣，以见利忘义为耻”为主题，组织开展“食品企业饯行道德承诺”活动，以实际行动讲道德，守诚信，制售安全放心产品，对社会负责，对广大消费者负责。

二、拓宽服务范围，充分发挥协会桥梁作用

1.加强信息统计工作，继续办好《内蒙古酒业》

《内蒙古酒业》是会员信息交流的平台，也是宣传自治区酒业、沟通政府与企业的工具和桥梁，2008年共出版四期，根据会员的要求，在内容和形式上不断改进、完善。目前，《内蒙古酒业》除报送自治区有关部门和会员单位外，还同中国酿酒工业协会、全国各兄弟省市协会进行广泛交流。自治区酿酒行业重点企业统计信息按季在《内蒙古酒业》上刊发。

2.加大与中国酿酒工业协会与兄弟省市协会的交流协作

积极参与全国性的会议与活动，既学习了同行们的先进经验，也增进了友谊与合作，开阔了思路与眼界。同时，也让外界了解了内蒙古酒业，为全区企业搭建了一个与区内外有关部门和企业交流协作的平台。

3.加强与自治区有关部门的联系，不断拓宽为行业、企业服务的范围

协会积极参加了自治区质量技术监督局名牌评审、自治区工商行政管理局著名商标评审、自治区消费者协会诚信单位评审等项工作，为自治区酒类行业的不断发展，起到积极的推动作用。

三、完善内部管理，充分发挥协会作用

协会在强化内部管理的同时，不断加强自身建设，内蒙古酒业网站运行正常，行业重要动态基本能够得到及时更新，在一定程度上起到了信息共享、服务行业的作用。

一年来，协会主动开展各项工作，为维护会员的合法权益及行业的改革、发展做了一些工作，取得了一些成绩，较好地完成了各项工作，显现了协会的活力，得到了政府有关部门和会员的好评。这些成绩的取得是广大会员单位共同努力的结果，是各级部门、领导，中国酿酒工业协会指导的结果，今后协会全体工作人员将继续努力，更好地完成2009年的各项工作。

辽宁

2008年辽宁啤酒行业综述

一、2008年全省啤酒生产完成的各项指标均创历史新高

1. 啤酒产量

根据18个企业提供的统计资料共完成啤酒产量2312179千升，比上年增加3622千升，增长0.16%，仍然排全国第五位。增幅虽然比全国平均水平略低，但是人均消费水平达到了54.24千升，高出全国人均水平的86.78%，排全国第三。18个企业中年产量超过20万千升的有三个，比上年又增加了一个，有六个企业年产量在10万千升以上，有六个企业年产量在5万千升以上，比上年增加了三个，还有两个企业啤酒产量在3万千升以上。全行业新增加了一个皇冠假日啤酒有限公司，该企业的啤酒全是高端产品，销往全国各地的夜卖市场。另外又减少了两个企业，大连星海和营口瑞雪。至此，全省十四个市地，只有营口市没有啤酒生产企业。

2. 产品销售收入

产品销售收入（净额）为431874万元，比上年增加56231万元，增加14.98%，大大高于产量的增幅，这说明啤酒的销售价格比上年增幅大大提高。2007年每千升酒平均售价为1623.57元；2008年每千升平均售价为1875.83元，每千升酒净增了252.26元。

3. 五项消耗指标完成情况

（1）啤酒总损失率 千升平均达到了3.58%，比上年同期下降了0.12个百分点，其中：总损最低的华润雪花啤酒（盘锦）有限公司仅为1.91%，最高的为阜新梅雪啤酒有限责任公司，为7.49%。全省“十一五”规划为3.5%，尚未达到。全年平均水平比上年降低数按全省平均产量计算，共节约啤酒液3763千升，按全省平均售价，共节约价值达到了700万元。

（2）啤酒耗粮指标（折11度计算） 全省平均千升酒耗粮为149.98千克，提前三年实现了“十一五”规划(规划为150千克/千升)。全省耗粮最低的是华润雪花啤酒（辽阳）有限公司，为144.02千克/千升，最高的是阜新梅雪啤酒有限公司，为164.58千克/千升。全年平均比2007年降低了0.99千克/千升，按全年产量计算共节约工业用粮2279吨，按全年平均粮食单价计算节约价值约为800万元。千升酒耗粮高低之间的差为20.56千克，比上年缩小了0.64千克。

（3）啤酒耗标煤指标 全省平均千升酒耗73.72千克，比上年降低了1.32千克/千升，按全年产量计算共节约标煤为3039吨，节约价值约为200万元，这项指标已提前四年达到了“十一五”规划目标。全省千升酒耗标煤最低的是华润雪花啤酒（鞍山）有限公司，为59.41千克，最高的是本溪中日龙山泉啤酒有限公司，为141千克，高低之差为81.59千克。这个差距还是很大的。

（4）啤酒耗电指标 全省平均千升酒耗电为71.36度，比上年降低了0.96度，按全省产量计算，全年共节约工业用电221万度，节约价值约为130万元。“十一五”规划为70度尚未完成。全省千升酒耗电最低的是阜新梅雪啤酒有限责任公司，为58.41度/千升，最高的是青岛啤酒（鞍山）有限公司，为98.26度/千升。这个差距也是比较大的，达到了39.85度/千升，相对数差近60%。

（5）啤酒耗水指标 全省平均达到5.16立方米/千升，已经提前四年完成了“十一五”规划5.5立方米/千升，比上年降低了0.03立方米/千升，全行业全年共节约工业用水7万立方米，节约价值虽然只有20万元左右，但节水的社会效益是非常大的。由于节约用水，企业污水的排放也大大降低了。全省水耗最低的是华润雪花啤酒（鞍山）有限公司，为3.76立方米/千升，最高的是青岛啤酒（鞍山）有限公司，为9.54立方米/千升，这个指标的差距非常大，每千升达到5.78立方米/千升，相差2.5倍。通过五项消耗指标完成的数据，可以看出辽宁省啤酒行业对国家号召和世界上经济发展要做好节能减排的要求还是合拍的，掌握的大方向也是正确的。

二、经济效益指标分析

1. 利税总额

根据十七个企业提供的统计资料，全省共实现利税总额为152577万元，已提前三年完成了“十一五”规划13亿利税总额的目标。比上年增加20446万元，增幅达到15.47%。这项指标的呈现也是全行业值得骄傲与自豪的事情。因为2008年对全行业的各项不利因素太多了，酒业能够克服重重困难，取得骄人的佳绩是非常不容易的，因此，这一点不得不令全国各省全行业同仁刮目相看。其中：增幅最高的是青岛啤酒（鞍山）有限公司转亏为盈，相对数增加达到了30倍。另外增幅超过30%的有：抚顺天湖啤酒有限公司，增幅为48.39%；哈尔滨啤酒（沈阳）有限公司增幅为45.77%；燕京啤酒（沈阳）有限公司增幅为44.51%；华润雪花啤酒（辽阳）有限公司增幅为39.31%；华润雪花啤酒（丹东）有限公司增幅为36.33%；哈尔滨啤酒（锦州）有限公司增幅为34.05%；华润雪花啤酒（盘锦）有限公司增幅为30.39%。其中华润雪花啤酒（辽宁）有限公司增幅为16.84%，哈尔滨啤酒两家合计增幅为36.89%，加上青啤、燕京这四大集团在辽宁的各个公司都取得非常好的效果，特别是华润雪花啤酒（辽宁）有限公司为全省做出的贡献最大。全省平均千升酒实现利税为659.88元，和全国总的平均数476.6元相比，每千升啤酒高出183.28元。

2. 利润总额

在十七个企业中有十四个企业盈利，总盈利额为67521万元，一个企业持平，阜新皇冠假日啤酒有限公司没报数，有两个单位亏损（占企业总数的11%），比上年减少三个亏损企业，总亏损额为4075万元，盈亏相抵后还盈利63466万元，比上年净增利润15119万元。2008年全国啤酒行业亏损企业数大大增多，而辽宁省反而减少，这都说明辽宁省的市场环境、市场秩序都好于全国水平。全省利润扭亏的企业有青岛啤酒（鞍山）有限公司、华润雪花啤酒（丹东）有限公司、燕京啤酒（沈阳）有限公司。利润增幅较大的企业有：华润雪花啤酒（盘锦）有限公司，增幅765.59%；抚顺天湖啤酒有限公司增幅为226.44%；华润雪花啤酒(辽阳)有限公司增幅为174.96%；哈尔滨啤酒（锦州）有限公司为170.94%。

利润之所以增加这么多，得益于如下几个方面：一是提高销售价格，使每千升酒净增销售收入252.28元，全省合计全年净增销售收入56251万元，由于原辅材料涨价等因素，使成本费用总额增加了40832万元，因此体现在利润上还是增长了15119万元，否则也会如其他省一样出现大额亏损。这足可以说明全省各公司的主要领导还是能够高瞻远瞩，随机应变，掌握大局，顺应潮流，及时调整各种因素，适应了局势的发展，做到了与时俱进的。这里除抚顺天湖啤酒有限公司自行调整价格外，华润雪花啤酒（辽宁）区域公司营销中心和哈尔滨啤酒辽宁销售公司两位总经理在协会的协调下，进行接触交流，共同进行调价，这对辽宁省啤酒销售价格的上调起到了极为良好的推动作用，因此辽宁省才有这个好的结果。二是调整产品结构，增加高、中档啤酒的比例，听装及500毫升以下啤酒的比例全省达到22.46%，比上年的20.43%增加了2.03个百分点；三是调整降低啤酒的浓度，据不完全统计，辽宁省啤酒平均总浓度比上年降低接近一度，生产成本有效降低。四是啤酒灌装总容量的减少，即所谓“瘦身”，该项措施取得的效果也是不可低估的。五是强化管理，提高管理水平，降低各种消耗，仅此一项全省增加经济效益约1800万元。其他还有降低财务支出、减少销售费用等诸多因素，才使得辽宁省啤酒工业的经济效益获得较大提高。

3. 千升酒利润

千升酒利润全省平均为279.87元，比上年的209.43元，净增70.44元，这个数字大大高于全国千升酒平均利润82.21元，每千升高出197.66元，每千升酒利润达到100元以上的企业有八个，比上年又增加了一个。他们分别是：华润雪花啤酒（大连）有限公司为580.89元；华润雪花啤酒(辽阳)有限公司为536.27元；华润雪花啤酒（沈阳）有限公司为506.46元；大连大雪企业集团啤酒有限公司398.13元；抚顺天湖啤酒有限公司322.29元；哈尔滨啤酒（锦州）有限公司192.33元；华润雪花啤酒（盘锦）有限公司为131.74元；华润雪花啤酒（鞍山）有限公司为126.54元。

还有两个企业亏损，基本都是政策和调整方面的亏损，全省没有经营性亏损企业。

2008年辽宁啤酒协会工作情况

一、召开了省啤酒协会六届四次常务理事（扩大）会议

会议于2008年10月24日在沈阳市召开，出席会议的除十四位常务理事外，省协会名誉会长那永卓同志也亲临会议进行指导，另外还有协会顾问于继远和占德胜二位同志。

会议主要是总结了2007年全省生产完成情况及对全省生产形势进行了分析。会议还通报了人事变动情况及技术顾问的调整等。会议同时还审议了协会的收支情况及通过了协会“三费”收取办法的改变。根据协会章程增补了华润雪花啤酒（葫芦岛）有限公司为常务理事单位。

二、参加全国酿酒工业协会啤酒分会的换届会议

在这次会议上，辽宁省啤酒专业协会继续当选为全国副理事长单位。另外省啤酒协会、华润雪花啤酒（辽宁）有限公司、本溪中日龙山泉啤酒有限公司、大连中粮麦芽有限公司当选为常务理事单位，还有大连大雪啤酒股份有限公司、抚顺天湖啤酒有限公司、原松林啤酒集团有限公司、哈尔滨啤酒（锦州）有限公司、北方绿色食品有限公司墨尼啤酒分公司等五个单位当选为理事单位。

此次会议上全国共有177个单位当选理事单位，其中：87个单位当选为常务理事单位。会议上选出分会理事长仍为肖德润同志，杜绿君同志当选为常务副理事长，何勇同志当选为秘书长，还有20个单位当选为副理事长单位，其中有山东、浙江、广东和辽宁省四个省份的啤酒协会为副理事长。

三、协调价格保证辽宁省啤酒工业健康发展

协会年初在抚顺天湖啤酒自行调整啤酒出厂价格的基础上，除发通报表彰“这个头带得好”外，在六月份面对原辅材料、能源、交通等大幅度涨价的情况下，面临全战线经济效益大幅下滑的状况，有的公司向协会提出要求全省统一涨价，但受年初全国方便面协会组织调价受到全国通报批评的教训，协会不能公开纵容这种做法，对下滑的经济形势又无能为力，最后协会只能建议华润雪花啤酒辽宁区域公司销售中心和哈尔滨啤酒辽宁销售公司的两位领导人，坐在一起共同研究调价。两位总经理都能从大局出发，商讨出共识，在相互交叉的地区共同调价，互不影响，在此大局推动下，省内各个啤酒公司也分别相继效仿，这种做法不仅遏制住了效益下滑的局面，甚至还取得了意想不到的佳绩。

协会还做了其他一些工作，这些工作包括：

（1）到省内各啤酒公司有针对性地进行一些调研工作。

（2）对省内的有些省级相关机关进行必要的沟通，满足他们对行业的一些有关要求。

（3）定期发出啤酒信息和按月按季统计数据，及时做好发布工作。

2009年辽宁啤酒行业综述

一、2009年全省啤酒生产完成的各项经济技术指标均创历史新高

啤酒产量，根据十七个企业提供的统计资料，共完成2322015千升，增加了22069千升，增长了0.96%，增幅虽然低于全国平均的增长水平，但是年人均消费水平却达到了55公升，仍然高出全国人均年消费水平的82%。十七个生产企业中：年产超过20万千升的有三个；有四个企业年产超过10万千升；有七个企业年产超过5万千升，还有三个企业年产量在3万千升以上。全省十四个地市中，只有营口市没有啤酒生产企业。

产品销售收入（净额）445281万元，比上年的431874万元增加了13407万元，增长3.1%，大于产量增长幅度。说明了辽宁啤酒的销售价格比上年还略有提高。2008年每千升酒平均售价为1875.83元，2009年每千升酒售价为1916.91元，每千升净增41.00元。

二、五项消耗指标完成情况

啤酒总损失率：全省平均3.01%,比上年同期3.58%降低0.57个百分点。按全年啤酒总产量计算，节约啤酒液13241千升。按全省平均售价计算，共节约价值2530万元，酒损最低的为大连大雪企业集团，为1.55%，最高的为阜新梅雪啤酒有限公司，为6.51%。全省“十一五”规划为3.5%，已提前一年完成了规划。

啤酒耗粮指标：全省平均千升酒耗粮为147.59千克，比上年的149.98千克降低2.3千克，按全年总产量计算，共节约工业用粮5552吨，按全年平均粮价计算，共节约价值为1332万元。其中：耗粮最低的仍为华润雪花啤酒（辽阳）有限公司143.16千克/千升，最高的为阜新梅雪啤酒有限公司为156.21千克/千升，全省“十一五”规划为150千克/千升，已经提前三年完成了规划。

啤酒耗标煤指标：全省千升酒耗标煤平均达到66.69千克，比上年同期73.72千克降低7.03千克。按全年啤酒总产量计算，共节约工业用煤16330吨，节约价值约为800万元。全省耗标煤最低的为华润雪花啤酒（沈阳）有限公司为48.57千克/千升，最高的为青岛啤酒（鞍山）有限公司为92.38千克/千升，“十一五”规划为80千克/千升，已提前三年完成了规划。

啤酒耗电指标：全省平均耗电为68.53度/千升，比上年同期的69.56度/千升降低了1.03度/千升。按全年全省啤酒总产量计算，全省共节约239万度，全年共节约价值约为120万元，已提前一年完成了“十一五”规划70度/千升的目标。全省耗电最低的为抚顺天湖啤酒有限责任公司，为52.39度/千升；最高的为青岛啤酒（鞍山）有限公司，为92.78度/千升。

啤酒耗水指标：全省平均千升酒耗水为4.83立方米，比上年的5.16立方米降低0.33立方米。按全年啤酒总产量计算，全省共节约工业用水77万立方米，节约价值为80万元，节水的社会效益非常大。并且污水的排放也大大降低了。全省“十一五”规划千升酒耗水为5.5立方米，已提前完成了规划目标。全省水耗最低的是华润雪花啤酒（鞍山）有限公司，为3.75立方米，最高的是青岛啤酒（鞍山）有限公司，为7.51立方米。高低之间相差了一倍多，但比上年还是大有好转。2009年和2008年两者之比相差2.5倍，这说明辽宁省企业的节水意识还是很强的，进步是很大的。

通过五项消耗指标可以看出，辽宁省啤酒行业对国家号召做好节能减排还是紧跟的，协会已完全掌握了这个正确的方向，今后国家对循环经济这方面的要求是越来越严格了，希望各个企业抓住这个大方向。

三、经济效益指标分析

1.利税总额

根据17个生产企业提供的统计数据，共实现利税总额为154663万元，比上年增加了2026万元，已提前三年完成了“十一五”规划13亿的目标。全年增幅为1.37%，略高于产量的增幅，利税增幅在10%以上的企业有本溪中日龙山泉啤酒有限公司，为33.10%，阜新梅雪啤酒有限责任公司，为24.39%，另外超过10%的还有大连大雪企业集团啤酒有限

公司、华润雪花啤酒（鞍山）有限公司、北方绿色食品清河墨尼啤酒分公司和哈尔滨啤酒(锦州)有限公司。这其中华润雪花啤酒（辽宁）有限公司做的贡献很大，他们全公司增长了4.75%。

全省平均千升酒利税为665.81万元，比2008年的659.88元每千升增加了75.93元，和全国总的平均数相比每千升酒都有所提高。

2.利润总额

在17个企业统计报表中，有13个企业盈利或持平，总盈利额为71862万元，有四个企业亏损（占企业总数的23.53%），总亏损额为8392万元，盈亏相抵后还盈利63470万元。略高于上年数。其中增幅较大的企业为阜新梅雪啤酒有限责任公司、华润雪花啤酒（朝阳）有限公司、本溪中日龙山泉啤酒有限公司。

3.千升酒利润

全省千升酒利润平均为273.23元，和上年基本持平。每千升酒超过100元的企业达到了9个，比上年还增加了1个。他们分别是华润雪花啤酒（大连）有限公司为529.31元，华润雪花啤酒（沈阳）有限公司为500.54元，大连大雪企业集团啤酒有限公司为456.44元，辽宁天湖啤酒有限责任公司为394.71元，华润雪花啤酒（辽阳）有限公司为337.56元，哈尔滨啤酒(锦州)有限公司为246.84元，华润雪花啤酒（鞍山）有限公司为168.46元，本溪中日龙山泉啤酒有限公司为131元，华润雪花啤酒（盘锦）有限公司为124.82元。

另外有四个企业亏损，他们是沈阳燕京啤酒有限公司亏损3647万元，华润雪花啤酒（葫芦岛）有限公司亏损3288万元，哈尔滨啤酒（沈阳）有限公司亏损1265万元和华润雪花啤酒(丹东) 有限公司亏损192万元。

2009年辽宁啤酒协会工作情况

召开了省六届五次常务理事（扩大）会议，会议于2009年5月20在沈阳市召开。十八位常务理事出席了十六位，请假两位，人数超过半数，通过的各项议程均有效。出席会议的还有协会顾问肖庆森、于纪远、于忠春和占德胜四位同志。

会议首先由协会会长庄守义同志对2008年全省生产形势及发展趋势进行综合分析。各位常务理事对全省啤酒工业取得的骄人成绩，尤其最突出的是经济效益的良好成果，感到欢欣鼓舞，对辽宁省啤酒工业虽然不能做大，但要争取做成最强，充满了信心。

会议增选了辽宁天湖啤酒有限责任公司董事长陈新同志为协会副会长，同意增选范洪增同志为协会副秘书长。

会议还通报了2008年协会财务收支情况，同意继续保持协会2008年通过的“三费”收取办法。

会议开的时间虽短，但开得愉快而热烈，大家对协会今后的工作提出了许多良好建议，尤其是要求聘请省直机关有关的退休领导担任协会的顾问，以有利于协会的工作和行业发展的建议获得一致同意。

会议在华润雪花啤酒（辽宁）有限公司的大力支持下圆满完成了各项议程，全体参会者均表示由衷的感谢！

根据常务理事会的要求，协会会长庄守义与质量技术监督局已退休的局长周孝成进行了亲切的接触与交流。关于聘请周局长为协会顾问一事，周局长表示有什么事他都可以协助沟通与办理，至于担当顾问一事因其刚刚离职就没有必要了。这样也就达到了常务理事会的要求与愿望。

参加省环保局对啤酒行业的清洁生产完成情况的审核工作，于2009年11月20日在本溪中日龙山泉啤酒有限公司，和12月6日在华润雪花啤酒（朝阳）有限公司，对两个公司的清洁生产完成情况进行了审查检评。

为了不断提高我省啤酒产品质量，于2009年9月8～10日在沈阳召开了质量品评和技术研讨会，参加会议的有有关单位负责技术质量管理的领导、省啤酒协会技术顾问，还有我省国家啤酒评委，共18个单位30人，其中，啤酒企业16家。

会议邀请中国酿酒工业协会啤酒分会杜绿君副会长做了关于啤酒行业生产使用添加剂和助剂有关事项的专题

报告，还有甘肃白银赛诺生物科技有限公司、杭州科白特过滤器材有限公司向到会者介绍了他们各自生产的产品性能，受到了与会人员的一致好评。

这次会议除锦州方面有事请假外，其余16个生产企业全部到会，共带参评样品酒23个，按照中国酿酒工业协会制定的啤酒感官评定标准，逐个对酒进行了暗评并写出评语。经过四个小组的统一意见后，对每个啤酒的产品质量上的优缺点和全省产品质量存在的共性问题，进行了技术研究。肯定成绩，分析缺陷产生的原因，研究相应的技术措施，以使产品质量进一步提高，同时还相互交流了新产品开发和技术管理方面的经验。

全省啤酒产品质量经过这次品评，质量稳定提高，23个产品外观基本都是淡黄色，清亮透明，泡沫洁白细腻，持久挂杯。品评的23个产品中有涩味的13个，老化味12个，略有后苦味11个，酒色香不明显有10个。与会者一直认为，保持啤酒风味协调稳定是抓好质量管理工作的重点，协会对每个产品品评结果整理后返回各自单位，作为提高本公司产品质量的参考。最后会议提出如下要求：

要如实向本公司领导汇报本公司产品质量评比情况，并组织有关人员认真研究制定相应的改进措施，限期加以整改。

各公司要对产品质量引起高度重视，尤其在产量和质量发生矛盾时要以质量为主，切勿急功近利。

各公司工程技术人员要加强联系，相互学习、沟通、交流情况，建立良好的氛围，使全省啤酒行业更加和谐友好。

尽量不用或少用食品添加剂，生产出“绿色食品”，使啤酒回归自然。

啤酒低度化和小瓶化也要有节制，啤酒麦汁浓度最好不要再往低度化发展，包装瓶容量以500毫升为最终目标为宜。

会议期间参观了沈阳燕京啤酒有限公司，这次会议在各公司领导，尤其沈阳燕京啤酒有限公司的大力支持下，圆满地完成了各项议程，为此，全体与会人员对他们表示衷心感谢！

到省内各啤酒公司有针对性地进行一些调研工作。

对企业出现的一些问题，尤其是和省相关部门的一些看法有矛盾时，进行沟通与协调。如食品添加剂和助剂的使用，省技术监督局和啤酒协会的看法有不同之处，啤酒协会及时与他们进行交流以取得他们的同意。

定期发出《啤酒信息》，和按月按季发布全省生产完成情况，进行综合分析，并及时发给各个企业以及相关部门和有来往的省、直辖市、自治区及上级协会和相关的新闻媒体单位等。

2009年辽宁白酒行业综述

2009年是新中国成立60周年，也是辽宁省“十一五”规划关键的一年。面对国际金融危机和多变的市场因数带来的不利影响，辽宁省白酒行业全体同仁审时度势，积极应对，科学决策，破解难题，不断探索和尝试新形势下适应行业发展的思路和方式，有效促进了行业的持续稳定发展。

一、全省行业状况

首先在产品的产销能力上，近几年来辽宁省规模以上企业白酒年产量基本稳定在20万千升左右，基本保持了全国行业十名上下的位置；在企业数量及规模上，据调查统计，目前全省白酒生产企业有近千余家，已获生产许可证近500家，其中较大的重点骨干企业约占1/10。另外，在行业运行状态上，整体呈现持续稳定发展态势。辽宁省白酒行业状况虽不断趋好，但应该看到整体竞争力不强、缺乏龙头企业、小酒厂众多等问题仍是当前有碍行业发展的瓶颈。

1.行业优势方面

（1）具有体制优势 白酒业作为辽宁省的传统产业，自改革开放以来，通过联营、改组、收购、兼并等整合方式，构建了多种形式的组织机构。其中最具代表性的股份制和民营企业因其体制优势，为企业长远发展注入了生机和活力，已成为加快行业发展的主要经营模式。

（2）有较好的产业基础 一是有天然资源优势。这主要是辽宁有天然的玉米、高粱等优质粮食资源。二是有传统企业优势。辽宁省具有分布相对均匀及一定规模和实力的重点骨干企业。这些企业无论是品牌影响力还是历史文化以及生产工艺特点都独具特色，代表了辽宁省行业主流特点和形象。三是人才优势。在人才方面，辽宁省有包括行业专家、国家和省级评委及近年来培养的一大批国家注册品酒师、酿酒师、检验师在内的实力较强的专业技术队伍。为行业持续发展创造了有利条件。

（3）产业生产结构逐步优化 按国家产业政策要求，辽宁省高度饮料酒生产比例继续下降，低度酒比例呈上升趋势。白酒以突出本地主题特色，符合中国大众化、精品化、时尚化发展趋势的降度酒、低度酒为主流产品，满足了广大消费者注重健康的新需求。在产量增幅不大的情况下，通过结构调整，盈利水平有所改善。

（4）重视科技进步和产品创新 随着市场意识的增强，各企业逐步加大了科技投入及新技术新设备的推广应用力度，使产品结构逐步优化、质量管理及安全性、可靠性有了保证。目前企业已从过去粗放的产品生产组织，向服务人性化、市场化，产品系列化、精品化、生态化转变。

（5）企业品牌意识逐渐增强 近年来各级政府相关部门、行业协会及企业加大了对自主品牌的支持和培植力度。打造了一批包括省内的“辽宁名牌”、“辽宁省行业名、优酒”及国内的“中国驰名商标”、“中华老字号”、“中国地理标志保护产品”、“中国文化名酒”等著名品牌。这类骨干企业的知名品牌，对做强做大辽宁省白酒行业起到了积极的推动作用。

（6）产品流通渠道活络 产品销售是辽宁省白酒行业发展的关键环节，决定了行业的市场前景和发展方向。当前流通渠道呈现多元发展态势，主要表现在新旧渠道共存，新的模式不断涌现，酒类流通业态活跃。另外从全省消费市场看，呈现以地产酒为主、外埠酒为辅的相互交融格局，说明消费者对地产酒非常认可；从销售市场看，由于辽宁省是酒类产销大省，企业在满足省内消费的同时，在全国部分地区也有延伸空间；从价格上看，白酒价格30元以下的低档酒占50%，多为日常消费；30元至100元白酒消费占30%，多为中档以下酒店消费；100元以上白酒多为商务或较高档次社交场合消费，形成了较为合理的产品市场分布及档次格局和价格体系。随着辽宁省经济持续健康发展和市场消费水平的提高，进一步拉动了白酒产品的市场需求和消费结构的优化升级。

（7）酒类市场秩序逐步规范 一是随着国家加大对食品行业的关注力度，与之适应的“酒法”也必然尽快得以确立和完善；另外，振兴东北老工业基地的政策措施和国家实施的《食品安全法》，以及省政府下发的一系列相关法令法规和各地相继成立了酒类流通管理部门，都为加快依法治酒进程，提高企业自律意识，促进行业健康发展提供了广阔空间。

2. 行业存在的问题

（1）酒类生产仍处于自发状态，缺乏产业政策扶持 一是生产企业实力不强，品牌知名度不高。行业白酒生产总量较大（位居全国前十以内），但经营规模小，管理粗放，缺乏龙头企业和质量过硬的中高档产品，在全国没有叫得响的品牌；多数企业的产品是销在当地或本省，省外销量不大。以及创新能力不强、酒文化挖掘不深、品牌推广力度不够等，都是拉大与发达省份间差距的原因。二是白酒被列为产业限制性行业。因此在政策、税收、资金等方面受到一定程度的制约。

（2）生产流通主体弱化，行业无序竞争激烈 一是经营主体小弱散，市场秩序尚不规范。在辽宁省白酒生产企业中绝大多数是规模以下小酒厂，而且相当数量无生产许可证。无证生产经营及“小、散、乱、差”等问题比较突出。低质量、低价格扰乱了正常经营秩序，甚至因制假及仿冒损害了知名品牌声誉和消费者利益。二是税收不公平。由于行业准入及监管门槛较低，辽宁省规模以下企业较之规模企业在数量上占有多数比例，但税收却相反。这不仅导致了行业税收流失，也一定程度上造成了企业竞争的不公平。三是市场准入机制尚不完善。由于缺乏有针对性的法律依据，市场准入机制难以完善，给行业管理带来很大的难度，致使一些无质量标准、无检测手段、无技术能力的“三无”小酒企产品大量涌向市场，劣质产品充斥市场现象较普遍。四是低价竞销严重，行业竞争激烈。由于产大于销，致使酒店、商场、超市等终端渠道向生产企业提出如进店费等苛刻要求。由此提高了产品成本，损害了消费者利益，甚至出现地方保护主义等倾向。

（3）行业立法滞后，市场监管难度加大 白酒生产流通领域出现的消极现象，关键是缺乏国家出台的有针对性的法律法规，这给行业监管带来一定难度。虽然省内曾出台了《酒类流通管理办法》等地方性法规，但实践证明作为地区性的规章条例有一定的局限性。因此要实现行业长期有效治理和促进企业健康发展，唯有国家出台专门法规，只有如此才能为守法经营企业提供政策扶持，才能为依法行政提供法律依据。

二、促进行业发展的措施

面对辽宁省行业发展的利弊状况，结合自身实际，研究和提出今后发展的基本思路和建议，既是行业也是政府管理部门的当务之急。今后工作的指导思想应以科学发展观为统领，以国家相关法律法规和产业政策为指导，坚持新型工业化发展方向，促进产业结构调整升级，不断优化产业规模，培育骨干企业，加快行业各类人才队伍建设，推动科技进步，实施精品名牌战略；同时要进一步整合产销资源，全面提高产销监管水平，规范经营秩序，健全流通渠道，改善市场环境，推动辽宁省行业又好又快发展。

具体就是要做好以下几方面工作：①应加大白酒业发展的扶持力度，这就要求各级政府及有关部门在行业结构调整、技术改造、产品研发、市场开拓、企业融资及质量安全等方面给予更多的扶持政策。②提升行业整体发展水平。一是加快调整和优化行业产业结构。按国家要求，白酒发展要以市场为导向，以满足市场需求和节约资源为目标。贯彻“优质、低度、多品种、低消耗、不污染、高效益”原则，稳步提高白酒行业整体发展水平。以实现资源集中化、资本积聚化、生产集约化、企业集群化的发展目标。二是加快培育本省知名品牌。应由相关部门牵头，以行业协会和企业为主体，建立长效展示机制及平台，从历史、文化、品牌、产品等方面，宣传和推介具有辽宁省地域特点的各类产品，实现集团作战，共同开拓内外市场。特别是在酒文化和传统老字号的挖掘整理及产品的传播方式和装潢策划上都应有所突破。三是大力推进行业科技进步和人才培养。按国家产业政策，应把工作重点放在提高生产工艺、资源利用率、产品质量和龙头企业发展上。因此企业要以人才培养和科技创新为动力，提高企业研发能力，针对不同市场开发各种富有内涵的适宜产品，去科学地满足和引导大众消费。③提高白酒产销监管水平。一是要加强行业立法。根据国家《食品安全法》等法律法规，业界应继续积极向国家有关部门传递行业信息，反映实际情况，以加快国家产业管理法律尽快制定和出台，使行业全面纳入法制化、规范化轨道。二是强化行业准入制度。政府要逐步建立起包括生产和流通领域的依法索证、索票制度，提高其准入门槛，坚决查处无证经营行为。三是强化产品的检测和检验制度。相关部门应逐步建立酒类检测和检验系统，定期和不定期在市场上抽检并向社会公布。逐步建立健全企业信用档案管理制度，以促进企业自律并保证产品安全放心，实现产销经营秩序的规范化。四是强化税费管理和征缴。各级政府应扶持有实力、信誉好的企业，堵塞产销环节盲区，杜绝税费流失。建立行业产销企业诚信纳税制度，实现税赋的透明和公平。同时企业也应主动配合政府尽到应尽的社会责任和义务。

相信在各界的共同努力下，经过通力协作和不懈的艰苦务实工作，辽宁省白酒行业将会越来越好。

2009年辽宁白酒协会工作情况

一年来，辽宁白酒协会紧密结合行业工作实际，坚持科学发展观，强化服务意识，拓展服务功能，使中央精神及行业政策得到了有效落实。实践中，协会除努力完成行业调研、协调、管理、规划及信息传递等日常和临时性工作外，还根据国家和行业要求积极组织开展各项行业活动，均取得了很好的效果，主要工作包括以下内容：

一、以通讯会议形式召开理事会

根据中央和省政府关于缩减会议的有关精神及企业建议，近年来协会在没有特殊情况下，年会均采用了通信会议的形式。同往年一样，年初协会按惯例分别向各会员单位传递了包括国家和行业的最新政策信息、行业年度工作报告、行业年度主要经济技术指标统计报表、行业相关资讯等资料。同时，通过电话、网上及走访调研等形式与企业就行业热点、难点问题进行沟通和交流，达到了预期目的。由于会议主题明确、内容丰富、形式务实，受到会员企业的普遍欢迎。

二、开展白酒检验员职业资格鉴定工作

五月份，根据国家人力资源和社会保障部、国家质检总局关于从业人员持证上岗及加强食品安全工作的相关规定，并结合行业生产许可证审发与企业质检员职业资质挂钩的要求，协会举办了这次全省白酒行业初、中、高级工检验人员国家职业资格鉴定活动。

本次活动是在国家职能部门指导和参与下，由协会具体组织实施的，因此具有权威性和有效性。活动期间，国家及辽宁省有关专家用理论联系实际，全面系统地对学员进行了授课和鉴定考核。最终有近五十余人获得了有国家职能部门颁发的国家注册职业资格证书。本次活动不仅为企业检验人员提供了职业技能水平资格凭证及从业的合法依据，也为加强人才培养、规范企业发展创造了条件。

三、开展白酒行业品酒师职业资格鉴定活动

八月份，根据国家人力资源和社会保障部及轻工行业职业鉴定中心关于白酒行业品酒师岗位已列入国家特有职业系列，应组织开展岗位职业技能鉴定工作的要求，并结合辽宁省行业实际，举办了此次活动。

为期四天的活动，受到了企业的普遍欢迎，共有近六十位学员参加了培训工作。从参与单位的积极性和广泛性上看，大家对该项工作非常重视和期待。活动期间，专家尽职尽责，学员认真请教，教学气氛融洽。在大家的共同努力下，活动取得了圆满成功。

大家感到本次活动不仅强化了从业制度管理，加快了人才队伍建设，也体现了从业者的自身价值，调动了人的积极性，无论对国家、企业和个人都具有积极意义。

四、组织辽宁省企业参加东三省行业联席会

8月底，协会组织重点企业参加了在黑龙江省举办的东三省白酒行业联席会议。本次会议主题是围绕高端白酒进行的，内容包括高端白酒生产、包装、定价、销售、文化等方面。会上，三省协会、专家、企业家首先介绍了各自的情况，随后大家针对会议主题展开了深入的交流和研讨，在许多方面取得共识。会议期间，大家还对三省最佳性价比高端产品进行了鉴评，并参观了相关企业。

纵观本次活动，有如下收获：首先是议题现实、内容充实，与会者从不同角度不同层面的论述及交流使大家受益匪浅；其次是通过沟通使大家获得了很多有价值的行业资讯；三是对加强和促进三省行业间共同发展具有正面影响。

五、举办辽宁省白酒行业2009年产品鉴评活动

一年一度的辽宁省白酒行业产品鉴评活动于12月1日在沈阳结束。来自全省行业的专家、各级评委、部分企业及协会约50余人参加了本次活动。

此次活动的主要任务有两个：一是对2007年（届）已获奖产品例行年检，同时对新参评产品进行鉴评；二是将活动作为大家学习交流的平台，来锻炼和提高评委的整体能力和水平。

在产品方面，通过鉴评看到，复检产品整体状况稳定，一些产品在原基础上还有程度不同的提高。这主要体现在酒的内在品质、装潢等方面。尤其是在除杂工艺、味感的协调性、食品添加剂的合理使用，以及在对产品装潢的认知和表达上都有新的进步和突破。另外少量新参评产品也都有各自特点和水准，综合评价也普遍较好。

在交流学习方面，大家通过本次行业各类产品的大展示，不仅集中品尝了不同香型、酒度产品的风格和特点，感受到了企业间产品的优缺点及所处位置，同时也在品评技能、产品鉴赏及科技创新等方面得到了锻炼和启发。

总之，通过年度产品鉴评活动，可以看到辽宁省白酒产品无论是品质、品牌，还是包装装潢都有了长足的进步，说明辽宁省业界在产品的继承和创新方面又上了一个新台阶。

吉林

2008年吉林酒业综述

2008年，在吉林省政府食品工业办公室的正确领导下，在中国酿酒工业协会、省民间事务管理局等相关部门的指导协助下，在会员单位的支持帮助下，吉林省酿酒工业取得了快速发展的好成绩。简要总结如下：

一、2008年全省酿酒工业主要指标完成情况

2008年全省规模以上酿酒生产企业116户，同比增长6%；完成产值109亿元，同比增长42.1%；完成工业增加值46亿元，同比增长41%；实现销售收入115亿元，同比增长45%；实现利税总额11.5亿元，同比增长42%。主要产品产量分别为：酒精136.49万千升，同比增长10.8%；啤酒116万千升，同比增长1.1%；白酒16.8万千升，同比持平；葡萄酒11万千升，同比增长90.9%。

二、2008年全省酿酒工业经济运行特点

1.产量稳步增长

酒精产量同比增长10.8%，仍稳居全国首位；啤酒产量同比增长1.1%，是全省历史最好水平；白酒产量同比持平；葡萄酒产量同比增长90.9%，是历史最好水平，全国排第四位。

2.效益历史最好

2008年全省酿酒工业盈亏相抵后实现利润1.32亿元，是吉林省酿酒行业历史最好水平。其中，酒精实现利润0.82亿元；白酒实现利润0.47亿元；葡萄酒由亏损到盈利0.69亿元，这说明全省酿酒行业总体经济水平有所提高。

3.税收明显提高

2008年全省酿酒企业实现利税11.5亿元，同比增长42%，占全省食品工业的9.8%。其中，白酒实现利税1.67亿元，同比增长9%；啤酒实现利税2.66亿元，同比增长12.5%；葡萄酒实现利税1.3亿元，同比增长99%；酒精实现利税4.95亿元，同比增长31.1%。

4.市场容量增大

2008年全省酿酒工业实现销售收入同比增长45%，其中，酒精实现销售收入70.9亿元，同比增长75.8%，占全省酿酒工业的62.2%；啤酒实现销售收入18.8亿元，同比增长14.4%；白酒实现销售收入23.3亿元，同比增长29.3%；葡萄酒实现销售12.3亿元，同比增长116.1%。由此可见，酿酒工业发展形势越来越好，产销两旺。

5.重点企业拉动明显

2008年全省酿酒工业10户重点企业完成工业总产值47.6亿元，占全省酿酒工业完成总产值的59.4%；实现销售收入43.89亿元，占全省酿酒工业实现销售收入的62%；实现利税6.85亿元，占全省酿酒工业实现利税的66.9%。大企业发展较快，核心竞争力越来越强，行业拉动力明显可见。

吉林省酿酒行业在发展中虽然取得了一定的成绩，发展势头看好，但在全国排的位次，同发展较快的省市比还有很大差距，还存在着不容忽视的深层次问题，须在今后的工作中逐步地加以解决：

1.经济效益不容乐观

2008年全省规模以上酿酒工业盈亏相抵后虽然盈利1.32亿元，但从投入产出比例上看还没有摆脱困难境地，实现利润总额在全国同行业还是排在后面。从行业内来看，几个酒种的发展情况参差不齐，酒精、白酒、葡萄酒盈利，但是酒精行业盈利水平有所下降，葡萄酒行业利润增幅较大。啤酒还处于亏损状态，拉了全行业后腿。这说明吉林省酿酒行业整体的经济效益并不乐观，在市场的大潮中抗击风险能力还不够强，是吉林省酿酒行业在今后的工作中要解决的头等大事。

2.产品结构亟待优化

吉林省酿酒企业在近几年来，研制、开发、生产了一批具有较强市场竞争力的中高档产品，但在国内外叫得响的，能出口或打到外省销售的名牌产品还不够多，还是以地销为主，中低档大众产品为主，产品的技术含量、产品质量还有待进一步地提高。因此协会要加大对名牌产品的培育和新产品的研发力度，满足市场的需求。

3.酿酒行业缺少大型的领军企业

几年来，吉林省酿酒行业企业虽然通过改组、改制、整合，取得了一定的成绩，企业规模在逐步扩大，但到目前，我省白酒、葡萄酒企业，还没有一户能称得上是大规模，还没有一户企业产品的销售收入超过亿元。因此，扶持吉林省重点企业做大做强是协会今后工作的重中之重。

2008年吉林酒业协会工作情况

因为吉林省酿酒协会办公室设在省政府食品办，工作人员都是公务员，2008年吉林省政府机关机构改革，人员动荡不定，这些情况在一定程度上影响了协会工作的开展，2008年组织的活动很少。下面就2008年协会活动简要总结一下：

一、培育白酒知名品牌方面

根据驰名商标、著名商标管理办法规定，审查推荐洮儿河酒业公司的洮儿河牌、榆树大曲集团公司的榆树牌申办了驰名商标。审查推荐酿酒生产企业著名商标16个。

二、开拓国内外白酒市场方面

协会组织3户白酒、2户啤酒、2户葡萄酒企业参加了在土耳其召开的2008年第三届伊拉克重建展览会，并顺访了阿联酋、埃及、塞普路斯，参会企业人员考察了酒类产品市场，交了朋友，开扩了眼界，收获很大。协会组织了海峡两岸酒类产品经贸对接会，其中有企业参加了对接活动，通过对接长白山、洮儿河等5户企业和外企达成了合作协议。

三、帮助企业招商引资方面

五谷宝公司要做大吉林大高粱白酒，苦于经济实力不够，协会帮助撮合了实力雄厚的吉粱集团与其合作，现已经合作成功，正在共谋打造吉林大高粱品牌发展大计。

四、帮助企业搞好专家咨询活动

根据企业的要求，协会帮12户白酒生产企业邀请了国家发酵所的专家和国家白酒专家，组织召开了高粱酒工艺路线研讨会，参会企业收获很大。

2009年吉林酒业综述

2009年已经过去，在过去的一年中，协会和行业的全体员工，在主管部门的正确领导下，积极努力，战胜困难，取得了可喜的好成绩。下面，对行业情况、协会主要工作和2010年工作计划做一下简单总结。

一、2009年全省酿酒行业运行概况

过去的一年，吉林省酿酒行业发展仍然保持稳步增长的好形势。全省酿酒行业规模以上企业132户，同比增长

13.79%；从业人员25672人，同比增长8.9%；完成工业总产值184.98亿元，同比增长36.25%；实现销售收入173.21亿元，同比增长37.04。

2009年白酒完成产量34.48万千升，同比增长70.9%；啤酒完成产量125.82万千升，同比增长8.4%；酒精完成146.44万千升，同比增长增长7.5%；葡萄酒完成22.09万千升，同比增长73.7%；黄酒完成0.17万千升，同比增长36.2%。

总体来看，行业各项经济指标均有不同程度的增长，白酒、葡萄酒增幅较大，行业发展形势喜人。

二、2009年各酒种运行情况

1.白酒行业

2009年全省规模以上生产企业83户，同比增长31.7%；完成产量34.5万千升，同比增长70.9%，在全国白酒行业排名第六位；实现销售收入32.9亿元，同比增长40.8%；实现利税总额3.3亿元，同比增长98.6%；实现利润总额1.5亿元，同比增长113.4%。

2.啤酒行业

2009年全省规模以上生产企业14户，同比增长7.7%；完成产量125.2万千升，同比增长8.4%；实现销售收入23.8亿元，同比增长26%；实现利税总额3.8亿元，同比增长41%；实现利润总额-0.28亿元，同比减亏70.9%。

3.酒精行业

2009年全省规模以上生产企业14户，同比减少17.6%；完成产量146.4万千升，同比增长7.5%；实现销售收入101.4亿元，同比增长43%；实现利税总额6.7亿元，同比增长35.2%；实现利润总额-1.35亿元，同比下降262.9%。

4.葡萄酒行业

2009年全省规模以上生产企业21户，同比减少4.5%；完成产量22.1万千升，同比增长73.7%；实现销售收入15.2亿元，同比增长23.3%；实现利税总额1.4亿元，同比增长6.2%；实现利润总额0.65亿元，同比下降0.63%。

三、2009年全省酿酒行业运行特点

1.产量增幅较大

2009年全省规模以上酿酒生产企业生产饮料酒总量328.2万千升，同比增长37.1%。四个酒种都有不同程度的增长，其中增幅较大的有：葡萄酒产量同比增长73.7%，在全国同行业仍排第四位；白酒产量同比增长70.9%，在全国同行业排第六位；两个行业的增幅拉动全省酿酒行业总量8.5个百分点；酒精产量全国同行业排名仍居首位，但增速同比明显下降。

2.利税明显提高

2009年全省规模以上酿酒生产企业实现利税总额15.15亿元，同比增长41.8%。四个酒种都有不同程度的增长，其中增幅较大的有白酒同比增长98.6%；啤酒同比增长41%；酒精同比增长35.2%。

3.利润总额有所下降

2009年全省规模以上酿酒企业实现利润总额0.49亿元，同比下降64%。四个行业中增长的有：白酒实现利润总额1.5亿元，同比增长113.4%；酒精亏损1.35亿元，同比下降262.9%；啤酒亏顺0.28亿元，同比下降70.9%；葡萄酒实现利润总额0.65亿元，同比下降6.3%。

4.重点企业拉动明显

2009年全省规模以上4个行业产量前十名重点企业占全省规模以上酿酒企业户数的30.3%；40户企业生产饮料酒约300万千升，占全省饮料酒总量的91%，其中白酒生产的10户重点企业合计完成产量17.1万千升，同比增长89%，约占全省白酒总产量的50%。由此可见，大企业发展较快，是行业发展的主力军。

5.市场销售趋势看好

2009年全省规模以上酿酒企业实现销售收入同比增长37.04%，其中四个行业都有两位数的增长。这说明本地区的产品在品质、口味、价格、产品营销等方面都有较大进步，受到了广大消费者认可。

四、2009全省酿酒行业存在的主要问题

1.总量还需扩大

2009年全省规模以上酿酒企业生产饮料酒同比增长37.1%，这虽然是吉林省酿酒行业历史最高水平，但除酒精行业外，白酒、啤酒、葡萄酒这三个行业同发展较快的省市比还有很大差距。

2.经济效益亟待提高

2009年全省规模以上企业盈亏相抵后实现利润总额不足5000万元，实在少得可怜。几个酒种的发展情况参差不齐，白酒盈利14684万元，葡萄酒盈利6500万元，酒精亏损13462万元，啤酒亏损2848万元。

3.产品结构急需优化

2009年全省规模以上酿酒企业完成新产品产值1.6亿元，占全省酿酒工业总产值的4.6%。由此可见，新产品比率还是很低的，吉林省的酒类产品还是以普通的、中低档产为主，没有一个在国内外真正叫得响的知名品牌。

2009年吉林酒业协会工作情况

一、培育知名品牌方面

根据驰名商标、著名商标管理办法规定，审查推荐洮儿河牌白酒、长白山牌葡萄酒、榆树钱白酒、通化葡萄酒4个品牌申办了驰名商标；审查推荐了柳河华龙等14个品牌申办了著名商标。

二、开拓国内外市场方面

协会组织了洮儿河、蓝绿6户白酒企业，长白山、泉阳泉6户葡萄酒企业于2009年6月参加了在台湾召开的“2009年台湾世界食品博览会”。会上展示了吉林省知名产品，考察了酒类产品市场，结交了行业朋友。会上，协会还组织了海峡两岸酒类产品经贸对接会，其中有5户白酒企业、3户葡萄酒企业参加了对接活动，通过这次活动有3户企业和台商达成了合作协议。

三、组织迎新春联欢会

协会于2009年春节前组织了“吉林省酿酒行业迎新春联欢会”，全省酒类生产企业、经销商、行业相关企业、新闻媒体及相关部门领导共有130多人参加了活动，省食品局领导都到会，并讲了话。会议完成了颁发“酿酒行业2008年先进集体、先进个人奖”、文艺演出、幸运大抽奖等活动内容，到会人员放松了心情，结识了朋友，共叙了感情，为今后的合作、发展奠定了基础。

四、组织参加东三省联谊会

8月份组织7户白酒企业参加了在黑龙江省召开的“东三省白酒企业联谊会”，会上通报了三省酿酒行业经济发展情况，三省企业之间互相交流了经验，展示评选了名牌产品。吉林省有洮儿河、龙泉春、榆树钱三个产品评为最佳性价比高端白酒。

五、深入企业搞调研

为了完成主管部门领导交办的调研任务，协会于四月份、七月份两次组织行业专家及相关部门人员深入酒精、白酒生产企业调查研究，认真了解吉林省酒精、白酒企业基本情况及经济运行、市场销售、未来发展等情况，通过调查研究，帮助企业现场解决了一些在生产工艺、产品质量、市场销售、今后发展等方面存在的问题，并撰写形成了“2009年吉林省酒精、白酒行业基本情况和未来发展趋势”的调研报告，及时报给了主管，为推动酿酒行业的发展提供了基础材料。

六、组织专家对省内白酒企业进行品鉴

协会于2009年8月份组织省内白酒专家6人，由张武举专家带队到桦甸酒厂，对该厂生产的白酒进行了品质鉴定，并根据企业生产工艺、产品品质等情况提出了进一步完善改进意见。

七、与中酒协组织品酒师职业技能鉴定活动

2009年10月和中国酿酒工业协会共同组织了白酒行业品酒师职业技能鉴定活动，全省有56名白酒技术人员参加了活动，通过学习训练，提高了参加活动人员理论和品评水平，并全部通过了职业技能鉴定，获得了一、二级技师资格，他们现在全部工作在生产第一线，是吉林省白酒行业发展的技术骨干。

黑龙江

2008年黑龙江酒业综述

一、白酒、酒精行业情况

（1）白酒产量91722千升，同比下降1.7%；收入127055万元，同时增长5.13%；税额16445万元，下降19.21%；利润7821.5万元，增长42.09%。“两降两增”，总体看来，属于平稳发展。

（2）酒精产量569287千升，同比增长8.9%；收入352199万元，增长39.4%；税额179559万元，增长81.12%；利润36942万元，增长49%。四项指标三项增长超10%，应算作是快步发展。

通过协会与企业、新闻界的共同努力，白酒行业还举办了以下三件大事：

第一件：华夏报开办的“弘扬黑龙江酒文化，打造黑龙江酒品牌”专栏，全年52期还外加综合报道20多篇。对玉泉、北大仓两个企业的宣传工作，影响广泛，效果明显。黑龙江白酒整体形象的塑造，技术优势的宣传，新产品特色的介绍，均在报道中得到及时准确的体现，其影响是广泛、持久的。

第二件：三次会议规格高，内容精彩，反应良好。玉泉浓酱兼香型研讨及低度白酒品鉴会，请来了全国顶级专家，发表了有价值的论述，对新产品给予了很高的评价。北大仓收藏酒研讨会，大会内容丰富，形式多样，其中洞藏酒仪式，更是影响良好。鹤岗举办的全国酒精分会工作年会，参会企业众多，讲谈内容丰富，对黑龙江省与会代表有很大的启发。

第三件：低度白酒品评宣传工作成效显著。通过全体国家及省评委的认真品评，评出了有特色的低度白酒新产品十种。它们分四大香型，三大类型，最高38度，最低25.8度。这十大品种代表了黑龙江省低度白酒的发展方向，因此被协会命名为“黑龙江省白酒创新产品”。评委年会中，还评出行业优秀论文19篇。它们大多数出自年轻一代技术工作者之手，代表着黑龙江白酒人才成长的希望。

二、啤酒行业情况

1. 产量持平

2008年黑龙江省的啤酒产量173.1万千升，同比增长0.6%。单厂产量超30万千升的1家，哈尔滨啤酒有限公司31.49万千升；超20万千升的1家，华润雪花啤酒（哈尔滨）有限公司；产量超10万千升的5家，分别是华润雪花啤酒(黑龙江)有限公司、哈尔滨啤酒(牡丹江镜泊）有限公司、哈尔滨啤酒（大庆晓雪)有限公司、哈尔滨啤酒（松江）有限公司、哈尔滨啤酒(佳木斯)有限公司。

哈尔滨啤酒集团在黑龙江省的产量为94.81万千升，华润雪花集团在黑龙江省的产量为46.68万千升，合计产量占全省总产量的81.74%。产业集中度较高，形成了两个强势品牌分割市场的局面，并且其集中度将会进一步提高。

2. 利润扭亏

2008年黑龙江省啤酒产品实现销售收入38.31亿元，比上年增长21.59%；上缴税金6.17亿元，比上年增长11.10%；利润实现扭亏为盈，本期利润11299万元，上年亏损2300万元。行业经济效益明显好转，销售收入增幅远高于产量增幅，2008年黑龙江省千升啤酒销售价2213元，比上年增长20.23%。啤酒价格大幅上升的同时也要看到行业的平均利润率只有2.95%，这表明啤酒行业单位产品售价提升是被动的，售价的提高主要是来自于生产成本的提高并未完全体现出真正的价值回归。

3. 成本提高

2008年啤酒生产成本是近几年生产成本上升幅度最高的一年。生产原料、能源、包装物、运输费用相比上年都有不同程度上涨，劳动力成本和环保成本也不断提高。自2006年9月以来，啤酒行业遭遇了世界性啤酒大麦紧缺的困境，价格大幅提升，至2008年10月，两年间的进口大麦单价提高了160%。2008年我国进口啤酒大麦107.64万吨，比上年增长30.16%，全年平均进口单价比上年提高了50.51%，平均每吨大麦价格提高151美元，年底价每吨296美元。经测算，2008黑龙江省企业仅啤酒麦芽一项，全年支出平均比2007年增加了30%。2008年进口酒花量有所降低，和国内酒花产量提高、酒花制品质量提升不无关系，但是进口酒花价格与往年相比仍有大幅度提高。2008年进口颗粒酒花1213.81吨，比上年降低33.33%，但进口香型酒花比例增大，使全年平均价格翻了一倍还多；进口酒花浸膏和液汁比上年大幅减少了92.17%，平均价格提高了22.78%。

4. 资本运营

2008年7月14日，比利时英博啤酒集团以520亿美元高价收购美国安海斯-布希公司(AB)，完成了全球啤酒业迄今为止最大的一起收购案。3个月后，商务部批准新英博收购AB，中国市场的又一巨头浮出水面。收购完成后，AB集团将成为英博集团的全资子公司，哈啤集团也由此更换东家。哈尔滨啤酒成为百威英博继百威之后力推的下一个全国性品牌。整合使啤酒行业的竞争格局迎来改变，这不仅意味着本埠啤酒行业要重新排队，还意味着未来啤酒市场营销格局将再次充满变数。

并购的目标之一是降低成本，从而往往伴随着企业的裁员和失业人数的增加。也应该看到，由并购而导致的就业减少只是一种短期的现象，从长期看，并购对就业的正面影响要大于其负面影响，但这也要取决于经济增长、劳动力市场弹性、技能熟练程度及企业的竞争力。

5. 食品安全

“三聚氰胺”事件的爆发，无论中央、地方，还是各行各业乃至每个企业，都把食品安全放到了更为重要的位置。从《食品安全法》征求意见稿的问世，到GB 2760《食品添加剂使用卫生标准》的出台，全国范围内开展了食品添加剂大检查，各啤酒企业也积极展开了自检，对使用的原料和各类添加剂、助剂是慎之又慎，提高物料利用率退居到次要的位置，在副产品回收利用时也考虑对质量的影响。食品安全从未引起如此多层面的关注，也从未如此牵动每个消费者的神经。国家相关部门建立了食品添加剂生产经营和使用流通的规范化和常态化的监管机制，消费者也通过各种媒体了解食品添加剂的专业知识，并且高度关注食品安全信息。因此，食品安全今后将成为企业日常更为重要的工作，绝对不是短期行为。

2008年黑龙江酒业协会工作情况

2008年黑龙江酒业协会工作情况如下：

（1）完成了《黑龙江酒业发展史1986—2006》一书的编写、校对、制版、印刷等工作，并于一月份出版，全书30万字，内容丰富齐全，是黑龙江酒行业发展历程的真实记录，也是黑龙江省重点酒企面貌的真实写照。

（2）成立了黑龙江省酒行业工会，并于2008年4月通过了第一届委员会名单。建立黑龙江省酒行业工会是稳定企业劳动关系，维护广大职工的合法权益，充分调动职工的积极性，增强企业的凝聚力的需要，有利于维护广大职工的合法权益，有利于规范企业管理，提高职工的整体素质和服务水平，是树立企业声誉、促进企业发展的一件大事。

（3）6月组织完成了首批《酒精制造工》职业技能鉴定。其中高级技师（一级）31人，技师（二级）14人。为配合此次鉴定工作，组织编写完成了培训资料，总计12万字。

（4）为提高龙酒企业和品牌的知名度，主办“中国北方酱香经典北大仓酒专家品鉴会暨北方收藏级白酒发展研讨会”和“浓酱兼香型白酒发展暨玉泉低度白酒专家品鉴会”。与会的领导和专家学者发表有分量的学术论文和行业发展意见若干，并以“中国浓酱兼香型白酒发展研讨会论文集”编印发行。

（5）组织开展的黑龙江省酒行业科技学术成果奖评审活动，于11月评审结束。评出“黑龙江省轻工业科技学术成果奖”，一等奖6项、二等奖13项。活动促进了科技与经济的结合，总结和交流全省酒业的科技成果，活跃了行业学术气氛。

（6）结合协会2008年白酒低度化的工作重点，为提倡健康饮酒、扩大消费人群、组织白酒评委30多人对低度白酒进行了品评。并与媒体联合开展了向哈尔滨市民推荐黑龙江低度白酒新品活动。在报刊上开辟专栏，每周推出一款低度白酒新品，同时通过互动问答的方式，与消费者直接交流，进一步扩大黑龙江低度新品的影响力，让黑龙江酒低度新品品牌走进了千家万户。

2009年黑龙江酒业综述

白酒产量完成10.32万千升，同比增长12.54%；销售收入完成15.86亿元，同比增长25.04%；税金完成2.2亿元，同比增长36.36%。分别是10%、20%、30%以上的增长率，不但增长项目合理，其增长率也是五年来最高的。

啤酒产量175.40万千升，同比增长3.85%。啤酒工业销售产值（当年价格）为38.94亿元，比上年同期38.16亿元增长2.04%。千升啤酒行业的平均利润仅为35.76元，但比上年增长48.63%。行业的平均利润率只有1.75%。从全省啤酒行业的整体情况来看，企业间效益是不平衡的，一部分企业产销量上升，产品价格和效益同步提高；还有一些企业下滑速度很快。

酒精产量58.94万千升，比去年同期57.29万千升增长了2.88%；主营收入325477.3万元，比去年同期增长了3.22%；税金13674万元，比去年同期下降了17.80%；利润34189.9万元，比去年同期增长了1.62%。

2009年黑龙江酒业协会工作情况

2009年黑龙江酒业协会工作情况如下：

（1）2009年协会按照年度工作计划安排，结合黑龙江省白酒行业的实际情况，深入企业开展酿酒技能鉴定，举办了两期高级技师职业技能培训和等级鉴定，有160人成绩合格获得高级技师技能证书。

（2）黑龙江省酒行业工会与省财贸金融轻纺工会联合举办黑龙江省首届白酒酿造工（包装）技能大赛，通过竞赛活动对推动企业职工劳动技能的提高起到很大作用。竞赛成立领导小组、裁判小组，制定了详尽的评判规则，并评出优胜班组三个，和贴标、灯检、装盒三个单项的前三名。

（3）协会组织省内国家和省级白酒评委及13家单位的领导等相关人员一行30人，于11月到台湾金门酒厂实业股份有限公司参观学习。通过这次参观学习，了解了两地白酒的各自发展情况，学习了金门酒厂得以快速发展的成功经验。对黑龙江省白酒行业加强产品结构调整力度，加快集群建设的进度，加大原酒生产贮存管理，加快对外开放的步伐，不断提高机械化和进一步学习先进企业成功的管理、营销、技术经验等都有很大的促进作用。

（4）继续做好《黑龙江酒业》的发刊工作，及时刊出相关政策法规，传达行业资讯，为推动行业发展起积极的宣传作用。

（5）积极反映行业情况和存在的问题，开展促进行业发展的调研，协会相继报送了《促进黑龙江省酒产业发展的对策》、《加快龙酒发展的意见》等报告，并提出了黑龙江省酒行业2010—2015年的发展规划。

上海

2008年上海酒业综述

据上海市酒类专卖管理局统计，截至2008年底，上海注册的酿酒生产企业103家，批发酒类产品的企业906家，零售商3930家。

2008年上海饮料酒行业具体情况为：啤酒继续领导消费潮流；葡萄酒消费优势突出；黄酒产销趋稳，但黄酒产品档次趋向高档；白酒消费总量仍然趋降，包括名优白酒。

2008年饮料酒消费趋势：啤酒向新鲜化、黄酒向时尚化、葡萄酒向国际化、白酒向高端化方向发展。

据上海酒业协会统计，截至2008年底，上海酿酒行业（按在沪统计口径）全年生产各类饮料酒共计107.60万千升，同比几乎持平，略微有下降，这也是上海地产酒类产品近十年来首次出现负增长，其中啤酒89.49万千升，同比增长2.98%；黄酒15.28万千升（实现销售16.5万千升），同比下降16.95%，但销售量反而增长3%多，主要是历年库存酒的出货量增加，也说明消费趋势在向高端发展，黄酒的附加值在提高，发展趋好；葡萄酒0.48万千升，同比下降12.73%，主要灌装企业更多地进口瓶装葡萄酒，而减少散装酒进口，以满足消费者不断提高的葡萄酒消费档次的需求；白酒0.71万千升，同比下降5.33%，有一家白酒企业停产导致总量下降，但神仙公司的年产量还是增长了20%；果露酒增产25.58%，达到0.54万千升；另外，上海地方特色的崇明老白酒，生产了大约1.1万千升（不完全统计），同比下降8.33%。

以上可看出，上海酒类产品生产主要是啤酒和黄酒，啤酒产品除了青岛啤酒之外，其他都是国际啤酒巨头控股生产，由于产品质量安全、可靠，口味适合上海海派消费习惯，市场的投入实力和营销手段的多样性，刺激了啤酒消费，驱动了啤酒产品生产规模的扩大，啤酒消费也继续看好。

而黄酒正相反，所有黄酒产品都由内资企业生产，其中主要是国资企业生产，占80%以上，剩余的由民营企业酿造。2008年上海地产黄酒在营养、健康、品味、消闲的理念倡导和推动下，虽然产量下降了，但消费量却不降反升，而且销售额还增加了10%之多，彻底扭转了地产酒低档的概念，使上海的黄酒业向着良好的方向发展。尤其是金枫酒业公司与生产和酒的华光酿酒公司的合并，不仅扩大了企业的规模，产能接近20万千升，跃居全行业之首（这也是黄酒行业第一家年产量过20万千升的企业），而且强强连手，使黄酒高端产品的市场集中度进一步提高，使销售额和效益同步增长，发展态势良好。黄酒商品的消费档次的提高也挤压了外省市高端黄酒在沪的消费量，主要是浙江绍兴等地的黄酒，地产黄酒在高端市场上的占有率已经接近80%。

据上海协会不完全统计，截至2008年底，上海各类饮料酒总销量突破136万千升，达到136.07万千升，同比增长2.85%，这是连续第十年上海酒类产品销量增长。

其中啤酒102.35万千升，增长3.91%，占上海全部饮料酒总销量的78%，所占比重仍然是最大，其优势地位其他酒种无法比拟。

黄酒19.60万千升，占总销量的14.40%，虽然所占比重有所下降，但沪产黄酒在黄酒消费总量中的比例继续上升，上海地产黄酒实现销售16.5万千升，占本市黄酒总消费量的70%以上。

葡萄酒为8.1万千升，虽仅占总销量的5.9%，但其增幅是各酒种中最大的，达到了24.61%，而且其中进口葡萄酒的增长幅度超过30%，现在进口葡萄酒（瓶装）的消费量已经接近总消费量的35%，足见其进口葡萄酒市场的发展迅速，潜力巨大。

白酒正相反，其销量连年萎缩，至去年仅占饮料酒总消费量的3%左右，其比重进一步下滑，国家名优白酒五粮液、剑南春、茅台、双沟等的销量亦有6%左右的下降。

2008年酒类产品总的消费态势是，地产酒的产销量增幅大于全市酒类产品的总消费量。

另外，进口烈性酒白兰地、威士忌、伏特加等，由于上海酒吧业的兴旺发达，发展迅速，带动了这些酒的消费。据不完全统计，2008年烈性洋酒的消费量增长20%，达到0.36千升，预计未来的增速还会保持下去。

表1 2007—2008年上海市酒类产品产销量统计表

单位:万千升

酒种	07产量	08产量	同比±（%）	07销量	08销量	同比±（%）
白酒	0.75	0.71.	-5.33	3.70	3.50	-5.41
啤酒	86.90	89.49	2.98	98.50	102.35	3.91
黄酒	18.40	15.28	-16.95	21.20	19.60	-7.55
葡酒	0.55	0.48	-12.73	6.50	8.10	24.61
果露酒	0.43	0.54	25.58	0.9	1.06	17.77
烈性酒	-	-	-	0.30	0.36	20
老白酒	1.2	1.1	-8.33	1.2	1.1	-8.33
总计	108.23	107.6	-0.58	132.3	136.07	2.85

2008年上海酿酒协会工作情况

2008年是不平静的一年，我国成功举办了奥运会，展示了大国的风范；但是我国也遇到了地震、冻雨等严重的自然灾害和国际金融危机。上海酿酒行业全体同仁齐心协力，共同努力，克服了能源、原料、辅料、运输、劳动力等价格上涨给酒业带来的成本压力等种种困难，使酒业得到了持续、平稳的发展。当然，这些负面因素也导致了酒类产品的产销量未能像往年那样继续以两位数的幅度上升，尤其是上海的主要消费酒类产品啤酒、黄酒的产量和效益均有下滑的趋势。

协会在此大环境下，以服务为宗旨，在各会员单位和理事们的支持下，完成了四届理事会第二次会议赋予的工作：

一、信息与咨询

信息对现代社会显得越发重要，而信息服务是协会生命力之一。密切关注行业的动态与趋势，重视信息的收集、整理、发布、利用，并尽可能地及时提供服务是协会的主要职责。

一方面提供给政府有关部门信息，作为决策依据。2008年，协会向国家改革和发展委员会、商务部、市经委、酒类专卖局、国税局、市统计局等政府有关部门提供了多方面的信息和数据，如上海酒类产品产销情况、市场预测、价格动态，外省市及国外酒类产品在沪销售情况、酒类专卖和酒类流通政策贯彻执行的具体情况等。为政府有关决策部门提供了相当有用的信息和建设性意见，为下一步国家出台新的政策提供了依据。

另一方面将有关信息传递给企业，使其能了解和掌握国家有关的政策、法规，市场产销情况，引导企业产销决策更合理，更科学。2008年协会共向上海亚太、三得利中国投资公司、上海青岛、金枫、皇轩、神仙和十几家崇明老白酒企业等会员企业及日本朝日、麒麟、美国驻沪总领事馆、乌拉圭驻沪领事馆、西班牙驻沪领事馆、法国红酒协会、澳洲

ARH、罗马尼亚驻华大使馆等国内外同行提供各类信息300多条，提供咨询50多家次、70多人次。

1.编发《上海酿酒简讯》

2008年协会的会刊《上海酿酒简讯》编发24期，同时使每期的信息量增加20%，而且信息内容更具针对性。将政府的有关政策、法规，企业的发展，市场产销情况以及协会的动态，及时传递给企业，帮助企业了解和掌握更多较可靠的信息；同时也给政府有关部门决策管理提供有用的参考和依据。

2.发挥协会网站优势，提供宽泛的信息服务

2008年信息服务的最大发展是利用互联网发布信息。协会的专属网站尽量发挥作用，利用其网络平台，以最快的反应速度、最大的信息数量在网上发布信息，共发布了1500多条各类信息，共计100多万字，不仅数量多，而且信息受众面更为宽泛。除了行业内的专业信息服务更快、更多、更具针对性，还增加了酒类商品消费方式和文化等的信息，以期望消费普及来进一步推进酒类商品的正确、优雅和理性消费方式风气的形成。这也是上海迄今为止唯一的酒类专业网站，受到行业内外的欢迎和赞许，并受到媒体和国外同行的关注。国外一些机构和企业就是通过网站与协会建立了联系和合作，最终使得中酒协也扩大了在国内外的影响力。

3.通过大众媒体向外发布信息

协会还向外界发布有关信息，通过大众媒体向社会宣传，既能使外界了解酒行业的情况，扩大行业的社会影响，又可使信息资源共享，为社会服务。今年在食品价格普遍上涨的大环境下，酒类食品也面临上涨压力，协会及时发布行业的生产成本的真实情况，解释疑问，将有关信息在报告给政府部门的同时，同时通过大众媒体渠道来消除社会和广大消费者的顾虑。既帮助会员企业维护了声誉和合法权益，也维护了消费者的权益。协会今年还通过媒体，分别发布了酒品市场信息、啤酒瓶使用状况和国家标准执行难度的报告，和进口酒的信息以及对国内酒类市场影响的分析报告。

2008年协会参与了《中国酿酒工业年鉴》（2008版）上海篇和《2007年上海工商业年鉴》酿酒行业的编写工作。

二、继续为推进实施品牌战略服务

市委、市政府为了实施科教兴市战略，号召行业协会帮助企业实施品牌战略，以提高城市的核心竞争力。为此，2008年协会围绕品牌做了些文章，用以提高酒类企业的产品档次和知名度，推动沪酒产品的竞争力。

1.组织评选上海市名优食品活动

2008年上海市食品协会联合了本协会以及其他几个食品类协会，精心组织了全市性的“上海市名优食品”评选活动。为了评选的公正性、科学性，依据评选标准，协会制定了评选的条件和范围，参照2007年企业的产销统计数据、社会影响力、消费者的信誉度和行业的排名等基本条件，在2007年的基础上，新增加了两家企业、四个产品品牌，共组织推选了14家企业的21个产品品牌参加“上海市名优食品”的评选。其中2007年的市名优食品产品参加复评，这其中既包括了五家上海市名牌产品的企业，还包括了各酒种的领先企业，如近年迅速崛起的石库门上海老酒、得力劲药补酒等老白酒产品的代表企业。新增的五个产品中富金的富金老酒、裕华的上海老酒、申马的皇轩至尊珍藏解百纳干红葡萄酒最终上榜，落榜一个。这些企业的产品代表了上海酿酒企业的水平和实力，也是对消费者有力的形象展示，提升了产品的可信度，也为企业扩大产品的销量添加了“助推剂”，得到了会员企业的认可。

2.积极推荐酒类产品参加上海市名牌评选

现代社会的商品推销的特征和名牌的价值是公认的。2008年是上海市名牌产品重新评选的一年，为此，协会加大了名牌推进工作的力度，与政府有关部门积极沟通，了解信息，对了解不够的企业作了宣传和解释。协会推荐了原有的上海市名牌企业参加续评，协会出具了这些产品的相关数据，包括产销量、在上海市场上的占有率等证明材料，并签署了协会的推荐意见；2008年协会还推选了上海金枫酿酒公司的“金枫”商标、冠生园集团的“华佗”商标、上海亚太酿酒公司的“力波”商标、上海神仙酒厂的“神仙”商标参加上海市著名商标的评选，已公告被评上。还推荐了沪牌老酒、谷和牌黄酒作为上海市名牌产品推荐品牌的评选。

三、为会员企业维权

2008年，协会着力去利用协会的力量帮助企业维护自身的合法权益，使企业能够感到协会有依靠，有归属感，有凝聚力。

1.坚决维护会员企业的正当利益

2008年，协会有5家会员企业受到个别别有用心的媒体的不实报道和个别记者的变相敲诈，协会及时采取针对性措施和手段，如向媒体发表声明，表明观点，公布真相，理性驳斥，或以协会的名义直接与记者交涉，通过有关方面向其上级单位进行反映和投诉等，为企业挽回了形象，避免了不必要的损失。

针对个别媒体对上海啤酒产品的玻璃瓶超期使用的不实报道，协会组织上海三大啤酒集团共同举行媒体发布会，邀请了14家主流新闻媒体，发表了沪上啤酒瓶安全、可靠、消费者放心饮用的三点声明，科学、准确地解释了啤酒瓶国家标准和执行情况，消除了媒体和消费者对啤酒瓶不安全的误解和疑虑，维护了啤酒企业的合法权益，也保护了消费者。

2.提供法律援助，处理矛盾和纠纷

协会与上海市天寅律师事务所建立合作关系，利用律师事务所的法律优势为会员企业，尤其是小企业提供法律帮助，解决生产和经营中遇到的矛盾和纠纷，为会员企业维护了正当权利和利益，化解了矛盾，对社会的和谐也起了一定的作用。

2008年，协会通过天寅律师事务所协调并化解了两个会员单位与行业外的矛盾，使其在很低的成本下达到目的，解决问题。

四、危机应对和公益活动

2008年，我国相继发生冻雨、地震等严重灾害和国际金融危机爆发等突发事件，协会应对及时，反应迅速。面临四川汶川大地震，协会先后与四川省和重庆市酿酒协会联系，了解情况，掌握信息，并发出倡议，号召募捐，2周内会员企业和个人捐出钱物总计达到2800多万元。

面对三聚氰胺食品安全事件，协会向全体会员企业发出通知，督促企业加强酒类食品生产源头和生产环节的自检、自测，严格把关，杜绝安全隐患，避免类似的食品安全事件在我们行业内发生。同时积极参加全市“满足市场消费、确保食品安全、对消费者负责”食品安全宣传、咨询大型社会活动，宣传名优酒类产品和酒类食品消费常识，解答消费疑问，推广理性饮酒、健康消费的理念。

为了应对全球金融危机，协会多方了解对酒行业的影响，将有价值的各类信息汇总、发布，在此基础上形成分析与研究报告，提供给政府有关部门和企业作为决策参考。协会还在会刊和网站上发起了“应对危机、献计献策”大讨论活动，并收到了良好的反响。

五、开展“白酒催陈净化处理”的鉴定工作

2008年应会员单位3M中国公司的申请，协会组织了白酒行业内的技术和品评方面的专家和酿酒师组成专家鉴定小组，按照国家的有关法律法规、政策和标准，本着科学、严谨、专业、公正的精神，对3M公司的“白酒催陈净化处理”设备进行了技术和应用的鉴定工作，并将鉴定结论出具给生产方3M中国公司。

六、争取调整不合理的用水价格政策

2008年上海工业用水价格上涨，协会依据酿酒企业应按一般工业用水标准收费的要求，向国家有关部门、中国酿酒工业协会啤酒分会，以及北京、江苏、浙江等兄弟省市协会咨询、了解政策和用水价格等情况，及时向市政府发改委、物价局、经委等部门发出公函，代表酿酒行业提出协会的三点诉求意见，要求调整用水价格的政策。经协会与发改委、物价局等面对面地沟通和据理力争，最终政府采纳协会的诉求，决定所有酿酒企业生产用水价格不涨，并且2009年及以后调价，酿酒用水仍然保持原价不变，直至与一般工业用水价格持平为止。

七、加强与长三角地区酒业协会的交流与合作

2008年协会依据市政府的有关精神，进一步开展与长三角各地同行的交流与合作。协会与长三角10个酒协建立了信息互通反映渠道。协会邀请了浙江省、江苏省的宁波、绍兴、苏州和吴江等市的同行来沪访问、考察，进行技术交流。并与宁波酿酒工业协会开展了酿酒技术合作项目，为宁波企业提供了技术支持和帮助等。

八、发展会员，扩大行业的覆盖面

协会根据市政府关于行业协会发展的文件精神，积极稳妥地发展会员。2008年发展了比利时INTER BREW、捷克RIO酒业有限公司、德国温特葡萄酒文化传播公司等三家，另有华润雪花等两家企业正在申请之中，使会员单位增加到80家（有三家会员企业歇业）。

九、与国外同行的交流与合作

随着我国与世界各国的经贸关系日益紧密，2008年协会与外国的交往日臻频繁，国内外的酒类交流活动更趋活跃。协会与法国、意大利、西班牙、澳大利亚、罗马尼亚、新西兰、加拿大、日本、韩国和乌拉圭等10个国家进行过交流和联系，会见了到访的西班牙、匈牙利两国的农业部长，匈牙利酒业协会、阿根廷葡萄酒协会、法国波尔多葡萄酒协会等访华团，双方进行了友好的会谈，互相介绍了协会的有关情况和信息，探讨了双方合作的可能；协会还接待了

WINEXPO的主席和OIV的葡萄酒学院MBA研究生访华团。

2008年协会组织参加了一系列的国际性食品酒类展会，如法国爱博展览集团组织的“上海国际食品、饮料展”，香港国际展览公司举办的“中国国际食品、饮料和设备包装展”，意大利维罗纳展览公司举行的“中意葡萄酒展”和“‘AQUATECH CHINA’08荷兰国际水处理展中国展”等，协会应邀在这些展会上开了两个讲座、四场报告会，受众是来自19个国家和地区的500多位专业人士。这些活动不仅增进了中外酿酒界的交流和合作，也扩大了协会的国际影响力。

2009年上海酒业综述

据上海市酒类专卖管理局统计，截至2009年底，上海注册的酿酒生产企业107家，批发酒类产品的企业916家，零售商4013家。

2009年上海饮料酒行业具体情况为：啤酒继续领导消费潮流；葡萄酒消费优势突出；黄酒产销趋稳，但黄酒产品档次趋向高档；白酒消费总量仍然趋降，包括名白酒。

2009年饮料酒消费趋势：啤酒向新鲜化、黄酒向时尚化、葡萄酒向国际化、白酒向高端化方向发展。

据协会统计，截至2009年底，上海酿酒行业（按在沪统计口径）全年生产各类饮料酒共计94.50万千升，同比下降12.17%，这也是上海地产酒类产品连续第二年出现负增长。

其中啤酒75.73万千升，同比下降15.37%，主要原因在于上海的夏季雨天多于往年，高温天气少于上年，造成夏季啤酒旺季消费量明显萎缩。

黄酒15.73万千升（实现销售13.53万千升），同比增长3.07%（沪产黄酒销量-18.18%），产量增加而销量反而下降的原因还在于黄酒企业减少低端产品销量、增加高端产品销量，以提高企业效益的经营理念发生变化。也反映了市场消费趋势在向高端发展，黄酒的附加值在提高，发展趋好。

葡萄酒0.50万千升，同比上升4.16%，主要灌装企业更多地进口瓶装葡萄酒，而减少散装酒进口，以满足消费者不断提高的葡萄酒消费档次的需求。

白酒0.80万千升，同比增长12.67%，全部由上海神仙酒业有限公司增产，市场开拓方面更为积极、主动地贴近目标消费群，扩大了市场范围，推动了产量增加。

果露酒减产3.70%，产量仅为0.52万千升。

另外，上海地方特色的崇明老白酒，生产了大约1.2万千升（不完全统计），同比上升9.09%。

以上可看出，上海酒类产品生产主要是啤酒和黄酒，啤酒产品除了青岛啤酒生产之外，其他都是国际啤酒巨头控股生产，由于产品质量安全、可靠，口味适合上海海派消费习惯，市场的投入和营销手段的多样性，刺激了啤酒消费，驱动了啤酒产品生产规模的扩大，啤酒消费也继续看好。

据协会不完全统计，截至2009年底，上海各类饮料酒总销量为135万千升左右，同比下降0.5%，这是连续十年上海酒类产品销量增长后的首次下降，个中原因乃低端产品消费量减而高端产品被更多消费者所追求的局面所致。

其中啤酒98.40万千升，负增长3.85%，占上海全部饮料酒总销量的四分之三之多，啤酒消费所占比重仍然是最大，其优势地位其他酒种仍然无法比拟。

黄酒20.30万千升，增长3.5%，占总销量的15%左右，虽然所占比重有所下降，但沪产黄酒在黄酒消费总量中的比例继续上升，尤其是高端黄酒的消费量，上海地产黄酒优势明显，占本市高端黄酒消费量的80%左右。

而葡萄酒销量为10.60万千升，这是上海葡萄酒年消费量首次突破10万千升大关，其增幅是各酒种中最大的，达到了30.86%，大约三年翻一番，而且其中进口葡萄酒的增长幅度超过34%，现在进口葡萄酒（瓶装）的消费量已经接近总消费量的35%，足见其进口葡萄酒市场的发展迅速，潜力巨大。

而白酒正相反，其销量连年萎缩，至去年仅占饮料酒总消费量的3%左右，其比重进一步下滑，国家名优白酒五粮液、剑南春、茅台、双沟等的销量亦有6%左右的下降。

2009年酒类产品总的消费态势是地产酒的产销量增幅大于全市酒类产品的总消费量。

另外，进口烈性酒白兰地、威士忌、伏特加等，由于上海酒吧业的兴旺发达，发展迅速，带动了这些酒的消费，据不完全统计，2009年烈性洋酒的消费量增长33.33%，达到0.48千升。预计未来的增速还会保持下去。

2008—2009年上海市酒类产品产销量统计表见表1。

表1 2008—2009年上海市酒类产品产销量统计表

单位:万千升

酒种	2008产量	2009产量	同比±（%）	2008销量	2009销量	同比±（%）
白酒	0.71	0.80	12.67	3.50	3.28	-6.28
啤酒	89.49	75.73	-15.37	102.35	98.40	-3.85
黄酒	15.28	15.75	3.07	19.60	20.30	3.5
葡酒	0.48	0.50	4.16	8.10	10.60	30.86
果露酒	0.54	0.52	-3.70	1.06	1.12	5.66
烈性酒	-	-	-	0.36	0.48	33.33
老白酒	1.1	1.2	9.09	1.1	1.2	9.09
总计	107.6	94.50	-12.17	136.07	135.38	-0.5

2009年上海酒业协会工作情况

一、坚持学习，提高思想理论和工作的水平

学习是时代的要求，为了适应形势的发展，应越发重视学习。今年，协会参加“科学发展观”的学习，党的十七届四中全会文件精神、市政府有关行业协会改革发展文件的学习活动。通过学习，进一步认清我国改革发展的思路、形势，了解和把握政府对协会发展改革的方向和要求。对从事协会工作的人员，如何将自己的工作纳入政府改革的轨道，适应为行业和企业服务的形势，具有很大的帮助。

二、信息咨询服务

信息对现代社会显得越发重要，而信息服务是协会生命力之一。密切关注行业的动态与趋势，重视信息的收集、整理、发布、利用，并尽可能地及时地提供服务是协会的主要职责。

1.提供给政府有关部门，作为决策依据

2009年，协会向国家改革和发展委员会、商务委、市经委、酒类专卖局、国税局、市统计局等政府有关部门提供了多方面的信息和数据，如上海酒类产品产销情况、市场预测、价格动态，外省市及国外酒类产品在沪销售情况、酒类专卖和酒类流通政策贯彻执行的具体情况等。为政府有关决策部门提供了相当有用的信息和建设性意见，为下一步国家出台新的政策提供了依据。尤其是2009年遇到全球金融危机时，协会及时了解会员企业的生产与销售情况，特别是对一些大的跨国企业在华经营业务和市场的影响，向经委和经团联、商联会汇报了信息，以利政府宏观决策。

2.将有关信息传递给企业，使其能了解和掌握国家有关的政策、法规、市场产销情况，引导企业产销决策更合理，更科学

2009年协会共向上海亚太、三得利中国投资公司、上海青岛、金枫、皇轩、神仙和十几家崇明老白酒企业等会员企业及日本朝日、麒麟、三得利、三菱商事等公司，美国、匈牙利、阿根廷、西班牙、意大利、澳大利亚、意大利等驻沪领事馆和协会、商务处等国内外同行提供各类信息300多条，提供咨询50多家次、80多人次。

3.增强《上海酿酒简讯》的出刊力度

2009年协会的会刊《上海酿酒简讯》编发24期，同时使每期的信息量增加20%，而且信息内容更具针对性。2009年增加了英语目录和重要信息的英语译文，以满足外企会员的需求。把政府的有关政策、法规，企业的发展，市场产销情况以及协会的动态，及时传递给企业，帮助企业了解和掌握更多较可靠的信息，同时也给政府有关部门决策管理提供有用的参考和依据。

4.利用互联网加大信息量的服务

2009年信息服务的最大发展是利用互联网发布信息。在市烟糖集团公司的大力支持和帮助下，协会的专属网站尽量发挥作用，利用其网络平台，以最快的反应速度、最大的信息数量在网上发布信息，共发布了1600多条各类信息，共计110多万字。这也是上海迄今为止最为专业的酒类网站，受到行业内外的欢迎和赞许，并受到媒体和国外同行的关注。国外一些机构和企业就是通过网站与我协会建立了联系和沟通，协会也因此起到了中介的作用。

5.通过大众媒体向外发布信息

协会还向外界发布有关信息，通过大众媒体向社会宣传，既能使外界了解行业的情况，扩大行业的社会影响，又可使信息资源共享，为社会服务。今年在食品价格普遍上涨的大环境下，酒类包括啤酒、黄酒、白酒也面临价格上涨压力，协会及时发布行业的生产成本的真实情况，解释疑问，将有关信息在报告给政府部门的同时，同时通过大众媒体渠道来消除社会和广大消费者的顾虑。既帮助会员企业维护了声誉和合法权益，也维护了消费者的权益。协会今年还通过媒体，分别发布了酒品市场信息、啤酒瓶使用状况和国家标准执行难度的报告，和进口酒的信息以及对国内酒类市场影响的分析报告。

2009年国家对白酒产品的税收政策做出调整，针对媒体和消费者对税收调整会导致白酒涨价的担心，协会一面接受媒体的采访，一面在协会网站上发布相关信息，解释税收政策和白酒价格的实际情况，回应社会和广大消费者的疑惑，消除误解，既维护了酒企的合法权益，也有利于促进消费和市场的发展。

三、为会员企业提供各类服务

1.实施名牌战略，开展上海市名优食品的评选活动

响应市政府培育一批中国乃至世界级名牌的号召，积极组织开展上海市名优食品的评比活动。2009年除继续推选酒类行业五大市名牌产品和企业之外，与上海食品协会合作，推荐和评选了27个产品为上海市名优食品，得到企业和市经委的好评。

2.组织开展“老白酒催陈净化处理”设备的鉴定工作

2009年利用3M中国公司的设备，对崇明老白酒产品进行了过滤、净化处理的实验，获得了良好的效果。

3.继续协调酿酒生产用水价格，维护了行业的利益

2009年4月份工业用水价格再次上涨时，协会的一些会员企业又遇到涨价问题，为此，协会继续与政府、物价、水务等部门协调，最终都妥善解决了此类问题，维护了会员企业的基本利益。

4.参与国家对企业的“清洁生产”工作的审定

为了加快我国低碳经济的发展步骤，2009年，国家推进企业“清洁生产”试点工作，啤酒行业率先进行试点工作。协会参与了啤酒、黄酒等行业的清洁生产的有关数据和标准，并与经息委、市环保局、环境科学院等单位共同对三得利、青岛、华光等企业进行了“清洁生产”的审定和预审。

5.组织举办了“上海国际葡萄酒与烈酒展览会”

2009年协会举办的展览会是连续第四届国际酒展，与往届不同，这一届协会在外高桥保税区举办，以适应保税区广大国外酒商的需求。本届展览会共有来自11个国家的100多家参展商参展，吸引了2000多专业人士前来参观、洽谈，同时还进行了一系列的报告会、讲座品酒等活动。

协会还联合了多家协会共同组织进行了新加坡“WFA”

上海巡展的活动，有十几家外商和上海上百家经销商共同参与的论坛、讲座、品酒和交流、洽谈等互动活动。

在第二届中荷上海国际水处理展会期间，协会举办了国际酿酒水处理技术专题报告会，不仅上海的啤酒、黄酒、葡萄酒、果露酒等会员企业前来参加，还吸引了江苏、浙江等长三角地区的酿酒生产企业的领导和专业技术人员80多人报名听讲，协会邀请了日本、蒙古等水处理技术国际领先的跨国公司的专家来介绍最先进的技术和设备，听众与专家还进行了互动活动，讲座受到行业内普遍好评。

6.组织会员企业参加大学生招聘专场活动

响应市政府号召，大力解决大学生就业的问题。协会组织会员企业参加了由杨浦区政府和市经团联组织的2009年上海应届大学生招聘专场的活动。协会有五家中外企业拿出80多个职位，涉及啤酒、黄酒等销售、营销、行政、食品检验和化验、质量控制等专业工种。

7.贯彻执行《食品安全法》的宣传与落实

组织培训和学习《食品安全法》，组织会员企业参加在淮海路、雁荡路进行的上海"质量月"和"食品安全月"的室外大型活动，指导广大消费者认识和掌握酒类食品的质量与安全的基本常识，避免日常消费中上当受骗，买到不合格的酒品。把质检总局特别通报的酒类食品存在的主要问题传达到企业，协会要求生产企业务必严把质量、安全关，严格按照产品标准生产和销售，坚决杜绝违法添加和超剂量添加食品添加剂等违法行为的发生。对个别技术薄弱的企业，协会请专家咨询和指导来解决关键问题。

8.与国外的交流进一步加强

2009年，协会与法国、意大利、西班牙、美国、匈牙利、澳大利亚等国的联系更密切，活动也更多。协会与国外的驻沪机构的交往也越来越多，包括驻沪的领事馆、法国食品协会、美国农贸处、西班牙商务处、意大利贸易处等。还组织会员企业有选择地参加在沪举行的大型国际食品展，如法国爱博（SAIL）展览集团主办的"第七届上海国际食品、饮料展"、"第九届上海国际饮料、食品及技术博览会"、"中国国际水处理设备展"、"2008意大利葡萄酒展"等专业性展览，为促进中外同行交流，为企业寻找、发现商机提供机会及服务。

9.尊章办事，开展协会基础工作

（1）组织召开理事会和会员会议　依照章程，组织召开四届三次理事会和四届二次会员会议，按照程序通过有关决议和章程赋予的义务。

（2）发展会员，扩大行业的覆盖面　2009年，协会根据市政府关于行业协会发展的文件精神，积极稳妥地发展会员。一年内发展了华润雪花上海公司、上海巴克斯酒业公司、上海长房国际广场商业公司等三家会员企业，使会员单位增加到82家。

江苏

2008年江苏白酒行业综述

2008年是不平凡的一年，也是中国酒业快速发展的一年；同样是"振兴苏酒"战略实施的第十年，是江苏省白酒业积极创新快速发展的一年。

一年来，江苏省白酒业经济显现出良好的发展态势：行业结构调整步伐加快，体制改革不断深入；产品种类更加丰富、产品质量不断提高：生产能力扩大，原酒产量稳中有升；市场开拓加快，销售收入高速增长；科学发展，新项目、技改投入不断加大；发挥产业的核心竞争优势，龙头骨干企业的作用显著增强，品牌的优势形成。白酒行业各龙头骨干企业的各项经济指标都创出历史的最好水平。省白酒协会进一步加强服务意识，积极引导白酒业进行产品结构调整，提高技术力量，强化人才建设，增加了经济效益，为企业做好服务；积极配合政府有关部门做好白酒业发展工作，为政府做好服务；积极正面向社会宣传、传播白酒类基本知识，解答热点问题，抵制不良风气，坚决打击假冒伪劣，提高龙头白酒企业的形象，维护生产秩序，为社会服务。下面对协会主要工作做如下总结：

2008年是江苏省白酒行业发展较快的一年，白酒产量、销售收入、利税总额全面增长，各项经济指标再创历史新高。根据不完全统计，江苏省2008年白酒产量29.3万千升，比上年同期增加1%左右；实现销售收入90亿元左右，比上年同期增加34%；利税超过32亿元，比上年同期增长60%以上。其中洋河实现销售收入37.4亿元，比上年同期增长58.89%；利税16.81亿元，比上年同期增长59%。双沟、今世缘销售收入双双突破15亿元，实现利税分别为6.27亿元和4.72亿元，同比增长59%和97%。

汤沟两相和、品王、沛公酒业各项经济指标业创出新高，销售收入分别突破4亿元、2亿、1亿元。与此同时，江苏一批中小企业的业绩也创出历史最高水平。2008年洋河再展领头羊风采，销售收入占全省白酒总销售收入的42%，利税占全省的50%以上。“一河三沟”销售收入、利税都占到全省白酒总销售收入、利税的90%左右，充分显现龙头骨干企业在江苏省白酒行业发展中的核心中坚作用。

2008年，江苏省继续全面实施白酒品牌战略，进一步发挥主导产品的拉动作用。洋河蓝色经典、今世缘（国缘）、双沟珍宝坊、苏酒、汤沟两相和二十年窖藏等强势品牌的影响力彰显。洋河的蓝色风暴席卷全国，双沟的时尚白酒好评如潮，今世缘(国缘)的文化进入千家万户。新一代苏酒品牌在继承江苏省原有国家名优酒传统的基础上，突出淡雅、绵柔、浓香型。白酒的产品个性特色顺应了消费者更高更新的消费需求，从而升级为江苏省“一河三沟”新苏酒的代表品牌。

洋河蓝色经典以“男人的情怀”和“有梦就有明天，无限梦想”的现代理念，以绵柔的内在特征，以清和、宁静、深远的现代蓝色文化魅力得到了广大消费者的认可，成为时尚精品。踏着市场的节拍，运作科学营销模式，2008年销售额直线上升，达24.2亿元，成为全国增幅最大的白酒产品。其产品包装一举荣获“世界之星”“包装之星”两项大奖。

今世缘进一步加强品牌建设，坚定不移地走“文化营销”之路，在全国开展一系列活动。通过介入重大事件，着力传播缘文化。“成大事，必有缘”国缘系列，塑造中国白酒业个性化、差异化、人文化的品牌。2008年销售直线上升，达4亿元，成为江苏区域内高档酒市场一匹黑马，荣获“中国驰名商标”。

双沟珍宝坊，在继承传统工艺技术、产品质量和经营理念的基础上，对传统饮酒方式加以创新革命，满足新一代饮酒消费者求新求异的消费心理，开创了中国白酒自由调兑的先河。通过树立品牌形象，实施差异化经营战略，提供特色服务，将消费与生产勾兑有机结合，挖掘和拉动了潜在的消费群体。在2007年销售1.5亿元的基础上，2008年销售超过3亿元，成为苏酒振兴中的一个重大亮点。

汤沟、两相和二十年珍藏；品王兼香型酒开发；梅兰春芝麻香型酒的重新崛起；御珍、秦淮、江苏人、古顺河、乾天、全德坊的新品牌、新产品的确立；沛公、梅兰春、五醍浆、五琼浆、水明楼等老地方品牌的重新崛起，及大批省内优势品牌，已成为江苏省区域经济发展的坚实力量。全省白酒企业规模企业都在着力加强市场开拓，创新营销理念、营销模式，调整营销结构，产品定位更显个性，市场运作更具深度，市场占有率不断提高。2008年江苏地产白酒，在省会南京占有率超过60%，全省市场占有率近80%。同时，江苏白酒正以快速发展的态势挺进全国，洋河蓝色经典在山东、河南、安徽市场成效显著，销售全部突破亿元，长沙、西宁、兰州、西安等省会城市销售也日趋上升。双沟珍宝坊在全国重点开发的市场的销售上升势头迅猛，这些都是江苏省白酒在实践着白酒与现代生活方式相融合的有益探索的结果。

继2006年、2007年全省白酒企业技改累计投入3亿多元的项目逐步完成，洋河在2007—2008年投资3.8亿元兴建总面积19.31万平方米的包装物流中心技改扩建工程项目。新建包装生产厂房23680平方米、成品库房66000平方米、包括库房62500平方米、散酒库19200吨、包装生产线37条；新建研发中心、供销中心、洋河文化馆配套设施12000平方米，占地274亩。2008年12月已接近尾声。该项目建成后，将实现原辅材料供应、包装、生产、物流配送一体化，可以满足50亿元的年销售需求。企业还投资2000万元建设3幢12连跨酿酒车间，投资3000万建设南京研发中心，已竣工落成。投资300多万元建设发酵池、锅炉房、稻谷库、池口库等生产辅助设施；投资600万元用于设备维修、水网改造等；另17000户职工住宅正在兴建。

2007年，今世缘投资1.5亿元用于扩大优质酒生产规模和酿造工艺的研发，建立国内一流的生产能力为2.5万吨的白酒包装中心，储存量达5200吨的酒库群和6000平方米的瓶库，新建改建60000平方米厂房，修缮20000平方米池口，改造了老科技楼及科技中心。至2007年12月底，企业6000吨名优酒生产车间和万吨酒库项目全部竣工。万吨制曲车间项目实施近半，所有生产设施全部投入生产。2008年投入亿元用于5万吨储酒库前期建设，项目工程进展顺利。生产能力全面大幅提高。

双沟投入3000多万元恢复原酒生产和改造包装车间，已投入使用，扩大了生产规模。汤沟完成了6000吨名优酒技术改造项目可行性报告；投入1000多万元建设现代化包装中心，项目建设已接近尾声；投入300多万元在县城购置土地，用于建设科研、物流、营销、展示、服务五大功能为一体的企业行政中心。

品王酒业与城市建设相适应，投入6000万元购置220亩土地，新建兼香型大曲酒生产车间、包装车间、地下酒库，已全部投入使用，使企业的生产、包装、储存能力提高了一倍以上。厂区所栽万株树苗，已形成可观经济效益。御珍酒业投入3000万元建设的新厂区，提高发酵能力500吨，扩大包装能力规模生产已初见成效。梅兰春、乾天、秦淮、沛公、古顺河、江苏人等企业也积极投入技改资金，修缮原有池口，改变包装车间和仓储环境，提高生产能力，努力实现由传统企业向现代化企业的跨越。

这些技改项目的投入和完成，不但提高了全省的生产能力，也为江苏白酒跨越式发展打下了坚实的基础。

2008年江苏白酒专业协会工作情况

一、召开白酒峰会

2008年9月18～22日，苏、鲁、豫、皖第五届白酒峰会在江苏隆重召开。这次会议，分为前、后两个阶段。第一阶段：9月18～20日第五届四省白酒品评会在江苏涟水县拉开序幕，来自四省的65名国家评委及四省协会领导和专家相关企业技术骨干及新闻媒体代表共80人参加会议。两天的会议对四省所送的37个产品进行认真品评。同时，对泰山生力源酒业、江苏双沟酒业科研所和江苏省白酒专业协会提交的3篇论文进行了大会交流。第二阶段：9月21～22日，苏、鲁、豫、皖第五届白酒峰会高层研讨在宿迁市中山水天宾馆隆重举行。来自四省的白酒协会领导与24家白酒骨干企业领导及相关列席企业领导100多人会聚一堂，共商发展大计。会议期间，与会人员先后参观了今世缘、洋河、双沟三家企业，进一步增进兄弟企业间、协会间的友谊与协作。此次峰会的特点包括：

1.“务实”

预备会后，协会与洋河、今世缘两家承办单位不断联系研究，并及时与各省沟通。会上对各省选送的37个产品进行了品评，对浓香低度、降度、高度酒分别与省外国家名酒对比品样，检验四省白酒的风格，查找质量差距。会议论文汇编刊登了四省协会简介、24家企业简介和24篇论文，增加宣传和交流内容。对前四届峰会进行回顾和总结，制作电视专题片，在现场播放，配以杨志琴撰写的精练解说之词，激昂斗志，增强信心，效果非凡。

2.“创新”

这次会议从形式上改大会为品评会议，与大会相对独立，一个主题两个阶段。内容更加具体，互不干扰，减少了相互影响。同时也使参会人员相对集中，更加专业对口，增强会议效果。在内容上，除按通常对所送酒样进行品评外，一方面增加白酒品评内容，在品评四省酒的基础上，增加与外省白酒对比品评，增加了与韩国珍露酒对比品评；另一方面增加企业省级研究中心开发项目如何与白酒大生产相结合议题，泰山生力源和双沟酒业进行了经验介绍，对大家启发很大。同时把白酒的包装质量对产品影响的内容也首次提上讨论议程。

3.“共赢发展”

共赢发展已成为苏鲁豫皖四省白酒共同的追求与信念。在当前国内、国际经济形势不容乐观的大背景下，四省白酒都面临着共同的困难和问题，四省的企业家们在一起加强交流，加强协作，寻求共同发展，也形成了广泛共识。其一，如杨廷栋会长报告中所提出：深化战略共识；拓展协同内涵；打造苏鲁豫皖白酒峰会领头羊企业和领军品牌，形成健康有序的产业格局；强化创新，增强发展活力；加强联动协作，建立协调机制。其二，与会代表一致同意对淡雅型白酒的评语进行丰富和规范。在评语和描述上将闻香评语分为三等六级，三等是：窖香幽雅、窖香典雅、窖香淡雅。六级是在每一评语中增加“较”，如窖香较幽雅等。这样有利于区别非淡雅型白酒的评语，突出淡雅型白酒的特色。

二、推进“振兴苏酒”工作不断深入开展

为了总结振兴苏酒十年工作，2008年5月和6月，协会分别参加省酒管办组织的座谈会，协会用近两个月时间，广泛收集相关资料。参会人员一致认为：举办“振兴苏酒”十年成果汇报会，既是为了总结十年的成果，更是为了共商加快发展大计。会中经贸委张吉生主任做主题报告；史和平副省长亲自到会并作重要讲话，对十年来振兴苏酒成果给予充分肯定，同时提出更高的要求；韩庆华副秘书长也出席了本次会议并作重要发言。省委宣传部、省发改委、财政厅、科技厅等部门负责人，宿迁、淮安、连云港三市政府领导，行业协会、部分重点白酒生产及流通企业负责人，80多人出席了会议。大会上对振兴苏酒十年来，做出突出贡献的企业家和专家进行了表彰。授予沈怡方、杨廷栋、张雨柏、赵凤琦、周树明、何继平等6位同志“振兴苏酒”突出贡献奖。史和平副省长、韩庆华副秘书长、张吉生主任向获得“振兴苏酒突出贡献奖”的同志颁发奖牌和证书。

三、加强行业交流，做好接待服务

2008年仍是四方同行交流学习的高峰期，组织此类工作也是协会主要工作之一。2008年12月2日，协会组织洋河、双沟、汤沟两相和、分金亭、沛公、乾天、御珍、品王、梅兰春、江苏人、五醍浆、古顺河、水明楼、秦淮、双沟酿酒厂等15个企业的32名代表参加的江苏白酒企业考察团，在全国著名白酒专家、江苏省白酒专业协会名誉会长沈怡方的带领下，来到山东考察学习。受到了山东省白酒工业协会谢宁会长、姜祖模副会长、黄业立组长、蒋彬副秘书长，泰山生力源、趵突泉、扳倒井、景芝酒业董事长及全体领导的热烈欢迎和周到接待。

江苏白酒近年有较快的发展，洋河、双沟、今世缘发展速度喜人。但一大批中小企业的发展速度和规模远远不能适应“苏酒振兴”的使命。山东省1～10亿规模的企业近年发展到38个之多。整体力量的提升，使山东鲁酒的产量，一直名列全国第一，销售居于全国第三。通过学习，中小企业的领导人深刻地反思自己，找出差距，找出问题。认真向兄弟省的老大哥企业和优势企业学习，坚定信念，努力进取，为振兴苏酒贡献力量。

据不完全统计，2008年江苏省接待兄弟省、市、企业来参观考察几十批次。其中，4月接待了由苏一庆副会长带领的甘肃省酿酒协会参观考察团、贵州省酿酒协会参观考察团。10月接待了由白希智副会长带领的陕西省酿酒协会参观考察团。相互间交流切磋，学习研究，共同提高。这里协会要感谢洋河、双沟、今世缘等相关企业对协会交流工作的大力支持。

江苏省企业也积极去外省学习。今世缘、洋河、双沟、洋河分别组团去安徽、山东、河南、四川等相关企业交流。交流、学习不但在省际间广泛进行，省内企业也走动频繁。有中型企业去龙头企业学习，如江苏人、梅兰春、高邮酒厂等去洋河、双沟、今世缘学习；也有中小型企业之间相互交流，如秦淮、双沟酿酒厂去御珍酒业交流学习；邳州酒厂去古顺河、梅兰春学习改制经验。洋河、双沟、今世缘、汤沟等企业相互交流等。交流学习已在江苏省蔚然成风，走出去，请进来，大小企业走动频繁，接受新的思想，转变认识，学习管理、生产、技术、市场营销等各方面的先进理念和方法，以此推动江苏省白酒的发展。

到目前，我们接到的正式文件有：湖北省五个骨干企业枝江、劲酒、稻花香、白云边、黄鹤楼的董事长，于四月由协会牵头来江苏洋河、今世缘考察；四月下旬，甘肃省协会苏一庄秘书长带领全省骨干企业领导来江苏考察；湖南省、贵州省电话意向性联系，要来江苏考察。协会要继续做好接待交流工作。

四、继续做好《江苏白酒》的发刊工作

2008年《江苏白酒》正常出刊6期，刊登近40万文字和200多幅图片。及时刊出国家相关政策法规，国内、省内行业大事、要事，企业间各类信息，为江苏省白酒行业的发展起到积极的推动宣传作用，也是江苏省白酒业交流的又一良好平台。

五、积极做好服务工作

积极协助政府相关部门开展工作，如向相关部门(酒管办)及时提供行业各项经济数据和相关情况；参与省经贸

撰写江苏酒类指导意见；参与技术监督部门生产许可证的发放审查工作；积极向政府报告和反映白酒行业存在的问题，及解决的措施与建议；积极参与行业相关政策法规的讨论等。

积极为企业做具体工作。如：积极帮企业推荐，参与行业和政府的江苏名牌、著名商标推荐；主动为此类企业出据实事求是的证明；参与企业的新产品、新项目的论证、鉴定和技术的推广；坚决抵制一切损害行业、企业、会员单位的行为，尽可能地保护企业利益不受侵犯。主动积极地协助媒体正面宣传江苏白酒。协会多次接受媒体采访，宣传江苏白酒的优势和江苏白酒的个性特征。对白酒行业中的焦点问题，以积极的方式向公众宣传，并通过传播、宣传白酒基本知识，让更多的消费者正确认识白酒，真正发挥协会的宣传权威作用。

2009年江苏白酒专业协会工作情况

2009年面临世界金融危机的冲击，我国实体经济受到较大影响，国民经济出现连续7个季度下滑的局面，出口商品下滑更为严重，经济萎缩带来的消费不振，直接影响到居民的消费意愿。但是，在国务院一揽子投资计划和政策措施的刺激下，扩大内需、关注民生的举措已见成效，国民经济总体企稳回升，股市、楼市回暖上升，江苏经济上升势头好于全国，这对我们酒类行业来说，也是一大利好消息。今年我省酒类销售整体平稳、有序。元旦、春节酒类销售旺季，市场可望稳步上升。

根据省酒协今年工作计划，2009年主要开展了以下几项工作：

（1）1月8日下午在南京召开会长办公会议，主要议题是汇报省酒协2008年工作；讨论研究2009年工作计划，大家畅所欲言提出许多好的意见和建议。

（2）2月6日省酒协举办团拜会，大家满怀信心，展望新的一年，化危为机，促进江苏省酒业健康、稳定发展。

（3）2月17日省酒协陪同部分会员单位走访江苏骨干酒厂，商讨合作共赢、产销对接的事宜，取得较大进展。

（4）应有关单位的邀请，省酒协参与协办南京市婚博会有关名酒展销及名人名酒品鉴会的筹备工作，动员了一些会员单位参展，取得较大进展。

（5）省酒协及时办理社团登记证年检、财务审计等各项工作，办理收费许可证年检及换证工作。

（6）省酒协现有《华夏酒韵》杂志、“江苏省酒业网”两个信息交流平台。网站于2月22日全新改版后，增加了信息量，网站访问量增多，受到会员单位的欢迎。

（7）接待河北省酒协组团来江苏参观访问。4月22日至24日，河北省酒糖副食品流通协会副会长杨景立率领酒类考察团一行15人，在南京、洋河、双沟参访。两会在南京召开交流座谈大会，协会的冯汉林会长，陈国锁副会长，王建英副会长等介绍江苏省酒类产销的基本情况和产销衔接的主要工作，还参观访问了洋河、双沟酒厂，并和他们进行了座谈交流。

（8）“应对危机寻求发展”论坛及第二批“江苏省放心酒品牌推荐”活动授牌仪式在句容市举行。在授牌仪式上，冯汉林、陈国锁、王建英等领导为18家企业、23个酒类品牌授牌。在论坛上，江苏苏糖糖酒食品有限公司总经理陈国锁、江苏苏糖烟酒有限公司总经理金汉卿、南京龙千禧商贸有限公司总经理幕战江、桐枫烟酒有限公司董事长苗红等就应对金融危机采取一系列有效措施，化危为机，谈了他们的认识和做法，深受与会代表的欢迎。

（9）组织产销对接，倡导苏商卖苏酒。省酒协于6月10～11日，组织10多家经销商考察参观双沟、今世缘酒厂。考察期间，经销商参观厂区车间，听取今世缘酒业有限公司董事长兼总经理周素明、双沟酒业工贸总公司总经理沈宏良的情况介绍，通过考察，亲眼看到两大酒厂的实力、规模和发展现状，更加增添经营苏酒的信心和决心，并与厂方就工商联合、产销对接、开拓市场、共谋发展等议题达成共识，找出厂商合作实现共赢的新模式，促进共同发展。

（10）组织部分会员单位赴烟台蓬莱葡萄酒业有限公司、四川高洲酒业有限公司、熊猫王酒业有限公司考察洽谈合作事宜，取得较大进展。

（11）省酒协于2009年5月22日在南京京西宾馆召开常务理事会；2009年11月27日在南京京西宾馆召开二届四次理事会，审议通过了上报有关筹建省酒类行业协会的文件。

（12）面向社会，服务消费者，让老百姓喝上“放心酒”。加强行业自律，落实商务部有关文件精神，积极组织“诚信经营示范店（公司）”创建活动，规范市场秩序，杜绝假冒伪劣酒流入市场，把诚信经营放在协会工作的重中之重，带动整个行业诚信经营、健康发展。营造放心酒销售的良好氛围，让老百姓喝上放心酒。省酒协已做好实施方案，报省经信委批准后即将启动“诚信经营示范店（公司）”活动。

（13）发展新的会员单位。

浙江

2008年浙江啤酒行业综述

2008年，在国内外经济不景气的大环境里，浙江省啤酒产业脚步走得比较沉重，啤酒产销量和经济效益双下滑，但也不乏自身的亮点。

一、啤酒生产在12个月中“4升8降”是一种波浪式的下行走势

按统计部门数据，浙江省规模以上企业的产量为283.17万千升，比上年下降2.88%。按行业统计数据，全行业总产量为296.90万千升，比上年下降3.98%。啤酒销售量比上年下降3.48%，销售收入下降1.05%。2008年，是进入新世纪以来浙江啤酒产销量首次下降的年份。

产销量下降主要有两个层面的原因：一是浙江省啤酒产量原有基数较大，人均占有量已高出全国和全球的一倍，加之近年来产能迅速扩展，产品相对供过于求，啤酒生产由市场调节，过去那种超常高速增长的时期已经不再。事物的发展过程总是螺旋式上升的，在一定时期，啤酒市场的起伏动荡不可避免。二是世界金融危机对经济的冲击和影响，也波及啤酒消费市场。消费人群有所变化，购买力有所减弱，大众消费水平有所下降。全省啤酒人均占有量从上年的61.14升降低到58.13升，减少3.01升，同比下降4.92%。

过去的一年，经济效益下滑，是近20年来第一次出现行业性亏损。据对占全省啤酒产销总量95%以上的20家主要生产企业的调查，2008年税利总额为91924.40万元，比上年下降19.74%。其中，税金下降4.75%，利润则出现一笔较大的负数。20家主要生产企业盈亏各半，盈不抵亏。其中盈利企业实现利润18231.80万元（包括个别企业营业外收入在内），比上年下降5.32%。在盈利企业中的出众者是浙江英博雁荡山啤酒有限公司。2008年，该公司的啤酒产量为11.25万千升，而税利总额破亿元，其中利润达到4801.30万元，千升啤酒的利润为426.92元，成为省内啤酒生产厂家的“效益状元”。

年亏损企业的亏损总额高达28717万元，比上年上升134.64%。其中，亏损千万元以上的6家亏损大户亏损额为27157.50万元（平均每户亏损4726.25万元）。发生高额亏损的主要原因，在总体上是企业成本费用过高，啤酒销售

价格过低。2008年，千升啤酒的主营业务成本上升120.25元，同比上升13.90%。营业费用、管理费用、财务费用也有不同程度的上升。而华润雪花啤酒（浙江）股份有限公司的总成本则有所下降，千升啤酒降低51.17元，同比下降3.59%。在啤酒销售价格方面，2008年，全省平均千升啤酒的销售价格为1686.74元。在旷日持久的价格战中，千升啤酒平均销售价格低于1995年（1763.94元）和2000年（1723.44元）的水平。

二、生产成本增加

随着新劳动法的颁布实施，民生保障的改善，劳动力成本增加。全省平均千升啤酒的劳动力成本为156.36元，比2007年上升18.46%。

三、重在调整生产结构

在竞争加剧的情况下，企业为适应市场需求，提高竞争能力，在调整产品结构、包装结构以及原料结构方面做出了巨大努力。啤酒产品继续向淡爽型、低度化方向发展，淡而不过、低而适度。2008年，啤酒麦芽汁浓度最低为7度，最高10度，全省平均为8.09度，比上年（8.73度）降低0.64度。有11家企业开发和批量生产淡爽型啤酒新品种18个。千升啤酒耗粮如按淡爽型啤酒实际产量计算则为111.81千克。生产销售淡爽型啤酒，不仅适应市场消费时尚，也节约了粮食资源。

啤酒产品包装向小型化、便捷化、礼品化、个性化发展。2008年，啤酒产品逐步向中高档提升，塑箱酒向纸箱酒转化。全省纸箱酒产量达75.16万千升，比2007年提高13.94%。纸箱酒占总产量的比例，由上年的23.64%上升到26.63%。

有利安全、方便消费、外型美观的500毫升以下小瓶啤酒产量45.24万千升，比2007年增长101.60%。小瓶酒占总产量的比例，由上年的7.72%上升到16.04%。

通过产品结构和包装结构调整，单位产品的附加值有了提高。2008年随着产销量下降，总的销售收入虽然相应下降，但千升啤酒的销售收入比上年增加41.35元，提高2.52%，约增收上亿元。结构调整的资金投入也相应增加。

为消化啤酒原料一度飞涨的巨大成本压力，通过改进工艺技术，进一步调整原辅料结构，减少大麦麦芽尤其是进口麦芽使用量，增加大米、淀粉、糖浆等辅料使用量。据对18家主要生产企业调查，啤酒麦芽的使用比例从2007年的72.87%降至2008年的57.30%。在麦芽的使用量中，进口麦芽占26%，国产麦芽占74%，有效提高了原料的国产化程度，降低了啤酒制造成本。

四、节能降耗取得明显成效

为了推进循环经济，全行业实施清洁生产。千升啤酒的综合能耗全省平均为57.47千克，比上年下降3.88%。90%企业啤酒产品单位的综合能耗达到浙江省地方标准的限额指标，并且大大低于标准规定的消耗水平。啤酒工业万元产值能耗，全省平均为320.88千克，比上年降低5.75%。啤酒工业万元增加值能耗，全省平均为762.36千克，比上年降低7.98%。

啤酒生产的物质消耗水平全面降低，各项消耗指标全面进步。2008年，全省平均折成11度千升啤酒耗粮为152.46千克，比上年降低1.72%（计节粮7529吨）；千升啤酒耗标煤为48.41千克，同比降低4.18%（计节标煤5950吨）；千升啤酒耗电63.46千瓦小时，同比降低1.18%（计节电214万度）；千升啤酒耗水为4.91立方米，同比降低8.08%（计节水121万立方米）。物质消耗水平的降低，不仅节约资源，也相应减少了废水、废气、废物的排污量，促进了环境保护。

五、技术进步和技术改造有较大进展

据不完全统计，全年固定资产实际投入63419.64万元，比上年增长56.88%。固定资产的投入，重点是扩容改造和建设。

在就地扩改方面，华润雪花啤酒（嘉兴）有限公司对原有18万千升的产能中淘汰5万千升老设备，新增4万瓶/小时淡装线2条，以及相应的糖化、发酵、动力等设施，扩改后形成了32万千升的年产能力；杭州千岛湖啤酒有限公司新厂完成了年产能扩大到22万千升的工程，并且新增了易拉罐生产线。

在易地扩改新建方面，舟山英博啤酒有限公司年产啤酒20万千升的新厂已建成投产；衢州英博国光啤酒有限公司易地建设年产啤酒20万千升的新厂基本完成，即将投入运行（投资额尚未统计在内）；华润雪花啤酒（宁波）有限公司建设年产啤酒40万千升的新厂拉开序幕，将在2009年局部投产（投资额尚未统计在内）。

其他企业的技改投入主要是对原有设备的填平补齐和

改进节能降耗措施，以及完善环保设施。

浙江省啤酒生产能力的持续扩大，有利于加速企业设备更新换代，提高装备的现代化水平，同时，也意味着竞争程度加剧，产生新的竞争格局。

六、新的一年，对外开放早、力度大、变化快，是浙江啤酒产业的一大特点

鉴于浙江的经济发展、区域位置、消费市场等的比较优势，国内外著名的啤酒集团先后落地生根，覆盖全省。企业产权性质、生产规模、组织结构发生根本变化，行业资源聚集和集中度提高，原先那种“低、小、散”的历史已经结束，行业与国际接轨，加速了一体化进程。2008年，全省规模以上企业的啤酒产量283.17万千升，合资和外资企业产量达到达276.26万千升，占全省总产量的97.56%。其中由外方绝对控股和外商独资企业的产量为227.30万千升，占全省总产量的80.24%（这里面仅英博啤酒和华润雪花啤酒两个集团公司所属企业的产量达191万千升，占全省总产量的67.43%，占三分之二）；燕京、重啤、青岛集团所属企业的产量为49.03万千升，占全省总产量的17.31%。各啤酒集团对子公司企业的销、供、产和人、财、物实行集中统一管理，同时对所属企业的质量管理、产品开发、技术交流、人员培训等活动，也强化了垂直运作。

2008年浙江啤酒协会工作情况

面对行业变革的新变化，省级行业协会的工作内容和活动空间也面临新的课题。一年来，在积极参与全国啤酒协会各项活动并贯彻其统一部署任务的同时，主要是加强信息工作，建设信息平台，搞好信息服务。

一、通过各种途径，深入调查研究

及时了解与掌握金融危机和经济危机对啤酒行业带来的影响程度，具体分析本省啤酒经济出现下行走势的多种原因，根据党和政府当前发展经济的重大战略方针，把握新形势下的行业发展导向。在困难和挑战面前，研究行业发展创导什么，防止和避免什么，这是搞好信息服务的基础和前提。

二、按时发布行业综合信息

每月编发一期《浙江啤酒信息》，反映行业走势中的产销情况、节能降耗、技术进步、结构调整、市场竞争、循环经济等内容。同时采集和反映国外啤酒行业的新动态、新变化、新趋势、新水平，进行上下左右传递。

三、坚持月度生产快报制度

每个月生产结束后，一般在三天之内，将各企业的生产进度，以每月编发一期的《行业内参资料》为载体，快速反馈到各企业。对一些不宜对外发布的各企业经济指标完成情况数据，亦在《行业内参资料》中向相关企业进行内部传递。由于这些数据的准确性和时效性，普遍受到各企业的高度关注。

四、定期进行行业经济活动分析

每个季度对啤酒生产企业的产品产量、产品销售、能耗物耗、企业成本、实现利润、盈利状况等20多项指标的完成情况，进行综合分析比较，排出单位名次，及时进行通报。

五、召开了浙江省啤酒行业第22次专业统计工作会议

会议总结交流统计工作情况和经验，研究进一步提高统计工作质量和水平，评选表彰2007年专业统计先进工作

者，并且部署了有关生产经营中的各项调查工作。经过多年努力，我省啤酒行业建立起了准确及时、信息共享的行业统计体系，科学统一的计算方法体系，职责明确、严格有效的工作质量控制体系，服务水平不断提高。随着统计报表、交换资料、统计分析等通过电子邮件发送，电子信息技术在统计工作中的广泛应用，有效促进了统计资源和业务流程的优化配置，丰富了统计信息量，提高了统计工作效率。

2009年是极富挑战性的一年。全球金融危机和经济危机的蔓延和冲击，加上行业内部的其他因素，啤酒产业的发展环境或许更加复杂和严峻。我们要勇于面对困难，敢于直面挑战，更加奋发有为，逆势而进。新的一年，要坚决贯彻执行党和政府关于发展经济的重大战略方针，以及保增长、扩内需、重民生的一系列政策措施。要千方百计遏制行业经济下滑的局面，促进平稳健康发展。要认真严肃地贯彻执行新颁布的《中华人民共和国食品安全法》，以三鹿奶粉事件为鉴，诚信创业，诚信经营，承担社会责任。要在推进技术进步、加强科学管理、优化产品结构、节能降耗减排、促进循环经济、转变发展方式以及改善竞争环境、改进协会服务等方面，继续做出应有努力，在科学发展观指导下，创造新的业绩，迎接新中国成立六十周年。

2009年浙江啤酒行业综述

流年似水，历史又翻开了新的一页。回眸2009年，在国内外经济不景气的大环境下，浙江省啤酒产业在爬坡越坎中，较上年打了一个平手，不同企业交出了不同的答卷。行业状况向两极分化，企业之间的差距明显拉大。

一、啤酒产销水平与2008年基本持平

直报省啤协的20家主要生产企业，全年啤酒产量为2822922千升（占全省行业总产量的96%），比上年增长0.27%。行业全部产量2940512千升，接近上年水平。产销率为99.47%，比上年提高0.9个百分点。

按地区分析：全省11个市，其中杭州、宁波、嘉兴、金华、台州等5个市生产有不同程度增长，其余6个市生产不同程度下降。

按主要企业集团分析：百威英博啤酒（8家工厂）的产量1031214千升，同比下降11.02%；华润雪花啤酒（5家工厂）的产量961189千升，同比增长28.09%。

行业的整个走势前高后低。即上半年产量1288803千升，同比增长2.86%；下半年产量1534189千升，同比下降2.07%，主要是第3季度旺季欠旺，产能爆发力未得到有效发挥。

二、啤酒产品销售收入有所提高

随着消费需求的变化，逐渐调整产品结构，开发和增加附加值较高的产品生产。主要企业的产品销售收入为473419万元，同比增长2.78%；千升啤酒的平均销售收入为1689.32元，同比增长0.17%。

提升产品档次。生产质量优良、消费方便、外型美观的500毫升以下的小瓶啤酒达435071千升，比上年增长41.45%。

市场开拓有进展。期内销往省外市场的啤酒销量152913千升，比上年增长17.46%。

三、企业总的成本费用有所降低

全省平均每千升啤酒成本费用为1484.24元，比上年降低54.55元，下降3.54%，构成成本的四项费用呈“三减一增”；千升啤酒主营业务费用下降5.68%，营业销售费用下降1.52%，财务费用下降33.92%，管理费用上升12.15%。

四项费用占总成本比重分别为：主营业务成本占62.64%；营业销售费用占24.46%；财务费用占1.48%；管理费用占11.42%。

四、经济效益有所改善

年度行业性亏损依然存在，但是税金贡献较大，企业盈亏结构发生有利变化。

据不完全统计，20家主要生产企业（不含“华润宁波”），实现税利总额92841.60万元，比上年增长13.88%。其中，实现税金105504.70万元，因行业有亏损因素，故税金大于税利总额。

期内，主要生产企业中有10家盈利，实现利润28604.60万元，比上年增长144.16%。说明盈利企业趋于相对集中。

期内，主要生产企业有9家亏损，亏损总额41267.70万元，增亏幅度比上年上升27.31%。其中7家亏损大户的亏损总额达40483万元，占亏损总额的98.10%。说明亏损企业也比较集中。

上述主要生产企业盈亏相抵后年度净亏额12663.10万元，比上年的20699.50万元减少亏损8036.40万元，减亏总额下降38.82%，说明行业经济状况发生积极变化。

五、节能降耗取得明显成效

过去一年，全省各啤酒生产企业推进循环经济，实施清洁生产，加强环境保护，努力节能降耗，使各项工作有机结合，整体推进；把它作为贯彻落实科学发展观，转变经济发展方式，实现可持续发展的战略举措，并且在实际运行中取得明显成效，啤酒生产的能源与物质消耗指标全面进步。

年度啤酒产品单位综合能耗全省平均50.54千克，比上年降低12.60%，万元工业产值能耗平均286.92千克，同比降低11.83%。

年度啤酒生产的各项物质消耗水平全面降低：全省平均千升啤酒耗粮150.37千克，比上年降低1.37%；千升啤酒耗标煤41.84千克，同比降低13.57%；千升啤酒耗水4.40立方米，同比降低10.87%；千升啤酒耗电61.62千瓦小时，同比降低2.89%。

六、改善民生，员工报酬提高

2009年，人均劳动报酬每月为2543元，比上年增长15.80%。同时，劳动力成本也相应有所增加，平均千升啤酒的劳动力成本为166.09元，比上年提高6.22%。

回顾一年来的行业业绩，只能说是恢复性发展，还不能断论为趋势的变化。因为导致行业业绩下滑的总根源依然存在。浙江省啤酒产业现阶段存在的问题，主要是产能相对过剩的矛盾突出，三年来经济效益持续下滑。

浙江经济发展较快，地理环境有比较优势，是啤酒产能比较集中的省份之一。啤酒产业也是对外开放较早，竞争比较充分的一个行业。目前全省主要生产企业已全部由外资独资或控股、国内大集团独资或控股经营。近几年新建、扩建声势大，速度快，即使在金融危机风暴袭来之际也未歇过脚。不断膨胀的啤酒产能和相对有限增长的消费需求形成强烈反差。

应当充分肯定，在外来资本参与行业整合和工厂兼并过程中，运用资本优势，引进先进技术和管理经验，新建、扩建企业采用先进装备更新换代，应用新技术、新工艺，强化啤酒科研平台建设，以先进理念整合品牌和市场，这些对于提高行业整体素质，做强做大，推进啤酒产业国际化，都具有深远意义。

产能相对过剩，主要由两方面情况形成。一是微观与宏观的矛盾。有些企业在自我扩张中，其规模和布局，从自身发展的需要看，往往认为是非常合理、十分必要的。而从宏观层面看，在必要调控手段缺失的情况下，往往扩大了产销矛盾。二是淡旺季节的矛盾。浙江地处南北之间，由于地理气候和传统消费习惯原因，淡季和旺季差别很大。5～9月5个月旺季产销量约占全年总量的三分之二，其余七个月约占三分之一。最高和最低月份的比例一般为1：5或1：6。现今啤酒工厂的建设和扩容，往往按照适应旺季爆发力设定和平衡，产能的整体性和运行季节的不均衡性，造成总的产能过大，固定成本增高，这是一个在客观上不易破解的难题。目前，全省已经和正在形成的啤酒生产能力近600万千升。

浙江面临的情况是，一方面产能过剩，另一方面全省人均占有量已高出全球和全国约1倍左右，处于各省的领先水平。从长远看，啤酒产业有巨大的发展空间和市场潜力。我国是发展中国家，拥有13亿人口，这种空间和潜力比世界上任何国家都大，但在前进中有起伏过程。近几年来，我省啤酒产销量未增，而常住人口不断增长，人均占有量呈现逐渐下降态势（2007年人均61.14升；2008年人均58.13升；2009年人均56.76升）。可以说，至少在短期内啤酒消费量不太可能会有大幅直线上升。

啤酒，不是被垄断的为少数人群享用的奢侈品；而作为低酒精度营养饮料，是当今社会生产量最高、消费量最大、覆盖面最广的酒种，已成为城乡居民日常生活中不可或缺的大众快速消费品。其市场行为，完全由供求关系决定。产能过剩，消费有限增长，必然导致价格战、促销战升级，竞争走向白热化。时下的啤酒市场好似众僧面对一锅粥，你多我少，此消彼长。有些企业不得不采取权宜之策，“赔钱赚吆喝”，无奈做出牺牲利润保市场的抉择。

市场经济规律不以人们意志为转移，竞争无情而残酷，“物竞天择，适者生存”。我国与啤酒工业发达国家比较还有一段距离，啤酒产业真正做强做大，啤酒市场真正做到理性、有序、健康、成熟，还有漫长的路要走。在啤酒工业规模化、集团化进程中，在资本市场以资本为王的时代，浙江省“大鱼吃小鱼”的演绎已基本结束。岁月流转、大浪淘沙，机会总是留给有准备的人。啤酒产业将在竞争中从“必然王国”走向“自由王国”。

2009年浙江啤酒工业协会工作情况

一、把握新形势下的行业发展导向

先后走访各主要生产企业，及时了解重点企业的发展变化动态，着重研究在转变经济发展方式中节能降耗减排等方面的情况。发掘先进，总结经验，予以推广，促进资源节约型和环境友好型企业的建设。

二、发布行业综合信息

每月至少编发一期《浙江啤酒信息》，反映行业运行中的产销情况、节能降耗、技术进步、安全生产、环境治理、调整结构、市场开拓、循环经济等多方面内容，沟通行业信息。采集和反映国内外啤酒行业的新动态、新变化、新趋势、新水平，进行上下左右传递。

三、定期进行行业经济活动分析

每个季度和半年度对啤酒生产企业的产品产量、产品销售、能耗物耗、企业成本、实现税利、盈亏状况等各项经济技术指标的完成情况，进行综合分析比较，排出单位名次，及时进行通报，为企业领导正确判断行业走势，适时作出生产经营决策，提供了有效参考。

四、实行月度生产快报制度

每个月的生产活动结束后，一般在三天之内，协会将各企业的生产进度，通过《行业内参资料》，快速反馈到各企业。由于这些数据的正确性和及时性，普遍受到各企业的高度关注。

五、召开了浙江省啤酒行业第23次专业统计（信息）工作会议

这次会议在交流工作情况和评选表彰2008年先进工作者的同时，着重总结了近些年来完善统计工作、搞好信息服务的经验。随着行业自身发展，适应信息时代需求，专业统计健全工作机制，扩大统计范围，延伸服务领域，提高分析水平，实现统计工作的制度化、规范化和专业化。

六、组织参加培训活动

临近岁末，动员和组织10家主要生产企业的有关人员，参加全国啤酒行业的“特训班”，为参加“2010届国家级啤酒评酒委员”的考评选拔和首期国家“品酒师”资格鉴定作必要的准备。

安徽

2008年安徽酒业综述

2008年是极不平凡的一年，是党和国家各项事业取得伟大胜利的一年，是中国国际威望空前大提高的一年，更是中华民族精神大升华的一年。在这伟大的一年里，安徽省酿酒行业在省委、省政府的坚强领导下，依靠全体职工共同努力，战胜种种困难，取得平稳发展。全年共完成：

饮料酒总产量228.62万千升，同比基本持平，其中：

白酒	29.00万千升	同比增长18.57%
啤酒	139.04万千升	同比增长-0.5%
黄酒	1.6万千升	同比增长-17.46%
葡萄酒	4135千升	同比增长18.58%
酒精	54.98万千升	同比增长-2.62%

工业总产值136.03亿元，同比增长13.06%，其中：

白酒	89.74亿元	同比增长17.82%
啤酒	29.33亿元	同比增长3.94%
黄酒	5.06亿元	同比增长40.07%
葡萄酒	3361万元	同比增长20.5%
其他酒	4.65亿元	同比增长18.99%
酒精	6.91亿元	同比增长2.26%

工业销售产值131.24亿元，同比增长13.04%，其中：

白酒	87.22亿元	同比增长15.85%
啤酒	28.13亿元	同比增长3.95%
黄酒	4.42亿元	同比增长36.14%
葡萄酒	3320万元	同比增长27.62%
其他酒	4.62亿元	同比增长28.43%
酒精	6.52亿元	同比增长4.1%

出口交货值（主要是白酒和葡萄酒）3.47亿元，同比增长15.12%。

2008年1～11月份完成：

主营业务收入108.95亿元，同比增长12.4%，其中：

白酒	71.44亿元	同比增长12.4%
啤酒	26.96亿元	同比增长10.4%
黄酒	3.86亿元	同比增长62.1%
葡萄酒	1950万元	同比增长41.7%
其他酒	1.62亿元	同比增长71.3%
酒精	4.87亿元	同比增长-10.7%

税金17.05亿元，同比增长18.3%，其中：

白酒	11.87亿元	同比增长30.9%
啤酒	4.67亿元	同比增长-3.4%
黄酒	1943万元	同比增长-3.6%
葡萄酒	137万元	同比增长12.3%
酒精	2908万元	同比增长-1.0%

利润总额5.31亿元，同比增长9.5%，其中：

白酒	5.52亿元	同比增长43.7%
啤酒	-7204万元	同期+4593万元
黄酒	1310万元	同比增长12.9%
葡萄酒	78万元	同比增长-63.9%
其他酒	78万元	同比增长-63.9%
酒精	3579万元	同比增长-7.0%

由上可见，安徽省酿酒行业的形势从总体上说是好的。之所以能在重重困难的情况下取得这样好的成绩，总的来说，是党的改革开放政策指引的结果；是各级党委、政府及有关部门、有关单位关心支持的结果；是全行业干部、职工、科技人员艰苦奋斗、团结奋战的结果；最重要的是坚持科学发展观，同时不断进行创新的结果。

2008年安徽酒业协会工作情况

2008年是极不平凡的一年，是党和国家各项事业取得伟大胜利的一年，是中国国际威望空前大提高的一年，更是中华民族精神大升华的一年。在这伟大的一年里，安徽省酿酒行业在省委、省政府的坚强领导下，依靠全体职工共同努力，取得新的发展，做出了新的贡献。

（1）召开了省酒协一届三次常务理事（扩大）会议　会议由安徽皖酒制造集团有限公司承办。协会会长、副会长、秘书长、副秘书长、常务理事、有关单位代表、新闻媒体记者共52人参加会议，蚌埠市政府、市经委、省经济记者协会、省女记者协会领导到会指导。会议特别邀请中国食品工业协会白酒专业委员会副主任、专家委员会主任、北京市酿酒工业协会会长、著名白酒专家高景炎参加会议并作了《坚持创新、永葆白酒青春活力》的报告，从为什么要创新，讲到行业创新的动态，包括采用原料及加工的创新、制曲原料及加工的创新、酿酒工艺的创新等等，给大家上了生动的一课。古井贡酒股份有限公司董事长王锋、皖酒制造集团有限公司董事长梅长志、口子酒业股份有限公司常务副总经理张国强、文王酿酒股份有限公司董事长刘素敏、迎驾贡酒有限公司总经理叶玉琼作了大会发言，交流了生产经营等方面的情况，反映了存在的问题。会议表彰奖励了2007年白酒优秀论文11篇，协商通过了有关事项。最后，安徽省政协原副主席，安徽省酒业协会会长季家宏作了重要讲话，他对会议情况进行了总结，对全省酒业发展作了分析，要求全省酒业解放思想，坚持改革，贯彻科学发展观，勇于创新，为促进安徽省酒业又好又快发展做出新贡献。这次会议规模大，规格高，主题好，各方重视，圆满成功。

（2）召开了省白酒评委第二届年会　年会由安徽迎驾贡酒有限公司承办。安徽省的国家白酒评委、省白酒评委、特邀评委、新闻媒体，有关方面代表共38人参加会议。省酒业协会副秘书长、专家委员会主任张国强主持了质量检评。年会共收到各厂选送酒样18个，采取按酒度分组，密码编号，密码品评，评委点评，然后公布产品。每个酒的评语由专家组汇总，写成综合评语返回给企业。通过检评可以看出，安徽省白酒质量水平有了普遍提高，具有区域特点的淡雅风格已独树一帜，窖香幽雅，醇厚绵柔，纯正尾净，酒体协调。有的厂还把研发的新产品送来请评委点评。对个别产品存在的问题，评委们也开诚布公地予以指出，并提出改进意见。评酒中还增加了对评委评酒能力再培训的内容，对评委评酒水平的再提高很有帮助。省酒业协会常务副会长李文汉主持了技术交流。年会共收到论文13篇，其中11篇进行了大会交流，2篇进行了书面交流。从中可见，今年技术论文的水平比上届有了普遍提高，范围更广泛，内容更丰富，有生产工艺、质量提高、酒贮变化、制曲、酒文化、循环经济等各个方面，说明评委们对白酒科学技术进行了更深入地研究，可喜可贺。最后，李文汉作了总结性发言，指出年会主要是“两个内容，两个提高，两个促进”，就是通过质量检评和技术交流，达到产品质量的提高和评委评酒水平的提高，促进行业的科技进步和又好又快地发展。同时通报了白酒行业经济运行情况，要求大家认清形势，提高危机感和加快发展的紧迫感，解放思想，坚持改革，勇于创新，全行业团结起来，共同努力，促进安徽省白酒快速发展，为促进安徽省经济发展作贡献。年会在参观了迎驾集团生产现场后圆满结束。

（3）组织企业参加苏鲁豫皖第五届白酒峰会　峰会于2008年9月18日至9月22日在江苏举行。参加会议的有四省协会领导，骨干企业领导。国家白酒评委、江苏省经贸委，宿迁市委、市政府及有关部门领导。新闻媒体及有关单位代表。

这次峰会的主要成果：①对苏鲁豫皖白酒四年发展作了总结。四省的交流合作进一步增强，促进了共同发展，四省峰会在行业的影响越来越大。突出表现为：一是产量持续增长；二是销售快速攀升；三是风格不断彰显；四是品牌优势凸现；五是市场不断扩大；六是骨干企业主导作用突出；②通过质量品评，对四省淡雅白酒的发展作了肯定。这次峰会共收到酒样37个，通过品评，从总体上讲，四省淡雅白酒的水平，一届比一届高，这届送样的水平，是历届来最高的，没有一个酒有异杂味。低度酒和降度酒的水平已经达到国家名酒的水平，高度酒和国家名酒相比，某些方面稍逊。芝麻香型酒的发展，有了很大增长，这是其他地区没有的。通过五届的努力，苏鲁豫皖白酒已经出现了一个新的良好势头；③对进一步促进四省白酒战略共赢作了研讨。有8位企业家老总作了大会发言，从不同方面进行了阐述，认为应从以下几个方面努力：一是深化战略共识，拓展协作内涵；二是打造苏鲁豫皖白酒领军企业和领军品牌，形成健康有序的产业格局；三是强化创新，增强发展活力；四是加强联动协作，建立协调机制；④对拓展白酒市场，特别是进夜场问题进行了试验研究。通过试验表明，清香型白酒进夜场大有希望。

（4）召开全省黄酒发展座谈会 海神黄酒集团承办了这次会议。全省黄酒主要生产企业的董事长、总经理、庐江县政府领导、新闻媒体代表参加了会议。会议就如何加快安徽省黄酒发展进行了热烈的座谈。与会人员一致认为，近年来安徽省黄酒取得了较好的发展，形势喜人，面临非常好的发展机遇，协会一定要抓住这个难得的时期，坚持改革，解放思想，迎势而上，促进安徽省黄酒又好又快地发展。为此，一要坚持科学发展观，开拓创新。在产品、营销、管理等方面都要与时俱进，适应时代的变化，适应消费者的需要；二要坚持质量第一，把质量看成是企业的生命，时时刻刻抓住不放，以质量赢得消费者的信赖，以质量促发展；三要调整产品结构，在继续抓好佐料酒、外加工酒的同时，加快发展饮用型黄酒，开发高档次干型、半干型黄酒，低酒精度清爽型黄酒，功能型、保健型黄酒；四要加强团结，加强交流，相互学习，相互支持，不打内战，携手共进；五要加强宣传，引导消费。要宣传黄酒的特点，宣传黄酒文化，宣传特色品牌，使消费者了解黄酒，促进黄酒消费；六要做好节能减排，综合利用。依靠科技，节能降耗，治理污染，变废为宝，提高经济效益。

（5）参加中国酿酒工业协会三届五次理事（扩大）会议和中酒协啤酒分会三届一次会议 协会领导把行业最新信息和动态传递给企业和有关部门，并先后陪同中酒协领导和白酒分会领导考察了古井、口子、双轮、金种子等企业，使他们进一步了解安徽酒业，更好地支持安徽酒业。

（6）热情接待河南省白酒考察团 考察团由河南省酒业协会会长亲自带队，包括河南省14家白酒骨干企业的董事长、总经理、销售经理、技术部长、国家评委共37人。由省酒协常务副会长兼秘书长李文汉，省轻工协会处长、酒业协会副秘书长关京安全程陪同。先后考察了安徽省古井贡酒股份有限公司、双轮酒业股份有限公司、金种子集团、迎驾集团、口子酒业股份有限公司，考察团先参观生产现场，后双方举行座谈，就企业经营情况、市场营销、品牌建设、企业文化等方面的做法和经验进行交流。考察团高度赞扬安徽省白酒业的快速发展，高度评价安徽省白酒的良好质量，对各企业的厂容厂貌、现场管理、企业文化、营销运作、品牌建设等所取得的成绩感叹不已。协会从双方的交流，特别是河南白酒近几年来的快速发展中学到了很多经验，对加快安徽省白酒发展很有借鉴意义。

（7）参加双轮酒业考察团赴省外进行考察 为学习外省经验，双轮酒业股份有限公司组织了由公司领导、生产和质量部门领导、车间领导组成的考察团，先后考察了山东兰陵酒业、扳倒井酒业、江苏今世缘酒业、双沟酒业和江南大学。通过考察，使协会看到了兄弟省白酒发展的强劲势头和前景，了解了他们的做法和经验，更加清醒地认识到自身的不足和差距，增强了加快发展的紧迫感和自信心。

（8）制定了《安徽白酒业发展指导意见》（草案） 从白酒业的地位和作用、安徽省白酒业发展状况、发展趋势和市场分析、发展安徽省白酒业的意见四个方面，对白酒和安徽省白酒发展情况作了总结，对今后发展的指导思想、发展目标、措施提出了意见，上报省经委，以取得对白酒行业的支持。

（9）与省经委经济运行局、省轻工协会联合召开部分白酒骨干企业座谈会 了解白酒业发展情况及受世界金融危机影响情况，反映企业的呼声和要求，对促进安徽省白酒发展的措施和政策提出建议，协助省经委制定指导安徽省白酒发展的意见。同时，向省委、省政府有关部门提供向领导汇报安徽省白酒发展情况的资料，使他们了解安徽白酒，重视和支持安徽白酒的发展。

（10）做好每季度一次的啤酒统计报表工作 并将汇总表上报中酒协啤酒分会，发各啤酒生产企业，交流了信息，促进了发展。

（11）试办《安徽酒业简报》 已出两期，为创办《安徽酒业》杂志打基础，创条件，各方反应良好。

（12）与安徽电视台联合举办2008年全省酒业精英春节大拜年活动 古井、沙河、宣酒、九华山等企业参加，在春节期间播放，向广大消费者宣传安徽酒类产品，使他们更加了解，更加喜爱，多消费安徽省酒类产品。协助省电视台现场采访国家高级品酒师，介绍白酒评酒——评酒师如何评酒、评酒师肩负的重任，使广大消费者了解，为了保证酒类产品质量，评酒师所付出的艰辛劳动等。

（13）先后参加金种子、古井、明光、双轮、宣酒、古南丰、沙河、文王、淮南酒类商业协会等单位的会议和活动，为企业呐喊助威，不失时机地宣传安徽酒业，争取各方支持，共促安徽酒业发展。

（14）受省经委委托，参加白酒生产许可证复查工作，全年共考察24家企业。

2009年安徽酒业综述

2009年，是21世纪以来我国经济社会发展最为困难的一年，也是我们砥砺奋进、经受严峻考验的一年。面对历史罕见的国际金融危机严重冲击和自然灾害频发等困难和挑战，以及税率调整等因素影响，安徽省酿酒行业在省委、省政府坚强领导下，各企业领导班子，积极实践王金山书记对酒行业的重要指示，坚持科学发展观，紧紧依靠全体职工，坚定信心，从容应对，危中寻机，团结拼搏，继续保持了良好的发展势头，为扩大内需、促进发展做出了新的贡献。全年共完成：

饮料酒总产量261.59万千升，同比增长10.6%，其中：

白酒	29.71万千升	同比增长10.2%
啤酒	156.48万千升	同比增长11.6%
黄酒	15.37万千升	同比增长163.6%
葡萄酒	640千升	同比增长-78.3%
酒精	59.97万千升	同比增长-5.2%

工业总产值 170.32亿元，同比增长29.9%，其中：

白酒	110.61亿元	同比增长28.8%
啤酒	33.97亿元	同比增长15.4%
黄酒	11.75亿元	同比增长120.0%
葡萄酒	2798万元	同比增长-16.7%
其他酒	1.68亿元	同比增长71.4%
酒精	12.03亿元	同比增长31.7%

工业销售产值162.71亿元，同比增长29.0%，其中：

白酒	106.26亿元	同比增长28.2%
啤酒	32.59亿元	同比增长15.4%
黄酒	10.54亿元	同比增长133.2%
葡萄酒	2798万元	同比增长-15.7%
其他酒	1.67亿元	同比增长72.2%
酒精	11.37亿元	同比增长23.7%

2009年1～11月份完成：

主营业务收入137.2亿元，同比增长25.9%，其中：

白酒	91.80亿元	同比增长27.2%
啤酒	29.93亿元	同比增长14.7%
黄酒	5.04亿元	同比增长24.1%
葡萄酒	3139万元	同比增长61.0%
其他酒	1.46亿元	同比增长55.3%
酒精	8.66亿元	同比增长8.3%

税金23.23亿元，同比增长36.2%，其中：

白酒	16.76亿元	同比增长46.0%
啤酒	5.17亿元	同比增长18.5%
黄酒	2220万元	同比增长14.2%
葡萄酒	152万元	同比增长10.1%
其他酒	689万元	同比增长291.5%
酒精	3727万元	同比增长-5.0%

利润9.27亿元，同比增长74.5%，其中：

白酒	8.27亿元	同比增长49.3%
啤酒	6708万元	同期-4875万元
黄酒	2974万元	同比增长127.0%
葡萄酒	189万元	同期-163万元
酒精	-1624万元	同期4087万元

2009年安徽酒业协会工作情况

一、召开了省酒协一届四次常务理事会（扩大）会议

此次会议由安徽口子酒业有限责任公司承办。协会会长、副会长、秘书长、副秘书长、常务理事、部分骨干企业领导、有关方面代表参加会议。会议的主要内容是进一步贯彻科学发展观，落实省委书记王金山关于发展安徽省酒业的重要指示，总结2008年的工作，研究部署2009年的任务，加强食品安全意识，提高抵御金融危机能力，促进安徽省酒业又好又快地发展。

二、召开了省白酒评委第三届年会

年会由安徽宣酒集团有限公司承办。安徽省的国家白酒评委、省白酒评委、特邀评委、部分骨干企业的技术骨干参加会议。年会的主要内容一是质量检评；二是技术交流；三是参观宣酒集团。检评按标准的评酒规范进行。从检评情况看，各厂所送产品质量都很好，各具特色，说明了：一、安徽白酒学创结合，正在形成自己的风格；二、老名优酒继续保持了较高的质量水平；三、新名酒紧跟时代步伐，发扬传统，敢于创新，进步明显；四、包装新颖。但也暴露一些不足，有的酒欠爽净。从评委情况看，有的评委的品评技能尚不够老到，亟需继续提高；有的对自己厂的产品很熟悉，但对外厂产品把握欠佳。年会共收到论文11篇，有10篇在大会上进行了交流，1篇进行了书面交流。内容涉及工艺技术、质量综述、标准研究、香型见解、新产品开发等各个方面，可谓百花齐放。

三、调查研究，服务企业

协会领导先后深入金种子集团、双轮酒业、文王酿酒、皖酒集团、明光酒业、庐江啤酒、九华山啤酒、宣城啤酒、含山啤酒、重啤集团安徽管理公司等企业进行调查研究，了解企业发展情况、工作经验、食品安全、金融危机带来的影响、需要协会帮助做些什么工作等方面的情况。关于金融危机对酒行业的影响，除个别厂产品销往南方沿海一带稍受影响以外，其他尚未显现出来。但会员们表示要时刻静观其变，保持清醒头脑，及时主动做好应对措施，确保安徽酒业在金融风暴中健康发展。

四、先后举办“安徽省白酒产销对接会”和“2009年中国(亳州)酒类展销会”

为应对金融危机的影响，拉动内需，推动白酒销售，促进安徽省白酒业发展，安徽省经信委和亳州市人民政府联合召开安徽省白酒产销对接会，亳州市经委、安徽省酒业协会、安徽省轻工协会、安徽古井集团共同承办了这次会议。会议发布了“振兴白酒产业，促进安徽发展”倡议书，倡议全省白酒企业：一要重视产品质量，把消费者利益放在首位；二要倡导可持续发展，避免恶性竞争；三要加大技术创新力度，打造徽酒品牌优势；四要加强企业管理，努力提升白酒产业地位；五要坚持行业自律，塑造健康向上的企业形象。会议还组织各企业设立展台、展示产品、产销对接、洽谈、签约。通过对接会，一是使各级领导和有关部门，进一步了解安徽省白酒业的发展情况，及在安徽省工业经济和全国同行业中的重要地位；二是展示了安徽省丰富多彩的酒类产品；三是进一步了解安徽省白酒产品的良好质量、风格特点、消费者的认可度、美誉度，培育消费者的忠诚度；四是推动了销售。为巩固和扩大对接会成果，亳州市人民政府和安徽省酒业协会又在“2009年国际（亳州）中医药博览会暨第25届中国（亳州）中药材交易会”期间，共同主办了中国（亳州）酒类展销会。来自省内外近百家酒厂参加展销。该次展会办出了特色、办出了水平、办出了实效，展示出了安徽酒业琳琅满目的丰富产品和满足消费者不同需求的实力。

五、组织企业参加首届中国“新名酒”高峰论坛

论坛由中国酒类流通协会和《东方酒业》杂志社共同举办。全国著名白酒专家、部分省市酒协领导、22家区域强势品牌企业领导、30家全国实力派经销商、中央电视台及人

民日报等30家新闻媒体共140人参加。安徽省酒协及口子、双轮、迎驾、种子、皖酒5个企业参加。论坛由白酒权威沈怡方主持。与会代表围绕“后危机时代与‘新名酒’机遇”的论坛主题，以极大的热忱，对白酒行业当前发展的一些重大问题，“新名酒”企业如何做得更好、更大、更强，积极参与了研讨，取得重大成果：一是对“新名酒”概念达成共识。二是对“新名酒”的标准和条件进行了探讨。三是面对机遇和挑战，“新名酒”企业要以远大的战略眼光和胆识魄力，加快发展，迎接“新名酒”的春天。

六、加强与新媒体的联系与沟通

争取新媒体的支持，全面确切地报道安徽酒业。一直以来，不少人有一种说法，“安徽人会卖酒”，似乎是安徽酒业是靠会卖酒发展起来的。有的还指责安徽人的营销工作。对此，协会利用各种会议、媒体大力宣传安徽酒业，理直气壮地肯定安徽人的营销工作，鼓励支持各企业继续加强营销工作，创新营销。同时大力宣传安徽酒业能取得今天这样好的形势，是徽酒综合实力的体现，是协会认真做好个各方面工作的结果，绝不仅仅只是营销一个方面。安徽酒业大好形势的取得，总的来说，是改革开放的政策好，是科学发展观的指引，是各级党委政府及有关部门、流通行业、新闻媒体、各方面友好人士的共同支持。

七、热情接待湖北省酒业考察团

考察团由湖北省酒业协会会长喻赋广亲自带队，湖北枝江酒业、稻花香酒业、白云边酒业、三九酒业等企业领导，白酒国家评委组成。先后考察了安徽省口子酒业和古井集团。考察团先参观生产现场，然后和厂领导及有关方面负责人进行座谈。考察团详细询问了企业的生产发展、企业管理、企业文化、股票发行等方面的做法和经验，高度赞扬安徽省酒业、特别是两个厂的快速发展、良好的质量、灵活的市场运作、与国际接轨的先进管理、美好的发展前景。协会从双方的交流中，了解了湖北酒业，特别是稻花香、枝江酒业的飞速发展、产业链经济示范运作经验、宏大的发展目标，对我们启发很大，进一步促进了我们加快发展的紧迫感。

八、参加会员单位会议及活动

先后参加古井、双轮、金种子、宣酒、古南丰、明光、沙河、金裕皖、重啤集团安徽管理公司等单位的会议和活动，支持企业工作，促进企业发展。

九、积极做好省经信委交办的任务，继续参加白酒生产许可证复查工作

在考察中，严格按生产许可证的要求，查资料、看现场，宣传白酒行业的形势、政策法规，要求企业加强管理、规范经营、强化食品安全和生产安全，鼓励企业发展低价位白酒产品，满足城乡大众消费需求，占领低价位白酒产品市场，增加总量，促进安徽省酒业全面发展。

十、继续办好《安徽酒业简报》

报纸总共已出4期。将协会工作、领导指示、有关信息及时向有关单位汇报、沟通、交流，各方反应良好。

十一、继续做好协会年检、财务决算、组织条码复查及啤酒统计报表工作

但是，按照年度工作计划，有的工作没有做，主要是协会人手少、条件有限、力不从心。今后要进一步努力做好，特别是要下力气做好全行业齐心协力宣传工作，牢固树立团队思想，共谋安徽酒业发展。

福建

2008年福建轻工业联合会白酒、黄酒分会工作情况

2008年福建省轻工业联合会的工作取得了较大的进展，主要开展了以下的工作：

一、开展深度调研，做到心中有数

福建省白酒、黄酒企业获得QS证共计300余家，其中白酒企业76家，黄酒企业（包括白酒企业获得黄酒QS证）200多家。协会分别于年初和年末组织了两次酒类企业调研，得到了较为详细的资料，摸清了家底，为制定2009年酒类企业的发展做到心中有数。

二、开展白酒评酒活动

福建省白酒企业同省外相比，存在较大差距，为了尽快缩短这种差距，协会首先从白酒评酒开始，从数百种品牌中评出比较好的品牌，为制定福建省酒类发展规划，扶持企业成长打下基础。经过2个月的准备，这项工作从8月开始至10月结束，从900多个品牌中评选出38个优秀品牌，其中金奖品牌5个，银奖品牌6个。

2009年福建轻工业联合会白酒、黄酒分会工作情况

在领导的关心和各部门的支持下，2009年福建酿酒工业协会工作取得一定的实效，现汇报如下：

（1）完成《2010—2015年福建省酿酒工业振兴行动方案》起草，并召开酒类企业座谈会，听取意见和建议。《行动方案》通过专家评审、修改和补充，已经上报省经贸委。

（2）组织11家白酒、黄酒生产企业参加2009中国国际酒业博览会，为期3天，圆满完成任务，参展企业获得大会组委会颁发的“优秀产品奖”和证书。参展结束后，企业获得订单超过1000万元，产品远销北京、山西、河北、河南、广东等省，并在浙江、广东、河北等省建立总经销。

（3）对闽北、闽西、闽南酒类企业的生产经营环境、资金环境、市场环境进行调研，得到完整的资料，为向政府建言建策提供依据。

（4）对多家酒类生产企业进行管理咨询和规划设计，主要有武夷山赤诚酒业公司、黄华山酿酒公司、龙门泉酒业公司、西滨酒厂、和溪酒厂、星宇酒厂、利丰实业公司等。

（5）开展“福矛杯福建省白酒品酒技能竞赛”，31家企业40名选手参赛，竞赛得到中国酿酒工业协会、福建省总工会、福建省人保厅的支持，效果显著。

江西

2008年江西酒业综述

2008年，是极其不平凡的一年，雪灾的影响导致酿酒行业原材料价格进一步上扬，生产成本增加；三聚氰胺毒奶粉事件，引发了全社会对食品安全问题的关注，市场消费信心受到冲击；亚硝酸钠恶性传言，金融危机蔓延，加剧了酒类产品市场消费下降，生产萎缩，给酿酒行业带来了价格能否维持、销量能否增长的严峻考验，尽管如此，全省酿酒行业广大干部、职工团结一致，奋力拼搏，积极应对，共渡难关，表现出了强大的信心，战胜各种困难，保持了全行业平稳运行。

2008年全省酿酒行业广大干部、职工深入学习贯彻十七大精神，树立和落实科学发展观，深化改革，加大科技创新，以市场需求为导向，创新营销模式，进一步调整产品结构；以经济效益为目标，努力提高产品质量，完善酿酒装备；节能降耗，治理污染，着力转变经济增长方式，增强企业竞争力取得了较为显著的成绩。

一、产品产量稳定增长

2008年全省规模以上酿酒企业共生产酒类产品105.72万千升，同比增长7.1%。其中生产啤酒94.05万千升，同比增长8.09%，高于全国2.63个百分点，位居全国第十七位；生产白酒11.67万千升，同比下降0.26%，低于全国11.53个百分点，位居全国第十三位；生产黄酒436.20千升，同比增长263.50%。

二、主要经济技术指标大幅增长

2008年1～11月全省规模以上酿酒企业酒类产品销售收入50.02亿元，同比增长44.10%；上缴税金8.34亿元，同比增长20.52%；实现利润2.84亿元，同比增长25.66%。其中白酒销售收入31.95亿元，同比增长57.86%，高于全国27.92个百分点；上缴税金及附加5.35亿元，同比增长14.81%；实现利润2.21亿元，同比增长27.01%，低于全国9.78个百分点。啤酒销售收入18.57亿元，同比增长25.30%，高于全国8.87个百分点；上缴税金及附加2.99亿元，同比增长32.30%，实现利润0.63亿元，同比增长21.15%，高于全国24.06个百分点。从上述指标可以看出，去年全行业克服了原辅材料、包装材料、运输成本、水、电、煤等涨价因素的影响和化解雪灾、抵御金融危机等诸多不利因素的影响，保持了平稳运行态势，多数指标同比增长仍达两位数，盈利水平增强。但同时也应该看到，仍有相当一部分中小企业举步为艰，全省酒产品产量仅占全国份额的1.92%，其中白酒全国占比2.05%，啤酒全国占比2.29%，其他酒种更是微乎其微。大规模企业缺乏，全国性品牌稀少，企业竞争力不强，制约了江西省酿酒工业的发展。与全国产酒大省相比，江西省还有很大一段差距，求新思变，历来是中华民族的崇高精神，如何缩小与全国产酒大省的差距，振兴赣酒，打造更多的全国性品牌，上规模、增效益，增强科技创新能力，加快结构调整步伐，加速经济增长方式，做大做强企业和行业，提高全国占比份额，是今后相当一段时间，全省酿酒行业必须着力解决的重大课题。

三、加大科技投入，创新研发

在过去的一年里，经过全省酿酒行业科技人员的不断努力，通过加大科技投入，提高研发条件和手段，使江西省酿酒行业新产品硕果累累。南昌亚洲啤酒有限公司去年投资6853万元购置了锥形罐、电脑控制系统、烛形过滤系统、管线控制系统、防护系统、膜过滤系统等装备，提高了生产设备水平，改善了生产环境，使之达到了能够生产纯生啤酒的工艺要求。并研制生产了具有国内先进水平的新产品“8度纯生啤酒”，该产品已由国内知名啤酒专家参与了鉴定，顺利通过了省级鉴定，填补了江西省生产纯生啤酒的空白，去年投放市场3000余吨，产品供不应求。为适应市场需求，很多啤酒企业加快了推陈出新的速度，各种精品以及不同容量、不同包装形式的产品不断上市，以满足不同层次消费者的需求，去年500毫升以下瓶装啤酒增长比例较大。瓶装啤酒向小容量变化有利于安全性，有利于效益性，已逐步走出640毫升翠绿瓶装捆扎的尴尬，正向着个性化、多元化的方向发展。四特酒业有限公司去年投巨资购置了不锈钢勾兑罐群，日产30吨全自动灌装线，日产20吨保健酒生产线，提升了产品质量，扩大了产量，并相继研制开发生产了星级系列产品四特三星和四特四星酒；青花瓷系列产品45度天蓝旭红和45度云青瓷四特酒，进一步巩固了市场地位，扩大了产品的市场影响力，销售区域进一步得到了拓展。章贡酒业有限公司与四川发酵研究设计院合作建立了完善的检测研发实验室，借助酿酒大省的科技力量，提升企业的科技创新和研发能力，升华了酒体质量风格，进一步强化了品牌发展战略，增强了品牌延伸辐射力。采用先进工艺研制生产的10年醇和章贡王、15年醇和章贡王、章贡王原浆等高档产品热销市场，35度金品章贡王、38度珍品章贡王展现出产销两旺的喜人形势，2009年1月企业已实现销售收入超亿元。去年全省白酒行业加速了向中、高端，高附加值产品调整的步伐，通过科技创新，产品质量风格实现了多元化、差异化的发展。堆花实业有限公司研制生产的八年陈酿堆花；七宝山酒业有限公司研制生产的45度七宝金头曲、七宝窑酒；李渡酒业有限公司研制生产的新品李渡王；全粮液酒业有限公司研制生产的45度金如意全粮液、五年原酒全粮液均被市场看好，发展潜力较大。白酒是传统产业，传统的白酒企业更需要创新，更需要处理好传统的继承与创新的关系，唯有不断创新，革除传统的思维方式和墨守成规做法，才能提高企业的竞争层次和发展动力。

四、行业并购、扩建促进了行业发展

近几年，酿酒行业竞争异常激烈，行业洗牌，淘弱留强，已是有目共睹的事实。行业集中度越来越强，强者恒强的格局已成为突出亮点，并购和新建成为促进行业发展的助推器。2008年，南昌亚洲啤酒有限公司60万吨在南昌小兰工业园的扩建项目获批准，万安赣泉啤酒有限公司10万吨新建项目破土动工，江西蓝欣啤酒有限公司10万吨一期新建项目工程配套完善，顺利运转，章贡酒业有限公司2万吨白酒异地改造项目实施，奉新浮云酒业有限公司扩建项目竣工投产以及四特酒业有限公司投巨资打造的酒文化城项目，这些大手笔必将为江西省酿酒工业再上新台阶，实现跨跃式发展打下坚实的基础。2008年，华泽集团金六福酒业收购江西李渡酒业有限公司，掀开了国内大型酿酒集团涌入江西省白酒业的新篇章，九江喜敦实业有限公司携手浙江温州金可达集团，达成重组联盟，这些兼并重组，不仅引进了资金，为企业的发展注入了活力，同时也引进了这些公司在经营管理方面的先进经验和方法，对于促进企业管理和科技创新能力，生产技术、产品质量的提高有着重大作用。

2008年江西酒业协会工作情况

2008年挑战与机遇并存，困难与希望同在。着力提高协会的服务，帮助企业树立必胜的信心，化“危”为“机”，引导行业安全生产，推动行业科技创新，促进企业保增长、调结构、扩内需、促发展、增效益相统一是协会今年工作的主导思路，具体主要抓好以下几项工作：

一、召开省酒业协会一届二次理事（扩大）会议

这次会议总结交流了2008年的生产情况，探讨2009年酿酒行业面临的形势、发展趋势，通过交流分析，坚定对未来发展的信心，积极应对金融危机，树立全新的机遇

观，确保安全生产，逆势崛起。

二、举办全省酿酒行业统计员培训班

协会举办了培训班，健全行业统计网络，规范统一报表方法，按规定填报月报、季报、年报表，及时报送协会。协会每季度搞好行业经济运行分析，反馈给企业交流，便于企业节能降耗对比，提高生产效率，增加效益。交流信息实行谁报表谁受益的原则，不报报表的企业，交流信息不予反馈。

三、进行啤酒行业质量检评会

一年一度的啤酒行业质量检评会为企业提供了质量交流的平台，对推动江西省啤酒产品质量的提高起了重大作用，越来越受到企业的欢迎和重视。检品会一年比一年完善，今年的检品会要继续向深度和广度拓展。

四、进一步搞好职业技能鉴定工作

为解决大部分白酒生产企业负责人无高级职称的现状，协会已与有关方面进行了反复沟通，拟举办一期白酒企业副总以上负责人职称系列高级品酒师的培训鉴定工作，此举对于帮助企业提升形象与品牌大有益处，希望白酒企业各位领导珍惜这次难得的机会，积极参与。为增强啤酒企业职工学科学、用科学的积极性，提高啤酒酿造技术人员的业务水平，协会将首次举办啤酒企业酿造工系列高级技师与技师培训鉴定工作，以推动啤酒企业的技术创新和技术进步。

五、组建2009届省级白酒评委会

近年来，白酒产品在不断创新，白酒的香型分类已达12种之多。为提高白酒企业产品质量，增强企业品酒员的品酒技术水平，顺应形势发展的需要，2009年协会将举办全省白酒企业评酒员品评培训班并考选省级白酒评委，同时对全省白酒行业产品质量进行一次检评交流。进一步加强行业对原酒酿造、储存、勾兑和新品开发的研究，不断提升白酒企业的科技创新能力以及产品质量风格。

六、努力做好宣传工作

力争今年上半年使《赣酒杂志》首刊正式面世，进一步为企业的振兴、行业的发展，呐喊助威，做好宣传，同时不断深入挖掘赣酒文化，充分展示赣酒风采，极力彰显赣酒蓬勃发展之气势，大力弘扬行业的创业、创新、创优精神。最近，蓝欣啤酒有限公司倪于平同志荣膺“江西十大创业先锋”殊荣，这不仅是对他本人付出艰辛劳动的肯定，也是对全省酿酒行业辛勤努力的肯定，是全行业的光荣，全行业广大干部、职工都应学习这种勇于开拓、奋力拼搏的精神，为赣酒的进一步发展做出更大的贡献。

七、组织一次外出学习考察活动

学习兄弟省市酿酒企业先进的生产技术、管理经验、营销模式，增强企业应对金融危机的能力，促进我省酿酒行业更快、更好地发展。

八、进一步完善专家库和会员企业通讯录的收集工作及协会网站建设

年内力争完成专家库的建设工作和企业通讯录的编印工作，并发放给上编企业，今明两年力争将协会网页升格为网站，更好地为企业服务。

总之，今年行业虽然充满严峻困难，但同时也迎来了新的发展机遇。虽然宏观经济日益趋紧，但中国经济持续高增长的走势尚未结束，展望未来，前景无限，让我们共同努力，共创赣酒更加灿烂辉煌的未来。

2009年江西酒业综述

2009年由于受全世界金融危机的影响，国民经济的发展面临严峻的考验。中央经济工作会议及时做出了“保增长、扩内需、促发展、调结构”的战略布署。围绕中央的战略布署精神，全省酿酒行业全体员工，紧密团结，坚定信心，坚持以科学发展观为指导，求真务实，克服困难，勤勉工作，与时俱进，实现了全省酿酒行业新的发展和跨越。

2009年全省规模以上酿酒企业共生产酒类产品121.91万千升，同比增长15.31%。其中啤酒106.28万千升，同比增长22.33%，高于全国平均水平15.24个百分点；白酒15.36万千升，同比增长31.73%，高于全国平均水平7.91个百分点；黄酒0.27万千升，同比增长0.27%，啤酒产量首次突破百万千升，跻身全国啤酒产量百万千升省份行列。啤酒产量增幅较大的企业有南昌亚啤、雪津南昌分公司、江西燕京等，白酒产量增幅较大的企业为四特、章贡、堆花、李渡。

截至2009年11月底，全省规模以上酿酒企业酒类产品销售收入47.37亿元，同比增长-5.30%；上缴税金及附加5.31亿元，同比增长7.70%；实现利润3.10亿元，同比增长10.32%。其中啤酒销售收入20.65亿元，同比增长17.13%，高于全国平均水平6.73个百分点；上缴税金及附加2.13亿元，同比增加15.76%，高于全国平均水平9.14个百分点；实现利润1.17亿元，同比增长91.80%，高于全国平均水平60.28个百分点。白酒销售收入26.53亿元，同比增长-16.94%，低于全国平均水平47.40个百分点；上缴税金及附加3.18亿元，同比增长2.91%，低于全国平均水平21.21个百分点；实现利润1.93亿元，同比增长-12.27%，低于全国平均水平38.42个百分点。2009年啤酒生产主要原辅材料价格大幅下降，银行降息，宏观利好，加之经过前两年的残酷洗牌，市场环境有了较大改善，使我省啤酒行业呈现良好的发展机遇，企业效益大幅提高，出现了从未有过的利润增幅高于产销增幅、高速发展的喜人景象。白酒行业由于受2008年高成本库存及税率调整等多种因素影响，效益出现滑坡，行业产品结构不合理，中高档产品少，制约了行业的发展及企业盈利水平。加快结构调整步伐，科技创新，产品升级换代，扩展高端市场，树立品牌形象，奠定品牌基础，加速品牌全国化进程任重道远，仍是未来相当一段时间白酒行业的主要任务。

2009年江西酒业协会工作情况

一、召开了省酒业协会一届二次理事扩大会议

此次会议对2008年全省酒业发展运行情况进行了分析阐述，对食品安全问题及治理自查、滥用食品添加剂和即将实施的《食品安全法》进行了贯彻落实，并讨论了2009年协会工作计划及酿酒行业的主要工作任务，交流了企业生产经营情况，探讨了在新形势下，影响江西省酒业发展存在的问题及应对策略，使大家充分认清了形势，提高了危机感和加快发展的紧迫感，坚定了更好地发展江西省酒业的信心。会上还对国家许可的食品添加剂范围目录及《食品安全法》进行了分发，受到各参会企业的赞赏。

二、联合湖南省酒业协会举行了湘赣啤酒行业质量检评会

检评会为两省啤酒企业搭起了生产、技术交流平台，企业参与积极性空前高涨，促进了企业产品质量和生产技术的提高。从检评结果看，两省啤酒质量水平有了普遍提高，各种精品及不同容量、不同包装形式的产品不断推出，啤酒企业加快了推陈出新的速度，呈现出个性化、多元化的发展趋势。

三、加强白酒行业区域合作

协会与湖南酒业协会、湖北酒业协会共同举办湘、鄂、赣白酒质量检评与交流活动。这次活动经过三省酒业协会共同探讨和研究，本着进一步促进对外开放，扩大视野、相互学习、共同提高的宗旨，建立三省酒业交流合作平台，从而达到三省信息互通，成果共享，推动三省酿酒行业做大做强，实现中部地区酒业崛起的战略目标。这次活动三省酒协领导和各省省级以上白酒评委及部分白酒企业的技术人员共150余人出席，收到三省企业酒样96个，其中浓香型60个、兼香型11个、特型6个、馥郁香型6个、酱香型3个、大曲清香型1个、大曲其他香型1个、小曲清香型6个、小曲其他香型2个。从检评结果看，参检产品的总体质量水平稳定，96个酒样中得分在90分以上有58个，占总数的60.42%，88分至90分的有36个，占总数的37.5%。只有极少酒的质量稍欠稳定。通过这次活动，使评委们对三省白酒产品的特点和质量状况有了进一步的了解，受益匪浅，同时利于企业开发新品，开拓市场。

四、规范市场秩序

按照省规范行业协会、市场中介组织服务和收费行为专项治理工作领导小组办公室《关于在全省开展规范行业协会、市场中介组织服务和收费行业专项治理工作的实施方案》的通知精神，扎实有效地开展协会自身与政府及其部门脱钩不彻底，服务和收费行为不规范问题的整治工作，理顺政府与行业协会的关系，健全规范发展的长效机制，促进协会健康发展。2009年5月，协会参加了由省轻工业行业办公室召集的治理动员会议和有关培训。6月协会按要求进行了自查自纠，制定了专项治理的工作计划，翔实、规范地填写了《江西省行业协会服务与收费有关情况登记表》，并提出了具体治理整改意见。7月按照整改意见及上级要求，采取不同方式，进行了纠正。9月协会顺利通过治理审查验收，经过专项治理，加强了协会自律机制建设，完善了协会监管机制及诚信建设，为协会进一步服务企业，当好政府参谋，引领全省酿酒企业振兴江西省酿酒事业奠定了基础。

山东

2008年山东白酒行业综述

2008年是不平凡的一年，受特大地震灾害和世界金融危机的影响，我国经济发展速度明显趋缓。白酒行业面对日益严峻的形势，积极响应国家号召，发挥自身优势，努力扭转不利局面，保证了2008年继续保持稳步发展。到2008年底，全国白酒行业完成白酒产量569.34万千升，同比增长15.79%；实现销售收入1574.85亿元，同比增长27.79%。2008年，我国白酒行业各项经济指标继续保持平稳增长，总体运行良好。

2008年，山东省规模以上白酒企业完成产量76.55万千升，同比下降0.31%（增长率为国家统计局官方数据）；完成销售收入166.60亿元，同比增长18.32%；1～11月完成利润9.74亿元，同比增长32.90%；1～11月完成税金17.33亿

元，同比增长11.27%。总体看来，自然灾害和金融危机没有对山东省白酒行业造成明显影响，山东省白酒行业在调整产业结构、优化产品结构、转变经济增长方式等方面进一步加强，在科学生产、资源合理利用、提高效率等方面取得了显著效果。其发展特点主要体现在以下几个方面：

一、结构调整成效显著

为适应和引导消费需求，山东省白酒工业不断加大科技投入力度，积极推动产品升级换代。高档白酒向精品化发展，低档白酒不断提高质量、压缩产量，中高档酒所占比重大大提升，鲁酒的产品结构得到明显优化，每500毫升白酒由2007年的9.19元提升到2008年的10.88元。

尽管鲁酒总量略有下降，但销售收入大幅增长，说明了产品结构调整已见成效，是好事，不是坏事。鲁酒将逐渐摆脱以低档白酒为主的局面，以崭新的面貌争取更大的发展。

二、加大产品开发创新力度

具有鲁酒风格的浓香型低度酒和自主创新的芝麻香型白酒已成为鲁酒两大优势酒种，在全国享有较高声誉。山东白酒企业通过加大科技投入力度、加快技术进步步伐、加强管理来提升产品的科技含量，增加产品的附加值，提高了市场竞争力。

鲁酒企业主动进行生产设备的改造升级，扩建窖池，新增储酒罐，更新灌装线，逐步扩大自酿优质粮食酒的生产规模，原酒生产和储存能力大大增强。先进的检测仪器也保证了产品的质量和安全。同时，大力推出自主创新并代表鲁酒风格的芝麻香型等白酒，形成了“窖香幽雅、香味协调、醇厚丰满、绵甜柔顺、回味悠长”的淡雅型鲁酒风格，得到全国同行和消费者的认可。

三、鲁酒骨干企业不断壮大

鲁酒缺少像“茅五剑”那样的全国性知名品牌，但全省每个地市都有几个鲁酒的强势品牌，地方白酒品牌经过多年的市场网络建设，市场基础巩固，实力不断壮大。

鲁酒企业除几十个处于一线的企业外，目前全省各地出现了无数蓬勃发展的二线企业和品牌，成为推动鲁酒发展的一支重要力量。这些企业的活跃发展，壮大了鲁酒发展的规模，丰富了鲁酒内涵，在鲁酒发展中扮演着越来越重要的角色，成为鲁酒牢固山东领地、走向全国市场的生力军。

四、环保降耗和循环经济工作日益加强

在白酒生产过程中，不仅水、电消耗较大，而且排出废弃物也较多，包括废水、废气、废渣等，对环境也有一定的影响。鲁酒各生产企业对此高度重视，积极采取措施，通过发展循环经济、清洁生产和调整产品结构以及加强消耗指标定额管理等措施来提高企业的整体经济效益。2008年，白酒行业通过开展节能降耗和发展循环经济，吨标煤消耗下降4%，水循环利用率提高近6个百分点，许多企业利用废渣进行有机肥料生产，变废为宝，企业效益也因此显著增加。

总的来看，在过去的一年里，鲁酒各企业在产量下滑的不利局面下，共同努力，效益显著增加，取得了较好的发展业绩。面对危机，鲁酒企业要坚定必胜信心，把困难估计得充分一些，把措施准备得周密一些。要加强企业自身的细节管理，减少不必要的支出；要加强技术创新，提高资源的利用率；要提高生产效率，降低成本。

2008年山东白酒工业协会工作情况

2008年，山东白酒生产企业认真落实科学发展观，通过科技创新、产品创新、营销创新等有效措施，积极实施产品结构调整，内抓管理，外拓市场，大力进行品牌建设，努力克服原材料涨价及消费市场萎缩等困难，使全省白酒工业得到稳步、健康发展。

一、着重抓好产品结构调整

以技术创新为突破口，重点抓好内在品质的创新，目前浓香型单粮和五粮酿造技术已基本成熟，在芝麻香型白酒工艺条件已逐渐成熟的基础上，应进一步提高酒体的净爽水平，使其生产技术和工艺更加完善。

同时，受金融危机的影响，大量务工人员向内陆流动，消费群体的大规模转移造成白酒区域市场的销售情况出现较大波动。各区域的消费特征将在这个过程中产生变化，各鲁酒企业也应根据市场情况积极进行市场策略和产品结构的调整，及时有效地应对突发事件对白酒销售的影响，灵活应对城市和农村不同的消费特征，优化调整布局，积极探索新的销售模式。

二、注重食品安全，生产健康食品，树立鲁酒健康形象

“民以食为天，食以安为先”，食品安全问题在2008年成为全社会关注的焦点。企业应明确社会责任是企业利益和社会利益的统一，与企业的经济、绩效成正比关系。鲁酒企业应该依法生产，诚信经营，注重食品安全，明确第一责任人，保证食品安全卫生，对人民的身心健康负责。只有这样，才能担当起白酒行业的社会责任。同时利用各种渠道宣传白酒的健康理念，带头营造科学饮酒、文明饮酒的良好氛围，推动山东省白酒行业更好更快地发展。

三、继续坚持“走出去”战略，继续巩固扩大区域市场份额

鲁酒的优势在于区域市场的巩固，地方市场是基础。下一步鲁酒企业要根据国内名酒厂在销售市场上的新动向，因势利导，精耕细作自己的根据地市场，继续扩大区域市场份额。

同时，鲁酒要发展，必须走出去。鲁酒有悠久的酿酒历史和山东特有的灿烂酒文化，关键是要树立信心，采取有效措施，加强品牌宣传，提高鲁酒在全国的影响力；要继续抓好营销创新，以白酒生产相对薄弱的省市为重点进行宣传和营销攻关，充分调动经销商的积极性，使鲁酒不仅要走向全国，还要走向世界。

四、继续实施节能减排，大力发展循环经济

要积极配合政府部门，主动淘汰落后的蒸馏酿造生产工艺和生产力，严格实施《食品包装规范》、《限制商品过度包装通则》以及山东省白酒能耗标准。要结合本企业实际情况，深入开展资源综合利用，大力发展循环经济。利用生物技术可将酒糟和污泥用于生产有机肥料，利用污水处理过程中产生的沼气发电，从循环经济中获得新的经济效益。

2009年，金融危机对白酒行业的影响和冲击已经显现，高端白酒的滞销和价格的下降已是不争的事实，对企业的综合实力是一次严峻考验。广大鲁酒企业将在后奥运经济的大环境中不断调整发展方向，通过资本运作、产品升级、差异化营销等途径来应对危机，为实现白酒强省目标而努力奋斗。

2008年山东啤酒工业协会工作情况

1.汇总了2007年山东省啤酒行业经济技术指标完成情况表及每季度交换资料。

2.于2008年4月25～26日在济南召开了山东省啤酒工业协会第五届会员大会暨啤酒新技术研讨会。

（1）山东省啤酒工业协会会长代表第四届理事会做工作报告，协会秘书处汇报第四届理事会期间的财务收支情况，选举山东省啤酒工业协会第五届理事会的常务理事、会长、副会长。

（2）青岛啤酒集团最近几年的工作情况汇报——青岛啤酒集团樊伟总裁。

（3）酒花香气组分检测技术及对啤酒中酒花香气质量影响的初步研究——燕京啤酒集团王憬高级工程师。

（4）小麦、小麦芽用于啤酒酿造——金星啤酒集团王海明总工。

（5）在啤酒工业生产中所涉及的分析技术与产品质量管理水平的提高——中国食品发酵研究院。

（6）小麦啤酒的生产技术——江南大学李崎教授。

（7）强基固本 开源节流 促进企业科学发展——山东新银麦啤酒有限公司。

（8）构建和谐企业 打造精品工厂——青岛啤酒（寿光）有限公司徐楠总经理。

（9）酶制剂在小麦啤酒生产中的应用——诺维信（中国）投资有限公司朱明光技术经理。

（10）参观青岛啤酒（济南）有限公司。

3.配合省轻工业协会举办了2007年山东省啤酒质量检评工作，并将评酒委员对每种产品的意见汇总寄送有关企业。

4.于11月3～7月组织会员单位19人到韩国HITE啤酒公司江源工厂参观学习。

5.于12月召开了贯彻执行啤酒及有关新标准研讨会。请中国酿酒工业协会啤酒分会杜绿君副理事长到会介绍标准的修改内容及有关情况，与会代表将所遇到的问题带到会上进行讨论。啤酒新标准延期执行。

6.对企业提出的有关添加剂、菏泽质监所检验啤酒瓶的问题等方面的问题，协会都积极与有关部门联系，提供有关资料。

7.于12月23日召开了常务理事会，各常务理事单位介绍了2008年的生产经营情况。

8.出版了《啤酒世界》6期。

2009年山东啤酒行业综述

2009年，协会汇总了37个啤酒企业和5个麦芽企业（啤酒厂麦芽车间）的主要经济技术资料。在2009年，全省共生产啤酒3774178.72千升（2008年为3793060.7千升），比2008年略有降低；省统计局统计的啤酒产量为507.75千升，比2008年473.92万千升（调整前）增加7.14%。在2009年，啤酒产品的销售收入为1490216.16万元，税收总额为189048.18万元，利润总额为144807.91万元，分别比2008年增加14.82%、12.53%、66.15%。利税总额为333856.09万元，比2008年增加30.85%。在有报表的37个啤酒企业中，有7个企业亏损，有11个企业没报利润数。5个麦芽企业（啤酒厂麦芽车间）在2009年共生产麦芽142185吨。

在2009年，啤酒产量增加的企业是青岛啤酒股份有限公司（青岛本地）、山东新银麦啤酒有限公司、青岛啤酒五厂、青岛啤酒（济南）、青岛啤酒第三有限公司、山东华狮、青岛啤酒（薛城）、青岛啤酒（菏泽）、青岛啤酒（滕州）、华润（聊城）啤酒公司等。销售收入增加的企业是青岛啤酒股份有限公司（青岛本地）、山东新银麦啤酒有限公司、青岛啤酒五厂、青岛啤酒（济南）、青岛啤酒第三有限公司、燕京啤酒（曲阜三孔）有限公司、山东华狮、青岛啤酒（薛城）、青岛啤酒（菏泽）、青岛啤酒（滕州）、燕京啤酒（莱州）有限公司等。利润增加的企业是青岛啤酒股份有限公司（青岛本地）、山东新银麦啤酒有限公司、青岛啤酒五厂、青岛啤酒（济南）、燕京啤酒（曲阜三孔）有限公司、山东华狮、青岛啤酒（潍坊）、青岛啤酒（日照）、青岛啤酒（菏泽）、青岛啤酒（滕州）、华润（聊城）啤酒公司等。

2009年山东啤酒工业协会工作情况

1. 汇总了山东省啤酒行业经济技术指标并印刷发给各有关单位。

2. 于2009年4月1～2日在济南召开了啤酒经营管理与新技术研讨会。研讨会的主要内容：

（1）青岛啤酒集团最近几年的组织变革——青岛啤酒集团董建军副总裁。

（2）PCR技术在啤酒有害菌检测中的关键技术研究与应用——燕京啤酒集团郭立芸高工。

（3）生物质燃料的应用——金星啤酒集团王海明总工。

（4）结合我国啤酒工业情况谈谈啤酒质量的提高——中国食品发酵研究院李红高工。

（5）啤酒酿造新技术的探讨——江南大学陆健教授。

（6）节能减排工作的几点体验——山东新银麦啤酒有限公司。

（7）啤酒新设备新技术的应用情况——青岛啤酒（济南）有限公司丁坚总工。

（8）开源节流 实现扭亏为盈——燕京啤酒（曲阜三孔）有限公司。

（9）澳洲大麦新品种介绍——永顺泰（昌乐）麦芽有限公司。

3. 配合省轻工业协会举办了2009年山东省啤酒质量鉴定会，并将每种产品的评酒员扣分表汇总发给各送样单位参考。

4. 近几年，菏泽质量监督检验所与各地工商局合作，将啤酒倒出检验啤酒瓶的质量，然后出据啤酒瓶不合格的报告，封存企业样品和罚款，给企业造成很大损失，其也在周边省市造成不好的影响。协会曾几次向省质监局汇报此事，未得到解决。今年在全国开会时，得知江苏省啤酒工业协会将菏泽质监局的情况向江苏省委书记进行汇报，江苏发文解决了此问题。协会便将江苏啤酒协会的信和江苏省的发文寄送省质监局和菏泽质监所，此后再没有听到菏泽质监所检验空瓶的情况。

5. 完成了省政府交给的1985—2005年的啤酒行业的编制任务。接受了省政府交给的第12个五年计划的编写任务。

6. 汇总山东省啤酒行业季度交换资料，并发给有关单位。

在三季度报来交换资料的10个企业中，有9个企业的资料可以进行比较。啤酒产量增加的是青岛啤酒集团、山东新银麦啤酒有限公司、青岛啤酒第三有限公司、山东华狮啤酒有限公司、青岛啤酒（菏泽）有限公司、燕京啤酒（莱州）有限公司；销售收入增加的企业是青岛啤酒集团、山东新银麦啤酒有限公司、燕京啤酒（曲阜三孔）有限公司、青岛啤酒第三有限公司、山东华狮啤酒有限公司、山东泰山啤酒有限公司、青岛啤酒（菏泽）有限公司、燕京啤酒（莱州）有限公司；利润增加的企业为青岛啤酒集团、山东新银麦啤酒有限公司、山东华狮啤酒有限公司、青岛啤酒（菏泽）有限公司、燕京啤酒（莱州）有限公司，青岛啤酒第三有限公司、燕京啤酒（曲阜三孔）有限公司转为盈利。大部分企业的千升啤酒耗水、耗电、耗标煤呈下降趋势。希望各企业，特别是常务理事单位，积极参加经济技术指标交换工作。

7. 协助中国酿酒工业协会安排在山东济南举办的啤酒评酒委员培训班。

8. 印刷出版《啤酒世界》6期。

9. 12月21日在蒙阴召开山东省啤酒工业协会2009年常务理事会，交流今年生产经营情况。

河南

2008年河南酒业综述

一、2008年豫酒行业各项经济指标呈现出稳步增长的好势头

2008年，按照规模以上企业统计，全省完成饮料酒产量5303145千升，较上年同期增长23.21%；实现工业总产值334.8亿元，较上年同期增长39.33%；销售总产值329.4亿元，较上年同期增长39.52%；产量位居全国第2位，再创历史新高。其中：

白酒产量57.90万千升，比上年同期增长13.97%，居全国第3位；啤酒产量381.89万千升，比上年同期增长23.66%，居全国第2位；酒精81.76万千升，比上年同期增长26.91%，居全国第1位；葡萄酒68791千升，比上年同期增长43.95%，居全国第4位；黄酒18706千升，比上年同期增长19.57%，居全国第8位。

白酒工业总产值114.54亿元，比去年增长38.19%，居全国第3位；啤酒工业总产值94.31亿元，比去年增长40.92%，居全国第3位；酒精工业总产值108.44亿元，比去年增长33.39%，居全国第1位；葡萄酒工业总产值9.2亿元，比上年同期增长22.67%，居全国第5位；黄酒工业总产值4.2亿元，比上年同期增长35.48%，居全国第8位；其他酒工业总产值4.2亿元，比上年同期增长10.53%，居全国第7位。

白酒销售产值111.92亿元，比去年增长37.59%，居全国第4位；啤酒销售产值93.86亿元，比去年增长40.62%，居全国第3位；酒精销售产值106.23亿元，比去年增长43.53%，居全国第1位；葡萄酒销售产值9.1亿元，比上年同期增长24.66%，居全国第5位；黄酒销售产值4.2亿元，比上年同期增长35.48%，居全国第7位；其他酒销售产值4.1亿元，比上年同期增长10.81%，居全国第7位。

二、产品结构进一步调整　呈现出了多样化和中高档化趋势

1. 白酒

河南白酒产品升级换代步伐加快，不少企业开发了具有自主知识产权的新产品。如：国色清香宝丰系列酒、赊店明窖、四五老窖1949、张弓超值酒、皇沟1958、杜康国花系列酒、豫坡老基酒、仰韶彩陶坊酒等，新产品单价也在提高，市场占有率和全省白酒产业市场格局也发生了较大的改变。

2. 啤酒

传统的普通啤酒仍占豫啤市场主流，但越来越多的个性化产品此起彼伏，维雪、金星、奥克相继推出纯生系列，蓝牌推出新自由、心畅、心爽等系列新产品，在淡色啤酒基础上，风味向低浓度、低色泽、淡口味方向发展；包装形式更加多样化：300毫升、400毫升的小容量瓶、异形瓶包装也逐步增多，中高档酒比例增加，低档膜包酒产量下降，中高档箱装啤酒渐成豫啤市场主流。

3. 葡萄酒

虽然豫版葡萄酒还受传统思维、发展理念以及2007年曝光事件的困惑，这些因素在一定程度上影响了河南葡萄酒产业的发展，但河南大多数葡萄酒企业仍是依据国家相关标准，以全汁葡萄酒为主的产品在努力打造品牌。其中，干型、半干型葡萄酒占总量的50%～60%；红白葡萄酒

分别占80%和20%左右。

4.酒精

以优级食用酒精比率的增加为切入点，为白酒企业开发生产固液结合的产品提供了更多的选择空间，使固液结合的白酒产品质量不断提高。

产品结构的调整，不仅拓宽了企业的经营渠道，提高了企业核心竞争力，而且还有效地提高了企业的经济效益，提升了豫酒板块在全国业界的市场影响力和公信力。

三、豫酒企业改制 融资获得新进展新突破

河南省宋河酒业股份有限公司改制接近尾声，为其轻装上阵，进一步做强做大奠定了坚实的基础；6月22日，汝阳杜康破产拍卖，郑州百瑞信托投资公司成功购买，12月6日，新产品问世；豫酒企业产权结构更趋合理。

2008年9月5日，河南祥龙四五酒业有限公司在新加坡成功上市，首开河南酒业和中国白酒业在境外上市的先河，为其他企业融资提供了成功的经验。

四、加大宣传推介力度

2008年是河南省酒业协会确定的“豫酒发展•宣传推介年”，河南各酒业企业均加大了豫酒品牌的宣传力度，提升豫酒品牌的整体形象。张弓酒业、宋河酒业分别在全国春、秋季糖酒会上，冠名协办了一系列活动，提高了张弓、宋河品牌的市场竞争力和企业形象；宋河酒业全年冠名河南电视台卫星频道的品牌栏目《河南新闻联播》；四五酒业冠名中超河南建业队等都在全省，乃至全国都产生了很大的影响。

宋河、金星、维雪、宝丰、仰韶、四五、乌龙、奥克、赊店、杜康、汝阳杜康等品牌，在高速公路附近、市区繁华地段设立大型户外广告牌，宋河、宝丰、四五、赊店、仰韶、维雪、金星、奥克等豫酒企业常年在河南电视台、大河报、河南日报、东方今报、河南商报等主流媒体上做广告，扩大了豫酒的宣传推介力度，豫酒的知名度、美誉度、忠诚度、整体形象在不断提升。

五、抓两头带中间 促进豫酒全面繁荣

2008年，豫酒企业根据发展的实际，坚持抓两头，一手抓源头（生产），一手抓龙头（营销）。

一方面，为适应市场需求，不少企业加大了技术改造力度，加大了生产设备和技术投入的力度，改造了包装生产线，增加了原酒产量，提高了原酒储存量；另一方面，豫酒企业以做好家门口市场为抓营销龙头的突破口，带动营销全面发力。如宝丰酒业公司加大了在家门口——平顶山市的营销力度，仅在平顶山市，宝丰酒业销售收入突破2亿元；宋河在安徽销售达到4000万元；皇沟走出永城，开发商丘市场；杜康将营销总部迁至郑州，加大郑州市场力度，从而带动在其他区域的销售；富平春舍弃其他市场，重点做好漯河市场等。

同时，豫酒企业纷纷与营销策划、品牌策划公司合作，加大营销队伍建设，创新营销模式，使企业执行力得到提升。皇沟、仰韶、赊店、宋河、卧龙、金星、奥克、维雪、蓝牌等都与营销策划机构合作，升级换代企业营销体系和模式，取得了显著成效。

六、全省酒类流通秩序明显好转

河南省是全国酒类消费大省，每年消费额200多亿元，其中白酒消费量占全国的十分之一。协会利用第七届中部糖酒商品交易会、春秋季全国糖酒商品交易会和在省内举行的各种活动，向经销商宣传食品安全的重要性，普及酒类知识，提高酒类质量安全意识，基本上杜绝了毒酒生产，强化了散装酒、贴牌酒的经营和规范；宣传《酒类流通管理办法》，推动备案登记和《随附单》的使用，目前，全省共备案、登记酒类经营企业、商户达7万多家，使用《随附单》的企业商户6000多个。

七、豫酒存在的问题

虽然豫酒取得了诸多成绩，但是，我们也应客观地看到，豫酒也存在着不少问题：一是缺乏强势品牌、一流品牌，市场竞争力较弱，中高档产品市场占有率较低；二是经济效益水平较低，制约了设备更新、研发投入、市场开发；三是管理水平、营销水平比较低；四是缺乏高层次的管理人才、营销人才、技术人才；五是经营理念滞后；六是涉足酒业的其他行业投资人对酒业了解不透，投资少，影响了所购品牌的发展；七是酒类市场经营秩序有待进一步规范，尤其是贴牌酒、冒牌酒的治理等。

2008年河南酒业协会工作情况

在过去的一年里，河南省酒业协会在中国酿酒工业协会、中国酒类流通协会和河南省商务厅的关心和指导下，坚持为行业服务，为企业服务，围绕全省酒类企业的生产经营与发展大局，增强质量安全观念和社会责任意识，规范酒类流通经营秩序，组织开展行业活动，有力地促进了豫酒产业的健康、快速发展。以下是协会2008年主要参与的工作：

一、增强社会责任意识，弘扬一方有难、八方支援的中华美德，积极为地震灾区捐款、捐物

“5•12”汶川特大地震，是新中国成立以来我国发生的破坏性最大的一次自然灾害。河南省酒业协会除了在协会内部组织募捐外，还向全省各酒业企业发出号召，增强社会责任意识，伸出援助手，帮助四川灾区共渡难关。虽然我们也不富裕，但是一方有难、八方支援的中华美德在豫酒企业中得到了完美体现；在车间、在班组，涌现出了许许多多可歌可泣的动人故事。

地震发生时，以四川名酒企业为主的四川酒业考察团正在河南省洛阳考察，当时四川公路不通，铁路受阻。地震发生后的第二天，当四川酒业的领导来到宝丰酒业时，正赶上宝丰酒业的广大职工为四川地震灾区捐款，那场景让每一个四川的参观朋友无不为之深受感动。

经过全省酒业企业的努力，全省酒业企业、个人共为地震灾区捐款、捐物达1000多万元，受到了四川省酿酒协会、四川省酒业企业和社会各界的好评。

二、积极组织开展协会日常工作

2008年，河南省酒业协会以更好更快发展为目标，与全省酒类生产和经营企业共同构建“和谐豫酒”大环境，积极为企业办好事，办实事，维护行业利益，做豫酒代言人，提高了协会的凝聚力、向心力和权威性，得到了政府、社会、行业的认可。

（1）4月15～16日，河南省酒业协会七届三次理事会和河南省质量技术监督局“全省酒类生产企业质量安全座谈会”一并在郑州召开，会议通过了2007年酒协工作报告和2008年度工作计划，签署了河南省酒类产品生产企业质量安全承诺书，表彰了为河南酒业发展做出突出贡献的先进集体和先进个人。

（2）4月17～19日，在郑州市召开了河南省啤酒产品质量工作会议，来自全省21个企业的11位专家和47位省级啤酒评酒委员对31个样品进行了感官评定，采取暗评明议的方式，现场诊断每个产品存在的质量问题并提出了解决意见，同时选购国内名优啤酒与省产啤酒进行质量对比，另一方面，鉴评结果作为推介企业参加中国名牌、中国名酒、河南名牌、河南优质产品评价的重要依据。

（3）为鼓励人才培养，鼓励从业人员不断提高自身素质，河南省酒业协会与河南省轻工烟草工会对全国首届啤酒品评技能大赛中取得较好成绩的河南府泉酒业有限公司的武志远、徐保国，金星啤酒集团信阳有限公司的李琳授予“河南省2007年度啤酒行业优秀评酒员”光荣称号。

（4）5月19日，河南省酒业协会授予郭宗武同志“河南白酒行业终身成就奖”。郭宗武是河南省白酒行业著名专家，多年来献身白酒事业，不懈努力，精益求精，长期致力于白酒科技创新和低度白酒的技术研发，荣获多项省部级科研成果奖，他主持首创的“38度张弓酒”，攻破了我国白酒降度的技术难题，为我国白酒业的发展做出了重大贡献。

（5）6月29日，在宝丰县宝丰酒业召开了第二季度“河南省名牌骨干企业联席会”暨“厂商沟通对接会”，有效地加强了企业领导间、生产商与经销商的沟通与交流，相互学习，共同探讨行业的热点、难点问题，不少经销商和豫酒企业建立了长期的合作关系。

（6）9月17～22日，第五届苏鲁豫皖白酒峰会在江苏省宿迁市召开，河南省酒业协会推荐了宋河酒业、宝丰酒业、仰韶酒业、赊店酒业、皇沟酒业、杜康酒业6家企业参加了该届峰会。本届峰会的主题是研讨苏鲁豫皖白酒的风格，一是召集四省全部的中酒协、中食协国家级白酒评酒委员对四省白酒骨干企业选送的酒样进行品评，主要是对

淡雅型白酒的评语进行完善探讨，统一认识，增强理解；二是对淡雅型浓香型白酒的风格进行研讨，尤其是在微量成分上进行分析。会议开得非常成功，达到了相互交流、相互促进、和谐发展的目的。

（7）9月25～29日，组织全省省级评酒委员、特邀评酒委员及白酒生产企业在商丘市林河酒业召开全省白酒评酒委员年会暨全省白酒质量鉴评活动，邀请了全国著名白酒专家梁邦昌讲授全国白酒技术、质量发展情况和研发个性化产品的问题，江南大学徐岩教授针对我国白酒科研的169计划进行了专题报告；同时还进行了典型性白酒的品评、训练，白酒（成品）、半成品酒（原酒）质量鉴评等。

（8）为培养河南省酿酒行业技术人才，2008年，协会先后举办了白酒、啤酒、果露酒、酒精的职业等级培训鉴定，有460人参加了培训，是协会建站以来培训鉴定人数最多的一年。其中：

10月28日至11月1日，在河南仰韶酒业公司举办了“白酒生产技术职业技能鉴定取证培训班（包括：白酒酿造、制曲、勾调、检验及包装工种的初级工、中级工、高级工、技师和高级技师的职业等级）”，有300人参加培训和鉴定。

10月30日至11月3日，在河南洛阳亚洲啤酒有限公司举办了“啤酒生产技术职业技能鉴定取证培训班（包括：啤酒酿造、包装工种的初级工、中级工、高级工、技师和高级技师的职业等级）”，有94人参加培训和鉴定。

11月1～5日，在河南省天冠集团有限公司举办了“酒精生产技术职业技能鉴定取证培训班（包括：酒精酿造、检验工种的初级工、中级工、高级工、技师和高级技师的职业等级）”，有56人参加培训和鉴定；

10月30日至11月3日，在洛阳市举办了“果露酒酿造工职业技能培训鉴定班（包括：果露酒酿造工种的初级工、中级工、高级工、技师和高级技师的职业等级）”，有10人参加培训和鉴定。

（9）11月28日至12月1日，省轻工烟草工会与省酒协在宋河酒业有限公司举办了“河南省第四届白酒酿造装甑技能竞赛”，有13个企业18个代表队参加了本次竞赛，是参赛企业和代表队最多的一届，共分为理论考试和实际操作两部分。对获得第一名的宋河二队代表队主要选手申报“河南省五一劳动奖章”，林河一队荣获第二名，张弓队荣获第三名，前三名代表队主要选手申报“河南省技术能手”称号。宝丰二队荣获“清香装甑典范奖”，杜康、新野汉华、宋河三队分别荣获第四、五、六名。这次竞赛活动，降低了理论分值，加大了实际操作分值，充分体现了重在实际操作的比赛原则。

（10）12月20日，在赊店酒业召开第四季度“河南省名牌白酒骨干企业联席会”，通报了国家最新出台的政策法规，交流了2008年企业生产经营情况等。

（11）12月23日，召开了河南省葡萄酒、果露酒评酒员年会，对全省葡萄酒、果露酒产品质量进行了鉴评，有来自15家葡萄酒、果露酒生产企业的20名评委对企业提供的样品进行了质量鉴评。

（12）组织酒类生产、经销企业参加省发改委、省教育厅主办的“2008河南之星”设计艺术大赛，河南省酒业协会并荣获了“2008河南之星”优秀组织奖。

三、加强信息、统计、宣传工作

（1）组织河南省啤酒企业参加4月21～24日在海南召开的“第三届中南六省（区）啤酒生产企业统计信息会议”，会议通报了当前啤酒生产发展情况，总结交流及研究改进啤酒生产资料统计信息工作，评选表彰2007年度啤酒生产优秀统计员及统计工作积极分子等。协会同时对金星啤酒集团的楚爱玲、高婷婷、河南奥克啤酒有限公司的刘海、河南新乡啤酒有限公司的孔洁等10名统计员授予“2007年度河南省啤酒行业优秀统计员”的光荣称号，并给予通报表彰。

（2）啤酒分会开展季度统计，每季度向中国酿酒工业协会啤酒分会上报啤酒企业统计资料，并向报送企业反馈全国啤酒行业的生产及其他信息，为全省啤酒企业的生产与经营提供了有益的参考。

（3）2008年，是河南省酒业协会的“豫酒发展•宣传推介年”。河南省酒业协会加强与各大媒体合作，积极营造豫酒复兴的舆论氛围。

为更好地宣传企业形象，推介豫酒品牌，协会重新改版中国酒业网站。在《中国酒业》、《中国食品报》等行业媒体上多次宣传河南酒业发展情况，扩大了豫酒及协会的影响力。

2008年是改革开放30周年，改革开放以来，豫酒走过了不平凡的发展道路，从辉煌到低谷，又从低谷跃上快速发展之路，涌现出了许多值得回忆和总结的人和事。2008年又恰逢豫酒宣传推介年，为进一步挖掘、提升豫酒品牌，河南省酒业协会与大河报合作，开展了“改革开放30周年豫酒风云榜”评选推介活动，从12月22～31日在大河报上连续进行了“改革开放30周年豫酒发展”系列报道，共发表专题报道11篇，社会各界反响热烈，投票踊跃，对重新认识豫酒、关注豫酒、支持豫酒发展起到了积极的推动作用。“改革开放30周年豫酒领军品牌”、“改革开放30周年最具影响力的豫酒十大品牌”、“改革开放30周年豫酒十大强势品牌”、“改革开放30周年豫酒突出贡献人物”、“改革开放30周年豫酒振兴十大领军品牌”、“改革开放30周年豫酒振兴十大杰出总经理”等奖项各有归属。

2009年1月17日，河南省酒业协会在郑州举行了隆重的“改革开放30周年”颁奖会，河南省人大原副主任王明义、李志斌、钟力生，省委原常委、省军区政委张建中出席颁奖仪式，活动受到了全国业界的广泛关注，此活动的开展在全国实属首创，同时，对推介豫酒起到了很大的推动作用。

四、积极组织参与会展，拉动协会会展经济的繁荣

2008年，协会紧紧围绕服务这条主线，针对河南酒业的特点，积极筹划、举办、参加全国各种大型会展，提高河南酒业在全国的影响力。

（1）8月28～30日，在开封汴京饭店成功举办了“第七届中部糖酒商品交易会”。本届交易会有600多家企业参展，数千家经销商参会，以会展规模大、交易额高、影响范围广等特点受到了业界的肯定，中部糖酒会已经发展成为我国中部地区有一定影响力的糖酒盛会。

（2）10月18～20日，河南省酒业协会组织豫酒龙头骨干企业以“豫满中国”为主题，以“豫酒抱团打天下”的理念集体亮相长沙秋季全国糖酒会，是糖酒会上唯一一家以团体展台形式参展的省份，张弓、赊店、杜康、宝丰等26家名优酒企业参加了此次盛会。为保证效果，协会录制了专题片在现场滚动播放，召开了新闻发布会暨答谢酒会，邀请中国酒类流通协会副会长兼秘书长刘员、全国著名白酒专家沈怡方、高月明等有关领导、专家、经销商莅临现场指导、洽谈，有力地提高了豫酒的知名度，增强了协会的凝聚力。中国糖业酒类集团公司总经理王新国、全国糖酒会办公室主任何继红等领导亲临河南展团现场视察，给予了充分肯定。尔今，“豫满中国”已经成为豫酒会展的灵魂和标志性品牌，为我国糖酒商品交易会的发展壮大注入了新鲜元素。

（3）组织动员河南省名牌企业参加在郑州市举办的“第十届中国连锁店展览会”。

（4）按照河南省商务厅的要求，协会积极与中国糖业酒类集团公司和全国糖酒会组委会办公室领导沟通、协调，争取2009年全国秋季糖酒商品交易会在郑州召开。经协会的不懈努力，2009年秋季全国糖酒会已经确定在郑州举办。

五、走出去，请进来，开展省际间行业交流

（1）5月11～14日，协会接待了四川省白酒考察团一行40余人，四川白酒考察团参观考察了仰韶、宝丰、宋河三个豫酒企业，扩大了川豫白酒界的交流。

（2）6月12～19日，协会组织河南省白酒技术骨干人员（总工）18人到牛栏山二锅头、河套酒业、杏花村汾酒、西凤酒业等名优企业考察学习，以达到汲取先进经验、开阔思路、尽快形成豫酒风格的目的。

（3）安徽是全国闻名的白酒产酒大省，拥有古井贡、口子、双轮、金种子、迎驾等知名品牌，其市场营销在全国首屈一指。为学习皖酒在企业文化、市场营销、品牌建设等方面的经验，11月9～14日，协会组织河南省名优白酒企业负责人36人到安徽省古井贡、口子窖等5家名酒企业参观考察。徽酒的发展给予豫酒很大启示：针对当前的形势，河南白酒企业应摆正在全国同行业的位置，为企业发展营造良好的环境，既要抓好市场管理，又要抓好质量管理，这样才能在实践中真正发挥出质量体系管理的作用和功效；在流程环节中，还要从细处着手、严格把关、落实到位；要用“零缺点”的管理原理，用于加强对企业管理工作流程控制，防止相关工作之间的滞留，提高工作效率。企业赢得未来竞赛的关键不在于跑得比竞争者快，而是以零时差来回应市场的快速变化；要加大原酒产量和储存，开发出适应市场需求的产品。通过考察，使协会认识到了豫酒发展中存在的问题和不足，为今后的发展奠定了坚实的基础。

六、积极推动河南酒类立法进程

河南省酒类立法一直是河南省酒业协会努力的方向，也是协会近年来工作的重点。一方面，协会配合省商务厅酒管办在酒类行业宣传贯彻《酒类流通管理办法》，在协会主办的《河南酒业》杂志、中国酒业网网站上及时刊登

国家最新的相关法律、法规、产业政策及省商务厅的有关文件。另一方面，多方呼吁河南酒类立法，2008年1月，在河南省十一届一次人大会议和省十届政协一次会议上，协会为河南省酒界10名人大代表、政协委员起草了《关于在商务、政务活动中宣传推介豫酒文化的建议》、《关于加快河南省酒类立法步伐的议案》；同时，向社会各界发出了《爱家乡，品豫酒，认名牌》的倡议书，引起了消费者的广泛关注。《关于加快河南省酒类立法步伐的议案》引起省人大财经委、省商务厅的高度重视，《河南省酒类管理条例》列入2008年省人大财经委、省政府法制办立法调研计划。

七、增强协会服务功能，提升协会影响力

针对河南酒业发展状况，协会做了以下几方面服务：

（1）为促进河南白酒业发展，推进产业升级和调整，3月29日，成立了河南省酒业协会白酒技术服务中心，主要任务是以振兴豫酒为己任，弘扬豫酒风格为目标，服务豫酒企业为宗旨，免费为企业提供包括制曲、酿造、酒体设计、包装设计、管理、营销等全方位咨询服务。

（2）成立了公平交易和维权委员会（法律事务部），主要是免费解答会员法律咨询，出具律师函、律师法律意见书，代理会员参加民事、经济、行政诉讼及仲裁活动，参与制定行业自律公约、诚信评估、标准合同等重大事务，维护行业利益。

（3）聘任了流通委员会秘书长，对营销策划专家委员会进行了换届，加强流通协调、沟通、管理，增强了协会的服务功能，加大了对酒类生产企业的服务力度和酒类流通企业服务的深度，为河南省酒类生产和流通做好服务工作，增强协会的影响力、向心力、权威性。

（4）召开了全省18个省辖市酒类行业协（商）会联席会，共同研讨行业发展中存在的问题。

（5）12月21日，在信阳召开了河南省酒业协会啤酒分会会长会议，总结了啤酒分会2008年的工作，提出了2009年的工作计划，并选举了屠令臣为啤酒分会会长。

八、积极到企业开展调研，了解企业生产经营的实际情况，为企业生产经营出谋划策

为掌握豫酒企业的生产经营现状，河南省酒业协会把深入企业进行必要的调查研究，作为了解企业生产经营的切入点，先后参加了宝丰酒业、四五酒业、张弓酒业、皇沟酒业、赊店酒业等企业举办产品鉴评会和经销商大会，大力推介豫酒品牌；组织省内知名白酒专家对企业生产经营中出现的问题进行专题研究，找出问题症结并开出处方。1月8日在宋河酒业有限公司组织全省知名白酒专家对宋河粮液风格进行了专题研讨。

九、完成政府部门布置的工作

（1）配合省商务厅做好《酒类流通管理办法》的宣传贯彻，做好国家质量监督检验总局第102号令《食品标识管理规定》的解释和实施前的准备工作；做好国家质量监督检验总局第98号令《食品召回管理规定》及相关的法律法规的宣传贯彻落实工作。

（2）配合省总工会、省人力资源和社会保障厅做好白酒、啤酒行业劳动竞赛的组织开展工作。

（3）配合省发改委做好全省食用酒精行业淘汰落后产能工作。

（4）完成有关部门交办的河南省名优产品评价、产品鉴定和项目论证，白酒、啤酒、酒精、黄酒、葡萄酒及果露酒食品生产许可证的现场审查工作。

（5）继续配合省发改委做好银企衔接，对列入计划的豫酒企业给予重点关注，并千方百计给予支持。

十、2008年工作中存在的问题和不足

2008年，河南省酒业协会虽然做了大量的工作，也存在着一些不足：协会自身的影响力和权威性有待提升，会员的覆盖面还不够宽，协会自身的经济实力较弱，另外，开展活动的水平也有待提高。

2009年河南酒业综述

2009年是河南省酒业协会制定的“豫酒发展——厂商和谐共赢年”，河南省酒业协会在河南省商务厅和中国酿酒工业协会的关心和指导下，坚持为行业服务，为企业服务，围绕全省酒类企业的生产经营与发展大局，发展会展经济，规范流通秩序，开展行业活动，维护行业利益，有力地促进了豫酒产业的健康发展。

2009年，对于河南酒类产业来说，机遇和市场挑战同在。协会抓住全国经济形势企稳向好的机遇，克服白酒消费税调整等带来的不利影响，使全省酒业生产经营形势逆势飘红，主要经济指标再创新高。宋河、仰韶、宝丰、张弓、赊店、金星、天冠等全国知名的酒业品牌，无论是市场份额，还是经济效益，都显示着强势的区域效应，并不断向区域高端酒类市场突破，为豫酒板块的崛起撑起了一片新的天地，从而带动了整个豫酒板块的发展。

一、2009年河南省饮料酒的主要经济指标

（1）2009年河南省饮料酒实现总产量540.63万千升，同比增长1.95%，居全国第2位，其中：

白酒产量71.96万千升，同比增长18%，居全国第3位；

酒精产量73.82万千升，同比下降10.45%，居全国第4位；

啤酒产量382.06万千升，同比增长2.87%，居全国第2位；

葡萄酒产量10.27万千升，同比增长39.33%，居全国第4位；

黄酒产量2.52万千升，同比增长40.03%，居全国第6位。

（2）2009年河南省饮料酒实现工业总产值369.80亿元，同比增长10.45%，居全国第3位，其中：

白酒136.68亿元，同比增长23.44%，居全国第4位；

酒精108.49亿元，同比下降10.45%，居全国第1位；

啤酒104.52亿元，同比增长21.02%，居全国第2位；

葡萄酒10.03亿元，同比增长9.40%，居全国第6位；

黄酒1.69亿元，同比增长9.39%，居全国第10位；

其他酒8.39亿元，同比增长81.43%，居全国第4位。

（3）2009年河南省饮料酒实现工业销售产值362.03亿元，同比增长9.91%，居全国第3位，其中：

白酒132.47亿元，同比增长25.44%，居全国第5位；

酒精105.99亿元，同比增长2.43%，居全国第1位；

啤酒103.58亿元，同比增长20.31%，居全国第2位；

葡萄酒9.99亿元，同比增长9.57%，居全国第5位；

黄酒1.67亿元，同比增长9.76%，居全国第10位；

其他酒8.33亿元，同比增长78.40%，居全国第4位。

以上数据显示，2009年，除酒精外，河南省酒业企业产量、工业产值、销售收入均有不同程度的增长，表现出我省酒业经济企稳向好的总趋势，也为河南酒业今后的发展提供良好的契机，主要表现在以下几个方面：

1.白酒

2009年，河南省白酒企业销售收入超亿元的主要有：宋河、赊店、宝丰、仰韶、张弓、林河、皇沟、卧龙、杜康、乌龙等10家，和上年相比，有较大幅度的提高。一方面，以宋河、张弓、宝丰、赊店、皇沟、杜康为主的区域强势品牌，根据自身优势、消费定位、市场定位和产品的特点，深入研究不同区域文化差异和消费习惯，不断调整营销措施，积极抢占省内重点区域白酒次高端市场，做精、做好家门口市场，在短时间内形成了“京广陇海十字线、区域市场连成片，打造省内铁板营销市场体系”的豫酒营销大格局；同时，白酒产品结构日趋完善，呈多样化发展之势，濮阳傅潭酒业的芝麻香型酒，南乐新境界酒业、九鼎酒业的酱香型酒在白酒市场上也享有一定的知名度；一些强势区域企业积极抢占白酒中高端市场，如仰韶的国陶、彩陶坊系列，宋河的盛世系列，林河的三香和谐系列，赊店老酒的中国赊酒系列等豫产中高端白酒，在春节前后都呈现出强势的发展之势，“供不应求”概括了中高端白酒产品2009年末的表现。

2.啤酒

传统的普通啤酒仍占豫啤市场主流，但越来越多的个性化产品风起云涌，风味向低麦汁度、低色泽、淡口味方向发展；包装形式趋向多样化：300毫升、400毫升的小容量瓶、异形瓶包装也逐步增多，金星、维雪等企业的罐装产品也在市场享有一定的美誉度；中高档酒比例增加，低档膜包酒产量下降，中高档箱装啤酒渐成豫啤市场主流。2009年年末，豫啤开始拉启重新布局大幕，中美矿业控股

蓝泉、悦泉等中小型啤酒企业正与有关企业合作商磋；作为豫啤老大的金星，全力整合省内分公司资源，使得河南啤酒行业更增添了几分朦胧。

3. 葡萄酒

虽然豫版葡萄酒还受原料基地、2007年曝光事件的困惑，在一定程度上影响了河南葡萄酒产业的发展，但2009年，全省葡萄酒市场出现回暖态势，一些葡萄酒企业抓住契机，依据国家相关标准，以全汁葡萄酒为主的产品在努力打造品牌，同时加大宣传推介力度，利用在郑州市召开的2009年秋季全国糖酒会和在驻马店召开的第八届中部糖酒会以及第三届中国葡萄酒经济年会，甚至法国等国外著名的葡萄酒展会，强力推介豫产葡萄酒。民权九鼎葡萄酒、兰考路易顺葡萄酒、民权神舟葡萄酒的市场公信力、经济效益出现了明显上升趋势，为河南葡萄酒的复兴吹响了集结号。

4. 酒精

以优级食用酒精比率的增加为切入点，为白酒企业开发生产固液结合的产品提供了更多的选择空间，使固液结合的白酒产品质量不断提高。

产品结构的调整，不仅拓宽了企业的经营渠道，提高了企业核心竞争力，而且还有效地提高了企业的经济效益，提升了豫酒板块在全国业界的市场影响力和公信力。

二、豫酒企业改制，融资获得新进展、新突破

2009年，是河南酒业企业改革取得实质性进展的关键性的一年，河南省宋河酒业股份有限公司彻底改制完毕，为2010年销售收入达到15亿元奠定了坚实的基础；3月29日，由洛阳市政府牵头，汝阳杜康、伊川杜康签订战略联盟协议书，9月19日，签订合作协议书，组建洛阳杜康控股有限公司，酒祖杜康横空问世；7月23日，香港鹏威集团收购赊店，组建河南赊店老酒股份有限公司，调整企业管理结构，整合赊店产品线，当年改革，当年收益，实现销售收入4亿多元；11月，林河酒业庆祝成功改制，使企业迈上了发展的快车道。2009年，豫酒企业改制掀开了河南酒业历史新的一页。

三、抓两头带中间，促进豫酒全面繁荣

2009年，豫酒企业坚持“抓两头带中间”的经营理念，一手抓源头（生产），一手抓龙头（营销）。一方面，为适应市场需求，不少企业加大了技术改造力度，加大了生产设备和技术投入的力度，改造了包装生产线，增加了原酒产量，提高了原酒储存量；另一方面，“以做好家门口市场”为主抓营销龙头，带动豫酒营销全面发力；同时，豫酒企业纷纷与营销策划、品牌策划公司合作，加大营销队伍建设，创新营销模式，使企业执行力得到提升。

四、全省酒类流通秩序明显好转

河南省是全国酒类消费大省，每年消费额200多亿元，其中白酒消费量占全国的十分之一。协会利用第八届中部糖酒商品交易会、春秋季全国糖酒商品交易会和在省内举行的各种活动，向经销商宣传食品安全的重要性，普及酒类知识，提高酒类质量安全意识，强化了散装酒、贴牌酒的经营和规范；在全省酒类流通系统轰轰烈烈地开展“诚信经营示范企业（店）”创建活动。

五、豫酒存在的问题

虽然豫酒取得了诸多成绩，但是，我们也应客观地看到，与全国一些酒业强省、酒业大省相比，差距在逐步扩大。豫酒存在的主要问题是：一是白酒企业缺乏强势品牌、一流品牌，市场竞争力较弱，中高档产品市场占有率较低；二是啤酒企业产量和经济效益略有提高，但实际上豫啤的经济效益在全国同行业偏低；三是豫酒整体经济效益水平较低，制约了设备更新、研发投入、市场开发；四是管理水平、营销水平比较低；五是缺乏高层次的管理人才、营销人才、技术人才；六是经营理念滞后；七是涉足酒业的其他行业投资人对酒业了解不透，投资少，影响了所购品牌的发展；八是酒类市场经营秩序有待进一步规范，尤其是贴牌酒、冒牌酒的治理；九是缺乏科学饮酒常识，尤其是白酒知识的宣传与普及；十是酒业消费引导力度欠缺，致使消费者缺乏对豫酒消费的信心，河南人不喝河南酒、河南人不卖河南酒现象尤其突出等。

2009年河南酒业协会工作情况

在过去的一年里，河南省酒业协会坚持“一（一个宗旨）、二（两个实力）、三（三个权威）”办会宗旨，千方百计提高协会的服务深度、广度、力度和质量，做强协会品牌，提升协会的凝聚力、向心力、影响力、执行力，更好地为政府、行业、企业服务，推进河南酒业又好又快发展。围绕全省酒类企业的生产经营与发展大局，增强质量安全观念和社会责任意识，规范酒类流通经营秩序，组织开展行业活动，有力地促进了豫酒产业的健康、快速发展。河南省酒业协会先后被评为河南省先进行业协会；河南省酒业协会主办的“2009中国酒业千商大会”荣获河南省商务厅创新成果三等奖；“豫满中国”展位荣获全国糖酒商品交易会优秀展台二等奖等。2009年协会的工作主要有：

一、隆重庆祝河南省酒业协会成立25周年暨召开协会七届四次理事会（扩大）会议

2009年4月24日，是河南省酒业协会成立25周年纪念日，做好25华诞的庆祝活动，是河南省酒业协会的一件大事。4月24日晚，协会在郑州召开成立25周年“宝丰之夜”庆典文艺晚会，社会各界400多人参加了晚会。会后，协会在《东方今报》整版发布了“河南省酒业协会成立25周年大事记”，盘点了协会成立25年来的不平凡历程；与此同时，协会首创与邮政公司合作，联合全省24家名优酒企业，公开发行了纪念邮册和纪念信封，作为礼品向国家有关协会领导、各地来宾赠送，弘扬了豫酒文化，提升了豫酒在业界的美誉度。4月25日召开的七届四次理事会（扩大）会议上，总结了2008年工作，制订了2009年工作计划，会上还表彰了侯建光、常守臣等河南省第二批共11位酿酒大师。

二、协会配合省商务厅做好《河南省酒类管理条例》的立法调研工作

经协会8年呼吁，在河南省商务厅的全力支持下，2009年1月，《河南省酒类管理条例》被列入河南省人大常委会2009年度地方立法调研计划和河南省人民政府2009年度立法计划。同时，协会积极组织省酒业系统的人大代表、政协委员联名向省人大常委会、省政协提缴《关于尽快出台河南省酒类管理条例的议案》和《关于我们一起喝豫酒的建议》，使全省上下形成了浓厚的豫酒消费氛围。

三、强化行业服务，提升行业管理，加强区域合作，推动行业快速发展

（1）5月24日至6月2日，白酒分会组织全省白酒骨干企业总工及国家评酒委员一行二十余人赴鄂、川、黔三省进行参观学习，先后考察了湖北枝江酒业、白云边酒业、稻花香集团、武汉佳成生物科技有限公司、四川泸州老窖集团、郎酒集团、巴蜀液酒业及三溪酒业、贵州茅台集团。通过本次考察活动，对湖北、四川、贵州等省份白酒的发展状况及形势有了充分的认识，使豫酒在基酒生产、技术创新、产品研发、市场拓展等方面受益匪浅。

11月22～25日，白酒分会再度组织宋河、宝丰、赊店、皇沟、君利、张弓、卧龙、豫坡、祥龙四五、富平春、杜康控股、棠河、乌龙、汉华等企业的董事长、总经理共计35人，赴江苏参观考察近年来发展迅速的双沟酒业、洋河酒业、今世缘酒业。这三家企业2008年销售收入均已超过20亿元，他们在基础设施建设、新产品开发、市场开拓、品牌打造等方面都给豫酒企业董事长、总经理们留下了深刻的印象。考察结束时，豫酒企业的董事长、总经理们在商丘市进行了面对面真诚的探讨，用“震撼”、“意想不到”六个字概括了全部感受。

（2）7月11日，由河南省张弓酒业有限公司承办的2009年第三季度河南省名优白酒骨干企业联席会在商丘市召开，商丘市政府以及20多家名优白酒骨干企业的代表参加了会议。会议通报了前三季度我省白酒企业的生产经营情况和目前国内行业发展现状，促进了白酒行业的信息交流，并对即将在郑州举办的2009年秋季全国糖酒商品交易会，进行了认真细致的部署。

9月3日，白酒分会在周口市组织召开了全省名优骨干白酒企业总工程师会议。本次会议有宋河、宝丰、祥龙四五、张弓、仰韶、汝阳杜康、伊川杜康、赊店、皇沟、君利、林河、富平春、朗陵罐、新野汉华、淮源、豫坡、新境界、傅潭等十八家名优骨干白酒企业的总工程师、副

总工程师和代表参加。本次总工会议的主题是研讨豫酒的风格问题，本次会议大家一致认为，要彰显豫酒风格，体现豫酒特色，应重视原辅料的质量，做好制曲工作，酿造工艺注重科学合理性，重视窖池的质量，提高白酒勾兑调味技巧，加强多香型调味酒的生产等。

12月27日，2009年第四季度河南省名牌白酒骨干企业联席会在周口市鹿邑县召开，会上总结交流了全省骨干白酒董事长、总经理赴江苏双沟酒业有限公司、江苏省洋河酒厂股份有限公司、江苏今世缘酒业有限公司参观考察的心得体会，研究了全省2010年白酒分会的主要工作。

（3）开展区域合作，促进区域信息交流与技术合作。8月13日，第四届（2009）中南六省区啤酒生产统计信息工作会议在广西南宁市召开。针对六省区啤酒生产企业的区域合作、啤酒生产企业信息共享、两年一届表彰六省区统计工作优秀统计员等问题，达成了一致意见。会议还决定，各省区啤酒分会在进行啤酒季度统计的同时，从11月份开始进行月度统计，有力地促进了中南六省区啤酒信息的交流，增强了啤酒信息的时效性。

11月16～17日，由全国清香类型白酒企业合作组织主办，河南省酒业协会、宝丰酒业有限公司承办的“全国第二届清香类型白酒高峰论坛”在宝丰举行，全国著名白酒专家沈怡方、高月明、高景炎、徐岩、杨明及全国各地清香类型白酒企业董事长、总经理、总工程师、国家级评酒委员、新闻记者等100多人出席会议。会议圆满成功，为进一步弘扬清香类型酒，提高清香类型白酒企业的经营信心，扩大清香类型白酒的市场影响力起到了很大的推动作用。

（4）从11月至12月上旬，由河南省财贸轻纺烟草工会和河南省酒业协会联合主办，在全省酿酒行业轰轰烈烈开展节能减排竞赛活动，竞赛活动共分为组织管理、技术进步、节能降耗和污染减排等四部分19个项目30项考核标准。四五、宋河、张弓、宝丰、仰韶和天冠新乡乙醇等七家企业均派评委参加，经过评议，宋河酒业、天冠新乡乙醇、皇沟酒业荣获河南省酒业节能减排先进单位，孙西玉、张东信、万保健荣获河南省酒业节能减排先进个人，宝丰、张弓、仰韶、祥龙四五荣获河南省酒业节能减排优秀单位，仰韶薛根献、宋河刘振海、天冠新乡乙醇艾同生、皇沟曹成杰、张弓邢进、宝丰温廷江荣获河南省酒业节能减排技术标兵，使全省酿酒企业形成了浓厚的节能减排氛围。

四、大力发展会展经济，提升协会综合实力

会展经济是河南省酒业协会重要的工作之一，2009年，河南省酒业协会以组织参加全国糖酒商品交易会为抓手，以办好第八届中部糖酒商品交易会为突破口，使河南省酒业协会2009年的会展经济发展跃上了一个新水平。

（1）2009年3月下旬，2009年春季全国糖酒商品交易会在成都举行。河南省酒业协会以“豫满中国”为主题组织豫酒名优企业集体参展。为扩大豫酒影响，宣传推介豫酒，协会于3月25日上午在四川省成都市世纪城新国际会展中心洲际大饭店隆重举行“豫满中国”新闻发布暨厂商对接会，中国糖业酒类集团公司总经济师、全国糖酒会办公室主任何继红、中国酒类流通协会副会长兼秘书长刘员到会祝贺，河南省商务厅、郑州市人民政府、郑州市会展办、四川省酿酒协会的领导及来自广东、四川、河南、陕西、山西、天津、北京、湖南、贵州等地客商二百多人参加了发布会，这是河南省酒业协会首次以“豫满中国”的形式参加春季全国糖酒盛会。3月25日晚，2009年春季（第80届）全国糖酒商品交易会盛典”在四川成都市沙湾会展中心举行。河南省酒业协会荣获全国糖酒商品交易会办公室颁发的、全国省级行业协会中唯一的“全国糖酒商品交易会单位贡献奖”。

（2）8月6日，第八届中部糖酒商品交易会在河南省驻马店市隆重开幕。这次糖酒会是由中国酿酒工业协会、中国食品工业协会、中国酒类流通协会、河南省商务厅、驻马店市人民政府支持的，由河南省酒业协会主办，以酒类商品为重点，包括饮料类、食品类、食品饮料机械类等，来自黑龙江、内蒙古、陕西、山东、江苏、广东等十二个省、直辖市、自治区的五百多家客商、数万名观众参加了这次盛会。

8月10日，第八届中部糖酒商品交易会在驻马店市落下帷幕。据不完全统计，来自全国十二个省市的500多家企业前来设展，3天累计参观人数5万多人(次)，洽谈意向交易额超过16亿元。

作为一次专业性、大规模的酒类及关联产品洽谈展销会，此次糖酒会上酒类企业有八成之多，不仅聚集了茅台、五粮液、青岛啤酒等国内知名品牌，省内宋河、宝丰、张弓、林河、仰韶等众多豫酒企业也集体亮相。此次交易会参展企业在布展、广告、接待等方面的投入大幅提高，较往年平均增长了60%。从布展到闭幕5天时间，交易会拉动驻马店市餐饮、住宿、广告、交通等方面的消费。

（3）10月11日，2009年秋季全国糖酒商品交易会在郑州国际会展中心隆重开幕，河南省酒业协会组织的“豫满中国”展团在郑州国际会展中心盛装亮相，此次的“豫满中国”展团，是全国糖酒会历史上占地面积最大、抱团酒业企业最多的特装展团，受到了全国客商的瞩目。10月15日，在第81届全国糖酒商品交易会总结会上，全国糖酒

商品交易会办公室主任何继红对“豫满中国”展团给予了充分肯定，“豫满中国”“大气恢弘、独具匠心、定位精准”。前来参加千商大会的博鳌亚洲论坛秘书长龙永图来到“豫满中国”视察指导，称赞“豫满中国”河南酒业展区在包装、设计、宣传方面有了很大的创新，融入了很多新的元素。在12月2日召开的2010年春季全国糖酒商品交易会预备会议上，“豫满中国”展位荣获“最佳展位二等奖”。10月11日晚，由河南省酒业协会、祥龙控股有限公司主办的“四五老窖之夜”纵贯线郑州演唱会等一系列活动，使协会名声大振，短短四天时间，协会组织的“豫满中国”展团签订意向金额达40多亿元，豫酒的形象明显提高，在行业的影响力得到了进一步的提升。

（4）10月11日下午，由全国糖酒商品交易会办公室、河南省商务厅主办，新食品杂志社、河南省酒业协会承办的“2009中国酒业千商大会”（以下简称“千商大会”）高峰论坛活动在中国郑州国际会展中心九鼎厅隆重召开。2009中国酒业千商大会是全国糖酒会历史上规模最大、规格最高的经销商行业盛会。本次会议的主题为“中国白酒未来五年发展趋势探讨”，包括新华社、中央电视台等在内的国内多家主流媒体和财经媒体均给予高度关注，并提供报道支持。本次大会邀请了享誉中国经济界的博鳌亚洲论坛秘书长龙永图、中国食品工业协会副秘书长马勇以及宋河、宝丰、仰韶、张弓酒业的董事长朱文臣、王杰士、侯建光、孙刚等共聚一堂，探讨中国白酒行业未来发展趋势，共话行业发展。

10月11日中午，郭庚茂省长接见了龙永图秘书长，并要求豫酒企业积极实施品牌发展战略，提高并稳定质量，提升产品档次，促进豫酒的健康快速发展。根据郭省长的指示精神，协会配合省商务厅，深入企业调研，六易其稿，向省政府呈报了《关于培育河南名酒促进豫酒健康快速发展的实施意见》，今年有望付诸实施，对豫酒的发展将起到里程碑式的作用。

五、强化行业培训和技能鉴定，大力实施人才振兴豫酒战略

人才匮乏是制约豫酒发展的主要瓶颈。2009年，河南省酒业协会紧紧围绕人才强企、人才振兴豫酒战略，千方百计培育豫酒人才，提高豫酒人才素质，为豫酒健康快速发展奠定人力保障。

（1）4月10日，河南省酒业协会全国首创，和郑州牧业工程高等专科学校合作，使河南酒业实用型人才实现订单培训。一方面，郑州牧专充分发挥科研与人才优势，承担起河南酒业的研发任务，联合组织科技攻关、产品开发，为协会及其会员单位提供师资和高技能实用型人才、科研系统及实验设施服务；另一方面，协会发挥行业优势和影响力，在联合办班、提供实习基地、推荐就业、职业资格认定、推荐任课专家等方面对牧专给予大力支持。目前，酿酒班学生全部在省内酒类企业完成就业。

（2）4月6～10日，河南省啤酒品评技能竞赛暨全省啤酒质量工作会议在郑州举行。此次竞赛不仅对河南各啤酒企业的产品进行了鉴评，还举行了品评技能大赛，充分展示了河南省啤酒行业专业技术人员的风采。参加此次技能大赛的选手是河南省啤酒专家委员会委员、在豫国家级啤酒评酒员、河南省省级啤酒评酒委员以及河南省各啤酒生产企业的总工程师、质量技术负责人员。经过十五轮激烈角逐，金星啤酒集团郑州啤酒有限公司的孟先霞荣获总成绩第一名，根据大赛规定，按程序推荐孟先霞申报“河南省五一劳动奖章”；同时，对获得前三名的选手报请河南省人力资源和社会保障厅授予“河南省技术能手”荣誉称号。

（3）6月27～31日，“皇沟杯”河南省白酒品评技能竞赛暨2009届省级白酒评酒委员换届考聘活动在郑州举行。按照《河南省酒业协会省级评酒委员管理办法》规定，省级白酒评酒委员将分为资深、正式和特邀三种类型。经过激烈角逐，汝阳杜康酒业的李现立获得第一名，按程序申报河南省五一劳动奖章；汝阳杜康酒业的李现立、张志强、仰韶酒业的李建民申报河南省技术能手称号。

（4）8月27日，由中食联盟（北京）认证中心和河南省酒业协会共同主办的全国酒类行业实用HACCP和酒类产品质量等级认证标准短训班在河南郑州开班，来自黑龙江、江苏、山东、河南等十多个省市的酒企三十多人参加了培训。

（5）11月18～22日，由河南省酒业协会组织的全省啤酒酿造技能培训班在金星啤酒集团公司总部开班，来自全省及全国金星啤酒集团的106名啤酒酿造技工参加了培训、鉴定。

2009年，河南省酒业协会共举办各种培训班和技能培训6个班次，培训员工300多人，在全省酒业企业技术员工中掀起了学技术、比贡献的高潮。

六、创新流通服务，开展诚信示范评选活动

创新是发展的动力和不竭源泉，从2009年开始，河南省酒业协会逐步把行业管理工作由生产领域逐步向流通领域倾斜，不断创新行业新的服务体系。2009年10月30日，由协会组织召开了河南省酒类流通工作会议。根据省

商务厅的安排，从11月起，河南省酒业协会在全省酒类行业中开展诚信经营示范创建活动。参加河南省酒类行业示范创建活动主要涉及白酒、啤酒、葡萄酒、果酒、露酒、黄酒、保健酒和含有酒精的饮料（含国内外酒类商品），具有法人资格的国有企业、私营企业、批发、零售企业、名烟名酒店、专营公司、品牌代理公司、厂家形象店、连锁店、生产企业的销售公司等。只要是遵纪守法、诚实守信、制度健全、履行社会责任、自觉接受社会监督的酒类经营组织都可以申报，此项活动将长期开展，以构建健康有序的市场环境。

七、积极宣传推介豫酒，提高豫酒在全国的行业影响力和社会公信力

推介豫酒、宣传豫酒，使全省上下形成人人关心豫酒、关注豫酒发展、人人喝豫酒的浓厚氛围，这是河南省酒业协会长期的工作。

（1）河南酒协对加大豫酒推介力度，搭建厂商交流平台，沟通产销关系，增强协会的影响力、向心力和权威性，产生了良好的效果。协会积极向全省各级政府机关、企事业单位推介豫酒，倡导“爱家乡、喝豫酒、认名牌”；豫酒企业也抓住这一契机，加强与当地有关部门的沟通与商洽，促进地产酒在当地公务接待中的使用。据不完全统计，宋河、宝丰、仰韶、张弓、皇沟、棠河等先后与当地政府部门达成意向，将其作为政府公务接待用酒，有力地提高了豫酒的市场份额和影响力。

（2）借鸡下蛋，倾力打造河南酒业网。与河南国信网络通信有限公司合作，在网页设计、版面美化、信息更新等全部采用24小时瞬时更替，无缝隙覆盖，为企业及时提供新闻传播、新闻代理、信息交流、活动推介、网站制作、网站代管、新闻发布会策划、信息全程服务，全力打造河南省酒业协会官方网站；为提高网站点击率，河南酒业网与百度、新浪、网易等全国知名网站链接，在各种行业展会上进行推介，提高《河南酒业》内部资料的编印质量，提高河南酒业网的知名度和行业影响力，使其成为豫酒宣传的又一个重要平台。

（3）5月，会长熊玉亮向洛阳市政府提出了《关于整合放大杜康资源、设立杜康市（区），做大做强杜康事业的建议》，分别寄给洛阳市委书记连维良和洛阳市市长郭洪昌。建议整合汝阳、伊川两县白酒资源，以蔡店镇为基础，设立杜康区或杜康市，或至少将蔡店镇改名为杜康镇，以杜康为主导品牌发展白酒产业区，提升杜康品牌的知名度，在社会各界产生了强烈反响。

河南省委常委、洛阳市委书记连维良在回信中称，关于如何做大做强杜康酒业的5条建议，针对性和操作性都很强，洛阳市将努力为杜康酒业发展创造更加宽松的政策、资金、市场环境，下大力气将杜康白酒产业打造成为洛阳新的经济增长点，争取尽快使杜康品牌跻身中国白酒的领军行列。洛阳市市长郭洪昌在回信中表示，对熊玉亮提出的建议，已安排有关部门对此进行研究和论证。这一系列举措对弘扬杜康文化、提升杜康酒的美誉度，将起到积极的推动作用。

（4）6月19日，河南省酒业协会组织召开全省酒业企业新闻宣传暨信息工作会议，全新改版“中国酒业”网站，加大对河南名优企业、品牌的宣传力度，链接企业网站；建立上通下达的全省酒业信息网络，会议决定在庆祝新中国成立60周年和第81届全国糖酒会在郑州召开之际，编辑出版河南省第一部酒业史——《豫满中国——河南酒业60年》，成立了编辑出版组委会。

（5）10月9日，由河南省政协原主席阎济民题写书名，中国酿酒工业协会理事长王延才作序，河南省酒业协会会长熊玉亮主编的河南省第一部酒业史——《豫满中国——河南酒业60年》在新中国60华诞来临之际，由河南人民出版社出版发行。该书总结了河南酒业历史，传播了河南厚重悠久的酒文化，受到了社会各界的肯定。

八、维护行业利益，推动行业健康快速发展

积极维护豫酒行业利益，维护豫酒企业合法权益。3月18日，中国保护消费者基金会发布公告，称“（汝阳）杜康等白酒被曝不合格 可引起急慢性中毒”。协会获悉后，立即对此进行调查，并于3月20日率先表明了态度，在协会官方网站刊发《郑重声明》。之后，《东方今报》、《大河报》、《河南商报》及全国各地媒体纷纷给予披露，对中国保护消费者基金会的做法给予质疑和批评，有效地保护了杜康酒的合法权益。

湖北

2008年湖北酒业综述

一、2008年湖北白酒、露酒行业发展形势十分可喜

据协会统计，16家重点白酒、露酒企业完成产量31.9万千升，销售收入103.4亿元，利税总额14.9亿元，其中利润4.8亿元，分别比上年同期增长32%、46%、23%和39%。特别是枝江、稻花香、白云边三大酒业集团和劲牌公司发展势头极为强劲。枝江酒业集团完成产量7.3万千升，销售收入30亿元，利税总额2.58亿元，其中利润0.75亿元，分别比上年同期增长20%、33%、6%和7%；稻花香集团完成产量10.3万千升，销售收入35.1亿元，利税总额3.51亿元，其中利润1.17亿元，分别比上年同期增长48%、55%、65%和254%；白云边集团完成产量2.9万千升，销售收入12.9亿元，利税总额2.29亿元，其中利润1.02亿元，分别比上年同期增长54%、106%、-1%和37%；劲牌公司完成产量6.7万千升，销售收入15亿元，利税总额4.3亿元，其中利润1.48亿元，分别比上年同期增长28%、26%、26%和19%。

二、2008年湖北啤酒行业由于原辅材料价格大幅上涨致使啤酒售价偏低

虽然各啤酒企业在调整产品结构、节能降耗等方面做了大量工作，但从全行业情况看，发展速度和经济效益增幅都相对减缓，全年完成啤酒产量193.6万千升，销售收入57.6亿元，税金9.4亿元，利润4.2亿元，分别比上年同期增长5%、18%、13%和6%。

列入协会统计的11家啤酒和16家白酒、露酒企业2008年共实现销售收入161亿元，利税总额28.5亿元，其中利润9.02亿元，分别比上年同期增长36%、15%和17%。

三、2008年湖北酿酒行业的产品质量继续稳定提高

从协会组织的一年一度的啤酒、白酒质量检评与交流的情况看，全省啤酒和白酒的质量继续保持了稳定提高的态势。参检的27个啤酒，评分都达到了90分以上，大部分啤酒口感纯净、爽口。参检的56个白酒，评分90分以上的46个，占参评酒样的82%，尤其是龙头骨干企业的产品质量稳定领先，如以白云边为代表的兼香型白酒和枝江酒业的“谦泰吉”酒、“五星枝江大曲”酒，稻花香酒业的“珍品一号”酒、“活力型”酒为代表的浓香型酒等得到评委和代表的高度好评。

四、2008年湖北酿酒行业，特别是几大龙头企业一手抓生产发展，一手抓扩建改造，企业发展后劲进一步增强

白云边酒业继年产5000吨酿造车间竣工投产后，总投资约4.2亿元的白云边城东工业园于2008年5月正式动工兴建。占地480亩，规划建设包装中心、物流中心、营销中心、技术中心和行政中心。工业园竣工投产后，白云边酒的产量将翻一番，可形成年产1000万件以上成品酒的生产规模。

枝江酒业继灌装中心和技术中心相继竣工投产后，总投资2亿元的年产2万吨基酒生产基地已开工兴建，项目建成后，枝江酒业的年产量将突破10万千升。为积极打造以枝江酒业为核心的产业群，汇集与主业相关的包装材料、资源回收、物流配送、饮料加工等企业多行业配置发展，枝江酒业投资1.5亿元在枝江市经济开发区工业园新建年产5000万只陶瓶及8000万只小玻璃瓶酒类包装容器项目。项目建成后，可实现销售收入2.8亿元，实现利税8200万元，提供1000个就业岗位。

稻花香集团在对关公坊、楚瓶贡、昭君、屈原等品牌兼并重组的基础上，2008年又与四川惠明集团合作，投资1

亿元在当阳新建年产万吨原酒生产基地，与黄梅县合作，投资1亿元在黄梅大胜关山工业园建设白酒产业项目。

劲牌公司继二期年产3万吨现代化保健酒项目和三期年产1.5万吨小曲酒基地项目竣工投产后，2008年又与石首含芳酒业公司合资成立了劲牌酒业（石首）有限公司，投资2.18亿元在石首市江北工业园建设年产2万吨的小曲酒生产基地。同时在阳新规划建设年产2万吨四期小曲酒生产基地，并积极筹划建设第三期保健酒项目。

另外，黄山头酒业、石花酒业、梨花村酒业、监利粮酒、枣阳汉光酒业等一批中小企业2008年也都加大了扩建改造的力度，企业的发展后劲明显增强。

2008年湖北酿酒行业虽然总体上继续保持了良好的发展态势，但与先进省市相比还存在较大差距，特别是啤酒行业发展速度和经济效益增幅明显减缓。面对全球金融危机的影响，酒业的市场竞争将更加激烈，新的一年能否确保湖北酿酒业继续保持稳定健康发展的良好态势，形势十分严峻，任务相当艰巨。

2008年湖北酒业协会工作情况

一、召开全省酿酒行业年报统计暨三项竞赛联席会议

2008年2月28～29日，协会在武汉召开了全省酿酒行业年报统计暨“三项竞赛”联席会议，会议汇总交流了2007年度全省啤酒行业和重点白酒、露酒企业的主要经济指标完成情况，对各酿酒企业上报的“三项竞赛”自评材料进行了审核复评，评出了2007年度全省酿酒行业“三项竞赛”获奖企业，同时评选和表彰了2007年度全省酿酒行业优秀统计员。

二、召开协会二届二次会长工作会

2008年3月29日，协会在武汉长江大酒店召开了二届二次会长工作会。省轻工中心朱光才主任、省酒业协会喻赋广会长，和各副会长及副社长单位的代表，省酒业协会秘书处全体人员20余人出席会议，会议通报了2007年全省酿酒行业的生产发展情况和协会开展的主要工作以及2008年行业发展和协会工作意见，同时还通报了2007年度全省酿酒行业“三项竞赛”评选情况。与会代表历数了各企业2007年度取得的成绩和2008年的目标打算，并就协会工作进行了广泛讨论，对2007年协会工作给予了充分肯定，对协会2008年工作计划表示赞同和支持。朱光才主任出席会议并作了重要讲话。会后，大家还参观了武汉天龙黄鹤楼酒业公司，对他们为本次会议提供的良好会务接待表示衷心感谢。

三、全力以赴配合中酒协做好全国酒业大会的会务接待服务工作

2008年4月8～9日，中国酿酒工业协会三届五次理事（扩大）会议暨啤酒分会第三届会员大会在武汉召开。各省市酒协、全国有关酿酒企业及有关酿酒专家共400余人出席了会议。省酒业协会在喻会长的带领下，全力以赴配合中酒协做好会务接待服务工作。枝江、稻花香、百威、金龙泉以及天龙黄鹤楼、武汉华润啤酒等企业在人力、物力上给予了大力支持。劲酒、天龙黄鹤楼、襄樊三九、石花酒业等企业热情接待了中酒协有关领导和有关企业代表的参观指导。本次会议的接待服务工作，得到了中酒协领导的高度赞扬和好评。

四、组织2008年度全省啤酒行业感官质量检评及行业技术能手表彰活动

2008年6月17～19日，协会在武汉举办了2008年度全省啤酒行业感官质量检评及行业技术能手表彰活动。参加活

动的全省15家啤酒企业的省啤酒评委、国家啤酒评委及企业代表共30余人。会议首先对2007年参加“雪花杯”湖北省啤酒评酒技能比赛活动和“诺维信”杯首届全国啤酒评酒技能大赛中荣获全国技术能手、湖北省五一劳动奖章、湖北省技术能手及湖北省酿酒行业技术能手的选手分别颁发了奖章和证书。

会议对15家啤酒企业的27个啤酒进行了检评，根据检评结果，协会除对得分90分以上的参检产品进行了通报表扬外，还根据各评委的评分和扣分情况，汇总了各企业参检产品的评分和综合评语，便于各企业进一步改进和提高产品质量。

五、成功举办白酒勾调实用新技术培训班

2008年7月1～4日，协会在枝江市举办了湖北省白酒勾调实用新技术培训班，来自全省23个白酒企业的57名学员参加了培训学习。省酒业协会会长喻赋广、枝江市人民政府副市长陈燕、枝江酒业董事长总经理蒋红星等出席开班典礼并作了重要讲话。陶家驰、熊小毛、李净、刘丽萍、苏传胜等专家担任了本次培训班的授课老师。由于提前作了充分准备，老师们的理论授课和实际勾调操作训练都非常熟练，学员们一致反映，本次培训班虽然时间不长，但学到了真经，收获很大，受益匪浅。

六、召开省酿酒行业第三次科技交流会

2008年7月28～31日，协会在武汉召开了湖北省酿酒行业第三次科技交流会。18个企业的48名代表参加会议，共收到论文41篇。在充分交流的基础上，组织有关专家对论文进行了评选，评选出一等奖6篇、二等奖11篇、优秀论文奖24篇。枝江酒业、襄樊三九、白云边公司及英博金龙泉啤酒(湖北)公司等四家企业荣获“论文工作组织奖”。喻赋广会长作了题为《努力学习实践科学发展观，加快振兴湖北酒业的步伐》的重要讲话，对本次科技交流会作了高度评价，要求通过这次科技交流会，进一步牢固树立“科学技术是第一生产力”的思想，努力学习现代科学技术，紧密结合生产实际，大力开展科技创新，为促进湖北酒业又好又快发展做出新的更大的贡献。论文汇编工作得到了稻花香酒业公司的大力支持。

七、评审产生首届“湖北酿酒大师”

为鼓励和调动湖北省酿酒行业广大科技和管理人员的积极性和创造性，表彰为湖北酿酒事业做出突出贡献的人员，同时为参加下届中国酿酒大师评选打好基础。经省酒业协会二届二次会长工作会议讨论通过，2008年在全省酿酒行业开展首届“湖北酿酒大师”评审工作。经过近一年的周密准备，严格评审过程的程序性，坚持评审条件，优中选优，切实保证湖北酿酒大师评审的严肃性、科学性、公正性。评审委员会通过认真审查个人申报资料，并结合企业推荐意见，参考各申报人员在振兴酒业专家研讨会上的演讲水平，首先确定了14名首届湖北酿酒大师提名人选，经评审委员会无记名投票评审，最终评选出熊小毛、赵三红、夏兰武、李净、谢永文、陆志康、刘丽萍7名首届湖北酿酒大师。

八、组织2008年度全省白酒行业质量检评与交流

2008年10月28～30日，协会在武汉举行了2008年度全省白酒行业质量检评与交流活动，参加检评与交流的共有29个企业，56个酒样，49名评委和高级品酒师以及部分企业领导、工程技术人员共百余人参加了检评与交流，参加检评的酒样和人数都超过历年。今年检评工作仍坚持依国家白酒感官质量检评办法，密码品评。为提高交流水平，每一轮都有协会顾问、知名专家陶家驰代表专家组对每轮酒的质量情况进行讲评，对企业进一步改进和提高产品质量和提高评委们的评酒技术水平大有益处。

九、组织白酒酿造工职业技能培训、鉴定

2008年12月4～7日，协会在襄樊三九酿酒厂组织了白酒酿造工职业技能培训和鉴定。中国酿酒工业协会酿酒行业职业技能鉴定总站唐小雨处长、省酒业协会喻赋广会长、宫金山秘书长、周怡庭高工及熊小毛、时卫平等高级考评员参加了培训和鉴定工作。襄樊三九酿酒厂26名、武汉天龙黄鹤楼酒业公司1名，共27名工程技术人员申报参加了培训鉴定。在学员刻苦自学的基础上，老师们予以精心培训辅导，经理论考试和实际操作考评，其中申报的25名高级技师、2名技师均通过了职业技能鉴定，将获得国家劳动和社会保障部颁发的职业技能证书。

十、组织召开湖北省酿酒行业中小企业发展战略研讨会

2008年12月15～17日，协会在武汉召开了湖北省酿酒

行业中小企业发展战略研讨会。省酒业协会会长喻赋广、省政协常委、省酒业协会副会长、枝江酒业董事长兼总经理蒋红星、省酒业协会顾问陶家驰及全省中小酿酒企业的领导、代表40余人出席了会议。喻赋广会长在会上作了《深入学习实践科学发展观，促进中小酿酒企业又好又快发展》的讲话，通报了湖北酿酒行业的基本情况，并就加快中小酿酒企业的发展讲了八点意见。蒋红星副会长对会议的召开表示祝贺和支持，表示要与中小酿酒企业携手合作，共谋发展。会上共有10多家企业作了经验交流。陶家驰顾问向与会代表介绍了全国中小酿酒企业的发展情况。与会代表进行了热烈而广泛的讨论。会议虽然时间不长，但由于准备较充分，代表们一致反映会开得很成功，收获很大。经过本次研讨，大家一致认为面对全球金融危机的影响和酒类市场的激烈竞争，中小酿酒企业要想稳步健康发展，必须因厂制宜，走“新”、“特”、“奇”之路，即走创新之路、特色之路、出奇制胜之路。

十一、协会领导深入基层调查研究，为酿酒企业出谋划策

喻赋广会长在省轻工行业投资促进中心面临又一次机构改革，在工作任务十分繁忙的情况下，抓紧一切时机，深入基层，调查研究。先后对黄山头酒业、劲牌公司、石首含芳酒业、稻花香酒业、枝江酒业、梨花村酒业、襄樊三九酿酒厂、石花酒业、天龙黄鹤楼酒业随州公司等重点酿酒企业进行了调研。通过调研，不仅了解了企业的生产经营和发展情况，而且与企业领导和当地党委政府共同探讨酿酒企业又好又快发展的思路。同时，加深了对行业情况的了解，增进了与企业的友谊，增强了协会凝聚力。

十二、坚持每月编印一期《酒业通讯》

协会坚持每月编印一期《酒业通讯》，不仅及时介绍了协会活动和行业动态，还着重介绍了各重点酿酒企业的生产经营情况和重大活动，得到各酿酒企业和有关政府部门的好评。

十三、坚持做好行业统计和信息交流工作

行业统计和信息交流是行业协会的一项极其重要的日常工作，在各重点酿酒企业的大力支持下，协会坚持按时做好全省啤酒行业和重点白酒、露酒企业的月报统计汇总交流工作，为政府有关部门和各酿酒企业及时提供了行业统计信息。

2009年湖北酒业综述

2009年湖北省酒业协会在上级有关部门的指导和各位副会长、各理事单位的大力支持下，克服金融危机持续影响、外围环境复杂多变等诸多不利因素，以主动积极、开拓创新、灵活应对的精神和策略，坚持一个目标：振兴湖北酒业；围绕二个重点：为行业服务、为企业服务；抓住三条主线：考察交流、人才培训及产品质量检评、推进企业改革改造力度；协会工作实现四个亮点：工作经验材料被推荐到民政部，中酒协在《中国酿酒工业协会》第十期上全文刊登，第一家由中国酒业协会批准建立两个技能培训基地，在武汉圆满完成首届“湘、鄂、赣白酒质量检评交流”活动，充实了协会秘书处人员并改善了办公条件。2009年，湖北省酿酒行业战胜了金融危机持续影响和市场竞争激烈所带来的各种困难，行业仍然保持强劲的发展势头，为超额实现“十一五”目标打下了坚实的基础。

2009年，湖北省白酒、露酒行业仍然保持强劲的发展势头。据协会统计，元月至十二月份，16家白酒、露酒企业完成产量36.05万千升，比上年同期增长13%；实现销售收入141.62亿元，利税总额20.65亿元，其中利润6.45亿元，分别比去年同期增长37%、39%和34%。特别是劲牌、白云边、稻花香和枝江酒业四大酒业集团发展势头更为强劲。劲牌有限公司完成产量8.5万千升，销售收入24.21亿元，利税6.94亿元，其中利润2.38亿元，分别比去年同期

增长27%、61%、61%和61%；白云边集团完成产量2.89万千升，销售收入20.73亿元，利税总额3.52亿元，其中利润1.42亿元，分别比去年同期增长2%、61%、54%和38%；稻花香集团完成产量11.28万千升，销售收入50.68亿元，利税总额5.07亿元，其中利润1.33亿元，分别比去年同期增长9%、44%、44%和13%。枝江酒业集团在引进战略投资者维维饮料公司后，生产经营迅速步入快车道，全年完成产量8.55万千升,销售收入34.77亿元，利税总额2.86亿元，其中利润9307万元，分别比去年增长16%、15%、10%和22%。值得一提的是，一批中小酿酒企业经过改革改制后，也进入良性循环并形成快速发展态势。如石花酿酒股份公司完成产量7801千升，实现销售收入1.66亿元，利税3260万元，其中利润263万元，分别比去年同期增长22%、27%、2%和46%；黄山头酒业公司完成产量2049千升，实现销售收入1.06亿元，利税1754万元，其中利润533万元，分别比去年同期增7%、77%、33%和17%；湖北文峰酒业股份有限公司完成产量3377千升，实现销售收入5809万元，利税2112万元，其中利润199万元，分别比去年同期增长32%、74%、113%和81%。

2009年啤酒行业由于继续受到全球金融危机的影响，以及整个市场产大于销的竞争，虽然在产品结构调整、节能降耗、加强内部管理等方面做了大量工作，但全行业的发展速度和经济效益仍然较低。特别是百威（武汉）国际啤酒有限公司，全年产量、税金、利润均大幅度下降，分别达到21%、24%和74%，使全省啤酒整体经济效益受到较大影响。由于该公司属于总部经济管理模式，其营销方式、财务管理等方面深层次原因协会知之不多。全省啤酒行业完成产量190万千升，与上年基本持平，实现销售收入63.07亿元,税金8.88亿元,利润2.34亿元,分别比去年同期增长10%、下降6%和51%。

列入协会统计的16家白酒、露酒和9家啤酒企业，2009年共实现销售收入204.69亿元，比去年同期的160.8亿元增长27.3%；实现利税总额31.87亿元，比去年同期的29.07亿元增长9.63%；其中利润8.79亿元，比去年同期的9.54亿元下降7.86%。

2009年湖北省酿酒行业在保持发展速度、经济效益继续提高的前提下，产品质量稳步上升。从协会6月份组织的啤酒检评和9月份首届“湘、鄂、赣白酒质量检评与交流”的情况来看，全省啤酒、白酒的质量继续保持稳步提高。啤酒参检的15家企业27个啤酒样品，评分90分以上的24个，占参检产品的90%，绝大部分质量水平较高，色泽清亮透明，泡沫洁白细腻，口感纯净爽口。白酒参检的26家企业48个酒样，评分90分以上的32个，占参检酒样的66.7%，特别是龙头骨干企业的产品质量稳定领先，如白云边酒业的“白云边1979纪念酒”、枝江酒业的“五星枝江”、“枝江王十年陈酿”、稻花香集团的“珍品一号”、黄鹤楼酒业的“特制黄鹤楼”、劲牌酒业的“枫林小曲”等，均代表了各自香型的质量水平，得到了评委的高度评价。为鼓励各白酒企业继续加强质量管理，不断提高产品质量，扩大知名品牌的知名度和影响力，促进白酒行业稳步健康发展，决定授予白云边有限公司等26家企业的40个白酒为首届“湘、鄂、赣白酒质量检评与交流”“优秀产品”荣誉称号，并由湘、鄂、赣三省酒业协会联合颁发荣誉证书。

2009年湖北省酿酒行业在保持生产经营稳步发展的同时，继续抓好扩建改造、科技开发、改革改制、结构调整，发展后劲进一步增强。白云边集团、劲牌有限公司、稻花香集团、枝江酒业集团等重点企业通过不断调整结构，其产品结构更趋合理，高端产品比重加大，使得全省白酒、露酒行业在产量增长幅度不大（13%）的情况下，销售收入大幅度增长，达到了37%。

枝江酒业：总投资1.5亿元的枝江大曲陶制品包装生产线、小玻璃瓶包装生产线一期工程于年初正式投产，该项目是枝江酒业产业集群建设的重要项目之一，是枝江酒业集团产业链的延伸。一期项目投产后，可实现销售收入2亿元，利税6000万元。枝江酒业的2万吨基酒工程于3月份正式动工，计划于明年建成。该企业10月份成功引进战略投资者，维维食品饮料股份有限公司获得枝江酒业51%的股权，成为枝江酒业的新的控股股东。稻花香集团实施“5533工程”，即占地500亩、投资5个亿、年创产值30个亿、利税3个亿，已于6月份动工，将于2010年5月份竣工。该项目完成后，将建成内地最大的包装工业园，为当地经济发展和转移农村富余劳动力发挥重大作用。

白云边集团：白云边工业园包装中心于8月底投产运行，该中心的6条电子定量全自动白酒灌装生产线，采用国内先进的白酒设计理念布局，工艺先进高效，物流紧凑协调，使白云边酒业的包装能力大幅提高。该公司的兼香型白酒技术研究中心已于年底建成并投入使用。技术研究中心包括技术质量部、技术中心和储存车间，其微生物室、化验室等都配备了全新的设备及自动化勾调系统，为技术开发和保证产品质量提供了新的平台。

劲牌有限公司：劲牌公司作为中国保健酒行业的龙头企业，坚持走可持续发展之路，积极倡导健康饮酒新理念。投入巨资以“公司+药材加工厂+药农种植户”的模式，引进GAP标准建立15处药材种植直供基地，并投入1亿元建成了保健酒行业最大的现代生物提取车间，在保健酒的生产工艺上实现了单药有效成分提取，成为国内首家实现定性、定量提取的保健酒生产厂家，并于9月份通过了科技部中药现代化科技产业基地验收专家组的验收。经过近三年的潜心研究，劲牌公司的“小曲清香型白酒风味物质及质量评价方法研究”成果于11月20日通过了省科技厅组织的专家鉴定。小曲白酒是劲牌公司的传统产品，它既是公司保健酒的基酒，也是公司白酒的战略核心产品，小曲清香型白酒关键风味物质及质量评价方法研究项目是公司与江南大学生物工程学院合作，经过两年多的研究而完成的科研课题，鉴定委员会一致认为该成果在小曲清香型白酒研究中处于国际领先水平；建议对项目进行深入研究，从而在行业中推广应用。劲牌公司还着力推进清洁生产，打造高效节能企业。公司与浙江大学清洁中心合作，全面推进清洁生产工程，2008年以来，公司投入近3000万元，在原酒基地和保健酒基地建设了四座污水处理站，小曲酒厂二分厂污水站改造也将投入300万元，为劲牌公司打造高效节能型、环境友好型企业夯实了基础。

天龙黄鹤楼酒：天龙黄鹤楼酒咸宁万吨生态酿酒基地于12月中旬在咸宁经济开发区隆重奠基。咸宁万吨酿酒基地是天龙黄鹤楼酒业发展历程中的重大决策，该工程将分为二期进行，总投资将达到5亿元，其中一期投入2亿元，力争2010年底前建成投产，预计年产白酒2万吨，年产值6亿元，实现年利税6000万元。

石花酿酒公司：石花酿酒公司万吨白酒扩建项目一期工程的贮酒、包装和成品仓库等已基本建成，该项目建成投产后，石花酒业的年销售收入将突破10亿元。关公坊百亩万吨基酒项目三期工程于3月份动工，总投资5000万元，建成后可增加库存60万件，增加原酒储备5000吨，成品储备9600吨。

稻花香集团：稻花香万吨储酒工程于5月份开工，该工程将投资6000万元，占地60亩，工程建成后，其基酒储备能力将达到4万吨。

黄山头酒业：自凯乐2008年兼并后，其在生产和技术改造上出现蓬勃发展的态势。在藕池新厂区整修、恢复了窖池，对藕池老厂区也正进行全面改造，不仅如此，还在县城征地新建灌装、贮存车间、办公楼。

全省酿酒行业经过近几年的不断努力，一批企业迅速发展壮大，成为振兴湖北酒业的龙头，在9月份由省政府研究室、省统计局、省企业联合会评选的2009湖北企业100强发布会上，稻花香集团、枝江酒业集团、百威（武汉）国际啤酒有限公司、劲牌有限公司等四家企业榜上有名。

2009年湖北酒业协会工作情况

2009年，湖北省酒业协会在省轻工秘书处、省民间组织管理局的指导下，紧紧围绕振兴湖北酒业的目标，热心为行业服务、为企业服务，坚持突出重点、主线清晰、应对灵活，重点做了以下几方面的工作：

一、召开二届三次会长（扩大）工作会议

3月6日，在谷城召开湖北省酒业协会二届三次会长（扩大）工作会议。出席会议的有省酒业协会会长喻赋广和各副会长或其单位代表共30多人。喻会长在会上传达了中国酿酒工业协会三届七次理事会议及中国酿酒工业协会白酒分会三届四次理事会议精神，并重点分析了2008年湖北省酿酒行业的情况和协会发展的工作，以及对2009年行业发展和协会工作意见作了通报说明。

二、召开行业统计信息工作会议

2月25日在武汉召开全省酿酒行业统计信息工作会议，全省重点白酒、露酒和啤酒企业共17个单位的统计员参加了会议。宫金山秘书长通报了2008年全省酿酒行业的生产经营情况和省领导2月9日在《振兴酒业简报》上的批示。与会代表交流了各企业生产经营情况，并就有关统计方法等进行了讨论和交流，会上还评选出了2008年度湖北省酿酒行业优秀统计员。

三、组织全省白酒企业到外省考察调研

为学习借鉴外省白酒企业先进发展经验，4月21～27日，由省酒业协会喻赋广会长带队，稻花香集团总经理蔡开云、稻花香酒业公司总经理谭卫东、白云边常务副总兼总工程师熊小毛、副总苏华，枝江酒业总工程师李净，襄樊三九酿酒厂厂长陈祥生，以及稻花香高级顾问雷军、枝江酒业苏浙皖市场部经理李敬、协会技术委员会副主任周怡庭等一行，对江苏的洋河酒业、双沟酒业、今世缘酒业和安徽省的口子酒业、古井酒业进行了考察和调研。通过考察调研，既加强了湖北省酒业间的相互了解，也增进了与外省企业间的情谊和实现搭建互动平台的目的，更主要的是使湖北省企业充分了解到江苏、安徽两省白酒企业发展经验，看到了他们各自发展的特色，感受到了他们加快发展的信心和勇气，以及快速发展的势头。

四、组织全省白酒评委培训和换届考试

6月14～19日,在黄石大冶举办全省评委的培训和换届考试，参加培训和考试的人员达到160人，为历来最多。多数是在生产一线从事勾调、品评或从事技术工作的人员，还有部分企业领导。这次活动经过协会精心筹备，并组织了培训专家小组。通过对品评技巧、各种香型酒的工艺，以及目前白酒发展趋势的理论授课和十二轮的实践品评后的讲评，使全体参考人员得到一次较系统的培训学习。

五、组织2009年度全省啤酒感官质量检评

6月24～25日，协会在武汉组织了2009年度全省啤酒感官质量检评与交流活动。参检的共有15家企业27个酒样，省啤酒评委会及有关企业的工程技术人员共32名代表参加了检评交流活动。

六、首届湘、鄂、赣白酒质量检评与交流活动在武汉举行

2009年9月15日至18日，省酒业协会在武汉组织了首届湘、鄂、赣白酒质量检评与交流活动。参加这次活动的三省酒业协会的领导和各省省级以上的白酒评委，以及部分白酒企业的技术人员共150人。这次三省白酒质量检评共收到55家企业的酒样96个，由三省酒业协会组成的专家委员会，按照国家白酒感官质量检评方法，根据不同香型、不同糖化发酵剂和酒度并参考出厂价格分类、分轮、密码编号进行检评，使整个检评交流活动进展顺利。参检的96个酒样中得分90分以上的58个，88分至90分的36个，表现出三省参检产品的总体质量水平较高。为鼓励各白酒企业参与三省产品质量检评与交流活动的积极性，扩大湘、鄂、赣三省白酒品牌的知名度和影响力，促进三省白酒行业稳步健康发展，经三省酒业协会领导研究，根据检评结果和企业要求，决定授予湖北白云边股份有限公司等55家企业的81个白酒为“首届湘、鄂、赣白酒质量检评优秀产品”荣誉称号，并由三省酒协联合颁发荣誉证书。

七、通过努力得到中酒协的认可

通过省酒业协会的积极争取和相关企业的不懈努力，湖北酒业的经济技术实力得到了中国酿酒工业协会的一致认可，于今年5月份批准两个技能培训基地落户湖北省，即白酒技能培训（枝江）基地和啤酒技能培训（金龙泉）基地。这是中酒协在全国第一批的两个技能培训基地，全部批建在湖北，开全国之先河。是中酒协对湖北酒业的充分了解和信任，也是湖北酒业在振兴发展道路上的胜利捷报和成果，将为湖北酒业的技能培训，扩大湖北人才培训的知名度和影响力，不断提高企业职工队伍的技术素质创造十分有利的条件。

八、为振兴湖北酒业积极努力

由于湖北酒业协会几年来全心全意为行业服务、为企业服务，真正起到了政府与企业间的桥梁和纽带作用，为振兴湖北酒业做了大量卓有成效的工作，得到了省民间组织管理局的充分肯定，举荐协会将几年来的工作情况形成书面材料，由省民间组织管理局报送到民政部，将在全国行业协会改革发展经验交流会上进行交流，中国酿酒工业协会在《中国酿酒工业协会会员通讯》上全文刊发了湖北酒协的工作经验。在全省几百家行业协会中只推荐省酒协等四家，这是湖北省酒业协会的莫大荣誉。

九、加强协会自身建设

为加强协会内部建设，使新形势下行业协会的工作更好开展，为行业服务、为企业服务，今年以来，先后聘用了两名协会专职和兼职工作人员，并对协会人员的工作任务进行了明确分工，既各负其责，又相互协作，达到了新老同志团结一致，共同努力，积极为企业办事、服务，工作成效明显。

湖南

2008年湖南酒业综述

2008年，湖南省酿酒行业继续平稳发展，酒类商品产销量小幅增长，酒类市场秩序不断规范，产业结构和产品结构进一步优化，全行业呈现稳步发展的态势。

一、酒类商品产销量平稳增长

全年共生产酒类商品约85万千升，其中：啤酒约70万千升，白酒（含散装白酒）约12万千升，其他酒类产品约3万千升；实现销售收入约55亿元，利税近10亿元。

二、资产重组进一步深化，技术改造进一步提升

白酒行业：继华泽集团金六福酒业收购原邵阳市酒厂组建湖南湘窖酒业有限公司，收购原衡阳逥雁峰酒厂组建湖南雁峰酒业有限公司；中糖集团成功收购酒鬼酒，一举扭亏为盈；泸州老窖集团增资控股武陵酒业，投入巨资改造生产线，重新启动了酱香型武陵酒的生产；白沙液酒业通过民营资本注入，重新启动了市场；中商集团浏阳河酒业巨资回归故里，正在建设一流的生产基地外，今年六月，水井坊酒业又正式入主湖南南洲酒业；另外，民营资本投入巨资在衡阳新建的大型现代化白酒企业——天之衡酒业即将竣工投产。啤酒行业：继青岛啤酒、燕京啤酒、英博集团、重庆啤酒、华润雪花等国内外啤酒巨头相继完成在湖南的战略布局之后，英博集团又投巨资完成了望城新生产基地建设，并正式投入生产；湖南重庆啤酒澧县20万千升新基地已经完成建设任务，基建正式投产，其永州10万千升新基地建设规划也已经做好了开工前的各项准备工作；华润雪花啤酒也已经完成了第一期技改工程；湖南三本啤酒的异地新建第一期工程已经完成，公司将正式更名为“湖南七箭啤酒有限公司”并将以全新形象重新面市；这些大手笔必将为湖南省啤酒行业再上新台阶打下坚实的基础。其他酒类行业：湖南古越楼台生物科技发展有限公司通过吸收其他资本，全面完成了股份制改造，并且已进入上市辅导期，有望成为湖南省第二家酒类上市企业；澧县神州庄园葡萄酒和长沙曙光葡萄酒正式面市，改写了湖南没有葡萄酒的历史；长沙千壶客酒业有限公司逐步走出困境，湖南酃渌酒业正在探寻的“黄酒的祖先”也有了新的进展，而且企业的技改工作也在有条不紊地进行等。总之，过去的一年，湖南省酿酒行业的资产重组和技术改造工作均取得了重大突破，成效显著。

三、“湘酒突围”有序推进

去年下半年，在有关龙头企业的积极倡导下，通过湖南日报《酒文化周刊》，省酒管办、省酒业协会正式奏响了“湘酒突围”的前奏。今年围绕“湘酒突围”的各项工作，在各企业的大力支持和配合下，正在不断向前有序推进。各大龙头骨干企业的领导逐渐形成了“湘酒兴，企业兴”的共识。

2008年湖南酒业协会工作情况

一、贯彻执行国家酒类产业政策，积极协调本省有关政策落实，促进行业又好又快发展

1.举办培训班，宣贯《条例》等法律法规

全年共举办酒类从业人员培训班6期，参加培训人数647人，630人经考试合格获得了从业资格证书，分别是：常德市326人，湘潭市78人，张家界50人，娄底市84人，邵阳市92人，为全面贯彻实施《条例》、《办法》和两个《规范》发挥了重要作用。

2.开展行业自律工作，维护行业的共同利益

啤酒行业自前年开始，原辅材料、能源、运费等大幅度涨价，生产成本大幅度上升，而啤酒产品价格大家都想涨又不敢涨，在这种情况下，协会及时组织了啤酒行业的企业领导一起进行研究，并在湖南日报发表了《啤酒市场，顺价在即》的文章，配合全行业及时理顺啤酒价格，以确保全行业的共同利益。

3.积极参与白酒生产许可证的现场审查工作

今年，协会按照省技术监督局的有关安排，选派审查员参与湖南省白酒生产许可证的生产条件审查工作，并得到了省质量技术监督局领导的好评。

二、创建和办好宣传平台，促进湘酒振兴

创办和办好一个行业自己的权威宣传平台，是行业主管领导和协会一直在努力的一项工作。继去年省酒管办、省酒业协会共同创办《酒文化周刊》后，今年又在省新闻出版局、省商务厅、省酒管办的大力支持和长沙九歌文化传播有限公司的大力配合下创办了《酒坛》（就业信息）杂志，现已出刊3期。现在，《周刊》和《杂志》均已基本进入正常运转状态，它们必将为湖南省酒业的振兴和健康发展发挥重要的促进作用。

三、继续抓好产品质量和行业技术进步工作

1.通过质量检评，分别向社会推荐湖南省名优酒类产品

2008年5月，协会组织了全省白酒、啤酒、果露酒、黄酒产品质量检评活动，共有全省22家企业的56个品种参加，其中：白酒32个、啤酒20个、果露酒和黄酒4个，通过感官检评和综合考查，授予了53度武陵少酱酒等23个规格品种的白酒、8度白沙纯爽啤酒等17个规格品种的啤酒和3个果露酒、黄酒共43个规格的产品为“2008年度湖南省酿酒行业优质产品”。2008年7月1日，又召开了隆重的新闻发布会，对获奖产品进行表彰和授牌，并在湖南日报、《酒坛》等权威媒体进行公告，大大提高了本土产品的品牌知名度。

2.职业技能鉴定工作有了新的进展

酿酒行业（特有工种）职业技能鉴定工作，全国已开展三年多了，由于种种原因，湖南省一直没有起色，虽然2005年底，协会就完成了鉴定站的筹备工作，获得了相关的资质。2007年底，与湖南重庆啤酒国人有限责任公司密切配合，顺利完成了第一批共有45人（其中：高级技师11人，技师19人，高级工15人）参加的职业技能鉴定工作，其中33人（其中：高级技师8人，技师13人，高级工12人）通过鉴定获得了国家相应的资质证书。2008年7月，与湖南胜景山河生物科技股份有限公司密切配合，又顺利完成了第二批共有49人（其中：高级技师7人，高级工13人，中级工29人）参加的职业技能鉴定工作，其中46人（其中：高级技师7人，高级工12人，中级工27人）通过鉴定获得了国家相应的资质证书。通过鉴定的同志，将享受国家相应技术职称的待遇，大大促进了广大工人“学技术、比技能”的积极性。

四、帮助企业走出困境，配合湘酒品牌建设

协会在获知长沙千壶客酒业陷入困境后，积极主动地进行帮助，不仅投入人力资源，而且帮助企业组织了部分资金启动生产经营，使这个面临倒闭的企业获得了喘息的机会，也为保护“壶子酒”这个特色品牌并为其将来的发展奠定了基础。同时，为了进一步弘扬湘酒文化，创建新的湘酒品牌，协会正在支持“润帝”品牌的创建和推广，现已取得初步成效。

五、成功组团参加第79届秋季全国糖酒会

为了利用2008年秋季全国糖酒商品交易会在长沙召开这一十分难得的机遇，以“传播湘酒品牌、展示湘酒形

象、弘扬湘酒文化、促进湘酒振兴”，在省商务厅、省酒管办的大力支持和各参展企业的积极配合下，协会成功组织了湖南省24家企业统一装修和布展，以“湘酒展厅”的整体形象亮相这次糖酒会，并且邀请湖南日报、湖南电视台公共频道、湖南电台交通频道、新闻频道、《酒坛》等作为支持媒体，对“湘酒”进行了大量的宣传和推介，这次活动不仅为企业大大节约了费用，而且为“湘酒突围”发挥了重要的促进作用。

六、积极承办上级有关部门交办的各项工作

1.信息统计与交流工作

在行业内部发布了2007年度啤酒行业运行形势报告，继续抓好全省和中南六省啤酒行业生产经营的信息统计工作，并将《交流汇总表》及时反馈给企业，以指导企业的生产经营工作。

2.全国食品生产许可证（QS）生产条件现场审查工作

按照省质量技术局的要求和安排，协会多次安排相关人员积极配合参加全国食品生产许可证（QS）（酒类企业）生产条件现场审查工作，并得到了对方的肯定。

3.酒类产品质量等级认证工作

酒类产品质量等级认证工作，在全国已开展三年多了，90%以上的国家名酒都已先后通过了国家产品质量等级认证，目前湖南省仍无产品加入认证行列，已明显滞后；但协会仍在积极与相关企业沟通，希望在2009年能打破这一尴尬局面。

七、加强自身建设

1.生存空间建设

今年，协会在继续探索自身生存问题，在有关领导的支持和关心下，除了继续加大与“千壶客”酒业的合作力度外，新开辟了扶持企业创建“品牌”的工作，现已初见成效。

2.网站建设

协会网站建设在2007年已取得了明显的成绩，由原来的网页升格为网站，空间扩大了5倍；2008年继续对网站的结构和内容进行了较大的调整，信息量也有了明显的增加。

3.筹备第三次会员代表大会

韶山会长办公会上，就已提出了协会换届安排，但由于种种原因，2008年仍未完成这项工作，但协会已就相关事项进行了准备，并向业务主管部门呈送了申请报告，并针对协会发展会员和协会新一届的组织构想进行了研究，提出了要通过第三次会员代表大会，发展和壮大协会，要在发展会员方面有一个大的突破，除了巩固和发展原有生产企业的会员外，要大力发展流通领域和相关行业的团体会员，使团体会员达到200个以上，其中流通企业团体会员100个以上，个人会员50人以上；并将组建相关分会，以便更好地开展工作。

2009年湖南酒业综述

截至2009年底，湖南省共有正规（获得国家食品生产许可证）酒类生产企业170家（其中：白酒企业91家、啤酒企业12家、其他酒类企业67家），据有关资料统计，去年我省酒类产品产量突破百万吨大关，达到102万吨，同比2001年增长了80%以上，实现销售收入77.86亿元，同比2001年增长了3倍多。

湖南省酒业的生产情况不尽如人意，产量与湖南省GDP和人口比例很不协调，是一个名副其实的酒类生产小省！人均产量大大低于全国的平均水平，以2009年计，湖南省人均产量不到15升，仅14.5升，其中：啤酒不到12升，白酒约1.8升，其他酒类约0.7升；而全国人均产量为近40升，其中：啤酒约32.6升，白酒约5.4升，其他酒类约2.0升。因此，湖南省酒业生产具有广阔的发展空间！

2009年湖南酒业协会工作情况

一、当好行业的代言人，为行业建言献策

任何行业的发展，除了自身的经济、科技、装备、人才等内部因素外，外部环境也是至关重要的，尤其在我国市场经济秩序还不很完善的条件下，争取良好的外部环境就显得更加重要；另外，协会作为行业的权威部门，对企业形象、产品品牌的推介具有较高的诚信度。因此，协会应充分利用这一自身优势，对行业中反应的热点问题、难点问题，向政府主管部门和有关职能部门积极建言献策，当好行业的代言人，为行业的发展创造一个良好的外部环境。

二、培育行业的龙头企业

龙头企业是行业发展的火车头，也是地方经济发展的发动机，从全国酒业的总体发展趋势可以看出，凡是酒业发展好的地区，总有一个或几个龙头企业在带动。作为龙头企业，我们希望既要做大、更要做强，既要突出规模效益、更要加强品牌建设，创造更大的社会效益。通过一两年的努力，争取打造2～3家销售过十亿元的白酒航母、1～2家产销量过20万千升啤酒企业、1～2家上规模的黄酒和果露酒企业，以全面提升湖南酒业的总体水平。

三、促进全行业循环经济的发展

“积极开展以节能、降耗、综合利用为重点的循环经济活动，创办资源节约、环境友好型企业”是“十一五”行业发展的重要目标。“十一五”期间，国内单位生产总值能源消耗要降低20%，主要污染物排放总量要减少10%，这是针对资源和环境问题日益突出而提出来的，作为酿酒人，应该有责任去完成。现在，酿酒行业有很多新技术、新设备在不断地被利用，湖南在这些方面有些不同步，特别是在观念上总有些保守，这对湖南省酒业的发展多少有些制约。因此，协会努力开展了促进全行业循环经济发展的有关工作。

四、继续组织产品质量检评和行业交流活动

协会于5月和8月份先后分别与江西省酒协组织开展了湘赣两省啤酒产品质量检评交流，与湖北、江西三省共同组织了“湘鄂赣”三省白酒质量检评交流活动。

五、继续做好信息服务工作

今年，在做好原有啤酒行业统计交流的基础上，进一步完善了有关计算方法，使交流的信息更有可比性、可参考价值，参与了中南六省统计工作先进表彰大会；另外，协会进一步落实了网站建设，以此为会员提供了更多的资讯。

六、做好日常服务工作

协会作为政府和企业的桥梁和纽带，理应为政府分忧解难，当好政府的参谋和助手，我们尽力为主管部门提供优质服务，包括酒类许可证的审查、从业人员职业资格培训考试、行业调研、政策建议等。同时，协会尽最大努力为会员单位做好日常服务工作。

广东

2008年广东酒业综述

一、行业运行基本正常，销售势头有所减缓

广东省2008年完成各酒品总产量约355万吨，其中啤酒约320万吨，白酒约30万吨，果露酒及其他酒5万吨，销售额约200多亿人民币。受金融危机的影响，当年酒类销售量比2007年减少了大约20%，销售总额与上年基本持平。高端价位和低端价位产品销售下滑较大，中端价位产品的销售保持平稳。浓香型白酒是市场上销售的主流香型产品，而销售量最大的还是本省地产的豉香型和米香型白酒。

二、行业秩序良好，自律行为意识较强

广东省的酒类市场产品丰富，酒品结构基本合理，能够满足消费者需求。广东市场魅力无穷，但竞争激烈。大部分中、高端价位产品是国外厂家生产。同价位、同档次、同渠道的产品竞争更为突出，差异化的产品及销售竞争相对较低。虽然竞争激烈，但市场秩序良好，经营企业都能够贯彻执行国家的法律、法规，守法经营。能够逐步规范经营行为，树立诚信经营理念，提高服务意识，绝大部分的生产、经营企业都能够自觉维护市场秩序，维护行业的尊严。

三、加强食品安全意识，提高员工素质

2008年三鹿奶粉事件的发生，震动了整个食品行业。为了加强酒类食品安全，贯彻落实《商务部酒类流动管理办法》和《广东省酒类专卖管理条例》，全省各地市酒类主管部门和行业协会狠抓食品安全教育，积极开展行业内的自查自纠活动，加大打击制售假冒伪劣酒类产品的违法犯罪行为。在全省主要区域范围内开展了从业人员的法律、法规、酒类知识和酒类营销等综合培训，提高了从业人员的整体素质，为广东省酒类事业进一步发展打下坚实的基础。

四、带动粤东、粤西和粤北市场发展

珠三角的酒类消费市场是广东省酒类市场的重要区域，是酒类产品利润最大化的地方，也是高端酒类商品销售的集散地。随着广东省产业转移工作的开展，以珠三角为中心的酒类销售区域市场，带动其他区域市场的不断繁荣。

五、混合型渠道发展，转向主导型渠道开拓

随着市场竞争的不断激烈，终端费用和其他费用的增加，生产企业和经营企业也相对调整了经营思路。传统的混合型渠道发展，不但浪费资源，而且加大成本支出。遵循市场的需求，企业生产和经营逐步转向主导型渠道开拓建设上。生产厂家管质量、管市场，经营企业闯市场、管渠道。责权利明确，相互制约，荣辱与共，发展双赢，各自发挥资源优势，最大化地创造利润和节约开支，最优化地开拓市场和拥有消费群体。主导型渠道建设与销售比2007年明显增加，连锁型的企业大幅度扩张，如广东中外名酒专卖行连锁有限公司的连锁经营发展，带动了广东连锁发展的不断深化和创新。广州百谷坊酒类有限公司的团购和连锁并驾发展，取得了成效。

六、地产酒发展稳步增长，市场潜力巨大

2008年，广东省的酒类销量虽然受到很大的冲击，但地产酒的产销呈上升趋势。豉香型白酒是广东省酒类市场销售量最多的产品，以顺德酒厂红荔牌、九江酒厂远航牌、太吉酒厂石湾牌为龙头的生产企业，其品牌知名度较高，文化历史浓厚，消费群体广泛，深受国内外消费者喜爱，也是我国白酒出口量最大的酒品。清远酒厂酱香型白酒销售势头一直攀升，也丰富了广东消费的需求。

梅州市是广东省米香型白酒的主要产区，其米香型白酒特点突出，被广东协会授予“广东米香型白酒生产基

地”称号。在长乐烧、南国白珍珠等品牌的带动下，酒品在口感、包装、价位上都得到了很大的提高，对推动广东地产酒的发展起到了积极的作用。

啤酒是广东省的第一大酒品，其产量名列全国第二位，但由于缺乏发展规划，竞争更激烈。在原材料价格不断上升的情况下，利润空间越来越小。珠江啤酒是本土产销量最大的啤酒，其产品款式多、创意新。金威啤酒通过新一轮的调整改革，发展稳步上升，在广东生产的青岛、蓝带、燕京等发展势头都很好。

地产的糯米酒、荔枝酒、青梅酒和其他酒品，在产品质量、包装新颖上都有很大的改变，也占领了很大的市场。特别是顺德酒厂的“蛤蚧酒”一枝独秀，东河酒业的海马固本酒与沱牌合作，迅速提升了产品的品牌价值。

七、名酒保持稳定，高端低端价位产品受阻

市场上名厂名优酒的销售相对保持稳定，在广东市场品牌建设较好的酒品，由于其知名度较高，销售渠道畅通，虽然在销售量上有所下滑，但销售额影响不大。特别是中端产品，呈现上升趋势。如佛山市吉利贸易公司经营的“百年糊涂”酒和广州粤昌酒业公司经营的“稻花香”，还有“开口笑”等。国产高端产品和外省进入广东市场的低端产品，今年影响较大，有滞销和厂价倒挂的现象，经销商经营受阻。

八、白酒销售占主流，其他品种发展快

广东市场目前销售量最大的酒品是传统的中国白酒，它占了市场70%左右的份额，浓香型和豉香型为主，其他香型比例相对较少。广东粤强酒业有限公司经营的“五粮液”系列产品，深受消费者喜爱。在浓香型白酒的拉动下，其他品种发展也很快。特别是保健酒，随着广东人民生活水平的提高，保健意识不断加强，保健酒的市场空间越来越大。高质量、高品味的“乾隆御酒”、“不得了皇帝补酒”等打响了广东高端保健酒的品牌，也取得了很好的效果。

九、进口酒销售平稳，葡萄酒增加

进口酒的销售，广东省约占全国的50%以上，由于国外公司的品牌营运、渠道建设和消费教育等工作比较扎实，2008年的销售影响不大，保持平稳的势头。葡萄酒的销售比2007年上升，特别是原装进口葡萄酒，今年出尽风头。世界各地的名厂名庄酒在广东各渠道都有销售，其影响力也不断提升，规模经营和酒窖展示层出不穷。广东中外名酒专卖行、广州俊德酒业和广州富隆酒业等企业的原装进口葡萄酒给消费者提供了更多的选择空间。广州龙程酒业有限公司的“金蝴蝶”和“考拉蓝”葡萄酒品牌，通过多年的运作，知名度高，影响面广，消费者认可，其经营模式也影响了“法奥干红”、“绵绣庄园”等品牌的不断提升。

受多方面因素的影响，今年夜场酒水的供给程度明显下降。为满足消费者需求，进入夜场的酒品种类增加，而消费力却减弱，造成威士忌的销量减少。

十、经营企业压力大，市场开拓困难重重

随着市场经营竞争的不断激烈，消费层次产生多元化，经营成本上升等诸多因素的影响下，今年大部分的经营企业感觉压力较大。而市场表现为供大于求，酒类市场秩序又不规范，各销售渠道也设置不明文的收费门槛，增加了市场拓展费用，造成企业在市场开拓上困难重重。

2008年广东酒业协会工作情况

一年来，在政府各有关部门的指导下，在各副理事长、理事和会员单位的大力支持下，协会本着服务第一的宗旨，发挥桥梁、纽带的作用，积极为会员、行业和政府服务，推动行业自律和规范酒类市场等工作深入开展，为构建和谐社会做出积极的贡献。协会今年被国家和省有关部门授予了改革开放30周年“卓越组织奖”和“杰出贡献组织奖”。

一、完成了《广东热带亚热带果酒产业发展规划研究》的编写工作

省发改委产业研究院年初下达了此项任务，这是广东农业产业化发展的大事，也关系到广东果酒业的发展。2008年协会始终把这个项目当作协会的工作重点。目前已完成《广东热带亚热带果酒产业发展规划研究》送审稿。

二、完成了《荔枝酒行业标准研究》的工作

这项工作也是省发改委产业研究院下达的任务。协会按照要求完成了《荔枝酒行业标准研究》的“荔枝酒生产企业调研报告”和“荔枝酒行业标准”的立项工作。

三、开展酒类从业人员培训工作

2008年已经开展了8期共有3000多人参加的酒类从业人员的培训工作。每一期的培训，主要针对酒类相关的法律、法规知识，酒品和评酒知识，销售技巧等进行讲授，并按各地市(县)酒类协会和酒类主管部门的要求，按时按质地完成培训课程，得到肯定和表扬，也深受从业人员的欢迎。

四、开展酿酒行业职业技能鉴定工作

2008年是鉴定站建站五年来工作开展得比较好的一年。据统计，2008年培训了酿酒化验工（五级）86人；白酒酿造工146人（其中：高级技师40人，技师3人，中级工99人，初级工4人）。另外，培训了一批酿酒师、品酒师。协会现有高级品酒师17人，品酒师89人，品酒员13人。通过不断开展培训，为行业提供了一批批的技术人才。

五、配合全国白酒生产许可证的换证工作

为积极配合省质监局关于开展全国白酒企业核发生产许可证的工作，协会做到与获证企业及时沟通，告知企业抓紧时间申请换证。另外，积极参与换证企业的现场核查工作。据统计，负责或参与核查的企业有16家，目前全省已完成换证或申请换证的企业约30家，并完成一家食用酒精企业的生产许可证现场审查工作。

六、啤酒企业的技术交流、统计工作

啤酒企业的技术交流、统计工作是广东啤酒分会这么多年来传统的优良做法，得到了各啤酒企业的大力支持。组织了“啤酒包装新技术应用座谈会”、“酶对生物工程的杰出贡献技术讲座”和“第十七届啤酒学术交流会”等在国内外有影响的会议，深受厂家的欢迎。一年来积极参与、组织会员企业参加各种活动，办好《今日啤酒》杂志，为会员服务。

七、组织会员企业参加各项活动

2008年组织会员企业参加、参观了“第五届中国中小企业博览会”，“香港葡萄酒展”，“澳门酒展”，成都、长沙“春秋糖酒会”的酒饮采购团等和全省性的多次专业酒类活动，积极配合会员单位和兄弟协会开展各项品酒、推介工作。

八、大力开展宣传地产酒的工作

对广东的地产酒进行了大量的调研工作，积极推动广东地产酒的发展。与梅州市共建广东米香型酒生产基地，带动梅州酒业的深化改革并取得良好的效果。主动协调各生产企业之间的问题，积极发挥协会协调功能的作用。2008年7月下旬，在深圳与酒海观潮共同举办了“广东酒势论

坛——暨广东地产酒发展研讨会”，取得了很好的成效。

九、与政府部门协调，解决企业反映的问题

国家质监总局、商务部、工商总局2008年联合发文贯彻实施电子监管码管理后，企业表示很难实施。协会立即起草了《关于广东酒类生产企业实施产品电子监管码的有关问题请示》，向国家质监总局、中国酿酒工业协会、省人大、省质监、省工商和省经贸委报告，并派出专人向这些部门反映企业的诉求。啤酒分会也专门起草了“关于啤酒企业实施产品电子监管码的有关问题和意见的报告”向有关部门反映。希望各部门对广东酒类生产企业的实际困难予以考虑，暂缓电子监管码工作，最终电子监管码的工作被停止。

十、组织会员企业响应政府号召，为社会服务

2008年初的雪灾和“5•12”的汶川大地震发生后，协会立即组织企业捐款、捐物。得到了朱思旭理事长，温文龙、王惠东、罗玉波、王富强、温泽鑫、杨振海、关正生、郭波、方贵权等副理事长及全体会员单位的支持，广大酒类企业和职工纷纷慷慨解囊，奉献爱心，发扬了中华民族的优良传统美德，与灾区人民同舟共济，患难与共，战胜困难。

酿酒行业存在的主要问题包括：

1. 专业营销精英稀缺，实干操盘手难找

广东省是酒类消费大省，规模经营企业上万家，酒类品种超万个。但专业营销人才比较少，营销精英更稀缺。品牌运作、市场操作人才在规模企业中屈指可数，而小规模或新型企业，一将难求。人才素质的普遍偏低或专业素质不高，严重影响广东省酒类企业的发展。公司人才培训和储备意识不够，流动性大，影响企业团队的战斗力。

2. 营销创新没有质的飞跃，老模式老套路较多

营销创新是公司发展不可缺少的组成部分，充满激情的企业，其营销模式首要是迎合市场变化和消费者心理的需求。在当今信息高速发展的时代，广东省目前的酒品销售企业，大部分是在销售方式方法上的改变，而不是本质上营销的创新，老模式的销售占主流，传统的方法管营销。

3. 文化品牌建设较少，消费者培育不足

文化品牌的推广和消费者的培育，国外企业做得比较好，而且有前瞻意识。国内的厂家和品牌代理商很多做得不够，特别是地方酒的生产销售企业，很多忽略了此项工作。造成产品与市场、消费者脱节，影响企业市场的扩张。

4. 企业发展目标不明确，市场定位模糊

企业发展目标是公司发展核心，一套可行的目标规划是保证公司可持续发展的根本。现在很多企业的目标规划不明确，战略、战役、战术上的安排主次不清，使得市场定位、产品研发等工作比较模糊。产品、销售没有差异化，竞争力薄弱，企业发展被动，抗风险力度不强。

5. 企业规模不大，资本营运不善

广东省除了啤酒和部分上规模的生产厂家之外，很多生产企业规模较小，大型销售企业不多，与国际、国内的大型企业相比，还有很大的差异。没有强有力的外来资本进入广东省的酒类行业，因此企业经营资金受限，发展缓慢。

6. 地产酒普遍档次不高，难迎合消费需求

地产酒普遍存在着档次不高，包装、价格不到位，销售区域性较强的现象。随着消费者文化、生活水平的日渐提高，地产酒很多无法满足其需求，出现产品档次与消费者需求的断层，影响公司的长期发展。

7. 生产厂家技术交流少，产品个性不强

啤酒企业的技术交流工作开展得很好，而其他地产酒的生产厂家技术交流很少，企业技术攻关各自闭门造车，互不碰撞，投入研发成本增高。产品同质化较多，差异不大。技术骨干队伍建设不健全，梯队培训没计划，产品风格、包装等特点不突出，形成渠道、消费区域、消费群体的激烈竞争局面。

8. 酒品升价跟风，时机不对

随着经营成本的增加和市场开拓费用的上升，经营者的利润空间越来越小，生产厂家不得不采取升价的方法来增加利润。高端价位的产品升幅较大，比2007年上升约30%，中低端价位的产品升幅较小，比2007年上升约15%，升价是必然的手段，但时机不对。国外很多品牌名酒是在淡季升价，通过淡季的空闲时间来调整市场战术和消费者心理等教育，让价位差平稳过渡。而国内很多品牌酒是在旺季升价，造成经销商敢怒不敢言，消费者购买心态受到打击。旺季过后，若有积压，很多经销商为回笼资金，暗中倒挂抛售，造成恶性循环。

9. 企业与企业之间内耗大，合力不够

厂与厂之间、厂商之间、经销商之间还没有形成互惠互利的合作机制，缺乏沟通交流，产生极大的内耗。在资源配置、渠道整合等工作上没有形成默契，造成相互拆台，明斗暗挤的不良竞争，而不是通过有效的竞争来达到相互进步的共赢氛围。面对渠道上不明文的进场费、庆典费等不合理的费用，大家还互相抬价，排挤他人，被别人所利用。最终资金花得不少，企业之间的矛盾也相对升级，对良性发展酒类市场产生阻碍作用。

10. 企业管理缺乏系统化，科学水平不高

目前广东省部分大型企业和经销商的管理水平比较好，但也有很多企业存在着管理缺乏系统化和科学化，公司执行力不强，各项机制不健全，制度管理不到位，资源配置不合理等现象，也有很多企业存在着无制度、不科学发展的状况，这些与现代企业管理有很大差异，严重制约了企业规模化的发展。

2008年协会秘书处虽然做了大量的服务工作，但与广东省酒类市场发展和会员单位的要求存在着较大的差异，主要体现在下面几个方面：

（1）对协会的品牌宣传缺乏，凝聚力不足，没有完全发挥行业协会的作用。

（2）对会员企业的诉求了解不足，整合会员之间的资源能力不够。

（3）行业的数字信息统计工作（除啤酒外）没有完全建立，提供会员企业的数字信息较少。

（4）员工的综合素质能力欠缺，服务范围有待进一步完善，服务效率和质量有待提高。

（5）缺少与国内外行业协会及其他省、直辖市、自治区各地行业协会的互动、交流。

北京奥运会召开之际，协会也向会员企业发出了倡议书，号召酒类生产企业全力支持奥运会，为国争光。

2008年广东啤酒行业综述

啤酒是世界公认的营养食品，是长盛不衰的国际饮料。随着我国社会经济的快速发展和人民生活水平的不断改善，我国啤酒业也以前所未有的速度向前推进，产销量直线上升，2002年以2386.83万吨的产量一举夺得世界第一的桂冠，已连续七年啤酒产量全球居首；2008年的产量再次刷新历史纪录，达4103.1万千升（国家统计局数据），而排名老二的美国，2008年的啤酒产量仍停留在2301.1万千升的水平，真是“风景这边独好”。

广东是我国改革开放的前沿和窗口，得益于国家的先行先试政策，又有毗邻港澳、面向东南亚的地缘优势和地处亚热带气候等特点，在经济蓬勃发展的拉动下，啤酒业得以快速提升，进入21世纪以来发展提速，全省啤酒产量从2000年的148.2万吨增至2008年的320.7万千升，平均年增14.5%，高于全国同期平均年增10.5%的水平，全省啤酒产量的排位也从2000年的第3位升至第2位，仅次于山东。2008年，全省啤酒的年人均占有量已升至33.6升，高于全国平均水平的29.04升。广东是我国啤酒的出口大省，2008年出口了12.1万千升啤酒，占据全国啤酒出口总量的半壁江山，居全国首位。

广东是中国啤酒的一方乐土，掘金之地，它的优势在于：

（1）广东的常住人口有9300多万，加上流动人口，已是拥有过亿的人口大省，有着庞大的啤酒消费群体。

（2）经济的快速发展和人民生活水平的不断改善，拉动啤酒的消费需求。

（3）地处东南沿海，毗邻港澳，对内、对外的辐射能力强劲。

（4）年平均气温达23.5℃，夏天时间长达半年以上，啤酒市场的淡旺季不很明显。

（5）市场不设门槛，有一个开放和较为规范的市场环境，且其啤酒价格高于全国平均水平。

有鉴于此，国内啤酒巨头青岛、燕京、华润雪花和国外知名品牌企业百威英博、嘉士伯、生力、蓝带、麒麟、朝日等都在广东建有生产基地，与本土品牌企业珠江、金威等一决雌雄。目前全省已有14家啤酒企业19家啤酒厂，年产能达590万千升，今年头七个月全省啤酒产量已达190.2万千升，比上年同期有7.9%的增长，上半年全省啤酒利润比上年同期增长15.1%，高于产量的增长水平（上半年产量同比增长8.9%），呈现良性发展的好势头。

相信广东啤酒一定会朝着更加美好的明天迈进。

2008年广东啤酒分会工作情况

广东省啤酒分会是为啤酒产业提供相关服务的行业组织，成立于1985年，隶属于广东省轻工业协会和广东省酒类行业协会。广东粤啤信息技术服务中心是经广东省工商行政管理局登记注册、审核批准具有独立法人资质的中介服务机构，与啤酒分会合署办公，三个牌子一套人马。

2008年粤啤中心和啤酒分会依据政府的有关政策法规和行业发展的需求，开展各项活动，发挥政府与企业之间的桥梁和纽带的作用，为企业、行业、政府服务，主要工作有：

一、开展学术交流与研讨

自1992年以来，每年一届组织举办啤酒学术交流会，2008年11月，第十七届啤酒学术交流会在南海召开，有10多个省（直辖市、自治区）的130多位业界人士出席会议，有20多篇论文在大会发表，中心、分会为获奖论文的作者颁发了证书和奖金，编印发行了“第十七届啤酒学术交流会论文集”。

二、编印发行专业刊物《今日啤酒》月刊

为“广交朋友、沟通信息、交流技术、共同发展”，自1996年以来编印发行《今日啤酒》，十多年来已编印发行130多期，其足迹遍及全国31个省（直辖市、自治区）和港、台地区。

三、做好啤酒生产统计信息工作

按月度、季度、年度将全省啤酒生产统计资料汇总交换和上报全国啤酒行业统计信息中心，每年由轮值组长单位组织召开一次中南六省（区）啤酒生产统计信息工作会议，总结研究统计信息工作，评选表彰优秀统计信息工作人员。

四、举办全省啤酒产品质量检评

由拥有高级品酒师和品酒师资格证书的专业品酒人员，对全省送评酒样按《啤酒》国家标准和评分办法进行检评，有6种产品被评为优秀新产品，以促进产品质量水平的提高和新产品的研发。

五、组织座谈会及展览会

2008年3月在广州组织召开“啤酒包装新技术应用座谈会”，同时组团参观“第十二届（2008）中国国际啤酒、饮料及包装技术展览会”。

六、组织技术讲座

2008年5月在湖南岳阳组织举办“酶对生物工程的杰出贡献专项技术讲座”。

七、组织相关人员赴京参观

2008年10月组织业界人士赴京参观“2008中国国际啤酒、饮料制造技术及设备展览会”。

八、对企业的相关问题进行调研

对啤酒企业实施产品电子监管码的问题进行调研，并向政府有关部门发出书面报告，反映问题和提出意见，使电子监管码这个严重脱离实际的政令得以取消，企业如释重负。

九、做好辅助工作

协助做好专业技术人员的职称评审和企业科技进步奖的申报等有关工作。

2008年广东酿酒行业职业技能鉴定站建站以来的工作总结

近年来，职业技能培训与鉴定这项工作得到党中央、国务院的高度重视，2003年，中央召开了全国人才工作会议，坚持科学的人才观，将高技能人才队伍建设纳入国家人才工作总体规划。提出三年内完成培训鉴定50万技师、高级技师的任务。2006年4月，中办、国办下发了《关于进一步加强高技能人才工作的意见》，从落实科学发展观、构建和谐社会的高度，对高技能人才工作的指导思想、目标任务、政策措施和工作要求进行了全面部署。劳动和保障部根据党和国家的方针政策制定并组织实施了职业技能培训与鉴定工作计划，以技能培养、考核评价和表彰激励为重点，与全社会共同努力，使高技能人才工作开创出一个新局面，一大批高技能人才，特别是年轻的优秀技能人才脱颖而出，在提高企业竞争力、推动技术创新和科技成果转化等方面担当重要责任，发挥越来越重要的作用。

高技能人才是我国人才队伍的重要组成部分，是技术工人队伍的核心骨干。从业人员没有技能，动手能力差，就无法形成高效的生产力，无法降低成本，节约原料和能源，因此培训工作是提高从业人员技能的重要途径，有着广阔的发展前景。

全国酿酒行业及相关企业大约有2万家，从业人员约500万人，在生产一线的人员约350万人，这就为鉴定站的培训和鉴定工作提供了大量的人力资源。

中国酿酒工业协会在原劳动和社会保障部支持下，于2003年经批准成立了中国轻工酿酒行业职业技能培训和鉴定管理总站。之后，在王延才站长的领导下，根据党和国家的政策、法律法规与人力资源和社会保障部提出的要求，做了大量的工作。

现在全国建立了20个酿酒行业职业技能鉴定站，分别是：中国轻工酿酒行业职业技能培训和鉴定管理总站、中国酿酒工业协会啤酒分会、天津科技大学、河北省白酒葡萄酒工业协会、内蒙古自治区酒业协会、吉林农业大学、黑龙江省酒业协会、江南大学、江苏食品职业技术学院、河南省酒业协会、湖北轻工职业技术学校、湖南省酒业协会、广东省酒类行业协会、广西酿酒协会、四川省酿酒协会、贵州省酿酒工业协会、陕西省酿酒工业协会、西北农林科技大学葡萄酒学院、甘肃省酿酒工业协会、新疆酿酒工业协会。

五年来，职业技能鉴定工作主要表现为以下几个特征：

1. 各鉴定站在总站的指导下，紧密联系，密切合作，依照国家有关规定，积极有效地开展了培训、鉴定工作

中酒协领导认真贯彻执行党中央、国务院和有关部委的指示精神，把鉴定工作列入协会的新型科学管理六大体系之一，多次强调全国酿酒行业职业教育的根本任务：就是培养适应现代化建设需要的高技能专门人才和高素质劳动者；切实把加强职业教育作为关系全局的大事来抓。多次提出职业教育的思想认识和领导重视问题，必须做到认识要到位，领导要到位，工作要到位。各省酒协和鉴定站的领导积极动员和组织企业参与鉴定工作，挑选有丰富实践工作经验的高级技术人员担当教师，传授知识和经验。有力地配合了中国酿酒工业协会的全面工作。五年来随着鉴定工作逐步深入和扩大，培训效果越来越能与实际生产相结合，鉴定工作程序越来越规范。

2. 职业技能培训、鉴定的成果

通过培训、鉴定工作，使一批生产一线的从业人员在职业技能上得到了提高，培养了数量众多的高技能人才和高素质劳动者，提高了解决生产问题的能力。参加培训的从业人员一致认为在培训班学到了多年想学的理论知识和实际工作经验，这样的培训班应该多办。截止到2008年年底，有近万人通过技能鉴定，五成以上是技师和高级技师。

3. 职业技能培训、鉴定的作用

企业的领导也非常支持鉴定工作，为职工提供培训场所、学习时间及考试所用的仪器设备。通过培训、鉴定工作，为一批酒类老企业、老酒厂中的老职工解决了多年遗留的职业资格等级问题，通过考试获得了相应的职业资格证书，使老职工的技术和经验得到重视。为年轻职工开辟了学技术学文化的方向。有些企业通过培训、鉴定工作，解决了多年不好解决的工资级别问题，按职业资格等级确定工资标准。

4. 职业技能培训、鉴定工作提高了从业人员的社会地位

有些地区，通过鉴定获得高级技师证书的从业人员，

在退休后享受高级工程师待遇，每月政府发给高职津贴。

5.职业技能培训、鉴定工作的规范化

2007年国务院办公厅印发了《关于清理规范种类职业资格相关活动的通知》（国办发[2007]73号），国家九部委制定了实施方案，在清理工作中，酿酒行业职业技能鉴定工作都是按国家法律法规去做的，没有查出违规事件。在这之后，为了规范酿酒行业职业技能鉴定工作，总站制定了工作条例，今后将依据此条例进行工作。

6.技能竞赛与鉴定相结合，不拘一格选拔人才

为了落实国家培养高技能人才的要求，协会组织举办了全国白酒和啤酒品酒技能大赛，使从业人员脱颖而出，不仅确立了参赛人员的社会地位，使所在企业在经济效益上也有较大的提高，更重要的是在从业人员中掀起了学技术、练技能的高潮，在提高产品质量上发挥作用，努力为消费者提供优质酒。

7.建立网站，扩大了沟通渠道

为了更好地为企业服务，协会建立了网站，加强了与企业的沟通，鉴定工作从国家政策到职业标准以及工作程序、表格等都能在网站上查到，方便企业了解情况，有力地促进了工作的开展。

从以上工作说明，五年来鉴定工作已从试点走向推广，绝大部分省酒协和鉴定站启动了鉴定工作并取得了一定的成绩。

五年来鉴定工作也反映出还有需要改进的地方。(1)地区之间、酒种之间发展不平衡。(2)培训的方式需要改进，企业要办夜校。(3)要为年轻职工在技能上脱颖而出搭建平台。(4)鉴定工作要加强计划性。(5)个别鉴定站至今没有开展工作，拟建议上级部门查处。

2009年广东啤酒行业综述

广东是我国改革开放的前沿和窗口，是我国经济最为活跃的地区之一，也是我国啤酒的一方热土，它的产业发展情况，备受业界关注。2008年受全球金融危机的冲击，广东作为我国外贸大省(进出口6000多亿美元，占全国外贸总额的30%)首当其冲，啤酒业也难逃厄运，产量下滑2.1%，出现了历史性的负增长。

2009年全球经济萧条的阴霾未散，广东得益于中央的先行先试政策，调整产业结构，转变发展方式，经济快速复苏，广东啤酒也呈现出一派生机勃勃的繁荣景象，产销量逐月上升，全年产量达344.8万千升，比上年增长7.52%，实际增加产量24.1万千升，产量在全国排名第二位。全省14家企业中有半数(7家)企业的增长幅度在10%以上。

2009年啤酒企业在节能减排、降耗增效方面成效显著，加之麦芽、酒花等原辅材料价格下调，为产品拓展了创利空间，使啤酒产业的经济效益有较明显的好转。全省啤酒利税总额首次超过20亿元，比上年增长26.1%；其中利润提升至近6亿元，达5.96亿元，大幅度增长75.9%；千升酒利润同比增长63.5%，利润最多的三家企业是百威啤酒(佛山)有限公司、广州珠江啤酒股份有限公司和青岛啤酒(珠海)有限公司。百威啤酒(佛山)有限公司是2009年落户广东的新成员，2009年3月竣工投产，当年产量就已超过20万千升，已跻身全国啤酒20万千升以上企业行列，该公司马不停蹄，第二期扩建工程也即将完工，产能将扩至52万千升。

进入新的2010年，广东啤酒依然锐气不减，虎虎生威，前4个月的产量已达97.2万千升，又比上年同期有17.3%的增长。增长幅度在20%以上的有湛江珠江啤酒公司、广东活力股份公司、深圳青岛啤酒朝日公司、华润雪花啤酒(广东)公司和广东燕京啤酒有限公司等企业。今年是广东的亚运年，喜事连连，广东啤酒又将是一个丰收的好年景。

2009年广东啤酒分会工作情况

一、开展会员代表大会

3月3日在广州组织举办"啤酒产业节能减排、降耗增效应用技术研讨会暨第七届会员代表大会"。会上选举产生了分会、中心第七届理事会，完成分会、中心的改选换届。

二、开展评审会议

为检视我省啤酒产品质量水平，评选并推进啤酒新产品的研发，同时为2010届国家级啤酒评酒委员的选拔做前期的准备工作，4月14～17日在肇庆组织召开"全省啤酒产品质量检评暨新产品评审会"。评委一致认为我省啤酒质量水平有了新的提高，总体质量良好。

三、召开鉴定会

6月17～18日配合省轻工业协会在东莞组织召开"PVPP产品鉴定会"，对改变我国啤酒行业PVPP长期依赖美国、德国供应的状况，推进PVPP国产化有积极意义。

四、努力办好《今日啤酒》

《今日啤酒》是我国啤酒行业的专业刊物，已办刊10多年。为不断提高办刊水平，改进通讯工作，于6月25～26日在从化召开每年一届的2009年"第十四届《今日啤酒》编委会暨通讯工作会议"。

五、为做好啤酒产业统计信息工作

8月12～14日在广西召开每年一届的2009年"第四届中南六省(区)统计信息工作会议"，此次会议除总结、交流研究做好啤酒生产统计信息工作外，会上还作出两点决议：一是统计信息交换范围从本省扩展至中南六省(区)；二是由中南六省(区)统一评选表彰优秀统计工作人员。本届会议我省评选表彰15名优秀统计工作人员。

六、积极参加专业展会

为更好发挥专业展会对促进信息技术交流平台的作用，每四年一届的第十一届(2009)"慕尼黑国际啤酒、饮料及包装工业博览会"，于9月14～19日在慕尼黑举办，我分会、中心一如既往，自1997年以来于九月中旬第四次组团赴慕尼黑参观展会和交流，参团人员有6省共45人，为历届参团人数最多的一次。

七、举办学术交流会

为推进啤酒产业的技术进步，提高技术和管理水平，自1992年以来，每年组织举办一届啤酒学术交流会。2009年"第十八届啤酒学术交流会"于10月28～30日在佛山市三水区召开。

八、做好信息统计工作

按月度、季度、年度做好啤酒生产统计信息的汇总、交换工作。

九、撰写行业书籍

为增进人们对啤酒的认知和认识，促进啤酒生产的发展和消费的增长，分会、中心与华南理工大学生物科学与工程学院合作，编写《啤酒与健康》一书，现已脱稿，交由出版社出版，将在全国公开发行。该书将于2010年上半年出版。

十、评审优秀文章

11月13日在广州召开七届二次常务理事会议及专家委员会会议，总结研究协会工作，评审《今日啤酒》"ZIEMANN杯 今日中国啤酒"专栏优秀论文。

广西

2008年广西酒业综述

2008年广西酿酒行业全体同仁团结一致，克服冻雨、金融危机等重大困难，取得了生产销售利税的稳步发展。

据自治区统计局统计，2008年，自治区共生产饮料酒155.6万千升，同比增长了11.4%。其中白酒38.68万千升，同比增长了13%；啤酒14.88万千升，同比增长了11.5%。规模以上生产企业52个，主营业务收入和利税总额分别比上年增长了22.5%和10.8%。自治区生产发酵酒精共66.49万千升，比去年同期增长18.8%，规模以上企业28个，主营业务收入和利税总额分别比上年增长50.9%和54.3%。

总体来看，广西酿酒行业2008年呈现出一个良好的发展态势。

2008年广西酒业协会工作情况

一、积极配合有关部门做好行业管理服务工作

（1）酒精生产许可证发（换）证审查工作 受国家质检总局全国工业产品生产许可证办公室、中国酿酒工业协会食用酒精产品生产许可证审查部派遣，由协会国家审查员任组长，完成对广西明阳生化科技股份有限公司等12个以木薯和糖蜜食用酒精生产企业生产条件的现场进行审查。

（2）人才培训工作 受国家质量技术监督行业职业技能鉴定指导中心委托，协会配合“指导中心”在广西开展食品检验（化验）人员国家职业技能鉴定考核工作。在南宁市组织举办广西第二期食品检验（化验）人员职业资格鉴定考核辅导培训班。参加培训的人员共82人，有81人通过考核，取得由国家劳动和社会保障部颁发的相应级别的《职业资格证书》，其中高级工55人，中级工10人，初级工16人。

配合中国酿酒工业协会，开展职业技能鉴定考评员换证工作，通过组织培训考核，15名考评员经考试全部合格，顺利完成换证工作。

（3）协会参加中国酿酒工作协会编纂《2007中国酒业记事》征稿活动，并积极投稿，接受邀请成为《中国酿酒工业年鉴》（2008版）的特邀编委。

（4）按照南宁市人民政府“第二次全国经济普查”工作的要求，按时按质地完成有关材料的申报。

二、组织开展行业交流

（1）参加中国酿酒工业协会“三届五次理事（扩大）会议”，以及“啤酒三届会员大会”。

（2）组织召开“广西酿酒协会二届三次理事（扩大）会议”。

（3）与中南五省市协会在海南海口市共同组织召开“第三届（2008）中南六省区啤酒生产统计信息工作会议”，并评选表彰了2007年度啤酒生产优秀统计员及统计工作积极分子。广西南宁青岛啤酒有限公司、燕京啤酒（桂林漓泉）股份有限公司、燕京啤酒（玉林）有限公司3

名同志分别被评为优秀统计员和统计工作积极分子。

（4）组织会员单位参加“广州市第十三届（2008）中国国际啤酒、饮料、包装技术展览会”和在北京召开的“（2008）中国国际啤酒饮料技术及设备展览会”、“2008世界酒业大会”。

（5）随着中国—东盟博览会落户广西首府南宁，北部湾经济开发区建设规划纳入了国家的发展规划，以及中国—东盟自由贸易区的建立，广西将是我国最具经济发展潜力的地区之一，这使那些食品生产企业和经销商对进入广西市场或通过广西的地理优势进入西南地区和相邻的东南亚国家市场产生了浓厚的兴趣和信心。为此，协会接受许多广西食品工业协会邀请，作为“2009年广西食品交易博览会”协办单位，更好地为广大会员单位提供一个产品展示、产销对装、经贸洽谈、技术交流、形象宣传的平台。

三、做好调研，为企业服务

（1）按中国酿酒工业协会的要求，开展啤酒酒精生产经营情况以及露酒产品税收政策对行业影响情况的调查，并将调整情况和意见、建议汇总及时上报中酒协。

（2）对12个酒精生产企业的质量生产管理体系和文明生产、环保现状，以及湘山酒厂改制情况、融水苗族自治县融水山佬酒厂的生产情况进行了调研，并开展交流，提供了相关的指导服务。

（3）协助南宁青岛啤酒有限公司完成了“2008年申报南宁市环境友好企业”的申报工作。

（4）按照2008年11月26日自治区经贸委领导主持召开的协会工作会议的要求，及时向行业所有企业发文传达自治区帮助企业抵御金融危机所采取的措施；收集各企业受到金融危机影响，急需政府、行业予以支持和帮助的问题，并赴丹泉酒业、桂平乳泉酒业等企业进行调研，及时向政府相关部门反馈报告，寻求解决方案，帮助企业渡过难关。

四、协会自身建设

（1）自觉接受区民政厅和区经委监督管理，按要求参加2007年年检，获通过。

（2）协会两名同志参加国家质量技术监督行业职业技能鉴定指导中心举办的“国家职业资格技能鉴定考评人员培训班”，并通过考核，分别取得了国家劳动和社会保障部职业技能鉴定中心颁发的“国家职业技能鉴定高级考评员、考评员资格证”。

（3）针对企业机构改革变动较大，协会对会员单位进行了重新登记，新发展会员单位13个，经推荐二届三次理事（扩大）会同意其中7个单位增补为理事单位，为协会增添了新的活力。

（4）协会做到“经费自筹、人员自聘、工作自主”的要求，财务规范，无违纪现象。

2009年广西酒业综述

在自治区民政厅、自治区工信委的正确领导和关怀下，在中国酿酒工业协会的精心指导下，2009年广西酿酒协会面对世界金融危机带来的困难，认真学习、实践科学发展观，坚持为政府、行业、企业服务，积极开展行业活动，促进行业走出低谷，保持良好的发展势头。

据自治区统计局统计，2009年全自治区共生产饮料酒186.3万千升，比上年增长19.7%。规模以上企业29家。实现主营业务收入43.35亿元，同比增长15.61%。利润总额5.67亿元，税金总额7.4亿元，同比分别增长42.46%和23.87%。2009年全自治区共生产发酵酒精71.93万千升（折96度商品量），比上年增长8.2%。规模以上企业30家。实现主营业务收入29.73亿元，同比增长2.88%。利润总额0.6亿元，税金总额1.35亿元，同比分别下降57.02%和4.06%。

2009年广西酒业协会工作情况

一、配合政府部门做好行业管理服务工作

（1）在开展质量食品安全年活动中，认真宣贯食品安全法。组织企业学习国家九部委“关于开展全国打击违法添加非食用物质和滥用食品添加剂专项整治的紧急通知”， 自查自纠，提高食品安全、卫生、质量管理水平，杜绝食品安全事故的发生。协会领导参加自治区经贸委组织的食品安全卫生检查组赴玉林、梧州等地检查落实情况。

（2）受国家质检总局全国工业产品生产许可证办公室的委托，中国酿酒工业协会食用酒精产品生产许可证审查部派出审查组对广西贺州和兴糖酒食品公司、防城港海源酒业化工有限公司、柳州京龙生化公司、马山远洋工贸有限责任公司四个酒精生产企业生产条件的现场进行审查。由协会国家审查员任组长，完成发（换）证条件的审查评价。

（3）受武鸣县人民政府委托，我协会组织专家对武鸣皎龙酒精能源有限公司、武鸣佳华淀粉厂、武鸣合力酒精有限公司、武鸣安宁淀粉有限公司四家企业的酒精生产能力进行产能核查。编制完成核查报告，供政府决策。

（4）受广西凤糖罗城制糖有限责任公司委托，协会组织专家组对该公司的酒精生产产能先进程度进行评估鉴定，供政府淘汰落后产能决策参考。

（5）协助广西粮食局调控处开展“旧粮竞购”工作，推荐白酒、酒精生产企业参加竞标。

（6）为丹泉、湘山、龙山等企业申报广西著名商标出具推荐意见。

二、组织开展行业交流活动

（1）参加中国酿酒工业协会“三届七次理事（扩大）会暨食品安全•金融•信息论坛”和全国省、直辖市、自治区酒协秘书长座谈会。

（2）组织召开“广西酿酒协会二届四次理事（扩大）会”。

（3）组织召开“广西酿酒行业信息工作会议”，举办有关建设网站和局域网信息技术讲座，培训提高信息员技能，组织参观东盟博览会。

（4）开展区域合作，承办“第四届（2009）中南六省区啤酒协作组会议”，交流行业统计工作先进经验、表彰统计工作的先进单位和个人。

（5）协办由中国酿酒工业协会酒精分会在广西南宁召开的2009年年会，组织联络参观广西凭祥市丰浩酒精有限公司。

（6）协办由广西食品协会组织的“2009中国•广西食品交易博览会”，组织企业参展、参观。

（7）组织啤酒企业参加“中美啤酒大麦、麦芽、酿酒技术商贸论坛”。

（8）应泰国商务部邀请，协会领导出席2009年1月在泰国召开的“世界木薯大会”，并作有关酒精工业的专题发言。

三、组织进行人才培训

（1）组织推荐6名技术人员参加“全国白酒酿酒师、酿造工教师培训班”、“全国品酒师教师培训班”的培训、考核、取证。为开展自治区白酒行业技能人才培训提供师资力量。

（2）增加一名懂电脑专业人员，添置电脑，建设协会网站。组建36名信息员队伍，建立信息交流的平台，为更好地发挥协会对政府和企业的桥梁纽带作用创造条件。

（3）本年度新发展会员5个，为协会增添活力。

（4）做到“经费自筹、人员自筹、工作自主”的要求。财务管理规范，无违纪现象。

重庆

2008年重庆酒类管理协会工作情况

重庆市酒类管理协会自1998年经市民政局批准登记成立之后，协会便在中国酿酒工业协会、市商委市商联会的领导下，在市民政局及相关部门的指导下，在全体会员单位的支持下，认真履行协会“服务、沟通、协调”的宗旨，依靠政府，团结会员，服务行业，按照“规范行为、提供服务、反映诉求”的要求，积极努力地工作。全心全意为会员服务，努力发挥协会的作用。规范行业秩序，制定行业标准，加强行业自律，代表行业意志，加强行业团结，沟通行业信息，为振兴重庆市酒类行业、促进行业健康有序的发展，做出了不懈的努力，取得了较好的成绩，现将协会的工作情况简要汇报如下：

一、搞好行业自律

搞好行业自律，规范行业秩序，是提高行业诚信，促进行业发展的要求，也是协会工作的重要组成部分。搞好行业诚信，是规范行业的基本举措，坚持诚信自律，是协会创建和谐社会的主要内容。2004年协会制定了《重庆市酒类管理协会散装白酒零售行业规则》，规范了酒类零售行业的秩序。2005年协会又率先在新闻媒体上发表公告，公布监督电话。向社会公开承诺加强行业自律，绝不生产、销售一瓶假冒劣质酒，开创了“放心酒”的先河，2006年随着市政府提出“放心食品”活动的开展，协会会同重庆市其他9个行业协会共同发起了在全市开展“放心食品店”的评选活动，营造一个诚信经营、消费放心、和谐商业的气氛，使群众买得放心、吃得安心，既扩大了消费，促进了市场的繁荣，又保证了人民群众的身体健康，社会的稳定。

二、反映会员诉求，服务会员企业

反映会员诉求，协助会员解决困难，维护会员的合法权益，努力为会员服务，这既是国家的要求，也是协会本身生存以及立足之本。要使协会真正成为会员之家，协会的工作就要紧密贴近会员企业，了解他们的需求，对会员企业的发展至关重要。要及时协调有关部门，在可能的范围内，帮助会员解决困难，化解矛盾，实实在在地为会员企业办好事、办实事。协会的同志多年来数次走访会员单位，无数次地上门了解情况，沟通信息，提供技术咨询，帮助会员单位提高产品质量，出主意、想办法，改进工艺、改进包装、扩大销路。近年来，国家对酒类生产实行了严格的生产许可证制度，重庆市酒类行业状况不容乐观。为了帮助会员单位顺利地验收合格，拿到生产许可证，仅2007、2008年，协会就不下一百余次去主动对协会的会员单位了解情况、解决困难。协会充分发挥职能部门自身的优势，帮助协会会员建章建制，提供规范性文件，为他们生产场地的改建提供合理化建议，为会员企业取得生产许可证提供了完善的服务，创造了良好的条件。

三、抓行评、促发展

酒类行业要发展，质量是关键。重庆市酒类行业能够打出去的品牌不多，提高重庆市的酒类产品质量，创造出更多更好的地方品牌，争创国家名牌，是协会与企业共同努力的方向，通过行评能够发现问题、找出差距，明确方向。行业评比对推动行业技术的发展、创新，促进产品质量的提高有着积极的、不可忽视的重要作用。为了搞好行业评比，体现公正、公平和实事求是的原则，协会制定了《重庆市酒类企业产品质量评比规则》，正确引导和推进创业评比的健康发展。多年来，协会共进行了三届行业创业评比，共评选出金奖产品51个，优秀奖产品37个。行评工作得到了广大会员的积极支持和广泛参与，不少企业通过行评，发现了差距，获得了改进的方法，明确了方向，增强了信心，从而不断提高产品质量。通过行评，重庆市的酒类产品，不管从酒的内在质量，还是从商品的包装装潢设计上，都较过去有了明显的改变和很大的提高，这一做法很好地促进了重庆市酒类行业的发展，并推动着渝酒向着更好的方向发展。

四、培训人才，加强队伍建设

注重培养和选拔人才，一直是协会工作的重点和投入的重点。人才旺、行业兴，高素质的人才是提高产品质量、推动行业不断向前发展的重要条件。近几年，重庆酒业协会在人才培训这方面花了很多工夫，协会的培训工作，在时间上从未断过。在方法上，协会通过内培和外训等多渠道培训人才，使一批又一批的新人通过培训逐渐成为企业的骨干、行业的中坚力量，一支品酒员、品酒师、高级品酒师的技术队伍已逐步形成，这为重庆市酒类行业可持续发展奠定了良好的基础。经过严格的培训考核，这些年重庆市共评选出市（省）级品酒委员70人、资格评委11人，推荐参加全国统考，被评为国家级品酒委员10人，有63名同志分别获得了品酒员、品酒师、高级品酒师证书。2007年，协会还会同重庆轻纺工会，在重庆啤酒厂的支持下，组织了首届全国啤酒技能大赛重庆赛区的选拔赛。经过培训和考核，推选了3名同志代表重庆参加全国统一考核，并取得了良好的成绩。

针对部门经销商会员反映酒类生意难做、前景不明、信心不足，希望得到协会帮助的意愿。协会经过多方衔接，积极努力，邀请有关营销专家，来渝授课解疑，来自重庆市市糖司、江北区糖司及主城区、涪陵、万州等地的经销商会员参加了培训会，经专家的讲解，会员打消了顾虑，学得了方法，增强了信心，协会的这一做法深得会员们的好评。

五、加强协作交流，促进协会工作

重庆市酒类行业总体来说规模小，技术力量弱，信息相对不灵，缺乏有影响力的龙头产品牵引，这些问题制约着重庆市酒类行业的发展。为了缩小协会与先进地区的差距，我们只有不断更新观念、科学发展、加强协作，向先进地区、先进企业学习。学习他们的观念、先进的技术和方法，来不断提高协会自身的水平。这几年，协会同京、津、沪及华北五省区的协会及生产企业进行了6次协作交流，通过学习交流，我们大开眼界，受益匪浅。同时协会还成功地举办了两次全国性的酒类生产及技术交流协作会，来自全国各地的企业和专家们，齐聚重庆，向协会传经送宝，帮助协会理清了思路，树立了信心，使协会更加坚定不移地为渝酒的腾飞而努力奋斗。

六、制定标准、规范生产

小曲白酒，是重庆市较有优势的产品，重庆市小曲白酒的地方标准制定于1997年，后经两次修订，但随着国家有关标准的出台和修订，重庆市的地方标准也应作相应的修订。2008年作为协会的一项主要工作，在江津酒厂的大力支持下，协会会同市质检局，组织专家反复论证，顺利地完成了小曲白酒地方标志的修订，并报国家局备案通过，并已实施，相信这对规范重庆市小曲白酒的生产必将发挥重大作用。下一步已报国家局准备上升为国家标准，通过这一举动，渝酒的地位将大大提升。

七、辉煌的历程

这些年，在上级的领导下，在各职能部门的支持下，协会会员齐心协力，用科学发展观来指导协会的思想，重庆市酒类行业已经发生了很大的变化，正向着集团化、规模化方向发展。东有太白、西有江津、中有重啤，这三大集团通过整合资源、资产重组、调整结构，已成为重庆市酒类行业的龙头企业。重啤集团已形成了年产酒280万吨、销售36亿、利税10亿规模，跻身中国十大啤酒集团，排列第四位；太白集团，年产量3万余吨、产值5.8亿、销售5.6亿、利税8000余万；江津酒类集团年产量3万吨、产值5亿、销售4.9亿、利税8000余万，分别创造了历史最好纪录。

近年来，全国开展了创建劳动和谐企业活动，有力地促进了建立规范有序、公正合理、互利共赢、和谐稳定的中国特色社会主义新型劳动关系，2007年中国酿酒工业协会和中国财贸轻纺烟草工会，通过各地协会推荐和综合考评，决定授予四川宜宾五粮液集团有限公司等共66家企业“全国酿酒行业劳动关系和谐企业”称号，重庆市重庆啤酒股份有限公司也获得殊荣，为重庆市酒类行业争了光。好事不断，目前重庆市酒类行业已经涌现出了三位全国劳动模范，他们是重啤集团董事长华正兴同志、重庆太白酒厂厂长朱治平同志、江津酒厂集团的阳城酒业公司书记文明运同志，这既是他们个人及所在企业的荣誉，也是重庆酒类行业全体同仁的荣誉。协会也希望有更多的酒类同仁获得更多荣誉，为重庆酒类行业争光。

四川

2008年四川食品行业综述

2008年，在省委、省政府的正确领导下，四川省食品工业协会坚持以邓小平理论和“三个代表”重要思想为指导，开展学习实践科学发展观试点活动，认真贯彻落实省委九届四次、五次全会精神，奋力抗震救灾，加强机关效能建设，采取有力措施，顽强拼搏，实现全省食品工业提前一个月完成经济规模增长20%、利润增长15%的全年目标，全行业呈现出高速发展的喜人局面：

一、支柱地位进一步巩固

2008年是极不平凡的一年，“5•12”特大地震使全省722家食品工业企业受损，死亡31人，受伤313人，失踪15人，受损总额近百亿元，停产损失68亿元，工业增加值预计减少46亿元，主营业务收入预计减少120亿元。加之年初的雨雪冰冻和价格成本刚性增加，年中的金融海啸影响凸现，使行业发展面临少有困难，但全行业30万职工不畏艰难，毅然奋起，取得了快速发展的好成绩。1～11月，全省规模以上食品工业企业实现工业增加值758.51亿元，同比增长35.51%。实现工业总产值2171.95亿元，同比增长36.95%。完成主营业务收入2121.58亿元，同比增长42.36%。实现利税302.63亿元，同比增长50.04%，其中利润139.65亿元，同比增长43.42%。工业增加值、主营业务收入、实现利税、利润分别占全省规模以上工业的16.99%、17.18%、23.55%、21.57%。预计全省规模以上食品工业企业全年完成主营业务收入2300亿元，同比增长42%。实现利税330亿元，同比增长50%。其中利润148亿元，同比增长40%。在灾害和困难中保持高速增长，为实现“两个加快”作出了积极贡献。

二、产业结构进一步优化

按国民经济食品工业五大类统计口径，农副食品加工业1～11月销售收入1046.84亿元，其总产值占全省食品工业比重达49.67%，比去年同期提高2.09个百分点。食品制造业工业总产值占全省食品工业比重达10.84%，比去年同期提高1.21个百分点。采盐、烟草业的比重呈逐年降低的趋势，全省食品工业产业结构进一步趋于优化。

三、创新力度进一步加大

2008年1～11月，全省规模以上食品工业共实现新产品产值264.05亿元，同比增长54.92%。新产品产值率达到12.16%，比去年同期提高1.03个百分点，比全国平均水平高出8.66个百分点。

四、节能降耗进一步明显

2008年1～11月，全省规模以上食品工业综合能耗（折标煤）492.55万吨，同比增长22.63%，增幅比工业总产值增幅低13.96个百分点，比去年同期下降0.85个百分点。万元产值能耗为0.2268吨/万元，比去年同期下降0.03吨/万元。

2008年四川酒业协会工作情况

2008年，在省委、省政府的正确领导下，四川酒业协会坚持以邓小平理论和“三个代表”重要思想为指导，主要进行了以下这些工作：

一、以科学发展观为指导，做好行业服务工作

1. 认真开展学习实践科学发展观试点活动

一是加强组织领导，精心部署安排。为加强对学习实践活动的组织领导，成立以党组书记、会长范长秀为组长、深入学习实践科学发展观活动领导小组，并抽调专门力量组成领导小组办公室，结合工作实际，制定四川省食品工业协会深入学习实践活动工作实施方案。按照学习实践活动的目标、原则、方法和步骤要求，认真积极组织学习实践活动。二是采取有效措施，突出抓好理论学习。坚持把理论学习作为学习动员阶段的中心任务来抓，通过领导讲、专家讲、典型讲、群众谈等方式，开展学习活动，解决思想认识问题，全体人员对科学发展观历史地位以及践行科学发展观重要意义认识深刻，并结合四川省自身实际，提出很多很好的意见和建议。三是立足工作实际，确保两不误、两促进。坚持把开展学习实践活动与干好本职工作紧密结合起来，做到两不误、两促进。召开全省食品工业工作会暨现场交流会。开展对知名白酒企业、原酒主产区和食品工业强县大调研，帮助解决发展中的困难和问题，研究食品强县建设实施意见，研究破解白酒发展难题，为白酒千亿产业献计献策。进一步理清了全省食品工业发展思路，提出“一、二、三”发展目标，即到“十一五”末，四川省食品工业要完成“打造一个基地、培育两大产业，实现三个提高”的目标。“一个基地”是打造全国重要的食品加工基地。“两大产业”是培育农副食品加工和以白酒为主的饮料制造两大千亿产业。“三个提高”是在全国的位次、在全省工业中的比重、“十一五”比“十五”年均增幅都要提高。

2. 全力抗震救灾

一是“5·12”汶川特大地震灾害发生后，协会党组首先以高度的政治责任感，按照省委的总体部署，迅速成立协会抗震救灾工作领导小组，主动找准食品工业与抗震救灾的结合点、切入点，奋力进行抗震救灾，组织企业开展生产自救，加强对企业灾后重建的指导服务。二是及时发出倡议，积极争取中国食品工业协会、中国酿酒工业协会和省外食品企业援助灾区。三是主动联系物质，协助省级有关部门做好重灾区食品和饮用水等救灾物资供应工作。四是到灾区慰问和调研。五是积极组织捐款。共组织捐款70多万元，其中协会机关50名干部职工（含离退休人员）共捐款69405元，对口帮扶黑水县、剑南春等灾后重建。六是做好信息工作。及时完成《抗震救灾工作动态》19期，《工作简报》30期。有4期内容分别被《省委试点工作简报》和省直机关工委《机关信息》转摘。七是按照省委“两手抓”的要求进行灾后恢复生产、半年经济运行、全年目标完成预测分析的大调研活动，帮助企业解决实际困难，鼓励企业做大做强。

3. 加强行业指导

一是贯彻落实省委全会精神。认真学习贯彻省委九届四次、五次全会和全省工业工作会议精神。按照“加快发展、科学发展、又好又快发展”的工作总体取向，统一思想，总结工作，分析形势，制定措施，实现大跨越，通过多种形式宣传，在行业内达成共识。二是召开相关会议。总结2007年我省酒业发展情况，安排部署2008年工作任务，研究落实行业“十一五”发展规划的措施。三是做好咨询服务。组织省专家委员会部分专家对白酒企业和特产食品企业进行质量技术咨询。召开四川省白酒行业现场会，促进全省白酒安全生产工作水平的提高。四是搞好监测。分析全省食品工业经济运行情况。协调各方，帮助重点企业解决发展和改革中存在的具体问题，鼓励重灾区食品企业变大灾难为大机遇，指导企业恢复重建，引导食品企业利用好中央对灾区的扶持政策，紧抓对口援助机遇，积极做好与对口支援省（市）食品产业承接的准备工作。五是促进白酒产业发展。为落实奇葆书记把我省建设成长江上游名酒经济带的指示，抽调专门力量，在宜宾、泸州进行专题调研，研究做大做强白酒的政策措施，提出打造白酒千亿产业的目标口号。六是做好酒志编辑，现已完成全省白酒志编初稿工作。

4. 狠抓食品安全

制定地方标准，完成食品加工小作坊、白酒原酒感官鉴评、四川特产食品地方标准的制定。不断创新产品，实行产、学、研结合，注重生产过程的监管。

5. 实施品牌战略

一是广泛开展酒类法规和标准的贯彻落实，引导企

业在重视产品质量、提高产品档次、注重品牌经营上下工夫，针对企业存在的问题进行具体帮助指导。二是促进品牌建设与保护。协会与有关部门联合召开行业品牌建设和保护工作研讨会，相关领导和专家就品牌建设和保护工作，进行专题辅导。交流经验，提出四川省抓品牌、促发展的具体措施。三是培育名牌。加强对中国驰名商标、省著名商标、中国名牌产品、省名牌产品的培育工作，实施食品产品品牌培育规划，提出重点培育企业名单，组织推荐67件为省著名商标、3件为中国驰名商标。

6.促进对外开放

一是走出去谋发展。组织四川省白酒业代表团赴河南、山东考察，促进四川白酒业的对外开放，达到解放思想，增进友谊，加强合作，共图发展的目的。二是跟踪项目服务好。密切关注已引进的合作项目，加强对四川全兴集团与英国帝亚吉欧合资、剑南春集团与香港轩尼诗合资、内蒙伊利邛崃项目等在川投资重点项目的跟踪服务。三是加强与国内外同行的联系。与河南省食品工业办公室签订两省合作协议书，召开河南省在川企业座谈会。力促有资本有技术有品牌的大企业大集团来川考察，争取更多的国内外龙头食品企业落户四川。

7.加强机关建设

一是开展机关效能建设。根据省委、省政府《关于加强机关行政效能的决定》，通过开展大学习、大讨论活动，以抓调研带督促，抓重点带一般，以落实三项制度为切入点，狠抓时间、人员、内容、效果四个内容，推进工作作风进一步转变，增强履职能力，用抗震救灾的实际行动来检验、学习、实践科学发展观试点和效能建设工作。二是实行目标责任制。确定全年工作重点，在机关各处室实行目标考核。把直属单位纳入目标管理，关心支持发展。三是认真执行民主集中制。重大问题均通过党组会、协会会长办公会讨论，集体研究决定。四是进一步加强党风廉政建设。坚持党风廉政责任制，层层签订廉政责任书，加强监督，到目前协会机关未发现违法、违规等情况。五是做好离退休老干部的工作。

二、着力两个加快，强力推进发展

1.推行循环经济，转变发展方式

一是抓好节能降耗工作。推广先进技术，鼓励采用先进工艺设备，淘汰落后工艺设备，对列入全省重点的行业内高耗能产业和企业要加强督促检查，确保完成节能降耗任务。二是大力推行绿色制造，清洁生产。要把污染防治的重心逐步转移到过程控制和源头控制上来。加强对污染重点企业的防治监控。三是深入开展资源综合利用。延伸产业链，扩大废弃物综合利用的数量和种类，提高利用效率。四是推广循环经济先进单位的经验。支持五粮液、剑南春做好全国循环经济试点工作，总结沱牌酒厂利用废弃物生产多元产品的做法，在全省食品企业中推广节能降耗、综合利用的经验。

2.扩大交流合作，承接产业转移

一是加强与国外同类行业的联系。二是重点联系国内酒类发展较好的地区。三是促进区域合作。积极做好灾后与对口支援省（市）食品产业的承接工作，搭建灾后对口支援和受援县（市）合作项目平台。四是做好已引进项目的跟踪服务工作。对近年来引进的在川投资重点项目予以跟踪服务，促进项目顺利实施。

3.提高服务质量，狠抓工作落实

按照省委经济工作会议的要求，认真学习实践科学发展观，弘扬伟大的抗震救灾精神，解放思想，锐意改革，紧紧抓住灾后重建和扩大内需的重大机遇，以良好的精神状态，把四川酒类协会领导班子建设成为一个善于实践科学发展的坚强集体，奋力推进食品工业大跨越。做到三个创新：创新工作思路，发挥四川面向行业、服务企业、协调省级有关部门的优势，形成部门联动、整体推进的工作格局，搞好整体谋划、贴近行业服务，实施重点突破。创新工作方式，主动深入企业，及时调查研究行业发展带普遍性、规律性的问题，在重大问题、政策落实、要素保障等方面加强与有关部门的沟通与合作，协助解决重点企业在改革和发展中遇到的困难。创新工作水平，把干部队伍建设成“特别讲大局、特别讲付出、特别讲实干、特别讲纪律”的战斗集体，对自觉做到“四个特别”、工作实绩突出的干部，大胆提拔重用，努力在干部队伍中营造想干事、敢干事、能干成事的浓厚氛围。在各级政府的坚强领导下，不断开创四川酒类发展新局面，为加快建设西部经济发展高地作出更大贡献。

2009年四川酿酒行业综述

一、准确把握全省白酒产业运行基本态势

今年以来，我省白酒行业在省委、省政府的正确领导下，通过全体从业人员的不懈努力，克服国际金融危机等不利因素影响，充分利用灾后恢复重建机遇，采取有效措施积极应对，使白酒产业继续保持了快速增长的势头。1～10月，全省规模以上白酒企业实现主营业务收入625.16亿元，同比增长31.80%；实现利税131.60亿元，同比增长20.84%；实现利润76.75亿元，同比增长24.87%。同时，白酒产业在运行中呈现以下特点：

（1）新型产品贡献增加 今年1～10月，全省规模以上白酒企业实现新产品产值69.75亿元，同比增长38.42%，比去年同期增速加快14.98个百分点。

（2）出口下滑趋势减缓 今年1～10月，全省规模以上白酒企业完成出口交货值6.60亿元，同比下降19.06%，下滑速度相比去年同期减缓30.23个百分点。

（3）名酒位次出现变化 较之往年，“六朵金花”主营业务收入始终排在前列，而今年1～10月，名酒企业的排位有了新变化，江口醇以9.07亿元的主营业务收入排位全省第六，高洲以7.7亿元排名升至第八位。我认为，名酒企业排位名次变化原因，主要是以中低档产品为主的地方名酒企业在金融危机中受影响较小，中低档产品刚性需求明显。

（4）销售利润持续下降 今年1～10月，全省规模以上白酒企业实现销售利润率为12.28%，同比下降0.74个百分点。我认为，利润率下降有两个原因：一是金融危机的影响，高端白酒尚处于恢复中，加上省外品牌的竞争和地方名酒的快速发展，降低了行业整体的盈利水平；二是消费税征收办法调整后，在一定程度上压缩了企业盈利空间。

二、全面推动四川白酒产业又好又快发展

2010年，是“十一五”规划的最后一年，也是衔接“十二五”规划的关键之年，做好明年工作意义十分重大。我个人认为，2010年推动四川白酒产业发展，应该采取“22233” 基本发展思路，即抓住两个机遇，明确两个目标，开拓两个市场，打造三个平台，发挥三个作用。

1.抓住两个机遇

目前，四川白酒发展面临千载难逢的大好机遇。

一是宏观层面的政策机遇。刚刚闭幕的中央经济工作会议，明确了2010年要继续保持宏观经济政策的连续性和稳定性，继续实施积极的财政政策和适度宽松的货币政策，落实应对国际金融危机的“一揽子计划”，提高经济发展的稳定性、协调性、可持续性。中国社会科学院刚刚发布的2010年《经济蓝皮书》中预测，明年中国GDP增长率将回升到9%左右，CPI涨幅在3%以内，不会出现明显通胀。同时，预测明年外贸出口会增长17%～18%。因此，对于明年酿酒行业的工作，机遇与挑战并存，机遇大于挑战。

二是地方推进的战略机遇。省委、省政府前所未有地高度重视白酒业的发展，做出了“打造长江上游名酒经济带”和“打造中国白酒金三角”等战略部署，建立了“打造中国白酒金三角”领导小组，即将推出一系列推动白酒产业发展的政策。机遇稍纵即逝，时不再来。我们一定要认清形势，抢抓机遇，加快白酒产业发展。

2.明确两个目标

加快四川白酒产业发展，必须要明确当前和今后一个时期的奋斗目标。

一是要明确明年近期发展目标。根据目前四川白酒发展态势预测，2009年规模以上白酒企业增加值将达到284.87亿元，同比增长20%；主营业务收入将达到766.53亿元，同比增长30%；利税将达到149.68亿元，同比增长20%；其中利润将达到81.54亿元，同比增长25%。因此，我们初步考虑了2010年四川白酒业发展的工作目标和奋斗目标。工作目标是：实现增加值319.05亿元，增长12%；主营业务收入904.51亿元，增长18%；利税167.64亿元，增长12%；其中利润91.32亿元，增长12%。奋斗目标是：实现增加值333.30亿元，增长17%；主营业务收入942.83亿元，增长23%；利税172.13亿元，增长15%；其中利润93.77亿元，增长15%。如果能够实现奋斗目标，就基本实现了白酒千亿产业的目标。

二是要明确未来五年发展目标。要抓紧对我省白酒产业“十一五”发展规划进行评估，总结发展过程中的经验和教训，加大市场调研和运行预测力度，及时掌握白酒业

发展现状及存在问题。根据省委、省政府“打造长江上游名酒经济带”和“打造中国白酒金三角”等战略部署，及早谋划我省白酒业“十二五”发展规划，明确白酒未来五年发展目标。

3.开拓两个市场

开拓市场是加快四川白酒业发展的重要环节。我们2010年将把工作的着力点，放在推动食品企业特别是白酒企业开拓两个市场上。

一是开拓国际市场。组织白酒生产企业参加川酒品鉴推介台湾行活动，参加法国巴黎、韩国首尔、巴西圣保罗国际食品博览会，让川酒企业集体包装亮相，赴境外举办产品推荐和产销对接，扩大川酒对外贸易。

二是开拓国内市场。组织白酒企业参加春季、秋季全国糖酒交易会，参加青岛、长沙等知名国际食品博览会；开展四川—东北白酒行业经济技术协作活动，扩大川酒在省外的影响力和知名度。同时，我们将举办首届“中国（成都）名优特食品国际博览会”，为四川食品企业特别是白酒企业搭建永不落幕的贸易平台。

4.打造三个平台

根据前不久召开的地方名酒高峰会建议，我们初步考虑打造三个川酒发展平台。

一是打造川酒文化节日。“川酒”已成为驰名中外的一个品牌，2010年要着力打造属于自己的、面向世界的“川酒文化节”，通过产品及酒具展示、项目洽谈会、酒文化论坛、酒文化诗词朗诵会、文艺表演、名酒品鉴等活动，挖掘川酒的历史文化底蕴，让更多的文化元素融合于川酒之中，赋予川酒广阔的文化内涵，使川酒更具有知名度、美誉度和市场竞争力。这个活动，可以由省上搞，也可以由有积极性的市州和酒类企业搞。

二是打造川酒营销总部。大力发展总部经济，推进川酒营销总部在中心城市聚集，制造基地在生产加工成本较低的区域布局，成为解决川酒营销薄弱环节的一个重要路径。2010年要积极筹建“川酒营销总部”，今天就请大家具体讨论如何通过市场化运作来解决用地、资金、建设等问题，请大家各抒己见、集思广益、出谋划策，多提宝贵意见和建议。

三是打造川酒十大园区。我们白酒产业中的“六朵金花”、“四匹黑马”的资源优势日益突出，以五粮液、泸州老窖、剑南春、水井坊、沱牌、郎酒等名酒企业为龙头的酒业园区逐步成型。要继续发挥名酒企业骨干作用，进一步整合资源优势，提高资源集中度，着力培育“四川名酒十大酒业园区”，发挥园区的集聚效益和辐射效益，全面提高企业规模化、集约化生产经营程度，全面推动川酒产业发展。

5.发挥三个作用

要保持四川白酒业快速发展的态势，必须继续发挥好行业协会、骨干企业和资金引导三方面的积极作用。

一是要发挥行业协会的纽带作用。在过去的一年，省酒协在贯彻落实省委、省政府关于“打造长江上游名酒经济带”和“打造中国白酒金三角”战略目标中，做了大量扎实的工作。2010年，我们应当思考如何进一步卓有成效地开展工作，如何转变思维，如何抓住重点，如何找准切入点，如何开展行业自律，如何理顺国家名酒、地方名酒、品牌原酒三大板块的发展关系，来充分发挥省酒协的桥梁纽带、参谋信息、协调服务、推动行业发展等作用，使酒协真正成为我省白酒企业的“娘家”。借此机会，我还特别提倡会员间的合作精神和奉献精神。特别要强化会长单位责任，真正发挥会长会的作用。

二是要发挥名酒企业的骨干作用。大家知道，省酒协当初是由省级有关部门和五粮液、泸州老窖、剑南春、水井坊、沱牌、郎酒等名酒厂牵头发起的，省酒协从过去的发展到现在的壮大，都离不开名酒企业多年来的主动配合、积极参与和自身的快速发展，饱含了我们企业家和众多的行家里手含辛茹苦的工作。目前，通过全行业的共同努力，我们的白酒产业已被省委、省政府提到了一个更高的高度，那就需要我们的名酒企业继续发挥骨干作用。要合理整合资源，提高资源集中度，全面提高企业规模化、集约化生产经营程度，为打造中国白酒“金三角”，建设川酒千亿产业做出更大的贡献。

三是要发挥政策资金的引导作用。目前，宜宾等市地方政府设有酒类发展引导政策资金，在推动白酒发展中发挥了政策资金的引导作用。通过多方面近几年努力，设立“川酒产业发展专项资金”已尘埃落定，省委、省政府计划明年投入2000万元作为川酒产业发展专项资金，主要用于品牌培育、打假保名、开拓国内外市场、奖励创名优品牌、支持技改、园区建设等方面。这是我们白酒行业中的大事和喜事，需要我们白酒企业通过项目来积极争取发展资金。我们要早谋划、早争取，积极利用好川酒政策引导资金，把企业做得更大更强。

2009年四川酿酒协会工作情况

2009年在省食协党组的领导下，在省级有关部门的帮助下，各会长单位大力支持和参与，四川省酒协积极团结广大会员单位，除做好日常管理、服务工作外，在以下重点工作中取得一定的成效。

一、参与建设川酒千亿产业的专题调研

为贯彻落实省领导打造中国白酒“金三角”，“打造长江上游名酒经济带”，实现川酒千亿产业的指示精神，协会配合省食协完成“促进四川白酒又好又快发展，建设千亿产业实施意见”（送审稿），并报省政府。

二、实施四川省浓香型大曲酒标准化生产示范企业工作

为优化、规范浓香型大曲酒生产，强化企业管理，提高质量、效益，协会组织白酒专家和生产企业技术人员，制定了四川省浓香型大曲酒标准化生产地方标准。在此基础上又制定四川省浓香型大曲酒标准化生产示范企业评审验收办法，近期已按照此办法现场评审了14户企业。

三、组建四川白酒产业科技联盟

在科技厅的支持下，由协会牵头，组织有科研院所和30户白酒骨干企业参加的四川白酒产业科技联盟，对行业共性问题进行联合攻关，提高行业整体水平。首批食品安全方面项目已启动。

四、完成首批“四川酿酒大师”、“四川酿酒业营销大师”前期评审工作

为鼓励酿酒行业拔尖人才脱颖而出，表彰在生产和营销工作中为行业作出突出贡献的同志，经酒协会长会研究决定，2008年启动了“四川酿酒大师”、“四川酿酒业营销大师”的认定工作。经过评审，公示了26名“四川酿酒大师”，14名“四川酿酒业营销大师”，前期工作已完成，最后名单待本次会长会审定。

五、对外交流

协会先后分两批组织70余人共27户企业参加四川白酒业代表团赴京、津、冀、滇进行调研考察，学习了解当地浓香型、老白干香型、清香型白酒生产经营管理方面的有益经验，开阔眼界，促进交流，增进友谊。

六、人才培训

举办浓香型大曲酒标准化生产和生产过程质量控制培训会，培训全省83户浓香型大曲酒生产企业和酒类科研院所150名代表，强化了四川省酿酒生产能力建设，保障了浓香型大曲酒质量。

七、举办2009年四川省白酒业年会暨全国浓香型白酒高峰论坛

本届年会暨全国浓香型白酒高峰论坛会，邀请中酒协和外省酒协、企业领导参会，扩大了四川白酒行业在全国的影响。

八、市场拓展

组织企业参加了2009春季糖酒会。在组团赴京、津、冀、滇进行调研考察中组织产销对接，扩大川酒影响，帮助企业扩大市场占有率。

九、加强协会自身建设

增加了重点产区行业主管部门有关领导，作为协会秘书处副秘书长；全年发展新会员15名（企业）；酒精分会成立筹备会议已召开，年底前可召开成立大会。

十、《四川酿酒》杂志编辑

顺利完成《四川酿酒》全年6期杂志的组稿编辑工作，服务了行业，宣传了川酒，扩大了影响。

贵州

2008年贵州酒业综述

一、贵州省酿酒工业发展概况

贵州酿酒工业协会在全面贯彻落实党的十七大精神，以邓小平理论和“三个代表”重要思想为指导，深入贯彻落实《贵州省人民政府关于促进贵州白酒产业又好又快发展的指导意见》和《贵州省政府促进茅台酒又好又快发展的指导意见》两个指导意见下，坚持科学发展观，推进了行业企业的和谐发展，使得整个酿酒行业实现了稳定、健康、持续的发展态势，在产业结构、资源综合利用、经济效益等方面取得了长足的发展。

1.产业发展态势向好，质量效益增长明显

在省委、省政府的正确领导下，以国酒茅台为龙头的整个酿酒行业各项经济指标均取得历史最好成绩，经济效益明显提高，产量、产值、利润得到大幅提升，重点项目建设取得突破性进展，行业整体实力不断增强，全省白酒产业呈现健康发展态势。

2008年，全省规模以上白酒企业实现产量18.35万千升，同比增长22.2%；实现工业总产值139.59亿元，工业增加值88.61亿元，同比增长27.1%；利税总额96.4亿元，同比增长48.5%。贵州茅台2008年产量突破2万吨，茅台集团销售收入突破100亿元。

在全省白酒行业取得良好业绩的同时，2008年啤酒行业也实现了较快的发展，全省啤酒产量达23.3万千升，比2007年同期增长9.49%；累计工业销售产值3.75亿元,比2007年同期增长41.66%。

除白酒、啤酒以外，其他制造酒种也实现了不同程度的发展：酒精产量为2124.9千升，同比增长0.61%；黄酒产量112千升,同比增长21.74%。

2.酿酒工业2009年发展预测

紧紧围绕《加快我省白酒工业又好又快发展的指导意见》、《加快茅台酒又好又快发展的指导意见》，以合理的产业发展布局和结构调整为主线，以重大项目为扶持支撑，推进产业发展环境建设、抓好生产和流通管理等各项工作的顺利进行；积极推进重点骨干白酒企业生产扩能和原料基地建设，盘活存量，做大总量，确保增长；以市场为导向，以结构调整和产业优化升级为重点，提高名优白酒档次和市场占有率；加快酿酒工业的健康发展。

预计到2009年年底，全省规模以上企业白酒产量达23万千升，同比增长25%左右；累计实现工业总产值175亿元左右，同比增长25%左右；累计实现工业销售产值有望突破170亿元，同比增长38%左右。啤酒产量达25万千升，同比增长8%左右；累计实现工业销售产值5.0亿元，同比增长约35%。其他制造酒种也随着白酒和啤酒的增长而得以拉动，将实现不同程度的发展。

二、贵州酿酒产业发展战略主要特点

1.政府重视，目标明确，措施有力

各重点白酒产业集聚发展的市、地（州）党委、政府围绕促进贵州省白酒产业发展的总体方针，积极组织、协调相关职能部门制定并实施了一系列切实可行的发展规划，明确了近期、中期及远期发展目标，并针对性地制定了措施加以贯彻、执行。同时，相关职能部门也推出了加快白酒产业规范化发展和提高质量控制的地方性法律、法规及标准。为全省白酒又好又快地健康发展提供了有力的保障措施，推动了全省白酒产业的健康快速发展。

2.政府资金引导，加快技改增量

政府相关职能部门设立白酒产业发展技改引导资金，对重点优势酿酒企业的重点技改项目进行政策和资金上的扶持。如在持续推进茅台酒厂新万吨技改扩建项目的同时，全面启动实施了贵州金沙窖酒厂、贵州青酒、董酒等优质白酒发展技改项目。

3.加强行业监管，提高安全意识，净化发展环境

为了实现全省酿酒行业的健康发展，制定并贯彻落实了《贵州省酒类生产流通管理办法》及其他相关产业政策和法律法规，由省商务、经贸、质监、卫生、工商、公

安等部门联合开展集中整治。加大白酒行业的保名打假力度，重点保护“贵州茅台”这一世界性品牌，发挥国酒茅台的品牌效应。大力振兴董酒、习酒、金沙窖酒等一批发展潜力较大、市场前景较好的名优白酒品牌。

对全省酒类生产企业和加工作坊进行摸底调查，对获证企业进行严格审查，实行白酒生产许可证、酒类生产企业建档制，采取切实有效措施加强对酒类生产企业的监管，建立和完善对酒类生产企业全过程的监管制度；督促生产企业全面落实《食品标识管理规定》等相关法律法规。净化白酒生产、流通环境。

4.以酱香型为主，多种香型协调发展

以国酒茅台为代表的酱香型白酒、以董酒为代表的兼香型酒、以习酒为代表的浓香型酒种及优势品牌的多种香型品牌并存的发展格局逐步形成，构成了贵州省白酒产业的主体力量。

5.抓好白酒配套产业链的发展

重点落实抓好茅台酒生产专用优质原料基地建设，出台白酒包装配套的彩印、玻璃瓶、高白料酒瓶、白酒包装箱（盒）、酒类丝带（飘带）等配套产业发展规划，大力加快省内塑料包装材料、彩印包装和日用玻璃瓶等白酒业关联配套产业的发展，为延长白酒产业链的发展创建良好的基础。

2008年贵州酒业协会工作情况

一、举办酒类博览会，促进行业交流

作为协办单位，2008年，协会会同主办单位成功举办了2008中国（遵义）酒类博览会，举行了酒类商品展销暨经贸洽谈会、签约仪式、中国酒业发展论坛、“2008贵州名酒”授牌文艺晚会等系列活动，塑造了贵州酒业整体发展新形象，提升了贵州白酒产业在全国酒类行业中的地位。

二、搭建服务平台，加快人才培养

充分发挥行业职业技能培训、鉴定站作用，实施人才资本战略，加快白酒行业人才队伍建设。2008年，贵州省酿酒工业协会联合中国酿酒工业协会、中国轻工酿酒行业技术培训和鉴定管理总站，组织专家和鉴定人员对贵州茅台酒股份有限公司酿酒有关岗位工种员工开展职业技能培训鉴定，培训鉴定2598人，包括初级工、中级工、技师和高级技师。

贵州酿酒工业协会积极发挥了桥梁的作用，为贵州省的酒业发展添砖加瓦。

陕西

2008年陕西酒业综述

2008年全行业面对国内外复杂多变的经济环境和日益激烈的行业内部竞争，特别是“5•12”汶川大地震，陕西部分酿酒企业生产和经营遭受了不同程度的破坏，全省酿酒行业团结奋进、顽强拼搏，克服了地震、冰雪灾害和金融危机带来的不利影响，全行业经济运行状况良好。饮料酒产量稳步增长，产品质量普遍提高，先进企业的经济技术指标已接近全国先进水平，技术创新成果显著，食品安全得到了全面重视。全行业的产业结构、产品结构和企业结构发生了可喜的变化，尤其是处于半停产状态的黄酒、葡萄酒通过改组、改制得以全面恢复了生产，出现了良好发展势头。全行业经济效益大幅增长。

2008年全省饮料酒产量达96.4万千升，其中啤酒86.5万千升；白酒8.1万千升，同比增长8%以上。全行业实现销售收入50.18亿元，其中白酒24.3亿元，啤酒23.7亿元。骨干企业青啤西安公司实现销售收入16.9亿元；西凤酒股份公司15亿元，同比增长40%；太白酒业公司3.2亿元，各项经济指标均好于2007年。

2008年陕西酒业协会工作情况

2008年，协会在省政府有关部门的关怀指导下，在全省酒企的大力支持下，加强了与会员单位及国家相关协会和媒体的联系与沟通，围绕中心，服务大局，切实做好纽带与桥梁工作。工作范围不断拓展，工作深度与力度不断加强，受到了广大会员单位的好评，主要做了以下几项工作：

一、召开了第四届会员代表大会

会员大会顺利完成了协会换届工作，选举产生了新一届协会领导班子。制定了新的工作任务和奋斗目标，力争用4～5年时间，使全省全行业达到全国中游水平。

二、积极引导推动白酒行业开展技术创新活动

协助重点企业做好工艺与产品创新工作，通过创新，凤兼复合香型白酒的成功开发，改变了陕西白酒香型单一的落后状况，发酵法凤兼复合型白酒工艺荣获陕西省科技进步奖，一批凤兼复合型白酒强势品牌，如红西凤、太白陈藏等成功上市，很快受到了消费者好评，目前全省白酒香型既有凤香型和浓香型，又增添了凤兼浓、凤兼浓兼酱和浓兼酱以及酱香型白酒，满足了消费者的不同需求，为实现全省白酒销售收入突破20亿元大关，做出了重要贡献。

三、召开了全省白酒评酒委员年会

为评委提供了全国畅销创新品牌和各类基酒酒样，进行感官鉴评培训。邀请著名白酒专家做行业形势和专业知识讲座与报告，进一步提高了评委的专业知识和评酒能力，为开展创新和调整产品结构、提高产品质量做好了技术储备。

四、深入企业开展咨询服务工作

一年来，先后为西凤、太白、城固、秦洋、普惠、轩辕、西安、长安、等驾等白酒企业和丹凤葡萄酒、商洛酒精企业提供咨询服务，协助西凤、太白、秦洋、丹凤四家酒企业开好高峰论坛会，配合有关部门对酒企业生产许可证换证与年检进行了现场指导和审查工作。召开饮料酒相关标准宣贯会，为企业开发淡雅浓香白酒的酒体设计进行技术指导等咨询服务活动，均受到了企业的欢迎和好评。

五、开展省际交流学习活动

先后多次参加全国酿酒行业的专业会议，应邀参加了四川酿酒协会年会，与黑龙江玉泉酒业公司和湖南武陵等酒企开展交流学习活动，组织全省七大骨干白酒企业赴江苏省考察学习，先后接待了河南、山东、北京等省市白酒企业代表团来陕西交流考察，促使全省白酒企业更新了观念，找到了差距，明确了方向，为全省白酒发展增添了活力。

六、做好酒企职工的技能培训与鉴定工作

一年来，在做好白酒行业酿造工种技能培训鉴定工作的基础上，与中国酿酒工业协会啤酒分会合作，在西安举办了啤酒酿造工种的技能培训与鉴定工作。近50名职工通过培训，啤酒酿造的理论知识与实际操作技能有了普遍提高，并顺利通过了鉴定。

七、与省总工会、省人力资源与社会保障厅和省轻工行业管理办公室共同举办了全省白酒行业勾调技能竞赛活动

全省20个白酒企业33名选手参加了竞赛，竞赛活动的组织领导、竞赛规则严谨、缜密，整个过程体现了公开、公正、公平的原则，竞赛取得了圆满成功。有三位选手荣获“陕西省技术能手”称号、七位选手获得“陕西省酿酒行业技术能手”称号，协会对获“省技术能手”称号的同志进行了物质奖励，全行业反响强烈，进一步推动了全省学习钻研勾调技术，不断提高产品质量和新品开发的新局面。

2009年陕西酒业综述

一、产品产量和经济效益有了较大幅度增长

预计12月底全省饮料酒总产量可达100万千升，同比增长3.6%。其中啤酒90万千升，同比增长4%；白酒9万千升，同比增长11%。全行业预计可实现销售收入55亿元，同比增长8.2%。其中：啤酒27.5亿元，同比增长16%；白酒25.7亿元，同比增长8.4%。西凤已提前一个月完成了全年20亿的销售收入。

二、酒类产品品牌影响增大

饮料酒产品产量与市场占有率有了进一步提高，品牌效益和影响力明显上升。西凤、太白、汉斯等一大批知名品牌深受消费者喜爱，已成为陕西省酒类市场的主导产品。

三、企业管理水平和创新能力进一步提高

骨干企业均通过了HACCP认证。生产许可证换发工作顺利通过，西凤的凤兼幽雅复合(四合一)香型白酒工艺已通过省级科技成果鉴定；省级白酒技术中心已获批成靴西凤、西凤四合一、西京太白、城固淡雅等产品的市墒投放，带动了全省新产品的开发。总之，2009年是陕西省酿酒行业认真贯彻科学发展观，克服经济危机，顽强拼搏，取得较好成绩的一年。

2009年陕西酒业协会工作情况

一、发挥桥梁和纽带作用，深入企业调研

一年来协会先后到普惠、沪康、西凤、太白、城固、秦洋、商郴风等企业进行调研和咨询，帮助企业解决技术难题，向政府反映企业存在的困难，较好地履行了协会的职责。

二、在安康市召开了陕西省白酒评酒委员年会

对白酒评委的品评能力和知识更新进行了强化培训，并邀请全国著名的白酒专家做学术报告。加深了评委们对全国白酒行业科技新态势的了解，为全行业产品质量的稳定与提高提供了有力支持。

三、组织全省白酒企业参加在宁夏举行的西北地区白酒技术协作会

西凤、太白、秦洋、城固、普惠、芦河、长安、西安等骨干企业50多人参会。会议期间重点宣传了陕西省近年取得的成绩：扩大了陕西省白酒行业在西部地区的影响，陕西省酒类产品的销售收入、产品产量和科技水平均位列西部第一。

四、组织技能培训

协会组织丹凤葡萄酒公司赴甘肃参加全国葡萄酒评酒委员和酿酒技能培训，同时参加了西部地区葡萄酒产品的质量检评，参评的产品质量获得了优秀新产品荣誉证书，为恢复陕西葡萄酒行业的发展创造了有利条件。

五、企业改组、改制有了新进展

太白酒业通过协商，增资扩股与金六福酒业合作，不但引进了资金，更引进了先进的经营理念，为进一步做大做强太白酒业增添了新的活力。丹凤葡萄酒企业通过民营化，使停产多年的老牌知名葡萄酒企业恢复了生产，企业焕发出新的生机。

六、认真贯彻食品安全法

利用全省行业会议，宣传食品安全法，帮助企业组织落实与执行，确保了行业有序、健康、持续发展。

七、组织重点骨干企业到外地学习交流

赴内蒙古河套酒业公司和台湾浦里、金门高粱酒厂考察学习，三个企业的规模、酒文化、科技以及酿酒的机械化、现代化等方面非常值得我省的白酒企业学习和借鉴。通过参观访问交流，拓展了陕西省酒企领导们的视野，也扩大了对陕西省酒企业的宣传。

八、组织技能竞赛

年初与省总工会、省劳动和社会保障厅、省轻工办共同组织了全省白酒勾调技能竞赛，全省有30名酒企的选手参赛，通过竞赛，有3名选手获得“陕西省技术能手”称号，10名选手获得“陕西省酿酒行业技术能手”称号。协会对获得荣誉称号的3名省技术能手和10名酿酒行业技术能手给予通报表彰，并对3名省技术能手进行了物质奖励。此次竞赛不仅激发了全行业职工学习钻研技术的热情，又对全行业的勾调技术和产品质量的提高产生了深远影响，并推动了全行业勾调技术水平和产品质量的提高。

甘肃

2008年甘肃酒业综述

2008年协会通过认真学习科学发展观，结合地区工作的实际情况，克服诸多困难，甘肃全省酿酒企业出色地完成了全年工作任务，产品质量稳步提高，经济效益大幅提高。现将一年来甘肃酿酒行业的发展状况总结如下：

2008年全省酿酒行业经历了自然灾害和金融危机的影响，是一个难忘之年。甘肃陇南受到四川地震灾害的影响，当地白酒企业受到不同程度的影响，冻害造成葡萄园产量大幅下降。全行业积极应对困难，努力工作，使全行业经济运行保持良好增长态势，各项指标大幅提高。

2008年全省酿酒行业完成工业总产值42.88亿元，同比增长113.6%。其中啤酒完成25.47亿元，同比增长33.81%；白酒完成10.51亿元，同比增长23.56%；葡萄酒完成5.7亿元，同比增长36.89%；酒精完成1.14亿元，同比增长113.6%；黄酒完成552万元，同比下降16.9%。2008年全省生产啤酒518992.3千升，同比增长32.6%；白酒生产26904.4千升，同比增长23%；葡萄酒生产14442.8千升，同比增长31.9%；酒精生产12819千升，同比增长123.6%；黄酒生产1339千升，同比下降44.9%。2008年全行业实现利税3.33亿元，其中上交税金301432万元，实现利润3170.9万元。

总之，2008年甘肃酿酒行业经济运行快速增长，经济效益大幅提高，在不好的经济形势下，甘肃酿酒行业取得了良好的成绩，希望来年能够取得更好的成绩。

2008年甘肃酒业协会工作情况

2008年在省轻工联合会领导下，协会通过认真学习科学发展观，结合工作实际，立足现有条件，克服困难，完成了以下工作任务：

一、认真学习，联系实际，提高认识

根据省轻工联合会党委“深入开展学习实践科学发展观活动的实施方案”的要求，认真自学《科学发展观重要论述摘编》和《毛泽东、邓小平、江泽民论科学发展观》两本书，做好学习笔记，完成两万多字的学习笔记。积极参加上级单位组织的学习科学发展观专题辅导报告，在支部学习座谈会上，踊跃发言，谈自己学习心得体会。通过学习讨论，对科学发展观的重大意义、科学内涵、精神实质和根本要求，有了进一步的认识。在今后的工作中，要努力做到：用科学发展观来树立思想观念，不断提高自身分析、判断、解决问题的能力，以开拓进取、务实创新的精神，做好为行业服务工作。

二、积极开展行业调查，摸清企业现状，及时了解企业生产经营情况

今年重点对黄河啤酒、雪花啤酒、古河州酒厂、敦煌

酒厂、炳灵酒厂五家企业进行了调研，在企业生产现场实地了解每户企业的生产经营、技术装备、市场营销及目前面临的困难和问题。

三、做好节能减排工作，促进企业清洁生产

按照党的十七大报告和全省经济工作会议提出的目标，根据省政府办公厅内部明电《甘肃省人民政府办公厅关于开展2007年度节能工作目标任务完成情况评价考核工作的通知》精神，由组织安排参加了省经委牵头组建的节能工作目标任务完成情况评价考核组，前往天水、陇南市政府（甘南州由于骚乱事件在兰州进行审核材料打分）及有关企业和重点酿酒企业，进行现场考核打分。通过这次评价考核，充分了解到他们把节能减排与行业结构调整、技术改造、技术创新相结合，取得较好成效。

四、有针对性地开展酒业产品质量鉴评工作

省酿酒工业协会在每年的行业产品质量鉴评活动中，都要设定一个主题，根据行业产品质量和产品结构中，普遍存在的突出问题，有针对性地开展鉴评活动。2008年行业产品质量鉴评的主题是：开发创新具有地方特色的白酒产品。同时，为了引导企业做好原酒的生产，首次将基础原酒也列入此次鉴评活动中。在这次白酒产品质量鉴评交流会上，共有省内21家白酒骨干企业及科研单位的55名代表参加了会议。邀请湖北省食品发酵工程技术研究中心研究员姚继承先生做“现代生物技术在白酒产业中的应用和中国白酒发展趋势”的报告。参评酒样72个，其中成品酒45个，原酒27个；外购酒样15个，其中国家名优酒和外省特色酒13个，日本及韩国清酒各1个。通过这次鉴评交流活动，协会向社会和消费者推荐41个优秀白酒产品，并在甘报上进行了公告。

为了进一步强化啤酒专业技术人员的评酒技能，扩大啤酒评酒员队伍。协会组织召开了2008年全省啤酒产品质量鉴评技术交流会，省内5家啤酒企业的16名代表参加了会议。本次产品鉴评外购酒样8个，省内酒样11个。通过鉴评交流，甘肃省的啤酒产品质量进一步得到提高。另外，经过培训考试，增补4名同志为省级啤酒评委和资格评委。

五、充分发挥专业技术人员作用

省酒协于2008年5月份开始，三次组织专家分别赴古河州、敦煌、炳灵酒厂开展技术服务工作，对企业生产中遇到的技术问题和技术人员进行现场指导和培训，帮助解决实际问题，受到企业好评。

组织开展行业交流，为企业多方位提供服务。2008年4月，省酒协组织甘肃省金徽、滨河、皇台、丝路春等9家企业，赴江苏洋河、双沟、今世缘三家国家名优白酒企业参观学习，受到江苏白酒协会和当地企业的热情接待。在考察学习过程中，参观了三家企业的制曲、酿酒、贮存等工艺和技术中心、酒库、勾兑等生产车间；同企业董事长及有关部门负责人就管理理念、市场营销、生产工艺、科研技术等方面进行了座谈交流。通过考察学习，大家受益匪浅，考察学习活动取得了预期效果。

六、做好协会日常工作

积极做好协会年检、收费、报税等正常工作外，通过组织企业赴外省参观交流、参加企业技术服务、利用到各地市考核活动期间与企业领导和技术人员进行沟通交流，及时掌握企业生产经营情况、市场动态、发展规划和技改项目等信息，为协会进一步做好服务工作打好基础；同时为上级领导反馈行业和企业发展的准确信息。

一年来，协会虽然做了很多有益于企业的工作，但也存在着很多不足，主要表现为工作思路保守，不能开拓创新，畏手畏脚等，这需要在今后的工作中加以克服。

2009年甘肃酒业综述

2009年甘肃省酿酒行业受全球金融危机影响不大，继续呈稳步增长态势。2009年全省饮料酒产量完成66.7万千升，实现工业总产值50.16亿元，销售产值45.58亿元，利税3.75亿元，利润3210万元。其中：

啤酒产量完成59.47万千升，同比增长13.4%；实现工业总产值26.57亿元，同比下降2.85%；销售产值25.11亿元，同比下降4.73%；利税2.1亿元，同比增长28.3%；利润1.99亿元，同比下降78.7%。

白酒完成产量3.78万千升，同比增长9.5%；实现工业总产值12.57亿元，同比增长20.9%；销售产值11.38亿元，同比增长26.9%；利税1.31亿元，同比增长10.8%；利润1.44亿元，同比增长117.3%。

葡萄酒完成产量1.95万千升，同比增长42.2%；实现工业总产值9.89亿元，同比增长76.4%；销售产值8.25亿元，同比增长73%；利税3320万元，同比增长5.9%；利润3980万元。

酒精完成产量1.25万千升，同比下降12.4%；实现工业总产值1.07亿元，同比下降6.4%；销售产值7714万元，同比下降8.1%；利税192万元，同比下降35%；利润98.4万元。

黄酒完成产量2006千升，同比增长8.3%；实现工业总产值617万元，同比增长32.8%；销售产值679万元，同比增长57.6%；利税70万元，同比增长45.6%；利润48万元。

甘肃省酒行业主要存在的问题，就是增产不增收，经济效益普遍下滑。

2009年甘肃酒业协会工作情况

一、深入企业调研，提出行业发展思路

由财政部、工业和信息化部、国资委等部门委托中国酿酒工业协会开展“酿酒葡萄种植与葡萄酒产业政策研究”课题，应中酒协邀请，甘肃酒业协会参与甘肃省葡萄酒产业的调研。根据中酒协课题的有关要求，积极开展甘肃省葡萄酒产业的调研工作。分别给甘肃省七家葡萄酒企业印发葡萄酒产业状况调查表，利用陪同中酒协领导到甘肃省视察的机会，到莫高、威龙、皇台、国风、祁连、紫轩葡萄酒企业的生产车间、葡萄种植基地进行实地调查了解。同时，积极参加省发改委等部门召开的“甘肃省葡萄酒产业发展研讨会”和武威市政府召开的“武威市葡萄酒发展座谈会”，及时掌握省政府发展葡萄酒产业的政策及地方政府发展葡萄酒产业政策和动向。在大量掌握一手资料的基础上，提出协会对甘肃省发展葡萄酒产业的思路和政策建议，撰写《甘肃葡萄酒产业发展的战略选择与思考》，文章刊登在《甘肃轻纺》期刊上。

二、开展全省酒类产品质量鉴评换届工作

2009年6月，在兰州市组织召开了全省酒类产品质量感官鉴评和第七届省级白酒评委、啤酒评委、第三届省级葡萄酒评委换届工作。来自全省33家白酒、啤酒、葡萄酒企业和科研院校130余名代表参加了会议。从80多种企业送样产品中，通过专家评委的感官鉴评，38个白酒产品、10个葡萄酒产品、6个啤酒产品获得“全省酒行业优秀产品”称号，并在甘报上进行公告。推荐14个白酒产品参加西北地区酒类产品质量鉴评并获得优秀产品称号。对报名参加白

酒、啤酒、葡萄酒省级评委的代表，通过理论考试，感官品评测试合格者，聘任白酒特邀评委17名、评委20名、资格评委25名，葡萄酒特邀评委15名、评委12名、资格评委4名，啤酒评委10名、资格评委3名。推荐两名葡萄酒评委参加全国葡萄酒评酒技能大赛。在本次会议上，通过讨论同意，在省酒协会内，成立白酒专业技术委员会和葡萄酒专业技术委员会，以加强行业内的技术交流和服务工作。

三、积极参与创名牌、市场准入、循环经济等工作,继续为企业服务

受中酒协和技术监督部门委托，于2009年8月协会组织专家，到临泽酒精公司进行食用酒精生产许可证现场审查，对企业存在的问题提出整改意见，将审查资料整理上报有关部门。11月，根据省质量技术监督局的安排，参加河西小组省名牌现场审核打分工作，到21家申报企业进行现场测评，并对企业存在的问题提出改进建议。在省名牌推委会议上，努力争取所有申报名牌的企业产品，都获得省名牌产品称号。积极参加省经委召开的全省循环经济现场经验交流会，为企业争取循环经济项目建言献策。今年9月根据企业的要求，协会组织专家到平凉新世纪柳湖春酒业公司，对该企业生产的新产品进行鉴评，并提出生产技术咨询服务意见。

宁夏

2008年宁夏酒业综述

2008年，宁夏酿酒工业总体运行平稳，工业总产值、主营业务收入、利税、利润均呈现增长态势：

一、规模以上酿酒企业全年生产饮料酒13.03万吨，增长26.50%

其中：白酒6444吨，增长4.17%；啤酒11.04万吨，增长37.01%；葡萄酒6291吨（未含原酒），下降30.35%；枸杞酒5858吨，下降1.20%。

二、完成工业总产值9.68亿元，同比增长19.58%

其中：白酒1.67亿元，增长36.23%；啤酒1.91亿元，增长37.82%；葡萄酒1.04亿元，增长3.91%；枸杞酒5.01亿元，增长12.84%。

三、规模以上酿酒企业实现主营业务收入8.07亿元，增长22.99%

其中：白酒1.77亿元，增长42.03%；啤酒1.91亿元，增长40.54%；枸杞酒3.51亿元，增长28.57%；葡萄酒8442万元，下降28.35%；实现利税1.61亿元，增长30.99%。

四、白酒行业生产、销售、效益的同步增长

生产、销售、效益的同步增长得利于企业在生产规模、品牌建设、产品结构调整上所下的工夫。特别是银川昊王酒业“宁夏酒城”项目建成投产，灌装能力达到2万吨，居西北五省之首，2008年销售收入同比增长76.38%，实现利润同比增长78.61%。

五、其他成绩

2008年，与丹麦嘉士伯合资6亿元建设的年产25万千升啤酒厂一期10万千升生产线实现了达产达效，开发生产了清爽型产品、夜场产品，包装也在向小型化和低矮化方向发展，2008年销售收入近2亿元。枸杞酒重新整顿了销售渠道，加大市场营销力度，市场份额保持稳定。

全区酿酒葡萄种植面积已超过13万亩，初步形成了以青铜峡市、永宁县、农垦农场为主体。红寺堡开发区为补充的贺兰山东麓葡萄产业带。葡萄酒生产企业18家，加工能力8万吨，其中万吨以上的企业有贺兰山、西夏王、御马、科冕等。随着贺兰山东麓产区知名度的不断提高，张裕、王朝、长城和国际葡萄酒巨头保乐利加等相继入驻宁夏，为贺兰山东麓产区的发展注入了活力。

2008年宁夏酒业协会工作情况

宁夏酒协自成立以来，本着“为企业服务、为政府宏观决策服务、为优化竞争环境服务、为提高行业整体素质和水平服务”的宗旨，积极开展工作。近年来，协会的工作内容包括以下几方面：

一、加强协会自身建设

协会成立以来，努力在强化意识、拓宽领域、提高水平方面下工夫，努力靠服务赢得会员的支持，靠服务赢得社会的认同。严格按照协会章程开展工作，认真做好会员登记工作，积极做好协会机构建设，确定其工作范围、工作程序和管理制度。为全面准确地掌握行业发展情况，建立了协会季度统计制度和工作联系人制度，由联系人负责与协会的日常联络工作和信息交流。

二、努力优化《酿酒产业资讯》

协会于2005年开始编发《酿酒产业资讯》，这为协会会员提供了信息交流的平台。通过与国家和兄弟省区行业协会、学会及学术团体的交流，为会员提供行业的市场动态、政策法规、技术开发、经营管理等方面的相关信息，为宁夏酿酒行业的发展提供了广泛的支持。

三、开展调研工作，与同行业协会建立联系

针对酿酒行业专业性较强的特点，协会积极加强与各兄弟省（区）酿酒行业协会及行业刊物的联系，此举使得协会能够更好地利用各地的行业资源，为会员提供更多的国内外酿酒业技术经济情况和市场动态信息。

四、配合政府部门工作，反映会员意见要求

积极配合政府部门的相关工作，一方面努力改善白酒企业所出现的营销秩序混乱、不正当竞争的问题，另一方面呼吁企业加强自律，共同维护行业利益，同时，积极向自治区工商管理部门反映具体情况。

今后，协会工作仍将以促进宁夏酿酒行业的发展为目标，充分发挥桥梁和纽带的作用，依法维护企业、行业的合法利益，反映行业及企业的愿望、意见和要求，努力使协会成为业内企业相互学习与交流的平台，积极协调、努力调动各职能部门和社会各方面力量，为会员企业提供技术支持、人力资源的开发管理、信息共享、市场拓展、文化建设、对外合作、经营管理等方面的服务。

2009年宁夏酒业综述

2009年，宁夏回族自治区酿酒行业经济运行总体平稳，各酒种产量有升有降。经济效益呈现增长态势。

白酒：白酒呈现出生产、销售、效益同步增长的良好局面。规模以上企业共生产白酒2.29万千升，同比增长239.50%；完成产值5.24亿元，增长160.56%。实现主营业务收入3.43亿元，增长66.86%；实现利税7854万元，增长122.08%。特别是银川昊王酒业有限公司产量占白酒总量的81.83%，工业总产值、主营业务收入、利税、利润大幅增长，拉动行业产销、效益整体提升，企业在巩固宁夏市场份额的基础上，加大对周边地区宣传促销力度，市场份额不断扩大。其生产规模、市场占有率、品牌影响力处于行业中领先地位。

啤酒：啤酒全年产销两旺，利润大幅增加。啤酒产量12万千升，增长8.66%；完成工业总产值2.20亿元，增长15.32%；实现主营业务收入2.54亿元，增长33.34%；利税6953万元，增长17.93%。由于2009年气温高于往年，啤酒需求量加大，同时大麦价格回落，企业的成本压力降低，盈利能力提升。企业积极开展促销活动，加强产品宣传，为冬天淡季的促销起到一定的推动作用。

枸杞酒：枸杞酒继续保持稳定。枸杞酒产量7462千升，增长10.89%；完成工业总产值6.79亿元，增长35.56%；实现利税1亿元。宁夏红枸杞产业集团加强创新力度，在枸杞鲜汁低温发酵专利技术的基础上，又取得了枸杞白兰地生产技术专利，形成较为完善的自主知识产权体系，获得了2009年度中国轻工业科技进步优秀奖，并成为国家认定的企业技术中心。在继续加大枸杞酒市场的监管和销售渠道的整顿的同时，重点开发和推进沿海城市销售网络建设，市场份额稳中渐增。

葡萄酒：全区酿酒葡萄种植面积19.2万亩，鲜果总产量5.5万吨。初步形成了以青铜峡市、永宁县、农垦农场为主体，红寺堡开发区为补充的贺兰山东麓葡萄产业带。与去年同期相比，葡萄酒产量及工业总产值呈现增长态势。受金融危机影响货款回笼较慢，主营业务收入较去年同期小幅下降。2009年，规模以上企业葡萄酒产量1.19万吨，完成产值1.44亿元。由于葡萄收购价格低于去年，生产成本降低，葡萄原酒价格稳中有升，随着产品宣传和市场营销力度加大，瓶装酒销量增加，2009年整体减亏810万元。

2009年宁夏酒业协会工作情况

一、积极举办首届全区葡萄酒品酒职业技能竞赛

为引导和激励葡萄酒品酒从业人员学习知识、钻研业务、创新技术、提高技能水平，促进葡萄酒制造业人才队伍发展，2009年6月26日，由自治区轻纺工业局和总工会主办、宁夏酿酒协会承办的全区首届葡萄酒品酒职业技能竞赛在银川举行。竞赛按照《品酒师国家职业标准》有关内容命题，分理论考试和实际品评两部分进行，前3名分别由广夏（银川）贺兰山葡萄酿酒有限公司张健、吴鸿福和丁玉镯获得。上述3名选手代表宁夏参加了“诺玛科杯”全国首届葡萄酒品酒职业技能竞赛，张健、吴鸿福分别获得了第11名、第13名，被授予“全国技术能手”称号，同时晋升为国家三级品酒师，这是西北5省参赛选手中唯一取得名次和奖项的成绩。宁夏酿酒协会因竞赛组织工作成绩突出，获得了国家人力资源和社会保障部全国职

业技能竞赛组织委员会颁发的“2009全国职业技能竞赛优秀组织奖”。

二、完成自治区葡萄酒品酒委员选拔

2009年6月，协会举办了自治区葡萄酒品酒委员选拔考核暨葡萄酒行业专业技术人才知识更新工程培训班。协会邀请中国酿酒工业协会技术委员会副主任委员张春娅女士、宁夏大学张军翔博士授课。来自葡萄酒生产、营销、教学、科研16个单位的45名专业技术人员接受了培训。经考核，选拔出西夏王葡萄酒业有限公司俞惠明等20人担任2009届自治区葡萄酒品酒委员并颁发了聘书。

三、召开西北地区第四届白酒、葡萄酒技术研讨会暨产品质量鉴评会议

9月7日，由宁夏酿酒协会、陕西省酿酒工业协会、甘肃省酿酒工业协会、新疆维吾尔自治区酿酒工业协会共同举办的“西北地区第四届白酒、葡萄酒技术研讨会暨产品质量鉴评会议”在宁夏银川市隆重举行。来自西北各省（区）52家企业，112位国家级、省级白酒评委、企业负责人和技术负责人参加了会议。会议研讨了西北地区白酒、葡萄酒行业的发展以及存在的问题，交流各地产品开发、技术创新、节能减排等方面的经验与做法，并对47家企业的78种白酒和11种葡萄酒样品进行了感官鉴评。

首届中国齐齐哈尔绿色食品博览会指定产品

★★★ 中国驰名商标 ★★★

绿色经典 香谐自然

黑龙江鹤城酒业有限公司荣誉出品 / 本企业通过ISO9001国际质量体系认证

黑土地酒得益于亿万年植物分解而成的黑土地，采用1800米深的岩溢泉水，以生长周期超过150天的高粱、大米为主料，传承600年的酿造工艺，经手工分摘，以正其品，陶坛窖藏，以蕴其厚，天成于丰润之间，香谐自然。赢得了继人参、貂皮、鹿茸角之后"东北第四宝"的美誉。

公司地址：齐齐哈尔市甘南发展路3号　　联系电话：0452-5634199

宝丰牌
注册
商标
BAO FENG PAI
中国名酒

國色清香·宝丰酒
中国清香型白酒典范
國色清香
寶豐
尊品
宝丰酒业有限公司 荣誉出品
地址：河南省平顶山市宝丰县人民路219号 邮编：467400 电话：0375-3366888 3366199 网址：http://www.hnbfjy.com

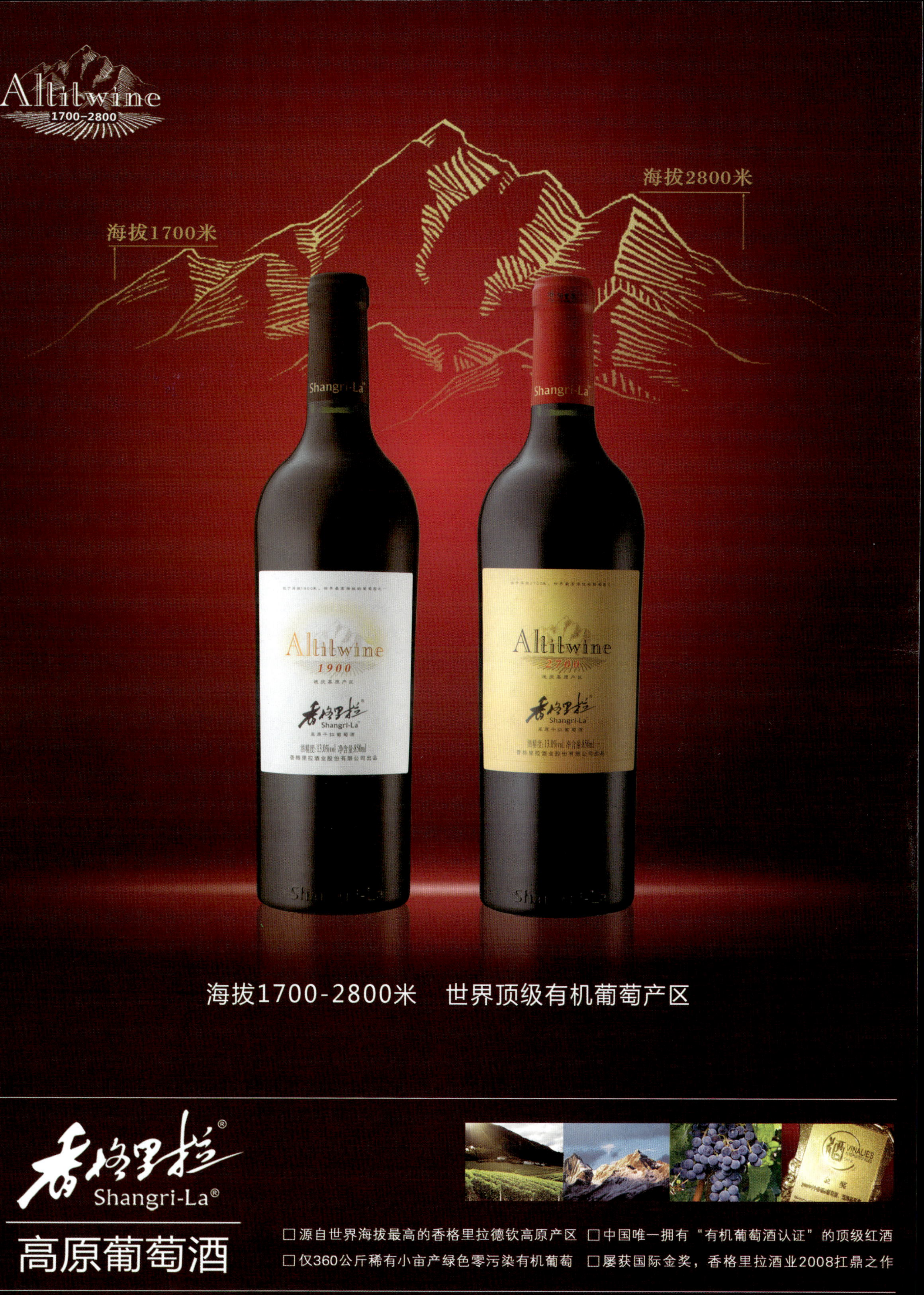
Altitwine
1700-2800
海拔2800米
海拔1700米
Shangri-La
Altitwine
1900
香格里拉
Shangri-La
Altitwine
香格里拉
Shangri-La
海拔1700-2800米　世界顶级有机葡萄产区
香格里拉
Shangri-La
高原葡萄酒
□源自世界海拔最高的香格里拉德钦高原产区
□中国唯一拥有“有机葡萄酒认证”的顶级红酒
□仅360公斤稀有小亩产绿色零污染有机葡萄
□屡获国际金奖，香格里拉酒业2008扛鼎之作

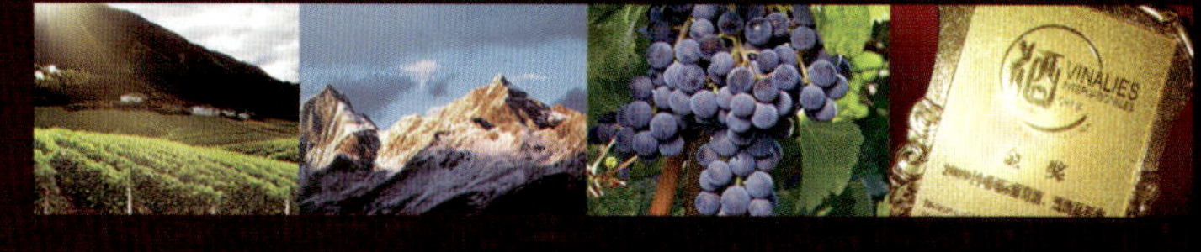

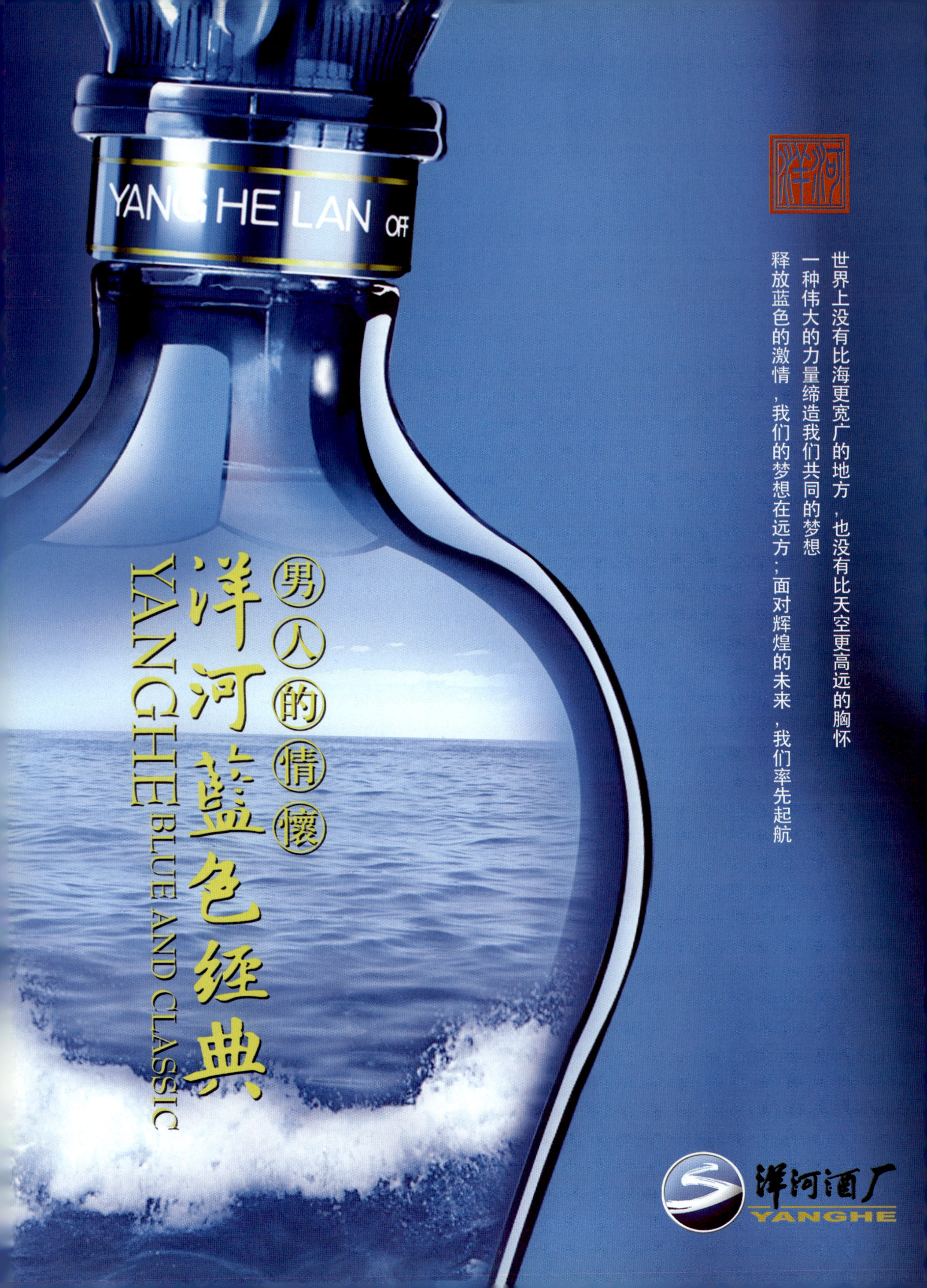

政策篇

收录了2008—2009年中国酿酒行业、酿酒企业发展规划的政策法规。包括国家各部委颁布的有关酒类行业的政策法规文件、酿酒行业地方法规与管理办法等。

袁仁国

Yuan Renguo

YEARBOOK FIGURE

袁仁国，贵州茅台酒股份有限公司董事长。

袁仁国是个充满创业精神的人。他把资本注入传统，将文化融入配方，对茅台这个最古老的品牌，注入科技含量，进行文化提升，他让茅台这个品牌在2008年焕发了更大的生机与活力。

2008年1月11日起，茅台再次将所有茅台酒出厂价格上调约20%，在涨价的情况下，2008年依然提前实现了“百亿元销售收入”的发展目标；在福布斯排行榜中，茅台再次跻身全球品牌2000强，比2007年猛进了608席，并蝉联中国食品饮料企业第一名；在“2008胡润中国品牌榜”中列第九位的国酒茅台以品牌价值440亿元再次成为中国酒行业的冠军品牌。他的能力、魄力与决策力再次得到业内外的肯定与欣赏。

中华人民共和国反垄断法

第一章 总 则

第一条 为了预防和制止垄断行为，保护市场公平竞争，提高经济运行效率，维护消费者利益和社会公共利益，促进社会主义市场经济健康发展，制定本法。

第二条 中华人民共和国境内经济活动中的垄断行为，适用本法；中华人民共和国境外的垄断行为，对境内市场竞争产生排除、限制影响的，适用本法。

第三条 本法规定的垄断行为包括：

（一）经营者达成垄断协议；

（二）经营者滥用市场支配地位；

（三）具有或者可能具有排除、限制竞争效果的经营者集中。

第四条 国家制定和实施与社会主义市场经济相适应的竞争规则，完善宏观调控，健全统一、开放、竞争、有序的市场体系。

第五条 经营者可以通过公平竞争、自愿联合，依法实施集中，扩大经营规模，提高市场竞争能力。

第六条 具有市场支配地位的经营者，不得滥用市场支配地位，排除、限制竞争。

第七条 国有经济占控制地位的关系国民经济命脉和国家安全的行业以及依法实行专营专卖的行业，国家对其经营者的合法经营活动予以保护，并对经营者的经营行为及其商品和服务的价格依法实施监管和调控，维护消费者利益，促进技术进步。

前款规定行业的经营者应当依法经营，诚实守信，严格自律，接受社会公众的监督，不得利用其控制地位或者专营专卖地位损害消费者利益。

第八条 行政机关和法律、法规授权的具有管理公共事务职能的组织不得滥用行政权力，排除、限制竞争。

第九条 国务院设立反垄断委员会，负责组织、协调、指导反垄断工作，履行下列职责：

（一）研究拟订有关竞争政策；

（二）组织调查、评估市场总体竞争状况，发布评估报告；

（三）制定、发布反垄断指南；

（四）协调反垄断行政执法工作；

（五）国务院规定的其他职责。

国务院反垄断委员会的组成和工作规则由国务院规定。

第十条 国务院规定的承担反垄断执法职责的机构（以下统称国务院反垄断执法机构）依照本法规定，负责反垄断执法工作。

国务院反垄断执法机构根据工作需要，可以授权省、自治区、直辖市人民政府相应的机构，依照本法规定负责有关反垄断执法工作。

第十一条 行业协会应当加强行业自律，引导本行业的经营者依法竞争，维护市场竞争秩序。

第十二条 本法所称经营者，是指从事商品生产、经营或者提供服务的自然人、法人和其他组织。

本法所称相关市场，是指经营者在一定时期内就特定商品或者服务（以下统称商品）进行竞争的商品范围和地域范围。

第二章 垄断协议

第十三条 禁止具有竞争关系的经营者达成下列垄断协议：

（一）固定或者变更商品价格；

（二）限制商品的生产数量或者销售数量；

（三）分割销售市场或者原材料采购市场；

（四）限制购买新技术、新设备或者限制开发新技术、新产品；

（五）联合抵制交易；

（六）国务院反垄断执法机构认定的其他垄断协议。

本法所称垄断协议，是指排除、限制竞争的协议、决定或者其他协同行为。

第十四条 禁止经营者与交易相对人达成下列垄断协议：

（一）固定向第三人转售商品的价格；

（二）限定向第三人转售商品的最低价格；

（三）国务院反垄断执法机构认定的其他垄断协议。

第十五条 经营者能够证明所达成的协议属于下列情形之一的，不适用本法第十三条、第十四条的规定：

（一）为改进技术、研究开发新产品的；

（二）为提高产品质量、降低成本、增进效率，统一产品规格、标准或者实行专业化分工的；

（三）为提高中小经营者经营效率，增强中小经营者竞争力的；

（四）为实现节约能源、保护环境、救灾救助等社会公共利益的；

（五）因经济不景气，为缓解销售量严重下降或者生产明显过剩的；

（六）为保障对外贸易和对外经济合作中的正当利益的；

（七）法律和国务院规定的其他情形。

属于前款第一项至第五项情形，不适用本法第十三条、第十四条规定的，经营者还应当证明所达成的协议不会严重限制相关市场的竞争，并且能够使消费者分享由此产生的利益。

第十六条 行业协会不得组织本行业的经营者从事本章禁止的垄断行为。

第三章 滥用市场支配地位

第十七条 禁止具有市场支配地位的经营者从事下列滥用市场支配地位的行为：

（一）以不公平的高价销售商品或者以不公平的低价购买商品；

（二）没有正当理由，以低于成本的价格销售商品；

（三）没有正当理由，拒绝与交易相对人进行交易；

（四）没有正当理由，限定交易相对人只能与其进行交易或者只能与其指定的经营者进行交易；

（五）没有正当理由搭售商品，或者在交易时附加其他不合理的交易条件；

（六）没有正当理由，对条件相同的交易相对人在交易价格等交易条件上实行差别待遇；

（七）国务院反垄断执法机构认定的其他滥用市场支配地位的行为。

本法所称市场支配地位，是指经营者在相关市场内具有能够控制商品价格、数量或者其他交易条件，或者能够阻碍、影响其他经营者进入相关市场能力的市场地位。

第十八条 认定经营者具有市场支配地位，应当依据下列因素：

（一）该经营者在相关市场的市场份额，以及相关市场的竞争状况；

（二）该经营者控制销售市场或者原材料采购市场的能力；

（三）该经营者的财力和技术条件；

（四）其他经营者对该经营者在交易上的依赖程度；

（五）其他经营者进入相关市场的难易程度；

（六）与认定该经营者市场支配地位有关的其他因素。

第十九条 有下列情形之一的，可以推定经营者具有市场支配地位：

（一）一个经营者在相关市场的市场份额达到二分之一的；

（二）两个经营者在相关市场的市场份额合计达到三分之二的；

（三）三个经营者在相关市场的市场份额合计达到四分之三的。

有前款第二项、第三项规定的情形，其中有的经营者市场份额不足十分之一的，不应当推定该经营者具有市场支配地位。

被推定具有市场支配地位的经营者，有证据证明不具有市场支配地位的，不应当认定其具有市场支配地位。

第四章 经营者集中

第二十条 经营者集中是指下列情形：

（一）经营者合并；

（二）经营者通过取得股权或者资产的方式取得对其他经营者的控制权；

（三）经营者通过合同等方式取得对其他经营者的控制权或者能够对其他经营者施加决定性影响。

第二十一条 经营者集中达到国务院规定的申报标准的，经营者应当事先向国务院反垄断执法机构申报，未申报的不得实施集中。

第二十二条 经营者集中有下列情形之一的，可以不向国务院反垄断执法机构申报：

（一）参与集中的一个经营者拥有其他每个经营者百分之五十以上有表决权的股份或者资产的；

（二）参与集中的每个经营者百分之五十以上有表决权的股份或者资产被同一个未参与集中的经营者拥有的。

第二十三条 经营者向国务院反垄断执法机构申报集中，应当提交下列文件、资料：

（一）申报书；

（二）集中对相关市场竞争状况影响的说明；

（三）集中协议；

（四）参与集中的经营者经会计师事务所审计的上一会计年度财务会计报告；

（五）国务院反垄断执法机构规定的其他文件、资料。

申报书应当载明参与集中的经营者的名称、住所、经营范围、预定实施集中的日期和国务院反垄断执法机构规定的其他事项。

第二十四条 经营者提交的文件、资料不完备的，应当在国务院反垄断执法机构规定的期限内补交文件、资料。经营者逾期未补交文件、资料的，视为未申报。

第二十五条 国务院反垄断执法机构应当自收到经营者提交的符合本法第二十三条规定的文件、资料之日起三十日内，对申报的经营者集中进行初步审查，做出是否实施进一步审查的决定，并书面通知经营者。国务院反垄断执法机构做出决定前，经营者不得实施集中。

国务院反垄断执法机构做出不实施进一步审查的决定或者逾期未做出决定的，经营者可以实施集中。

第二十六条 国务院反垄断执法机构决定实施进一步审查的，应当自决定之日起九十日内审查完毕，做出是否禁止经营者集中的决定，并书面通知经营者。做出禁止经营者集中的决定，应当说明理由。审查期间，经营者不得实施集中。

有下列情形之一的，国务院反垄断执法机构经书面通知经营者，可以延长前款规定的审查期限，但最长不得超过六十日：

（一）经营者同意延长审查期限的；

（二）经营者提交的文件、资料不准确，需要进一步核实的；

（三）经营者申报后有关情况发生重大变化的。

国务院反垄断执法机构逾期未做出决定的，经营者可以实施集中。

第二十七条 审查经营者集中，应当考虑下列因素：

（一）参与集中的经营者在相关市场的市场份额及其对市场的控制力；

（二）相关市场的市场集中度；

（三）经营者集中对市场进入、技术进步的影响；

（四）经营者集中对消费者和其他有关经营者的影响；

（五）经营者集中对国民经济发展的影响；

（六）国务院反垄断执法机构认为应当考虑的影响市场竞争的其他因素。

第二十八条 经营者集中具有或者可能具有排除、限制竞争效果的，国务院反垄断执法机构应当做出禁止经营者集中的决定。但是，经营者能够证明该集中对竞争产生的有利影响明显大于不利影响，或者符合社会公共利益的，国务院反垄断执法机构可以做出对经营者集中不予禁止的决定。

第二十九条 对不予禁止的经营者集中，国务院反垄断执法机构可以决定附加减少集中对竞争产生不利影响的限制性条件。

第三十条 国务院反垄断执法机构应当将禁止经营者集中的决定或者对经营者集中附加限制性条件的决定，及时向社会公布。

第三十一条 对外资并购境内企业或者以其他方式参与经营者集中，涉及国家安全的，除依照本法规定进行经营者集中审查外，还应当按照国家有关规定进行国家安全审查。

第五章 滥用行政权力排除、限制竞争

第三十二条 行政机关和法律、法规授权的具有管理公共事务职能的组织不得滥用行政权力，限定或者变相限定单位或者个人经营、购买、使用其指定的经营者提供的商品。

第三十三条 行政机关和法律、法规授权的具有管理公共事务职能的组织不得滥用行政权力，实施下列行为，妨碍商品在地区之间的自由流通：

（一）对外地商品设定歧视性收费项目、实行歧视性收费标准，或者规定歧视性价格；

（二）对外地商品规定与本地同类商品不同的技术要求、检验标准，或者对外地商品采取重复检验、重复认证等歧视性技术措施，限制外地商品进入本地市场；

（三）采取专门针对外地商品的行政许可，限制外地商品进入本地市场；

（四）设置关卡或者采取其他手段，阻碍外地商品进入或者本地商品运出；

（五）妨碍商品在地区之间自由流通的其他行为。

第三十四条 行政机关和法律、法规授权的具有管理公共事务职能的组织不得滥用行政权力，以设定歧视性资质要求、评审标准或者不依法发布信息等方式，排斥或者限制外地经营者参加本地的招标投标活动。

第三十五条 行政机关和法律、法规授权的具有管理公共事务职能的组织不得滥用行政权力，采取与本地经营者不平等待遇等方式，排斥或者限制外地经营者在本地投资

或者设立分支机构。

第三十六条 行政机关和法律、法规授权的具有管理公共事务职能的组织不得滥用行政权力，强制经营者从事本法规定的垄断行为。

第三十七条 行政机关不得滥用行政权力，制定含有排除、限制竞争内容的规定。

第六章 对涉嫌垄断行为的调查

第三十八条 反垄断执法机构依法对涉嫌垄断行为进行调查。

对涉嫌垄断行为，任何单位和个人有权向反垄断执法机构举报。反垄断执法机构应当为举报人保密。

举报采用书面形式并提供相关事实和证据的，反垄断执法机构应当进行必要的调查。

第三十九条 反垄断执法机构调查涉嫌垄断行为，可以采取下列措施：

（一）进入被调查的经营者的营业场所或者其他有关场所进行检查；

（二）询问被调查的经营者、利害关系人或者其他有关单位或者个人，要求其说明有关情况；

（三）查阅、复制被调查的经营者、利害关系人或者其他有关单位或者个人的有关单证、协议、会计账簿、业务函电、电子数据等文件、资料；

（四）查封、扣押相关证据；

（五）查询经营者的银行账户。

采取前款规定的措施，应当向反垄断执法机构主要负责人书面报告，并经批准。

第四十条 反垄断执法机构调查涉嫌垄断行为，执法人员不得少于二人，并应当出示执法证件。

执法人员进行询问和调查，应当制作笔录，并由被询问人或者被调查人签字。

第四十一条 反垄断执法机构及其工作人员对执法过程中知悉的商业秘密负有保密义务。

第四十二条 被调查的经营者、利害关系人或者其他有关单位或者个人应当配合反垄断执法机构依法履行职责，不得拒绝、阻碍反垄断执法机构的调查。

第四十三条 被调查的经营者、利害关系人有权陈述意见。反垄断执法机构应当对被调查的经营者、利害关系人提出的事实、理由和证据进行核实。

第四十四条 反垄断执法机构对涉嫌垄断行为调查核实后，认为构成垄断行为的，应当依法做出处理决定，并可以向社会公布。

第四十五条 对反垄断执法机构调查的涉嫌垄断行为，被调查的经营者承诺在反垄断执法机构认可的期限内采取具体措施消除该行为后果的，反垄断执法机构可以决定中止调查。中止调查的决定应当载明被调查的经营者承诺的具体内容。

反垄断执法机构决定中止调查的，应当对经营者履行承诺的情况进行监督。经营者履行承诺的，反垄断执法机构可以决定终止调查。

有下列情形之一的，反垄断执法机构应当恢复调查：

（一）经营者未履行承诺的；

（二）做出中止调查决定所依据的事实发生重大变化的；

（三）中止调查的决定是基于经营者提供的不完整或者不真实的信息做出的。

第七章 法律责任

第四十六条 经营者违反本法规定，达成并实施垄断协议的，由反垄断执法机构责令停止违法行为，没收违法所得，并处上一年度销售额百分之一以上百分之十以下的罚款；尚未实施所达成的垄断协议的，可以处五十万元以下的罚款。

经营者主动向反垄断执法机构报告达成垄断协议的有关情况并提供重要证据的，反垄断执法机构可以酌情减轻或者免除对该经营者的处罚。

行业协会违反本法规定，组织本行业的经营者达成垄断协议的，反垄断执法机构可以处五十万元以下的罚款；情节严重的，社会团体登记管理机关可以依法撤销登记。

第四十七条 经营者违反本法规定，滥用市场支配地位的，由反垄断执法机构责令停止违法行为，没收违法所得，并处上一年度销售额百分之一以上百分之十以下的罚款。

第四十八条 经营者违反本法规定实施集中的，由国务院反垄断执法机构责令停止实施集中、限期处分股份或者资产、限期转让营业以及采取其他必要措施恢复到集中前的状态，可以处五十万元以下的罚款。

第四十九条 对本法第四十六条、第四十七条、第四十八条规定的罚款，反垄断执法机构确定具体罚款数额时，应当考虑违法行为的性质、程度和持续的时间等因素。

第五十条 经营者实施垄断行为，给他人造成损失的，依法承担民事责任。

第五十一条 行政机关和法律、法规授权的具有管理公共事务职能的组织滥用行政权力，实施排除、限制竞争行为的，由上级机关责令改正；对直接负责的主管人员和其他直接责任人员依法给予处分。反垄断执法机构可以向有关上级机关提出依法处理的建议。

法律、行政法规对行政机关和法律、法规授权的具有管理公共事务职能的组织滥用行政权力实施排除、限制竞争行为的处理另有规定的，依照其规定。

第五十二条 对反垄断执法机构依法实施的审查和调查，拒绝提供有关材料、信息，或者提供虚假材料、信息，或者隐匿、销毁、转移证据，或者有其他拒绝、阻碍调查行为的，由反垄断执法机构责令改正，对个人可以处二万元以下的罚款，对单位可以处二十万元以下的罚款；情节严重的，对个人处二万元以上十万元以下的罚款，对单位处二十万元以上一百万元以下的罚款；构成犯罪的，依法追究刑事责任。

第五十三条 对反垄断执法机构依据本法第二十八条、第二十九条做出的决定不服的，可以先依法申请行政复议；对行政复议决定不服的，可以依法提起行政诉讼。

对反垄断执法机构做出的前款规定以外的决定不服的，可以依法申请行政复议或者提起行政诉讼。

第五十四条 反垄断执法机构工作人员滥用职权、玩忽职守、徇私舞弊或者泄露执法过程中知悉的商业秘密，构成犯罪的，依法追究刑事责任；尚不构成犯罪的，依法给予处分。

第八章 附 则

第五十五条 经营者依照有关知识产权的法律、行政法规规定行使知识产权的行为，不适用本法；但是，经营者滥用知识产权，排除、限制竞争的行为，适用本法。

第五十六条 农业生产者及农村经济组织在农产品生产、加工、销售、运输、储存等经营活动中实施的联合或者协同行为，不适用本法。

第五十七条 本法自2008年8月1日起施行。

中华人民共和国企业所得税法

第一章 总则

第一条 在中华人民共和国境内，企业和其他取得收入的组织（以下统称企业）为企业所得税的纳税人，依照本法的规定缴纳企业所得税。

个人独资企业、合伙企业不适用本法。

第二条 企业分为居民企业和非居民企业。

本法所称居民企业，是指依法在中国境内成立，或者依照外国(地区)法律成立但实际管理机构在中国境内的企业。

本法所称非居民企业，是指依照外国（地区）法律成立且实际管理机构不在中国境内，但在中国境内设立机构、场所的，或者在中国境内未设立机构、场所，但有来源于中国境内所得的企业。

第三条 居民企业应当就其来源于中国境内、境外的所得缴纳企业所得税。

非居民企业在中国境内设立机构、场所的，应当就其所设机构、场所取得的来源于中国境内的所得，以及发生在中国境外但与其所设机构、场所有实际联系的所得，缴纳企业所得税。

非居民企业在中国境内未设立机构、场所的，或者虽设立机构、场所但取得的所得与其所设机构、场所没有实际联系的，应当就其来源于中国境内的所得缴纳企业所得税。

第四条 企业所得税的税率为25%。

非居民企业取得本法第三条第三款规定的所得，适用税率为20%。

第二章 应纳税所得额

第五条 企业每一纳税年度的收入总额，减除不征税收入、免税收入、各项扣除以及允许弥补的以前年度亏损后的余额，为应纳税所得额。

第六条 企业以货币形式和非货币形式从各种来源取得的收入，为收入总额。包括：

（一）销售货物收入；

（二）提供劳务收入；

（三）转让财产收入；

（四）股息、红利等权益性投资收益；

（五）利息收入；

（六）租金收入；

（七）特许权使用费收入；

（八）接受捐赠收入；

（九）其他收入。

第七条 收入总额中的下列收入为不征税收入：

（一）财政拨款；

（二）依法收取并纳入财政管理的行政事业性收费、政府性基金；

（三）国务院规定的其他不征税收入。

第八条 企业实际发生的与取得收入有关的、合理的支出，包括成本、费用、税金、损失和其他支出，准予在计算应纳税所得额时扣除。

第九条 企业发生的公益性捐赠支出，在年度利润总额12%以内的部分，准予在计算应纳税所得额时扣除。

第十条 在计算应纳税所得额时，下列支出不得扣除：

（一）向投资者支付的股息、红利等权益性投资收益款项；

（二）企业所得税税款；

（三）税收滞纳金；

（四）罚金、罚款和被没收财物的损失；

（五）本法第九条规定以外的捐赠支出；

（六）赞助支出；

（七）未经核定的准备金支出；

（八）与取得收入无关的其他支出。

第十一条 在计算应纳税所得额时，企业按照规定计算的固定资产折旧，准予扣除。

下列固定资产不得计算折旧扣除：

（一）房屋、建筑物以外未投入使用的固定资产；

（二）以经营租赁方式租入的固定资产；

（三）以融资租赁方式租出的固定资产；

（四）已足额提取折旧仍继续使用的固定资产；

（五）与经营活动无关的固定资产；

（六）单独估价作为固定资产入账的土地；

（七）其他不得计算折旧扣除的固定资产。

第十二条 在计算应纳税所得额时，企业按照规定计算的无形资产摊销费用，准予扣除。

下列无形资产不得计算摊销费用扣除：

（一）自行开发的支出已在计算应纳税所得额时扣除的无形资产；

（二）自创商誉；

（三）与经营活动无关的无形资产；

（四）其他不得计算摊销费用扣除的无形资产。

第十三条 在计算应纳税所得额时，企业发生的下列支出作为长期待摊费用，按照规定摊销的，准予扣除：

（一）已足额提取折旧的固定资产的改建支出；

（二）租入固定资产的改建支出；

（三）固定资产的大修理支出；

（四）其他应当作为长期待摊费用的支出。

第十四条 企业对外投资期间，投资资产的成本在计算应纳税所得额时不得扣除。

第十五条 企业使用或者销售存货，按照规定计算的存货成本，准予在计算应纳税所得额时扣除。

第十六条 企业转让资产，该项资产的净值，准予在计算应纳税所得额时扣除。

第十七条 企业在汇总计算缴纳企业所得税时，其境外营业机构的亏损不得抵减境内营业机构的盈利。

第十八条 企业纳税年度发生的亏损，准予向以后年度结转，用以后年度的所得弥补，但结转年限最长不得超过五年。

第十九条 非居民企业取得本法第三条第三款规定的所得，按照下列方法计算其应纳税所得额：

（一）股息、红利等权益性投资收益和利息、租金、特许权使用费所得，以收入全额为应纳税所得额；

（二）转让财产所得，以收入全额减除财产净值后的余额为应纳税所得额；

（三）其他所得，参照前两项规定的方法计算应纳税所得额。

第二十条 本章规定的收入、扣除的具体范围、标准和资产的税务处理的具体办法，由国务院财政、税务主管部门规定。

第二十一条 在计算应纳税所得额时，企业财务、会计处理办法与税收法律、行政法规的规定不一致的，应当依照税收法律、行政法规的规定计算。

第三章 应纳税额

第二十二条 企业的应纳税所得额乘以适用税率，减除依照本法关于税收优惠的规定减免和抵免的税额后的余额，为应纳税额。

第二十三条 企业取得的下列所得已在境外缴纳的所得税税额，可以从其当期应纳税额中抵免，抵免限额为该项所得依照本法规定计算的应纳税额；超过抵免限额的部分，可以在以后五个年度内，用每年度抵免限额抵免当年应抵税额后的余额进行抵补：

（一）居民企业来源于中国境外的应税所得；

（二）非居民企业在中国境内设立机构、场所，取得发生在中国境外但与该机构、场所有实际联系的应税所得。

第二十四条 居民企业从其直接或者间接控制的外国企业分得的来源于中国境外的股息、红利等权益性投资收益，外国企业在境外实际缴纳的所得税税额中属于该项所得负担的部分，可以作为该居民企业的可抵免境外所得税税额，在本法第二十三条规定的抵免限额内抵免。

第四章 税收优惠

第二十五条 国家对重点扶持和鼓励发展的产业和项目，给予企业所得税优惠。

第二十六条 企业的下列收入为免税收入：

（一）国债利息收入；

（二）符合条件的居民企业之间的股息、红利等权益性投资收益；

（三）在中国境内设立机构、场所的非居民企业从居民企业取得与该机构、场所有实际联系的股息、红利等权益性投资收益；

（四）符合条件的非营利组织的收入。

第二十七条 企业的下列所得，可以免征、减征企业所得税：

（一）从事农、林、牧、渔业项目的所得；

（二）从事国家重点扶持的公共基础设施项目投资经营的所得；

（三）从事符合条件的环境保护、节能节水项目的所得；

（四）符合条件的技术转让所得；

（五）本法第三条第三款规定的所得。

第二十八条 符合条件的小型微利企业，减按20%的税率征收企业所得税。

国家需要重点扶持的高新技术企业，减按15%的税率征收企业所得税。

第二十九条 民族自治地方的自治机关对本民族自治地方的企业应缴纳的企业所得税中属于地方分享的部分，可以决定减征或者免征。自治州、自治县决定减征或者免征的，须报省、自治区、直辖市人民政府批准。

第三十条 企业的下列支出，可以在计算应纳税所得额时加计扣除：

（一）开发新技术、新产品、新工艺发生的研究开发费用；

（二）安置残疾人员及国家鼓励安置的其他就业人员所支付的工资。

第三十一条 创业投资企业从事国家需要重点扶持和鼓励的创业投资，可以按投资额的一定比例抵扣应纳税所得额。

第三十二条 企业的固定资产由于技术进步等原因，确需加速折旧的，可以缩短折旧年限或者采取加速折旧的方法。

第三十三条 企业综合利用资源，生产符合国家产业政策规定的产品所取得的收入，可以在计算应纳税所得额时减计收入。

第三十四条 企业购置用于环境保护、节能节水、安全生产等专用设备的投资额，可以按一定比例实行税额抵免。

第三十五条 本法规定的税收优惠的具体办法，由国务院规定。

第三十六条 根据国民经济和社会发展的需要，或者由于突发事件等原因对企业经营活动产生重大影响的，国务院可以制定企业所得税专项优惠政策，报全国人民代表大会常务委员会备案。

第五章 源泉扣缴

第三十七条 对非居民企业取得本法第三条第三款规定的所得应缴纳的所得税，实行源泉扣缴，以支付人为扣缴义务人。税款由扣缴义务人在每次支付或者到期应支付时，从支付或者到期应支付的款项中扣缴。

第三十八条 对非居民企业在中国境内取得工程作业和劳务所得应缴纳的所得税，税务机关可以指定工程价款或者劳务费的支付人为扣缴义务人。

第三十九条 依照本法第三十七条、第三十八条规定应当扣缴的所得税，扣缴义务人未依法扣缴或者无法履行扣缴义务的，由纳税人在所得发生地缴纳。纳税人未依法缴纳的，税务机关可以从该纳税人在中国境内其他收入项目的支付人应付的款项中，追缴该纳税人的应纳税款。

第四十条 扣缴义务人每次代扣的税款，应当自代扣之日起七日内缴入国库，并向所在地的税务机关报送扣缴企业所得税报告表。

第六章 特别纳税调整

第四十一条 企业与其关联方之间的业务往来，不符合独立交易原则而减少企业或者其关联方应纳税收入或者所得额的，税务机关有权按照合理方法调整。

企业与其关联方共同开发、受让无形资产，或者共同提供、接受劳务发生的成本，在计算应纳税所得额时应当按照独立交易原则进行分摊。

第四十二条 企业可以向税务机关提出与其关联方之间业务往来的定价原则和计算方法，税务机关与企业协商、确认后，达成预约定价安排。

第四十三条 企业向税务机关报送年度企业所得税纳税申报表时，应当就其与关联方之间的业务往来，附送年度关联业务往来报告表。

税务机关在进行关联业务调查时，企业及其关联方，以及与关联业务调查有关的其他企业，应当按照规定提供相关资料。

第四十四条 企业不提供与其关联方之间业务往来资料，或者提供虚假、不完整资料，未能真实反映其关联业务往来情况的，税务机关有权依法核定其应纳税所得额。

第四十五条 由居民企业，或者由居民企业和中国居民控制的设立在实际税负明显低于本法第四条第一款规定税率水平的国家（地区）的企业，并非由于合理的经营需要而对利润不作分配或者减少分配的，上述利润中应归属于该居民企业的部分，应当计入该居民企业的当期收入。

第四十六条 企业从其关联方接受的债权性投资与权益性投资的比例超过规定标准而发生的利息支出，不得在计算应纳税所得额时扣除。

第四十七条 企业实施其他不具有合理商业目的的安排而减少其应纳税收入或者所得额的，税务机关有权按照合理方法调整。

第四十八条 税务机关依照本章规定做出纳税调整，需要补征税款的，应当补征税款，并按照国务院规定加收利息。

第七章 征收管理

第四十九条 企业所得税的征收管理除本法规定外，依照《中华人民共和国税收征收管理法》的规定执行。

第五十条 除税收法律、行政法规另有规定外，居民企业以企业登记注册地为纳税地点；但登记注册地在境外的，以实际管理机构所在地为纳税地点。

居民企业在中国境内设立不具有法人资格的营业机构的，应当汇总计算并缴纳企业所得税。

第五十一条 非居民企业取得本法第三条第二款规定的所得，以机构、场所所在地为纳税地点。非居民企业在中国境内设立两个或者两个以上机构、场所的，经税务机关审核批准，可以选择由其主要机构、场所汇总缴纳企业所得税。

非居民企业取得本法第三条第三款规定的所得，以扣缴义务人所在地为纳税地点。

第五十二条 除国务院另有规定外，企业之间不得合并缴纳企业所得税。

第五十三条 企业所得税按纳税年度计算。纳税年度自公历1月1日起至12月31日止。

企业在一个纳税年度中间开业，或者终止经营活动，使该纳税年度的实际经营期不足十二个月的，应当以其实际经营期为一个纳税年度。

企业依法清算时，应当以清算期间作为一个纳税年度。

第五十四条 企业所得税分月或者分季预缴。

企业应当自月份或者季度终了之日起十五日内，向税务机关报送预缴企业所得税纳税申报表，预缴税款。

企业应当自年度终了之日起五个月内，向税务机关报送年度企业所得税纳税申报表，并汇算清缴，结清应缴应退税款。

企业在报送企业所得税纳税申报表时，应当按照规定附送财务会计报告和其他有关资料。

第五十五条 企业在年度中间终止经营活动的，应当自实际经营终止之日起六十日内，向税务机关办理当期企业所得税汇算清缴。

企业应当在办理注销登记前，就其清算所得向税务机关申报并依法缴纳企业所得税。

第五十六条 依照本法缴纳的企业所得税，以人民币计算。所得以人民币以外的货币计算的，应当折合成人民币计算并缴纳税款。

第八章 附则

第五十七条 本法公布前已经批准设立的企业，依照当时的税收法律、行政法规规定，享受低税率优惠的，按照国务院规定，可以在本法施行后五年内，逐步过渡到本法规定的税率；享受定期减免税优惠的，按照国务院规定，可以在本法施行后继续享受到期满为止，但因未获利而尚未享受优惠的，优惠期限从本法施行年度起计算。

法律设置的发展对外经济合作和技术交流的特定地区内，以及国务院已规定执行上述地区特殊政策的地区内新设立的国家需要重点扶持的高新技术企业，可以享受过渡性税收优惠，具体办法由国务院规定。

国家已确定的其他鼓励类企业，可以按照国务院规定享受减免税优惠。

第五十八条 中华人民共和国政府同外国政府订立的有关税收的协定与本法有不同规定的，依照协定的规定办理。

第五十九条 国务院根据本法制定实施条例。

第六十条 本法自2008年1月1日起施行。1991年4月9日第七届全国人民代表大会第四次会议通过的《中华人民共和国外商投资企业和外国企业所得税法》和1993年12月13日国务院发布的《中华人民共和国企业所得税暂行条例》同时废止。

国家质检总局
产品质量监督抽查实施规范(第一批)目录

为增强产品质量监督抽查工作的科学性、规范性、统一性和透明性，提高服务国民经济和社会发展的有效性，国家质检总局制定了《产品质量监督抽查实施规范（第一批）》，自2008年10月1日起开始实施。

本规范包括食品用塑料包装物及工具、塑料型材、人造板、聚氯乙烯绝缘电缆电线、塑料管材及管件、农用薄膜等52大类160种产品，共分类为149册。

序号	产品类别	实施规范编号	实施规范名称
一、食品（共计21类50册）			
01	粮食加工产品	101.1	大米
		101.2	小麦粉
		101.3	挂面
		101.4	麦片
02	食用油、脂及制品	102.1	食用植物油
03	酒类	103.1	白酒
		103.2	啤酒
		103.3	黄酒
		103.4	葡萄酒
		103.5	白兰地
		103.6	果酒、配制酒（露酒）
04	糖果制品	104.1	糖果
		104.2	果冻
05	水果制品	105.1	蜜饯
		105.2	果酱
06	豆制品	106.1	非发酵性豆制品
		106.2	发酵性豆制品
07	茶叶	107	茶叶

序号	产品类别	实施规范编号	实施规范名称
08	蔬菜制品	108.1	酱腌菜
		108.2	蔬菜干制品
		108.3	食用菌
09	膨化食品	109	膨化食品
10	炒货及坚果制品	110	炒货及坚果制品
11	淀粉及淀粉制品	111.1	淀粉
		111.2	淀粉制品
12	糕点	112.1	饼干
		112.2	月饼
		112.3	粽子
13	肉制品	113	肉制品
14	乳制品	114.1	巴氏杀菌乳、灭菌乳
		114.2	乳粉（全脂乳粉、脱脂乳粉、全脂加糖乳粉、调味乳粉、特殊配方粉）
		114.3	婴幼儿配方乳粉
		114.4	酸乳
15	食糖	115	食糖
16	罐头	116	罐头
17	速冻食品	117.1	速冻面米食品

序号	产品类别	实施规范编号	实施规范名称
18	冷冻饮品	118	冷冻饮品
19	方便食品	119.1	方便面
20	饮料	120.1	瓶装饮用水
		120.2	碳酸饮料
		120.3	茶饮料
		120.4	果、蔬汁饮料
		120.5	植物蛋白饮料
		120.6	含乳饮料
		120.7	固体饮料
21	调味品	121.1	酱油
		121.2	食醋
		121.3	味精
		121.4	食用盐
		121.5	酱
二、日用消费品（共计13类63册）			
01	纺织品	201.1	床上用品
		201.2	羊绒针织品
		201.3	针织服装
		201.4	毛巾
		201.5	针织内衣
		201.6	毛针织品
		201.7	针织女式内衣
02	服装	202.1	西服、大衣
		202.2	西裤
		202.3	衬衫
		202.4	休闲服装
		202.5	儿童及婴幼儿服装
		202.6	羽绒服装
03	鞋类	203.1	旅游鞋
		203.2	胶鞋
		203.3	皮凉鞋
		203.4	皮鞋
04	家用纸制品	204.1	纸巾纸(含湿巾)
		204.2	卫生纸(含卫生纸原纸)
		204.3	纸尿裤(含纸尿片/垫)
		204.4	卫生巾(含卫生护垫)
		204.5	纸餐盒
		204.6	纸杯
05	玩具及童车	205.1	玩具
		205.2	童车
06	家用电器	206.1	房间空气调节器
		206.2	储水式电热水器
		206.3	快热式电热水器
		206.4	室内加热器
		206.5	微波炉
		206.6	吸油烟机
		206.7	家用电动洗衣机
		206.8	电冰箱
		206.9	电动食品加工器具
		206.10	电磁灶
		206.11	电热毯
		206.12	电风扇
		206.13	电热水壶
		206.14	电火锅
		206.15	电压力锅
		206.16	自动电饭锅
07	家用燃气用具	207	家用燃气用具
08	眼镜	208.1	定配眼镜
		208.2	老视镜
		208.3	太阳镜
09	食品用塑料包装物及工具	209.1	食品用塑料容器
		209.2	食品用塑料包装膜、袋
		209.3	食品用塑料工具
10	照明光源及灯具	210.1	家庭和类似场合普通照明用钨丝灯
		210.2	单端荧光灯

序号	产品类别	实施规范编号	实施规范名称
10	照明光源及灯具	210.3	双端荧光灯
		210.4	自镇流荧光灯
		210.5	固定式通用灯具
		210.6	嵌入式灯具
		210.7	可移式通用灯具
11	日用化工品	211.1	洗发液、护发素、免洗护发素、沐浴剂、洗手液
		211.2	润肤膏霜、润肤乳液、洗面奶（膏）、面膜
		211.3	染发剂
		211.4	牙膏
		211.5	香水、古龙水、花露水、化妆水、面贴膜
		211.6	唇膏、化妆粉块、香粉
		211.7	洗衣粉（含洗衣膏）
		211.8	餐具洗涤剂
		211.9	衣料用液体洗涤剂
		211.10	皂类
12	通用电器产品	212.1	器具开关
		212.2	家用和类似用途插头插座
		212.3	塑料外壳断路器
13	其它日用消费品	213.1	日用陶瓷
		213.2	卫生陶瓷
		213.3	压力锅
		213.4	自行车
		213.5	电动自行车
		213.6	电动车动力电池
三、建筑和装饰装修材料（共计12类20册）			
01	铝合金建筑型材	301	铝合金建筑型材
02	塑料型材	302.1	门、窗用未增塑聚氯乙烯（PVC-U）型材
03	水泥	303	水泥
04	建筑防水材料	304	建筑防水材料
05	建筑钢材	305.1	钢筋混凝土用热轧带肋钢筋
		305.2	钢筋混凝土用热轧光圆钢筋
		305.3	低碳钢热轧圆盘条
		305.4	预应力混凝土用钢材
06	人造板	306	人造板
07	采暖用散热器	307	采暖用散热器
08	聚氯乙烯绝缘电缆电线	308	聚氯乙烯绝缘电缆电线
09	胶粘剂	309	胶粘剂
10	陶瓷砖	310	陶瓷砖
11	建筑涂料	311.1	溶剂型木器涂料
		311.2	合成树脂乳液内墙涂料
12	塑料管材及管件	312.1	PP-R管材及管件
		312.2	PE管材
		312.3	PVC管材及管件
		312.4	铝塑复合管
		312.5	电工塑料套管
四、农业生产资料（共计6类16册）			
01	化肥	401.1	复混肥
		401.2	磷肥
		401.3	农业用尿素
		401.4	磷酸一铵、磷酸二铵
		401.5	钾肥
02	农药	402.1	杀虫剂
		402.2	杀菌剂
		402.3	除草剂
		402.4	植物生长调节剂与杀鼠剂
03	饲料	403.1	配合饲料
04	农业机械	404.1	植物保护机械
		404.2	排灌机械
		404.3	饲料加工机械
		404.4	收获机械
05	农业机械零配件	405.1	内燃机曲轴、气门
06	农用薄膜	406	农用薄膜

国家质检总局
产品质量监督抽查实施规范（白酒）

1 适用范围

本规范适用于国家及省级质量技术监督部门组织的白酒产品质量监督抽查，其他质量技术监督部门组织的及针对特殊情况的监督抽查可参考本规范执行。监督抽查产品范围包括白酒。本规范内容包括产品分类、术语和定义、企业规模划分、检验依据、抽样、检验要求、判定原则及异议处理复检。

2 产品分类

2.1 产品分类及代码

产品分类	一级分类	二级分类	三级分类
分类代码	1	103	103.1
分类名称	食品	酒类	白酒

2.2 产品种类

2.2.1 按产品的发酵工艺分为：固态法白酒、液态法白酒、固液法白酒。

2.2.2 按产品的酒精度分为：高度酒、低度酒。

2.2.3 按产品的香型分为：浓香型、清香型、米香型、凤香型、豉香型、特香型、芝麻香型、老白干香型、酱香型、兼香型等。

3 术语和定义

白酒是以粮谷为主要原料，用大曲、小曲或麸曲及酒母等为糖化发酵剂，经蒸煮、糖化、发酵、蒸馏而制成的。

固态法白酒：以粮谷为原料，采用固态（或半固态）糖化、发酵、蒸馏，经陈酿、勾兑而成的，未添加食用酒精及非白酒发酵产生的呈香呈味物质，具有本品固有风格特征的白酒。

液态法白酒：以含淀粉、糖类物质为原料，采用液态糖化、发酵、蒸馏所得的基酒（或食用酒精），可用香醅串香或用食品添加剂调味调香，勾调而成的白酒。

固液法白酒：以固态法白酒（不低于30%）、液态法白酒勾调而成的白酒。

4 企业规模划分

根据白酒产品行业的实际情况，生产企业规模以白酒产品年销售额为标准划分为大、中、小型企业。见下表：

企业规模	大型企业	中型企业	小型企业
销售额（万元）	≥10000	≥2000且<10000	<2000

5 检验依据

下列文件凡是注明日期的，其随后所有的修改单或修订版均不适用于本规范。凡是不注明日期的，其最新版本适用于本规范。

GB 2757蒸馏酒及配制酒卫生标准

GB/T 5009.28食品中糖精钠的分析方法

GB/T 5009.48蒸馏酒及配制酒卫生标准的分析方法

GB 10344预包装饮料酒标签通则

GB 7718预包装食品标签通则

GB/T 10345白酒分析方法

GB/T 10346白酒检验规则和标志、包装、运输、贮存

GB/T 10781.1浓香型白酒

GB/T 10781.2清香型白酒

GB/T 10781.3米香型白酒

GB/T 14867凤香型白酒

GB/T 16289豉香型白酒

GB/T 20821液态法白酒

GB/T 20822固液法白酒

GB/T 20823特香型白酒

GB/T 20824芝麻香型白酒

GB/T 20825老白干香型白酒

QB/T 2524浓酱兼香型白酒

GB 18356茅台酒

Q/DJ 01董香型白酒

国家质检总局第13号令产品质量国家监督抽查管理办法

经备案现行有效的企业标准及产品明示质量要求

6 抽样

6.1 抽样型号或规格

样品以中低档和散装白酒为主，兼顾部分高档名优白酒。

6.2 抽样方法、基数及数量

在企业的成品库内或市场随机抽取经企业检验合格或以任何方式表明合格的产品，所抽取产品的保质期应能满足检验工作的进行。

在企业成品库抽样时，同一批次产品抽样基数应不少于20瓶（500mL/瓶），从同一批次样品堆的4个不同部位抽取4个或4个以上的大包装，分别取出相应的小包装样品。对散装白酒应考虑所抽样品的均匀性和代表性，从贮酒罐的上、中、下不同部位取样、混匀，分装成小包装。抽取样品量至少为2000mL，且不少于4个单位包装。

在市场上抽样时，抽样基数应不少于抽取样品量，抽取样品量要求与企业成品库抽样时相同。

所抽取样品中3/4为检验样品，1/4为备用样品。

6.3 样品处置

应当对检验样品和备用样品进行签封。运输时应避免强烈振荡、日晒、雨淋、装卸时应轻拿轻放，不得与有毒、有害、有腐蚀性物品和污染物混贮、混运。白酒应贮存在阴凉、干燥、通风的库房中，库内温度宜保持在10～25℃。

6.4 抽样单

应按有关规定填写抽样单，并记录被抽查产品及企业相关信息。同时记录被抽查企业上一年度生产的白酒产品销售总额，以万元计；若企业上一年度未生产，则记录本年度实际销售额，并加以注明。

7 检验要求

7.1 检验项目及重要程度分类

序号检验项目依据标准法规或标准条款强制性/推荐性检测方法重要程度分类

A类B类

1 标签GB 10344

GB 7718强制GB 10344

GB 7718

2 甲醇GB 2757强制GB/T 5009.48

3 铅GB 2757强制GB/T 5009.48

4 锰GB 2757强制GB/T 5009.48

5 糖精钠GB 2760强制GB/T 5009.28

6 酒精度GB/T 10781.1

GB/T 10781.2

GB/T 10781.3

企业明示的要求

或相关标准等推荐性GB/T 10345

7 总酸

8 总酯

9 乙酸乙酯

10 己酸乙酯

11 固形物

12 色泽

13 香气

14 口味

15 风格

注：A类——极重要质量项目，B类——重要质量项目。

7.2 产品实物质量检验项目和标签质量检查项目

产品实物质量检验项目包括酒精度、总酸、总酯、己酸乙酯、乙酸乙酯、固形物、甲醇、铅、锰、糖精钠、色泽、香气、口味、风格等理化、感官、卫生指标；

产品标签质量检查项目包括标签中的产品名称、配料清单（配料表）、酒精度、制造者经销者的名称和地址、日期标示、净含量、产品标准号、质量等级、生产许可证标记和编号。

7.3 检验应注意的问题

7.3.1 检验机构接收样品应当有专人负责检查、记录样品的外观、状态、封条有无破损及其他可能对检测结果或者综合判定产生影响的情况，并确认样品与抽样单的记录是否相符，对检测和备用样品分别加贴相应标识后入库。

7.3.2 若企业标准中缺少相关推荐性标准规定的重要检验项目，应按照推荐性标准规定检验该项目。

8 判定原则

8.1 产品实物质量判定原则

经检验，样品的酒精度、总酸、总酯、己酸乙酯、乙酸乙酯、固形物、甲醇、铅、锰、糖精钠、色泽、香气、口味、风格中任一项或一项以上指标不符合检验依据规定（见本规范第5条），判定该批产品实物质量为不合格，当产品存在A类项目不合格时，属于严重不合格；当产品仅有B类项目不合格时，若产品标签上标注为“优级”品，复检结果不符合“优级”，但符合“一级”指标要求，可单项判定为不合格，综合判定产品实物质量为合格；若不符合“一级”指标要求时，属于较严重不合格。反之，判定该批产品实物质量合格。

8.2 标签判定原则

所检食品标签存在以下四种严重情况中任意一种或一种以上的，判定该批产品标签不合格，属于较严重不合格；反之，判定该批产品标签合格。

1.无产品名称，或者产品名称不能反映食品真实属性且存在欺骗性的；

2.未标注制造者、经销者的名称和地址；

3.未标注生产日期（或包装日期），或者生产日期（或包装日期）无法辨识的；

4.未标注产品执行标准和质量等级，或者所标示的执行标准与产品实物属性严重不符；

除上述情况外，标签其他项目按相关标准规定进行检查，不作判定。将不符合规定的情况写入检验报告附页（注明：仅进行检查，提示更正，不作综合判定）。

8.3 产品检验结果综合判定原则

经检验，所抽取样品实物质量和标签均合格时，综合判定该批产品合格。反之，判定该批产品不合格，当产品存在A类项目不合格时，属于严重不合格；当产品仅有B类项目不合格时，属于较严重不合格。

9 异议处理复检

对判定不合格产品进行复检时，按以下方式进行：

9.1 核查不合格项目相关证据，能够以记录（纸质记录或电子记录或影像记录）、或与不合格项目相关联的其它质量数据等检验证据证明，并得到被检方认可的，做出维持原检验结论的复检结论。

9.2 需对不合格项目复检时，采用备用样检验。当复检结果仍不合格，维持原检验结果不变。当复检结果合格，以复检结果为准。

中华人民共和国专利法

（1984年3月12日第六届全国人民代表大会常务委员会第四次会议通过，根据1992年9月4日第七届全国人民代表大会常务委员会第二十七次会议《关于修改〈中华人民共和国专利法〉的决定》第一次修正，根据2000年8月25日第九届全国人民代表大会常务委员会第十七次会议《关于修改〈中华人民共和国专利法〉的决定》第二次修正，根据2008年12月27日第十一届全国人民代表大会常务委员会第六次会议《关于修改〈中华人民共和国专利法〉的决定》第三次修正）

第一章 总 则

第一条 为了保护专利权人的合法权益，鼓励发明创造，推动发明创造的应用，提高创新能力，促进科学技术进步和经济社会发展，制定本法。

第二条 本法所称的发明创造是指发明、实用新型和外观设计。

发明，是指对产品、方法或者其改进所提出的新的技术方案。

实用新型，是指对产品的形状、构造或者其结合所提出的适于实用的新的技术方案。

外观设计，是指对产品的形状、图案或者其结合以及色彩与形状、图案的结合所作出的富有美感并适于工业应用的新设计。

第三条 国务院专利行政部门负责管理全国的专利工作；统一受理和审查专利申请，依法授予专利权。

省、自治区、直辖市人民政府管理专利工作的部门负责本行政区域内的专利管理工作。

第四条 申请专利的发明创造涉及国家安全或者重大利益需要保密的，按照国家有关规定办理。

第五条 对违反法律、社会公德或者妨害公共利益的发明创造，不授予专利权。

对违反法律、行政法规的规定获取或者利用遗传资源，并依赖该遗传资源完成的发明创造，不授予专利权。

第六条 执行本单位的任务或者主要是利用本单位的物质技术条件所完成的发明创造为职务发明创造。职务发明创造申请专利的权利属于该单位；申请被批准后，该单位为专利权人。

非职务发明创造，申请专利的权利属于发明人或者设计人；申请被批准后，该发明人或者设计人为专利权人。

利用本单位的物质技术条件所完成的发明创造，单位与发明人或者设计人订有合同，对申请专利的权利和专利权的归属作出约定的，从其约定。

第七条 对发明人或者设计人的非职务发明创造专利申请，任何单位或者个人不得压制。

第八条 两个以上单位或者个人合作完成的发明创造、一个单位或者个人接受其他单位或者个人委托所完成的发明创造，除另有协议的以外，申请专利的权利属于完成或者共同完成的单位或者个人；申请被批准后，申请的单位或者个人为专利权人。

第九条 同样的发明创造只能授予一项专利权。但是，同一申请人同日对同样的发明创造既申请实用新型专利又申请发明专利，先获得的实用新型专利权尚未终止，且申请人声明放弃该实用新型专利权的，可以授予发明专利权。

两个以上的申请人分别就同样的发明创造申请专利的，专利权授予最先申请的人。

第十条 专利申请权和专利权可以转让。

中国单位或者个人向外国人、外国企业或者外国其他组织转让专利申请权或者专利权的，应当依照有关法律、行政法规的规定办理手续。

转让专利申请权或者专利权的，当事人应当订立书面合同，并向国务院专利行政部门登记，由国务院专利行政部门予以公告。专利申请权或者专利权的转让自登记之日起生效。

第十一条 发明和实用新型专利权被授予后，除本法另有规定的以外，任何单位或者个人未经专利权人许可，都不得实施其专利，即不得为生产经营目的制造、使用、许诺销售、销售、进口其专利产品，或者使用其专利方法以及使用、许诺销售、销售、进口依照该专利方法直接获得的产品。

外观设计专利权被授予后，任何单位或者个人未经专利权人许可，都不得实施其专利，即不得为生产经营目的制造、许诺销售、销售、进口其外观设计专利产品。

第十二条 任何单位或者个人实施他人专利的，应当与专利权人订立实施许可合同，向专利权人支付专利使用费。被许可人无权允许合同规定以外的任何单位或者个人实施该专利。

第十三条 发明专利申请公布后，申请人可以要求实施其发明的单位或者个人支付适当的费用。

第十四条 国有企业事业单位的发明专利，对国家利益或者公共利益具有重大意义的，国务院有关主管部门和省、自治区、直辖市人民政府报经国务院批准，可以决定在批准的范围内推广应用，允许指定的单位实施，由实施单位按照国家规定向专利权人支付使用费。

第十五条 专利申请权或者专利权的共有人对权利的行使有约定的，从其约定。没有约定的，共有人可以单独实施或者以普通许可方式许可他人实施该专利；许可他人实施该专利的，收取的使用费应当在共有人之间分配。

除前款规定的情形外，行使共有的专利申请权或者专利权应当取得全体共有人的同意。

第十六条 被授予专利权的单位应当对职务发明创造的发明人或者设计人给予奖励；发明创造专利实施后，根据其推广应用的范围和取得的经济效益，对发明人或者设计人给予合理的报酬。

第十七条 发明人或者设计人有权在专利文件中写明自己是发明人或者设计人。

专利权人有权在其专利产品或者该产品的包装上标明专利标识。

第十八条 在中国没有经常居所或者营业所的外国人、外国企业或者外国其他组织在中国申请专利的，依照其所属国同中国签订的协议或者共同参加的国际条约，或者依照互惠原则，根据本法办理。

第十九条 在中国没有经常居所或者营业所的外国人、外国企业或者外国其他组织在中国申请专利和办理其他专利事务的，应当委托依法设立的专利代理机构办理。

中国单位或者个人在国内申请专利和办理其他专利事务的，可以委托依法设立的专利代理机构办理。

专利代理机构应当遵守法律、行政法规，按照被代理人的委托办理专利申请或者其他专利事务；对被代理人发明创造的内容，除专利申请已经公布或者公告的以外，负有保密责任。专利代理机构的具体管理办法由国务院规定。

第二十条 任何单位或者个人将在中国完成的发明或者

实用新型向外国申请专利的，应当事先报经国务院专利行政部门进行保密审查。保密审查的程序、期限等按照国务院的规定执行。

中国单位或者个人可以根据中华人民共和国参加的有关国际条约提出专利国际申请。申请人提出专利国际申请的，应当遵守前款规定。

国务院专利行政部门依照中华人民共和国参加的有关国际条约、本法和国务院有关规定处理专利国际申请。

对违反本条第一款规定向外国申请专利的发明或者实用新型，在中国申请专利的，不授予专利权。

第二十一条 国务院专利行政部门及其专利复审委员会应当按照客观、公正、准确、及时的要求，依法处理有关专利的申请和请求。

国务院专利行政部门应当完整、准确、及时发布专利信息，定期出版专利公报。

在专利申请公布或者公告前，国务院专利行政部门的工作人员及有关人员对其内容负有保密责任。

第二章 授予专利权的条件

第二十二条 授予专利权的发明和实用新型，应当具备新颖性、创造性和实用性。

新颖性，是指该发明或者实用新型不属于现有技术；也没有任何单位或者个人就同样的发明或者实用新型在申请日以前向国务院专利行政部门提出过申请，并记载在申请日以后公布的专利申请文件或者公告的专利文件中。

创造性，是指与现有技术相比，该发明具有突出的实质性特点和显著的进步，该实用新型具有实质性特点和进步。

实用性，是指该发明或者实用新型能够制造或者使用，并且能够产生积极效果。

本法所称现有技术，是指申请日以前在国内外为公众所知的技术。

第二十三条 授予专利权的外观设计，应当不属于现有设计；也没有任何单位或者个人就同样的外观设计在申请日以前向国务院专利行政部门提出过申请，并记载在申请日以后公告的专利文件中。

授予专利权的外观设计与现有设计或者现有设计特征的组合相比，应当具有明显区别。

授予专利权的外观设计不得与他人在申请日以前已经取得的合法权利相冲突。

本法所称现有设计，是指申请日以前在国内外为公众所知的设计。

第二十四条 申请专利的发明创造在申请日以前六个月内，有下列情形之一的，不丧失新颖性：

（一）在中国政府主办或者承认的国际展览会上首次展出的；

（二）在规定的学术会议或者技术会议上首次发表的；

（三）他人未经申请人同意而泄露其内容的。

第二十五条 对下列各项，不授予专利权：

（一）科学发现；

（二）智力活动的规则和方法；

（三）疾病的诊断和治疗方法；

（四）动物和植物品种；

（五）用原子核变换方法获得的物质；

（六）对平面印刷品的图案、色彩或者二者的结合作出的主要起标识作用的设计。

对前款第（四）项所列产品的生产方法，可以依照本法规定授予专利权。

第三章 专利的申请

第二十六条 申请发明或者实用新型专利的，应当提交请求书、说明书及其摘要和权利要求书等文件。

请求书应当写明发明或者实用新型的名称，发明人的姓名，申请人姓名或者名称、地址，以及其他事项。

说明书应当对发明或者实用新型作出清楚、完整的说明，以所属技术领域的技术人员能够实现为准；必要的时候，应当有附图。摘要应当简要说明发明或者实用新型的技术要点。

权利要求书应当以说明书为依据，清楚、简要地限定要求专利保护的范围。

依赖遗传资源完成的发明创造，申请人应当在专利申请文件中说明该遗传资源的直接来源和原始来源；申请人无法说明原始来源的，应当陈述理由。

第二十七条 申请外观设计专利的，应当提交请求书、该外观设计的图片或者照片以及对该外观设计的简要说明等文件。

申请人提交的有关图片或者照片应当清楚地显示要求专利保护的产品的外观设计。

第二十八条 国务院专利行政部门收到专利申请文件之日为申请日。如果申请文件是邮寄的，以寄出的邮戳日为申请日。

第二十九条 申请人自发明或者实用新型在外国第一次提出专利申请之日起十二个月内，或者自外观设计在外国第一次提出专利申请之日起六个月内，又在中国就相同主题提出专利申请的，依照该外国同中国签订的协议或者共同参加的国际条约，或者依照相互承认优先权的原则，可以享有优先权。

申请人自发明或者实用新型在中国第一次提出专利申请之日起十二个月内，又向国务院专利行政部门就相同主题提出专利申请的，可以享有优先权。

第三十条 申请人要求优先权的，应当在申请的时候提出书面声明，并且在三个月内提交第一次提出的专利申请文件的副本；未提出书面声明或者逾期未提交专利申请文件副本的，视为未要求优先权。

第三十一条 一件发明或者实用新型专利申请应当限于一项发明或者实用新型。属于一个总的发明构思的两项以上的发明或者实用新型，可以作为一件申请提出。

一件外观设计专利申请应当限于一项外观设计。同一产品两项以上的相似外观设计，或者用于同一类别并且成套出售或者使用的产品的两项以上外观设计，可以作为一件申请提出。

第三十二条 申请人可以在被授予专利权之前随时撤回其专利申请。

第三十三条 申请人可以对其专利申请文件进行修改，但是，对发明和实用新型专利申请文件的修改不得超出原说明书和权利要求书记载的范围，对外观设计专利申请文件的修改不得超出原图片或者照片表示的范围。

第四章 专利申请的审查和批准

第三十四条 国务院专利行政部门收到发明专利申请后，经初步审查认为符合本法要求的，自申请日起满十八个月，即行公布。国务院专利行政部门可以根据申请人的请求早日公布其申请。

第三十五条 发明专利申请自申请日起三年内，国务院专利行政部门可以根据申请人随时提出的请求，对其申请进行实质审查；申请人无正当理由逾期不请求实质审查的，该申请即被视为撤回。

国务院专利行政部门认为必要的时候，可以自行对发明专利申请进行实质审查。

第三十六条 发明专利的申请人请求实质审查的时候，应当提交在申请日前与其发明有关的参考资料。

发明专利已经在外国提出过申请的，国务院专利行政部门可以要求申请人在指定期限内提交该国为审查其申请进行检索的资料或者审查结果的资料；无正当理由逾期不提交的，该申请即被视为撤回。

第三十七条 国务院专利行政部门对发明专利申请进行实质审查后，认为不符合本法规定的，应当通知申请人，要求其在指定的期限内陈述意见，或者对其申请进行修改；无正当理由逾期不答复的，该申请即被视为撤回。

第三十八条 发明专利申请经申请人陈述意见或者进行修改后，国务院专利行政部门仍然认为不符合本法规定的，应当予以驳回。

第三十九条 发明专利申请经实质审查没有发现驳回理由的，由国务院专利行政部门作出授予发明专利权的决定，发给发明专利证书，同时予以登记和公告。发明专利权自公告之日起生效。

第四十条 实用新型和外观设计专利申请经初步审查没有发现驳回理由的，由国务院专利行政部门作出授予实用新型专利权或者外观设计专利权的决定，发给相应的专利证书，同时予以登记和公告。实用新型专利权和外观设计专利权自公告之日起生效。

第四十一条 国务院专利行政部门设立专利复审委员会。专利申请人对国务院专利行政部门驳回申请的决定不服的，可以自收到通知之日起三个月内，向专利复审委员会请求复审。专利复审委员会复审后，作出决定，并通知专利申请人。

专利申请人对专利复审委员会的复审决定不服的，可以自收到通知之日起三个月内向人民法院起诉。

第五章 专利权的期限、终止和无效

第四十二条 发明专利权的期限为二十年，实用新型专利权和外观设计专利权的期限为十年，均自申请日起计算。

第四十三条 专利权人应当自被授予专利权的当年开始缴纳年费。

第四十四条 有下列情形之一的，专利权在期限届满前终止：

（一）没有按照规定缴纳年费的；

（二）专利权人以书面声明放弃其专利权的。

专利权在期限届满前终止的，由国务院专利行政部门登记和公告。

第四十五条 自国务院专利行政部门公告授予专利权之日起，任何单位或者个人认为该专利权的授予不符合本法有关规定的，可以请求专利复审委员会宣告该专利权无效。

第四十六条 专利复审委员会对宣告专利权无效的请求应当及时审查和作出决定，并通知请求人和专利权人。宣告专利权无效的决定，由国务院专利行政部门登记和公告。

对专利复审委员会宣告专利权无效或者维持专利权的决定不服的，可以自收到通知之日起三个月内向人民法院起诉。人民法院应当通知无效宣告请求程序的对方当事人作为第三人参加诉讼。

第四十七条 宣告无效的专利权视为自始即不存在。

宣告专利权无效的决定，对在宣告专利权无效前人民法院作出并已执行的专利侵权的判决、调解书，已经履行或者强制执行的专利侵权纠纷处理决定，以及已经履行的专利实施许可合同和专利权转让合同，不具有追溯力。但是因专利权人的恶意给他人造成的损失，应当给予赔偿。

依照前款规定不返还专利侵权赔偿金、专利使用费、专利权转让费，明显违反公平原则的，应当全部或者部分返还。

第六章 专利实施的强制许可

第四十八条 有下列情形之一的，国务院专利行政部门根据具备实施条件的单位或者个人的申请，可以给予实施发明专利或者实用新型专利的强制许可：

（一）专利权人自专利权被授予之日起满三年，且自提出专利申请之日起满四年，无正当理由未实施或者未充分实施其专利的；

（二）专利权人行使专利权的行为被依法认定为垄断行为，为消除或者减少该行为对竞争产生的不利影响的。

第四十九条 在国家出现紧急状态或者非常情况时，或者为了公共利益的目的，国务院专利行政部门可以给予实施发明专利或者实用新型专利的强制许可。

第五十条 为了公共健康目的，对取得专利权的药品，国务院专利行政部门可以给予制造并将其出口到符合中华人民共和国参加的有关国际条约规定的国家或者地区的强制许可。

第五十一条 一项取得专利权的发明或者实用新型比前已经取得专利权的发明或者实用新型具有显著经济意义的重大技术进步，其实施又有赖于前一发明或者实用新型的实施的，国务院专利行政部门根据后一专利权人的申请，可以给予实施前一发明或者实用新型的强制许可。

在依照前款规定给予实施强制许可的情形下，国务院专利行政部门根据前一专利权人的申请，也可以给予实施后一发明或者实用新型的强制许可。

第五十二条 强制许可涉及的发明创造为半导体技术的，其实施限于公共利益的目的和本法第四十八条第（二）项规定的情形。

第五十三条 除依照本法第四十八条第（二）项、第五十条规定给予的强制许可外，强制许可的实施应当主要为了供应国内市场。

第五十四条 依照本法第四十八条第（一）项、第五十一条规定申请强制许可的单位或者个人应当提供证据，证明其以合理的条件请求专利权人许可其实施专利，但未能在合理的时间内获得许可。

第五十五条 国务院专利行政部门作出的给予实施强制许可的决定，应当及时通知专利权人，并予以登记和公告。

给予实施强制许可的决定，应当根据强制许可的理由规定实施的范围和时间。强制许可的理由消除并不再发生时，国务院专利行政部门应当根据专利权人的请求，经审查后作出终止实施强制许可的决定。

第五十六条 取得实施强制许可的单位或者个人不享有独占的实施权，并且无权允许他人实施。

第五十七条 取得实施强制许可的单位或者个人应当付给专利权人合理的使用费，或者依照中华人民共和国参加的有关国际条约的规定处理使用费问题。付给使用费的，其数额由双方协商；双方不能达成协议的，由国务院专利行政部门裁决。

第五十八条 专利权人对国务院专利行政部门关于实施强制许可的决定不服的，专利权人和取得实施强制许可的单位或者个人对国务院专利行政部门关于实施强制许可的使用费的裁决不服的，可以自收到通知之日起三个月内向人民法院起诉。

第七章 专利权的保护

第五十九条 发明或者实用新型专利权的保护范围以其权利要求的内容为准，说明书及附图可以用于解释权利要求的内容。

外观设计专利权的保护范围以表示在图片或者照片中的该产品的外观设计为准，简要说明可以用于解释图片或者照片所表示的该产品的外观设计。

第六十条 未经专利权人许可，实施其专利，即侵犯其专利权，引起纠纷的，由当事人协商解决；不愿协商或者协商不成的，专利权人或者利害关系人可以向人民法院起诉，也可以请求管理专利工作的部门处理。管理专利工作的部门处理时，认定侵权行为成立的，可以责令侵权人立即停止侵权行为，当事人不服的，可以自收到处理通知之日起十五日内依照《中华人民共和国行政诉讼法》向人民法院起诉；侵权人期满不起诉又不停止侵权行为的，管理专利工作的部门可以申请人民法院强制执行。进行处理的管理专利工作的部门应当事人的请求，可以就侵犯专利权的赔偿数额进行调解；调解不成的，当事人可以依照《中华人民共和国民事诉讼法》向人民法院起诉。

第六十一条 专利侵权纠纷涉及新产品制造方法的发明专利的，制造同样产品的单位或者个人应当提供其产品制造方法不同于专利方法的证明。

专利侵权纠纷涉及实用新型专利或者外观设计专利的，人民法院或者管理专利工作的部门可以要求专利权人或者利害关系人出具由国务院专利行政部门对相关实用新型或者外观设计进行检索、分析和评价后作出的专利权评价报告，作为审理、处理专利侵权纠纷的证据。

第六十二条 在专利侵权纠纷中，被控侵权人有证据证明其实施的技术或者设计属于现有技术或者现有设计的，不构成侵犯专利权。

第六十三条 假冒专利的，除依法承担民事责任外，由管理专利工作的部门责令改正并予公告，没收违法所得，可以并处违法所得四倍以下的罚款；没有违法所得的，可以处二十万元以下的罚款；构成犯罪的，依法追究刑事责任。

第六十四条 管理专利工作的部门根据已经取得的证据，对涉嫌假冒专利行为进行查处时，可以询问有关当事人，调查与涉嫌违法行为有关的情况；对当事人涉嫌违法行为的场所实施现场检查；查阅、复制与涉嫌违法行为有关的合同、发票、账簿以及其他有关资料；检查与涉嫌违法行为有关的产品，对有证据证明是假冒专利的产品，可以查封或者扣押。

管理专利工作的部门依法行使前款规定的职权时，当事人应当予以协助、配合，不得拒绝、阻挠。

第六十五条 侵犯专利权的赔偿数额按照权利人因被侵权所受到的实际损失确定；实际损失难以确定的，可以按照侵权人因侵权所获得的利益确定。权利人的损失或者侵权人获得的利益难以确定的，参照该专利许可使用费的倍数合理确定。赔偿数额还应当包括权利人为制止侵权行为所支付的合理开支。

权利人的损失、侵权人获得的利益和专利许可使用费均难以确定的，人民法院可以根据专利权的类型、侵权行为的性质和情节等因素，确定给予一万元以上一百万元以下的赔偿。

第六十六条 专利权人或者利害关系人有证据证明他人正在实施或者即将实施侵犯专利权的行为，如不及时制止将会使其合法权益受到难以弥补的损害的，可以在起诉前向人民法院申请采取责令停止有关行为的措施。

申请人提出申请时，应当提供担保；不提供担保的，驳回申请。

人民法院应当自接受申请之时起四十八小时内作出裁定；有特殊情况需要延长的，可以延长四十八小时。裁定责令停止有关行为的，应当立即执行。当事人对裁定不服的，可以申请复议一次；复议期间不停止裁定的执行。

申请人自人民法院采取责令停止有关行为的措施之日起十五日内不起诉的，人民法院应当解除该措施。

申请有错误的，申请人应当赔偿被申请人因停止有关行为所遭受的损失。

第六十七条 为了制止专利侵权行为，在证据可能灭失或者以后难以取得的情况下，专利权人或者利害关系人可以在起诉前向人民法院申请保全证据。

人民法院采取保全措施，可以责令申请人提供担保；申请人不提供担保的，驳回申请。

人民法院应当自接受申请之时起四十八小时内作出裁定；裁定采取保全措施的，应当立即执行。

申请人自人民法院采取保全措施之日起十五日内不起诉的，人民法院应当解除该措施。

第六十八条 侵犯专利权的诉讼时效为二年，自专利权人或者利害关系人得知或者应当得知侵权行为之日起计算。

发明专利申请公布后至专利权授予前使用该发明未支付适当使用费的，专利权人要求支付使用费的诉讼时效为二年，自专利权人得知或者应当得知他人使用其发明之日起计算，但是，专利权人于专利权授予之日前即已得知或者应当得知的，自专利权授予之日起计算。

第六十九条 有下列情形之一的，不视为侵犯专利权：

（一）专利产品或者依照专利方法直接获得的产品，由专利权人或者经其许可的单位、个人售出后，使用、许诺销售、销售、进口该产品的；

（二）在专利申请日前已经制造相同产品、使用相同方法或者已经作好制造、使用的必要准备，并且仅在原有范围内继续制造、使用的；

（三）临时通过中国领陆、领水、领空的外国运输工具，依照其所属国同中国签订的协议或者共同参加的国际条约，或者依照互惠原则，为运输工具自身需要而在其装置和设备中使用有关专利的；

（四）专为科学研究和实验而使用有关专利的；

（五）为提供行政审批所需要的信息，制造、使用、进口专利药品或者专利医疗器械的，以及专门为其制造、进口专利药品或者专利医疗器械的。

第七十条 为生产经营目的使用、许诺销售或者销售不知道是未经专利权人许可而制造并售出的专利侵权产品，能证明该产品合法来源的，不承担赔偿责任。

第七十一条 违反本法第二十条规定向外国申请专利，泄露国家秘密的，由所在单位或者上级主管机关给予行政处分；构成犯罪的，依法追究刑事责任。

第七十二条 侵夺发明人或者设计人的非职务发明创造专利申请权和本法规定的其他权益的，由所在单位或者上级主管机关给予行政处分。

第七十三条 管理专利工作的部门不得参与向社会推荐专利产品等经营活动。

管理专利工作的部门违反前款规定的，由其上级机关或者监察机关责令改正，消除影响，有违法收入的予以没收；情节严重的，对直接负责的主管人员和其他直接责任人员依法给予行政处分。

第七十四条 从事专利管理工作的国家机关工作人员以及其他有关国家机关工作人员玩忽职守、滥用职权、徇私舞弊，构成犯罪的，依法追究刑事责任；尚不构成犯罪的，依法给予行政处分。

第八章 附 则

第七十五条 向国务院专利行政部门申请专利和办理其他手续，应当按照规定缴纳费用。

中华人民共和国循环经济促进法

第一章 总 则

第一条 为了促进循环经济发展，提高资源利用效率，保护和改善环境，实现可持续发展，制定本法。

第二条 本法所称循环经济，是指在生产、流通和消费等过程中进行的减量化、再利用、资源化活动的总称。

本法所称减量化，是指在生产、流通和消费等过程中减少资源消耗和废物产生。

本法所称再利用，是指将废物直接作为产品或者经修复、翻新、再制造后继续作为产品使用，或者将废物的全部或者部分作为其他产品的部件予以使用。

本法所称资源化，是指将废物直接作为原料进行利用或者对废物进行再生利用。

第三条 发展循环经济是国家经济社会发展的一项重大战略，应当遵循统筹规划、合理布局，因地制宜、注重实效，政府推动、市场引导，企业实施、公众参与的方针。

第四条 发展循环经济应当在技术可行、经济合理和有利于节约资源、保护环境的前提下，按照减量化优先的原则实施。

在废物再利用和资源化过程中，应当保障生产安全，保证产品质量符合国家规定的标准，并防止产生再次污染。

第五条 国务院循环经济发展综合管理部门负责组织协调、监督管理全国循环经济发展工作；国务院环境保护等有关主管部门按照各自的职责负责有关循环经济的监督管理工作。

县级以上地方人民政府循环经济发展综合管理部门负责组织协调、监督管理本行政区域的循环经济发展工作；县级以上地方人民政府环境保护等有关主管部门按照各自的职责负责有关循环经济的监督管理工作。

第六条 国家制定产业政策，应当符合发展循环经济的要求。

县级以上人民政府编制国民经济和社会发展规划及年度计划，县级以上人民政府有关部门编制环境保护、科学技术等规划，应当包括发展循环经济的内容。

第七条 国家鼓励和支持开展循环经济科学技术的研究、开发和推广，鼓励开展循环经济宣传、教育、科学知识普及和国际合作。

第八条 县级以上人民政府应当建立发展循环经济的目标责任制，采取规划、财政、投资、政府采购等措施，促进循环经济发展。

第九条 企业事业单位应当建立健全管理制度，采取措施，降低资源消耗，减少废物的产生量和排放量，提高废物的再利用和资源化水平。

第十条 公民应当增强节约资源和保护环境意识，合理消费，节约资源。

国家鼓励和引导公民使用节能、节水、节材和有利于保护环境的产品及再生产品，减少废物的产生量和排放量。

公民有权举报浪费资源、破坏环境的行为，有权了解政府发展循环经济的信息并提出意见和建议。

第十一条 国家鼓励和支持行业协会在循环经济发展中发挥技术指导和服务作用。县级以上人民政府可以委托有条件的行业协会等社会组织开展促进循环经济发展的公共服务。

国家鼓励和支持中介机构、学会和其他社会组织开展循环经济宣传、技术推广和咨询服务，促进循环经济发展。

第二章 基本管理制度

第十二条 国务院循环经济发展综合管理部门会同国务院环境保护等有关主管部门编制全国循环经济发展规划，报国务院批准后公布施行。设区的市级以上地方人民政府循环经济发展综合管理部门会同本级人民政府环境保护等有关主管部门编制本行政区域循环经济发展规划，报本级人民政府批准后公布施行。

循环经济发展规划应当包括规划目标、适用范围、主要内容、重点任务和保障措施等，并规定资源产出率、废物再利用和资源化率等指标。

第十三条 县级以上地方人民政府应当依据上级人民政府下达的本行政区域主要污染物排放、建设用地和用水总量控制指标，规划和调整本行政区域的产业结构，促进循环经济发展。

新建、改建、扩建建设项目，必须符合本行政区域主要污染物排放、建设用地和用水总量控制指标的要求。

第十四条 国务院循环经济发展综合管理部门会同国务院统计、环境保护等有关主管部门建立和完善循环经济评价指标体系。

上级人民政府根据前款规定的循环经济主要评价指标，对下级人民政府发展循环经济的状况定期进行考核，并将主要评价指标完成情况作为对地方人民政府及其负责人考核评价的内容。

第十五条 生产列入强制回收名录的产品或者包装物的企业，必须对废弃的产品或者包装物负责回收；对其中可以利用的，由各该生产企业负责利用；对因不具备技术经济条件而不适合利用的，由各该生产企业负责无害化处置。

对前款规定的废弃产品或者包装物，生产者委托销售者或者其他组织进行回收的，或者委托废物利用或者处置企业进行利用或者处置的，受托方应当依照有关法律、行政法规的规定和合同的约定负责回收或者利用、处置。

对列入强制回收名录的产品和包装物，消费者应当将废弃的产品或者包装物交给生产者或者其委托回收的销售者或者其他组织。

强制回收的产品和包装物的名录及管理办法，由国务院循环经济发展综合管理部门规定。

第十六条 国家对钢铁、有色金属、煤炭、电力、石油加工、化工、建材、建筑、造纸、印染等行业年综合能源消费量、用水量超过国家规定总量的重点企业，实行能耗、水耗的重点监督管理制度。

重点能源消费单位的节能监督管理，依照《中华人民共和国节约能源法》的规定执行。

重点用水单位的监督管理办法，由国务院循环经济发展综合管理部门会同国务院有关部门规定。

第十七条 国家建立健全循环经济统计制度，加强资源消耗、综合利用和废物产生的统计管理，并将主要统计指标定期向社会公布。

国务院标准化主管部门会同国务院循环经济发展综合管理和环境保护等有关主管部门建立健全循环经济标准体系，制定和完善节能、节水、节材和废物再利用、资源化等标准。

国家建立健全能源效率标识等产品资源消耗标识制度。

第三章 减量化

第十八条 国务院循环经济发展综合管理部门会同国务院环境保护等有关主管部门，定期发布鼓励、限制和淘汰的技术、工艺、设备、材料和产品名录。

禁止生产、进口、销售列入淘汰名录的设备、材料和产品，禁止使用列入淘汰名录的技术、工艺、设备和材料。

第十九条 从事工艺、设备、产品及包装物设计，应当按照减少资源消耗和废物产生的要求，优先选择采用易回收、易拆解、易降解、无毒无害或者低毒低害的材料和设计方案，并应当符合有关国家标准的强制性要求。

对在拆解和处置过程中可能造成环境污染的电器电子等产品，不得设计使用国家禁止使用的有毒有害物质。禁止在电器电子等产品中使用的有毒有害物质名录，由国务院循环经济发展综合管理部门会同国务院环境保护等有关主管部门制定。

设计产品包装物应当执行产品包装标准，防止过度包装造成资源浪费和环境污染。

第二十条 工业企业应当采用先进或者适用的节水技术、工艺和设备，制定并实施节水计划，加强节水管理，对生产用水进行全过程控制。

工业企业应当加强用水计量管理，配备和使用合格的用水计量器具，建立水耗统计和用水状况分析制度。

新建、改建、扩建建设项目，应当配套建设节水设施。节水设施应当与主体工程同时设计、同时施工、同时投产使用。

国家鼓励和支持沿海地区进行海水淡化和海水直接利用，节约淡水资源。

第二十一条 国家鼓励和支持企业使用高效节油产品。

电力、石油加工、化工、钢铁、有色金属和建材等企业，必须在国家规定的范围和期限内，以洁净煤、石油焦、天然气等清洁能源替代燃料油，停止使用不符合国家规定的燃油发电机组和燃油锅炉。

内燃机和机动车制造企业应当按照国家规定的内燃机和机动车燃油经济性标准，采用节油技术，减少石油产品消耗量。

第二十二条 开采矿产资源，应当统筹规划，制定合理的开发利用方案，采用合理的开采顺序、方法和选矿工艺。采矿许可证颁发机关应当对申请人提交的开发利用方案中的开采回采率、采矿贫化率、选矿回收率、矿山水循环利用率和土地复垦率等指标依法进行审查；审查不合格的，不予颁发采矿许可证。采矿许可证颁发机关应当依法加强对开采矿产资源的监督管理。

矿山企业在开采主要矿种的同时，应当对具有工业价值的共生和伴生矿实行综合开采、合理利用；对必须同时采出而暂时不能利用的矿产以及含有有用组分的尾矿，应当采取保护措施，防止资源损失和生态破坏。

第二十三条 建筑设计、建设、施工等单位应当按照国家有关规定和标准，对其设计、建设、施工的建筑物及构筑物采用节能、节水、节地、节材的技术工艺和小型、轻型、再生产品。有条件的地区，应当充分利用太阳能、地热能、风能等可再生能源。

国家鼓励利用无毒无害的固体废物生产建筑材料，鼓励使用散装水泥，推广使用预拌混凝土和预拌砂浆。

禁止损毁耕地烧砖。在国务院或者省、自治区、直辖市人民政府规定的期限和区域内，禁止生产、销售和使用粘土砖。

第二十四条 县级以上人民政府及其农业等主管部门应当推进土地集约利用，鼓励和支持农业生产者采用节水、节肥、节药的先进种植、养殖和灌溉技术，推动农业机械节能，优先发展生态农业。

在缺水地区，应当调整种植结构，优先发展节水型农业，推进雨水集蓄利用，建设和管护节水灌溉设施，提高用水效率，减少水的蒸发和漏失。

第二十五条 国家机关及使用财政性资金的其他组织应当厉行节约、杜绝浪费，带头使用节能、节水、节地、节材和有利于保护环境的产品、设备和设施，节约使用办公用品。国务院和县级以上地方人民政府管理机关事务工作的机构会同本级人民政府有关部门制定本级国家机关等机构的用能、用水定额指标，财政部门根据该定额指标制定支出标准。

城市人民政府和建筑物的所有者或者使用者，应当采取措施，加强建筑物维护管理，延长建筑物使用寿命。对符合城市规划和工程建设标准，在合理使用寿命内的建筑物，除为了公共利益的需要外，城市人民政府不得决定拆除。

第二十六条 餐饮、娱乐、宾馆等服务性企业，应当采用节能、节水、节材和有利于保护环境的产品，减少使用或者不使用浪费资源、污染环境的产品。

本法施行后新建的餐饮、娱乐、宾馆等服务性企业，应当采用节能、节水、节材和有利于保护环境的技术、设备和设施。

第二十七条 国家鼓励和支持使用再生水。在有条件使用再生水的地区，限制或者禁止将自来水作为城市道路清扫、城市绿化和景观用水使用。

第二十八条 国家在保障产品安全和卫生的前提下，限制一次性消费品的生产和销售。具体名录由国务院循环经济发展综合管理部门会同国务院财政、环境保护等有关主管部门制定。

对列入前款规定名录中的一次性消费品的生产和销售，由国务院财政、税务和对外贸易等主管部门制定限制性的税收和出口等措施。

第四章 再利用和资源化

第二十九条 县级以上人民政府应当统筹规划区域经济布局，合理调整产业结构，促进企业在资源综合利用等领域进行合作，实现资源的高效利用和循环使用。

各类产业园区应当组织区内企业进行资源综合利用，促进循环经济发展。

国家鼓励各类产业园区的企业进行废物交换利用、能量梯级利用、土地集约利用、水的分类利用和循环使用，共同使用基础设施和其他有关设施。

新建和改造各类产业园区应当依法进行环境影响评价，并采取生态保护和污染控制措施，确保本区域的环境质量达到规定的标准。

第三十条 企业应当按照国家规定，对生产过程中产生的粉煤灰、煤矸石、尾矿、废石、废料、废气等工业废物进行综合利用。

第三十一条 企业应当发展串联用水系统和循环用水系统，提高水的重复利用率。

企业应当采用先进技术、工艺和设备，对生产过程中产生的废水进行再生利用。

第三十二条 企业应当采用先进或者适用的回收技术、工艺和设备，对生产过程中产生的余热、余压等进行综合利用。

建设利用余热、余压、煤层气以及煤矸石、煤泥、垃圾等低热值燃料的并网发电项目，应当依照法律和国务院的规定取得行政许可或者报送备案。电网企业应当按照国家规定，与综合利用资源发电的企业签订并网协议，提供上网服务，并全额收购并网发电项目的上网电量。

第三十三条 建设单位应当对工程施工中产生的建筑废物进行综合利用；不具备综合利用条件的，应当委托具备条件的生产经营者进行综合利用或者无害化处置。

第三十四条 国家鼓励和支持农业生产者和相关企业采用先进或者适用技术，对农作物秸秆、畜禽粪便、农产品加工业副产品、废农用薄膜等进行综合利用，开发利用沼气等生物质能源。

第三十五条 县级以上人民政府及其林业主管部门应当积极发展生态林业，鼓励和支持林业生产者和相关企业采用木材节约和代用技术，开展林业废弃物和次小薪材、沙生灌木等综合利用，提高木材综合利用率。

第三十六条 国家支持生产经营者建立产业废物交换信息系统，促进企业交流产业废物信息。

企业对生产过程中产生的废物不具备综合利用条件的，应当提供给具备条件的生产经营者进行综合利用。

第三十七条 国家鼓励和推进废物回收体系建设。

地方人民政府应当按照城乡规划，合理布局废物回收网点和交易市场，支持废物回收企业和其他组织开展废物的收集、储存、运输及信息交流。

废物回收交易市场应当符合国家环境保护、安全和消防等规定。

第三十八条 对废电器电子产品、报废机动车船、废轮胎、废铅酸电池等特定产品进行拆解或者再利用，应当符合有关法律、行政法规的规定。

第三十九条 回收的电器电子产品，经过修复后销售的，必须符合再利用产品标准，并在显著位置标识为再利用产品。

回收的电器电子产品，需要拆解和再生利用的，应当交售给具备条件的拆解企业。

第四十条 国家支持企业开展机动车零部件、工程机械、机床等产品的再制造和轮胎翻新。

销售的再制造产品和翻新产品的质量必须符合国家规定的标准，并在显著位置标识为再制造产品或者翻新产品。

第四十一条 县级以上人民政府应当统筹规划建设城乡生活垃圾分类收集和资源化利用设施，建立和完善分类收集和资源化利用体系，提高生活垃圾资源化率。

县级以上人民政府应当支持企业建设污泥资源化利用和处置设施，提高污泥综合利用水平，防止产生再次污染。

第五章 激励措施

第四十二条 国务院和省、自治区、直辖市人民政府设立发展循环经济的有关专项资金，支持循环经济的科技研究开发、循环经济技术和产品的示范与推广、重大循环经济项目的实施、发展循环经济的信息服务等。具体办法由国务院财政部门会同国务院循环经济发展综合管理等有关主管部门制定。

第四十三条 国务院和省、自治区、直辖市人民政府及其有关部门应当将循环经济重大科技攻关项目的自主创新研究、应用示范和产业化发展列入国家或者省级科技发展规划和高技术产业发展规划，并安排财政性资金予以支持。

利用财政性资金引进循环经济重大技术、装备的，应当制定消化、吸收和创新方案，报有关主管部门审批并由其监督实施；有关主管部门应当根据实际需要建立协调机制，对重大技术、装备的引进和消化、吸收、创新实行统筹协调，并给予资金支持。

第四十四条 国家对促进循环经济发展的产业活动给予税收优惠，并运用税收等措施鼓励进口先进的节能、节水、节材等技术、设备和产品，限制在生产过程中耗能高、污染重的产品的出口。具体办法由国务院财政、税务主管部门制定。

企业使用或者生产列入国家清洁生产、资源综合利用等鼓励名录的技术、工艺、设备或者产品的，按照国家有关规定享受税收优惠。

第四十五条 县级以上人民政府循环经济发展综合管理部门在制定和实施投资计划时，应当将节能、节水、节地、节材、资源综合利用等项目列为重点投资领域。

对符合国家产业政策的节能、节水、节地、节材、资源综合利用等项目，金融机构应当给予优先贷款等信贷支持，并积极提供配套金融服务。

对生产、进口、销售或者使用列入淘汰名录的技术、工艺、设备、材料或者产品的企业，金融机构不得提供任何形式的授信支持。

第四十六条 国家实行有利于资源节约和合理利用的价格政策，引导单位和个人节约和合理使用水、电、气等资源性产品。

国务院和省、自治区、直辖市人民政府的价格主管部门应当按照国家产业政策，对资源高消耗行业中的限制类项目，实行限制性的价格政策。

对利用余热、余压、煤层气以及煤矸石、煤泥、垃圾等低热值燃料的并网发电项目，价格主管部门按照有利于资源综合利用的原则确定其上网电价。

省、自治区、直辖市人民政府可以根据本行政区域经济社会发展状况，实行垃圾排放收费制度。收取的费用专项用于垃圾分类、收集、运输、贮存、利用和处置，不得挪作他用。

国家鼓励通过以旧换新、押金等方式回收废物。

第四十七条 国家实行有利于循环经济发展的政府采购政策。使用财政性资金进行采购的，应当优先采购节能、节水、节材和有利于保护环境的产品及再生产品。

第四十八条 县级以上人民政府及其有关部门应当对在循环经济管理、科学技术研究、产品开发、示范和推广工作中做出显著成绩的单位和个人给予表彰和奖励。

企业事业单位应当对在循环经济发展中做出突出贡献的集体和个人给予表彰和奖励。

第六章 法律责任

第四十九条 县级以上人民政府循环经济发展综合管理部门或者其他有关主管部门发现违反本法的行为或者接到对违法行为的举报后不予查处，或者有其他不依法履行监督管理职责行为的，由本级人民政府或者上一级人民政府有关主管部门责令改正，对直接负责的主管人员和其他直接责任人员依法给予处分。

第五十条 生产、销售列入淘汰名录的产品、设备的，依照《中华人民共和国产品质量法》的规定处罚。

使用列入淘汰名录的技术、工艺、设备、材料的，由县级以上地方人民政府循环经济发展综合管理部门责令停止使用，没收违法使用的设备、材料，并处五万元以上二十万元以下的罚款；情节严重的，由县级以上人民政府循环经济发展综合管理部门提出意见，报请本级人民政府按照国务院规定的权限责令停业或者关闭。

违反本法规定，进口列入淘汰名录的设备、材料或者产品的，由海关责令退运，可以处十万元以上一百万元以下的罚款。进口者不明的，由承运人承担退运责任，或者承担有关处置费用。

第五十一条 违反本法规定，对在拆解或者处置过程中可能造成环境污染的电器电子等产品，设计使用列入国家禁止使用名录的有毒有害物质的，由县级以上地方人民政府产品质量监督部门责令限期改正；逾期不改正的，处二万元以上二十万元以下的罚款；情节严重的，由县级以上地方人民政府产品质量监督部门向本级工商行政管理部门通报有关情况，由工商行政管理部门依法吊销营业执照。

第五十二条 违反本法规定，电力、石油加工、化工、钢铁、有色金属和建材等企业未在规定的范围或者期限内停止使用不符合国家规定的燃油发电机组或者燃油锅炉的，由县级以上地方人民政府循环经济发展综合管理部门责令限期改正；逾期不改正的，责令拆除该燃油发电机组或者燃油锅炉，并处五万元以上五十万元以下的罚款。

第五十三条 违反本法规定，矿山企业未达到经依法审查确定的开采回采率、采矿贫化率、选矿回收率、矿山水循环利用率和土地复垦率等指标的，由县级以上人民政府地质矿产主管部门责令限期改正，处五万元以上五十万元以下的罚款；逾期不改正的，由采矿许可证颁发机关依法吊销采矿许可证。

第五十四条 违反本法规定，在国务院或者省、自治区、直辖市人民政府规定禁止生产、销售、使用粘土砖的期限或者区域内生产、销售或者使用粘土砖的，由县级以上地方人民政府指定的部门责令限期改正；有违法所得的，没收违法所得；逾期继续生产、销售的，由地方人民政府工商行政管理部门依法吊销营业执照。

第五十五条 违反本法规定，电网企业拒不收购企业利用余热、余压、煤层气以及煤矸石、煤泥、垃圾等低热值燃料生产的电力的，由国家电力监管机构责令限期改正；造成企业损失的，依法承担赔偿责任。

第五十六条 违反本法规定，有下列行为之一的，由地方人民政府工商行政管理部门责令限期改正，可以处五千元以上五万元以下的罚款；逾期不改正的，依法吊销营业执照；造成损失的，依法承担赔偿责任：

（一）销售没有再利用产品标识的再利用电器电子产品的；

（二）销售没有再制造或者翻新产品标识的再制造或者翻新产品的。

第五十七条 违反本法规定，构成犯罪的，依法追究刑事责任。

第七章 附 则

第五十八条 本法自2009年1月1日起施行。

中华人民共和国消费税暂行条例

第一条 在中华人民共和国境内生产、委托加工和进口本条例规定的消费品的单位和个人，以及国务院确定的销售本条例规定的消费品的其他单位和个人，为消费税的纳税人，应当依照本条例缴纳消费税。

第二条 消费税的税目、税率，依照本条例所附的《消费税税目税率表》执行。

消费税税目、税率的调整，由国务院决定。

第三条 纳税人兼营不同税率的应当缴纳消费税的消费品（以下简称应税消费品），应当分别核算不同税率应税消费品的销售额、销售数量；未分别核算销售额、销售数量，或者将不同税率的应税消费品组成成套消费品销售的，从高适用税率。

第四条 纳税人生产的应税消费品，于纳税人销售时纳税。纳税人自产自用的应税消费品，用于连续生产应税消费品的，不纳税；用于其他方面的，于移送使用时纳税。

委托加工的应税消费品，除受托方为个人外，由受托方在向委托方交货时代收代缴税款。委托加工的应税消费品，委托方用于连续生产应税消费品的，所纳税款准予按规定抵扣。

进口的应税消费品，于报关进口时纳税。

第五条 消费税实行从价定率、从量定额，或者从价定率和从量定额复合计税（以下简称复合计税）的办法计算应纳税额。应纳税额计算公式：

实行从价定率办法计算的应纳税额=销售额×比例税率

实行从量定额办法计算的应纳税额=销售数量×定额税率

实行复合计税办法计算的应纳税额=销售额×比例税率＋销售数量×定额税率

纳税人销售的应税消费品，以人民币计算销售额。纳税人以人民币以外的货币结算销售额的，应当折合成人民币计算。

第六条 销售额为纳税人销售应税消费品向购买方收取的全部价款和价外费用。

第七条 纳税人自产自用的应税消费品，按照纳税人生产的同类消费品的销售价格计算纳税；没有同类消费品销售价格的，按照组成计税价格计算纳税。

实行从价定率办法计算纳税的组成计税价格计算公式：

组成计税价格=（成本+利润）÷（1-比例税率）

实行复合计税办法计算纳税的组成计税价格计算公式：

组成计税价格=（成本+利润+自产自用数量×定额税率）÷（1-比例税率）

第八条 委托加工的应税消费品，按照受托方的同类消费品的销售价格计算纳税；没有同类消费品销售价格的，按照组成计税价格计算纳税。

实行从价定率办法计算纳税的组成计税价格计算公式：

组成计税价格=（材料成本+加工费）÷（1-比例税率）

实行复合计税办法计算纳税的组成计税价格计算公式：

组成计税价格=（材料成本+加工费+委托加工数量×定额税率）÷（1-比例税率）

第九条 进口的应税消费品，按照组成计税价格计算纳税。

实行从价定率办法计算纳税的组成计税价格计算公式：

组成计税价格=（关税完税价格+关税）÷（1-消费税比例税率）

实行复合计税办法计算纳税的组成计税价格计算公式：

组成计税价格=（关税完税价格+关税+进口数量×消费税定额税率）÷（1-消费税比例税率）

第十条 纳税人应税消费品的计税价格明显偏低并无正当理由的，由主管税务机关核定其计税价格。

第十一条 对纳税人出口应税消费品，免征消费税；国务院另有规定的除外。出口应税消费品的免税办法，由国务院财政、税务主管部门规定。

第十二条 消费税由税务机关征收，进口的应税消费品的消费税由海关代征。

个人携带或者邮寄进境的应税消费品的消费税，连同关税一并计征。具体办法由国务院关税税则委员会会同有关部门制定。

第十三条 纳税人销售的应税消费品，以及自产自用的应税消费品，除国务院财政、税务主管部门另有规定外，应当向纳税人机构所在地或者居住地的主管税务机关申报纳税。

委托加工的应税消费品，除受托方为个人外，由受托方向机构所在地或者居住地的主管税务机关解缴消费税税款。

进口的应税消费品，应当向报关地海关申报纳税。

第十四条 消费税的纳税期限分别为1日、3日、5日、10日、15日、1个月或者1个季度。纳税人的具体纳税期限，由主管税务机关根据纳税人应纳税额的大小分别核定；不能按照固定期限纳税的，可以按次纳税。

纳税人以1个月或者1个季度为1个纳税期的，自期满之日起15日内申报纳税；以1日、3日、5日、10日或者15日为1个纳税期的，自期满之日起5日内预缴税款，于次月1日起15日内申报纳税并结清上月应纳税款。

第十五条 纳税人进口应税消费品，应当自海关填发海关进口消费税专用缴款书之日起15日内缴纳税款。

第十六条 消费税的征收管理，依照《中华人民共和国税收征收管理法》及本条例有关规定执行。

第十七条 本条例自2009年1月1日起施行。

附：消费税税目税率表

税目	税率
一、烟	
1. 卷烟	
（1）甲类卷烟	45%加0.003元/支
（2）乙类卷烟	30%加0.003元/支
2. 雪茄烟	25%
3. 烟丝	30%
二、酒及酒精	
1. 白酒	20%加0.5元/500克（或者500毫升）
2. 黄酒	240元/吨
3. 啤酒	
（1）甲类啤酒	250元/吨
（2）乙类啤酒	220元/吨
4. 其他酒	10%
5. 酒精	5%
三、化妆品	30%
四、贵重首饰及珠宝玉石	
1. 金银首饰、铂金首饰和钻石及钻石饰品	5%
2. 其他贵重首饰和珠宝玉石	10%
五、鞭炮、焰火	15%
六、成品油	
1. 汽油	
（1）含铅汽油	0.28元/升
（2）无铅汽油	0.20元/升
2. 柴油	0.10元/升
3. 航空煤油	0.10元/升
4. 石脑油	0.20元/升
5. 溶剂油	0.20元/升
6. 润滑油	0.20元/升
7. 燃料油	0.10元/升

七、汽车轮胎	3%
八、摩托车 1. 气缸容量（排气量，下同）在250毫升（含250毫升）以下的 2. 气缸容量在250毫升以上的	 3% 10%
九、小汽车 1. 乘用车 （1）气缸容量（排气量，下同）在1.0升（含1.0升）以下的 （2）气缸容量在1.0升以上至1.5升（含1.5升）的 （3）气缸容量在1.5升以上至2.0升（含2.0升）的 （4）气缸容量在2.0升以上至2.5升（含2.5升）的 （5）气缸容量在2.5升以上至3.0升（含3.0升）的 （6）气缸容量在3.0升以上至4.0升（含4.0升）的 （7）气缸容量在4.0升以上的 2. 中轻型商用客车	 1% 3% 5% 9% 12% 25% 40% 5%
十、高尔夫球及球具	10%
十一、高档手表	20%
十二、游艇	10%
十三、木制一次性筷子	5%
十四、实木地板	5%

中华人民共和国消费税暂行条例实施细则

第一条 根据《中华人民共和国消费税暂行条例》（以下简称条例），制定本细则。

第二条 条例第一条所称单位，是指企业、行政单位、事业单位、军事单位、社会团体及其他单位。

条例第一条所称个人，是指个体工商户及其他个人。

条例第一条所称在中华人民共和国境内，是指生产、委托加工和进口属于应当缴纳消费税的消费品的起运地或者所在地在境内。

第三条 条例所附《消费税税目税率表》中所列应税消费品的具体征税范围，由财政部、国家税务总局确定。

第四条 条例第三条所称纳税人兼营不同税率的应当缴纳消费税的消费品，是指纳税人生产销售两种税率以上的应税消费品。

第五条 条例第四条第一款所称销售，是指有偿转让应税消费品的所有权。

前款所称有偿，是指从购买方取得货币、货物或者其他经济利益。

第六条 条例第四条第一款所称用于连续生产应税消费品，是指纳税人将自产自用的应税消费品作为直接材料生产最终应税消费品，自产自用应税消费品构成最终应税消费品的实体。

条例第四条第一款所称用于其他方面，是指纳税人将自产自用应税消费品用于生产非应税消费品、在建工程、管理部门、非生产机构、提供劳务、馈赠、赞助、集资、广告、样品、职工福利、奖励等方面。

第七条 条例第四条第二款所称委托加工的应税消费品，是指由委托方提供原料和主要材料，受托方只收取加工费和代垫部分辅助材料加工的应税消费品。对于由受托方提供原材料生产的应税消费品，或者受托方先将原材料卖给委托方，然后再接受加工的应税消费品，以及由受托方以委托方名义购进原材料生产的应税消费品，不论在财务上是否作销售处理，都不得作为委托加工应税消费品，而应当按照销售自制应税消费品缴纳消费税。

委托加工的应税消费品直接出售的，不再缴纳消费税。

委托个人加工的应税消费品，由委托方收回后缴纳消费税。

第八条 消费税纳税义务发生时间，根据条例第四条的规定，分列如下：

（一）纳税人销售应税消费品的，按不同的销售结算方式分别为：

1、采取赊销和分期收款结算方式的，为书面合同约定的收款日期的当天，书面合同没有约定收款日期或者无书面合同的，为发出应税消费品的当天；

2、采取预收货款结算方式的，为发出应税消费品的当天；

3、采取托收承付和委托银行收款方式的，为发出应税消费品并办妥托收手续的当天；

4、采取其他结算方式的，为收讫销售款或者取得索取销售款凭据的当天。

（二）纳税人自产自用应税消费品的，为移送使用的当天。

（三）纳税人委托加工应税消费品的，为纳税人提货的当天。

（四）纳税人进口应税消费品的，为报关进口的当天。

第九条 条例第五条第一款所称销售数量，是指应税消费品的数量。具体为：

（一）销售应税消费品的，为应税消费品的销售数量；

（二）自产自用应税消费品的，为应税消费品的移送使用数量；

（三）委托加工应税消费品的，为纳税人收回的应税消费品数量；

（四）进口应税消费品的，为海关核定的应税消费品进口征税数量。

第十条 实行从量定额办法计算应纳税额的应税消费品，计量单位的换算标准如下：

（一） 黄酒 1吨＝962升

（二） 啤酒 1吨＝988升

（三） 汽油 1吨＝1388升

（四） 柴油 1吨＝1176升

（五） 航空煤油 1吨=1246升

（六） 石脑油 1吨=1385升

（七） 溶剂油 1吨=1282升

（八） 润滑油 1吨=1126升

（九） 燃料油 1吨=1015升

第十一条 纳税人销售的应税消费品，以人民币以外的货币结算销售额的，其销售额的人民币折合率可以选择销售额发生的当天或者当月1日的人民币汇率中间价。纳税人应在事先确定采用何种折合率，确定后1年内不得变更。

第十二条 条例第六条所称销售额，不包括应向购货方收取的增值税税款。如果纳税人应税消费品的销售额中未扣除增值税税款或者因不得开具增值税专用发票而发生价款和增值税税款合并收取的，在计算消费税时，应当换算为不含增值税税款的销售额。其换算公式为：

应税消费品的销售额＝含增值税的销售额÷（1＋增值税税率或者征收率）

第十三条 应税消费品连同包装物销售的，无论包装物是否单独计价以及在会计上如何核算，均应并入应税消费品的销售额中缴纳消费税。如果包装物不作价随同产品销售，而是收取押金，此项押金则不应并入应税消费品的销售额中征税。但对因逾期未收回的包装物不再退还的或者已收取的时间超过12个月的押金，应并入应税消费品的销售额，按照应税消费品的适用税率缴纳消费税。

对既作价随同应税消费品销售，又另外收取押金的包装物的押金，凡纳税人在规定的期限内没有退还的，均应并入应税消费品的销售额，按照应税消费品的适用税率缴纳消费税。

第十四条 条例第六条所称价外费用，是指价外向购买方收取的手续费、补贴、基金、集资费、返还利润、奖励费、违约金、滞纳金、延期付款利息、赔偿金、代收款项、代垫款项、包装费、包装物租金、储备费、优质费、运输装卸费以及其他各种性质的价外收费。但下列项目不包括在内：

（一）同时符合以下条件的代垫运输费用：

1、承运部门的运输费用发票开具给购买方的；

2、纳税人将该项发票转交给购买方的。

（二）同时符合以下条件代为收取的政府性基金或者行政事业性收费：

1. 由国务院或者财政部批准设立的政府性基金，由国务院或者省级人民政府及其财政、价格主管部门批准设立的行政事业性收费；

2. 收取时开具省级以上财政部门印制的财政票据；

3. 所收款项全额上缴财政。

第十五条 条例第七条第一款所称纳税人自产自用的应税消费品，是指依照条例第四条第一款规定于移送使用时纳税的应税消费品。

条例第七条第一款、第八条第一款所称同类消费品的销售价格，是指纳税人或者代收代缴义务人当月销售的同类消费品的销售价格，如果当月同类消费品各期销售价格高低不同，应按销售数量加权平均计算。但销售的应税消费品有下列情况之一的，不得列入加权平均计算：

（一）销售价格明显偏低并无正当理由的；

（二）无销售价格的。

如果当月无销售或者当月未完结，应按照同类消费品上月或者最近月份的销售价格计算纳税。

第十六条 条例第七条所称成本，是指应税消费品的产品生产成本。

第十七条 条例第七条所称利润，是指根据应税消费品的全国平均成本利润率计算的利润。应税消费品全国平均成本利润率由国家税务总局确定。

第十八条 条例第八条所称材料成本，是指委托方所提供加工材料的实际成本。

委托加工应税消费品的纳税人，必须在委托加工合同上如实注明（或者以其他方式提供）材料成本，凡未提供材料成本的，受托方主管税务机关有权核定其材料成本。

第十九条 条例第八条所称加工费，是指受托方加工应税消费品向委托方所收取的全部费用（包括代垫辅助材料的实际成本）。

第二十条 条例第九条所称关税完税价格，是指海关核定的关税计税价格。

第二十一条 条例第十条所称应税消费品的计税价格的核定权限规定如下：

（一）卷烟、白酒和小汽车的计税价格由国家税务总局核定，送财政部备案；

（二）其他应税消费品的计税价格由省、自治区和直辖市国家税务局核定；

（三）进口的应税消费品的计税价格由海关核定。

第二十二条 出口的应税消费品办理退税后，发生退关，或者国外退货进口时予以免税的，报关出口者必须及时向其机构所在地或者居住地主管税务机关申报补缴已退的消费税税款。

纳税人直接出口的应税消费品办理免税后，发生退关或者国外退货，进口时已予以免税的，经机构所在地或者居住地主管税务机关批准，可暂不办理补税，待其转为国内销售时，再申报补缴消费税。

第二十三条 纳税人销售的应税消费品，如因质量等原因由购买者退回时，经机构所在地或者居住地主管税务机关审核批准后，可退还已缴纳的消费税税款。

第二十四条 纳税人到外县（市）销售或者委托外县（市）代销自产应税消费品的，于应税消费品销售后，向机构所在地或者居住地主管税务机关申报纳税。

纳税人的总机构与分支机构不在同一县（市）的，应当分别向各自机构所在地的主管税务机关申报纳税；经财政部、国家税务总局或者其授权的财政、税务机关批准，可以由总机构汇总向总机构所在地的主管税务机关申报纳税。

委托个人加工的应税消费品，由委托方向其机构所在地或者居住地主管税务机关申报纳税。

进口的应税消费品，由进口人或者其代理人向报关地海关申报纳税。

第二十五条 本细则自2009年1月1日起施行。

中华人民共和国企业国有资产法

第一章 总 则

第一条 为了维护国家基本经济制度，巩固和发展国有经济，加强对国有资产的保护，发挥国有经济在国民经济中的主导作用，促进社会主义市场经济发展，制定本法。

第二条 本法所称企业国有资产（以下称国有资产），是指国家对企业各种形式的出资所形成的权益。

第三条 国有资产属于国家所有即全民所有。国务院代表国家行使国有资产所有权。

第四条 国务院和地方人民政府依照法律、行政法规的规定，分别代表国家对国家出资企业履行出资人职责，享有出资人权益。

国务院确定的关系国民经济命脉和国家安全的大型国家出资企业，重要基础设施和重要自然资源等领域的国家出资企业，由国务院代表国家履行出资人职责。其他的国家出资企业，由地方人民政府代表国家履行出资人职责。

第五条 本法所称国家出资企业，是指国家出资的国有独资企业、国有独资公司，以及国有资本控股公司、国有资本参股公司。

第六条 国务院和地方人民政府应当按照政企分开、社会公共管理职能与国有资产出资人职能分开、不干预企业依法自主经营的原则，依法履行出资人职责。

第七条 国家采取措施，推动国有资本向关系国民经济命脉和国家安全的重要行业和关键领域集中，优化国有经济布局和结构，推进国有企业的改革和发展，提高国有经济的整体素质，增强国有经济的控制力、影响力。

第八条 国家建立健全与社会主义市场经济发展要求相适应的国有资产管理与监督体制，建立健全国有资产保值增值考核和责任追究制度，落实国有资产保值增值责任。

第九条 国家建立健全国有资产基础管理制度。具体办法按照国务院的规定制定。

第十条 国有资产受法律保护，任何单位和个人不得侵害。

第二章 履行出资人职责的机构

第十一条 国务院国有资产监督管理机构和地方人民政府按照国务院的规定设立的国有资产监督管理机构，根据本级人民政府的授权，代表本级人民政府对国家出资企业履行出资人职责。

国务院和地方人民政府根据需要，可以授权其他部门、机构代表本级人民政府对国家出资企业履行出资人职责。

代表本级人民政府履行出资人职责的机构、部门，以下统称履行出资人职责的机构。

第十二条 履行出资人职责的机构代表本级人民政府对国家出资企业依法享有资产收益、参与重大决策和选择管理者等出资人权利。

履行出资人职责的机构依照法律、行政法规的规定，制定或者参与制定国家出资企业的章程。

履行出资人职责的机构对法律、行政法规和本级人民政府规定须经本级人民政府批准的履行出资人职责的重大事项，应当报请本级人民政府批准。

第十三条 履行出资人职责的机构委派的股东代表参加国有资本控股公司、国有资本参股公司召开的股东会会议、股东大会会议，应当按照委派机构的指示提出提案、发表意见、行使表决权，并将其履行职责的情况和结果及时报告委派机构。

第十四条 履行出资人职责的机构应当依照法律、行政法规以及企业章程履行出资人职责，保障出资人权益，防止国有资产损失。

履行出资人职责的机构应当维护企业作为市场主体依法享有的权利，除依法履行出资人职责外，不得干预企业经营活动。

第十五条 履行出资人职责的机构对本级人民政府负责，向本级人民政府报告履行出资人职责的情况，接受本级人民政府的监督和考核，对国有资产的保值增值负责。

履行出资人职责的机构应当按照国家有关规定，定期向本级人民政府报告有关国有资产总量、结构、变动、收益等汇总分析的情况

第三章 国家出资企业

第十六条 国家出资企业对其动产、不动产和其他财产依照法律、行政法规以及企业章程享有占有、使用、收益和处分的权利。

国家出资企业依法享有的经营自主权和其他合法权益受法律保护。

第十七条 国家出资企业从事经营活动，应当遵守法律、行政法规，加强经营管理，提高经济效益，接受人民政府及其有关部门、机构依法实施的管理和监督，接受社会公众的监督，承担社会责任，对出资人负责。

国家出资企业应当依法建立和完善法人治理结构，建立健全内部监督管理和风险控制制度。

第十八条 国家出资企业应当依照法律、行政法规和国务院财政部门的规定，建立健全财务、会计制度，设置会计账簿，进行会计核算，依照法律、行政法规以及企业章程的规定向出资人提供真实、完整的财务、会计信息。

国家出资企业应当依照法律、行政法规以及企业章程的规定，向出资人分配利润。

第十九条 国有独资公司、国有资本控股公司和国有资本参股公司依照《中华人民共和国公司法》的规定设立监事会。国有独资企业由履行出资人职责的机构按照国务院的规定委派监事组成监事会。

国家出资企业的监事会依照法律、行政法规以及企业章程的规定，对董事、高级管理人员执行职务的行为进行监督，对企业财务进行监督检查。

第二十条 国家出资企业依照法律规定，通过职工代表大会或者其他形式，实行民主管理。

第二十一条 国家出资企业对其所出资企业依法享有资产收益、参与重大决策和选择管理者等出资人权利。

国家出资企业对其所出资企业，应当依照法律、行政法规的规定，通过制定或者参与制定所出资企业的章程，建立权责明确、有效制衡的企业内部监督管理和风险控制制度，维护其出资人权益。

第四章 国家出资企业管理者的选择与考核

第二十二条 履行出资人职责的机构依照法律、行政法规以及企业章程的规定，任免或者建议任免国家出资企业的下列人员：

（一）任免国有独资企业的经理、副经理、财务负责人和其他高级管理人员；

（二）任免国有独资公司的董事长、副董事长、董事、监事会主席和监事；

（三）向国有资本控股公司、国有资本参股公司的股东会、股东大会提出董事、监事人选。

国家出资企业中应当由职工代表出任的董事、监事，依照有关法律、行政法规的规定由职工民主选举产生。

第二十三条 履行出资人职责的机构任命或者建议任命的董事、监事、高级管理人员，应当具备下列条件：

（一）有良好的品行；

（二）有符合职位要求的专业知识和工作能力；

（三）有能够正常履行职责的身体条件；

（四）法律、行政法规规定的其他条件。

董事、监事、高级管理人员在任职期间出现不符合前款规定情形或者出现《中华人民共和国公司法》规定的不得担任公司董事、监事、高级管理人员情形的，履行出资人职责的机构应当依法予以免职或者提出免职建议。

第二十四条 履行出资人职责的机构对拟任命或者建议任命的董事、监事、高级管理人员的人选，应当按照规定的条件和程序进行考察。考察合格的，按照规定的权限和程序任命或者建议任命。

第二十五条 未经履行出资人职责的机构同意，国有独资企业、国有独资公司的董事、高级管理人员不得在其他企业兼职。未经股东会、股东大会同意，国有资本控股公司、国有资本参股公司的董事、高级管理人员不得在经营同类业务的其他企业兼职。

未经履行出资人职责的机构同意，国有独资公司的董事长不得兼任经理。未经股东会、股东大会同意，国有资本控股公司的董事长不得兼任经理。

董事、高级管理人员不得兼任监事。

第二十六条 国家出资企业的董事、监事、高级管理人员，应当遵守法律、行政法规以及企业章程，对企业负有忠实义务和勤勉义务，不得利用职权收受贿赂或者取得其他非法收入和不当利益，不得侵占、挪用企业资产，不得超越职权或者违反程序决定企业重大事项，不得有其他侵害国有资产出资人权益的行为。

第二十七条 国家建立国家出资企业管理者经营业绩考核制度。履行出资人职责的机构应当对其任命的企业管理者进行年度和任期考核，并依据考核结果决定对企业管理者的奖惩。

履行出资人职责的机构应当按照国家有关规定，确定其任命的国家出资企业管理者的薪酬标准。

第二十八条 国有独资企业、国有独资公司和国有资本控股公司的主要负责人，应当接受依法进行的任期经济责任审计。

第二十九条 本法第二十二条第一款第一项、第二项规定的企业管理者，国务院和地方人民政府规定由本级人民政府任免的，依照其规定。履行出资人职责的机构依照本章规定对上述企业管理者进行考核、奖惩并确定其薪酬标准。

第五章 关系国有资产出资人权益的重大事项

第一节 一般规定

第三十条 国家出资企业合并、分立、改制、上市，增加或者减少注册资本，发行债券，进行重大投资，为他人提供大额担保，转让重大财产，进行大额捐赠，分配利润，以及解散、申请破产等重大事项，应当遵守法律、行政法规以及企业章程的规定，不得损害出资人和债权人的权益。

第三十一条 国有独资企业、国有独资公司合并、分立，增加或者减少注册资本，发行债券，分配利润，以及解散、申请破产，由履行出资人职责的机构决定。

第三十二条 国有独资企业、国有独资公司有本法第三十条所列事项的，除依照本法第

第三十一条和有关法律、行政法规以及企业章程的规定，由履行出资人职责的机构决定的以外，国有独资企业由企业负责人集体讨论决定，国有独资公司由董事会决定。

第三十三条 国有资本控股公司、国有资本参股公司有本法第三十条所列事项的，依照法律、行政法规以及公司章程的规定，由公司股东会、股东大会或者董事会决定。由股东会、股东大会决定的，履行出资人职责的机构委派的股东代表应当依照本法第十三条的规定行使权利。

第三十四条 重要的国有独资企业、国有独资公司、国有资本控股公司的合并、分立、解散、申请破产以及法律、行政法规和本级人民政府规定应当由履行出资人职责的机构报经本级人民政府批准的重大事项，履行出资人职责的机构在做出决定或者向其委派参加国有资本控股公司股东会会议、股东大会会议的股东代表作出指示前，应当报请本级人民政府批准。

本法所称的重要的国有独资企业、国有独资公司和国有资本控股公司，按照国务院的规定确定。

第三十五条 国家出资企业发行债券、投资等事项，有关法律、行政法规规定应当报经人民政府或者人民政府有关部门、机构批准、核准或者备案的，依照其规定。

第三十六条 国家出资企业投资应当符合国家产业政策，并按照国家规定进行可行性研究；与他人交易应当公平、有偿，取得合理对价。

第三十七条 国家出资企业的合并、分立、改制、解散、申请破产等重大事项，应当听取企业工会的意见，并通过职工代表大会或者其他形式听取职工的意见和建议。

第三十八条 国有独资企业、国有独资公司、国有资本控股公司对其所出资企业的重大事项参照本章规定履行出资人职责。具体办法由国务院规定。

第二节 企业改制

第三十九条 本法所称企业改制是指：

（一）国有独资企业改为国有独资公司；

（二）国有独资企业、国有独资公司改为国有资本控股公司或者非国有资本控股公司；

（三）国有资本控股公司改为非国有资本控股公司。

第四十条 企业改制应当依照法定程序，由履行出资人职责的机构决定或者由公司股东会、股东大会决定。

重要的国有独资企业、国有独资公司、国有资本控股公司的改制，履行出资人职责的机构在做出决定或者向其委派参加国有资本控股公司股东会会议、股东大会会议的股东代表作出指示前，应当将改制方案报请本级人民政府批准。

第四十一条 企业改制应当制定改制方案，载明改制后的企业组织形式、企业资产和债权债务处理方案、股权变动方案、改制的操作程序、资产评估和财务审计等中介机构的选聘等事项。

企业改制涉及重新安置企业职工的，还应当制定职工安置方案，并经职工代表大会或者职工大会审议通过。

第四十二条 企业改制应当按照规定进行清产核资、财务审计、资产评估，准确界定和核实资产，客观、公正地确定资产的价值。

企业改制涉及以企业的实物、知识产权、土地使用权等非货币财产折算为国有资本出资或者股份的，应当按照规定对折价财产进行评估，以评估确认价格作为确定国有

资本出资额或者股份数额的依据。不得将财产低价折股或者有其他损害出资人权益的行为。

第三节 与关联方的交易

第四十三条 国家出资企业的关联方不得利用与国家出资企业之间的交易，谋取不当利益，损害国家出资企业利益。

本法所称关联方，是指本企业的董事、监事、高级管理人员及其近亲属，以及这些人员所有或者实际控制的企业。

第四十四条 国有独资企业、国有独资公司、国有资本控股公司不得无偿向关联方提供资金、商品、服务或者其他资产，不得以不公平的价格与关联方进行交易。

第四十五条 未经履行出资人职责的机构同意，国有独资企业、国有独资公司不得有下列行为：

（一）与关联方订立财产转让、借款的协议；

（二）为关联方提供担保；

（三）与关联方共同出资设立企业，或者向董事、监事、高级管理人员或者其近亲属所有或者实际控制的企业投资。

第四十六条 国有资本控股公司、国有资本参股公司与关联方的交易，依照《中华人民共和国公司法》和有关行政法规以及公司章程的规定，由公司股东会、股东大会或者董事会决定。由公司股东会、股东大会决定的，履行出资人职责的机构委派的股东代表，应当依照本法第十三条的规定行使权利。

公司董事会对公司与关联方的交易做出决议时，该交易涉及的董事不得行使表决权，也不得代理其他董事行使表决权。

第四节 资产评估

第四十七条 国有独资企业、国有独资公司和国有资本控股公司合并、分立、改制，转让重大财产，以非货币财产对外投资，清算或者有法律、行政法规以及企业章程规定应当进行资产评估的其他情形的，应当按照规定对有关资产进行评估。

第四十八条 国有独资企业、国有独资公司和国有资本控股公司应当委托依法设立的符合条件的资产评估机构进行资产评估；涉及应当报经履行出资人职责的机构决定的事项的，应当将委托资产评估机构的情况向履行出资人职责的机构报告。

第四十九条 国有独资企业、国有独资公司、国有资本控股公司及其董事、监事、高级管理人员应当向资产评估机构如实提供有关情况和资料，不得与资产评估机构串通评估作价。

第五十条 资产评估机构及其工作人员受托评估有关资产，应当遵守法律、行政法规以及评估执业准则，独立、客观、公正地对受托评估的资产进行评估。资产评估机构应当对其出具的评估报告负责。

第五节 国有资产转让

第五十一条 本法所称国有资产转让，是指依法将国家对企业的出资所形成的权益转移给其他单位或者个人的行为，按照国家规定无偿划转国有资产的除外。

第五十二条 国有资产转让应当有利于国有经济布局和结构的战略性调整，防止国有资产损失，不得损害交易各方的合法权益。

第五十三条 国有资产转让由履行出资人职责的机构决定。履行出资人职责的机构决定转让全部国有资产的，或者转让部分国有资产致使国家对该企业不再具有控股地位的，应当报请本级人民政府批准。

第五十四条 国有资产转让应当遵循等价有偿和公开、公平、公正的原则。

除按照国家规定可以直接协议转让的以外，国有资产转让应当在依法设立的产权交易场所公开进行。转让方应当如实披露有关信息，征集受让方；征集产生的受让方为两个以上的，转让应当采用公开竞价的交易方式。

转让上市交易的股份依照《中华人民共和国证券法》的规定进行。

第五十五条 国有资产转让应当以依法评估的、经履行出资人职责的机构认可或者由履行出资人职责的机构报经本级人民政府核准的价格为依据，合理确定最低转让价格。

第五十六条 法律、行政法规或者国务院国有资产监督管理机构规定可以向本企业的董事、监事、高级管理人员或者其近亲属，或者这些人员所有或者实际控制的企业转让的国有资产，在转让时，上述人员或者企业参与受让的，应当与其他受让参与者平等竞买；转让方应当按照国家有关规定，如实披露有关信息；相关的董事、监事和高级管理人员不得参与转让方案的制定和组织实施的各项工作。

第五十七条 国有资产向境外投资者转让的，应当遵守国家有关规定，不得危害国家安全和社会公共利益。

第六章 国有资本经营预算

第五十八条 国家建立健全国有资本经营预算制度，对取得的国有资本收入及其支出实行预算管理。

第五十九条 国家取得的下列国有资本收入，以及下列收入的支出，应当编制国有资本经营预算：

（一）从国家出资企业分得的利润；

（二）国有资产转让收入；

（三）从国家出资企业取得的清算收入；

（四）其他国有资本收入。

第六十条 国有资本经营预算按年度单独编制，纳入本级人民政府预算，报本级人民代表大会批准。

国有资本经营预算支出按照当年预算收入规模安排，不列赤字。

第六十一条 国务院和有关地方人民政府财政部门负责国有资本经营预算草案的编制工作，履行出资人职责的机构向财政部门提出由其履行出资人职责的国有资本经营预算建议草案。

第六十二条 国有资本经营预算管理的具体办法和实施步骤，由国务院规定，报全国人民代表大会常务委员会备案。

第七章 国有资产监督

第六十三条 各级人民代表大会常务委员会通过听取和审议本级人民政府履行出资人职责的情况和国有资产监督管理情况的专项工作报告，组织对本法实施情况的执法检查等，依法行使监督职权。

第六十四条 国务院和地方人民政府应当对其授权履行出资人职责的机构履行职责的情况进行监督。

第六十五条 国务院和地方人民政府审计机关依照《中华人民共和国审计法》的规定，对国有资本经营预算的执行情况和属于审计监督对象的国家出资企业进行审计监督。

第六十六条 国务院和地方人民政府应当依法向社会公布国有资产状况和国有资产监督管理工作情况，接受社会公众的监督。

任何单位和个人有权对造成国有资产损失的行为进行检举和控告。

第六十七条 履行出资人职责的机构根据需要，可以委托会计师事务所对国有独资企业、国有独资公司的年度财务会计报告进行审计，或者通过国有资本控股公司的股东会、股东大会决议，由国有资本控股公司聘请会计师事务所对公司的年度财务会计报告进行审计，维护出资人权益。

第八章 法律责任

第六十八条 履行出资人职责的机构有下列行为之一的，对其直接负责的主管人员和其他直接责任人员依法给予处分：

（一）不按照法定的任职条件，任命或者建议任命国家出资企业管理者的；

（二）侵占、截留、挪用国家出资企业的资金或者应当上缴的国有资本收入的；

（三）违反法定的权限、程序，决定国家出资企业重大事项，造成国有资产损失的；

（四）有其他不依法履行出资人职责的行为，造成国有资产损失的。

第六十九条 履行出资人职责的机构的工作人员玩忽职守、滥用职权、徇私舞弊，尚不构成犯罪的，依法给予处分。

第七十条 履行出资人职责的机构委派的股东代表未按照委派机构的指示履行职责，造成国有资产损失的，依法承担赔偿责任；属于国家工作人员的，并依法给予处分。

第七十一条 国家出资企业的董事、监事、高级管理人员有下列行为之一，造成国有资产损失的，依法承担赔偿责任；属于国家工作人员的，并依法给予处分：

（一）利用职权收受贿赂或者取得其他非法收入和不当利益的；

（二）侵占、挪用企业资产的；

（三）在企业改制、财产转让等过程中，违反法律、行政法规和公平交易规则，将企业财产低价转让、低价折股的；

（四）违反本法规定与本企业进行交易的；

（五）不如实向资产评估机构、会计师事务所提供有关情况和资料，或者与资产评估机构、会计师事务所串通出具虚假资产评估报告、审计报告的；

（六）违反法律、行政法规和企业章程规定的决策程序，决定企业重大事项的；

（七）有其他违反法律、行政法规和企业章程执行职务行为的。

国家出资企业的董事、监事、高级管理人员因前款所列行为取得的收入，依法予以追缴或者归国家出资企业所有。

履行出资人职责的机构任命或者建议任命的董事、监事、高级管理人员有本条第一款所列行为之一，造成国有资产重大损失的，由履行出资人职责的机构依法予以免职或者提出免职建议。

第七十二条 在涉及关联方交易、国有资产转让等交易活动中，当事人恶意串通，损害国有资产权益的，该交易行为无效。

第七十三条 国有独资企业、国有独资公司、国有资本控股公司的董事、监事、高级管理人员违反本法规定，造成国有资产重大损失，被免职的，自免职之日起五年内不得担任国有独资企业、国有独资公司、国有资本控股公司的董事、监事、高级管理人员；造成国有资产特别重大损失，或者因贪污、贿赂、侵占财产、挪用财产或者破坏社会主义市场经济秩序被判处刑罚的，终身不得担任国有独资企业、国有独资公司、国有资本控股公司的董事、监事、高级管理人员。

第七十四条 接受委托对国家出资企业进行资产评估、财务审计的资产评估机构、会计师事务所违反法律、行政法规的规定和执业准则，出具虚假的资产评估报告或者审计报告的，依照有关法律、行政法规的规定追究法律责任。

第七十五条 违反本法规定，构成犯罪的，依法追究刑事责任。

第九章 附 则

第七十六条 金融企业国有资产的管理与监督，法律、行政法规另有规定的，依照其规定。

第七十七条 本法自2009年5月1日起施行。

中华人民共和国食品安全法

第一章 总则

第一条 为保证食品安全，保障公众身体健康和生命安全，制定本法。

第二条 在中华人民共和国境内从事下列活动，应当遵守本法：

（一）食品生产和加工（以下称食品生产），食品流通和餐饮服务（以下称食品经营）；

（二）食品添加剂的生产经营；

（三）用于食品的包装材料、容器、洗涤剂、消毒剂和用于食品生产经营的工具、设备（以下称食品相关产品）的生产经营；

（四）食品生产经营者使用食品添加剂、食品相关产品；

（五）对食品、食品添加剂和食品相关产品的安全管理。

供食用的源于农业的初级产品（以下称食用农产品）的质量安全管理，遵守《中华人民共和国农产品质量安全法》的规定。但是，制定有关食用农产品的质量安全标准、公布食用农产品安全有关信息，应当遵守本法的有关规定。

第三条 食品生产经营者应当依照法律、法规和食品安全标准从事生产经营活动，对社会和公众负责，保证食品安全，接受社会监督，承担社会责任。

第四条 国务院设立食品安全委员会，其工作职责由国务院规定。

国务院卫生行政部门承担食品安全综合协调职责，负责食品安全风险评估、食品安全标准制定、食品安全信息公布、食品检验机构的资质认定条件和检验规范的制定，组织查处食品安全重大事故。

国务院质量监督、工商行政管理和国家食品药品监督管理部门依照本法和国务院规定的职责，分别对食品生产、食品流通、餐饮服务活动实施监督管理。

第五条 县级以上地方人民政府统一负责、领导、组织、协调本行政区域的食品安全监督管理工作，建立健全食品安全全程监督管理的工作机制；统一领导、指挥食品安全突发事件应对工作；完善、落实食品安全监督管理责任制，对食品安全监督管理部门进行评议、考核。

县级以上地方人民政府依照本法和国务院的规定确定本级卫生行政、农业行政、质量监督、工商行政管理、食品药品监督管理部门的食品安全监督管理职责。有关部门在各自职责范围内负责本行政区域的食品安全监督管理工作。

上级人民政府所属部门在下级行政区域设置的机构应当在所在地人民政府的统一组织、协调下，依法做好食品安全监督管理工作。

第六条 县级以上卫生行政、农业行政、质量监督、工商行政管理、食品药品监督管理部门应当加强沟通、密切配合，按照各自职责分工，依法行使职权，承担责任。

第七条 食品行业协会应当加强行业自律，引导食品生产经营者依法生产经营，推动行业诚信建设，宣传、普及食品安全知识。

第八条 国家鼓励社会团体、基层群众性自治组织开展食品安全法律、法规以及食品安全标准和知识的普及工作，倡导健康的饮食方式，增强消费者食品安全意识和自我保护能力。

新闻媒体应当开展食品安全法律、法规以及食品安全标准和知识的公益宣传，并对违反本法的行为进行舆论监督。

第九条 国家鼓励和支持开展与食品安全有关的基础研究和应用研究，鼓励和支持食品生产经营者为提高食品安全水平采用先进技术和先进管理规范。

第十条 任何组织或者个人有权举报食品生产经营中违反本法的行为，有权向有关部门了解食品安全信息，对食品安全监督管理工作提出意见和建议。

第二章 食品安全风险监测和评估

第十一条 国家建立食品安全风险监测制度，对食源性疾病、食品污染以及食品中的有害因素进行监测。

国务院卫生行政部门会同国务院有关部门制定、实施国家食品安全风险监测计划。省、自治区、直辖市人民政府卫生行政部门根据国家食品安全风险监测计划，结合本行政区域的具体情况，组织制定、实施本行政区域的食品安全风险监测方案。

第十二条 国务院农业行政、质量监督、工商行政管理和国家食品药品监督管理等有关部门获知有关食品安全风险信息后，应当立即向国务院卫生行政部门通报。国务院卫生行政部门会同有关部门对信息核实后，应当及时调整食品安全风险监测计划。

第十三条 国家建立食品安全风险评估制度，对食品、食品添加剂中生物性、化学性和物理性危害进行风险评估。

国务院卫生行政部门负责组织食品安全风险评估工作，成立由医学、农业、食品、营养等方面的专家组成的食品安全风险评估专家委员会进行食品安全风险评估。

对农药、肥料、生长调节剂、兽药、饲料和饲料添加剂等的安全性评估，应当有食品安全风险评估专家委员会的专家参加。

食品安全风险评估应当运用科学方法，根据食品安全风险监测信息、科学数据以及其他有关信息进行。

第十四条 国务院卫生行政部门通过食品安全风险监测或者接到举报发现食品可能存在安全隐患的，应当立即组织进行检验和食品安全风险评估。

第十五条 国务院农业行政、质量监督、工商行政管理和国家食品药品监督管理等有关部门应当向国务院卫生行政部门提出食品安全风险评估的建议，并提供有关信息和资料。国务院卫生行政部门应当及时向国务院有关部门通报食品安全风险评估的结果。

第十六条 食品安全风险评估结果是制定、修订食品安全标准和对食品安全实施监督管理的科学依据。

食品安全风险评估结果得出食品不安全结论的，国务院质量监督、工商行政管理和国家食品药品监督管理部门应当依据各自职责立即采取相应措施，确保该食品停止生产经营，并告知消费者停止食用；需要制定、修订相关食品安全国家标准的，国务院卫生行政部门应当立即制定、修订。

第十七条 国务院卫生行政部门应当会同国务院有关部门，根据食品安全风险评估结果、食品安全监督管理信息，对食品安全状况进行综合分析。对经综合分析表明可能具有较高程度安全风险的食品，国务院卫生行政部门应当及时提出食品安全风险警示，并予以公布。

第三章 食品安全标准

第十八条 制定食品安全标准，应当以保障公众身体健康为宗旨，做到科学合理、安全可靠。

第十九条 食品安全标准是强制执行的标准。除食品安全标准外，不得制定其他的食品强制性标准。

第二十条 食品安全标准应当包括下列内容：

（一）食品、食品相关产品中的致病性微生物、农药残留、兽药残留、重金属、污染物质以及其他危害人体健康物质的限量规定；

（二）食品添加剂的品种、使用范围、用量；

（三）专供婴幼儿和其他特定人群的主辅食品的营养成分要求；

（四）对与食品安全、营养有关的标签、标识、说明书的要求；

（五）食品生产经营过程的卫生要求；

（六）与食品安全有关的质量要求；

（七）食品检验方法与规程；

（八）其他需要制定为食品安全标准的内容。

第二十一条 食品安全国家标准由国务院卫生行政部门负责制定、公布，国务院标准化行政部门提供国家标准编号。

食品中农药残留、兽药残留的限量规定及其检验方法与规程由国务院卫生行政部门、国务院农业行政部门制定。

屠宰畜、禽的检验规程由国务院有关主管部门会同国务院卫生行政部门制定。

有关产品国家标准涉及食品安全国家标准规定内容的，应当与食品安全国家标准相一致。

第二十二条 国务院卫生行政部门应当对现行的食用农产品质量安全标准、食品卫生标准、食品质量标准和有关食品的行业标准中强制执行的标准予以整合，统一公布为食品安全国家标准。

本法规定的食品安全国家标准公布前，食品生产经营者应当按照现行食用农产品质量安全标准、食品卫生标准、食品质量标准和有关食品的行业标准生产经营食品。

第二十三条 食品安全国家标准应当经食品安全国家标准审评委员会审查通过。食品安全国家标准审评委员会由医学、农业、食品、营养等方面的专家以及国务院有关部门的代表组成。

制定食品安全国家标准，应当依据食品安全风险评估结果并充分考虑食用农产品质量安全风险评估结果，参照相关的国际标准和国际食品安全风险评估结果，并广泛听取食品生产经营者和消费者的意见。

第二十四条 没有食品安全国家标准的，可以制定食品安全地方标准。

省、自治区、直辖市人民政府卫生行政部门组织制定食品安全地方标准，应当参照执行本法有关食品安全国家标准制定的规定，并报国务院卫生行政部门备案。

第二十五条 企业生产的食品没有食品安全国家标准或者地方标准的，应当制定企业标准，作为组织生产的依据。国家鼓励食品生产企业制定严于食品安全国家标准或者地方标准的企业标准。企业标准应当报省级卫生行政部门备案，在本企业内部适用。

第二十六条 食品安全标准应当供公众免费查阅。

第四章 食品生产经营

第二十七条 食品生产经营应当符合食品安全标准，并符合下列要求：

（一）具有与生产经营的食品品种、数量相适应的食品原料处理和食品加工、包装、贮存等场所，保持该场所环境整洁，并与有毒、有害场所以及其他污染源保持规定的距离；

（二）具有与生产经营的食品品种、数量相适应的生产经营设备或者设施，有相应的消毒、更衣、盥洗、采光、照明、通风、防腐、防尘、防蝇、防鼠、防虫、洗涤以及处理废水、存放垃圾和废弃物的设备或者设施；

（三）有食品安全专业技术人员、管理人员和保证食品安全的规章制度；

（四）具有合理的设备布局和工艺流程，防止待加工食品与直接入口食品、原料与成品交叉污染，避免食品接触有毒物、不洁物；

（五）餐具、饮具和盛放直接入口食品的容器，使用前应当洗净、消毒，炊具、用具用后应当洗净，保持清洁；

（六）贮存、运输和装卸食品的容器、工具和设备应当安全、无害，保持清洁，防止食品污染，并符合保证食品安全所需的温度等特殊要求，不得将食品与有毒、有害物品一同运输；

（七）直接入口的食品应当有小包装或者使用无毒、清洁的包装材料、餐具；

（八）食品生产经营人员应当保持个人卫生，生产经营食品时，应当将手洗净，穿戴清洁的工作衣、帽；销售无包装的直接入口食品时，应当使用无毒、清洁的售货工具；

（九）用水应当符合国家规定的生活饮用水卫生标准；

（十）使用的洗涤剂、消毒剂应当对人体安全、无害；

（十一）法律、法规规定的其他要求。

第二十八条 禁止生产经营下列食品：

（一）用非食品原料生产的食品或者添加食品添加剂以外的化学物质和其他可能危害人体健康物质的食品，或者用回收食品作为原料生产的食品；

（二）致病性微生物、农药残留、兽药残留、重金属、污染物质以及其他危害人体健康的物质含量超过食品安全标准限量的食品；

（三）营养成分不符合食品安全标准的专供婴幼儿和其他特定人群的主辅食品；

（四）腐败变质、油脂酸败、霉变生虫、污秽不洁、混有异物、掺假掺杂或者感官性状异常的食品；

（五）病死、毒死或者死因不明的禽、畜、兽、水产动物肉类及其制品；

（六）未经动物卫生监督机构检疫或者检疫不合格的肉类，或者未经检验或者检验不合格的肉类制品；

（七）被包装材料、容器、运输工具等污染的食品；

（八）超过保质期的食品；

（九）无标签的预包装食品；

（十）国家为防病等特殊需要明令禁止生产经营的食品；

（十一）其他不符合食品安全标准或者要求的食品。

第二十九条 国家对食品生产经营实行许可制度。从事食品生产、食品流通、餐饮服务，应当依法取得食品生产许可、食品流通许可、餐饮服务许可。

取得食品生产许可的食品生产者在其生产场所销售其生产的食品，不需要取得食品流通的许可；取得餐饮服务许可的餐饮服务提供者在其餐饮服务场所出售其制作加工的食品，不需要取得食品生产和流通的许可；农民个人销售其自产的食用农产品，不需要取得食品流通的许可。

食品生产加工小作坊和食品摊贩从事食品生产经营活动，应当符合本法规定的与其生产经营规模、条件相适应的食品安全要求，保证所生产经营的食品卫生、无毒、无害，有关部门应当对其加强监督管理，具体管理办法由省、自治区、直辖市人民代表大会常务委员会依照本法制定。

第三十条 县级以上地方人民政府鼓励食品生产加工小作坊改进生产条件；鼓励食品摊贩进入集中交易市场、店铺等固定场所经营。

第三十一条 县级以上质量监督、工商行政管理、食品药品监督管理部门应当依照《中华人民共和国行政许可法》的规定，审核申请人提交的本法第二十七条第一项至第四项规定要求的相关资料，必要时对申请人的生产经营场所进行现场核查；对符合规定条件的，决定准予许可；对不符合规定条件的，决定不予许可并书面说明理由。

第三十二条 食品生产经营企业应当建立健全本单位的食品安全管理制度，加强对职工食品安全知识的培训，配备专职或者兼职食品安全管理人员，做好对所生产经营食品的检验工作，依法从事食品生产经营活动。

第三十三条 国家鼓励食品生产经营企业符合良好生产规范要求，实施危害分析与关键控制点体系，提高食品安全管理水平。

对通过良好生产规范、危害分析与关键控制点体系认证的食品生产经营企业，认证机构应当依法实施跟踪调查；对不再符合认证要求的企业，应当依法撤销认证，及时向有关质量监督、工商行政管理、食品药品监督管理部门通报，并向社会公布。认证机构实施跟踪调查不收取任何费用。

第三十四条 食品生产经营者应当建立并执行从业人员健康管理制度。患有痢疾、伤寒、病毒性肝炎等消化道传染病的人员，以及患有活动性肺结核、化脓性或者渗出性皮肤病等有碍食品安全的疾病的人员，不得从事接触直接入口食品的工作。

食品生产经营人员每年应当进行健康检查，取得健康证明后方可参加工作。

第三十五条 食用农产品生产者应当依照食品安全标准和国家有关规定使用农药、肥料、生长调节剂、兽药、饲料和饲料添加剂等农业投入品。食用农产品的生产企业和农民专业合作经济组织应当建立食用农产品生产记录制度。

县级以上农业行政部门应当加强对农业投入品使用的管理和指导，建立健全农业投入品的安全使用制度。

第三十六条 食品生产者采购食品原料、食品添加剂、食品相关产品，应当查验供货者的许可证和产品合格证明文件；对无法提供合格证明文件的食品原料，应当依照食品安全标准进行检验；不得采购或者使用不符合食品安全标准的食品原料、食品添加剂、食品相关产品。

食品生产企业应当建立食品原料、食品添加剂、食品相关产品进货查验记录制度，如实记录食品原料、食品添加剂、食品相关产品的名称、规格、数量、供货者名称及联系方式、进货日期等内容。

食品原料、食品添加剂、食品相关产品进货查验记录应当真实，保存期限不得少于二年。

第三十七条 食品生产企业应当建立食品出厂检验记录制度，查验出厂食品的检验合格证和安全状况，并如实记录食品的名称、规格、数量、生产日期、生产批号、检验合格证号、购货者名称及联系方式、销售日期等内容。

食品出厂检验记录应当真实，保存期限不得少于二年。

第三十八条 食品、食品添加剂和食品相关产品的生产者，应当依照食品安全标准对所生产的食品、食品添加剂和食品相关产品进行检验，检验合格后方可出厂或者销售。

第三十九条 食品经营者采购食品，应当查验供货者的许可证和食品合格的证明文件。

食品经营企业应当建立食品进货查验记录制度，如实记录食品的名称、规格、数量、生产批号、保质期、供货者名称及联系方式、进货日期等内容。

食品进货查验记录应当真实，保存期限不得少于二年。

实行统一配送经营方式的食品经营企业，可以由企业总部统一查验供货者的许可证和食品合格的证明文件，进行食品进货查验记录。

第四十条 食品经营者应当按照保证食品安全的要求贮存食品，定期检查库存食品，及时清理变质或者超过保质期的食品。

第四十一条 食品经营者贮存散装食品，应当在贮存位置标明食品的名称、生产日期、保质期、生产者名称及联系方式等内容。

食品经营者销售散装食品，应当在散装食品的容器、外包装上标明食品的名称、生产日期、保质期、生产经营者名称及联系方式等内容。

第四十二条 预包装食品的包装上应当有标签。标签应当标明下列事项：

（一）名称、规格、净含量、生产日期；

（二）成分或者配料表；

（三）生产者的名称、地址、联系方式；

（四）保质期；

（五）产品标准代号；

（六）贮存条件；

（七）所使用的食品添加剂在国家标准中的通用名称；

（八）生产许可证编号；

（九）法律、法规或者食品安全标准规定必须标明的其他事项。

专供婴幼儿和其他特定人群的主辅食品，其标签还应当标明主要营养成分及其含量。

第四十三条 国家对食品添加剂的生产实行许可制度。申请食品添加剂生产许可的条件、程序，按照国家有关工业产品生产许可证管理的规定执行。

第四十四条 申请利用新的食品原料从事食品生产或者从事食品添加剂新品种、食品相关产品新品种生产活动的单位或者个人，应当向国务院卫生行政部门提交相关产品的安全性评估材料。国务院卫生行政部门应当自收到申请之日起六十日内组织对相关产品的安全性评估材料进行审查；对符合食品安全要求的，依法决定准予许可并予以公布；对不符合食品安全要求的，决定不予许可并书面说明理由。

第四十五条 食品添加剂应当在技术上确有必要且经过风险评估证明安全可靠，方可列入允许使用的范围。国务院卫生行政部门应当根据技术必要性和食品安全风险评估结果，及时对食品添加剂的品种、使用范围、用量的标准进行修订。

第四十六条 食品生产者应当依照食品安全标准关于食品添加剂的品种、使用范围、用量的规定使用食品添加剂；不得在食品生产中使用食品添加剂以外的化学物质和其他可能危害人体健康的物质。

第四十七条 食品添加剂应当有标签、说明书和包装。标签、说明书应当载明本法第四十二条第一款第一项至第六项、第八项、第九项规定的事项，以及食品添加剂的使用范围、用量、使用方法，并在标签上载明“食品添加剂”字样。

第四十八条 食品和食品添加剂的标签、说明书，不得含有虚假、夸大的内容，不得涉及疾病预防、治疗功能。生产者对标签、说明书上所载明的内容负责。

食品和食品添加剂的标签、说明书应当清楚、明显，容易辨识。

食品和食品添加剂与其标签、说明书所载明的内容不符的，不得上市销售。

第四十九条 食品经营者应当按照食品标签标示的警示标志、警示说明或者注意事项的要求，销售预包装食品。

第五十条 生产经营的食品中不得添加药品，但是可以添加按照传统既是食品又是中药材的物质。按照传统既是食品又是中药材的物质的目录由国务院卫生行政部门制定、公布。

第五十一条 国家对声称具有特定保健功能的食品实行严格监管。有关监督管理部门应当依法履职，承担责任。具体管理办法由国务院规定。

声称具有特定保健功能的食品不得对人体产生急性、亚急性或者慢性危害，其标签、说明书不得涉及疾病预防、治疗功能，内容必须真实，应当载明适宜人群、不适宜人群、功效成分或者标志性成分及其含量等；产品的功能和成分必须与标签、说明书相一致。

第五十二条 集中交易市场的开办者、柜台出租者和展销会举办者，应当审查入场食品经营者的许可证，明确入场食品经营者的食品安全管理责任，定期对入场食品经营者的经营环境和条件进行检查，发现食品经营者有违反本法规定的行为的，应当及时制止并立即报告所在地县级工商行政管理部门或者食品药品监督管理部门。

集中交易市场的开办者、柜台出租者和展销会举办者未履行前款规定义务，本市场发生食品安全事故的，应当承担连带责任。

第五十三条 国家建立食品召回制度。食品生产者发现其生产的食品不符合食品安全标准，应当立即停止生产，召回已经上市销售的食品，通知相关生产经营者和消费者，并记录召回和通知情况。

食品经营者发现其经营的食品不符合食品安全标准，应当立即停止经营，通知相关生产经营者和消费者，并记录停止经营和通知情况。食品生产者认为应当召回的，应当立即召回。

食品生产者应当对召回的食品采取补救、无害化处理、销毁等措施，并将食品召回和处理情况向县级以上质量监督部门报告。

食品生产经营者未依照本条规定召回或者停止经营不符合食品安全标准的食品的，县级以上质量监督、工商行政管理、食品药品监督管理部门可以责令其召回或者停止经营。

第五十四条 食品广告的内容应当真实合法，不得含有虚假、夸大的内容，不得涉及疾病预防、治疗功能。

食品安全监督管理部门或者承担食品检验职责的机构、食品行业协会、消费者协会不得以广告或者其他形式向消费者推荐食品。

第五十五条 社会团体或者其他组织、个人在虚假广告中向消费者推荐食品，使消费者的合法权益受到损害的，与食品生产经营者承担连带责任。

第五十六条 地方各级人民政府鼓励食品规模化生产和连锁经营、配送。

第五章 食品检验

第五十七条 食品检验机构按照国家有关认证认可的规定取得资质认定后，方可从事食品检验活动。但是，法律另有规定的除外。

食品检验机构的资质认定条件和检验规范，由国务院卫生行政部门规定。

本法施行前经国务院有关主管部门批准设立或者经依法认定的食品检验机构，可以依照本法继续从事食品检验活动。

第五十八条 食品检验由食品检验机构指定的检验人独立进行。

检验人应当依照有关法律、法规的规定，并依照食品安全标准和检验规范对食品进行检验，尊重科学，恪守职业道德，保证出具的检验数据和结论客观、公正，不得出具虚假的检验报告。

第五十九条 食品检验实行食品检验机构与检验人负责制。食品检验报告应当加盖食品检验机构公章，并有检验人的签名或者盖章。食品检验机构和检验人对出具的食品检验报告负责。

第六十条 食品安全监督管理部门对食品不得实施免检。

县级以上质量监督、工商行政管理、食品药品监督管理部门应当对食品进行定期或者不定期的抽样检验。进行抽样检验，应当购买抽取的样品，不收取检验费和其他任何费用。

县级以上质量监督、工商行政管理、食品药品监督管理部门在执法工作中需要对食品进行检验的，应当委托符合本法规定的食品检验机构进行，并支付相关费用。对检验结论有异议的，可以依法进行复检。

第六十一条 食品生产经营企业可以自行对所生产的食品进行检验，也可以委托符合本法规定的食品检验机构进行检验。

食品行业协会等组织、消费者需要委托食品检验机构对食品进行检验的，应当委托符合本法规定的食品检验机构进行。

第六章 食品进出口

第六十二条 进口的食品、食品添加剂以及食品相关产品应当符合我国食品安全国家标准。

进口的食品应当经出入境检验检疫机构检验合格后，海关凭出入境检验检疫机构签发的通关证明放行。

第六十三条 进口尚无食品安全国家标准的食品，或者首次进口食品添加剂新品种、食品相关产品新品种，进口商应当向国务院卫生行政部门提出申请并提交相关的安全性评估材料。国务院卫生行政部门依照本法第四十四条的规定做出是否准予许可的决定，并及时制定相应的食品安全国家标准。

第六十四条 境外发生的食品安全事件可能对我国境内造成影响，或者在进口食品中发现严重食品安全问题的，国家出入境检验检疫部门应当及时采取风险预警或者控制措施，并向国务院卫生行政、农业行政、工商行政管理和国家食品药品监督管理部门通报。接到通报的部门应当及时采取相应措施。

第六十五条 向我国境内出口食品的出口商或者代理商应当向国家出入境检验检疫部门备案。向我国境内出口食品的境外食品生产企业应当经国家出入境检验检疫部门注册。

国家出入境检验检疫部门应当定期公布已经备案的出口商、代理商和已经注册的境外食品生产企业名单。

第六十六条 进口的预包装食品应当有中文标签、中文说明书。标签、说明书应当符合本法以及我国其他有关法律、行政法规的规定和食品安全国家标准的要求，载明食品的原产地以及境内代理商的名称、地址、联系方式。预包装食品没有中文标签、中文说明书或者标签、说明书不符合本条规定的，不得进口。

第六十七条 进口商应当建立食品进口和销售记录制度，如实记录食品的名称、规格、数量、生产日期、生产或者进口批号、保质期、出口商和购货者名称及联系方式、交货日期等内容。

食品进口和销售记录应当真实，保存期限不得少于二年。

第六十八条 出口的食品由出入境检验检疫机构进行监督、抽检，海关凭出入境检验检疫机构签发的通关证明放行。

出口食品生产企业和出口食品原料种植、养殖场应当向国家出入境检验检疫部门备案。

第六十九条 国家出入境检验检疫部门应当收集、汇总进出口食品安全信息，并及时通报相关部门、机构和企业。

国家出入境检验检疫部门应当建立进出口食品的进口商、出口商和出口食品生产企业的信誉记录，并予以公布。对有不良记录的进口商、出口商和出口食品生产企业，应当加强对其进出口食品的检验检疫。

第七章 食品安全事故处置

第七十条 国务院组织制定国家食品安全事故应急预案。

县级以上地方人民政府应当根据有关法律、法规的规定和上级人民政府的食品安全事故应急预案以及本地区的实际情况，制定本行政区域的食品安全事故应急预案，并报上一级人民政府备案。

食品生产经营企业应当制定食品安全事故处置方案，定期检查本企业各项食品安全防范措施的落实情况，及时消除食品安全事故隐患。

第七十一条 发生食品安全事故的单位应当立即予以处置，防止事故扩大。事故发生单位和接收病人进行治疗的单位应当及时向事故发生地县级卫生行政部门报告。

农业行政、质量监督、工商行政管理、食品药品监督管理部门在日常监督管理中发现食品安全事故，或者接到有关食品安全事故的举报，应当立即向卫生行政部门通报。

发生重大食品安全事故的，接到报告的县级卫生行政部门应当按照规定向本级人民政府和上级人民政府卫生行政部门报告。县级人民政府和上级人民政府卫生行政部门应当按照规定上报。

任何单位或者个人不得对食品安全事故隐瞒、谎报、缓报，不得毁灭有关证据。

第七十二条 县级以上卫生行政部门接到食品安全事故的报告后，应当立即会同有关农业行政、质量监督、工商行政管理、食品药品监督管理部门进行调查处理，并采取下列措施，防止或者减轻社会危害：

（一）开展应急救援工作，对因食品安全事故导致人身伤害的人员，卫生行政部门应当立即组织救治；

（二）封存可能导致食品安全事故的食品及其原料，并立即进行检验；对确认属于被污染的食品及其原料，责令食品生产经营者依照本法第五十三条的规定予以召回、停止经营并销毁；

（三）封存被污染的食品用工具及用具，并责令进行清洗消毒；

（四）做好信息发布工作，依法对食品安全事故及其处理情况进行发布，并对可能产生的危害加以解释、说明。

发生重大食品安全事故的，县级以上人民政府应当立即成立食品安全事故处置指挥机构，启动应急预案，依照前款规定进行处置。

第七十三条 发生重大食品安全事故，设区的市级以上人民政府卫生行政部门应当立即会同有关部门进行事故责任调查，督促有关部门履行职责，向本级人民政府提出事故责任调查处理报告。

重大食品安全事故涉及两个以上省、自治区、直辖市的，由国务院卫生行政部门依照前款规定组织事故责任调查。

第七十四条 发生食品安全事故，县级以上疾病预防控制机构应当协助卫生行政部门和有关部门对事故现场进行卫生处理，并对与食品安全事故有关的因素开展流行病学调查。

第七十五条 调查食品安全事故，除了查明事故单位的责任，还应当查明负有监督管理和认证职责的监督管理部门、认证机构的工作人员失职、渎职情况。

第八章 监督管理

第七十六条 县级以上地方人民政府组织本级卫生行政、农业行政、质量监督、工商行政管理、食品药品监督管理部门制定本行政区域的食品安全年度监督管理计划，并按照年度计划组织开展工作。

第七十七条 县级以上质量监督、工商行政管理、食品药品监督管理部门履行各自食品安全监督管理职责，有权采取下列措施：

（一）进入生产经营场所实施现场检查；

（二）对生产经营的食品进行抽样检验；

（三）查阅、复制有关合同、票据、账簿以及其他有关资料；

（四）查封、扣押有证据证明不符合食品安全标准的食品，违法使用的食品原料、食品添加剂、食品相关产品，以及用于违法生产经营或者被污染的工具、设备；

（五）查封违法从事食品生产经营活动的场所。

县级以上农业行政部门应当依照《中华人民共和国农产品质量安全法》规定的职责，对食用农产品进行监督管理。

第七十八 条县级以上质量监督、工商行政管理、食品药品监督管理部门对食品生产经营者进行监督检查，应当记录监督检查的情况和处理结果。监督检查记录经监督检查人员和食品生产经营者签字后归档。

第七十九条 县级以上质量监督、工商行政管理、食品药品监督管理部门应当建立食品生产经营者食品安全信用档案，记录许可颁发、日常监督检查结果、违法行为查处等情况；根据食品安全信用档案的记录，对有不良信用记录的食品生产经营者增加监督检查频次。

第八十条 县级以上卫生行政、质量监督、工商行政管理、食品药品监督管理部门接到咨询、投诉、举报，对属于本部门职责的，应当受理，并及时进行答复、核实、处理；对不属于本部门职责的，应当书面通知并移交有权处理的部门处理。有权处理的部门应当及时处理，不得推诿；属于食品安全事故的，依照本法第七章有关规定进行处置。

第八十一条 县级以上卫生行政、质量监督、工商行政管理、食品药品监督管理部门应当按照法定权限和程序履行食品安全监督管理职责；对生产经营者的同一违法行为，不得给予二次以上罚款的行政处罚；涉嫌犯罪的，应当依法向公安机关移送。

第八十二条 国家建立食品安全信息统一公布制度。下列信息由国务院卫生行政部门统一公布：

（一）国家食品安全总体情况；

（二）食品安全风险评估信息和食品安全风险警示信息；

（三）重大食品安全事故及其处理信息；

（四）其他重要的食品安全信息和国务院确定的需要统一公布的信息。

前款第二项、第三项规定的信息，其影响限于特定区域的，也可以由有关省、自治区、直辖市人民政府卫生行政部门公布。县级以上农业行政、质量监督、工商行政管理、食品药品监督管理部门依据各自职责公布食品安全日常监督管理信息。

食品安全监督管理部门公布信息，应当做到准确、及时、客观。

第八十三条 县级以上地方卫生行政、农业行政、质量监督、工商行政管理、食品药品监督管理部门获知本法第八十二条第一款规定的需要统一公布的信息，应当向上级主管部门报告，由上级主管部门立即报告国务院卫生行政部门；必要时，可以直接向国务院卫生行政部门报告。

县级以上卫生行政、农业行政、质量监督、工商行政管理、食品药品监督管理部门应当相互通报获知的食品安全信息。

第九章 法律责任

第八十四条 违反本法规定，未经许可从事食品生产经营活动，或者未经许可生产食品添加剂的，由有关主管部门按照各自职责分工，没收违法所得、违法生产经营的食品、食品添加剂和用于违法生产经营的工具、设备、原料等物品；违法生产经营的食品、食品添加剂货值金额不足一万元的，并处二千元以上五万元以下罚款；货值金额一万元以上的，并处货值金额五倍以上十倍以下罚款。

第八十五条 违反本法规定，有下列情形之一的，由有关主管部门按照各自职责分工，没收违法所得、违法生产经营的食品和用于违法生产经营的工具、设备、原料等物品；违法生产经营的食品货值金额不足一万元的，并处二千元以上五万元以下罚款；货值金额一万元以上的，并处货值金额五倍以上十倍以下罚款；情节严重的，吊销许可证：

（一）用非食品原料生产食品或者在食品中添加食品添加剂以外的化学物质和其他可能危害人体健康的物质，或者用回收食品作为原料生产食品；

（二）生产经营致病性微生物、农药残留、兽药残留、重金属、污染物质以及其他危害人体健康的物质含量超过食品安全标准限量的食品；

（三）生产经营营养成分不符合食品安全标准的专供婴幼儿和其他特定人群的主辅食品；

（四）经营腐败变质、油脂酸败、霉变生虫、污秽不洁、混有异物、掺假掺杂或者感官性状异常的食品；

（五）经营病死、毒死或者死因不明的禽、畜、兽、水产动物肉类，或者生产经营病死、毒死或者死因不明的禽、畜、兽、水产动物肉类的制品；

（六）经营未经动物卫生监督机构检疫或者检疫不合格的肉类，或者生产经营未经检验或者检验不合格的肉类制品；

（七）经营超过保质期的食品；

（八）生产经营国家为防病等特殊需要明令禁止生产经营的食品；

（九）利用新的食品原料从事食品生产或者从事食品添加剂新品种、食品相关产品新品种生产，未经过安全性评估；

（十）食品生产经营者在有关主管部门责令其召回或者停止经营不符合食品安全标准的食品后，仍拒不召回或者停止经营的。

第八十六条 违反本法规定，有下列情形之一的，由有关主管部门按照各自职责分工，没收违法所得、违法生产经营的食品和用于违法生产经营的工具、设备、原料等物品；违法生产经营的食品货值金额不足一万元的，并处二千元以上五万元以下罚款；货值金额一万元以上的，并处货值金额二倍以上五倍以下罚款；情节严重的，责令停产停业，直至吊销许可证：

（一）经营被包装材料、容器、运输工具等污染的食品；

（二）生产经营无标签的预包装食品、食品添加剂或者标签、说明书不符合本法规定的食品、食品添加剂；

（三）食品生产者采购、使用不符合食品安全标准的食品原料、食品添加剂、食品相关产品；

（四）食品生产经营者在食品中添加药品。

第八十七条 违反本法规定，有下列情形之一的，由有关主管部门按照各自职责分工，责令改正，给予警告；拒不改正的，处二千元以上二万元以下罚款；情节严重的，责令停产停业，直至吊销许可证：

（一）未对采购的食品原料和生产的食品、食品添加剂、食品相关产品进行检验；

（二）未建立并遵守查验记录制度、出厂检验记录制度；

（三）制定食品安全企业标准未依照本法规定备案；

（四）未按规定要求贮存、销售食品或者清理库存食品；

（五）进货时未查验许可证和相关证明文件；

（六）生产的食品、食品添加剂的标签、说明书涉及疾病预防、治疗功能；

（七）安排患有本法第三十四条所列疾病的人员从事接触直接入口食品的工作。

第八十八条 违反本法规定，事故单位在发生食品安全事故后未进行处置、报告的，由有关主管部门按照各自职责分工，责令改正，给予警告；毁灭有关证据的，责令停产停业，并处二千元以上十万元以下罚款；造成严重后果的，由原发证部门吊销许可证。

第八十九条 违反本法规定，有下列情形之一的，依照本法第八十五条的规定给予处罚：

（一）进口不符合我国食品安全国家标准的食品；

（二）进口尚无食品安全国家标准的食品，或者首次进口食品添加剂新品种、食品相关产品新品种，未经过安全性评估；

（三）出口商未遵守本法的规定出口食品。

违反本法规定，进口商未建立并遵守食品进口和销售记录制度的，依照本法第八十七条的规定给予处罚。

第九十条 违反本法规定，集中交易市场的开办者、柜台出租者、展销会的举办者允许未取得许可的食品经营者进入市场销售食品，或者未履行检查、报告等义务的，由有关主管部门按照各自职责分工，处二千元以上五万元以下罚款；造成严重后果的，责令停业，由原发证部门吊销许可证。

第九十一条 违反本法规定，未按照要求进行食品运输的，由有关主管部门按照各自职责分工，责令改正，给予警告；拒不改正的，责令停产停业，并处二千元以上五万元以下罚款；情节严重的，由原发证部门吊销许可证。

第九十二条 被吊销食品生产、流通或者餐饮服务许可证的单位，其直接负责的主管人员自处罚决定做出之日起五年内不得从事食品生产经营管理工作。

食品生产经营者聘用不得从事食品生产经营管理工作的人员从事管理工作的，由原发证部门吊销许可证。

第九十三条 违反本法规定，食品检验机构、食品检验人员出具虚假检验报告的，由授予其资质的主管部门或者机构撤销该检验机构的检验资格；依法对检验机构直接负责的主管人员和食品检验人员给予撤职或者开除的处分。

违反本法规定，受到刑事处罚或者开除处分的食品检验机构人员，自刑罚执行完毕或者处分决定做出之日起十年内不得从事食品检验工作。食品检验机构聘用不得从事食品检验工作的人员的，由授予其资质的主管部门或者机构撤销该检验机构的检验资格。

第九十四条 违反本法规定，在广告中对食品质量作虚假宣传，欺骗消费者的，依照《中华人民共和国广告法》的规定给予处罚。

违反本法规定，食品安全监督管理部门或者承担食品检验职责的机构、食品行业协会、消费者协会以广告或者其他形式向消费者推荐食品的，由有关主管部门没收违法所得，依法对直接负责的主管人员和其他直接责任人员给予记大过、降级或者撤职的处分。

第九十五条 违反本法规定，县级以上地方人民政府在食品安全监督管理中未履行职责，本行政区域出现重大食品安全事故、造成严重社会影响的，依法对直接负责的主管人员和其他直接责任人员给予记大过、降级、撤职或者开除的处分。

违反本法规定，县级以上卫生行政、农业行政、质量监督、工商行政管理、食品药品监督管理部门或者其他有关行政部门不履行本法规定的职责或者滥用职权、玩忽职守、徇私舞弊的，依法对直接负责的主管人员和其他直接责任人员给予记大过或者降级的处分；造成严重后果的，给予撤职或者开除的处分；其主要负责人应当引咎辞职。

第九十六条 违反本法规定，造成人身、财产或者其他损害的，依法承担赔偿责任。

生产不符合食品安全标准的食品或者销售明知是不符合食品安全标准的食品，消费者除要求赔偿损失外，还可以向生产者或者销售者要求支付价款十倍的赔偿金。

第九十七条 违反本法规定，应当承担民事赔偿责任和缴纳罚款、罚金，其财产不足以同时支付时，先承担民事赔偿责任。

第九十八条 违反本法规定，构成犯罪的，依法追究刑事责任。

第十章 附 则

第九十九条 本法下列用语的含义：

食品，指各种供人食用或者饮用的成品和原料以及按照传统既是食品又是药品的物品，但是不包括以治疗为目的的物品。

食品安全，指食品无毒、无害，符合应当有的营养要求，对人体健康不造成任何急性、亚急性或者慢性危害。

预包装食品，指预先定量包装或者制作在包装材料和容器中的食品。

食品添加剂，指为改善食品品质和色、香、味以及为防腐、保鲜和加工工艺的需要而加入食品中的人工合成或者天然物质。

用于食品的包装材料和容器，指包装、盛放食品或者食品添加剂用的纸、竹、木、金属、搪瓷、陶瓷、塑料、橡胶、天然纤维、化学纤维、玻璃等制品和直接接触食品或者食品添加剂的涂料。

用于食品生产经营的工具、设备，指在食品或者食品添加剂生产、流通、使用过程中直接接触食品或者食品添加剂的机械、管道、传送带、容器、用具、餐具等。

用于食品的洗涤剂、消毒剂，指直接用于洗涤或者消毒食品、餐饮具以及直接接触食品的工具、设备或者食品包装材料和容器的物质。

保质期，指预包装食品在标签指明的贮存条件下保持品质的期限。

食源性疾病，指食品中致病因素进入人体引起的感染性、中毒性等疾病。

食物中毒，指食用了被有毒有害物质污染的食品或者食用了含有毒有害物质的食品后出现的急性、亚急性疾病。

食品安全事故，指食物中毒、食源性疾病、食品污染等源于食品，对人体健康有危害或者可能有危害的事故。

第一百条 食品生产经营者在本法施行前已经取得相应许可证的，该许可证继续有效。

第一百零一条 乳品、转基因食品、生猪屠宰、酒类和食盐的食品安全管理，适用本法；法律、行政法规另有规定的，依照其规定。

第一百零二条 铁路运营中食品安全的管理办法由国务院卫生行政部门会同国务院有关部门依照本法制定。

军队专用食品和自供食品的食品安全管理办法由中央军事委员会依照本法制定。

第一百零三条 国务院根据实际需要，可以对食品安全监督管理体制做出调整。

第一百零四条 本法自2009年6月1日起施行。《中华人民共和国食品卫生法》同时废止。

卫生部
食品安全企业标准备案办法

第一条 为规范食品安全企业标准（下称企业标准）备案，根据《中华人民共和国食品安全法》，制定本办法。

第二条 食品生产企业制定下列企业标准，应当在组织生产之前向省、自治区、直辖市卫生行政部门（下称省级卫生行政部门）备案：

（一）没有食品安全国家标准或者地方标准的企业标准；

（二）严于食品安全国家标准或者地方标准的企业标准。

第三条 备案的企业标准的内容应当符合《中华人民共和国食品安全法》第十八条、第二十条的规定。

第四条 集团公司所属企业适用统一的企业标准的，可以由集团公司总部或者其所属任一生产企业向所在地省级卫生行政部门备案。该企业标准备案时，应当注明适用的各企业名称及地址。

第五条 委托加工或者授权制造的食品，委托方或者授权方已经备案的企业标准，受托方或者被授权方无需重复备案。但委托方或者授权方在备案时，应当注明受托方或者被授权方的名称及地址。委托方或者授权方无相关企业标准的，以及受托方或者被授权方不执行委托方或者授权方标准的，受托方或者被授权方应当制定企业标准，并按照规定备案。

第六条 企业标准应当包括食品原料（包括主料、配料和使用的食品添加剂）、生产工艺以及与食品安全相关的指标、限量、技术要求。

企业标准的编写应当符合GB/T1.1《标准化工作导则 第1部分：标准的结构和编写规则》的要求。

企业标准的编号格式为：Q/（企业代号）（四位顺序号）S——（年号）

第七条 企业标准备案时应当提交下列材料：

（一）企业标准备案登记表；

（二）企业标准文本（一式八份）及电子版；

（三）企业标准编制说明；

（四）省级卫生行政部门规定的其他资料。

第八条 企业标准编制说明应当详细说明企业标准制定过程和与相关国家标准、地方标准、国际标准、国外标准的比较情况。

标准比较适用下列原则：

（一）有国家标准或者地方标准时，与国家标准或者地方标准比较；

（二）没有国家标准和地方标准时，与国际标准比较；

（三）没有国家标准、地方标准、国际标准时，与两个以上国家或者地区的标准比较。

第九条 备案的企业标准由企业的法定代表人或者主要负责人签署。

企业应当确保备案的企业标准的真实性、合法性，确保根据备案的企业标准所生产的食品的安全性，并对其实施后果承担全部法律责任。

第十条 省级卫生行政部门应当确定一个受理企业标准备案的机构，并予以公示。

第十一条 省级卫生行政部门收到企业标准备案材料时，应当对提交材料是否齐全等进行核对，并根据下列情况分别做出处理：

（一）企业标准依法不需要备案的，应当即时告知当事人不需备案；

（二）提交的材料不齐全或者不符合规定要求的，应当立即或者在5个工作日内告知当事人补正；

（三）提交的材料齐全，符合规定要求的，受理其备案。

第十二条 省级卫生行政部门受理企业标准备案后，应当在受理之日起10个工作日内在备案登记表上标注备案号并加盖备案章。标注的备案号和加盖的备案章作为企业标准备案凭证。

备案号编排格式为：（各省、自治区、直辖市行政区划代码前两位）（四位顺序号）S——（年代号）。顺序号由省级卫生行政部门自行编排。

第十三条 省级卫生行政部门在办理备案过程中不得以任何名义收取费用。

第十四条 省级卫生行政部门应当在发给企业备案凭证之日起20个工作日内向社会公布备案的企业标准，并同时将备案的企业标准文本发送同级农业行政、质量监督、工商行政管理、食品药品监督管理部门。

企业要求不公开涉及商业秘密的企业标准内容的，应当在备案时提出书面意见，并同时提供可向社会公布的企业标准文本。

第十五条 有下列情形之一的，企业应当主动对企业标准进行复审：

（一）有关法律、法规、规章和食品安全国家标准、地方标准发生变化时；

（二）企业生产工艺或者食品原料（包括主料、配料和使用的食品添加剂）及配方发生改变时；

（三）其他应当进行复审的情形。

第十六条 企业标准备案有效期为三年。有效期届满需要延续备案的，企业应当对备案的企业标准进行复审，并填写企业标准延续备案表，到原备案的卫生行政部门办理延续备案手续。

第十七条 企业经复审认为需要修订企业标准的，应当在修订后重新备案。

备案的企业标准有效期届满，但企业未办理延续备案手续的，原备案的卫生行政部门应当通知企业在规定的期限内办理相关手续；企业在规定的期限内仍未办理的，原备案的卫生行政部门应当注销备案。

省级卫生行政部门应当在延续企业标准备案或者注销企业标准备案之日起20个工作日内向社会公布延续或者注销情况。

第十八条 省级卫生行政部门接到有关监管部门通报，企业没有按照备案的企业标准组织生产时，应当按照下列情况做出处理：

（一）对属于本办法第二条第（一）项的企业标准，有关监管部门建议注销备案的，予以注销。

（二）对属于本办法第二条第（二）项的企业标准，予以注销。

第十九条 省级卫生行政部门发现备案的企业标准弄虚作假的，应当予以注销。

第二十条 省级卫生行政部门在注销备案前，应当告知企业有听证的权利。企业要求听证的，卫生行政部门应当按规定组织听证。

第二十一条 2009年6月1日前已经在质量监督部门备案的企业标准，在备案有效期内继续有效，不需重新向卫生行政部门备案。

第二十二条 省级卫生行政部门可以依据本办法制定实施细则。

第二十三条 本办法自2009年6月10日起施行。

国家工商行政管理总局食品流通许可证管理办法

第一章 总 则

第一条 为了规范食品流通许可行为，加强《食品流通许可证》管理，根据《中华人民共和国食品安全法》（以下简称《食品安全法》）、《中华人民共和国行政许可法》、《中华人民共和国食品安全法实施条例》（以下简称《食品安全法实施条例》）等有关法律、法规的规定，制定本办法。

第二条 食品流通许可的申请受理、审查批准以及相关的监督检查等行为，适用本办法。

第三条 在流通环节从事食品经营的，应当依法取得食品流通许可。

取得食品生产许可的食品生产者在其生产场所销售其生产的食品，不需要取得食品流通的许可；取得餐饮服务许可的餐饮服务提供者在其餐饮服务场所出售其制作加工的食品，不需要取得食品流通的许可。

第四条 县级及其以上地方工商行政管理机关是食品流通许可的实施机关，具体工作由负责流通环节食品安全监管的职能机构承担。地方各级工商行政管理机关的许可管辖分工由省、自治区、直辖市工商行政管理局决定。

第五条 食品流通许可应当遵循依法、公开、公平、公正、便民、高效的原则。

第六条 食品经营者应当在依法取得《食品流通许可证》后，向有登记管辖权的工商行政管理机关申请办理工商登记。未取得《食品流通许可证》和营业执照，不得从事食品经营。

法律、法规对食品摊贩另有规定的，依照其规定。

第七条 食品经营者的经营条件发生变化，不符合食品经营要求的，食品经营者应当立即采取整改措施；有发生食品安全事故的潜在风险的，应当立即停止食品经营活动，并向所在地县级工商行政管理机关报告；需要重新办理许可手续的，应当依法办理。

县级及其以上地方工商行政管理机关应当加强对食品经营者经营活动的日常监督检查；发现不符合食品经营要求情形的，应当责令立即纠正，并依法予以处理；不再符合食品流通许可条件的，应当依法撤销食品流通许可。

第八条 任何组织或者个人有权举报《食品流通许可证》审核发放和监督检查过程中的违法行为，许可机关应当及时核实、处理。

第二章 申请与受理

第九条 申请领取《食品流通许可证》，应当符合食品安全标准，并符合下列要求：

（一）具有与经营的食品品种、数量相适应的食品原料处理和食品加工、包装、贮存等场所，保持该场所环境整洁，并与有毒、有害场所以及其他污染源保持规定的距离；

（二）具有与经营的食品品种、数量相适应的设备或者设施，有相应的消毒、更衣、盥洗、采光、照明、通风、防腐、防尘、防蝇、防鼠、防虫、洗涤以及处理废水、存放垃圾和废弃物的设备或者设施；

（三）有食品安全专业技术人员、管理人员和保证食品安全的规章制度；

（四）具有合理的设备布局和工艺流程，防止待加工食品与直接入口食品、原料与成品交叉污染，避免食品接触有毒物、不洁物。

第十条 申请领取《食品流通许可证》，应当提交下列材料：

（一）《食品流通许可申请书》；

（二）《名称预先核准通知书》复印件；

（三）与食品经营相适应的经营场所的使用证明；

（四）负责人及食品安全管理人员的身份证明；

（五）与食品经营相适应的经营设备、工具清单；

（六）与食品经营相适应的经营设施空间布局和操作流程的文件；

（七）食品安全管理制度文本；

（八）省、自治区、直辖市工商行政管理局规定的其他材料。

申请人委托他人提出许可申请的，委托代理人应当提交委托书以及委托代理人或者指定代表的身份证明。

已经具有合法主体资格的经营者在经营范围中申请增加食品经营项目的，还需提交营业执照等主体资格证明材料，不需提交《名称预先核准通知书》复印件。

新设食品经营企业申请食品流通许可，该企业的投资人为许可申请人；已经具有主体资格的企业申请食品流通许可，该企业为许可申请人；企业分支机构申请食品流通许可，设立该分支机构的企业为许可申请人；个人新设申请或者个体工商户申请食品流通许可，业主为许可申请人。申请人应当在申请书等材料上签字盖章。

第十一条 申请《食品流通许可证》所提交的材料，应当真实、合法、有效，符合相关法律、法规的规定。申请人应当对其提交材料的合法性、真实性、有效性负责。

第十二条 企业的分支机构从事食品经营，各分支机构应当分别申领《食品流通许可证》。

第十三条 许可机关收到申请时，应当对申请事项进行审查，并根据下列情况分别作出处理：

（一）申请事项依法不需要取得《食品流通许可证》的，应当即时告知申请人不予受理；

（二）申请事项依法不属于许可机关职权范围的，应当即时作出不予受理的决定，并告知申请人向有关行政机关申请；

（三）申请材料存在可以当场更正的错误，应当允许申请人当场更正，由申请人在更正处签名或者盖章，注明更正日期；

（四）申请材料不齐全或者不符合法定形式的，应当场或者五日内一次告知申请人需要补正的全部内容；当场告知时，应当将申请材料退回申请人；属于五日内告知的，应当收取申请材料并出具收到申请材料的凭据，逾期不告知的，自收到申请材料之日起即为受理；

（五）申请材料齐全、符合法定形式，或者申请人按照要求提交了全部补正材料的，许可机关应当予以受理。

许可机关受理许可申请之后至作出许可决定之前，申请人书面要求撤回食品流通许可申请的，应当同意其撤回要求；撤回许可申请的，许可机关终止办理。

第十四条 许可机关对申请人提出的申请决定予以受理的，应当出具《受理通知书》；决定不予受理的，应当出具《不予受理通知书》，说明不予受理的理由，并告知申请人享有依法申请行政复议或者提起行政诉讼的权利。

第三章 审查与批准

第十五条 食品流通许可事项包括经营场所、负责人、许可范围等内容。

食品流通许可事项中的许可范围，包括经营项目和经营方式。经营项目按照预包装食品、散装食品两种类别核定；经营方式按照批发、零售、批发兼零售三种类别核定。

第十六条 许可机关应当审核申请人提交的相关材料是否符合《食品安全法》第二十七条第一项至第四项以及本办法的要求。必要时，可以按照法定的权限与程序，对其经营场所进行现场核查。材料审核和现场核查的具体办法由省、自治区、直辖市工商行政管理局制定。

进行现场核查，许可机关应当指派两名以上执法人员参加并出示有效证件，申请人和食品经营者应当予以配合。现场核查应当填写《食品流通许可现场核查表》。

第十七条 对申请人提交的食品流通许可申请予以受理的，许可机关应当自受理之日起二十日内作出是否准予许可的决定。二十日内不能作出许可决定的，经许可机关负责人批准，可以延长十日，并应当将延长期限的理由告知申请人。

第十八条 许可机关作出准予许可决定的，应当出具《准予许可通知书》，告知申请人自决定之日起十日内，领取《食品流通许可证》；作出准予变更许可决定的，应当出具《准予变更许可通知书》，告知申请人自决定之日起十日内，换发《食品流通许可证》；作出准予注销许可决定的，应当出具《准予注销许可通知书》，缴销《食品流通许可证》。许可机关作出准予许可决定的，应当予以公开。

许可机关作出不予许可决定的，应当出具《驳回申请通知书》，说明不予许可的理由，并告知申请人依法享有申请行政复议或者提起行政诉讼的权利。

第十九条 许可机关认为需要听证的涉及公共利益的重大许可事项，应当向社会公告，并举行听证。

第四章 许可的变更及注销

第二十条 食品经营者改变许可事项，应当向原许可机关申请变更食品流通许可。未经许可，不得擅自改变许可事项。

第二十一条 食品经营者向原许可机关申请变更食品流通许可的，应当提交下列申请材料：

（一）《食品流通变更许可申请书》；

（二）《食品流通许可证》正、副本；

（三）与变更食品流通许可事项相关的材料。

第二十二条 食品流通许可的有效期为3年。

食品经营者需要延续食品流通许可的有效期的，应当在《食品流通许可证》有效期届满三十日前向原许可机关提出申请，换发《食品流通许可证》。

办理许可证延续的，换发后的《食品流通许可证》编号不变，但发证年份按照实际情况填写，有效期重新计算。

第二十三条 有下列情形之一的，发放《食品流通许可证》的许可机关或者其上级行政机关，可以撤销已作出的食品流通许可：

（一）许可机关工作人员滥用职权，玩忽职守，给不符合条件的申请人发放《食品流通许可证》的；

（二）许可机关工作人员超越法定权限发放《食品流通许可证》的；

（三）许可机关工作人员违反法定程序发放《食品流通许可证》的；

（四）依法可以撤销食品流通许可的其他情形。

食品经营者以欺骗、贿赂等不正当手段和隐瞒真实情况或者提交虚假材料取得食品流通许可，应当予以撤销。

依照前两款规定撤销食品流通许可，可能对公共利益造成重大损害的，不予撤销。

第二十四条 有下列情形之一的，许可机关应当依法办理食品流通许可的注销手续：

（一）《食品流通许可证》有效期届满且食品经营者未申请延续的；

（二）食品经营者没有在法定期限内取得合法主体资格或者主体资格依法终止的；

（三）食品流通许可依法被撤销，或者《食品流通许可证》依法被吊销的；

（四）因不可抗力导致食品流通许可事项无法实施的；

（五）依法应当注销《食品流通许可证》的其他情形。

第二十五条 食品经营者申请注销《食品流通许可证》的，应当向原许可机关提交下列申请材料：

（一）《食品流通注销许可申请书》；

（二）《食品流通许可证》正、副本；

（三）与注销《食品流通许可证》相关的证明文件。

许可机关受理注销申请后，经审核依法注销《食品流通许可证》。

第二十六条 食品经营者遗失《食品流通许可证》的，应当在报刊上公开声明作废，并持相关证明向原许可机关申请补办。经批准后，由原许可机关在二十日内补发《食品流通许可证》。

第五章 许可证的管理

第二十七条 《食品流通许可证》分为正本、副本。正本、副本具有同等法律效力。

《食品流通许可证》正本、副本式样，以及《食品流通许可申请书》、《食品流通变更许可申请书》、《食品流通注销许可申请书》等式样，由国家工商行政管理总局统一制定。省、自治区、直辖市工商行政管理局负责本行政区域《食品流通许可证》及相关申请文书的印制、发放和管理。

第二十八条 《食品流通许可证》应当载明：名称、经营场所、许可范围、主体类型、负责人、许可证编号、有效期限、发证机关及发证日期。

第二十九条 《食品流通许可证》编号由两个字母+十六位数字组成，即：字母SP+六位行政区划代码+两位发证年份+一位主体性质+六位顺序号码+一位计算机校验码。

《食品流通许可证》具体编号规则另行制定。

第三十条 食品经营者取得《食品流通许可证》后，应当妥善保管，不得伪造、涂改、倒卖、出租、出借，或者以其他形式非法转让。

食品经营者应当在经营场所显著位置悬挂或者摆放《食品流通许可证》正本。

第六章 监督检查

第三十一条 县级及其以上地方工商行政管理机关应当依据法律、法规规定的职责，对食品经营者进行监督检查。监督检查的主要内容是：

（一）食品经营者是否具有《食品流通许可证》；

（二）食品经营者的经营条件发生变化，不符合经营要求的，经营者是否立即采取整改措施；有发生食品安全事故的潜在风险的，经营者是否立即停止经营活动，并向所在地县级工商行政管理机关报告；需要重新办理许可手续的，经营者是否依法办理；

（三）食品流通许可事项发生变化，经营者是否依法变更许可或者重新申请办理《食品流通许可证》；

（四）有无伪造、涂改、倒卖、出租、出借，或者以其他形式非法转让《食品流通许可证》的行为；

（五）聘用的从业人员有无身体健康证明材料；

（六）在食品贮存、运输和销售过程中有无确保食品质量和控制污染的措施；

（七）法律、法规规定的其他情形。

第三十二条 县级及其以上地方工商行政管理机关应当对食品经营者建立信用档案，记录许可颁发、日常监督检查结果、违法行为查处等情况。

对食品经营者从事食品经营活动进行监督检查时，工商行政管理机关应当将监督检查的情况和处理结果予以记录，由监督检查人员和食品经营者签字确认后归档。

工商行政管理机关在办理企业年检、个体工商户验照时，应当按照企业年检、个体工商户验照的有关规定，审查《食品流通许可证》是否被撤销、吊销或者有效期限届满。对《食品流通许可证》被撤销、吊销或者有效期限届满的，登记机关按照有关规定，责令其办理经营范围的变更登记或者注销登记。

第三十三条 许可申请人隐瞒真实情况或者提供虚假材料申请食品流通许可的，工商行政管理机关不予受理或者不予许可，申请人在一年内不得再次申请食品流通许可。

被许可人以欺骗、贿赂等不正当手段取得食品流通许可的，申请人在三年内不得再次申请食品流通许可。

被吊销食品生产、流通或者餐饮服务许可证的，其直接负责的主管人员自处罚决定作出之日起五年内不得从事食品经营管理工作。

食品经营者聘用不得从事食品生产经营管理工作的人员从事管理工作的，由原发证部门吊销许可证。

第三十四条 有下列情形之一的，依照法律、法规的规定予以处罚。法律、法规没有规定的，责令改正，给予警告，并处以一万元以下罚款；情节严重的，处以一万元以上三万元以下罚款：

（一）未经许可，擅自改变许可事项的；

（二）伪造、涂改、倒卖、出租、出借《食品流通许可证》，或者以其他形式非法转让《食品流通许可证》的；

（三）隐瞒真实情况或者提交虚假材料申请或者取得食品流通许可的；

（四）以欺骗、贿赂等不正当手段取得食品流通许可的。

依照《中华人民共和国行政处罚法》的规定，对主动消除、减轻危害后果，或者有其他法定情形的，可以从轻或者减轻处罚；对违法情节轻微并及时纠正、没有造成危害后果的，不予处罚。

第三十五条 食品经营者对工商行政管理机关的处罚决定不服的，可以依法申请行政复议或者提起行政诉讼。

第三十六条 食品经营者在营业执照有效期内被依法注销、撤销、吊销食品流通许可，或者《食品流通许可证》有效期届满的，应当在注销、撤销、吊销许可或者许可证有效期届满之日起三十日内申请变更登记或者办理注销登记。

第三十七条 工商行政管理机关工作人员玩忽职守、滥用职权、徇私舞弊的，依法追究有关人员的行政责任；构成犯罪的，依法追究刑事责任。

第三十八条 工商行政管理机关应当依法建立食品流通许可档案。

借阅、抄录、携带、复制档案资料的，依照法律、法规及国家工商行政管理总局有关规定执行。任何单位和个人不得修改、涂抹、标注、损毁档案资料。

第三十九条 工商行政管理机关应当加强与同级食品安全综合协调部门的工作联系，及时通报食品流通许可有关信息。

第七章 附 则

第四十条 食品经营者在本办法施行前已领取《食品卫生许可证》的，原许可证继续有效。原许可证许可事项发生变化或者有效期届满，食品经营者应当按照本办法的规定提出申请，经许可机关审核后，缴销《食品卫生许可证》，领取《食品流通许可证》，并按照属地管辖的原则，由当地工商行政管理机关依法监督检查。

对《食品卫生许可证》继续有效的食品经营者，工商行政管理机关应当按照《食品安全法》、《食品安全法实施条例》及本办法的规定，定期或者不定期进行监督检查。

第四十一条 实施食品流通许可所需的经费，应当列入本行政机关预算。

第四十二条 省、自治区、直辖市工商行政管理局可以根据本地实际情况，制定具体实施办法。

第四十三条 本办法由国家工商行政管理总局负责解释。

第四十四条 本办法自2009年7月30日起施行。

中华人民共和国食品安全法实施条例

第一章 总 则

第一条 根据《中华人民共和国食品安全法》（以下简称食品安全法），制定本条例。

第二条 县级以上地方人民政府应当履行食品安全法规定的职责；加强食品安全监督管理能力建设，为食品安全监督管理工作提供保障；建立健全食品安全监督管理部门的协调配合机制，整合、完善食品安全信息网络，实现食品安全信息共享和食品检验等技术资源的共享。

第三条 食品生产经营者应当依照法律、法规和食品安全标准从事生产经营活动，建立健全食品安全管理制度，采取有效管理措施，保证食品安全。

食品生产经营者对其生产经营的食品安全负责，对社会和公众负责，承担社会责任。

第四条 食品安全监督管理部门应当依照食品安全法和本条例的规定公布食品安全信息，为公众咨询、投诉、举报提供方便；任何组织和个人有权向有关部门了解食品安全信息。

第二章 食品安全风险监测和评估

第五条 食品安全法第十一条规定的国家食品安全风险监测计划，由国务院卫生行政部门会同国务院质量监督、工商行政管理和国家食品药品监督管理以及国务院商务、工业和信息化等部门，根据食品安全风险评估、食品安全标准制定与修订、食品安全监督管理等工作的需要制定。

第六条 省、自治区、直辖市人民政府卫生行政部门应当组织同级质量监督、工商行政管理、食品药品监督管理、商务、工业和信息化等部门，依照食品安全法第十一条的规定，制定本行政区域的食品安全风险监测方案，报国务院卫生行政部门备案。

国务院卫生行政部门应当将备案情况向国务院质量监督、工商行政管理和国家食品药品监督管理以及国务院商务、工业和信息化等部门通报。

第七条 国务院卫生行政部门会同有关部门除依照食品安全法第十二条的规定对国家食品安全风险监测计划作出调整外，必要时，还应当依据医疗机构报告的有关疾病信息调整国家食品安全风险监测计划。

国家食品安全风险监测计划作出调整后，省、自治区、直辖市人民政府卫生行政部门应当结合本行政区域的具体情况，对本行政区域的食品安全风险监测方案作出相应调整。

第八条 医疗机构发现其接收的病人属于食源性疾病病人、食物中毒病人，或者疑似食源性疾病病人、疑似食物中毒病人的，应当及时向所在地县级人民政府卫生行政部门报告有关疾病信息。

接到报告的卫生行政部门应当汇总、分析有关疾病信息，及时向本级人民政府报告，同时报告上级卫生行政部门；必要时，可以直接向国务院卫生行政部门报告，同时报告本级人民政府和上级卫生行政部门。

第九条 食品安全风险监测工作由省级以上人民政府卫生行政部门会同同级质量监督、工商行政管理、食品药品监督管理等部门确定的技术机构承担。

承担食品安全风险监测工作的技术机构应当根据食品安全风险监测计划和监测方案开展监测工作，保证监测数据真实、准确，并按照食品安全风险监测计划和监测方案的要求，将监测数据和分析结果报送省级以上人民政府卫生行政部门和下达监测任务的部门。

食品安全风险监测工作人员采集样品、收集相关数据，可以进入相关食用农产品种植养殖、食品生产、食品流通或者餐饮服务场所。采集样品，应当按照市场价格支付费用。

第十条 食品安全风险监测分析结果表明可能存在食品安全隐患的，省、自治区、直辖市人民政府卫生行政部门应当及时将相关信息通报本行政区域设区的市级和县级人民政府及其卫生行政部门。

第十一条 国务院卫生行政部门应当收集、汇总食品安全风险监测数据和分析结果，并向国务院质量监督、工商行政管理和国家食品药品监督管理以及国务院商务、工业和信息化等部门通报。

第十二条 有下列情形之一的，国务院卫生行政部门应当组织食品安全风险评估工作：

（一）为制定或者修订食品安全国家标准提供科学依据需要进行风险评估的；

（二）为确定监督管理的重点领域、重点品种需要进行风险评估的；

（三）发现新的可能危害食品安全的因素的；

（四）需要判断某一因素是否构成食品安全隐患的；

（五）国务院卫生行政部门认为需要进行风险评估的其他情形。

第十三条 国务院农业行政、质量监督、工商行政管理和国家食品药品监督管理等有关部门依照食品安全法第十五条规定向国务院卫生行政部门提出食品安全风险评估建议，应当提供下列信息和资料：

（一）风险的来源和性质；

（二）相关检验数据和结论；

（三）风险涉及范围；

（四）其他有关信息和资料。

县级以上地方农业行政、质量监督、工商行政管理、食品药品监督管理等有关部门应当协助收集前款规定的食品安全风险评估信息和资料。

第十四条 省级以上人民政府卫生行政、农业行政部门应当及时相互通报食品安全风险监测和食用农产品质量安全风险监测的相关信息。

国务院卫生行政、农业行政部门应当及时相互通报食品安全风险评估结果和食用农产品质量安全风险评估结果等相关信息。

第三章 食品安全标准

第十五条 国务院卫生行政部门会同国务院农业行政、质量监督、工商行政管理和国家食品药品监督管理以及国务院商务、工业和信息化等部门制定食品安全国家标准规划及其实施计划。制定食品安全国家标准规划及其实施计划，应当公开征求意见。

第十六条 国务院卫生行政部门应当选择具备相应技术能力的单位起草食品安全国家标准草案。提倡由研究机构、教育机构、学术团体、行业协会等单位，共同起草食品安全国家标准草案。

国务院卫生行政部门应当将食品安全国家标准草案向社会公布，公开征求意见。

第十七条 食品安全法第二十三条规定的食品安全国家标准审评委员会由国务院卫生行政部门负责组织。

食品安全国家标准审评委员会负责审查食品安全国家标准草案的科学性和实用性等内容。

第十八条 省、自治区、直辖市人民政府卫生行政部门应当将企业依照食品安全法第二十五条规定报送备案的企业标准，向同级农业行政、质量监督、工商行政管理、食品药品监督管理、商务、工业和信息化等部门通报。

第十九条 国务院卫生行政部门和省、自治区、直辖市人民政府卫生行政部门应当会同同级农业行政、质量监督、工商行政管理、食品药品监督管理、商务、工业和信息化等部门，对食品安全国家标准和食品安全地方标准的执行情况分别进行跟踪评价，并应当根据评价结果适时组织修订食品安全标准。

国务院和省、自治区、直辖市人民政府的农业行政、质量监督、工商行政管理、食品药品监督管理、商务、工业和信息化等部门应当收集、汇总食品安全标准在执行过程中存在的问题，并及时向同级卫生行政部门通报。

食品生产经营者、食品行业协会发现食品安全标准在执行过程中存在问题的，应当立即向食品安全监督管理部门报告。

第四章 食品生产经营

第二十条 设立食品生产企业，应当预先核准企业名称，依照食品安全法的规定取得食品生产许可后，办理工商登记。县级以上质量监督管理部门依照有关法律、行政法规规定审核相关资料、核查生产场所、检验相关产品；对相关资料、场所符合规定要求以及相关产品符合食品安全标准或者要求的，应当作出准予许可的决定。

其他食品生产经营者应当在依法取得相应的食品生产许可、食品流通许可、餐饮服务许可后，办理工商登记。法律、法规对食品生产加工小作坊和食品摊贩另有规定的，依照其规定。

食品生产许可、食品流通许可和餐饮服务许可的有效期为3年。

第二十一条 食品生产经营者的生产经营条件发生变化，不符合食品生产经营要求的，食品生产经营者应当立即采取整改措施；有发生食品安全事故的潜在风险的，应当立即停止食品生产经营活动，并向所在地县级质量监督、工商行政管理或者食品药品监督管理部门报告；需要重新办理许可手续的，应当依法办理。

县级以上质量监督、工商行政管理、食品药品监督管理部门应当加强对食品生产经营者生产经营活动的日常监督检查；发现不符合食品生产经营要求情形的，应当责令立即纠正，并依法予以处理；不再符合生产经营许可条件的，应当依法撤销相关许可。

第二十二条 食品生产经营企业应当依照食品安全法第三十二条的规定组织职工参加食品安全知识培训，学习食品安全法律、法规、规章、标准和其他食品安全知识，并建立培训档案。

第二十三条 食品生产经营者应当依照食品安全法第三十四条的规定建立并执行从业人员健康检查制度和健康档案制度。从事接触直接入口食品工作的人员患有痢疾、伤寒、甲型病毒性肝炎、戊型病毒性肝炎等消化道传染病，以及患有活动性肺结核、化脓性或者渗出性皮肤病等有碍食品安全的疾病的，食品生产经营者应当将其调整到其他不影响食品安全的工作岗位。

食品生产经营人员依照食品安全法第三十四条第二款规定进行健康检查，其检查项目等事项应当符合所在地省、自治区、直辖市的规定。

第二十四条 食品生产经营企业应当依照食品安全法第三十六条第二款、第三十七条第一款、第三十九条第二款的规定建立进货查验记录制度、食品出厂检验记录制度，如实记录法律规定记录的事项，或者保留载有相关信息的进货或者销售票据。记录、票据的保存期限不得少于2年。

第二十五条 实行集中统一采购原料的集团性食品生产企业，可以由企业总部统一查验供货者的许可证和产品合格证明文件，进行进货查验记录；对无法提供合格证明文件的食品原料，应当依照食品安全标准进行检验。

第二十六条 食品生产企业应当建立并执行原料验收、生产过程安全管理、贮存管理、设备管理、不合格产品管理等食品安全管理制度，不断完善食品安全保障体系，保证食品安全。

第二十七条 食品生产企业应当就下列事项制定并实施控制要求，保证出厂的食品符合食品安全标准：

（一）原料采购、原料验收、投料等原料控制；

（二）生产工序、设备、贮存、包装等生产关键环节控制；

（三）原料检验、半成品检验、成品出厂检验等检验控制；

（四）运输、交付控制。

食品生产过程中有不符合控制要求情形的，食品生产企业应当立即查明原因并采取整改措施。

第二十八条 食品生产企业除依照食品安全法第三十六条、第三十七条规定进行进货查验记录和食品出厂检验记录外，还应当如实记录食品生产过程的安全管理情况。记录的保存期限不得少于2年。

第二十九条 从事食品批发业务的经营企业销售食品，应当如实记录批发食品的名称、规格、数量、生产批号、保质期、购货者名称及联系方式、销售日期等内容，或者保留载有相关信息的销售票据。记录、票据的保存期限不得少于2年。

第三十条 国家鼓励食品生产经营者采用先进技术手段，记录食品安全法和本条例要求记录的事项。

第三十一条 餐饮服务提供者应当制定并实施原料采购控制要求，确保所购原料符合食品安全标准。

餐饮服务提供者在制作加工过程中应当检查待加工的食品及原料，发现有腐败变质或者其他感官性状异常的，不得加工或者使用。

第三十二条 餐饮服务提供企业应当定期维护食品加工、贮存、陈列等设施、设备；定期清洗、校验保温设施及冷藏、冷冻设施。

餐饮服务提供者应当按照要求对餐具、饮具进行清洗、消毒，不得使用未经清洗和消毒的餐具、饮具。

第三十三条 对依照食品安全法第五十三条规定被召回的食品，食品生产者应当进行无害化处理或者予以销毁，防止其再次流入市场。对因标签、标识或者说明书不符合食品安全标准而被召回的食品，食品生产者在采取补救措施且能保证食品安全的情况下可以继续销售；销售时应当向消费者明示补救措施。

县级以上质量监督、工商行政管理、食品药品监督管理部门应当将食品生产者召回不符合食品安全标准的食品的情况，以及食品经营者停止经营不符合食品安全标准的食品的情况，记入食品生产经营者食品安全信用档案。

第五章 食品检验

第三十四条 申请人依照食品安全法第六十条第三款规定向承担复检工作的食品检验机构（以下称复检机构）申请复检，应当说明理由。

复检机构名录由国务院认证认可监督管理、卫生行政、农业行政等部门共同公布。复检机构出具的复检结论为最终检验结论。

复检机构由复检申请人自行选择。复检机构与初检机构不得为同一机构。

第三十五条 食品生产经营者对依照食品安全法第六十条规定进行的抽样检验结论有异议申请复检，复检结论表明食品合格的，复检费用由抽样检验的部门承担；复检结论表明食品不合格的，复检费用由食品生产经营者承担。

第六章 食品进出口

第三十六条 进口食品的进口商应当持合同、发票、装箱单、提单等必要的凭证和相关批准文件，向海关报关地的出入境检验检疫机构报检。进口食品应当经出入境检验检疫机构检验合格。海关凭出入境检验检疫机构签发的通关证明放行。

第三十七条 进口尚无食品安全国家标准的食品，或者首次进口食品添加剂新品种、食品相关产品新品种，进口商应当向出入境检验检疫机构提交依照食品安全法第六十三条规定取得的许可证明文件，出入境检验检疫机构应当按照国务院卫生行政部门的要求进行检验。

第三十八条 国家出入境检验检疫部门在进口食品中发现食品安全国家标准未规定且可能危害人体健康的物质，应当按照食品安全法第十二条的规定向国务院卫生行政部门通报。

第三十九条 向我国境内出口食品的境外食品生产企业依照食品安全法第六十五条规定进行注册，其注册有效期为4年。已经注册的境外食品生产企业提供虚假材料，或者因境外食品生产企业的原因致使相关进口食品发生重大食品安全事故的，国家出入境检验检疫部门应当撤销注册，并予以公告。

第四十条 进口的食品添加剂应当有中文标签、中文说明书。标签、说明书应当符合食品安全法和我国其他有关法律、行政法规的规定以及食品安全国家标准的要求，载明食品添加剂的原产地和境内代理商的名称、地址、联系方式。食品添加剂没有中文标签、中文说明书或者标签、说明书不符合本条规定的，不得进口。

第四十一条 出入境检验检疫机构依照食品安全法第六十二条规定对进口食品实施检验，依照食品安全法第六十八条规定对出口食品实施监督、抽检，具体办法由国家出入境检验检疫部门制定。

第四十二条 国家出入境检验检疫部门应当建立信息收集网络，依照食品安全法第六十九条的规定，收集、汇总、通报下列信息：

（一）出入境检验检疫机构对进出口食品实施检验检疫发现的食品安全信息；

（二）行业协会、消费者反映的进口食品安全信息；

（三）国际组织、境外政府机构发布的食品安全信息、风险预警信息，以及境外行业协会等组织、消费者反映的食品安全信息；

（四）其他食品安全信息。

接到通报的部门必要时应当采取相应处理措施。

食品安全监督管理部门应当及时将获知的涉及进出口食品安全的信息向国家出入境检验检疫部门通报。

第七章 食品安全事故处置

第四十三条 发生食品安全事故的单位对导致或者可能导致食品安全事故的食品及原料、工具、设备等，应当立即采取封存等控制措施，并自事故发生之时起2小时内向所在地县级人民政府卫生行政部门报告。

第四十四条 调查食品安全事故，应当坚持实事求是、尊重科学的原则，及时、准确查清事故性质和原因，认定事故责任，提出整改措施。

参与食品安全事故调查的部门应当在卫生行政部门的统一组织协调下分工协作、相互配合，提高事故调查处理的工作效率。

食品安全事故的调查处理办法由国务院卫生行政部门会同国务院有关部门制定。

第四十五条 参与食品安全事故调查的部门有权向有关单位和个人了解与事故有关的情况，并要求提供相关资料和样品。

有关单位和个人应当配合食品安全事故调查处理工作，按照要求提供相关资料和样品，不得拒绝。

第四十六条 任何单位或者个人不得阻挠、干涉食品安全事故的调查处理。

第八章 监督管理

第四十七条 县级以上地方人民政府依照食品安全法第七十六条规定制定的食品安全年度监督管理计划，应当包含食品抽样检验的内容。对专供婴幼儿、老年人、病人等特定人群的主辅食品，应当重点加强抽样检验。

县级以上农业行政、质量监督、工商行政管理、食品药品监督管理部门应当按照食品安全年度监督管理计划进行抽样检验。抽样检验购买样品所需费用和检验费等，由同级财政列支。

第四十八条 县级人民政府应当统一组织、协调本级卫生行政、农业行政、质量监督、工商行政管理、食品药品监督管理部门，依法对本行政区域内的食品生产经营者进行监督管理；对发生食品安全事故风险较高的食品生产经营者，应当重点加强监督管理。

在国务院卫生行政部门公布食品安全风险警示信息，或者接到所在地省、自治区、直辖市人民政府卫生行政部门依照本条例第十条规定通报的食品安全风险监测信息后，设区的市级和县级人民政府应当立即组织本级卫生行政、农业行政、质量监督、工商行政管理、食品药品监督管理部门采取有针对性的措施，防止发生食品安全事故。

第四十九条 国务院卫生行政部门应当根据疾病信息和监督管理信息等，对发现的添加或者可能添加到食品中的非食品用化学物质和其他可能危害人体健康的物质的名录及检测方法予以公布；国务院质量监督、工商行政管理和国家食品药品监督管理部门应当采取相应的监督管理措施。

第五十条 质量监督、工商行政管理、食品药品监督管理部门在食品安全监督管理工作中可以采用国务院质量监督、工商行政管理和国家食品药品监督管理部门认定的快速检测方法对食品进行初步筛查；对初步筛查结果表明可能不符合食品安全标准的食品，应当依照食品安全法第六十条第三款的规定进行检验。初步筛查结果不得作为执法依据。

第五十一条 食品安全法第八十二条第二款规定的食品安全日常监督管理信息包括：

（一）依照食品安全法实施行政许可的情况；

（二）责令停止生产经营的食品、食品添加剂、食品相关产品的名录；

（三）查处食品生产经营违法行为的情况；

（四）专项检查整治工作情况；

（五）法律、行政法规规定的其他食品安全日常监督管理信息。

前款规定的信息涉及两个以上食品安全监督管理部门职责的，由相关部门联合公布。

第五十二条 食品安全监督管理部门依照食品安全法第八十二条规定公布信息，应当同时对有关食品可能产生的危害进行解释、说明。

第五十三条 卫生行政、农业行政、质量监督、工商行政管理、食品药品监督管理等部门应当公布本单位的电子邮件地址或者电话，接受咨询、投诉、举报；对接到的咨询、投诉、举报，应当依照食品安全法第八十条的规定进行答复、核实、处理，并对咨询、投诉、举报和答复、核实、处理的情况予以记录、保存。

第五十四条 国务院工业和信息化、商务等部门依据职责制定食品行业的发展规划和产业政策，采取措施推进产业结构优化，加强对食品行业诚信体系建设的指导，促进食品行业健康发展。

第九章 法律责任

第五十五条 食品生产经营者的生产经营条件发生变化，未依照本条例第二十一条规定处理的，由有关主管部门责令改正，给予警告；造成严重后果的，依照食品安全法第八十五条的规定给予处罚。

第五十六条 餐饮服务提供者未依照本条例第三十一条第一款规定制定、实施原料采购控制要求的，依照食品安全法第八十六条的规定给予处罚。

餐饮服务提供者未依照本条例第三十一条第二款规定检查待加工的食品及原料，或者发现有腐败变质或者其他感官性状异常仍加工、使用的，依照食品安全法第八十五条的规定给予处罚。

第五十七条 有下列情形之一的，依照食品安全法第八十七条的规定给予处罚：

（一）食品生产企业未依照本条例第二十六条规定建立、执行食品安全管理制度的；

（二）食品生产企业未依照本条例第二十七条规定制定、实施生产过程控制要求，或者食品生产过程中有不符合控制要求的情形未依照规定采取整改措施的；

（三）食品生产企业未依照本条例第二十八条规定记录食品生产过程的安全管理情况并保存相关记录的；

（四）从事食品批发业务的经营企业未依照本条例第二十九条规定记录、保存销售信息或者保留销售票据的；

（五）餐饮服务提供企业未依照本条例第三十二条第一款规定定期维护、清洗、校验设施、设备的；

（六）餐饮服务提供者未依照本条例第三十二条第二款规定对餐具、饮具进行清洗、消毒，或者使用未经清洗和消毒的餐具、饮具的。

第五十八条 进口不符合本条例第四十条规定的食品添加剂的，由出入境检验检疫机构没收违法进口的食品添加剂；违法进口的食品添加剂货值金额不足1万元的，并处2000元以上5万元以下罚款；货值金额1万元以上的，并处货值金额2倍以上5倍以下罚款。

第五十九条 医疗机构未依照本条例第八条规定报告有关疾病信息的，由卫生行政部门责令改正，给予警告。

第六十条 发生食品安全事故的单位未依照本条例第四十三条规定采取措施并报告的，依照食品安全法第八十八条的规定给予处罚。

第六十一条 县级以上地方人民政府不履行食品安全监督管理法定职责，本行政区域出现重大食品安全事故、造成严重社会影响的，依法对直接负责的主管人员和其他直接责任人员给予记大过、降级、撤职或者开除的处分。

县级以上卫生行政、农业行政、质量监督、工商行政管理、食品药品监督管理部门或者其他有关行政部门不履行食品安全监督管理法定职责、日常监督检查不到位或者滥用职权、玩忽职守、徇私舞弊的，依法对直接负责的主管人员和其他直接责任人员给予记大过或者降级的处分；造成严重后果的，给予撤职或者开除的处分；其主要负责人应当引咎辞职。

第十章 附则

第六十二条 本条例下列用语的含义：

食品安全风险评估，指对食品、食品添加剂中生物性、化学性和物理性危害对人体健康可能造成的不良影响所进行的科学评估，包括危害识别、危害特征描述、暴露评估、风险特征描述等。

餐饮服务，指通过即时制作加工、商业销售和服务性劳动等，向消费者提供食品和消费场所及设施的服务活动。

第六十三条 食用农产品质量安全风险监测和风险评估由县级以上人民政府农业行政部门依照《中华人民共和国农产品质量安全法》的规定进行。

国境口岸食品的监督管理由出入境检验检疫机构依照食品安全法和本条例以及有关法律、行政法规的规定实施。

食品药品监督管理部门对声称具有特定保健功能的食品实行严格监管，具体办法由国务院另行制定。

第六十四条 本条例自公布之日起施行。

国家工商行政管理总局
流通环节食品安全监督管理办法

第一章 总则

第一条 为了加强流通环节食品安全监督管理，维护食品市场秩序，根据《中华人民共和国食品安全法》（以下简称《食品安全法》）、《中华人民共和国食品安全法实施条例》（以下简称《食品安全法实施条例》）等法律、法规的规定，制定本办法。

第二条 在中华人民共和国境内从事流通环节食品经营，应当遵守本办法。

第三条 食品经营者应当依照法律、法规和食品安全标准从事食品经营活动，建立健全食品安全管理制度，采取有效管理措施，保证食品安全。

食品经营者对其经营的食品安全负责，对社会和公众负责，承担社会责任。

第四条 工商行政管理机关依照法律、法规和国务院规定的职责以及本办法的规定，对流通环节食品安全进行监督管理。

第五条 县级及其以上地方工商行政管理机关在当地人民政府的统一领导下，负责本辖区内流通环节食品安全监督管理。

第六条 县级及其以上地方工商行政管理机关应当与其他食品监督管理部门加强沟通、密切配合，按照职责分工，依法行使职权，承担责任。

第七条 鼓励和支持食品经营者为提高食品安全水平采用先进技术和先进管理规范。

第八条 县级及其以上地方工商行政管理机关应当依照法律、法规和本办法的规定公布食品安全信息，为公众咨询、投诉、举报提供方便；任何组织或者个人有权向工商行政管理机关举报食品经营中违反本办法的行为，有权了解食品流通安全信息，对流通环节食品安全监督管理工作提出意见和建议。

第二章 食品经营

第九条 禁止食品经营者经营下列食品：

（一）用非食品原料生产的食品或者添加食品添加剂以外的化学物质和其他可能危害人体健康物质的食品，或者用回收食品作为原料生产的食品；

（二）致病性微生物、农药残留、兽药残留、重金属、污染物质以及其他危害人体健康的物质含量超过食品安全标准限量的食品；

（三）营养成分不符合食品安全标准的专供婴幼儿和其他特定人群的主辅食品；

（四）腐败变质、油脂酸败、霉变生虫、污秽不洁、混有异物、掺假掺杂或者感官性状异常的食品；

（五）病死、毒死或者死因不明的禽、畜、兽、水产动物肉类及其制品；

（六）未经动物卫生监督机构检疫或者检疫不合格的肉类，或者未经检验或者检验不合格的肉类制品；

（七）被包装材料、容器、运输工具等污染的食品；

（八）超过保质期的食品；

（九）无标签的预包装食品；

（十）国家为防病等特殊需要明令禁止经营的食品；

（十一）食品的标签、说明书不符合《食品安全法》第四十八条第三款规定的食品；

（十二）没有中文标签、中文说明书或者中文标签、中文说明书不符合《食品安全法》第六十六条规定的进口的预包装食品；

（十三）其他不符合食品安全标准或者要求的食品。

对因标签、标识或者说明书不符合食品安全标准而被停止经营的食品，在食品生产者采取补救措施且能保证食品安全的情况下可以继续销售；销售时应当向消费者明示生产者采取的补救措施。

第十条 从事食品经营，应当依法取得《食品流通许可证》，凭《食品流通许可证》办理工商登记，领取营业执照。未取得《食品流通许可证》和营业执照的，不得从事食品经营。

食品经营者的经营条件发生变化，不符合食品经营要求的，食品经营者应当立即采取整改措施；有发生食品安全事故的潜在风险的，应当立即停止食品经营活动，并向所在地县级工商行政管理机关报告；需要重新办理许可手续的，应当依法办理。

第十一条 食品经营企业应当建立健全本单位的食品安全管理制度，组织职工参加食品安全知识培训，学习食品安全法律、法规、规章、标准和其他食品安全知识，并建立培训档案；配备专职或者兼职食品安全管理人员，做好对所经营食品的检验工作，依法从事食品经营活动。

第十二条 食品经营者应当建立并执行从业人员健康检查制度和健康档案制度。食品经营从业人员每年应当进行健康检查，取得健康证明后方可从事食品经营，其检查项目等事项应当符合所在地省、自治区、直辖市的规定。患有《食品安全法》、《食品安全法实施条例》规定的不得从事接触直接入口食品工作疾病的从业人员，不得从事接触直接入口食品的工作。

第十三条 食品经营者采购食品，应当查验供货者的许可证、营业执照和食品合格的证明文件。

食品经营企业应当建立食品进货查验记录制度，如实记录食品的名称、规格、数量、生产批号、保质期、供货者名称及联系方式、进货日期等内容。

鼓励其他食品经营者按照前款规定建立进货查验记录制度。

实行统一配送经营方式的食品经营企业，可以由企业总部统一查验供货者的许可证、营业执照和食品合格的证明文件，进行食品进货查验记录，可将有关资料复印件留存所属相关经营企业备查，也可以采用信息化技术，联网备查。

第十四条 从事食品批发业务的经营企业销售食品，应当如实记录批发食品的名称、规格、数量、生产批号、保质期、购货者名称及联系方式、销售日期等内容，或者保留载有上述信息的销售票据。

从事批发业务的食品经营企业应当向购货者开具载有前款规定信息的销售票据或者清单，同时加盖印章或者签字。

第十五条 食品进货查验记录、批发记录或者票据应当真实，保存期限不得少于二年。

第十六条 鼓励食品经营者采用先进技术手段，记录法律、法规及本办法要求记录的事项。

第十七条 食品经营者贮存、运输和装卸食品的容器、工具和设备应当安全、无害，保持清洁，防止食品污染，并符合保证食品安全所需的温度等特殊要求，不得将食品与有毒、有害物品一同运输。

第十八条 食品经营者对贮存、销售的食品应当定期进行检查，查验食品的生产日期和保质期，及时清理变质、超过保质期及其他不符合食品安全标准的食品，主动将其退出市场，并做好相关记录。

第十九条 食品经营者贮存散装食品，应当在贮存位置标明食品的名称、生产日期、保质期、生产者名称及联系方式等内容。

食品经营者销售散装食品，应当在散装食品的容器、外包装上标明食品的名称、生产日期、保质期、生产经营者名称及联系方式等内容。

食品经营者销售生鲜食品和熟食制品，应当符合食品安全所需要的温度、空间隔离等特殊要求，防止交叉污染。

第二十条 食品经营者销售的预包装食品的包装上，应当有标签。标签内容应当符合《食品安全法》第四十二条的规定。

食品的标签、说明书，不得含有虚假、夸大的内容，不得涉及疾病预防、治疗功能。

食品的标签、说明书应当清楚、明显，容易辨识。

食品经营者应当按照食品标签标示的警示标志、警示说明或者注意事项的要求，销售预包装食品。

第二十一条 食品经营者应当主动向消费者提供销售凭证，对不符合食品安全标准的食品履行更换、退货等义务。

鼓励食品经营者在其销售食品的包装上附加特殊身份标记，将其销售的食品与其他食品经营者销售的食品相区分。

第二十二条 食品集中交易市场的开办者、食品经营柜台的出租者和食品展销会的举办者，应当依法履行下列管理义务：

（一）审查入场食品经营者的《食品流通许可证》和营业执照；

（二）明确入场食品经营者的食品安全管理责任；

（三）定期对入场食品经营者的经营环境和条件进行检查；

（四）建立食品经营者档案，记载市场内食品经营者的基本情况、主要进货渠道、经营品种、品牌和供货商状况等信息；

（五）建立和完善食品经营管理制度，加强对食品经营者的培训；

（六）设置食品信息公示媒介，及时公开市场内或者行政机关公布的相关食品信息；

（七）其他应当履行的食品安全管理义务。

食品集中交易市场的开办者、食品经营柜台的出租者和食品展销会的举办者发现食品经营者不具备经营资格的，应当禁止其入场销售；发现食品经营者不具备与所经营食品相适应的经营环境和条件的，可以暂停或者取消其入场经营资格；发现经营不符合食品安全标准的食品或者有其他违法行为的，应当及时制止，并立即将有关情况报告辖区工商行政管理机关。

第二十三条 食品经营者应当建立并执行食品退市制度。食品经营者发现其经营的食品不符合食品安全标准，应当立即停止经营，下架单独存放，通知相关生产经营者和消费者，并记录停止经营和通知情况，将有关情况报告辖区工商行政管理机关。

食品经营者未依照前款规定停止经营不符合食品安全标准的食品的，工商行政管理机关可以责令其停止经营。

第二十四条 食品广告的内容应当真实合法，不得含有虚假或者夸大的内容，不得涉及疾病预防、治疗功能。

食品广告中不得含有食品安全监督管理部门或者承担食品检验职责的机构、食品行业协会、消费者协会向消费者推荐食品的内容。

第二十五条 社会团体或者其他组织、个人在虚假广告中向消费者推荐食品，使消费者的合法权益受到损害的，与食品生产经营者承担连带责任。

第二十六条 食品经营企业应当制定食品安全事故处置方案，定期检查本企业各项食品安全防范措施的落实情况，及时消除食品安全事故隐患。

发生食品安全事故的食品经营者对导致或者可能导致食品安全事故的食品及原料、工具、设备等，应当立即采取封存等控制措施，并自事故发生之时起2小时内向所在地县级人民政府卫生行政部门报告。

第二十七条 鼓励食品集中交易市场的开办者、食品经营柜台的出租者、食品展销会的举办者和有条件的食品经营企业配备必要的检测设备，对食品进行自检或者送检。

第三章 监督管理

第二十八条 县级及其以上地方工商行政管理机关应当按照当地人民政府组织制定的本行政区域的食品安全年度监督管理计划开展工作。

第二十九条 县级及其以上地方工商行政管理机关履行流通环节食品安全监督管理职责，有权采取《食品安全法》第七十七条规定的监督管理措施。

第三十条 县级及其以上地方工商行政管理机关应当严格落实监管责任，开展食品市场监督检查。食品经营者应当接受和配合工商行政管理机关的监督检查。

第三十一条 县级及其以上地方工商行政管理机关进行监督检查时，应当记录监督检查的情况，发现有违法行为的，应当如实记录，经监督检查人员和食品经营者签字后归档，并依法查处；对依法应当立案查处或者移送其他机关依法处理的，应当在监督检查记录中载明。监督检查记录保存期限应当符合档案管理相关规定。

第三十二条 县级及其以上地方工商行政管理机关应当建立食品经营者食品安全信用档案，记录许可证照颁发、日常监督检查结果、违法行为的查处和食品经营者停止经营不符合食品安全标准的食品等情况。依托金信工程，将食品经营者的食品安全信用情况作为企业信用分类监管、个体工商户分层分类监管、市场信用分类监管制度的重要内容，对有不良信用记录的食品经营者增加监督检查频次，加强监督管理。

第三十三条 县级及其以上地方工商行政管理机关应当加强对食品经营者经营活动的日常监督检查；发现不符合食品经营要求情形的，应当责令立即纠正，并依法予以处理；不再符合经营许可条件的，应当依法撤销相关许可。

第三十四条 县级及其以上地方工商行政管理机关应当对国务院卫生行政部门公布的添加或者可能添加到食品中的非食品用化学物质和其他可能危害人体健康的物质采取相应的监督管理措施。

县级及其以上地方工商行政管理机关在监督检查中发现不符合食品安全标准的食品，责令食品经营者停止经营的，应当及时追查食品来源和流向；涉及其他地区的，应当及时报告上级工商行政管理机关，书面通报相关地工商行政管理机关依法查处。

第三十五条 县级及其以上地方工商行政管理机关在监督检查中发现食品经营者经营不符合食品安全标准的食品，其原因是由其他环节引起的，应当及时书面通报有关主管部门。

第三十六条 县级及其以上地方工商行政管理机关应当公布本单位的电子邮件地址或者电话，接受咨询、投诉、举报；对接到的咨询、投诉、举报，应当依照《食品安全法》第八十条的规定进行答复、核实、处理，并对咨询、投诉、举报和答复、核实、处理的情况予以记录、保存。

第三十七条 县级及其以上地方工商行政管理机关应当依照《食品安全法》的有关规定和当地人民政府的食品监测计划，对流通环节食品进行定期或者不定期的抽样检验。

县级及其以上地方工商行政管理机关对当地人民政府制定的本行政区域的食品安全年度监督管理计划中确定的重点食品、消费者申（投）诉及举报比较多的食品、市场监督检查中发现问题比较集中的食品，以及根据查办案件、有关部门通报的情况，对流通环节的食品是否符合食品安全标准进行不定期抽样检验。

第三十八条 县级及其以上地方工商行政管理机关在执法工作中需要对食品进行检验的，应当委托符合《食品安全法》规定的食品检验机构进行检验，并支付相关费用。

第三十九条 县级及其以上地方工商行政管理机关实施食品抽样检验以及快速检测工作，应当购买样品，支付相关费用；不收取食品经营者的检验费和其他任何费用，所需经费由同级财政列支。

第四十条 县级及其以上地方工商行政管理机关对食品进行抽样检验时，应当制作抽样检验工作记录，现场检查所抽检食品的相关票证、货源、数量、存货量、销售量等；应当要求检验机构按照国家规定的采样规则进行取样，并将抽样检验结果通知标称的食品生产者。

第四十一条 县级及其以上地方工商行政管理机关依法开展抽样检验时，被抽样检验的经营者应当配合抽样检验工作，如实提供被抽样检验食品的相关票证、货源、数量、存货地点、存货量、销售量等信息。

第四十二条 对检验结论有异议的，可以依法进行复检。被抽样检验的经营者或者标称的生产者，应当向承担复检工作的食品检验机构申请复检，并说明理由。

复检机构名录由国务院认证认可监督管理、卫生行政、农业行政等部门共同公布。复检机构出具的复检结论为最终检验结论。

复检机构由复检申请人自行选择。复检机构与初检机构不得为同一机构。

复检结论表明食品合格的，复检费用由抽样检验的部门承担；复检结论表明食品不合格的，复检费用由食品生产经营者承担。

第四十三条 组织实施抽样检验的县级及其以上地方工商行政管理机关应当自收到检验结果五个工作日内，将抽样检验结果通知被抽样检验人，责令其停止销售不符合食品安全标准的食品，监督其他食品经营者对同一批次的食品下架退市，并按照有关规定，准确、及时、客观地公布食品安全抽样检验信息。

第四十四条 组织实施抽样检验的县级及其以上地方工商行政管理机关对抽样检验中发现的不属于自己管辖的食品安全案件线索，应当及时书面通报有管辖权的工商行政管理机关或者移送有关执法机关处理。

第四十五条 县级及其以上地方工商行政管理机关在食品安全监督管理工作中可以采用《食品安全法实施条例》第五十条的规定认定的快速检测方法对食品进行初步筛查；对初步筛查结果表明可能不符合食品安全标准的食品，应当依照《食品安全法》第六十条第三款的规定进行检验。初步筛查结果不得作为执法依据。

第四十六条 境外发生的食品安全事件可能对我国境内造成影响，或者在进口食品中发现严重食品安全问题的，县级及其以上地方工商行政管理机关接到国家出入境检验检疫部门有关通报后，应当采取相应处理措施。

县级及其以上地方工商行政管理机关接到国家出入境检验检疫部门通报的有关进出口食品安全信息，必要时应当采取相应处理措施。

县级及其以上地方工商行政管理机关在监督检查中发现进口食品存在安全问题的，应当及时将获知的涉及进出口食品安全的信息向国家出入境检验检疫部门通报。

第四十七条 鼓励县级及其以上地方工商行政管理机关建立食品经营主体数据库、监督检查数据库、典型案例数据库，依托12315行政执法网络，运用先进技术手段加强食品监督检查工作，提高食品安全监督管理水平。

第四十八条 县级及其以上地方工商行政管理机关在日常监督管理中发现食品安全事故，或者接到有关食品安全事故的举报，应当立即向当地卫生行政部门通报。

发生食品安全事故的，事发地工商行政管理机关应当按照国务院有关部门制定的食品安全事故调查处理办法，在当地人民政府统一领导下，配合卫生行政等相关部门，及时做出反应，采取措施控制事态发展，并及时向上级工商行政管理机关报告。

调查食品安全事故，应当坚持实事求是、尊重科学的原则，及时、准确查清事故性质和原因。认定事故责任，提出整改措施。

任何单位或者个人不得对食品安全事故隐瞒、谎报、缓报，不得毁灭有关证据。

第四十九条 县级及其以上地方工商行政管理机关参与食品安全事故调查时，有权向有关单位和个人了解与食品安全事故有关的情况，要求提供相关资料和样品；有关单位和个人应当配合食品安全事故调查处理工作，按照要求提供相关资料和样品，不得拒绝。

任何单位或者个人不得阻挠、干涉食品安全的调查处理。

第五十条 县级及其以上地方工商行政管理机关可以向社会公布下列食品安全日常监督管理信息：

（一）依照《食品安全法》实施行政许可的情况；

（二）责令停止经营的食品、食品添加剂、食品相关产品的名录；

（三）查处食品经营者违法行为的情况；

（四）专项检查整治工作情况；

（五）法律、行政法规规定的其他食品安全日常监督管理信息。

县级及其以上地方工商行政管理机关依据职责公布食品安全日常监督管理信息；涉及其他食品安全监督管理部门职责的，应当联合公布。

公布食品安全日常监督管理信息，应当做到准确、及时、客观，同时对有关食品可能产生的危害进行解释、说明。

具体日常监督管理信息公布制度由省级工商行政管理机关依照本办法制定。

第五十一条 县级及其以上地方工商行政管理机关获知《食品安全法》第八十二条第一款规定的需要统一公布的信息，应当向上级工商行政管理机关报告，由上级机关立即报告国务院卫生行政部门；必要时，可以直接向国务院卫生行政部门报告。

县级及其以上地方工商行政管理机关应当与其他食品安全监督管理部门相互通报获知的食品安全信息。

第五十二条 省、自治区、直辖市工商行政管理机关应当配合同级卫生行政部门制定本行政区域的食品安全风险监测方案。

县级及其以上地方工商行政管理机关应当协助收集《食品安全法实施条例》第十三条第一款规定的食品安全风险评估信息和资料。

省、自治区、直辖市工商行政管理机关应当配合同级卫生行政部门对食品安全国家标准和食品安全地方标准的执行情况分别进行跟踪评价。

省、自治区、直辖市工商行政管理机关应当收集、汇总食品安全标准在执行过程中存在的问题，并及时向同级卫生行政部门通报。

第四章 法律责任

第五十三条 违反本办法第九条第一款第（一）、（二）、（三）、（四）、（五）、（六）、（八）、（十）、（十三）项，第二十三条第二款的规定的，没收违法所得、违法经营的食品和用于违法经营的工具、设备、原料等物品；违法经营的食品货值金额不足一万元的，并处二千元以上五万元以下罚款；货值金额一万元以上的，并处货值金额五倍以上十倍以下罚款；情节严重的，吊销许可证。

第五十四条 违反本办法第十条的规定，未经许可从事食品经营活动的，没收违法所得、违法经营的食品和用于违法经营的工具、设备等物品；违法经营的食品货值金额不足一万元的，并处二千元以上五万元以下罚款；货值金额一万元以上的，并处货值金额五倍以上十倍以下罚款。

第五十五条 违反本办法第十二条的规定，安排患有《食品安全法》第三十四条以及《食品安全法实施条例》第二十三条所列疾病的人员从事接触直接入口食品的工作，或者违反本办法第十三条第一款、第二款，第十四条第一款，第十五条，第十八条，第十九条，第二十条第二款的规定的，责令改正，给予警告；拒不改正的，处二千元以上二万元以下罚款；情节严重的，责令停产停业，直至吊销许可证。

第五十六条 违反本办法第九条第一款第（七）、（九）、（十一）、（十二）项，第二十条第一款的规定的，没收违法所得、违法经营的食品和用于违法经营的工具、设备等物品；违法经营的食品货值金额不足一万元的，并处二千元以上五万元以下罚款；货值金额一万元以上的，并处货值金额二倍以上五倍以下罚款；情节严重的，责令停产停业，直至吊销许可证。

第五十七条 违反本办法第十七条的规定，食品经营企业未按照要求进行食品运输的，责令改正，给予警告；拒不改正的，责令停产停业，并处二千元以上五万元以下罚款；情节严重的，由原发证部门吊销许可证。

第五十八条 违反本办法第二十二条第一款第（一）、（二）、（三）项及第二款的规定的，处二千元以上五万元以下罚款；造成严重后果的，责令停业，由原发证部门吊销许可证。

第五十九条 违反本办法第二十四条第一款的规定的，责令广告主停止发布广告，并以等额广告费用在相应范围内公开更正清除影响，并处广告费用一倍以上五倍以下的罚款。违反本办法第二十四条第二款的规定的，没收违法所得，依法对直接负责的主管人员和其他直接责任人员给予记大过、降级或者撤职的处分。

第六十条 违反本办法第二十六条第二款的规定，食品经营企业在发生食品安全事故后未进行处置、报告的，按照工商行政管理机关职责分工，责令改正，给予警告；毁灭有关证据的，责令停业，并处二千元以上十万元以下罚款；造成严重后果的，由原发证部门吊销许可证。

第六十一条 食品经营者的经营条件发生变化，未依照本办法第十条第二款规定处理的，责令改正，给予警告；造成严重后果的，依照《食品安全法》第八十五条的规定给予处罚。

第六十二条 有下列行为之一的，责令改正，拒不改正的，处以一万元以下罚款：

（一）食品经营者聘用未取得健康证明的人员从事食品经营的；

（二）食品经营者未主动向消费者提供销售凭证，或者拒不履行不符合食品安全标准的食品更换、退货等义务的；

（三）食品经营者拒绝工商行政管理机关依法开展监督检查的。

第六十三条 违反本办法的规定，有下列行为之一的，责令改正，拒不改正的，处以一万元以下罚款；情节严重的，处以一万元以上三万元以下罚款：

（一）从事批发业务的食品经营企业没有向购货者开具销售票据或者清单的；

（二）食品集中交易市场的开办者、食品经营柜台的出租者和食品展销会的举办者没有建立食品经营者档案、记载市场内食品经营者的基本情况、主要进货渠道、经营品种、品牌和供货商状况等信息；没有设置食品信息公示媒介，及时公开市场内或者行政机关公布的相关食品信息的。

第六十四条 食品经营者主动消除或者减轻违法行为危害后果，或者有其他法定情形的，应当从轻、减轻处罚。

违法行为轻微并及时纠正，没有造成危害后果的，不予处罚。

第六十五条 县级及其以上地方工商行政管理机关在监

督检查中发现食品经营者违反本办法规定涉嫌犯罪的，应当依法移送公安机关。

第六十六条 县级及其以上地方工商行政管理机关不履行食品安全监督管理法定职责、日常监督检查不到位或者滥用职权、玩忽职守、徇私舞弊的，依法对直接负责的主管人员和其他直接责任人员给予记大过或者降级的处分；造成严重后果的，给予撤职或者开除的处分；其主要负责人应当引咎辞职。

第五章 附则

第六十七条 食用农产品的监督管理适用《中华人民共和国农产品质量安全法》。

第六十八条 本办法由国家工商行政管理总局负责解释。

第六十九条 本办法自2009年7月30日起施行。

国家税务总局
白酒消费税最低计税价格核定管理办法（试行）

第一条 根据《中华人民共和国税收征收管理法》、《中华人民共和国消费税暂行条例》以及相关法律法规制定本办法。

第二条 白酒生产企业销售给销售单位的白酒，生产企业消费税计税价格低于销售单位对外销售价格（不含增值税，下同）70%以下的，税务机关应核定消费税最低计税价格。

第三条 办法第二条销售单位是指，销售公司、购销公司以及委托境内其他单位或个人包销本企业生产白酒的商业机构。销售公司、购销公司是指，专门购进并销售白酒生产企业生产的白酒，并与该白酒生产企业存在关联性质。包销是指，销售单位依据协定价格从白酒生产企业购进白酒，同时承担大部分包装材料等成本费用，并负责销售白酒。

第四条 白酒生产企业应将各种白酒的消费税计税价格和销售单位销售价格，按照本办法附件1的式样及要求，在主管税务机关规定的时限内填报。

第五条 白酒消费税最低计税价格由白酒生产企业自行申报，税务机关核定。

第六条 主管税务机关应将白酒生产企业申报的销售给销售单位的消费税计税价格低于销售单位对外销售价格70%以下、年销售额1000万元以上的各种白酒，按照本办法附件2的式样及要求，在规定的时限内逐级上报至国家税务总局。税务总局选择其中部分白酒核定消费税最低计税价格。

第七条 除税务总局已核定消费税最低计税价格的白酒外，其他符合本办法第二条需要核定消费税最低计税价格的白酒，消费税最低计税价格由各省、自治区、直辖市和计划单列市国家税务局核定。

第八条 白酒消费税最低计税价格核定标准如下：

（一）白酒生产企业销售给销售单位的白酒，生产企业消费税计税价格高于销售单位对外销售价格70%（含70%）以上的，税务机关暂不核定消费税最低计税价格。

（二）白酒生产企业销售给销售单位的白酒，生产企业消费税计税价格低于销售单位对外销售价格70%以下的，消费税最低计税价格由税务机关根据生产规模、白酒品牌、利润水平等情况在销售单位对外销售价格50%至70%范围内自行核定。其中生产规模较大，利润水平较高的企业生产的需要核定消费税最低计税价格的白酒，税务机关核价幅度原则上应选择在销售单位对外销售价格60%至70%范围内。

第九条 已核定最低计税价格的白酒，生产企业实际销售价格高于消费税最低计税价格的，按实际销售价格申报纳税；实际销售价格低于消费税最低计税价格的，按最低计税价格申报纳税。

第十条 已核定最低计税价格的白酒，销售单位对外销售价格持续上涨或下降时间达到3个月以上、累计上涨或下降幅度在20%（含）以上的白酒，税务机关重新核定最低计税价格。

第十一条 白酒生产企业在办理消费税纳税申报时，应附已核定最低计税价格白酒清单，式样见附件3。

第十二条 白酒生产企业未按本办法规定上报销售单位销售价格的，主管国家税务局应按照销售单位销售价格征收消费税。

第十三条 本办法自2009年8月1日起执行。

中华人民共和国海关税收保全和强制措施暂行办法

第一条 为了规范海关实施税收保全和强制措施，保障国家税收，维护纳税义务人的合法权益，根据《中华人民共和国海关法》、《中华人民共和国进出口关税条例》，制定本办法。

第二条 海关实施税收保全和强制措施，适用本办法。

第三条 进出口货物的纳税义务人在规定的纳税期限内有明显的转移、藏匿其应税货物以及其他财产迹象的，海关应当制发《中华人民共和国海关责令提供担保通知书》，要求纳税义务人在海关规定的期限内提供海关认可的担保。

纳税义务人不能在海关规定的期限内按照海关要求提供担保的，经直属海关关长或者其授权的隶属海关关长批准，海关应当采取税收保全措施。

第四条 依照本办法第三条规定采取税收保全措施的，海关应当书面通知纳税义务人开户银行或者其他金融机构（以下统称金融机构）暂停支付纳税义务人相当于应纳税款的存款。

因无法查明纳税义务人账户、存款数额等情形不能实施暂停支付措施的，应当扣留纳税义务人价值相当于应纳税款的货物或者其他财产。

纳税义务人的货物或者其他财产本身不可分割，又没有其他财产可以扣留的，被扣留货物或者其他财产的价值可以高于应纳税款。

第五条 海关通知金融机构暂停支付纳税义务人存款的，应当向金融机构制发《中华人民共和国海关暂停支付通知书》，列明暂停支付的款项和期限。

海关确认金融机构已暂停支付相应款项的，应当向纳税义务人制发《中华人民共和国海关暂停支付告知书》。

第六条 纳税义务人在规定的纳税期限内缴纳税款的，海关应当向金融机构制发《中华人民共和国海关暂停支付解除通知书》，解除对纳税义务人相应存款实施的暂停支付措施。

本条第一款规定情形下，海关还应当向纳税义务人制发《中华人民共和国海关暂停支付解除告知书》。

第七条 纳税义务人自海关填发税款缴款书之日起15内未缴纳税款的，经直属海关关长或者其授权的隶属海关关长批准，海关应当向金融机构制发《中华人民共和国海关扣缴税款通知书》，通知其从暂停支付的款项中扣缴相应税款。

海关确认金融机构已扣缴税款的，应当向纳税义务人制发《中华人民共和国海关扣缴税款告知书》。

第八条 海关根据本办法第四条规定扣留纳税义务人价值相当于应纳税款的货物或者其他财产的，应当向纳税义务人制发《中华人民共和国海关扣留通知书》，并随附扣留清单。

扣留清单应当列明被扣留货物或者其他财产的品名、规格、数量、重量等，品名、规格、数量、重量等当场无法确定的，应当尽可能完整地描述其外在特征。扣留清单应当由纳税义务人或者其代理人、保管人确认，并签字或者盖章。

第九条 纳税义务人自海关填发税款缴款书之日起15日内缴纳税款的，海关应当解除扣留措施，并向纳税义务人制发《中华人民共和国海关解除扣留通知书》，随附发还清单，将有关货物、财产发还纳税义务人。发还清单应当由纳税义务人或者其代理人确认，并签字或者盖章。

第十条 纳税义务人自海关填发税款缴款书之日起15内未缴纳税款的，海关应当向纳税义务人制发《中华人民共和国海关抵缴税款通知书》，依法变卖被扣留的货物或者其他财产，并以变卖所得抵缴税款。

本条第一款规定情形下，变卖所得不足以抵缴税款的，海关应当继续采取强制措施抵缴税款的差额部分；变卖所得抵缴税款及扣除相关费用后仍有余款的，应当发还纳税义务人。

第十一条 进出口货物的纳税义务人、担保人自规定的纳税期限届满之日起超过3个月未缴纳税款的，经直属海关关长或者其授权的隶属海关关长批准，海关可以依次采取下列强制措施：

（一）书面通知金融机构从其存款中扣缴税款；

（二）将应税货物依法变卖，以变卖所得抵缴税款；

（三）扣留并依法变卖其价值相当于应纳税款的货物或者其他财产，以变卖所得抵缴税款。

第十二条 有本办法第十一条规定情形，海关通知金融机构扣缴税款的，应当向金融机构制发《中华人民共和国海关扣缴税款通知书》，通知其从纳税义务人、担保人的存款中扣缴相应税款。

金融机构扣缴税款的，海关应当向纳税义务人、担保人制发《中华人民共和国海关扣缴税款告知书》。

第十三条 有本办法第十一条规定情形的，滞纳金按照自规定的纳税期限届满之日起至扣缴税款之日计征，并同时扣缴。

第十四条 有本办法第十一条规定情形，海关决定以应税货物、被扣留的价值相当于应纳税款的货物或者其他财产变卖并抵缴税款的，应当向纳税义务人、担保人制发《中华人民共和国海关抵缴税款告知书》。

本条第一款规定情形下，变卖所得不足以抵缴税款的，海关应当继续采取强制措施抵缴税款的差额部分；变卖所得抵缴税款及扣除相关费用后仍有余款的，应当发还纳税义务人、担保人。

第十五条 依照本办法第八条、第十四条扣留货物或者其他财产的，海关应当妥善保管被扣留的货物或者其他财产，不得擅自使用或者损毁。

第十六条 无法采取税收保全措施、强制措施，或者依照本办法规定采取税收保全措施、强制措施仍无法足额征收税款的，海关应当依法向人民法院申请强制执行，并按照法院要求提交相关材料。

第十七条 依照本办法第八条、第十四条扣留货物或者其他财产的，实施扣留的海关工作人员不得少于2人，并且应当出示执法证件。

第十八条 纳税义务人、担保人对海关采取税收保全措施、强制措施不服的，可以依法申请行政复议或者提起行政诉讼。

第十九条 纳税义务人在规定的纳税期限内已缴纳税款，海关未解除税收保全措施，或者采取税收保全措施、强制措施不当，致使纳税义务人、担保人的合法权益受到损失的，海关应当承担赔偿责任。

第二十条 送达本办法所列法律文书，应当由纳税义务人或者其代理人、担保人、保管人等签字或者盖章；纳税义务人或者其代理人、担保人、保管人等拒绝签字、盖章的，海关工作人员应当在有关法律文书上注明，并且由见证人签字或者盖章。

第二十一条 海关工作人员未依法采取税收保全措施、强制措施，损害国家利益或者纳税义务人、担保人合法权益，造成严重后果的，依法给予处分。构成犯罪的，依法追究刑事责任。

第二十二条 纳税义务人、担保人抗拒、阻碍海关依法采取税收保全措施、强制措施的，移交地方公安机关依法处理。构成犯罪的，依法追究刑事责任。

第二十三条 本办法所列法律文书由海关总署另行制定并公布。

第二十四条 本办法由海关总署负责解释。

第二十五条 本办法自2009年9月1日起施行。

国家质量监督检验检疫总局强制性产品认证管理规定

第一章 总则

第一条 为规范强制性产品认证工作，提高认证有效性，维护国家、社会和公共利益，根据《中华人民共和国认证认可条例》（以下简称认证认可条例）等法律、行政法规以及国家有关规定，制定本规定。

第二条 为保护国家安全、防止欺诈行为、保护人体健康或者安全、保护动植物生命或者健康、保护环境，国家规定的相关产品必须经过认证（以下简称强制性产品认证），并标注认证标志后，方可出厂、销售、进口或者在其他经营活动中使用。

第三条 国家质量监督检验检疫总局（以下简称国家质检总局）主管全国强制性产品认证工作。

国家认证认可监督管理委员会（以下简称国家认监委）负责全国强制性产品认证工作的组织实施、监督管理和综合协调。

地方各级质量技术监督部门和各地出入境检验检疫机构（以下简称地方质检两局）按照各自职责，依法负责所辖区域内强制性产品认证活动的监督管理和执法查处工作。

第四条 国家对实施强制性产品认证的产品，统一产品目录（以下简称目录），统一技术规范的强制性要求、标准和合格评定程序，统一认证标志，统一收费标准。

国家质检总局、国家认监委会同国务院有关部门制定和调整目录，目录由国家质检总局、国家认监委联合发布，并会同有关方面共同实施。

第五条 国家鼓励开展平等互利的强制性产品认证国际互认活动，互认活动应当在国家质检总局、国家认监委或者其授权的有关部门对外签署的国际互认协议框架内进行。

第六条 从事强制性产品认证活动的机构及其人员，对其从业活动中所知悉的商业秘密及生产技术、工艺等技术秘密和信息负有保密义务。

第二章 认证实施

第七条 强制性产品认证基本规范由国家质检总局、国家认监委制定、发布，强制性产品认证规则（以下简称认证规则）由国家认监委制定、发布。

第八条 强制性产品认证应当适用以下单一认证模式或者多项认证模式的组合，具体模式包括：

（一）设计鉴定；

（二）型式试验；

（三）生产现场抽取样品检测或者检查；

（四）市场抽样检测或者检查；

（五）企业质量保证能力和产品一致性检查；

（六）获证后的跟踪检查。

产品认证模式应当依据产品的性能，对涉及公共安全、人体健康和环境等方面可能产生的危害程度、产品的生命周期、生产、进口产品的风险状况等综合因素，按照科学、便利等原则予以确定。

第九条 认证规则应当包括以下内容：

（一）适用的产品范围；

（二）适用的产品所对应的国家标准、行业标准和国家技术规范的强制性要求；

（三）认证模式；

（四）申请单元划分原则或者规定；

（五）抽样和送样要求；

（六）关键元器件或者原材料的确认要求（需要时）；

（七）检测标准的要求（需要时）；

（八）工厂检查的要求；

（九）获证后跟踪检查的要求；

（十）认证证书有效期的要求；

（十一）获证产品标注认证标志的要求；

（十二）其他规定。

第十条 列入目录产品的生产者或者销售者、进口商（以下统称认证委托人）应当委托经国家认监委指定的认证机构（以下简称认证机构）对其生产、销售或者进口的产品进行认证。

委托其他企业生产列入目录产品的，委托企业或者被委托企业均可以向认证机构进行认证委托。

第十一条 认证委托人应当按照具体产品认证规则的规定，向认证机构提供相关技术材料。

销售者、进口商作为认证委托人时，还应当向认证机构提供销售者与生产者或者进口商与生产者订立的相关合同副本。

委托其他企业生产列入目录产品的，认证委托人还应当向认证机构提供委托企业与被委托企业订立的相关合同副本。

第十二条 认证机构受理认证委托后，应当按照具体产品认证规则的规定，安排产品型式试验和工厂检查。

第十三条 认证委托人应当保证其提供的样品与实际生产的产品一致，认证机构应当对认证委托人提供样品的真实性进行审查。

认证机构应当按照认证规则的要求，根据产品特点和实际情况，采取认证委托人送样、现场抽样或者现场封样后由认证委托人送样等抽样方式，委托经国家认监委指定的实验室（以下简称实验室）对样品进行产品型式试验。

第十四条 实验室对样品进行产品型式试验，应当确保检测结论的真实、准确，并对检测全过程作出完整记录，归档留存，保证检测过程和结果的记录具有可追溯性，配合认证机构对获证产品进行有效的跟踪检查。

实验室及其有关人员应当对其作出的检测报告内容以及检测结论负责，对样品真实性有疑义的，应当向认证机构说明情况，并作出相应处理。

第十五条 需要进行工厂检查的，认证机构应当委派具有国家注册资格的强制性产品认证检查员，对产品生产企业的质量保证能力、生产产品与型式试验样品的一致性等情况，依照具体产品认证规则进行检查。

认证机构及其强制性产品认证检查员应当对检查结论负责。

第十六条 认证机构完成产品型式试验和工厂检查后，对符合认证要求的，一般情况下自受理认证委托起90天内向认证委托人出具认证证书。

对不符合认证要求的，应当书面通知认证委托人，并说明理由。

认证机构及其有关人员应当对其作出的认证结论负责。

第十七条 认证机构应当通过现场产品检测或者检查、市场产品抽样检测或者检查、质量保证能力检查等方式，对获证产品及其生产企业实施分类管理和有效的跟踪检查，控制并验证获证产品与型式试验样品的一致性、生产企业的质量保证能力持续符合认证要求。

第十八条 认证机构应当对跟踪检查全过程作出完整记录，归档留存，保证认证过程和结果具有可追溯性。

对于不能持续符合认证要求的，认证机构应当根据相应情形作出予以暂停或者撤销认证证书的处理，并予公布。

第十九条 认证机构应当按照认证规则的规定，根据获证产品的安全等级、产品质量稳定性以及产品生产企业的良好记录和不良记录情况等因素，对获证产品及其生产企业进行跟踪检查的分类管理，确定合理的跟踪检查频次。

第三章 认证证书和认证标志

第二十条 国家认监委统一规定强制性产品认证证书（以下简称认证证书）的格式、内容和强制性产品认证标志（以下简称认证标志）的式样、种类。

第二十一条 认证证书应当包括以下基本内容：

（一）认证委托人名称、地址；

（二）产品生产者（制造商）名称、地址；

（三）被委托生产企业名称、地址（需要时）；

（四）产品名称和产品系列、规格、型号；

（五）认证依据；

（六）认证模式（需要时）；

（七）发证日期和有效期限；

（八）发证机构；

（九）证书编号；

（十）其他需要标注的内容。

第二十二条 认证证书有效期为5年。

认证机构应当根据其对获证产品及其生产企业的跟踪检查的情况，在认证证书上注明年度检查有效状态的查询网址和电话。

认证证书有效期届满，需要延续使用的，认证委托人应当在认证证书有效期届满前90天内申请办理。

第二十三条 获证产品及其销售包装上标注认证证书所含内容的，应当与认证证书的内容相一致，并符合国家有关产品标识标注管理规定。

第二十四条 有下列情形之一的，认证委托人应当向认证机构申请认证证书的变更，由认证机构根据不同情况作出相应处理：

（一）获证产品命名方式改变导致产品名称、型号变化或者获证产品的生产者、生产企业名称、地址名称发生变更的，经认证机构核实后，变更认证证书；

（二）获证产品型号变更，但不涉及安全性能和电磁兼容内部结构变化；或者获证产品减少同种产品型号的，经认证机构确认后，变更认证证书；

（三）获证产品的关键元器件、规格和型号，以及涉及整机安全或者电磁兼容的设计、结构、工艺和材料或者原材料生产企业等发生变更的，经认证机构重新检测合格后，变更认证证书；

（四）获证产品生产企业地点或者其质量保证体系、生产条件等发生变更的，经认证机构重新工厂检查合格后，变更认证证书；

（五）其他应当变更的情形。

第二十五条 认证委托人需要扩展其获证产品覆盖范围的，应当向认证机构申请认证证书的扩展，认证机构应当核查扩展产品与原获证产品的一致性，确认原认证结果对扩展产品的有效性。经确认合格后，可以根据认证委托人的要求单独出具认证证书或者重新出具认证证书。

认证机构可以按照认证规则的要求，针对差异性补充进行产品型式试验或者工厂检查。

第二十六条 有下列情形之一的，认证机构应当注销认证证书，并对外公布：

（一）认证证书有效期届满，认证委托人未申请延续使用的；

（二）获证产品不再生产的；

（三）获证产品型号已列入国家明令淘汰或者禁止生产的产品目录的；

（四）认证委托人申请注销的；

（五）其他依法应当注销的情形。

第二十七条 有下列情形之一的，认证机构应当按照认证规则规定的期限暂停认证证书，并对外公布：

（一）产品适用的认证依据或者认证规则发生变更，规定期限内产品未符合变更要求的；

（二）跟踪检查中发现认证委托人违反认证规则等规定的；

（三）无正当理由拒绝接受跟踪检查或者跟踪检查发现产品不能持续符合认证要求的；

（四）认证委托人申请暂停的；

（五）其他依法应当暂停的情形。

第二十八条 有下列情形之一的，认证机构应当撤销认证证书，并对外公布：

（一）获证产品存在缺陷，导致质量安全事故的；

（二）跟踪检查中发现获证产品与认证委托人提供的样品不一致的；

（三）认证证书暂停期间，认证委托人未采取整改措施或者整改后仍不合格的；

（四）认证委托人以欺骗、贿赂等不正当手段获得认证证书的；

（五）其他依法应当撤销的情形。

第二十九条 获证产品被注销、暂停或者撤销认证证书的，认证机构应当确定不符合认证要求的产品类别和范围。

自认证证书注销、撤销之日起或者认证证书暂停期间，不符合认证要求的产品，不得继续出厂、销售、进口或者在其他经营活动中使用。

第三十条 认证标志的式样由基本图案、认证种类标注组成，基本图案如下图：

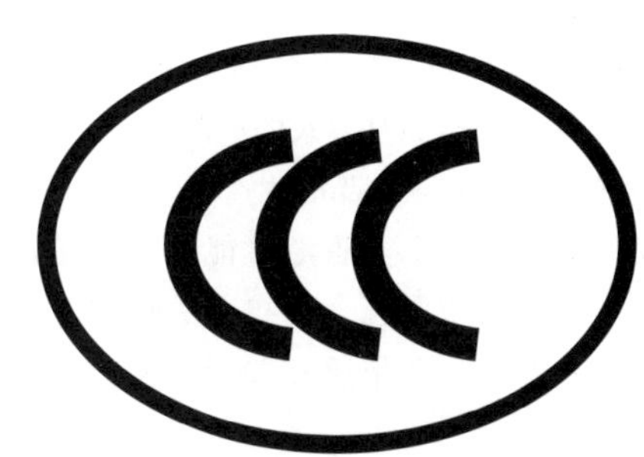

基本图案中“CCC”为“中国强制性认证”的英文名称“China Compulsory Certification”的英文缩写。

第三十一条 在认证标志基本图案的右侧标注认证种类，由代表该产品认证种类的英文单词的缩写字母组成。

国家认监委根据强制性产品认证工作的需要，制定有关认证种类标注的具体要求。

第三十二条 认证委托人应当建立认证标志使用管理制度，对认证标志的使用情况如实记录和存档，按照认证规则规定在产品及其包装、广告、产品介绍等宣传材料中正确使用和标注认证标志。

第三十三条 任何单位和个人不得伪造、变造、冒用、买卖和转让认证证书和认证标志。

第四章 监督管理

第三十四条 国家认监委对认证机构、检查机构和实验室的认证、检查和检测活动实施年度监督检查和不定期的专项监督检查。

第三十五条 认证机构应当将获证产品的认证委托人、获证产品及其生产企业，以及认证证书被注销、暂停或者撤销的信息向国家认监委和省级地方质检两局进行通报。

第三十六条 国家质检总局统一计划，国家认监委采取定期或者不定期的方式对获证产品进行监督检查。

获证产品生产者、销售者、进口商和经营活动使用者不得拒绝监督检查。

国家认监委建立获证产品及其生产者公布制度，向社会公布监督检查结果。

第三十七条 地方质检两局依法按照各自职责，对所辖区域内强制性产品认证活动实施监督检查，对违法行为进行查处。

列入目录内的产品未经认证，但尚未出厂、销售的，地方质检两局应当告诫其产品生产企业及时进行强制性产品认证。

第三十八条 地方质检两局进行强制性产品认证监督检查时，可以依法进入生产经营场所实施现场检查，查阅、复制有关合同、票据、账薄以及其他资料，查封、扣押未经认证的产品或者不符合认证要求的产品。

第三十九条 列入目录产品的生产者、销售商发现其生产、销售的产品存在安全隐患，可能对人体健康和生命安全造成损害的，应当向社会公布有关信息，主动采取召回产品等救济措施，并依照有关规定向相关监督管理部门报告。

列入目录产品的生产者、销售商未履行前款规定义务的，国家质检总局应当启动产品召回程序，责令生产者召回产品，销售者停止销售产品。

第四十条 出入境检验检疫机构应当对列入目录的进口产品实施入境验证管理，查验认证证书、认证标志等证明文件，核对货证是否相符。验证不合格的，依照相关法律法规予以处理，对列入目录的进口产品实施后续监管。

第四十一条 列入目录的进境物品符合下列情形之一的，入境时无需办理强制性产品认证：

（一）外国驻华使馆、领事馆或者国际组织驻华机构及其外交人员的自用物品；

（二）香港、澳门特别行政区政府驻大陆官方机构及其工作人员的自用物品；

（三）入境人员随身从境外带入境内的自用物品；

（四）外国政府援助、赠送的物品；

（五）其他依法无需办理强制性产品认证的情形。

第四十二条 有下列情形之一的，列入目录产品的生产者、进口商、销售商或者其代理人可以向所在地出入境检验检疫机构提出免予办理强制性产品认证申请，提交相关证明材料、责任担保书、产品符合性声明（包括型式试验报告）等资料，并根据需要进行产品检测，经批准取得《免予办理强制性产品认证证明》后，方可进口，并按照申报用途使用：

（一）为科研、测试所需的产品；

（二）为考核技术引进生产线所需的零部件；

（三）直接为最终用户维修目的所需的产品；

（四）工厂生产线/成套生产线配套所需的设备/部件（不包含办公用品）；

（五）仅用于商业展示，但不销售的产品；

（六）暂时进口后需退运出关的产品（含展览品）；

（七）以整机全数出口为目的而用一般贸易方式进口的零部件；

（八）以整机全数出口为目的而用进料或者来料加工方式进口的零部件；

（九）其他因特殊用途免予办理强制性产品认证的情形。

第四十三条 认证机构、检查机构、实验室有下列情形之一的，国家认监委应当责令其停业整顿，停业整顿期间不得从事指定范围内的强制性产品认证、检查、检测活动：

（一）增加、减少、遗漏或者变更认证基本规范、认证规则规定的程序的；

（二）未对其认证的产品实施有效的跟踪调查，或者发现其认证的产品不能持续符合认证要求，不及时暂停或者撤销认证证书并予以公布的；

（三）未对认证、检查、检测过程作出完整记录，归档留存，情节严重的；

（四）使用未取得相应资质的人员从事认证、检查、检测活动的，情节严重的；

（五）未对认证委托人提供样品的真实性进行有效审查的；

（六）阻挠、干扰监管部门认证执法检查的；

（七）对不属于目录内产品进行强制性产品认证的；

（八）其他违反法律法规规定的。

第四十四条 有下列情形之一的，国家认监委根据利害关系人的请求或者依据职权，可以撤销对认证机构、检查机构、实验室的指定：

（一）工作人员滥用职权、玩忽职守作出指定决定的；

（二）超越法定职权作出指定决定的；

（三）违反法定程序作出指定决定的；

（四）对不具备指定资格的认证机构、检查机构、实验室准予指定的；

（五）依法可以撤销指定决定的其他情形。

第四十五条 认证机构、检查机构或者实验室以欺骗、贿赂等不正当手段获得指定的，由国家认监委撤销指定，并予以公布。

认证机构、检查机构或者实验室自被撤销指定之日起3年内不得再次申请指定。

第四十六条 从事强制性产品认证活动的人员出具虚假或者不实结论，编造虚假或者不实文件、记录的，予以撤销执业资格；自撤销之日起5年内，中国认证认可协会认证人员注册机构不再受理其注册申请。

第四十七条 认证委托人对认证机构的认证决定有异议的，可以向认证机构提出申诉，对认证机构处理结果仍有异议的，可以向国家认监委申诉。

第四十八条 任何单位和个人对强制性产品认证活动中的违法违规行为，有权向国家质检总局、国家认监委或者地方质检两局举报，国家质检总局、国家认监委或者地方质检两局应当及时调查处理，并为举报人保密。

第五章 罚则

第四十九条 列入目录的产品未经认证，擅自出厂、销售、进口或者在其他经营活动中使用的，由地方质检两局依照认证认可条例第六十七条规定予以处罚。

第五十条 列入目录的产品经过认证后 ，不按照法定条件、要求从事生产经营活动或者生产、销售不符合法定要求的产品的，由地方质检两局依照《国务院关于加强食品等产品安全监督管理的特别规定》第二条、第三条第二款规定予以处理。

第五十一条 违反本规定第二十九条第二款规定，认证证书注销、撤销或者暂停期间，不符合认证要求的产品，继续出厂、销售、进口或者在其他经营活动中使用的，由地方质检两局依照认证认可条例第六十七条规定予以处罚。

第五十二条 违反本规定第四十二条规定，编造虚假材料骗取《免予办理强制性产品认证证明》或者获得《免予办理强制性产品认证证明》后产品未按照原申报用途使用的，由出入境检验检疫机构责令其改正，撤销《免予办理强制性产品认证证明》，并依照认证认可条例第六十七条规定予以处罚。

第五十三条 伪造、变造、出租、出借、冒用、买卖或者转让认证证书的，由地方质检两局责令其改正，处3万元罚款。

转让或者倒卖认证标志的，由地方质检两局责令其改正，处3万元以下罚款。

第五十四条 有下列情形之一的，由地方质检两局责令其改正，处3万元以下的罚款：

（一）违反本规定第十三条第一款规定，认证委托人提供的样品与实际生产的产品不一致的；

（二）违反本规定第二十四条规定，未按照规定向认证机构申请认证证书变更，擅自出厂、销售、进口或者在其他经营活动中使用列入目录产品的；

（三）违反本规定第二十五条规定，未按照规定向认证机构申请认证证书扩展，擅自出厂、销售、进口或者在其他经营活动中使用列入目录产品的。

第五十五条 有下列情形之一的，由地方质检两局责令其限期改正，逾期未改正的，处2万元以下罚款。

（一）违反本规定第二十三条规定，获证产品及其销售包装上标注的认证证书所含内容与认证证书内容不一致的；

（二）违反本规定第三十二条规定，未按照规定使用认证标志的。

第五十六条 认证机构、检查机构、实验室出具虚假结论或者出具的结论严重失实的，国家认监委应当撤销对其指定；对直接负责的主管人员和负有直接责任的人员，撤销相应从业资格；构成犯罪的，依法追究刑事责任；造成损失的，承担相应的赔偿责任。

第五十七条 认证机构、检查机构、实验室有下列情形之一的，国家认监委应当责令其改正，情节严重的，撤销对其指定直至撤销认证机构批准文件。

（一）超出指定的业务范围从事列入目录产品的认证以及与认证有关的检测、检查活动的；

（二）转让指定认证业务的；

（三）停业整顿期间继续从事指定范围内的强制性产品认证、检查、检测活动的；

（四）停业整顿期满后，经检查仍不符合整改要求的。

第五十八条 国家认监委和地方质检两局及其工作人员，滥用职权、徇私舞弊、玩忽职守的，依法给予行政处分；构成犯罪的，依法追究刑事责任。

第五十九条 对于强制性产品认证活动中的其他违法行为，依照有关法律、行政法规的规定予以处罚。

第六章 附则

第六十条 强制性产品认证应当依照国家有关规定收取费用。

第六十一条 本规定由国家质检总局负责解释。

第六十二条 本规定自2009年9月1日起施行。国家质检总局2001年12月3日公布的《强制性产品认证管理规定》同时废止。

中华人民共和国增值税暂行条例

第一条 在中华人民共和国境内销售货物或者提供加工、修理修配劳务以及进口货物的单位和个人，为增值税的纳税人，应当依照本条例缴纳增值税。

第二条 增值税税率：

（一）纳税人销售或者进口货物，除本条第（二）项、第（三）项规定外，税率为17%。

（二）纳税人销售或者进口下列货物，税率为13%：

1.粮食、食用植物油；

2.自来水、暖气、冷气、热水、煤气、石油液化气、天然气、沼气、居民用煤炭制品；

3.图书、报纸、杂志；

4.饲料、化肥、农药、农机、农膜；

5.国务院规定的其他货物。

（三）纳税人出口货物，税率为零；但是，国务院另有规定的除外。

（四）纳税人提供加工、修理修配劳务（以下称应税劳务），税率为17%。

税率的调整，由国务院决定。

第三条 纳税人兼营不同税率的货物或者应税劳务，应当分别核算不同税率货物或者应税劳务的销售额；未分别核算销售额的，从高适用税率。

第四条 除本条例第十一条规定外，纳税人销售货物或者提供应税劳务（以下简称销售货物或者应税劳务），应纳税额为当期销项税额抵扣当期进项税额后的余额。应纳税额计算公式：

应纳税额=当期销项税额－当期进项税额

当期销项税额小于当期进项税额不足抵扣时，其不足部分可以结转下期继续抵扣。

第五条 纳税人销售货物或者应税劳务，按照销售额和本条例第二条规定的税率计算并向购买方收取的增值税额，为销项税额。销项税额计算公式：

销项税额=销售额×税率

第六条 销售额为纳税人销售货物或者应税劳务向购买方收取的全部价款和价外费用，但是不包括收取的销项税额。

销售额以人民币计算。纳税人以人民币以外的货币结算销售额的，应当折合成人民币计算。

第七条 纳税人销售货物或者应税劳务的价格明显偏低并无正当理由的，由主管税务机关核定其销售额。

第八条 纳税人购进货物或者接受应税劳务（以下简称购进货物或者应税劳务）支付或者负担的增值税额，为进项税额。

下列进项税额准予从销项税额中抵扣：

（一）从销售方取得的增值税专用发票上注明的增值税额。

（二）从海关取得的海关进口增值税专用缴款书上注明的增值税额。

（三）购进农产品，除取得增值税专用发票或者海关进口增值税专用缴款书外，按照农产品收购发票或者销售发票上注明的农产品买价和13%的扣除率计算的进项税额。进项税额计算公式：

进项税额=买价×扣除率

（四）购进或者销售货物以及在生产经营过程中支付运输费用的，按照运输费用结算单据上注明的运输费用金额和7%的扣除率计算的进项税额。进项税额计算公式：

进项税额=运输费用金额×扣除率

准予抵扣的项目和扣除率的调整，由国务院决定。

第九条 纳税人购进货物或者应税劳务，取得的增值税扣税凭证不符合法律、行政法规或者国务院税务主管部门有关规定的，其进项税额不得从销项税额中抵扣。

第十条 下列项目的进项税额不得从销项税额中抵扣：

（一）用于非增值税应税项目、免征增值税项目、集体福利或者个人消费的购进货物或者应税劳务；

（二）非正常损失的购进货物及相关的应税劳务；

（三）非正常损失的在产品、产成品所耗用的购进货物或者应税劳务；

（四）国务院财政、税务主管部门规定的纳税人自用消费品；

（五）本条第（一）项至第（四）项规定的货物的运输费用和销售免税货物的运输费用。

第十一条 小规模纳税人销售货物或者应税劳务，实行按照销售额和征收率计算应纳税额的简易办法，并不得抵扣进项税额。应纳税额计算公式：

应纳税额=销售额×征收率

小规模纳税人的标准由国务院财政、税务主管部门规定。

第十二条 小规模纳税人增值税征收率为3%。

征收率的调整，由国务院决定。

第十三条 小规模纳税人以外的纳税人应当向主管税务机关申请资格认定。具体认定办法由国务院税务主管部门制定。

小规模纳税人会计核算健全，能够提供准确税务资料的，可以向主管税务机关申请资格认定，不作为小规模纳税人，依照本条例有关规定计算应纳税额。

第十四条 纳税人进口货物，按照组成计税价格和本条例第二条规定的税率计算应纳税额。组成计税价格和应纳税额计算公式：

组成计税价格=关税完税价格+关税+消费税

应纳税额=组成计税价格×税率

第十五条 下列项目免征增值税：

（一）农业生产者销售的自产农产品；

（二）避孕药品和用具；

（三）古旧图书；

（四）直接用于科学研究、科学试验和教学的进口仪器、设备；

（五）外国政府、国际组织无偿援助的进口物资和设备；

（六）由残疾人的组织直接进口供残疾人专用的物品；

（七）销售的自己使用过的物品。

除前款规定外，增值税的免税、减税项目由国务院规定。任何地区、部门均不得规定免税、减税项目。

第十六条 纳税人兼营免税、减税项目的，应当分别核算免税、减税项目的销售额；未分别核算销售额的，不得免税、减税。

第十七条 纳税人销售额未达到国务院财政、税务主管部门规定的增值税起征点的，免征增值税；达到起征点的，依照本条例规定全额计算缴纳增值税。

第十八条 中华人民共和国境外的单位或者个人在境内提供应税劳务，在境内未设有经营机构的，以其境内代理人为扣缴义务人；在境内没有代理人的，以购买方为扣缴义务人。

第十九条 增值税纳税义务发生时间：

（一）销售货物或者应税劳务，为收讫销售款项或者取得索取销售款项凭据的当天；先开具发票的，为开具发票的当天。

（二）进口货物，为报关进口的当天。

增值税扣缴义务发生时间为纳税人增值税纳税义务发生的当天。

第二十条 增值税由税务机关征收，进口货物的增值税由海关代征。

个人携带或者邮寄进境自用物品的增值税，连同关税一并计征。具体办法由国务院关税税则委员会会同有关部门制定。

第二十一条 纳税人销售货物或者应税劳务，应当向索取增值税专用发票的购买方开具增值税专用发票，并在增值税专用发票上分别注明销售额和销项税额。

属于下列情形之一的，不得开具增值税专用发票：

（一）向消费者个人销售货物或者应税劳务的；

（二）销售货物或者应税劳务适用免税规定的；

（三）小规模纳税人销售货物或者应税劳务的。

第二十二条 增值税纳税地点：

（一）固定业户应当向其机构所在地的主管税务机关申报纳税。总机构和分支机构不在同一县（市）的，应当分别向各自所在地的主管税务机关申报纳税；经国务院财政、税务主管部门或者其授权的财政、税务机关批准，可以由总机构汇总向总机构所在地的主管税务机关申报纳税。

（二）固定业户到外县（市）销售货物或者应税劳务，应当向其机构所在地的主管税务机关申请开具外出经营活动税收管理证明，并向其机构所在地的主管税务机关申报纳税；未开具证明的，应当向销售地或者劳务发生地的主管税务机关申报纳税；未向销售地或者劳务发生地的主管税务机关申报纳税的，由其机构所在地的主管税务机关补征税款。

（三）非固定业户销售货物或者应税劳务，应当向销售地或者劳务发生地的主管税务机关申报纳税；未向销售地或者劳务发生地的主管税务机关申报纳税的，由其机构所在地或者居住地的主管税务机关补征税款。

（四）进口货物，应当向报关地海关申报纳税。

扣缴义务人应当向其机构所在地或者居住地的主管税务机关申报缴纳其扣缴的税款。

第二十三条 增值税的纳税期限分别为1日、3日、5日、10日、15日、1个月或者1个季度。纳税人的具体纳税期限，由主管税务机关根据纳税人应纳税额的大小分别核定；不能按照固定期限纳税的，可以按次纳税。

纳税人以1个月或者1个季度为1个纳税期的，自期满之日起15日内申报纳税；以1日、3日、5日、10日或者15日为1个纳税期的，自期满之日起5日内预缴税款，于次月1日起15日内申报纳税并结清上月应纳税款。

扣缴义务人解缴税款的期限，依照前两款规定执行。

第二十四条 纳税人进口货物，应当自海关填发海关进口增值税专用缴款书之日起15日内缴纳税款。

第二十五条 纳税人出口货物适用退（免）税规定的，应当向海关办理出口手续，凭出口报关单等有关凭证，在规定的出口退（免）税申报期内按月向主管税务机关申报办理该项出口货物的退（免）税。具体办法由国务院财政、税务主管部门制定。

出口货物办理退税后发生退货或者退关的，纳税人应当依法补缴已退的税款。

第二十六条 增值税的征收管理，依照《中华人民共和国税收征收管理法》及本条例有关规定执行。

第二十七条 本条例自2009年1月1日起施行。

中华人民共和国统计法

第一章 总 则

第一条 为了科学、有效地组织统计工作，保障统计资料的真实性、准确性、完整性和及时性，发挥统计在了解国情国力、服务经济社会发展中的重要作用，促进社会主义现代化建设事业发展，制定本法。

第二条 本法适用于各级人民政府、县级以上人民政府统计机构和有关部门组织实施的统计活动。

统计的基本任务是对经济社会发展情况进行统计调查、统计分析，提供统计资料和统计咨询意见，实行统计监督。

第三条 国家建立集中统一的统计系统，实行统一领导、分级负责的统计管理体制。

第四条 国务院和地方各级人民政府、各有关部门应当加强对统计工作的组织领导，为统计工作提供必要的保障。

第五条 国家加强统计科学研究，健全科学的统计指标体系，不断改进统计调查方法，提高统计的科学性。

国家有计划地加强统计信息化建设，推进统计信息搜集、处理、传输、共享、存储技术和统计数据库体系的现代化。

第六条 统计机构和统计人员依照本法规定独立行使统计调查、统计报告、统计监督的职权，不受侵犯。

地方各级人民政府、政府统计机构和有关部门以及各单位的负责人，不得自行修改统计机构和统计人员依法搜集、整理的统计资料，不得以任何方式要求统计机构、统计人员及其他机构、人员伪造、篡改统计资料，不得对依法履行职责或者拒绝、抵制统计违法行为的统计人员打击报复。

第七条 国家机关、企业事业单位和其他组织以及个体工商户和个人等统计调查对象，必须依照本法和国家有关规定，真实、准确、完整、及时地提供统计调查所需的资料，不得提供不真实或者不完整的统计资料，不得迟报、拒报统计资料。

第八条 统计工作应当接受社会公众的监督。任何单位和个人有权检举统计中弄虚作假等违法行为。对检举有功的单位和个人应当给予表彰和奖励。

第九条 统计机构和统计人员对在统计工作中知悉的国

家秘密、商业秘密和个人信息，应当予以保密。

第十条 任何单位和个人不得利用虚假统计资料骗取荣誉称号、物质利益或者职务晋升。

第二章 统计调查管理

第十一条 统计调查项目包括国家统计调查项目、部门统计调查项目和地方统计调查项目。

国家统计调查项目是指全国性基本情况的统计调查项目。部门统计调查项目是指国务院有关部门的专业性统计调查项目。地方统计调查项目是指县级以上地方人民政府及其部门的地方性统计调查项目。

国家统计调查项目、部门统计调查项目、地方统计调查项目应当明确分工，互相衔接，不得重复。

第十二条 国家统计调查项目由国家统计局制定，或者由国家统计局和国务院有关部门共同制定，报国务院备案；重大的国家统计调查项目报国务院审批。

部门统计调查项目由国务院有关部门制定。统计调查对象属于本部门管辖系统的，报国家统计局备案；统计调查对象超出本部门管辖系统的，报国家统计局审批。

地方统计调查项目由县级以上地方人民政府统计机构和有关部门分别制定或者共同制定。其中，由省级人民政府统计机构单独制定或者和有关部门共同制定的，报国家统计局审批；由省级以下人民政府统计机构单独制定或者和有关部门共同制定的，报省级人民政府统计机构审批；由县级以上地方人民政府有关部门制定的，报本级人民政府统计机构审批。

第十三条 统计调查项目的审批机关应当对调查项目的必要性、可行性、科学性进行审查，对符合法定条件的，作出予以批准的书面决定，并公布；对不符合法定条件的，作出不予批准的书面决定，并说明理由。

第十四条 制定统计调查项目，应当同时制定该项目的统计调查制度，并依照本法第十二条的规定一并报经审批或者备案。

统计调查制度应当对调查目的、调查内容、调查方法、调查对象、调查组织方式、调查表式、统计资料的报送和公布等作出规定。

统计调查应当按照统计调查制度组织实施。变更统计调查制度的内容，应当报经原审批机关批准或者原备案机关备案。

第十五条 统计调查表应当标明表号、制定机关、批准或者备案文号、有效期限等标志。

对未标明前款规定的标志或者超过有效期限的统计调查表，统计调查对象有权拒绝填报；县级以上人民政府统计机构应当依法责令停止有关统计调查活动。

第十六条 搜集、整理统计资料，应当以周期性普查为基础，以经常性抽样调查为主体，综合运用全面调查、重点调查等方法，并充分利用行政记录等资料。

重大国情国力普查由国务院统一领导，国务院和地方人民政府组织统计机构和有关部门共同实施。

第十七条 国家制定统一的统计标准，保障统计调查采用的指标涵义、计算方法、分类目录、调查表式和统计编码等的标准化。

国家统计标准由国家统计局制定，或者由国家统计局和国务院标准化主管部门共同制定。

国务院有关部门可以制定补充性的部门统计标准，报国家统计局审批。部门统计标准不得与国家统计标准相抵触。

第十八条 县级以上人民政府统计机构根据统计任务的需要，可以在统计调查对象中推广使用计算机网络报送统计资料。

第十九条 县级以上人民政府应当将统计工作所需经费列入财政预算。

重大国情国力普查所需经费，由国务院和地方人民政府共同负担，列入相应年度的财政预算，按时拨付，确保到位。

第三章 统计资料的管理和公布

第二十条 县级以上人民政府统计机构和有关部门以及乡、镇人民政府，应当按照国家有关规定建立统计资料的保存、管理制度，建立健全统计信息共享机制。

第二十一条 国家机关、企业事业单位和其他组织等统计调查对象，应当按照国家有关规定设置原始记录、统计台账，建立健全统计资料的审核、签署、交接、归档等管理制度。

统计资料的审核、签署人员应当对其审核、签署的统计资料的真实性、准确性和完整性负责。

第二十二条 县级以上人民政府有关部门应当及时向本级人民政府统计机构提供统计所需的行政记录资料和国民

经济核算所需的财务资料、财政资料及其他资料，并按照统计调查制度的规定及时向本级人民政府统计机构报送其组织实施统计调查取得的有关资料。

县级以上人民政府统计机构应当及时向本级人民政府有关部门提供有关统计资料。

第二十三条 县级以上人民政府统计机构按照国家有关规定，定期公布统计资料。

国家统计数据以国家统计局公布的数据为准。

第二十四条 县级以上人民政府有关部门统计调查取得的统计资料，由本部门按照国家有关规定公布。

第二十五条 统计调查中获得的能够识别或者推断单个统计调查对象身份的资料，任何单位和个人不得对外提供、泄露，不得用于统计以外的目的。

第二十六条 县级以上人民政府统计机构和有关部门统计调查取得的统计资料，除依法应当保密的外，应当及时公开，供社会公众查询。

第四章 统计机构和统计人员

第二十七条 国务院设立国家统计局，依法组织领导和协调全国的统计工作。

国家统计局根据工作需要设立的派出调查机构，承担国家统计局布置的统计调查等任务。

县级以上地方人民政府设立独立的统计机构，乡、镇人民政府设置统计工作岗位，配备专职或者兼职统计人员，依法管理、开展统计工作，实施统计调查。

第二十八条 县级以上人民政府有关部门根据统计任务的需要设立统计机构，或者在有关机构中设置统计人员，并指定统计负责人，依法组织、管理本部门职责范围内的统计工作，实施统计调查，在统计业务上受本级人民政府统计机构的指导。

第二十九条 统计机构、统计人员应当依法履行职责，如实搜集、报送统计资料，不得伪造、篡改统计资料，不得以任何方式要求任何单位和个人提供不真实的统计资料，不得有其他违反本法规定的行为。

统计人员应当坚持实事求是，恪守职业道德，对其负责搜集、审核、录入的统计资料与统计调查对象报送的统计资料的一致性负责。

第三十条 统计人员进行统计调查时，有权就与统计有关的问题询问有关人员，要求其如实提供有关情况、资料并改正不真实、不准确的资料。

统计人员进行统计调查时，应当出示县级以上人民政府统计机构或者有关部门颁发的工作证件；未出示的，统计调查对象有权拒绝调查。

第三十一条 国家实行统计专业技术职务资格考试、评聘制度，提高统计人员的专业素质，保障统计队伍的稳定性。

统计人员应当具备与其从事的统计工作相适应的专业知识和业务能力。

县级以上人民政府统计机构和有关部门应当加强对统计人员的专业培训和职业道德教育。

第五章 监督检查

第三十二条 县级以上人民政府及其监察机关对下级人民政府、本级人民政府统计机构和有关部门执行本法的情况，实施监督。

第三十三条 国家统计局组织管理全国统计工作的监督检查，查处重大统计违法行为。

县级以上地方人民政府统计机构依法查处本行政区域内发生的统计违法行为。但是，国家统计局派出的调查机构组织实施的统计调查活动中发生的统计违法行为，由组织实施该项统计调查的调查机构负责查处。

法律、行政法规对有关部门查处统计违法行为另有规定的，从其规定。

第三十四条 县级以上人民政府有关部门应当积极协助本级人民政府统计机构查处统计违法行为，及时向本级人民政府统计机构移送有关统计违法案件材料。

第三十五条 县级以上人民政府统计机构在调查统计违法行为或者核查统计数据时，有权采取下列措施：

（一）发出统计检查查询书，向检查对象查询有关事项；

（二）要求检查对象提供有关原始记录和凭证、统计台账、统计调查表、会计资料及其他相关证明和资料；

（三）就与检查有关的事项询问有关人员；

（四）进入检查对象的业务场所和统计数据处理信息系统进行检查、核对；

（五）经本机构负责人批准，登记保存检查对象的有关原始记录和凭证、统计台账、统计调查表、会计资料及其他相关证明和资料；

（六）对与检查事项有关的情况和资料进行记录、录音、录像、照相和复制。

县级以上人民政府统计机构进行监督检查时，监督检查人员不得少于二人，并应当出示执法证件；未出示的，有关单位和个人有权拒绝检查。

第三十六条 县级以上人民政府统计机构履行监督检查职责时，有关单位和个人应当如实反映情况，提供相关证明和资料，不得拒绝、阻碍检查，不得转移、隐匿、篡改、毁弃原始记录和凭证、统计台账、统计调查表、会计资料及其他相关证明和资料。

第六章 法律责任

第三十七条 地方人民政府、政府统计机构或者有关部门、单位的负责人有下列行为之一的，由任免机关或者监察机关依法给予处分，并由县级以上人民政府统计机构予以通报：

（一）自行修改统计资料、编造虚假统计数据的；

（二）要求统计机构、统计人员或者其他机构、人员伪造、篡改统计资料的；

（三）对依法履行职责或者拒绝、抵制统计违法行为的统计人员打击报复的；

（四）对本地方、本部门、本单位发生的严重统计违法行为失察的。

第三十八条 县级以上人民政府统计机构或者有关部门在组织实施统计调查活动中有下列行为之一的，由本级人民政府、上级人民政府统计机构或者本级人民政府统计机构责令改正，予以通报；对直接负责的主管人员和其他直接责任人员，由任免机关或者监察机关依法给予处分：

（一）未经批准擅自组织实施统计调查的；

（二）未经批准擅自变更统计调查制度的内容的；

（三）伪造、篡改统计资料的；

（四）要求统计调查对象或者其他机构、人员提供不真实的统计资料的；

（五）未按照统计调查制度的规定报送有关资料的。

统计人员有前款第三项至第五项所列行为之一的，责令改正，依法给予处分。

第三十九条 县级以上人民政府统计机构或者有关部门有下列行为之一的，对直接负责的主管人员和其他直接责任人员由任免机关或者监察机关依法给予处分：

（一）违法公布统计资料的；

（二）泄露统计调查对象的商业秘密、个人信息或者提供、泄露在统计调查中获得的能够识别或者推断单个统计调查对象身份的资料的；

（三）违反国家有关规定，造成统计资料毁损、灭失的。

统计人员有前款所列行为之一的，依法给予处分。

第四十条 统计机构、统计人员泄露国家秘密的，依法追究法律责任。

第四十一条 作为统计调查对象的国家机关、企业事业单位或者其他组织有下列行为之一的，由县级以上人民政府统计机构责令改正，给予警告，可以予以通报；其直接负责的主管人员和其他直接责任人员属于国家工作人员的，由任免机关或者监察机关依法给予处分：

（一）拒绝提供统计资料或者经催报后仍未按时提供统计资料的；

（二）提供不真实或者不完整的统计资料的；

（三）拒绝答复或者不如实答复统计检查查询书的；

（四）拒绝、阻碍统计调查、统计检查的；

（五）转移、隐匿、篡改、毁弃或者拒绝提供原始记录和凭证、统计台账、统计调查表及其他相关证明和资料的。

企业事业单位或者其他组织有前款所列行为之一的，可以并处五万元以下的罚款；情节严重的，并处五万元以上二十万元以下的罚款。

个体工商户有本条第一款所列行为之一的，由县级以上人民政府统计机构责令改正，给予警告，可以并处一万元以下的罚款。

第四十二条 作为统计调查对象的国家机关、企业事业单位或者其他组织迟报统计资料，或者未按照国家有关规定设置原始记录、统计台账的，由县级以上人民政府统计机构责令改正，给予警告。

企业事业单位或者其他组织有前款所列行为之一的，可以并处一万元以下的罚款。

个体工商户迟报统计资料的，由县级以上人民政府统计机构责令改正，给予警告，可以并处一千元以下的罚款。

第四十三条 县级以上人民政府统计机构查处统计违法行为时，认为对有关国家工作人员依法应当给予处分的，应当提出给予处分的建议；该国家工作人员的任免机关或者监察机关应当依法及时做出决定，并将结果书面通知县级以上人民政府统计机构。

第四十四条 作为统计调查对象的个人在重大国情国力普查活动中拒绝、阻碍统计调查，或者提供不真实或者不完整的普查资料的，由县级以上人民政府统计机构责令改正，予以批评教育。

第四十五条 违反本法规定，利用虚假统计资料骗取荣誉称号、物质利益或者职务晋升的，除对其编造虚假统计资料或者要求他人编造虚假统计资料的行为依法追究法律责任外，由做出有关决定的单位或者其上级单位、监察机关取消其荣誉称号，追缴获得的物质利益，撤销晋升的职务。

第四十六条 当事人对县级以上人民政府统计机构做出的行政处罚决定不服的，可以依法申请行政复议或者提起行政诉讼。其中，对国家统计局在省、自治区、直辖市派出的调查机构做出的行政处罚决定不服的，向国家统计局申请行政复议；对国家统计局派出的其他调查机构做出的行政处罚决定不服的，向国家统计局在该派出机构所在的省、自治区、直辖市派出的调查机构申请行政复议。

第四十七条 违反本法规定，构成犯罪的，依法追究刑事责任。

第七章 附 则

第四十八条 本法所称县级以上人民政府统计机构，是指国家统计局及其派出的调查机构、县级以上地方人民政府统计机构。

第四十九条 民间统计调查活动的管理办法，由国务院制定。

中华人民共和国境外的组织、个人需要在中华人民共和国境内进行统计调查活动的，应当按照国务院的规定报请审批。

利用统计调查危害国家安全、损害社会公共利益或者进行欺诈活动的，依法追究法律责任。

第五十条 本法自2010年1月1日起施行。

中国驰名商标
中国文化名酒
红楼夢酒
夢
四川宜宾红楼梦酒业集团有限公司
地址：四川省宜宾县喜捷镇红楼梦村
酒精度：42%vol
红楼梦

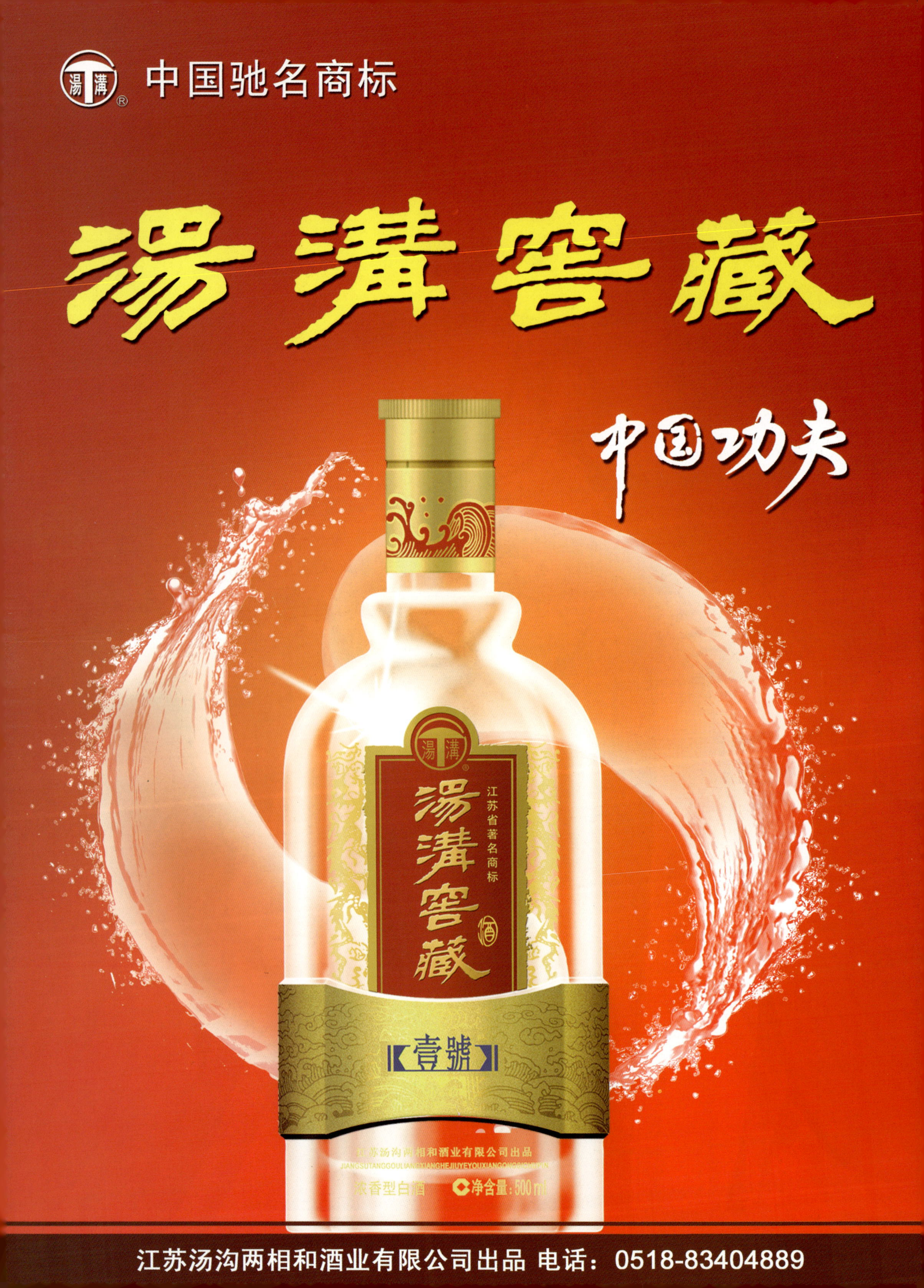
中国驰名商标
湯溝窖藏
中国功夫
湯溝
江苏省著名商标
湯溝窖藏
酒
壹號
江苏汤沟两相和酒业有限公司出品 电话：0518-83404889

中国驰名商标

集大成者

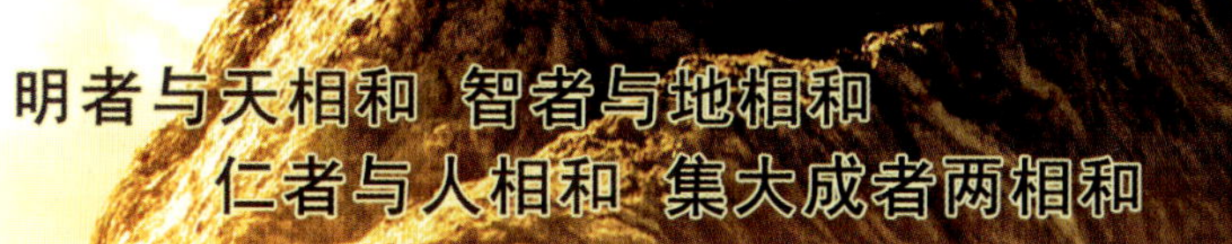

江苏汤沟两相和酒业有限公司董事长 何继平

公司鸟瞰图

江苏汤沟两相和酒业有限公司出品 电话：0518-83404889

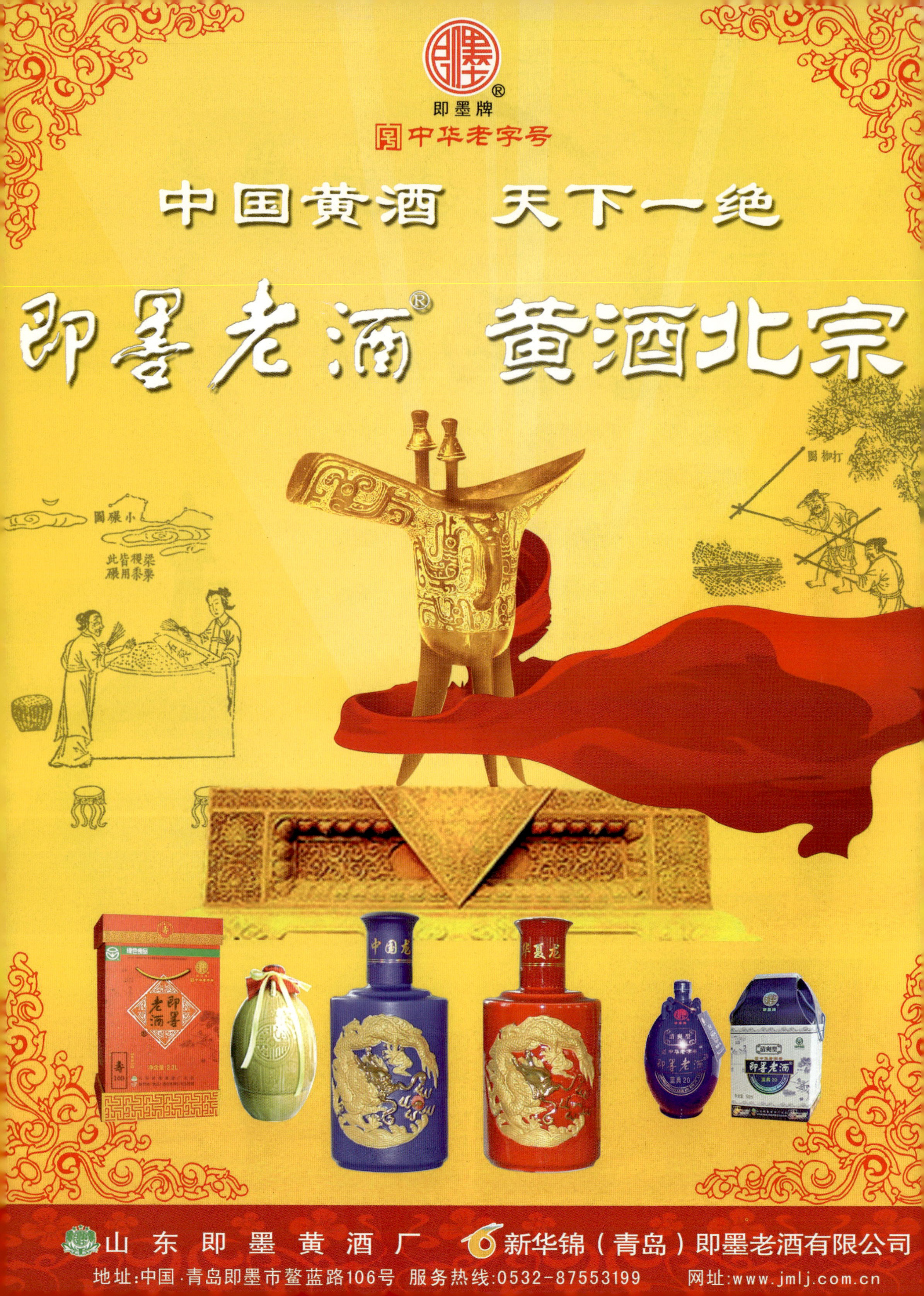

即墨牌
中华老字号
中国黄酒 天下一绝
即墨老酒® 黄酒北宗
山 东 即 墨 黄 酒 厂
新华锦（青岛）即墨老酒有限公司
地址:中国·青岛即墨市鳌蓝路106号 服务热线:0532-87553199 网址:www.jmlj.com.cn

20年

天 / 赋 / 神 / 韵 / 淡 / 雅 / 浓 / 香

中华老字号 China Time-honored Brand | 中国驰名商标

标准篇

主要记载2008—2009年颁布、制定、执行的与酿酒工业发展、酒类生产相关的国家标准、行业标准及索引。

乔天明

Qiao Tianming

YEARBOOK FIGURE

四川省绵竹市人，中共党员，全国人大代表，享受国务院特殊津贴专家，高级经济师，现任四川剑南春股份有限公司董事长、党委书记、总经理。

乔天明多次获省、市优秀共产党员和优秀党务工作者称号，省市优秀企业家称号，1996～1999年获德阳市突出贡献专家，1999年获四川省依靠职工办企业好厂长，2001年被评为全国内贸系统劳动模范；2002年被评为全国食品工业科技进步先进管理者；2002～2004年被评为德阳市突出贡献经营者和杰出的企业家；2005年被评为四川省中国特色社会主义建设者先进个人；2007年被评为全国关爱员工优秀民营企业家；2008年被四川省委统战部、四川省工商联合会授予“四川统一战线抗震救灾先进个人”荣誉称号。第十一届全国人民代表大会代表。

国内酒类标准发展概况

2009年《食品安全法》颁布、实施以来，与食品相关的法规、标准在不断调整完善，食品工业技术标准正在与《食品安全法》的相关规定衔接一致。在食品安全标准体系框架下，技术标准体系发生结构性改变，食品标签、添加剂、检测方法等方面的标准列为食品安全标准，为此，产品质量标准、过程管理标准与食品安全标准的对接、调整和配套显得尤为重要，食品标准化工作面临全面调整。酿酒领域的标准化工作认真贯彻国家标准化政策方针，以服务行业和维护消费者利益为宗旨，积极跟踪国际标准动态，增强基础和高端技术标准的研究力度，不断拓宽标准涵盖面，完善酿酒工业技术标准体系，将标准制修订提高到新的高度和水平。

一、标准制修订工作（2009年度批准发布、报批和在研标准情况）

2009年4月，国家标准化管理委员会（以下简称：国标委）批准发布GB/T 23542－2009《黄酒企业良好生产规范》、GB/T 23543－2009《葡萄酒企业良好生产规范》、GB/T 23544－2009《白酒企业良好生产规范》、GB/T 23545－2009《白酒中锰的测定 电感耦合等离子体原子发射光谱法》、GB/T 23546－2009《奶酒》和GB/T 23547－2009《浓酱兼香型白酒》等酒类国家标准6项。

《露酒》（计划号：20079964－T－607）、《冰葡萄酒》（计划号：20067029－Q－469）和《酱香型白酒》（计划号：20079579－T－469）3项国家标准（报批稿）已经完成，进入国标委审查阶段。《荔枝酒》和《青梅酒》2项行业标准通过专家审定阶段。

目前在研标准有《小曲白酒》（计划号：20081939－T－607）、《葡萄酒及葡萄汁中甘油的测定 高效液相色谱法》（计划号：20081238-T-469）、《山葡萄酒》（计划号：20051812-T-469）、《啤酒小麦芽》、《白酒中主要风味物质嗅觉阈值测定方法》、《酿酒大曲 术语》、《酿酒大曲通用分析方法》、《黄酒中氨基酸的测定 液相色谱法》、《果酒通用技术导则》、《浓香大曲》、《清洁生产标准 酒精制造业》、《清洁生产审核指南 酒精制造业》、《清洁生产审核指南 白酒制造业》、《清洁生产审核指南 啤酒制造业》和《清洁生产审核指南 葡萄酒制造业》等国家或行业标准15项。2009年度标准制修订工作重点主要包括以下内容：

（1）在贯彻《食品安全法》的基础上，开展酿酒技术标准基础研究，探讨酿酒技术标准与《食品安全法》及相关法规、标准的衔接配套等问题；

（2）制定白酒、黄酒和葡萄酒企业良好生产规范（GMP）等过程控制管理标准，完善酿酒技术标准体系；

（3）根据食品安全标准体系的基本框架，针对各个酒种特点梳理和确定标准化工作重点分别是：考虑在白酒香型产品标准的基础上，探讨制定具有我国白酒工艺技术特征的质量标准，以完善符合产业发展需要的白酒标准体系；葡萄酒技术标准工作重点是加快与国际上的相关葡萄酒标准的水准接轨；啤酒标准化领域积极跟踪国际先进标准发展趋势，完善或提升产品质量控制技术手段、研究产业现代技术规范及标准化；黄酒技术标准化工作主要在建立我国黄酒技术标准及规范的基础上，不断研究黄酒传承与创新的标准化；

（4）研究现代质谱分析技术用于产品质量分析，非线性数据处理技术用于产品特征指标分析，研究制定高品质产品技术标准，研究酒类产地、年份、品种及等级质量判别技术标准化。

二、酿酒标准体系建设

近年来，为全面适应社会发展需要，国家标准化管理委员会在标准技术和管理层面上进行了重大的结构性调整，批准成立了600多个标委会，500多个分技术委员会，广泛吸收企业、科研院所、行业协会、检测认证机构和专业标准化组织积极参与标准化工作。2008年，国家标准化管理委员会正式批准成立了全国白酒标准化技术委员会（SAC/TC 358）和全国酿酒标准化技术委员会（SAC/TC 471），随后陆续批准成立了10个白酒分技术委员会，3个酿酒分技术委员会。

2009年6月，国家标准化管理委员会启动了标准体系建设工程，旨在通过实施国家标准化体系建设工程，分析现有标准的适用性和协调性，研究标准化技术组织布局的系统性和合理性，构建服务经济社会科学发展的标准体系、标准化技术组织体系、国际标准化工作推进体系以及标准化保障体系，有利于进一步突出工作重点，明确发展方向，提高我国标准化工作的总体水平，有利于支撑钢铁等十大重点产业调整和振兴规划的实施，促进国民经济又好又快发展。

全国酿酒和白酒标准化技术委员会及相关分技术委员会积极配合国标委标准体系建设工程的工作目标与任务，完成酿酒领域技术标准体系梳理和复审工作，并完成酿酒工业技术标准体系框架的规划与相关工作。全国酿酒工业技术标准体系框架见图1。

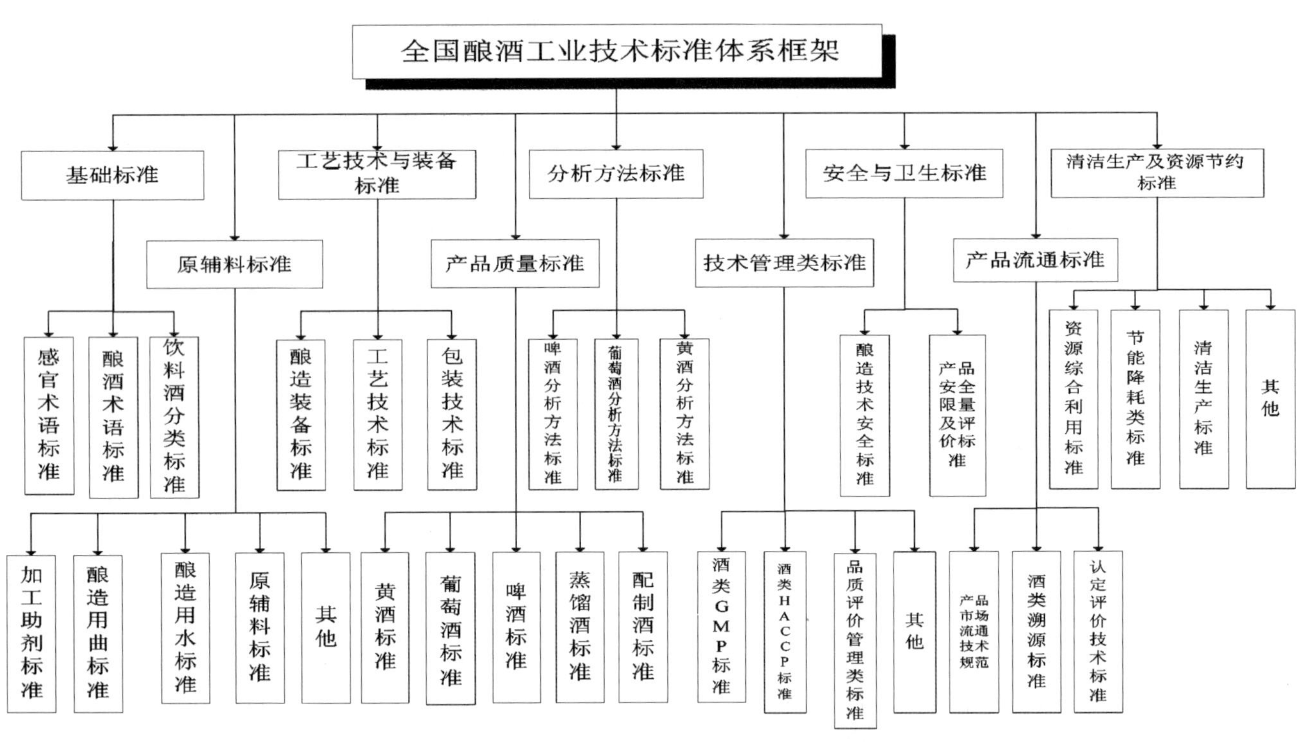

图1 酿酒技术标准体系框架

目前，我国初步形成了以产品质量标准，包括地理标志产品国家标准为主，配套基础标准、方法标准、管理标准、卫生标准、环保标准、产品标志认证标准等的酿酒工业技术标准体系。由全国酿酒标准化技术委员会归口管理的国家标准有22项，由全国白酒标准化技术委员会归口管理的国家标准有17项，这些标准与政府部门制定发布的《酒类市场流通管理办法》、《中国葡萄酿酒技术法规》等部门规章共同用于酒类产品的生产、检验、销售和流通管理，对促进产业结构优化升级，规范酒类市场经济秩序，保护消费者利益提供保障，为加快我国酿酒产业的国际化进程提供技术支撑。

为了解决酿酒产业健康稳定发展中存在的标准化问题，重点研究以下内容：

（1）标准之间不协调、交叉重复较严重的现象。特别是产品质量标准中关于卫生指标的限量标准重复制定或者相互矛盾，造成生产企业、监督检查机构在标准使用和执行过程中无所适从。

（2）我国酿酒标准体系已建立，一定程度上满足行业和市场发展需要。但对于市场导向型和技术贸易措施类标准十分缺失。

（3）探讨全委会和分技术委员会的高效运行管理模式。今后，建设与完善我国酿酒技术标准体系重点是，将能满足酿酒行业建设需求的各自独立，缺乏衔接的产品质量体系转变为以食品安全标准体系为基础，与产业技术法规、标准需求协调一致，以提高标准执行力度及效果。

三、标准基础研究

2009年是我国酿酒领域标准基础研究工作取得突破的重要一年，由中国酿酒行业协会、中国食品发酵工业研究院等单位联合完成了科技部“十一五”科技支撑计划“重要酒类保真与原产地保护技术研究”科研项目，本项目在葡萄酒、黄酒产地判别和年份白酒marker识别上取得重要突破，为进一步研究制定高端方法标准奠定了基础。

另外，已经通过科技部验收的“主要加工食品关键技术贸易措施与标准研究”项目，系统分析了国外技术贸易壁垒特点，在传统酒类标准制修订过程中加强技术贸易措施的研究探讨，跟踪研究欧盟酒类法规体系、酒类标准体系，就伏特加、威士忌的生产、管理、检验以及欧盟相关烈性酒法规，提高我国传统酿酒行业国际竞争力以应对技术性贸易壁垒，取得一定进展。

全国白酒标委会的委员单位承担科技部“十一五”科技支撑计划“优势传统白酒、黄酒类制造业关键技术与应用”项目，围绕酿酒大曲系列标准开展基础研究工作。

在“169”项目组关于白酒风味阈值测定研究基础上，开展了白酒中主要风味阈值测定标准前期预研，整理分析国外酒类感官分析技术标准体系，结合我国白酒感官特性，提出了《白酒中主要风味物质嗅觉阈值测定方法》标准框架，完善申请标准立项及进入标准制定程序。

联合环科院合作开展酿酒、发酵行业多项“清洁生产及其审核”标准的制定工作。

四、标委会工作重要记事

标准工作记事

2009年2月，中国酿酒工业协会白酒分会三届四次理事（扩大）会议上关于“我国白酒相关技术标准的理解与使用”的宣贯工作；

2009年5月，大曲行业标准制修订工作调研；

2009年7月，协助全国认证认可标准化技术委员会（TC261）组织召开对中食联盟（北京）认证中心起草的《薰香型白酒产品质量等级认证技术规范》、《苹果酒产品质量等级认证技术规范》等五项认证技术规范审查会；

2009年7月，小曲白酒国家标准制修订工作调研；

2009年8月，《小曲白酒》国家标准制定第二次研讨工作会议在北京召开；

2009年9月，《小曲白酒（征求意见稿）》国家标准征求意见；

2009年10月，中国酿酒工业协会白酒分会技术委员会扩大会议上讨论白酒技术标准体系；

2009年12月，召开《酱香型白酒》国家标准审定会；

2009年12月，召开《荔枝酒》和《青梅酒》行业标准审定会；

GB/T 20825－2007《老白干香型白酒》获2009年“中国标准创新贡献奖”三等奖。

酿酒标委会记事

2008年11月25日，全国白酒标准化技术委员会成立大会暨第一届第一次全体委员大会在北京召开；

2008年12月23日，全国白酒标准化技术委员会酱香型白酒分技术委员会成立大会暨第一届第一次全体委员大会在贵阳召开；

2008年12月26日，全国白酒标准化技术委员会浓香型白酒分技术委员会成立大会暨第一届第一次全体委员大会在宜宾召开；

2009年2月17日，全国白酒标准化技术委员会凤香型白酒分技术委员会成立大会暨第一届第一次全体委员大会在宝鸡召开；

2009年2月19日，全国白酒标准化技术委员会豉香型白酒分技术委员会成立大会暨第一届第一次全体委员大会在佛山召开；

2009年4月9日，全国白酒标准化技术委员会清香型白酒分技术委员会成立大会暨第一届第一次全体委员大会在汾酒集团召开；

2009年12与3日，全国酿酒标准化技术委员会成立大会暨第一届第一次全体委员大会在北京召开；

2009年7月10日，国家标准化管理委员会标委办综合[2009]110号文批准筹建全国白酒标准化技术委员会特香型白酒分技术委员会、全国白酒标准化技术委员会老白干香型白酒分技术委员会、全国白酒标准化技术委员会芝麻香型白酒分技术委员会和全国酿酒标准化技术委员会葡萄酒分技术委员会；

2009年3月，全国白酒标准化技术委员会兼香型白酒分技术委员会筹建方案上报国家标准化管理委员会；

2009年11月，全国酿酒标准化技术委员会啤酒分技术委员会筹建方案上报国家标准化管理委员会。

国际酒类标准发展概况

一、EC 110/2008关于烈性酒定义、描述、标示和标签以及地理标志产品保护的法规

2008年，欧盟立法委员会颁布了EC 110“烈性酒定义、描述、标示和标签以及地理标志产品保护技术法规”，并宣布取消了欧洲经济共同体法规（EEC）NO 1576/1989——建立关于烈性酒定义、描述和标示的基本原则，新法规已于2008年5月20日开始实施。新的法规重新定义欧盟地区烈性酒的技术法规体系，进一步强化欧盟酒类生产和市场细分及管理，加大对传统酒类工艺和地理标志产品保护力度，强化欧盟地区饮料酒的历史、地理和人文优势，引领世界烈性酒技术法规和标准导向，进一步巩固了欧盟烈性酒品牌优势地位。

开展欧盟烈性酒技术法规和标准的动态研究，了解欧盟烈性酒技术法规和市场动向，将有利于我国白酒龙头企业及时掌握世界烈性酒的发展趋势，有利于引导政府进一步调整和完善白酒技术标准体系，有利于我国传统白酒企业参与国际市场竞争，打造具持久竞争力的白酒国际化一流品牌。本文从法规框架及内容细节两方面对新旧法规的变化做了对比与分析。

在EC 110/2008颁布之前，欧盟一直执行的是欧共体法规（EEC）NO 1576/1989——建立关于烈性酒定义、描述和标示的基本原则及其修订版本，直到2005年，旧的法规框架已不能满足需要，因此，欧盟委员会提出了新的立法申请，最终由欧盟理事会和欧洲议会签署同意意见，形成了新的烈性酒定义、描述、标示和标签以及地理标志产品保护的法规。以下是新旧法规框架对比：

1.（EEC）NO 1576/1989

欧盟旧的烈性酒法规（EEC）NO 1576/1989是在欧盟成立之前，由其前身欧洲经济共同体委员会提出并建立起来的，是欧盟第一部统一的有关烈性酒定义与标签标注的法规。

该法规主要包括18个条款以及3个附录。

其中第1条具有重要地位，占据了整个法规的一半篇幅，第1条第2款对烈性酒给出了详细的定义，第3款对基本术语给出了详细的定义，第4款对烈性酒进行了分类及分别定义，共将烈性酒分为22类；

第3条对各个酒种的酒精度进行了集中规定；

第4条是烈性酒中添加物的规定，其中包括添加剂应遵循的法规，对加工助剂的要求，对天然香料及天然等同香料的规定和对生产用水及食用酒精来源的规定；

第5到9条是对烈性酒标签标注与表述的规定，其中第5条规定了烈性酒命名原则、地理标志与分类名称之间的关系，第7到9条规定了烈性酒商品名称命名的细则，以及为防止混淆和产生误解而需要在标签上注明的内容及标注方法；

第10条规定了对法规执行负有责任的组织的行为与作用；

第11条是对第三国地理标志产品的相关规定；

第12条是对用于出口目的的烈性酒的规定；

附录I是对农业来源的食用酒精给出了详细的参数要求；

附录II是已经经过认定的地理标志产品列表，（EEC）NO 1576/1989中具有地理标志资格的烈性酒分为15种，共192个名称，此后又进行了不断的增补，截至2005年开始修订（EEC）NO 1576/1989法规之前，拥有地理标志的产品已经扩充到17种，共261个。

2. EC 110/2008

EC 110/2008是EEC NO 1576/1989的替代法规，新法规包括四章共30条，以及3个附录。主体框架如下：

第一章 范围、定义和分类

第一条 主题与范围。

第二条 烈性酒的定义——规定了烈性酒应符合的基本要求。

第三条 酒精的来源——规定了食用酒精必须是农业来源并且需要符合相关要求。

第四条 烈性酒分类——本条规定所有烈性酒应被归为附录II的不同类别中。

第五条 对烈性酒分类的基本规定——本条根据在生产过程中添加或不添加食用酒精、香料、甜味剂等的要求，将46种烈性酒分成两大类。

第六条 成员国的立法的规定。

第二章 烈性酒的描述、介绍与标注

第七条 定义。

第八条 销售名称。

第九条 对销售名称的详细规定——根据不同条件，规定了烈性酒商品名称的命名法则。烈性酒的名称可以是"spirit drink：烈性酒"，也可以是附录II中46种名称中的一种，对于符合地理标志的产品，可以在商品名称后补充标注地理标志名称。

第十条 对销售名称和地理标志的详细规定——本条对原酒含量进行了规定，如果要使用附录II或附录III中的名称作为商品名称，则该商品所含的酒应完全来自于所述的原酒而不能含有其他成分。

第十一条 混合物的描述、介绍与标注——除非混合后仍符合附录II中某类烈性酒的全部要求，否则两种以上本身符合附录II规定的酒混合后售卖，其商品名称只能标注为"spirit drink：烈性酒"。

第十二条 对描述、介绍与标注的详细规定——本条对配料表、混合烈性酒的表述和酒龄的标示方法做出了规定。酒龄应以置于税收部门有效监管下的保存年限为准，且应以酒体中最年轻的成分为准。

第十三条 禁止使用含铅的瓶盖或铅箔盖。

第十四条 描述、介绍与标注时对语言的要求——本条规定了在标签标注时对商品名称的翻译方面的要求。

第三章 地理标志

第十五条 地理标志——介绍了地理标志产品的意义。

第十六条 地理标志的保护——本条规定了哪些属于滥用、冒用地理标志产品的行为。

第十七条 地理标志的注册——详细规定了地理标志产品的注册程序。

第十八条 地理标志的撤销。

第十九条 地理标志同名的处理。

第二十条 建立地理标志。

第二十一条 对技术文件中要求符合度的审查。

第二十二条 技术文件的更改——对已注册的地理标志产品，如果需要更改其中的技术要求，本条给出了详细的程序。

第二十三条 商标与地理标志的关系。

第四章 概要、过渡期和最终规定

第二十四条 控制与保护烈性酒。

第二十五条 委员会。

第二十六条 附录的修订。

第二十七条 执行办法。

第二十八条 过渡期和其他特别规定。

第二十九条 撤销。

第三十条 法律的生效。

附录I 技术定义与要求（基本术语）

附录II 烈性酒分类——共分46类

附录III 经过认定的地理标志产品列表——共分41类，334个。

由上可见，新法规与原法规最大的不同有三处：一是加强了对地理标志产品的监管，用大量篇幅对地理标志产品进行了规定，包括地理标志名称的使用、地理标志的注册、更改与撤销程序、地理标志名称与商品名称的关系等，据统计，经注册的地理标志名称数量也较原法规有大幅增加，从2005年的291个增加到了当前的334个；二是将原法规第1条中对烈性酒的术语、定义与分类部分放在了附录I和II中，使法规主体思想更加明晰；三是原法规对各种酒酒精度的要求集中在第3条中，新法规将46个酒种的酒精度要求分别放在了各自的分类与定义部分（附录II中），与原法规相比，更方便于掌握每一酒种的所有技术参数的要求，因此更加合理。

二、关于批准对干邑实施地理标志保护的公告

2009年12月26日，国家质量监督检验检疫总局发布《关于批准对干邑实施地理标志保护的公告》(总局2009年第117号公告)，根据2005年9月5日签署的《中华人民共和国国家质量监督检验检疫总局与欧洲委员会贸易总司关于地理标志的谅解备忘录》，经法国农业渔业部推荐，参照《地理标志产品保护规定》，国家质检总局组织了对法国国家干邑行业办公室关于干邑在我国注册地理标志保护的申请的审查。经审查合格，批准自即日起对干邑（Cognac）实施地理标志保护。2010年2月23日，国家质检总局与法国驻华大使馆共同召开新闻发布会，通报这一消息。至此，干邑成为我国首个获得专门保护的外国地理标志产品。

附：酿酒领域（不包括白酒）标准一览表

序号	标准编号	标准名称
1	GB 10343－2008	食用酒精
2	GB/T 394.1－2008	工业酒精
3	GB/T 394.2－2008	酒精通用分析方法
4	GB/T 17204－2008	饮料酒分类
5	GB 10344－2005	预包装饮料酒标签通则
6	GB 4927－2008	啤酒
7	GB/T 22098－2008	啤酒企业HACCP实施指南
8	GB/T 4928－2008	啤酒分析方法
9	GB/T 20942－2007	啤酒企业良好操作规范
10	GB/T 7416－2008	啤酒大麦
11	GB/T 20369－2006	啤酒花制品
12	GB/T 13662－2008	黄酒
13	GB/T 23542－2009	黄酒企业良好生产规范
14	GB 15037－2006	葡萄酒
15	GB/T 15038－2006	葡萄酒、果酒通用分析方法
16	GB/T 23543－2009	葡萄酒企业良好生产规范
17	GB/T 11856－2008	白兰地
18	GB/T 11857－2008	威士忌
19	GB/T 11858－2008	伏特加（俄得克）
20	GB/T 23546－2009	奶酒
21	20071093－T－469	啤酒小麦芽
22	20071108－T－469	啤酒中单宁的测定
23	20067029－Q－469	冰葡萄酒
24	20051812－T－469	山葡萄酒
25	20079964－T－607	露酒
26	20081238－T－469	葡萄酒及葡萄汁中甘油(丙三醇)的测定 液相色谱法

白酒领域标准一览表

序号	标准编号	标准名称
1	GB/T 15109—2008	白酒工业术语
2	GB/T 23544—2009	白酒企业良好生产规范
3	GB/T 23545—2009	白酒中锰的测定 电感耦合等离子体原子发射光谱法
4	GB/T 10345—2007	白酒分析方法
5	GB/T 10346—2006	白酒检验规则和标志、包装、运输、贮存
6	GB/T 10781.1—2006	浓香型白酒
7	GB/T 10781.2—2006	清香型白酒
8	GB/T 10781.3—2006	米香型白酒
9	GB/T 14867—2007	凤香型白酒
10	GB/T 16289—2007	豉香型白酒
11	GB/T 20823—2007	特香型白酒
12	GB/T 20824—2007	芝麻香型白酒
13	GB/T 20825—2007	老白干香型白酒
14	GB/T 20821—2007	液态法白酒
15	GB/T 20822—2007	固液法白酒
16	GB/T 23547—2009	浓酱兼香型白酒
17	20079579—T—469	酱香型白酒
18	20081939—T—607	小曲白酒

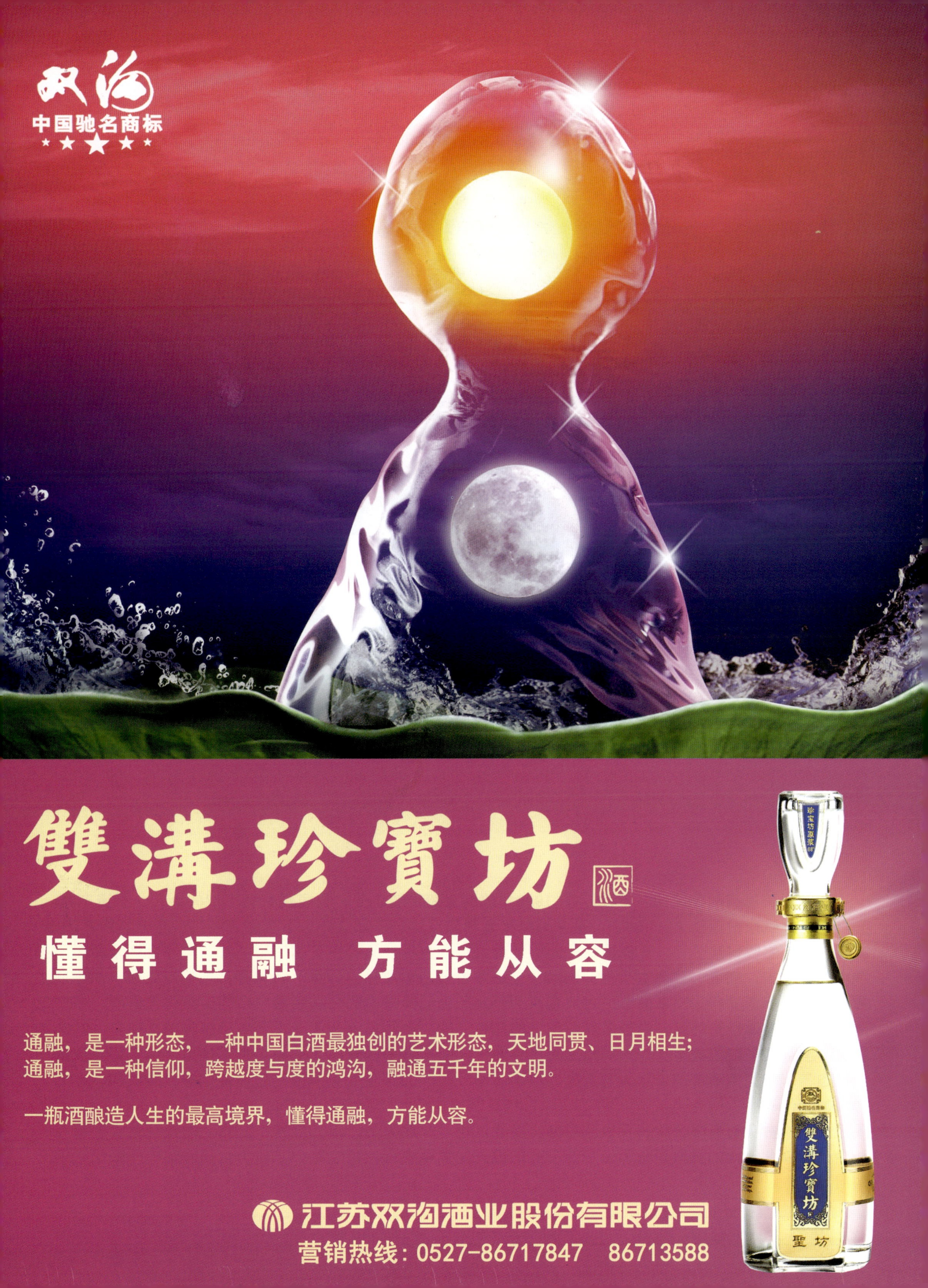
双沟
中国驰名商标
雙溝珍寶坊 酒
懂得通融 方能从容
通融，是一种形态，一种中国白酒最独创的艺术形态，天地同贯、日月相生；
通融，是一种信仰，跨越度与度的鸿沟，融通五千年的文明。
一瓶酒酿造人生的最高境界，懂得通融，方能从容。
江苏双沟酒业股份有限公司
营销热线：0527-86717847 86713588
雙溝珍寶坊
聖坊

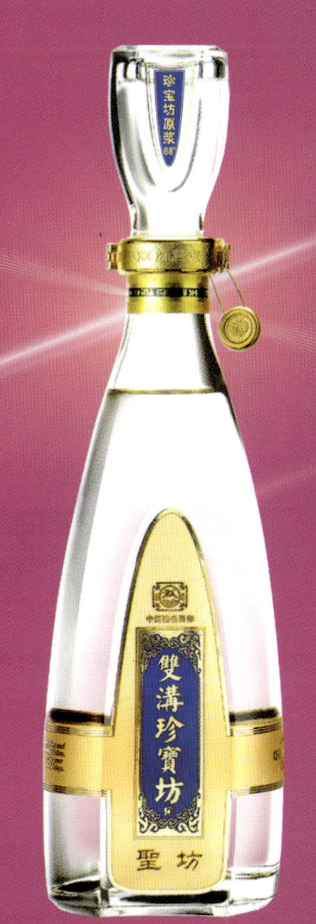

数百年岁月沉炼

板城®烧锅酒香溢人间

承德乾隆醉酒业有限责任公司董事长兼总经理　缪如焕

企业简介

承德乾隆醉酒业有限责任公司是中国白酒百强企业之一，目前拥有总资产3亿元，在职员工1200多人。多年来，企业荣获了“国家级非物质文化遗产”、“中华老字号”、“中国驰名商标”、“世界之星包装大奖”、“中华文化名酒”、“全国消费者最喜爱的百强商标”等近百项殊荣。

国家级非物质文化遗产

中华老字号
China Time-honored Brand

中国驰名商标

五蒸久藏　风韵天成

拥有300年历史的板城烧锅酒，历来都以娴熟精湛的酿造技艺而闻名。老五甑酿造工艺是以优质高梁和小麦为主要原料，出窖加入新原料分成五甑精蒸。窖藏期间采用传统的“条编酒篓”封存经长时间的化学变化及物理变化逐渐老熟，达到味醇香浓的质量标准。挖掘和继承传统酿造工艺，结合现代微生物技术不断研发和创新，坚持自酿白酒，板城烧锅酒形成了稳定独特的白酒风格和优异品质。下图为公司大型发酵池

◆公司喷泉

辉煌明天

2009年10月，乾隆醉酒业公司占地600多亩，投资3亿多元的新厂区正式投入使用，新厂区的建成将使公司在产能和市场竞争力有大幅提升。乾隆醉酒业将真正成为集白酒生产经营与旅游观光为一体的大型酒业集团公司。下图为新厂区全景图

专述篇

包括国家各部委领导同志关于发展酿酒工业经济的讲话，中国酿酒工业协会领导关于酿酒经济发展的专述文章，专家、学者关于酿酒经济发展的论文，知名企业家关于酿酒经济发展的专稿。

李秋喜

Li Qiuxi

YEARBOOK FIGURE

李秋喜，男，汉族，1960年11月生，山西省晋城人，研究生学历，高级政工师，1984年12月加入中国共产党。1983年8月从太原化学工业学校毕业后参加工作，历任天脊集团（原山西化肥厂）机械维修部团总支书记、建修车间党支部书记、厂团委书记、复肥一车间党支部书记；1992年7月任集团党委组织部部长；1994年5月任集团党委组织部部长兼合成氨厂党委书记；1997年7月任集团党委副书记兼组织部部长；1999年8月至2001年5月在西安交大MBA硕士研究生班学习毕业；2001年1月任晋牌水泥集团公司董事长、党委书记；2004年9月至2005年1月在中央党校培训结业；2005年7月至2009年10月任汾酒集团有限责任公司副董事长、总经理、党委委员；2009年10月22日任汾酒集团有限责任公司董事长、总经理、党委副书记。为山西省十届政协委员。

轻工业辉煌60年

中国轻工业联合会会长 步正发

轻工业是我国国民经济的支柱产业、重要的民生产业和具有国际竞争力的优势产业。包括食品、造纸、家电、家具、塑料、皮革等19大类共45个行业，是丰富人民物质文化生活的重要消费品产业，产品涵盖衣、食、住、用、行、教、乐等多个领域，承担着繁荣市场、增加出口、扩大就业、服务“三农”的重要任务。新中国成立60周年，特别是改革开放以来，在党和国家的正确领导下，经过几代人的共同努力，轻工业的面貌发生了翻天覆地的变化。企业规模与实力明显提高，国际竞争力不断增强，已成为轻工产品生产和消费大国。2008年，全国轻工行业规模以上工业企业累计完成工业总产值（现价）93898亿元，与1949年相比增长了1524倍；2008年1～11月实现利润3882亿元，增长了8086多倍；出口创汇实现3092亿美元，增长8357倍。

一、实现由卖方市场向买方市场的转变

我国轻工业的发展经历了一个曲折的过程，在旧中国遗留下一个烂摊子的基础上艰苦奋斗，迅速恢复生产，建成了一批骨干企业，为保障供给、促进经济社会发展做出了努力。但受各种因素影响，直到改革开放初期，轻工产品仍然紧缺，多数消费品实行凭票定量供应，甚至连简单的日用小商品，如缝衣针、发夹、钉鞋钉、洗衣板、纽扣等商品都显得紧缺。1978年，轻工消费品中三大件代表之一的手表，每百人占有量仅为1.95只；肥皂等洗涤用品人均年消费量仅为1.0千克；全国啤酒产量仅为40万吨；牙膏、火柴、电池、灯泡、饭碗等供应紧张；日用家具、皮鞋等成了很难买到的奢侈品；家用洗衣机和房间空调器年产量分别只有0.04万台和0.02万台。

如今，轻工业成为我国市场化、国际化程度最高的产业之一，轻工产品产量有了突飞猛进的发展，主要产品产量呈现几十倍、上百倍，甚至上千倍的增长。至2008年，成品糖由1949年的19.90万吨增加到1449.49万吨，增长73倍；机制纸及板纸由1949年的10.80万吨增加到8390.94万吨，增长了777倍；乳制品年产量由1952年的1.27万吨增长到1810.56万吨，增长了1426倍；塑料制品由1952年的0.20万吨增长到3713.79万吨，增长了18569倍；合成洗涤剂1962年产量为2.40万吨，增长到597.89万吨，增长了249倍；表由1962年的76.10万只增长到11919.14万只，增长了157倍；家用洗衣机由1978年年产0.04万台增加到4231.14万台，增长了10万倍；家用电冰箱1978年产量为1.66万台，增长到4756.9万台，增长了2856倍；房间空调器由1978年年产0.02万台增加到8230.94万台，增长了41万倍。

二、建立了门类齐全，较为完整的生产体系

我国轻工业经过60年的发展，由解放初期30多个行业发展到目前的45个行业，涵盖了日用消费品的主要方面，形成门类齐全的日用消费品生产体系。各行业规模不断壮大，按照市场经济发展的需要，经过打基础、上规模、抓质量、上水平、调整结构、竞争整合、提升水平的几个发展阶段，已经形成了由生产、经营、科研、检测、信息交流与人才培育各方面组成的完整体系，并形成产品配套、生产、物流、销售的完整产业链。生产要素配置得到进一步优化，更加适应市场经济发展要求。相关行业之间一方面相互融合，联系更加紧密。机电一体化趋势明显，传统产业应用高新技术改造后发生了巨大的变化，焕发了新的活力。如1949年我国缝纫机工业主要以普通家用缝纫机的维修、配套及小批量仿制为主，只有3～5家小作坊，当时产量仅4000台。现在我国缝纫机工业完成了从以家用缝纫机为基础到以工业缝制设备为主导的先进装备制造业的转变，产品以高速、电脑控制为主，包括自动裁剪、拉布、缝纫刺绣、熨烫整理等1000多种产品，成为世界最大的缝纫机械生产国。年产各类家用及工业用缝纫机1800万台，占世界总产量的75%以上，常规产品技术及质量水平达到国际先进水平，特种机及机电一体化设备与国际先进水平的差距不断缩小。缝纫机年出口创汇达14亿美元，自主品牌产品出口量占总产量的40%以上；另一方面一批新兴行业涌现，家电、塑料、羽绒制品、健身器具、现代化妆品、装饰、礼品等行业产品从多方面丰富了人民的生活。

三、成为具国际竞争力的轻工产品制造基地

经过60年的发展，我国已经确立了世界轻工大国和消费大国的地位。钟表、自行车、缝纫机、电池、啤酒、家具、塑料加工机械、日用陶瓷、灯具、空调、冰箱、洗衣机、微波炉、鞋、钢琴、农地膜、盐等100多种产品的产量位居世界第一。家具、家用电器、日用陶瓷、文教体育用品、自行车、钟表、缝纫机、皮革、电光源与灯具、制笔、乐器、玩具、眼镜、羽绒等行业出口额名列世界前茅。轻工产品在世界贸易量中的比重，小家电占到80%，空调器、微波炉、羽绒服占70%，自行车占65%，日用陶瓷占60%，电冰箱、鞋占50%，洗衣机占45%。轻工产品出口到世界200多个国家和地区，中国成为很多轻工商品的国际制造中心和采购中心，成为重要的国际贸易集散地和供应地。家电、皮革、家具、自行车、五金制品、电池、羽绒等行业成为中国在全球具有一定国际竞争力的行业。在应对国际贸易摩擦方面，造纸、自行车、饮料、电池、陶瓷、皮革、家具、家电、化妆品等行业取得积极成效，在国际市场的竞争水平有了新的提高。

四、为增加就业，服务“三农”作出了贡献

全国轻工业1952年的从业人员为135.9万人，到2008年轻工业规模以上企业就业人数为2042万人，占全国规模以上工业企业就业人数的25%。加上规模以下企业，全行业吸纳就业人数3500多万人。同时，轻工业70%的行业、50%的产值涉及农副产品的深加工，2亿多农民直接受益，对实现农民增收，推动农业产业化，加快城镇化起着不可替代的作用。众多轻工业中小企业为农民工和城市基层劳动人员提供了大量就业岗位，已成为吸纳就业能力强的民生产业。随着贯彻落实中央一系列扶持轻工业发展政策和《轻工业调整和振兴规划》，家电下乡等系列惠农政策的实施不仅扩大了农村市场，满足了农村消费者日益增长的物质需求，也促进了内需和外需协调发展，同时对相关行业起到了拉动作用。轻工业为维护社会稳定和构建和谐社会做出了重大贡献。

五、坚持自主创新和自主品牌

60年来，轻工行业已经形成一支产学研相结合的自主创新研发队伍，建立了相应科研机构，配有一定的科研基础设施，不少行业还拥有国家级、省级重点研究所。行业的大中型骨干企业建立了40个国家级技术中心。行业职业技能培训与鉴定工作的组织体系和工作网络已经初步形成。轻工行业积极运用信息技术、生物技术、环保技术、新材料和新工艺等高新技术改造轻工传统产业，提升轻工新兴产业，实现跨越式和可持续发展。在国家有关政策的支持下，轻工行业走引进技术、设备，集成创新的道路，促进了轻工行业的跨越式发展。在造纸、家用电器、塑料制品、皮革、照明电器、陶瓷、日用化工、电池等行业通过引进国外技术、关键设备和成套装备并进行了消化吸收，形成了集成创新和自主创新能力，使行业发生了巨大变化。特别是家电行业在较短的时间内，使我国成为品种全、质量好、产量和市场占有率位居世界第一的白色家电大国。

轻工科技工作者以市场需求为导向，把科技研发和成果推广、应用、示范密切结合，促进了新技术和新产品的产业化，形成了科技成果加快转化、相关产业快速发展的良好局面。轻工行业的科技创新机制已基本建立，创新能力增强，技术进步显著，科技创新成效斐然，科技贡献率提高，创新从整体上提升了轻工产业。依靠科技进步，轻工产品的品种从过去几万种发展到目前的几十万种，产品转向多样化和系列化，大批企业实施了ISO 9001质量管理体系，产品质量明显提高，创造出海尔、格力、波司登、茅台等一批享誉国内外的名牌产品。截至目前，在有效期内的轻工中国名牌产品有663个，占全国34.6%；国家质检总局和名推委还先后评出海尔冰箱洗衣机、格力空调、波司登羽绒服4个中国世界名牌，占全国40%。商务部开展的“中国畅销品牌”涉及轻工家电、皮革、自行车等10个行业。

六、节能减排成为新一轮发展的目标和动力

多年来，轻工业的发展一直存在高投入、高消耗、高污染、低效益的问题，粗放型增长方式未能根本改变。近年来，在科学发展观的指引下，轻工业逐渐转变发展方式，高度重视发展与环境的协调和可持续性。以发展循环经济为理念，从技术创新入手，积极采用新技术、新工艺、新设备，从生产源头消减污染，走节约发展、清洁发展、安全发展的新型工业化道路。将节能减排作为转变发展方式和调整结构的重要方法：一方面，对陶瓷、日用玻璃等耗能较多的行业通过采用新技术、新工艺、新材料对窑炉的技术改造，延长窑炉炉龄，使综合能耗有所降低；另一方面，通过实施绿色照明工程、能耗标识管理和节能产品认证等措施促使企业生产绿色节能产品，取得了显著的经济效益和社会效益。第三发展循环经济，综合利用各种资源。对造纸、皮革、酿造、家用电器、塑料制品、电池、照明电器、玻璃、陶瓷等行业主要制造业生产过程、

产品销售使用、废物排放及产品回收过程等不同层面，运用循环经济原理对其生产过程“减量化”、产品使用后“再利用”和废弃物“资源化”。造纸行业废纸回收率和废纸利用率目前已超过日本、美国、加拿大和欧洲主要的造纸国家，达到了50%左右。

七、形成各具特色的轻工产业集群

新中国成立以前，我国轻工业主要集中在沿海地区，内陆省份分布很少，边远省份几乎是空白。经过几十年的调整，初步形成了东部沿海地区轻工业持续发展，占据主导地位的局面；中西部一些省份依靠资源、劳动力成本低等方面优势迅速崛起，发展速度很快。中西部地区在新的一轮产业转移中，承接转移作用凸显。近10年来，我国轻工业发展中以区域经济为格局的产业集群成为新的亮点，这些产业集群逐步形成了从原材料加工生产到销售服务一条龙的生产、销售、配套完整体系，具有同类产业高度集中、专业化强、分工明确、特色突出的特点，具有较强的竞争优势。目前轻工特色区域和产业集群达到150多个，年产值约1.1万亿元，占轻工业总产值的14%左右，涉及就业人数达1000万人。轻工产业集群涉及皮革、家具、食品、制笔、家电、照明、塑料、陶瓷、搪瓷、日用玻璃、五金、礼品、眼镜、文体、文房四宝、羽绒、工美、缝制机械、乐器、日杂、少数民族用品、珠宝、包装23个轻工行业；主要分布在广东、浙江、山东、江苏、安徽、福建、江西、四川、吉林等18个省市地区。这些产业集群以当地经济发展为依托，积聚效应显著，形成了区域加工生产体系。如自行车行业形成深圳、苏州、上海、天津产业区域；皮革行业形成浙江海宁、温州鹿城、河北辛集、广东狮岭等十大产业区域；羽绒行业形成江苏常熟、浙江萧山、广东吴川等十大羽绒生产加工基地。最近，我们同辽宁省合作，按照集中生产、统一治污的要求，将辽宁阜新作为皮革承接转移的示范基地。这些地区集群企业其主导产品可以说都是当地的支柱产业，有的占当地经济的50%以上；这些地区集群企业大都是本行业的生力军，有的在全国同类产品中占有很大的份额，在全国同行业中具有举足轻重的地位，成为带动地方经济和轻工行业发展的重要增长点。

八、积极探索为经济体制改革积累经验

轻工业不仅是发展经济的主力军，而且在改革开放初期的很长时间里，充当了探索改革开放的先行军和主力军。轻工业率先从供销、定价、投资、引进等方面进行了突破，逐步打破了计划经济体制下的僵化模式。轻工特色产业集群和轻工知名展会发挥了重要的特色引导作用。在与“三农”方面密切合作的过程中，逐步形成了互相支持、共同受益的新形式、新机制。积极推进国有企业改革，为确立以公有制为主体、多种经济成分共同发展的格局做了许多探索性和建设性的工作。2008年，在轻工业总产值中所占比例，国有及国有控股企业占6.7%，集体及集体控股企业占5.8%，民营企业占55.4%，港澳台及外商投资企业占32.1%。轻工业的管理体制实现了由直接管理向间接管理，部门管理向行业管理的转变。中国轻工业联合会作为轻工业全国性、综合性、具有服务和管理职能的工业性中介组织，在市场经济条件下，为行业提供服务、反映诉求、规范行为、促进和谐发展等方面发挥了重要作用。绝大部分行业完成了股份制改造，大型企业集团以现代化企业的要求进行管理体制改革已经显现成效。我国传统的集体企业，从计划经济体制下形成的“二国营”，转变为适应社会主义市场经济要求的新型集体、合作经济组织。

九、成就了一批知名企业和优秀企业家

伴随着轻工产业不断走向成熟，在激烈的市场竞争中锤炼出了一批优秀企业集团群体，包括海尔集团、美的集团、燕京啤酒集团、青岛啤酒集团、茅台集团等。这些领先企业不仅具有战略意识和使命感，同时具有较强的创新意识与进取心，这些企业都建有国家或省市级的企业研发中心，拥有一批高素质的科技人才队伍。这些优秀品牌企业都是由一批久经市场锻炼、有敏锐的市场感觉、有先进的管理理念、有强烈的社会责任感的企业领头人和他们的团队所带领的，这些精英是推动我们行业发展的中坚力量。

回顾、总结60年轻工业取得的辉煌成就和成功经验，对于我们不断深化改革，开拓创新，使轻工业的发展在迈上新的台阶，实现由世界轻工大国到世界轻工强国目标具有重要的意义。我们要在党中央的领导下，贯彻落实科学发展观和《轻工业调整和振兴规划》，坚定信心，深化改革，积极应对国际金融危机，为实现新的历史时期轻工持续平稳快速发展作出新的贡献！

树信心 抓机遇
调整与振兴我国轻工业

中国轻工业联合会会长 步正发

国务院日前公布了《轻工业调整和振兴规划》（以下简称《规划》）。《规划》从轻工业现状及面临的形势、指导思想、基本原则和目标、产业调整和振兴的主要任务、政策措施等方面确定今后三年轻工业调整和振兴的方向。

轻工业是我国市场化比较早、比较成熟的产业。一方面，已经形成了基本满足市场需求的有效供给能力和完整的产业链；另一方面，已经具备了较强的适应市场波动带来冲击和考验的能力。在这个大前提下，政府为什么还要为已经高度市场化的轻工产业制定《规划》呢?

其实，之所以把轻工业列为重点振兴产业，与轻工业在我国国民经济发展中的重要地位，以及在金融危机中受到的严重冲击是分不开的。我国轻工业不仅是高度市场化的产业，而且是极为重要的民生产业，在经济和社会发展中起着举足轻重的作用。

我国轻工业不仅是全球日用消费品的制造基地，也是具有创新竞争力的优势产业。我国轻工业发展不仅极大丰富了国内市场，而且形成了较强的集成创新的能力和一定的自主创新能力，形成了具有中国特色的轻工生产体系，是我国在全球经济一体化时代参与国际竞争与合作的重要力量。同时，轻工业还是吸纳就业能力强的民生产业，是惠及“三农”和促进服务业的中坚力量。轻工中小企业为农民工和城市基层劳动人员提供了大量就业岗位。轻工产品通过服务业渠道提供给消费者，丰富市场，满足需求，对第三产业的发展有着重要引领作用。

但轻工业在快速发展的过程中，积累了一些矛盾和问题，主要表现在四个方面：一是自主创新能力比较弱；二是产业结构还不尽合理；三是节能减排的任务艰巨；四是食品安全问题突出。

长期以来，党和国家一直关心轻工业的发展，改革开放之初就提出了的“六优先”政策，使得轻工业在改革开放之初迅猛发展，并为后来打下重要基础。如今国家出台一系列扶持轻工业发展的政策措施和制定《规划》极大提振了我国轻工业克服国际金融危机、实现平稳发展的信心。党中央国务院对轻工业的重视、关怀和对民生产业的关切，凸显了新形势下轻工业的地位和作用更加重要。立足当前，着眼长远，及时采取有力措施，引导和扶持轻工企业摆脱困境，是保增长、保民生的重要举措，也是轻工业在应对金融危机中应该承担的责任。

《规划》对轻工业的发展具有非常明显的促进作用，它的具体思路包括以下内容：

一是注重轻工业应对当前危机和长远发展相结合。2009年是实施“十一五”规划的关键之年，也是进入21世纪以来轻工业发展最为困难的一年，促进轻工业平稳健康发展的任务十分繁重。《规划》是承接“十一五”和“十二五”两个发展时期，立足当前，承上启下，继往开来的重要纲领性文件。

二是注重轻工业的调整和振兴相结合。当前，轻工业面临的困难，既有国际金融危机影响的外因，又有产业长期粗放发展积累的矛盾在市场形势变化时激化的内因。国际金融危机和经济减速，是经济发展具有周期性的表现，也是市场调节的机遇，促使了经济发展中存在问题的集中显现。我们要抓住国家制定《规划》的机遇，立足当前，结合长远，把应对国际金融危机，振兴轻工业与调整产业结构和产业升级、实现增长方式的根本性转变结合起来，利用市场调节的机遇，因势利导，在结构调整方面有所突破。

三是重点行业、骨干企业与行业政策普惠相结合。

四是突出轻工业特色区域和产业集群、轻工中小企业两大特色。

五是注重自主品牌建设和产品质量安全体系建设相结合。

从工作思路上看，《轻工业调整和振兴规划》与以往的规划在某些方面有所不同。它是一个非常具有可操作性的、务求实效的行动计划方案。同时，规划的任务也非常的清晰，它主要包含以下任务：

首先是切实做好家电下乡工作。家电下乡政策的推出正顺应了新时代农村的变化。我们要抓好“家电下乡”在全国的推广工作，完善农村家电物流、销售、维修体系，扩大农村消费市场，提高农民的生活质量。根据农民意愿和行业发展要求，适时扩大家电下乡财政补贴产品范围，同时应优化家电下乡管理，加强对产品质量、流通秩序的监督。

其次是扩大内需与稳定国际市场。具体来说就是丰富产品花色品种，为不同群体、不同市场需求生产不同档次的商品。如：开发生产高端家电产品、大容量冰箱、高档手表；提高食品质量和档次，逐步淘汰白炽灯，增加绿色表面活性剂生产量，提高高档五金产品制造水平，等等。配合安居工程、新农村建设、医疗教育、救灾应急、灾后重建、农村基础设施、政府采购、重点项目配套，如交通设施等重大项目，生产相配套的塑料、陶瓷、家具、玻璃、文体、食品、家电、五金、日化洗涤、日用杂品等轻工产品。随着生活水平的提高，消费需求升级，要积极开发个性化的文体用品及特色旅游休闲产品满足需求。积极发展少数民族特需用品。在稳定国际市场方面，支持轻工企业“走出去”，继续推进经贸合作区的建设。

第三是加强自主品牌建设与加强质量管理。加强自主品牌建设，主要是支持优势品牌企业跨地区兼并重组、技术改造和创新能力建设。引导企业开拓国际市场，通过国际展会、国际互认质量认证等多种形式和渠道，提高自主品牌的知名度和竞争力。在质量管理方面，轻工业加快了行业的标准制定和修订步伐，制定食品添加剂、肉品、酿酒、乳制品、饮料、家具、装饰装修材料等行业新标准450项，其中食品添加剂等国家标准70项，家具和装饰装修材料等行业标准150项。促使塑料、造纸、皮革、电池等产业对相关标准的制修订，尽快制定和修订塑料降解、制浆造纸排放、皮革鞣制和电池回收方面的相关标准，这些行业要借鉴国外相关标准的长处，结合国家现有生产技术水平，制定和修订相关产品标准和技术规范，形成利于环保、节约资源的技术标准体系。

我们另一个重点是要加快实施技术改造与淘汰落后产能。此次《规划》明确提出支持企业技术改造，提高重点行业技术装备水平、推进节能减排等，同时强调各级政府要加大对轻工重点行业淘汰落后产能的财政奖励力度，解决好职工安置、企业转产、债务化解等问题，促进社会和谐稳定。

还有一个重点就是食品安全问题。我们在不断加强轻工业产品质量管理的同时，还要进一步建立产品质量安全保障机制。完善企业内部质量控制、监测系统和质量可追溯体系。逐步建立食品安全管理控制体系建设，通过原料批次、加工过程的记录，来识别产品批次，确保产品质量的可追溯性。食品安全方面，全面清理食品添加剂和非法添加物。配合国家有关部委对在食品产品中违法添加非食用物质，以及超范围、超限量使用食品添加剂的行为进行专项治理，有效遏制这类违法行为的存在和扩散。同时，针对食品添加剂国家和行业标准不齐全的现状，积极组织相关企业和专家修订、完善添加剂标准，制定食品添加剂生产安全管理办法，加强食品添加剂生产和经营管理，建立和完善食品添加剂使用备案制度和相应的索证、索票制度。切实贯彻《中华人民共和国产品质量法》，严格市场准入制度和产品质量监督抽查制度的实施和执行。轻工产品要建立规范的企业质量信用评价制度和产品质量信用记录发布制度，加强行业自律，让社会参与企业信用和质量水平的评价与控制。完善国家产品质量检测技术服务平台，提高检测装备水平，提高对产品质量监督和抽查的能力。

另外就是推动产业集群健康发展与引导产业有序转移。根据行业特点和发展需求，以发展轻工业特色区域和产业集群为手段，推动东部沿海产业向本地有条件的地区和内地有资源优势地区转移。引导、鼓励和推进向具有资源优势等条件的地区，根据产业的不同特点采取不同措施进行有序推进和转移。东部沿海地区向中西部产业转移中，冰箱、空调、洗衣机等家电行业重点产品的研发、制造、集散逐步由珠三角地区、长三角地区和环渤海等产区，向安徽、重庆、四川、湖北、江西等中西部地区转移；皮革行业中制革和制鞋集中的东部沿海地区发挥研发、设计和贸易优势，生产加工向具备资源优势的四川、重庆、辽宁、黑龙江等地区转移；陶瓷产业重点推动卫生洁具、墙地砖由沿海地区向江西、四川、湖南、辽宁、内蒙等有资源优势、能源丰富地区转移；发酵行业重点推动生物发酵产品由中东部和沿海向东北、内蒙古及中西部有资源优势、能源丰富地区转移。

目前，全国呈现出重视轻工、支持轻工、发展轻工的良好氛围。轻工全行业也出现了一些良好的发展势头：1～4月，轻工业总产值29452亿元，同比增长8.3%，国家制定颁布各项扶持政策初见成效。有几个具体表现：产销率上升，1～4月产销率为97.7%，比1～3月增加了1.1个百分点；家电下乡效果明显，下乡产品增幅大，与3月相比，家电下乡的数量增长70%，总额增加72%；部分地区、行业出现向好的方向发展，同比利润和产量都有所增长；轻工业出口交货值降幅收窄，科技含量高的产品依然旺销，以珠江钢琴为例，其部分高端产品同比增加23.95%。但是，我们仍然要看到，目前轻工行业面临的形势依然严峻，回升乏力，基础不稳固。

总体来看，轻工业整个趋势是向好的品牌聚集，产品呈现差异化、绿色化、安全化等特点。

近年来，作为行业组织，中轻联在反映需求、提供服务、规范行为、促进行业发展方面做了大量卓有成效的工作，日益被政府、企业和社会认可，尤其是在《规划》的制定过程中积极调研，配合相关部门做了大量的工作。下一步，在贯彻落实《规划》时，中轻联将做出更多的工作以促进轻工业的发展。我们将组织各种学习、宣传《规划》的活动，促进扶持轻工业发展政策和《规划》的落实，同时进行落实和实施《规划》的调研，及时了解行业运行中出现的新情况、新问题，并提出相关政策建议。我们还将组织重点行业根据《规划》要求，制定本行业的《规划》实施细则，加强与有关部委联动，积极承接政府有关部门实施《规划》的主要工作，积极组织协调各方力量推进《规划》有效实施，同时，努力促进区域性扶持政策的出台。

（本文转摘于《步正发会长就〈轻工业调整和振兴规划〉答记者问》一文，题目是编者所加。）

贯彻落实“十七大”精神和《轻工业调整和振兴规划》，把轻工行业清洁生产工作推向深入

中国轻工业联合会副会长 潘蓓蕾

2009年9月，中国轻工业联合会与工业和信息化部在广州珠江啤酒集团有限公司召开酿酒行业推行清洁生产现场交流会，实地考察在清洁生产工作中涌现出的典型企业，总结推广酿酒行业推行清洁生产的先进经验和成功做法。这是轻工部贯彻落实“十七大”精神，践行科学发展观和《轻工业调整和振兴规划》，进一步加大节能减排工作力度的重要举措。此次会议必将对推动轻工行业清洁生产工作迈上新的台阶产生重大、深远的影响。

轻工行业清洁生产面临的任务比较重，单位产值和单位产品水耗、能耗、主要设备能耗指标、污染物排放指标等方面与国际水平相比差距较大，主要污染物（COD）排放量占全国工业排放总量的50%，工业废水排放量占全国工业废水排放总量的28%。食品、造纸、皮革等行业是轻工业污染物排放的主要行业，也是清洁生产任务较重的行业，尤其是造纸、酿酒、发酵等行业中的部分产品被列入国务院《节能减排综合性工作方案》（国发[2007]15号文）之中，并提出了具体的淘汰落后目标。造纸、食品、皮革等行业除COD外其他污染物控制标准仍处于较低水平。食品工业是轻工第一大产业，2008年产值达到41957亿元，同时也是轻工污染物排放量的第二大行业（造纸行业第一）。而酿酒和发酵行业又是食品工业中污染较重的行业，企业遍布全国各地，生产过程中污染物产生量较大，经处理年废水排放量仍然达到11亿吨，COD 57万吨；以企业数计，啤酒行业目前尚有40%～50%的企业废水直接排放。因此在这些重点行业推进清洁生产活动是轻工部工作的重要内容，也是轻工部召开交流会的目的。

近期，轻工部把推进清洁生产与应对国际金融危机相结合，与扩内需、保增长、调整结构相结合，取得了一定成效。在国家一系列宏观调控政策和节能减排措施的共同作用下，2009年1～7月轻工行业呈稳定运行态势，主要体现在：2009年1～7月，轻工规模以上企业累计完成工业总产值57287.6亿元，比2008年同期增长9.1%，累计增速比上

半年提高0.1个百分点；累计产销率97.2%，比上半年提高0.1个百分点。2009年7月，轻工行业工业总产值同比增长10.5%，当月产销率为98.1%，轻工行业整体经营状况趋势向好，开始走出2008年下半年以来最困难的时期。这是轻工部在党中央和国务院的正确领导下，在工信部、发改委等有关部委支持下，落实扶持轻工业发展政策和《轻工业调整和振兴规划》，推进行业清洁生产的结果。

一、轻工行业开展清洁生产工作主要内容

长期以来，党中央、国务院十分重视节能减排工作，胡锦涛总书记在年初召开的上海合作组织成员国元首理事会第九次会议和二十国集团领导人第二次金融峰会上的讲话都强调大力加强节能减排和生态环境保护，并大力推动在节能减排、环保等领域与国际新兴产业合作。温家宝总理在2009年政府工作报告和视察企业中也多次强调，要毫不松懈地加强节能减排和生态环保工作。

中国轻工业联合会在工信部等国家有关部委的领导下，认真贯彻落实了“国发[2007]15号文件”和《轻工业调整和振兴规划》确定的任务，积极开展清洁生产、循环经济实践，取得了一定的实效。

2008年推行清洁生产是轻工部的重点工作之一。根据数据统计显示：啤酒工业在全国现有249个企业515个生产企业，在2002年实现啤酒产量位居世界第一至今七年间，在产量实现59%的增长前提下，废水排出量未明显增长。2008年啤酒行业单位产品耗粮降低1.2%，单位产品耗电降低2.2%，单位产品取水降低5.3%，单位产品耗标煤降低4.4%，单位产品综合能耗降低4.9%。

发酵行业具有一定规模的企业有1000多家，2006—2008年在年均产量增长20%的情况下，主要产品的能耗和水耗都有较大幅度下降，其中：味精行业吨产品的水耗平均每年降低6.3%，能耗下降1.9%；柠檬酸行业吨产品的水耗平均每年降低27.7%，能耗下降8.5%；淀粉糖行业吨产品的水耗平均每年降低15.3%，能耗下降10.5%；酶制剂行业吨产品的水耗平均每年降低9.5%，能耗下降2.5%；酵母行业吨产品的水耗平均每年降低18.3%，能耗下降1.3%。发酵行业的副产物利用率从85%提高到目前90%以上。发酵行业2008年在产量同比增长7.7%的情况下，新鲜水取水量同比下降12%，废水排放量同比下降10%。

2008年造纸行业淘汰了106.5万吨落后产能，酒精行业淘汰了35万吨，味精行业淘汰了8.7万吨，柠檬酸行业淘汰了1.9万吨落后产能，共减排COD 35万吨；制革行业减排废水150万吨，比2007年降低1.2%，COD减少排放2%。清洁生产为行业带来了显著的经济和社会效益。

同时，制糖、家用电器、塑料加工、电池、照明电器、日用玻璃、日用陶瓷等许多行业从源头、生产过程、废物利用、产品使用及产品回收等不同层面上，运用循环经济原理建立了生产关系的资源循环链，形成了一批开展清洁生产、资源综合利用的企业；建成了一批具有示范作用的生态工业园区和发展循环经济试点；此外，还制定完善了一系列相关政策、标准和管理制度，积累了一些经验。

二、树立典型、总结经验、提高认识

经过一段时间开展清洁生产工作的实践，我们深深地感到：清洁生产工作对轻工行业调整结构、转变发展方式意义重大，这是一项长期艰苦的任务，我们要很好地总结已经取得的经验，巩固取得的成果，把这项工作深入、持久地开展下去。

交流会选在广州珠江啤酒集团有限公司召开，是由于多年来，珠江啤酒集团非常注重环境保护与经济的协调发展，利用高新技术致力于发展循环经济，积极推进清洁生产，始终致力于研究和采用先进工艺技术，致力于选用先进、环保、节能的生产设备，努力在啤酒清洁生产技术创新方面实现突破，达到了高效率、低消耗、少排放的目的。2000年以来，公司共投资近2亿元实施各项清洁生产技术改造项目。至2007年底，在清洁生产、节能减排方面已取得3.1亿元的经济效益和显著的社会效益。珠江啤酒集团先后获得“广州市创建国家环境保护模范城市先进集体”和“广东省2006—2008年度环保诚信企业”等多项称号。珠江啤酒集团的经验值得同行学习、借鉴，其他行业也可从中受到启迪。

从交流会上，我们不仅看到珠江啤酒集团清洁生产方面取得的成果，还听到了不少企业开展清洁生产交流的经验，对各行各业具有积极的参考和借鉴意义。轻工行业要不断总结经验，提高认识，发挥典型示范作用，相互借鉴，使清洁生产工作取得扎扎实实的效果。

三、落实《轻工业调整和振兴规划》

1.落实《轻工业调整和振兴规划》任务

国务院2009年5月18日正式公布的《轻工业调整和振兴

规划》从指导思想、基本原则与目标、产业调整和振兴的主要任务、政策措施及保障条件等方面确定了今后三年轻工业调整和振兴的方向。落实《轻工业调整和振兴规划》将是中轻联今后三年工作的重中之重，下一步要以落实《轻工业调整和振兴规划》来推动清洁生产工作。

在《轻工业调整和振兴规划》目标中提出：污染物排放明显下降。到2011年，主要行业COD排放比2007年减少25.5万吨，降低10%。其中食品行业减少14万吨、造纸行业减少10万吨、皮革行业减少1.5万吨；废水排放比2007年减少19.5亿吨，降低29%。其中食品行业减少10亿吨，造纸行业减少9亿吨。皮革行业减少0.5亿吨。主要任务提出：重点对食品、造纸、电池、皮革等行业实施节能减排技术改造；食品行业加快应用新型清洁生产、副产品和废弃物高值综合利用和废水处理回收再利用技术。目前，中国轻工业联合会会同有关协会已将上述目标和任务进行分解，落实到中国轻工业联合会具体的职能部门和行业协会，并跟踪落实进展情况。

2009年是实现“十一五”轻工行业推进清洁生产具有重要意义的一年。轻工行业要进一步统一思想，充分认识开展清洁生产工作的重要性和艰巨性，增强紧迫感和责任感，以科学发展观为指导，在保持轻工经济平稳较快增长中坚持清洁生产不动摇，继续把清洁生产作为调整经济结构、转变发展方式、推进节能减排的重要抓手，作为应对国际金融危机，扩内需、保增长、调结构的重要内容，全面落实各项节能减排政策措施，进一步加大工作力度，务求取得更大成效。

2.积极配合工信部等政府部门做好相关工作

按照工信部的总体部署，做好轻工酿酒、发酵和造纸等行业清洁生产推行方案和轻工行业节能减排技术筛选与评估工作。配合政府相关部门做好落后产能的淘汰工作。积极落实相关技术改造专项，积极与发改委、工信部等有关部门协调和配合，确保轻工装备自主化专项、家电等行业产业升级专项、造纸等行业节能减排专项、食品安全专项等尽快启动。加快造纸、家电、塑料、照明电器、五金、表面活性剂等行业技术改造步伐，提升行业总体技术水平。重点对食品、造纸、电池、皮革等行业实施节能减排技术改造。切实淘汰高耗能、高耗水、污染大、效率低的落后工艺和设备，严格控制新增产能。组织好重点行业节能减排国家专项资金的申报、立项工作，争取工信部、发改委、科技部、国家环保总局等部门资金支持。开展节能减排重点行业技术交流，促进行业节能减排工作深入开展。继续做好相关行业节能降耗、节水减排评价体系，行业准入条件的制定发布工作，促进结构调整和技术创新。根据国家质检总局《2008—2010年资源节约与综合利用标准规划》，加强节能减排标准制定。积极组织参与科技部“十二五”轻工行业循环经济典型工业园科技规划，“十二五”轻工行业资源与环境科技规划的编写工作。

3.充分发挥行业协会的作用，落实节能减排任务

随着国家机关的机构改革，行业协会的作用日益凸显。中国轻工业联合会将进一步发挥好桥梁纽带作用，充分利用协会熟悉行业、贴近企业的优势，发挥行业协会在清洁生产工作中的作用，协调行业协会、企业和地方轻工管理机构，调整结构、发展循环经济，承接国家有关部门委托的有关工作，研究解决轻工行业中存在的共性问题和突出问题，做好行业科技创新公共服务平台的培育工作。针对轻工业99%以上为中小企业，缺乏人才、技术支持的特点，组织筛选清洁生产最佳技术，进行示范、推广，推进行业清洁生产工作深入开展。

充分发挥行业协会凝聚专家学者的人才优势，广泛利用多种形式组织轻工企业开展清洁生产交流合作，及时总结推广好的典型和经验，推动新技术、新工艺、新装备、新材料的应用，推进技术成果的转化。

轻工部会按照《国务院办公厅关于印发2009年节能减排工作安排的通知》的要求，全力做好轻工行业节能减排工作，与有关部委协调，积极争取加大对轻工企业清洁生产循环经济支持力度。

轻工行业推进清洁生产是一项长期、艰巨、具有挑战性的工作。轻工行业清洁生产的任务艰巨而复杂，只有认真学习中央领导的讲话精神，在工信部等有关部委的领导下，全面落实《轻工业调整和振兴规划》，通过技术进步、结构调整、淘汰落后生产能力等一系列工作，才能把轻工业的清洁生产工作推向深入，促进轻工发展方式转变，为实现轻工业的率先复苏贡献自己的力量。

（本文转摘于潘蓓蕾会长在酿酒行业推行清洁生产现场交流会上的讲话内容。）

食品工业企业需加强诚信体系建设

中国轻工业联合会副会长 潘蓓蕾

2009年12月30日，由工业和信息化部、国家发展改革委、监察部、农业部、商务部、卫生部、中国人民银行、国家工商总局、国家质检总局和国家食品药品监督管理局10部委联合举办的“《食品工业企业诚信体系建设工作指导意见》发布暨试点启动仪式”顺利召开。该项意见的发布标志着中国食品工业诚信体系建设进入了一个新的台阶。

食品是人类赖以生存和发展的最基本的物质条件，食品工业已成为国民经济中第一大支柱产业。“十一五”以来，在国内经济快速发展推动食品消费不断升级以及全球经济一体化的大背景下，我国食品工业呈现出良好的发展态势，全行业呈现出前所未有的繁荣景象，形成新中国成立以来发展最好的时期。2009年我国食品工业虽然遭遇了由全球金融危机引发的诸多不利因素的挑战，但在党中央、国务院出台的一系列宏观调控措施和《轻工业调整和振兴规划》的强力支持和帮助下，我国食品工业已率先走出金融危机的低谷，继续保持平稳较快的发展势头，并将在扩内需、保增长、满足国内市场供给中发挥重要作用。

近年来，由于违法生产、加工销售和出口引发的食品安全问题频繁发生，在社会上造成了极其恶劣的影响，严重损害了我国食品行业的声誉和形象。一次次的食品安全事件都在警示着我们：食品安全信用环境和诚信体系建设亟待加强。诚信体系的建设，既需要政府的推动，也需要社会的监督，而最根本的还在于企业本身的诚信意识。在如此激烈的市场竞争中，一些好产品的生产企业，之所以能够立于不败之地，不管经营方法有何不同，他们的共同点就是“诚信”二字。对于食品企业，生产安全的食品本身就是“天职”，最能体现诚信的首先就是“安全”。

我们将按照党中央、国务院的有关工作部署，积极引导和督促各食品企业认真贯彻落实《轻工业调整振兴规划》和《国务院关于食品安全整顿工作方案的通知》；认真学习和严格遵守《食品安全法》和《食品安全法实施条例》；同时，根据《食品工业企业诚信体系建设工作指导意见》的要求，积极配合工业和信息化部、国家发展改革委等部门，加快推进食品工业企业诚信体系建设工作，充分发挥各协会的职能，在政府的正确指导和大力推动下，加快建立以守法遵章为前提，社会道德为基础，企业自律为重点，社会监督为约束，诚信效果可评价，诚信奖惩有制度的食品工业企业诚信体系，以促进中国食品工业健康有序的发展。同时，食品加工生产企业同样也要建立健全自身的诚信体系，这是企业生存的根本。

坚持可持续发展战略 共同抵御金融危机

中华人民共和国商务部部长助理 房爱卿

2008年下半年以来，为应对国际金融危机的影响，中国实施了积极的财政政策和适度宽松的货币政策，出台了进一步扩大内需、保持经济平稳较快发展的一揽子计划，取得了初步成效。第一季度，中国经济出现了积极变化：固定资产投资快速增长，社会消费品零售额稳定增加，进出口额同比降幅逐月收窄。同时，中国政府刺激经济的一揽子计划，对推动产业结构调整，促进消费方式转变，实现可持续发展也有积极意义。中国经济出现的积极变化，也必将使发展潜力进一步释放，这将为境内外企业提供更多的投资贸易机会。

国际金融危机对中国城市经济带来冲击

改革开放30多年来，中国城市化进程逐步加快，各种物质要素以城市为载体快速流动，城市在国家经济中的地位越来越突出，占全国2/3以上的国内生产总值在城市实现。与此同时，中国的城市化进程也面临着巨大压力，主要有：土地资源供应压力，能源与水资源消耗压力，生态环境改善压力，基础设施配套压力，人口与就业压力等，传统发展模式已使部分城市资源与环境难以承载。本轮国际金融危机又给城市发展带来新的挑战，一些城市的出口、外商投资、房地产市场、旅游业等都受到不同程度的冲击。如何转危为机是国内很多大中城市面临的最新一轮的挑战。面对这样的问题，建议中国城市要借鉴境外城市好的经验，加强国际交流与合作，加快城市发展方式转变，把应对金融危机与建设资源节约型、环境友好型社会相结合，科学定位，开拓创新，完善城市功能，提高服务水平，改善投资环境，优化产业结构，积极探索可持续发展新途径，从根本上增强抵御风险的能力，提高发展质量和水平。

携手合作是保持城市和企业互利共赢

城市的繁荣离不开企业的发展，企业发展对于城市经济实力的增强，税基的增大，财政的增长，就业的增加等方面都有重要作用。同样，城市是企业赖以生存和持续发展的主要载体。城市功能完善，社会稳定和谐，居住环境优美，科技教育进步，文化丰富繁荣，必将激发企业发展的活力、创造力和竞争力。金融危机造成的困难是暂时的，发展才是长远的。中国具有稳定的经济基本面、庞大的国内市场、低成本劳动力，是跨国公司理想的投资目标国。中国各级政府和部门正在积极落实保持经济稳定增长的各项举措，大规模的民生工程、基础设施和生态环境等建设项目已经启动，这将为跨国公司在华投资提供良好的发展空间。我希望中国的各大城市能够主动伸出热情之手，为企业提供便利的投资环境，创造更多的投资机会。同时，各大企业继续保持发展信心，与其他企业精诚合作，促进科技创新、资源节约、环境保护、和谐发展，实现共同繁荣发展目标，也是非常有必要的。

2009年，中国商务部将以扩大国内消费需求和保持外贸稳定增长为重点，进一步完善政策，强化服务，推进结构调整和发展方式转变，为应对国际金融危机、保持经济平稳较快发展做出贡献，同时将一如既往地为中国城市和跨国企业可持续发展提供应有的支持和服务。

同时，各个企业之间也秉承可持续发展战略，彼此之间分享成功经验，启迪思路，加强了解，增进友谊，为未来的合作打下良好的基础。我相信，大家一定能够在未来的合作中共生、共赢，共同实现可持续发展目标！

走技术创新之路 促进酿酒行业健康发展

中国酿酒工业协会理事长 王延才

2008年，中国白酒行业的经济运行情况以及技术创新体系建设的进展情况如下：

一、白酒行业技术创新发展现状

党的十七大明确提出，提高自主创新能力，建设创新型国家，这是国家发展战略的核心，是提高综合国力的关键。我们要从战略和全局的高度去认识技术创新体系建设的重要性和紧迫性。党中央和国务院对此十分重视，胡锦涛总书记、温家宝总理多次强调技术创新、产业升级的重要性。2008年12月，国家科技部等6部委联合出台《关于推动产业技术创新战略联盟构建的指导意见》，提出：建立以企业为主体、市场为导向、产学研相结合的技术创新体系，加快提升产业技术创新能力；2009年5月国务院出台《轻工业调整和振兴规划》，提出：落实党中央、国务院关于保增长、扩内需、调结构的总体要求，确保轻工业稳定发展，加快结构调整，推进产业升级。

白酒行业在技术创新方面，既有传统优势，同时也存在许多困难。白酒具有深厚的文化底蕴，是重要的世界非物质文化遗产，具有完全独立自主的知识产权，但基础研究和新产品开发研究两方面都相对滞后，影响了白酒技术的发展与进步，生产工艺中的许多环节缺乏理论基础，很多技艺仍然依靠口口相授来传承。尤其是白酒产业被列入限制发展行业之后，科技投入得不到国家支持，研发资金和技术力量更显薄弱。目前，除了少数行业龙头企业之外，其余大部分中、小企业基本不具备自主创新能力。

要改善落后局面，白酒企业就不能再一味固守原有优势，必须积极探索适合白酒行业发展的创新模式，通过技术创新保持白酒传统优势地位的延续性。

（一）探索白酒行业技术创新之路，“中国白酒169计划”先行

结合白酒行业发展现状，为探索适合白酒行业自身发展要求的产学研结合模式。2007年4月，由中国酿酒工业协会牵头组织，相关院校、研究单位、企业共同参与成立了“中国白酒169计划”项目。经过两年辛勤的工作，“169计划”创造出了很多很好的经验和模式，填补了白酒基础科学研究领域的多项空白；采用微生物生态学、分子酶学、分子生物学等现代生物技术手段，围绕白酒产业共性的、关键的科学与技术问题进行创新性研究，建立了以风味化学物定向的功能微生物和酶技术的平台，对白酒年份酒、白酒中微量成分、白酒中风味化合物、白酒中异味化合物，以及白酒风味定向功能微生物方面的研究都取得了巨大突破；2009年将采用世界最大规模、最多物质，一次性完成白酒阈值测定工作。

“169计划”利用外部力量和创新资源，以企业为主体，各方共同投入，风险共担，最终实现了优势互补、成果共享。通过具有法律效力的契约，保障了技术创新合作关系的稳固和持续，在产学研结合的道路上迈出了坚实的一步，验证了“合作创新模式”在白酒行业的可行性。

另外，在“169计划”获得多项突破的同时，还为参与项目的白酒企业培养出多名专业技术人员，使企业在科研成果和人才储备双方面都获得了丰收。

（二）建立酿酒产业技术创新战略联盟，促进行业科学发展

为了推动酿酒行业技术创新体系建设，促进行业产学研结合工作，在“169计划”的实践基础上，2009年上半年，在国家科技部等有关部委和中国轻工业联合会的指导下，由中国酿酒工业协会和酿酒行业70家企业、4家高等院校、4家科研单位共同发起，行业各酒种分别成立了“酿酒产业技术创新战略联盟”，联盟设立理事会、秘书处、专家技术委员会（委员会成员106人），由理事会统一组织、按照联席会议制度决定重要事宜，以技术创新项目为载体，采取多样化、多层次的合作形式，实行资源共享，成果共享，优势互补，风险共担。

1.“联盟”的宗旨

在专业化合理分工的基础上，以《轻工业调整和振

兴规划》和《关于推动产业技术创新战略联盟构建的指导意见》文件为依据，依托于国家引导资金及政策，以多样化、多层次的自主研发与开放合作创新相结合，建立酿酒行业产学研结合的技术创新体系，推动我国酿酒工业自主创新能力的健康发展。

2.“联盟”主要任务

探索在国家政策与资金引导下建立以企业为主体，产学研结合，市场化、多元化投融资和促进成果转化的有效机制，大力促进行业技术进步；成为国家技术创新体系的重要组成部分，酿酒行业前沿、共性、关键技术装备的研发基地，产学研结合的纽带和载体，技术创新资源的集成与共享通道。

3.“联盟”组织机构

联盟设立理事会、专家技术委员会和联盟秘书处。联盟理事会为联盟的最高权力机构；专家技术委员会为联盟理事会咨询机构；秘书处为联盟理事会执行机构。

4.资金筹措及管理

“联盟”日常运作和项目经费主要来源于国家项目经费、联盟成员自筹经费、政府资助联合开发基金。根据国家有关规定，项目经费实行课题制管理，承担任务的联盟单位按照课题任务书实行全面预算、过程控制和全成本核算。联盟经费由秘书处依托单位设立专门账户，单独核算管理。并根据项目合同相关规定进行资金调配，实行预决算制度，专款专用。每年以财务报告形式报理事会审查，并接受第三方审计。

经费管理按照国家支撑计划经费管理办法进行。国拨科研经费主要用于科研攻关内容的完成和部分关键设备的设计和研制，自筹经费主要用于关键技术开发与工程化应用、重要示范线及相关公辅设施的配套建设与生产试验的验证等。

通过共性技术的转化和实施，可提取一部分成果转化收入，资助成员单位以竞标的形式，开展行业共性技术的创新。提取比例及具体执行方案由联盟理事会另行商讨制定。

5.联盟运行机制

联盟在国家有关部委和中国轻工联合会的指导下，由理事会统一组织，按照联席会议制度决定重要事宜，以技术创新项目为载体，实行资源共享，成果共享，优势互补，风险共担，并以多样化、多层次的合作形式明确必要的责、权、利。

6.知识产权保护

联盟成员单位将联盟内共同开发技术的知识产权签署相关协议，该协议将约定联盟内所产生的知识产权的归属问题、推广应用时的利益分配方案，及后续进入联盟的成员单位或退出联盟的原成员单位在知识产权共享方面应遵循的基本原则，避免联盟的知识产权和联盟成员单位已有技术的知识产权受到侵权。

建立“酿酒产业技术创新战略联盟”是行业发展需要，是改变落后局面的需要。近年来，白酒行业在科技研发上虽然取得了一些突破，但总体上看，工艺技术和装备水平仍比较落后，缺乏资源高效利用和循环利用的共性和关键技术，企业自主创新能力不强，远不能适应行业经济发展的需要。因此，要进一步加大白酒行业关键技术的研发和推广力度，引导和督促企业加快实施以清洁生产、防治污染、综合利用为主要内容的技术改造。

二、白酒工业化发展指导思想和发展目标

1.指导思想

优化结构，环保和谐，创新发展，弘扬文化，走向国际。

2.发展目标

（1）建立健全、公平、有序的生产和流通秩序，促进行业全面、科学、协调、可持续发展。

（2）建立健全有利于企业自主创新的制度与激励机制。探索适合酿酒行业发展的产、学、研结合模式，提高企业营利能力，增强企业核心竞争力和市场竞争力。

①加强管理创新提高企业管理水平。积极创新科学管理的体制机制，切实转变管理观念，树立人才是第一资源的观念；加强战略管理创新，积极树立全球化战略；建立健全现代企业制度和全面风险管理体系，着力完善公司治理结构。通过加强管理创新，提高企业的适应性和管理的有效性，提高企业效率，降低管理成本，促进企业又好又快发展。

②坚持产品创新驱动企业可持续成长。坚持产品创新，切实增加投入，努力在关键技术上取得突破。以技术创新为核心，倡导个性化、人性化的创新设计理念，在传承白酒璀璨历史文化的同时赋予白酒这一国粹更多现代化文化内涵，通过创新推动产品结构优化升级，实现企业可持续成长。

③改革传统科研组织管理模式。开放思路，改革传统过时的科研组织管理模式，发挥行业协会优势，有效整合资源，以提高企业自主创新能力为宗旨，构建产业技术创新战略联盟，进一步加强产学研结合和技术创新体系建

设，提高产学研结合的组织化程度，在战略层面建立持续稳定、有法律保障的合作关系；整合产业技术创新资源，引导创新要素向优势企业集聚；保障科研与生产紧密衔接，实现创新成果的快速产业化；促进技术集成创新，推动产业结构优化升级，提升产业核心竞争力。

（3）坚持正确的舆论导向，弘扬优秀的白酒文化，宣传推广具有自主知识产权的民族品牌。

（4）推进生产准入、市场准入体系建设，加强监管力度，打击假冒伪劣，保障食品安全。

（5）在今后5～10年内，白酒年总产量逐步递增，年销售额以10%～20%幅度递增，年创利税以15%～20%幅度递增。

（6）支持名优白酒企业，实施品牌战略，着力培养中国名牌和世界名牌，参与全球竞争；引导和鼓励企业走国际化道路，向世界饮料行业进军，争取用30～50年的时间，使中国白酒成为世界的白酒，使中国白酒文化成为人类文明的重要组成部分。

在我国经济结构全面调整的大背景下，我们白酒行业必须紧跟形势，利用一切可以利用的机遇，解放思想、转变观念，贯彻落实科学发展观，开创中国白酒行业产、学、研合作的新模式，通过提高自身创新能力，实现赢利水平的提高，达到企业增强核心竞争力和在市场中建立竞争优势的目的，最终实现社会、经济和环境的“共赢”发展。

解放思想、开拓创新，促进白酒行业健康发展

中国酿酒工业协会理事长 王延才

2009年与2008年相比，没有经历奥运会的辉煌，没有经受地震的袭击，也没有那么多大风大浪的洗礼，但2009年也是极富有特点的一年，经历了金融风暴影响的2009年的中国白酒行业有着以下的特点：

一、白酒行业经济运行情况

2008年以来，我国白酒行业各项经济指标继续保持平稳增长，总体运行良好。

2008年全年实现：

产量569.34万千升，同比增长11.79%；

主营业务收入1574.85亿元，同比增长27.79%；

2008年1～11月实现：

税金总额178.60亿元，同比增长19.64%；

实现利润186.43亿元，同比增长 36.79%。

2009年1～8月实现：

产量420.38万千升，同比增长21.57%；

主营业务收入1243.23亿元，同比增长25.12%；

利润165.51亿元，同比增长23.07%；

税金148.25亿元。

从上述指标可以看出，2009年上半年行业运行平稳，指标同比增长达两位数，较2008年增速有所提升，由此可以看出，白酒行业受危机影响程度不大。这说明通过几年的努力，白酒行业在产业结构调整、优化产品结构、转变经济增长方式等方面得到进一步加强，抗风险能力得到相应的提升。

二、产品个性突出，百花齐放的趋势加快

近年来，白酒生产企业为了适应市场，在产品结构调整、转变经济增长方式上，开拓创新，加大了科技投入力度，加快了科技创新步伐，个性化白酒产品不断涌现，企

业赢得了市场，扩大了消费，经济效益增长显著。陕西的凤兼浓、凤兼酱、凤浓酱三合一产品；宁夏、甘肃的清、浓合一产品；黑龙江、安徽的浓酱兼香产品实际是“两淡”产品，即淡雅浓香与淡雅酱香结合的产品；山东的芝麻香、云南的小曲白酒、广东的豉香型白酒味变淡，贵州低度酱香的深入研发，黑龙江的独特工艺生产的酱香产品等这些创新产品都得到了广大消费者的普遍认同，占据了一定的市场份额且发展快速。

中国白酒是传统的民族饮料酒，区域性品牌占据主导地位，白酒产品百花争艳的格局是历史形成的，一个产品或几个产品一统天下的可能性非常小。白酒个性化产品的发展是社会赋予白酒的历史使命，白酒这个古老的传统产品要保持继续发展，就要不断创新，不断满足消费者日益更新的需求。

目前，白酒产品标准是按香型来制定，现行的产品标准已经涵盖不了所有产品，白酒标准如何满足快速发展的个性化白酒产品的要求，是我们白酒界当前要考虑解决的重要问题。本次会议的主题就是研讨白酒产品的标准，集思广益，探求标准制定如何适应白酒产品发展的新形势。

说明两个问题：一是我们现在提倡白酒个性化发展，不是否定历史。白酒香型的提出和确定，是白酒发展的里程碑，对白酒业飞速发展所起的作用是不可磨灭的。尤其是第三届评酒，按香型划分进行感官、质量鉴评，是科学的、正确的，是白酒业革命性的进步。也可以说，现在个性化白酒产品是在香型基础上建立发展起来的，没有白酒的香型，就没有今天的个性化白酒。二是国标委按产品标准分别成立了技术委员会，主要是出于我国白酒产品与国际标准接轨的目的，在制定标准时有话语权。白酒标准分技术委员会现在已正式成立七个，还有四个正在筹备成立，中国酿酒工业协会白酒分会在已成立的七个分标委会技术委员会中都派人担任不同职务。我们的主要目的就是在白酒标准制定中，便于工作，为白酒行业健康发展做出应尽的贡献。

三、科技创新是白酒业健康发展的必然之路

“中国白酒169计划”经过两年多的辛勤工作，现在已取得多项成果，在行业内产生了很大的影响，“169计划”主要成果是：

（1）已完成酱香型、清香型、老白干香型、凤型白酒产品的全面测定工作，确定所含各类物质是历史性的突破；

（2）确定了中国白酒中所含100余种有益人体健康物质；

（3）完成了中国白酒中近100种呈香物质阈值的测定工作；

（4）确定了中国白酒年份酒的检测方法。

其他项目也已全面展开，有的已初见成效，如：解决“窖泥臭”、“糠味”、吡嗪类等菌种实验室工作已完成，待进一步生产试验；中国白酒呈香物质标准制定，已列入计划，明年完成。

“169计划”主要研究单位是江南大学，有四川剑南春集团有限责任公司、山西杏花村汾酒厂股份有限公司、陕西西凤酒股份有限公司、四川郎酒集团、河北衡水老白干酿酒（集团）有限公司、安徽口子酒业股份有限公司、江苏洋河酒厂股份有限公司、山东古贝春有限公司、江苏今世缘酒业有限公司、北京顺鑫农业股份有限公司牛栏山酒厂、宜宾五粮液股份有限公司11个企业参与本项目的研究。本项目得到了行业的广泛认同，并不断有企业要求参与加入。为了扩大成果，培养更多的白酒业科技人才，根据国务院批复的《轻工业调整和振兴规划》的要求，中国酿酒工业协会决定扩大“169计划”的研究内容，并增加研究单位和企业。

“169计划”第二批研究单位有中国食品发酵工业研究院，中国科学院成都生物研究所，参与的企业有贵州茅台酒股份有限公司、山东景芝酒业股份有限公司、广东九江酒厂股份有限公司、湖北枝江酒业股份有限公司、湖北稻花香股份有限公司、云南玉林泉股份有限公司、北大仓集团有限公司。

这两家研究单位，在白酒研究方面有很多成果，具有很强的科研实力。中国食品发酵工业研究院张五九副院长全面负责这次分析检测项目。按白酒分会的要求，2009年8月已测定出二锅头香型白酒所含700余种物质，为保证169项目的扩大实施奠定了基础。中国科学院成都生物研究所庄名扬教授多年来一直从事白酒微生物分离、鉴定、应用工作，可以说是卧薪尝胆十余年，现在分离出增加白酒口味新菌种，模拟实验已完成，已生产出新产品。成都生物研究所还有一个生物制药厂，年产值30多亿元，制药厂30%的利润投入到研究所，这个研究所的检测设备、试验设备的先进程度，是我们白酒行业无法企及的，在全国也是处于领先地位。我们与所领导商定，请成都生物研究所参加“169计划”，参与“中国白酒香味物质细胞测定”工作，如果本项目获得成功，意味着中国白酒将从自然王国走向必然王国。

“169计划”第二批选择企业的标准是：一是企业自愿申请加入；二是有资金条件搞科研；三是企业具备科研条件及人才；四是有企业自己研究的课题，利用“169计划”平台进行深入研究。

“169计划”的宗旨是风险共担、成果共享，希望白酒界同仁鼎力支持，为白酒行业的健康发展、科技创新做出贡献。

四、解放思想，白酒业新的运行模式正在形成

五粮液集团在产品结构调整方面，做了大量文章，新的运行模式在构建中，把五粮液做强做大，永做行业领军排头兵，是五粮液人不懈追求的目标；泸州老窖创新经营理念和经营模式，效益已显现；华泽集团大刀阔斧进入白酒界，现已并购12家酒企，其中有10家白酒企业，还有1家白酒企业的并购正在运作中；泰国TCC集团买断云南玉林泉酒业有限公司，第一批投资4000万元，第二批投资2.5亿元，现已建成云南省最大的小曲白酒生产基地，年产小曲白酒2万千升；汾酒、西凤征地千亩，扩大原酒生产基地；洋河酒厂正在建设总建筑面积19.31万平方米的包装物流中心技改扩建工程项目，该项目建成后，洋河酒厂将实现原辅材料供应、包装生产、物流配送一体化，全面满足50亿元的年市场销售能力。据白酒分会不完全统计，全国有超过20家企业正在投资亿元以上的扩大白酒生产项目，白酒行业自新中国成立以来第三次大规模投资建设正在火热进行中。

前两次白酒业大规模投资主要是政府行为，而本次大规模投资理性化较强，是企业根据自己的能力和发展需要进行的。资金来源更加广泛，企业自有资金占主导，其次是行业外投资，银行贷款失去了主导地位。

大量投资能给白酒行业带来巨大的经济效益和社会效益，但是希望白酒界的企业家、开拓者们要量力而行，一定要充分论证，规划好、设计好、建设好我们白酒行业的现代化企业。

五、地方政府大力支持，确定白酒产业为支柱产业

四川省委、省政府提出了“打造中国白酒金三角，建设长江上游名酒经济带，实现川酒千亿产业的规划”；山东省出台了《山东省白酒产业振兴和调整指导意见》；贵州省委、省政府规划2015年将茅台镇居民全部搬迁，给茅台酒生产创造更好的环境。

白酒支柱产业的确定，地方政府出台了一系列扶植白酒生产政策，有的省出台可用库存酒抵押贷款政策，其他如：征用土地政策、用水用电最低价格政策等，地方政府的大力支持给白酒业的快速发展创造了条件，我们一定要抓住机遇，真正把白酒产业做强做大，让我们的白酒品牌走向世界。

六、国家新税收政策对行业的影响

国家税总于2009年8月1日实行了《白酒消费税最低计税价格核定管理办法（试用）》对白酒生产企业和白酒市场产生了巨大震动，新的税收政策对行业影响表现如下：

1.市场情况

白酒新税政出台前，由于媒体积极宣传，部分生产企业控制供货，部分经销商“囤积居奇”，新税政出台后，白酒市场价格明显上涨，主要出现以下三个特点：高档酒涨幅明显高于低档酒，高档酒价涨幅在10%～20%，低端酒涨幅在3%～10%；流通环节顺势加价现象明显，出厂价没有调整，批发价格上调，随之零售价格更上一层楼；零售价格涨幅明显高于税负增幅。白酒市场价格的上涨，引起了国家领导人的关心，指示国家税总、财政部、发改委、商务部调查此事，提出解决办法及措施。

2.企业情况

新的税收政策出台后，白酒分会对部分企业进行调查：①全国白酒生产企业只有极少数进行价格调整；②大部分企业影响不大，因没有销售公司或在调整范围之内；③部分企业影响较大，甚至会出现第二次“五毛钱”现象；④高档酒比低档酒受影响大。

3.政策执行情况

现在有的省已经开始执行，山东全省核定年销售1000万以上企业全部执行65%；部分省根据地区、企业情况分别核定，执行70%的企业很少，而大部分省还未行动。

此次新税收政策的出台目的是加强税收监管，堵塞漏洞，增加国家财政收入。新的税收政策对行业有利的方面是：税管机构不但没有制止企业成立销售公司，反而以法规的形式认可了企业的销售公司；规定最高70%核定计税价格，也就是说企业还有30%的运作空间。

对于新税收政策出台，建议我们白酒生产企业加强与所在地方税政管理部门的沟通，争取多对行业支持。

以上是白酒行业新动态，加上我个人的一些分析，错误或不妥之处请大家指正，希望白酒界同仁借白酒发展的有利时机，解放思想、开拓进取，为我们白酒事业的辉煌努力奋斗。

积极应对金融危机 推动行业健康发展

中国酿酒工业协会副理事长兼秘书长 王琦

目前，金融危机已经是我们身边出现频率最高的一个词语。不同行业、不同人群受到金融危机的影响各有不同。中国酿酒行业作为一个传统行业，企业产品出口所占比率不大，未处于国际贸易与金融领域的最前线，但中国的酿酒行业已经受到了金融危机的影响，而不同酒种所受影响也各异。

啤酒与酒精行业受影响最大

目前，虽然尚未对整个行业所受冲击作出系统性分析，但从调研的大概情况来看，行业中受到金融危机影响最大的两个领域主要是啤酒行业与酒精行业，其他酒种受影响的主要是高档产品的销售。

啤酒行业目前面临进口啤酒大麦价格不断攀升，人工成本加大，包装材料以及水、电价格的提高等多种难题，企业整体成本支出加大。同时，啤酒行业自身对现代化程度要求高，资金流动性强，在金融危机到来后，企业的资金链势必受到影响，这都极大减缓了啤酒行业发展的速度。

曾有啤酒企业反映，由于受到金融危机、成本压力等各项因素影响，企业生产产品越多亏损越大，但如果减少产量，市场份额就可能被挤压，企业处于进退两难的境地。在这种情况下，很多啤酒企业不得不缩短了产品输出距离，以降低运输费用。

而酒精行业所受影响更为严重，加上之前国家针对酒精行业节能减排一系列工作的展开，目前，小酒精厂纷纷倒闭，很多大的酒精厂亏损加剧，行业发展受挫。酒精企业受到的影响，一方面源于金融危机的出现以及人民币汇率的变动，使酒精产品出口量降低；另一方面因国内酒精厂面对的下游企业，受到金融危机的影响纷纷倒闭，对酒精需求量下降，迫使酒精整体价格下降。

当前，酒精价格从原来的每吨5600元左右下调至4200元左右。虽然酒精原料价格从原来的每吨1700元左右降至1400元上下，但原料的降幅远远不能弥补酒精产品价格下降的幅度，因此，酒精企业承受着巨大压力。

高档产品受影响程度不一

从调研的情况来看，其他酒种整体所受影响多集中在高档产品上，但影响程度要视不同企业、不同情况，不能一概而论。

在酒水消费较大的北京、上海、广东等重点城市中，酒类企业的高档产品销售受到严重冲击，北京市场高档酒水消费降幅过半，上海下降了30%。广东虽然是酒水消费大省，但也是受到金融危机影响最为严重的省份之一，从对重点企业的调研发现，企业产品市场销量下降的幅度不同，受影响最小的企业其下降幅度也有5%，有的企业甚至出现负增长或亏损。

通过调查发现，金融危机爆发后，北京政府部门的招待经费缩减，企业商务招待费用缩水，茅台等高档酒水产品消费受到影响，很多之前市场上供不应求的高端产品开始出现库存；上海很多领域的洋酒消费被价格相对较低的国产酒取代；而广东的高档酒整体消费价格也随着金融危机的到来开始走低。

高档产品市场萎缩，主要因为高档消费人群受到金融危机影响相对更大，购买力的降低是导致酒水消费下降的直接原因。另外，餐饮、夜场等酒水消费场经营不景气，也对高档酒水消费造成了一定影响。

全行业应该积极应对

面对金融危机，全行业应该积极面对，做好应对工作。首先，要加强企业自身的细节管理，使内部整体运作更为规范，细节控制有利于减少不必要的企业支出；其次，要加强技术创新，提高资源的循环使用率；再次，要改造或淘汰落后设备，减少设备耗能，提高生产效率，进而降低人工使用成本；最后要提倡简易包装，减少包装材料费用。

目前，中国酿酒工业协会一直在为酿酒行业积极争取更多的政策支持，共涉及三方面内容：要求政府减免税收，尤其是要求政府恢复酒精的出口退税；完善行业标准，使酒类产品更好地与国际市场对接；要求政府资金支持酒类企业技术改造，主要是检测设备的升级改造以及增加原料检测设备等项目。

由于酿酒行业属于劳动密集型产业，甚至涉及三农问题，因此在金融危机到来时，国家应给予一定政策支持。协会也一直在与政府沟通，从协商改变啤酒原料进口国到争取政府支持引进行业尖端检测设备，增强食品安全检测的可实施性。同时，要努力完善行业标准，应对越来越严格的食品安全要求。我们的最终目的是为增加企业的抗风险能力，减轻部分企业的负担，帮助酒类企业渡过金融危机难关。

奥运促进啤酒行业稳步发展

中国酿酒工业协会副理事长 肖德润

激情、啤酒、奥运，这三个词似乎有着天然的联系，在奥运会举办前夕，中国啤酒行业正处于高速成长期和成熟期的临界点，而奥运会的成功举办使啤酒市场的竞争变得更加激烈。当然，不能不说，2008年奥运的来临也给啤酒企业带来了契机。

从2008年上半年整个啤酒行业发展情况，也就是5月份的统计数据来看，我国啤酒的总产量为1507.41万千升，同比增长6.64%；销售产值为425亿元，同比增长12.4%。几个啤酒生产大省，如河南、山东、江苏、湖北分别以26.94%、14.29%、14.09%、12.78%的同比速度增长。值得一提的是，四川虽受地震灾难的影响，但总产量仍在原来的基础上有一定的增长，增长幅度为18.5%，可见在受灾前，四川啤酒产量是相当可观的。中西部的增长速度明显，这与中西部啤酒生产总量的基数低有一定关系，但更主要的是近些年国家对中西部地区的大量投入，许多知名的啤酒企业纷纷在中西部建厂，提高了中西部地区的啤酒生产能力，另外，经济的发展，人民生活水平的提高，促进了人均啤酒消费量的增加。

稳定、健康、有序发展的行业趋势

从这种整体上升的态势中我们可以发现，2008年上半年我国啤酒行业呈现出了一些特点，这些特点包括：

第一，啤酒产量虽受原料涨价、冰雪、地震、气候雨水等自然灾害的影响，但总体产量仍稳步增长；

第二，啤酒的产品质量在逐渐提高。从质检总局的抽查结果来看，合格率高达99.8%，可见，企业更加注重食品的安全；

第三，产品的花色品种在不断更新，纯生、鲜啤和生啤是比较受欢迎的几个品种，是夏季的主打品种；

第四，集约化趋势明显，青啤、燕京、华润雪花等一线啤酒确定了主导地位，并进入国际先进行列；

第五，跨国啤酒巨头目前基本都已经进入中国，收购、兼并、重组仍在持续，企业纷纷在整合的基础上扩大规模。啤酒业进入到一个整合与扩张并举的阶段，扩建、新建将是行业发展的一个新特点。随着奥运的临近，啤酒行业又迎来一个巨大的发展机遇。

以奥运为契机，正面推动行业发展

奥运会，这是中国人民期盼多年的荣耀，对整个中国来说都具有重大的意义。这不仅是世界性的体育盛会，各国体育健儿能尽情发挥，更是涉及整个国家方方面面的整体格局，对各行各业多多少少都有一定的影响。而啤酒这个象征着运动、激情的行业也必然会乘着这股奥运旋风蒸蒸日上。很多啤酒企业都充分利用了这个有利的契机，成为奥运合作伙伴，还有一些企业也积极参与了奥运活动，这对带动我国啤酒消费的整体上升必然起到积极的作用。

借着这样良好的整体趋势，啤酒走进夏季的销售旺季，而奥运这场举世欢腾的体育赛事，势必对啤酒行业产生巨大的影响，这些影响主要反映在三个方面：

首先，能促进整个啤酒产品的销售。举行这样一场盛会，使各国来宾齐聚于此，必然能促进消费。

其次，可以扩大品牌的知名度和影响力。青岛、燕京等品牌成为奥运赞助商，不仅能在国内巩固其一线地位，借助这次世界性的体育赛事，也能让更多外国人知道我们的品牌。

最后，有助于企业长远的发展。以奥运为契机，提高质量，打出自己的品牌，营造良好的竞争环境，为企业长远发展打下坚实的基础。

事实上，奥运会“更高、更强、更快”的口号实质上同样适合于啤酒行业。“更高”可以理解为对我们啤酒行业提出高起点、高质量、高水平、高标准的要求。“更强”则需要我们向世界啤酒强国迈进，企业走向国际化。我国是一个啤酒生产大国，但还算不上是一个啤酒强国，从5月份统计的数据来看，我国啤酒的出口量仅9.5万千升，这虽然是一个不小的数量，但从总量来看还是一个比较小的比例。要想成为世界啤酒强国，我们需要输出自己的品牌，加大出口量，增加出口额度。现在一些企业采取在国外建厂的方式，直接向外输出，打开国外市场，从整体上提高企业素质。“更快”则涉及企业长远的发展规划，借助奥运，不少企业都制订了长期的发展计划，例如雪花投资了40亿港元，在2010年要达到1100万千升的产量；青岛啤酒融资15亿的债券，计划将产能提高200万千升；燕京融资18亿元人民币专门用于提高近100万千升的啤酒生产能力和15万吨的麦芽生产能力。

特殊的营销手段赢得立足市场的机会

啤酒行业的竞争可谓相当激烈，要在这样激烈的环境下脱颖而出，必须使用特殊的营销手段。

目前，随着市场经济不断完善，竞争日趋激烈，尤其在啤酒行业，价格上没有太大的差距，如何在消费者心目中提高品牌的认知度就成了竞争的关键。最基础的促销手段主要有降价、赠送、加大终端市场的投入。但更为重要的应该是情感的投入，使消费者对品牌产生浓厚的感情。这就需要企业具备强烈的社会责任，这已成为当今企业经营的重要组成部分。例如这次四川地震，很多啤酒企业都倾囊相助，勇于担当社会责任，这无形之中会在消费者中留下良好的口碑。另外，啤酒节的开展也能大力促进啤酒的销售，据统计，全国大大小小的啤酒节不下50个，可谓是遍地开花。

纵观当前啤酒行业，还存在很多问题需要尽快得到改善。首先，整个啤酒行业全体员工的素质有待提高，科技水平和专业技能还须加强。知识、技术在当今已经成为竞争的关键因素，行业想要发展就必须提高整个行业的技术水平。其次，在提高品牌的信誉度上还要加大力度。食品安全、卫生是企业信誉的重要保证，而保证产品质量更是至关重要。再次，还需要改善产品结构，增加中高档啤酒。啤酒一直走着大众消费的路线，价格低廉，这是整个社会的共识。中高档啤酒的稀缺不利于整个行业的和谐发展。2008年，随着北京奥运会的成功举办，中国啤酒工业的发展面临较好的市场前景，我们应抓住这个机遇，积极开拓市场，创造新的发展空间！

（本文转摘于《中国酒业》杂志《奥运促进啤酒行业稳步发展——访中国酿酒工业协会啤酒分会理事长肖德润》一文。）

国内葡萄酒企业应正确应对香港酒税下调

中华人民共和国商务部市场运行调节司 曲英

2008年末的金融危机加上香港酒税下调，一定程度加快了洋酒进入中国市场的脚步，国内葡萄酒企业应积极应对，根据宏观经济、政策环境，及时调整企业发展战略。

酒税下调的必然性

中国香港特区政府于2008年2月底宣布减免葡萄酒和啤酒的关税，为香港葡萄酒业的发展提供了良好的外部环境。减税目的是为了促进香港成为国际葡萄酒分销中心、集散地，带旺销售、仓储及拍卖三大行业，且惠及酒店、展览、餐厅、会议、物流等领域。香港特区政府对葡萄酒减税后，伦敦国际葡萄酒交易所也表示有望来港开业。

香港是典型的转口贸易地区，在整个亚洲葡萄酒市场中充当着主要的分销商角色，是亚洲葡萄酒发展最快的市场，每年的平均增长量保持在20%左右。作为亚太地区最重要的物流中转基地，香港依靠其出色的地理位置、便利的交通优势、良好的外部环境，势必成为以后各国葡萄酒出口商的一个登陆点，在未来的几年中，这个市场的竞争将越发激烈。

香港葡萄酒市场是各国葡萄酒出口商眼中的一块“跳板”。各国出口到香港的葡萄酒不仅满足香港本土消费者的需求，而且有相当多的一部分是销往我国大陆和台湾地区以及东南亚一带。

从往年的数据来看，香港大约有20%的进口葡萄酒流入中国大陆。2007年，经香港转运至内地的葡萄酒（主要是小包装）总量为9986千升，与2006年相比，增长了69.5%，占全国葡萄酒进口总量的23.6%。

香港的葡萄酒减税政策具有一定必然性

这个必然性的首要原因就是香港原来执行的葡萄酒酒税相比澳门较高，这种税差导致很多香港人到澳门去饮酒、品酒，对香港本地葡萄酒市场造成一定的挤压，而政府并未得到与高额酒税相应的税收。

另一方面，由于近年来国内葡萄酒市场消费增长较快，市场潜力巨大，香港特区政府希望通过减税手段，倚靠内地市场，大力发展转口贸易。而当地的葡萄酒行业协会也希望香港特区政府将香港建设成国际葡萄酒的分销中心（集散地），带旺销售、仓储及拍卖三大行业。

还有一个因素是，香港特区前任财政司司长唐英年个人的推动效应。作为一个葡萄酒爱好者，唐英年热衷于葡萄酒的收藏，并在国外多个国家兴建个人的收藏酒窖，因此，他本人也积极推动当地葡萄酒税下调工作的进行。

酒税调整对内地酒市的影响

随着香港特区政府一系列政策的落实，香港的减税政策对内地葡萄酒行业已经产生了三大方面的影响：

一是巨大的利差致使葡萄酒走私现象“抬头”。由于内地对进口瓶装葡萄酒征收的各税种税率在50%左右，加上各层经销商的利润，两地进口瓶装葡萄酒的终端消费价差在一倍左右。高额利差促使不法分子铤而走险，高档葡萄酒走私现象开始“抬头”。

二是对内地葡萄酒生产企业造成一定的冲击。由于香港特殊的地理位置，相对于其他国家，内地从香港进口葡萄酒非常方便，去香港消费葡萄酒成为一种新时尚。而内地葡萄酒生产企业的发展史较短，葡萄酒的性价比相对进口葡萄酒比较低，特别是中高端葡萄酒缺乏市场竞争力。

三是加剧酒类市场对高端葡萄酒的投资热情。由于内地葡萄酒高端市场存在较严重的炒作现象，近几年，法国五大酒庄的正副牌葡萄酒价格涨势迅猛，利润空间大。而作为新兴的葡萄酒市场，中国市场发育尚未成熟，香港与内地高端葡萄酒商品的巨大利差，很难避免消费市场对高端葡萄酒的追逐，造成高端葡萄酒消费进一步升温。

继香港特区推出减税政策后，中国澳门特区和新加坡也都在考虑减税，由于自身消费能力的局限，其最终目的是针对内地巨大葡萄酒消费市场，周边国家和地区的减税政策一旦实施，双方针对葡萄酒进出口的贸易谈判就无法避免。

目前，我国的酒水市场贸易逆差数额较大。据统计，2007年酒类商品出口额不到3亿美元，而进口额超过了8亿美元，加上我国下调了进口酒关税以及其他非关税壁垒等因素，未来几年里，洋酒或将对国内市场造成冲击，国内葡萄酒企业应及时掌握相关信息，知己知彼，并不断提高产品质量，加强品牌建设，才能保持葡萄酒行业的稳定持续发展。

酒类认证潜在价值凸显

中国食品发酵工业研究院副院长 张五九

“三鹿”事件对我国乳品行业以及整个食品行业都是一次大的地震。对于酿酒行业来说，首先应该明确的是，酒类产品大多只经过了一个酿造的过程，没有过多的加工环节。从其产品的自身特性来看，相对来说是一个安全系数比较高的产品。

对于酿酒企业来说，从“三鹿”事件可以看出，即使是国内大的知名企业，在管理方面也存在漏洞。要采用各种方法，通过各种途径提高酒企乃至整个酿酒行业的食品安全意识，防微杜渐，举一反三。

酒类产品质量等级认证提供给酒类企业一种公共规则，这种公共规则是建立在各个企业的经验基础之上的东西。企业的每一次认证过程，都是对其提高产品质量安全的一次洗礼、一次规范。通过采用公共规则，企业可以发现自己存在的某些问题，而某些小的缺陷就有可能引发大的问题。企业之间通过认证可以从细微之处逐渐完善、逐渐提高，避免“千里之堤，毁于蚁穴”的事件发生。

不久前，国家质检总局发出通知称，以后不再直接参与中国名牌的认定，这表明政府已经把中国名牌的认定以及相关的各种认证认可工作推向市场。今后中国名牌的认定以及各种认证认可工作将由有责任、有实力、具备相关素质的第三方机构来承担，这是国家认证认可制度的发展方向。

我从事食品科研，但同时也是一名普通消费者，从我个人的消费经验看，一般的消费者无从了解食品质量的好坏，需要借助一种专家系统或相关机构对产品质量优劣进行认定与认证，以此作为消费参考依据。这是一个必然的过程，也是现阶段我国的消费环境即初级市场经济阶段所决定的。这个专家系统就是产品质量认证。

酒类产品质量等级认证可以传递给消费者这样一些信息：产品是安全的、有保证的，产品质量是符合国家标准的。虽然不能百分之百地保证通过酒类认证的产品就绝对安全，但绝大部分通过认证的企业，在质量控制、质量管理、企业规模和档次等方面还是处于行业先进水平的，产品是安全的，质量是有保证的。

说到名牌的问题，酒类企业在品牌建设过程中质量认证具有怎样的潜在价值呢？很多人有这样的疑惑。

事实上，产品品牌的树立、推广、建设与维护绝非单纯依靠广告一蹴而就，品牌因素更多地体现在质量因素。借助第三方的认证认可，不断提高企业的质量水平、管理水平等综合实力，同时企业把这种认证通过认证标识以及不断推陈出新的广告宣传有效传递给消费者，此举可以更好地向消费者展示企业产品的品牌形象和内涵。所以质量认证既服务于消费者，又给企业提供了推广品牌、维护品牌和进一步发展的机会，它是企业品牌建设的重要因素之一，品牌建设离不开认证。

《食品安全法》是非常重要的一个法案，目前国家正在集各方面的智慧修改完善这部法规。食品安全对于食品生产整个系统来说是一个最基本的要求，《食品安全法》是基于国家标准而制定的保障整个食品安全的法案。而酒类认证规则是综合了各种标准并建立在各种标准之上的更优化的认证规则，它综合体现了危害分析与关键控制点（HACCP）、企业良好生产规范（GMP）、良好卫生规范（GHP）等认证规则原理，高于最基本的食品质量安全的要求。所以通过酒类产品质量认证就是对产品质量安全更加全面的认可，通过认证的产品在质量安全方面完全满足国家现有的质量标准。

酒类产品质量等级认证规则颁布实施已经3年有余，作为国家在食品行业推出的第一个质量认证规则，认监委、商务部对酒类认证工作的开展给予了巨大支持并寄予期望，认监委肯定会在今后的相关工作中给予采信，使满足认证要求的企业品牌能够突显出来，让消费者更多地知道并了解认证产品。

酒类认证在走向市场的同时，由相关第三方机构承担的认证本身也是一种品牌的建立过程，它需要认证机构去认真经营，并把工作做得更好。而经过市场及消费者的检验，通过权威的认证，体现在终端产品上的认证标识，将成为消费者选择购买产品的有效身份证。

加强酒类标准化体系建设

中国食品发酵工业研究院副院长 熊正河

我国传统酒种白酒、黄酒的历史、风格其实完全可以与国外酒种相媲美，但是其在国外市场的占有率却不是很高。这之间的差距其实与我国酒类产品对外宣传的力度和基础研究不到位有很大关系，因为这些问题的存在，导致国外消费者对我国酒文化不甚了解；加之不同国家人们的消费习惯不同，其对产品的认知度相对来说也比较低，因此，国际化进程也就变得相对缓慢起来。相比之下，我国的茶叶和蜂蜜国际化进程为酿酒产业提供了借鉴性思路，两者都加强了标准化基础研究，通过规范、健全、引导标准体系，维护了行业健康发展，将产业做强做大，扩大了市场占有率。由认可产品扩展到了认可标准，将标准推向了国际。

随着全球经济日趋一体化，国与国之间的经济交往和技术交流已经打破了原有的疆界，形成了全球范围的大生产和大流通，标准已经成为了一种世界通用的技术语言，能够更快地促进贸易自由化，消除国际贸易中的技术壁垒，促进产业国际化发展进程。我国加入WTO后，酿酒产业国际化进程中更应注重实施技术标准战略，加强酒类标准体系建设。

我国酿酒产业标准体系建设应从五方面进行：

一、坚持通过对标准的发言权争取到标准的制定权，通过制定权进而实现对该领域领导权的战略思想。

二、以筹建和发展全国酒类产业标准化技术委员会为契机，依托政府、行业协会、企业科研院所等社会资源，搭建酒类标准化技术平台，理顺标准制定沟通协调渠道，加强和完善标准为行业发展、品牌建设、技术创新、百姓消费和市场监管等服务功能。

三、加强酒类标准基础研究力度和投入，提高我国酒类标准技术水平，调整标准结构，优化标准体系，提高酿酒行业标准的总体质量，实现对酿酒标准化的良好技术支撑。

四、完善酿酒技术标准体系，注重基础研究管理和安全类标准研究与制定，实现与质量标准间的良好配套，加大清洁生产、分类、术语和分析方法等系列标准的研究。

五、积极跟踪分析国际标准或国外先进标准的发展动态，加强与国际标准化组织的联系，积极参与国际标准化工作，努力促进我国的标准化进程。

稳定和谐是白酒业发展的主旋律

中国酿酒工业协会白酒分会秘书长 赵建华

2008年我国白酒行业虽然受到了资本风波、四川汶川地震、金融危机的影响，但在2009年里，其发展仍将是稳步和谐向前。

白酒发展未遭遇危机瓶颈

由于白酒产品的差异性、消费的区域性、强势品牌的消费群体高忠诚度等特性，决定了2008年爆发的金融危机并不会对2009年的中国白酒业发展造成较大影响，更不会形成行业洗牌的波澜。不过，危机会促使高价产品回归理性。

金融危机波及全球，但它在短期内对中国白酒行业的影响不会太大。一方面，国家宏观调控发挥了积极作用，调整汇率、扩大内需等应对措施的及时跟进，把国际金融危机对中国经济的影响降低到最低限度，白酒消费受到的影响较小；另一方面，国内大中型白酒企业抗风险能力增强，一线企业在提高效率、降低能耗、严控细节、降低成本等方面已经取得了良好效果，加上消费者对酒类产品的特殊情感，消费习惯不易改变，一定程度上都降低了企业的经营风险。

白酒业确实面临着原料上涨、劳动成本升高、消费群体转移带来的区域市场销售缩水等问题，但金融危机带来的并不只有这些，为了摆脱困境，商家降价促销，维持现金流，并多持谨慎观望态度，不再盲目哄抬价格，一定程度上迫使高价产品回归理性。

事实上，白酒行业受金融危机影响最大的主要为高端产品，受消费者信心的影响，消费者购买能力下降，间接影响了高价酒的销售，个别强势品牌市场价格下降，一线品牌涨价频率变缓，中低档白酒产品开始走俏，区域品牌发展势头良好，部分缺少根基的买断品牌失去价格优势出现下滑。

表面上，金融危机的影响是直接导致白酒高价产品销售下滑和价格下跌，但其背后所受影响最大的是流通领域。以最近市场上茅台价格下调为例，其实生产企业的出厂价格没有任何波动，而是经销商在金融危机影响下，被迫降低流通环节的加价率所致，其受益人将是消费者，也有利于产品价格回归理性。

在2009年里，中低档产品非常受大众消费者的欢迎，白酒企业更加注重产品的性价比，而茅台、五粮液等强势品牌依然走俏，加之白酒出口量较少，受金融危机影响不大，以及大众对白酒消费的较高忠诚度，白酒行业整体发展走势仍旧坚挺。

白酒发展积极带动相关产业

白酒在中国有着特殊的消费地位，保证白酒行业的健康、持续发展，对国家、对社会、对企业、对广大消费者都有着深远的意义，而这种意义带来的积极影响，反过来也促进了白酒行业的向前发展。

白酒工业是国家和地方财政收入的重要来源。在全国各行各业中，酒和烟的税收是最高的，而在酒业中，白酒的税收率又远远超过其他酒种。无论是单位产值的创税率，还是绝对税金金额，白酒产业都具有较好的经济效益和巨大的市场前景，是国家重要的税收来源。近6年来，白酒累计为国家上缴税金388.96亿元，是啤酒的1.08倍，葡萄酒的14.79倍，黄酒的41.05倍。

同时，白酒产业与农业和农村经济有着密切的联系，对促进社会主义新农村建设意义重大。白酒行业属于传统的粮食深加工企业，所用原料大部分是高粱、玉米等口感差、人们不喜欢直接食用的品种，对于缓解政府储备费用、粮食企业储备困难、农民卖粮难及增收问题贡献重大。

白酒工业通过粮食深加工，一是拓宽了粮食市场需求渠道，提高了粮食价格，缓解了农民“卖粮难”的问题；二是将低附加值的初级农产品转化为高附加值的酒类产品，副产品又成为田间肥料和牲畜饲料的直接来源，促进了新农村经济建设；三是通过发展循环经济，可形成一条“农业—粮食—酿酒业—饲料业或肥料业—畜牧（饲养）业—农业”的良性生物循环链，必将进一步推进农业技术进步和农业循环经济的发展。

白酒工业的发展还有效地拉动了关联产业，有利于缩小城乡距离，推动东西部共同发展。白酒工业的发展涉及粮食种植业、生物技术业、印刷业、包装业、制瓶业、陶瓷业、纸箱业、机械行业、设计业、科研开发业、运输业、餐饮业等行业；下游促进有机肥料、有机饲料、昆虫活性蛋白及畜牧业发展。有利于形成以大带小、以工促农的产业链的形成。

白酒行业作为中国农产品加工工业中企业数量、品牌数量最多的行业，不但满足了人民不断增长的消费需求，为国家积累了大量的资金，还体现了中国文化，彰显了中国制造。中国白酒作为“国粹”，是具有自主知识产权的产业，应该加以继承保护和发扬光大。

宏观政策助推白酒业发展

近年来，中国酿酒工业协会在协助政府建立及调整白酒产业政策方面，做出了巨大贡献。

目前，白酒行业建立了生产准入体系，基本完成了白酒产品生产许可证发放审查工作；建立了流通准入体系，逐步完善了市场流通管理工作；建立了行业职业技能培训、鉴定体系，以促进人才队伍建设；引导企业注重技术人才培养，科学技术的进步也提升了白酒产品的质量水平。这些措施的实施都为白酒行业持续发展提供了保证。

在这些政策落实的过程中，还存在诸多不足，例如，无证小酒厂依然较多，从根本上实行生产准入管理制度的难度还很大；市场监管遭遇流通环节涉及范围广、经营人数多的瓶颈制约；酒类流通行业经营者持证上岗问题一直没有解决；国家层面对白酒科研投入严重不足。

对此，我认为国家应该制定和调整有利于白酒产业和谐发展的产业方针，进一步规范酒类流通环境，抑制无序竞争等现象。同时，我们一直与相关部门沟通，要求取消白酒消费税附加的“从量计税”部分，因其没有起到扶优限劣的作用，反而制约了名优酒厂的发展，并造成了国家税收流失。建议国家改善税收政策，建立公平税赋，加强征管力度。

针对白酒产业的未来发展目标，我们将继续引导行业建立健全、公平、有序的生产和流通秩序，促进行业全面、科学、协调、可持续发展，坚持正确的舆论导向，弘扬优秀的白酒文化，宣传推广具有自主知识产权的民族品牌，鼓励企业不断创新，加强监管力度，打击假冒伪劣，实施品牌战略。

在今后5～10年内，白酒年总产量将以5%～10%的幅度递增，年销售额将以10%～20%幅度递增，年创利税将以15%～20%幅度递增，中酒协将继续为白酒行业争取更多有利政策，进一步支持名优白酒企业，着力培养中国名牌和世界名牌，参与全球竞争，引导和鼓励企业走国际化道路，争取用30～50年的时间，使中国白酒成为世界的白酒，使中国白酒文化成为人类文明的重要组成部分。

白酒业科研和技术进步展望

中国酿酒工业协会白酒分会副秘书长 宋书玉

一、回顾新中国成立以来中国白酒科研和技术进步的发展

第一阶段是从新中国建立到20世纪60年代初期，由于当时的经济状况限定，国家粮食短缺，代用料酿酒占相当比例。由国家行业主管部门组织专家进行科研攻关。白酒业科研和技术进步的方向是以提高出酒率和消除酒的杂味为主。其中最著名的是烟台试点，金陵试点，周口试点，常德试点等。其中以烟台操作法最著名，并对白酒行业产生了深刻的影响。

第二阶段是60年代初期到70年代末期，这个时期同样是以提高白酒品质和出酒率为主旋律。这个阶段有几项代表性的成果，也是中国白酒取得长足进步的一个阶段。其一是由国家行业主管部门组织，我国著名酿酒专家周恒刚、秦含章领衔进行的茅台试点和汾酒试点。在酿酒菌种分离、传统白酒的香气成分刨析方面取得了突破，试点的科研成果对白酒行业产生了深远的影响。其二是液态法白酒方面，串蒸技术、勾兑技术的应用使液态法白酒同样取得了较大的进步。开创了中国普通白酒发展的局面。其三是麸曲法酿酒，将纯种微生物培养应用于中国白酒的传统工艺。其四是人工窖泥技术的应用，对于提高浓香型白酒的品质起到了积极作用。其五是以气相色谱为主的分析技术的应用，为白酒香型的划分奠定了基础。其六是低度白酒的问世，拉开了中国低度白酒的序幕。

第三阶段是从80年代初到90年代初，在中国白酒评优的高潮中，是白酒百花齐放的一个时期，是传统白酒质量飞跃提高的一个时期，也是中国传统白酒质量的一个成熟期。是各类传统工艺白酒科学总结的一个时期，也是由原来国家行业主管部门组织科研攻关转向由企业自主进行科研开发的一个阶段。是白酒由计划经济向市场经济积极转

变的一个时期，也是白酒市场化的初级阶段。并以浓香型白酒企业为龙头，在工艺技术、产品质量等方面取得了突破。这个阶段的代表性科研成果有：人工窖泥培养技术、计算机勾兑调味技术的开发，大量的先进分析设备、分析方法的应用，确定了许多定量分析数据，使白酒工艺过程和产品质量得以更有效地控制，采用生物技术使传统制曲工艺得到了长足的进步，开发新技术使低度白酒的生产更加成熟，等等。

第四阶段是90年代初到21世纪初，是新工艺白酒大展宏图的一个时期。它主要依托酒精行业的设备更新以及技术进步带来了酒精质量的大幅度提高。依托添加剂行业的设备更新、技术进步从而使添加剂质量大幅度提高。传统白酒在酿造工艺、勾调技术、分析技术、特殊工艺制作调味酒等方面的科研、技术创新全面提升。加之白酒行业的市场化的飞速发展，营销方式的创新，给新工艺白酒的发展创造了机遇。这个时期的代表性科研成果有：生化技术提高白酒质量的研究，白酒生产综合利用的研究，进一步提高白酒质量，长排发酵工艺特殊工艺的研究，白酒的微观形态物理化学特性的研究，白酒品评新方法的研究，白酒中更多的微量香味物质的定量分析技术的应用，等等。

今后我国白酒科研和技术进步会朝什么方向发展呢?显然有必要了解白酒科技进步的发展历程，了解目前白酒业的科研现状，以及国家产业政策。更重要的是人们日益增长的物质文化要求，尤其食品饮料行业面临的人们对健康和食品风味的要求越来越高。如何更好地满足消费者的需求是白酒企业科研和技术进步的核心。今后开发研究的主角会是酿酒企业和一些相关的专业院所，或者两者结合。下面就白酒科研和技术进步的发展提几点拙见共同探讨。

二、研究确立中国白酒健康卫生的理化标准

怎样才能有效地反映中国白酒的品质?其理化、卫生和感观标准更正确的描述是关键。也就是从安全卫生角度讲，怎样酿造出更安全的白酒?怎样的卫生指标能反映其安全性?从理化指标上讲，如何更准确地反映白酒的品质?进入市场经济后，由于国家行业主管部门的职能变化和国家产业政策的调整，由政府组织的科研和技术攻关已不可能。因此国家关于白酒的标准工作显然滞后。因此有实力的白酒企业开发研究新的白酒理化标准体系和卫生标准体系，更好地描述白酒的品质和安全性，一定会更好地满足消费者的需求。当然，这个体系要从原材料、工艺、产品等方面更宽阔和精确的理化指标以及卫生指标上具体显现。因此新的分析技术和检测方法的开发应用会得到快速发展，以及原料基地的建立、工艺技术的进一步规范也会快速发展。高端白酒方面，如何确定白酒的贮存期，如何确定是固态法白酒，是研究的焦点。因此相应的分析检测方法的研究开发有望突破，也必须突破，否则高端白酒按年份划价的方法必会受到质疑。

三、酿酒新原料的开发

随着我国经济的快速增长，尤其是农业的快速发展，酿酒原料会越来越丰富。在市场呼唤个性化白酒的今天，开发研究新的酿酒资源必然是创造白酒个性的核心要素之一。这其中会出现几种情形：一是应用改良的主要酿酒原料，例如甜高粱、甜玉米、新的小麦品种等。二是开发新的多粮工艺，会出现新的五粮、六粮，甚至更多。三是会出现水果和粮食混合为原料的工艺，会出现粮食、水果、鲜花等混合发酵新工艺。从而创造白酒新的个性风格。

四、蒸馏技术有待突破

传统的甑桶蒸馏技术多年来没有突破。现在多项研究已经证明白酒中一些重要香味物质的生成与蒸馏密切相关，有的甚至可以推断是蒸馏过程产生的。行业上在重视蒸馏的操作方面多于蒸馏设备的开发研究，因此开发研究新的蒸馏设备和新的蒸馏技术大有可为。

五、计算机集成制造技术有望出炉

计算机技术在白酒行业应用已久，代表性的有计算机勾兑、调味技术，酒库管理、计量、分析检测等。正因为有这些基础，加上近年来计算机技术的飞速发展，新工艺白酒的标准化进程加快。再者白酒批次间的稳定性一直都是白酒行业的困扰，如何稳定、提高白酒的质量是白酒行业的技术难题。因此将酒库管理、分析检测、勾兑调味、验酒评酒、输送掺兑通过网络实现互联并非难事。因此，建立计算机控制中心实现计算机集成制造，攻克白酒质量稳定的难题一定会实现。毋庸置疑，无论新工艺白酒还是传统工艺白酒制造，努力开发这项技术都将使企业实现整体技术的一次飞跃。因为实现这项技术对我们整体的技术要求之高，不言而喻。

六、新的多种复合香型白酒问世

创造白酒个性是现阶段白酒科研、技术进步的主旋律，多粮复合香型白酒的良好市场表现无疑是学习的榜样。同时应用复合香型打造个性也是一条捷径。因此采取多种香型白酒之间的复合研发新产品可能会出现一个高潮。更高明者甚至会将不同香型工艺白酒从设备到工艺多角度进行复合，创造出更加独特的酿酒新工艺。由此可能创造出极富个性的白酒新品。

七、传统技术创新仍有很大空间

白酒的传统技术的创新一直没有停止，相信在今后会不断地发展。比如先进的生物技术在制曲、发酵工艺上仍然大有文章可做。白酒贮存期提高酒质的研究，贮存容器对酒质变化的影响，勾兑调味技术的进一步提升，新的侧重于酒口味的评酒方法的研究，白酒生产综合利用的研究，长排和特殊工艺生产调味酒工艺技术的研究都有望更加深入。由此来提升传统工艺白酒的品质和巩固名优白酒的地位。

八、配制酒前景广阔

功能性的白酒源远流长，它一直随着社会经济文化的进步不断发展。始终没有成为市场的主流，但也始终没有退出舞台。不同时期市场上也始终不乏领军品牌。随着中国中药提纯技术的发展，功能因子和纯物质的作用不断得以揭密。由此开发功能性白酒的前景十分乐观。纯天然的香料资源、果汁资源同时为配制酒的感观质量提升创造了更好的机会，配制酒必将迎来一个百花齐放、百花争鸣的时代，各类技术创新会十分抢眼。

“兼收并蓄”才能做强做大

中国酿酒工业协会啤酒分会秘书长 何勇

近年来，作为世界第一啤酒消费大国，国内的啤酒市场竞争越发激烈。一方面，国内品牌诸如青岛、雪花、燕京等谋局全国市场；另一方面，百威、嘉士伯、朝日等国外品牌通过资本渗透并购本土品牌或品牌授权等方式，抢滩国内大中小城市，加大商超和夜场的铺货力度。由于啤酒市场竞争激烈，供过于求，行业利润率低，不少厂家纷纷推出系列新品，以高价位的新品占领高端市场。那么对于一个各地经济发展水平不平衡的消费大国，今后高端啤酒能否成为大众消费的主流？其实，只有“兼收并蓄”才能真正做强做大我国的啤酒产业。

得“大众”者得天下

中国市场地域经济发展不平衡，消费层次不等，很难从价位上对高端啤酒予以界定。据2008年国家统计局的初报显示，全国啤酒产量4103万千升，比2007年同期增长5.5%；行业统计啤酒产量为3856万千升，比上年微增0.8%，连续7年居世界首位。

总体而言，我国的啤酒行业呈现规模化、集约化发展态势。啤酒属于快消品，国内市场单位啤酒的利润率相对较低，啤酒行业最基础、最主要的利润来源于最广大的普通消费者，正可谓“得大众者得天下”。大众化产品是啤酒生产企业生存和发展的基础，也符合“以量取胜”的啤酒行业属性。

要想“得大众”，首先要了解大众化的需求。目前，啤酒原麦汁浓度逐渐降低、啤酒苦味减少、色泽降低。产品由传统的单一酒度向低度化发展，但是满足部分消费群体的中高酒度产品也不断涌向市场。例如，啤酒作为饮料酒的重要组成部分，口感、新鲜度和营养价值是消费者最为关注的。不少啤酒生产厂家相继推出了纯生系列产品，一些啤酒厂家用冷冻车将当日生产的新鲜啤酒运送至目标消费市场，以保证啤酒的新鲜度和纯正口感。另外，市场上出现了专门针对不胜酒力的消费者或女性等特定人群的无醇啤酒。

大众中标榜个性

以大众化的产品为利润基础，以个性化的产品作为提升品牌美誉度和增加企业利润的重要来源，两者相辅相成。

2008年，我国啤酒出口量为24.4万千升，比2007年增长18%，创历史新高。可以肯定地说，相当一部分国内啤酒生产企业具备的酿造技术、生产设备等丝毫不逊于国外啤酒企业。但是，百威、嘉士伯、科罗娜等历史悠久的国外品牌，凭借资金和营销手段，在全球各地市场进行品牌推广，在国内夜场及高档酒店等消费场所，国外品牌占据了一定比例。

一些国外消费者将啤酒作为饮料，生产企业针对不同的区域经济发展水平和消费习惯、人口结构、民族心理和文化构成等，生产不同度数、口感的产品，赋予相应品牌差异化的内涵，以此来达到提升品牌形象与满足大众化需求的效果。例如，SABMiller旗下的遍布世界各地的共100多家啤酒厂，总计150多个啤酒品牌，就是要深入各个消费层面，清除消费“死角”。

满足消费者的个性化需求：一方面，企业要根据消费者口味及消费习惯的变化，适时对产品结构做出相应调整，不断提高产品的科技含量和新品研发创新力度，推出特色产品。如今，PET瓶装啤酒受到较大关注，产品包装呈现小型化趋向；小型化的包装瓶技术指标更为严格，提高了酒瓶的耐压力、抗冲击力度、组成材料均匀度、美观度；另一方面，赋予产品特色的品牌诉求，满足目标消费群体的心理需求，使其对该品牌产生价值归属感。例如青岛啤酒推出的“奥古特”，从产品价值、身份价值、场合价值方面，立体化地向消费者传递高端化的产品形象。

目前，啤酒市场已不仅仅限于产品质量的单项竞争，而是技术、人才、营销及品牌等全方位的系统竞争。国内的啤酒生产企业在牢牢稳固国内市场的基础上，要大胆地走出去，尝试海外市场的运作方式和先进管理经验等，做到“兼收并蓄”，这样才能真正做强做大我国的啤酒产业。

中国葡萄酒产业问题和潜力并存

中国酿酒工业协会葡萄酒分会秘书长 王祖明

我国葡萄酒产业经过近些年的发展，无论是对葡萄酒的理解，还是管理、技术、装备水平和产品品质都上了一个台阶，有了很大的提高。但从国内外的现实情况对比来看，我国葡萄酒产业的发展到了新的关口，既有新的发展机遇，也将面临更高层面、更严峻的挑战。

我们更应清醒地看到产业发展中存在的问题，并努力去解决它，使我国的葡萄酒产业迈上新的台阶。我国葡萄酒产业面临的首要问题是葡萄酒产业管理缺位，这已经影响到了葡萄酒的产业发展。

葡萄酒作为食品曾归类于轻工部门管理，酿酒葡萄种植归类于农业部门或林业部门管理，这种管理模式所产生的影响一直延续至今。随着轻工部门的机构改革，葡萄酒产品不再由一个部门统一管理，而各产区酿酒葡萄的种植又分别属农业、林业等不同部门管理。产业管理的缺位，对全产业的产区区划、产业政策、科学研究等工作也产生了影响，这些问题制约了葡萄酒产业的发展。同样，这也造成酿酒葡萄的种植不能享受与其他农产品的同等优惠条件，也不能享受国家退耕还林的优惠政策，这样不利于酿酒葡萄种植和葡萄酒产业的发展。

酿酒葡萄品种单一，葡萄酒产品特色不突出也是我国葡萄酒行业普遍存在的问题。我国酿酒葡萄种植面积在最近10年左右时间，获得了较好的发展。但是，品种过于单一，红色品种中超过60%为赤霞珠，白色品种中超过70%为霞多丽，如此高度集中的单一品种，很难适应中国地域广阔、酿酒葡萄产区自然条件各不相同的生产局面，这也是造成原料质量低下，产区风格、特点不明显的主要原因。

另外，目前行业规范、标准还不能完全跟上发展的需要，其实GB15037—2006《葡萄酒》国家标准已对年份葡萄酒、品种葡萄酒和产地葡萄酒作了规定，但是由于相应规范的制定工作没有跟上，这类产品仍处于无法监督的状态。同样，在酿酒葡萄种植和品种等方面的规范工作，也跟不上行业快速发展的需要。

我国葡萄酒产业尽管存在着一些问题，但是仍然具有较大的发展潜力。从近几年国内葡萄酒生产及销售的增长态势，以及进口葡萄酒增长速度来看，我国葡萄酒的生产和消费已逐步进入快车道，产品产量和消费量的增长将继续保持现有的发展速度。金融危机虽然对葡萄酒产业产生了一定的影响，但从2009年第一季度和第二季度的情况来看，其影响在逐渐减小。随着经济的复苏，葡萄酒行业仍将恢复较快的增长速度。

从统计资料来看，这几年，在葡萄酒产量增长的同时，其他酒类也保持了增长的态势，这说明整个酒类市场都在扩大。而目前，我国葡萄酒的消费主要集中在沿海经济发达地区，随着葡萄酒产品的推广以及葡萄酒文化知识的普及，将有更多地区的消费者逐步接受葡萄酒产品，市场将进一步扩大。因此，要从各方面解决葡萄酒业发展的潜在危机，这样才能让葡萄酒行业发展得更加健康。

黄酒发展呈现四大趋势

中国酿酒工业协会黄酒分会秘书长 沈振昌

黄酒，这个独具中庸文化特性的中华最古老而传统的酒种，今天它虽没有像白酒那样张扬，啤酒那样显耀，也没有葡萄酒那样浪漫脱俗，但作为“国酒”，它温文尔雅，体现了中华文化的儒雅、大度、包容、关爱，更体现着一种健康和高雅，黄酒如国人一样中规中矩，脚踏实地一步一个脚印稳稳前进……它必定会实现由小到大、由弱到强的变革。

强与弱、大与小是相对的。黄酒在整个中国酒业中是一个弱势的小酒种，在整个中国酒中仅占5%左右。不但不能跟啤酒、白酒相比，其在国人中的影响也逊色不少，可谓“弱”、“小”。然而，在中国经济最发达地区之一的“长三角”江浙沪地区，黄酒却是强势酒种，无论是产销量、市场占有率，还是与人们的接触频率，在中国酒中均占绝对优势。每年有150万千升以上的黄酒在这里被消费掉，这里的民俗文化无不与黄酒有关。

我一直在思考：为什么这里的人们在饮酒时会把黄酒作为首选并厚爱有加？这固然与人们的生活习惯有关，但我更认为这与消费理念有关。

“长三角”在中国的历史上一直是一个比较富庶的地区，是历代朝廷的主要财政来源地，这里战争较少，老百姓安居乐业，过着比较富裕的生活，消费理念比较成熟，黄酒文化，黄酒温馨，黄酒保健，黄酒实在，人们对此深深了解。因此，上千年来，黄酒在这里一直兴盛(从家酿到作坊到工业化生产)，到现在，全国70%以上的黄酒产销量都在这里，在这里黄酒可谓是强势。

笔者认为：随着中国经济的快速发展，人们生活质量的不断提高，消费理念的不断成熟，具有中华特色、温文尔雅、健康实在的中国黄酒，必定会有更多的人们了解它，喜爱它。如果我们在中国酒市场中复制几个“长三角”，中国黄酒肯定会由小转大，由弱变强的，这种趋势目前已经初显端倪。

趋势之一：减少与增多并存

近来，笔者观察到一个新现象，在中国黄酒产销的成熟地区（特别是浙江），黄酒的生产企业数量在逐渐减少，而企业规模却在不断扩大，特别是黄酒的龙头骨干企业，产能不断扩大，如古越龙山、上海金枫与和酒、会稽山、塔牌、女儿红、沙洲优黄等，规模效益集中度越来越高，市场开拓能力和市场竞争力不断增强。而中小企业却逐渐地被兼并和淘汰。在黄酒的弱势地区、处女地，黄酒企业却在一个一个逐渐建立，它们或大或小，像星星之火不断点燃，企业数量逐渐增加——中国黄酒的区域在不断地向全国延伸，业外资本越来越关注黄酒的发展。

趋势之二：千姿百态，百花争艳

自传统绍兴黄酒进入餐饮及高端消费市场以后，上海海派黄酒和江苏清爽型黄酒迅速崛起；山东即墨老酒吹响了重振北方黄酒的号角。最近，福建的黄酒企业举起了发展闽派黄酒的大旗；湖南的黄酒企业叫响了振兴湘派黄酒的口号；安徽徽派黄酒利用地域优势，努力塑造徽派黄酒形象。黄酒呈现出“百花齐放、百家争鸣”的局面。

各地黄酒企业根据市场需求，开发不同风格、不同档次、不同包装的新产品，科技含量不断提升，使黄酒传统的更加经典，新型的更加时尚。这种“千姿百态、百花争艳”的新现象，吸引了更多的消费者，消费群体不断扩大，黄酒热正在悄悄地升温。

趋势之三：步入良性发展

从2003年以来，中国黄酒已经连续5年综合经济指标呈两位数递增。2009年上半年又呈良好发展态势，据对规模以上黄酒企业的统计数据显示：黄酒产量比2008年同期增长12.3%，工业总产值比2008年同期增长28.2%，销售收入比2008年同期增长28.3%，税金比2008年同期增长33.7%，利润比2008年同期增长47.8%。

上述数据说明，中国黄酒正在摆脱低价竞争的局面，逐步进入理性的、良性的发展阶段。

到目前为止，中国黄酒已有7个中国名牌、12个中国驰名商标。黄酒的主要品牌已向全国拓展和延伸，品牌优势越来越明显，规模效益初步显现。

趋势之四：向国际化饮料酒发展

黄酒作为世界三大古酒之一，是中华文化的载体。随着我国经济的发展，国家的强盛，国际地位的提升，国际影响力的增强，中华文化也会逐渐地影响世界，承载中华文化的中国黄酒，必定会像啤酒、葡萄酒一样成为国际性酒类饮料。

民族的必定是世界的，中国黄酒的醇香一定会飘香世界，中国黄酒的明天一定灿烂辉煌。

酒类认证——酿酒行业的准入证

中食联盟（北京）认证中心执行主任 张建忠

国内外食品安全及食品质量问题，已经引发我国政府、企业、消费者以及社会各界的高度关注。

规范行业生产秩序，从源头上确保食品安全和品质，控制假冒伪劣产品的泛滥，是确保公民身体健康的重要保障，也是从根本上解决酒类产品的卫生质量和安全问题，促进酿酒行业的持续发展。加强食品安全监管，是每次全国人大和政协会议重要议题，为了落实两会关于加强食品质量安全监管的精神，国家商务部和国家认监委组织有关部门和行业专家起草，并于2005年9月13日联合向社会推出，新中国成立以来我国第一部专门针对酒类产品的国家级认证法规——《中国食品质量认证实施规则——酒类》。

一、什么是酒类认证？

《中国食品质量认证实施规则—酒类》是我国政府颁布的第一部酿酒行业认证法规，它具有权威性、国际性、公正性；它参照了全球食品行动计划（GFSI）及欧盟国家食品生产商、大型零售商认可的认证标准，是酒类产品的HACCP认证，通过这项认证的酒类产品完全可以满足市场准入制度的要求。

认证规则的主要内容包括：

1. 认证规则主要是对认证受理、产品检验、检查和评定程序及管理等作出了规定

围绕酒类生产企业建立良好生产规范（GMP）、良好卫生规范（GHP）、危害分析与关键控制点（HACCP），并与产品的卫生、理化、感官等要求相结合，力求通过一次认证活动，对酒类生产质量保证能力及产品安全卫生质量水平作出全面评价。

2. 认证规则分为产品质量和企业质量保证能力要求两部分

产品质量标准以现行的国家标准为依据，明确了各酒种的理化、卫生、感官等级要求；企业质量保证能力要求参照了相关国家标准、GFSI——全球食品行动计划基准性标准有关内容，结合我国酒类企业实际情况而制定，内容包括对生产企业良好生产规范、良好卫生规范、危害分析与关键控制点应用的要求。

3. 增加了感观品评

感观品评主要是对酒的色、香、味、风格要求等进行品评，是国际通行的酒类质量评价方法，也是国家标准中酒类分级的主要依据。本规则参照国际酒类品评惯例，将品酒师的感观品评作为产品质量检验的组成部分，品酒师出具的品评报告作为认证产品检测结果的依据之一。

4. 认证规则名称

认证规则命名为“食品质量认证实施规则—酒类”。这样考虑，一是便于形成食品质量认证规则系列；二是为其他食品认证规则的出台留有接口。

5. 认证标志

酒类认证标志式样的设计思路是：第一，酒类标志分为三种图形，分别为“优级产品标志”、“一级产品标志”、“二级产品标志”，与国家标准中规定的“优级”、“一级”、“二级”产品相对应；第二，酒类标志图形力求与国家质检总局已发布的有机产品标志保持基本一致，以体现国家食品和农产品认证标志的整体一致性，便于提高食品和农产品认证标志的社会认知程度；第三，酒类标志图形中加注了“GMP”、“GMP＆HACCP”字符，主要从两方面考虑：一是中国酿酒工业协会多次就认证标志式样征求主要酒类企业意见，企业普遍赞成在认证标志中加注“GMP”、“HACCP”；二是参照美国SQF1000／2000认证（SQF标准是GFSI承认的标准之一）、泰国HACCP认证、中国台湾食品GMP认证的做法。

从以上这些我们可以发现，该认证规则的标准要求已明确了其具有国家权威性、国际性、专业性的特点。它的颁布实施是国家认监委落实国务院《关于加快食品安全信用体系建设的若干指导意见的通知》的重要举措。

推出酒类产品质量等级认证的主要目的是引导消费，规范酒类生产，进一步促进中国酒类行业质量安全水平的提高，创建中国酒类名牌产品和企业；行政许可法不允许政府再行开展评优活动，通过第三方认证的证实性结论对企业产品的质量、品质和安全作出评价，是符合国家标准的优级产品；同时政府通过认证对酒类行业进行监管。

国家商务部和国家认监委之所以选择在酒类行业率先开展认证，是因为酒类行业在技术、工艺、标准、法规等各方面比较成熟。酒作为高嗜好品，有广泛的社会基础，社会关注度高、影响大，作为一种特殊形式商品，需要政府对其生产和流通实行特殊管理。通过第三方认证全面提升管理，促进行业升级，推动产业整合，打造中国名牌，增强企业核心竞争力，通过第三方认证向社会表明企业产品质量是优级品质，是安全放心的酒类饮品。

2008年我国发生了震惊全国、全世界的乳品事件，酒类行业也出现了“亚硝酸盐”事件，上市酒类企业股票当天全部跌停。在此之后政府加大了监管力度，九部委联合打击非法添加物，国务院出台了《食品安全法》和《食品安全法实施条例》，进一步明确企业作为食品安全第一责任人的责任，强化事先预防和生产经营过程控制。酒类认证的内容正好符合国家《食品安全法》要求。

今后，在酒类行业开展产品认证将作为政府加强行业管理，加强食品安全监管的一种重要的管理模式，也成为企业推动行业进步，提升品牌竞争力的一种趋势。

二、酒类认证与其他认证不同之处主要体现在三个方面

1. 体现国家意志

在我国，通常认证只有国家认监委一个部门管理。酒类

产品等级认证规则很特别，《食品质量等级认证规则——酒类》是由负责国家酒类生产和流通管理的最高管理者——国家商务部和负责认证的最高管理机构国家认监委联合向社会推出，是食品行业目前唯一的国家级酒类产品认证法规。

商务部全面参与酒类认证，目的很明确，就是要通过认证加强酒类生产和流通管理（商务部是由原物资部、轻工部、商业部、经贸部、国家经贸委等部门改组而成，具有部分国务院的职能，其没有必要在认证上面挂一个虚名，没有意义），商务部要全面参与，体现国家意志，印章是国徽，代表国家；其他认证是由行业组织推出的一种概念，不是国家承认的认证，不代表政府，印章是五角星。食品认证规则包含所有的食品产品认证，在此范围之内未经批准出现的任何一个认证都是不合规的，如果有一天国家对这些概念进行整顿，会给企业带来负面影响。

虽然酒类认证是自愿性认证，但是企业参加认证需要省商务厅出具企业信誉证明意见，没有商务厅的信誉证明将不能获得认证证书，其他任何认证没有此项要求，其意义在于将认证企业纳入商务部酒类流通管理的名牌企业范围。

2.具有严肃性

国家对酒类产品认证机构审批非常严格，到目前为止，经国家商务部和国家认监委批准，可以开展酒类产品的认证机构只有中食联盟（北京）认证中心一家[原中酒联合（北京）质量认证中心]。此外，认证收费是由国家批准的，收费标准统一，收费发票号码在国家认监委备案。

3.已被政府活动采信

《中华人民共和国产品质量认证管理条例》（国务院令第83号令自1991年5月7日施行）第五条规定：获准认证的产品，除接受国家法律和行政法规规定的检查外，免于其他检查，并享有实行优质优价、优先推荐评为国优产品等国家规定的优惠。

首先，商务部把酒类产品认证结果，作为企业参加商务部组织的“中国名酒”评审的重要采信内容之一；获证企业名单和产品信息长期被列入国家商务部和国家认监委官方网站进行公示，这样大大提升了企业品牌的知名度和社会关注度（只有酒类认证获证信息可以同时在商务部和国家认监委网站进行公示，浏览国家商务部官方网站的人群都是素质非常高的政府官员、企业领导、职场白领和外籍人士。国家商务部和国家认监委网站是官方网站，不是商业网站，不是企业交钱就可以将获证信息进行公示，尤其商务部网站只有酒类获证企业在网站进行公示）。

国家商务部提出酒行业率先在食品领域开展质量安全认证工作，从源头上确保食品安全，是确保公民身体健康的重要保障，将继续在酒行业带头在食品行业中建立和完善溯源制度，开展信用评价活动。知假，认假，不买假；知优，认优，买国优，看认证标志进行选择将是今后的消费主题。

其次：获得了国务院清理整规办和国家国资委的支持。批准的行业信用等级也将酒类认证结论列入，作为参加活动的重要评审内容之一。

最后，还得到了国家认监委支持。国家认监委向全国发文，贯彻落实国务院有关要求，积极引导食品农产品认证舆论导向，将开展为期一年的“质量和安全年”系列宣传活动，推广中国食品质量认证标志，引导社会消费通过认证的消费产品和原料型产品（如酒精）。国家认监委专为酒类认证特别批准宣传海报和宣传册，其他认证没有此项待遇。

三、酒类认证的必要性

最近几年，酿酒行业发展势头良好，整体经济效益不断提高，对国家财政税收的贡献也越来越大。但由于酒类是一个特殊的行业，酒类商品是一个特殊的消费品，在完全市场经济中，不规范的现象比较多，有些社会团体和机构乱评比、乱发奖和证书，搞得企业两难，消费者也无所适从，结果令市场更乱。酒类行业如果想要正常发展，就需要国家出台相应的技术政策、行业政策、产业政策来扶持。如何才能从基础做起，这就需要一个统一的规范，大家共同去维护。唯有如此，行业才能健康发展，才能为企业提供一个良好的发展平台。国家认监委颁布实施《食品质量认证实施规则——酒类》，是由中国酿酒工业协会来主推酒类产品质量等级认证活动，其目的就是要通过产品认证，加快我国酒类产品与国际接轨的进程，科学引导消费；促进酒类行业质量安全水平的提高，规范企业在生产过程中的质量、卫生管控，为创建中国酒类名牌产品和企业提供保障；同时规范行业竞争秩序，创造良好的竞争环境。这也是中国酿酒工业协会一直以来都在孜孜努力的事情。

认证工作是关系行业未来发展的大事，它涉及企业的生产、加工、储藏、运输、市场监管等诸多方面，而其中的很多细节性工作非常专业，标准是与国际等量齐观的，要求非常严格。企业如果能够通过该项认证，就等于向消费者证明，你的产品是质量过关可以放心饮用的，同时也等于拿到了进军国际市场的通行证。所以中酿协希望企业能够重视，消费者能够认可，从而增强全社会对酿酒行业建立认证认可制度重要性的认识。

让贵州茅台酒飘香世界

——介绍中、低度贵州茅台酒

贵州茅台酒厂有限责任公司董事长、总工程师 季克良

我曾不止一次地听到过这样的话："贵州茅台酒确实是中国最好的白酒，就是度数高了点，酒量小的人喝起来，有点招不住……"

也许，他们并不知道，在贵州茅台酒系列中，就有品质品味和53%（vol）茅台酒风格一致，但酒度只为43%（vol）、38%（vol）、33%（vol）的贵州茅台酒。

俗话说，"要想知道梨子是什么样的滋味，就得亲口尝一尝"。我想，那些喜欢喝茅台酒，但酒量不太大的人，如有机会的话，不妨品尝一下这三种中、低度的贵州茅台酒。相信，你会从中获得审美价值的体验。

一、研制开发中、低度贵州茅台酒是为了与国际流行酒度标准接轨

从古至今，无论中外，在人们的生活中，白酒虽然不是必需的食品，但却是很多人享受生活情趣的喜好饮品。

逢年过节，阖家团圆；交友迎宾，礼尚往来——白酒，作为一种表征情感的"液体语言"，每每能在美酒热泪、断肠快语之间，交织和描绘出一幅幅色彩斑斓的祥和生活画卷。

然而，一个国家，一个民族，由于地理环境、物产资源、风俗人情、生活习性的千差万别，也使得不同国度、不同地区、不同民族之间，对白酒的色、香、味、格、度形成迥异不同的审美心理及审美价值观。

譬如：中国、韩国、日本等东方国家，以及包括前苏联在内的许多地区，在人们的饮酒意念里，所谓"传统名优白酒"，通常是指酒精浓度在55%（vol）左右的高度酒；而在欧美的很多国家里，"白酒"这个概念，即意味着是"烈性酒"。

所以，国际上对蒸馏酒的酒精浓度，有一个流行的标准惯例，即40%（vol）～43%（vol）。

贵州茅台酒在1915年举办的巴拿马万国博览会上，以香惊四座的惊艳表现，折服外国人，夺得金奖和荣获"世界名酒"的称号。事实说明，国际蒸馏酒业界对贵州茅台酒延袭历史形成的53%（vol）酒度，是高度认可，高度赞赏的。因为，这一酒度标准，正是贵州茅台酒卓越品质及独特的"复合型"香味香气风格得以形成和展现的重要源泉。

虽然，在中国传统名优白酒品牌中，贵州茅台酒是出口的国家和地区最广，创收外汇最多的民族优秀品牌之一，但是我们也看到，随着全球经济一体化的日益推进，企业及品牌之间的竞争正凸显出"国际化"的发展趋势。贵州茅台酒要顺应国际市场的需求，扩大市场，就必须在酒度上与国际流行的标准惯例接轨，改变酒度单一、品种单一的传统产品结构。

二、党和国家对研制开发中、低度贵州茅台酒始终给予高度重视和支持

在20世纪50至70年代前后，贵州茅台酒的出口，对国家的工业化建设具有十分重要的支持作用，每出口一吨茅台酒，可以从国外换回好几吨钢材或其他国家急需的物品。国家为了扩大贵州茅台酒的出口量，1984年，国家轻工部正式下达了低度贵州茅台酒的研制项目任务书。

当时，我作为这个项目的茅台酒厂的负责人，自始至终直接参与了所有技术路线、试验方案、工艺条件的制订及修改等方面的工作。

应当说，由于茅台酒厂具有生产环境、自然资源、酿造工艺、技术力量等方面的雄厚基础，经过方方面面的协同努力，只花一年多点的时间，就成功地研制出了39%（vol）的贵州茅台酒，并且先后于1986年的8月和9月间，顺利通过了省级、国家级的鉴定认证。

但是，因为当时的中央领导顾虑生产低度茅台酒有可能影响到53%（vol）茅台酒的"质量信誉"，产品的开发投产曾一度被搁置下来。

为此，我们在当时，曾经与贵州省轻纺工业科研所的

专家一道，到省委、省政府作了专题汇报。时任贵州省委书记的胡锦涛同志听取了我们的汇报，指示说：茅台酒厂与省科研单位研制开发低度茅台酒，发展方向是对的。只要低度茅台酒在产品质量和品味风格上，保持了高度茅台酒的风格要求，适应国际、国内市场的需求，就可以搞，不要放弃。

胡锦涛同志和省委、省政府的肯定和支持，使我们对研制开发中、低度贵州茅台酒，更加坚定了信心，鼓舞了我们继承创新的积极性，推动了工作的深入发展。

1990年夏天，我厂参加国家组织的贸易促销团赴韩国访问。在那里，我们了解到，按照国际流行酒度标准惯例生产的名优白酒，市场开发的空间很大。于是，我回到茅台后，便向企业及上级部门提出了研制开发43%（vol）贵州茅台酒投放国际市场的设想。结果，得到了贵州省委、省政府及有关部门的认可与大力支持。

因为我们此前在研制39%（vol）贵州茅台酒方面，已经积累了一些值得借鉴的成功经验，所以研制43%（vol）贵州茅台酒的工作进展比较顺利。到1991年11月，我们便获得了以七名国家级白酒评酒委员为主参与的对43%（vol）贵州茅台酒的省级鉴定。

专家们一致认为：43%（vol）贵州茅台酒，保持了贵州茅台酒的风格和特点，不仅加水、加冰不混浊，而且酒质更佳，适应国际市场低度化、高档次的需求，产品理化指标达到国家标准要求，同意投入批量生产。

可以这样说，国酒茅台研制开发的43%（vol）贵州茅台酒，以及后来定型生产的38%（vol）、33%（vol）贵州茅台酒，投入批量生产至今，在近20年的时间中，经过我们在生产、科研实践中的不断创新、改进、完善和升华，无论是品质还是品味风格，都已显得很成熟，很稳定。

如今，我们回过头去审视中、低度贵州茅台酒的研制开发，再放眼当今国内国际市场对贵州茅台酒需求的发展前景，深感这一在中国白酒领域的创新实践，“事半功倍”。通过在酒度上与国际流行的标准惯例接轨，大大加快了贵州茅台酒更加飘香世界的前进步伐。一方面，贵州茅台酒出口的国家和地区迅速扩展到160多个，数量也在逐年递增；另一方面，在国内，通过将中、低度茅台酒投放市场，既培育了新生一代的贵州茅台酒的消费群体，又扩大了市场需求。从而，也为国酒茅台的可持续发展奠定了更为厚实的基础。

三、中、低度茅台酒的品质品味风格一脉相承53%(vol)贵州茅台酒

我负责地告诉大家：43%（vol）、38%（vol）、33%（vol）贵州茅台酒与53%（vol）贵州茅台酒之间，只有酒精浓度标准的区分，而绝无品质品位风格的根本性差别，都是中国最好的酱香型高档白酒，是世界上最好的蒸馏酒。

我给中、低度贵州茅台酒做出以上审美价值的定位，既有自己从事茅台酒生产、科研工作40多年的经验总结及体会，也是依据科学分析检验结果得出的实事求是的判断。

“凡物各有先天，如人各有资禀。”中、低度贵州茅台酒之所以能够在品质品位风味方面，保持和体现53%（vol）贵州茅台酒的本质与特色，是因为它使用53%（vol）茅台酒作为基酒，通过科学、合理的降度、除杂、除浊、留香、增香等工艺手段融合而成。

舍此，它就不能成其为“名副其实”的中、低度贵州茅台酒！

根据科学检测分析表明，在中、低度贵州茅台酒的酒体中，与53%（vol）一样，含有有益人体健康的丰富多样的物质组分，正是如此多姿多彩的物质组分，使酒体及香味香气变得十分幽雅、细腻、协调、柔和、浓郁，并富含有益健康的营养成分和微量元素。其中，就有人体必需的18种氨基酸、多种维生素；天然酚类化合物及酸类物质的含有量，相当于其他蒸馏酒的3～4倍，等等。

总之，从品质属性方面讲，中、低度贵州茅台酒与53%（vol）贵州茅台酒，都属于拥有国家“绿色食品”、“有机食品”、“原产地域保护产品”三项认证的健康型白酒。

贵州茅台酒，是历史久远的人与自然和谐发展的结晶。贵州茅台酒历经漫长岁月的陶冶与修炼，之所以形成和沿袭53%（vol）这个酒精浓度标准，是因为这一传统的酒度非常科学、合理，是贵州茅台酒原始、古老、传统酿造工艺的“精髓”之一。这也是43%（vol）、38%（vol）、33%（vol）贵州茅台酒虽经加水降度，而品质品位风格依然魅力四射的源泉。

我国著名的科学家周光召说得好，“创新精神是科学精神的重要组成部分，继承也是科学精神的组成部分”。没有继承，就缺少厚积薄发创新发展的根基；而没有创新，继承便会变成一种沉重的“积压”，失去生命的活力。中、低度贵州茅台酒的诞生与成长，再一次印证了这个事物发展的客观真理。

十项调研推动国酒茅台科学发展上水平

贵州茅台酒厂有限责任公司党委书记、总经理、茅台酒股份有限公司董事长 袁仁国

在深入开展学习实践科学发展观活动之中，我填了一首《一剪梅•国酒茅台》：“茅台馨香醉万国，一瓮明珠，漫天春色。赤水碧波浪千叠，酒王擎柱，地灵人杰。金榜桂冠翩如蝶，扶摇直上，追日逐月。高处胜寒从头越，十项调研，再创伟业。”这首词体现了我对实践科学发展观的理解。树立科学发展观，需要有开放的眼光，全局的意识、统筹协调的观念，能跳出短期行为，顺应历史，符合自然规律和社会生态，给国酒员工带来福祉。

2009年，共和国即将迎来60华诞，改革开放30年绘就国酒伟业，历史的回声响彻“往事并不如烟”的黄钟大吕，以一种荡气回肠的力量，让我们与赤水深处的精神内涵进行了灵魂的对接。

茅台集团按照中央和贵州省委的要求，把加强党性修养和树立优良作风建设体现到深入调研和推进企业发展的实践中。公司党委成员坚持带头参加学习讨论、带头深入调研、带头查找突出问题、带头撰写分析检查报告，以务实的作风为党员干部职工做表率。班子成员在学习实践活动中，提出了十项调研报告，进一步推动国酒茅台科学发展、再创国酒事业更加灿烂辉煌

2009年1～7月，茅台集团白酒增长16.42%（其中茅台酒基酒产量同比增长22.67%），白酒销量同比增长7.11%（其中茅台酒销量同比增长9.71%）；销售收入（含税）78.79亿元，同比增长18.51%，实现利润同比增长20.42%，利税合计同比增长31.28%；上缴税金26.50亿元，同比增长9.86%，在国酒茅台更好更快发展上见到了新成效。

一、十项调研为国酒茅台科学发展提供可靠依据

胡锦涛总书记说：“树立和落实科学发展观，必须坚持理论和实际相结合，因地制宜，因时制宜地把科学发展观的要求贯穿于各方面的工作。”根据中央和贵州省委的安排部署，茅台集团列为学习实践科学发展观活动第二批成员单位。茅台集团从3月13日召开学习实践科学发展观活动动员大会以来，紧紧围绕“党员干部受教育、科学发展上水平、员工群众得实惠”的总要求，紧密结合公司生产经营和发展实际，创新提出了“发展壮企、改革促企、质量立企、管理固企、环境护企、科技兴企、人才强企、文化扬企、安全稳企、和谐旺企”十项调研课题，针对发展中的突出矛盾和问题，扎实有效地开展活动。

茅台集团党委针对企业“经济总量小，整体环境弱”的厂情，班子成员在深入学习实际调研的基础上形成了十项调研报告。可以这样认为，十项调研报告提出的“十个理念”是一个系统工程，相得益彰，优势互补。既具有科学发展观的理论色彩，又彰显出一种充满生命活力的科学发展实践特色：

1.发展壮企

茅台集团在党中央、国务院、贵州省委、省政府的关心支持下，经过公司全体员工的不懈努力，已连续实现10年的跨越式发展。在新的形势下，从宏观的角度和战略的高度出发，实现新的战略目标，坚持“一品为主，多品开发，继续做好酒的文章；一业为主，多种经营，理性拓展发展天地”的发展战略，进一步解放思想，更新观念，破除十种阻力，求真务实，坚持走茅台特色发展之路，发展酒业相关上游产业，开拓下游产业，以保护改善环境为着力点，提高企业文化软实力，建立起清晰明确的品牌战略，层次合理的品牌构架，主次分明的目标市场。通过促进子公司融资上市，参股控股其他上市公司、投资国债市场，投资能源资源，兼并其他酿酒企业低成本扩张等手段，努力打造以产品市场专业化整合、循环经济工业园区建设、产业资本运作平台等为主体的茅台控股集团。

2. 改革促企

改革是企业发展的动力，体制机制创新是发展的根本途径。公司以发展战略和核心理念为依据，通过深化企业内部改革，优化组织架构；通过精简机构，减少管理层级，提升决策和管理效率；不断深化人事制度改革，创新用人机制；完善公司中级管理人员管理、提拔及聘任办法；改革职称评聘办法，实行评聘两条线；探索员工技术成长通道的新路子，大量培养有理论懂技术的生产骨干。进一步深化分配制度改革，建立更加科学合理的薪酬体制和激励机制，以利调动全体员工的积极性，极大增强企业发展后劲，为企业战略实施提供有力保障。

3. 质量立企

“风来隔壁三家醉，雨过开瓶十里香。”作为世界三大蒸馏名酒之一的贵州茅台酒，之所以受到消费者如此的追捧，其重要因素之一就是其具有的卓越质量。国酒人始终把质量看作企业的生命线，坚持走质量效益型发展道路，树立起“以质求存，质量第一”的质量意识，把多种现代实用技术在传统工艺中充分应用，打造一支素质过硬的技术人才、检验人才队伍。在新的时期，公司结合生产、管理、工艺、技术标准体系的建立，管理体制机制等方面的实际情况，进一步完善人才激励机制，加强工艺管理和操作的规范及完善；进一步建立及规范质量、食品安全管理体系，为公司持速跨越式发展奠定了最为坚实的基础。

4. 管理固企

针对公司标准化管理、绩效管理、食品安全管理、人力资源管理、财务成本管理、市场营销管理、设备管理、安全管理、供应链管理、生产管理等生产经营管理活动的实际情况，进一步树立现代先进的管理理念，深化、细化卓越绩效管理，不断修订各岗位专项考核指标，不断改进和细化绩效考核，大力推广应用5S管理、六西格玛、精细化管理、敏捷型管理等先进的管理方法，加大信息化融入工业化的力度，明确了创新管理、创新体制机制的关键领域，拟订了机关实行大部门制、生产车间分片区管理的方案，进一步提升了生产、管理、营销水平，使公司生产经营管理更加科学化、现代化。

5. 环境护企

独特的佳酿工艺，依赖于赤水河和茅台镇，独特的地理生态环境，铸就了茅台的国色天香。国酒茅台坚持“在开发中保护，在保护中开发”的方针，从企业环境因素识别、控制到污染治理，不断形成了一套完整的管理制度。并进一步加强茅台酒原产地域及赤水河流域生态建设和环境保护，积极实践“生态立企”战略，服务国酒事业可持续发展。企业坚持打造良性循环经济，促进人与自然的和谐，实现全面、协调可持续发展。这是茅台集团发挥国企带头作用，履行社会责任，努力践行科学发展观的重要内容。

6. 科技兴企

提高自主创新能力，加快技术进步，这是时代的要求，是全面建设小康社会的一项政治任务，同时也是企业难得的一次发展机遇。公司进一步提高了科技创新水平，依托现有的科技项目，不断开拓新的研究方向；加大企业技术中心、贵州茅台酒（白酒）检测实验室等相关科技开发的投入力度；进一步规范和完善了企业技术标准体系，完成了贵州茅台酒和酱香型酒国家标准的制定：通过技术引进、消化吸收等方式掌握了一系列国际、国内先进技术，形成了行业领先的科技开发软硬件平台。在企业技术创新中，加快了工业化、信息化进程，不断探索循环经济建设的新路子。

7. 人才强企

人才资源已成为当今经济社会发展的第一资源，企业之间的竞争实质上是人才的竞争。这几年我们始终坚持“人才强企”战略，注重人才工作的组织领导，注重员工与公司同步发展，人力资源工作取得一定成绩。在学习实践科学发展观活动中，对公司组织机构设置与中级管理人员定编、业务技术领域人才管理、技术职称评聘管理、工资管理、员工教育培训教育中长期规划、创建茅台学院、技术技能人才返聘、师带徒活动的广泛开展八个方面，提出了具体措施与办法，为今后的人才管理和人力资源开发提供了决策依据和参考，以利于优秀员工脱颖而出，有利于关键岗位留住人才，真正让想干事的人有机会，能干事的人有平台，干成事的人有地位。

8. 文化扬企

国酒茅台的企业文化，尤其是价值观的启蒙具有较强的自觉性，走在了时代的前列。公司文化载体软件建设上也持续进步，并且取得了成效。目前公司文化载体包括《茅台酒报》、“国酒茅台电视台”、广播、“有限公司网站”、“股份公司网站”、“茅台党建网”、“国酒工运网”、“国酒青年网”、《世界之醉》书刊、《国酒书画》画刊、专业演出团队“艺术团”、“国酒文化研究会”等。公司着力增强文化软实力，发挥企业文化的载体功能，形成“大宣传、大文化”的工作格局，布置安排做好“三个一”工程，即拍摄一个宣传片，介绍茅台集团的基本情况和深厚的国酒文化底蕴；出版一本书，反映新中国成立60周年以来茅台集团发展的不平凡历程；拍摄一部电视剧，系统反映茅台百年老店的传统文化和发展史。

9. 安全稳企

近年来，食品安全问题日益成为一个全民关心、全球关注的重大问题。生产安全、放心的食品是企业的神圣职责。国酒茅台围绕食品安全、防火防爆、社会稳定、道路安全和廉洁从业五个方面，提出了相应的措施和对策。国酒人一如既往地追求产品的高质量，公司将严格遵守《中华人民共和国食品安全法》的要求，建立高标准的质量体系和检测体系，建立建全监管体系，为食品行业的健康有序发展起到榜样和示范作用。创造出更多更好的产品，让党和政府放心。同时，扎实抓好安全生产执法、安全生产能力、安全生产监管队伍“三项建设”，落实三级安全生产责任制，强化安全生产和职业安全健康监督管理，构建平安国酒。

10. 和谐旺企

茅台集团在跨越式发展的同时，在构建和谐企业方面作了很多探索，取得了较大的成绩。在学习实践科学发展观活动中，根据“企业与职工之间”、“企业内人与人之间”、“企业与社会之间”、“企业与周边自然环境之间”四个方面的和谐，对九个方面的22个具体问题，提出了工作实施对策。国酒茅台坚持“以人为本”，秉承“立足国酒，奉献社会，成就自我，完美人生”的价值观，凝聚各方力量构建和谐。国酒人把经销商、客户、供应商、消费者视为恩人和上帝，坚持“行动换取心动，超值体现价值”的服务理念强化服务工作，不断为顾客创造价值，实现“价值分享”。公司党委把加强党性党风建设与加强职业道德建设、积极履行社会责任有机结合，坚持工业反哺农业，凸显企业社会责任，彰显了国酒人强烈的社会责任感和无私情怀。

二、十项调研使国酒茅台呈现一派生机蓬勃景象

牛顿当年就说过：“我之所以做出了成就，是因为我站在前人的肩膀上。”

胡锦涛总书记在党的十七大报告中说：“要提高自主创新能力，建设创新型国家。”国家要创新，现代化的企业，更需要产生创新的动力和土壤。茅台集团在学习实践科学发展观活动中取得的十项调研报告成果，不仅是一种在思想观念、发展思路、企业管理、企业科技、企业文化上的系统理念创新，而且是一种确保学习实践科学发展观活动取得实效的可操作体系。

发展是人民群众的共同意志，是国酒茅台保持生机与活力的源泉。十项调研报告鲜明地贯穿了这个主题——“更加解放思想、锐意改革创新、更好更快发展，做强做久茅台”。为此，我们在实践中坚持做到了以下几点：

1. 立意要高远

茅台是中华人民共和国的国酒，也是我们国家少有的具有自主知识产权的民族品牌。茅台酒有2000多年的悠久历史。茅台酒是国内白酒行业唯一的集国家绿色食品、有机食品、原产地域保护产品认证于一身的健康食品。只有登上峰顶，才有眺望更高巅峰的宽阔视野和持续攀越的气魄。我们从不自满，更没有停滞不前，而是摒弃“小富即安，小胜即欢”的狭隘观念，登高望远，向高的发展目标发起新一轮的“冲刺”——这是茅台应对市场竞争中，巩固国酒地位，保持行业领先，实施全面协调可持续发展战略的需要。

2. 定位要准确

茅台酒作为中国的国酒，是悠久的历史铸造的，是独特的工艺酿制的，是厚重的文化铸造的，是历史功绩铸造的，是开国元勋钦点、历届领导推崇的，是人民群众公认的。茅台酒在政治、经济、军事、外交等方面都发挥着很大的作用，是外交酒、军酒、壮行酒、庆功酒等。“酿造高品位的生活”，不仅是国酒茅台的经营理念，同时也是国酒茅台的企业价值观。茅台将以向社会提供高质量的产品、奉献最优质的服务，创造最高的消费者价值作为企业的责任和使命。因此，茅台集团进一步完善了企业科学发展思路，明确了“做强做久茅台”的战略定位和“三步走、三跨越”的中长期发展目标：2010年集团公司销售收入达130亿元，2015年销售收入达260亿元，2020年销售收入达500亿元。

3. 措施要独到

茅台酒是人类社会发展进步的智慧结晶，是中国数千年酿造文明的瑰宝，也是中国民族工业率先走向世界的优秀品牌。结合实际，在战略上侧重于解决企业如何应对外部、行业、竞争三大环境变化，以及提高内部能力所需核心要素，站在企业发展战略的高度，确立“走新型工业化道路，做好酒的文章，走出酒的天地”的发展方向，我们致力于打

造“绿色茅台、人文茅台、科技茅台”，“世界上最好的蒸馏酒”。我们有责任把茅台这个民族品牌发扬光大，使股东得到更加丰厚的回报，使世界通过茅台对中国文化更加敬仰。

4.保障要强化

领导干部要成为科学发展的排头兵，必须在思想和工作作风上做到“四有”：一要有“爱”的意识，常怀敬畏和忧患之心，要热爱员工群众，经得起员工群众的评判，不以权谋私；二要有“快”的节奏，发扬立说立行、雷厉风行的工作作风，以时不我待、只争朝夕的紧迫感和危机感，以遇到困难不推诿、不等待，遇到机遇要抢时间、争速度、讲效率的精神加快发展；三要有“实”的作风，工作政绩从来不靠空谈，只靠实干。领导干部更要以身垂范，做实干的模范；四要有“学”的激情，“幼而学者，如日出之光；老而学者，如秉烛夜行”，不学习就没有开阔的视野、知识经验的储备、正确的决策。各级干部不论年龄、不论职务高低都要强化学习的能力，激发学习的激情，加快知识更新，优化知识结构，用知识的力量提高领导科学发展的能力。

茅台集团自开展十项调研活动以来，共召开公司级的座谈会40次、课题讨论50次，发放调查问卷1400余份，参加调研的公司及二级单位班子成员达220人，公司各基层党组织也纷纷开展了针对性较强的主题调研活动，公司各级领导班子确定的210个调研课题中，目前已基本完成。

茅台集团学习实践科学发展观活动得到了上级领导的高度评价——

4月14日，中央第五巡回检查组组长陈光林在听取公司汇报后指出：茅台学习实践科学发展观活动呈现出一派蓬勃生机的景象，有鲜明的特点。

5月23日，中央学习实践科学发展观活动办公室指导协调组三组组长孟凡良到茅台调研时指出：茅台学习实践科学发展观活动“特色突出”。

6月26日，贵州省委学习实践科学发展观活动第十七指导检查组组长李苏其在第二阶段工作交流研讨会上说：茅台集团积极开展“讲党性修养，树立良好作风，促科学发展”为主题的系列宣传教育活动，促进第二阶段的活动，落实科学发展观，同时还注意解决生产经营中的活动，调动了职工积极性，焕发企业的干劲，整个活动开展非常有特点和亮点，企业基本做到了“学有所教，老有所养，病有所医，劳有所得，住有所居，车有所停”，员工幸福指数进一步提高。

8月11日，贵州省委第十七指导检查组在遵义召开学习实践科学发展观活动第三阶段工作交流研讨会上，茅台集团从务求实效，“四下功夫”稳步推进整改落实；同心协力，“六项举措”确保企业持续发展两个方面对学习实践活动第三阶段工作做了交流发言，并得到了上级领导的充分肯定。

三、十项调研推进国酒茅台科学发展再上新台阶

俄国的列夫•托尔斯泰说：“给人的影响的理想，不是某个人捏造的幻想，而是每一个人在心灵中负载着的理想。只有这种充沛的无限完美的理想，才能影响人，激励他们付诸行动。”国酒茅台在连续10年跨越式发展、提前实现“百亿集团”目标后，从未松懈斗志，将深入学习科学发展观活动作为推进科学发展、实现新的历史跨越的契机，以强化科学发展意识为重点，提升科学发展能力为核心，推动科学发展为根本，把学习实践活动与“爱我茅台，为国争光”的企业精神相融合，十项调研更使国酒茅台科学发展熠熠生辉，炉火纯青。

党中央决定用一年半左右的时间，在全党分批开展深入学习实践科学发展观活动，这又一次难得的历史机遇，将把国酒茅台推向一个崭新的高度。

茅台集团党委、各成员单位在深入学习科学发展观的分析检查阶段，集团公司党委继续把学习调研和解放思想大讨论引向深入，着力推进思想大解放。通过召开征求意见座谈会、个别走访、设立意见箱、开通电子信箱等多种方式，共收集到意见建议900余条，梳理后有78条被采纳，将分解到相关部门落实。针对这些意见建议，公司党委先后5次召开专题会议，班子成员通过开展谈心交心、相互交换看法统一思想，明确了企业战略定位和国酒茅台的中长期发展目标，经过广泛深入的讨论，形成了上下共识，进一步激发了党员干部职工“做强做久茅台”的积极性和自觉性。

毛泽东同志曾经指出：政治路线确定之后，干部就是决定因素。国酒茅台要在“选人、育人、用人”上下工夫，牢固树立“以才兴企，人企共进”的人才观，建立合法良好的劳资关系及全面的社会保险和劳动保障体系；大力营造良好的员工学习成长环境，注重员工成长需求和个

性发展，拓宽干部员工成长的发展通道。

在市场经营中，国酒茅台创新地实践“八个营销”策略，保持了茅台酒良好的销售势头。5月4日，国酒茅台牵手上海世博会，成为上海世博会白酒行业唯一高级赞助商。6月3日，茅台与全球最大的干邑经营世家——法国卡慕酒业集团签署了第二阶段战略合作协议，加快海外战略合作步伐，成为中国首个进入全球免税市场的酒类品牌。6月2日，国酒茅台计划投资13亿元的“茅台循环经济科技示范园区”开工建设。

多年来，国酒茅台通过一系列的改革，营销管理体制机制更加灵活，打假保知工作不断拓展，系列酒经销方式进一步改革，把以前靠各省、市、自治区的糖酒公司单一的销售模式过渡到设立全国总经销，并把传统的销售模式向电子商务的应用推广转变，形成了独步中国白酒业界的“茅台模式”。如今，茅台全国经营客户已达1143家，并在国外数十个国家和地区建立了营销机构，销售片区也由最初的6个发展到28个。

2008年，集团公司实现销售收入（含税）107.73亿元、净利润27.34亿元、上缴税金41.4亿元，企业总资产达207.25亿元；分别为10年前的13.65倍、25.69倍、15.62倍、10.78倍。同时，茅台酒产量突破2万吨，提前两年实现了打造“销售百亿集团”的发展目标。2008年，在胡润中国品牌榜上，茅台以440亿元的品牌价值排名第九；在英国《金融时报》全球上市公司500强企业排行榜中，茅台列第363位，为全球饮料行业排名的第九位，是中国饮料行业唯一上榜的企业；在《福布斯》全球上市公司2000强（Forbes Global 2000）排行榜中，茅台较2007年再进608席列第1253位，在151家上榜的中国企业中，蝉联食品饮料企业第一名。

2008年，茅台的销售收入、净利润、利税、利润、上缴税金、股票市值等主要经济指标稳居同行业榜首，成为真正的行业排头兵，其股票市值接近其他白酒上市企业市值的总和。同时，茅台酒基酒产量也从1998年的5365吨、2003年的1万吨，发展到2008年的2.04万吨。

积极努力为促进社会和谐做贡献，2009年5月26日，国酒茅台首份社会责任报告在京发布，标志着国酒茅台企业社会责任工作进入了一个新的发展阶段。

面对金融危机，茅台集团在2009年初公开承诺：集团的核心企业有限公司和股份公司不裁员、不减薪，2010年还要面向社会招工。从6月6日起，招录1100多人（含140多名大学本科毕业生）的工作有序推进。公司还在内部建立起“困难员工补助基金”、“115国酒员工爱心基金”、“员工互助基金”、“有机高粱基地建设”、“党员互助基金”，积极开展“双万帮扶”、“党建扶贫”结对帮扶，号召各基层组织、生产班组以“城乡支部结对手挽手”、“春晖助学”、扶贫济困、捐资助学、到敬老院慰问、对有机高粱种植户进行技术培训、有机肥料和人畜饮水工程建设等为载体，广泛开展“四联四帮”活动，5月以来，仅公司基层组织自发开展的帮扶活动就有39次，捐款31.31万元。

从1998年以来，国酒茅台向贵州省困难企业送温暖，为残疾人保障基金、慈善总会、见义勇为基金捐款，开展党建扶贫、希望工程、春晖行动，支持社区建设、参与修建公路等共出资2.66亿元，支持社会文化体育事业和国防事业1.31亿元。

面对四川汶川特大地震灾害，国酒茅台第一时间向四川省省政府发去慰问信，并向灾区捐款500万元。同时，广大员工踊跃捐款300多万元，义务献血5488毫升，缴纳特殊党费、特别团费64.1687万元。迄今为止，国酒茅台已累计向灾区捐款3934万多元。2008年以来，公司还向省“送温暖基金”捐赠107万元，向贵州省慈善总会捐款343万元，出资150万元参与省国资委系统“慰问困难企业”。

据不完全统计，1998～2008年，国酒茅台各基层自发组织的扶贫济困、捐资助学献爱心活动就有678次，捐款金额达2160多万元。2005年，国酒茅台荣获“全国文明单位”殊荣。

长期以来，茅台集团坚持把提高员工的幸福指数作为一切工作的落脚点，让全体员工共享企业发展的丰硕成果。2008年，集团公司本部员工人均收入突破6万元，员工住房条件大大改善，员工拥有私家小轿车1600多辆。各子公司员工的福利待遇也有了较大幅度提高，其中，习酒公司员工收入10年增加了8.1倍。

“荷风送香气，竹露滴清响。”国酒事业崇高而神圣，前景光明而美好、责任重大而光荣。我们在唐代诗人孟浩然描述的这般诗情画意中，全体国酒人认真按照中央和贵州省委的要求开展学习实践活动；应对金融危机，切实做好“保增长、保稳定、保民生”工作；增强紧迫感责任感，以十项调研推进企业实现持续科学发展；为市场酿造出更多更好的美酒，为中华民族的优秀品牌更好地走向世界争取新的荣光；国酒茅台科学发展的百花园一定会异彩纷呈，无限风光！

中粮酒业葡萄酒全产业链经营发展实践

中粮酒业有限公司总经理 吴 飞

一、从葡萄园到餐桌，打造酒业王国

中粮酒业作为专业化、一体化酒类品牌运营商，从原料采购、生产销售、品牌推广、营销策划等各环节进行全产业链运营管理。旗下拥有三大葡萄酒生产企业“中国长城葡萄酒有限公司、中粮华夏长城葡萄酒有限公司、中粮长城葡萄酒（烟台）有限公司”及中粮君顶酒庄和长城桑干酒庄两大酒庄。主营产品长城葡萄酒市场综合占有率及出口量均居中国葡萄酒行业首位，持续引领产业升级与行业发展方向。

1.在多产地、多酒种的品牌战略中全速领跑

作为中国酒类国际贸易历史最长的企业，中粮酒业拥有国内其他酒类企业所不具备的国际化天赋。对中粮集团旗下所有酒类品牌实施国际化经营管理的过程中，中粮酒业在20世纪60年代最早成功地把青岛啤酒、古越龙山和塔牌绍兴黄酒打进国际主流市场，同时，把世界各地知名品牌洋酒陆续引进国内。

在与国际酒类巨头的竞争中，中粮酒业最先把握了世界葡萄酒的发展脉搏，为了使长期落后的本土葡萄酒与国际接轨，在20世纪70年代末创造了自主品牌——长城葡萄酒。分别在沙城、昌黎、烟台建立了全国最大的绿色葡萄名种基地，使中国最优秀的葡萄产区流淌出了长城美酒。在1979年建立了中国历史上第一个标准化酒庄“长城桑干酒庄”之后，相继酿造出轰动世界酒坛的国际标准中国第一瓶干白、第一瓶干红、第一瓶起泡葡萄酒，率先代表国产葡萄酒在世界斩获最高奖，引领着中国葡萄酒产业整体向世界高水平攀升。

20世纪90年代，一直奉行多品牌、多酒种战略的中粮酒业，又把世界三大古酒之一的绍兴黄酒纳入美酒版图。自从“绍兴鉴湖酒厂”这家老字号归入旗下，中粮绍兴酒从此踏上国际化发展快车道，黄中皇、孔乙己等主打品牌远销日本及欧洲市场。

进入21世纪，为了应对葡萄酒全球化竞争，中粮酒业投巨资建立了中国规模最大、最具东方神韵的中粮君顶酒庄，君顶酒庄以天人合一为理念，融合旧世界葡萄酒传统精湛技艺和新世界葡萄酒的现代酿酒科技，完美体现人与自然的和谐，成为东方葡萄酒的典范之作。

2.在全球化格局中确立长城葡萄酒的亚洲中心地位

20世纪70年代末，长城干白葡萄酒问世后，在中国引发了长达十年的长城干白热，长城干红葡萄酒诞生后又在90年代引发了长达十余年的干红热，这种品质魔力使中国葡萄酒的酿酒体系和市场选购标准从此以长城品牌为参照坐标。正如国际权威葡萄酒专家所说，新中国成立后长期使用的半汁葡萄酒标准拉大了与国际葡萄酒的距离，但“长城”出现后，使中国的葡萄酒业步入正轨化发展轨道，中国消费者开始像西方人一样喝到了与国际接轨的葡萄酒。

20世纪末，中粮酒业把长城葡萄酒定位为亚洲葡萄酒第一品牌，这一战略调整使其步入了大发展、大繁荣阶段。其产品结构形成了与国际分级标准相同步的特别珍藏级、珍藏级、特别精选级、高级精选级、精选级、日常餐酒级六大分级体系，满足了不同层面消费者的饮酒需求。市场占有率和产销量一直遥遥领先。2004年，长城品牌在中国葡萄酒界唯一跨入全球“21世纪奢华品牌榜”。2006年，又以125.87亿元的品牌价值居中国葡萄酒品牌第一强。2007年再次蝉联中国葡萄酒唯一标志性品牌。2008年，以北京奥运会独家正式用酒的美酒大使资格，陶醉了全球贵宾及450万五大洲宾客，不仅为奥运写下了浓墨重彩的一笔，也使自身圆上了世界名牌之梦。2009年长城品牌又成为2010年上海世博会唯一指定葡萄酒，成为当之无愧的奥运和世博会“双冠王”。

在国际酿酒师眼中，长城品牌是中国葡萄酒界的风向标。从“开山辟地第一庄”到“名种血统第一株”，从“蝉联标志性品牌”到“雄踞中国葡萄酒品牌价值第一强”，从“独家荣登21世纪奢华品牌榜”到“唯一入主洛

桑奥林匹克博物馆”，长城品牌因领引中国葡萄酒走向而成为世界葡萄酒版图上的中国坐标。

在政坛领袖眼中，长城品牌是中国一张最炫的名片。从担当法国总统访华及240个驻华使领馆国宴用酒，到担当北京奥运会葡萄酒独家供应商款待五大洲近百位各国元首和皇室成员，长城葡萄酒远远超出古代欧洲“皇家御用酒”的荣耀，当国际奥委会主席罗格在奥运盛宴上举杯称赞：“在长城酒中我品出了世界的味道”时，长城品牌的冠军品质被传递到世界的每个角落；在艺术大师眼中，长城品牌则是浓缩神奇自然和独具匠心的液态艺术品。从世界歌王多明戈、帕瓦罗蒂、戴玉强到音乐家谭盾、吕思清、刘欢，从导演冯小刚、张艺谋、张绍刚到影视明星葛优、梁朝伟、章子怡，无不与长城美酒结下不解之缘；在商界奇才眼中，长城品牌被视为新奢华主义的代表，从APEC论坛、博鳌亚洲论坛、达沃斯论坛到亚欧工商论坛，从胡润百富榜的财富巨子到独具慧眼的葡萄酒投资家，凝聚岁月的酒香成为各界领袖们把酒论道的最爱。

3.在开放多元中把世界名门佳酿共冶一炉

2009年6月，中粮酒业倾力打造的葡萄酒连锁旗舰店“中粮•名庄荟”落户上海，这座微缩的“名庄联合国”一展中外酒庄酒的所有芳华，不仅使此前在其他主流城市开设的“名庄荟”，在上海店的辐射下更加夺目，同时也使中粮酒业在长袖善舞中扩大战果。

中国葡萄酒市场有一个“悖论”，一方面，中国被视为全球葡萄酒市场中最具潜力的板块；另一方面进口葡萄酒长期处于零散化和低端化，难以形成多元化和国际化的整体高端竞争优势。金融危机暴发后，法国、南非、澳大利亚、阿根廷等国葡萄酒过剩，其输出价格降幅在8%～15%。

面对葡萄酒竞争的新拐点，中粮酒业依托自身强大的中国市场网络及全球葡萄酒资源，引进的全球名庄酒形成了开放多元的产品结构。仅中粮酒业发起成立的“世界名庄俱乐部”，便吸纳了12个国家、50个名庄的800多款葡萄酒。而中粮酒业遍布中国主流城市的金牌连锁店“名庄荟”，则汇集了四大洲、一百多个国家的数百种葡萄酒。

目前，中粮酒业的美酒王国中既有旧世界的经典，也有新世界的别致；既有皇家御用的西方传统酒香，也有陶醉北京奥运国宴的东方经典酒庄代表品牌君顶酒庄和长城桑干酒庄等名门佳酿。这种全时空高覆盖重磅出击，推动了高端葡萄酒营销由单边境外酒庄合作向多边全球酒庄整合转变，由单一型品牌向复合型品牌转变。

正如一些国际酒类运营商所言，“中粮酒业仅凭国内三大产区的长城葡萄酒，就已经在全球五分之一的消费市场上称雄，再加上中粮绍兴酒、境外产地葡萄酒及烈酒品牌等所占的各项市场份额，这个对手是不能轻视的”。

二、只有葡萄树壮，才有长城酒浓

中粮酒业认为，虽然葡萄酒被赋予了优雅、浪漫等酒文化内涵，但它的品质源头在大地、在葡萄树的年轮里。因此，在产业链中一直把葡萄基地管理视为酿酒流程中的重中之重。引名种、选产地，优化葡萄种植管理，以多种方式与果农共建基地，成为长城葡萄酒“赢在葡园”的有效举措。

1.精选三大黄金产地，引种国际酿酒葡萄名种第一株

国际酿酒师常说，葡萄品种是葡萄酒的灵魂。世界上葡萄品种虽然很多，但并不是每种葡萄都可以酿出上乘葡萄酒。为了解决中国酿酒葡萄品种老化的历史难题，改革开放后，中粮酒业首家相继引进赤霞珠、霞多丽、赛美荣、黑品诺等二十多个国际葡萄酿酒名种，其中赤霞珠被法国人誉为“唯一能进天堂供神用的葡萄”。与此同时，中粮酒业科学选择了沙城产区、昌黎产区和蓬莱产区，以求三大产区与葡萄名种生长习性之间相互匹配。这些产区均处在“国际与国际葡萄酒组织（OIV）”公认的北纬40度葡萄黄金生长带，土壤结构、光照时间、日夜温差及降雨量等自然条件营造了葡萄生长的乐园。如今，天生丽质的葡萄名种和几十年的葡萄树龄，已成为中粮酒业酿造世界级葡萄酒的原料优势，在全产业链中构成了“树壮酒浓”的关键一环。

2.成功探索出“四个统一”种植模式，开创葡萄基地规范化经营之先河

产地与葡萄名种是先天因素，如何保证先天优势转化为后天酿酒原料优势，是一个艰辛的探索过程。在中国许多葡萄酒产区，拥有葡萄名种和黄金产地而种不出好葡萄的现象并不少见。长城葡萄酒三大产区充分借鉴国际成功种植经验，把“统一规划、统一技术、统一种植、统一收购”作为葡萄基地的科学管理模式。统一规划主要是中粮酒业运用三大酿酒企业和三大酒庄的葡萄品种研发中心的科研优势，统一指导果农进行分区域、分品种种植。根据不同土壤结构种植相对应的葡萄品种。比如，背阳坡比较适合种植雷司令、霞多丽等低光照品种，而向阳坡则比较适合种植赤霞珠、西拉等强光照品种。统一技术是中

粮酒业为果农提供现场技术指导，进行定期监督检查，同时以多种方式对果农进行种植培训。酿酒葡萄对中国果农来说是一个新课题，过去祖辈种植的鲜食葡萄都以棚架为主，而酿酒葡萄则以垄架为主，中粮酒业逐步统一了果农的种植技术，转变了果农种植观念，保证葡萄各项酿酒指标符合酿酒标准。统一种植是为了保证葡萄品质的统一，在种植过程中，按照严格的标准对葡萄栽培方式、葡萄架的修剪、施肥多少等进行跟踪管理，根据基地的土壤和环境等因素来确定要种植的品种和数量，以及农药和肥料使用量。统一收购是酿酒师根据葡萄的成熟度以及所要酿造葡萄酒的风味，确定采摘时间，分区域进行采收。采收前根据葡萄成熟度进行取样检测化验，每一批葡萄原料进厂前，均需经过质检部门进行各项指标检验，从而最大限度地保障酿酒葡萄原料的精挑细选。

3.灵活运用土地政策，以多种合作形式实现果农与企业共赢

为了激发果农种植出优质酿酒葡萄的积极性，中粮酒业采用“公司+农户+基地+科技”的“新型订单”方式和“反租倒包”等多种途径对葡萄基地进行规模化管理。传统订单非常松散，你种你的，我收我的。品质好时我多收，品质不好我就走。果农担当的风险很大，存在一定的种植盲目性和随意性，同时葡萄酿酒企业原料的质量也无法保证。中粮酒业的新型订单是互助双赢的关系，在与葡萄果农签订收购协议的同时，酒厂给予果农一定的技术指导和资金支持，丰收的葡萄以质论价，基本全部由酒厂收购。仅以沙城产区为例，长城葡萄酒进驻之前，当地葡萄种植面积不足一万亩，经过30年的发展，中粮酒业给予果农多项贷款支持，同时从法国引进名种苗木一百万株，对怀来县土木镇11个村的1000多亩荒地进行综合开发，现已使当地专用酿酒葡萄基地面积迅速扩大到5万亩。而昌黎产区作为中国第一个干红葡萄酒基地，使得当地千万果农把葡萄树变成了摇钱树，纷纷走上脱贫致富之路，成为新型订单农业的最大受益者，进而也保证了葡萄酒品质的稳定优良。

“反租倒包”是对中国土地国有化政策的灵活运用，中粮酒业蓬莱产区把土地使用权从农户手中租赁过来后，原来农民手中分散的土地，可以连片种植，实行农场化管理，再将土地倒承包给农户，使农民转化为农业产业化工人，进而实现了酿酒葡萄的规范化、标准化种植。一位蓬莱产区的果农算了一笔账：“中粮酒业与我们签了三十年的长期合同，但这三十年的租金并不是一成不变，每三年就增长10%，这就超过了我们种植其他水果的收入，我们每亩地可得到750元的管理费，一个人至少可以管5亩，这样一年的收入就接近4000元，再加上平时的工资以及葡萄糖度每超过规定指标1度发给我们的额外奖励，一年就可以成为万元户。”

纵观长城三大产区，当地以长城品牌为引擎，葡萄种植已成为支柱产业，中粮酒业也由此成为农业部首批认定的农业产业化国家重点龙头企业。

三、因科技而浓郁，因创新而芬芳

葡萄原料的质量只代表葡萄酒的潜在品质，要把这种潜在品质转化为葡萄酒质量，就必须以各种生物、化学手段进行酿造。这些转化的技术控制和管理，就构成了葡萄酒的酿造工艺。因此，先进的工艺就是在原料质量良好的情况下，对等地将存在于原料中的内在质量，转化成酒中的完美品质，酿酒工艺是决定葡萄酒品质的重要一环。虽然不同原料、不同的葡萄酒种类所采取的工艺措施不同，但酿酒设备是否完善、性能是否领先直接反映了工艺是否科学合理和到位。

1.以国际尖端设备武装酿酒工艺

精良的设备是实现先进工艺的基础，是产品质量的保障。中粮酒业先后从德国、美国、法国、意大利引进发酵、陈酿、深层过滤、冷稳定、灌装等全套设备，同时拥有一大批国际先进水平的多通道自动分析仪、气象色谱、液相色谱等；大大提高企业的自检功能，也大大增强了产品市场竞争力。

中粮酒业昌黎产区生产厂率先引进了具有国际最先进的高科技环保型德国赛多利斯公司的卷式错流过滤设备，成为国内唯一一家拥有该先进设备的企业。这种工艺设备不仅降低了葡萄酒在处理过程中质量的损失和能源的损耗，也进一步提高了葡萄酒品质。同时，在原有设备的基础上，又先后引进了15000瓶/小时的全自动灌装生产线和速效冷冻机组等，最近又首家从美国引进葡萄酒分析检测仪，实现了生产程序智能化、控制系统自动化、计算机网络化。

中粮酒业沙城产区生产厂及长城桑干酒庄将引进设备与自主制造相结合，其发酵储酒罐的单体吨位和总体数量一直居同行业首位。其中自主研制的超薄大型白钢发酵罐制作技术获国家专利，在香港国际专利技术博览会上获得金奖。而在原料新鲜度控制上，沙城生产厂率先在怀来、

涿鹿两县重点酿酒葡萄种植区建立了八座具有现代化水平的葡萄发酵站，使采摘的葡萄按国际惯例五小时内实现近距离现采现榨，这种把发酵站建在葡萄园里的做法，保证了葡萄酒的新鲜度，避免果实糖分流失及氧化，提升了葡萄酒品质。

中粮酒业蓬莱产区生产厂及君顶酒庄采用从意大利进口的CIP无菌装瓶生产线，以及同清华大学共同研发的数字化酒庄系统。既走上了产学研相结合的酿酒之路，也使旧世界与新世界的传统与科技完美结合。

2.以欧洲古老陈酿传统保障产品的正宗风味

陈酿工艺是葡萄酿酒工艺中重要的一环。世界上名贵葡萄酒通常选用优质橡木桶作为陈酿容器，这样可以使葡萄酒溶解橡木桶所特有的香味物质，使酒香变得更富结构感和持久性。

中粮酒业酒窖总面积及橡木桶数量居世界同行之最。旗下三大生产厂都拥有自己的大规模酒窖，最具行业代表性的是昌黎产区华夏地下酒窖，它与世界最大的法国葡萄酒窖“拉费堡”比肩而立，通过1988年以来的连续六次扩建，总面积已达到1.9万余平方米，内置百年橡木桶1.7万个。而酒窖自身“以山为体、凿山而建、山窖合一、四季生凉”的天然结构独树一帜，奠定了它在世界酒窖中独特的地位。而沙城产区和蓬莱产区生产厂所建酒窖同样各具特色，继承了欧洲古老酿酒传统。

酒窖是葡萄转化成纯正葡萄酒的孵化器。酒窖标志着葡萄基地的成熟度，进而成为雄厚酿酒实力的象征。反过来说，如果拥有一流的产地、一流的品种，但是没有酒窖的庇护，成熟度再高的葡萄也无法发挥它先天的潜质，遇到再多的好年份也会让人遗憾。

2006年6月16日，OIV主席Reiner Wittkowski和总裁Federico Castellucci率考察团到长城葡萄酒的昌黎产区生产厂视察，对那里“葡萄基地化、基地良种化、良种区域化”的分级管理和“以产地化为根基，以民族化为灵魂”的酿酒模式给予了高度赞赏。OIV主席Reiner Wittkowski认为，“长城”选择坡地、山谷等独特地形地貌种植与土壤相匹配的国际葡萄名种，从源头上为葡萄酒的民族化和个性化奠定了基础。

当他们品饮曾获得布鲁塞尔国际评酒会特别金奖的华夏葡园A区干红、伦敦国际评酒会特别金奖的华夏葡园B区干红时， Reiner Wittkowski先生这样评价“华夏葡园小产区酒”：“一入口就知道这是一种传统方式酿造的葡萄酒，A区干红口感圆润，后韵绵长，而B区干红则层次丰富，口感柔和。”

6月17日，与OIV考察团同行的原亚洲葡萄酒业协会主席Robert Joseph专程到长城葡萄酒的怀涿盆地产区考察，作为国际著名评酒师，他品评了沙城长城的起泡葡萄酒、长相思干白、雷司令干白、五星级干红和琼瑶浆甜酒。Robert Joseph回味说：“我品出了源自天国的独特味道！”

3.以绿色产地酿造天然绿色食品

按照国际酿酒惯例，酿酒企业必须远离生活污染区和工业污染区。所以三大生产厂不仅远在市郊，而且坚持葡萄绿色种植及绿色酿酒。以雄厚的科研实力为消费者提供安全健康的产品。

2002年，昌黎产区生产厂获得国家AA级绿色食品标准证书，成为中国葡萄酒行业第一个AA级绿色食品品牌，标志着长城葡萄酒达到了国际最高标准——EU2092-91有机食品标准。2004年，中央电视台《每周质量报告》报道称：“衡量酿酒葡萄品质的一个重要标准是看含糖量的高低，为了保证酿酒葡萄的含糖量，中国葡萄酒技术规范中明确规定，酿酒葡萄的含糖量不能低于每升150克，而华夏葡萄园里的葡萄则达到每升197克以上，高于国家标准。另外，这家企业葡萄的种植管理极为严格，施肥主要以有机肥和农家肥为主，在病虫害防治上，则使用环保农药，以保证达到绿色食品的要求。”而在中粮酒业的其他两个产区，同样实现了绿色种植和绿色酿造的良性循环。

在此之前，OIV主席Reiner Wittkowski、总裁Federico Castellucci曾到长城葡萄酒的蓬莱葡萄海岸产区考察，对那里坚持葡萄国际标准化种植给予了肯定。通过前后两次对长城三大产地的考察，OIV认为，葡萄酒绿色产地化是国际化的最高表现形式，“长城”代表着中国这片土地上葡萄酒的风格。

四、从奥运到世博：唱响国际化营销主旋律

自中粮酒业成功以葡萄酒独家供应商的资格完成奥运营销之后，有评论家断言，“1988年汉城奥运会让世界记住了三星，2008年，北京奥运将使中粮酒业长城品牌加速国际化进程。”2009年，长城品牌又成为了2010年上海世博会唯一指定葡萄酒，再次唱响国际化营销的主旋律。回首中粮酒业的品牌营销历程，以国际领先营销理念打造市场网络、塑造国际品牌形象、储备酒文化软实力，是其贯穿始终的一条主线。

1.以“专业高效”为标准，强化市场网络建设

“依托强大的渠道网络销售自主和代理的酒类产品，成为中国酒类行业具有绝对领导地位的酒类品牌运营商。”是中粮酒业的战略定位，这一定位决定了市场营销策略是国际化布局与专业化营销并行，坚持自主品牌创新与引进国际知名品牌并重。在中粮酒业的同一平台上实现全球化的名酒荟萃，突出中西葡萄酒的各自特色，自主品牌与引进品牌优势互补，来自不同产区、不同风格的产品满足消费者日益增长的多元化需要，以此在市场上形成环环相扣的集群效应，给消费者带来真正的美酒享受。目前，长城品牌的酒庄酒、小产区酒等与全国酒屋连销专卖店中粮名庄荟彼此呼应，作为国内第一个高端综合服务品牌，中粮名庄荟销售的品种达200余款，涵盖四大洲、九个国家的酒庄酒，将来还将大幅增加品种。

面对庞大的全国市场，中粮酒业以科学的绩效考核衡量不同环节的责、权、利。制定公平、公开的游戏规则，实现各区域市场公平竞争，中粮酒业层面推行全国性统一销售策略，统一配制市场资源，组建专业化营销团队，各大区销售平台及区域经销商自觉进行市场诊断，主动与酒厂沟通产品类型，共同拓展市场。最后，通过提高市场占有率，实现企业、果农、经销商和消费者的“利益”最大化。由于不同的产品有不同的销售方式，同时，在全国市场上，不同区域之间也要按各自的特点主动出击，形成各有千秋的优势市场，做到规定动作不走样，自选动作有创新。

这期间，高效与专业是市场网络充满活力的灵魂，“高效”靠的是科学合理的激励机制，而“专业”则依靠人才的吸纳，经过近几年中粮酒业销售团队的人才储备和激励机制调整，市场销售一直沿着健康轨道运行。

2.以“推高拉低”为原则，强化品牌塑造

未来中粮酒业的发展走向将实现“从葡萄园到餐桌”整个产业链的有效协同和控制，在上游向葡萄果农提供全方位的技术服务和增产增收，下游则向消费者提供安全、健康、优质的葡萄酒。而市场销售作为中间的关键环节，承上启下，这一环节要依靠品牌来驱动，充分借助品牌的美誉度、忠诚度以及影响力和渗透力。为此，中粮酒业近年来集中精力塑造长城葡萄酒高端强势形象，以此为辐射，拉动中低端产品齐头并进。无论是过去三年的奥运营销，还是携手世博、上海艺术节、达沃斯论坛、博鳌亚洲论坛、APEC会议、财富全球CEO论坛等国际盛会，都是以长城为指定用酒这一载体发挥推动拉低的联动效应，表面上看，在长城六个等级产品结构中，一直以酒庄酒和小产区酒为相同的推广对象，但在统一的长城品牌平台上，其他等级的个性葡萄酒同样得到了市场认可。相同的长城，不同的风味，六个等级长城葡萄酒环环相扣。

对于中高档产品，中粮酒业首先开启小众营销，围绕高品位、高学位、高职位、高收入人群进行品牌关怀，注重体验营销，有针对性展开个性化、人性化品牌情感沟通，准确地使品牌文化与目标消费群所推崇的价值观念无缝对接。对于大众化产品，中粮酒业侧重趣味性的终端促销、联合促销、优惠促销，通过全国性的事件营销及大众化媒体组合普及葡萄酒知识和文化，在多层面互动中提升品牌亲和力。

3.以“品牌软实力”为核心，赢得葡萄酒文化主导权

葡萄酒是一种具有深厚文化底蕴的饮品，因此，欧美酒庄对自身文化积累不遗余力，玛歌酒庄因美国总统杰斐逊到访而扬名，木桐酒庄因毕加索创作的酒标而走俏。

面对中国葡萄酒文化长期断层的现实，中粮酒业认为，“未来葡萄酒竞争的焦点不仅是品质的竞争，更是酒文化的竞争，谁拥有自己的特色文化，谁就掌握了竞争的主导权”。经过奥运营销洗礼，长城品牌已成为“从万里长城到奥林匹亚”两大文化的缩影，其软实力集民族性与世界性于一身。此次赞助世博会，长城品牌表现出了极强的前瞻力和紧迫感，必将推动中国葡萄酒文化进驻世界中心领地。

世博会是透过一个国际性平台，记录参展品背后的社会文明与智慧，一些令人惊叹的新奇展品将会成为永久珍藏，这种珍藏恰恰是品牌文化的积累。在奥运盛会上，长城葡萄酒已成为全球第一瓶被瑞士洛桑奥林匹克博物馆永久收藏的酒中经典。而在世博会上，长城又将代表中国葡萄酒行业创造何种神话，令人充满期待。

此外，长城品牌牵手世博会，某种意义上讲可谓再续前缘。第一届真正意义上的世博会是1851年在伦敦举办的，伦敦由此被称为世博会摇篮。而长城葡萄酒同样是数年前在伦敦国际评酒会上一举成名，夺得第一块奖牌，实现了中国葡萄酒在国际酒坛上零的突破。二者相继发端于伦敦，使长城葡萄酒文化与世博会历史更具渊源。

正如那句著名的世博会格言所说，“一切始于世博会”。在体育界的奥林匹克赛场上，长城品牌出色地完成了款待世界的神圣使命。而今长城葡萄酒再披战袍，在世博会这场被称为经济、科技、文化界的奥林匹克盛会上必将再度演绎精彩传奇。

品质制胜是名优酒企市场决胜根本

四川剑南春股份有限公司董事长、总经理 乔天明

我们始终认为，无论市场环境发生了什么变化，企业的经营遭遇什么样的困难，坚守品质制胜，是企业诚信经营最根本的表现，是企业打造百年品牌，保持基业长青的基石。同时，坚持品质制胜，也是我们名酒企业坚持行业操守，践履名企责任，创造白酒未来的第一法宝。

白酒是民族的骄傲

中国的名优白酒是世界上最健康的酒品，同时也是我国目前硕果仅存的民族产业之一。

首先，白酒酿造工艺是世界上最先进的，名优白酒的品质也是世界上最好的。名优白酒的酿造工艺非常独特，不仅使用的原料与洋酒有很大区别，至今仍使用着有上千年历史的非常独特的纯粮固态发酵工艺。特别是对于酿造的生态环境、微生物群体生态群的构成，以及成品酒的质量甄选、储存，都有着高标准的要求。因此所酿出的白酒，酒体风味独特，内涵丰富，品质优良，堪称中华瑰宝，世界之最。

其次，中国白酒深深植根于中国历史的传统文化和现实的政治、经济和百姓生活当中，文化底蕴深厚，体系构成复杂。随着社会经济的快速发展和消费的不断升级，名优白酒在酒类市场消费中总的比重越来越大，越来越多的消费者把名优白酒作为宴饮、礼赠的首选上品。

再次，以“茅五剑”为代表的名优白酒企业方阵，是白酒走向国际市场、参与国际竞争的平台，“剑南春”作为其中的一员，能为民族产业走向世界做一点贡献，我们深感骄傲和自豪。

品质是企业经营的金钥匙

市场竞争的残酷性所决定，“剑南春”的成长，始终依赖于公司诚信为本、品质制胜的核心竞争力，但这种核心竞争力的打造，依赖于企业的经济效益给予的强大资金支撑，更依赖于“剑南春”员工的爱厂热情、实干拼搏和信心信念，合作伙伴以及各界朋友的关心、支持和信任。

“剑南春”目前市场绩效受损，但大家对“剑南春”的品牌和品质的认同和信任没有改变。为什么？因为诚信为本是企业经营最根本、最原则的东西。白酒，不管她附着的是文化还是历史，她最主要的，最终还是供消费者消费的物质的东西，而人们在消费的过程中，最终会趋向于对质量的选择。

过去，广告酒时代，消费者跟风，会跟着广告走；促销时代，消费者也会跟着促销的引导走。但是随着时间的推移，消费者会走向理性，会明白广告引导不可靠，其他的各种引导手段都不是为消费者负责的行为。只有过硬的产品质量才能赢得消费者的信任。所以最终的选择还要依赖于产品的质量。也有人讲，中国幅员辽阔，东西南北中，消费者的口味有区别，偏好也不同，但有一点是统一的，质量好的东西终是消费者信赖和热衷的商品，这一点，整个人类都是一样的。

“剑南春”在科技创新研发水平上处于行业前沿，“酒体风味设计学”、“白酒健康因子研究”、“年份酒挥发系数鉴定法”等科研成果对行业发展和产业升级都产生促进作用。在产品生产质控方面，“剑南春”也有独特的优势，“剑南春”的产能位列行业前茅，大量的优质基础酒为“剑南春”优中选优提供了强大的物质基础。更为重要的，“剑南春”有一支酿酒技艺高超，享有盛誉的人才队伍，为“剑南春”的品质持续提升，始终走在世界酿酒行业前列提供了根本的人才保障。

虽然“剑南春”在经营上遇到一些困难，在市场恢复期内可能会受到促销战、广告战等种种短期行为的诱惑，但是我们坚持“诚信经营、品质取胜”的基本原则不会改变，在坚持传统工艺的前提下，不断加强产品研发力度，我们始终坚持为消费者提供品质最好、价格最优的名优好酒，让消费者在消费过程中切身体验到“剑南春”金牌的品质和诚信。

开创清香汾酒大未来

山西杏花村汾酒集团有限责任公司董事长、总经理 李秋喜

对一个企业来讲，实现持续、快速、健康发展是永恒的追求。汾酒集团当然也不例外。由于企业自身所属性质的不同、行业所处的地位不同、经营管理状况的不同，以及所处区域环境综合因素上差异等，各个企业在每一个发展阶段，所制定的战略、目标、战术举措也各异。在当前竞争日益激烈的市场中，汾酒集团要实现更大的创新发展，开创清香汾酒的大未来，必须要立足本身优势，不断思考发展战略问题。

一、汾酒的历史地位及文化内涵

汾酒作为清香型白酒的领袖品牌和至尊代表，在中国酒文化的发展进程中曾谱写过无数次的辉煌，一贯引领着中国酒文化的发展方向。

1500年前的南北朝时期，汾酒作为宫廷御酒受到北齐武成帝的极度推崇，并载入二十四史；晚唐时期，大诗人杜牧一首脍炙人口的《清明》，更使得汾酒传唱千古；清朝乾隆年间，汾酒已经成为驰名天下的奢侈饮品、酒品至尊，并得到乾隆皇帝的御批。到了近代民国初期汾酒于1915年在巴拿马万国博览会上以唯一独立品牌，一举夺魁并名扬海外。

新中国成立后，一代又一代汾酒人不辱使命、不负众望、开拓创新，传承历史优秀文化，维护民族优秀品牌，汾酒先后五次、竹叶青酒先后三次被评为国家名酒，“杏花村”、“竹叶青”被授予中国驰名商标。如今，汾酒，怀健康饮酒之信念，秉清香千古之精神，开辟着新的航程与纪元，书写着新的传奇与辉煌。

二、当前白酒行业的发展态势

（1）白酒行业正面临着来自啤酒、葡萄酒、保健酒以及洋酒的严峻挑战；

（2）白酒行业竞争白热化正在升级；

（3）老百姓认可的名酒品牌越来越多，经销商、消费者选择空间不断加大；

（4）名酒企业营销模式逐步向科学化和区域化发展；

（5）名酒企业的营销团队逐步向管理型和服务型发展；

（6）名酒企业的发展速度在进一步加快，抢占市场、争取消费者的力度在进一步加大；

（7）开拓和占领国际市场正成为名酒企业发展战略的突出重点；

（8）各白酒企业多元化发展势头有所趋缓，主业兼并、收购和扩张的势头有所增加。

（9）目前名白酒企业发展迅猛，前四名白酒企业已将我们拉得越来越远，我们与其的差距越来越大，后几位的名酒企业包括二流酒企业已大有赶超之势。所以形势所迫，汾酒必须要有“小进则退”的危机意识，创新思维，加速发展。

三、汾酒集团加速赶超的比较优势

（1）悠久的历史和深厚的文化底蕴（文化优势）；

（2）与国际口味基本接近的香型且是清香型（香型优势）；

（3）绝大部分专家认可的质量优势；

（4）两个全国驰名商标的品牌优势；

（5）广阔的市场发展空间（市场优势）；

（6）一批总体上比较称职而又勇为事业贡献才智的技术干部队伍和管理团队（人才优势）；

（7）特别是拥有世代靠汾酒发展而赖以生存、爱厂如家的优秀员工队伍（情感优势）。

四、对战略组合的思考

1.品牌保护与发展战略

汾酒品牌是汾酒集团赖以生存和发展的基石。汾酒集团之所以取得现在的成就，归根结底是因为拥有这样一个优秀的品牌，其次才是汾酒人的智慧和努力。必须充分认识：对于所有汾酒者而言，维护汾酒品牌安全永远是第一位的，任何有悖于汾酒品牌声誉的言行，必须予以坚决遏

制和严厉打击，这没有商量余地。在此，我们汾酒集团也提醒劝告与汾酒合作的个别不守规矩、投机取巧的商户朋友，不要以一己之利、一时之利损害整体的利益，违约、违规、违法行为最终是要付出代价的。今后，汾酒集团公司将在政策上大力扶持倾斜信守承诺、守法经营、忠诚可靠的汾酒品牌合作者。

2.文化发展转化战略

汾酒文化独一无二、独占鳌头，可以说是汾酒的核心优势。但遗憾的是这种优势没有充分地发挥出来，说明汾酒集团在文化传播、文化营销方面的差距很大。有的企业没有文化、缺乏历史，却在编造文化、编造历史。本意上我们不想去评论他人的是非，但从事实上已经证明了一些企业的思维活跃，汾酒集团却保守陈旧，故步自封，这需要汾酒人去认真研究考虑。事实上，从内部来讲，汾酒企业文化建设成效突出，但是在经营实践中还没有对顾客的核心利益做出关键性的贡献，在竞争的差异化方面还没有表现出独特之处，在产品的创新上还没有体现出其延展性，在企业整体战略上还没有体现出其对目标的支撑力。这些方面都需要通过一定的方式去转化。

3.管理创新战略

管理是一项系统工程，因而管理创新是一项系统工程的创新，主要包括管理观念、管理制度、管理组织、管理文化、管理技术等方面的创新，它们构成一个有机统一的整体，我认为汾酒集团管理创新工作应主要通过以下途径来开展：一是以观念创新为先导，拓宽管理视野；二是以制度创新为基础，增强管理活力；三是以文化创新为灵魂，塑造管理特色；四是以组织创新为保障，优化管理模式，最大限度地发挥管理组织的效能；五是以技术创新为动力，提高管理效率。

五、基本规划与设想

从当前的形势上看，汾酒集团要在理性认识行业形势的基础上，将自身优势充分挖掘、集聚，形成合力，从公司的整体经营运作实际出发，按照国酒之源、清香之祖、文化之根的战略定位，用“清香汾酒、文化汾酒、绿色汾酒、安全汾酒”的经营理念，制定未来的发展战略。要奋起直追同行业中处于领先地位的企业，追赶、超越、领先他们，将清香文化、清香汾酒打造成优势品牌。

发展思想：

在整个汾酒集团运营和发展的过程中，首先一定要有“质量保证”，做老百姓放心和信任的产品，取得消费者信赖才能立足于市场不败之地。

其次，要管理创新，不能简单地停留在传统的管理模式上，要激活管理体制，大力发掘年轻有为的人才，积极培养青年管理干部，用新的思想和开阔的思维带动企业进一步发展。

继承发扬产品酿造的传统工艺，也要依靠科技的进步推进产品的研发和创新。酿造更加适合现代人口感的产品，用强有力的吸引力占据市场。

加强汾酒文化的传播，推广汾酒的文化内涵，让这个千年品牌拨开尘封的历史迷雾，继续散发她的夺目光彩。让消费者品尝到的不仅仅是美酒，还有那份深厚的历史底蕴。

发展目标：

汾酒要加快发展速度，在较短的时间内跻身白酒行业三强。在2015年，汾酒荣获巴拿马万国博览会金奖一百周年时，实现百年金奖，百亿汾酒的发展目标。

发展举措：

汾酒发展要坚持以酒业为本，做大做强主业。

扩大原酒产能，发挥规模优势。没有高质量的原酒生产基地，汾酒集团的发展无异于无源之水，无本之木。因此，要组织专门队伍，加快汾酒集中区的建设步伐，扩大原酒生产能力，加大投资省内白酒资源整合力度和技术改造力度，使汾酒的产能和贮能得到质和量的提升。

调整产品结构，做大主营业务。要确立普汾、特汾、杏花村、青花瓷、国藏产品塔型结构。推广保健酒，实现持续增长。对竹叶青酒的“营养、保健、绿色、环保”等理念和卖点进行设计、宣传，并大力推广。

配套体制机制措施：

1.提高办事效率，建立科学合理管理机制

重新整合和科学设置管理机构，在提高办事效率上下工夫，建立科学合理的管理、决策程序，把集团公司改造成一个投资公司、控股公司，集中精力进行企业发展战略的研究，理顺母子公司体制，明确职责，全力并进。

2.筹划集团整体上市

为有效解决集团内部同业竞争的问题，采取股份公司回购集团公司有效资产的方式，策划集团公司整体上市。同时，要实行股权激励，稳定管理层，吸引人才，提高企业效益。

3.股权多元化

在未来的发展中，强强联合是企业发展的必然趋势。引进战略投资者时，要特别注重引进在营销理念、营销管理、营销队伍、营销网络、拓展市场有丰富经验和实力的团队。

4. 转变管理职能，减少直接领导管理，激活层级管理机制

强化对基层的考核与服务，消除层次过多、职能交叉或空白、人员臃肿、权责脱节和多重领导的现象。进一步加大组织扁平化的改革，使得决策和服务尽量贴近市场，贴近生产一线。

5. 改进领导干部管理方式

按照“下放权力，明确职责，严格考核，奖罚分明，能上能下”的要求，建立责权利相统一的领导干部管理体制。

6. 整合营销资源，拓展国内外市场

蜕变营销机制，从四个转变做起：一是由品牌资源开发向品牌资源整合转变；二是由经营产品向经营品牌、经营文化转变；三是由品牌代理向区域代理转变；四是由调整产品结构向优化产品结构转变。

在市场的大潮中，任何困难都不能阻挡汾酒事业快速发展的铿锵步伐，任何挑战都动摇不了汾酒事业跨越发展的坚定信念。坚信，只要抓住汾酒的自身优势，不断开拓创新，汾酒事业的明天一定无限美好，汾酒佳酿定能飘香在未来的市场中永不退色！

励精图治 创想未来
团结奋进 共铸辉煌

中粮君顶酒庄有限公司总裁 陈云昌

2004年7月26日是一个特殊的日子，因为从那一天开始，君顶酒庄完成揭标，君顶便开始了开拓创新、努力进取的步伐，通过君顶人的共同努力，在南王山谷这片神奇的土地上，我们终于建成了目前亚洲最具规模、世界上最具创新意义与东方神韵的个性化酒庄，同时打造起并日臻完善集葡萄苗木研发、葡萄种植、顶级葡萄酒酿造、葡萄酒主题休闲旅游、葡萄酒文化推广、会所及专卖店经营等为一体的产业集群，这一切已经写入了中国葡萄酒产业的发展史。作为历史的创造者和见证人，我们有理由为之感到骄傲和自豪，这份荣耀不仅仅属于君顶酒庄，更属于君顶的每一位员工。

然而，总结历史的经验，任何一项伟大的事业，必须经过艰难困苦，没有艰难困苦和时间的磨炼，这个事业就不能称其为伟大。我们必须清醒地认识到，一切都只是君顶事业的开端，就好比万里长征刚刚迈出了第一步。作为一种全新的葡萄酒企业发展模式，君顶将要走过的是一条前无古人的道路，机遇与挑战同在，光荣与梦想共存。站在新的历史起点上，我们深知任重而道远。

君顶市场运营的正式启动，无论是在队伍建设、市场营销、企业管理，还是在生产技术、理顺关系、综合效益等方面我们都承受着巨大压力。万事开头难，良好的开端意味着成功的一半，我们必须有清晰的发展战略、目标以及怀有良好的希望，这样我们才能在未来的发展中走得更加稳妥，走得更加便利。

一、公司总体发展战略

（一）君顶酒庄的建设背景

在谈到公司总体发展战略以前，先要理解一下我们为什么要建设君顶酒庄，君顶酒庄为什么要建成目前这种模式，我们的出发点是什么。

1. 中国葡萄酒市场发展潜力巨大

2003年以来中国葡萄酒市场的发展开始提速，尤其是近年来，伴随着经济的高速发展和持续繁荣，整个中国在消费水平不断提高的同时，生活方式也在发生深刻的变化。葡萄酒作为一种高雅文化与现代生活完美结合的象征，为越来越多的消费者所接受，其市场正在以惊人的速度扩张，产销和进口量持续高速增长。2006年，我国葡萄

酒产量为49.51万吨，同比增长18.1%；2007年全国规模企业产量60余万吨，同比增长20%以上。

这组数字充分表明了中国的葡萄酒市场正在逐年快速递增，同时也验证了葡萄酒绝对是一个朝阳产业。随着经济社会的发展，人们对生活方式会有更新、更高的要求，葡萄酒的市场规模会越来越大。尤其是2008年北京奥运会之后，中国在国际地位、经济发达程度等方面已经达到了一个新的高度，中国的经济社会越来越与世界接轨、同步发展，而且中国人的生活方式也越来越变得国际化。这些因素使得中国葡萄酒市场在2008年后得到了更快更高的发展。

2.全球大部分葡萄酒生产国产量过剩

葡萄酒的酿造已有几千年的历史，经过几千年的发展，世界葡萄酒的生产和消费主要集中在欧洲和美国、智利、澳大利亚等国家。近代以来，由于市场的需求和技术的进步，这些国家葡萄酒产量增长速度非常快，逐渐超过了人口的自然增长速度。目前除美国外，全球主要葡萄酒产出国产量均远远过剩，过剩的葡萄酒必然要向具备购买能力的市场寻求转移。而中国由于国情、土地、自然环境等因素，酿酒能力不可能满足其市场的发展需求，在这种情况下，国际葡萄酒市场的转移目标必然是因改革开放而充满活力，经济持续、稳定、高速发展的中国。

3.抓住机遇，学习借鉴，寻求突破，创建君顶酒庄

纵观世界葡萄酒酿造史，东方葡萄酒是世界公认的葡萄酒源头。在全球葡萄酒版图的分布上，“东方”是指亚洲各国及非洲的埃及，而埃及恰恰是世界葡萄酒的发源地，无数次的考古发现都证明了这一点。但由于埃及、中国等东方葡萄酒在兴盛之后几经沉浮，欧美各国的后来者异军突起，形成了以法国、德国、意大利等国为代表的葡萄酒旧世界和以智利、美国、澳大利亚等国为代表的葡萄酒新世界，也常被国际葡萄酒界称为全球葡萄酒版图上的“两极”。

由于历史和文化的原因，中国葡萄酒和世界有几百年的差距，在世界葡萄酒业中处于非常尴尬的地位——边缘化。面对新时代中国葡萄酒市场高速发展的历史机遇，我们研究、借鉴新旧世界发展经验，与时俱进，结合自身综合资源优势，秉承“天人合一、技艺兼备、东西相融”的理念，勾画出君顶酒庄的宏伟蓝图，酿造具有东方神韵的葡萄酒，打造全新的企业发展模式和商业模式。

（二）君顶酒庄的战略意义

君顶的战略意义在于其打破了目前中国葡萄酒市场的竞争格局，塑造中国葡萄酒高端品牌；改变中国葡萄酒产品同质化格局，通过个性化高端产品塑造，抢占行业发展制高点；在面对日益国际化的中国葡萄酒市场，通过个性化高端品牌塑造，应对未来进口葡萄酒的市场竞争；通过复合型产业发展，提升企业综合竞争优势，创新葡萄酒企业发展模式；通过葡萄酒新文化的创造和高端品牌的塑造，拉长葡萄酒产业链，提高产品附加值，改变葡萄酒行业的盈利模式。

（三）企业发展规划

基于对君顶酒庄的建设背景、战略意义和企业定位分析，在总结君顶酒庄现有企业优势的基础上，我们科学、合理地制定君顶酒庄企业发展规划。

（1）以君顶酒庄现有优势资源为基础，加快关联产业的发展步伐，在蓬莱打造以葡萄酒文化为主题的复合型核心产业集群。

（2）依托君顶酒庄企业优势，创新市场营销商业模式，打造以全球葡萄酒品牌和产品为资源、以国内营销渠道为核心的资本运营平台。

二、2009年公司经营目标的实现

2009年我们在工程建设方面、基地建设方面、生产技术方面、旅游开发方面、后勤保障方面、市场营销方面、加速实施品牌战略、搞好渠道建设，迅速建设创新的营销网络、发挥企业优势，搞好酒庄直销、创新银企合作，突破期酒营销、完善个性化服务机制，不断扩大团购市场、丰富产品结构，扩大销售规模、整合名庄资源，做好进口酒的营销业务、建立完善激励机制，推行全员营销、君顶高尔夫经营等方面均取得不错的成绩。

在工作措施的方面，我们主要注重以下各方面的工作：

1.加强团队建设，海纳八方英才

企业只有一个真正的资源，那就是人。优秀的团队就是企业最大的财富。只有拥有一流的人才和团队，才能取得一流的业绩。

我们注重打造一支科学管理、勇于开拓、善于创新、团结高效的管理团队，同时也在打造一支恪尽职守、精通业务、勇挑重担、善于攻坚的员工队伍。

2.强化企业管理，完善组织架构

成功的企业最终都是主要用制度管人，不仅仅是人管人，是用目标管理，用绩效管理，而不是监督管理。组织的重要性在于：透过组织这种工具能够充分发挥人类的创造力。“组织的作用和目的就是使平凡的人做出不平凡的事。”因此，过去的一年里，我们不断完善组织架构，建立健全公司的各项规章制度，从粗放式管理逐步转向制度化、科学化、规范化管理，建立起职能清晰、分工明确的

组织架构，完善沟通顺畅、规范高效的业务流程。针对基地、生产、营销、旅游、会所、高尔夫、后勤七大板块的不同特点，制定相应的行之有效的绩效考核办法，有效规范各个岗位的经营行为和岗位责任，确保企业目标和员工利益达到和谐的统一，提高全体员工的工作积极性，真正达到管理的目的。

3.注重企业文化建设，逐步确立核心理念

企业文化是企业在生产经营实践中逐步形成的，为全体员工所认同并遵守的、带有本组织特点的使命、愿望、宗旨、精神、价值观和经营理念，以及这些理念在生产经营实践、管理制度、员工行为方式与企业对外形象的体现的总和。企业文化是企业的灵魂，是推动企业发展的不竭动力。我们的企业文化应该是能够把企业的目标和员工的个人利益及工作行动完美地融合在一起，形成一种有组织、有理想、有激情、有成效，既有统一意志，又有个人心情舒畅的大家庭的氛围。公司内外和谐，上下一心，目标一致，沟通顺畅，团结互助，充分调动每一个员工的积极性，这可能也是君顶顺利发展的原因之一吧。

4.加强班子建设，提高管理水平

毛泽东同志有一句名言："政治路线确定之后，干部就是决定的因素。"这句话对我们企业同样适用。制定战略固然重要，更重要的是有没有得力的干部来发挥决策、参谋、协调、指挥作用，从而带领整个团队去完成它。所以说，战略规划确定以后，公司领导班子和管理团队就是实现目标的关键因素。因此，过去的几年中，我们各级领导和管理人员，也在不断加强学习，解放思想，更新观念，不断提高综合素质和管理水平，用新思维、新方法、新手段解决发展中出现的问题。

三、追求理想，实现价值，携手共创美好明天

（一）理想是我们一生追求的目标

一个没有理想的人是没有灵魂的。君顶酒庄不仅承载着我个人一生的梦想和追求，也承载着100多年来中国葡萄酒人的奋斗目标——打造有中国特色的东方葡萄酒，谋得与新旧世界平等对话的资格，成为世界葡萄酒的第三极，希望这也成为所有君顶人的理想和追求。只有这样，君顶才能实现所有的目标。

（二）价值实现是我们一生追求的过程

人的价值从根本上说是人与社会的关系问题，任何人的价值都取决于自己在社会中的价值创造，不存在孤立的价值实现。歌德曾经说过："你若要喜爱你自己的价值，你就得给世界创造价值。"我认为，君顶的每一位员工都有着自己的理想和价值取向。因此，作为君顶的领导干部，适时地给予员工实现这些理想和价值取向的平台，这对君顶的发展至关重要。

我们时逢创新的时代，深感机遇和挑战并存；我们站在新的起点上，深知任重而道远。但作为一个君顶人，我们坚信，只要我们励精图治，必定可以赢得春华秋实；只要我们迎难而上，必将铸就事业辉煌。

奉献品牌价值和文化魅力

贵州茅台酒厂（集团）习酒有限责任公司董事长 刘自力

习酒公司加盟茅台集团整整十年了。对过去的十年岁月，习酒最大的收获、最深刻的变化是什么？习酒人可以当之无愧地说：我们改变了习酒发展的历史，同时也在这一进程中提升了自身的人格魅力。

习酒作为经济社会的一个"细胞"，在谋求生存发展模式的选择上固然不可规避市场竞争所带来的风险与挑战，但当年的习酒并没有因为一时的失利而沉沦。这其中最重要的一个主导因素，就是习酒人特有的奋发图强的本质精神激励了企业的凝聚力和创造力；同时，也鞭策着习酒人无论是在逆境中还是在顺境下，都能始终保持一种高度的危机意识、责任意识和使命意识，居安而不忘危，居危而思进取。

将今天的习酒与10年前的习酒比较，前进的步伐、发展的速度和质量都为过往岁月的任何时期所无可比拟的。2007年，习酒销售收入水平相当于加盟“茅台”之时的6.9倍，上缴税金、实现利润也分别获得了大幅度增长，企业员工人均收入现已为10年前的5倍还多；与此同时，习酒获得了中国驰名商标称号，习酒公司获得全国守合同重信用单位、通过纯粮固态发酵认证和出口食品卫生许可认证……

回首习酒持续高速增长的发展过程，总有许多经验和体会值得认真总结，但最根本的一条，亦如美国历史学家戴维•兰德斯所说：“如果经济发展给了我们什么启示，那就是文化乃是举足轻重的因素。”从这个意义上说，习酒的进步与发展，体现于习酒企业文化建设、企业价值观体系重构，以及习酒品牌打造、营销市场的方方面面，始终都贯穿着这样一条企业文化力提升的主线——将追求企业经济又好又快发展的着力点，从过去只局限于“把和竞争对手相似的运营活动做得好一些”，成功地转向了“以不同方式进行和竞争对手相似的运营活动的战略定位”。

知识经济时代，是品牌在创造最大价值：在人本驱动的经济社会，是消费者在发挥着决定性的影响作用。习酒在10年的中国白酒“诸侯纷起，群雄鼎立”的激烈角逐环境中，在中国白酒行业面临“国内竞争国际化，国际竞争国内化”的产业发展背景下，之所以能够走进消费者的生活，赢得市场，完全是因为，在习酒品牌价值释放的背后，企业团队已成功地修炼了一种独特的人文个性品格，并使之转化为一种品牌价值构成的核心元素。

也可以这样说，习酒历经十年精心锤炼而塑成的独树一帜的“黔派浓香”品牌，除了在物质文化具象范畴所体现出来的产品的高品质价值以外，还内含着习酒在企业文化、行为文化、精神文化的软性因素层面所构成的高品位品牌文化价值。习酒始终不渝贯彻执行的“无情不商，诚信为本”的经营理念，“学会感谢”的社会人文品格，实际上已成为习酒企业和品牌价值观体系的核心构成。它不仅仅局限于在物质层面向消费者奉献一种价值，同时也展示了习酒企业和品牌独具时代人文精神特征的“情商文化”。而这些，都通过饯行“亲商、扶商、富商、安商、乐商”的一系列举措，将习酒品牌的价值提升到了满足市场需求、提高顾客满意度、创造市场价值的新境界。

我国改革开放的日益深入发展，经济全球化步伐的强力推进，正在深刻地改变我们生活在这个时代的社会结构、组织结构、消费结构，以及传统供给与需求的经济模式价值，同时也将更为深刻地改变人们的消费理念和追求生活质量的标准。习酒自身要实现和谐，同时还要与企业价值链条上的经销商、供应商和谐，与市场需求和消费者和谐，与国家经济社会的发展和谐。这是习酒现在和未来发展的主旋律。因此，我们将会倍加努力地按照党的十七大提出的科学发展观，继续深入贯彻落实贵州省委、省政府关于振兴黔酒的发展战略思想，并与习酒品牌价值链条上的相关各方，共同架构资源共用、平台共筑、利益共享的“习酒和谐利益共同体”，争取为贵州实现历史性跨越式发展贡献企业自身的一切力量。

80%市场与20%利润的危机与愿景

广东顺德酒厂有限公司 梁任之

每一次登高，首先必然是一番经验与实力的盘点，每一轮梳理都在考量新的萌动。

2009年，中国酒坛风云际会，广东市场仍是大舞台上的和田碧玉，群雄相争。然而，广东地产酒在这场盛会中依然踏实而低调，以致拈起同行的流叹惋惜，或许这样的一个2009年，对于作为广东地产米酒产销量最大的广东顺德酒厂有限公司来说，有许多值得回眸考量的理由。

“广东无好酒”，是广东酿酒人的一个软肋，一个同行言来有感的话题，但物竞天择，存在即合理，作为占据城镇和农村80%市场份额的广东地产酒，她的存在自然有她或许强大的理由。从某种程度上说，广东酒厂的营销蜕变经历还体现着中国酒业厂商关系的嬗变，其战略定位也有特定的考虑，是在广东市场分羹的商家一脉承通的话题。今天，我们选取占据这80%中大半壁山河的广东顺德酒厂有限公司作管中窥豹，尝试从其中的发展嬗变寻找其辉煌与忧患的点点滴滴。

一、转捩与成功

20世纪90年代，在南中国一个名叫顺德的地方悄然掀起一场变革：政府痛下决心，对企业实行大刀阔斧的产权改革。自此，一批鼓起勇气吃螃蟹的企业率先踏上自主经营、自负盈亏的崭新征程，直面市场的考验。

广东顺德酒厂就是其中一个吃螃蟹者。从此，企业经营进入另一新局面。政企分家之前，政府计划生产，包揽销售，企业只管生产，基本没有明确经营销售理念，遑论市场营销推广概念。没有市场化的环境，没有市场竞争的压力，企业生产几乎没有任何主动性可言。投身市场的大浪中，企业首先要做的并不是生产产品，而是确定应该生产什么，产品怎么卖。由此，企业培养了业务员队伍，凭借原有的经销渠道发展了一些地区的经销商，从此拉开自主经营的序幕。一路走来，通货膨胀、税费改革、金融风暴……考验重重，但凭借一系列适时有力、目标明确、思路清晰的市场政策，顺德酒厂都一一挺了过来，并成功拉开了广东以至周边地区的一片“红色”潮流。事实证明，把握住时代主流，顺德酒厂这次吃螃蟹，吃出了好滋味，也吃出了深远意义，共同开启了民企在商业化时代举足轻重的一页。由厂家在各区域指派一名区域经理和一定数量的业务员作为贯彻市场政策的人员，指导、协助经销商开拓、维护市场等的模式，也仍然是今天厂商之间一种主要的合作模式。

进入市场经济后的企业和经销商群体也在随着商业化的进程而成长，从零售贩卖、批发，一个月卖一百几十件产品，到代理经销及品牌运营，运作资本不可同日而语，成为企业在一方市场的运营家。

踏入21世纪，尤其是近几年资本角力下各线品牌各显神通，作为企业，已不仅仅是一场场无硝烟的战争的幕后推手，转而需要高屋建瓴，思考如何让企业和经销商双方能在合作中实现共赢，获取持续赢利的能力。要实现厂商之间彼此战略、目标、思路的一致，成为真正的战略性伙伴，这过程中除了必要的利益共通，最关键一点就是建立高度诚信，彼此都把对方放在第一位。一直以来，顺德酒厂对经过甄选的合作伙伴给予郑重的承诺，只要认真做市场，必定有回报。并对经销商给予大力支持，协助其建立业务团队，对各地经销商进行定期拜访，持续铺市，跟踪回访，由此也使得各地经销商尽心尽力做市场，使得顺德酒厂的“红荔”牌系列酒品在广东以至海南、江西、港澳一带稳脚生根，赢得长期忠诚的客源。

二、80%市场与20%利润

2008年，中国酒协走访广东酒厂的过程中，广东顺德酒厂有限公司总经理杨振海曾经一语中的概括了广东地产酒的现状：产量大，产值小，纳税多，利润少。

由于广东地产酒的目标市场定在广大城镇和农村，传统销售价格一直较低，因此，他们占据了全省乃至周边地区80%的城镇和农村市场，但只获取了当中整个白酒消费市场不到20%的利润。在资本、利润唯上的商业社会，这无疑是有遗憾甚至是有缺陷的。然而，这其中我们仍不得不信服这样一个事实：即便利润算不上强大，生存空间却相对广大而且稳定，那80%的城镇和农村市场成为广东地产酒一个坚强的后盾。一如广东顺德酒厂有限公司，多年来的发展一直紧贴城镇和农村消费的进步，培养、引领其饮酒口味和习惯。在许多地方，“红荔牌红米酒”之于农家饭桌，一如“茅五剑”之于高级宴会，是顾客对品牌、对企业忠诚的选择。至此，我们也就无怪乎该公司在奠定产销基础后，实现连续五年每年销量增幅1万吨的强势发展，也就无怪乎“中国驰名商标”属于“红荔”牌。我们有理由相信，当这80%的城镇和农村市场经济逐步发展，百姓生活水平稳步上扬，“红荔”系列酒品也能陪伴他们共同进步之时，这巨大的潜在价值市场会焕发出怎样的无限魅力。

三、平民产品的优良品质

食品安全是今天社会上下如雷贯耳的呼告，优质的百姓生活最深刻就体现在“食得放心”上。产品要得到广泛的支持和信赖，必须要有好品质，这是一条不变的定律。一如“红荔”牌的系列酒品，价格不高，适合平民消费，但要广开销路，关键还在于广东顺德酒厂有限公司践行了

"物美价廉"的承诺。百姓的健康是全民的关注，更是企业的第一责任。一直以来，他们坚持"以质量求生存，以品种求发展"的发展战略，坚持"以技术创新来维护低成本高品质"的工作思路，成立半个世纪以来，产品质量稳定，赢得广泛地区顾客代代传诵的好口碑。在近年食品安全事件深深揪扯人心的时候，他们却早有远见地开展工艺革新，对一些存在食品安全隐患的开放式生产的关键工序，秉持"保持传统，优于传统"的指导方针进行研发改造，实现了安全高效的全封闭式管道输送、自动化生产，并抱着开放的、接受监督的态度，主动开展"工业游"活动，让广大的顾客走进生产车间，零距离接触科学、高效、安全的生产流程，革新固有观念，让市场卖得放心，顾客买得放心，大家饮得开心。

四、危机与愿景

同时，在各线品牌收窄产品种类，走主打品种的时候，广东顺德酒厂有限公司却有着不一样的战略，他们坚持"以品种求发展"。他们迎合消费市场需求，在米酒、曲酒、保健酒、果露酒等各个领域自主研发出适合顾客口味的产品，逐步成功登陆各酒品市场，为企业未来的发展积蓄后继力量。

或许，从商之道本就无定法。当别人不愿意走的时候并不代表这路子也不适合自己走，当所有人都觉得可以这样走的时候，倒是我们需要慎重考虑是否值得再走了。

诚然，难以撇脱的普遍看法是，广东地产酒存在不少发展危机，诸如在中高端市场的难以突围，品牌知名度的亟待提升，香型和口感的普遍适应消费群体范围不宽广等。然而，我们也不得不承认，危机的另一面充满愿景。在今天多头竞争的中国酒业市场，当我们对"茅五剑"等一线品牌作壁上观，却难以望其项背之时；当我们乐此不疲地研究百年糊涂、稻花香等二线新锐如何通过杰出的营销策略、资本运营支撑了强势的市场版图拓展的时候，我们是否也可以凭栏细看主导一方城镇和农村市场酒类消费，以占绝大部分人口的基层百姓需求作根基的广东地产酒，她将这样很值得关怀的市场做好，做精，做细，相信会是一番宏图远景，也相信这会是广东地产酒企业壮大发展的一个愿景。

白酒要在传统与现代中找寻契合点

洋河酒厂股份有限公司董事长 杨廷栋

近年来，白酒骨干企业的复苏和加快发展，一方面得益于国家从量计征消费税后各企业的应对之招，需要通过中高档产品的开发推广来谋取利润；另一方面，正是宏观经济的繁荣，才提供了中高价位产品市场的更大空间。放到中国经济未来发展的大背景下来考量，我们对今后5～10年乃至更长的一段时间，仍然可以用乐观的态度去评估白酒业的前景。

但是，不可否认的是，中国传统的白酒消费正面临着与现代生活理念、生活方式的激烈碰撞。如果不能从产业层面上加以研究和应对，白酒或许也会走上一条与京剧、昆曲一样的衰落之路。这种碰撞为白酒的生存与发展带来了新的机遇和挑战。

一、白酒产业面临的四大挑战

1.现代生活理念的挑战

现代的生活理念与白酒消费密切相关的主要有三点：一是健康，二是理性，三是个性。

健康是人们的生存层次到达一定阶段后的必然选择。部分白酒企业虽然对白酒有利健康的课题有所研究，但是从整体上看，还没有形成消费者对产业层面的共同认知。我们可以比较一下替代饮品在一般消费者心目中的地位：啤酒被渲染成液体面包，葡萄酒是软化血管，黄酒是具有大量人体必需的氨基酸。那么白酒是什么呢？白酒是感情。我们喝白酒的时候时常讲的一句话：宁伤身体不伤感情。这句话的潜台词是什么？是白酒伤身体。

理性是随着人的文化修养层次提高后对生活的一种态度，白酒的豪饮更多存在于感性生活的层面，其总量发展的最佳时期是后温饱和小康的时代。

战争年代和建国初期，善饮能饮往往是领导者人格力量的感染力所在；20世纪八九十年代，人们常常以每天可以有酒喝而满足；而在英特网作为世界神经系统的今天，时刻保持冷静和清醒，似乎使得社会的各层面的领袖人物有意识地远离杯中之物，以至于电视上现在不能出现直接喝酒的镜头了。

个性是社会生活多元化的原动力和伴生品，在以创造创新为发展推动力的今天，崇尚个性、张扬个性、尊重个性，成为普遍接受的现代社会价值观。我们可以看到在同一个场合，不同的消费者分别选择的可能是白酒、黄酒、啤酒、苏打水、可乐等，也正有越来越多的客人以自驾、会议、商务为由作不喝白酒的托词。在对消费者结构的分析中可以看出，学历层次越高，领导层次越高，包括80后的年青一代，往往伴随着对白酒消费的减少。这是第一个挑战。

2.现代生活方式的挑战

我们每一个人心中都有自已憧憬的生活方式，社会生活的丰富性又提供了可行性，茶馆、KTV、健身房、旅游等新生活方式的出现，不仅可以替代白酒所蕴涵的生活情趣，还可以得到更为现代、时尚、健康的生活体验。酒桌上的饮客、食客分流将成为一种必然。

3.产业政策和产业战略的模糊性，使白酒业的发展产生了不确定性

近些年，关于白酒浪费粮食、危害健康、执法部门的禁酒令乃至不断加大的白酒企业税负和广告控制，往往使得白酒的生产者在为国家贡献大量税收后，却有一种对社会的负罪感。出现这些问题的根源却在产业自身。分析白酒企业层面的运作，我们虽然不乏对酿酒历史的发掘、广告的投放、文化的诉求，却缺少正面认知产业的积极宣传，缺少科学、健康消费白酒的有效引导，缺少和现代消费者之间的理念沟通。白酒产业是传统的，但我们也许在固守着传统，却忽略了整个时代发展的步伐。

4.中国经济融入世界经济大循环的挑战

中国经济融入世界经济大循环是一个发展的规律。在进入整个大循环的过程当中，对中国经济的发展是有利的，但是对于白酒究竟是有利还是不利，我觉得需要作深刻的分析。

白酒是文化产品，世界经济一体化的概念是什么？实际上，经济一体化的概念是新兴生产力对落后生产力的取代，是新兴文化对落后文化的一个侵蚀。威士忌也好，白兰地也好，在整个世界上有很高的占有率，这里面很核心的一个问题，就是一个文化影响力的问题。

进入国际市场是我们白酒行业的良好愿望，但是能不能做到？能做到什么地步？从中国经济发展的现状来看，虽然我们在世界经济发展的舞台上占据了举足轻重的位置，但是总体上我们仅仅是作为一个加工厂出现。在这样一种发展状态面前，我们对整个世界的影响力，包括文化的影响力，还需要经历一个比较长期的发展过程。

二、掀起一场白酒新文化运动

我曾在四省峰会上提出：“传统白酒与现代生活方式和消费理念之间需要建立更为密切的联系点。”强调现代生活对白酒业的挑战，就是希望通过白酒全新价值理念的塑造，寻找白酒与现代生活的最佳契合点，从而打开白酒业发展的新空间。

客观地认识白酒面临的挑战，正是为了拓展更大的生存空间，促进白酒业更良性、可持续的发展。如何赋予白酒全新的文化理念和产品价值观，使之与现代人的生活方式、消费理念顺利接轨，这是白酒产业的使命与责任。

因为构成现代生活及其消费理念的基本元素，是“快节奏、高品位、健康与休闲”。白酒的饮用方式能不能“休闲”起来；白酒能不能喝出“健康”来；白酒能不能融入高知识阶层和年青一代的物质与精神追求当中去，已经构成白酒业供求关系中的主要矛盾，对白酒产业的生存与发展将产生决定性的影响。谁抓住了这个主要矛盾，着力塑造白酒新文化，谁就将在高层次竞争中胜出。

那么，如何塑造白酒新文化呢？白酒新文化的塑造需要处理好几个关系：

1.新与旧的关系

我们要站在前人的肩上起跳，充分挖掘、弘扬传统文化中的精华。比如，洋酒喝的时候有讲究，倒酒的时候也有规矩，甚至酒杯的杯形都有说头，这就值得我们借鉴。在我国古代，温黄酒有温黄酒的方式，温白酒有温白酒的方式，这些都是招待什么人上什么酒，每一种酒怎么喝，这也是文化。洋为中用、古为今用的原则同样适合白酒新文化的塑造。

2.快与慢的关系

面对激烈的市场竞争，机遇稍纵即逝，必须只争朝夕。但老子说：天下难事，必做于易；天下大事，必做于细。文化的打造，绝非一日之功。比如，不经过大量的市

场调查，甚至通过一对一地深度访谈，就无法了解当前不同层次的消费者的真实想法，并从中发现他们未被满足的需求。眼下，缘文化、福文化、王者文化、男女文化等层出不穷，而闭门造车式的概念炒作，既缺乏针对性，距白酒的特质也相去甚远，自然难以打动消费者。

3.定性与定量的关系

有人提出，中国白酒应该像推广中医中药、中国功夫、茶艺茶道和餐饮美食那样去做。中国功夫能被老外接受，中国的美食能在全球受到欢迎，中国白酒也应该能走向世界。此话乍一听不无道理，细细推敲还是有问题的。中医中药走向世界就遇到缺乏有效的理论依据及其临床实验数据这道坎儿，而中国的美食出口也需要量化指标作为支撑。所以，白酒新文化的塑造一定要建立在定量分析的基础之上。比如，要推出保健酒，就要拿出科学的理论依据及其临床实验数据。否则，谁会相信它的功效呢？

的确，塑造白酒新文化，拓展白酒消费的现代生活内涵，促进白酒业更良性、可持续的发展，似乎不是单个企业所能解决的。行业的生存与发展需要全行业的努力。但作为行业的领袖级企业，应该更具有促进产业发展的使命感，承担更多的工作。可以在迅速扩大白酒的消费新群体上入手。

一个产业是朝阳还是夕阳，关键是看消费市场是日益扩大还是渐趋萎缩。更广大的消费群体是白酒生产的基础，而具有引领能力的消费群体的培育，是产业发展的当务之急。对当前的社会阶层作分析，有三类人群必须得到特别的重视：

一是党政机关领导和工作人员，应该强化其对民族产业的发展、民族文化弘扬的责任意识，使之成为白酒消费的领导者。

二是企业家和白领阶层，通过白酒与新生活方式的对接，使之感受到白酒不仅是情感连接的媒介，也是一种永恒的消费时尚。

三是高知识人群和年轻的知识一代，应研究白酒精神和物质的有效功能、理性消费的方法，消除其对白酒的偏见和畏惧心理。

特别值得强调的是，中产阶级正在中国大量出现，成为一个新的社会阶层，并对消费理念和方式产生越来越大的影响力。需要我们予以重点关注和培育，成为白酒消费的最大动力。关键是要给消费者一个消费的理由，他喝白酒的理由是什么。我们卖白酒的理由很清楚，想赚钱，但是他们喝白酒的理由是什么？如果我们的理由能够征服他们，他们就会成为新的消费群体。

全球金融风暴下的枝江酒业

——机遇与挑战并存

湖北枝江酒业董事长 蒋红星

席卷全球的金融风暴，使众多金融机构倒闭，实体经济也相继陷入困境，目前，美国及西欧经济已经步入急速衰退期。在这一巨大的冲击波影响下，中国经济也受到了影响，但是我认为就中国目前的国情而言，国际金融危机在短期内对中国白酒行业的影响不会太大。首先，因为中国政府对国际金融危机的到来采取了积极有效的应对措施，灵活的货币政策、扩大内需的全面启动、中央宏观调控规避风险的系列动作，将把国际金融危机对中国经济的影响降低到最低限度；其次，酒是一种特殊的商品，它是人们日常生活中的一种快速消费品，中国人在物质生活及人际交往中对白酒的依赖性越来越强，国际金融危机的到来在短时间内不会直接影响到社会消费群体对酒类食品的消费水平，整个白酒市场仍然处于逐年上升的发展态势。

我是20世纪60年代的人，在经济落后、物资匮乏的时代，人们宁可饿其肚，也想喝点酒。酒的消费成了人们生理上和心理上的生活必需品，在当今社会物质文化生活水平显著提高的情况下，人们对白酒需求的增长也是一种必然现象。当然随着国际金融危机的加剧和蔓延，中国白酒行业的发展也必将遇到一些困难。为了应对这一系列的挑战，枝江酒业出台了四项措施来应对当前严峻的经济环境：

措施一

增产能，上规模，降成本。为形成规模效应，一方面，大力提高白酒产能。2009年6月，枝江酒业投资1亿元的灌装中心和枝江古酒项目建设相继竣工投产。灌装中心共有6条现代化灌装生产线，年增生产能力2.4万吨。枝江古酒扩建项目共有3条现代化灌装生产线，年增生产能力1.2万吨。2008年8月，总投资2亿元的2万吨基酒生产基地将破土动工，“枝江”白酒的年产量将突破10万吨，生产规模稳居白酒同行前列。另一方面，发挥枝江酒业产业集群的聚集效应。目前，枝江酒业产业集群已包括19家企业，年产值25亿元。总投资1.2亿元的炜杰塑玻工业园项目正在建设中，目前已完成投资3100万元，完成园区土地平整、水电设施配套、厂房布局及部分厂房建设。7月又有一家投资过亿元的纸品包装厂落户枝江。年底，枝江酒业产业集群的年产值将突破30亿元，集群各成员企业的经营成本和采购成本将进一步降低，作为核心企业，枝江酒业无疑是受益最大的企业之一。

措施二

促创新，提质量，增加产品附加值。总投资4800万元的枝江酒业技术中心是公司“十一五”规划的重点项目，该项目按国家级技术中心标准兴建，于2009年6月顺利竣工并投入使用，使枝江酒业产品研发能力和对前沿技术的研究能力跻身全国白酒行业前列。上半年，枝江酒业成功开发产品17个，申请实用新型专利1项、外观设计专利5项。截至目前，公司共取得发明专利4项，实用新型专利3项，外观设计专利73项，全部被运用于生产。另外，自2007年与湖北工业大学在第三届湖北产学研合作洽谈会上签订合作协议以来，枝江酒业确定了“枝江大曲酒的典型风格特征问题”等八项研究课题，每年提供50万元科研经费组织攻关。目前与湖北工业大学合作的“枝江大曲白酒数据库和图谱库的建立”项目已有较大突破，与三峡大学合作的“包装盒防霉变技术”项目进展较快。

措施三

抓市场，上档次，增收入。2008年，枝江酒业确立了“打造中南根据地，谋划全国大市场”的营销方针，以湖北、湖南、河南为中心打造中南根据地，以广东为跳板谋划全国大市场。2009上半年，湖北市场稳中有升，湖南、河南分别完成销售额1.2亿元和9000万元。广东省吸纳了来自全国各地的务工人员，市场影响大，枝江酒业把它作为进攻全国市场的桥头堡，今年上半年已顺利进入了广州、东莞、顺德等市场，市场构架初步形成。同时，枝江酒业着力优化产品结构，开发了30年陈酿、20年纪念版作为高端形象产品，填补了高档市场空白。各地市场按照“层次清晰、主次分明”原则确定产品结构，主推枝江王、四星等中高档产品。下一步市场开发的重点是省外：2009年，争取在省外培育5个过5000万元的市场、3个过亿元的市场、2个过2亿元的市场、1个过3亿元的市场，使省内外市场平分秋色；到2010年，争取在省外再造一个湖北市场，使省外市场占到总销量的65%左右，白酒主业销售突破30亿元大关。

措施四

严管理，降能耗，创效益。一方面，通过管理挖潜，以通过“3A级测量管理体系”为契机，推行“精细管理，规范操作”，仅灌装误差从±8毫升缩小到±6毫升一项，就每年节约酒液2000万元。另外，枝江酒业公司推广了ERP系统，运输调度与外部物流公司联网，每年降低运费100万元。另一方面，通过技术挖潜。通过在大功率电机上推广变频技术，公司每年节约电费20余万元；通过酿造冷却水循环利用，每年节水15000吨；通过充分利用锅炉尾气余热，每年节煤3200吨。

通过以上四项措施，从源头控制成本，不断创新产品，积极拓展市场，枝江酒业在当前严峻的宏观经济环境下显示出逆市上扬的劲头，1月至9月，集团累计完成现价工业总产值19.97亿元，比2008年同期的15.22亿元增长31.2%；完成现价销售总产值19.6亿元，比2008年同期的14.98亿元增长31%；生产“枝江”牌系列白酒（折65度，商品量）52315千升，比2008年同期的41117千升增长27%；纳税1.34亿元，比2008年同期的1.23亿元增长9.32%。

在20世纪90年代初，湖北省政府倡导实施名酒工程，全省共有包括枝江酒厂在内的9个扩建工程，但真正完工的只有2个。许多企业由于没有充分考虑市场销售及企业自身的承受能力，背负巨额债务，扩建后的企业迅速进入了困境，甚至破产倒闭。枝江酒业历史上有三次大规模的扩建，每一次扩建都是在充分考察和科学论证基础之上的理性投资行为，是为了适应枝江酒不断增长的市场消费需求，同时也是降低成本和地方经济发展的需要。枝江酒业的此次扩建是投资规模最大的一次，因此也受到各级领导和地方政府的高度重视和支持。“枝江”现有的生产规模已不能满足市场发展的需要，实际上是一种十分理性的“产能补课”。我们的扩建基本没有产生银行借贷行为，不会对企业的科学发展带来不利因素。

改革开放30年来尤其是近10年来，枝江酒业发生了天翻地覆的变化，集团销售今年将突破30亿元，其中白酒销售将达到18亿元。作为中国最大的大众白酒品牌和中国驰名商标，“枝江”在全国市场的人气指数不断刷新，枝江大曲的销售已覆盖20多个省300多个城市和广大农村，市场销售的持续增长已对生产造成很大的压力。我们要逐步提高生产所需的原辅材料自给比例，与外购补给相比，我们自己建厂生产，成本相对要低，能为地方增加税收，还能就近采购消化农村的粮食及解决城镇就业的问题，既有经济效益又有社会效益，多方利好的事情，何乐而不为呢？

不可否认，现在很多企业都把着力点放在提高产品档次上，以追求较好的利益回报，但是产品质量及信誉绝不是靠过度包装和单纯广告所能实现的，枝江酒业把质量视为生命，长期奉行全员质量管理模式，让质量意识在每个人心中牢牢扎根，致力于追求质量“零缺陷”，让消费者喝到实实在在的绿色放心酒。枝江先后斥资2000多万元建立无菌培养室、理化分析室、微机勾兑室、感官尝评室，配置气象色谱仪、光谱仪、高精度分析仪等先进检测设备和大型冷冻过滤设备，为酒质的稳定提供了可靠的物质条件。对此消费者最有发言权，只有对消费者绝对诚信，才会赢得消费者对产品的信赖和认可。这也是“枝江”长期以来所始终饯行的，我们在中高档产品的开发上也始终坚持这一原则。

目前，行业资源整合是市场经济发展的一种趋势。白酒在中国有几千年的发展历史，国内生产白酒的企业大大小小有几万家。有做得好的，也有做得不好的，对有限的社会资源产生不必要的浪费，非理性的不正当竞争表现越来越突出，对整个行业的成本控制造成很大压力，也直接影响到中国白酒行业的国际化进程。而通过整合行业资源，可以充分发挥整个行业在资金、技术以及人才等诸方面的优势，对降低成本、节约资源、保护环境、提高效率以及品质品牌的国际化都具有十分重要的促进作用。中国啤酒行业的成功整合就很好地说明了这一点。我们赞成酒类行业的整合，虽说枝江酒业做到现在这样的规模，具有了一定的竞争实力，有“中国酿酒大师”称号的副总经理谭崇尧为产品质量把关，有“中国酒业营销金爵奖”得主的销售总经理曹生武在销售战中“攻城略地”，有始终忠于企业、勤勤恳恳的5000多名优秀枝酒员工……但如果说“茅五剑”等想整合酒企，我想我会第一个报名的。枝江酒业的成长壮大源于社会，最终也要回归服务于社会，只要对社会有利，对国家有利，对企业双方有利，对经济发展有利，我们认为就是可行的。

白酒业资本重组将分化为四种模式

河南宝丰酒业有限公司董事长 王杰士

中国白酒行业走到今天，能够继续焕发活力与激情，正是其古老产业的魅力所在。白酒与中国传统文化息息相关的强大生命力，不仅让千千万万从业者为之着迷，也吸引了越来越多的行业外的目光，所以，在过去的10年间，越来越多的新兴资本进入白酒行业，不断上演着对这个行业的渗透和重组大戏。洁石集团对宝丰酒业的重组便是过去10年间白酒行业资本重组的案例之一，这是以洁石集团在煤炭、焦化和建材领域积蓄的资本实力，对十七大中国名酒之一的宝丰酒业实施的战略重组。

结合近两年来行业的变化情况，以及资本市场对白酒的青睐，我认为，未来一段时期内，白酒行业还将吸引越来越多的资本介入，资本重组将有可能分化为四种模式：

一、第一种模式是由商业力量发起的产业整合

随着中国商业渠道的巨大变革，包括白酒行业在内的快速消费品领域，在未来将发生颠覆性变革，而其核心正是商业渠道力量的强势崛起。这些商业力量或基于对渠道的强大控制力，或基于对多品牌运营的掌控能力，在酒水行业将出现类似家电行业中国美、苏宁这样的渠道巨头，或者类似于帝亚吉欧、保乐利加一样的品牌运营商。

他们将携资本优势，以具备一定市场基础和品牌基础、销售规模在1亿元以上的企业和品牌为主要目标，对其实施产业整合或资本重组。

二、第二种模式是国字号巨头进行的资本渗透

随着国有企业改革的深化，中央企业等一批国字号巨头以其强大的资本和政策优势，将在未来的产业整合中扮演更为重要的角色。

我认为，未来白酒行业中将有可能出现央企的身影，他们将更多地整合产业链，或者基于战略投资逐步渗透到白酒行业中，他们选择的对象将主要集中在全国性优势品牌，或在部分区域占据绝对优势的地方品牌。

三、第三种模式是战略投资的助推

目前针对白酒行业的战略投资更多地体现在外来资本对部分白酒品牌的重组。包括洁石集团对宝丰酒业的重组，一是基于对地方品牌的感情和热爱；二是基于洁石集团的发展战略。这种投资并不仅仅追求眼前效益，更多的是看好宝丰酒这一传统品牌的未来成长性，是更长远的战略性投资。因此，这3年来，洁石集团累计投入了3亿多元资金，对宝丰酒业实施了全方位的改造，以前置性的资源聚焦换来了宝丰酒业这3年来400%的高速成长。

四、第四种模式是财务性投资的出现

近年来，投资领域涌现出复合型多元化投资公司以及专业的风险投资公司，他们在产业整合和企业重组上市的过程中扮演着重要的角色，他们的整合重组行为更多的是基于财务性投资控股，而不参与企业运营。

白酒行业由于在2003年之后连续6年实现高速成长，势必会吸引更多的财务投资和风投的目光，财务性投资将逐渐成为推动白酒行业进一步成长的一支重要力量。

正是由于我国宏观经济的一路成长和资本之手的逐步渗透，白酒这一传统与时尚同在、保守与开放共存的行业才得以生机盎然，同时，在资本的强力助推下，白酒行业的未来必将充满魅力和挑战。

浅谈中国白酒创新发展思路

重庆诗仙太白酒业集团副总经理、总工程师 程宏连

中国白酒因其工艺独特、风格典型、历史悠久，在世界六大蒸馏酒中独树一帜，在中华民族五千年文明史上写下了光辉的篇章。

白酒作为具有较强情绪化特征的消费品，其品质、文化和品牌影响力对社会的繁荣、经济发展，以及满足人民日益增长的物质文化需要发挥着重要的作用。作为传统的民族工业产品能否为国家富强，关键取决于中国白酒的品质魅力，对广大消费者的亲和力、号召力。因而在综合业内学术论坛的基础上，针对有代表性的浓香型大曲白酒工艺质量，提出一些看法，以期对中国白酒的发展起到推波助澜的作用。

一、传承创新，永葆中国白酒青春常在

党的十六大提出：用高新技术和先进适用技术改造提升传统产业，正确处理发展高新技术产业和传统产业，资金技术密集型产业和劳动密集型产业的关系。我国白酒工业既属于传统产业，又属劳动密集型产业和农副产品深加工产业。应该说，党中央、国务院是非常重视的，关键是白酒行业自身如何抓住机遇，练好内功，在继承传统生产技术的基础上如何自主创新，从技术、管理上入手，在保持传统白酒风格特征的基础上提升品质、增加功能、丰富文化内涵，满足国内、国际市场消费需求，使中国白酒为国民经济的发展发挥更加重要的作用。

1.保证优质原料是提高酒质的基础

浓香型大曲酒所使用的原料不仅是酿酒微生物生长繁殖、产物代谢所必需的营养物质，更是形成香味成分的前体物质。酿酒用高粱、大米、玉米、小麦等原料本身含有的糖分、脂肪、蛋白质、纤维素、木质素、果胶质、单宁及挥发性的醛、酮、酯等物质经酶解、发酵生成多种香味物质。常言说：高粱香、玉米甜、大麦冲、糯米醇、大米净、小麦爽的提法是有一定道理的，因而原料质量的好坏，对酒质的影响是相当关键的。

使用什么品种的原料好，这是根据各家产品风格定位而确定的，同时也是自然资源和历史沿袭所形成的。但总的一条标准是原料必须达到合格标准。即颗粒饱满、色泽新鲜，无霉变、无虫蛀、支链淀粉含量高的糯粮为主。切忌不能使用陈化粮，否则对糟醅的危害是很大的。

2.保持传统的生产工艺是保证风格的关键

浓香型大曲酒之所以表现出窖香浓郁、绵软醇厚、陈香自然、回味悠长的典型风格，关键取决于它的工艺特点。浓香型大曲酒过去的标准定义为：以高粱、大米、糯米等为主要原料，以谷壳为填充剂，以自然接种的大块曲作糖化发酵剂，采用泥窖、续糟固态发酵，经混蒸、量质摘酒、储存、降度、勾调而成。很显然，浓香型大曲酒的形成是一个复杂的生态循环的生物化学发酵过程，是一大群为满足浓香型大曲酒风格特征和适应泥窖固态嫌气条件的微生物在特定的环境下生长繁殖产物代谢，菌系筛选、培育驯化的周而复始的过程，这个过程需要资源的投入、环境的造就、维持微生物生态平衡。保持传统浓香型大曲酒品质特征的关键就在于如何维持这种平衡，因此各厂家十分注重“糠、水、温、粮、曲、糟、酸、窖”的最佳资源配置，给微生物区系创造最佳的生长、生活、工作环境，保持旺盛的新陈代谢状态来保持产、质稳定。实践证明20世纪70年代形成的浓香型大曲酒传统工艺是完全需要保持的，如热平地温冷十三、低温缓慢发酵、回酒发酵、延长发酵周期、双轮底糟、滴窖勤舀、轻撒匀铺、探气上甑、缓火蒸馏、量质摘酒、适当提高制曲温度、增加窖泥接触面、黄水综合利用等行之有效的方法措施。

实践证明，只要是坚持传统工艺，传统操作，发酵正常的粮糟应为颜色油浸呈红褐色、泡气大颗，有弹性、不腻不糙、含水量较强；黄水为金黄色，有肉头、悬头，拉成很长很亮的马尾丝，清浓适度，有一定的酸涩感，不显甜味。

3.创新改进原料成分，倡导使用有机原料

近年来，众多的业内专家和新闻媒体报道讨论最热烈的话题就是“白酒喝出健康来”，为证明健康理论的成立，他们相应地列举了许多分析检测定性的有机微量成分和临床实验效果，如丁酸、丁酸乙酯、阿魏酸、四乙基瘉创木酚、黄酮类化合物、吡嗪化合物等。但本人认为白酒功能最实际的也是被广大消费者公认的就是李时珍《本草纲目》记述的功能，而其他方面尚无准确认证。但从物质不灭定律和物质交换定律的角度讲，如果原料中含有形成健康因子的前体物质，如蛋白质、氨基酸、偏硅酸、锗、硒、锌及有益杂环化合物的前提下，形成健康有益成分，那是有科学依据的，也是完全被消费者接受的事实。因此如果我们能够从原料培育、选种、栽培上加强创新研究，一定会收到更好的效果。

4.创新改进贮存方法，增进酒体风味物质

中国白酒区别于世界六大蒸馏酒在于蒸馏方法和发酵工艺。而国外蒸馏酒十分注重长期的贮存方法和效果。近年来，国内白酒业也在研究贮存容器与方法，且已经有竹器、藤器、木器、石器、陶器等贮存容器，目前公认的是陶缸贮存最普遍适用，一是陶土含有多种矿物质元素；二是透气性好，有利于加速白酒生物化学、物理反应，促进老熟的效果。但总的来讲，中国白酒在贮存容器、方法、环境、外加材料、变化规律、有机健康成分等方面研究实验深度不够，要使中国白酒更具国际市场竞争力，就必须在白酒后工序贮存加工方面做文章，探索、研究、创新实践，摸索出一条具有中国白酒特色的贮存加工工艺技术的路子，明显增进酒体绵柔醇厚、芳香自然的淳朴品质，同时更能表现出卫生健康、风味独特的中国白酒特色。

5、创新管理技术，提高经济效益

改革开放以来，中国白酒有了长足的发展，管理上也大大迈进了一步，已经从传统、粗放、落后的生产管理模式步入现代企业管理行列，我们的目标是从自然王

国进入必然之国。然而由于传统松散的习惯势力相对制约了白酒技术创新和管理创新，与国外企业相比差距较大，如我们对发酵过程的控制、中间监测、异常情况的处理、产品系统设计等方面缺乏预防机制，对关于均相、非均相胶体溶液理论、实际的研究不够深入，导致产品形成缺陷后才进行分析，大多数企业对生产、质量控制仍处于“死后验尸，事后把关”阶段，从而导致不少的企业经济运行质量不高，效益差，缺乏发展后劲。而现代质量管理提出的“零缺陷管理、六西格玛管理、免疫质量学管理”的方法，充分体现了管理技术上的创新，它所倡导的是事先预防、系统设计、质量目标计划、第一次就把事情做对，即把生命免疫学说引入质量管理学，运用到生物工程、白酒酿造发酵，通过一套来自组织内部的系统来保障生命机体，增加免疫能力，使白酒产品形成的全过程处于生命旺盛、健康持续的受控状态，按照设计要求生产出适应性、符合性、有效性的高品质产品。我们认为这种管理方法是非常适用于微生物发酵、风味物质形成的。

二、正确引导适量消费，科学健康发展白酒

白酒的功能作用和在国民经济中的地位已经十分清楚，但如何把中国白酒引导成为时尚、健康、丰富精神物质生活的消费食品；如何让中国白酒在构建和谐社会、和谐家庭中发挥政治经济作用，是关系中国白酒能否持续健康发展的大课题。为此提出以下议题与白酒界人士共同探讨：

（1）如何运用现代生物技术改进工艺，增加白酒特殊风味物质；

（2）如何使中国白酒更加营养、健康，提高消费者亲和力；

（3）如何正确引导宣传适量饮用白酒的方式、方法；

（4）如何让白酒国家标准国际化、市场化、规范化；

（5）如何加强行业自律，规范无序竞争，清除假冒伪劣，树立良好形象；

（6）如何促进政府加强对白酒生产、销售管理职能；

（7）如何让白酒业税赋公平、享受其他产品同等政策，促进健康发展。

软实力才是硬道理

古贝春（集团）有限公司董事长 周晓峰

金融风暴席卷全球，实体经济深受其害，作为民族传统产业的白酒虽然外向度不高，也难免遭受风暴的袭击。从当前看，特别是全国性品牌高端白酒市场缩水较大。而在区域市场中，作为性价比与品牌熟知度均居优势的区域性品牌和中低端白酒无疑正赢得发展良机。白酒区域性品牌如何抢抓机遇破冰前进？练好内功增强软实力才是发展硬道理。

金融危机形势下白酒消费价位趋于中低，在食品安全、健康消费的理念下，理性消费越来越成为购买新主张。对于区域强势品牌而言，适中的价格，品牌的熟知度与可信度是先天优势。而此优势从何而来？营销成本的相对较低，产品品质的绝对可靠，品牌无形价值的保证是主要内因，而这些都有赖于练好企业内功。当这种内功转化为企业与品牌的软实力，必将对企业的发展产生深远影响。特别是金融危机形势下，唯有以承担社会责任为己任，苦练内功，强身健体才能成就企业的“破冰”之旅，并有望乘势而上，在全国性品牌市场中分羹。

那么，如何练内功形成雄厚软实力呢？我认为主要有三点：质量为基，品牌为梯，文化为魂。首先，我们要给消费者一个充分的消费理由，而这个理由的最关键部分就是产品的质量！

质量是什么？质量是判定任何一件商品是否合格的基础，是消费者选购商品的主导因素。再说品牌，不可否认当今是品牌致胜的时代，金融危机形势下全国性品牌高端产品因超高附加值导致营销下滑，但并不意味着品牌消费时代的终结；相反，品牌与质量互为载体，理性消费更易

使当前市场向品牌化集中，只是这种集中进一步向区域优势品牌转化了，因此努力打造成区域强势品牌，无疑如同建造楼梯一样重要，让消费者更自觉地走入基础扎实的空间并借梯上楼，同时铺就企业的生财之道。

再来说说文化，企业界有种说法，三流企业卖产品，二流企业卖品牌，一流企业卖文化。一个人有什么样的思想决定有什么样的行动，一个企业有什么样的主张，就有与之一脉相承的发展。这个主张就是文化理念的集中体现。所以，文化是成就与发展企业的灵魂。我们重质量、做品牌，最终依靠的还是企业的共同价值观，这就是企业文化。举个例子：古贝春是从地方品牌、区域名牌一路走来，并开始向全国性品牌迈近的品牌之一。这个品牌所走过的正是从质量到品牌，从品牌到文化的发展之路。半个世纪以来，古贝春酒先是从省内质量第一到全国质量摘金，从而夯实了发展基础，接着从山东名牌到驰名商标、中华老字号，实现了品牌价值升级的华丽转身。而这其间无不因古贝春人“质量第一，管理为本，思想先行，效益至上”的企业宗旨等共同理念所成就，并不断形成着与时俱进的企业文化。

中国白酒香型的个性化、多样化发展

山东孔府家酒业有限公司董事长 邱振新

中国白酒的固态生态发酵工艺是世界上独一无二的酿造工艺，它根植于传统哲学中“万物和谐、天人合一”的价值观。不同的地理环境、风云气候、湿度水纹、窖池窖龄，不同的酿酒原料、勾兑技术、储存方式都会产生不同的口感。这似乎为如今中国白酒香型的个性化、多样化发展早早打下了基石，从而不断满足消费者的需求变化。

众所皆知，不同的企业之间的产品口感特征差异很大，酿酒前辈们根据白酒产品个性差异，将白酒口感分为酱香、浓香、清香三大主体香型，不同企业根据自身产品个性，细分出不同小香型，比如淡雅香、芝麻香等。但是，顺应消费者白酒消费喜好变迁是白酒产品口感发展、香型研究应该遵循的重要思想。随着物质产品的大大丰富，国人饮食结构的大大改善，已经由过去的“吃荤”为主调整为现在“吃素”为主。在这种情况下，消费者的胃口开始趋于清淡。

现代人的消费观点和理念，已经不再是仅满足于生理需求，而更多的是注重生活的质量，崇尚健康，追求时尚。传统的白酒产品已经不能适应这一消费潮流。在白酒消费领域，消费者的口味已逐渐由“吃香”转向“吃味”，淡雅型白酒越来越受到广大消费者的欢迎。细心的消费者可以察觉到，现在白酒产品的口感正在变清、变淡。同时由于白酒产品的独特性要求它又必须保持一定的香气成分。这反映在技术层面就是白酒香型的融合，当然所谓融合表现为酱香、浓香、清香三大主流香型之间在技术允许下的融合。这种融合在很大程度上可以理解为“白酒固态发酵工艺”与“中庸和谐”传统哲学观的内在统一。孔府家儒雅香的诞生正是基于这样的酿酒工艺观和哲学价值观。该产品秉承了“中庸和谐”的儒家文化精髓，集中了清香、浓香、酱香三大基本香型的“清香净爽”、“浓香绵甜”、“酱香优雅细腻，酒体丰满醇厚”等优势，独具风格，自成一体。可以说，儒雅香型孔府家酒的诞生，丰富了孔府家公司的产品线，满足了政务、商务用酒和消费者口味的需求，对于孔府家公司提高产品附加值和品牌影响力具有重大的战略意义。

因而，在我看来，中国白酒的个性化、多样化发展将会越来越趋于成熟，且成为白酒行业香型发展的主流。现代白酒不是对传统白酒的否定，而是对传统白酒的发展和提高。它与传统白酒生产的明显区别在于现代白酒不可能在作坊中生产，它需要现代化的工厂和设备，需要先进的管理和运行模式，需要对科技的高投入，这就大大提高了白酒业的门槛。致使那些资金缺乏，生产和管理水平低下的落后的企业会被逐渐淘汰，从而优化白酒行业结构，为真正有实力的企业提供良好的发展空间，进而使整个白酒行业得到发展。

十大难题考验传统白酒

安徽金种子集团有限公司总经理 宁中伟

目前，白酒行业正面临着十个方面的问题，需要我们团结协作、共同应对。

一、竞争水平不高

除顶尖品牌外，大部分企业都遭遇了终端的恶性竞争，在灰色手段上较量“潜规则”，重战术、轻品牌；重视眼前利益，忽略长远发展。这种不计成本、急功近利的无序竞争，实际上是以牺牲品牌为代价，不利于行业的持续健康发展。

二、白酒业的标准化、规范化程度偏低

国际上的食品控制非常严格，我国的食品卫生也要求封闭式、无菌化管理，但白酒业的硬件设施和管理标准与国家食品卫生标准差距很大，标准化体系不健全，白酒有必要严格推行生产和流通准入制度，建立独具优势的行业进入壁垒。

三、传统地位受到冲击和威胁

消费结构多元化，使白酒的市场份额不断缩减，正在改变“无酒不成席”的传统；生活方式的现代化、多元化，使白酒的传统地位开始动摇。

四、需要营造客观、公正、良好的社会氛围

白酒业应当在传统和时尚中与时俱进，在坚守和开放中弘扬“国粹”，建立适应消费需求的质量认可体系。

五、品牌的培育和发展异常艰难

白酒有着浓厚的地域文化特色，行业集中度不高，在没有大规模的战略重组的条件下，培育白酒品牌，有赖于政策资源和行业指导，有赖于区域政府的产业规划和政策支持，有赖于企业负责人的战略眼光和运作思路。

六、缺乏引领消费的“文化力”

白酒需要结合中西方文化，将传统白酒的消费方式与“时尚、快捷、感性、高贵、浪漫”的现代生活方式相融合，创新消费文化，在保持特色的基础上，尝试用新的消费方式去引导新的白酒消费潮流。

七、上下游产业之间的关联度不高

白酒业只有建设规模化、标准化的优质原辅料基地，建立白酒反哺原料基地的机制，打造企业内部资源综合利用和循环生产链条，才可能争取农业产业化的政策支持。

八、白酒业外向度不高

白酒业仍处于一个相对封闭的阶段，规模经济和范围经济依然备受局限，需要加快行业整合，积极开发适合国际主流消费的白酒产品，有效拓展国际市场。

九、综合竞争力不强

目前，白酒技术创新没有取得突破性进展，传统工艺也没有很好地嫁接高新技术成果，应当建立行业创新体系和创新机制，以技术创新推动产业升级和内涵式发展，走新型工业化道路。

十、低端市场的消费隐患较多

由于成本上升和税赋加重等原因，大企业热衷于中高档产品；低端产品主要集中在那些“散、小、乱”的企业，生产和检测条件较差，安全隐患较多。

总之，在经济和文化日益多元化的今天，白酒业需要重新审视和思考，以包容的姿态和胸怀融入现代生活，不断为白酒消费赋予新的文化和内涵。

ZIXUAN WINE
紫轩酒业
桃红葡萄酒
干红葡萄酒三星
赤霞珠干红
干红葡萄酒
梅尔诺干红：2007法国波尔多·中国国际葡萄酒与烈酒评酒会 银奖
橡木桶陈酿赤霞珠干红：2007法国波尔多·中国国际葡萄酒与烈酒评酒会 特别金奖
紫轩葡萄烈酒盛焰
薏丝琳干白葡萄酒

改革篇

包括从1978年到2009年，改革开放30多年以来酿酒企业的发展概况。

李福成
Li Fucheng

YEARBOOK FIGURE

李福成，现任北京控股有限公司执行董事、董事局副主席；北京燕京啤酒集团公司董事长、总经理。研究生学历，中共党员，高级经济师。

在李福成同志的领导下，燕京由小变大，由弱变强，用20年的时间走完世界大型啤酒企业一百年所走过的路程，取得了令人可喜的佳绩。燕京连年保持经济效益第一，连续进入全国500家最大工业企业和500家最佳经济效益企业，成为中国行业百强企业。

中国酿酒工业30年

——30年风雨兼程 30载阔步向前

站在21世纪的今天，无论是风云激荡的百年还是波澜壮阔的30年，一路走来，充满着艰难曲折。回望30年前，神州卷起的风云笼罩着整个神州大地。号角，震撼着长江南北两岸，一切的一切都从梦中惊醒，我们整装待发，睁开蒙胧的双眼，被改革风云卷进洪流的中国酒业在洪流的洗礼中，一路乘风破浪，向四方狂奔而去。奔腾中，卷起的朵朵浪花，在阳光下折射出条条彩虹……

作为具有几千年悠久历史、浸透着中华民族文化之根的白酒，是中国目前最具有纪念意义的商品之一。在新中国特殊时期，白酒曾一度上升为国家“战略物质”和“精神食粮”，白酒产业是一个既有商品属性又具有文化属性的特殊产业。千百年来，白酒业生生不息，娱乐民生，传播文化，张扬精神，它值得我们用心纪念和书写。30年风云激荡，白酒行业不断在探索新的发展方向。

白酒行业

从1978年以来，我国白酒产业进入了健康发展时期。1996年我国白酒产业发展达到了鼎盛时期，产销量为801.3万千升，其后开始走低。1998年开始大幅度滑坡，2001年白酒产量420.19万千升，2003年白酒产量331.35万千升，2004年白酒产量311.70万千升，2005年以后，白酒产量逐年小幅度下降。产量从鼎盛时期的801万千升下降到300多万千升。在经历了连续调整后，2005年白酒产量出现恢复性增长，2006年白酒生产延续了增长势头。2005年上半年，白酒产量149.8万吨，2006年上半年，白酒产量达到193.1万吨，同比增长22.4%。2006年1～11月份，全国白酒产量达359.3万吨，比2005年全年的产量350.28万吨还略高，同比增长17.7%，比2005年的产量增长率11.9%提高了接近6个百分点。2006年全年，我国白酒产量达411万吨。2007年，白酒规模以上企业实现利润总额163.52亿元，同比增长63.38%。这标明我国酿酒产业发展已进入健康发展阶段。30年来，我国酒业发生了翻天覆地的变化，描绘出了一幅浓墨重彩的迷人画卷。

30年来，我国白酒行业向预期可控目标发展

新中国的白酒产业，经历了解放初期的恢复、中期的建设、改革开放以来的蓬勃发展三个不同阶段。1949年新中国成立时，我国白酒的产量只有10.8万吨，到了“文革”后的1978年，我国白酒产量达到143.74万吨，比建国初期增长了近15倍。20世纪80年代起，白酒的产量增长步伐加快，从1992年开始，白酒产量持续走高，1996年达到了最高峰801.3万吨，是建国初期的80倍左右，其后开始走低。1998年开始大幅度滑坡，此后几年，国家宏观政策的调控逐步凸显成效，产业政策的调整也显现成果，白酒的产量逐步下降。2001年白酒产量420.19万吨，2002年白酒产量370万千升，2003年白酒产量331.35万千升，2004年白酒产量311.70万千升，2005年以后白酒产量逐步稳定，走向健康发展阶段。产量的下滑并没有阻挡中国白酒前进的脚步。面对行业发展的不利环境，如国家的税收政策等，白酒企业开始寻找方式突围。主要的方式有：发展高档酒，提高白酒的销售价格，多元化发展，后向一体化，避免双重收费，等等。

改革开放30年使中国白酒行业实现了新跨越

从1978年到目前，中国白酒行业发展到白酒生产企业38000多家，白酒品牌30000多个，并拥有近50家万千升级以上超大型现代化酿酒企业集团；香型风格从4个发展到近10个，产品质量更是伴随着一系列的重大科技成果的创新与突破而形成了本质的飞跃。就市场份额来说，白酒销售额1/3在四川实现；1/3在河南、安徽、山东、广东实现；1/3在其他省份实现。2004年，虽然产量下降，但规模以

上白酒企业效益同比增长15.17%，实现销售收入612.30亿元，实现利税总额100.10亿元，同比增长9.89%。其中实现利润58.66亿元，同比增长38.77%。2007年，全国白酒规模以上企业1160家，完成总产量439.95万千升，比上年增长22.4%。今年1～5月，白酒行业继续保持平稳较快增长，经济效益增幅再创新高。白酒规模以上企业的产量、利税、利润同比分别增长18.8%、44%、63%，不同风味和档次的白酒产量同步增长，总体供需平衡。

经过30年的发展，我国白酒消费需求量趋于稳定

白酒是我国的传统饮料，虽然白酒的消费量逐年减少。但白酒目前仍是我国城市居民生活中不可替代的消费品，有关机构调查表明，白酒在30个城市居民中总体的渗透率达到31.4%，并且近3年白酒渗透率趋于稳定，在我国经济快速增长居民收入不断提高的情况下，我国白酒的产销量基本稳定在300多万吨。2007年，白酒产销率达98%，总体供需平衡，少量名优高档白酒需求旺盛，部分传统骨干企业生产的出厂价每瓶30～100元的中高价位产品也供不应求。由于从量计征消费税政策影响和白酒生产成本不断提高，为化解成本压力，许多名优白酒骨干企业大幅度压缩了低价位白酒的产量。据抽样调查，销售额居前50位的白酒企业绝大多数产品的出厂价在5元至100元之间，其中每瓶5元至30元的产量占50%～60%，30元至100元的占30%～40%，其余为少量高档或低价白酒。

经过30年的发展，我国白酒进一步向低度多味方向发展

我国白酒根据酒精度可分为高度酒、降度酒和低度酒三种。30年来，随着广大消费者保健意识的增强，人民生活水平与质量的进一步提高，白酒低度化已是大势所趋，我国白酒进一步向低度多味方向发展的势头不可逆转，具有新风格、新口味的水果发酵蒸馏白酒受到了人们的青睐。2007年以来，浓香、清香、兼香、酱香等不同风味的白酒产量同步增长，其中酱香和兼香型白酒产量增长突出，同比分别增长40.53%和43.58%。不过，浓香型白酒仍是白酒生产的主流，约占各类白酒总量的66%，发展平稳。

经过30年的发展，我国白酒行业发展的政策环境逐步宽松

1985年以前粮食白酒的工商税率定为60%，个别地区规定交给商业部门收购的定为40%税率，“三精一水”兑制的定为30%税率。1985年将白酒的工商税改为产品税，税率为50%，其中用议价粮酿制的减按30%税率征收。同时，各省为维护酒类企业白酒的生产，由全额征税改为扣包装征税，一般每吨粮食白酒扣除400元左右，优质酒扣得更多。1992年税收征管法颁布后，税收的开征、停征以及减税、免税集中到中央（国务院），1994年税制改革以后，对白酒同时征收增值税和消费税，消费税税率25%，增值税税率17%，实际税负为8%左右，合计33%，大体与原议价粮食白酒30%税率相同，但不准扣除包装费，对价外费用也开始征税，粮食白酒净增值税、消费税税负实际要高于33%，但允许外购已税白酒和酒精抵扣上一些生产环节已纳的消费税。

1995年10月18日，国税发〔1995〕192号文件规定：对销售除啤酒、黄酒外的其他酒类产品而收取的包装物押金，并入当期销售额征税。1998年3月4日，财税〔1998〕45号文件和2006年5月16日颁布的《企业所得税税前扣除办法》规定：从1998年1月1日起，对粮食类白酒(含薯类白酒)的广告宣传费一律不得在税前扣除。2001年5月11日，财税〔2001〕84号文件规定：对粮食白酒、薯类白酒在原按25%、15%征收消费税的同时再按实际销售量每千克征收0.5元的定额消费税，同时停止执行外购或委托加工已税酒和酒精生产的酒抵扣上一些生产环节已纳消费税的政策。2002年8月26日，国税发〔2002〕109号文件提出了酒厂利用关联企业关联交易行为规避消费税问题，要求各地按《征管法实施细则》第五十四条规定的计税价格调整方法调整酒类产品消费税计税收入额，补缴消费税。同时提出对“品牌使用费”征税的问题。2002年，国家取消了对白酒上市公司先征后返18%的所得税的优惠政策。

2006年3月20日，《财政部、国家税务总局关于调整和完善消费税政策的通知》（财税〔2006〕33号）规定：粮食白酒、薯类白酒的比例税率统一调整为20%。粮食白酒降5%，薯类白酒提高5%。 2001年国家按每500克白酒0.5元征收从量税，这对白酒业产生了巨大冲击，造成全行业利润减少。不过，最近白酒业的税改终于盼来新变化。据了解，国家率先在黑龙江、吉林、辽宁三省进行增值税改革试点，把生产型增值税调整为消费型增值税。最近，中国

高层领导已经就取消从量税，降低税负的建议做了批示，将来新的税制改革全面实施后，将给白酒业带来积极影响，必然在一定程度上推动白酒行业发展。

经过30年的发展，白酒营销手段得到创新

营销是企业生死和利润的最直接的表现。经过30年来的探索，白酒营销的“三位一体”营销模式成为白酒业营销的主体营销模式。“三位一体”营销模式，就是利用了生命体的共生原则，构建的社会利益共同体。中间商、零售商经营厂家的产品不仅为厂家获得销售利润，而且也找到自身创富的途径，同时，厂家的兴衰与强弱直接影响到中间商、零售商的共同利益。在未来的白酒营销过程中，各个生命体之间的关系应该是共生的，“三位一体”营销模式将成为今后中国白酒营销的主旋律。

30年啤酒行业的变化翻天覆地，如今的中国啤酒早已深深融入全球化的产业链条之中。站在30年的节点向前望去，可以说啤酒行业是一个充满着激情和梦想的使者。

啤酒行业

1978年4月，时任国务院副总理李先念做出“把啤酒搞到50万吨”的重要批示。此后，啤酒生产全面发展。全国除西藏外，各省、市、自治区都建立了啤酒厂；全国除轻工系统外，其他部门如商业、农业、机械、国防、冶金等都建立了啤酒厂，一些啤酒厂的规模也越来越大。

如今，我国的啤酒工业高速发展，其主要特点是扩建和新建的啤酒厂如雨后春笋，啤酒生产规模也逐步扩大，有的省份几乎每个县市都有啤酒厂。由于实行改革开放政策，从国外引进技术、装备、人才，加快了啤酒工业的发展，产量翻番的时间缩短。到1982年，全国啤酒产量为117万吨；1985年，啤酒产量达到310.4万吨；1988年，啤酒产量又翻了一番，达到654万吨。

1978年到1988年可以说是中国啤酒高速发展期，产量从41万千升发展到680万千升，其发展特点：

（1）全国出现啤酒热，每年递增30%，啤酒供不应求。

（2）政府重视建厂，得到专项贷款30亿。

（3）建厂规模多数在1～5万千升/年。

（4）国外以装备和技术向中国输入，合资企业起步。

（5）5～10万升/年中大型厂建立。

1991年到1999年是中国啤酒第三次发展高潮，产量从1000万千升发展到2000万千升，其发展特点：

（1）大型化10万千升/年达30家以上。

（2）集团化10万千升/年达30家以上。

（3）集团化由数厂或几十厂联合形成各种形式集团。

（4）三资化由外方独资、合资、租赁等各种类型遍及各大城市。

2000年到2010年是世界先进水平啤酒工业创立期，产量从2000万千升发展到3000万千升，其发展特点：

（1）集团化占中国啤酒工业总产量的70%，1～2个企业集团成为世界啤酒十强。

（2）纯生啤酒占中国总产量的10%，标志着中国啤酒水平达到世界先进水平。

（3）中国啤酒走向世界。

2002年我国啤酒总产量已跃居世界首位，成为世界第一啤酒大国，但在技术、效率水平等方面，尚有差距。

2006年全国啤酒产量3515.15万千升（国家统计局公布数据），比2005年初报数增长14.82%，比调整数增长14.70%；啤酒产量行业统计数达到了3621.27万千升，比2005年增长13.54%。虽然产量基数不断加大，但是产量增幅并未降低，连续三年超过10%，连续五年居于世界首位。啤酒人均年消费量达27.6公升，接近世界平均水平。销售收入838.85亿元，同比增长16.37%，上缴税金140.11亿元，同比增长14.11%。啤酒进出口情况：出口17.75万千升，进口21.32万千升。

2008年上半年，我国啤酒产销量稳步增长，增长幅度达到了5.62%，预计今年全年的啤酒产量将达到4000或4100万千升。

啤酒作为大众最常消费的酒水类产品，长久以来一直保持着良好的发展态势，而随着我国经济建设的进一步完善，这个产业的发展也取得了长足的进步。当前中国啤酒业发展呈现几方面特征：

（1）经过30年的发展，中国啤酒总产量持续增长。中国啤酒总产量每年净增80～100万吨，增长速度为5%～8%。

（2）经过30年的发展，啤酒企业向集团化、规模化方向发展，企业股份制优势更加明显。中国啤酒企业通过收购、兼并，规模不断扩大。目前较有实力、年产量在40万吨以上的啤酒集团有12个（包括中外合资、外方控股集团），其产量已占全国总产量的40%以上，这些集团将主导

中国啤酒行业的发展。在啤酒企业体制方面，占30%的国有企业成为股份制企业；占18%的中外合资企业中，大多是外方控股。

（3）经过30年的发展，啤酒企业规模向两极分化，产业结构尚需进一步调整。中国现有啤酒企业500多家，有200多家年产3万吨以下的啤酒小型企业以及若干中型啤酒企业。这些中小企业投资低、装备水平落后、产品质量不稳定，大多处于被淘汰的边缘。

（4）经过30年的发展，啤酒市场竞争更加激烈。中国啤酒行业生产能力大于实际产量近500万吨，生产能力过剩，导致市场竞争加剧。前几年，一些企业提出“让利不让市场”的经营策略，使亏损增加。业界指出，企业可以在短期亏损，但最终必须盈利，高效益成为企业最终追求的目标。

（5）经过30年的发展，啤酒行业新技术得到应用和推广，产品向多样化发展。随着技术交流的加快，国外啤酒生产中应用的成熟技术几乎都已在中国落户，啤酒品种将向多样化发展，在以淡色、淡味啤酒为主体的基础上，将培育浓醇型啤酒、高浓度酒、真正的特殊风味啤酒等。

（6）经过30年的发展，啤酒行业中高档产品市场广阔。随着消费者可支配收入的提高和消费结构的不断调整，越来越多的消费者倾向于个性化啤酒。11度啤酒不断减少，低度啤酒在某些地区成为消费主流，但啤酒浓度不能无休止的降低。相反，在一定程度上，消费者有饮用较高浓度啤酒的愿望与倾向，即希望有较浓的“啤酒味”。随着产品结构的调整和激烈的市场竞争，中高档啤酒必然会成为啤酒行业的未来发展趋势；小瓶化、非玻璃质化包装形式也是啤酒行业发展的趋势之一，同时随着PET啤酒制造技术的不断完善，今后PET瓶啤酒、罐装啤酒、桶装啤酒等非玻璃包装的啤酒还会增加。

（7）经过30年的发展，企业投入持续加大。2007年，啤酒企业收购兼并行为已经减少，随之而来的是各大集团加大市场投入和新建工厂的行为。一线、二线、三线集团或公司均有新建项目，内资、外资双管齐下，项目所在地有向内地扩大之势，但仍以沿海地区和啤酒业相对不发达的地区为主。2008年上半年这种趋势仍在继续，青啤、燕京、重啤、华润、百威等啤酒集团或公司都有新厂奠基、生产线投产和扩建竣工投产项目，新建、扩建规模均在10～40万千升。

目前中国啤酒业仍处在由成长期向成熟期过渡的阶段。在快速发展的现阶段，在市场格局还没有完全形成的情况下，相对的自由竞争和不是特别强大的对手会给行业带来并购整合的可能。另一方面，外资企业也看清了这一点，他们凭借充足的资金和管理扩张经验，也在加快在中国的整合过程。08年上半年最突出的英博并购安海斯-布什公司事件，虽然是国际并购案，但对中国啤酒发展的格局肯定会带来一些新的影响。

回望中国改革开放30年的路程，揭开中国葡萄酒业这30年的每一页，历史发展的厚重让我们无法完整地勾勒出产业清晰的脉络，但我们愿意站在这个历史的交汇点，去探寻、铭记、思考葡萄酒业发展中的每一个光影，为处于调整阶段的中国葡萄酒业带来一些启示和思考。

葡萄酒行业

从1978年到2008年，中国经历了改革开放的关键时期，民生进步，市场开放，体制变革，走过的30年成为中国社会经济逆转的节点。中国葡萄酒业作为这个时代变迁的一个缩影，不但承载着太多社会发展变迁的印记，还成为改革开放政策受惠很大的行业。

我国的葡萄酒行业经历了建国初期的恢复和第二、四个五年计划的发展，到20世纪70年代中期已经具备了一定的生产规模，但是中国葡萄酒产业的真正发展和超越还是近30年的事情，从宏观政策到体制改革，从法规建设到市场规范，从酿造技术到设备配套，从文教科研到人才储备，这30年成为中国葡萄酒产业走向辉煌的一段不平坦之路。

在1978—1983年间，由郭其昌领导的干白葡萄酒新工艺的研究成功，改变了葡萄酒产品以甜型配制酒为主的状况，为我国葡萄酒与国际标准接轨迈出了关键性的一步。1983年按照新工艺生产的长城干白葡萄酒在14届国际品酒会上获得银奖，这是建国以来我国的葡萄酒产品首次获得国际社会的认可。与此相关的葡萄酒稳定性研究、葡萄酒生产新技术工业性实验、葡萄酒行业标准QB/921—1984及国家标准GB/T15037—1994的制定等，大大提高了我国葡萄酒的整体素质。1980年中法合营王朝葡萄酿酒有限公司以及1983年长城葡萄酿酒有限公司的相继成立和飞速发展，再加上张裕葡萄酒公司，在我国葡萄酒行业形成了三足鼎立的局面，他们不仅占领了全国50%以上的葡萄酒市场，也使中国的葡萄酒工业在国际舞台上有了自己的一席之地。

1987年的全国酿酒工作会议提出了饮料酒发展的四个转变，其中“粮食酒向果类酒的转变”，为葡萄酒的发展创造了机遇。但是，由于葡萄酒市场管理缺乏规范，导致伪劣产品盛行，消费者不愿购买，1989年前后葡萄酒行业出现大面积滑坡，葡萄种植面积骤减，葡萄酒企业纷纷倒闭，只有少数企业勉强维持。但从总的趋势看，葡萄酒行业仍然处在发展之中，1981年葡萄酒产量超过10万吨，1985年达到23.30万吨，1988年达到了30.85万吨的最好纪录。

进入20世纪90年代，洋酒热首先带动了我国白兰地生产的发展，紧接着干红热在1995年底迅速升温，给葡萄酒行业的发展创造了机遇，在短短几年的时间里，葡萄酒企业的数量迅速增加，由1985年底的240多家增至目前的近500家，酿酒葡萄基地也由原来的10多万亩发展到目前的40多万亩。产量过万吨的企业已经有7家。与此同时，还有一批严格按国际标准、专业生产干型葡萄酒的中小企业也得到了国内外消费者的认可。苹果酸-乳酸菌发酵及气囊式压榨机和滚动式发酵罐等先进技术和设备的应用，进一步缩短了我国葡萄酒行业与国际水平的差距，为我国葡萄酒工业的腾飞奠定了坚实的基础。近年来，酒庄建设成为葡萄酒行业一个热点，很多企业开始认识到生产精品酒和发展葡萄酒特色旅游的重要性；与此同时，多元化的投资，大规模的葡萄酒生产企业的建立，也使得中国的葡萄酒行业充满活力。

进入21世纪，葡萄与葡萄酒产业面临着重大发展机遇，拥有广阔的发展空间，是成长性最好、发展最快的行业之一。在全国100个工业行业利税率排名中，葡萄酒排第7位。2001年全国葡萄酒产量为25.05万吨，2002年全国葡萄酒产量为28.86万吨，2004年以来，国家全面禁止半汁葡萄酒、市场准入制度等一系列政策的实施，极大地规范了葡萄酒行业秩序，促进了葡萄酒产业的健康发展。加入WTO后，葡萄酒关税由65%下降到14%，国外葡萄酒企业和产品加快进入我国。他们的进入，不仅带来了先进的理念、精湛的技术工艺、成功的种植模式，更重要的是加速了我们与世界的接轨、融合，提升了发展水平。

2005年，葡萄酒产量36.73万吨，销售收入74.34亿元，同比分别增长14.7%和17.06%。高额的回报率，吸引越来越多的企业介入其中，葡萄酒产业已成为国内新的投资热点。

葡萄酒行业一直受国家产业政策的扶持。特别是国家对酿酒行业实行“四个转变”，即高度酒向低度酒转变，蒸馏酒向发酵酒转变，粮食酒向果酒转变，普通酒向优质酒转变。葡萄酒兼具发酵酒和果酒两大特征，受到国家政策的重点扶持，为葡萄酒产业赢得了前所未有的发展机遇。

2006年，葡萄酒进口量大幅增加，特别是2升以下包装的进口量的大幅增加以及国际上主要葡萄酒生产国通过多种方式加大力度在我国进行葡萄酒文化的渗透和产品的推广，2006年从葡萄酒总体情况来看，葡萄酒产量49.51万千升，增长18.10%；资产总计152.07亿元，增长10.85%；主营业务收入129.52亿元，增长25.04%；利润总额13.53亿元，增长19.6%；税金总额16.14亿元，增长29.27%。从葡萄酒进出口情况来看，葡萄酒出口0.34万千升，增长36.4%。2006年葡萄酒进口11.47万千升，增长115.8%。其中：2升以下包装的2.02万千升，增长95.68%，；2升以上包装的9.44万千升，增长120.7%。

2007年，全国葡萄酒产量的同比增长为饮料酒各行业中最高增幅。工业总产值的增长落后于产量的增幅。生产与消费向骨干企业集中，综合规模最大的6家企业合计产量与产值分别占行业的39.8%和51.1%，而合计收入与利润的增长也明显快于行业的增长。2007年产量比2006年增长了37.05%，同时，行业经济效益也以较快速度增长。2007年葡萄酒行业在葡萄酒进口量较快增加的情况下，国内葡萄酒生产企业仍保持了较好的增长势头。行业中的一线品牌继续保持较快的发展速度，二、三线的品牌加大了市场开发的力度或对产品的结构调整。2007年葡萄酒进口量在2006年大幅增加的基础上又有28.62%的增长，特别是2升以下包装的葡萄酒进口量已达到4.23万千升，增长了109.29%，从地域上来看，一些如河南、宁夏等地区的产能扩张明显加快。纵观葡萄酒行业，从政府管理到行业自身调节机制已比较完备，市场从感性消费正逐步向理性消费转化，品牌体系也开始从单一到更加丰富。特别是2007年新国家标准的出台、国际葡萄酒的规模化进入、国内企业自身的战略布局调整与国际化的深入，标志着中国葡萄酒已经与世界葡萄酒融为一体，从初级阶段进入发展阶段。

2008年，我国以葡萄酒为代表的食品行业仍保持稳定、快速增长的势头，销售收入和利润总额的增长速度继续保持在10%以上。2008年1～4月，全国葡萄酒产量29.99万千升，同比增长64.9%，相比1～3月的63.75%略有上升，而较2007年全年37.05%的增速则加快了27.8个百分点。另外，从2008年前2个月数据来看，行业毛利率也超过了去年同期的水平。“十一五”期间，那些能够积极适应消费升级、注重品牌培育、大力进行渠道建设、改善管理绩效、以市场为导向的优质龙头企业将获得更好的发展机会，并进而促进行业整体水平提升和结构调整优化。全行业将加速由资源优势向产业优势转化，行业综合利用的水平会大幅度提高。而全球经济和区域经济一体化进程的加快，也为我国食品饮料行业在更大范围内配置资源、开拓市场创造了条件。作为食品子行业的葡萄酒业，各大龙头企业加大了进军国际市场的步伐，与国际巨头强强联合、重新配置优势资源将成为民族品牌国际化的重点战略。由于发达国家葡萄酒市场消费趋于饱和，更多的国际级品牌对中国这一新兴市场倾注了极大的热情，开始对中国市场规模化进入。这对中国葡萄酒业而言，既是一个契机更是一种挑战，如何在已经到来的新一轮中外争霸中获利是每一家国内葡萄酒企业必须慎重考虑的问题。

目前，我国葡萄酒的人均年消费仅为世界平均水平的6%，还处于开拓成长期。随着人均收入水平的提高，特别是中产阶层的发展壮大，以及消费结构升级、葡萄酒作为健康饮品的价值被广泛认同等因素，葡萄酒的消费量呈现快速增长的趋势，在酒类消费中的比例亦不断提高。从目前的消费趋势来看，葡萄酒已经走入寻常百姓家，并成为家庭自饮又一主力酒种。葡萄酒企业将会瞄准新生市场，深入开发与新的消费方式更加切合的产品。

尽管每一段历史都有它不可复制的独特性，可是，1978～2008年的中国黄酒行业，却是极富传奇色彩的一个历史段落。30年改革开放，中国黄酒业面貌发生了历史性变化。

黄酒行业

黄酒是中国的国粹，现代黄酒行业的发展经历了一个漫长的过程。解放后，在党和国家的重视下，黄酒业取得了一定发展，生产工艺在传统的基础上，走上了机械化、管道化的道路，曲和酵母菌种等都有提高。1949年到1978年的30年间，黄酒产量由2.7万千升上升到1978年的39.95万千升，增加了14倍。从1978年改革开放后至今的30年中，黄酒业得到了较大发展。

1978年至今30年中黄酒业得到了较大发展，首先解放了思想，从计划经济走向了市场经济，各种改革激发了人的积极性。新的世纪以来，在一些集团企业的带动下，通过各种创新，推动了产业发展，黄酒的差异化在各酒种中最为突出，各地因气候环境不同，有使用原料不同、用曲不同、生产工艺不同等，因此产品的风格、口感也都有独特性，这些地方性、民族性，也体现了中国黄酒是五彩缤纷、光辉灿烂的。当前在提高和发展中，形成了传统型酒更经典高贵，创新型的清爽型酒更清雅时尚，以及功能型营养黄酒和厨房烹调不同菜肴用不同调料黄酒的开发创新，等等。近年各地开创派系的地方特色，如海派黄酒、苏派黄酒、绍派黄酒和闽派黄酒等，各地的黄酒生产从而也有所掀起。

近年来，随着国家“积极发展黄酒”产业政策的引导，养生保健的酒类消费观念的深入人心，古老的黄酒业重新焕发出勃勃生机，黄酒消费开始呈现出较快的增长局面。2002年以前，全国黄酒总产量一直徘徊在140万吨左右；2003年全国黄酒总产量增加到160万吨；2004年上升至180万吨，利润比2003年增长18.38%，连续三年呈两位数比例增长，古老的中国黄酒业显露生机。

2006年，黄酒总产量为63.81万千升，累计增长236.18%。销售收入55.18亿元，同比增长25.69%。规模以上黄酒企业实现利润4.50亿元，同比增长25.70%。销售收入55.18亿元，同比增长比25.69%，上缴税金5.60亿元，同比增长25.71%。

黄酒2007年各项经济技术指标又创新高，产量已达到75.70万千升，销售收入比2006年增长26.77% ，有七个产品获得了“中国名牌”的称号，六个产品获得了“中国驰名商标”，十个产品获国家免检产品称号。市场不断拓展和延伸，逐渐打破区域性消费的限制，品牌优势越来越明显，呈现了前所未有的繁荣景象。

黄酒产量稳定增长，销售额上升

在我国经济高速增长的同时，黄酒行业在产品销售、结构调整以及经营观念上发生了较大的变化。在黄酒产量稳定的同时，几家大企业相继调整产品结构，新颖、优质黄酒在黄酒销售总量中的比重不断上升，形成销售量平稳，销售额上升的情况。

企业盈利水平上升

随着产品结构调整，中、高档次酒种增加，长期以来黄酒的低档次、低价格、低盈利的“三低”现象有所突破，使企业盈利水平上升。

经营理念有所转变

黄酒行业由于经济实力薄弱，产品利润低，对宣传广告一直以来很少投入，主要还是没有摆脱工场手工业的守旧思想。自进入新世纪以来，这个局面有所突破，不少企业认识到“广告不是万能的，但不做广告是万万不能的”，注意做好市场传播工作，特别是新产品上市，以广告为先导，从而获得了成功。近些年，产品销售收入增长7.32%，产品销售费用增长67.62%。

黄酒出口平稳发展

我国加入世贸组织后，为黄酒出口打开了广阔的空间。出口渠道增加，具有出口经营权的企业目前已经有20多家，黄酒出口量有所增加，黄酒行业出口交货值2001年为2.05亿元，折合美元为2479万美元。

机制转换营造酒业勃勃生机

国家实行改革开放政策以来，黄酒行业进行了体制改革，有一些大中企业进行了股份制改制，也有效益不好的企业改制成了民营企业。这些企业经营理念符合市场经济的发展要求，成为黄酒行业发展的主力。由于企业机制的转换，为黄酒业的发展带来了勃勃生机。

黄酒行业面临的大好机遇与严峻挑战需要黄酒行业的全体从业人员，抓住和利用这一大好机遇，勇敢接受挑战，把黄酒做好、做大、做强！

果露酒行业

30年间，中国果露酒走和平发展道路，同世界各国一起分享发展机遇，推动建设持久和平、共同繁荣的和谐世界。在全球化日益加深的今天，中国发展进步离不开世界，世界繁荣稳定也日益同中国的发展联系在一起。

30年前，“果露酒”对于大众而言是极为陌生的一个代名词；而今，30年后的今天，消费者已将些许目光投向了果露酒，特别是在广东、福建一带，更是广泛受到消费者的青睐。近年来，国家对这一分支产业的愈加重视及中国酒业整个行业对果露酒产业的关心，均表明果露酒已在无形之中占据了人们的心灵，且逐步在蔓延。30年的改革开放发展历程，可以说为果露酒产业的发展烙上了深深的印记。

果露酒是我国的酿酒行业中的一个小酒种，是果酒和露酒的统称，从国际上通用的概念来讲，露酒应属于配制酒的范畴。我国果露酒年产量30万千升左右，约占全国饮料酒产量的1%。目前，在我国相关的统计资料中，果露酒还包括了白兰地、威士忌、俄得克等其他蒸馏酒。

根据国家统计局对规模以上其他酒企业（全部国有及销售收入在500万元以上非国有企业）的统计， 2006年行业资产总计53.44亿元、同比增长16.37%，主营业务收入52.79亿元，同比增长27.10%，利润总额3.33亿元，同比增长15.71%，税金总额4.39亿元，同比增长14.67%；2007年行业工业总产值77.08亿元，同比增长27.7%；销售总产值72.96亿元，同比增长27.98%。

果露酒行业具有规模以上企业约120家，遍布于28个省、市、自治区，企业较多的省份有湖南、山东、广东、湖北、福建、江苏、黑龙江等，这7个省市拥有规模企业数占总数的50%以上。根据国家统计局统计的销售产值，位居行业前五位的省份有湖北、山东、海南、湖南和河南，这五省的销售产值占总销售产值的60%以上。

从统计的露酒销售收入数据来看，行业前十名的企业约占全行业的70%，劲牌有限公司、海南椰岛股份有限公司二家企业约占了全行业的40%。

行业特点

（1）产品品种繁多，很多体现出明显的地域性，企业数量多、分布面广，但规模小；兼营生产的企业多，专营企业少。

（2）地方性品牌多，全国性品牌少。目前，露酒中的劲牌、椰岛、宁夏红、致中和等品牌属全国性品牌，其余基本是地方性品牌；而果酒基本没有全国性品牌。

行业总体发展趋势

（1）从近几年国内露酒生产及销售的增长态势看，将继续保持现有发展速度，但是露酒的主要品牌仍将保持明显优势及较高的市场占用率，地方性品牌在较短时间内还不会突破现有格局。

（2）果酒产品的发展已引起部分省、区和企业的重视，在新产品的开发方面明显增加了力度，果酒的生产、消费将有较快的发展，果酒的品种也会逐渐增多。

生产工艺和技术装备水平有所提高

露酒是我国的传统酒种，主要工艺过程保留了传统的状况，但近些年来，一些关键的工序，如提取、过滤等，在一些大企业采用了国际上较先进的方法。在装备方面，近几年我国行业中的大中型企业的关键生产设备也有使用较先进设备；但小型企业普遍用传统的设备，相对落后。目前，稍有规模的果酒企业，普遍参照了葡萄酒的生产方法，使用的设备处于国内较先进的水平。

总体来看，果露酒虽然在整个饮料酒中属于较小的酒种，但随着国家酒业整体的发展，果露酒行业发展势头良好。2007年行业工业总产值77.08亿元，增长27.7%；销售总产值72.96亿元，增长27.98%。越来越多的企业认识到品牌营销的重要性，在产品推广、品牌建设上突破地域束缚发展成为全国性知名品牌。2007中国名牌评选中就有6个产品获“中国名牌产品”殊荣，为果露酒行业发展带来了生机。

改革开放30年来，酒精行业的发展可以说是稳中求进，且也在依据产业发展的大环境中不断求新、求变，不仅为自身带来了巨大的机遇和挑战，更为整个中国酒业添砖加瓦，扮演了30年来中国酒业这个大舞台上的重要角色。同时，产业内的规模队伍与日俱增，形成了一股颇具实力的气候。尽管其出口量受2008全球金融风暴的影响颇重，但仍没有阻挡住整个产业继续向前奋发的决心与毅力，酒精产业的后市可期。

酒精行业

燃料乙醇对我国的酒精企业带来了巨大机遇，也带来了挑战。国内这一产业已出现投资过热的征兆，不少没有经过批准的企业纷纷上马，规模不断攀升。2006年年底，国家发展改革委、财政部联合下发《国家发展改革委、财政部关于加强生物燃料乙醇项目建设管理，促进产业健康发展的通知》（发改工业[2006]2842号），加强生物燃料乙醇项目建设管理，促进产业健康发展，严格项目建设管理与核准。

2001年发酵法酒精产量200.83万吨，行业的总体产量与1999年基本持平，其中江苏、海南、广东有较大幅度增长，酒精出口量有较大增长达到近20万吨，每吨出口价370～420美元。2002年全国酒精产量213万吨，较2000年增长7.3%。

2006年全国酒精产量545.62万千升(销售收入500万元以上的企业，不包括小企业和自产自用的酒精量，不含吉林燃料乙醇有限公司、河南天冠燃料乙醇有限公司和黑龙江华润酒精有限公司的燃料乙醇产量)，比去年增长44.10%。加上燃料乙醇产量，总量突破540万吨。酒精产量增长连续四年在两位数。销售收入247.28亿元，同比增长55.67%；上缴税金11.16亿元，同比增长28.24%。酒精进出口情况:出口101.78万千升,出口创汇4.54亿美元,每千升酒精平均创汇445.88美元。进口酒精0.80万千升,用汇570.63万美元，每千升酒精平均用汇715.79美元。

2007年全国酒精产量635.98万千升(以年销售收入500万元以上的企业计，不包括小企业和自产自用的酒精量)，比去年同期增长17.87%。与上一年度48.21%相比，酒精产量增长幅度大幅回落。

酒精进出口情况:2007年全国酒精出口12.9973万千升（10.4951万吨），比2006年的酒精出口101.7779万千升大幅减少；出口创汇6322.9258万美元，每千升酒精创汇486.48美元，比去年390.55美元提高95.93美元。2007年全国进口酒精677.724千升（约547.25吨）。

酒精产量继续保持快速增长

受国家燃料乙醇政策的影响，燃料乙醇全年用量与2006年基本持平，2007年全国酒精产量比去年同期增长17.87%，与上一年增幅48.21%相比，酒精产量增长幅度大幅回落。酒精增量仅仅由于食用和化工等传统行业的用量增加而维持。

酒精生产向原料主产区转移和向大型化发展

累计产量增长量较大的地区，如吉林、黑龙江和内蒙古是玉米主产区，广西是木薯主产区，江苏苏北有进口木薯的港口优势，利于酒精制造业的发展。近几年来，酒精行业表现出具有原料优势地区酒精产量快速增长的态势。在2000年左右，我国没有大型酒精生产企业，最大的也不过年产3万吨左右规模。通过这些年的技术改造和扩产，到今年，年产10万吨以上的酒精企业达15家之多，5家企业规模超30万吨/年。随着国家淘汰3万吨/年以下酒精生产能力的节能减排政策的实施，必然导致企业规模扩大，酒精企业的大型化发展趋势将更加明显。

利润水平维持在较低水平

2007年我国的酒精主要生产原料一直处于高位。玉米平均价格维持在每吨1400元以上，最高达1600元以上；木薯价格在每吨1410元以上，下半年并有一定幅度的上涨，个别地方超过1800元/吨。酒精价格维持在每千升3600～4300元。根据协会的统计，2007年全年酒精产品利润总额约为12.6亿元，而全年的燃料乙醇的补贴金额要远超此数字，实际行业利润为负数。企业对原料风险估计不足，是造成利润水平不高的重要原因之一。一方面是原料供应紧张，另一方面是产能过剩，大部分酒精生产企业的利润水平维持在很低的水平，部分企业不得不处于负利润水平。

燃料乙醇发展方向“非粮”转变

受国际粮油价格和国内经济发展的影响，同时加上我国的玉米深加工业近年来也过度发展，中国玉米等粮食价格出现飞涨格局。考虑到粮食安全问题，国家发改委多次明确指出，不新批粮食燃料乙醇企业，转向非粮生产。在2007年的酒精年会上，王伟处长指出，酒精企业要走原料多元化战略，坚持以人为本，生态环境保护，和谐利用，可持续发展，做到不占耕地、不耗粮、不破坏环境。实现从粮食为主的原料路线向非粮转变，重点开发不与人争粮，不与粮争地且经济性较好的薯类、甜高粱淀粉质原料，发展糖蜜酒精调节市场供应。受国家非粮政策影响以及全球木薯用量的大幅增加，下半年以来木薯价格上涨超过玉米，木薯酒精企业的利润水平要低于玉米酒精生产企业，不少木薯酒精企业处于停产状态。受全球木薯消费量大幅增加的影响，预计2008年木薯价格仍将维持高位。同时，木薯和玉米酒精产量比例增加，糖蜜酒精比例不断减少。

向下游产品发展

因酒精市场严重过剩，酒精生产企业利润水平很低，同时由于石油价格不断攀升，使部分从石化工艺转化的化工产品成本上升。而乙醇可以替代石油化学工业最基础的原料——乙烯，因此不少酒精生产企业建设酒精下游产品项目，如乙酸乙酯、聚乙烯、聚氯乙烯、苯乙烯、醋酸乙烯、聚氟乙烯、环氧乙烷和乙二醇（MEG）等产品，从而也扩大了酒精消费量。这种趋势在现在石油价格高起的形势下，会继续发展。如吉林新天龙新建8万吨醋酸项目于2007年7月份顺利投产。

企业规模不断扩大

从2002年以来，我国酒精行业单个企业的规模不断扩大。2001年超过10万吨仅1家(黑龙江华润)，2003年达到2家，2004年为5家，2005年达到8家，到2006年已经成为12家。另一方面，在2006年，产量在5万千升以上的企业的产量总和为346万吨，占全国总产量的64%，行业集中度不断加深。

行业控股情况发生深刻变化

近年来，由于酒精行业企业的改制，行业的经济类型发生了根本性的变化，从原来国有为主发展转变为私有控股为主的格局。随着企业改制的进一步深入，酒精行业的私有控股局面将会进一步发展。而燃料乙醇企业由于受国家政策的限制，现在全部为国有企业。

酒精行业产量继续保持快速增长。近几年来，有原料优势的地区如吉林、黑龙江和内蒙古等地的酒精产量呈快速增长态势，大型酒精企业不断出现。到2007年，年产10万吨以上的酒精企业达15家之多，5家企业规模超30万吨。但受前年9月国家取消酒精的出口退税政策所影响，出口量锐减，2007年累计出口量12.9973万千升，平均每月仅能维持1万千升左右的出口量。行业企业利润水平仍处较低水平。

转瞬间，改革开放的征途整整走过了30年。在这30年大庆的日子里，回顾这30年日新月异的发展，我们更加坚定地认为改革是强国之路，改革是富民之路，改革开放30年谱写了我国酿酒行业自强不息、顽强奋进的辉煌篇章。

中国酿酒工业30年大事记

1978年12月：全国名优白酒提高产品质量工作会议在湖南长沙召开。此次会议是“文革”后白酒行业的“拨乱反正”，是具有历史意义的一次重要会议。

1978年：长城葡萄酒公司开始生产国际流行的非氧化型干白葡萄酒并投入市场。

1979年：上海建成年产万吨规模的黄酒机械化生产线，我国第一次实现了黄酒的机械化生产。

1979年：“第三届全国评酒会”评出“八大名酒”——即“茅台”、“汾酒”、“五粮液”、“剑南春”、“古井贡”、“洋河大曲”、“董酒”、“泸州老窖特曲”。

1980年：我国第一个中外合资的葡萄酒公司——中法合营王朝葡萄酿酒有限公司成立。

1981年：国家标准《蒸馏酒及配制酒卫生标准（GB 2757—1981）》颁布。

1982年：“张裕”名号恢复，定名为“烟台张裕葡萄酒酿酒公司”。

1982年：轻工部颁布《葡萄酒标准》，并开始执行。

1982年6月1日：开始实施“发酵酒卫生标准国家标准（GB 2758—1981）”。

1983年：中国第一瓶干红葡萄酒在河北地王集团问世。

1983年：中国长城葡萄酒有限公司成立。

1984年5月：第四届全国评酒会评选出国家十三大名酒——“茅台”、“汾酒”、“五粮液”、“洋河大曲”、“剑南春”、“古井贡”、“董酒”、“西凤”、“泸州老窖特曲”、“全兴大曲”、“双沟大曲”、“特制黄鹤楼”、“郎酒”。

1984年3月6日：我国第一次从国外（联邦德国）引进啤酒瓶装设备制造技术。

1984年3月6日：辽宁省啤酒专业协会在沈阳成立，是全国各省市区啤酒行业最早成立的专业啤酒协会。

1984年4月：山东烟台市举办“全国果酒生产工艺学术讨论会”，这是建国以来第一次由学会主办的葡萄酿酒学术交流会。

1985年：我国第一批从计划经济管理体制下转为市场调节的产品就包括酒精、黄酒、果露酒和葡萄酒。

1985年：开始实施“啤酒国家标准（GB 4927—1985）”、“啤酒实验方法国家标准（GB 4928—1985）”。

1986年11月：全国第一所酿酒学校——淮阴酿酒职工中等专业学校在酒乡江苏泗洪县双沟镇成立，该校设4个专业。

1987年：国家经委、轻工业部、商业部、农牧渔业部在贵州省贵阳市联合召开“全国酿酒工业增产节约工作会议”，会议确定了“四个转变”，即“高度酒向低度酒转变，蒸馏酒向酿造酒转变，粮食酒向果类酒转变，普通酒向优质酒转变”。

1988年1月1日：污水综合排放国家标准GB 8978—1988开始实施。

1987年9月1日至5日：中国第一个名酒节在四川省泸州市举行。

1987年：国际葡萄与葡萄酒组织（OIV）授予山东省烟台市为亚洲唯一“国际葡萄•葡萄酒城”。

1988年7月：名白酒的价格普遍放开，此次调价幅度较大，有的国家级名酒从每500克数十元升至百元以上。

1988年：中国第一家生产干红葡萄酒的专业公司——华夏葡萄酿酒公司成立。

1989年：拉萨啤酒厂成立，至此，我国31个省、市、自治区都有了本地的啤酒生产企业。

1989年1月10日：第五届全国评酒会在安徽合肥举行，评选出17大名酒。

1989年：国家葡萄酒质量监督检验中心成立。

1992年6月2日：中国酿酒工业协会在山东泰安召开成立大会。

1993年7月15日：青岛啤酒股份有限公司发行的H股在香港联交所挂牌上市，成为中国第一家海外上市公司。

1994年：我国啤酒产量跃居世界第二位。

1994年8月：我国最大的黄酒生产和出口基地——绍兴黄酒集团成立。

1994年：黑龙江省酒业协会最先研制成功并在全国推

广“营养型复制白酒”。

1994年：西北农林科技大学葡萄酒学院成立。

1994年11月2日：孔府宴以利税的1/3即3009万元夺得央视首届标王。

1995年6月：珠江啤酒有限公司在比利时布鲁塞尔隆重开业，开创了中国啤酒在国外生产的先例。

1995年：国家23个部委提出，“今后公宴不喝白酒，改用果酒，以后进一步发展成不喝白酒和进口酒”。

1995年12月11日：中国酿酒工业协会黄酒分会组织黄酒企业参加“菲律宾国际商品展”，这是黄酒行业第一次组织黄酒企业以“中国黄酒”名义参展。

1996年：黑龙江省酒业协会最先研制成功并在全国推广“五层挤压膜袋装白酒”。

1996年6月9日：辽宁锦州市凌川酒厂老厂搬迁时在地下发掘出4个庞大的木制酒海，其中存有2000余千克白酒，该酒封藏于清道光二十五年即公元1845年。

1997年：张裕成为中国第一家葡萄酒股票上市公司。

1997年：徐岩在无锡轻工大学生物工程学院获博士学位，成为中国第一位“白酒博士”。

1998年：李崎成为中国第一位“啤酒博士”。

1998年2月：山西朔州发生震惊全国的毒酒案。

1999年：黑龙江省酒业协会最先研究试用了“新的白酒评定办法”，在全国第二届新型白酒展示会上试用成功。

1999年4月1日：生产销售瓶装啤酒必须使用符合《啤酒瓶》新标准的啤酒瓶，6月1日起，流通领域的瓶装啤酒禁止使用非“B”瓶，违者要处以罚款。

1999年12月16日：国家对绍兴酒实行原产地域产品保护，这是我国实行原产地域产品保护制度后的第一个保护品种。

2000年12月：我国第一部葡萄酒行政法规《葡萄酒生产管理办法》（试行）发布，使我国的葡萄酒行业与国际顺利接轨。

2001年：国家在粮食白酒从价征收25%、薯类白酒从价征收15%消费税的同时，每500克白酒再按0.5元从量征收消费税，并取消以外购酒勾兑生产酒的企业可以扣除其购进酒已纳消费税的抵扣政策。

2001年：新《商标法》开始实施。

2002年：国家经贸委发布了《中国葡萄酿酒技术规范》，从2003年1月1日起实施，取消了半汁酒标准。

2002年：我国啤酒产量跃居世界第1位。

2004年：湖南省多个地区检测出甜蜜素不合格产品，引起市场上一场轩然大波。后经中国食品工业协会白酒专业委员会组织专家论证，此次对白酒产品采用的甜蜜素查验方法并不适用。随后，“甜蜜素事件”逐步得到平息。

2005年9月：国家认监委、商务部发布了《食品质量认证实施规则——酒类》公告，开展酒类质量等级的认证。

2005年11月15至16日：由中国酿酒工业协会组织的“枝江杯”首届全国品酒技能大赛在宜昌举行。

2006年1月1日：《酒类流通管理办法》正式实施。

2006年1月：中国酒类认证首批获证企业颁证大会在北京隆重召开。

2006年：水井坊与帝亚吉欧联姻，帝亚吉欧持有水井坊16.64%股份，成为水井坊第二大股东，这一跨国联姻事件被业内外称为“中国白酒第一并购案”。

2006年12月：首届“中国酿酒大师”颁证大会在钓鱼台宾馆隆重召开。

2007年4月：中国酿酒工业协会白酒分会在无锡组织召开“中国白酒169计划”大会。

2007年6月：张裕爱斐堡国际酒庄开业，推出了中国市场上的首批期酒——爱斐堡酒庄2006年份期酒。

2007年：张裕集团以6.95亿美元的销售额进入全球葡萄酒企业销售收入十强。

2007年8月17日：由中国酿酒工业协会白酒分会组织的“首届中国低度白酒发展高峰论坛”在河南郑州召开。

2007年10月：“诺维信杯”首届全国啤酒评酒技能大赛在北京召开。

2007年11月29日：国家质检总局、商务部、国家工商总局联合发出“关于贯彻《国务院关于加强食品等产品安全监督管理的特别规定》实施产品质量电子监管的通知”，其中酒类产品中的白酒、葡萄酒、啤酒和黄酒被列入《入网产品目录》。

2008年1月1日：葡萄酒国家新标准《葡萄酒》（GB 15037—2006）在生产领域正式实施，并由推荐性国家标准改为强制性国家标准。

2008年1月29日：中国企业首次收购波尔多酒庄。青岛龙海国际贸易有限公司在法国著名葡萄酒产地波尔多正式购得有约500年历史的Latour-Laguens酒庄。

2008年2月27日：香港宣布免除葡萄酒进口关税。

2008年年初：雨雪冰冻灾害中彰显酒类企业社会责任。广大酒类企业唱响了一曲“众志成城战暴雪”的主旋律，整个酿酒业的企业公民形象变得愈加清晰、鲜亮起来。

2008年5月1日：GB 1982—2005《啤酒工业污染物排放标准》在啤酒及麦芽生产企业全面执行。

2008年5月12日：汶川地震突袭，举国同悲，对中国整个白酒产业产生了不小的震荡，酒类企业纷纷组织捐赠活动，奏响中国酒业和谐最强音。

2008年5月27日：在第5届亚太区国际葡萄酒及烈酒商贸展（Vinexpo）上发布的一项调查结果显示，中国葡萄酒消费量居亚洲第一，预计到2011年，在全球的消费量排名将由第10位升至第8位。

2008年：中粮酒业推出“奥运酒”。

2008年：“解百纳”商标事件再起争端。

2008年7月：中粮君顶酒庄联手中国工商银行、中信银行、中海信托、国投信托推出了国内首创的两款期酒理财产品。

2008年8月25日：十一届全国人大常委会第四次会议审议的《食品安全法（草案）》删除了国家对食品、食品添加剂和食品相关产品实行监管码制度的规定。

汾酒集团30年巨变

2008年是党的十一届三中全会胜利召开30周年，是我国改革开放30周年。30年来，在改革开放春风的沐浴下，汾酒人秉承“用心酿造，诚信天下”的理念，坚持改革开放，解放思想，科学发展，全力打造中国一流的名白酒、保健酒和酒文化旅游三大基地，提升企业核心竞争力，使产品质量不断提高，经济效益迅猛增长，职工物质文化生活显著改善，谱写了汾酒事业发展史上光辉灿烂的篇章。

过去的30年，是汾酒事业发展进步、不断创新的30年，是汾酒事业文化导航、科学发展的30年，是汾酒人用心酿造、诚信天下的30年，是汾酒人传承历史、与时俱进、光前裕后的30年。

纪念改革开放30周年，就是要充分认识改革开放的重大意义和伟大成就，深刻总结改革开放的伟大历程和宝贵经验，坚持党的十一届三中全会精神，高举中国特色社会主义伟大旗帜，以马克思列宁主义、毛泽东思想、邓小平理论和“三个代表”重要思想为指导，深入贯彻落实科学发展观，在中国特色社会主义道路上，继续把改革开放伟大事业推向前进。

纪念改革开放30周年，就是要充分认识改革开放对企业成长进步的重大意义，深刻总结改革开放30年来汾酒事业所走过的风雨历程和宝贵经验，把握现在，珍惜机遇，放眼未来，继续坚定不移坚持改革开放，推动科学发展，实现汾酒事业又好又快发展。

30年来，汾酒人以改革增活力，沐浴春风，挥洒热情，敢为人先，始终冲在全省改革开放的最前沿。从1979年起，汾酒厂先后作为山西省乃至全国企业扩权、利改税、厂长负责制、经营承包制、横向经济联合、三项制度改革、股份制改造的试点，进行了大量的实践，完成了从计划经济向市场经济的过渡。20世纪80年代初期，率先实施厂长负责制改革。80年代中期，又率先实行承包责任制，并在内部进行了干部制度、劳动用工制度和分配制度三项制度改革，搬掉了“铁交椅”，打破了“铁饭碗”，在管理体制上实行了“十个统一，十权下放”，初步尝到了改革的甜头。1992年7月，汾酒厂取得了全国白酒行业首家进出口经营权，成立了山西杏花村汾酒厂进出口公司，2007年出口创汇6198万美元，2008年达到1.1亿美元。1993年1月，组建集科、工、贸为一体的“山西杏花村汾酒（集团）公司”。同年12月，在全省率先实施股份制改造，创立了“山西杏花村汾酒厂股份有限公司”，成为山西第一股、白酒行业第一股，完成了企业的体制转换。2002年3

月，经山西省人民政府批准，企业改制为山西杏花村汾酒集团有限责任公司，成为省政府授权经营的十二家大型企业之一，在建立现代企业制度的道路上迈出了坚实的步伐。应该说，改革开放为汾酒事业注入了生机和活力，增添了强大动力。30年来，企业之所以经济效益高歌猛进，环境面貌焕然一新，员工生活大有改善，根本上源于党的改革开放政策的指引，源于汾酒集团始终坚定不移地以改革求生存、促发展。历史和实践也雄辩地证明：改革开放是强国富民之路，是汾酒事业兴旺发达之路。

30年来，汾酒人靠创新谋发展，企业规模和实力不断壮大，经济效益大幅增长，实现了一次又一次的跨越和腾飞。1978年，汾酒厂年产量仅为2860吨，工业总产值907万元，职工810人。经过三次大规模的扩建、技改工程，今天汾酒集团名优酒产能达到5万余吨，是改革开放前的16.36倍，实现工业总产值21亿元，是改革开放前的155倍，拥有职工7680人，资产总额达到32亿元。1978年，销售收入为0.13亿元，2007年实现销售收入29.29亿元，是1978年的220倍，预计2008年实现收入32.20亿元。1978年，实现利税708万元，2007年实现利税14.07亿元，是1978年的198倍，预计2008年实现利税10.4亿元。1978年上缴国家利税0.05亿元，2007年则是8.9亿元，是1978年的178倍。

“十五”时期，是汾酒事业发展最好、职工生存生活质量提高最快的时期。几年来，汾酒集团以科学的发展观为指导，求真务实，锐意进取，积极应对挑战，有效化解历史包袱，在战略创新、管理创新、产品创新、营销创新、环境创新等方面迈出了坚实的步伐，经济增长的质量和效益不断提高，核心竞争力不断增强，已经基本走出假酒案的阴影，实现了增长方式由粗放型向集约型的根本性转变，市场逐步恢复和有效拓展，主要经济指标连创历史最高，并重返五强地位，步入了全面协调、科学发展的快车道。

30年来，汾酒集团大力实施名牌战略，产品结构逐步完善。1994年，以赞助世界妇女大会为契机，汾酒完成了高度向低度的转变。1997年、2006年，“杏花村”、“竹叶青”先后被认定为中国驰名商标，并荣登中国最有价值商标500强。2006年，《中国最具价值品牌排行榜》显示，杏花村品牌价值达47.76亿元人民币。1997年竹叶青酒获国家卫生部颁发的“保健食品批准证书”，成为国家名酒中唯一保健酒。汾、竹、白、玫四朵金花常开常艳，花色品种不断丰富，形成了高中低档、高中低度、高中低价完整的产品体系。1997年推出了30年陈酿——青花瓷汾酒，2004年推出的国藏汾酒成为国家博物馆唯一珍藏的国家名酒。以国藏汾酒、青花瓷汾酒、老白汾、竹叶青酒等为代表的中高端产品深受市场青睐。

30年来，汾酒集团始终不渝坚持自主创新，构筑质量大堤。1986年汾酒厂获国家质量管理奖。1988年汾酒、竹叶青酒及其系列产品通过了国家方圆标志委员会的产品质量认证。1990年获得“七五”国家级企业技术进步奖。2004年，“竹叶青酒色泽稳定性研究及应用”获国家科技进步二等奖。近年相继通过ISO9001：2000质量体系认证、国标22000认证、C标志认证、“纯粮固态发酵白酒标志”认证、食品安全认证。2006年汾酒厂股份公司荣获首届省政府质量大奖。2007年公司荣获“全国质量工作先进单位”，公司技术中心晋升为国家级技术中心。20世纪60年代，山西省食品研究所就设在汾酒厂，不久的将来，汾酒集团仍然有信心让食品研究所重新落户杏花村。

30年来，汾酒集团坚持全心全意依靠工人阶级办企业，队伍素质全面提高。汾酒集团强化民主管理，维护职工权益，坚持完善职工代表大会制度，切实做到了企业重大政策措施的制定未经职代会审议不出台；企业的重大决策未经职代会审议不通过；涉及职工切身利益的有关制度、方案未经职代会审议不实施。坚持民主评议领导干部制度，促进了各级领导班子的思想作风建设和党风廉政建设，密切了干群关系，增强了企业的凝聚力。推行厂务公开制度，涵盖了事关生产经营管理和改革发展重大决策、涉及职工切身利益的重要事项、领导干部廉洁自律情况等多方面内容。汾酒集团在酿造美酒的同时，也在努力培养和造就人才。职工中现有大中专学历2037人，各类专业技术人员600余人，队伍的年龄结构、知识结构、技术结构都发生了根本性的变化，一大批德才兼备的人才走上了管理、技术岗位，为事业提供了人力资源保证。

30年来，企业环境面貌日新月异，职工生活质量显著改善。特别是2002年省政府授权经营以来，公司着力推进酒文化旅游基地建设，完成了中水技改工程、办公大楼改造、体育场馆改造，建成了汾酒工业园林、文化广场、汾酒博物馆、醉仙楼、科技大楼等。公司总绿化面积达到了76.4万平方米，职工人均绿地面积达到70多平方米，人均绿化面积达到了160多平方米，企业成为名副其实的园林式、花园式工厂。汾酒博物馆成为全国首家酒文化学术活动基地，汾酒酿造工艺成为首批国家级非物质文化遗产，汾酒作坊遗址成为全国重点文物保护单位，汾酒工业园林成为全国工业旅游示范点。今日的汾酒集团，已然是鸟语花香，绿树成荫，一派祥和，一片温馨，每年接待游客20余万人次。生活在这个小天地、小环境中，汾酒集团感到非常舒适、非常愉悦！

30年来，汾酒集团在继承弘扬汾酒文化的同时，努力构建独树一帜的汾酒现代企业文化。汾酒历史久远，传承千年，赋予自身深厚的文化底蕴。早在1986年，汾酒厂就形成了“团结、创新、务实、求精”的企业精神——杏花精神，成为企业不断创新发展的强大精神动力。2004年，公司全面启动汾酒文化战略“清香工程”，形成了独树一帜的企业文化体系，包括汾酒集团的理念文化、行为文化、感受文化。“用心酿造，诚信天下”，写实地记录了汾酒人对事业精益求精、全身心奉献、高度负责、恪尽职守的工作作风和真诚态度，折射出汾酒人做事诚信、为人善良热情的传统美德，表现了汾酒人广阔的目标视野和“诚”雄天下的大企业风范。以“为民族——传承国宝，让清香更久远；为公众——精酿美酒，让身心更愉悦；为员工——创造成功，让生活更美好；为股东——多创红利，让汾酒更卓越”为内容的汾酒使命，则体现了汾酒经营管理的原动力和最高准则，彰显了汾酒作为大型酒企的社会责任和生存价值。30年，企业在经济发展的同时，不忘回报社会，共捐赠、资助社会公益事业上亿元，公司还在人民大会堂荣获了“中华慈善奖”。

2004年和2007年，成功举办了两届中国山西杏花村汾酒文化节，省委省政府主要领导亲自发来贺信，对汾酒集团鼓舞很大。汾酒文化节已成为省政府重点支持的节庆活动之一，被列入山西省“十一五”时期文化发展规划纲要。央视一套报时广告、杏花村汾酒集团杯电视书画大赛以及十六集汾酒文化片的展播、迎奥运竹叶青健康与你同行活动，都起到了非常好的宣传效果。1991年，汾酒集团拍摄了电视连续剧《杏林深处》，记录了汾酒厂的创业史。今年，汾酒集团出资1500余万元拍摄了30集电视连续剧《杏花魂》，将展示中国酒业百年风云，展现汾酒走向世界的历史。这些艺术作品，为汾酒文化充实了新的内涵。汾酒的文化力正在转化为生产力，转化为汾酒集团搏击市场、进行差异化竞争的核心要素。

中国30年巨变，汾酒30年巨变，从一个侧面证明了新时期最鲜明的特点是改革开放，最显著的成就是快速发展，最突出的标志是与时俱进，只有改革开放才能发展中国、发展社会主义、发展马克思主义。汾酒30年巨变，得益于改革开放这个决定当代中国命运的关键抉择，同时又以汾酒集团自身的品牌优势、文化优势、质量技术优势，在山西轻工行业、在中国白酒行业打造出了一片天地。汾酒30年巨变，是省委、省政府、省国资委正确领导和大力支持的结果，是公司广大干部职工团结奋斗、顽强拼搏的结果。面对企业30年来发生的历史性巨变，汾酒集团感到由衷的骄傲和自豪。

回顾历史是为了开辟未来，总结经验是为了指导实践。30年前，汾酒集团伴随着共和国前进的步伐，毅然踏上了改革开放的征程。站在30年辉煌发展的节点上回望：汾酒集团无愧于历史！企业实现了高效率、超常规、跨越式的发展，昔日的小型白酒企业，已发展成为如今欣欣向荣的现代化名酒集团。如今，汾酒集团站在新的起点上，认真反省自身还存在的问题，决心以全新的面貌迎接未来的挑战！

理论决定观念，观念决定思路，思路决定出路。汾酒集团将继续坚定不移地坚持改革开放，深入贯彻落实科学发展观，按照公司“十一五”规划总体部署，从党的十七大、中央经济工作会议、全省经济工作会议精神中，理出新思路、定出新举措，贯彻落实“内抓管理、外拓市场、转换机制、科学发展”的经营方针，全面推进三大基地建设，全面提升经济效益增长的质量和速度，全面提高职工生存生活质量，推动汾酒集团的又好又快科学发展。

回首改革开放30年的足迹，巨大的成就鼓舞着汾酒集团；展望汾酒未来的发展，美好的前景昭示着汾酒集团。站在承前启后的重要历史节点上，汾酒集团深感使命光荣、责任重大。让汾酒集团紧密团结在以胡锦涛同志为总书记的党中央周围，在省委、省政府和国资委的坚强领导下，高举中国特色社会主义伟大旗帜，深入贯彻落实科学发展观，为开创汾酒集团改革开放和现代化建设新的伟大事业而团结奋斗！

王朝公司原料基地30年发展纪实

中法合营王朝葡萄酿酒有限公司诞生于1980年，是全国第二家、天津市第一家中外合资企业，也是我国葡萄酒行业的第一家合资企业。目前，王朝公司已成为我国改革开放以来最成功的合资企业之一。

王朝走过的三十年是对现代葡萄酒酿造工艺消化、吸收、提高的过程；是对现代酿酒设备认识、引进、改造的过程；是企业现代化管理意识逐渐树立的过程；同时也是对原料的重要作用逐步提高认识并建立稳定的原料保障体系的过程。

原料基地建设是一项长期、持续而系统性的工作，它的成败将直接关系到葡萄酒企业的根本利益和长远发展。为了确立王朝葡萄酒的风格和不断提高酒的质量，王朝公司在原料方面下了很大工夫，从科研、技术推广及生产管理等方面取得了很多的突破，建立了葡萄酒原料保障体系，从而保证了王朝酒原料的质量和数量，为“王朝”品牌赢得消费者的信任奠定了坚实的基础。今天，葡萄园已成为王朝葡萄酒生产的第一车间，葡萄栽培已成为王朝优质葡萄酒工艺的重要组成部分。

原料基地现状

王朝公司实施“原料基地化、加工群体化、生产规模化、产品系列化、市场网络化”的“五化”战略，在20余年间，经过多项次、多区域、多年份栽培与酿酒试验，率先在全国实现了葡萄种植的良种区域化、种苗无病毒化、栽培规范化。在天津汉沽玫瑰香产区、宁夏贺兰山产区、新疆和硕产区、津冀燕山南麓产区、山东蓬莱产区等地建立了4万余亩优质葡萄原料基地，在每个产区分别建立了5000～10000吨生产能力的葡萄原酒加工厂。

原料基地的管理模式

目前，王朝公司原料基地的管理模式如下：

1.“订单式”基地管理模式

该模式是目前王朝公司获取原料最常用的一种方式。它的主要做法是：①签好两个协议：公司与当地政府主管部门签订《基地发展协议》。与村委会、乡林业站等部门或机构签订《原料基地建设和葡萄购销协议》，作为组织者，这些机构将根据与企业签订的协议，再与农户签订《葡萄生产与购销协议》。②做好两个服务：技术服务、原料收购服务。

2.“原酒加工企业+自主基地”管理模式

公司所属的宁夏御马、新疆冠龙公司基地采用该模式。多年来，基地向王朝公司提供大量高档原酒，为王朝公司的新产品研发以及产品质量升级做出了重要贡献，实践证明：该模式是现阶段基地管理较成功的一种方式。

3.“农场式”管理模式

公司所属宁夏芦花台基地采用的是“农场式”管理模式。该管理模式使原料基地管理成本较低，生产过程得到有效控制，近年来，为王朝公司提供了大量优质的葡萄原料。

原料基地建设的经验

1. 科学规划，扎实做好基地建设

王朝公司的发展最根本的一条经验就是遵循葡萄酒本身的自然规律，扎扎实实地做好葡萄基地建设。王朝公司是第一家用产地玫瑰香葡萄，大批量生产高档干白葡萄酒的企业。1980年公司从酿酒工艺入手，对当地所有的葡萄品种进行酿造试验，从白羽、白雅等几个品种当中初步筛选出玫瑰香葡萄作为王朝公司的主栽品种。

从1983年、1984年开始，公司又逐步引进了赤霞珠、梅鹿辄、霞多丽、贵人香、白玉霓、长相思、琼瑶浆、白雷司令、白诗南等十多个葡萄品种。从1995年底开始，全国范围内的红酒热不断升温，王朝公司先后在宁夏、新疆、河北、山东以及天津的蓟县和汉沽等地发展葡萄基地4万余亩，从而建立了公司稳定的原料基地。

2. 加强与科研部门的密切联合

为了确立王朝葡萄酒的风格和不断提高酒的质量，王朝公司从科研、技术推广及生产管理等方面取得了很多的突破，分别与中国农科院、天津农科院、中国农业大学、北京农学院、山东葡萄研究所等许多科研院所密切合作，围绕生产和市场需要，重点进行了良种区域化、种苗无病毒化、栽培规范化三个方面的研究工作。

主要研究成果有：①王朝葡萄酒酿造品种优质丰产栽培技术开发与推广；②天津地区万亩酒用葡萄优质丰产栽培技术推广；③无病毒优质葡萄苗木选育和配套技术模式研究；④玫瑰香汉沽产地葡萄酒的开发；⑤酿酒葡萄果实生长发育的研究等。

3. 质量是企业的生命

王朝公司所需原料大部分都是由公司所属葡萄原料基地提供。为了保证质量，王朝公司有着严格的原料进厂制度和检测，始终把原料质量作为产品质量的重要工序来抓，葡萄的纯度、糖度、酸度和色度，不达标准绝对不允许进厂，确保了原料品质优良。

4. 葡萄原料产地加工原则

葡萄原料产地加工是确保葡萄酒质量的关键。王朝公司自1997年以来，全面实施了“原料基地化”策略，在河北、天津、山东、宁夏、新疆等优质葡萄种植基地，就地建成了大型现代化发酵站，保证了原料供给；同时在葡萄基地建立了技术辅导站，并以技术为手段，以价格来调节，通过以质论价达到保质保量，为生产出高质量产品提供了必要的技术保障。

5. 完善组织保障措施

王朝公司在各基地政府的支持下，建立起了县（葡萄生产管理办公室）、乡（林业站）、村（村委会或葡萄协会）三级服务网络，使基地工作得以有条不紊地进行。

6. 公司与基地互惠互利，实现双赢

果农获得合理的收益是公司原料基地健康发展的根本保证。三十年来王朝公司的原料工作始终坚持“互惠互利”的原则，使公司基地从无到有，从弱到强。为此，我们主要做好以下几个方面：

（1）向新建葡萄园提供经济支持。如1997—1998年发展的20000亩葡萄园，王朝公司无偿向其提供100元/亩的资金支持，并无偿提供优质种条或补贴。

（2）收购价格随行就市。王朝公司的原料收购政策始终坚持随行就市，略高于市场的原则。但在市价过低时，王朝给予适当保护，如，1989年山东市场葡萄价格0.08～0.15元/500克。王朝公司为了保护原料基地，按0.45～0.60元/500克的价格向基地果农收购了葡萄，有力地保护了基地，也使王朝公司在1991—1994年原料紧缺时得到了可靠的原料保证。

（3）履行承诺，按时支付葡萄款。三十年来，王朝公司葡萄款的支付均在葡萄收购当年年底之前全部完毕。此举赢得了基地果农的信赖。

（4）在原料基地遇到困难时，王朝公司给予各方面支持。

王朝原料基地建设对行业的贡献

1. 王朝公司最先进行原料基地建设

葡萄基地建设自始至终作为王朝葡萄酒生产的重要环节。1980年王朝公司建厂后，从酿酒工艺入手，对当地所有的葡萄品种进行酿造试验，从白羽、白雅等几个品种当中筛选出玫瑰香葡萄作为王朝公司的主栽品种。

在1983年到1989年的7年间，在天津汉沽区滨海轻度盐碱地试验种植玫瑰香品种并获得成功，为未来原料基地的大面积发展奠定了坚实基础。目前汉沽区已种植玫瑰香葡萄3万余亩。以玫瑰香为主要原料酿制的王朝干白葡萄酒在国际评酒会上多次获奖，在国内外享有盛誉。

2. 王朝公司原料基地率先进行了酿酒葡萄良种化、区域化种植

王朝公司从1982年开始，五次从国内外引入优良酿酒葡萄品种40余个，进行观测研究和酿酒试验。最后确定以赤霞珠、梅鹿辄为干红葡萄酒的原料；玫瑰香、贵人香为干白葡萄酒的原料；佳利酿为桃红葡萄酒的原料；霞多丽为布根地类型和起泡葡萄酒的原料；白玉霓为白兰地原料，并形成了自己一整套品种区域化种植方案。良种区域化的推广，使品种的质量潜力、气候和土壤资源优势得到充分发挥，并最大限度地降低了生产成本。

3. 最先推出赤霞珠无病毒苗木良种圃，为行业发展做出了贡献

针对我国酿酒葡萄生产中病毒病发生普遍，危害严重的现状，王朝公司从1989年起与天津农科院合作，开展了酿酒葡萄脱毒、检测和推广等方面的研究，筛选了无毒赤霞珠和无毒梅鹿辄，并建立了母本园。在1997、1998年的红酒用葡萄品种大发展时，王朝基地所用的种条绝大部分来自无毒母本园，为获得高质量葡萄原料打下了良好的基础。目前，王朝基地葡萄园无病毒率达到95%以上，且扩繁到新疆、山东、河北等地。

王朝公司在国内首次将葡萄栽培的良种化和区域化确定为优质葡萄酒工艺的重要组成部分，并进行了规模化的干红酒用葡萄无病毒良种优系的推广工作，真正实现了栽培技术、酿造工艺、设备创新三位一体的有机结合。业内专家一致认为，王朝公司对整个葡萄酒行业的发展起到重大的推动作用。

4. 王朝公司率先制订了酿酒葡萄的规范化栽培技术

王朝公司为了提高基地果农的栽培管理水平，保证原料的产量和质量，对关键的栽培技术措施提出了明确的要求，出台了一系列技术文件，其“技术管理标准”部分内容介绍如下：

品种与苗木：品种必须符合王朝公司生产大纲的要求。推行优种、优系及无病毒苗木，新建葡萄园严禁自采、自购种苗。拟购种苗的来源、质量须经王朝公司原料基地部的专家认可后方可购入。

区域化：葡萄园的设计，须经王朝公司技术人员会同有关专家，通过对当地的自然条件（气候、土壤、地形）进行研究后，共同协商确定。

整形：株行距不小于1.0×2.2米，架高不超过1.8米，下部留通风带40～50厘米。

负载量：三年生以上成年葡萄每亩产量不得超过以下指标：玫瑰香1500千克，贵人香1000千克，赤霞珠1000千克等。

灌溉：在春季或较为干旱的夏季，可进行适当灌溉，但灌溉用水不得有任何污染。葡萄采收前一个月内严禁灌溉。

大事纪

1980年：王朝公司用天津汉沽产地的玫瑰香葡萄，生产出国内第一瓶以玫瑰香为主要原料的半干白葡萄酒。

1984年：王朝半干白葡萄酒在民主德国莱比锡国际评酒会上为我国争得了第一块金牌，接下来，用玫瑰香酿造的干白葡萄酒连续7次获得国际大奖。

1997年：在天津蓟县发展1万余亩红葡萄基地，2400余亩白葡萄基地。

1999年：优质葡萄丰产栽培技术推广和保鲜技术示范推广项目列为《天津市重点科技成果推广计划》

2001年：《王朝高档干红葡萄酒酿造技术与原料设备保障体系的研制与开发》荣获国家科技进步二等奖，成为我国酿酒行业唯一获此殊荣的企业。

2002年：王朝与宁夏御马成立王朝御马酒庄，拥有贺兰山东麓2万亩葡萄基地。

2003年：汉沽玫瑰香产地葡萄酒技术开发获国家级星火项目证书。

2004年：天津地区万亩酒用葡萄优质丰产栽培技术推广、玫瑰香汉沽产地葡萄酒开发被评为“天津市科学技术成果”。

2005年：酿酒葡萄果实生长发育特性研究被评为“天津市科学技术成果”。

2008年：与宁夏芦花台签订约1万亩葡萄购销合同。

2008—2009年：在新疆和硕发展自主经营葡萄基地10000亩，其中白葡萄基地2000亩。

2009年：蛇龙珠葡萄品种的提纯复壮与栽培技术的研究获“天津科协荣誉证书”。

基地发展侧记

1.王朝基地典型代表：蓟县西龙虎峪南贾庄

蓟县西龙虎峪南贾庄是王朝公司的优秀原料基地，与王朝公司有近20年的合作关系，为王朝公司的发展做出了巨大贡献。该村现有总人口3000多人，土地面积4000余亩，其中酿酒葡萄种植面积2000多亩，主要种植品种有赤霞珠、贵人香、白玉霓和霞多丽，目前，该基地采用葡萄协会的管理模式。南贾庄基地的发展共经历了四个阶段：

第一，起步阶段。

1986年，村里有近20户承包土地筹备栽植酿酒葡萄，1987年共栽贵人香96亩，因缺乏葡萄管理技术，葡萄病虫害发生严重，产量很低且质量差，加之无葡萄酒企业收购原料，1987—1990年葡萄种植户基本无经济收入。

第二，初期发展阶段。

1991年，王朝公司与南贾庄开始合作，签订收购合同，当年共上交王朝公司1万多斤葡萄，果农收入近1万元。从1991年开始，南贾庄基地就意识到了科学管理的重要性，村委会主动与天津市葡萄研究所（现天津市农科院）联系，学习葡萄管理技术，现任中国农学会葡萄分会会长修德仁曾多次到基地进行技术指导工作，果农的种植技术和基地管理水平有了很大程度提高，1993年全村葡萄产业总收入达4万多元。

第三，正式发展阶段。

1994年开始大面积发展，当年发展贵人香500亩；

1995年发展150亩白玉霓；

1997年发展霞多丽500多亩。

当时，南贾庄村葡萄种植面积达到1000余亩，是王朝基地内起步早、面积大，具有典型示范作用的“葡萄村”。1993—1997年期间，天津市北辰区、蓟县和河北遵化等周边地区曾先后多次到南贾庄基地参观学习，在王朝基地大发展阶段，南贾庄发挥了巨大的辐射示范带动作用。

第四，调整阶段。

从1997年开始，全国的葡萄酒消费市场发生急速转变，红葡萄酒消费量剧增，很快取代干白葡萄酒成为市场主导产品。为了适应这一新的形势，南贾庄村开始发展红品种原料基地，从1997年开始面积逐渐扩大，截止2006年共发展无病毒赤霞珠1000余亩。

从2006年开始，随着人们消费习惯日趋理性和成熟，干白葡萄酒有回归趋势。南贾庄基地遵照王朝公司的统一安排，及时调整种植结构，继续扩大种植贵人香550亩、白玉霓150亩。

近年来，南贾庄基地严格执行王朝公司的管理要求和质量标准，曾多次被评为“王朝优秀原料基地”。如今，酿酒葡萄已成为南贾庄的主产业，2008年全村葡萄总收入600多万元，人均收入约2000元，王朝原料基地带动了全村人民走上了小康之路。

2. 王朝基地功勋人物：孙宗

孙宗：男，1951年出生，中共党员，蓟县南贾庄人，王朝原料基地负责人。从事王朝基地管理约20年。孙宗作为基地负责人，在工作中任劳任怨，勤恳敬业，从不计较个人得失，带领乡亲们走上了致富之路，同时为王朝原料基地建设做出了巨大贡献。

孙宗具有丰富的葡萄管理经验和基地领导能力，先后参加多次国家级葡萄研讨会，积极主动学习先进的葡萄管理技术，2005年荣获“县级科技致富先进个人”，连续四年被评为“县级优秀共产党员”荣誉称号，连续多年被评为“乡镇先进个人”，他管理的王朝南贾庄基地被评为“王朝最佳基地”。

基地发展规划

1. 总目标

建设现代化、国际化、一流大型企业集团，打造中国最大的葡萄酒产业基地。

2. 规划原则

（1）基地的布局遵循“巩固东部，扩大西部，开辟国外”的方针。

（2）原料结构定位在“中高档为主，普通档为辅，风格多样，突出特色”。

（3）原料来源地坚持“国内为主，国外为辅，拓展空间，优势互补”的原则。

3. 具体目标

（1）扩大西部精品葡萄原料基地

在新疆、宁夏等有发展潜力的优势产区扩大自主经营或联营的精品葡萄基地面积20000亩。

（2）建立优质玫瑰香葡萄生产示范基地

2010年，王朝公司麝香型佐餐白葡萄酒有能力达到1万千升～1.5万千升，相应的玫瑰香葡萄种植基地为6000～8000亩。

建议

1. 加大科研力度，重点解决以下问题

① 国际酿酒葡萄名种优良品系的筛选；

② 砧木和嫁接苗的研究利用；

③ 无病毒苗木的采用；

④ 葡萄露地越冬问题；

⑤ 农药使用问题；

⑥ 酿酒葡萄适时采收问题。

2. 重视产地葡萄酒的开发

政府有关部门和行业组织帮助和指导各企业按国际通行的A.O.C标准要求，并结合我国实际情况建立产地葡萄酒示范园。

3. 根据市场需求，规划原料基地发展

新的葡萄酒国家标准的实施，对葡萄原料的质量标准有了更高要求，高端葡萄酒消费将成为未来发展的主导。从原料角度来看，西部具备发展优质葡萄基地的绝对优势。另外，随着人们消费习惯更趋于理性和成熟，干白销量有明显回升趋势，具有一定的发展空间。

4. 加大西部基地建设的投入力度，建立“自主经营”管理模式原料基地，开发具有特色的精品葡萄酒。

在西部有发展潜力优势产区，重点采用“原酒加工企业+自主基地”和“农场式”管理模式，以推进高端葡萄酒原料基地建设。

5. 积极推行先进的葡萄生产技术，重视酿酒葡萄品种区域化，突出产品的差异性和典型性。

新古井 新战略 新形象

2008年1月，腊八节，古井贡淡雅美酒入窖盛典，在被誉为“天下四绝”之一的窖藏胜地广德太极洞举行。

2008年5月，自5月12日四川汶川大地震发生后，古井集团上下和各单位积极捐款捐物，价值总计400多万元。

2008年7月，古井贡酒被北京奥运会沈阳赛区列为供奥食品，为安徽唯一入选白酒。

2008年10月，安徽省浓香型白酒标准化技术委员会落户古井。

2008年12月，国家旅游局批准古井酒文化博览园为国家AAAA景区授牌仪式，在安徽省旅游景区发展大会上隆重举行，这也是中国白酒界到目前为止唯一的一家。

这一年，古井集团相隔数年之后再次位列中国500强名单：在由国家税务总局发布的2007年中国企业集团纳税500强排行榜中，古井位居第365位，在安徽的企业集团中位列第8位，居于安徽白酒企业首位。

……

从这一年古井人走过的轨迹不难看出，在新的经营团队带领下，古井已走出2007年多名高管“出事”的阴影，企业面貌发生了根本性的变化，尤其是主业白酒显示出明显的复苏迹象。是什么原因使处于风口浪尖上的古井迅速走上复兴之路？又是什么样的力量使古井人奋力爬坡，取得了良好的业绩？

回归主业 正本清源

被誉为“酒中牡丹”的“古井贡酒”，是全国老八大名酒之一，曾经四次蝉联全国白酒评比金奖，古井的营销收入曾经连续7年在行业排名前三甲。

然而，曾几何时在白酒市场竞争日趋白热化的背景下，古井发展变缓。特别是2007年古井的多名高管“出事”，对公司而言无疑更是雪上加霜。古井何去何从？国人关注，行业注目，古井人更是压力空前。

曾经的辉煌一直都在激励着古井人收复原本属于自己的空间。“古井复兴，时不我待！”2007年4月以来，古井集团新的经营团队成立后毅然决然地提出了“回归主业白酒、回归市场高端、回归到古井历史辉煌位置”的“回归与振兴”发展战略。在高端酒领域的努力，是古井集团做大做强白酒主业最重要工作之一。

在市场上，首先提升产品形象。公司联合中国食品工业协会成立“淡雅香型白酒研究院”，在技术上确立了古井集团是淡雅香型标准的制定企业。其次在市场和产品上，制定了“聚焦产品，聚焦区域”、“精简品牌，丰满品种”的市场营销战略。针对“臃肿”繁多的产品，公司大规模压缩产品数量，产品品种从874个单品下降到了259个，逐步实现产品升级换代，努力提高单品集中度，产品价格同比有较大幅度的增长。同时，以安徽、河南、山东和江苏四省为重点，实现了重点市场突破，形成了一定的区域市场领先局面。

在内部管理上，古井强化纪律，着力塑造简单、干净、和谐的人际关系，打造“贡献、分享、尊重、信任”的企业文化，以“态度大于能力，正直大于技巧”的用人理念，来推动管理人员转变作风、树立正气。另以客户和服务为导向，调整了内部组织结构，积极推行新的绩效管理和薪酬制度，推行公开竞聘制，充分调动各级管理人员和员工的工作积极性，企业效率和运营能力迅速提高。

在采购供应上，公司完成了所有包装材料供应商的评审工作，将原有200多家供应商精简为40家，并稳步推进经销商的新老交替，单个经销商的销量获得了大幅提高。

这一系列的“正本”与“清源”举措，为古井的复兴奠定了坚实基础。

年份原浆 再树标杆

产品是企业与品牌的代言人。2008年8月，国内某市高档品酒会，应来宾要求，进行了一次高档白酒现场公开评比。在一千多双眼睛的注视下，随机抽出的消费者从“色、香、味、形”四个方面对18种名酒先后进行了明测、暗测。经过五轮测试，古井贡酒8年原浆酒在众多高档名酒之中脱颖而出，获得极高的得分。现场观众对此报以雷鸣般的掌声。那么，在尊贵且神秘的古井贡酒背后，究竟掩藏着什么不传之秘呢？

据国家级白酒评委、古井贡酒首席酒体设计师查枢屏先生介绍，古井贡酒年份原浆酒是古井人继承并发扬了千年酿酒古法《九酝酒法》，采用无极水，配以桃花曲，在明代窖池中发酵，然后通过“择层取醅”、“择时摘酒”等创新纯手工工艺获得最精华的原酒，再经原酒窖藏，最终把最好的美酒献给世人。目前，该工艺已正式申报联合国教科文组织非物质文化遗产。

该酒自2008年7月正式上市以来，短短半年时间就销售上百万瓶，得到了业内人士的高度认可和消费者的广泛认同和赞誉。2009年1月9日，在由安徽省经济委员会主办的“古井贡酒创新产品鉴定会”上，古井贡酒年份原浆更是得到各位白酒专家的交口称赞，他们认为古井贡酒年份原浆是在传承千年传统工艺基础上，结合现代高科技检测技术，经过科技人员无数次跟踪试验，使得传统酿酒工艺的各项技术参数和操作规范更加合理谐调，完美体现了“纯正原浆，手工酿造”的工艺精髓。按此工艺酿造出的古井贡酒年份原浆酒体中的大分子杂质含量，远远低于国内同类名优白酒；酒体中酸、酯、醇等微量成分的比例更加协调，突出了原浆级年份白酒特有的味，使之更加健康，更加好喝，使年份酒的品质到达完美境界；正像专家评价的那样，古井贡酒年份原浆的出现为中国白酒混乱的年份酒市场正了名，开创了中国年份白酒的新纪元，向广大消费者真实展现了原浆级年份酒的制造标准，堪称中国原浆级年份酒的典范。

在古井人的眼里，如古井贡酒年份原浆酒一样，每一支产品都是“美酒”，但不是传统意义上的“白酒”。“古井贡美酒”是将价值观、情感和美好的愿望进行浓缩，与精湛的工艺进行完美融合的琼浆玉液。

据介绍，如今古井集团正全面推动“极限制造”——“从心灵到心灵”的制造业理念与规范，要求在产品制造的每一个环节，参与制造的工作人员都要在工作过程中保持内心善良，对所从事的工作充满热爱之情。古井人认为，只有如此用心制造的产品，才有可能让使用者在使用时内心感受到产品之美。

现在，古井酒文化博览园被国家旅游局对外正式公布批准为国家4A景区。这是中国目前白酒界第一个国家4A级旅游景区，标志着国家最高旅游管理机构，对古井贡酒独一无二的酿酒地理气候环境、博大精深的传统工艺、悠久浓郁的酿酒文化及古井贡酿酒公园特色景观的充分肯定与高度赞誉。

与此同时，公司投资数千万元的“古井贡原生态酿酒工业园”建设也已启动，酿酒生产线正在全面升级改造中。今后，古井贡每一个酿酒工人都是辛勤的“园丁”，日夜看护着美酒，期盼美酒在和谐的公园中自然生长。

天道酬勤 曙光初现

刚刚过去的2008年，是中国很不寻常、很不平凡的一年，也是古井实施“回归与振兴”战略，加快改革，深化调整，奋力爬坡，走上正确发展道路的一年。

这一年通过全体古井人的辛勤努力，营业收入较同期增长了12.98%，上缴税收较同期增长21.04%，企业呈现出良性发展的态势，尤其是主业白酒显示出明显的复苏迹象。

这一年，坚定不移提升企业品牌和品质，成功实现了年份原浆酒的上市，通过“古井贡美酒音乐节”、淡雅美酒窖藏仪式，积极参与全国、全省大型社会活动等沟通消费者，市场情况不断好转，中高档酒的销售有了较大增长。2008年古井贡酒还成为安徽省白酒类唯一的“供奥食品”，“好喝不上头、喝后感觉好”的古井贡酒得到了白酒专家的高度评价和消费者的广泛认同。

这一年，古井新的经营团队也在着力提高员工的薪酬待遇，把职工的福利放在管理者的心上。2007年，公司员工总体薪酬福利待遇比2006年增长了76%，2008年又比2007年增长13%以上。他们同时加强了对员工的培训和继续教育，提出要让员工一起分享企业发展的成果。目前，古井员工满意度不断提高，对公司发展的前景充满信心和期望。

“雄关漫道真如铁，而今迈步从头越。”现在古井人告别了早期的浮躁，清理了历史的陈迹，又站在一个新的起点上，将与全国经销商们一道，坚定不移地走在“回归”的路上，高举复兴的大旗，诚信经营，服务顾客，戮力开创中国酒业发展的新天地！

国酒茅台
改革开放的30年“陈酿”

1978年，茅台酒年生产能力仅由建厂初期的75吨增长到1068吨，累计总产量只有11969吨；之前26年的销售收入总和仅为5000万元，累计亏损额却达382万元。

2008年，茅台集团销售收入突破100亿元，其产量提高到了2万余吨，为1978年产能的16倍以上。跳出计划经济的窠臼，又给这家企业带来了黄金30年。

不平凡的30年

20世纪70年代末期，当时的茅台酒厂仍在计划经济体制的严格约束下艰难跋涉。

1978年的茅台酒厂，在当地算不上一个好单位，而是个亏损企业。当时的酒厂仅有3个车间，人手又十分少，所以分摊到每个人的工作量非常大，由于没有先进设备，主要靠手工操作，肩挑背扛为主，干一天工作下来，整个人都快要累散架。

改革开放初期的茅台，最大的发展瓶颈是交通问题，当时的茅台镇，没有水路，没有铁路，更没有航空，跟外界联系和物流货运只能靠公路来进行。而唯一的这条公路路面窄、弯道大、级别低，十分难走。如果去一趟省会贵阳，都需要花费一天的时间。

但是从改革开放起步到1998年，茅台的发展焦点主要集中在如何提高茅台酒的生产能力上。1999年后，茅台的重心开始转向深入管理体制改革、加快发展模式转型、明确企业发展战略等基础上。

上市公司“贵州茅台”自2001年8月上市以来，已持续6年在资本市场演绎“茅台奇迹”：股价持续飙升，主营业绩斐然，总市值最高时达2100多亿元。

2008年，上市公司“贵州茅台”销售收入、净利润等主要经济指标全面超越主要竞争对手，成为行业的标杆。茅台集团不仅冲击了第二个万吨目标，还进军了100亿销售集团阵营。

民族企业的大智慧

一瓶普通的茅台酒从投料生产到出厂，要经过整整五年的时间。也就是说，今年在市场上销售的茅台酒，早已在五年前就完成了生产。茅台酒特殊而复杂的加工工艺和这必须恪守的五年储存，让茅台的管理者不得不比其他同行们投注更多的谨慎和严谨，因为，必须对五年前的生产细节负责，也必须对五年后的产品和市场负责。

茅台酒的生产工艺穿越历史时空，将季节性生产、长期陈酿、高温制曲、高温堆积发酵、高温蒸馏接酒、精心勾兑等工艺精髓完整地保留了下来。其中如二次投料、端午踩曲、重阳投料等工艺特征都是历代茅台酒师、曲师洞悉规律、道法自然、顺势而为的结果。

成长的险境和机遇

1998年，由于受亚洲金融危机和山西假酒案的影响，茅台2000吨的销售计划到7月份才完成30%。受命于危难之际的公司管理层，将“市场”和“顾客”定位为公司发展应该牢牢把握的核心问题，提出了“生产围绕销售转，销售围绕市场转”的理念，着手组建营销队伍，到当年年底终于完成了2000吨的销售计划。

当时的困境确实给了习惯计划经济时期坐店等客的茅台当头一棒，领导班子对于出现这种局面从开始的一筹莫展到耐心寻找解决的方法，确立了落实“以顾客和市场为中心”的发展思路。这是市场给了茅台一个教训，这个教训也是企业警醒顿悟的契机。如今回过头来看，这个契机被茅台牢牢地抓住了。

茅台酒家族的壮大，也源于当时对市场的深刻反思和重新认知。

据了解，1999年以来，茅台酒厂针对不同地域、不同口味、不同层次、不同消费习惯、不同消费能力的消费者的需求进行产品结构调整，实施“茅台”品牌延伸。同时，与国际流行酒度接轨，为满足不同层次消费者对酱香酒的需求，推出了中档酱香“茅台王子酒”、“茅台迎宾酒”，并将43度、38度茅台酒实施产品单列，在全国进行经营权招商，取得了不俗的销售业绩。

同样是1999年，时任贵州省省长的吴亦侠组织贵州的大型企业开会，当时茅台积极争取进军资本市场，“即使是让股民自己投票来选择企业上市，那茅台也一定是不二之选”。季克良在省长面前表现得十分坚决，后来终于争取到从另一家企业手里腾出来的资本市场的入场券。

2001年7月31日，贵州茅台发布招股书，发行价确定为每股31.39元，这家百年老字号开始了自己的资本市场之旅。如今，国内A股市场发生了剧烈的波动，急剧下挫，而贵州茅台这只股票依然屹立在高位之上，成为孤独的强者。

在谈到茅台未来发展时，茅台的负责人充满信心：现在的茅台，首要任务还是发展，但我们追求的发展绝不仅仅是某一个经济指标的单项突破，而是“全面、协调、可持续”的科学发展。

“2008年是我们回顾和总结改革开放的一个重要里程碑，但随着奶业危机的全面爆发，食品饮料企业在回顾历程时，心情更为复杂。”袁仁国感叹地说，“茅台更加深刻地认识到，作为一个具有市场至高地位的民族品牌，过去一直以来坚持不懈的食品生产安全意识是多么重要。我一直强调要像爱护自己的眼珠子一样爱护产品的质量和安全。将来在这一点上面，茅台只会更加严格苛求而不会有一丝一毫的放松！”

“酿造高品位生活”——茅台众多企业资料的扉页上都写有这七个字，袁仁国说，这是茅台宏观经营理念的精华所在。无论未来社会经济如何发展，茅台这个百年民族品牌因为有了“酿造高品位生活”的诉求，就永远不会失去竞争力和生命力，将来的人们不管如何定义“高品位生活”，那个美好的生活愿景里都会有茅台酒的身影。

（本文转载于中国酒业新闻网，作者美吉瑞 孙昱）

30年 张裕执中国葡萄酒业“牛耳”

改革开放作为中国走向复兴的起点，成为中华民族最值得铭记的历史事件之一。三十年来，中国从贫穷走向富强，从不得温饱走向初步实现小康，而张裕，作为民族工业的代表之一，也走过了自己辉煌的三十年。

1978—1989：跌宕起伏的十一年

回想改革开放之初的张裕仅有500余名员工，年产量不过6000多吨，销售收入只有2000多万元，在世界葡萄酒行业里还是微不足道的一名小兵。是改革开放的春风吹遍了华夏大地，也带给了张裕腾飞的历史机遇。

1979年，张裕金奖白兰地、红葡萄酒、味美思3种传统产品再获国家名酒称号，历史悠久的张裕依然保持着自己的优良品质，然而企业的管理体制和经营思想却仍然停留在过去的老路上。1982年，张裕公司作为国家轻工部以及烟台市第一批企业整顿单位，开始以提高经济效益为中心的企业综合治理工作。烟台市委派出蹲点调查组，协助企业整顿，公司也建立了整顿办公室。整顿期间，陆续健全、完善了各项经济责任制。张裕在新时期迈出了改革发展的第一步。

1985年，公司正式实行经理负责制，企业由生产型向生产经营型转变，产品开始自产自销。1986年，开始实行经理承包责任制，张裕的企业体制改革与中央的政策精神同步，不断走向深入。然而，改革没有现成的经验可循，前进的路途也并非一马平川。1989年，由于种种原因，张裕的发展走入了低潮期，当时张裕6条生产线有4条停产，1/4的职工没有活干，库存量7000多吨，当年企业亏损近400万元。在这种形势下，市委、市政府对公司领导班子进行了调整。在新当家人的率领下，张裕人大胆改革，奋力拼搏，开拓市场，推出新产品，一举扭亏为盈，企业的发展开始了新的篇章。

1990—2000：奠定行业领军者的地位

1990年，张裕成立销售公司，开始以市场为导向强化销售管理。思路决定方向，方向决定成绩。没有正确的经营思路和发展方向，企业的经营难免走进死胡同。正是企业经营思路的转变，为张裕的发展带来了全新的气象。

1992年，党的十四大正式明确了建立健全社会主义市场经济体制是张裕将要为之奋斗的目标，而现代企业管理体制改革，也正式提上了日程。1992年，张裕成为大型企业，进入全国739家大型一档企业之列。同年，经国家经贸部批准，张裕公司获得外贸进出口自主权。这是继青岛啤酒厂、山西杏花村汾酒厂之后，获得此项权利的全国第三家酿酒企业。张裕前进的道路愈加宽广。

1993年，“张裕”商标荣获中国驰名商标称号，成为国内葡萄酒行业里第一家获此殊荣的企业。1994年，张裕重组成立了烟台市第一家国有独资有限责任公司——张裕集团有限公司，企业的架构和管理体制进一步理顺，企业的发展也进一步加快。伴随着改革开放取得的成果，中国人的消费水平和生活质量在不断提升，20世纪90年代中期，华夏大地上开始兴起了第一轮红酒消费风潮。张裕抓住机遇、加快发展，逐步成为中国葡萄酒行业的领军者。1996年，公司利税首次突破亿元大关，年终总结表彰大会上，市领导亲临会场，祝贺张裕取得的辉煌业绩。1997年，张裕B股在深圳证券交易所正式上市，成立了烟台张裕葡萄酿酒股份有限公司，选举产生了董事会和监事会，现代企业制度在张裕初步建立。同年，根据市场调研，张裕的综合市场占有率位居国内同行业第一，真正成为中国葡萄酒行业的龙头。2000年，张裕增发A股，成为国内同行业唯一一家同时拥有A、B股两只股票的葡萄酒企业。

2001—2008：走向世界，创建国际知名葡萄酒企业集团

2001年，张裕公司与世界第二、法国第一大葡萄酒公司卡斯特集团合资合作，成立河北廊坊卡斯特-张裕酒业有限公司、张裕-卡斯特酒庄有限公司。张裕公司的国际化合作开启了崭新的一页。

2002年，是张裕创建110周年，公司利税突破4亿元大关，与10年前百年大庆时相比，公司的实力有了突飞猛进的发展。当年，张裕集团在陕西省泾阳县建成张裕(泾阳)葡萄酿酒有限公司，响应国家西部大开发的号召，积极开发中西部市场。同年，在北京人民大会堂举办的“2002中国名牌论坛”上，张裕品牌被中国工业联合会、中国名牌战略推进委员会推举为“冲击世界名牌，具有国际竞争力”的16家企业之一。张裕开始了自己走向世界的新征程。

产品是企业市场竞争的根本，而技术开发与产品质量是企业生存的基础。2003年，张裕技术中心被国家经贸委、税务总局、海关总署、财政部四部委联合认定为国家级企业技术中心，这是葡萄酒行业唯一一家。虽然当年突发的非典疫情给经济发展带来了一定影响，但是张裕在“一个布局，四个调整”营销战略的指导下，仍然取得了优秀的经营业绩，全年实现利税近5亿元。

2004年和2005年是张裕体制改革的关键年，自2004年按照市政府关于企业改制的政策规定，完成了企业改制的第一步目标，把“国有独资企业”改造成为“国有控股、员工持股”，投资主体多元化的企业后，2005年，国资委正式批准了张裕公司的改制方案，向意大利意尔瓦和美国世界银行国际金融公司两家外资公司转让股份，张裕公司企业性质正式变更为中外合资企业。现代企业制度和经营理念为企业更快更好发展去掉了束缚，体制改革成为企业发展的强大推动力，2005年当年，张裕实现利税突破了8亿元大关。

自1997年后，张裕一直牢牢站稳国内葡萄酒行业龙头企业的地位，并在2006年正式提出了三年进军世界葡萄酒行业十强的“TOP10”目标。当年，公司利税突破10亿元大关，张裕的发展步入了快车道。而同年，与加拿大奥罗丝合资打造世界最大的冰酒酒庄，与新西兰凯里凯利酒庄推出全新合作品牌，联合四国资本建造国内酒庄新领袖——北京张裕爱斐堡国际酒庄，一系列的合资合作与新举措让张裕“4+1”的高端产品矩阵日益完善。张裕品牌逐步成为国产优质葡萄酒的代表。

2007年，随着企业技术研发、新产品开发不断取得新成果，葡萄基地建设不断扩容以及新生产线的引进，张裕的发展步伐愈加铿锵有力。当年，张裕实现销售收入50亿元，利税13.5亿元，按当时汇率计算，销售收入排名世界同行业第十名，提前一年实现了自己进军世界葡萄酒行业十强的目标。

今天，张裕人意气风发，他们正向着“十一五”末进入世界葡萄酒行业第一集团的宏伟目标阔步前进。

(本文转载于中国酒业新闻网，作者张磊)

燕京与改革同行 创企业辉煌

中国的改革开放已过而立之年。30年来，改革开放的春风吹遍祖国大地，改革开放的春雨使中国的经济充满着生机和活力。30年来，中国啤酒行业作为轻工业重点发展的产业之一，随着改革开放政策的逐步深入和市场经济体制的不断完善，取得了长足的发展。如今的中国啤酒行业早已融入全球化的产业链条之中，不出国门的国际市场竞争正在展开。

1978年4月，伴随着时任国务院副总理的李先念同志做出“把啤酒搞到50万吨”的批示，中国啤酒生产全面发展。在这种背景下，在首都新闻界《借问啤酒何时有？》的呼唤中，燕京啤酒厂开始破土动工。经过30年的不懈努力，当年一个小小的县级啤酒厂已经发展成为国有大型啤酒集团，世界产销量排名第八，有形资产150亿元，无形资产230亿元。目前，燕京啤酒的全球市场占有率达到2.36%，在全国啤酒市场占有率达到12%。公司的迅速发展壮大，再一次印证了德国克朗斯公司总裁宫喜德先生的那句感言：“燕京的发展是一个奇迹，燕京用20年时间，跨越了世界大型啤酒集团一百年所走过的奋斗历程。”

打开企业发展的历史画卷，回首企业30年的成长历程，我们可以清晰地看出“改革”这条主线。可以说，燕京成长壮大的30年，也是燕京抓住机遇、与时俱进、深化改革、不断创新的30年。通过内涵与外延相结合的发展道路，坚持在转变中着力调整，在探索中不断突破，在创新中赢得发展，建立起了日趋完善的现代企业制度，培育了独特的企业文化，形成了适应国企发展的管理模式和组织模式。

以市场为先导，在竞争中求发展

应该说，燕京是在啤酒行业中率先进入市场的。改革开放初期，北京市场啤酒需求量剧增。市民排队买啤酒，商店排队候啤酒，批发部门排队等啤酒。在这种背景下，建厂初期的燕京啤酒，销售形势喜人。但是到了1989年，受到中国经济疲软等多方面的影响，很多行业都受到了不同程度的打击，啤酒行业也度过了皇帝女儿不愁嫁的黄金时期，供求关系迅速逆转。

面对整个行业的“不景气”，面对竞争对手的疯狂反扑，燕京没有退缩，而是直面竞争。经过一番细致深入的调查研究，燕京人深刻体会到“渠道为王”的道理，决定将市场营销作为生死较量的唯一突破口，勇敢地走到市场一线去，并提出了“拓宽销售渠道，打破统购包销，搞活流通环节，搞好销售服务”的经营新思路。首先，改一家经营为多家经营，在加强与原有客户联系的同时，迅速建立起了果品公司、蔬菜公司、副食品公司为中心的三大销售系统。燕京啤酒成为全国第一个打破糖业烟酒公司统购包销模式的国有企业，自己主动开拓市场，迈出了燕京发展史上战略性的一步。其次，集中兵力打“巷战”，建立了多个燕京啤酒个体批发网点，将销售网络延伸至北京城各个角落，形成了属于自己的“胡同效应”。同时，改变以往“坐商”风格，先后购买了一百多部运输车辆，成立运输公司，坚持送酒上门昼夜服务。公司先后购买2600多辆三轮车，送给经销商，有效地解决了啤酒分销的问题。经过一系列大刀阔斧的改革，使燕京迅速在北京市场站稳了脚跟。

多年来，面对国外资本和竞争对手的轮番攻击，燕京直面竞争，不仅制定了切实有效的竞争策略，有力地阻击了竞争对手的进攻，同时还不断攻击自己，完善自己，确保了燕京主导产品在北京市场的稳定与发展，从而始终牢牢地坚守住了北京这个基地市场。

在稳固北京市场的基础上，燕京逐渐认识到“走出去”对企业今后发展的重要意义。只有开拓全国市场，才能打造全国性知名品牌，才能使企业得到持续发展。随着“巩固北京市场、扩大华北市场、开发全国市场”的大华北市场战略和销售战略的实施，燕京啤酒这杆民族工业大旗开始走出北京，插向全国。从1999年开始，燕京人认真研究市场经济规律，严格按照“有良好的市场前景、设备有可改造性、有良好的水资源、领导班子坚强有力、当地政府支持力度大”的五项购并原则，在具体运作中不“贪大求全”，在效能上力求达到1+1>2的效果，先后在江西、湖北、内蒙、广西、福建等15个省份、自治区建立了23家子公司、34家工厂，解决了3万多人的就业。过去的10年间，燕京共向外埠企业投资近43亿元，累计分红13.12亿元，并在全国范围内培育了北京、广西、福建、湖北、内蒙五大优势竞争区。

精心培育品牌，塑造企业形象

“没有品牌的竞争是无力的竞争，没有品牌的市场是脆弱的市场，没有品牌的企业是危险的企业。”近30年的企业发展道路，其实也是燕京人坚定不移地做实、做大燕京品牌的奋斗历程。在“弘扬民族精神，发展民族工业，争创国际知名品牌”的道路上，燕京人付出了许多，并用事实证明了一个民族品牌在激烈的市场竞争中也可以获得成功，也可以让外国品牌望而生畏。面对巨大的市场压力，公司把燕京品牌做强作为企业“四个做强”的工作方针之一，积极倡导创新经营，千方百计调整产品、市场和品牌结构，并制定出了完善的品牌策略。

创新好产品。好的品牌首先表现为好的产品，产品是品牌的载体。燕京始终把出好产品作为企业最重要的责任之一。早在1987年，为生产出适应消费者口味的好产品，他们率先与科研机构建立紧密的合作关系，采用全新的工艺技术，联合开发出11度清爽型啤酒，年产销量高达60多万吨，成为中国单一品种销量最大的产品，这一举措也开创了我国“科研、企业、生产一体化”的先河。在近30年的发展中，燕京产品结构不断优化，逐步形成了宝塔式产品结构体系，满足了不同层次消费者的需求。从1999年的纯生啤酒到2002年的无醇啤酒，从准确把握国际啤酒清爽型、淡爽化的发展趋势，及时推出了更爽、更鲜的10度清爽型啤酒到加大产品结构调整，针对细分市场的特点推出不同的新品。通过一系列产品结构调整，有力地提高了燕京产品的附加值，增强了企业的竞争力和盈利能力。

打造好品质。产品质量是企业的生命，是培育品牌的基础。品牌的不断提升最根本在于产品内在品质的不断提升。企业必须要对广大消费者负责，要保证生产出的产品是安全的、健康的、绿色的，以满足广大消费者日益增长的物质文化需要。为此，在硬件设施上，燕京坚持引进、消化、吸收国外尖端技术与设备，确保了燕京的研发水平与技术装备一直处于行业中的领先地位，实现了每道工序都由世界上最先进、最精密的仪器控制和把关,从而保证了所生产出的每瓶啤酒都是绿色、健康、安全的。同时，燕京还十分重视自主创新能力的培育。经过多年努力，燕京拥有了自己的专家和管理队伍，建立了国家级科研中心，实现了对在线产品质量的严格控制，推动了企业高品质产品的研发。

调整聚合力。2006年，燕京提出了“以燕京品牌为主导，以漓泉、惠泉、雪鹿三个附属子品牌为辅”的1+3品牌发展战略，通过整合没有竞争力的品牌，使四大品牌逐步趋于集中，实现了经济效益、市场份额、竞争力和品牌的全面提升。2008年，总部及各分公司加大了“三大结构调整”力度，使得品牌结构进一步优化，集中程度进一步提高。2009年，四大品牌啤酒总量较上年度进一步增加，四大品牌产量占总量92%，其中燕京品牌啤酒占总量60%。目前，企业拥有燕京啤酒、惠泉啤酒两个中国名牌产品，燕京、漓泉、惠泉和雪鹿四个中国驰名商标，并成为近十年来品牌价值速度增长最快的品牌之一。2009年，企业无形价值已达到229.52亿元。

加大改革步伐，建立现代企业制度

从1980年投资640万元建成一个年产万吨的小型啤酒厂，到1993年成立北京燕京啤酒集团公司，再到1997年成功完成股份制改造，30年来，燕京解放思想、转换观念，以管理为基础、以产品为中心、以市场为导向、以建立现代企业为目标，积极进取，勇于实践，走出了一条适应自己发展的改革之路。

在企业的发展过程中，燕京啤酒逐渐意识到，在激烈的市场竞争中要立于不败之地，只有坚持走自己的路，积极探索建立现代企业制度，企业才能得到持续发展。为此，公司积极筹备发起设立“北京燕京啤酒股份有限公司”，并以“产权清晰、权责明确、政企分开、管理科学”为原则，对内逐步推进集团管理体制，以管理为基础，转换企业经营机制；对外积极寻求新的增长点，通过兼并、收购或新建企业，扩大企业规模，优化资源配置。

特别是在中国证监会和北京市政府等各部门的大力支持下，燕京于1997年5月29日，参加了北京控股在香港的红筹股上市，使企业迈出了资本融资的第一步。一个月后又参加了A股上市，虽然历尽艰辛，但最终获得了成功发行。股份制的建立，明确了股东会、董事会、监事会和经理层的职责，即股东会决定董事会和监事会成员，董事会选择经营管理者，经营管理者行使用人权，形成各负其责、协调运转、有效制衡的治理结构和权力机构、决策机构、监督机构和经营管理者之间的制衡机制。几年来，燕京先后融资近43亿元，解决了企业发展的后顾之忧，企业的资产负债率长期控制在40%以下，大大提升了企业竞争力,进一步促进了品牌的提升，并为后来的扩张和抢占市场制高点，进行全国市场布局奠定了坚实的基础，也使企业进入了发展的快车道。

创新发展思路，探索国企新机制

国有企业改革是一项广泛而深刻的变革。在发展过程中，燕京不断创新发展思路，努力寻找适合生产力发展的新机制，积极探索建设新型国企之路。

在具体实践的过程中，燕京将深入细致的思想政治工作作为稳定企业的基础和保障，使全体员工树立远大的奋斗目标，自觉地将企业命运与个人命运紧密相连。同时，注重培育企业文化，培养共同的价值观，提高员工对企业的忠诚度，提高企业核心竞争力，促进了燕京快速、健康、可持续发展。特别是“以情做人,以诚做事,以信经商”的经营理念，已成为每一个燕京人的行动纲领和行为准则。

在改革用人机制上，燕京将“机制留人，感情留人，事业留人”作为人才发展战略，调动了企业员工的积极性，为燕京持续发展提供了较强的人才支持，激发了企业活力。燕京每年年终都要评出优秀管理干部、优秀班长、革新能手、销售状元、先进工作者等，并设立了“优秀企业家奖”和“创新管理奖”奖项。同时，打破原有伯乐选马的用人机制，实行新型的赛马选拔机制，面向员工公开招聘，竞聘中层干部者都要经过文化考试、专业考试、面试、综合评议等多个环节，合格者方可任用。为了解决企业高速发展与人才培养速度之间的矛盾，燕京在内部通过岗位轮换和长训等交流方式建立了企业人才储备库，促进了人力资源的优化配置，营造了人才脱颖而出的环境。此外，还积极推进量化考核、薪酬与业绩挂钩等绩效挂钩考核办法，将职责权利进一步明确，使各企业、各部门、各岗位员工全部行动起来，大大提高战斗力与执行力。

从燕京这些年的实践来看，激励机制建立并推行比较好的企业，发展速度既快又好。桂林漓泉公司就是一个非常明显的例子。为适应市场经济的发展，提高经营者的积极性，燕京在漓泉建立了特区，推行五项绩效挂钩考核，包括投资回报率考核、现金回流率考核、市场占有率考核、资产负债率考核、品牌提升率考核。在公司领导的正确领导下，漓泉公司一年一个台阶，一年一个跨越。从2002年建立公司到2009年的七年间，啤酒产销量增长了近5倍，利润增长了20倍。他们不仅创造出了良好的经济效益，培养出了一大批优秀人才，还总结出了一套先进的管理经验和方法。从2006年开始，燕京啤酒集团公司将五项绩效挂钩考核推向了全国各企业。收入分配的市场化程度逐步提高，公平、公正、公开的考核标准，彻底取消了大平均主义，打破了大锅饭，企业管理人员能上能下，职工能进能出，收入能增能减的新机制正在逐步形成，在整个集团内部形成了良好的比、学、赶、帮、超的竞争氛围。

深挖内部潜力，应对金融危机

金融风暴席卷全球，一直保持高速增长的中国经济走到了一个十字路口，一方面，国外订单减少导致大量依靠出口的企业深陷困境，另一方面，一些品牌企业却保持了平稳增长甚至逆市上扬。

面对世界性的金融危机和市场的双重考验，燕京一方面举办了高级干部培训班，聘请国内知名专家、学者到企业做宏观经济形势报告。另一方面，在认真分析宏观经济形势的基础上，进一步分析金融危机对燕京发展产生的影响，确立了产品、品牌和市场三大结构调整的战略性方针。在产品结构调整上，努力把产品结构向上调，增加中高档产品销售比例，提高品牌附加值；在品牌结构调整上,积极推进燕京品牌的全面整合，坚决消灭弱势品牌，突出发展强势品牌。燕京品牌集中度达到60%，“1+3”品牌集中度达到92%；在市场结构调整上，加大对市场的整合力度，区域市场整体作战能力增强，形成了全国性的市场布局。

在燕京全体干部员工的共同努力下，公司各项经济指标再次被刷新，经济效益创出了历史最好水平。2009年，啤酒销售量达到470万千升，同比增长11.35%，高于行业的增长速度；销售收入113亿元，同比增长15%；经济效益增长明显，税收23亿多元，利润接近9亿元，同比增长40%。同时，燕京品牌获得了提升，机制不断创新，管理水平也逐步提高，企业的核心竞争力进一步增强。实践使燕京深刻地体会到：世界性金融危机，既存在危险，又存在着机遇，企业只有平时苦练内功，努力培育品牌竞争力，才能抓住历史机遇，加速企业发展。

改革开放的三十年给燕京营造了一个良好的外部环境，使燕京建立了一套适应市场经济要求的经营决策机制；中国啤酒行业的大发展为燕京啤酒的快速发展提供了良好契机；各级政府的大力支持给企业发展提供了保障；得天独厚的优质天然矿泉水资源成为燕京发展的重要基础。加上燕京人坚持不懈、奋发图强，走自主创新之路，创民族工业品牌，才取得了今天的跨越式发展。

燕京30年的发展历程和结果充分证明了：在抢抓发展机遇，营造良好外部环境的同时，只有不断坚定信念，努力创新，企业才能做强做大，民族品牌才能在国际市场竞争中永远屹立不倒。目前，燕京啤酒仍是我国啤酒行业第一集团军中唯一没有外资背景的大型啤酒集团，为培育自主知识产权，打造民族品牌，发展民族工业做出了积极贡献。下一步，燕京将继续坚持“六个创新”、“四个做强”的既定方针，努力实现2010年啤酒产销量500万千升，2015年达到800万千升，力争实现世界啤酒行业“保六争五”的战略目标，为中华民族啤酒工业的发展做出应有的贡献，为首都及全国的经济发展做出新的贡献。

五粮液 在改革开放大潮中激浪飞舟

一个国家和民族的发展历程中，总有一些决定命运的关键时刻。30年前召开的党的十一届三中全会，做出改革开放这一决定当代中国命运的关键抉择。作为改革开放总设计师邓小平同志的故乡，身为这场新的伟大革命的发源地之一，四川走过了30年伟大历程，取得了令人瞩目的发展成就。以大势导向，与时代同行。在改革开放这盏“航标灯”的指引下，五粮液从一家作坊式小酒厂成长为“中国酒业大王”，书写了恢弘壮丽的时代篇章。

在浩瀚的历史长河中，30年是一条不起眼的小溪流。而五粮液却完成了从小酒厂到特大型现代企业集团的嬗变。

30年风雨兼程，30年岁月如歌。在党和政府的正确领导下，五粮液以王国春为核心的领导班子，坚持“发展才是硬道理”，不断提升产品质量，不断壮大生产规模，不断提高经济效益和社会效益，使公司的竞争力大大增强，铸就了举世瞩目的辉煌。

走近五粮液，一段浓缩改革开放30年辉煌历程的历史切片，向世人展示出一个时代“弄潮儿”激流勇进的发展轨迹。

第一次创业：“三大步”实现由弱到强

20世纪80年代中期到90年代末，是五粮液公司第一次创业的重要时段。在以王国春为厂长的领导班子带领下，通过“三大步”的成功跨越，公司规模由小到大，经济实力由弱到强，从1985年到2000年，15年共创利税总额121亿元。

第一步，走“质量效益”之路。

从20世纪80年代中期开始，公司坚持“质量是生命、效益是核心”的方针，推行全面质量管理，推动企业各项管理和生产经营，不断地在全体员工中强化“质量意识”和“效益意识”。经过几年的努力，到1990年，企业荣获国家“全面质量管理奖”，当年实现利税8600多万元，在1985年的基础上翻了4番多，为企业的快速发展打下坚实的基础。

第二步，走“质量、规模效益”之路。

从20世纪90年代初开始，企业继续狠抓“质量效益”，加大规模，提升水平，实现规模效益，这是企业迈出的“质量、规模效益”发展道路的第二大步。到1996年，新增酿酒能力5万多吨，新增包装能力15万吨，经济效益也一年一个新台阶，在1991年利税首次突破亿元大关的基础上，1996年实现利税总额7.5亿元，销售收入达到22.61亿元，分别是1990年的9倍和12倍，6年共实现利税24.5亿元，质量规模效益初见成效。

第三步，走“一业为主、多元发展”的扩张之路。

到1997年，酒业商品量能力已达20万吨，包装能力已具30万吨规模，成为全国同行业最大规模、最佳效益的白酒生产企业。在此基础上，公司又迈出了“一业为主、多元发展”的第三大步。做强主业，积累资本，利用主业的品牌优势、技术优势、地理环境优势、优良品质优势等资源，维护、巩固和发展主业产品的市场价格，确保经济效益的不断增长，积累多元发展资金，寻求新的经济增长点。到2000年，已先后投资发展了塑胶制品、机械制造、印刷包装、玻璃制品、果酒、精细化工、制药、现代物流等多个产业，多元产业初具规模。当年全集团公司共实现销售收入68亿元，利税22亿元，其中，多元产业的销售收入和利税分别为集团公司总额的20%，新的经济增长点已经初步形成。

第二次创业：多元发展打造行业“巨舰”

“第一次创业”目标的实现，为“第二次创业”奠定了坚实基础。集团公司领导层审时度势，制定了“做强主业、做大多元产业、适时适度发展高新技术产业”的战略，提出“第二次创业”的阶段性目标：到2010年，实现年销售收入400亿元，年利税70亿元。

几年来，主业越来越强，行业龙头地位不断巩固，消费者对产品的信赖更加坚定，五粮液酒在市场的表现更加优异，“五粮液”品牌价值也不断攀升。1995年首次评估为31亿元，2008年高达450.86亿元，连续14年位居食品行业品牌价值第一，五粮液股票市值最高时达到1600亿元，位居酒类行业之首。

在主业带动下，多元产业发展异常迅速。其中普什集团的现代制造业成为五粮液集团公司的第二大产业，在国内业界的名气越来越大。经过10年的努力，多元产业并驾齐驱，在20个子公司中，年销售收入达50亿元以上的有2

个，年销售收入达20亿元以上的4个，一批亿元销售收入的子公司茁壮成长。到2007年，集团公司销售收入已达到252亿元，利税突破50亿元。

成就之源："中国酒业大王"的发展奥秘

30年的艰辛努力和不懈追求，成就了五粮液今天的辉煌。探寻成就之源，管窥企业迅速发展的奥秘所在。

有各级领导的关心、关怀和支持。改革开放以来，许多党和国家领导人来公司考察，对五粮液的发展给予充分的肯定和鼓励。历届省委、省政府主要领导也多次来公司检查指导，对五粮液的领导班子建设、经济发展等方面进行指导。

有一位很好的"领头人"。现任五粮液集团公司党委书记、董事长王国春同志，自1985年1月担任五粮液酒厂厂长以来，团结带领五粮液领导班子和团队，处处以身作则，带头发扬"老老实实、一丝不苟、吃苦耐劳、艰苦奋斗、坚韧不拔、持之以恒"的五粮液传统作风；认认真真抓管理，脚踏实地搞发展，兢兢业业干事业；把一个处于亏损边缘的小企业，发展成为一个年利税超过50亿元的全国同行业利税大户；把一个作坊式小厂，发展成为"中国酒业大王"；把一个单一产业的小酒厂，发展成为"一业为主、多元发展"的特大型现代企业集团。

有一条符合"五粮液"实际的经营发展思路。"坚持以质量为中心，走质量规模效益和多元发展道路"，是公司20世纪80年代初期所走的坚定不移经营发展道路。随着公司的发展，又相继实施"做强主业、做大多元产业、适时适度发展高新技术产业"的经营发展战略。同时，还提出了"安全第一、预防为先、万无一失"的安全生产新理念，"三废是放错位置的资源"的环保和循环经济的新理念，"有形资产和无形资产共同支撑企业发展"的新理念。思路决定出路，公司经过20多年的艰苦努力，生产经营管理、企业文化、企业知名度、产品的知晓度和无形资产等都取得了显著业绩：公司先后两次通过国家质量管理奖评审，荣获全国质量工作先进集体称号；五粮液酒集五种粮食之精华，优良的品质和独有的风格，深受消费者的喜爱，品牌价值一路攀升，由1995年首次评估的31亿元到2008年的450.86亿元，连续14年成为中国食品行业第一品牌；企业经济效益良好，从1984年不足千万元利税，到2007年超过50亿元，24年增长了500多倍；企业资产迅速增长，现有资产总额272亿元，是1984年资产总额(2390万元)的1135倍，且资产优良，资产负债率长期保持在30%以下，保证了国有资产和股东资产的保值增值。

有一套切合"五粮液"特点的企业文化理念。五粮液企业文化独具特色，全国闻名，具有"内外同心、集杂成醇，内聚人心、外树形象，处处是课堂、时时受教育，创新求进、永争第一，现代管理向文化管理提升，文化力推动经济力"等显著特点。其中最核心的是"老老实实、一丝不苟、吃苦耐劳、艰苦奋斗、坚韧不拔、持之以恒"的传统作风。如今，随着企业多元化产业的发展，在继续坚持发扬这种传统作风的同时，又总结提炼出了具有时代特征的企业精神："创新求进、永争第一"；五粮液人深深感受到，在经济全球化的今天，只有做到行业第一，企业才能很好地生存和发展。

有一种"创新求进、永争第一"的精神。创新是企业永续发展的动力源泉。20多年来，企业实现了"传统工艺与现代科技有机结合"的创新，"多品牌战略经营方式"的创新，"厂商资源共享、合作开发市场"的创新，"节约土地资源、营造微生物环境大窖房发酵"的创新，"包装外观和防伪同时升级"的创新，"厂房设计和厂区布局既满足生产工艺又美化环境"的创新，"环境美化与培养员工竞争意识、忧患意识相结合"的创新，"思想政治工作无意识教育方式"的创新，"按有效劳动分配"的分配机制的创新等创新成果。公司先后获得国家部级科技成果奖6项，四川省科技成果奖5项，市级科技成果奖3项；共拥有专利申请数1588项，授权专利1150项。创新给企业带来活力，给企业带来效益，使企业不断发展壮大，立于全国食品饮料行业龙头地位。

30年艰辛努力，30年铸就辉煌。30年来，五粮液共实现利税410亿元，为国家、为社会创造和积累了巨大的财富；集聚了270多亿国有优质资产；提供安排了就业岗位3万余个；为国家、为社会、为地方经济的发展做出巨大贡献；用实际行动和卓越绩效诠释了"发展才是硬道理"，实践了"三个代表"重要思想，落实了"科学发展观"。

回首过往，不辱使命；展望未来，任重道远。五粮液人将继续发扬"创新求进、永争第一"的企业精神，以坚定的信心和认真负责的态度落实好"科学发展，构建和谐，员工富、企业强、社会贡献大的世界名牌公司"新的战略目标，再铸五粮液"第二次创业"的辉煌。

沐浴着改革开放的阳光，五粮液昂首迈步美好明天！

30年的蜕变 西凤化身“西北王”

30年改革开放赋予陕西西凤酒股份有限公司无尽的生机与活力，西凤从一个建厂时仅百余人、年产量不足1000千升的小工厂，发展成为年产名优白酒50000多千升的名酒企业，2008年的销售收入将突破15亿元。

创新是发展的不竭动力

党的十一届三中全会以后，原西凤酒厂狠抓企业内部机制改革，推行经济承包责任制，坚持以质量求生存，以品种求发展，企业经济效益和社会效益得到了极大提高。

1979年，西凤酒厂饮料酒生产能力仅为1400千升，远远不能满足市场需要。经过两期扩建及续建工程，生产规模不断扩大，到20世纪80年代末，饮料酒生产能力达到了8800千升，生产的机械化水平不断提高，生产条件得到了很大改善，降低了工人的劳动强度，增强了生产实力，满足了市场需要。

1981年以前，西凤酒厂以生产65度凤凰牌西凤酒为主，瓶装酒分为内销和外销两种。随着改革开放的不断深入，市场对产品的需求更趋于多样化，产品的创新成为西凤亟待解决的问题。在企业的发展进程中，是科技创新给西凤带来了无限的生机与活力，夯实了企业进步的基石。

1984年，启动西凤酒香型研究工程，历时10年，最终确立了西凤酒的独特香型——凤型，这也是西凤发展历史上的一个里程碑。

1997年以后，随着市场形势的发展变化，西凤企业以市场为导向，以消费者为中心，在继承凤香型白酒风格特点的基础上，以国家级、省级白酒评委、品酒师为主组成产品创新专家领导小组，在企业内部组织科技攻关。

在经过多年、数万次试验之后，攻克了浓香型白酒在北方地区无法生产的技术难关，成立了浓香型白酒生产车间，逐步形成了自己独特的生产工艺，成功研制开发出了浓香型产品，并以差异型个性化产品创新为重点，创造性地研制开发了具有凤兼浓风格特点的凤型特制精品西凤酒和具有凤、浓、酱三位一体风格特点的凤型珍品西凤酒，突破了中国传统白酒的香型界限，开创了行业先河。

白酒界专家评价：“新西凤实现了中国白酒工艺革命性的突破。”

打造“百亿”西凤

从全国白酒行业的发展趋势来看，市场资源优势正在向名优酒骨干型企业集中，白酒产业，特别是国家名优白酒企业发展新的机遇已经到来。“西凤”这一著名品牌所蕴涵的潜在市场价值远远没有得到充分利用和挖掘，西凤酒市场发展的空间和前景十分广阔。

在经过不断的磨砺、思考和市场实践以后，西凤企业积极适应市场需要，创新发展思路，实行公司制发展，在1999年组建成立了陕西西凤酒股份有限公司。

近年来，西凤以建立现代企业为目标，深化体制机制改革，整合地域白酒资源，不断扩大生产规模、优化生产环境，企业借鉴并推行先进的管理模式和办法，以品牌战略为突破口加强产品研发和创新，以全新的营销模式及手段开拓市场，企业经济效益大幅攀升，社会影响力不断扩大。连续4年，西凤酒产品销售收入以40%以上的速度快速增长，企业使向了健康、持续、和谐发展的快车道。

2007年12月，西凤企业在卓越的生产工艺技术和产品品质基础上，推出了西凤家族的旗舰产品——“红西凤酒”。

这款产品以中国风文化为依托，以贴近百姓红红火火的生活为基调，既承载着西凤酒厚重的历史文化，也洋溢着鲜明的时代特征，是传统工艺和现代科技的完美结合。

改革开放30年，既是西凤发展建设取得重大进步的30年，也是全体西凤人不断成熟的30年，西凤企业从青春勃发成长为稳健睿智。长风破浪会有时，直挂云帆济沧海。30年，是阶梯更是起点，西凤企业正把握和利用现在这个难得的战略机遇期，努力做大做强，为经济社会发展做出其应有的贡献。

(本文转载于中国酒业新闻网，作者肖宁)

河套酒业的30年蜕变

30年，于一个国家，是一部波澜壮阔的改革史；30年，于一个家庭，可能会是一段辗转波折的变迁经历；30年，于一个人，是一条厚重精彩的人生路；30年，于内蒙古河套酒业集团又怎样呢？

科技如日中天 产品质优品全

改革开放30年来，河套酒业集团的科技力量日益壮大，集团组建了自己的技术中心、实验室和科研攻关队伍，拥有各类科研技术人员300多人，国家级白酒评委4人，自治区级白酒评委10人。它还拥有国内最先进的惠普6890、4890气相色谱仪、近红外光谱仪等产品检测检验仪器。在白酒研制、开发、品评、理化分析等方面均居国内同行业前列。

经过多年的研究、试验、攻关，已形成了稳定独特的河套白酒生产工艺。酒界专家称“河套”牌系列酒具有“窖香幽雅、绵甜醇厚、谐调甘爽、味净香长”的淡雅型独特风格，是北方浓香型酒的典型。

目前，河套酒业集团已形成40多条先进的机械化灌装流水线，完善的微机勾兑调味系统，8万千升的白酒生产能力，6万千升原酒储存设备、ERP系统等现代化生产管理控制系统。集团整体配备和生产能力均已达到了国内同行业领先水平。

产品结构日趋合理，已形成了以“河套王”、“河套老窖”为代表的淡雅浓香型，以“河套宴酒”为代表的清香型，以“御膳春”保健酒和“百吉纳”奶酒为代表的营养滋补型三大系列多个花色品种。

其中“河套老窖”荣获1992年巴黎国际酒类食品博览会金奖，“河套王”获中国驰名白酒精品奖和中国白酒新秀著名品牌，“河套宴酒”被评为内蒙古自治区名牌产品；“河套”商标2004年被评为中国驰名商标；2006年，2500毫升“河套王”被自治区博物馆作为内蒙古文物永久收藏；“河套”品牌被国家商务部认定为“中华老字号”，是内蒙古唯一获此殊荣的酒类企业。

企业美名扬神州 产品销售遍华夏

改革开放30年来，河套酒业集团在确保河套系列酒的品牌质量不断提升外，力争克服“皇帝女儿不愁嫁”和“萝卜快了不洗泥”的错误倾向，注重了企业和产品形象的宣传。在中央电视台、省市卫视台和地方电视台做了大量的产品形象广告，在媒体上刊发了不少企业形象宣传报道，使“草原上升起不落的品牌”、“天赋神韵，淡雅浓香”、“北方第一窖”、“中华老字号”等广告语成了中国人特别是北方人老幼皆知的口头禅。

中央及内蒙古自治区等各级领导及酿酒专家，多次到河套酒业集团视察指导，均给予了高度评价。全国著名书法家启功和一些知名人士分别为“河套宴酒”和“御膳春”题写了酒名。现在，内蒙古河套酒业集团和“河套”系列酒，特别是“河套王”和“十年陈酿”已是国人皆知的名牌企业和名牌产品了，河套酒业集团连续4年入选“中国500最具价值品牌”。

好酒也怕巷子深。在白酒市场竞争炽热化的时代，河套酒业集团与时俱进，紧跟市场，不断进行调整。在营销方面首先重点抓了思想观念的转变，树立了全员销售理念，突出销售龙头地位，增强了营销力量，加强了队伍建设。用宣传开道，以品牌推进，使河套品牌走出河套，走向全国。他们做到了哪里有“河套”系列酒，哪里就有河套品牌的宣传广告和营销人员。

如今，河套酒业集团在全国20多个省、市、自治区设立了几十个办事处、联络处，发展了经销商，在全国形成了“星罗棋布”的销售网络，销售量逐年飚升，2007年与1978年相比，销售收入增长了833倍。

经济效益连年增长 辐射作用日益显现

改革开放30年来，河套酒业集团历尽风风雨雨，酸甜苦辣，几经坎坷，几经周折，由一个厂区面积只有8万平方米、200多工人的国营县级制酒厂，发展成为占地面积152万平方米、员工5500多人的民营国家级大型企业，各项经济指标稳居全区同行业之首，成为内蒙古自治区20个重点大型企业集团之一、自治区酿酒行业的龙头老大、自治区白酒行业唯一的科技先导型企业、自治区酒业协会会长单位，同时也是拥有自治区级技术中心的企业。

2005年被国家统计局和中国食品工业协会评为全国白酒行业十佳经济效益企业，同年6月，又被认证为国家AAAA级标准化良好行为企业。

2006年被授予内蒙古自主创新50强企业荣誉称号。2006年9月企业新建的年产5000吨河套王原酒生产基地，被中国酿酒工业协会白酒技术委员会认定为“北方第一窖”。

2007年与改革开放前的1977年相比，五大经济指标突飞猛进，固定资产增长925倍，白酒产量增长118.4倍，销售收入增长833倍，上缴税金增长219倍，利润增长3821倍。河套酒业集团已成为巴彦淖尔市和杭锦后旗地方财政的支柱。

党建工作扎实有效 精神文明异彩缤纷

改革开放30年来，在轰轰烈烈的经济建设中，河套酒业集团始终把党建工作放在了重要位置，建立健全了党的基层组织，集团设置了党委，各部门设置了党总支或支部，车间和班组设置了党小组。

全方位地抓好了党员教育，制定了一月一次的党员学习制度，把“三个代表”重要思想作为立党之本、执政之基、力量之源来认真学习，深刻领会，身体力行，使广大党员始终保持了共产党员的先进性。认真学习十七大精神，不断地用“科学发展观”武装党员的头脑，使广大党员始终坚持与时俱进，保持旺盛的工作热情。认真学习《党章》，使广大党员始终牢记党的宗旨。

通过党的组织建设和思想建设，充分发挥了党组织的战斗堡垒作用和党员的先锋模范带头作用。在河套酒业集团每年评选出的先进工作者中，党员占到了70%以上。集团党委多次被评为区、市、旗三级先进党组织。

改革开放30年来，在轰轰烈烈的经济建设中，河套酒业集团始终没有放松精神文明建设，把社会公德、职业道德、家庭美德的“三德”教育和《公民道德建设实施纲要》的学习贯彻结合起来，把道德规范和行为准则纳入年度考核，并开展了文明科室、文明车间、文明班组、文明职工、文明家庭评比竞赛活动，先后有24个科室、30个班组、50个人荣获此项殊荣。河套酒业集团被评为自治区级文明单位。

河套酒业集团的辉煌业绩，证实了改革开放的伟大。现在，河套酒业集团正在学习实践科学发展观的活动中，总结经验、寻找差距，谋划新一轮的发展目标和措施。

（本文转载于中国酒业新闻网，作者赵俊林 吕俊岐）

古贝春30年
化蛹成蝶中的沉寂与突围

国浓香型白酒质量鉴评摘金夺银、鲁酒首家中国驰名商标、中国白酒工业十大区域优势品牌、中国历史文化名酒、纯粮固态发酵白酒、中华老字号……1166工程、年产10万千升扩产项目、省级企业技术中心、中国白酒169计划协作单位、鲁酒第一个酒文化馆、打造一流旅游工业，努力发展循环经济……山东古贝春有限公司，这家位于古运河畔的老牌粮食酒生产企业近年闹出的动静委实不小。改革开放30年间，古贝春东西两大工业园，厂区面积扩大5倍，员工增加千人，白酒主业单月的营销业绩超过了10年前的全年，一年的营业额超过了30年前的10年。多元项目上热电联产、生物科技、环保建材等系列相继竣工。

厂房破败杂草丛生，门前冷落无人驻足，冷屋子凉

椅子，干公家活儿还得先吃自己的饭，没办法，生产上都停了，烟囱杆半年不冒烟了，哪来的热乎饭？如果说，这个病入膏肓只差宣布关门大吉的厂子还有什么看得见的物件，就该是院里那棵半死不活的老柳树和办公桌上那一摞财务交接表，前者从建厂之时落地生根见证着这个老牌企业的昔日辉煌，后者用8000万元的资产负数直言不讳地表述着眼下的惨淡……

没错儿，这两段文字记述的都是一个叫古贝春的公司。不同的是，前者是今天的古贝春，后者是昔日的古贝春。30年沧桑磨一剑，古贝春生死两重天。30年化蛹成蝶，古贝春在惊喜、沉寂与阵痛交织中实现了华丽转身，绽放出五彩缤纷！这其中蕴藏着怎样神奇的故事？

蝶之蛹：从孕育到破茧（1978—1988年）

1952年春，山东武城，京杭运河东岸老城镇几家民间酒作坊业主凑一块儿商量，决定集结起来，改单干为合伙，于是"国营武城酒厂"随即诞生。如果把企业比作人，1952—1974年间的23年正是从蹒跚学步的幼年至风华正茂的青年的过程。但正像小产的婴儿一样，武城酒厂的速生，注定了她命运多舛的成长。23年间，中国960万平方公里的土地上，先是天天"跨长江、越黄河"地"放卫星"，继而又是一场史无前例的十年浩劫。城门失火，殃及池鱼。七上八下地折腾了23年，支书、厂长、革委会主任更迭了七八个，平均职工人数只有37人。尽管1973年酿出个"高粱大曲"，但原料的紧缺致使酒厂只能单一年产200吨的地瓜干酒，最后一拢账还赔了个净光。地瓜干供应不上了，干脆转产，就着酒缸酿起了陈醋，腌起了咸菜，结果还是吃不上饭。破鼓众人捶，最后连几口烧酒的锡锅也被盗贼洗劫一空，只剩下一个干干瘦瘦无家可归的孤老头子王春成，守着破败的厂房，在杂草丛生的院里牵了厂里仅有的一头癞毛驴，放牧晨昏。

1975年是一个异乎寻常的年份。这一年，一代伟人邓小平复出主持国务院工作，中国，开始迎来拨乱反正、国民经济大调整和全面复苏的历史性大转折。也就是这年3月，生死攸关的武城酒厂迎来了她改写命运的奠基人——张子文。正是这位武城酒厂的第八任党支部书记，创出了后经周晓峰十年磨剑打造的享誉华夏酒林的"古贝春"。

1976年5月，以优质红高粱、小麦酿制的"武城特曲"问世了。经过技术鉴定，各项技术指标都达到了优级标准。这就是从诞生开始一直蝉联"山东省优质产品"称号，后更名为"古贝特曲"的优质曲酒。原本岌岌可危的武城酒厂，就这样随着"古贝特曲"的诞生生机勃发起来，当年共产白酒592吨，销售收入达108.65万元，建厂以来破天荒地突破了百万元纪录。

1978年4月，一个足以彪炳酒厂史册的月份，浓香馥郁、玉液琼浆般的"古贝春"酒诞生了。至此，在山东省25个优质白酒行列中，武城酒厂独占了两个。1984年，"古贝春"摘取轻工部铜牌奖。1988年全国首届食博会，"古贝春"又得银牌奖。如果说"古贝特曲"的成功仅是酒厂的破茧成蝶，那么"古贝春"的研制成功以及获得的种种荣誉，则成就了古贝春创业史上的第一次飞翔。《古贝春大事记》中关于1988年的记载有这样一段："年产白酒2366吨，其中古贝春酒突破2000吨大关，达2134吨。销售收入首次跃过两千万元大关，高达2120万元。"诚然，这与如今的山东古贝春有限公司产量以万吨计、销售收入以亿元计相比已不可同日而语。但退至10年前的1978年，古贝春诞生当年销售收入187.08万元。10年间又发生着怎样的翻天覆地的变化呢？

蝶之痛：从柳暗到花明（1988—1998年）

1988年的成功起飞没有为此后的10年带来好运。1989年初春，正当国家第五届白酒鉴评会即将开始，大会刚刚从山东取走了"古贝春"样品，59岁的张子文就病了。屋漏偏逢连阴雨。这一年，正值中华民族多事之秋：北方天旱，南方雨患，西部地震……伟大的中国共产党和中国人民在稳定大局的同时，进行着政治经济体制各个方面的伟大变革，也给中国每个企业带来深刻影响和严峻挑战。相对武城酒厂来说更是前途堪忧：廉政建设法规的出台，吃喝送礼风的狠刹，在顺民心应民意的同时也改写了酒厂昔日车水马龙的盛景；原材物料的涨价与产品价位的不能自由上浮，意味着多产多赔年代的到来；而紧缩银根的金融政策，更使企业资金捉襟见肘；新的保护农业政策的出台，对白酒业不优惠、不扶持、不鼓励的产业政策，更是让生产纯粮酒的白酒企业深受其害。而从这时开始，白酒业的广告战、价格战、让利战等烽烟四起并步步升级。乱花渐欲迷人眼，在这场商战中，缺乏名牌和高档白酒者，由于在综合实力上大打折扣，落马者不计其数。此时已创牌20年的古贝春同样不占这一优势，成了姥姥不疼舅舅不爱的可怜虫……

1989年4月20日，武城酒厂37岁，如同一个人一样，正值创业好时光。而凄风残雨内外交困的武城酒厂该怎样去再唱一曲气贯长虹的大风歌呢？也许时事弄人，从开发新品到多元发展，从易址扩建到组建集团，从独立核算到全员承包……尽管古贝春的后继者们相信精诚所至，金石为开，尽管所有的“药单”试了个遍，然而古贝春就像一个在极夜里前行的旅人，时而峰回路转，时而又不见了光亮……1995年底，近8000万元的亏损，令这个已组建为古贝春集团昔日风光无限的企业滑向谷底。

山穷水复疑无路，柳暗花明又一村。历史总有着惊人的相似，如果说张子文是成就古贝春从化蛹到成蝶的设计者，那么周晓峰就是成就古贝春从沉寂、阵痛到绽放缤纷再次展翅飞翔的缔造者。1996年1月，武城县委、县政府五大班子领导经充分酝酿，决定选派时任武城县商业局副局长、武城商业大楼总经理的，年仅31岁的周晓峰出任古贝春集团总公司新一任党总支书记兼总经理。

面对惨淡的企业现状，周晓峰提出的方略是18个字：“一年稳定理顺，二年稳定加强，三年稳定发展。”接下来周晓峰显示了大政治家的气魄，以迅雷不及掩耳之势，连下三招：

——改革机制强班子。坚持把以人为本作为治厂之道，对企业内部的用人机制进行大胆改革。按照革命化、年轻化、知识化、专业化标准和德才兼备的原则，将用人机制由静态改为动态，采取民主测评和推荐的办法，提高干部队伍素质，强化企业领导力量。

——理顺体制强管理。合并新老两厂，实现了企业资源的合理配置和优势互补，彻底根除了“内耗”，壮大了整体实力。

——建章立制树正气。组织人员学习借鉴先进单位经验，针对企业管理上的漏洞，制定了60余项上千条款的规章制度和考核标准，做到了事事有标准，人人有责任，工作有目标，好坏有兑现……

随后，面对诸多白酒品牌“风流已被风吹雨打去”的惨况，周晓峰直言坦陈了这一观点：创建白酒名牌的问题，首先不是发展问题，而是生存问题！经周密思索，周晓峰决定走外引内联、以质取胜的路子，眼睛向外攀高亲，依托名厂创名牌。1996年3月中旬，一批骨干技术人员被派赴名优酒厂接受培训；9月1日，古贝春五粮型酒班开始正式产酒。一项项变革次第展开……

1996年9月8日，德州新湖饭店，彩旗飘展，锣鼓阵阵。一个令人振奋的标志性会议——首届古贝春新产品新闻发布会暨品评订货会隆重举行。主席台上，来自中国酿酒工业协会、中国酿酒工业协会白酒分会、山东省白酒工业协会等部门的7名国家酿酒评酒权威和专家周恒刚、石维忱、姜祖模、赵建华、金凤兰、孙庆文、宋玉华，对武城古贝春集团总公司开发的五星级古贝春进行现场品评鉴定。随着高级工程师、国家级白酒评委金凤兰女士当场宣布品评结果：“2号酒，五星级古贝春酒，色泽透明、窖香浓郁、香味协调……具有五种粮食所酿造浓香型白酒的独特风格……”一个期望已久的时刻终于到来：五粮型古贝春的生产开发成功了。

作为一个高科技含量、高附加值的产品，五星级古贝春一问世便很快受到社会各界及消费者的欢迎。1997年仅五星级古贝春一项实现的销售量便占到公司总销售量的四分之一。该产品先后被山东省一轻厅、山东白酒工业协会评为优级产品，被省技术监督局指定为质量免检产品。1998年2月12日，五星级古贝春又被授予“山东名牌”产品称号，在此次的质量评选中，五星级古贝春荣获质量评分第一名。

蝶之舞：从突围到绽放（1998—2008年）

1998年成功开启了古贝春又一个10年的姹紫嫣红。五星级古贝春的成功决不是单一一个品种的成功，她更大程度地代表着古贝春新的品牌时代的到来。她不但标志着山东省无浓香型高档白酒空白历史的结束，并且为成就此后系列古贝春产品的一连串辉煌打下基础。此后随着与全国名优酒厂合作的不断深入，四星级、三星级等产品的相继推出，从工艺技术的全面扎根并开花结果，到自身技术的科学创新，宝石系列、百年老窖系列等一大批高端古贝春产品相继问世，终于为日后的全省行评“三连冠”、“四连冠”一直到“全国行评第一名”并最终荣获“中国驰名商标”奠定了品牌坚实的基础，铺就了一条灿烂的阳光大道。

然而，真正使“古贝春”发生“脱胎换骨”般转变，实现质的飞跃的还是“古贝春”的产权制度改革！企业改革，是蝶之舞神话的又一妙笔！

1999年，周晓峰决定对企业进行股份制改造。消息一传开，当时有许多人不理解，效益连年递增，发展势头强劲的“古贝春”为什么要改制呢？周晓峰这样说道：“改制是为了更快、更好地发展，是为了企业的长远利益！我们必须认真反思企业的发展历史，冷静分析当前企业的现状，积极探索企业生存与发展的新路。尽管几年来，古贝春集团有了较大的发展，但我们必须清楚地认识到在现行体制下，‘古贝春’的发展潜力已经不大。竞争的不断加剧，名优品牌延伸的迅速，迫使我们企业必须建立起一种与市场经济发展相适应的运营机制，才有资格参与市场的竞争，取得长足发展。”

1999年10月16日，公司召开第一次股东大会，“山东省武城古贝春有限责任公司”宣告成立（后更名为“山东古贝春有限公司”）。周晓峰任董事长兼总经理。从而在短短1个月的时间里顺利完成了企业产权制度改革，创下了被市、县体改委称之为“高起点、高标准、高效率”的纪录。

新公司成立后，周晓峰协同内部领导班子成员对企业内部管理制度、分配制度等进行了大刀阔斧的改革，从而为“古贝春”实现飞速发展奠定了基础。

随着一项项改革措施的落实，“古贝春”更加增强了活力和潜力，产品开发频率不断加快，平均每三天就有一种新产品问世，产品质量稳中有升，出厂合格率100%，优质品率达99%。经济效益迅速攀升，产品美誉度大幅提高……1999年至2008年实现销售收入、利税继续保持30%以上的发展速度。“古贝春”开始全面进入全新发展时期。

一个企业无论大小总有千头万绪的工作要做。要想成功，首先就要确立一个统领全局工作的“龙头”。在坚持质量第一的前提下，周晓峰把营销确立为企业的龙头，提出了坚持至今的“一切围绕销售转，销售围绕市场变”的总体运营方针，开创了市场运作的新篇章，成就了日后质量夺冠、中国驰名、进军“中国白酒百强”的系列辉煌。为铸造一支营销铁军，营销培训开始了；根据市场变化情况出台的引导性营销政策实施了；“终端营销”、“三高营销”、“三下沉模式”、“三扫除策略”等一些新型营销理论形成了；营销人员的思维创新了，理论水平和实战经验增强了，分析市场、运作市场、管理市场的能力提升了，一大批“销售明星”、“销售状元”涌现了；销售工作呈现出芝麻开花节节高的良好态势……

一个企业的成功很大程度上取决于管理的成功。2003年，山东古贝春有限公司提出企业管理的新的构想和目标：三年创德州一流管理、五年创山东一流管理、八至十年创全国一流管理。于是，全国著名的管理专家被请来了，担任了企业的常年管理顾问。一项新的管理模式——“三位一体计划综合考核体系”着手构建。这是一项具有超前性和划时代意义的系统工程，突出了计划体系、工作体系、考核体系的独立运行与相互关联。解决了从“干什么”到“怎样干”的问题和“干不好怎么办”的问题，实现了信息资源的同步与共享，对于提高工作效率和工作准确性起到积极作用。

管理是根，文化是魂。2002年8月18日，德州五环体育场，一台旨在全面提升古贝春品牌价值和形象的大型文艺演出“首届中国武城古贝春酒文化节”拉开了帷幕。随后每年一届，至今已连办六届的文化节，使古贝春以盛世使者形象出现在消费者面前，极大地张扬了品牌诉求，其知名度和美誉度大幅飚升，从而使“千年大运河，万家古贝春”的核心品牌价值日益扎根消费者心中。

发展无止境。2005年8月16日上午，标志着山东古贝春有限公司抢抓机遇阔步发展的“古贝春公司10万吨白酒扩产和新项目建设动员暨全国白酒行评摘金夺银表彰奖励大会”在武城宾馆隆重召开——山东省政协常委、原省一轻厅厅长李昭泰、山东省白酒工业协会常务副会长姜祖模、县领导邓光亮、李玉文等五大班子领导、公司董事长、总经理周晓峰等出席会议。会上明确了“确立一个目标、实施一个战略、建设六大项目、落实六个保障”为内容的“1166”工程。3年弹指一挥，当前看来，3年前的宏伟设想正在变成现实。

30年磨杵成剑，30年蝶舞翩跹。回顾企业发展，周晓峰理性的表述透着感性的质感：企业发展的30年得益于改革开放的30年，离开这个伟大时代的背景谈企业与个人的发展都是毫无意义的。面对未来，周晓峰用坚定的目光让我们相信：有播种就会有收获，古贝春仍将在这个继往开来的伟大时代，以一个盛世舞者的姿态带给人们更多精彩……

（本文转载于《中国酒业》杂志，作者顾金栋）

改革开放30年 双沟勇立潮头唱大风

2008年3月，在全国十一届人大一次会议期间，中共中央政治局委员、中央书记处书记、中央组织部部长李源潮同志（原江苏省委书记）在听取全国人大代表、江苏双沟酒业股份有限公司董事长赵凤琦工作汇报时，当听到双沟酒业2007年销售额突破10亿元大关，又向15亿元目标冲刺时，高兴地说："我在江苏工作时，期待你们能达到10个亿就感觉不错了，看来对你们今后要有更高的要求了……"

中央领导对双沟酒业的期待和勉励，已化成"双沟人"绘就明天新蓝图的巨大动力……

据双沟酒业公司财务报表显示，改革开放30年来，该公司固定资产、工业总产值、销售收入和实现税利分别从1978年末的233万元、470万元、636万元、321万元，分别猛增到2007年底的2.4731亿元（单股份公司部分）、9.929亿元、10.7803亿元和3.9376亿元，四项经济指标"增量"均超过百倍。

"敢越雷池一步"

1979年初，国家轻工业部向全国酿酒企业提出了研制机械化生产的课题，大多数企业"不敢越雷池一步"。当时，双沟酒业的一批专家和技术骨干主动请缨攻关。从1979年4月份破土动工，双沟酒业仅用10个月时间，建筑面积7300平方米、内装2条机械化酿酒生产流水线、年产大曲酒2000千升的机械化酿酒车间诞生了。

"双沟人"相继拿下了《双沟大曲中微生物分离的研究》、《大容量贮酒容器（浓香型）的研究》、《白酒厂尾水提取混合香酯液用于提高白酒质量的研究》等8项重大科研课题。其中，荣获"全国轻工科技成果三等奖"的《大容量贮酒容器（浓香型）的研究》科研成果，改变了我国贮酒过去靠坛坛罐罐的历史。

低度酒研发"好戏连台"

1979年，双沟酒业的"39度双沟特液"一枝独秀，被评为本届唯一的国家低度酒称号，荣获银质奖章。"39度双沟特液"一举成为20世纪80年代初白酒消费市场的"新潮一族"，并部分出口到东南亚10多个国家和地区。

近两年中，双沟酒业还先后将《高温堆积发酵生产工艺》、《发酵池养酒试验》、《特殊调味酒生产》、《不同蛋白质原料在浓香型白酒生产中的应用》等多项科研成果相继运用于酿酒生产中，对提高传统白酒的质量、推动技术革新做了大量的开创工作。2006年7月，双沟酒业成为江苏白酒企业中唯一一家被国家人事部批准为"博士后科研工作设站单位"。

历经艰难 雄心依旧

"双沟"的发展史如同一个人的成长历程一样，并不总是伴随着鲜花和掌声，既有阳光大道，又会有荆棘山路；既有顺境，也会有逆境。关键是如何做到胜不骄、败不馁，变危机为机遇，变压力为动力。

1989年下半年，公司扩大名优酒的产量，并迅速建立起完备的反馈网络，推出了10余种包装精美的新产品。1990年，企业当年在消化了1400多万元原辅材料涨价因素的基础上，仍实现利润587万元，居江苏省同行业之首。1991—1993年，双沟酒业迎来了第一次"腾飞年"：综合经济效益名列全国饮料制造业第一位；销售收入、实现税利两项主要经济指标名列全国同行业前四，其中实现税利当时最高达到2.3亿元，利润过亿元。

然而，一场范围更大、波及更广、时间更长的"冰冻期"来临了。

自20世纪90年代中期开始，全国白酒市场从"卖方市场"到"买方市场"的转轨，面对川酒、贵酒、鲁酒、皖酒等地竞品的"围追堵截"，企业经济效益开始逐渐下滑，1996年更是降到了谷底。

"二次腾飞"续写"神话"

2004年底，双沟酒业的接力棒传到了新一代领导班子手里，并提出从2005年开始，实现“二次腾飞”的宏愿。2005年8月8日，“双沟珍宝坊”荣耀登场。它在一个酒瓶里分装两种不同度数的成品白酒，消费者可以根据喜好，单独饮用或调兑饮用，体现人性化的设计理念，引领白酒消费新时尚。2008年，“双沟珍宝坊”单品销售额将达到3亿元，从上市至今，每年同比均成倍增长。

“对于一个企业来说，营销的实质就是掌握和拥有经销商特别是‘重量级’经销商数量的多少；谁能最大限度地占有客户群体，谁就有竞争力。”李风云常给营销人员讲这句话。

2006年，成为双沟酒业的“招商年”，公司明确提出要通过全力推进“大招商、招大商”活动，使“营销是企业安生立命之本”的理念更加深入。

从2007年起，双沟酒业在企业内部开始实行预算承包市场和推行市场“项目经理人制”试点工作，实施样板市场带动策略，对营销体制进行优化组合。

在营销策略上，双沟酒业2008年实施“扫盲”和“春耕”两手抓的方针，一方面将以前在江苏省范围内实施的营销逐县“扫盲行动”，逐步向“华东地区逐县、江苏省内逐乡”等空白市场延伸，使产品的市场占有率向广度和深度推进；另一方面开展营销“春耕行动”。

据双沟酒业财务最新统计，2005—2007年三年间，双沟酒业销售额分别为6.3亿元、8.2亿元和10.78亿元，年均增长超过30%以上，迎来了“二次腾飞”的“黎明”时刻。

作为一家“百年老店”，双沟酒业在经历市场竞争的风雨后，一个“既会做又会卖”的全新企业已见雏形。据悉，该公司2008年销售额将达到15亿元，他们2009年的销售目标已定在“保20（亿元）、争25（亿元）”上，力争在2010年前跻身行业前6强。

一个全新的“双沟”正向世人走来……

(本文转载于中国酒业新闻网，作者张华柏)

远航
九江酒厂
远航牌九江双蒸酒
香港Q唛优质产品
九江酒厂
鄉純
远航
广东省著名商标
广东省九江酒厂有限公
远航
广东省著名商标
两百年的广东味
九江双蒸酒
Jiujiang Shuangzheng Jiu
豉香型白酒 净含量:500ml
广东省九江酒厂有限公司
出品
King南国王者
实力雄厚
广东省九江酒厂有限公司（简称“九江酒厂”）创立于1952年，以生产九江双蒸酒而闻名于世，是中国酿酒行业中的领先企业。
九江酒厂继承和发扬了南海九江镇两百多年酿酒工艺，发展成为中国豉香型白酒生产规模最大的国家二级企业和广东省最大的白酒企业之一，白酒出口量多年居全国之冠；白酒产销量连续多年高达近5万多吨，跻身全国同行业同类型产品的十强之列。 九江酒厂屡获“最受消费者推崇奖”、“广东省食品安全信用等级A级企业”、“广东省百强民营企业”、“广东省制造企业100强”等殊荣，更先后通过了ISO9001质量管理体系、HACCP食品安全体系、香港Q唛优质产品等认证，以精湛技艺、一流品质、先进设备、科学管理而雄踞广东酿酒行业前列。
广 东 省 九 江 酒 厂 有 限 公 司

瀏陽河

瀏陽河

瀏陽河

瀏陽河

瀏陽河

奥运篇

主要内容包括酒类企业事业单位开展奥运、体育营销方面的相关专题报道。

白智生

Bai Zhisheng

YEARBOOK FIGURE

1984年，毕业于北京大学，主修国际政治；2004年8月，任王朝酒业集团有限公司执行董事；2005年9月，任天津农垦集团总公司总经理；2005年11月，任王朝酒业集团董事会主席、执行董事；2005年11月，任中法合营王朝葡萄酿酒有限公司董事长。

白智生同志在企业经营中提倡科技领先的理念，注重技术创新，通过加大科研资金投入、积极引进技术人才、建立国家技术中心等途径，使王朝公司致力于葡萄原料、工艺流程、设备保障体系等方面的研究，并提倡和葡萄酒发达的国家进行广泛的技术交流合作，取得了丰硕的科技成果，实现了王朝公司技术领先的优势。结合葡萄酒市场的竞争态势，白智生同志提出了把王朝公司建设成“现代化、国际化、一流的大型企业集团”的战略定位。

奥运的商业价值

奥运对中国经济的影响成为热门话题。国家统计局新闻发言人李晓超在上半年国民经济运行情况新闻发布会上表示，从近期举办奥运会的国家可以粗略得出结论，举办奥运会会对经济起到积极推动作用，经济增速会有所加快。

因为奥运会存在着巨大的商业价值，所以必然获得众多国家的青睐。细数历届奥运不难看出，它对主办国，尤其是主办城市的经济增长有明显的拉动作用。

1984年洛杉矶奥运会给南加利福尼亚地区带来了32.9亿美元的收益；1992年巴塞罗那奥运会给加泰罗尼亚地区带来了260.48亿美元的经济效益；1996年亚特兰大奥运会为乔治亚州带来了51亿美元的总效益；2000年悉尼奥运给澳大利亚的新南威尔斯州带来了63亿美元的收益。

北京申奥成功后，从2002年起到2008年，根据国内经济增长模型分析测算得出，北京奥运会每年为我国GDP增长贡献0.3%～0.5%，中国经济的发展明显提速。

北京2008年奥运会对中国经济的商业价值主要表现在有形影响和无形影响两个方面。有形影响是指奥运会在拉动举办国消费需求、投资需求、出口需求以及在扩大就业等方面的作用，这种影响主要体现在主办地区的经济总量和结构变化中。无形影响是指奥运会对主办国经济发展环境、开放度、国家声誉、形象和信誉度等方面的影响。从主办国经济的长远发展来说，无形的影响往往比有形的影响更重要、更有价值。

主办奥运会是一个国家扩大市场开放度，加速融入经济全球化进程的一个重要媒介。北京2008年奥运会，有利于在国际上打造“中国品牌”，能更好地带动国内企业由产品经营向品牌经营的转变。

现代企业在国际市场上的竞争，除了企业自身要有雄厚的实力和一流的产品，还需要企业所属国在国际上有美誉度和影响力。也就是说，企业在国际市场上的品牌竞争实际上是需要国家这一大品牌支撑的。主办奥运会是一个国家在国际上打造“国家品牌”，提升国际影响力的重要手段，对扩大中国的国际影响，树立“国家品牌”都有重要作用。国家盛，企业兴，国家这一大品牌打响了，企业的小品牌才更容易进入国际市场，才会更具国际影响力。另外，奥运会还能使本国企业借助奥林匹克市场营销计划宣传、推广企业形象和品牌。以悉尼奥运会为例，共有106家企业成为各类赞助商，其中TOP赞助商24家，澳大利亚公司13家，支持商18家。一般产品供应商40家，体育产品供应商24家，其中绝大部分为本国公司。这些企业借助奥运会的巨大传播力，使自己的企业和产品品牌具有了国际影响。

北京2008年奥运会，国内的众多企业也纷纷借势而发，酒类企业自然不会放过这个绝好的契机，他们正在通过各种不同的形式利用着奥运带来的商业价值。这种价值或有形或无形，或直接或间接，或短暂或长远，都值得我们用激情去分享。

奥运 中国酒业的起航之旅

随着奥运的临近，奥运赛场之外的另一场比赛也吹响了号角！对于中国的企业来说，奥运会是一个品牌的竞技场，各大企业都在借助奥运东风展开各种方式的营销，有的企业想通过奥运营销拓市，有的想以此进军国际市场，但中国酒业的长远发展仅靠一次奥运营销是远远不够的。奥运，仅是中国酒业摸索着走向国际市场的起点，成功的奥运营销与中国酒业的发展仍是一个具有规划性的漫长过程。

面对奥运 各取所需

奥运对于很多企业就是一块“大蛋糕”，哪有白白放过的道理？酿酒企业们各显神通，成为官方供应商的更是展开了一场场轰轰烈烈的奥运营销运动，不是供应商的也举起了非奥运营销的旗帜，企业们根据自己的口味与需求，开始在抢食这块“大蛋糕”。

啤酒行业与奥运联系最为紧密，三家赞助商各取所需，各显神通。

作为北京2008年奥运会唯一国际啤酒赞助商，百威有着丰富的体育营销经验，作为在中国市场已经累计投资12亿美元的国际品牌，百威显然侧重于借助北京奥运来造势，以扩大百威在中国市场的份额。

目前，百威的销售市场已经覆盖中国100个城市。去年，百威已经开始进入了中国县级市场，但百威专注高端市场的定位以及其在一级市场的根深蒂固，使其难在新兴的三四级市场有所作为。

百威（武汉）国际啤酒有限公司董事长程业仁曾表示，希望借助奥运概念和以往百威建立的渠道，将潜在的消费人群再增加1.5亿人，在奥运会结束的3年内要将目前的辐射市场规模翻一番。由此可见，至少在二三级市场上将少不了百威的“奥运风暴”。

青啤作为中国啤酒在国际市场的代表品牌，希望通过奥运拉近与国际消费者的距离，使青啤进一步打开国际市场。同时，青啤顺势推出了新品牌——“欢动”，其诠释的是年轻、时尚、动感和健康结合的奥运产品理念，青啤的品牌战略转变也必将对市场产生巨大影响。

燕京则通过针对性的奥运营销活动进一步巩固其根据地市场，并利用本土优势提高国际知名度。

2008年北京奥运会对中国葡萄酒行业来说是一个分水岭，作为2008北京奥运独家葡萄酒供应商，中粮长城将借助其独有的供应商资源，开展体验营销，这将有助于长城品牌价值的提升和国际市场的开拓。

“2007年，长城葡萄酒的销量达到了10万千升，这个数量是排名二、三、四位的三个品牌的总和。”5月11日，在中粮酒业举办的主题为“举杯长城，荣耀中国”第三阶段奥运战略发布会上，谈及赞助奥运给长城带来的影响时，中粮酒业总经理吴飞如是表示。

很多非奥运赞助企业也纷纷搭上奥运班车。白酒企业虽被拦在了奥运赞助商的门外，但不少有实力的白酒企业，依然充分利用了这次奥运的契机，展开了奥运营销：五粮液千万元赞助奥运会首金，并成为“国家射击队、国家飞碟射击队唯一指定庆功酒”。红星二锅头入选奥运会菜谱，并以唯一的白酒老字号企业身份出现在“同一个世界，同一个梦想”大型奥运展览上，向来此参观的各国奥运冠军展示中国特有的二锅头。

投入≠收益

随着北京奥运的展开，企业奥运营销的宣传也逐渐进入白热化状态。一场场“烧钱”的闹剧在不断上演，很多企业盲目地认为投入越大，收益也越大。然而，现实并非如此。历届奥运会赞助商入不敷出的惨痛教训，也给酿酒行业提了个醒，投入并不等于收益，酿酒企业应正确理解奥运营销的本质，这样才能进退得当。

赞助奥运会是风险很大的投资，成千上万的投入并非都能有多少回报，同时，一旦产品或技术、服务出现闪失，在奥运会期间，其反面效果也将加倍。如果企业缺乏奥运营销规划，终端销售网络与渠道结构等达不到要求，也会浪费企业很多资源，这是企业在奥运营销无限风光中，不得不正视的两大风险。

有专家指出：与以往奥运会不同，北京奥运会的官方赞助商可能不会成为最大的赢家，尽管它们为此花费了很多。

有了前车之鉴，很多企业学得聪明起来，开始把“多花钱”变成“巧投入”。

燕京是三家奥运啤酒供应商中最“低调”的一个，但燕京却是北京大本营市场最大的赢家。在前几年几大啤酒巨头鏖战京城的时候，燕京的阵地保卫战打得十分艰苦，不仅要与青啤、雪花等国内品牌抗衡，还要兼顾百威、嘉士伯等国际品牌对高档市场的威胁，在低档产品上也受到了银瀑等一些二三线品牌的蚕食。

成为奥运供应商后，燕京并未盲目地烧钱，而是有的放矢，针对目标市场进行奥运营销活动。随着奥运临近，燕京又出资1300多万元为首都治安志愿者制作了印有奥运和燕京标识的奥运统一T恤衫，北京的街头从社区的安全志愿者到打太极拳的老大妈，处处都能见到身穿这种奥运统一T恤衫的北京市民。

在奥运期间，交通实行管制，作为赞助商，燕京利用自身在运输上的优势，迅速攻城略地，占据了85%以上的市场，商超系统占据了80%以上份额，将其他品牌的市场份额进一步缩小，并顺势将市场价格调到了3元，也为消费者所接受，奥运使混战多年的北京市场又恢复到了2000年时燕京的“一枝独秀”。

由于奥运赞助商花费了巨额赞助费，除了要防备竞争对手的隐形营销外，还要调整企业经营战略。对于那些非奥运赞助商来说，反而显得从容不迫。

就在青岛、燕京、百威三个品牌付费共享奥运大餐之际，一旁的雪花啤酒则剑走偏锋，以“非奥运营销”的方式，为啤酒品牌的奥运营销添色不少。

在燕京和青岛先后宣布成为2008年北京奥运会的赞助商后，2006年，华润雪花啤酒（中国）有限公司原市场总监侯孝海提出了“非奥运营销”理论。

侯孝海认为，奥运营销成功的关键是品牌精神要与奥运精神合一，并且取得与消费者的共鸣。他提出的“非奥运营销”，是针对奥运赞助商的奥运营销而言，实质是“非奥运赞助商的奥运营销”，即通过支持消费者关注奥运、参与奥运来实现企业的品牌传播。

企业进行奥运营销，本身就是一笔巨大的投资，虽然其无形的回报远远大于有形的回报，但这些只是奥运会带给企业无形的商机，关键要看企业能否利用好。只有通过奥运营销将企业的产品落实到每一个目标消费群中，才是奥运营销的关键所在。

持续发展才是硬道理

早在2004年，调查数据就表明，近八成中国居民对赞助奥运会的企业有好感，75%的居民会更愿意购买贴有奥运会标志的产品或服务。

这些信息表明，奥运会已经影响到了消费者的购买选择。同时，实力传播的一项调查表明，在那些购买奥运资源的企业中，有2/3没有达到理想的效果。一正一反，两种数据表明，短暂的奥运营销并不是万能的。

如何运用奥运营销则考验着企业的智慧。体育营销专家指出，虽然中国企业对于奥运带来的营销机会已经有了较为深刻的认识，但急功近利的心态、缺乏长期规划，以及实际运作中的策略能力等，都可能使奥运营销带来的强烈热度在奥运落幕后迅速冷却。

牵手奥运会只是赢得了奥运营销的入场券，要使这场营销战役取得胜利，需要思考的是如何投入资源并挖掘其中发展的潜力。

很多企业对奥运营销的认识没有达到一定的高度，中国企业认为自己来过，参与过就好了，不认为奥运营销对于企业整个的发展战略有什么重要影响。而那些奥运营销比较成功的国际大企业，无不把奥运营销作为一项长期的战略来进行规划，如可口可乐、Visa、三星都是坚持奥运营销数十年才获得成功。

奥运只有几十天的时间，但中国酒业的发展仍需向前，中国酿酒企业应开始冷静思考：奥运到底为我们带来了什么？奥运面前，我们是否有些表现过热？奥运之后，我们又将何去何从？

青岛啤酒股份有限公司董事长金志国曾指出，奥运会本身具有时效性，奥运精神却具有长效性，奥运比赛可以结束，但是奥运精神却可以长期留下来，青岛啤酒的“奥运营销”将始终伴随着其奥运精神传播者的鲜明角色。做奥运精神的最佳传播者，世界在记住北京奥运的同时，也将记住青岛啤酒。

奥运会的营销是一个持续渐变的过程，相对奥运前，奥运后的营销同样重要，只有做好奥运长远战略规划，企业才能够在赢得权益之后从容不迫地实施奥运营销战略，最大化地利用奥运会这一传播平台。

奥运是中国酒业走向世界的跳板，但中国酒业借助这个助推器在国际的道路上能走多远，关键点不是短期的奥运营销手段，而是一个具备规划性的长期发展行为。奥运虽然带来了巨大消费群，但并不足以造成大范围的市场井喷，国内酒水企业更应重视的是这些消费群为中国酒水带来的品牌传播与长期消费的契机。中国特色的酒类产品的国际化进程并非通过召开一次奥运会就能实现，它是一个整体行业性的行为，需要一个长期的发展过程。

营销专家认为，进军国际，行业内的联合营销更为有效。中国特色的酒类企业可以通过在奥运前后组织多次有特色的中国酒主题性展览、大型品酒会，特别是利用各种媒介在合适的场合进行中国酒文化的传播等，借助奥运传播酒类品牌文化，吸引国外消费者试用，打造“2008纪念品”名片，让国外消费者有机会接触了解、品尝中国酒。

中国酿酒企业在奥运面前，应制定出奥运前、中、后的系统营销规划，坚持持续发展才是硬道理，根据规划进行资源配置。在奥运热前后，酿酒企业要更加有效地展开工作，聚集注意力，避免落入俗套，避免以自我为中心，整合与动员多种资源，把奥运营销实现与自身长远发展进行统一规划，实现企业的可持续发展，逐步完成中国酒业“借助奥运，实现全球化战略”的梦想。

雪花的“后2008奥运营销”

对很多企业来讲，能够赞助奥运不仅是一次在全球扬名立万的好机会，而且还能赚个盆盈钵满，这样的例子不胜枚举。如奥运啤酒赞助商百威、青啤、燕京，自成为2008奥运赞助商的那一刻起，借用奥运营销的影响力，品牌的综合竞争力逐日提升。

然而，面对越来越同质化的奥运营销，雪花提出来的非奥运营销无疑成为了一道亮丽的风景线。看似高打“非奥运营销”的旗帜，但事实上，还是在借助奥运契机与那些积极唱响“奥运营销”的品牌同唱一台戏，只是双方所采用的营销策略不同罢了，这一点也正是雪花的高明之处。一些媒体将雪花此举称为“阴谋营销”，听起来似乎有些刺耳，但在笔者看来，这完全是褒义的表述，说明雪花在面对奥运这一商机时，的的确确动了一番脑筋，很清晰地认识到：随波逐流不如尽洒个性。

逆向思维尽显英姿

常言道：“逆向思维往往可以让人换个角度去看待问题，既而去寻求更佳的解决问题之道。”事实上，雪花就是在这种情境下开拓出了一条“非奥运营销”之路。当申奥成功的消息振奋每一颗中国心之时，几乎所有的品牌都使出浑身解数寻找与奥运关联的营销方式，而雪花却独树一帜地选择了与奥运背道而驰的“非奥运营销”。也正因为如此，雪花的逆向营销思维不仅为该品牌烘托了强大的宣传氛围，更为其谋得了不少销售利润。

一直以来，啤酒由于其自身充满活力、激情的独特个性，与体育紧密相联的命运刻刻相随。无论是享誉国内外的啤酒巨头，还是独霸一方的区域王牌，他们总是能够很巧妙地将自身品牌与体育赛事有机结合，从而使得赞助体育赛事成为各大啤酒企业普遍采用的营销手段。此次2008奥运会，更是被啤酒巨头们奉为最佳商机，在燕京、青啤和百威相继成为北京奥运会赞助商后，雪花啤酒却没有赞助奥运的动向，而是另辟蹊径，采取颠覆式的、非常规的奥运营销策略。然而，雪花的“非奥运营销”并非不奥运，之所以称之为“非奥运营销”，是因为雪花没有像其他品牌那样以传统习惯上的奥运赞助商身份出现，而是目标直指奥运会不可分割的主体——观众。它将奥运会“重在参与”的精神，通过“啤酒爱好者合作伙伴”的方式予以体现，以此明显区别于竞争品牌“直接赞助奥运会”的营销手法，实现了差异化的制胜之道。

品牌传递深入大众

“全民参与奥运”已经成为备战2008奥运会的主题与口号，各行各业都在以不同的方式迎接着奥运盛会的召开。正因为如此，雪花啤酒在广告中以球迷身份喊出的“这比赛，有我们才行”，组织的“勇闯天涯”大型品牌推广活动，以及在全国诸多省、市、地区搞的啤酒爱好者活动等，均是围绕普通大众展开的。活动的推广不仅把雪花啤酒的运动形象深入地展现在大众面前，使得消费者在感受自身被重视的同时，更增加了对品牌的好感。相信这也是雪花提出“非奥运营销”的精髓及无形的魅力所在。

啤酒品牌深入大众营销的时间是在“非典”期间，突发的疫情促使啤酒商家们积极地改变自身品牌的营销方式，根据市场出现的新变化将超市和家庭作为营销的重点。从那一刻起，国内各大啤酒巨头纷纷生产适合于大众消费的啤酒产品。我国啤酒业营销方式的悄然改变，似乎也再次印证了一个真理，那就是品牌结构总是以市场需求的变化为调整依据。雪花啤酒也正是清醒地明白这一点，既而在近几年的发展过程中，始终不忘将满足大众需求视为生存之基、发展之本。

其实，能够成为奥运赞助商固然是好事，但当同类产品也进入到赞助商的行列时，雪花另类地选择了“非奥运营销”固然有它的道理。试想，当各大品牌争相竞逐极少数几个赞助商名额时，雪花啤酒就算成为奥运赞助商，也不过是与其他同类产品并驾齐驱，站在了同一起跑线上，比起眼下雪花啤酒“非奥运营销”的另类发展势头，明显不可同日而语。

资本运作助力腾飞

近几年来，雪花啤酒的神速发展有目共睹，留在人们脑海中印象最为深刻的便是雪花啤酒的资本运作之术，尤其是在2007年，雪花啤酒在资本运作、兼并整合方面的一系列动作更加将其最优势的一面表现得淋漓尽致。如它以25亿元的价格收购了蓝剑旗下所有啤酒企业100%的股权；以3700万元收购了贵州瀑布啤酒旗下所有啤酒企业85%的股权；以3.38亿元的价格收购了浙江银燕啤酒100%的股权；以8100万元收购了相王啤酒所有的啤酒资产；以3700万元收购了蒙原酒业公司的啤酒资产；以1.7亿元收购了巴特罕酒业；另外又以相当的资金收购了鸭绿江、葫芦岛菊花啤酒和通化啤酒等。十余年来，雪花啤酒借助“华润集团”雄厚的资金实力，通过资本并购“跑马圈地”，目前已经在全国拥有60多家工厂。华润雪花啤酒于2007年以690万千升的产销量，连续三年蝉联中国啤酒产销量第一……

华润雪花曾被人称为“资本运作大师”，2008年，首个提出“非奥运营销”的雪花啤酒将首都市场的营销重点放在“环保营销”上。从今年3月开始，雪花啤酒大搞贯穿全年的免费发放1000万个环保袋的活动，活动宣传广告遍布于首都的各大公交车站等处。据悉，此番活动资金总计高达几千万的投入，如此看来，这着实又是雪花啤酒一直以来奉行的资本运作的一次全力体现。不过，我们也可以看出，无论是雪花于年初在首都社区搞的买赠促销活动，还是免费发放环保袋的活动，均显现出雪花啤酒始终将普通大众作为每一次活动的主角，这与其推行的“非奥运营销”似乎不谋而合。每一次主题活动最亮丽的风景线就是啤酒的爱好者、奥运的参与者，都旨在与消费者交朋友，树立品牌在消费者心目当中的良好形象。

雪花记忆

近几年，雪花啤酒的飞速发展着实让人瞠目，特别是其针对奥运提出来的“非奥运营销”，更是引发了一场不同寻常的奥运风暴。啤酒、奥运、激情、大众，雪花啤酒营销的别出心裁的确让人钦佩，它紧紧抓住了普通大众的心，无形之中成为了普通大众心目中的伙伴与相随者。今夏，雪花啤酒已倾入首都的街头巷尾，人们可以随时享受、体味雪花啤酒。作为国内啤酒巨头之一，2008年，对于雪花啤酒也是非常有纪念意义的一年，正值华润70周年之际，相信雪花啤酒一定会为其优异的业绩添上浓重的一笔。

(本文转载于中国酿酒网，作者于萍)

古井贡与奥运共荣

2008年奥运会召开之前，国家质检总局下发《关于印发沈阳、青岛两奥运赛区城市从市场等渠道采购供奥运食品企业汇总表的通知》，古井贡酒被北京奥运会沈阳赛区列为供奥运食品，这也是安徽省唯一一个被列入白酒类的“供奥食品”。

古井贡酒的产品被选为供奥食品，意义重大。这是国家质检部门对古井产品质量和食品安全工作的高度认可与肯定。它既是企业的光荣，也是安徽的光荣。据了解，为保证北京奥运会食品安全，国家质检总局对入选“供奥食品”有着严格的标准要求：

第一，要求供应奥运会的食品，要完全按照国际最高标准来组织生产；

第二，对凡是给奥运会供应食品的企业，实行严格的市场准入；

第三，凡是确定预选的供应奥运会的食品企业，政府有关部门都派专家和有关官员进场监督，实行批批检验；

第四，对产品运输、仓储等环节实行GPS定位监控，确保各个环节安全；

第五，所有产品都需进入中国产品质量电子监管网，每个产品都可以追溯，等等。

“奥运食品安全是当前一项重大的政治任务，我们要以高度的责任感、认认真真的态度和实实在在的措施来抓好这项工作，确保产品质量安全，维护人民身体健康、维护国家声誉，尽己之能为奥运做出贡献。”古井员工一致表示。为了确保供奥食品的质量安全，古井集团专门选定设备最好、环境最优的新车间成立供奥食品灌装专线。在供奥食品灌装专线车间记者看到，工人们正在有条不紊地按照生产规则对古井贡酒进行灌装、包装，质检人员加强了巡查和抽查的力度，严格质检程序，以保证不合格产品不出生产区。同时，他们还严格按照国际质量管理标准体系，对产品从供应商选择、原料采购到生产过程、成品出厂的全过程加强了控制，并用先进的气相色谱仪等精密仪器，通过对古井贡酒酒体进行定性和定量分析，以最终确保奥运食品的产品质量合格率为100%。

在近几年国家各级技术监督机构定期和专项监督抽查中，古井贡产品不仅质量优异，而且一直稳定。2007年2月和7月份，古井贡就两次被国家质检总局列入“质量较好的产品及其企业名单”，在国家质检总局网站上公布表扬。而从该公司最近销售数据上看，由于他们积极利用现代科研手段来改造传统白酒，新开创的“淡雅香型”系列白酒很好地适应了现代人白酒消费口感新需求，市场反应良好，并出口到欧美市场，深得多国友人的喜爱。

红星二锅头奥运展风采

红星作为唯一的中华老字号白酒企业，参展了8月1日由北京奥组委组织的“同一个世界 同一个梦想”的世纪坛主题展会。在本次展会中，红星展示的不仅仅是二锅头酒的独特魅力，更向世界显示了中国民族品牌的影响力，将中国的白酒文化在国际范围内进行推广。

第29届奥运会凝聚了中国人的梦想与期盼，展示了中华民族百年的拼搏奋斗精神，将成为中国历史上具有重要意义的里程碑。在此期间，红星人参与奥运、奉献奥运，为中国加油，为奥运加油，红星集团挑选出8名优秀员工，作为奥运会的驾驶员志愿者，为奥运服务。

红星的产品质量是老百姓一口一口喝出来的，在北京的白酒企业中更拥有“三个唯一”的荣耀在身：红星唯一获得了含金量极高的“全国三绿工程畅销品牌”、“中国白酒工业十大影响力品牌”和“北京质量管理先进企业”称号。2006年，红星还获得了世界品牌实验室颁发的“中国最具影响力品牌”。红星严格的品质管理还使其先后通过了质量管理体系、环境管理体系、职业健康安全管理体系和食品安全管理体系等国际标准。2008年更是被批准为国家级非物质文化遗产，这都为红星产品的质量起到了坚实的保障。

由于优质的品质保证，在最新公布的奥运菜谱中，红星二锅头入选其中。红星不仅是唯一入选奥运菜单的北京白酒企业，更是唯一入选的二锅头生产企业。奥运期间，作为北京地方白酒的代表，红星二锅头以其独特的方式，向世界展示中国白酒的特色魅力。

红星在奥运营销与产品方面取得了重大突破。在奥运期间开发了文官、武官及五福临门三款新品，产品将奥运文化与中国文化进行融合。五福临门礼盒的设计包含了五环的颜色，将五环的颜色演绎为五种酒瓶的颜色，凝聚了中国传统文化的特点；而文官、武官将清朝一品文武官服上的仙鹤与麒麟图案设计到包装上，使二锅头透露出特有的京味儿。在奥运会拉开帷幕之际，红星通过推出这种特色新品，来表达祝福奥运的心愿，为奥运献礼。

北京红星股份有限公司总经理于吉广说：“在北京人眼里，红星是正宗的二锅头酒；在外地人眼里，它是北京特产；在外国人眼里，它是中国北京的一张名片。奥运期间，我们欢迎五洲友朋，来北京，看奥运，品尝中国的红星二锅头。”

荣耀时刻 共品长城

序言

举世瞩目的北京奥运会已经闭幕，但是关于奥运、关于奥运商业价值的探讨没有结束。中国企业都已认识到奥运盛宴是一场世界级的满汉全席，但要尽情享用却需要在高手云集的奥运营销阵营中剑法绝伦。中粮酒业长城葡萄酒在奥运营销上的成功无疑是引人注目的，虽然该企业作为北京奥运会葡萄酒独家供应商，与老牌奥运合作者相比级别和资历尚浅，但长城在营销布局上却很纯熟。

许多人问中粮酒业为什么要赞助奥运，他们的回答是长城品牌需要奥运精神和文化的内涵。这种远远超越产品经营阶段而在品牌经营层面和国际化路径上运用奥运资源的战略视野，使长城具备了榜样的力量。

剖析其奥运营销内核，发现奥运牌的成功打出，使之在百年圆梦中成就了长城葡萄酒卓越的品牌。其营销成果不仅给长城葡萄酒带来了质的飞跃，促进了其长效竞争力的形成和世界级品牌壁垒的构建，也对提升未来中国葡萄酒整体酒文化影响力起到了不容忽视的推动作用。

三十年品牌创新化为奥运储备

从一个企业的过去可以知道它的现在，从一个企业的现在，也可以预测它的未来。长城葡萄酒之所以牵手奥运，成为中国代表走上世界舞台，是与它过去三十年担当中国葡萄酒界领跑者密不可分的。

1.美酒荟萃的庞大王国

素有中国酒界航母之称的中粮酒业有限公司，是同全球酒界领袖保乐利加、帝亚吉欧并驾齐驱的酒海领航者。作为世界500强企业中粮集团全资子公司，中粮酒业运用全球资源、现代化的生产及营销管理技术，为消费者提供了多元化、高品位的饮酒享受。

走进这一中国专业化、一体化的酒类运营商，会发现其旗下拥有葡萄酒、黄酒和进口洋酒等众多品牌。上世纪五六十年代，中粮酒业便通过自身遍布海外的市场网络，最早成功地把青岛啤酒、古越龙山、塔牌绍兴酒打入国际市场，同时，把国际许多知名品牌洋酒陆续引进国内市场，被誉为“中国酒界第一桥”。

改革开放后，中粮酒业多次战略性投资葡萄酒和黄酒行业，迅速培育成熟了拥有自主知识产权的长城、君顶、黄中皇、孔乙己等酒类知名品牌，不仅使中国传统黄酒开始在欧洲市场占有一席之地，而且使葡萄酒填补了国内诸项空白，出口到世界二十多个国家和地区。在国际品牌输入方面，先后代理智利著名品牌MONTES、ALBOR葡萄酒及其他国家的标志性酒类产品，构建起了开放型美酒荟萃的酒业王国。

中粮酒业不仅拥有早期建立的中国第一个酒庄“长城桑干酒庄”，成为中国酒庄界的蓝本和中国第一瓶干白葡萄酒的摇篮，而且在20世纪90年代后期，建立了亚洲最大、最具个性化的东方葡萄酒代表性酒庄“君顶酒庄”。以此为依托，按照全球化战略布局，在世界最好的葡萄产区建立专业化酒庄群。

以覆盖广泛、分销网络遍布全国的最强势经销商团队和最高效的销售渠道，成为酒业王国的大马力“发动机”，为消费者提供了高覆盖的美酒选择。

2.全球葡萄酒版图上的中国坐标

纵观世界葡萄酒发展史，会发现中国葡萄酒产业长期落后于欧美葡萄酒国，一直到1978年中国改革开放的社会转型时期，才为中国葡萄酒产业的复兴提供了空间。中粮酒业把握先机，利用全球资源在中国葡萄酒界，第一家创立自主品牌——长城葡萄酒。

长城的酿造者突破了过去中国酿酒葡萄品种老化的困境，第一家大规模从法国、意大利引进国际酿酒葡萄名种；突破了过去忽视葡萄产地的落后观念，第一家在沙城、昌黎、烟台、蓬莱培育了国家葡萄酒原产地保护区，形成了长城葡萄酒独有的跨产区、超规模的绿色葡萄种植带和国内酒庄群；突破了过去酿酒设备陈旧、人才短缺的局面，第一家引进国际尖端设备，培育高级人才，酿造了国际标准的中国第一瓶干白、第一瓶干红、第一瓶起泡葡萄酒，在国际评酒会上屡夺最高奖；突破了过去酿酒传统与现代科技分离的怪圈，第一家成立了酿酒科研中心，酿酒成果在业内独家两届获得国家科技进步奖；突破了过去单一的产品营销模式，第一家跨入文化营销、体验营销的新境界。

长城品牌家族在拥有与国际接轨的“日常餐酒级、精选级、高级精选级、特别精选级、珍藏级、特别珍藏级”多元化产品结构的同时，市场综合占有率和产销量三十年稳居榜首，品牌价值持续居中国葡萄酒界第一强，独家集中国名牌、中国出口名牌、中国驰名商标、全国重点保护品牌于一身，在业界唯一荣登全球“21世纪奢华品牌榜”。

这使长城成为中国葡萄酿酒全球化的引领者和导入国际品质标准的先行者，也是中国葡萄酒高端化的首创者和优秀葡萄酒文化的布道者。它用短短30年时间跨越了欧美葡萄酒品牌百年历程，开启了中国葡萄酒走向国际化的全新时代，被视为全球葡萄酒版图上的中国坐标。

周密设计决胜奥运线路图

中粮酒业高层认为，奥运营销关键在于提升品牌国际化形象，在注重短期销售业绩攀升之外，更关注品牌“存款”的持久增值。为此，他们从企业战略、产品属性、消费人群、奥运资源分析等多层面入手，反复论证，突出个性，其原则是：营销战略要高远、执行方案要精准、细节控制要到位。

1.六大思考构建营销战略框架

第一，从扩张市场规模看，奥运营销之战可以令长城举杯独饮奥运市场。2005年开始，中国葡萄酒消费量便已跨入世界十大葡萄酒消费国行列，而到2010年，中国葡萄酒消费量将上升到全球第九位。而长城从2006年入围奥运到2008年陶醉奥运期间，可谓抓住了葡萄酒市场的黄金增长期，因为奥运营销对生产消费品的企业影响最大，奥运高强度的信息流会最大程度地把产品品质与品牌文化传递到各个角落，提升长城产品的忠诚度和偏爱度。

第二，从国际化长远目标看，中粮酒业高层认为，中国葡萄酒长期没有进入国际主流市场，主要原因在于国外消费者对中国葡萄酒品质和品牌文化比较陌生，而运用奥运这一世界性平台，无疑是中国葡萄酒品牌国际化的真正开端。仅以电视观众为例，2008北京奥运会全球收视人次超过400亿，如此庞大的收视人群，自然会极大提高长城品牌的传播速度。中粮酒业总经理吴飞指出：“长城在奥运营销的各大主题中，启动国际化布局是隐藏在里面的主线，国际化包括两个层面内容，一是通过奥运走出去，即产品输出、品牌传播。二是资本输出，实现酿酒资源的海外并购及整合。要落实这一布局，前提就是提升长城品牌文化的全球知名度，而奥运营销可以助力长城跨越这道门槛。”

第三，从酒文化渗透方面看，中粮酒业一直把培育长城品牌信仰和创造心理需求作为打造百年品牌的主旋律，而奥运的源头文化则为长城品牌文化注入了新的活力。早在2700年古奥运上，葡萄酒便成为对奥运英雄的最高奖赏，酒中体现了平等友爱的奥运理念。长城在营销策略中继承这一奥运遗产，使之成为奥运品牌阵营中最独特、也最贴近奥运精神本源的品牌。

第四，从建立高端市场优势上看，在全球200多个国家中，普通民众对奥运产品的认知度达80%，而精英阶层高达95%，为此，长城品牌利用奥运营销优势，赢得奥运群体中精神领袖的关注度，必将为进军高端市场提供加速度。长久以来，国内葡萄酒高端市场被法、意、澳等世界知名酒庄品牌主导，而国内品牌一直少有突破，更无法在世界高端酒市场上取得一席之位，其原因就是高端品牌战略的缺失。长城葡萄酒借助奥运高端平台，可以在国际葡萄酒界树立中国葡萄酒高端形象和强势地位。

第五，从营销实效上看，奥运营销是千载难逢的一次高效营销。以往中国葡萄酒市场营销中传播媒介和营销手段无序化、碎片化越来越严重，品牌营销成本不断加大，品牌传播的穿透性越来越弱，而奥运则是一次最大、最集中的一次传播机会和“现实突围”。只要战略精准、执行到位，它将实现品牌的飞越式升级，也必将成为长城葡萄酒新的起跑线，形成一骑绝尘的竞争优势。

第六，从品牌责任上看，长城葡萄酒是中国这块土地上土生土长的纯正血统的民族代表性品牌，只有在这一举国盛世中全力以赴，才能提升中国葡萄酒品牌群体的国际形象，才能实现“国家强则企业强，品牌兴则国家兴”的良性循环。

2.三大横向战略支撑营销目标

奥运资产策略：以高端奥运文化资源为主方向，建立和拥有奥运资产专属阵地，与消费者建立起沟通互动平台，扩大参与和体验的机会，并逐步转化为品牌资产。

品牌传播策略：挖掘奥运资产的核心价值，与品牌文化紧密融合，丰富品牌个性，积极借助奥运事件和奥运专属媒体，强化与奥林匹克之间的关联度，巩固企业的高端品质形象。

差异化营销策略：使产品深度植入奥运，重点挖掘奥运资产的传播价值，与产品推广相结合，与奥运资产相结合，推动奥运主题活动，创造人无我有、人有我优的差异化营销体系，有效规避竞争风险。

3.三大纵向阶段战略贯穿全局

2006年，成为北京奥运会葡萄酒独家供应商之后，中粮酒业在同年8月26日启动了主题为“共品长城，同享中国”的第一阶段奥运战略，向全社会发出奥运品牌宣言，用“同享中国”的大胸怀和大格局，为长城高效积累奥运资源，占据营销高地。

2007年7月29日，中粮酒业又递进式推出了以“相约长城，相约奥运”为主题的第二阶段奥运战略，把人文奥运与长城葡萄酒的冠军品质、品牌影响、文化内涵集中对接，成功实施了品牌提升计划、品质领先计划和酒文化推广计划。让广大消费者在品味长城美酒的同时，分享了奥运带来的激情与快乐。

2008年5月11日，第三阶段奥运战略以“举杯长城 荣耀中国”为主题。打出“品质超越行动”、“美酒体验行动”和“感恩分享行动”组合拳，让来自国内外的上千万嘉宾在奥运盛会举办之时，体验高品质的长城葡萄酒，分享中华民族的荣耀时刻。

在真刀真枪的实战中华丽转身

1.覆盖普罗大众，让品牌文化渗透无极限

牵手奥运后，长城在注重主场营销的同时，边际营销频频出击。“奥运欢乐汇”定期拍卖、“长城送你回雅典”中秋促销、“有品有奖，足金88”奥运纪念章抽奖，拓展了长城潜在的消费群；与《南方都市报》联合举办的“长城奥运酒品品酒大讲堂”，提高了普通消费者的葡萄酒鉴赏力；同《精品购物指南》杂志联合发起的长城葡萄酒进社区活动，激发了市场终端的销售热情；与杭州300家酒店联合举办的“长城推荐100道必吃健康菜”评选及“奥运黄金周美酒鉴赏”等多题材的零距离互动体验，让公众从长城式营销中既读懂了奥运，又品尝了美酒。

而与其他奥运合作伙伴强强联合，实现资源互补，优势叠加，形成了强大的品牌合力。长城与可口可乐、国航、阿迪达斯、松下等奥运赞助商的消费者展开“长城酒庄美酒之旅”，既丰富了奥运精神内涵，也使长城葡萄酒的品质魅力在奥运大家庭里获得了全面展示。

奥运年里的情人节，“长城•浪漫08”的启动成为超级互动体验的新亮点。2月13日至15日，在北京的150多家门店、餐厅同时向购买长城奥运酒的情人们赠送金帝巧克力，如果说，玫瑰拉开了情人节的序幕，那么，长城葡萄酒则把爱意推向高潮。

2.锁定目标小众，为品牌升级提供导向

自从融入北京奥运之后，长城品牌的高端化战略进入了崭新阶段，通过多种富有实效的借势营销深层诠释奥运酒质。在名流挥杆的国际高尔夫公开赛晚宴上，长城葡萄酒令球王杰克•尼克劳斯惊叹于其美妙绝伦的风味，一瓶由他亲笔签名的长城葡萄酒被争相收藏，在晚会拍卖中爆出了10万元的“天价”。在巅峰对话的大连夏季达沃斯世界经济论坛上，在把酒论天下的亚欧会议工商领袖会议上，在共迎奥运盛举的国际体育大会上，在相约北京、期待奥运的北京奥运倒计时一周年庆典晚会上，长城葡萄酒多次在重大国家级、世界级政务、商务活动中担当特别指定用酒。而在上海艺术节“天路海韵”华人音乐盛典上，长城葡萄酒独特的酒香赢得了谭盾等中外艺术家的青睐。

2008年初，在200多人出席的奥运高峰联席会议期间，中粮酒业举行了“助战08奥运长城干红之夜”，为会议增添了众志成城的全民色彩和以酒壮行的精神动力，碰响了奥运年里的第一杯。随即在青岛APEC中小企业对话世界500强财富论坛“创业中国”高峰论坛等高端会议上，又创造了美酒体验新纪录。

3.为奥林匹克珍品巡展打开新天空

2007年8月8日，“国际奥委会奥林匹克珍藏品中国巡回展”在北京正式启动，承载着百年奥运历史的奥林匹克珍藏品从洛桑来到中国。面对这次规模空前的奥运文化传播之旅，中粮酒业长城葡萄酒把此次巡展纳入以“相约长城，相约奥运”为主题的第二阶段奥运战略之中，为此次奥运珍品中国行打开了一片新天空。

此次奥运珍品巡展的大部分藏品是该馆的核心历史文物，一些珍品首次走出欧洲，引起了广泛的关注。特别是来自中国的新主角长城“相约2008”、“喝彩2008”奥运纪念酒的展出和新颖的个性化葡萄酒定制及葡萄酒品鉴，令长城展台前人流如潮。

在北京、青岛巡展期间，酒香四溢的长城展台吸引了刘淇、陈至立、刘鹏、王岐山等北京奥组委官员及青岛奥帆委主席夏耕的目光，他们相继来到长城展区，一面由上百杯斟满宝石红葡萄酒的玻璃幕墙映红了他们的脸庞。当刘淇仔细阅读完长城华夏葡萄园A区干红的酿造说明，得知该酒被国际评酒大师评为布鲁塞尔特别金奖后，他鼓励中粮酒业以长城葡萄酒的冠军品质扮演好美酒使者的角色。

瓶塞签名展区是巡展中的另一个亮点，数不清的观众纷纷在长城酒瓶塞上写下自己的名字，这些瓶塞将被制作成奥运工艺品，在奥运开幕时献给奥组委，记录中国人众志成城办奥运的热情。

别出心裁的个性化定制酒令人耳目一新，蜂拥而来的人们在自己喜爱的奥运珍品前留影后，瞬间被制作成带有自己头像的个性化酒标，贴在所购买的长城葡萄酒上，珍藏起属于自己的2008奥运梦想。

而在长城的多媒体展区，观众们从屏幕上可以看到葡萄从采摘到酿造的全过程，了解长城从酿造中国第一瓶正宗葡萄酒到走上奥运舞台的三十年历程。为全国观众上了一堂生动的葡萄酒文化和参与奥运的普及课。

4.为中国城市走向世界打造名片

北京奥运会倒计时一周年前夕，中粮酒业启动了主题为“奥运梦想，城市之醉”的长城葡萄酒酒标设计大赛，参赛者可在“奥运精神”、“城市生活”及“葡萄酒文化”的主题下，以酒标为独特载体，诠释奥运梦想。在2007年7月至2008年7月历时一年的酒标设计城市大赛中，来自20个省、市、自治区的近千人参赛。经过激烈角逐，来自清华美院的参赛选手以出色的表现力获得首奖，得到了一枚珍贵的奥运门票。

此次旨在“传承奥运精神，发现城市风格，体验美酒文化”的新颖赛事在全国引起了强烈反响。为了选出最具民族特色、最能体现本次大赛精神的设计作品，主办方邀请了纽约国际广告节中国首席代表高峻、中国广告学术委员会副主任董立津担当评委，他们发现创作者以酒标为独特载体，尽情挥洒灵感和创意，诠释自己心底珍藏的都市情愫和奥运梦想。城市印象、文化传统、地标建筑、有代表性的人和事，潜藏心灵深处的“葡萄酒情结”都成为设计师笔下的素材。许多以天坛、长城、茶馆、鸟巢等为元素的作品质量远远超出预期。

本次大赛的海选与“国际奥委会奥林匹克珍藏品中国巡展”同时进行，以北京、青岛、南京、武汉等巡展城市为核心，参观者可以在巡展现场的酒标作品展区参与评选和投票，这也成为全国奥运珍品巡展中的亮点之一。很多参观者们对独具特色的酒标评选活动产生了极大的兴趣，在一幅幅设计作品前流连忘返。据不完全统计，参观者的现场投票数接近10万张。

城市奥运酒标设计大赛的另一大收获是，获奖的作品中那些奥运元素和城市文化巧妙结合的酒标，将被中粮酒业运用到实际产品中，作为该城市的专供酒呈现给世人。

5.“超越2008”：奢华奥运酒，行业大洗牌

“超越2008”限量珍藏酒，是为北京奥运量身定做的稀世珍酿，它由中国第一个酒庄“长城桑干酒庄”精心酿造。该酒庄建于1978年，中国第一瓶干白和第一瓶起泡葡萄酒均诞生于该庄。

它是中国第一个符合国际顶级酒庄标准的规模最大、树龄最长、品种最全的葡萄园，葡萄树龄为30年，正值最佳的酿酒期。该酒庄的酿酒科研成果，两次获得国家食品界最高奖“科技进步奖”。也是中国获奖最多的酒庄，其产品先后获得布鲁赛尔国际评酒会金奖、伦敦国际评酒会金奖。

200万年前的第四纪，地球最初的物种们曾主宰这里，一次突发的地壳运动将众多史前生物深掩地下，剩余的湖水延绵至今，汇成桑干河。“长城桑干庄园”就建在桑干河畔。这片富有古化石的葡园，拥有绝佳的透水、透气性和丰富的矿质元素，大量的钙、钾等微量元素和锌、铁、硼等有机质，成为葡萄种植的天然肥料。同时，该园光照充足、热量适中、昼夜温差大，降雨量小，极有利于葡萄营养的生成和积累。

2001年，北京申奥成功的喜讯传来后，中粮酒业就开始酿造这款特殊意义的葡萄酒。酿酒师选择了最佳的3公顷向阳坡地；对每棵葡萄树进行精心培植；葡萄成熟时逐粒精选；运用传统工艺榨出最优质的头道葡萄汁；在全新橡木桶中陈酿22个月；反复品尝48次，确保装瓶前酒质达到最佳状态，以献礼北京奥运。

长城“超越2008”的瓶身是绝佳的艺术品。意大利米兰的世界顶级设计公司运用象征尊贵的中国红，采用18世纪法国宫廷风格，融入“鸟巢”灵感，塑造出了水晶瓶体。这家顶尖设计公司曾经是专门为皇室、贵族打造水晶工坊，经过上百道纯手工工序，人工吹制了长城“超越2008”瓶体，这些瓶体无一雷同，面向全球只发售2008瓶，每瓶酒都有自己的编码。

该酒问世后，成为奢华品牌中新的风向标，成为全球唯一被国际奥委会洛桑奥林匹克博物馆永久收藏的葡萄酒，被视为中国葡萄酒走向世界的标志性事件。在一次拍卖会上，夺得中国奥运第一金的许海峰和实现中国冬奥金牌“零的突破”的杨扬分别为标号为1932、1984、2002的“超越2008限量珍藏酒”现场签名拍卖，这三款酒的标号代表了中国奥运历史上“零的突破”，不仅提升了收藏价值，而且使拍卖现场气氛异常热烈。经过几轮精彩叫价，在拍卖师鼓槌的挥舞中一举创下国内葡萄酒藏品的新高，成为中国迄今为止价值最高的“天价”葡萄酒。

6.长城伴奥运火炬登顶珠峰

奥运历史将永远铭记这一刻：2008年5月8日，祥云火炬成功登顶珠峰。作为奥运火炬登顶成功的庆功酒，长城桑干酒庄传统法起泡葡萄酒见证了奥运史上这一伟大奇迹。当火炬手在珠峰之巅举杯长城，向四海宾朋发出邀请时，长城酒香即刻陶醉世界。

当火炬在珠峰之巅熊熊燃烧，在场的奥运火炬手、中外媒体记者、嘉宾兴奋地打开了与中国登山队健儿共同“攀登”到珠峰大本营的长城桑干酒庄起泡葡萄酒，共同分享着这份巨大的成功和自豪。这是奥林匹克运动史上的一次壮举，也是万众瞩目、洋溢着骄傲与荣耀的时刻。

此次珠峰登顶成功的唯一庆功酒源自长城桑干酒庄，该酒庄是中国酒庄界最高标准的践行者。飘荡在8844米的长城酒香和奥运火炬一样，吸引了全球的目光，一些媒体用“此酒只应天上有”或“奥运酒香飘九天”的词句来赞誉。当长城奥运酒超凡入圣地问鼎云海之间，无形中把其品牌形象推向了旷古绝今的第一高度。

有朋自远方来，一杯容天下

在奥运的战鼓擂响之前，中粮酒业便详细制订出“奥运期间与中国冠军零距离互动方案”，并纳入整体营销计划。他们根据赛事日程，安排专人跟踪赛况，确保第一时间把长城起泡葡萄酒送到刚刚走下领奖台的每位中国冠军手中。

拿破仑总统曾说：“胜利的时刻，怎能不畅饮起泡葡萄酒。”而长城桑干酒庄酿造的起泡葡萄酒在国内是最正宗的，每个冠军都得到了总统级的尊崇。

2008年8月17日，是北京奥运赛场上的“中国日”，这一天，中国赛艇队的女子四人双浆赛实现了大逆转，力压两届奥运会冠军英国队，实现了中国在赛艇项目上金牌零的突破。为了庆祝这一历史性胜利，中粮酒业邀请刚刚结束比赛的赛艇运动员和教练员，前往中粮集团京郊的“忠良书院”畅饮长城美酒，一洗征战以来的疲惫。

2008年9月3日，广东省委书记汪洋、省长黄华华为广东籍奥运冠军凯旋归来举长城美酒相庆。中国首金获得者陈燮霞笑着表示，长城葡萄酒“超越2008”的酒名仿佛是特意为她取的，练了16年的举重，今年终于超越对手，品尝到了冠军的滋味。中国运动代表团历史上第一个“妈妈冠军”冼东妹手举酒杯，难掩心中喜悦：“平时训练不能喝酒，但是今天这杯长城葡萄酒代表着我的心情，我想用它来表达成功的喜悦与感动。”

1. 只要有奥运的地方，就有长城葡萄酒

奥运期间，中粮酒业的“美酒体验行动”达到最高潮。在北京奥组委签约的近200家四、五星级奥运酒店，在31个竞赛场馆中的赞助商接待区、媒体村、主新闻中心、国际广播中心、奥林匹克接待中心、国际奥委会接待中心，在天津、青岛、秦皇岛、沈阳、上海和香港六个京外赛区的签约酒店和接待中心，运送长城葡萄酒的车队往来不息。不仅参加开闭幕式的世界100多个国家的元首、政府首脑、皇室成员、政府官员、名流、数万奥运代表团官员、超过3万名的媒体记者在尽情体验长城葡萄酒，而且数百万来自国外和国内的普通来宾常常不醉不休，真正做到了奥运全时空无缝隙覆盖和奥运全肤色无缝隙体验。

2. 铸起百年奥运历史上的第一冠军酒窖

为了纪念中国百年圆梦的奥运盛事，北京奥运会期间，中国军团每诞生一位冠军，中粮酒业便对应赠送一整桶特制长城葡萄酒，每桶价值达30万元以上。中粮酒业总经理吴飞强调：“赠送葡萄酒的意义绝不能用价格的多少来衡量，而在于体现尊重精英、推崇超越的人文价值观，同时也体现奥运源头的酒文化内涵——在古奥运上，希腊人把葡萄酒赠送给奥运英雄，长城的冠军酒是这一奥运传统的完美重现。”

为此，中粮酒业专门设计了世界顶级奥运冠军酒窖，为每桶冠军酒营造一流的私藏环境。根据日后每位冠军的个性化需求，制作多样化酒标，酒标上的内容或体现冠军本人风采，或表现奥运文化等主题。当冠军们参加朋友聚会或投身社会活动时，将再次让国人分享光荣，唤起人们对冠军精神的敬意。

国际奥委会市场开发委员会主席海博格代表国际奥委会及罗格主席专程前往中粮华夏长城葡萄酒有限公司，在其亚洲第一地下花岗岩酒窖打造的“奥运冠军窖”里，海博格亲自为“奥运冠军窖”揭幕并为“奥运冠军窖”题写了英文名称。临别前，他代表国际奥委会在冠军酒桶上签名留念，并将一瓶由他亲笔签名的“超越2008奥运限量珍藏酒”作为国际奥委会的藏品，永远珍藏在“奥运冠军用品展示区”。

2008年10月的最后一天，包括陈燮霞、邹凯、肖钦、孟关良、刘春红、张湘祥、冼东妹等明星冠军在内的17位北京奥运会中国冠军和中国冬奥金牌“零的突破”的首金获得者杨扬组成了规模庞大的“金牌阵容”，在冠军酒窖认藏“冠军酒”并举行了向四川灾区慈善捐赠的签名仪式。除此之外，奥运冠军还饶有兴致地参观了长城葡萄酒具有世界一流水准的现代化生产线、长城华夏葡萄园的亚洲最大的地下花岗岩酒窖，并为奥运冠军藏品展示区进行了签名留影。

长城美酒陶醉奥运冠军，冠军酒窖珍藏奥运辉煌。奥运冠军酒窖的落成，淋漓尽致地将古奥运传统的原生态完美重现，不仅是奥运冠军个人的永久纪念，也是北京奥运的永久纪念，更是奥林匹克历史文化源流的永久纪念，长城葡萄酒华夏葡萄园也因此成为世界葡萄酒文化的圣地。

3. 全球媒体眼中的“葡萄酒宠儿”

奥运期间，长城葡萄酒成为海内外媒体了解中国文化和中国葡萄酒的窗口，美联社、泰晤士报、韩国SBS电视台、明报、大公报、新华社、经济日报、中国青年报、搜狐网等媒体纷纷聚焦长城。而长城葡萄酒的营销方式也为众多媒体提供了对话平台，中粮酒业在奥运村里设置的“长城角”吸引了记者们的镜头，以“追问本质，直达新闻核心”而著称的美联社，无疑是准备透过长城看中国，他们提出了由葡萄酒延伸出的话题，如“中国的饮酒习惯为什么从以往的粮食白酒过渡到热衷葡萄酒，这背后体现了中国怎样的经济文化演变？”、“能否谈一谈中国葡萄酒产业是怎样摆脱落后局面的？”、“国外哪些品牌葡萄酒受中国人欢迎？”……

而此前中粮酒业所准备的上百个预案，为全球媒体提供了他们所要了解的内容，长城在担当“中国葡萄酒界新闻发言人”的同时，把中国葡萄酒的优势借助媒体的聚焦展现给世界。

长期以来，作为葡萄酒的传统发源地，西方的固有品牌优势使中国葡萄酒在海外面临“叫好不叫座”的局面；而长城借助奥运搭建的交流平台，使海外记者从品尝到熟悉，从熟悉到喜欢，从喜欢到自愿去传播，奥运让中国的葡萄酒文化被世界认知，让中国最好的葡萄酒“长城”真正成为屹立于世界的“葡萄酒长城”。

“不到长城非好汉”，很多外国朋友学会了用这句中国话来劝酒。长城葡萄酒在奥运会上不单单是中国递向世界的名片，是世界各国友人之间打开友谊之门的金钥匙，也是中国葡萄酒走向世界的新起点。

摘取全球葡萄酒界唯一“奥运金牌”

“这一杯长城干红，让我们在中国品味到了世界的味道。”这是国际奥委会主席罗格在开幕式庆功晚宴上对长城作出的评价，他从一个侧面说明，长城的产品创新和营销创新已得到了世界范围内的认可。无论对于运动员还是对于赞助奥运品牌来说，奥运都是检验强者的舞台，也是冠军的加冕礼，长城的征战，终于收获了消费者颁发的金牌。

1. 品牌冠军：在奥运之年蝉联标志性品牌

2008年10月10日，被誉为中国企业界最具含金量的“中国第二届行业标志性品牌颁奖盛典”在长沙隆重举行。联想、华为、长城葡萄酒、格兰仕等品牌巨星在经过中国品牌研究院公正、独立的评定后，以显著实力赢得行业标志性品牌桂冠。在这些品牌功勋中，长城葡萄酒广受关注，它继荣获2006首届行业标志性品牌之后，本届再度问鼎尽显深厚根基。

早在奥运营销预热年中，长城葡萄酒便以125.87亿元的品牌价值荣登“2006中国品牌五百强”行业第一强，高出第二强一倍以上。经过奥运的洗礼，2008年在密集的奥运营销攻势下，其品牌价值获得了更大幅度的攀升。有评论者指出，长城蝉联行业标志性品牌绝非偶然，作为北京奥运会葡萄酒独家供应商，它从奥运舞台走上今天的领奖台，必将对中国葡萄酒品牌价值提升产生深远影响。

素有“国家名片”之称的行业标志性品牌必须具备五个条件：一是企业所在行业必须充分竞争；二是必须是中国驰名商标；三是销售收入不少于当年世界500强企业最后一位的40%；四是海外市场收入不低于总额的30%；五是海外市场收入中属于自主品牌销售的比例不低于20%。此外还要考虑企业的科技创新能力、营利能力、纳税额等，各因素缺一不可。长城在国际评酒会上多次为中国葡萄酒界夺得最高奖，其品牌价值第一强的地位实至名归。

长城作为奥运指定用酒，其酒文化影响力已渗透政治、经济、文化等众多领域。此次获奖标志着中国葡萄酒品牌建设进入了新阶段，由于每个行业只评选出一个标志性品牌，这种唯一性使该奖为中国葡萄酒国际化传播提供了强大的冲击力和辐射力。

2. 销量冠军：找准快速撬动市场的基点

中国葡萄酒产业虽然发展势头强劲，但基数较小，每年的总产量仅占中国粮食白酒总量的1/10左右。若想赢得消费者对葡萄酒的忠诚度，不仅要提升内在品质、注重产品差异化，更重要的是要塑造品牌高度，营造葡萄酒文化氛围，因为品牌文化的号召力是影响消费者做出购买行为的重要决定因素。

回首长城品牌奥运营销之路，中粮酒业对品牌形象的提升不遗余力，他们从国际化、品牌内涵、受众契合度等一系列指标上，形成了一个完整的营销体系，其品牌价值直线飙升，牢牢占据行业第一强，产销量是第2名和第3名的总和，而品牌美誉度上升了30%，2008年上半年的利润率同比增长了60%，各项经营指标以绝对优势保持领跑地位。

3. 营销冠军：利用社会力量运转奥运稀缺资源

奥运的稀缺性、关联性和在消费者心目中的认知度非常高，但要把这些资源转化为品牌力，必须通过高效的奥运营销把这些资源盘活，使之围绕品牌推广而运转。长城通过对上述资源的有效组织，取得了显著成效。

2007年3月19日，中国酒业营销金爵奖评选活动中，长城葡萄酒因奥运营销成果被授予“营销创新金爵奖”。该奖以“案例为本、创新独到、绩效显著、影响深远”为标准，是对中国酒类行业营销成果的一次全面检阅，也是酒类营销团队展现魅力的巨大舞台。

2007年4月7日，中国品牌研究院发布《2006奥运营销年度报告》，长城被评为“奥运营销十佳品牌”。报告认为，无论是品牌美誉度、广告创意、传播效果，还是首选购买、品牌知名度提升率等方面均排名前列。这是国内首次由权威品牌评价机构给出的评判。

2008年10月3日，由品牌中国产业联盟、中国贸促会联合举办的第二届中国品牌节在北京举行，中粮酒业长城葡萄酒荣获“2008北京奥运十佳品牌营销奖”。中国移动、爱国者、青岛啤酒、海尔等品牌也同获此奖。

10月7日，中粮酒业长城葡萄酒以其突出表现和良好声誉获得国际奥委会授予的“北京2008年奥运会特别贡献奖”，这是中国本土企业首次获得这一奖项。颁发此奖，以表彰长城葡萄酒通过奥运营销，为推广奥运精神和奥林匹克文化所做出的努力。

奥运后牵手世博
长城引领中国葡萄酒走向世界

在人类历史上，只有两个活动具有永久性的影响，一个是奥运会，另一个是世博会。奥运会是世界规模最大、水平最高的体育盛会；而世博会，则是人类文明成果的最大、最高的展示平台。这两个人类历史上最伟大的文明聚会，却因一个葡萄酒品牌——长城葡萄酒而联系起来。

中粮酒业旗下的长城葡萄酒在2006年成为第29届北京奥运会葡萄酒独家赞助商后，又于2009年7月获得了2010年上海世博会唯一指定葡萄酒的资格。

作为世界上唯一一个获邀参与人类历史上两个最大规模和最高水平聚会的葡萄酒品牌，以及中国葡萄酒业的领军品牌，长城葡萄酒正引领着中国葡萄酒走向世界，这也必将对中国葡萄酒业和世界葡萄酒格局产生深远影响。

国际化战略在全球葡萄酒竞争中领跑中国板块

2009年7月31日，上海世博会事务协调局与中粮集团在沪签署协议，中粮集团被正式选为上海世博会高级赞助商，作为致力于从田间到餐桌的全产业链粮油食品航母企业，中粮一直担当人与自然和谐的推动者和引导健康消费、重塑城市美好生活的倡导者。秉承这一优秀基因，其旗下代表品牌长城葡萄酒在30年前中国葡萄酒整体落后于世界的背景下，开启国际化之先河，首家从法国、意大利引进世界酿酒葡萄名种，用世界高科技设备武装酿酒工艺，划时代地酿造出国际标准的中国第一瓶干白、第一瓶干红、第一瓶起泡葡萄酒，推动了中国葡萄酒由粗放型向集约型、由数量型向精品型转变。特别是在国际多届评酒会上创下中国葡萄酒最高金牌纪录之后，其品牌价值与产销量均雄居行业之首，被视为中国葡萄酒界的风向标。

进入21世纪，长城品牌管理者中粮酒业坚持“国际化布局与专业化营销并重，自主品牌创新与引进知名品牌并行”，在“走出去”路径上，长城远销20多个国家，同时寻求在海外黄金产区建立酿酒基地。在“引进来”路径上，“中粮•名庄荟”专卖连锁店已把四大洲1000多款各大名庄酒引进中国，为海外名庄酒的本土化营销提供了范例，促进了自身“多元共赢、追求卓越”的长效国际竞争力的形成。

中粮国际化的关键诉求点是整合全球葡萄酒资源，运用世界领先管理技术，为消费者提供高品位、多元化美酒享受。这一理念与上海世博会“城市，让生活更美好”的主题高度契合，通过世博会塑造长城世界品牌形象，这对正在加速国际化步伐的中粮酒业无疑是新的引擎。

到目前为止，上海世博会报名参展国已达189个，参展人数7千多万人，而会期之长、参会国之多、参会人数之众、影响范围之广，在很多方面甚至超过了奥运会。置身这一全球性平台，长城品牌底蕴将得以纵情释放，领跑中国葡萄酒板块早日跨入世界主流阵营。

巅峰品质塑造民族葡萄酒核心竞争力

签约仪式上，上海世博会执委会副主任钟燕群在致辞中说：“中粮集团的农产品、食品赢得了高品质、高品位的市场声誉，这是我们选择中粮成为世博会高级赞助商的关键原因。”中粮酒业总经理吴飞则表示：“凭借奥运会上所积累的国际化营销经验和高端市场的强大优势，使我们赞助世博会驾轻就熟，信心十足。”

一个国家葡萄酒竞争力的强与弱，重要的衡量指标是能否在高端市场占有绝对优势。长城桑干酒庄、长城华夏葡园小产区酒的成熟以及中粮君顶酒庄的诞生，打破了国外葡萄酒垄断高端的局面。长城品牌剑指高端，成为主宰中国高端葡萄酒市场的生力军，先后在APEC论坛、博鳌亚洲论坛、达沃斯论坛、上海国际艺术节、胡润百富榜盛典等国际性盛会上担当高端用酒，成为一张不折不扣的中国名片。

酒界权威人士分析，长城横跨奥运会与世博会，是中国葡萄酒发展史上的创举，无论是提升中国葡萄酒整体素质，还是壮大高端势力，都将起到不可替代的示范作用。

品牌软实力赢得中国葡萄酒文化主导权

葡萄酒是一种具有深厚文化底蕴的饮品，因此，欧美酒庄对自身文化积累不遗余力。玛歌酒庄因美国总统杰斐逊到访而扬名，木桐酒庄因毕加索创作的酒标而走俏。

面对中国葡萄酒文化长期断层的现实，长城品牌管理者认为，“未来葡萄酒竞争的焦点不仅是品质的竞争，更是酒文化的竞争，谁拥有自己的特色文化，谁就掌握了竞争的主导权”。经过奥运的洗礼，长城葡萄酒不但在品质上经受住了世界最严格质量标准的考核，长城品牌更成为“从万里长城到奥林匹亚”两大文化的缩影，其软实力集民族性与世界性于一身。此次赞助世博会，长城品牌表现出了极强的前瞻力和紧迫感，必将推动民族葡萄酒文化价值最大化。实际上，也只有长城葡萄酒能担当起引领中国葡萄酒业走向世界的重任。

世博会是透过一个国际性平台，记录参展品背后的社会文明与智慧，一些令人惊叹的新奇展品将会成为永久珍藏，这种珍藏恰恰是品牌文化的积累。在奥运盛会上，长城葡萄酒已成为全球第一瓶被瑞士洛桑奥林匹克博物馆永久收藏的酒中经典。而在世博会上，长城又将创造何种神话，令人充满期待。

此外，长城品牌牵手世博会，从某种意义上讲可谓再续前缘。第一届真正意义上的世博会是1851年在伦敦举办的，伦敦由此被称为世博会的摇篮；而长城葡萄酒同样是数年前在伦敦国际评酒会上一战成名，夺得第一块奖牌，实现了中国葡萄酒在国际酒坛上零的突破。二者相继发端于伦敦，使长城葡萄酒文化与世博会历史更具渊源。

正如那句著名的世博会格言所说：“一切始于世博会。”在体育界的奥林匹克赛场上，长城品牌出色完成了款待世界的神圣使命。而今长城葡萄酒再披战袍，在世博会这场被称为经济、科技、文化界的奥林匹克盛会上必将再度演绎精彩传奇。

全力支持奥运　共创燕京辉煌

百年奥运，百年期待。作为北京奥运会赞助商，燕京以高度的民族企业责任感和使命感，认真秉承“支持奥运、参与奥运、服务奥运”的工作理念，以饱满的热情、鼎力的工作、周到的服务，为这场“真正的无与伦比”的奥运会增添了光彩。同时，借奥运这个强大影响力的平台，燕京全面实现了“让燕京走向世界，让世界了解燕京”的品牌战略目标。

履行职责，全力支持与奉献奥运

为了把北京2008年奥运会举办成为历史上最出色的一届奥运会，每一个中国人都积极投身其中尽自己的一份力量。作为北京企业界的一员，燕京自然义不容辞。在2005年成为奥运赞助商之际，李福成董事长曾坚定表示：“作为北京企业，能够直接参与到奥运会中来，为北京奥运会做贡献，是燕京期待已久的目标。燕京将很好地承载北京奥运会和中国的好客传统，使跨国界和跨文化的交流更顺畅，社会更融洽，为祖国的经济繁荣做出更大的贡献，为举办一届有特色、高水平的奥运会添光增色。”为此，燕京专门设计运行了长达四年的奥运市场推广计划，开展了一系列奥运支持项目与活动。

2006年4月8日，燕京冠名赞助北京女排，对北京女排提供一定的资金和实物。同年，在都灵冬奥会举办期间，燕京为中国体育代表团提供赞助。

2007年燕京为“好运北京”系列测试赛提供了全方位的服务。6月29日，燕京与国家体育总局水上运动管理中心结为官方合作伙伴，并在此后两年为其提供必要的服务和资金支持。

2007年11月19日至2008年2月19日，燕京开展了“燕京啤酒为中国干杯，305张奥运门票等你拿！”奥运网络营销活动。其中，一等奖5名，北京奥运会开闭幕式门票共5张；二等奖300名，北京奥运会比赛门票共300张。

2008年燕京在京高调发布营销传播口号——“燕京啤酒，为中国，干杯！”这一口号是“感动世界，超越梦想”

主题的延续，希望借此与消费者产生情感共鸣。5月10日至8月7日，燕京独家冠名播出《奥运圣火行》特别节目。6月7日，奥运火炬进燕京，集团公司董事长李福成、前奥运体操冠军刘璇、奥运皮划艇冠军杨文军及著名演员陈宝国手擎火炬在燕京公司园区内传递，书写了燕京发展史上最辉煌的篇章。为了积极配合市委、市政府的工作，燕京出资1300多万元为奥运期间北京的治安志愿者定制了71万套T恤衫。7月6日至8月26日，燕京与国内最大的主题公园北京欢乐谷，携手打造了北京最大的啤酒花园，以"激情欢乐谷、饮酒观赛事，为奥运喝彩，为健儿加油"为主题，为北京百姓观看奥运会比赛和大型演出活动释放激情，体验北京奥运带来的欢乐提供了平台。8月7日至24日，燕京组织1万余人到北京观看2008奥运会，感受奥运中的中国魅力、北京魅力、燕京魅力。8月27日，燕京光荣而自豪地履行承诺，奖励获得三金一银一铜的中国奥运水上健儿570万元。

在三年时间里，燕京全身心地融入了北京2008奥运会，不仅开展了各项精彩纷呈的奥运营销活动，并且以真心与真诚服务于这个具有历史意义的国际盛会。在奥运会召开之际，燕京不仅为奥运会提供一流的产品，还在重点供应场，如运动员村、记者村、鸟巢等竞赛场馆安排了专职现场服务人员。自2008年3月初开始，燕京便着手此项工作，在顺义辖区企业的广大干部员工中，选拔出近400名形象佳、工作积极主动、思想品行良好的年轻人作为奥运志愿者，并对这批志愿者进行了包括文明礼仪知识、燕京文化、奥运场馆运营模式和营销基本技能等内容在内的系统培训。奥运会期间，燕京的志愿者们以高度负责的态度，奋战在服务奥运的最前沿，付出了巨大的辛苦，更高、更快、更强的奥运精神在他们身上得到弘扬，奉献、进取、拼搏的燕京精神在他们身上得到传承，他们精益求精的工作态度不仅赢得了社会各界的广泛赞誉，也为好评如潮的北京奥运会增添了一道亮丽的人文风景。

实力打造精品，清爽感动世界

作为2008年奥运会赞助商和中国民族啤酒工业的代表，提供最鲜最美的啤酒不仅是燕京至高无尚的荣耀，也是一份义不容辞的责任。围绕着"人文北京、科技北京、绿色北京"的奥运理念，燕京致力于人文素质的培养、科技装备水平的提高、产品工艺的优化，以全面保证所生产的产品绿色、安全、健康。

通过各种不同形式的培训，燕京"以全优的质量取信于民，以独特的风味取悦于民，以诚挚的态度服务于民"的质量宗旨已深刻地牢记在员工的心中，为消费者负责，生产消费者放心的产品，业已成为他们自觉的行动。与此同时，燕京不断加快科技人才培养速度，与高校合作在公司内举办研究生班，选派优秀人员进行职业培训，其中间的许多人现已成为企业科研创新的中坚力量，在推进企业技术进步和产品质量提高上发挥着重要作用。

燕京始终坚持"实力打造精品，科技铸就名牌"的品牌建设理念，不断引进、消化、吸收国内外尖端技术，在中国啤酒行业中一直保持着装备领先的地位，使燕京啤酒品质得到了有力保证。燕京啤酒生产实现了全自动生产系统控制，仅从激光验瓶到灌装出酒，就有几百个光电开关、百余个编码器随时检测。燕京啤酒的生产全部采用密闭式生产工艺，酒液的输送、过滤、灌装等操作完全在密闭的管路中进行，避免了酒液同外界的接触，保证了啤酒的质量安全。燕京还在全公司推广了自动验瓶、碱液自动添加、三次抽真空等技术，从而赋予了燕京啤酒更新鲜的口味，使燕京啤酒新鲜度保持时间更长。据统计，燕京每年至少投入1000万为企业的研发中心配置设备，其国家级科研中心集合着众多世界啤酒工业之最，仅进口大型仪器设备就有近50种，不出20分钟，便可对燕京啤酒百种风味组分进行全面质量分析，使啤酒检测达到了像医疗系统的"CT"及"核磁共振"的水平。

为更好地服务奥运，让世界人民品尝到最美的燕京啤酒，燕京进一步加大了产供运销全过程的质量监控力度。燕京采购的所有酿造原辅料均符合国家绿色食品要求，每批进厂原辅材料按质量标准和安全标准都进行了严格检验，从源头保证了奥运用酒的顺利生产。在生产品质的控制上，燕京在常规的监控基础上，专门制订了奥运啤酒生产监控计划书，所有工序的在制品都严格按质量、卫生、安全指标进行检测，做到了全程监控、全程记录、环环处处都可追溯。

燕京不仅拥有了专有的啤酒酵母，而且形成了独特的酿造技术，结合大自然恩赐的优质矿泉水资源，使燕京啤酒具有独特的清爽宜人的风味特点。为实现"新北京、新奥运、燕京新形象"的战略构想，燕京不断进行产品创新，不但生产出了适应世界啤酒消费趋势的10度清爽型啤酒，还为奥运会量身定做了燕京无醇啤酒、燕京纯生啤酒、燕京冰纯扎啤。供应的奥运用酒，全部属于燕京高档酒系列产品。伴随着精彩纷呈的奥运会落下帷幕，燕京啤酒也通过了全球最高标准的品质验证，飞向了五洲四海。

携手奥运，实现快速发展

奥运健儿用超越自我的精神挑战着人类的极限，而燕京人以拼搏进取的精神谱写着民族工业的辉煌。携手奥运，燕京获得快速发展。

规模与效益同步增长。几年间，燕京依靠良好的奥运发展环境不断完善在全国市场的战略性布局，形成了近500万吨的产业规模，产品辐射全国各地。燕京不仅扩大了规模，形成了稳固的北京、广西、内蒙古、福建、湖北五大优势市场，而且创造了较高的经济效益。啤酒总产量由2005年的311万千升上升至2009年的467万千升，经济效益指标也由2005年的3.71亿元迅速增长到2009年的8.65亿元。

品牌地位进一步巩固。奥运会是竞技体育的最高舞台，也是品牌提升的极佳载体。燕京始终坚持走发展燕京民族品牌之路，成为2008年奥运会赞助商之际，更是鲜明地提出了“让燕京走向世界，让世界了解燕京”的战略目标。为此，燕京不仅在全集团开展了“饮燕京啤酒，看奥运盛典活动”，还在国际大都市香港地区举办了800张奥运门票赠送活动，使“燕京啤酒，为中国，干杯！”的营销宣传口号得到了强有力的传播。为全面实现品牌的全面提升，燕京大力推广“1+3”品牌发展战略，使所属企业的地方性品牌逐步向燕京主品牌靠拢。2005年燕京四大品牌产销量占总比为75%，2009年已提高至91%；2005年燕京主导品牌产销量占总比为43%，2009年已提高至60%。通过实施产品结构调整，中高档啤酒已占总量的三分之一以上，不仅提高了燕京啤酒在市场中的竞争力，而且增强了“燕京啤酒”这个民族品牌的影响力和美誉度。与此同时，燕京品牌价值也获得了快速提升。由2005年的152亿元上升到2009年的252亿元，年均增幅连年保持在10%以上，成为中国啤酒行业品牌价值高速增长的企业之一。在集团中，现已拥有2个中国名牌产品和4个中国驰名商标。

企业凝聚力进一步增强，员工素质不断提高。为迎接奥运，燕京开展了形式多样的主题活动，如“奋战奥运100天，我为企业添光彩”、“奉献奥运见行动，我为党旗添光彩”、“倡导文明从这里起步，服务奥运从我做起知识竞赛”等。公司党委还有重点地推出了一批勤于学习、奋发向上的青年典型，用典型的力量带动和影响更多的青年积极为岗位建功，并鼓励他们向奥运体育健儿学习，以实际行动参与奥运、奉献奥运，为企业做强做大而努力。通过奥运精神的激励，通过奥运理念的培育，广大的干部职工向更快、更高、更强的目标迈进的决心与信心更足了，为奥运出力，为国旗添彩的责任感更强了。

企业环境进一步改善。作为2008年北京奥运会赞助商，燕京郑重承诺，将担负起历史重责，以实际行动为绿色奥运做贡献。多年来，燕京坚持走可持续发展道路，积极推进以循环、降耗、增效为重点的企业管理，通过一系列技术创新，建立了系统化、规范化的清洁生产管理体系，实现了资源的高效、循环利用。如：投资近亿元购置先进的污水处理设备、对啤酒发酵过程中产生的二氧化碳和污水处理过程中所产生的沼气回收、循环利用啤酒生产产生的废弃物等。厂区环境优美，成为名副其实的花园式工厂，被国家旅游局评为全国工业旅游定点企业，并获得了国家环保总局颁发的最高荣誉奖——“国家环境友好企业”。

从申办到顺利闭幕，在北京市委市政府、顺义区委区政府的大力支持下，在全体干部职工的共同努力下，燕京通过多种形式，积极支持北京2008奥运，不仅顺利地完成了支持保障奥运的光荣使命，同时全面实现了既定的品牌战略目标。燕京啤酒品牌的知名度和美誉度得到进一步提升，企业的生产规模、资产总量、经济效益、品牌价值实现了较大程度的增长，团队的向心力进一步增强，同时燕京文化也融入了奥林匹克这一新的元素。北京奥运会的圣火虽然熄灭，但更高、更快、更强的奥运精神必将支撑燕京人继续承担振兴民族啤酒工业的光荣使命，必将推动燕京做强做大的伟大事业进程。

青啤与民联欢

2005年8月11日，青岛啤酒股份有限公司与北京奥组委签署协议，正式成为北京2008年奥运会国内啤酒赞助商。充分挖掘奥运赞助商身份带来的资源，组织各种奥运推广活动，有效整合各种资源，将“激情成就梦想”的品牌主张与奥运会“更高、更快、更强”的奥林匹克精神进行有机结合，成功树立起“奥运公民”的形象。该企业的奥运营销具有多样性、连续性、创新性的特点。

实际上，通过这一系列奥运营销活动，青岛啤酒的品牌影响力和销售力得到有效提升。有统计数字表明，目前，青岛啤酒公司在国内17个省市拥有48家啤酒生产厂和3个麦芽生产厂，构筑了遍布全国的营销网络，现在年啤酒生产能力达500万吨。借助奥运的营销推广，其品牌价值由2008年的224.73亿元增长至258.27亿元。

奥运营销的青啤智慧

从2006年开始，青岛啤酒以北京2008年奥运会赞助商的身份开展了一系列活动，启动了奥运营销战略。青岛啤酒公司董事长、总裁金志国成竹在胸地表示，奥运会在中国召开，这是青岛啤酒发展的一个战略机遇，青岛啤酒将通过赞助奥运会来获取在全球的更广泛的影响力，使青岛啤酒的品牌价值得以迅速提升，产品卖得更远、更快。

他还表示，奥运营销不仅仅是广告战，他们之前已经探索了一条系统的体育营销之路，早在2003年，青岛啤酒就提出“激情成就梦想”的新品牌口号；自成功取得2008年奥运赞助权后，青岛啤酒开始制订四年的奥运营销计划。“激情”的思路，也直接挪用为奥运的营销战略：2006～2009年，顺次为“点燃激情”年、“传递激情”年、“释放激情”年、“演绎激情”年。并且已经制订了未来三年的体育营销计划，将2006年定位为“点燃激情”年，2007年为“传递激情”年，2008年为“释放激情”年，以从容应对市场竞争的挑战。

于是，2006年开始，奥运营销成为青啤激情释放的一个重头戏。不过青岛啤酒的思路非常清晰，就是依托体育活动，将产品与体育结合，把体育文化与品牌文化相融合，形成特有的品牌文化。通过参与各类体育盛事，借用“体育营销”的手段，实现丰富品牌内涵、树立品牌形象、传播品牌主张的企业诉求。

实现品牌传播当然离不开媒体，青岛啤酒开始将自己的一系列计划付诸实施的同时，选择了国内比较强势的媒体来进行合作。例如，世界杯期间青岛啤酒与央视合作推出了“观球论英雄”活动，结合啤酒与世界杯这两个天生的伙伴来与消费者激情互动；携手中国奥委会新闻委员会、中央人民广播电台中国之声，以及湖南电视台共同打造旨在传播奥运精神的“青岛啤酒——我是冠军”全民急速大挑战活动，推行全民健身，弘扬奥运精神，以实际行动支持2008年北京奥运会。特别是进入决赛阶段，每次节目播出时间长达45分钟。此外，青岛啤酒欧洲总部还与凤凰卫视欧洲台合作举办了中华小姐环球法国大赛，让法国乃至整个欧洲都对中国啤酒有了更多了解。

三位一体的营销策略

不仅如此，青岛啤酒对举办活动的城市也是有所选择的，都是其产品营销的重点或需要进一步开拓市场的地方。“体育锻炼和运动其实是非常爽的事，运动完之后很舒服，而运动之后来杯啤酒，就更有一种清爽舒服的感觉。”青啤人显然摸到了人们的这种心理感受，所以不管活动举办得多么热闹多么成功，主办者最终的目的——产品最终还是要出场。

作为与奥运营销的有机结合，青岛啤酒不仅推出了更具品牌科技感和时尚感，明确指向年轻时尚消费群体的欢动啤酒，同时还将把山水啤酒作为重点向消费者推荐，以更好地满足不同层次不同消费群的需求。

除了产品路演的同时跟进，还会在现场进行啤酒品尝、赠饮活动。这就是青岛啤酒已经运用成熟的“三位一体”营销策略：产品销售、品牌传播、消费者体验三种竞争手段有机结合，最终把体育、体验和产品销售结合起来，通过消费者体验等措施，搭建稳固的高忠诚度消费群体。这种适时出现的产品，不会让消费者有厌烦的感觉，即使消费者不买，通过这一系列的活动，消费者起码对品牌已有了感性认识，实现了在情感上对品牌的认同。

有关专家认为，至少在未来3年时间里，奥运营销的战火将愈燃愈烈，而谁能抢先摸索出一套属于自己的体育营销模式，以及成为名副其实的奥运公民，谁就能在体育营销大战中赢得先机。一个不容忽视的事实是，青岛啤酒通过一系列全民体育活动，不仅能够显示出作为一家大型酒企业的社会公益性与良好的奥运公民形象，而且能够借助系列活动将体育赛事诉求和品牌主张有机地结合起来，从而真正地将自己的品牌形象和产品形象深入人心，贴近社会大众，从而真正实现了厂家、消费者与奥运公益三者之间的联动。

书写中国酒企营销经典

作为奥运营销的酒企典范，青岛啤酒开展了一系列活动，比如，赞助厦门马拉松、倾力打造“青岛啤酒•我是冠军”、开展奥运大篷车全国巡演以及赞助中国跳水队等，取得了丰硕的成果，青岛啤酒的奥运营销理念得到了广泛认同。在中国品牌研究院发布的奥运营销年度报告中，青岛啤酒奥运营销知名度排名三甲之列，成为行业中的佼佼者。

在致力于奥运精神在广大消费者中的传递的同时，青岛啤酒又把这种理念融入城市的血液中去，与“绿色、文明、活力、和谐”的城市标准不谋而合的是，青岛啤酒的社会责任、奥运公民角色以及国际化色彩都很好地与之衬托到一起，不得不说是一种极具创新思想的奥运营销手段。

业内人士指出，青岛啤酒作为2008年北京奥运会赞助商，借助青岛啤酒一系列营销活动实现了青岛啤酒与奥运会的深层次结合。青岛啤酒是一个具有与奥运会同样的拥有百年历史的品牌，都有着深厚的历史文化积累。另外作为中国民族酒类企业的排头兵，有强大的全力服务国家事业的历史责任心，同时借助奥运这个平台，在奥运经济的大潮中，全力推动奥运营销活动必将构建一个由本土理念与国际化视角融合的发展新坐标，同时撰写奥运营销史上一个辉煌的经典案例。

(本文转载于《中国酒业》杂志，作者唐文娟)

迎奥运 竹叶青健康与你同行

2008年是中华儿女共同期盼的奥运年，也是山西省大力宣传山西、提升山西整体形象、实现新发展新跨越的关键一年。在北京奥运会举办之初，汾酒集团就紧密结合“迎奥运、讲文明、树新风”的奥运宣传契机，结合“绿色、健康”的永恒主题，倡导健康文化，以活动为平台，提升竹叶青品牌。

竹叶琼浆誉千秋，酒苑奇葩传天下。近年来，汾酒集团大力挖掘竹叶青酒的品牌内涵，不断推进产品结构优化和升级，竹叶青酒正由潜力型产品向优势型产品阔步迈进，成为公司新的市场亮点和经济增长点。在奥运会举办前期，汾酒集团“迎奥运、竹叶青健康与你同行”大型奥运主题活动作为汾酒集团在迎奥运倒计时期间，主动承办的一次社会公益盛事，通过一系列迎奥运赛事活动，将竹叶青健康文化与奥运精神完美融合。这次活动的举办，对强化保健酒消费者对竹叶青健康文化的认知度，提高竹叶青品牌价值，提升企业整体形象起到积极的推动作用。

“迎奥运、竹叶青健康与你同行”大型奥运主题系列活动包括：迎奥运倒计时一百天、竹叶青省城万人健康长跑活动，傅山与竹叶青酒文化研讨会，迎奥运、竹叶青杯乒乓球大赛，迎奥运、竹叶青杯钓鱼大赛，“我与竹叶青酒”全国征文大赛，竹叶青酒广告语校园征集大赛，迎奥运、竹叶青杯书画大赛，“迎奥运、竹叶青健康与你同行”大型颁奖晚会八项主要活动。省国资委常务副书记郭玉才，省体育局局长苏亚君，省文联李才旺也非常支持汾酒举办的这些活动。他们认为：在北京奥运会即将到来之际，汾酒集团公司积极举办“迎奥运 竹叶青健康与你同行”大型奥运主题活动，唱响了“全民健身与奥运同行”的主题，促进了“赛在北京、游在山西”活动的深入开展，充分展示了汾酒集团积极进取的精神风貌和良好的企业形象。

回顾过去，事实证明，汾酒的这些活动是非常有成效的，公司以丰富多彩的赛事活动为载体，把此次社会公益盛事办成展示竹叶青品牌文化、展示山西国企新形象的一大盛会，为全省人民奉献一道喜迎奥运的精神大餐，使之成为当年山西省迎奥运活动的亮丽风景线。

金威“体育旋风”成就全国品牌

通过坚实而执著的体育营销战略，深圳金威，一个偏安一隅的区域啤酒品牌，短短数年，在全国各地开花，引起了业界的极大关注。

体育营销，争论持久

体育营销，究竟是长远的有眼光的战略，还是短期的扯眼球行为？关于这个问题的讨论，企业界、营销界从来没有终止过。

体育营销中，赞助只是其中的一个环节，夸张点儿说，只是一个很小的环节。犹如古往今来的“敲门砖”，而在敲门前与进门后的所作所为，才是体育营销的精髓，唯有把它当做一个系统工程来做，方能取得预期的效果。没有整体的营销战略，体育营销就是一次短期的产品促销，不过这个促销的成本比较高罢了。对比国际企业的体育营销范例，会发现和国内企业的很多不同之处，NIKE的1:3策略组合，深得蓝彻斯特法则的精髓，抛弃同行竞争的因素，这个应该成为本土品牌李宁学习的方向。

金威啤酒，体育旋风

体育、啤酒，两者有着密切的联系，同样代表着欢畅、激情和不懈的冲击，啤酒的定位和体育带给人们的情感两相契合。啤酒的主力消费群体是男性，年龄分布在18岁至40岁之间，这些人狂烈地热爱体育，无论是足球、篮球还是世界杯、奥运会，都吸引着他们的注意力。而体育赛事对啤酒销量增长的推动无疑是巨大的，这也是几大啤酒商上演啤酒奥运三国志的原因。

深圳金威，可以说是啤酒业的后起之秀。6年前，只有深圳的两个厂，是一个不折不扣的区域品牌，基于不甘充当“寂寞英雄”的境地，立足深圳后，金威向全国发力，短短数年，已经在东莞、天津、西安、成都、汕头等地开辟疆土，生产基地遍及华南、华北、西北、西南等战略重镇，产能从10万吨扩张到近170万吨，预计到2014年，金威的产销量将超过300万吨。与此同时，金威啤酒坚持酿造不添加甲醛的啤酒，以科技金威做支点，掀起全国品牌建设的浪潮，先后获得“中国名牌产品”、“绿色食品”和“中国驰名商标”等称号，声誉日隆，提升了金威的品牌知名度和美誉度，一个区域品牌从此向全国品牌飞跃。

而取得如此辉煌的成绩，不仅仅是金威集团对科技的创新，提出“啤酒不添加甲醛”的行业标准，更是对孜孜不倦的以体育营销战略为导向开展的长期的体育营销的回报。

为国足壮行

从2002年开始，深圳金威用啤酒文化嫁接足球文化，取得了二者完美的结合，后面数年的体育营销，都是从这里开始。

2002年，中国足球开始世界杯预选赛的时候，金威啤酒就在大本营深圳组织了声势浩大的“百万市民签名为国足壮行”的活动，并发行“为国足祝福”的明信片，通过这些活动为国足将士带去深圳市民的美好祝愿。而那一年，米卢的快乐足球使中国历史性地进入了世界杯决赛圈，深圳金威啤酒有限公司对外宣布：在世界杯比赛中，如果中国队攻破对手球门，将以纯金足球作为奖励。除了奖励国家队之外，金威公司还将向中国历史博物馆赠送同样的“金球”一只，纪念中国足球历史性的时刻。世界杯比赛期间，金威公司还组织球迷团，奔赴韩国为国足呐喊助威。金威董事长叶旭全在深圳特区报上开足球专栏，专栏的名字是“把酒论英雄”，写了足足31篇世界杯期间的足球逸事。2002年，金威集团还冠名了由深圳晚报参与主办的在世界之窗举行的甲A联赛足球先生颁奖晚会，球星李玮锋一度成为金威啤酒的形象代言人，与此同时，金威冠名了2001年度中国足球颁奖典礼。

仅仅一个国足出征，金威就做了一系列的整合营销活动，取得了极大的传播效应，而且成本投入并不高。体育营销，不一定要通过冠名和赞助，而应该通过体育活动来推广企业品牌和树立形象，以此创造消费需求的对接。

借助外部环境，营造良好的活动等营销手段，借助体育赛事开展的营销活动是企业进行市场推广和树立公益形象的绝佳战略。体育营销最基本的功用就是成为企业和消费者改善或重建彼此关系的重要工具，双方借体育运动产生共振，双方共同的焦点都放在了让人热血沸腾的体育运动上，把奥林匹克的文化融入到品牌文化当中，并由此产生共鸣。

冠名深足、冠名中超

在体育营销取得预期的效果后，金威决定将这一战略长久地持续执行下去。这一次就是大手笔了，直接以主角身份参与到体育营销战略中。

2006年2月，金威啤酒集团公司和深圳足球俱乐部在深圳五洲宾馆召开新闻发布会，宣布其正式冠名深足，其时，连副市长也出席了发布会。金威啤酒此次的冠名为期一年，除了冠名深圳足球队外，还包括了深圳足球队新赛季比赛服的胸前、背后广告。这次冠名重新燃起了深足球迷的信心和热情，有句曾经鼓舞深足前行的球迷标语“胜也爱你，败也爱你，不拼不爱你”在球队展开新赛季征程之际，因金威啤酒的冠名有了全新的含义。由此一冠名，使在深圳市场的占有率达到75%的金威获得极大美誉度的同时，深圳人民的啤酒消费忠诚度得到极大提高，而冠名深足的目的并不仅仅在于此，金威人想得更远，期望通过足球让这个品牌在全国的影响力得以提升，所以便有了后面的中超冠名。

继续高举体育营销大旗的深圳金威，在2007年即将裸奔之际，投资3800万出手相救，力挺中国足球，成为历史上第一家冠名中超的中国企业。和冠名深足一样，彰显了企业对体育事业的热心和责任，也显示了金威人走向全国的雄心壮志。2009年，虽然网上盛传金威将离弃中超，但继续签约冠名中超，金威集团以行动证明了其体育营销的持续性和毅力，金威以卓越的企业品格和强烈的社会责任感为广大球迷和消费者所熟知。

在签约仪式上，金威啤酒集团有限公司董事局主席叶旭全说，金威啤酒决定继续冠名中超联赛，一方面是继续大力支持中国足球事业的发展，希望中超联赛在2008赛季能够更上一层楼；另一方面是通过再次冠名中国足球职业顶级联赛这一强势体育营销平台，配合金威在全国的发展战略，而配合中超冠名，金威做了很多足球主题的活动，都是和球迷互动，以回馈球迷热爱和达到自我推广的目的。2007年，金威借冠名之际，举行了贯穿整个赛季的“欢享金威 激情中超”的巡回路演活动，鼓手擂台赛激起了球迷心中的热情，而在活动中的广告、促销等辅助策略，金威一样做得有声有色，使得球场外的国民参与其中，制造了很大的声势。2008年8月，金威啤酒启动“金威啤酒风火足球训练赢”活动，为广大网友和球迷量身打造了一款足球竞技小游戏，让全国网民在体验游戏乐趣的同时，感受金威的品牌魅力和企业文化。此举也被认为是金威啤酒一贯热心体育事业，支持中国足球的又一生动案例。与此同时，金威啤酒在全国的各个分公司亦围绕冠名中超之举，在长春、北京、天津、西安、济南、深圳等“足球重镇”开展了丰富多彩的球迷娱乐活动。金威在国内体育界和足球界打出一套套“组合拳”，让业界瞩目。而这并非偶然，作为首家冠名中超联赛的国内企业，金威本身便具有支持体育事业和足球事业，主动承担社会责任的企业传统。

体育营销战略的开展，也使深圳金威取得了长足的进步，令其从一个偏安一隅的区域品牌成长为中国啤酒业的佼佼者。从2003年以来，金威啤酒的销量以年均35%的速度连续增长，这一成绩足以证明，金威正以一个前进者的姿态发展着，相信未来的金威会发展得更加美好。

（本文转载于中国酿酒网，作者谢龙恩）

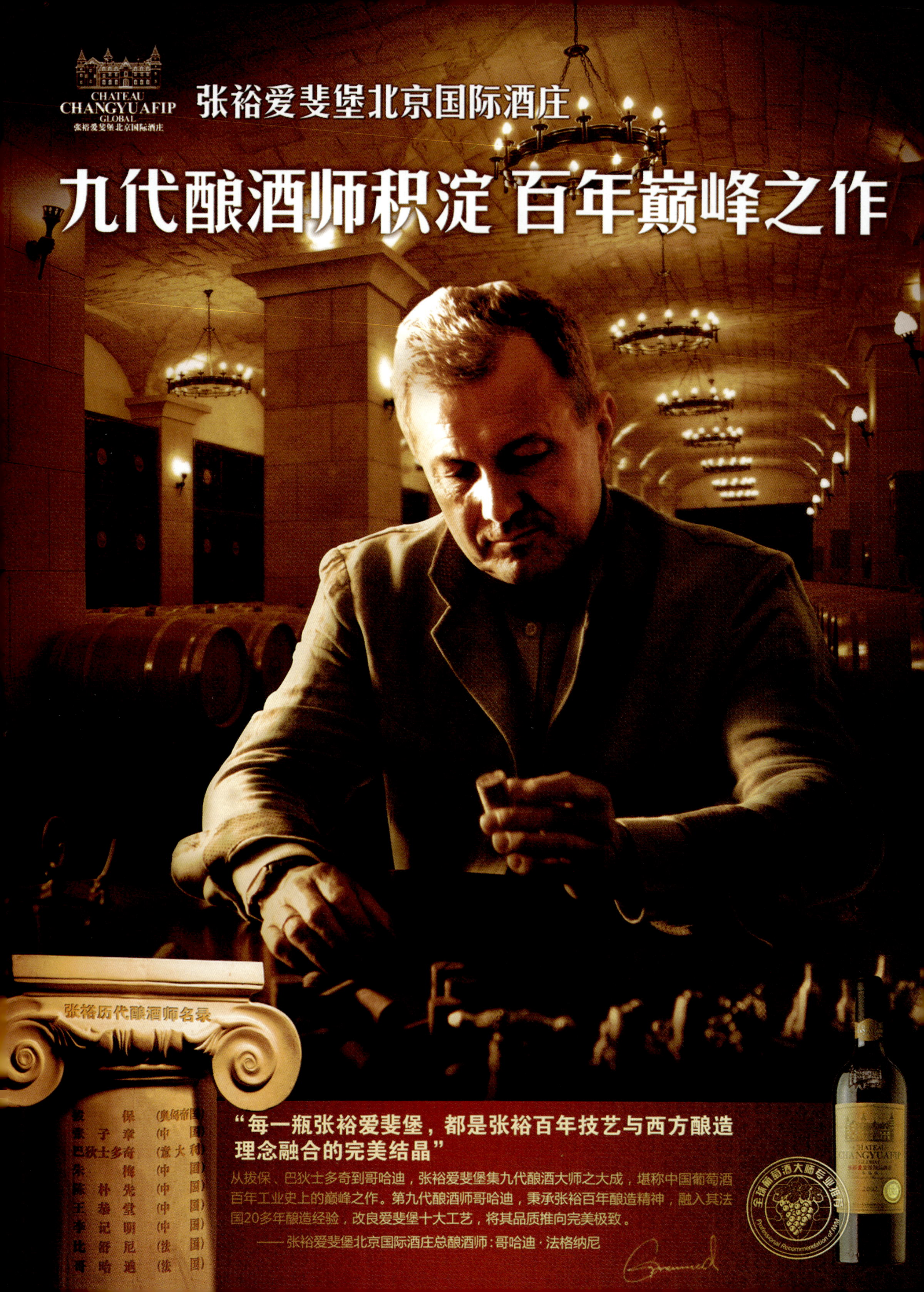

CHATEAU CHANGYU AFIP GLOBAL
张裕爱斐堡北京国际酒庄
张裕爱斐堡北京国际酒庄
九代酿酒师积淀 百年巅峰之作
张裕历代酿酒师名录
拔保 (奥匈帝国)
张子章 (中国)
巴狄士多奇 (意大利)
朱梅 (中国)
陈朴先 (中国)
王恭堂 (中国)
李记明 (中国)
比舒尼 (法国)
哥哈迪 (法国)
“每一瓶张裕爱斐堡，都是张裕百年技艺与西方酿造理念融合的完美结晶”
从拔保、巴狄士多奇到哥哈迪，张裕爱斐堡集九代酿酒大师之大成，堪称中国葡萄酒百年工业史上的巅峰之作。第九代酿酒师哥哈迪，秉承张裕百年酿造精神，融入其法国20多年酿造经验，改良爱斐堡十大工艺，将其品质推向完美极致。
—— 张裕爱斐堡北京国际酒庄总酿酒师：哥哈迪 · 法格纳尼
全球葡萄酒大师专业推荐
CHATEAU CHANGYU AFIP

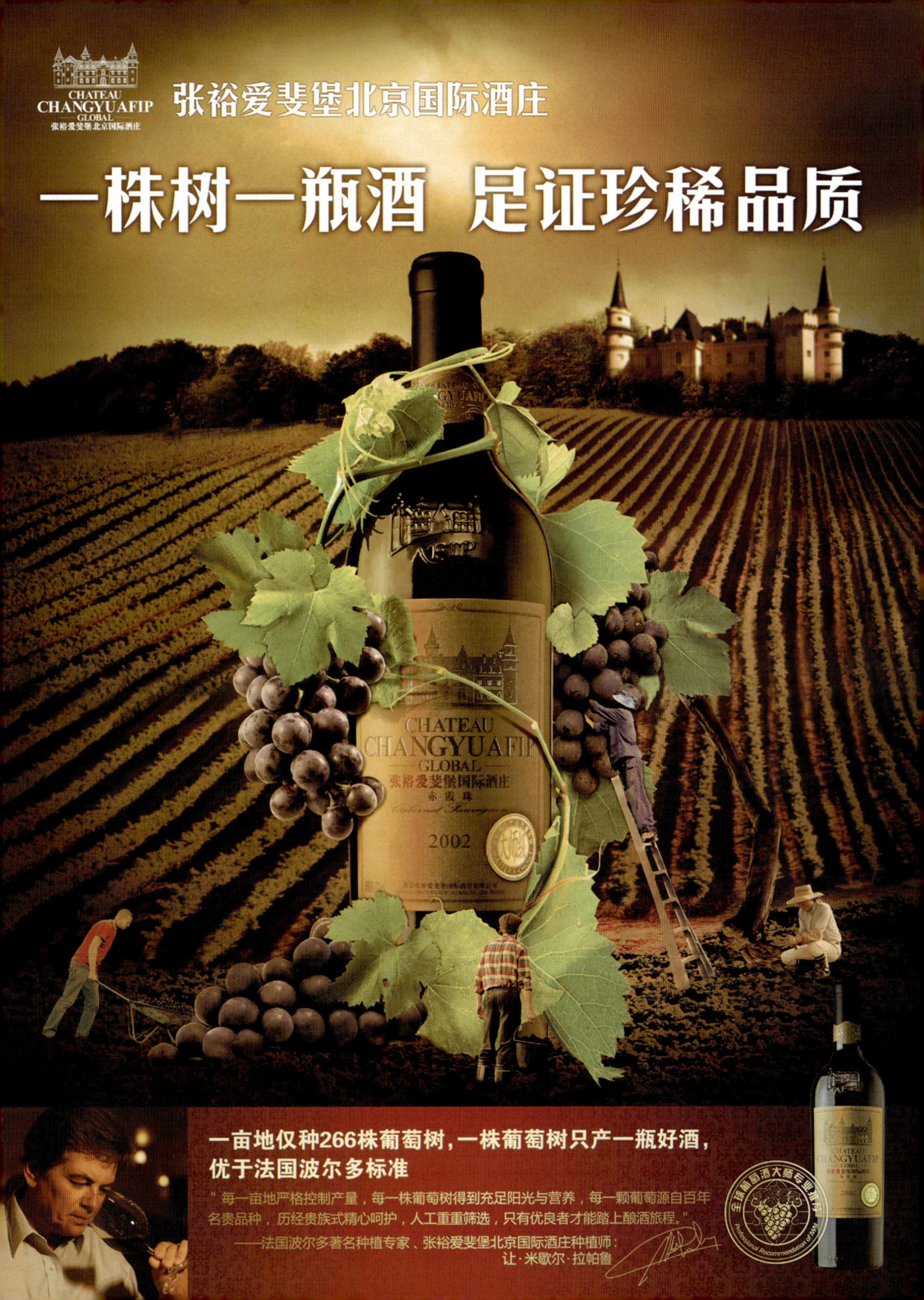
CHATEAU
CHANGYU AFIP
GLOBAL
张裕爱斐堡北京国际酒庄
张裕爱斐堡北京国际酒庄
一株树一瓶酒 足证珍稀品质
CHATEAU
CHANGYU AFIP
GLOBAL
张裕爱斐堡国际酒庄
赤霞珠
2002
一亩地仅种266株葡萄树，一株葡萄树只产一瓶好酒，
优于法国波尔多标准
“每一亩地严格控制产量，每一株葡萄树得到充足阳光与营养，每一颗葡萄源自百年名贵品种，历经贵族式精心呵护，人工重重筛选，只有优良者才能踏上酿酒旅程。”
——法国波尔多著名种植专家、张裕爱斐堡北京国际酒庄种植师：
让·米歇尔·拉帕鲁
全球葡萄酒大师专业推荐
Professional Recommendation of MW
CHANGYU AFIP
2002

五粮液
1618

WULIANGYE FOR CHINA
FOR THE WORLD

中国的·世界的

香气悠久
味醇厚
入口甘美
入喉净爽
各味谐调
恰到好处
酒味全面

www.wuliangye.com.cn

抗震篇

在“5•12”地震中，酒类企事业单位奉献爱心，捐款捐物的统计以及各类酒企单位积极自救、奉献爱心的专题报道

陈 林

Chen Lin

YEARBOOK FIGURE

陈林，高级工程师，现任五粮液集团公司董事、五粮液股份公司董事、总经理、总工程师、五粮液保健酒有限公司董事长兼党支部书记、宜宾学院生物工程系客座教授、宜宾市第六批拔尖人才。

陈林同志师从于著名勾兑大师范玉平，她长期坚持自学酿酒、发酵等专业知识，重视理论和实践相结合，潜心探究勾兑工艺技术，很好的掌握了白酒勾兑技术，成果突出。成为白酒勾兑技术的权威专家，是我国白酒行业新一代拔尖人才。

陈林在白酒技术方面取得的成就和业绩，不仅为五粮液集团公司的多元化发展做出了突出的贡献，在科研方面获得的成就，也为推动行业的发展贡献了力量。五粮液能发展到今天这样一个令同行业额首称赞的局面，陈林功不可没。

中国酿酒工业协会慰问信

各有关单位：

惊悉，北京时间5月12日14时28分，在四川省汶川县发生里氏8.0级地震。造成该地区及周边地区大量人员死伤和财产损失！对于此次地震给酒企业广大员工及家属带来的损失和困扰，中国酿酒工业协会感同身受，深表同情！

据不完全了解，部分酒类生产企业同时也受到了不同程度的影响，在此，中国酿酒工业协会全体员工向你们及家属表示亲切的慰问。对仍坚持奋战在生产、营销的第一线，立足本职，坚守岗位的同仁致以崇高的敬意！我们真诚地希望，你们能团结自救，发扬“老吾老以及人之老，幼吾幼以及人之幼”的中华传统美德，与当地人民患难与共，同舟共济，积极协助和配合当地政府开展救灾工作。

各会员单位的灾情牵动着我们的心，我们关注灾区的心无法平静，虽然我们不能亲临现场与你们携手，但是我们的心却因灾情而紧紧地联系在一起。我们坚信，在党和政府的领导和社会各界的全力支持下，一定能够渡过难关，早日重建家园，恢复生产生活秩序。希望受灾地区酒协和企业能够及时与协会保持联系，我们将为你们提供力所能及的帮助。

中国酿酒工业协会

二〇〇八年五月十三日

全国酿酒行业爱心捐助统计

（不完全统计）

白酒企业

单　位	捐款情况
四川泸州老窖股份有限公司	3000余万元
四川郎酒集团有限责任公司	2130万元
四川省宜宾五粮液集团有限公司	1700余万元（含物资）
四川水井坊有限公司与帝亚吉欧集团	1330万元
四川宜宾智溢酒业有限公司	1300万元
四川沱牌集团有限公司	1038万元
泰国TCC集团	1000万元
安徽口子酒业股份有限公司	1000万元
中国贵州茅台酒厂有限责任公司	800万元
山西杏花村汾酒集团有限责任公司	600余万元
安徽古井集团	380余万元（含物资）
山东古贝春有限公司	300万元（含物资）

单　位	捐款情况
甘肃金徽酒业有限公司	220余万元（含物资）
安徽双轮集团	200余万元
河北衡水老白干酒业公司	200余万元
湖北枝江酒业股份有限公司	150万元
江苏今世缘酒业有限公司	120万元
山东扳倒井股份有限公司	119万元
陕西西凤酒股份有限公司	100余万元
湖南金六福酒业有限公司	100万元
江苏洋河酒厂股份有限公司	100万元
安徽金种子酒业	100万元
贵州茅台酒厂（集团）习酒有限公司	100万元
湖北稻花香酒业股份有限公司	100万元
湖北白云边股份有限公司	61.2万元
黑龙江省鹤城酒业等黑龙江省白酒骨干企业	60余万元
贵州茅台酒厂技术开发公司	54.7万元
黑龙江北大仓酒业	52.4万元
重庆诗仙太白集团	54.01万元（含物资）
贵州青酒集团有限责任公司	50万元
安徽文王酿酒股份有限公司	42万元
山东泰山生力源集团股份有限公司	36.5万元
内蒙古河套酒业集团股份有限公司	35万元
湖北黄鹤楼酒业	34余万元
河南宝丰酒业有限公司	30余万元

单　位	捐款情况
安徽皖酒集团	30万元
江苏双沟酒业股份有限公司	30万元
福建曲斗香酒有限公司	30万元
广东顺德酒厂有限公司	30万元
内蒙古成吉思汗酒业集团	27.32万元
天津津酒集团	26.52万元
牛栏山酒厂及全体员工	25.27万元
四川省宜宾市叙府酒业有限公司	24万元（含物资）
四川金盆地（集团）有限公司	24万元
山东景芝酒业股份有限公司	20余万元
安徽宣酒集团股份有限公司	20余万元
酒鬼酒股份有限公司	20万元（含物资）
广东省九江酒厂有限公司	15万元
吉林榆树钱酒业有限公司	11.14万元
安徽沙河酒业有限公司	10余万元
北京红星股份有限公司	10万元
上海神仙酒厂	7万元
云南玉林泉酒业有限公司全体员工	6万元
四川小角楼酒业有限责任公司	6万元
山东颐阳酒业公司	5万元
河南皇沟酒业有限责任公司	4万元
吉林省四平市老白酒厂	3.26万元
吉林四平益康酒业有限公司	3.22万元
广东佛山太吉酒厂有限公司	2.6万元
云南龙锶源酒业有限公司	2万元
山东孔府家股份有限公司	2万元

啤酒企业

单　位	捐款情况
青岛啤酒集团有限公司	1357万元
百威啤酒	1120万元（含物资）
华润雪花啤酒（中国）有限公司	1000余万元
北京燕京啤酒集团公司	816万元
嘉士伯大中华区及员工	240万元
保乐力加（中国）贸易有限公司	200万元
英博雪津啤酒有限公司全体员工	180万元
金威啤酒（中国）有限公司	120余万元（含物资）
麒麟控股株式会社	100万元（含物资）
广州珠江啤酒集团有限公司	100万元

单　位	捐款情况
河南金星啤酒16家子公司全体员工	75.29万元（含物资）
兰州黄河嘉酿啤酒有限公司	55万元（含物资）
福建燕京惠泉啤酒股份有限公司	35万元
烟台啤酒朝日有限公司	15.6万元
河南奥克啤酒实业有限公司	10万元
河南维雪啤酒有限公司	10万元
内蒙古金川保健啤酒科技股份有限公司	7万元
青岛啤酒西安汉斯集团有限公司西安公司	5万元
金华英博双鹿啤酒有限公司员工	5万元
宁夏西夏嘉酿啤酒有限公司	5万元

单　位	捐款情况
威海啤酒集团有限公司	4万元（含物资）
安庆天柱啤酒有限责任公司	1.2万元

单　位	捐款情况
北京啤酒朝日有限公司	1000万日元（含物资）

葡萄酒企业

单　位	捐款情况
烟台张裕葡萄酿酒有限公司	350万元
中法合营王朝葡萄酿酒有限公司	200余万元
中粮酒业有限公司	200万元（含物资）
吉林省青木园山葡萄技术开发有限公司	150万元
青岛饮料集团携华东葡萄酒崂山矿泉水、青岛葡萄酒	129万元（含物资）
安徽英雄坊酒业中法合资喀塔斯酒业公司	100余万元
甘肃莫高实业发展股份有限公司	26万余元（含物资）
广东惠来帝浓酒业有限公司	24.7万元
中粮君顶酒庄有限公司	10万元

保健酒企业

单　位	捐款情况
湖北劲牌有限公司及控股企业	1180万元
宁夏红枸杞产业集团	10余万元

黄酒企业

单　位	捐款情况
浙江咸亨酒业有限公司	56.51万元
西秦洋长生酒业有限公司	30余万元
中国绍兴黄酒集团员工自发捐款	20余万元
会稽山绍兴酒股份有限公司	20万元
浙江乌毡帽酒业有限公司	5.77万元
山东即墨老酒	5万余元
上海冠生园华光酿酒药业有限公司全体员工	4.2万元
浙江嘉善黄酒股份有限公司	2.45万元

其他企事业单位

单　位	捐款情况
长春市酒类行业协会会员单位	91万元
吉林柳河山葡萄商会	5万余元
兰州酒业协会	2.2万元
昆明酒业协会	1.5万余元

地震无情人有情
燕京啤酒心系灾区伸援手

2008年，我们心中都有一段刻骨铭心的记忆。数万生命在骤然而至的天摇地动中被掩埋，数千房屋在顷刻间倒塌，数百条公路被碎石损毁，地震发生的那一刻成为13亿中国人心中永远的伤痛。而随即而来的生命大救援、爱心大奉献，危难之际迸发出的骨肉亲情、爱国热情，令人动容，令人感悟。

在党中央、国务院的号召下，一场抗震救灾的伟大斗争行如雷霆，动若风发。十万人民子弟兵、武警部队、消防部队、公安干警冲锋在前，排除千难万险挺进震中灾区；铁路、公路、民航等部门千方百计向灾区运送救援人员和救灾物资；专业抢险队、医务工作者、志愿者从四面八方星夜兼程驰援灾区一线，争分夺秒抢救幸存者；人无分男女老幼，地无分南北西东，有钱出钱，有力出力，在各自岗位上伸出援助之手。

5月13日，距离地震发生还不到24小时，北京燕京啤酒集团公司迅速做出反应，通过中国红十字会向四川灾区人民捐款300万元，并发出号召，要求全体干部员工自觉行动起来，发扬中华民族传统美德，伸出热情之手，人人都为赈灾做出贡献。

与此同时，公司党委和董事会研究决定，对当时已经筹备两个月的第17届啤酒节活动内容进行调整：不再举办大型庆祝晚会，不再举办开幕式和文艺演出，不再举办大型文艺汇演，不再邀请各级领导、社会各界人士和广大经销商代表来燕京做客欢庆节日，将节省下来的资金200万元再次捐献给四川灾区，全力以赴支持抗震救灾。此举获得了上级领导的高度认可，也得到了广大的经销商、供应商及社会各界朋友的理解与支持。

地震无情，人有情。四川汶川地区的严重灾情牵动着燕京全体员工的心。分布在15个省市的30家啤酒生产企业和北京总部顺义区内8家相关附属企业纷纷响应号召，积极组织募捐活动，截至5月19日，集团公司36500名员工共筹得善款307万元。

为解决灾区人民和救援人员的饮水问题，公司还紧急安排矿泉水厂加班加点，组织生产6000箱价值10.5万元的燕京瓶装矿泉水，迅速运往地震灾区。

5月24日，公司党委积极组织党员缴纳“特殊党费”。短短两天，集团公司（顺义辖区）59个基层党组织共缴纳57万元。

5月下旬，燕京漓泉公司再次捐款100万元，燕京包头等其他外埠企业再次捐款50万元。

截至5月底，燕京啤酒集团公司单位和个人累计向灾区人民捐款突破1000万元。

另外，公司对所属企业的四川籍员工进行了周密调查和汇总，针对在地震灾害中房屋倒塌、家属伤亡等生活受到影响的员工，组织定向募捐，让受难的职工真正感受到组织关怀和燕京大家庭的温暖。

为了表达对四川汶川大地震遇难同胞的深切哀悼，5月19日全国哀悼日当天燕京啤酒集团下半旗致哀，于下午14:28举行了哀悼仪式。哀乐低回，大家怀着沉痛的心情缅怀在地震灾害中遇难的同胞。正在燕京视察指导工作的北京市副市长蔡赴朝同志，国家奥组委、体育局、奥运火炬传递路线工作团的同志们，以及顺义区区长张延昆同志也参加了哀悼仪式。蔡赴朝副市长指出，地震灾害给四川人民造成了重大损失，企业员工要增强民族意识和民族责任感，增强中华民族的凝聚力和向心力，积极行动起来，投身到抗震救灾中。燕京啤酒集团公司领导当即表示，“国家有难，人人有责”，一定贯彻落实市政府领导的有关指示精神，积极做好职工的思想工作，努力增强社会责任感和使命感，认真履行好这份应尽的责任，齐心协力，抗震救灾！

在灾情面前，燕京集团全体干部员工化悲痛为力量，将“国家兴亡，匹夫有责”的社会责任感和强烈的主人翁意识融入到生产经营活动中，坚守岗位，加强生产、质量、市场管理，积极组织生产，同心同德，努力奋战，创造财富，提高效益，以实际行动向灾区人民奉献一片爱心。

回望两年来的抗震救灾斗争，我们仍然为危难时刻中华民族的凝聚力所折服，为中国人民的伟大力量而感动。艰难困苦砥砺伟大精神，风险挑战锤炼坚强意志。艰苦卓绝的抗震救灾斗争，把中华民族的向心力、凝聚力推到极致，铸就了万众一心、众志成城，以人为本、尊重科学的伟大的抗震救灾精神，给民族精神注入了新的时代内涵，在中华民族发展史上竖起了一座新的精神丰碑。

灾难，让一个民族坚强；抗争，让一个国家奋进。四川汶川大地震留给我们的，绝不仅仅是巨大的伤痛，更有人性的感悟、生命的认知、发展的启迪，激励我们以更加坚实的步伐走向充满希望的明天。

作为国有大型企业之一，燕京啤酒集团公司决心，全面贯彻落实科学发展观，发扬不畏艰险、百折不挠的抗震救灾精神，继续坚持“六个创新”和“四个做强”战略方针，抢抓历史机遇，努力实施名牌战略，不断调整产品结构，创新企业机制，确保在中国啤酒行业中的领先地位，确保燕京事业基业长青，确保企业实现可持续发展，为中国民族啤酒工业的发展贡献力量。

华润雪花积极支持抗震救灾 爱心捐助达1000万

2008年“5•12”四川汶川地震后，华润雪花啤酒四川公司部分工厂受到影响，其中绵竹工厂受灾明显，并有员工伤亡。华润集团高层、华润雪花高层、四川公司高层团队和绵竹临近工厂的高层团队第一时间赶往灾区，组织员工自救。

前方将士舍生忘死，后方兄弟倾力相助

“5•12”四川汶川地震后，华润雪花啤酒立即向各区域公司下发《关于抗震救灾捐款事宜的通知》，组织内部员工对灾区人民进行了爱心捐赠。员工总捐款额为338万元，运往四川的帐篷和药品等救灾物资价值100万元，内部捐赠累计达到400万元左右。

华润雪花啤酒对外捐款是600万元，分别捐给了甘肃省政府和四川省政府，以及各个区域公司捐给当地民政厅或者红十字会。至此，华润雪花啤酒捐款总金额达1000余万元，分别通过不同的途径捐赠。

华润雪花啤酒捐赠紧缺物资救援灾区

由于灾区物资匮乏，媒体纷纷报道当地群众夜宿街头，急需帐篷和衣物等物资，如此灾情牵动着华润雪花啤酒每个人的心。华润雪花啤酒（中国）有限公司紧急筹备了一批帐篷和衣物，并与北京市红十字会受灾中心取得联系，于2008年5月15日上午将一批军用帐篷、户外帐篷、羽绒服、冲锋衣等灾区紧缺物资直接送到即将开往灾区的火车上。

华润雪花啤酒再捐价值120万救灾物资

“5•12”四川汶川地震灾情牵动民心，华润雪花啤酒向灾区累计捐款1000万余元。此外，在中国红十字总会与华润雪花啤酒的共同组织下，2008年6月20日在绵阳市政府救灾指挥部大楼前举行了“华润雪花啤酒情系灾区救灾物资捐赠仪式”。华润雪花啤酒（中国）有限公司委托四川绵阳工厂副总经理高国清向四川绵阳红十字会捐赠手摇发电电筒收音机10000只，价值120万元。绵阳红十字会会长陈红，秘书长唐中秋等代表出席了仪式，并对华润雪花啤酒（中国）有限公司在此次抗震救灾中所表现出的人道、博爱、奉献精神给予了高度评价，代表灾区人民表示感谢，同时表示一定将此批物资按时发放到受灾严重的北川、平武、江油、安县等重灾区的灾民手中，帮助灾区群众渡过生活必需品紧缺的难关。

华润雪花斥巨资700万打造卧龙SOS希望村

卧龙，中国最令人向往的大熊猫故乡，在大地的摇晃中，伤痕累累。“5•12”成为卧龙、四川省乃至全国人民心中刻骨铭心的记忆。从这天开始，卧龙与外界联系的公路毁坏殆尽，往上是至映秀、都江堰的路不通，往下是垮塌严重且海拔5000多米的夹金、巴郎山路。

在华润雪花管理层的眼里，定点定村帮扶，在奥运年尽力帮助熊猫故乡成为了华润人责无旁贷的使命！

华润雪花啤酒（四川）公司携手民政部紧急救援中心斥资700万元启动卧龙SOS希望村计划，为卧龙灾区修建了300套活动板房，并提供了50万元的药品和40吨救援物资。

2008年5月27日，华润雪花救援队随国家民政部紧急救援中心四川分中心，带着价值50万的药品和40吨救援物资，穿过重重艰险，来到卧龙选址确认修建地点。他们在这里修起300套临时安置房，可以让村民们生活2～3年。而且，救援还没有停止，“灾后重建需要的是多方面重建，不仅是能居住的房屋”。无论是医疗救援队，还是教育志愿者、小型儿童图书馆及体育器材室，民政部紧急救援中心四川分中心携手华润雪花所打造的SOS希望村将是一个长期的志愿补给体系。

8月13日，华润雪花四川区域公司继卧龙SOS希望村后，为灾区的儿童组织了“雪花啤酒•勇闯天涯 真爱照亮梦想”活动，这是雪花啤酒再次向灾区人们伸出援手，帮助灾区儿童圆梦。

古井集团与灾区人民心手相连

2008年"5•12"地震发生以后，古井集团公司和公司工会立即向全体员工发出《关于向四川地震灾区捐款的倡议书》，仅仅几天内该公司员工就积极捐款460余万元。

在随后安徽省红十字会等单位联合举办的"与爱同行共建家园"大型赈灾晚会上，古井集团向汶川大地震灾区人民再次捐赠现金100万元和价值100万元的急需药品，100吨优质面粉。之后又向安徽省利辛县捐赠60万元人民币，用于改扩建一所希望小学等。当然这些捐助数字也许并不怎么惊人，但是古井人以努力营造"友好型企业"为治厂理念的行动却无时无刻不在影响着"身边"的人，并赢得了社会的尊重与赞誉。而古井集团也因此被评为"2008年安徽省爱心企业"。

但是2009年是古井集团建厂50周年，古井决定不搞大型厂庆活动，因为古井人深知，古井50年来的发展，离不开社会各界的关爱与支持，因此企业就必须回馈社会，关心弱势群体，这也正是古井历来所坚持的"全面友好型"的宗旨所在。为了回报社会，尽企业公民应有的责任，同时也为了庆祝古井集团50周年厂庆，古井决定不搞大型厂庆活动，并将因此节约出来的经费以及古井贡酒合肥旗舰店自开业之日起，至2009年10月1日的营业捐赠给安徽省内部分敬老院。并投入上百万元的物资和传播费用，倡导宣传号召更多的人参与关注支持安徽的慈善事业，时间持续1年。随着企业的进步和发展，必定会向社会贡献更多的力量。

水井坊近三年公司公益活动

2007年春夏之交，四川东南地区遭遇了特大洪涝灾害的袭击，无情的洪水催毁了人们的家园和孩子们的学校。当公司得知这一消息，立即响应四川省红十字会发起的灾害救助公益活动，组织员工捐款1.17万元。同时，为使失学孩子尽快返回校园，公司已累计捐款14万元在泸州市叙永县援建一所小学。

2008年5月12日下午发生了四川汶川特大地震灾害，公司虽地处灾区，但仍积极响应党和政府的号召，发扬"一方有难，八方支援"的传统美德，在保证公司安全生产正常进行的同时，全力支持抗震救灾工作，向四川省成都市人民政府指定的机构捐款人民币共1000万元。此外，公司管理团队积极带头，发动全体员工及经销商为救灾捐款143万元，与灾区共渡难关。

2009年1月17日，在成都日报社联合成都市经委、成都市工商局共同组办的"首届成都市民最喜欢的'成都造'品牌评选"中水井坊被市民推选为"成都市民最喜欢的'成都造'品牌"之一。在表彰授牌仪式结束后，公司随即带上准备好的慰问品和慰问金前往都江堰、崇州、彭州三个地震重灾区进行实地慰问。

汾酒的抗震救灾事迹

2008年5月12日14时28分，突如其来的8.0级强烈地震袭击了四川省汶川县，震感波及全国十多个省市，随后又发生多次余震，四川境内受灾严重，地震造成数万人罹难，数千万人流离失所，家园成为一片废墟……

地震灾害使得同胞受难，每一个信息都牵动着国人的心。“一方有难，八方支援”，灾难发生后，汾酒集团第一时间作出决定，向地震灾区捐助500万元人民币，用于抗震和救灾工作，同时派出专车运送捐助物资。汾酒集团全体职工及家属也积极响应公司号召，参与到了抗震救灾的行动中。大家以强烈的社会责任感，向灾区人民伸出援助之手，献上自己的一份爱心。职工群众和家属纷纷捐款捐物，甚至有职工家属还主动要求领养灾区受灾儿童；青年职工们还主动报名要求参与到第一线的抗震救灾工作中，帮助灾区重建工作；很多人自发地走到街上，呼吁周边群众也参与到捐助活动中，为灾区人民献上一份爱心。

灾难发生后，公司还向驻成都、邛崃等地的四川天玖投资公司、山西杏花村汾酒集团四川有限责任公司、四川好顺酒厂发出慰问信，以表达公司对工作在灾区的职工同志的问候；向地处绵竹地区受灾严重的剑南春集团发出慰问电和慰问信，表达对同行业企业和职工的关心和支持。

公司董事长李秋喜同志通过红十字会，向在地震中不幸罹难的同胞表示深切哀悼，向受灾人民致以诚挚的问候！李秋喜董事长表示，面对罕见的自然灾害，对每个中国公民的爱心和责任也是一场考验。危机时刻，当现有应急体系还无法完全满足全部受困受灾群众的需求时，一个和谐的公民社会呼唤每一个有责任的企业贡献力量，尽己所能，同舟共济，共渡难关。他还号召山西的社会企事业单位、工商界人士都能积极行动起来，向处于危难中的灾区人民献上一份爱心，帮助他们渡过这一空前难关。

此次大地震造成了空前的损失，关键时刻，汾酒集团不忘自己的社会责任，以爱心回报社会，回报国家。在祖国和人民最需要的时候，及时提供了物质和精神上的支援。作为一个有着良好声誉的企业，不光是“用心酿造”，还要做一个有良心的企业，汾酒集团一直都以感恩的心面对社会公众。汾酒集团是借助改革开放春风迅速发展壮大起来的，是国家的政策给予了汾酒人巨大的财富和发展空间；是社会民众的信任使得汾酒市场经久不衰，是各界的支持让汾酒不断发展；在汾酒发展最艰难的时刻，是各界的支持汾酒才得以突破重围勇往直前。所以，越是在危难时刻，汾酒越不能忘记国家，不能忘记人民。看到同胞受难，汾酒人很痛心，汾酒整个大家庭很痛心，我们仅以自己的微薄之力，希望能协助受难群众恢复正常生产生活，帮助那些经历过生死离别的人们，帮助那些可爱的孩子，帮助需要帮助的人。希望在全国的支援下，灾区群众能树立必胜的信心，克服时艰，早日重建家园！

诗仙太白
众志成城　抗震救灾

5月12日下午2时28分，四川汶川突发8.0级强地震，给当地及周边地区人民带来了巨大灾难和不幸，灾情牵动着全人民的心，也牵动着重庆诗仙太白酒业（集团）全体员工的心。“一方有难，八方支援”，在公司党委的统一安排下，为灾区损赠活动紧张而序地进行。

5月13日公司党政工团发出倡议书，号召大家积极行动起来，发扬中华中族的光荣传统，以实际行动体现我们的责任与人文关怀，尽自己的绵薄之力，为受灾同胞给予力所能及的物资和经济上的授助，帮助他们渡过难关，重建家园。5月14日清晨，公司党委书记陈红兵带队，将满载着诗仙太白人的深情厚意，矿泉水数件，方便面数件，棉被500床救灾物资火速送往灾区。14日上午8时30分，由公司领导带头的捐款仪式也在积极地进行，你1000元，我50元，他100元，援助之手纷纷涌向捐赠箱，出差在外的员工得知这一消息，也纷纷打来电话，表示要献爱心，截至今天，职工捐款三批共计389820元。

时间就是生命，爱心不分大小。汶川地震给灾区人民生命和财产造成了重大损失，诗仙太白作为具有社会责任感的企业，在第一时间得知灾区急需食品及生活日用品后，立即组织全体员工连夜准备救灾物资送往灾区。诗仙太白人和灾区人民手拉手，心连心，共渡难关，诗仙太白将尽全力继续筹集物资，支援灾区。

继5月14日诗仙太白向四川绵阳地震灾区捐赠首批重达70余吨，价值近50万元的救灾物资和50万元现金后，诗仙太白人再施义举，6月20日向居住困难的四川茂县地震灾区人民捐赠2万米彩条布，用于搭建临时帐篷。据悉，“5•12”汶川大地震发生后，诗仙太白积极行动，为灾区人民捐款捐物并及时将救灾物资送到第一线。尽管地震已经过去了一个多月，但诗仙太白人一直关注着灾区人民的生活状况。通过新闻媒体了解到茂县灾区人民居住困难，急需临时帐篷，在救灾专用帐篷和活动板房还不能及时提供的情况下，诗仙太白人急灾区人民之所急，及时提供援助。尽管地震发生后，可以用来搭建临时帐篷的彩条布价格迅速上涨，供不应求，市场断货。但诗仙太白人想尽千方百计，多渠道筹措到2万平方米的彩条布，并及时安排车辆运送到受灾严重的四川茂县南新镇安乡村，该村在接受彩条布后，还向诗仙太白赠送了“患难见真情”的锦旗。据估计，该批彩条布价值14万元，可以搭建1000座临时帐篷，供3000人左右居住。另外，为了及时解决灾区孩子上学的问题，诗仙太白捐建的能抗八级地震的学校也正在紧锣密鼓地筹建中。

统计篇

通过国家统计部门公布的酿酒工业经济指标、产值、产量等统计数据与分析，反映中国酿酒工业2008、2009年的发展状况。

谢义贵

Xie Yigui

YEARBOOK FIGURE

高级工程师、四川剑南春股份有限公司副总经理、国家级评委、中国食品协会白酒分会专家组成员、中国酿酒工业协会白酒技术顾问、中国酿酒工业协会白酒分会技术委员会委员、中国白酒工业突出贡献科技专家。

谢义贵同志1980年参加工作。工作期间，获得多项研究成果。1991年至1993年任标准计量处处长期间，主持建立了一套较为完善并有效运行的标准化与计量管理体系，包括技术标准、管理标准、工作标准、通用标准四大类共计500多个。主持制定了《产品内控标准》，在稳定产品质量的同时，突出了“剑南春”系列的独特风味。2001年，主持进行了SNTM调味酒的研制工作。2002年根据国家《酒精标准》，制定了《酒精质量指标及检验方法》。

谢义贵同志在工作二十余年间，为四川剑南春股份有限公司的发展和白酒事业的发展做出了贡献。

2008年全国各省、自治区、直辖市酒业产量数据

表1 2008年全国各省、自治区、直辖市酒精产量

单位:千升

产 地	累计产量	去年同期累计产量
全国总计	6812662.27	6542279.58
天津市	262435	323346
河北省	126047	110284
山西省	45303.96	76659
内蒙古	538827	495444.52
辽宁省	30625	47087
吉林省	1364949.45	1232011
黑龙江	569287	522574
江苏省	489393	737887
浙江省	780.33	693.27
安徽省	549845	564656
山东省	492071.74	464863.76
河南省	817665	644238.9
湖北省	52564.47	30555.92
湖南省	12940	7989.7
广东省	138687.41	153098
广 西	662706.89	556088.04
海南省	4559	4693
四川省	388677.6	315787
贵州省	2124.9	2111.99
云南省	202022.54	201671.21
陕西省	4195	10548
甘肃省	12819.01	5733
宁 夏	5302	7570
新 疆	38833.97	26689.27

表2 2008年全国各省、自治区、直辖市白酒产量

单位:千升

产 地	累计产量	去年同期累计产量
全国总计	5693439.22	4917047.71
北京市	175649.08	145755.68
天津市	46477.09	39661.86
河北省	199863.49	180499.47
山西省	102057.4	90576.25
内蒙古	242945.5	209895.57
辽宁省	431717.18	338728.43
吉林省	168106.31	170061.74
黑龙江	91722	93279.64
上海市	6729	5490
江苏省	295008.02	265560.67
浙江省	26206.47	30852.36
安徽省	290052.78	244617.59
福建省	23882.94	11026.22
江西省	116670.72	117028.14
山东省	765515.45	826342.85
河南省	579039.3	508020.9
湖北省	323903.67	203881.81
湖南省	66273.86	43464.02
广东省	98535.83	86890.58
广 西	36485	23195.89
海南省	7364	5062
重庆市	102111.27	92418.13
四川省	1117602.77	863538.31
贵州省	183503.47	150136.67
云南省	37375	34064
陕西省	69246.92	50585.84
甘肃省	26904.4	21882.2
青海省	10399	8201
宁 夏	6444.3	6186.1
新 疆	45647	50143.79

表3 2008年全国各省、自治区、直辖市啤酒产量

单位:千升

产 地	累计产量	去年同期累计产量
全国总计	41030882.19	38905610.45
北京市	1534515.08	1717724.9
天津市	217480.12	265178.46
河北省	1324482.7	1446530.99
山西省	120446.09	146600.01
内蒙古	982837.67	839509.06
辽宁省	2351158.31	2356776.66
吉林省	1158805.5	1146660
黑龙江	1731082.52	1720141.45
上海市	726865.43	729786.6
江苏省	2396478.55	2304456.44
浙江省	2831718.19	2915709.88
安徽省	1390417.71	1397344.71
福建省	1969729.98	1896572.96
江西省	940461.85	870102.72
山东省	4739155.62	4361047.02
河南省	3818944.7	3088382.6
湖北省	2122174.59	1980804.65
湖南省	756408	649526
广东省	3001452.69	3141809.12
广　西	1141603	1023680
海南省	153745	152089
重庆市	678459.4	696563.73
四川省	2360991.18	1763067.56
贵州省	232776	212596
云南省	308803.53	303792.62
西　藏	90429.39	83497.99
陕西省	840441.89	813116.8
甘肃省	518992.28	391289.66
青海省	94220.2	61399
宁　夏	110413.76	80590.24
新　疆	385391.26	349263.62

表4 2008年全国各省、自治区、直辖市黄酒产量

单位:千升

产地	累计产量	去年同期累计产量
全国总计	809318.3	730028.8
北京市	2482	3082
天津市	1775	1795
内蒙古	894	794.3
吉林省	1486.1	237.2
上海市	113416.11	106137.31
江苏省	76173.33	68205.51
浙江省	552770.43	494648.98
安徽省	15983	19365
福建省	6290.34	6164
江西省	436.2	120
山东省	135.99	123.3
河南省	18706.5	75645.6
湖北省	940	779
湖南省	10358.3	6034.6
广东省	867	880
广　西	2462	350
贵州省	112	92
云南省	27	26
陕西省	2664	3121
甘肃省	1339	2428

表5 2008年全国各省、自治区、直辖市葡萄酒产量

单位:千升

产地	累计产量	去年同期累计产量
全国总计	698348.12	563956.56
北京市	15871.94	17729.35
天津市	45379	42637
河北省	99290.74	92386.76
内蒙古	1330.66	4378.1
辽宁省	13482	6030.6

续表

产 地	累计产量	去年同期累计产量
吉林省	110120.8	57676.91
黑龙江	1129	1735
上海市	1875	2202
安徽省	4135	3487
福建省	27.6	29.33
山东省	280853.28	242117.95
河南省	68791.3	47788.2
湖北省	0	0
湖南省	4682	3454.2
四川省	177.98	195.4
贵州省	28	39
云南省	6419.9	8256
陕西省	7039.56	4995
甘肃省	14142.76	10722.76
宁 夏	6291	9032
新 疆	17280.6	9064

2008年按省分全年工业总产值价格、工业销售产值价格数据

表1 2008年全国各省、自治区、直辖市分地区酒精行业工业总产值价格

地 区	企业单位数	本年工业总产值(千元)	去年工业总产值(千元)
全国总计	210	45497861	37010349
天津市	5	1616580	2596580
河北省	4	1666100	1284488
山西省	5	193449	365655
内蒙古	10	2582143	2007523

续表

地 区	企业单位数	本年工业总产值(千元)	去年工业总产值(千元)
辽宁省	7	245946	217134
吉林省	17	11665055	7008775
黑龙江	17	3259418	2635861
江苏省	34	2980894	3958002
浙江省	2	84168	155211
安徽省	6	690963	675678
福建省	1	34276	21594
山东省	15	3124085	3798465
河南省	22	10844118	7609738
湖北省	4	200528	156104
湖南省	2	404037	30580
广东省	7	456639	511999
广 西	28	3059177	2306585
海南省	1	10666	8579
四川省	13	2028819	1402143
云南省	4	155686	148650
陕西省	3	58832	54037
甘肃省	2	114166	53453
新 疆	1	22116	3515

表2 2008年全国各省、自治区、直辖市分地区酒精行业销售价格

地 区	企业单位数	本年工业销售产值(千元)	去年工业销售产值(千元)
全国总计	210	43006682	33680205
天津市	5	1427940	1671480
河北省	4	1624575	1257605
山西省	5	185730	357620
内蒙古	10	2520973	1959594
辽宁省	7	229059	210665
吉林省	17	10292981	5772887
黑龙江	17	3088456	2459313
江苏省	34	2884612	3887194
浙江省	2	108975	157062

续表

地 区	企业单位数	本年工业销售产值(千元)	去年工业销售产值(千元)
安徽省	6	651760	626105
福建省	1	34276	18210
山东省	15	3094738	3671167
河南省	22	10623449	7401173
湖北省	4	198497	146761
湖南省	2	403124	30580
广东省	7	424670	518652
广 西	28	2909466	1932948
海南省	1	9726	8579
四川省	13	1993808	1378993
云南省	4	119445	122444
陕西省	3	78981	51769
甘肃省	2	82632	36842
新 疆	1	18809	2562

表3 2008年全国各省、自治区、直辖市分地区白酒行业工业总产值价格

地 区	企业单位数	本年工业总产值(千元)	去年工业总产值(千元)
全国总计	1237	165224136	128068272
北京市	5	2215514	1620688
天津市	6	718750	537400
河北省	48	4866745	3391488
山西省	14	2956269	2760563
内蒙古	54	4822403	3791210
辽宁省	72	3868154	2342101
吉林省	63	2668014	2051908
黑龙江	41	1331109	1316481
上海市	1	74045	56210
江苏省	59	8689611	6695030
浙江省	7	277899	258689
安徽省	66	8974020	7616744
福建省	12	786723	368298
江西省	20	3472004	2441448
山东省	174	17060776	14586834

续表

地 区	企业单位数	本年工业总产值(千元)	去年工业总产值(千元)
河南省	112	71453505	8288288
湖北省	52	9735726	6207796
湖南省	30	7972849	1364405
广东省	22	1749170	1333497
广 西	14	813915	535397
海南省	1	98147	96545
重庆市	15	1388246	1159915
四川省	218	56346221	45425718
贵州省	54	13958653	9746818
云南省	10	239223	157138
陕西省	20	2124990	1735275
甘肃省	23	7051422	850932
青海省	3	266775	268839
宁 夏	7	166686	122353
新 疆	14	1076572	940264

表4 2008年全国各省、自治区、直辖市分地区白酒行业销售价格

地 区	企业单位数	本年工业销售产值 (千元)	去年工业销售产值 (千元)
全国总计	1237	157485297	123233538
北京市	5	2054098	1506044
天津市	6	687270	532970
河北省	48	4433740	3027813
山西省	14	2549238	2716846
内蒙古	54	4615188	3606095
辽宁省	72	3702676	2235669
吉林省	63	2493930	1925701
黑龙江	41	1300324	1277634
上海市	1	70640	54630
江苏省	59	8551399	6511588
浙江省	7	272420	246757
安徽省	66	8722034	7528749
福建省	12	773541	370331
江西省	20	3293278	2437672
山东省	174	16660092	14080894

续表

地 区	企业单位数	本年工业销售产值(千元)	去年工业销售产值(千元)
河南省	112	11192262	8134307
湖北省	52	9308544	6214254
湖南省	30	2021505	1392574
广东省	22	1703703	1268786
广 西	14	566457	380584
海南省	1	92243	94776
重庆市	15	1303076	1132536
四川省	218	54151281	44479229
贵州省	54	12399506	8342259
云南省	10	211061	138584
陕西省	20	1987163	1655201
甘肃省	23	905067	743653
青海省	3	267883	177141
宁 夏	7	173512	120405
新 疆	14	1022166	899856

表5 2008年全国各省、自治区、直辖市分地区啤酒行业工业总产值价格

地 区	企业单位数	本年工业总产值(千元)	去年工业总产值(千元)
全国总计	592	114119196	100816447
北京市	7	4462074	4620187
天津市	4	615360	595480
河北省	29	4037832	3836023
山西省	9	510099	388863
内蒙古	15	1890803	1521847
辽宁省	26	6743687	5855928
吉林省	13	2082634	1753910
黑龙江	30	3925568	3376790
上海市	6	1801350	1679321
江苏省	45	7837885	6834753
浙江省	44	5626037	5571069
安徽省	23	2933825	2822585
福建省	22	4565402	4307217
江西省	23	2146433	1792546

续表

地 区	企业单位数	本年工业总产值(千元)	去年工业总产值(千元)
山东省	72	16792764	14777418
河南省	52	9431443	6692536
湖北省	21	6919079	5076671
湖南省	16	2064922	1798802
广东省	27	9997205	9830934
广 西	5	3367020	2911227
海南省	1	509425	505697
重庆市	8	1478534	1289947
四川省	26	6314161	6173137
贵州省	6	381647	293414
云南省	11	1291299	1117948
西 藏	2	405939	391981
陕西省	8	1973666	1850016
甘肃省	25	2546641	1903164
青海省	1	257136	185284
宁 夏	2	190879	138498
新 疆	13	1018447	923254

表6 2008年全国各省、自治区、直辖市分地区啤酒行业销售价格

地 区	企业单位数	本年工业销售产值 (千元)	去年工业销售产值 (千元)
全国总计	592	115179750	101904765
北京市	7	4399241	4621157
天津市	4	593220	592540
河北省	29	4036567	3893323
山西省	9	489055	365235
内蒙古	15	1845313	1468788
辽宁省	26	6560468	5749705
吉林省	13	2027781	1709054
黑龙江	30	3876543	3428130
上海市	6	1780969	1684755
江苏省	45	7689308	6719748
浙江省	44	5618747	5520697
安徽省	23	2812984	2706067

续表

地 区	企业单位数	本年工业销售产值(千元)	去年工业销售产值(千元)
福建省	22	4500936	4293535
江西省	23	2117707	1722240
山东省	72	19614480	16777004
河南省	52	9385579	6674071
湖北省	21	6830947	4967915
湖南省	16	2078805	1791930
广东省	27	9829639	9787624
广 西	5	3095425	2890123
海南省	1	512831	504372
重庆市	8	1467268	1291683
四川省	26	6247479	6117116
贵州省	6	374875	264632
云南省	11	1156185	974250
西 藏	2	364099	358048
陕西省	8	1972387	1837590
甘肃省	25	2440247	1978854
青海省	1	246858	172541
宁 夏	2	190685	136099
新 疆	13	1023122	905939

表7 2008年全国各省、自治区、直辖市分地区黄酒行业工业总产值价格

地 区	企业单位数	本年工业总产值(千元)	去年工业总产值(千元)
全国总计	101	8721086	7289933
北京市	1	44628	51685
天津市	1	5580	4600
内蒙古	1	108048	41808
辽宁省	1	24289	9592
吉林省	1	90119	60030
黑龙江	1	13067	14143
上海市	6	1212565	1137427
江苏省	7	667600	522552
浙江省	47	3868412	3511798
安徽省	7	506370	361515

续表

地　区	企业单位数	本年工业总产值(千元)	去年工业总产值(千元)
福建省	6	159919	108340
山东省	4	547093	438617
河南省	6	419408	314968
湖南省	4	460097	335719
广东省	1	3149	19061
广　西	1	60057	14426
四川省	3	497478	328461
陕西省	2	27687	8546
甘肃省	1	5520	6645

表8 2008年全国各省、自治区、直辖市分地区黄酒行业销售价格

地　区	企业单位数	本年工业销售产值(千元)	去年工业销售产值 (千元)
全国总计	101	8382915	7192814
北京市	1	43074	48354
天津市	1	6010	5620
内蒙古	1	104773	39093
辽宁省	1	24121	9508
吉林省	1	97000	59000
黑龙江	1	12614	14171
上海市	6	1193943	1106606
江苏省	7	550334	461110
浙江省	47	3745245	3575147
安徽省	7	442891	325313
福建省	6	149636	94351
山东省	4	530486	429667
河南省	6	416464	313990
湖南省	4	459741	336598
广东省	1	4450	14924
广　西	1	58883	12237
四川省	3	502767	325501
陕西省	2	35382	15152
甘肃省	1	5101	6472

表9 2008年全国各省、自治区、直辖市分地区葡萄酒行业工业总产值价格

地 区	企业单位数	本年工业总产值(千元)	去年工业总产值(千元)
全国总计	167	19167725	15090389
北京市	3	235752	218224
天津市	6	1263500	1311900
河北省	21	1985672	1759917
山西省	1	28516	27320
内蒙古	2	134548	79785
辽宁省	8	440284	284314
吉林省	22	1390763	667626
黑龙江	1	5528	3529
上海市	2	54683	54109
安徽省	4	33615	27897
福建省	2	13200	18013
山东省	51	10862800	8545076
河南省	18	916152	754212
湖北省	1	27085	9308
湖南省	2	349848	240162
广东省	1	7123	6300
广 西	2	26889	18940
四川省	1	13731	12600
云南省	3	170861	123770
陕西省	2	107190	71990
甘肃省	6	569772	416227
宁 夏	1	83901	80888
新 疆	7	446312	358282

表10 2008年全国各省、自治区、直辖市分地区葡萄酒行业销售价格

地 区	企业单位数	本年工业销售产值(千元)	去年工业销售产值(千元)
全国总计	167	18322110	14806307
北京市	3	206138	220687
天津市	6	1353430	1172460
河北省	21	1888439	1616341
山西省	1	28516	23610

续表

地 区	企业单位数	本年工业销售产值(千元)	去年工业销售产值(千元)
内蒙古	2	129418	69298
辽宁省	8	392071	252503
吉林省	22	1279150	640237
黑龙江	1	5426	3943
上海市	2	51538	50710
安徽省	4	33200	26014
福建省	2	13200	18013
山东省	51	10457191	8824884
河南省	18	914505	732818
湖北省	1	22097	8270
湖南省	2	333096	227314
广东省	1	6698	5900
广 西	2	15220	14444
四川省	1	11450	12420
云南省	3	97595	86330
陕西省	2	99265	74640
甘肃省	6	493682	364269
宁 夏	1	82812	92476
新 疆	7	407973	268726

表11 2008年全国各省、自治区、直辖市分地区其他酒行业工业总产值价格

地 区	企业单位数	本年工业总产值(千元)	去年工业总产值(千元)
全国总计	136	9899987	7637227
北京市	1	35068	42360
天津市	2	23630	19490
河北省	2	90528	82970
山西省	1	6340	6670
内蒙古	6	200562	107491
辽宁省	4	110198	24585
吉林省	4	144041	72444
黑龙江	5	201154	149090
上海市	4	146732	120057
江苏省	5	160846	176959
浙江省	6	225688	227953

续表

地 区	企业单位数	本年工业总产值(千元)	去年工业总产值(千元)
安徽省	4	465835	391476
福建省	9	323030	210540
江西省	3	106010	51365
山东省	11	967892	833732
河南省	7	416887	377130
湖北省	9	2209575	1722526
湖南省	15	1025612	534966
广东省	14	387561	277147
广　西	4	102477	96620
海南省	1	1029717	872243
重庆市	1	5665	14005
四川省	9	513105	314372
贵州省	2	0	3320
云南省	1	362250	360855
西　藏	1	52649	32814
陕西省	2	80263	65273
宁　夏	3	506672	448774

表12 2008年全国各省、自治区、直辖市分地区其他酒行业销售价格

地 区	企业单位数	本年工业销售产值 (千元)	去年工业销售产值 (千元)
全国总计	136	9589298	7280817
北京市	1	32599	46244
天津市	2	23020	19270
河北省	2	89170	80349
山西省	1	6110	6480
内蒙古	6	191873	100838
辽宁省	4	118446	25725
吉林省	4	142650	68537
黑龙江	5	186733	137815
上海市	4	139649	124679
江苏省	5	142161	163841
浙江省	6	223828	228150
安徽省	4	462372	360024
福建省	9	298431	202608

续表

地 区	企业单位数	本年工业销售产值(千元)	去年工业销售产值(千元)
江西省	3	103984	49813
山东省	11	951382	819905
河南省	7	411834	371570
湖北省	9	2236875	1634421
湖南省	15	1025201	535730
广东省	14	332447	251827
广 西	4	87264	84873
海南省	1	995411	871806
重庆市	1	3923	12040
四川省	9	490271	306841
贵州省	2	0	3320
云南省	1	400450	390885
西 藏	1	54540	21249
陕西省	2	61233	60519
宁 夏	3	377441	301458

2008年按注册类型分工业总产值价格、工业销售产值价格数据

表1 2008年全年分注册类型酒精行业工业总产值价格

注册类型	企业单位数	本年工业总产值（千元）	去年工业总产值（千元）
全国总计	210	45497861	37010349
国有	2	1340719	2072001
集体	2	67392	78414
股份合作	1	15954	16187
国有独资公司	1	331447	359012
其他有限责任公司	68	23274529	15816750
股份有限公司	10	2068893	2445280
私营独资	18	1641139	733709

续表

注册类型	企业单位数	本年工业总产值（千元）	去年工业总产值（千元）
私营合伙	2	24894	123674
私营有限责任公司	88	12362200	11625277
私营有限股份公司	6	481711	400884
与港澳台商合资经营	3	242977	410477
港澳台商独资	2	623776	625337
中外合资经营	4	2189202	2031614
外资企业	3	833028	271733

表2 2008年全年分注册类型酒精行业工业销售产值价格

注册类型	企业单位数	本年工业销售产值(千元)	去年工业销售产值(千元)
全国总计	210	43006682	33680205
国有	2	1149366	1157806
集体	2	64204	79216
股份合作	1	15216	16187
国有独资公司	1	338122	329794
其他有限责任公司	68	21687981	14396790
股份有限公司	10	1976790	2296429
私营独资	18	1484217	713628
私营合伙	2	24661	123677
私营有限责任公司	88	12075741	10943928
私营有限股份公司	6	454703	415186
与港澳台商合资经营	3	256538	414035
港澳台商独资	2	579580	603142
中外合资经营	4	2108027	1923808
外资企业	3	791536	266579

表3 2008年全年分注册类型白酒行业工业总产值价格

注册类型	企业单位数	本年工业总产值(千元)	去年工业总产值(千元)
全国总计	1237	165224136	128068272
国有	52	17540043	13164592
集体	31	2758612	2348655
股份合作	27	983342	938935
集体联营	2	169134	170091
国有独资公司	9	9660026	7925251
其他有限责任公司	262	64165093	52914858
股份有限公司	75	25236834	19106642
私营独资	211	10040480	7086198
私营合伙	27	1481926	1101390
私营有限责任公司	465	28040710	19553266
私营有限股份公司	44	2556430	1636006
其他内资	7	1100649	709001
与港澳台商合资经营	10	550130	470541
港澳台商独资	4	147207	142765
港澳台商投资股份有限公司	1	83530	79094
中外合资经营	4	284507	302695
外资企业	6	425483	418292

表4 2008年全年分注册类型白酒行业工业销售产值价格

注册类型	企业单位数	本年工业销售产值 (千元)	去年工业销售产值 (千元)
全国总计	1237	157485297	123233538
国有	52	16339809	12098236
集体	31	2687894	2197503
股份合作	27	1016135	948219
集体联营	2	163789	165875
国有独资公司	9	8929147	7496026
其他有限责任公司	262	61837179	51714074
股份有限公司	75	24101791	18553632
私营独资	211	9440360	6769906
私营合伙	27	1446384	1074539
私营有限责任公司	465	26557475	18563254

续表

注册类型	企业单位数	本年工业销售产值(千元)	去年工业销售产值(千元)
私营有限股份公司	44	2490337	1638103
其他内资	7	1041453	663251
与港澳台商合资经营	10	544766	460726
港澳台商独资	4	109825	107927
港澳台商投资股份有限公司	1	82090	78100
中外合资经营	4	271746	294577
外资企业	6	425117	409590

表5 2008年全年分注册类型啤酒行业工业总产值价格

注册类型	企业单位数	本年工业总产值(千元)	去年工业总产值(千元)
全国总计	592	114119196	100816447
国有	24	6182869	5988241
集体	8	2023385	7824995
股份合作	8	1605098	1327390
国有联营	1	22310	34990
国有独资公司	7	716087	717091
其他有限责任公司	179	25085297	22458550
股份有限公司	35	8172489	7473721
私营独资	21	1529487	1107962
私营合伙	2	225613	119190
私营有限责任公司	118	9012402	7298667
私营有限股份公司	12	1428521	1065436
其他内资	5	83244	69102
与港澳台商合资经营	28	7080063	6429420
港澳台商独资	28	6543495	5622953
港澳台商投资股份有限公司	2	485082	476034
中外合资经营	66	23649799	21102371
中外合作经营	3	598963	590632
外资企业	39	12796632	70926289
外商投资股份有限公司	6	6878360	6183413

表6 2008年全年分注册类型啤酒行业工业销售产值价格

注册类型	企业单位数	本年工业销售产值(千元)	去年工业销售产值(千元)
全国总计	592	115179750	101904765
国有	24	6068934	5954932
集体	8	2024033	1771995
股份合作	8	1595286	1315646
国有联营	1	22640	34940
国有独资公司	7	708705	722448
其他有限责任公司	179	24715529	22375039
股份有限公司	35	7892475	7432687
私营独资	21	1470448	1133438
私营合伙	2	222486	117470
私营有限责任公司	118	8867221	7102677
私营有限股份公司	12	1391213	1001238
其他内资	5	68563	57426
与港澳台商合资经营	28	6953336	6339663
港澳台商独资	28	6466688	5616271
港澳台商投资股份有限公司	2	460899	468161
中外合资经营	66	23551188	20973417
中外合作经营	3	598821	589181
外资企业	39	12232898	10637249
外商投资股份有限公司	6	9868387	8260887

表7 2008年全年分注册类型黄酒行业工业总产值价格

注册类型	企业单位数	本年工业总产值(千元)	去年工业总产值(千元)
全国总计	101	8721086	7289933
国有	3	335801	320767
集体	3	345372	282802
股份合作	1	6970	7274
国有联营	1	5625	5942
国有独资公司	3	1022153	1210415
其他有限责任公司	26	2425503	1878131
股份有限公司	5	1328340	1168874
私营独资	10	485618	357127
私营合伙	1	11996	9580
私营有限责任公司	41	1914479	1365623
私营有限股份公司	2	23272	5212
与港澳台商合资经营	4	771552	637487
外资企业	1	44405	40699

表8 2008年全年分注册类型黄酒行业工业销售产值价格

注册类型	企业单位数	本年工业销售值（千元）	去年工业销售值（千元）
全国总计	101	8382915	7192814
国有	3	317507	305957
集体	3	260207	241316
股份合作	1	6705	7487
国有联营	1	9842	11706
国有独资公司	3	1206875	1378367
其他有限责任公司	26	2250919	1788014
股份有限公司	5	1313693	1167514
私营独资	10	466264	332932
私营合伙	1	9900	9397
私营有限责任公司	41	1834466	1289041
私营有限股份公司	2	22324	5212
与港澳台商合资经营	4	651685	624135
外资企业	1	32528	31736

表9 2008年全年分注册类型葡萄酒行业工业总产值价格

注册类型	企业单位数	本年工业总产值（千元）	去年工业总产值（千元）
全国总计	167	19167725	15090389
国有	3	64295	53222
集体	3	56999	60450
股份合作	1	223356	164706
其他有限责任公司	27	2313730	1965409
股份有限公司	6	490923	339008
私营独资	12	620332	346069
私营合伙	3	85088	56060
私营有限责任公司	67	4955730	2975151
私营有限股份公司	5	397988	295464
与港澳台商合资经营	8	694387	664406
港澳台商独资	4	1199022	1343748
中外合资经营	19	6096611	5042590
中外合作经营	1	18199	14103
外资企业	8	1951065	1770003

表10 2008年全年分注册类型葡萄酒行业工业销售产值价格

注册类型	企业单位数	本年工业销售产值（千元）	去年工业销售产值（千元）
全国总计	167	18322110	14806307
国有	3	62902	52223
集体	3	56999	60110
股份合作	1	217316	162403
其他有限责任公司	27	2161960	1821011
股份有限公司	6	463028	334983
私营独资	12	586082	337989
私营合伙	3	95688	54430
私营有限责任公司	67	4646999	2851156
私营有限股份公司	5	392163	293245
与港澳台商合资经营	8	665030	662338
港澳台商独资	4	1297381	1177750
中外合资经营	19	5798176	5318872
中外合作经营	1	16844	14622
外资企业	8	1861542	1665175

表11 2008年全年分注册类型其他酒行业工业总产值价格

注册类型	企业单位数	本年工业总产值（千元）	去年工业总产值（千元）
全国总计	136	9899987	7637227
国有	4	45250	45044
集体	1	9636	6592
其他有限责任公司	23	1074520	866255
股份有限公司	7	1630866	1386802
私营独资	16	541593	380984
私营合伙	3	157661	97968
私营有限责任公司	58	5768749	3899039
私营有限股份公司	5	130758	57269
与港澳台商合资经营	3	194552	115749
中外合资经营	9	571584	493619
中外合作经营	1	16100	12820
外资企业	6	358718	275086

表12 2008年全年分注册类型其他酒行业工业销售产值价格

注册类型	企业单位数	本年工业销售产值(千元)	去年工业销售产值(千元)
全国总计	136	9589298	7280817
国有	4	31119	32666
集体	1	9636	6592
其他有限责任公司	23	990646	840655
股份有限公司	7	1630279	1411652
私营独资	16	523749	372530
私营合伙	3	153639	96457
私营有限责任公司	58	5120050	3683503
私营有限股份公司	5	129160	54485
与港澳台商合资经营	3	170505	109018
中外合资经营	9	548381	483792
中外合作经营	1	15850	12620
外资企业	6	266284	176847

2008年海关进出口数据

表1 2008年全年海关出口数据

产品名称	单位	累计数量	累计金额(美圆)
其他大麦	千克	14150734	4689624
已焙制的麦芽	千克	313723834	202861498
啤酒花，未经研磨也未制成团粒	千克	6678	38972
啤酒花，经研磨或制成团粒；蛇	千克	886700	9942437
啤酒花液汁及浸膏	千克	246	3409
别特酒，含44．2-49．2%酒精1．5-6%	升	1202977	606776
麦芽酿造的啤酒	升	241624834	129558517
葡萄汽酒	升	342871	2399914
装入2升及以下容器的鲜葡萄酿造	升	4741668	17481187
装入2升以上容器的鲜葡萄酿造的	升	294510	271565
装入2升以上容器的味美思酒等酒	升	19332	39052

续表

产品名称	单位	累计数量	累计金额(美圆)
未改性乙醇，按容量计酒精浓度	升	100063530	60840586
任何浓度的改性乙醇及其他酒精	升	8046717	4872093
蒸馏葡萄酒制得的烈性酒	升	1950814	57093832
威士忌酒	升	196739	1549077
朗姆酒及其他甘蔗蒸馏酒	升	5166638	4242733
杜松子酒	升	3141	6113
伏特加酒	升	82940	298862
利口酒及柯迪尔酒	升	5643364	5236829
浓度<80%的未改性乙醇；其他	升	26677775	130501756
中药酒	升	900941	3115510

表2 2008年全年海关进口数据

产品名称	单位	累计数量	累计金额 (美圆)
其他大麦	千克	1076411375	484424202
已焙制的麦芽	千克	6525839	3599703
啤酒花，未经研磨也未制成团粒	千克	7000	2100
啤酒花，经研磨或制成团粒；蛇	千克	1213812	26918473
啤酒花液汁及浸膏	千克	11350	455033
别特酒，含44．2-49．2%酒精1．5-6%	升	20100	47757
麦芽酿造的啤酒	升	28132881	37122482
葡萄汽酒	升	1681630	20356482
装入2升及以下容器的鲜葡萄酿造	升	57616076	276298744
装入2升以上容器的鲜葡萄酿造的	升	105660203	84177488
装入2升以上容器的味美思酒等酒	升	157	2429
未改性乙醇，按容量计酒精浓度	升	293226	1241833
任何浓度的改性乙醇及其他酒精	升	108708	421240
蒸馏葡萄酒制得的烈性酒	升	16651126	492520151
威士忌酒	升	19023555	123087511
朗姆酒及其他甘蔗蒸馏酒	升	5833575	6107212
杜松子酒	升	432740	1143497
伏特加酒	升	2873938	9947945
利口酒及柯迪尔酒	升	1509927	6581430
浓度<80%的未改性乙醇；其他	升	7481521	17670257
中药酒	升	384	2317

2009年全国各省、自治区、直辖市酒业产量数据

表1 2009年全国各省、自治区、直辖市酒精产量

单位:千升

产 地	累计产量	去年同期累计产量
全国总计	7317360. 36	6899300. 58
天津市	38717. 00	262435. 00
河北省	103218. 00	123347. 00
山西省	52118. 44	45238. 96
内蒙古	801129. 7	540082. 00
辽宁省	7477. 00	31437. 00
吉林省	1464397. 00	1362449. 45
黑龙江	589352. 00	572883. 00
江苏省	846501. 00	469577. 00
浙江省	268. 83	310. 33
安徽省	599694. 00	632785. 00
山东省	480587. 00	481672. 34
河南省	738227. 50	824347. 00
湖北省	51037. 00	51749. 00
湖南省	20033. 00	12940. 00
广东省	145784. 00	137377.41
广 西	716785. 41	638621. 13
海南省	3677. 00	2468. 00
四川省	382402. 00	444485. 00
贵州省	1870. 08	2124. 90
云南省	203687. 40	204352. 09
陕西省	7154. 00	127. 00
甘肃省	12486. 00	14256. 00
宁 夏	11488. 30	5302. 00
新 疆	39268. 93	38933. 97

表2 2009年全国各省、自治区、直辖市白酒产量

单位:千升

产 地	累计产量	去年同期累计产量
全国总计	7069307. 31	5709248. 02
北京市	180316. 21	176162. 62
天津市	41070. 81	46340.20
河北省	234494. 12	199603. 78
山西省	99115. 67	102905. 80
内蒙古	343602.59	249288. 00
辽宁省	473159. 62	431286. 13
吉林省	344826. 48	201821. 93
黑龙江	103240. 86	72226. 00
上海市	7667. 00	6729. 00
江苏省	341367.06	308321. 96
浙江省	23988. 72	28061. 16
安徽省	297120. 70	269552. 48
福建省	30884. 31	23405. 64
江西省	153566.89	116587. 63
山东省	868676. 49	721907. 23
河南省	719563. 30	609781. 30
湖北省	435368. 83	333308. 19
湖南省	124511. 77	70723. 96
广东省	93870. 69	102522. 54
广 西	37025. 58	35326.34
海南省	9874. 00	5417. 00
重庆市	170063. 15	120518. 29
四川省	1559645. 43	1108502. 98
贵州省	137868. 98	167481. 73
云南省	47477. 50	37795. 34
陕西省	70442. 47	68042. 04
甘肃省	37839. 81	34564. 45
青海省	10639. 45	10261. 00
宁 夏	22913.58	6749. 30
新 疆	49105. 24	44054. 00

表3 2009年全国各省、自治区、直辖市啤酒产量

单位:千升

产 地	累计产量	去年同期累计产量
全国总计	42363769. 42	39558639. 41
北京市	1613602. 20	1547031. 90
天津市	316905. 31	301026. 64
河北省	1115775. 65	1318843. 70
山西省	254204. 88	219034. 72
内蒙占	1103913. 99	982991. 67
辽宁省	2468618. 34	2394527. 31
吉林省	1251824. 34	1155250. 50
黑龙江	1754036. 23	1688982. 52
上海市	673950. 70	726865. 43
江苏省	2365242. 10	2481339. 61
浙江省	2475282. 48	2371258. 92
安徽省	1564824. 46	1401654. 66
福建省	1905169. 71	1972329. 98
江西省	1062819. 51	868849. 85
山东省	5077532. 62	4187775. 82
河南省	3820636. 80	3713977. 70
湖北省	2506338. 86	2141857. 2S
湖南省	826072. 00	718286. 00
广东省	3517429. 71	3214688. 97
广 西	1243803. 00	1137827. 00
海南省	170529. 00	153745. 00
重庆市	727688. 40	678458. 41
四川省	1590943. 76	1540119. 18
贵州省	275398. 56	228775. 62
云南省	473776. 57	409337. 53
西 藏	113038. 70	90429. 39
陕西省	899791. 00	836638. 16
甘肃省	594694. 67	524344. 75
青海省	104844. 00	94220. 20
宁 夏	119976. 84	110413. 76
新 疆	375105. 03	347757. 26

表4 2009年全国各省、自治区、直辖市黄酒产量

单位:千升

产 地	累计产量	去年同期累计产量
全国总计	1062905. 94	932466. 61
北京市	4481. 00	4136. 00
天津市	1921. 00	1775. 00
河北省	223. 00	139. 00
内蒙古	4775. 00	3602. 20
吉林省	1714. 80	1486. 10
上海市	113537. 10	116909. 11
江苏省	91428. 30	86593. 33
浙江省	591561. 97	580696. 34
安徽省	153737. 00	58288. 00
福建省	10530. 61	6649. 34
江西省	2694. 92	2687. 70
山东省	30535. 14	25078. 99
河南省	25160. 00	17967. 50
湖北省	1797. 00	1344. 00
湖南省	17762.90	14615. 30
广东省	3182. 20	2234. 70
广　西	1834. 00	1184. 00
海南省	56. 00	2091. 00
贵州省	233. 00	112. 00
云南省	44. 00	43. 00
陕西省	3691. 00	2981. 00
甘肃省	2006. 00	1853. 00

表5 2009年全国各省、自治区、直辖市葡萄酒产量

单位:千升

产 地	累计产量	去年同期累计产量
全国总计	960015. 90	752201. 38
北京市	12760. 85	16212. 55
天津市	50287. 40	47336. 00
河北省	113541.78	110332. 74
内蒙古	5249. 50	1566. 03
辽宁省	26655. 93	20597. 45

续表

产 地	累计产量	去年同期累计产量
吉林省	220905．72	127189．80
黑龙江	5267．50	1400．00
上海市	1420．57	1875．00
江苏省	922．00	632．30
安徽省	640．00	2953．00
福建省	30．33	27．60
山东省	342563．68	293389．20
河南省	102665．30	73685．00
湖北省	389．60	167．00
湖南省	15596．00	11022．00
广 西	853．17	1313．00
重庆市	456．50	580．00
四川省	196．03	177．98
贵州省	32．00	28．00
云南省	6036．50	6419．90
陕西省	13136．00	7039．56
甘肃省	19484．48	13704．63
宁 夏	9988．73	6291．00
新 疆	10936．33	8261．64

2009年按省分全年工业总产值价格、工业销售产值价格数据

表1 2009年全国各省、自治区、直辖市分地区酒精行业工业总产值价格

地 区	企业单位数	本年本月止累计工业总产值当年价格(千元)	去年同月止累计工业总产值当年价格(千元)
全国总计	202	47812890	45508933
北京市	1	15899	9213
天津市	3	278185	1554740
河北省	5	1874166	1959213
山西省	4	266817	218859

续表

地　区	企业单位数	本年本月止累计工业总产值当年价格(千元)	去年同月止累计工业总产值当年价格(千元)
内蒙古	9	2432280	2239679
辽宁省	7	460300	478876
吉林省	14	10400156	11665055
黑龙江	18	3674748	3376119
江苏省	29	4899763	2924166
浙江省	2	156231	84168
安徽省	6	1203367	913766
福建省	1	45410	34276
山东省	12	3367438	2895297
河南省	24	10848549	10536368
湖北省	3	188780	197566
湖南省	2	464074	404037
广东省	7	378053	456639
广　西	30	3317104	3082405
海南省	1	14468	10666
四川省	12	3032997	2021613
云南省	6	264920	245526
陕西省	2	33500	21650
甘肃省	2	106900	114166
新　疆	2	88785	64870

表2 2009年全国各省、自治区、直辖市分地区酒精工业行业销售价格

地　区	企业单位数	本年本月止累计工业销售产值当年价格(千元)	去年同月止累计工业销售产值当年价格(千元)
全国总计	202	46099614	42073646
北京市	1	17257	10841
天津市	3	253275	393320
河北省	5	1861131	1916077
山西省	4	239755	208572
内蒙古	9	2409005	2215546
辽宁省	7	443376	454126
吉林省	14	9611167	10292981
黑龙江	18	3446072	3179759
江苏省	29	4926773	2810690

续表

地 区	企业单位数	本年本月止累计工业总产值当年价格(千元)	去年同月止累计工业总产值当年价格(千元)
浙江省	2	153034	108975
安徽省	6	1137577	919656
福建省	1	45410	34276
山东省	12	3326568	2870280
河南省	24	10598980	10347621
湖北省	3	188046	195715
湖南省	2	464232	403124
广东省	7	348163	424670
广 西	30	3238006	2932206
海南省	1	8680	9726
四川省	12	2986829	1985216
云南省	6	214694	195612
陕西省	2	25100	21650
甘肃省	2	77137	83912
新 疆	2	79347	59095

表3 2009年全国各省、自治区、直辖市分地区白酒行业工业总产值价格

地 区	企业单位数	本年本月止累计工业总产值当年价格(千元)	去年同月止累计工业总产值当年价格(千元)
全国总计	1435	209511604	164343676
北京市	5	2632721	2246097
天津市	7	713831	735277
河北省	60	5798896	4914409
山西省	13	3291159	2962469
内蒙古	60	7107296	4842425
辽宁省	84	6353638	3946397
吉林省	79	4371809	3231373
黑龙江	55	1782568	1367614
上海市	2	95216	105930
江苏省	75	12633449	8668714
浙江省	12	408889	355315
安徽省	82	11060697	8586538
福建省	15	1073770	865939

续表

地 区	企业单位数	本年本月止累计工业总产值当年价格(千元)	去年同月止累计工业总产值当年价格(千元)
江西省	20	3268015	3467937
山东省	194	20152768	16649544
河南省	137	13668210	10896647
湖北省	63	13420889	9373060
湖南省	35	2895911	1772690
广东省	27	1771490	1705330
广 西	16	916382	830432
重庆市	26	1918435	1496466
四川省	232	71278795	56323592
贵州省	59	16499250	14081554
云南省	15	412735	270428
陕西省	18	2642186	2110981
甘肃省	23	1256639	1038957
青海省	4	371073	280175
宁 夏	8	523807	201035
新 疆	9	1191080	1016351

表4 2009年全国各省、自治区、直辖市分地区白酒行业工业销售产值价格

地 区	企业单位数	本年本月止累计工业销售产值当年价格(千元)	去年同月止累计工业销售产值当年价格(千元)
全国总计	1435	200152508	156542994
北京市	5	2603871	2054124
天津市	7	671466	685932
河北省	60	5386624	4484799
山西省	13	3044073	2554309
内蒙古	60	7139823	4632330
辽宁省	84	6055868	3775766
吉林省	79	4248563	3054583
黑龙江	55	1679889	1322276
上海市	2	91569	97417
江苏省	75	12077799	8475890
浙江省	12	377639	340647

续表

地 区	企业单位数	本年本月止累计工业销售产值当年价格(千元)	去年同月止累计工业销售产值当年价格(千元)
安徽省	82	10626430	8290120
福建省	15	1017086	852734
江西省	20	3083081	3289715
山东省	194	19834110	16235678
河南省	137	13246688	10654780
湖北省	63	13399378	9151975
湖南省	35	2466913	1812755
广东省	27	1727554	1640286
广 西	16	710152	590578
重庆市	26	1787620	1406500
四川省	232	68656841	54105971
贵州省	59	13889846	12500617
云南省	15	384679	233823
陕西省	18	2802985	1964533
甘肃省	23	1138417	897310
青海省	4	502768	267227
宁 夏	8	341787	201653
新 疆	9	1158989	968666

表5 2009年全国各省、自治区、直辖市分地区啤酒行业工业总产值价格

地 区	企业单位数	本年本月止累计工业总产值当年价格(千元)	去年同月止累计工业总产值当年价格(千元)
全国总计	592	122716013	112239145
北京市	8	4628406	4436877
天津市	3	568222	593030
河北省	30	3805363	4213492
山西省	8	543279	500811
内蒙古	14	2502870	1844042
辽宁省	27	7377146	6773655
吉林省	15	2458785	1748221
黑龙江	30	4144750	3882785
上海市	6	1687144	1801350
江苏省	43	8872990	8430259

续表

地 区	企业单位数	本年本月止累计工业总产值当年价格(千元)	去年同月止累计工业总产值当年价格(千元)
浙江省	44	5484373	5531750
安徽省	24	3397468	2942932
福建省	19	4397830	4570412
江西省	21	2283781	2070165
山东省	72	17140028	16614677
河南省	54	10452458	8688166
湖北省	21	6363023	5977024
湖南省	15	2537753	1980526
广东省	27	10438500	9874041
广 西	5	3953389	3367020
海南省	1	630689	509425
重庆市	8	1632793	1479102
四川省	24	8355091	6115976
贵州省	6	476037	381647
云南省	13	1505581	1325025
西 藏	2	537898	405939
陕西省	8	2146881	1981719
甘肃省	28	2657034	2735039
青海省	1	284500	257136
宁 夏	2	220130	190879
新 疆	13	1231821	1016023

表6 2009年全国各省、自治区、直辖市分地区啤酒行业工业销售产值价格

地 区	企业单位数	本年本月止累计工业销售产值当年价格(千元)	去年同月止累计工业销售产值当年价格(千元)
全国总计	592	126218609	113158013
北京市	8	4659362	4364433
天津市	3	568942	550882
河北省	30	3675043	4201601
山西省	8	547873	480634
内蒙古	14	2401809	1805666
辽宁省	27	7337681	6612438
吉林省	15	2403758	1699817
黑龙江	30	3893835	3816251

续表

地 区	企业单位数	本年本月止累计工业销售产值当年价格(千元)	去年同月止累计工业销售产值当年价格(千元)
上海市	6	1633723	1780969
江苏省	43	8777022	8245273
浙江省	44	5482014	5532903
安徽省	24	3259573	282211
福建省	19	4415112	4505946
江西省	21	2254297	2045636
山东省	72	21173016	19492424
河南省	54	10358113	8559098
湖北省	21	6299684	5862677
湖南省	15	2487161	1993707
广东省	27	10551683	9674133
广 西	5	3862552	3095425
海南省	1	614599	512831
重庆市	8	1620468	1480049
四川省	24	8265294	6055464
贵州省	6	464127	374875
云南省	13	1305978	1179570
四 藏	2	531564	364099
陕西省	8	3185759	1981841
甘肃省	28	2510593	2635356
青海省	1	273875	246858
宁 夏	2	220899	190685
新 疆	13	1183200	993561

表7 2009年全国各省、自治区、直辖市分地区黄酒行业工业总产值价格

地 区	企业单位数	本年本月止累计工业总产值当年价格（千元）	去年同月止累计工业总产值当年价格(千元)
全国总计	112	9836135	8537490
北京市	1	60395	44628
天津市	2	13664	13105
内蒙古	4	593827	424739
辽宁省	2	10902	31402
上海市	6	1095068	1212565
江苏省	8	754891	673140
浙江省	47	3589694	3771351

续表

地 区	企业单位数	本年本月止累计工业总产值当年价格（千元）	去年同月止累计工业总产值当年价格(千元)
安徽省	8	1175069	534678
福建省	8	442459	159919
江西省	1	23000	13130
山东省	5	832557	698925
河南省	3	169133	154087
湖北省	2	16650	5273
湖南省	5	769599	465195
广东省	2	21593	9493
广 西	1	25021	60057
海南省	1	9784	98147
四川省	3	195408	135322
陕西省	2	31249	27687
甘肃省	1	6172	4647

表8 2009年全国各省、自治区、直辖市分地区黄酒行业工业销售产值价格

地 区	企业单位数	本年本月止累计工业总产值当年价格(千元)	去年同月止累计工业总产值当年价格(千元)
全国总计	112	9119551	8137647
北京市	1	48539	43074
天津市	2	14237	13183
内蒙古	4	573820	404882
辽宁省	2	9701	31234
上海市	6	1044731	1193943
江苏省	8	679033	556704
浙江省	47	3384551	3662584
安徽省	8	1054661	452327
福建省	8	272848	149636
江西省	1	20720	13010
山东省	5	774932	662631
河南省	3	167432	153062
湖北省	2	15936	5273
湖南省	5	768522	464839
广东省	2	20892	9617
广 西	?	22492	58883
海南省	1	11163	92243
四川省	3	190775	130831
陕西省	2	37772	35382
甘肃省	1	6794	4309

表9 2009年全国各省、自治区、直辖市分地区葡萄酒行业工业总产值价格

地 区	企业单位数	本年本月止累计工业总产值当年价格(千元)	去年同月止累计工业总产值当年价格(千元)
全国总计	208	23262011	19329015
北京市	5	297820	264232
天津市	7	1181691	1205798
河北省	24	2405416	2067156
山西省	1	43189	28516
内蒙古	3	247864	140529
辽宁省	15	1010305	757730
吉林省	19	1713175	1319106
黑龙江	1	3182	5528
上海市	3	53300	64871
江苏省	1	16546	10784
安徽省	4	27985	33615
福建省	2	88632	78200
山东省	65	12809661	10827800
河南省	24	1003326	915735
湖北省	2	55073	27085
湖南省	2	94315	50920
广东省	1	8181	7123
广 西	2	20949	26889
重庆市	1	6871	6654
四川省	3	75065	50174
云南省	3	192893	170861
陕西省	3	192618	107190
甘肃省	7	989411	560925
宁 夏	2	166268	103764
新 疆	8	558275	497830

表10 2009年全国各省、自治区、直辖市分地区葡萄酒行业工业销售产值价格

地 区	企业单位数	本年本月止累计工业销售产值当年价格(千元)	去年同月止累计工业销售产值当年价格(千元)
全国总计	208	22285148	18460051
北京市	5	256376	223721
天津市	7	1256503	1294767
河北省	24	2246180	1965861
山西省	1	43189	28516
内蒙古	3	220114	132274
辽宁省	15	946184	709454
吉林省	19	1594793	1211144

续表

地 区	企业单位数	本年本月止累计工业销售产值当年价格(千元)	去年同月止累计工业销售产值当年价格(千元)
黑龙江	1	2767	5426
上海市	3	50838	62647
江苏省	1	16065	8933
安徽省	4	27985	33200
福建省	2	82132	78200
山东省	65	12775033	10418630
河南省	24	999224	913375
湖北省	2	46485	22097
湖南省	2	94315	50320
广东省	1	7722	6698
广 西	2	14190	15220
重庆市	1	7026	6064
四川省	3	50850	47893
云南省	3	83694	97595
陕西省	3	136786	99265
甘肃省	7	824706	476762
宁 夏	2	65844	102675
新 疆	8	436147	449314

表11 2009年全国各省、自治区、直辖市分地区其他酒行业工业总产值价格

地 区	企业单位数	本年本月止累计工业总产值当年价格(千元)	去年同月止累计工业总产值当年价格(千元)
全国总计	158	11914375	8983601
北京市	1	31580	32902
天津市	1	5230	0
河北省	2	108162	90528
山西省	2	19318	25510
内蒙古	6	518050	207023
辽宁省	2	40551	58612
吉林省	5	230500	143339
黑龙江	8	393413	321404
上海市	5	125034	151256
江苏省	6	258276	238026
浙江省	6	202658	225688
安徽省	6	168005	98416
福建省	8	407276	314847
江西省	4	235770	186628
山东省	13	1136675	972966
河南省	11	838751	470168

续表

地 区	企业单位数	本年本月止累计工业总产值当年价格(千元)	去年同月止累计工业总产值当年价格(千元)
湖北省	14	2786896	2238996
湖南省	16	1316007	949817
广东省	14	490986	448597
广　西	5	132060	102477
海南省	1	268000	253906
重庆市	1	19311	8568
四川省	9	827095	436307
贵州省	1	0	0
云南省	2	476145	368036
西　藏	2	68451	52649
陕西省	4	125755	80263
宁　夏	3	684420	506672

表12 2009年全国各省、自治区、直辖市分地区其他酒行业工业销售产值价格

地 区	企业单位数	本年本月止累计工业销售产值当年价格(千元)	去年同月止累计工业销售产值当年价格(千元)
全国总计	158	11467663	8677057
北京市	1	30692	32600
天津市	1	5230	0
河北省	2	106811	89170
山西省	2	17124	21696
内蒙古	6	482420	196898
辽宁省	2	44317	67690
吉林省	5	227336	142408
黑龙江	8	386125	306972
上海市	5	124867	146401
江苏省	6	248185	221841
浙江省	6	187897	223828
安徽省	6	167669	96939
福建省	8	404763	290271
江西省	4	231973	181840
山东省	13	1123970	962399
河南省	11	833249	459279
湖北省	14	2727804	2265243
湖南省	16	1304933	949825
广东省	14	454476	410960
广　西	5	142889	87264
海南省	1	255294	203482
重庆市	1	20083	8961

续表

地 区	企业单位数	本年本月止累计工业销售产值当年价格(千元)	去年同月止累计工业销售产值当年价格(千元)
四川省	9	807963	411803
贵州省	1	0	0
云南省	2	508298	406073
安 藏	2	53151	54540
陕西省	4	124700	61233
宁 夏	3	445444	377441

2009年按注册类型分工业总产值价格、工业销售产值价格数据

表1 2009年全年分注册类型酒精行业工业总产值价格

注册类型	企业单位数	本年本月止累计工业总产值当年价格(千元)	去年同月止累计工业总产值当年价格(千元)
全国总计	202	47812890	45508933
国有	4	385368	1599113
集体	2	458942	67392
股份合作	1	116287	106878
国有独资公司	2	4520938	4243600
其他有限责任公司	58	11031130	11430097
股份有限公司	9	2852287	2377829
私营独资	20	5060733	4441769
私营有限责任公司	92	15538423	12614196
私营有限股份公司	3	3055184	4760459
与港澳台商合资经营	3	297490	242977
港澳台商独资	2	1134276	623776
中外合资经营	2	144231	18099
外资企业	4	3217601	2982748

表2 2009年全年分注册类型酒精行业工业销售产值价格

注册类型	企业单位数	本年本月止累计工业销售产值当年价格(千元)	去年同月止累计工业销售产值当年价格(千元)
全国总计	202	46099614	42073646,
国有	4	334091	497833
集体	2	458942	64204

续表

注册类型	企业单位数	本年本月止累计工业销售产值当年价格(千元)	去年同月止累计工业销售产值当年价格(千元)
股份合作	1	110203	102812
国有独资公司	2	4292741	4232217
其他有限责任公司	58	10470028	10816163
股份有限公司	9	2818722	2268662
私营独资	20	5071986	4261558
私营有限责任公司	92	15041918	12391177
私营有限股份公司	3	2794362	3724722
与港澳台商合资经营	3	322827	256538
港澳台商独资	2	1112290	579580
中外合资经营	2	143780	20197
外资企业	4	3127724	2857983

表3 2009年全年分注册类型白酒行业工业总产值价格

注册类型	企业单位数	本年本月上累计工业总产值当年价格(千元)	去年同月止累计工业总产值当年价格(千元)
全国总计	1435	209511604	164343676
国有	38	19250961	16297762
集体	30	3782607	2936761
股份合作	24	1196292	910706
集体联营	4	266240	179813
国有独资公司	9	11129864	7996022
其他有限责任公司	279	72621438	61671884
股份有限公司	80	36120219	27965062
私营独资	316	16343042	11658497
私营合伙	34	1834083	1477370
私营有限责任公司	553	41207698	28775395
私营有限股份公司	37	2019686	1456269
其他内资	6	1402903	1106295
与港澳台商合资经营	8	802535	524999
与港澳台商合作经营	1	5040	5340
港澳台商独资	5	781946	697292
港澳台商投资股份有限公司	1	85260	51562
中外合资经营	4	260220	223431
外资企业	6	401570	409216

表4 2009年全年分注册类型白酒行业工业销售产值价格

注册类型	企业单位数	本年本月止累计工业销售产值当年价格(千元)	去年同月止累计工业销售产值当年价格(千元)
全国总计	1435	200152508	156542994
国有	38	17647459	15323351
集体	30	3649998	2879068
股份合作	24	1157910	943461
集体联营	4	259427	176621
国有独资公司	9	10580869	7456463
其他有限责任公司	279	68587421	59059706
股份有限公司	80	35329503	26507904
私营独资	316	15665925	11027179
私营合伙	34	1804660	1439249
私营有限责任公司	553	39943710	27464496
私营有限股份公司	37	1960607	1419361
其他内资	6	1348401	1022163
与港澳台商合资经营	8	753274	519865
与港澳台商合作经营	1	5038	5340
港澳台商独资	5	761628	658818
港澳台商投资股份有限公司	1	84136	49156
中外合资经营	4	218323	183358
外资企业	6	394219	407435

表5 2009年全年分注册类型啤酒行业工业总产值价格

注册类型	企业单位数	本年本月止累计工业总产值当年价格(千元)	去年同月止累计工业总产值当年价格(千元)
全国总计	592	122716013	112239145
国有	22	6737625	8021793
集体	9	1438438	1486245
股份合作	4	1254536	882055
国有独资公司	6	810597	717035
其他有限责任公司	172	25308376	23618380
股份有限公司	37	10119080	8654514
私营独资	23	2569443	2194011
私营合伙	3	332397	325200
私营有限责任公司	120	9383261	7881864
私营有限股份公司	11	2574836	2026365

续表

注册类型	企业单位数	本年本月止累计工业总产值当年价格(千元)	去年同月止累计工业总产值当年价格(千元)
其他内资	2	796357	9966
与港澳台商合资经营	27	8687020	7166847
与港澳台商合作经营	1	207745	146111
港澳台商独资	23	6152136	5698620
港澳台商投资股份有限公司	2	512220	485082
中外合资经；旨	62	19618606	18909712
中外合作经营	3	494861	452852
外资企业	52	15847877	15447742
外商投资股份有限公司	13	9870602	10114751

表6 2009年全年分注册类型啤酒行业工业销售产值价格

注册类型	企业单位数	本年本月止累计工业销售产值当年价格(千元)	去年同月止累计工业销售产值当年价格(千元)
全国总计	592	126218609	113158013：
国有	22	6621406	5911285
集体	9	1422980	1497670
股份合作	4	1275605	880430
国有独资公司	6	817587	711749
其他有限责任公司	172	25715162	23293948
股份有限公司	37	10009154	8316268
私营独资	23	2555691	2142492
私营合伙	3	327789	322073
私营有限责任公司	120	9070628	7714450
私营有限股份公司	11	2480722	1968281
其他内资	2	793107	8876
与港澳台商合资经营	27	8621846	7047127
与港澳台商合作经营	1	165841	146111
港澳台商独资	23	6094123	5586574
港澳台商投资股份有限公司	2	529073	460899
中外合资经营	62	19817363	18802756
中外合作经营	3	494463	452710
外资企业	52	15381704	14810460
外商投资股份有限公司	13	14024365	13083854

表7 2009年全年分注册类型黄酒行业工业总产值价格

注册类型	企业单位数	本年本月止累计工业总产值当年价格(千元)	去年同月止累计工业总产值当年价格(千元)
全国总计	112	9836135	8537490
国有	2	340192	304606
集体	2	45140	40982
股份合作	2	66762	65490
国有联营	1	3318	5625
国有独资公司	2	955968	1016283
其他有限责任公司	24	3039006	2879579
股份有限公司	5	1331801	1226112
私营独资	10	794061	293289
私营合伙	2	36534	18988
私营有限责任公司	49	2624966	2139405
私营有限股份公司	6	200461	154638
与港澳台商合资经营	3	195010	155908
中外合作经营	2	142306	185067
外资企业	2	60610	51518

表8 2009年全年分注册类型黄酒行业工业销售产值价格

注册类型	企业单位数	本年本月止累计工业销售产值当年价格(千元)	去年同月止累计工业销售产值当年价格(千元)
全国总计	112	9119551	8137647
国有	2	320294	294974
集体	2	41682	40967
股份合作	2	57688	57255
国有联营	1	5454	9842
国有独资公司	2	1038346	1202270
其他有限责任公司	24	2666675	2679794
股份有限公司	5	1319233	1135720
私营独资	10	787684	272409
私营合伙	2	41555	24176
私营有限责任公司	49	2285140	1999509
私营有限股份公司	6	191624	149971
与港澳台商合资经营	3	172233	129813
中外合作经营	2	134041	101306
外资企业	2	57902	39641

表9 2009年全年分注册类型葡萄酒行业工业总产值价格

注册类型	企业单位数	本年本月止累计工业总产值当年价格(千元)	去年同月止累计工业总产值当年价格(千元)
全国总计	208	23262011	19329015
国有	2	61908	56785
其他有限责任公司	45	7423375	6129641
股份有限公司	6	444866	451846
私营独资	19	1200381	861725
私营合伙	3	110569	66157
私营有限责任公司	86	6542882	5292078
私营有限股份公司	5	292275	248426
与港澳台商合资经营	7	700545	671102
港澳台商独资	4	1177621	1202907
中外合资经营	23	3325519	2603359
中外合作经营	2	92006	30523
外资企业	6	1890064	1714466

表10 2009年全年分注册类型葡萄酒行业工业销售产值价格

注册类型	企业单位数	本年本月止累计工业销售产值当年价格(千元)	去年同月止累计工业销售产值当年价格(千元)
全国总计	208	22285148	18460051
国有	2	58790	55588
其他有限责任公司	45	6776266	5769969
股份有限公司	6	450417	425616
私营独资	19	1157099	820888
私营合伙	3	85161	76757
私营有限责任公司	86	6242054	4970423
私营有限股份公司	5	290888	245500
与港澳台商合资经营	7	686349	637017
港澳台商独资	4	1245773	1297984
中外合资经营	23	3381998	2504537
中外合作经营	2	86757	28553
外资企业	6	1823596	1627219

表11 2009年全年分注册类型其他酒行业工业总产值价格

注册类型	企业单位数	本年本月止累计工业总产值当年价格(千元)	去年同月止累计工业总产值当年价格(千元)
全国总计	158	11914375	8983601
国有	2	37374	37230
集体	2	102574	72749
其他有限责任公司	33	1587618	1347670
股份有限公司	6	542103	371126
私营独资	19	1129425	535069
私营合伙	1	19311	8568
私营有限责任公司	72	6696225	5355903
私营有限股份公司	6	490525	135854
与港澳台商合资经营	4	252478	200308
中外合资经营	5	584101	536226
外资企业	8	472641	382898

表12 2009年全年分注册类型其他酒行业工业销售产值价格

注册类型	企业单位数	本年本月止累计工业销售产值当年价格(千元)	去年同月止累计工业销售产值当年价格(千元)
全国总计	158	11467663	8677057
国有	2	54570	23619
集体	2	102574	72749
其他有限责任公司	33	1518084	1259289
股份有限公司	6	507416	316861
私营独资	19	1110106	522289
私营合伙	1	20083	8961
私营有限责任公司	72	6445437	5320608
私营有限股份公司	6	483671	134115
与港澳台商合资经营	4	251255	177073
中外合资经营	5	621067	551029
外资企业	8	353400	290464

2009年海关出口数据

表1 2009年全年海关出口数据

产品名称	单位	累计数量	累计金额(美圆)
其他大麦	千克	13788242	3882693
已焙制的麦芽	千克	191312780	102374443
啤酒花，未经研磨也未制成团粒	千克	15550	59622
啤酒花，经研磨或制成团粒；蛇麻腺	千克	719625	4712394
啤酒花液汁及浸膏	千克	1260	71795
别特酒，含44．2-49．2%酒精1．5-6%糖	千克	62171	71088
制造饮料用的复合酒精制品	千克	542300	493493
麦芽酿造的啤酒	升	210299689	122688747
葡萄汽酒	升	81951	1188927
装入2升及以下容器的鲜葡萄酿造的酒	升	1131951	5394099
装入2升以上容器的鲜葡萄酿造的酒	升	268864	231090
装入2升及以下容器的味美思酒等酒	升	299751	553898
黄酒	升	19354146	24730550
未改性乙醇，按容量计酒精浓度在80%及以上	升	91874345	50305677
任何浓度的改性乙醇及其他酒精	升	16108388	9369645
蒸馏葡萄酒制得的烈性酒	升	1241623	26302593
威士忌酒	升	247234	1462714
朗姆酒及蒸馏已发酵甘蔗制得的烈性酒	升	2606438	2135782
杜松子酒	升	1838	4515
伏特加酒	升	68399	359470
利酒及柯迪尔酒	升	5174629	4668372
龙舌兰酒	升	768	9865
白酒	升	4017895	56314684
浓度<80%的未改性乙醇；其他酒精饮料	升	20144420	71391210
中药酒	千克	667302	2488180

表2 2009年全年海关进口数据

产品名称	单位	累计数量	累计金额(美圆)
其他大麦	千克	1738485500	434608613
已焙制的麦芽	千克	12174660	7687453
啤酒花，经研磨或制成团粒；蛇麻腺	千克	560934	5646970
啤酒花液汁及浸膏	千克	29881	572531
别特酒，含44．2-49．2%酒精1．5—6%糖	千克	39422	124162
制造饮料用的复合酒精制品	千克	566	1505
麦芽酿造的啤酒	升	40501671	49118362
葡萄汽酒	升	1649657	15660120
装入2升及以下容器的鲜葡萄酿造的酒	升	91034460	377254218
装入2升以上容器的鲜葡萄酿造的酒	升	80196872	64443011
2009以外的酿酒葡萄汁	升	2898	10948
装入2升及以下容器的味美思酒等酒	升	77586	180918
装入2升以上容器的味美思酒等酒	升	32	560
黄酒	升	104989	249183
未改性乙醇，按容量计酒精浓度在80%及以上	升	28331	296998
任何浓度的改性乙醇及其他酒精	升	130292	568010
蒸馏葡萄酒制得的烈性酒	升	14352892	411388619
威士忌酒	升	15327553	96025711
朗姆酒及蒸馏已发酵甘蔗制得的烈性酒	升	3153989	3681826
杜松子酒	升	442409	1218013
伏特加酒	升	1688116	5666283
利口酒及柯迪尔酒	升	862906	3694328
龙舌兰酒	升	298368	1251139
白酒	升	371984	4498409
浓度<80%的未改性乙醇；其他酒精饮料	升	7218280	13294000

六十周年 国庆大典宋河粮液 携《建国大业》 恢宏献礼
建國大業
性格决定命运
宋河粮液
中国名酒
中国性格 宋河粮液
盛世国尊宋河粮液，向五千年华夏文明致敬，向中华崛起的大时代致敬！
河南省宋河酒业股份有限公司
HENAN SONGHE WINE-MARKETING INDUSTRY CO.,LTD.
地址：河南省郑州市红专路63号附2号辅仁大厦/电话：0371-60117551/60117585
传真：0371-60117556 邮编：450008 http:// www.songhe.com.cn

依山傍水

湖北稻花香酒业股份有限公司

湖北稻花香酒业股份有限公司坐落于举世瞩目的长江三峡大坝东侧，水电之都宜昌市东大门——夷陵区龙泉镇。现拥有总资产 24.84 亿元，在册员工 2500 余人，总占地 2000 多亩，是一家以生产稻花香系列白酒为主的股份制企业，是湖北省最大的白酒生产基地。公司现拥有 23 条国内先进的白酒自动化灌装生产线，商品酒年生产能力已超过 10 万吨。企业先后荣获湖北省“全国乡镇企业创名牌重点企业”、“中国食品工业百强企业”、“全国食品行业诚信企业”、“全国酿酒行业百名先进企业”、“中国酒类流通诚信企业”等荣誉称号。

目前，湖北稻花香酒业股份有限公司现已通过 ISO9001 质量管理体系、ISO14001 环境管理体系、ISO22000 食品安全管理体系、ISO10012 测量管理体系认证及酒类产品质量等级认证。1993 年被评为“首届中国科技之星国际博览会金奖”；1995 年获“中国农业博览会铜奖”；1997 年获“首届香港国际酒文化节特别金奖”；2000 年被授予“中国白酒新秀著名品牌”；2004 年被评为“中国白酒质量优秀产品”；2006 年稻花香酒顺利通过国家“绿色食品”和“纯粮固态白酒发酵”认证；2006 年 1 月，“稻花香”商标被国家工商总局认定为“中国驰名商标”；2007 年，被评为 AAA 级标准化良好行为企业，通过 AAA 级质量信用等级认证及 AAA 级企业信用等级认证。2004 年－2009 年，连续 6 年蝉联“中国 500 最具价值品牌”，品牌价值达 55.89 亿元。公司出品的稻花香系列白酒畅销湖北、安徽、江苏、广东、浙江、湖南等全国 22 个省 300 多个大中城市。

湖北稻花香酒业股份有限公司将始终以“创大名牌，闯大市场，办大企业”为宗旨，发扬“敢冒风险，自我加压，创造机遇，超常发展”的稻花香精神，按照“实施品牌发展战略，整合全国营销网络，提高驾驭市场能力，打造中国白酒航母”的思路和目标，发挥其独特的市场优势、品牌优势及资源优势，与时俱进，开拓创新，再创稻花香事业美好明天！

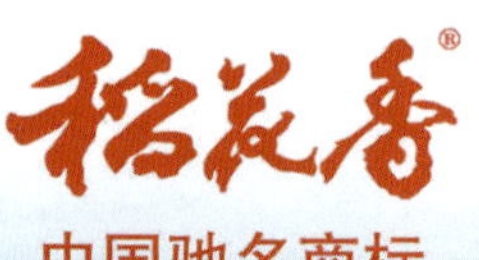

耀世

皓月清辉，倾酒一片皎洁；
若日月同辉，则璀璨共赏。
一个人的奋发拼搏，独享成功喜悦；
集体智慧的凝聚共融，分享彼此赞赏；
十三亿人的众志成城，共享圆满盛举。
稻花香　为中国荣耀举杯！

企业篇

介绍酿酒工业重点优秀企业的综合发展情况、产品情况、市场情况、科技成果、环保节能成果，以及由国家各部委、中国酿酒工业协会组织的酿酒行业优秀企业评选结果名单等。

杨振海

Yang Zhenhai

YEARBOOK FIGURE

杨振海，广东顺德酒厂有限公司董事长兼总经理，他四十年的工作生涯与企业休戚与共，可谓每到关键必逢君。1993年，他带领公司参与政府首批国企产权改革，让企业生机重现；2003至2008年以每年1万吨的销量增幅实现企业的跨越式发展；至今，企业年产销各类饮料酒达9万吨，成为豉香型米酒、广东地产保健酒销量最大的专业酿酒企业；先后被评为“中国白酒工业百强企业”、“广东省百强民营企业”、国家信用等级“AAA级信用企业”，获得“广东省酒类市场最佳品牌产品”称号，“红荔”被认定为中国驰名商标。

作为一位闯荡商海数十年的实业家，杨振海带领着他的团队奋斗出不俗成绩。尽管如此，他却能与员工共勉：胜败兵家事不期，企业人心中应以品质为先，诚信为本，抱着力争第一的信念，不断超越，这是对生命力的尊重，更是不断提升企业活力和“红荔”品牌价值的关键。

全国首次酿酒行业信用等级评价终评结果名单

为建立行业信用体系，规范行业信用秩序，营造“守信光荣、失信可耻”的信用环境，增强企业的竞争力和融资能力，扩大企业市场份额，树立酿酒行业的良好形象，中国酿酒工业协会制定了《全国酿酒行业信用评价试点方案》，并据此方案进行了行业信用评价活动。经酿酒行业相关专家以及信用行业相关专家的初审、复审，最后提出全国首次酿酒行业信用等级评价结果名单。

排序说明：首要关键字为行政区划，次要关键字为酒种，第三关键字为企业名称

企业名称(地区)(中文)	信用等级	信用等级编号
北京市		
北京二锅头酒业有限公司	AA	200703901100001
北京红星股份有限公司	AAA	200703911100002
北京顺鑫农业股份有限公司	AAA	200703911100003
北京燕京啤酒股份有限公司	AAA	200703911100004
华润雪花啤酒（中国）投资有限公司	AAA	200703911100005
北京丰收葡萄酒有限公司	AAA	200703911100006
天津市		
天津津酒集团有限公司	AAA	200703911100007
河北省		
中长城葡萄酒有限公司	AAA	200703911100008
山西省		
山西杏花村汾酒集团有限责任公司	AAA	200703911100009
山西纪元玉米产业有限公司	A	200703900100010
内蒙古自治区		
内蒙古河套酒业集团股份有限公司	AAA	200703911100011

企业名称(地区)(中文)	信用等级	信用等级编号
吉林省		
长春榆树大曲集团股份有限公司	AAA	200703911100012
吉林金士百啤酒股份有限公司	AAA	200703911100013
黑龙江省		
哈尔滨啤酒(佳木斯佳凤)有限公司	AA	200703901100014
哈尔滨啤酒有限公司	AAA	200703911100015
上海市		
上海亚太酿酒有限公司	AA	200703901100016
上海冠生园华光酿酒药业有限公司	AAA	200703911100017
上海金枫酿酒有限公司	AAA	200703911100018
江苏省		
江苏洋河酒厂股份有限公司	AAA	200703911100019
江苏汤沟两相和酒业有限公司	AAA	200703911100020
江苏大富豪啤酒有限公司	AAA	200703911100021
中国江苏三得利食品有限公司	AA	200703901100022
江苏省丹阳酒厂	AA	200703901100023
江苏张家港酿酒有限公司	AAA	200703911100014
南通白蒲黄酒有限公司	AAA	200703911100015
浙江省		
英博双鹿啤酒集团有限公司	AAA	200703911100026
中国绍兴黄酒集团有限公司	AAA	200703911100027
会稽山绍兴酒股份有限公司	AAA	200703911100028
浙江塔牌绍兴酒厂	AAA	200703911100029
安徽省		
安徽口子酒业股份有限公司	AAA	200703911100030
福建省		
福建省燕京惠泉啤酒股份有限公司	AAA	200703911100031
江西省		
四特酒有限责任公司	AAA	200703911100032
山东省		
山东扳倒井股份有限公司	AAA	200703911100033
山东景芝酒业股份有限公司	AAA	200703911100034

企业名称(地区)(中文)	信用等级	信用等级编号
山东即墨黄酒厂	AAA	200703911100035
烟台威龙葡萄酒股份有限公司	AAA	200703911100036
河南省		
河南省宋河酒业股份有限公司	AAA	200703911100037
湖北省		
湖北白云边股份有限公司	AAA	200703911100038
湖北稻花香酒业股份有限公司	AAA	200703911100039
劲牌有限公司	AAA	200703911100040
广东省		
佛山市太吉酒厂有限公司	AAA	200703911100041
广东省九江酒厂有限公司	AA	200703901100042
广州珠江啤酒股份有限公司	AAA	200703911100043
广西壮族自治区		
燕京啤酒(桂林漓泉)股份有限公司	AAA	200703911100044
广西都安密洛陀野生葡萄酒有限公司	A	200703900100045
梧州龙山酒业有限公司	AA	200703901100046
四川省		
泸州老窖股份有限公司	AAA	200703911100047
四川剑南春集团有限责任公司	AAA	200703911100048
四川省宜宾高洲酒业有限责任公司	AAA	200703911100049
四川省宜宾市叙府酒业有限公司	AAA	200703911100050
四川宜宾五粮液集团有限公司	AAA	200703911100051
贵州省		
贵州茅台酒股份有限公司	AAA	200703911100052
云南省		
云南高原葡萄酒有限公司	AAA	200703911100053
陕西省		
陕西西凤酒股份有限公司	AAA	200703911100054

2008年度(第二批)全国酿酒行业信用等级评价初评结果名单

为建立行业信用体系，规范行业信用秩序，营造“守信光荣、失信可耻”的信用环境，增强企业的竞争力和融资能力，扩大企业市场份额，树立酿酒行业的良好形象，根据国家商务部市场秩序司有关文件的要求，结合酿酒行业实际，中国酿酒工业协会制定了《全国酿酒行业信用评价试点方案》(以下简称“方案”)，并据此方案进行了行业信用评价活动。

继中国酿酒工业协会在酿酒行业开展首批信用等级评价工作以来，协会共收到来自全国各酒类生产企业信用评价申报书近百件，经过对企业申报资格的严格审定、初评、终审，目前第一批54家企业获得全国酿酒行业信用评价相关证书和标牌。截至2009年1月12日，第二批信用评级工作也顺利完成。

第二批信用评级工作经过半年多的努力，经酿酒行业有关专家以及信用行业界有关专家的初审、复审，最后提出2008年度(第二批)全国酿酒行业信用等级评价初评结果公示名单。这次活动得到了国务院相关管理部门和地方协会、专家、媒体等多方面力量参与审查和监督，现向全社会公示，接受社会各方面监督。公示时间为2009年1月16日至2009年2月6日。

2008年度全国酿酒行业信用等级评价初评结果名单

酒 种	企业名称(地区)(中文)	企业信用等级
(排序说明：首要关键字为行政区划，次要关键字为酒种，第三关键字为企业名称)		
黑龙江省		
白酒	黑龙江省玉泉酒业有限责任公司	AAA
白酒	黑龙江北大仓有限公司	AAA
上海市		
果露酒	上海冠生园华佗酿酒有限公司	AAA
黄酒	上海富金酿酒有限公司	AA
葡萄酒	上海申马酿酒有限公司	AA

酒 种	企业名称(地区)(中文)	企业信用等级
安徽省		
白酒	安徽金种子集团有限公司	AAA
葡萄酒	安徽古井双喜葡萄酒有限责任公司	AAA
山东省		
白酒	山东泰山生力源集团股份有限公司	AAA
白酒	曲阜孔府家酒业有限公司	AAA
黄酒	山东即墨妙府老酒有限公司	AAA
葡萄酒	烟台张裕集团有限公司	AAA
河南省		
白酒	河南张弓酒业有限公司	AAA
广东省		
白酒	广东顺德酒厂有限公司	AAA
广西壮族自治区		
白酒	广西丹泉酒业有限公司	AA
重庆市		
白酒	重庆诗仙太白有限公司	AAA

担当社会责任　厚德赢得人心

解放军总参直属某部队首长曾对华润雪花啤酒作过这样一段掷地有声的评价："华润雪花啤酒是真正富有社会责任感企业的典型代表。"

这位军功卓著的血性军人能对华润雪花不吝赞美之词，源于这样一个事实：华润雪花专门为子弟兵设计开发一款啤酒产品，并自今年建军节前夕以来，向"最可爱的人"捐赠此款特制"国庆献礼产品"——雪花•勇闯天涯系列产品"迷彩版"听装啤酒数万箱。

更让这位军队首长感动的是，华润雪花并没有大张旗鼓地将之公布给媒体，数万箱的赠送也没有"惊动"消费者。华润雪花每年在社会责任方面都投入巨资，举办为数众多的活动，但少有见诸报端。

主动建立并不断完善企业社会责任管理体系是华润雪花成长和发展的基本理念之一，不断地将其付诸行动并时刻落实在工作中是华润雪花履行社会责任的一贯风格。"我们视社会责任为生命，并不是将社会责任视为赚取社会名声的工具。对我们而言，社会责任是我们存在的理由之一，而非'脂粉'。"

雪花公益：与国家共担当　与社会共丰盈

得民心者得天下，这句老话放在企业的创建、发展历程中考量，仍然是不易的至理名言。雪花啤酒迅速发展壮大到行业翘楚，除了其卓越的企业发展战略和品牌建设方略，保证了其，在正确的方向上能够实现快马加鞭跨越式发展并超越同行。更通过把自己定位为"负责任的企业公民"这一角色和发起、参与系列富有担当的社会责任行为，厚德以载物——强化了自身的吸引力和凝聚力，得到了社会各界的广泛认同，从而发生了从数万员工到数十万各级代理商再到亿万消费者的心意自发地聚合到自己身上的转变，实现了内功修炼加外力相助的叠加效应，进而实现了滚雪球般的急速成长！

这也正是华润雪花在社会责任方面高调做事、低调宣传的理由。

公道自在人心，公众能对华润雪花给予肯定是我们所期望的，但并非是一定要强求的东西。在这种理念下，华润雪花做了大量的公益活动，却从未刻意地将细节和数目大肆炒作或放到网上进行"病毒传播"。

2008年四川汶川地震期间，华润雪花多次组织爱心活动：2008年5月15日，雪花啤酒工作人员现场向红十字工作人员捐赠物资——一批军用帐篷、户外帐篷、羽绒服、冲锋衣等灾区紧缺物资；2008年5月29日，华润雪花啤酒捐款总金额达1000余万元，分别通过不同的途径捐赠给灾区进行各项重建工作；后期，华润雪花啤酒了解到安置在"抗震救灾棚"内的灾民生活条件相当艰苦，接收外界信息的方式也非常有限，紧急制作了价值120万元的集手电、收音机、警报、手摇发电等功能于一体的救灾物资。

2008年6月，华润雪花啤酒四川区域公司携手民政部紧急救援中心斥资700万元启动卧龙SOS希望村计划，为卧龙灾区修建了300套活动板房，并提供了50万元的药品和40吨救援物资。2008年8月13日，华润雪花四川区域公司将全国性"勇闯天涯"活动主题定为"雪花啤酒•勇闯天涯•真爱照亮梦想"，这是继卧龙SOS希望村后，雪花啤酒再次向灾区人们伸出援手，帮助灾区人们圆梦。

在社会上已拥有广泛影响的"勇闯天涯"活动，也是承载公益爱心的舞台。

在雪花啤酒开展勇闯天涯活动5年来，雪花啤酒向活动所经过的西藏、云南、新疆、甘肃、青海等省份的地方小学捐助了几十万元的金额和物资。这些事例都表明，国家与社会之所急，就是雪花之所想。

大学生就业困难为社会所担心，也牵动着华润雪花的心。

2008年12月29日，华润雪花啤酒安徽公司向10所高校的2008届毕业生共提供100个见习岗位，每位见习学生将获得良好的职业培训和就业指导，并实际参与雪花啤酒的市场营销过程。2009年1～6月期间，华润雪花啤酒（湖北）有限公司在荆州市高校中选择60名贫困大学生结对60户有家教需求的贫困家庭，定期提供一对一家教帮扶服务，并按课时标准向支教贫困大学生支付相应的家教劳务费用。类似的帮助贫困大学生就学、就业的事项在华润雪花的其他区域也在大量开展，如浙江区域公司连续2年开展了针对新毕业大学生的"创业基金"活动。

华润雪花不仅关心着遭受自然灾害的人们和生活需要帮助的人，还以更大的精力关心着文化事业。

2008年4月19日，公司联合清华大学建筑历史与文物建筑保护研究所在清华大学建筑学院报告厅举行了“普及与传承——中国古建筑研究与传播合作项目”签约仪式。公司希望“中国古代建筑知识普及与传承系列丛书”的出版，能为中国古建筑知识的普及贡献一点力量；能让从事中国古建筑研究的前辈、新秀们的研究成果得到更多的宣扬；能为读者了解和认识中国古建筑提供一点工具；能为我们的“独立性”（我们的文化）添砖加瓦。

雪花产品：提高质量是首要的社会责任

一直以来，华润雪花啤酒（中国）有限公司对产品质量有着近乎偏执的重视和苛刻管控标准，其背后是对消费者的深刻理解和真心尊重，其中的代表就是领先行业多年构建了“消费点质量管理体系”。

啤酒质量具有随时间推移而发生衰减的特点。某些质量缺陷在产品出厂时，没有表现出来或不明显，存放一段时间后则完全表现出来。现实生活中，就会出现啤酒在消费时点质量与出厂质量存有差异。因此，保持啤酒质量的稳定是维持固定消费群体，不断获得新客户的先决条件。

早在6、7年前，我们就基于对市场和消费者的深刻理解，“先知先觉”地在行业内率先提出了“消费点质量管理”的崭新理念，去动态地发现问题和进行改进，进而关注（监测）产品质量，建立和保持华润雪花最基础也最实效的质量竞争优势。

华润雪花质量评价体系从酒体特征和包装特征两方面评价和保证了产品质量。如雪花啤酒全国各地65家生产厂的酒体特征从风味特征到包装特征都进行了严格的规范，充分保证了全国各地的消费者都能够喝到形象统一、品质划一的啤酒产品。这也正是雪花啤酒在全国各地都能够迅速得到消费者接受和认可，不断攻城掠地进而迅速成为领先的全国品牌的主要原因之一。同时，自2002年以来雪花啤酒连续被国家质量监督检验检疫总局正式认定为“中国名牌”产品，并在2006年底获得国家产品质量免检证书，而得到广大消费者的追捧，从2005年开始蝉联中国销量第一，更是水到渠成自然而然的结果。

同时，雪花在行业内率先统一采用专用标瓶，用十几个亿资金给消费者质量安全“投保”。

20世纪末到21世纪初，中国啤酒业的产品分销走的还是大流通模式，这样就出现了一个问题：各家企业的啤酒瓶经过市场的流通，回流后会相互掺杂混用，而各家企业的工艺质量标准和装备水平又不尽相同，因此，无法保证产品的质量和消费者的正当权益得到体现，当然对建立有力的品牌也有极大的影响。

自2003年开始，雪花啤酒领行业风气之先，在全国范围内先后斥资逾10亿元更换淘汰非B瓶，成为中国首家全面使用远高于国家工艺质量标准制造的“专用B瓶”的啤酒企业。当有的老工人不解地说原来的瓶子有许多还没到使用期限，这么大的费用是不是有些浪费时，雪花啤酒的领导给出了坚定的答复：我们是在用这些钱给消费者——我们的衣食父母作质量安全“投保”，其实也是为我们的产品质量和未来的“长治久安”“投保”，花多少钱都是值得的，也是必须的。

从后来的市场实况看，雪花啤酒此举不仅极大提高了产品质量标准、在消费者中“先入为主”地建立了良好的产品品质和安全意识的口碑，并率先通过产品专用瓶的差异，建立了关于自己的企业和品牌的有力识别。

华润雪花啤酒自成立伊始，不但致力于生产高质量产品，还同时做到“绿色生产”，致力于建设资源节约型和环境友好型企业。

通过十余年的辛勤耕耘，使企业内循环经济工作取得了突破性进展：全部工厂平均每千升酒耗水4.0吨、耗标煤60.0千克、耗电60.0千瓦时，处于国内同行业领先地位；所有工厂全部污水100%稳定达标排放、所有锅炉烟尘100%达标排放、所有固体废弃物回收利用或进行无害化处理；新建、改建、扩建建设项目，均符合本行政区域主要污染物排放、建设用地和用水总量控制指标要求。

总的来说，华润雪花的成功，正是勇于担当社会责任，用厚德赢得人心的结果。

中国“雪花” 全球啤酒销量霸主

2008年，“雪花”单品牌销量达610万千升，增长19.1%，第4次蝉联“单品牌销量全国第一”桂冠，并且已超越百威淡啤、喜力、科罗娜等国际品牌，成为全球销量新霸主。

据调研机构Plato Logic的初步统计数据，中国的“雪花”啤酒超越“Bud Light”，成为世界销量第一的啤酒品牌。

“雪花”是唯一进入全球销量前六名的中国啤酒品牌。

“雪花”飞舞全球

这并非“雪花”啤酒第一次成为全球最权威媒体关注的焦点。

去年底，路透社、凤凰卫视等重量级中英文媒体纷纷报道，2007年，以销量计算，中国“雪花”啤酒跃升为世界第二大啤酒品牌。这是多年来全球英文主流舆论对中国啤酒最大的一次关注。

2007年“雪花”啤酒销售约为512万吨，而“Bud Light”销量则存在两种说法：484万吨和518万吨。但几个月之后，“雪花”就以近100万吨、19%的增长幅度，结束了这场全球啤酒销量霸主争霸战。

据全球各啤酒品牌公布的销售数据。2008年“雪花”啤酒销售达到610万吨，全球啤酒老大英博旗下的“百威淡啤（Bud Light）”销售量为556万吨，以54万吨差距落败居第二，另两家全球著名品牌科罗娜、喜力销售量分别为327万吨和291万吨，与“雪花”已经分别有283万吨、319万吨的差距。

显然，在与全球最著名品牌的销量霸主争霸战中，“雪花”已经形成一骑绝尘的态势。尤为可贵的是，这种增长是在汶川地震、南方雪灾、金融海啸等众多不利因素影响下取得的。2008年华润雪花啤酒公司旗下所有品牌啤酒销量上升5%，销量达到约730万吨，赢利上涨25%至港币2.98亿元。

对中国啤酒企业而言，如火如荼的全球啤酒争霸战，也有遗憾。

目前，进入全球前六名的中国品牌只有雪花，而且，除“雪花”外的中国一线品牌销售量都在200万吨“大关”以内徘徊。就2009年排名看，全球啤酒销量霸主争霸战的“入场券”至少要超过500万吨。

不过，全球啤酒行业已不得不对中国啤酒再次刮目相看，中国“雪花”将全球啤酒巨头从多年第一的位置拉了下来，这是改革开放30多年来中国啤酒行业最大骄傲之一。

“雪花”为何飞舞

十几年前，在一位希望将SAB Miller旗下Appletiser牌碳酸果汁饮料扩展到中国大陆的香港商人介绍下，SAB Miller的前身South African Breweries与中国本土企业华润创业在1994年签订了合作协议，合资成立了雪花啤酒。

在进入啤酒的11年后，2005年产销量高达158万吨的“雪花”品牌，超过“燕京”啤酒和“青岛”啤酒，成为单品牌全国销量第一。2006年华润雪花产销量率先突破500万千升，“雪花”单品牌销量率先突破300万千升，双双取得全国销量第一的成绩。

在成为中国第一后，“雪花”仅用3年时间就成为全球最畅销啤酒。也就是说，从零成长为单品牌全球第一，华润雪花只用了15年时间。这是世界啤酒发展历史上最精彩的一笔。

华润雪花为何能在如此短的时间内取得令人振奋的进步？

华润雪花拥有中国啤酒行业最为明晰和稳健的发展战略。起步之初，华润雪花实施“蘑菇战略”，坚持打造根据地，而非四处开花，在华润进入啤酒之前，中策曾以更豪放的姿态进入啤酒却因分散等原因失败。随着东北市场的巩固，华润雪花开始沿江沿海战略，走出东北，打造了四川和安徽等优势市场。在取得人才、管理一定程度的积累后，华润雪花再次变阵，抓住时机开始向全国进军。这是华润雪花发展最为快速的时期。

在战略的三次变阵中，华润雪花逐渐走向强大。

华润雪花在过去十几年中，能够通过并购快速发展，虽然曾借力过资本的力量，但华润雪花并购一个企业成功一个企业，却更加依赖华润雪花快速有效的整合系统，以及出色的风险控制能力和统一的质量控制体系等。这是华润雪花快速、稳健成长的最重要原因之一。

“雪花”品牌的快速成长，是“雪花”啤酒能够快速问鼎全球销量霸主的另一个重要支撑。

2002年，华润雪花延请国际著名品牌大师科特勒对雪花品牌进行设计，并推出“雪花啤酒，畅享成长”的品牌定位。这是国内啤酒第一次系统打造品牌的努力。2004年，华润雪花开始推广“勇闯天涯”这项昭示着“雪花”创新精神的原创性品牌推广活动。2005年探秘“雅江”峡谷、2006年探源长江之旅、2007年远征国境线、2008年极地探险。雪花品牌散发的“积极、进取、挑战、创新”的蓬勃精神越来越强烈。

目前，“雪花”品牌正成为最受高端消费者欢迎的啤酒品牌，2008年，雪花纯生成为全国政协十一届二次会议“指定用酒”，“2008年夏季达沃斯论坛指定用酒”也确定为“雪花”啤酒。

经济寒冬并未阻挡华润雪花的发展步伐。近日，其在上海建厂，并连续在浙江、安徽、山东等地发起并购，生产能力大幅扩张。

“明年盘点会发现，‘雪花’啤酒将以更大的幅度超过‘百威淡啤’、‘喜力’等国际品牌。”一位资深行业人士如此预计。

华润雪花啤酒（中国）有限公司

华润雪花啤酒（中国）有限公司是华润创业有限公司和全球第二大啤酒集团SAB Miller于1994年成立的一家生产、经营啤酒的外商独资企业。

2008年华润雪花啤酒产销量超过730万千升，公司总产销量连续四年遥遥领先于国内其他啤酒企业，雪花啤酒品牌成为中国和全球销量最多的啤酒品牌。

历经十余载，华润雪花啤酒已从一个区域性的单一工厂，发展成为行业中的知名企业。目前，华润雪花啤酒在中国大陆21个省市经营超过65家啤酒厂，占有中国啤酒市场的17.6%份额。旗下拥有30多个区域品牌，在中国众多的市场中处于区域优势。

关于雪花啤酒

1964年，中国啤酒权威云集的产品评比会上，一种新产品击败中国所有的老牌啤酒，夺得第一。此啤酒因其泡沫丰富，洁白如雪，口味持久溢香似花，遂命名为“雪花啤酒”。

2002年，华润雪花啤酒（中国）有限公司全力将雪花啤酒塑造成为全国品牌，雪花啤酒一直以清新、淡爽的口感，积极、进取、挑战、创新的品牌个性深受到全国消费者的普遍喜爱，成为当代年轻人最喜爱的啤酒品牌。

2002年以来，雪花啤酒多次被国家质量监督检验检疫总局正式认定为“中国名牌”产品。2007年9月，国家工商行政管理总局商标局认定“雪花”商标为“中国驰名商标”。

2005年，雪花啤酒以158万千升的单品销量成为全国销量第一的啤酒品牌。2006年雪花啤酒成为中国成长最快、最具价值的啤酒品牌，其品牌价值达到111.85亿元。继2006年雪花单品销量全国第一之后，2007年再创历史新高，以510万千升的销量，再次蝉联中国啤酒行业单品销量第一的桂冠。2007年，雪花啤酒的品牌价值达到136.58亿元。2008年雪花单品牌销量增长19.1%，销量达610万千升，第4次蝉联“单品牌销量全国第一”桂冠，并成为全球销量第一的啤酒品牌，其品牌价值达153亿元。

四川省宜宾五粮液集团有限公司

五粮液集团有限公司位于“万里长江第一城”——中国西南腹地的四川省宜宾市北面的岷江之滨。其前身为由20世纪50年代初几家古传酿酒作坊联合组建而成的“中国专卖公司四川省宜宾酒厂”，1959年正式命名为“宜宾五粮液酒厂”，1998年改制后命名为“四川省宜宾五粮液集团有限公司”。

五粮液集团有限公司是以五粮液及其系列酒的生产经营为主，现代制造业、现代工业包装、光电玻璃、现代物流、橡胶制品、现代制药等产业多元发展，具有深厚企业文化的特大型现代企业集团。公司不仅已经成为全球规模最大、生态环境最佳、五种粮食发酵、品质最优、古老与现代完美结合的酿酒圣地，而且在成套小汽车模具、大中小高精尖注射和冲压模具、精密塑胶制品、循环经济、电子等诸多领域，占领科技高端，形成了突出优势。公司下属5个子集团公司、12个子公司，占地10平方千米，现有职工30000人。2009年，五粮液集团公司继续保持了科学健康的良性发展，全年实现销售收入350.3亿元，同比增长16.5%；实现利税70亿元，同比增长16.8%，提前一年实现了“十一五”利税目标。五粮液品牌价值更是高达472.06亿元，位居全国最有价值品牌第四位，连续15年保持中国食品品牌价值之冠。

五粮液集团有限公司的成名产品“五粮液酒”是浓香型白酒的杰出代表。她以高粱、大米、糯米、小麦和玉米五种粮食为原料，以“包包曲”为动力，经陈年老窖发酵，长年陈酿、精心勾兑而成。她以“香气悠久、味醇厚、入口甘美、入喉净爽、各味谐调、恰到好处、酒味全面”的独特风格闻名于世，以独有的自然生态环境、600多年明代古窖、五种粮食配方、古传秘方工艺、和谐品质、“十里酒城”宏大规模等六大优势，成为当今酒类产品中出类拔萃的珍品。自1915年首获“巴拿马万国博览会”金奖以来，五粮液酒又相继在世界各地的博览会上共获36次金奖。1995年在“第十三届巴拿马国际食品博览会”上又再获金奖，铸造了五粮液“八十年金牌不倒”的辉煌，并被第五十届世界统计大会评为“中国酒业大王”。2002年6月，在巴拿马“第20届国际商展”上，再次荣获白酒类唯一金奖，续写了五粮液百年荣誉。同时，五粮液酒还四次蝉联“国家名酒”称号；四度荣获国家优质产品金质奖章；“五粮液”商标1991年被评为首届中国“十大驰名商标”。2003年再度获得“全国质量管理奖”，成为我国酒类行业唯一两度获得国家级质量管理奖的企业。在“2008中国企业500强”的发布结果中，荣居第199位，成为进入500强的唯一一家白酒企业；并位列“中国企业纳税200佳”第84名、“中国企业效益200佳”第113名。在全球最权威的财经媒体《华尔街日报》公布一年一度的“亚洲200家最受尊敬企业调查”结果中，五粮液集团与海尔、招商银行等十家企业共同摘取“中国十大最受尊崇企业”桂冠，并在“最受尊崇的五大企业”中的“品质”单项中位居第三。

公司系统研制开发了五粮春、五粮神、五粮醇、六和液、长三角、两湖春、现代人、金六福、浏阳河、老作坊、京酒等几十种不同档次、不同口味，满足不同区域、不同文化背景、不同层次消费者需求的系列产品。特别是十二生肖五粮液、一帆风顺五粮液、五粮液巴拿马纪念酒、五粮液老酒等精品、珍品系列五粮液的面世，其在神、形、韵、味方面精巧极致的融合，成为了追求卓越的典范。

在五粮液集团公司内，有全国最高的企业形象雕塑——奋进塔，全国最雄伟壮观的大门——五粮液东大门，全国规模最大的酒文化博览馆，以及气势恢弘的“鹏程广场”，胸怀博大的“观沧海”，美丽幽雅的文化公园“酒圣山”等匠心独运、精巧美妙的五粮液特色景观与错落有致、整洁美观的生产工作设施，在花香与酒香相互交融、相得益彰的“花园工厂”里交相辉映。在这块美不胜收的土地上，五粮液人用自己的智慧、勤劳、执著和赤诚，用推进社会和谐发展的责任感和“创新求进、永争第一”的精神，创造着五粮液卓尔不群的美，创造着五粮液集团博大精深的企业文化，创造着五粮液集团具有优秀品质的产品和服务，创造着五粮液人卓越的经济效益、环境效益和社会效益。

中粮酒业有限公司

中粮酒业有限公司是中粮集团全资子公司，主要经营葡萄酒、绍兴酒和进口酒等业务。作为中国专业化、一体化的酒类运营商，中粮酒业运用全球资源及现代化的生产及营销管理技术，为消费者提供多元化、高品位的饮酒享受。2006年，中粮酒业（长城葡萄酒）成为北京2008年奥运会葡萄酒独家供应商。2009年，长城葡萄酒成为中国2010年上海世博会的唯一指定葡萄酒。长城葡萄酒也成为世界葡萄酒领域唯一集两大国际顶级盛会于一身的葡萄酒品牌。

中粮酒业在中国最好的葡萄产区河北沙城、河北昌黎和山东蓬莱建有三大“长城”葡萄酒庄，在蓬莱建有“君顶”葡萄酒庄。旗下著名品牌长城葡萄酒作为中国葡萄酒行业第一品牌，产销量和市场综合占有率连续多年位居同行业第一，不仅生产出了中国第一瓶干红、干白和起泡葡萄酒，产品还相继在巴黎、布鲁塞尔、伦敦等多个国际专业评酒会上捧得最高奖，深受广大消费者的喜爱和信赖，被国家工商总局认定为驰名商标。

中粮酒业将按照全球化战略布局，在世界最好的葡萄产区建立长城葡萄酒庄，并代理国际知名葡萄酒品牌，构建开放型“美酒荟萃”的酒业集团。

中粮酒业旗下的长城桑干酒庄“开启中国酒庄酒历史”，1978年，面积仅75公顷的泥河古化石群葡园被国家五部委选定，建起国家级葡萄酒科研基地——长城桑干酒庄前身，成为中国酒庄酒的发源地。1979年，中国第一瓶干型葡萄酒在此优雅问世，载誉无数。30年砥砺，长城桑干酒庄酒2008年被洛桑博物馆收藏，是全球首款被博物馆收藏的酒庄酒，在2008年奥运期间成为中国政府款待各国元首、政府首脑和国际奥委会委员的国宴用酒，演绎了中国乃至世界顶级酒庄酒的奇迹。

中粮酒业旗下中粮南王山谷君顶酒庄有限公司，是集苗木研发、葡萄种植、葡萄酒产销、葡萄庄园休闲旅游、葡萄酒文化推广为一体的亚洲最大、最具个性特色的葡萄酒庄园，旨在酿造高品质的“君顶”品牌葡萄酒。

中粮酒业进口酒业务，汇集世界美酒精华。中粮酒业以美酒联结世界和中国的舞台，引进更多世界级美酒的同时，打造中国最大的进口酒销售网络，成就更多东西方融合的经典美酒佳话。

中粮酒业旗下中粮绍兴酒有限公司秉承绍兴酒传统手工酿造工艺精髓，精心酿制了“黄中皇”、“孔乙己”等产品，工艺独特，行销海内外。

中粮酒类产品市场地域覆盖广泛，分销网络遍布全国，并拥有中国最强势的经销商团队和最广泛的产品销售渠道。

中粮酒业在不断创新发展的同时，重视专业化营销管理、文化建设和人才培养，在实现客户价值、股东价值和员工价值最大化的同时，为消费者提供更多美酒选择，创造更多美好生活享受。

主要产品：“长城”、“君顶”、“桑干”葡萄酒、“黄中皇”、“孔乙己”绍兴酒。

贵州茅台酒股份有限公司

贵州茅台酒股份有限公司位于黔北赤水河畔茅台镇，海拔423米，占地227万平方米。

公司成立于1999年11月19日，由中国贵州茅台酒厂有限责任公司、中国贵州茅台酒厂责任有限公司技术开发公司、深圳清华大学研究院、北京市糖业烟酒公司等八家股东发起。至2007年年底，公司资产规模达100多亿元，员工8000余人。

2001年8月，代码为600519的“贵州茅台”股票在上交所成功上市，并成为白酒行业的领涨股、上市公司绩优股。特别是近五年来，已持续多年在中国资本市场频频演绎“茅台奇迹”。公司现已成为国内极具商誉和影响力的知名上市公司，2003年度跻身于“中国最具投资价值公司”10强，“2005年中国上市竞争力100强”第五名。公司上交税收和人均利税列同行业第一，连续三年被评为CCTV中国最具价值上市公司。截至2007年12月28日，茅台股价再次飙升到230.10元/股，最终收于230元/股，复权后高达985.7579元/股，比上市时的31.39元/股，涨幅超过31倍。目前，贵州茅台的总市值已经高达2100多亿元，成为中国酒业上市公司中总市值最高的公司。

公司主导产品——贵州茅台酒，是世界三大蒸馏名酒之一，是我国大曲酱香型白酒的鼻祖，是集绿色食品、有机食品、原产地域保护产品于一身的健康饮品，被尊为中国国酒。贵州茅台酒自1915年荣获巴拿马万国博览会金奖以来，先后14次获国际金奖，蝉联历次国家名酒评比之冠。

公司自成立以来，发扬“爱我茅台，为国争光”的企业精神，坚持以市场为导向，坚持“产量服从质量，效益服从质量，速度服从质量”，“不卖新酒，不挖老窖”，实施“八个营销”，不断满足消费者需求，继承创新，开拓进取，生产规模和经济效益持续实现跨越式发展。2003年，茅台酒产量已实现年产万吨，并形成了一品为主、多品开发、全方位发展的格局。新开发的茅台系列酒——茅台王子酒、茅台迎宾酒、“神舟酒”、名将酒等，满足了大众消费群不同层次的需求；在国内独创以年代为梯级开发的15年、30年、50年、80年等陈年茅台酒，填补了我国极品酒的空白，成为与极品洋酒竞争的锐利武器。茅台“年份酒”的推出，开启国内白酒收藏消费的先河，茅台首创的量身定做个性化营销，引导着中国白酒消费文化向高层次升华。

国酒茅台，酿造高品位的生活。

国酒茅台，喝出健康来。

山西杏花村汾酒厂股份有限公司

山西杏花村汾酒厂股份有限公司于1993年经山西省体改委晋经改[1993]12号文批准，在原山西杏花村汾酒厂基础上改组改制并通过社会募集方式而创立，是山西省及全国轻工系统建立现代企业制度百家试点企业之一，1994年1月6日在上海证券交易所挂牌上市，成为山西省第一家上市公司，同时也是中国白酒行业第一股。

公司为全国食品饮料业、全国轻工业最佳企业之一。拥有完善的设计、生产、试验、检测手段。主导产品汾酒是我国清香型白酒的典型代表，公司也是以生产中国名酒——汾酒、竹叶青酒为主要产品的全国最大名酒生产基地之一。拥有国家驰名商标“杏花村”及“竹叶青”两大品牌和精湛、悠久的传统酿造工艺。

公司所在地山西汾阳杏花村具有得天独厚的酿酒自然条件，是驰名中外的传统历史名酒原产地，也是中国酒和酒文化的发祥地。此地土地肥沃，盛产的高粱子粒饱满，淀粉含量高，是酿酒上品。而且地下水贮量丰富，质优味甜，自古便有“河东桑落不足比其甘馨，禄裕梨春不足方其清洌”的美誉。作为中国酒的发源地之一，从杏花村古人类文化遗址出土的大量古代酒具可知，此地酿酒历史至少可追溯到4000年前的龙山文化时期，且代代相传。据《北齐书》记载，杏花村汾酒在1500年前的南北朝时期就已经成为宫廷贡酒。唐代大诗人杜牧“借问酒家何处有，牧童遥指杏花村”的千古绝唱更使杏花村和汾酒天下闻名，妇孺皆知。《唐国史补》、北宋朱翼中的《北山酒经》、窦革的《酒谱》、张能臣的《酒名记》、元朝宋伯仁的《酒小史》、明代王世贞的《酒品》、清代袁枚的《随园食单》都有关于杏花村美酒为历代名酒的记载。20世纪初的1915年，汾酒在巴拿马万国博览会上荣获甲等金质大奖章，成为我国民族工业的优秀代表。

公司的主导产品为汾酒和竹叶青酒。汾酒是我国清香型白酒的典型代表，口感清纯，自然脱俗，品质高贵。以色、香、味“三绝”为特征，酒液晶莹透明，散发着一种淡淡的清香，是最容易与国际接轨的中国传统名酒。汾酒几千年的发展，形成了独特的酿造工艺。解放后，汾酒连续五届被评为“国家名酒”。竹叶青酒也有上千年的历史，1998年被国家卫生部认证为保健酒，从而成为中国名酒中唯一的保健酒。竹叶青酒曾连续3次荣获中国名酒称号，1987年荣获法国巴黎国际酒类展评会金奖，2004年公司重点科技攻关项目“竹叶青酒稳定性研究及应用”荣获国家科学技术进步奖，从而成为中国酿造业唯一获此殊荣的企业。2005年，公司通过了中国食协白酒协会的纯粮固态的论证和中酒协的质量等级认证，并按HACCP要求建立了体系。2006年1月，“竹叶青”商标被国家工商局认定为国家驰名商标。至此，山西汾酒成为全国白酒行业中唯一一家同时拥有两个国家名酒和世界名牌的企业。

公司以“用心酿造，诚信天下”为企业核心理念，实施“清香工程”，弘扬“传承国宝，清香久远”的精神理念，确立了“酒业为本，市场导向，品牌经营，内涵发展”的发展战略，全力实现“百年金奖，百亿汾酒”的目标，同时大力深化企业内部改革，加强科学管理；推进科技进步，狠抓产品质量，使公司综合竞争力和整体实力得到有效提升，实现了快速、稳定、健康的发展。

中法合营王朝葡萄酿酒有限公司

中法合营王朝葡萄酿酒有限公司始建于1980年，是我国制造业第一家中外合资企业，合资的外方为世界著名的法国人头马集团亚太有限公司。2005年1月，公司在香港主板成功上市。企业投资总额为8.2亿元人民币，占地面积440亩。公司建有国际酿酒名种葡萄原料种植基地4万多亩，具有国际一流的葡萄酒生产设备和工艺，现生产四大系列90多个具有不同风格的葡萄酒品种，现生产能力为5万吨/年。公司的地下酒窖占地5000平方米，是目前国内最大、设施最先进的地下酒窖。

公司始终重视产品质量，使王朝酒享誉海内外。王朝葡萄酒曾先后荣获14枚国际金奖，8枚国家级金奖，被布鲁塞尔国际评酒会授予国际最高质量奖，农业部将王朝葡萄酒确定为无污染、无公害、无病毒、营养丰富的绿色食品。王朝葡萄酒被指定为国宴用酒，供应231个我国驻外使领馆。王朝葡萄酒还远销美国、加拿大、英国、法国、日本、澳大利亚等20多个国家和地区，同时深受国内消费者的青睐。

公司具有现代化的管理运营机制，是我国首家获得ISO9002质量管理体系和ISO14001环境管理体系双认证的葡萄酒企业。公司建立了国家级技术开发中心，有强劲的科技开发能力，1996年“王朝全汁干型葡萄酒规模化生产工艺技术”荣获国家科技进步三等奖，在全国全汁干白葡萄酒的生产中起了重要的示范作用；2001年“王朝高档干红葡萄酒酿造技术与原料设备保障体系的研制与开发”荣获国家科技进步二等奖，填补了国内陈酿型干红葡萄酒的空白，王朝公司成为我国酿酒行业唯一获两项国家级科技奖励殊荣的企业。公司的经营成果得到了社会各界的认可，近年来曾先后多次获得全国五一劳动奖章，并连续多年获得全国双优外商投资企业、全国质量效益型先进企业、中国食品行业质量效益型先进企业、天津市优秀外商投资企业、天津市优秀企业等荣誉称号。

“DYNASTY•王朝”是具有自主知识产权的品牌，品牌名称简洁、高雅、隽永、易记，同时寓意了王朝公司要在我国葡萄酒业的腾飞之际大展宏图的壮志雄心。领先的技术、优异的质量，使“DYNASTY•王朝”的品牌知名度和无形资产价值不断提升。2000年“DYNASTY•王朝”商标被国家工商局认定为中国驰名商标，2002年被国家质量监督检验检疫总局评定为中国名牌产品；在2006年中国最有价值品牌评价中，“DYNASTY•王朝”的品牌价值已达30.07亿元人民币。

王朝公司对葡萄酒事业的发展充满信心，以全球经济一体化为发展机遇，大力拓展国内、国际两个市场，把“DYNASTY•王朝”品牌培育成国际知名品牌，把王朝公司建设成现代化、国际化、一流的大型企业集团。

安徽古井（集团）有限责任公司

古井集团是中国老八大名酒企业之一，是中国第一家白酒类上市公司安徽古井贡酒股份有限公司的母公司，它坐落在历史名人曹操与华佗故里——安徽省亳州市。公司的前身起源于明代正德十年（公元1515年）的公兴槽坊，1959年转制为省营安徽亳县古井酒厂。目前公司拥有员工7500多名，集酒业、商旅业、房地产业、类金融业等产业为一体，是国家大型一档企业。在2007年度中国企业集团纳税五百强排行榜中，古井集团位居第365位，在整个安徽企业集团中排名第8位。

古井贡酒是集团的主导产品，其始于公元196年，曹操将家乡亳州产的“九酝春酒”和酿造方法进献给汉献帝刘协，自此一直作为皇室贡品。它以“色清如水晶、香纯似幽兰、入口甘美醇和、回味经久不息”的独特风格，四次蝉联全国白酒评比金奖，是巴黎第十三届国际食品博览会上唯一获金奖的中国名酒，先后获得中国驰名商标、中国原产地域保护产品、国家文物保护单位、国家非物质文化遗产保护项目等荣誉，被世人誉为“酒中牡丹”。安徽古井贡酒股份有限公司多年来一直位列中国白酒企业前十强，2008年古井酒文化博览园被国家旅游局批准为AAAA级旅游景区。

商旅业以安徽瑞景商旅集团为主体，位居中国旅游饭店业前20强。其下属的合肥古井假日酒店是安徽省内第一家，也是目前为数不多的五星级酒店之一，委托国际著名酒店管理品牌洲际集团进行经营管理；上海古井假日酒店是一家四星级酒店，曾被评选为假日品牌在亚太区的样板酒店；另有古井酒店管理公司托管的酒店，目前已有三十多家，分布在华东各地，著名的有黄山汤池酒店、天柱山酒店等，并拥有九华山、太极洞等风景区的经营权。此外，集团旗下的安徽中青旅公司和瑞景商业公司均在省内同行业中名列前茅。

古井房地产公司是安徽省四家拥有国家一级房地产资质企业之一，相继开发了丹华山庄、丰水源、百花大厦等一批经典房产项目。金融业以东方瑞景企业投资发展有限公司为主体，下设有恒信典当公司等。

国家AAAA景区“古井酒文化博览园”的前世今生

2008年12月29日，古井酒文化博览园获准为国家4A景区授牌仪式在安徽省旅游景区发展大会上隆重举行。当古井酒文化博览园代表从安徽省旅游局局长江山手中接过4A牌匾时，与会代表报以经久不息的掌声。这是中国白酒界目前第一个国家4A级旅游景区，这标志着国家最高旅游管理机构对古井贡酒独一无二的酿酒地理气候环境、博大精深的传统工艺、悠久浓郁的酿酒文化及古井贡酿酒公园特色景观的充分肯定与高度赞誉。

“南有黄山松，北有古井贡”

“南有黄山松，北有古井贡。”如今，这句游人相传的口头禅却成了安徽南北两大旅游景区的无纸“名片”。当然，单就从“山清水秀”的角度而言，古井远不能与黄山相比。但有一点却是世人共知的，两者均得益于得天独厚的自然环境和天造地设的自然风貌。如果说黄山是以美妙的山水取乐于人，那么古井贡酿酒公园则是以厚重的历史以及独具个性的酒文化征服世人。

大凡到过古井贡酿酒公园的人，都会了解古井贡源远流长的历史以及极富传奇色彩的那口古井。

公元196年，曹操将家乡亳州产的“九酝春酒”和酿造方法进献给汉献帝刘协，并上表说明九酝春酒的制法。曹操在请奏书中写道：“臣县故令南阳郭芝，有九酝春酒。用曲三十斤，流水五石（dan）。腊月制曲，正月冻解。用好高粱，三日一酝酿，九日一循环，如此反复……臣得此法，酿之，常善，今谨上献。”上述九酝酒法既是对当时亳州造酒技术的总结，也是亳州的九酝春酒曾作为贡品的最早的文字记载。

“水为酒之血”，“名酒必有佳泉”。酒中牡丹古井贡酒之所以“色清如水晶，香纯如幽兰，入口甘美醇和，回味经久不息”，响誉海内外，是与酿酒所取水的一口古井分不开的。历史曾经显示过这样的画面。公元532年，阴风怒号，战马嘶鸣，北魏为夺回谯城(今亳州)，与南梁戍守的大将元树拼将死战。魏将独孤信将军奉命出战，但几经沙场，都惨遭失败，死前将金铜长戟投入营寨附近的一口井中。后来这口井的水质产生了很大变化。附近的井水都咸涩难饮，唯有这口井清洌甘甜。千百年来，当地人民一直用这口井水酿酒。现在的古井人，更是专门在上面建起了“古井亭”、“古井园”以示保护和纪念。这也是古井酒文化博览园一个标志性景点。

“佳酿千年传魏井，浓香万里发汤都。”当代著名已故书法家启功先生的题词，应是对这口古井及古井贡酒的高度概括与总结了。

“古井自古有名，贡酒应贡人民”

自从1800多年前曹操独创了中华第一贡之后，从东汉建安年间起，该酒便自然而然地有了“中华白酒第一贡品”的美誉了。而且，酒以人传，皇室贡品的名声就越传越盛。从明朝万历年间（1573—1620）起，一直到明清两个朝代三四百年来，均被正式列为皇室的贡品，且岁岁进贡，年年受宠。历史上古井贡酒东抵汴梁，西屏长安；北制燕京，南控荆湘，以其独有的皇权霸气享誉于华夏神州。

新中国成立后，古井贡酒这个历代被皇室贵族所享受的珍品，最终走进了寻常人家。1963年该酒便以“色清如水晶，香纯如幽兰，入口甘美醇和，回味经久不息”的典型风格夺得第二届全国白酒评比会金奖，获得“国家名酒”称号，随后又于1979年、1984年和1989年连续三届蝉联金奖，并荣获巴黎国际食品博览会金奖，被世人誉为“酒中牡丹”。杨得志将军对古井贡酒更是情有独钟，曾欣然为其题词——“古井自古有名，贡酒应贡人民。”

此后她的影响力不断扩大。1994年在安徽省首届经济成果展览会上，江泽民、乔石、李瑞环、李岚清等党和国家领导人莅临古井展位，赞誉古井贡酒。1998年千年古井、百年窖池被安徽省人民政府批准为省级重点文物单位。1999年，“古井贡”商标被国家工商总局认定为“中国驰名商标”。2003年，古井贡酒获得原产地域产品保护。2005年，再获“纯粮固态发酵白酒”标志认证。中国白酒权威专家周恒刚、沈怡方等曾多次给予古井贡酒高度评价。

桃花曲、无极水、明代窖池——年份原浆

古井贡酒所在地安徽省亳州市，是具有3000多年文化底蕴的历史名城，是中华民族的发祥地之一。古井镇因古井贡酒而得名，它位于涡河之湾，是一块土肥水美、粮丰物富的膏腴之地。由于长期的发酵驯化，古井这片天空中的酿酒有益微生物生长得特别强壮。除了这些得天独厚的自然条件之外，“桃花曲、无极水、明代窖池”更是别人无法复制的遗传密码。

“曲为酒之骨”，只有用最好的曲才能酿出最好的酒，但是最好的曲是稀少的。只有在春天桃花盛开的时节，方可制作出最好的酒曲，叫做桃花曲。年份原浆古井贡酒所采用的正是以纯小麦制作的桃花曲，以传统的“九酝酒法”工艺传下的“千年曲根”——古老的有益菌群，在桃花盛开的20天左右时间制作，菌群活性极高，能产生较高的糖化率和蛋白质分解力，保证酒体香似幽兰，芬芳不散，口感绵柔丰厚。

水乃“酒之血”，是古井贡酒的主要成分，是微生物糖化、发酵作用的重要媒介，其质量的好坏直接影响酒的质量和产量。古井贡酒酿造用水的总体要求是：无色透明，具有清爽、微甜、适口的味道，其化学成分能适合酿酒微生物的生长繁殖，应达到我国饮用水中的较高标准。而年份原浆古井贡酒的酿造用水是采自千年魏井水系中的无极水，水体清澈通透，水质清冽甘爽，用此水酿出的酒，更是芳香馥郁。

明代窖池为明代公兴糟坊留下的窖池，窖池里持续繁衍的600多种精华微生物群，是中国白酒数据库极限样板库之一。因这些池子烧出的古井贡酒四次夺取国家评比金奖，被称为“功勋池”，1998年5月被列为国家重点保护文物。年份原浆古井贡酒所用的原酒必须全部由明代窖池发酵酿造而成，“千年老窖万年糟”，老窖神泥，历久弥新，富含600多种有益微生物，成就芳香醇厚的酒质。

而年份原浆古井贡酒的工艺，另有其独具个性的特点。年份原浆古井贡酒的酿制是采用“国家非物质文化遗产保护项目”传统工艺“九酝酒法”和混蒸续渣、老五甑操作方法，量质摘酒后，贮藏5年以上，再经反复品评、调制，最后定量灌装出厂。

“华夏白酒第一馆”

中国管理科学研究院研究员李树林、蒋大培，参观了古井酒文化博览园后，在古井酒文化博物馆欣然命笔：“华夏白酒第一馆”。古井酒文化博览园是安徽截止到目前为止，唯一一个工业旅游示范景点获得国家4A景区称号，在中国白酒行业也是为数极少的几个之一。

古井酒文化博览园是由古井集团投资建设的集历史文化、科技教育和工业旅游于一体的科教文化基地，是中国酒文化的活的标本，是亳州以及整个中原文化的重要载体。博览园现在占地面积117万平方米，旅游资源非常丰富，主要是依托闻名天下的全国名酒——古井贡酒及其衍生的文化作为主要内容，具体景观达40余处，其中3处为省级重点文物保护单位：魏井、地下宋井和明代古窖池。主要景点包括千年古井、百年古槐、百年老窖以及从曹操献酒以来一直传承不绝的古井贡酒酿造工艺、酿酒车间、地下酒库、地下宋井、古井园、古井酒文化博物馆、古井宾馆以及花园式工厂等，可以说是荟萃了中国酒文化的结晶，是中原酒文化的杰出代表。

努力做一个友好的、和谐共赢的企业公民，一直是古井贡追求的目标。

“山不厌高，海不厌深。”今天，古井酒文化博览园承载着历史的文明，正以开放的胸怀热诚欢迎八方朋友的光临！

贵州茅台酒厂(集团)习酒有限责任公司

习酒公司是贵州茅台酒厂有限责任公司的全资子公司，于1998年10月成立。其前身为贵州省习水酒厂、贵州习酒总公司，始建于1952年。

习酒公司位于习水县习酒镇境内，地处赤水河中游、红军长征“四渡赤水”的二郎滩渡口，距茅台酒厂50千米，厂区依山傍水，沿赤水河而建，方圆十里，故称“十里酒城”。公司占地面积1975亩，建筑面积27万平方米，现有职工2500余人，拥有各级各类专业技术人员600余人，设有生产、销售、质量、省级认定企业技术中心和后勤辅助部门共25个。通过几代习酒人艰苦创业，习酒公司现已成为国家大型二档企业，具有年产浓香型、酱香型两种优质白酒上万吨的生产能力，是茅台集团的浓香型白酒的酿造基地，也是贵州浓香白酒的典型代表。

赤水河是一条迄今为止没有受到任何现代工业污染的河流，它孕育着国酒茅台、习酒等知名美酒，因此享有“美酒河”的盛誉。这里独特的气候、土壤、水质等特殊条件为酿酒业提供了得天独厚的自然条件。独特的酿酒环境、精湛的酿酒技术、细致的酿酒工艺、过硬的质保体系，使习酒成为一款在纯天然、无污染、无公害的绿色环境里酿造的优质美酒。因此，习酒是当之无愧的“绿色食品”。

1994年，习酒公司产品质量体系通过ISO9002质量体系中国方圆标志认证和BVQI国际认证，成为白酒行业首家同步通过国内、国际质量认证的企业，质量管理已达到世界先进水平。

1998年10月，习酒加盟茅台，实现了中国白酒业最大的资产重组，这一举动为盘活习酒公司存量资产，壮大茅台实力，重振习酒辉煌，带来了历史性的发展机遇。

2003年，习酒公司白酒技术中心通过贵州省企业技术中心认证，公司也因此成为贵州省企业认证中心唯一的白酒企业。

2007年习酒公司获得全国守合同重信用单位，其主导产品获得贵州省著名品牌、贵州省十佳著名商标、中国纯粮固态发酵标志行业认证、中国驰名商标等荣誉。主导品牌“习酒”和“习水”曾先后被评为省优、部优、国优品牌，获得国内外各种大奖50余次。

近年来，习酒公司发挥“国酒茅台”的品牌优势，主导品牌习酒稳步增长，现已成为贵州浓香白酒第一品牌。习酒公司全体员工坚持“励精图治、求实创新、高效守信、服务社会”的企业精神，坚持“无情不商”的经营理念和“诚信为本”的经营原则，以做强做大为己任，树立和落实科学发展观，走科技兴企业和质量效益型发展之路，实现企业增赢，税收增长，职工增收，企业发展步伐加快，朝着做强做大习酒事业迈进。一座现代习酒城正乘势崛起。

在千帆竞发、百舸争流的新一轮市场经济浪潮中，公司将本着统筹规划、立足长远、科学发展、分步实施的原则，整合资源，攻坚克难，实现公司市场建设、品牌建设等目标新的飞跃。同时强力打造茅台集团浓香白酒酿造基地——贵州习酒城，引领黔派浓香白酒，打造白酒工业企业的战略定位，初步规划了通过新建、扩建和技术改造，完善生产及配套设施，实现厂区功能合理布局。到2020年前形成黄金坪浓香白酒中心及向阳浓香白酒生产区、大地酱香白酒中心、大坡成品酒包装中心和办公中心“五位一体”的格局，力争达到年产销售成品酒30000吨的年生产能力，实现年销售收入35亿元。

张裕葡萄酿酒股份有限公司

张裕集团有限公司成立于1994年，其前身是1892年由我国近代爱国华侨张弼士先生创办的烟台张裕葡萄酿酒公司，至今已有117年的历史。集团下属的张裕葡萄酿酒股份公司于1997年成立并上市，同时拥有A、B两支股票。公司产品涵盖葡萄酒、白兰地、保健酒、香槟酒四大系列百余个品种，年生产能力达13万吨。2005年在烟台市委、市政府的领导下，张裕集团完成了投资主体多元化的改制工作。

自20世纪90年代中期以来，公司进入了快速发展时期。特别是自2002年以来，公司更是取得了跨越式发展。2002年张裕被国家评为“向世界名牌进军，具有国际竞争力”的16家中国企业之一；2005年，被中央文明委评为“全国文明单位”；2006年张裕被国家商务部认定为首批“中华老字号”企业；同年被美国《商业周刊》评为“2006年度最佳中国品牌”前20强；2007年张裕进入世界葡萄酒行业前十强。

2009年，张裕集团实现销售收入73亿元，同比增长20%；实现利税21.6亿元，同比增长25.8%；实现利润13亿元，同比增长28%；上缴税金12.9亿元，同比增长31%。

面对新的形势，站在新的起点，在深刻分析和把握葡萄酒行业面临的机遇和挑战基础上，张裕制定了“继续深入贯彻落实科学发展观，大力实施国际化发展战略，到2013年实现销售收入120亿元，成为世界著名的跨国葡萄酒企业集团”的发展目标。

青岛啤酒股份有限公司

青岛啤酒股份有限公司（以下简称“青岛啤酒”）的前身是1903年8月由德国商人和英国商人合资在青岛创建的日耳曼啤酒公司青岛股份公司，它是中国历史悠久的啤酒制造厂商，2008年北京奥运会官方赞助商，目前品牌价值366.25亿元，居中国啤酒行业首位，跻身世界品牌500强。

1993年7月15日，青岛啤酒股票（0168）在香港交易所上市，是中国内地第一家在海外上市的企业。同年8月27日，青岛啤酒(600600)在上海证券交易所上市，成为中国首家在两地同时上市的公司。

20世纪90年代后期，运用兼并重组、破产收购、合资建厂等多种资本运作方式，青岛啤酒在中国18个省、市、自治区拥有50多家啤酒生产基地，基本完成了全国性的战略布局。

青啤公司2009年累计完成啤酒销量591万千升，同比增长9.9%，实现销售收入177.61亿元，同比增长12.5%；实现净利润12.53 亿元人民币，同比增长79.2%，继续呈现净利润增幅高于销售收入、销售收入增幅高于销量的良好发展态势。

青岛啤酒远销美国、日本、德国、法国、英国、意大利、加拿大、巴西、墨西哥等世界70多个国家和地区。根据全球啤酒行业权威报告Barth Report，依据2008年产量排名，青岛啤酒为世界第六大啤酒厂商。

青岛啤酒几乎囊括了1949年新中国建立以来所举办的啤酒质量评比的所有金奖，并在世界各地举办的国际评比大赛中多次荣获金奖。1906年，建厂仅三年的青岛啤酒在慕尼黑啤酒博览会上荣获金奖；20世纪80年代，三次在美国国际啤酒大赛上荣登榜首；1991年、1993年、1997年分别在比利时、新加坡和西班牙国际评比中荣获金奖；2006年，青岛啤酒荣登《福布斯》“2006年全球信誉企业200强”，位列68位；2007年荣获亚洲品牌盛典年度大奖；在2005年（首届）和2008年（第二届）连续两届入选英国《金融时报》发布的“中国十大世界级品牌”。其中2008年在单项排名中，青岛啤酒还囊括了品牌价值、优质品牌、产品与服务、品牌价值海外榜四项榜单之冠。2009年度，青啤公司荣获中国首个“中国上市公司最佳董事会”大奖、“世界品牌500强”等诸多荣誉，并七次获得“中国最受尊敬企业”殊荣。

青岛啤酒以“成为拥有全球影响力品牌的国际化大公司”为愿景，将不断创新，“用我们的激情，酿造全球消费者喜好的啤酒，为生活创造快乐”！

江苏汤沟两相和酒业有限公司

江苏汤沟两相和酒业有限公司位于中国神奇浪漫之都、孙悟空老家——连云港的南大门、名酒之乡汤沟镇，属国家名优酒厂、江苏白酒代表企业。公司占地面积55万平方米，拥有职工1200多人，其中国家级白酒评委2人，省级白酒评委6人，资产总额3.3亿元，年销售收入逾5亿元。

古镇汤沟因产汤沟酒而闻名遐迩。绿意盎然，山川相伴，良好的生态环境，见证着一次次沧海桑田的变迁；经历过“风吹草低见牛羊”的大草原、“境无鸡犬有鸣鸭”的沼泽地和“喜看稻菽千层浪”的良田等不同的地质条件，一层层地叠加，形成了富含有机质的优质土层；独特的生态和土壤环境是酿酒微生物繁殖和驯化、互生和共生的天然王国，注定汤沟酿酒生而优秀的开始。

汤沟酒是中国历史文化名酒。距今已有近500年历史，早在明代，这里的酿酒已是名师济济，13家酿酒糟坊撑起了一方鼎盛之气。沿着祖先古老的铭记，它开始孕育着汤沟酒更加辉煌的传奇，为世人所瞩目。清康熙三十七年（公元1698年），剧本《长生殿》的作者，戏剧家洪昇，北上曲阜会《桃花扇》的作者孔尚任，途经汤沟，在品尝了汤沟美酒之后，挥毫写下了“南国汤沟酒，开坛十里香”之佳句，一时传为佳话，汤沟酒更是享誉四方。从那时起，它以其先天而成的优良和后天不断酝酿的营养，奉献出一坛又一坛汤沟美酒。乾隆皇帝南巡时也曾留有“此酒本应天上有，人间难得几回闻”的赞语，汤沟酒因此成为贡酒之选。1972年日本首相田中角荣访华时，专门向周恩来总理点要汤沟酒。

目前，公司拥有汤沟、汤沟窖藏、两相和、香泉等四大系列100多个产品，“汤沟”商标为中国驰名商标、“两相和”商标为江苏省著名商标。自1915年汤沟大曲在莱比锡国际博览会上荣获银质奖章以来，相继在国家、部、省级历次质量评比中，荣获国家级金银质奖8枚，部级金银质奖15枚，蝉联历届省优品牌，并获4枚国际金奖。企业通过了ISO9001国际质量管理体系和ISO14000国际环境管理体系认证，属国家名优酒，国家质量免检产品，中国白酒十大创新品牌，江苏省政府接待指定用酒，江苏省重点保护产品，江苏省名牌产品。汤沟酿酒工艺被列为江苏省非物质文化遗产。

几百年的沧桑演变，世事更替，唯有汤沟酒香穿透百年岁月，悠悠流淌，生生不息。今日汤沟人继续传承古老的酿酒工艺，以“生产消费者最满意的产品”为己任，以“做中国酒业先锋”为目标，按照“创新、实干、严谨、和谐”的企业精神，努力打造江苏著名、全国知名的现代化企业。

对酒当歌豪情壮 放眼未来写春秋

——鄂尔多斯酒业发展之路

苍茫西部，辽阔边疆。一代天骄成吉思汗的长眠之地——鄂尔多斯，一个优秀的民族品牌——鄂尔多斯酒业，沿着英雄走过的足迹冉冉升腾。

科技兴企战略、高素质的科研队伍和高标准的科研设施是鄂尔多斯酒业科技进步与腾飞的原动力。鄂尔多斯酒业是万正投资集团成员企业之一，成立于1998年，属民营企业，注册资金3.8亿元，占地面积10万平方米。“鄂尔多斯”粮食白酒创牌于1953年，至今已走过近60年的风雨历程。一直坚持纯粮酿造，选料考究，工艺先进，固态发酵，自然老熟，具有酒香醇正，柔和清爽，绵甜淡雅，追求健康的独特风格。“鄂尔多斯”粮食白酒以其深厚的文化渊源、精益求精的酿造工艺、先进的检测设备、醇厚绵甜的口感享誉草原内外。“鄂尔多斯”商标被评为内蒙古自治区著名商标，企业通过ISO9001国际质量体系认证。2008年销售额达4.8亿元。

企业确立了“诚信立业，诚信兴企”的宗旨，利用新技术改造传统产业，加大技改力度，按食品生产企业标准对包装和酿酒车间进行改造，提高灌装能力，扩大原酒生产量；采取请进来、走出去的灵活形式，加大员工培训，全面提高员工素质；以人为本，加强管理，构建和谐企业。2000年5月，内蒙古轻工科研所与鄂尔多斯酒业集团实行科企联姻，成立了由集团控股的“内蒙古北兴生物技术有限公司”，集团新产品研制开发中心被认定为“自治区级企业技术中心”。

目前，公司年白酒生产能力达2万吨，有清、浓、兼三大香型，高、中、低不同档次和度数近百余种产品，白酒远销全国20多个省区。其中企业自主研发的系列“甘草酒”获国家专利产品，被评为“内蒙古科技名牌奖”。近年来，企业取得了一系列骄人的业绩，“鄂尔多斯”敬酒成了中国北方清香型酒的典型代表。“鄂尔多斯”敬酒被评为“内蒙古名酒”。2003年“鄂尔多斯”敬酒又获全国白酒“质量优秀产品”奖，并且是内蒙古唯一获奖产品；2005年，集团被评为首届“内蒙古最受尊敬企业”，同年又荣登“中国成长企业百强第八名”；2006年“鄂尔多斯”敬酒荣获“草原美酒第一品牌”称号；2008年被内蒙古自治区消费者协会评为2008—2009年消费者“推荐产品”和2008—2009年度“诚信单位”称号。同年，被评为“最具潜力的中国企业”、“改革开放30年来内蒙古先锋企业”、“最具影响力企业”，鄂尔多斯白酒被认定为“改革开放30年来内蒙古自治区最具影响力品牌”称号。2009年鄂尔多斯酒荣膺“第十一届亚洲艺术节指定用酒”。

实践证明，以提高质量、振兴企业为主要内容的质量管理，对提高企业总体水平，促进地方经济发展和社会进步具有重要的意义。近年来，鄂尔多斯酒业取得了一系列骄人的业绩，先后荣获“巴黎国际名酒博览会金奖”；“全国重合同守信用单位”；“内蒙古自治区质量先进单位”；“内蒙古自治区先进私营企业”；中国农业银行“AAA级信誉企业”；“内蒙古自治区酿酒行业经济效益先进企业”；中国饮料制造业纳税百强企业第49位，居内蒙古第一；“全国酒类产品质量安全诚信品牌”等多项殊荣。为了继续做大做强鄂尔多斯酒这个民族品牌，集团按照“规划高标准，建设高起点，产品高质量、高度环境保护和因地制宜”的原则，2009年总投资35亿元建设鄂尔多斯酒业园区，总占地面积7000亩，完工后实现白酒年产量15万吨。该项目集白酒生产加工、产品研发、包装制造、酒文化博物馆、酒文化旅游、商务办公、职工宿舍、农业种养殖、绿色食品加工为一体的以白酒生产为主的大型现代化工业园区。

鄂尔多斯酒业高举以质量为本、诚信经营的旗帜，奉献更优更醇的精品，酿出甘甜的美酒以满足广大人民群众日益增长的消费需求；为实现“建设长寿企业”的宏大战略构想，不断超越；为构建和谐社会，建立生产节约型、环保型企业，锦上添花。

中国北方酱香经典——北大仓

“北大仓”是辽阔肥沃的松嫩平原走出亘古洪荒、奔向繁荣昌盛的历史见证，是一个伟大时代的优秀产儿，是一首艰苦奋斗的创业赞歌，是勤劳勇敢的中国人自力更生、艰苦创业的伟大精神和化荒凉为繁荣、化贫穷为富有、化坎坷为坦途的时代代名词。

北大仓始建于1914年，是东北的十强酿酒企业之一。其前身是“聚源永烧锅”，从创建初期的手工业作坊，几经变革到今天的民营股份制企业，近百年的沧桑巨变，每一次变革都是企业历练和完善的过程。公司于2000年获IS09001国际质量管理体系认证，实现了与国际管理模式的接轨。北大仓积极推行科技进步，实施名牌战略，不断进行技术改造和产品结构调整，研制开发新产品，以适应不断变化的市场需求，形成了酱香型、兼香型和浓香型兼备，高、中、低档齐全的产品体系。

好粮好水酿好酒

最具东北特色的北大仓酒是采用东北特产大蛇眼红高粱、东北优质小麦、无污染的嫩江水酿造的天成之作。北大仓酒的酿造工艺是在学习、借鉴贵州茅台酿造工艺的基础上，结合北方气候和自然条件，经过多年实践形成的具有独家特色的酿造工艺。产品保持了高温制曲、高温堆积、高温发酵、高温馏酒和长期贮存这“四高一长”的特色工艺。北大仓酒均采用陈贮三年以上的酒液，再配以陈年老酒，按比例精心调制而成。

北大仓苦练内功，不断提高技术和质量保障手段以提高产品的质量和档次，公司先后投资对窖池进行了扩大，扩建了茅曲生产车间，改造扩建了瓶装生产线，在原有检测设备的基础上又建设了微机自动化酒体设计中心。

坚持赢得尊重

多年来，北大仓一直注重人才的培养，通过实行全员培训和专业培训，提高了全体职工和管理人员素质。目前已拥有20多名中、高级酿酒师、品酒师的技术队伍，尤其让人引以为荣的是高级工程师刘建华副总经理在首届“枝江杯”全国评酒大赛中一举获得金奖，为北大仓保持自己的风格和特色提供了坚实的保证。

历史成就辉煌，品牌铸就丰碑。北大仓酒自问世以来，屡获殊荣，先后被评为黑龙江省优质产品、“黑龙江特产”、国家轻工业部优质产品、免检产品，两次荣获国际金奖，数次荣获国内金奖。1962年，敬爱的周总理视察齐齐哈尔时，曾自费购买两瓶北大仓酒带回北京，并且赞扬“北大仓酒确有茅台风格，有发展前途”。此后，北大仓酒便被誉为“北国茅台”。著名诗人臧克家题词赞誉北大仓酒“北国的奇珍，黑土地的精华”。著名笑星赵本山则直接加盟北大仓，并出任副董事长。2007年，北大仓商标被认定为中国驰名商标；2008年，北大仓的传统酿造工艺又被评为省级非物质文化遗产，北大仓集团被认证为龙江老字号企业；同年8月，在省酒协举办的“中国北方酱香经典北大仓酒暨珍藏版老枪酒鉴赏研讨会”上，北大仓酒被行业领导及权威专家认定为“中国北方酱香经典”，从而确立了“南茅台、北大仓”的行业格局；2009年，北大仓又通过了国家地理标志产品的审批。

千帆竞发，百舸争流

中国企业的联合舰队正在市场经济的大潮中破浪前行，深知任重而道远的北大仓人，必将会世代传承中华民族的传统文化和酿酒技术，决心让“北大仓”这一具有东北地方代表性特色的名优品牌与东北文化一起，在走红中国大地的同时，也享誉世界！

江苏洋河酒厂股份有限公司

候鸟掠出线影，年轮添了新纹。悄然淡去的2008年，在我们国家发展史上是极其重要的一年。对于江苏洋河酒厂股份有限公司，2008年更是企业发展进程中一个不寻常的年份：公司提前51天完成全年销售任务，同比增长58.59%；企业在整个行业位次已进入前四名；公司主要领导获省经贸委表彰的“振兴苏酒突出贡献奖”……企业经营活力尽现，社会责任催生，多年拼搏的厚积，体制活力的迸发，正酝酿、昭示着洋河将有一个更加美好、辉煌的未来，而我们一直倡导的市场观、经营观和价值观也得到了最好的诠释和张扬……那一幅幅亲切如昨的画面，凝聚着我们一年的努力与拼搏，是全体洋河酒人集体智慧、汗水和奉献的结晶，充分展现出洋河酒人的创业精神和拼搏作风，实践着员工与企业的和谐进步。

江苏洋河酒厂股份有限公司位于苏北古镇——洋河，地处江苏省宿迁市的宿城、宿豫、泗洪三县区交会处，面临徐淮公路，背靠京杭运河，交通畅达，酒业兴旺，市场繁荣。据传，洋河大曲在唐代就已享盛名，尚可考证的历史已有400多年，明末清初已闻名遐迩。当时曾有9个省的客商在此设立会馆，省内外70多位商人客居于此，竞酿美酒，使洋河镇的酿酒业更加兴隆繁盛。据《泗阳县志》记载，明朝著名诗人邹辑在《咏白洋河》中写道：“白洋河下春水碧，白洋河中多沽客，春风二月柳条新，却念行人千里隔，行客年年任往来，居人自在洋河曲。”清雍正年间，洋河大曲已行销江淮一带，颇受欢迎，有“福泉酒海清香美，味占江淮第一家”之誉，并被列为清皇室贡品。据记载，清乾隆皇帝第二次南巡时，在宿迁建有行宫，留住七天，品尝洋河大曲后挥毫留下了“酒味香醇，真佳酒也”的赞语。20世纪初，洋河大曲的生产有了进一步的发展。1915年，在全国名酒展览会上获一等奖；同年，参加巴拿马国际博览会获“国际名酒”奖状和金质奖章；1923年，参加全国物品展览获一等奖；同年，在南洋国际名酒赛会上，又获“国际名酒”称号，遂闻名于世，蜚声海内外。

洋河大曲以产地而得名，属浓香型大曲酒，系以优质高粱为原料，以小麦、大麦、豌豆制成的高温火曲为发酵剂，辅以闻名遐迩的美人泉水精工酿制而成。由于推行全面质量管理，沿用“老五甑续渣法”，同时采用“人工培养老窖低温缓慢发酵”、“中途回沙”、“慢火蒸馏”、“分等贮存”、“精心勾兑”等传统工艺和新技术，使洋河大曲日臻完美，形成了“甜、绵、软、净、香”的独特风格，被专家和广大消费者誉为浓香型大曲酒的正宗代表，“绵柔”型白酒的创始者。

成就是昨天的句号，开拓是永恒的主题。充满生机的2009年，满载着洋河人的憧憬和梦想。在新的起点上，洋河将进一步明晰超越的发展战略，制定更为具体的工作措施，继续推进五大转变，在发展目标和发展速度上求突破，在企业经营层次上求突破，在工艺、管理、营销的现代化上求突破，在发展要素的积累上求突破，在风云变幻的世纪之巅，再次谱写洋河全新的胜利乐章！

河南宋河酒业股份有限公司

公司简介

河南省宋河酒业股份有限公司，是我国著名的大型酿酒骨干企业，公司所在地——河南省鹿邑县枣集镇，是我国著名的传统酒乡，是道家鼻祖老子李耳的诞生地和道教文化的发祥地。工业园区占地面积80万平方米，建筑面积45万平方米，整体规模在全国同行业中雄居前三位。主要生产中国名酒“宋河粮液”、河南名牌“鹿邑大曲”及其系列产品。主导产品“宋河粮液”，1979年被评为河南省名优产品；1984年获轻工部银杯奖；1988年在全国名酒评比中，荣获国家金质奖和“中国名酒”称号。2004年荣获“中国驰名商标”，2005年荣获“中国消费者十大满意品牌”及广东省首届国际酒饮博览会金奖。公司拥有现代化的酿酒生产设施及严密的质量检测手段和完善的质量保证体系，并通过了ISO9001:2000国际质量认证。

发展历程

宋河酿酒有着深厚的历史渊源，始于春秋、盛于隋唐。公元前518年，孔子问礼于老子，曾酒醉枣集，留下“惟酒无量，不及乱”的处世箴言。公元743年，唐玄宗躬亲鹿邑，拜谒先祖，用“宋河酒”祭祀老子李耳，“宋河酒”从此名扬天下。改革开放后，宋河酒业发展迅速，现已成为一个庞大的现代化企业。2002年以来，宋河酒业经过辅仁集团全方位的资源整合及深层意义的转机换制后，注入了先进的市场运作经验和超前的经营理念，同时吸收一大批优秀的企业管理人才，组建了一支有实战经验的营销团队，与广大经销商结成利益共同体，力求建立长久的战略合作同盟，经销商得到足够的利润，企业实现长足的发展。

企业理念

“致力于客户的成功！”宋河人表示，所有宋河的客户，将从现在起，真正体验到“上帝”是什么感觉！以前经销商为提货跑断腿、磨破嘴的现象将不复存在。如今的经销商只需一个电话，要办什么事，全由公司的人员来办，每一个环节、每一个步聚都由公司的人去完成，环环相扣，一直到客户满意为止！宋河提出了“多赢”的营销理念——合作、共享、包容、多赢。公司重点推行终端直销和通路经销联动发展的运营模式，为确保经销商的经营利润和市场操作方向，公司开发出特定的终端直销产品，专供终端商向终端供货。终端直销注重口碑传播与消费带动，通路经销实惠推广，规模上量。实现客户让度价值最大化。

技术创新

宋河酒业注重白酒酿造新技术的开发研究与创新，在国内，同享有盛名的多个名优白酒厂家，进行技术交流；结合自身实际，博采众长，先后在人工老窖的培育与应用、强化大曲的研制、酶促反应，在黄浆水酯化技术中的应用，酒曲发生规律及预防技术研究等多项技术方面获得了突破，重点项目获省科技成果奖。在保证中国名酒“宋河粮液”内在品质稳中有升的同时，不断实施科研创新和技术改造，把传统工艺和现代技术有机结合起来，推陈出新，不断进取，高档商务酒“共赢天下”系列的隆重推出，就是以技术创新为核心的创新结晶。技术人员经过无数次的反复筛选和精心调配，以“精雕细刻”的绝妙手笔，适时地推出了继“共赢天下”系列酒之后的又一高档产品——“平和五年宋河粮液”，该酒具有窖香幽雅、醇甜净爽、香味协调、余味绵长、回味舒适的风格特色，进一步平衡了决定白酒协调柔和因素的酸、酯含量，增加了回甜感、醇厚感和醇和度，突出了以味为主的豫酒风格，产品一上市，很快就受到广大消费者的一致好评。主导产品“宋河粮液共赢天下、平和系列”，以越研越精的传统酿制工艺与现代化科技的完美结合，使千年佳酿具有“窖香典雅细腻、入口绵甜平和、余味爽净自然的独特风格”。

发展战略

承载巍巍华夏千百年来的磅礴大气，浓缩古老国度充满智慧的胜利哲学；延续泱泱中华舍我其谁的王者之风，书写又一段煮酒论英雄的绚丽诗篇。

随着市场经济的变革，宋河人依靠“质量第一”的理念去赢得消费者的信任。凭借胆略和气魄，靠科学的发展战略，以科技为先导，以质量求生存。数十年来，宋河对科技投入毫不吝啬，以质量制胜一如既往。科技的巨大投入，换来的是丰厚回报。宋河改制后，尤其辅仁集团经营宋河酒业以来，对宋河酒业再次进行了大规模技术改造，为宋河插上了新的腾飞翅膀。

宋河酒业，以市场为导向，全面贯彻实施“以绩效为核心的人本管理”战略，坚持走名牌持续发展之路，积极发掘宋河文化内涵，注重品牌建设与优势扩张，不断深化营销理念创新、科技创新、管理创新，全面提升企业综合管理水平和市场运营质量，继续遵循可持续性发展战略，传承五千年美酒文化，创新经营，优化管理，不断增强企业综合竞争力，追求卓越，永创一流，向国酒品牌的全球化道路迈进。

黑龙江越橘庄园酒业股份有限公司

黑龙江越橘庄园酒业股份有限公司（原黑龙江兴安红酒业有限公司）坐落于美丽的中国林都——伊春，公司总资产5.6亿元，占地面积21.12公顷，拥有员工156人（其中科技管理人员36人），为黑龙江省农业产业化重点龙头企业、黑龙江省自主经营的新兴民营科技型企业。公司设有省级企业技术中心“小兴安岭山野果开发利用研究所”，在北京、沈阳设有分公司，实现了产品国际化，企业规模化，管理科学化。公司将全力打造越橘庄园高端蓝莓系列酒品牌以及蓝莓果汁等系列山野果健康饮品。

公司以酿中国名酒、创世界品牌为发展战略，依托本土特有的蓝莓山野果资源，先后和多所大专院校和酒业科研人员组成了一支强有力的产、学、研科研队伍，聘请德国科格勒葡萄酒实业集团总裁、雷司令家族第五代传人费迪南德•科格勒先生为公司首席高级酿酒师，荷兰维特先生、比利时利昂先生、美国波尔特奎斯先生等为公司品酒顾问和品酒师。越橘庄园以浆果之王——野生蓝莓为原料，辅以德国高级调酒师五代传承的精湛技艺，借鉴古人的传统酿造方法，结合现代生物技术，生产出高档野生蓝莓系列酒及饮品。其中，野生蓝莓酒被评为2007年黑龙江省第六届优秀新产品奖一等奖，在2008年黑龙江省鉴定会上，新研制开发的野生蓝莓OPC酒和野生蓝莓白兰地酒，经国际品酒大师和国内著名专家鉴定结论为：“属国内首创，填补了国内空白。”国家有关部委和黑龙江省领导多次到企业视察，给予了很高评价。

公司野生蓝莓酒产品于2008年通过了ISO9001产品质量体系认证，2009年通过GB/T22000食品安全体系认证。生产过程采用国内独有的低温发酵生物技术，百分之百原汁发酵，2～6年低温酝酿窖藏。公司现有190多套发酵设备，100多套灌装设备，还将陆续购进新设备，以满足目前的生产需要。

本公司的主要产品包括：越橘庄园野生蓝莓白兰地、越橘庄园野生蓝莓OPC酒（高营养型花青素酒）、越橘庄园野生蓝莓酒(甜型)、越橘庄园野生蓝莓酒(半干型)等，欢迎新老客户惠顾。

香格里拉酒业股份有限公司

香格里拉酒业股份有限公司，于2000年1月成立，后经国家商务部批准为中外合资股份制企业，控股股东为香港金六福投资有限公司（HK0472）。公司注册资本5656万元，目前注册地为云南迪庆香格里拉经济开发区，经营范围是新型青稞干酒、白酒、葡萄酒及其他酒类的生产及本公司产品的销售、出口等业务，主导产品为“香格里拉”、“藏秘”、“香格里拉藏秘”、“大藏秘”青稞干酒、葡萄酒和“香格里拉•高原葡萄酒”等品牌。

本公司“青稞干酒制备技术”属世界首创，获国家发明专利，拥有完全自主知识产权。公司在云南迪庆藏族自治州采取“公司+基地+农户”的模式，在云南迪庆州德钦县澜沧江河谷管理着8000多亩优质葡萄园，并正在积极推进基地建设，有望在2010年实现州委、政府“十一五”规划的20000亩酿酒葡萄园的目标。

公司现有专职的研发机构，有实验室、小试、中试设备；有国家葡萄酒、果酒专家委员会委员、享受国务院津贴国家级专家1名为技术带头人，国家评酒委员5人，高级工程师6人，专兼职研发人员23人；拥有葡萄栽培、酿酒、微生物发酵、机电一体化、市场策划与营销、品牌策划与推广、分析与检验等专业的知识结构；有研发设备仪器46台（套），具备实施青稞酒、葡萄酒从实验室、小试、中试到产业化的全套试验，是目前全球唯一实现青稞干酒产业化单位。公司已经获得50余个商标和国家专利8项，其中“青稞干酒制备方法”属发明专利一项，“青稞干酒生产技术的研究与应用”被云南省政府授予“技术发明三等奖”。

“用心酿美酒，诚信铸品牌”是香格里拉酒业股份有限公司的宗旨。香格里拉酒业股份有限公司自成立以来，秉承这一宗旨，着力建立和夯实企业的各项基础工作，全力打造“大藏秘”、“香格里拉”品牌。香格里拉酒业股份有限公司建立了一套完整的ISO9001质量管理体系和HACCP食品安全管理体系，通过了国家质量监督检验检疫总局的QS（食品生产许可证）市场准入的认证。

公司经过近10年坚持不懈的努力，不仅使香格里拉酒业股份有限公司获得较好的发展，也得到了社会各界的充分肯定和部分消费者的信赖以及认可。公司先后获得了云南省“食品生产经营放心企业”、“迪庆州纳税先进企业”、“云南省质量效益型先进企业”和“执行标准先进单位”、“云南省农业产业化经营龙头企业”、“云南十佳雇主”、“质量信誉双满意”、“质量信誉AAA等级”单位等称号；“香格里拉”牌12%（vol）赤霞珠干红葡萄酒为“中国葡萄酒A级产品”，公司“香格里拉•藏秘”、“藏秘”、“香格里拉”商标为“云南省著名商标”，“香格里拉”牌葡萄酒为“云南名牌”产品；“香格里拉”品牌葡萄酒系列产品获得“中国食品行业最具影响力品牌”、“亚洲最具价值品牌500强”，“香格里拉•藏秘”品牌荣获“领袖云南•十大功勋品牌”、“中国红酒行业十大影响力品牌”；2008年“高原葡萄酒”获得国际金奖，2009年公司又被云南省政府评为“创新型非公有制企业”。

湖北劲牌有限公司

湖北劲牌有限公司创立于1953年，历经50余年的稳定发展，现已成为一家专业化的健康食品企业。公司产品从单一的白酒发展到以保健酒为主，以健康白酒、保健饮品为辅的健康型产业结构。目前，公司拥有面积400亩的劲牌工业园和3个原酒制造基地，年生产保健酒的综合能力达6万吨。自1988年以来，公司各项经济指标年均递增30%以上，一直保持着健康、稳定、快速的发展态势。1998年公司改制为民营企业，2008年销售额突破25亿元人民币，上交税金3.3亿元人民币。

作为专业化健康食品企业，劲牌首倡中药现代化在保健酒生产中的应用。2000年，技术中心成立，劲牌与北京大学、武汉大学、华中科技大学、中国药科大学、江南大学等著名高校或科研机构建立了长期技术合作关系，在中药工程、中药质量控制、中药药理、工业微生物等技术领域开展了持续的研究。技术中心现拥有完善的技术分析实验室和多台气相、液相色谱分析、紫外光谱分析等先进仪器，拥有技术研发人员60余人，其中有4名国家级评酒委员、7名省级评酒委员，并于2006年3月建立了博士后产业基地。

劲牌坚持以消费者为中心，坚持“按做药的标准生产保健酒”。自2001年以来，先后投入巨资建成了原酒制造基地、原料直供基地以及保健酒生产基地。原酒基地选址在植被茂盛、水质优良的深山之中，洁静的天然环境保证了原酒的品质；原料基地以GAP为指导规范，严格执行原料药材的实时采收与运输；保健酒生产基地按照国际食品安全认证的HACCP硬件要求，全面贯彻实施GMP管理规范，实现产品自动化无菌灌装。通过从源头到成品每一个生产环节的严格管控，保证了劲牌产品的专业品质。

劲牌坚持走可持续发展的和谐之路，以年均两位数的增长速度稳健发展。坚持科学营销，诚信经营，积极倡导健康饮酒理念；建立了完善的企业信息化平台，实现网络营销；坚持以人为本，为员工实现个人理性价值提供良好平台；在企业发展的过程中，也很注重保护赖以生存的自然资源与环境，并积极回报社会。

2002年，国家税务总局和中华全国工商联合会授予劲牌为“诚信纳税企业”；2003年，国家工商行政管理总局评定劲牌为“全国守合同重信用企业”；2003年12月，“劲牌”商标被认定为中国驰名商标；2005年10月，劲牌公司被全国文明委评为“全国文明单位”；2007年9月，劲牌保健酒被评为“中国名牌产品”。展望未来，到2012年，劲牌将发展为营业额超过40亿元，而主营产品“劲酒”将成为中国保健酒第一品牌的国内一流健康食品企业。

重庆诗仙太白酒业（集团）有限公司

据郦道元《水经注》记载，三峡地区在春秋时期即出产名酒巴乡清（江之左岸有巴乡村，村人善酿，故俗称“巴乡清”，郡出名酒）。诗仙太白酒因唐朝大诗人李白而得名。公元759年，李白因永王李遴与太子李亨争夺皇位一事受到牵连，被流放夜郎（今贵州），到达万州后李白滞留不去，特别喜爱万州的大曲酒，后遇朝廷大赦，重出三峡时写下了著名诗句“朝辞白帝彩云间”。后人为纪念他，遂将万州大曲酒命名为诗仙太白酒。酒坊在战乱中多次被毁、又多次重建。1917年，由现代诗仙太白的创始人鲍念荣先生再次重建后发展至今。诗仙太白酒1959年曾作为建国10周年庆典国宴用酒，曾多次被评为四川省名酒，1984年和1988年两次获得商业部金爵奖，1989年获得国家银质奖。重庆直辖以来，每年都被评为重庆市名酒、重庆市名牌产品、重庆市消费者最喜爱商品。企业2000年通过ISO9001认证，2005年通过酒类产品质量等级认证。诗仙太白商标是中国驰名商标、重庆市著名商标等。

在诗仙太白的发展过程中，各级领导给予了极大的关心和支持。老一辈无产阶级革命家薄一波同志曾为诗仙太白题词。全国政协主席贾庆林、全国人大副委员长陈昌智，以及四川省、重庆市历届领导杨汝岱、贺国强、蒲海清、包叙定、黄镇东、聂卫国、王鸿举等，曾先后到诗仙太白视察。薄熙来在商务部长任上时，曾到诗仙太白的展位视察，并与公司负责人合影留念。

诗仙太白是重庆最大的白酒生产企业，是重庆工业的一面旗帜，多次蝉联重庆工业50强。2007年9月，重庆市属大型国有控股集团——重庆轻纺控股集团，整体收购重庆市太白酒厂，重组为国有独资的重庆诗仙太白酒业（集团）有限公司。诗仙太白依托轻纺控股集团的资金实力与管理经验，踏上了快速发展的道路。下辖诗仙太白酒类销售公司、诗仙太白运输有限公司、诗仙太白包装有限公司、太晟商贸有限公司、吉林有限公司、南川古晟酒业有限公司等6家子公司，以及肉制品分公司、孙家分公司、铁路专用线等3家分公司。企业现有员工2018人，其中专业技术人员285人（国家级评酒委员4人、高级职称4人）。公司计划在2012年之前再投入5亿元扩大生产经营规模，到2012年，白酒产量达到5万吨，销售收入达到20亿元，实现税利8亿元，进入全国白酒前列，把诗仙太白打造成为全国知名品牌，中国文化名酒的代表。

黑龙江鹤城酒业有限公司

黑龙江鹤城酒业有限公司位于齐齐哈尔市甘南县，其前身为始于1927年的私营“永兴福”烧锅，1951年改制为甘南县制酒厂。经过几十年的积累，在2001年1月1日成功改制为黑龙江鹤城酒业有限公司。目前，公司占地面积52386平方米，年生产能力上万吨，技术力量雄厚、生产设备先进、检测手段齐全，是县财政收入的支柱企业，利税大户，省级先进企业，全国白酒工业百强企业。

黑龙江鹤城酒业有限公司地处生态环境保护良好的松嫩平原，是以“黑土地”为主导品牌的浓香型系列白酒专业制造商。公司已经通过ISO9001国际质量管理体系认证，所生产的38°、42°、45°、52°黑土地酒在2004年获得了中国绿色食品发展中心的绿色食品（A级）的认证，是黑龙江省名牌产品。“黑土地”是黑龙江省著名商标，在2008年9月又成为“中国驰名商标”。

黑土地酒，酒液清澈透明、芳香馥郁，香味协调，余香悠长，自1999年10月进入中原市场以来，以其优良的品质、独特的包装、合理的价位受到了广大消费者的青睐，被誉为“天赐东北第四宝”。黑土地酒除满足本省需求外，目前已经远销到辽宁、吉林、内蒙古、河北、北京、天津、河南、山东、江苏等地区。

黑龙江鹤城酒业有限公司永远坚持质量第一、信誉至上的宗旨，真诚为广大客户服务，以科技求发展，实施品牌战略，不断进行技术改造和产品结构调整，力求满足市场日益多变的需求。

安徽明光酒业集团三年回眸

安徽明光酒业（集团）有限公司前身是国家大型企业——安徽省明光酒厂。明光酿酒历史近900年，可谓源远流长，早在南宋建炎二年（公元1128年）这里就有酿酒的记载。企业与共和国同龄，白酒年产能力2万吨，拥有固定资产3亿元，占地面积28万平方米，近千名员工，多年来一直坚持自家酿造并保持数千吨窖藏优质基酒，确保“老明光”、“明绿液”酒的独特酒质与品味不变，深受广大消费者青睐。国务院总理温家宝同志先后两次亲临明酒视察，品尝了老明光酒并给予高度评价。尤其是近三年来，安徽明光酒业集团的发展让人不得不刮目相看：

全新体制造明酒

2005年11月11日，温州著名企业家王振爽重组原安徽省明光酒厂为安徽明光酒业（集团）有限公司。中国著名白酒专家王延才、刘员、高景炎、程光胜等应邀出席公司成立新闻发布会，白酒泰斗秦含章老先生为公司成立题词。

自家酿造创佳绩

2005年12月，在全省白酒技术大比武中，荣获两项冠军，团体第二；2007年12月，荣获一项冠军、一项亚军、两项季军，团体第二；2008年“迎驾”杯，荣获一项冠军、一项亚军的好成绩。

质量再上新台阶

2005年12月，老明光1949获安徽十大推荐品牌，老明光1980获安徽市场畅销品牌，绿色食品——明绿液酒荣获金奖。2006年1月“明绿液”荣获布鲁塞尔第七届国际评酒会银奖；2006年12月，老明光酒被省消协授予“消费者喜爱的名优白酒”、“商务畅销白酒”、“消费者喜爱的礼品白酒”称号。2007年老明光荣膺“中国驰名商标”称号。

可持续发展结硕果

2007年4月以来，不锈钢罐库、包装基地、质检中心、生态园区建设及地下酒库扩容工程、办公楼装饰装修竣工；2007年11月，全资购买省城合肥浙商创业大厦为酒业运营中心，实现老明光的新跨越。

公益事业扬美名

2006年6月，冠名老明光体育场、老明光艺术团；2007年9月独家冠名“重走徽商路——大型励志之旅”活动，独家赞助中央电视台拍摄专题片《汪道涵》。

企业形象再提升

2007年6月荣获“新徽商创业”先进企业称号；2007年12月明光酒业被国家轻工总会授予“全国轻工行业先进集体”称号。集团董事长王振爽当选为明光市、滁州市工商联（总商会）副会长、安徽省浙江商会副会长、滁州市浙江暨温州商会会长、中国城市经济协会常务理事。

安徽明光酒业已形成了团结拼搏、人心向上、奋发有为、和谐共处的良好氛围，此外，明光目前良好的发展态势也为明光走出安徽、走向全国打下了坚实的基础。

广东顺德酒厂有限公司

广东顺德酒厂有限公司创立于1953年，位于广东省珠江三角洲腹地，顺峰山下，德胜河畔，占地78000平方米，是广东省产销量最大的专业酿酒企业，豉香型白酒主要生产企业。先后被评为“国家二级企业”、“中国白酒工业百强企业”、“广东省百强民营企业”、国家信用等级“AAA级信用企业”、“佛山市先进民营企业”、“佛山市超亿元纳税企业”（前十名）；获“广东省酒类市场最佳品牌产品”称号。2008年公司“红荔”商标被认定为中国驰名商标。

公司2009年产销各类饮料酒达9万吨，其中年销售广东地产米酒（豉香型白酒）6万多吨，保健酒1万多吨，其他各类型饮料酒1万多吨，是广东省产销量最大的酿酒企业。

公司现有专业技术团队人员100多人，拥有较强的自主研发创新能力，获得多项外观设计及发明专利。产品坚持多元化发展，“红荔”牌系列酒品花色品种繁多，共有豉香型白酒、浓香型白酒、兼香型白酒、露酒、保健酒、黄酒、果酒类等共10多个品种30多种规格。各类酒品以“名、优、新”著称。红荔牌红米酒是“广东省名牌产品”，成为了广东市场地产米酒极具代表性的主力销售产品。红荔牌凤城液酒是“广东三大名酒”之一，仙泉特酿米酒、顺德二曲酒等产品先后多次获得国家、省、市等级别“优质产品”称号，红荔蛤蚧酒是广东省销量最大的地产保健酒，还有红荔木瓜酒、红荔丰荷酒、青梅酒、红荔思酒、南枣糯米酒、顺德特曲酒等产品，销售网络覆盖广东、海南、广西、浙江、江西、香港、澳门等省市和自治区。产品品质优良，市场享誉甚高。

公司自1993年以转换企业经营机制为动力，对企业的管理架构、分配制度、营销管理等方面进行了一系列改革，并致力于完善现代企业制度，精益求精，于2001年通过了ISO9001质量体系认证。

近年，随着社会健康饮食观念的提升和食品安全生产的迫切需要，公司结合酿酒生产的工艺特点，确立以“保持传统，优于传统”为指导思想，进行了一系列工艺技术改革研究。近几年大力进行厂房设备的升级改造，现已基本实现厂房设备的更新换代，建成较具规模的现代化厂房，设备自动化程度高，并推行现代化管理模式。严格按照食品、保健品良好生产规范（GMP）等要求对原材物料、半成品、成品等各厂区进行布局和建设；设置各级别洁净车间，改传统的开放式生产为密闭式生产，以确保食品安全；配置先进的检测设备，设立超过80项自主检测项目，对原料验收、在制品检测、成品检验整个生产过程进行有效监控，以确保产品质量和安全卫生。先后获得白酒、果酒、其他酒（配制酒、其他发酵酒）生产的QS认证，2008年，获得保健酒良好生产规范（GMP）认证。

今后，公司将以产品质量、食品安全为生命，市场需求为指导，品牌建设为主线，继续提高研发能力，改进工艺技术，朝绿色生产、清洁生产、规模生产的可持续发展道路迈进，用实力创造好品质，用稳定优良的品质来赢得顾客的长期信任和社会的肯定，为企业赢取更长远广阔的发展空间，与消费者共同成长，竭诚服务大众，造福社会。

北京红星股份有限公司

60年前的5月，红星的前身即华北酒业专卖公司实验厂在北京朝阳区建国路诞生。其后，历经国营北京酿酒厂、北京酿酒总厂、北京红星酿酒集团公司等几个阶段，最终于2000年改制组建了北京红星股份有限公司。

红星在北京白酒企业中属于建厂最早、注册商标最先、销售额最高、销售区域最广、上缴税金最多的企业；红星是把“二锅头”这一工艺名称作为产品名称使用的首创者，红星申报的“北京二锅头酒传统酿制技艺”入选“国家级非物质文化遗产名录”；红星被认定为“中国驰名商标”、“中华老字号”，成为北京二锅头酿制技艺的正宗传承者、中国二锅头酒的领军品牌。

红星在60年的风雨历程中，经历了前30年、后30年两个阶段，实现了两次大的飞跃。

在1949年至1978年的第一个发展阶段，红星接收了北京12家最大的酿酒作坊，传承光大了北京二锅头酿制技艺，建成了门类齐全的大型骨干企业，实现了从无到有、由小到大的飞跃。红星大搞综合利用的经验曾向全国推广。

在1979年至2009年的第二个发展阶段，红星借助改革开放的东风，致力于体制、机制、经营、管理、产品和技术的创新，实现了从民牌向名牌、从区域性品牌向全国性品牌的飞跃。

红星目前主要从事白酒和果露酒的生产，年产量8.5万吨，销售收入近15亿元，上缴税金4亿元。闻名中外的大众名酒红星二锅头于1949年9月首批上市，成为迎接新中国诞生的献礼酒。60年来，红星二锅头作为北京二锅头酒的开山鼻祖，靠着消费者一口一口的品尝，成为京味文化和北京特产的典型代表，成为北京的名片和中国的国粹，为祖国酿酒工业和北京都市工业的发展作出了重要贡献。

红星二锅头1949年产量只有20吨，1978年达到1000吨，2008年实现8.5万吨。红星二锅头作为北京特产，在计划经济时期只能在北京地区销售；而现在，红星二锅头不仅行销全国，而且在世界许多国家都可以看到它的身影。红星二锅头已连续多年居全国清香型白酒销量第一位，居全国白酒市场综合占有率前4位。

红星被一些人士形容为“红透京城、红遍全国、红火世界”，这主要得益于品牌建设。60年来，特别是改革开放30年来，公司全力以赴培育红星品牌，千方百计打造红星名牌。

一是以质量奠定品牌根基。红星在历次国家质量抽检中均为合格产品，成为老百姓认可的“放心酒”。

二是以创新提高品牌价值。随着市场需求的变化，红星酒也在不断创新，形成百花齐放、雅俗共赏的产品群。红星二锅头不但是以“物美价廉”闻名的“大众名酒”，而且近年来不断开发高档产品，使红星既是民牌又是名牌的特色更加突出，使红星既能进入寻常百姓家也能登上大雅之堂。

三是借科技壮大品牌实力。红星继承北京800年烧酒工艺和300年二锅头酿制技艺，并与现代科技相结合，不断提高技术水平。

四是靠管理促进品牌发展。红星把内抓管理质量、外抓市场营销作为企业工作的重点，并且不断地引进先进的管理理念和管理模式。红星连续三次荣获北京市企业管理现代化创新成果一等奖。

五是以诚信铸就品牌灵魂。仅红星股份公司从2000年成立至2008年，就上缴税金22个亿。公司荣获“北京市纳税百强企业”、“全国守合同重信用企业”、“全国用户满意产品”等称号。

六是用文化提升品牌形象。企业赋予红星品牌浓厚的国粹文化、京味文化、红色文化底蕴，形成了丰富多彩的品牌文化。

60年的奋斗使红星品牌从“榜上无名杯中见”到“大展宏图征四方”，由被动固守到主动出击，成为闻名中外的白酒品牌。

在60年的岁月中，红星还为发展北京的酿酒工业作出了突出贡献。从建国起到20世纪60年代初，北京只有红星一家生产二锅头酒。1965年，北京酿酒总厂受政府委托成为北京酿酒行业的组织者和领导者，归口管理各郊区县酒厂，帮助他们发展生产、提升技术。其后又放弃了对“二锅头”三个字的商标注册，让北京的其他酒企也能生产二锅头酒。如今，二锅头酒在全市酒厂的共同努力下，年产量已近20万吨，成为我国产销量第一的白酒品种。

红星的辉煌不仅缘于职工的拼搏奋斗，更得益于党和政府的领导、行业协会的支持和社会各界的厚爱。朱德、李先念、余秋里等老一辈革命家曾亲临红星视察；敬爱的周恩来总理曾于1970年亲自听取总厂厂长汇报综合利用的情况；贾庆林同志也曾到红星调研；周铁农副委员长等领导在“厂庆”的时候也亲临大会，让红星人深受鼓舞。

今后红星将认真贯彻“人文北京、绿色北京、科技北京”的首都发展战略，以“报效国家、服务社会、回报股东、善待员工”为宗旨，踏踏实实做事，认认真真做酒，堂堂正正做人，把“红星”这个二锅头的金字招牌擦亮，再铸红星新的辉煌！

湖北省石花酿酒股份有限公司

湖北省石花酿酒股份有限公司的前身是石花街著名的“黄公顺酒馆”，是湖北省政府重点扶优扶强的白酒品牌企业。公司占地面积11万平方米，总资产8000多万元，现有职工700多人，其中各类专业技术人才120多人。石花系列酒连续20年荣获湖北省优质产品称号，1999年通过ISO9000:1998质量体系认证，2006年7月又重新通过了ISO9001:2000质量管理体系认证。石花霸王醉在第三届厦门世界食品博览会上被评为金奖，“石花”牌商标连续五届被评为湖北省著名商标，连续九届被湖北省工商局评为“守合同 重信用”企业，2007年至2008年被湖北省工商局确认为年检免检企业，是襄樊市政府确定的农业产业化龙头企业，襄樊市上市后备企业。

公司主要产品有：清香型石花霸王醉，浓香型石花二品、三品、五品、七品、九品、稀客、珍品、金牌等系列酒。

石花霸王醉是公司形象和拳头产品，以高粱、大麦、碗豆三种粮食为主要原料，采用清蒸两次清地缸分离发酵工艺，以优质矿泉水精心酿造，以上好原酒、20年窖藏、原汁灌装三大特殊工艺和70°无与伦比的独特口感，荣获“中国第一高度”、“湖北极品酒”等美誉，是襄樊市对外交往的新名片。研制开发的具有酒文化特点的二品、三品、五品、七品、九品、金牌、珍品浓香型石花系列酒投放市场以来，深受消费者喜爱，已成为襄樊、十堰、随州及周边地区消费者馈赠亲友、招待佳宾的首选用酒。是鄂西北地区名副其实的知名品牌，五品石花酒被誉为“最佳公务酒”，三品石花酒被誉为“高级公务酒”，二品石花酒被誉为“国色天香贵宾酒”。

2002年以来，公司大胆改革，励精图治，外树品牌拓市场，内抓管理创效益，企业在高速发展、创造辉煌的同时，坚持“三关、四为”的核心品牌价值和企业文化，始终坚持消费者至上，与经销商、合作伙伴共同成长、合作双赢的经营理念。

在石花酒快速发展之际，石酒公司愿与社会各界有识之士和广大消费者携手共进，为发展鄂酒文化，打造知名品牌，走向全国作出不懈努力。

四川宜宾红楼梦酒业集团有限公司

四川宜宾红楼梦酒业集团有限公司位于“万里长江第一城”酒都宜宾。前身为国家二级企业四川宜宾红楼梦酒厂。

公司距宜宾中心城区15千米，距宜宾机场仅20分钟车程，交通极为便利。

公司现有陈年老窖1200口，年产优质五粮浓香型曲酒5000余吨；现有员工近千人，其中拥有技术职称员工占30%。

公司位于岷江河畔丹山岩下，山清水秀、空气湿润、土层丰厚、黏软适度、回潮性好，更有“丹山碧水”的地下良泉，水质清澈、甘冽、无污染，富含多种微量元素，适宜多种微生物的生长，酿酒条件得天独厚。

公司生产的“梦”、“红楼梦”、“红楼梦金钗酒”等系列品牌以优良的品质深受消费者喜爱，被评为中国文化名酒、四川名酒、四川省著名商标，荣获首届中国食品博览会金奖、92香港国际食品博览会金奖、第五届亚太国际博览会金奖等殊荣。

专家品评后评价：醇甜净爽，香味协调，浓而不艳，低而不淡。白酒专家朱梅、周恒刚、熊子书、苗志岚、金凤兰、王秋芳、高景炎、黄生明、李敏等均给予高度的评价；酒界泰斗秦含章品尝后更是赞誉：“52度梦酒在口感上与五粮液不相上下。”

优异的品质和与民族文化的良好结合，引得文人名家广泛赞誉：著名红学家吴世昌教授盛赞“莫道醉魂飞不起，一杯梦酒上红楼”；书法家、诗人廖沫沙题诗“丹山碧水万家乐，玉液琼浆四海香”；端木蕻良、阳翰笙、姚雪垠等均交口称赞，当代书法大家启功先生品尝后更即兴挥毫，为公司产品题写系列商品名和厂名，成为佳话。

公司已经确定两大发展目标：一是用10～15年时间，总投资30～35亿元人民币，把公司建设成为年产10万吨以上基酒的现代化白酒生产基地，成为中国历史文化名酒城；二是充分挖掘红楼梦名著的文化内涵，把公司建设成为著名的红楼梦文化旅游风景名胜区，打造红楼梦旅游度假村。

为实现上述两大目标，公司正在进行资产重组，计划引入大资金，进行大投入，谋求大发展。2008年6月25日，公司与四川宜宾怡安投资集团有限公司和宜宾县人民政府签署协议，地方政府给予优惠政策扶持。公司即将启动大规模技改工程，首期技改工程达到年产3万吨白酒生产规模。

公司大力弘扬红楼梦文化，全力打造梦酒系列品牌，10年内力争年销售收入达到50亿元、利税10亿元。

我公司诚邀海内外客商、企事业单位洽谈合资合作，经销产品，共谋发展。合作方式可以是在海外建立商品包装中心和总经销机构等，实现合作双赢，让红楼梦名酒享誉全球。

佛山市太吉酒厂有限公司

佛山市太吉酒厂有限公司创立于清朝道光十年（1830年），原名为“陈太吉酒庄”，厂址位于石湾朱紫街即现时的太平街106号，迄今已有179年历史，是广东真正还在原址生产的百年老字号，以善酿纯正米酒饮誉中外，年生产能力达4万吨，并通过了ISO9001国际质量体系认证，是“中国白酒百强企业”和“国家信用等级AAA级”大型酿酒企业。

翰林学士陈如岳，首创豉香酒技艺

创建于清代道光十年（1830年）的“陈太吉酒庄”第三代传人陈如岳登甲第二，光绪皇帝钦点翰林学士。1895年，陈如岳因不满官场腐败故而辞官返回乡里潜心酿酒，在继承家传的酿酒技艺基础上，不断研究新的酿酒技艺。他受到本地人喜欢使用药材、蛇等浸泡米酒和自家用酒糟饲养猪的启发，尝试在米酒添加“肥肉”的陈酿，首创了“肥肉酿浸，缸埕陈藏”的酿酒工艺，经过反复试验和比较，确认了添加“肥肉”对提高米酒的酒香、酒味、酒液澄清度有很大作用，并以此创造了“陈太吉酒庄”独有的米酒酿酒技艺。因泡在酒中的“肥肉”像晶莹剔透的“冰块”，且酒液清澈透明，冰清玉洁；而旧时米酒俗称为“烧酒”，陈如岳创造性地把这种米酒取名为“肉冰烧”，又因“肉”字不雅致，粤语上的“肉”字与“玉”同音，于是就把“肉”字改为粤语同音的“玉”，确定“玉冰烧”三字为酒名。从此陈太吉酒庄的米酒大受当地民众欢迎，陈太吉酒庄也因玉冰烧酒名闻遐迩，其独特的酿制米酒技艺一直传承至今。经过170多年的发展积累，几代太吉人勤劳努力，陈太吉酒庄酿酒技术工艺和精神得到发扬壮大，企业规模从酒作坊发展到现代化大型酿酒企业。

推广粤酒文化，制定米酒国标

米酒是广东特色文化之一，是“广式生活”三宝之一，而太吉酒厂是米酒鼻祖和发源地，肩负着把广东特色文化向全世界传播和推荐的重任。为了推动米酒文化向国内外市场渗透，太吉酒厂正在积极向国家申报“中华老字号”、“国家级非物质文化遗产”，并申请原产地保护工作，把石湾酒打造成为“中国米酒行业的第一品牌”。1982年，石湾酒厂（现太吉酒厂）出资联合多家科研机构进行玉冰烧酒香气研究，研究结果发现，石湾玉冰烧含有152种香气成分，并以此形成完整工艺标准。1984年，石湾玉冰烧获得“国家优质酒”称号，是至今广东地产米酒唯一获此殊荣的产品。1996年，以石湾玉冰烧工艺标准为基础，由太吉酒厂主导起草的GB/T16289—1996《豉香型白酒》国家标准正式颁布执行。2006年，石湾玉冰烧被评为国家级米酒香型（豉香型）唯一代表产品，成为国家11种白酒香型代表酒中唯一一个产自广东的代表酒，与茅台、五粮液等一同成为国家名酒代表。2007年，石湾玉冰烧被国家授予“中国历史文化名酒”称号。2008年，全国标准委员会委托太吉酒厂担任豉香型白酒分技术委员会秘书处单位。2009年石湾玉冰烧酒酿造技艺正式入选广东省第三批非物质文化遗产名录，这标志着太吉酒厂这种百年传统酿制技艺得到政府、社会的认可，让石湾玉冰烧文化特色更丰富和突出。

百年酒庄酿造广东好酒

太吉酒厂为改变广东没有高档好酒的局面，凭借百年历史技术和原酒积累，组织行业权威专家和厂内多名老师傅，终于在2008年推出一款具有战略性意义的高端产品——广东石湾酒，该酒的零售价格达到398元一瓶。广东石湾酒酒液选用太吉酒厂百年陶埕陈藏15年的老酒，借助石湾深厚的陶瓷文化底蕴设计出一款极具艺术的陶质酒瓶，把米酒文化和石湾陶瓷文化相融合，地方特色文化非常突出，是广东地产米酒首个高档年份酒，被业界誉为“鉴赏级米酒”称号。该酒的面世得到高端消费市场的热捧，销售量呈高速增长态势，在没有发力推广宣传，仅靠消费人群口碑传播情况下，已出现时常供不应求的情况，发展前景非常好。目前，广东石湾酒经常被政商务场合选定为接待用酒，成为广佛两地高端人群酒品消费的新宠。

湖南浏阳河酒业有限公司

浏阳河酒业公司成立于1998年9月7日，是拥有23家全资子公司，固定资产达20亿元的湖南中商集团的主要产业。当年10月，正当中国白酒业洗牌之际，“浏阳河”与“五粮液”联合打造的浏阳河第一代产品，在“唱中国名歌、喝中国名酒”的广告宣传中破壳而出。 浏阳河酒以一位伟人、一条名河、一首名歌为品牌内涵，通过10年的励精图治，很快在中国白酒市场构建起了强大的品牌张力，衍生了“浏阳河”、“金世纪”、“红太阳”、“喜洋洋”、“青花瓷”、“年份酒”、“金世纪新品”等系列产品。“浏阳河”成为中国知名白酒品牌，经权威机构评估，其无形资产价值逾100亿元。

浏阳河酒以其独特的品牌内涵和卓越的市场表现，先后获得国家、省、部级30项荣誉称号，其中带“中国”或“全国”二字的殊荣就有13项：“跨世纪中国著名白酒品牌”、“中国优质白酒诚信品牌”、“中国驰名商标”、“中国八大最具投资价值白酒品牌”、“中国白酒产业十大竞争品牌”、“中国酒类流通行业诚信企业”、“中国酒业百佳畅销品牌”、“中国十大影响力白酒”、“中国十大新名酒”、“中国消费者最喜爱商标”、“全国重点保护品牌”、“中国糖酒食品业畅销品牌”、“中国名优品牌”。

作为伟人定位的浏阳河酒，于2000年成为全国“两会”和“第27届奥运会中国体育代表团庆功宴会”的指定专用白酒以来，先后6次摆在人民大会堂的餐桌上。引起了胡锦涛、温家宝、回良玉、曾庆红、李岚清、张万年、丁万根、董建华、张克辉、杨汝岱、布赫、彭冲、王光英等党和国家领导人的关注，并为浏阳河酒签名题词。中商集团总裁、浏阳河酒业董事长彭潮于2008年4月12日在海南受到胡锦涛主席的接见。

浏阳河酒于2004年至2008年先后八次亮相博鳌，成为“博鳌亚洲论坛年会宴会专用酒和礼品酒”，受到美国前总统布什、英国前首相布莱尔、捷克总统克劳斯、菲律宾前总统格洛丽亚•阿罗约、澳大利亚前总理霍克、斯里兰卡前总理维克勤马纳亚克、香港特区行政长官曾荫权等一些国家和地区政要的高度赞赏。

浏阳河酒业为打造“百年品牌”、“百年企业”，进一步推进浏阳河酒的发展，于2006年立项创建一座投资27.5亿元、占地1500亩、年产10万吨、中南地区最大白酒生产基地浏阳河酒国际名酒城。此项目经过3年筹备，定于2009年6月22日奠基开工，计划3年竣工投产。

中信国安葡萄酒业股份有限公司

中信国安葡萄酒业股份有限公司（股票代码：600084，曾用名：新天国际经贸股份有限公司、新天国际葡萄酒业股份有限公司），系经新疆生产建设兵团批准，由新天国际经济技术合作（集团）有限公司、中国成套设备进出口（集团）总公司、新疆北中房地产开发有限公司和新疆生产建设兵团投资中心共同作为发起人，于1997年7月11日以募集方式设立的上市公司，经历次增资扩股后，总股本现为80991.9万股。中信国安集团公司直接持股比例为20.96%，通过新天国际经济技术合作（集团）有限公司间接持股21.69%，为公司控制股东，公司实际控制人为中国中信集团公司。目前公司总资产为36.6亿元，净资产为11.2亿元。

公司主营业务包括：葡萄种植、葡萄酒的生产和销售、农业种植等。公司依托新疆独特的资源优势，大力发展酿酒葡萄特色产业，引进赤霞珠、霞多丽等15个世界酿酒葡萄名种，已建成东起阜康市、西至伊犁霍尔果斯口岸的12万亩亚洲最大的酿酒葡萄基地,分布在天山北麓和伊犁河谷，与美国加州和法国波尔多两大世界知名产区同处于北纬44°酿酒葡萄的黄金生长区域。产区具备富含钙质的沙砾土壤，热量丰富（年活动积温3500℃左右），年均2800小时以上的日照时数，有利于葡萄糖度、色素和芳香物质积累；干燥少雨，年降水量200mm左右，且冬季严寒可有效杀灭越冬病、虫源，减少病虫害的发生。其中新疆天山北麓的酿酒葡萄种植基地位于“博格达‘人与生物圈’保护区”范围内，是以天山博格达生物圈原生态、零污染的先天生态环境优势建立的中国目前唯一生态葡园产地。10000年的冰川雪水灌溉、450～1000米的海拔高度等先天的生态环境条件成就了地处天山北麓的天山天池北坡葡园、天山天池葡园和天山北麓昌吉葡园三个小产地生态葡园，为酿造优质、生态健康的葡萄酒打下坚实基础。

公司引进世界一流酿酒设备，在疆内建成了5万吨玛纳斯酒厂、1万吨石河子西域酒厂、1万吨霍尔果斯酒厂、3万吨阜康酒厂；在疆外建成了2.5万吨上海新天阳光、3万吨山东金创新天两个灌装厂，生产规模达10万吨，储酒能力15万吨，成品酒灌装能力8万吨，是亚洲最大的葡萄酒生产企业。公司销售网络覆盖全国，已在国内设有23个分公司、办事处，产品行销30个省、市、自治区；同时，公司产品还走出国门，销往法国、德国、瑞典、荷兰、哈萨克斯坦等国家。

技术创新是企业发展的不竭动力。公司注重先进科学技术的引进与应用，致力于培养一批优秀的高技术人才。建立了国家博士后科研工作站和省级技术中心，与中国农业大学、西北农业大学、石河子大学、山东酿酒葡萄研究所等建立了紧密联系与合作关系，为公司长远发展出谋划策。公司现有5名国家级评酒员和12名省级评酒员，聘请了2名外国优秀酿酒师，培养了40余名硕士研究生，在公司关键岗位上发挥着重要作用。

公司1999年通过了ISO9002国际质量管理体系认证，2002年成为国家农业产业化重点龙头企业，2005年成为国家经济林龙头企业。葡萄酒产品获得了“绿色食品”、“有机产品认证”、“新疆名牌”、“新疆著名商标”、“中国名牌”、“中国驰名商标”等称号，在一系列国内外葡萄酒评酒大赛中屡次摘金夺银。其中2004年2月，尼雅干红葡萄酒和西域沙地干红、西域赤霞珠干红在“第五届中国国际葡萄酒及烈性酒评酒会”获2金1银3枚奖牌；2005年4月，在布鲁塞尔国际葡萄酒评比大赛中，西域赤霞珠（2002）干红成为中国葡萄酒唯一获得金奖的产品。

公司以尼雅产地生态葡萄酒系列、西域沙地葡萄酒系列为主力产品。尼雅产地生态葡萄酒根据产地先天生态条件、原料标准、酿造标准、酿酒师、贮藏标准等质量等级划分标准，分为奢藏级、珍藏级、特酿级、优酿级4个质量等级，为消费者提供安全、健康、高品质的葡萄酒。

展望未来，公司将以“倡导产地生态消费，引领品质生活”为核心理念，以“向消费者提供安全、健康、高品质的产地生态葡萄酒”为核心价值；以“产地生态”为战略支撑点，整合原料基地的资源优势，利用新疆的原生态、阳光、气候、零污染等独特的生态产区条件，营建发展产地生态型葡萄酒，打造尼雅产地生态葡萄酒、西域沙地生态葡萄酒等系列核心竞争力产品，形成原酒产业和品牌酒产业的同步发展，致力于成为中国产地葡萄酒的倡领者。

山东古贝春集团有限公司

山东古贝春集团有限公司地处鲁西北平原武城县境内，濒临京杭大运河，当地水美谷丰，物华天宝，酿酒资源丰富，历史记载以五大作坊闻名，分别是何家的“小米香”、胡家的“杂粮酒”、柴家的“红高粱”、马家的“地瓜烧”、孙家的“状元红”。新中国成立后，当地政府集五家为一体，以其祖传秘籍综合为一，于1952年在运河东岸酿酒古作坊建厂（国营武城县酒厂）。1999年改制为山东古贝春有限公司。公司现有员工2300余人，总资产6亿元，年生产优质白酒80000吨，是全国纯粮食酒重点生产厂家之一。主导产品“古贝春”酒，2005年在全国众多名酒品牌中脱颖而出，38度古贝春酒荣获全国浓香型白酒质量鉴评第一名，52度古贝春酒荣获第二名，同年底“古贝春”商标荣膺中国驰名商标。古贝春酒还先后摘得中国公认名牌、中国著名品牌、中国历史文化名酒、中国白酒工业十大区域优势品牌、酒类产品质量等级认证产品、中国最具影响力的知名品牌、中国文化名酒、全国白酒市场十大用户满意产品、中国白酒产业十大著名品牌、全国优质保健产品金鹤杯、首届中国食品博览会银奖、中华酒文化包装装潢大赛二等奖、巴拿马国际金奖、中国酒行业装潢大赛金爵奖、国家质量检测合格产品、中国国际农业博览会名牌、全国酒类产品质量安全诚信推荐品牌等荣誉称号，2006年古贝春酒被国务院机关事务管理局指定为特供酒，2007年被中国食品工业协会批准使用“纯粮固态发酵白酒标志”，被国家商务部公示为第六届“中国名酒”。企业主要效益指标位居全国同行业综合排名前十六位，2006年企业无形资产价值被国家权威机构评定为40.5亿元。

企业也先后被评为“中国质量服务信誉AAA级企业”、“中国企业最佳形象AAA级”、“中国白酒工业百强企业”、“全国守合同重信用企业”、“中国商业名牌企业”，“全国五一劳动奖章”、“中国酒文化优秀企业”、“中国酒文化百强企业”、“全国酒行业明星企业”、“中国工商信誉度百佳企业”、“中国酒类流通诚信企业”、“全国诚信经营文明服务双优示范单位”、“全国企业文化建设工作先进单位”、“中国500家最大饮料制造企业”、“全国质量效益型先进企业”、“全国市场诚信商贸联盟企业”、“商务部AA级信用企业”、“全国重点工业旅游示范点”。灌装车间被共青团中央授予全国青年文明号单位,公司档案管理被评为全国档案建设目标管理国家二级。

展望未来，古贝春集团有限公司将积极应对各类挑战，走“一业为主，多元经营”之路，加快企业发展步伐。一个长江以北最大的以五粮型白酒生产为主业的现代化大型企业，正立足山东成为全国酒林中一颗熠熠闪光的明珠。

甘肃滨河食品工业（集团）有限责任公司

企业名称：甘肃滨河食品工业（集团）有限责任公司

成立时间：组建于1997年，其前身为成立于1984年的滨河酒厂

企业规模：截止到2008年底，甘肃滨河食品工业（集团）有限责任公司总资产已达4.9亿元，员工1400多人。集团现拥有全资、控股和参股企业20个，其中酿酒生产基地3个，饮料、塑料瓶盖、豆制品、包装纸箱等生产厂各1个，酿酒葡萄基地、酿酒高粱基地、云杉育苗基地各1个，商贸公司8个，企业技术中心1个。经过20多年的持续创业，现已形成了产、加、销一条龙，贸、工、农、科一体化的发展格局。

行业排名：中国白酒工业100强（位居第41位），甘肃省100强工业企业之一。滨河牌商标连续四年蝉联甘肃省著名商标，现为中国驰名商标。

生产规模：滨河集团核心产业是白酒和葡萄酒，年生产能力分别达到2万吨和1万吨。集团在具有显著地域优势的甘肃张掖、四川蒲江和贵州茅台镇均建有优质原酒酿造基地。

工艺技术水平：其生产工艺达到全国白酒行业领先水平。其中“九轮发酵工艺”的若干关键工艺已申报或获得国家专利。集团着力打造的战略性品牌主要有“九粮王”、“九粮液”、“九粮国风”、“九粮春”、“滨河粮液”、“陇派”系列白酒及“国风”干红葡萄酒等。

滨河牌系列白酒为甘肃省“名牌产品”和“陇货精品”。

事业未竟，滨河集团将继续秉承“人至诚、酒至醇、业至远”的经营理念，立业为民，造福社会，工商联手，共谋发展，为陇酒走红大江南北，积极扮演好品牌研发的主角和攻城掠地的主角。

甘肃紫轩酒业有限公司

甘肃紫轩酒业有限公司是酒钢集团所属的嘉峪关宏丰实业有限责任公司控股的以葡萄酒酿造和经营为主的企业。设计规模为年产中、高档干红葡萄酒5万吨，一期工程建设规模为年产优质葡萄酒1万吨。目前生产的酒主要有：干红系列葡萄酒、干白系列葡萄酒、冰白冰红葡萄酒、利口酒、烈性葡萄酒（白兰地）等五大系列20多个品种的葡萄酒。

自2005年6月17日开工建设以来，紫轩酒业现已完成的建设项目有压榨、发酵、储酒、灌装等具有国际先进水平的葡萄酒生产设施。其中13700平方米的紫轩1号窖是目前亚洲单体面积最大的葡萄酒酒窖，同时建成的还有饮料生产线和装备精良的葡萄酒研发中心。紫轩酒业严格按照国际葡萄酒组织(O.I.V)的标准，引进先进的法国压榨机、德国错流过滤机、意大利灌装线及近万只法国橡木桶，聘请国内著名葡萄酒酿造专家，采用先进葡萄酒酿造技术，精心酿造出中国典藏级有机葡萄美酒，产品投放市场，深受用户好评。其中，紫轩高档“梅尔诺”干红葡萄酒被指定为国宴用酒，紫轩“典藏赤霞珠”、“冰酒”、“盛焰烈性葡萄酒”在2009年北京国际酒业博览会上深受国内外专家好评，部分产品直接或间接销售国外。2006年我公司荣获“中国酒类流通诚信企业”，“紫轩”牌葡萄酒荣获“中国葡萄酒最具影响力的著名品牌”、“全国名酒博览会金奖”、“甘肃省葡萄酒优秀产品”、“甘肃省消费者放心食品”、“国家合格评定质量信得过产品（重点推广单位）”等殊荣。2007年在北京举行的法国波尔多•中国国际葡萄酒与烈酒评酒会上，“紫轩陈酿赤霞珠干红葡萄酒”夺得了大会唯一的特别金奖，“紫轩冰白葡萄酒”、“梅尔诺干红葡萄酒”分别获得金奖、银奖。

紫轩酒业以技术创新和管理创新为先导，通过了“ISO9001质量管理”、“HACCP食品安全管理”、“职业健康安全管理”、“环境管理”等体系认证。紧紧把握时代发展潮流，高起点，高标准，严要求，努力将紫轩产品打造成中国乃至全球葡萄酒行业的强势品牌。

惠泉啤酒创新质量管理推进企业发展

福建省燕京惠泉啤酒股份有限公司是泉州市最早的地产啤酒企业、全国第六家啤酒上市公司，也是福建省唯一的啤酒上市公司，名列中国十佳啤酒企业。公司现拥有惠安本埠南厂、北厂、福鼎、江西抚州四个啤酒生产基地，年生产能力60万吨，总资产15亿元，员工2200多人，并以啤酒生产为龙头，在各生产地域带动纸箱、商标、制盖、运输等一系列相关产业的发展。多年来，公司始终将强化产品质量作为企业持续健康发展的基石，以科技为先导，以创新为动力，以效益为中心，成功走出了一条质量效益型的发展道路，实现了“惠泉啤酒”由地方品牌向中国名牌、由产地销到销地产的跨越式发展。

引进先进管理工具，提升企业管理水平

公司长年以来高度重视质量管理工作，不断引进先进国际管理标准，建立科学健全的质量管理网络。

1.建立以ISO9001质量管理体系为框架的质量、食品安全、环境、职业健康安全管理“四合一”管理体系

公司早于1995年全国行业第三家、全省行业首家通过ISO9002质量保证体系和中国方圆标志产品质量双认证，质量管理体系持续有效运行十多年，全员质量忧患意识较强，形成了全员追求质量、创造质量的软环境。2001年公司通过ISO9000:2000质量管理体系转版、2002年引进HACCP食品卫生安全管理体系并通过认证、2004年引进ISO14001环境管理体系并通过认证，每一次引进新的管理体系及进行认证，都全面提升了公司的管理水平，加快了与国际先进管理标准的接轨，促进了公司基础管理和现场管理工作的进一步夯实，确保公司产品质量的不断提升。2006年，为使质量管理工作更加系统化、规范化、科学化和低成本化，公司根据实际成立了管理体系整合小组，决定以ISO9001质量管理体系为框架，对质量、食品安全、环境、职业健康安全管理四个管理体系进行“四合一”全面的整合。公司先后编制了完整涵盖四个管理体系要求的管理手册和32个管理程序文件及大量的第三层次文件，进行了管理体系内部审核和管理评审，并于12月通过了中质协和方圆委两家认证机构的联合认证审核。审核小组充分肯定公司“四合一”管理体系整合工作走在国内啤酒行业最前头，是最完整的一次整合，体系运行是适宜的、充分的和有效的，将有利于公司产品质量的全面创新管理，逐步产生出1+1＞2的合力效果。整合型管理体系的充分有效运行，给公司带来了显著的经济效益和社会效益。通过四个管理体系的认证，向广大消费者和社会相关方证实了公司有能力向消费者提供安全、健康、优级的惠泉啤酒和高效、满意的服务，大大提高顾客的满意度和惠泉品牌的知名度。

2.建立标准化管理体系，规范企业质量管理工作

早在1991年，公司就在全省首批建立标准化体系，严格按照高于部颁标准组织生产，产品各项理化卫生指标均达到或超过国家优质酒标准。2005年，为了进一步提高公司的生产、经营、管理水平，公司成立标准化工作小组，培训了10名标准化员，在原有标准化体系的基础上，按照GB/T15796—2003、GB/T15797—2003、GB/T15798—2003国家标准要求，围绕企业方针、目标的要求，建立以技术标准为主体，包括管理标准和工作标准在内的企业标准体系，从而实现公司管理效率的最大化，提高了公司的整体形象。目前，经国家标准化评审专家组的验收，公司以480分的好成绩通过了“标准化良好行为企业”4A级水平的验收，成为全国行业第三家、福建省行业首家4A级国家标准化良好行为企业。今年，作为福建省首批“开展实施技术标准战略”试点企业，公司成立了以总经理为组长的实施技术标准战略领导小组，并制定了详细的工作方案。目前该项工作正按计划实施，将全面推动公司技术创新、产品和产业结构的优化升级，提高公司的产品质量水平和市场竞争能力，实现公司的可持续发展。

3.积极开展QC小组活动和“5S”管理活动，加强全面质量管理（TQM）工作

QC小组是公司质量管理的主要工具之一，更是一种全员参与性强的活动，通过成立QC小组，能有效地调动和

激发员工积极参与解决公司技术和质量问题、提高质量和效益，培养、锻炼和提高公司职工队伍的整体素质。多年来，公司已培养了一批成熟的QC小组活动推进者和QC小组诊断师，其组成人员主要来自公司质量管理和技术研发部门和主要生产岗位的人员，其中有国家注册质量工程师、食品工程师、酿造师、设备工程师和电气工程师等。公司的两个攻关型QC小组的《提高南厂发酵液厌氧菌合格率》和《降低北厂包三线洗瓶机残碱》均取得了优秀的成果，获得了公司技术管理创新奖。

5S管理活动是生产过程质量控制的基石。2005年开始，根据公司生产过程质量管理的特点，公司规范了5S活动的内容、形式,制定了《5S活动查核评分表》、《5S活动评比办法》，其内容涉及质量管理水平、消耗水平、工艺操作执行情况和现场安全、环境、卫生、食品安全等内容。公司实行三级（公司级、分厂级、车间级）5S检查制度，同时严格实行质量一票否决制度，将员工奖金分配同质量考核指标、5S检查评比结果直接挂钩。三年来，通过广泛开展5S管理评比活动，公司在质量管理、物料消耗、设备线效率和现场工作环境等方面年年都有较大的进步,公司整体质量管理水平有了显著的提升，现场管理面貌焕然一新。

应用现代化设备，保证产品质量

1.先进的生产设备为公司生产优质产品提供有力保证

公司所有的关键设施和自控系统均是选用世界著名厂商的名牌设备，如全套引进的德国STEINECKER公司的糖化自控系统、德国GEA公司发酵罐配件、自控系统和酵母扩培系统，瑞士FILTROX公司啤酒过滤系统，还有德国KRONES的4万瓶/小时纯生啤酒灌装线，是当今世界啤酒酿造业最新型的纯生啤酒生产专用设备。公司还因地制宜地将计算机信息管理技术广泛应用于生产过程控制环节中，全过程实现封闭式的无菌化清洁生产，大大降低了用工成本，有效避免微生物的二次污染传播，实现无纸化的高度自动化生产，北厂技改工程是全国啤酒技改工程现代化建设的一大亮点。

2.精确的检测设备为公司生产优质产品保驾护航

公司拥有世界各国最先进的啤酒检测仪器及德国著名的高德曼实验室家具，有德国THIEMT公司的全自动滴定仪、英国的酵母分析仪、美国的绝对厌氧培养箱、意大利的脂肪分析仪、SKALAR啤酒化学分析仪、安捷伦6890N气相色谱分析仪、多酚测定仪、FOSS2300凯氏定氮仪、Antonpar分析仪等进口检测仪器设备，装备技术水平处于国内同行一流水平。同时公司建立了一套严密的检测测量管理体系，有效地提高各种检测数据的权威性，并利用良好的网络系统，及时把各种原辅材料、包装物、半成品、成品等涉及啤酒生产过程中每一个关键质量控制点的实验数据快速地反馈给生产一线，迅速服务于生产。公司技术中心是省级技术中心，配备有100级洁净操作室和EBC发酵系统，能正常对酵母进行筛选、分离、扩培以及对酵母发酵特性进行研究。目前保存酵母原种6株，可生产各种特性啤酒，并可针对工艺参数变化模拟小试以优化工艺，为工艺的制定提供良好的依据。公司现根据酒类档次的差别，形成9套成熟完善的啤酒生产工艺，能全面有效地指导监控整个啤酒的生产，保证各种啤酒产品的质量特性。

依据科技进步，提高产品质量

公司坚持以先进科学技术为依托，坚持以提高产品质量为中心，加强技术攻关，持续改进，提供适应、并超越消费者需求的安全、健康、优质的惠泉啤酒。从开始创业起，公司便以“盯住产品质量，目不转睛；狠抓产品创新，决不松手”为原则，始终注重产品品种和质量的创新，永葆产品市场活力。公司定期组织人员针对市场消费需求和生产中存在的实际问题开展科研活动，及时收集相关信息，继而采取工艺技术攻关。2002年公司积极选用安全、绿色环保的新材料，在全国第二家采用不添加甲醛的酿造新工艺生产绿色健康啤酒，该项目通过省科技厅组织的专家组的鉴定，其技术水平达到国内领先水平，并获得泉州市科技进步一等奖、福建省科技进步三等奖。2003年，公司无菌化酿造新工艺获得泉州市科技进步一等奖、福建省科技进步三等奖。同时，该年公司通过了首轮清洁生产审核，使得公司在降低物耗、能耗，减少废弃物方面取得了显著的成绩，大大提高了公司产品的品质和档次。2005年，公司推行实现啤酒“三绿”生产工程，该工程经过全国酒类产品质量安全诚信推荐品牌组委会品评及指标检测，产品达优，惠泉精品啤酒和国宴啤酒双双荣获“全国酒类产品质量安全诚信推荐品牌”。2007年，公司与广西大学合作应用的科研项目获得本年度国家科技进步二等奖。

总之，多年来，在惠泉，名优产品开发、工艺路线制定、生产过程控制，都全部实现高标准、严要求，执行一票否决制度，其中仅从原辅料进厂检验到成品出厂整个过程就建立了40多个关键工序质量控制点，严格进行监测，不符合标准的产品决不允许流入下道工序。通过一系列行之有效的质量控制措施，公司的质量管理工作收到了显著的成效，从而潜移默化地锻造了惠泉啤酒良好的品牌形象，也使公司得到了丰厚的回报，赢得了显著的社会效益和经济效益。2005年，惠泉啤酒荣获“中国名牌产品”称号；2006年，惠泉牌商标被国家工商行政管理总局认定为“中国驰名商标”。

今后，福建省燕京惠泉啤酒股份有限公司将继续按照燕京啤酒集团全国一盘棋发展战略的统一部署，充分发挥品牌优势，努力打造中国东南沿海区域性强势品牌，推动公司持续高速发展，开创惠泉啤酒发展新纪元。

四川郎酒集团有限责任公司

四川郎酒集团有限责任公司，是一个以生产销售中国名酒郎酒为主业的大型现代化企业集团，厂区地处四川省泸州市古蔺县二郎镇，是国家级原产地保护区，也曾是中国工农红军四渡赤水的地方。

郎酒，产自川黔交界有“中国美酒河”之称的赤水河畔，是目前中国唯一一家仍坚持采用山泉水酿造的白酒企业。从汉代的“枸酱酒”、宋朝的“风曲法酒”、清末的“絮志酒厂”、“惠川糟房”到“集义糟房”的“回沙郎酒”；从“回沙工艺”到“盘勾勾兑”，郎酒人恪守古训，传承酿造古法，形成了“高温制曲、两次投粮、晾堂堆积、回沙发酵、九次蒸酿、八次发酵、七次取酒、经年洞藏、盘勾勾兑”的独特工艺。特别是储藏郎酒的天宝洞、地宝洞，面积近1.42万平方米，为当今世界最大的天然白酒酒库，洞内常年恒温，经年累月的洞藏，使郎酒更加醇香。

1956年，周恩来总理来川视察，指示郎酒要加快发展。1957年7月3日，在原“集义酒厂”基础上，“地方国营古蔺郎酒厂”成立。1963年郎酒被评为四川省优质酒；1979年被评为全国优质酒；1980年、1981年连续两年被评为商务部优质酒；1984年荣获国家优质奖章，获“中国名酒”称号；1989年蝉联“中国名酒”称号，获得国家金质奖殊荣；1996年在全国名酒行业中首家获得“绿色食品”标志使用权；1997年，“郎”牌商标被国家工商总局认定为“中国驰名商标”。

1998年，古蔺郎酒厂改制为四川郎酒集团有限责任公司。2001年，郎酒集团率先完成了从大型国有企业向民营企业的成功转制。2004年，公司对郎酒品牌进行了重新定位，确立了“神采飞扬•中国郎”的品牌战略，产品结构明晰清楚，形成酱、浓、兼三种香型系列产品的良好组合。2006年，郎酒被国家商务部评为首批“中华老字号企业”。2008年，郎酒传统酿造工艺列入国家非物质文化遗产名录。

2007年，以汪俊林董事长为核心的领导班子提出了郎酒发展的宏伟目标“351工程”。2008年11月18日，郎酒集团汪俊林董事长在CCTV2009年度广告招标会上以11198万元的总额拿下了《2009年“我最喜爱的春节联欢晚会节目评选”活动》独家冠名和《2009CCTV中国经济年度人物评选》独家冠名，开启了打造郎酒品牌新的篇章，将进一步借助CCTV的传播影响力，提升郎酒品牌形象，提高客户满意度和忠诚度。

2009年，郎酒以87.79亿元的品牌价值名列《中国500最具价值品牌》第75位，位列中国白酒行业第3位。郎酒品牌的提升促进了销售快速增长，2001年销售收入不足3亿元，而2007年突破了13亿元，2008年销售收入实现20亿元，2009年预计将实现30亿元的销售任务。

承德乾隆醉酒业有限责任公司

2009年6月，板城和顺系列产品成功上市，销售额稳步增长；

2009年6月中旬，乾隆醉酒业公司连同百度、李宁集团、中国移动等企业在“2009中国广告主品牌传播论坛暨首届中国品牌与品牌领袖峰会”上荣获“中国最具品牌价值企业奖”；

2009年6月下旬，板城烧锅酒“国家级非物质文化遗产”授牌仪式在石家庄举行，乾隆醉酒业公司被河北省文化厅评选为“保护和传承非物质文化遗产示范单位”；

2009年8月，由中国酒类流通协会主办的首届“华樽杯”中国酒类企业品牌价值排行榜中，板城烧锅酒以品牌价值28.39亿元入围中国白酒品牌50强；

2009年8月，承德乾隆醉酒业有限责任公司与河北文化广播共同举办的第五届“爱心改变命运”活动举行，至此共有近200名受困学生在此项活动中受助；

2009年8月，由中国酒类流通协会主办的“中国白酒最佳性价比产品”评选活动上，乾隆醉酒业公司的两款产品38°和顺、42°紫塞明珠荣获“中国白酒最佳性价比产品”；

2009年10月，乾隆醉酒业公司新厂区搬迁使用；

2009年11月，乾隆醉酒业公司在“首届中国酒业华夏论坛”中获得“推动中国酒业发展60企”荣誉称号；

2009年11月，在第三届河北品牌节上，乾隆醉酒业荣获“河北品牌建设先进单位”称号，缪如焕被评为“河北品牌建设领军人物”称号；

2009年12月底，在“河北双十评选”中，承德乾隆醉酒业有限责任公司董事长、总经理缪如焕被评为“2009年度河北十大经济风云人物”。

……

以上是承德乾隆醉酒业有限责任公司在2009年发生的大事件。承德乾隆醉酒业有限责任公司重建于1956年，前身是有着几百年历史的承德下板城庆元亨烧酒作坊。公司历经半个多世纪的发展，目前拥有总资产3亿元，职员工1200多人；2009年销售收入实现8.5亿元，上缴利税近2亿元，跻身于全国“白酒百强企业”行列。

公司产品以优质高粱和小麦为主要原料，采用传统老五甑工艺和现代微生物技术相结合，经固态泥池双轮发酵，以中温大曲为糖化发酵剂，人工窖泥、双轮发酵，量质摘酒，分级储存，自然老熟，精心勾兑而成。具有酒体醇正、酒液清亮如晶、窖香浓郁、落喉爽净、回味悠长、饮后口不干、不上头的特点，产品畅销省内，远销全国十几个省市、自治区市场。

企业快速发展的同时，赢得了社会的广泛赞誉。“板城烧锅酒”先后被评定为“中国驰名商标”、“中华老字号”、“中华文化名酒”、“中国非物质文化遗产”，并入选了“中国名酒”；“板城”商标被评为消费者最喜爱的百强商标；连续两届荣获联合国包装组织的“世界之星”包装大奖。

目前，板城烧锅酒在市场上的业绩可以用“活跃股”来形容，这一点颇让人欣慰。在市场战略布局上，从开始的“巩固承德，发展周边，打进秦唐，瞄准京津”，到后来的“巩固河北，发展周边”，之后的“省内精耕细作，省外适度开发”，到现在的“省内精耕细作，省外重点突破”，每一布局都为乾隆醉酒业走向国内行业巨头奠定了坚实基础。

2009年，板城烧锅酒在海南、内蒙古、新疆、广东分别设立经销处，扩大了板城烧锅酒的营运版图的同时，提升了板城烧锅酒的整体销量。省内市场石家庄、承德、唐山、保定销售收入稳步提升，成为超亿元市场。2009年，板城烧锅酒整体销售收入突破8.5亿元，同比增长30%。

2009年10月，占地600多亩、投资3亿多元的乾隆醉酒业公司新厂区正式投入使用。厂区采用中国传统建筑群组织的独特手法——院落布局，辅以解构、重构等传统建筑语汇形成的独特的文化符号，创造神似而非仅仅形似的传统的建筑形象，具有着深厚的文化底蕴。新厂区的建成将使公司在产能和市场竞争力方面有大幅提升。乾隆醉酒业公司将真正成为集白酒生产经营与旅游观光为一体的大型酒业集团公司。

北京顺鑫农业股份有限公司牛栏山酒厂

北京顺鑫农业股份有限公司牛栏山酒厂位于北京市顺义区牛栏山镇，主要生产以“牛栏山牌”二锅头和浓香型百年系列为代表的四大类三百余种酒类产品，其历史可追溯到清朝年间享誉京城的“东路烧酒”。自1952年在富顺成、魁盛号、义信和公利四家烧锅的基础上成立至今，企业已发展成为占地30多公顷，拥有总资产5.1亿的国有控股大型企业，目前是北京地区最大规模保持自主酿造的白酒企业，同时也是北京地区白酒业最早拥有“中华老字号”和“中国驰名商标”的企业；还是北京地区白酒业唯一获得“原产地标记保护产品”认定、唯一获准使用“纯粮固态发酵白酒标志”、唯一拥有“中国酿酒大师”、唯一具有“全国工业旅游示范点”、唯一具备国际认可企业实验室、唯一将“二锅头工艺标准”纳入国家标准的企业。

多年的生产经营过程中，牛栏山酒厂始终以“传承百年酿酒工艺，弘扬中国白酒文化”为宗旨，紧密围绕“质量是生命、质量是效益、质量是市场”的质量方针；坚持“秉承传统，以人为本，奉献社会”的价值观；推行全方位满意管理，感动员工，感动客户，感动全社会，全力打造中国二锅头第一品牌；为实现“酿造一流白酒、培育一流团队、提供一流服务、打造一流品牌、创建一流企业、实现一流待遇”的共同愿景而努力奋斗，力争使中华老字号企业青春永驻。

“牛栏山”品牌获得了广大消费者和专家的认可：“牛栏山”品牌连续数年获得“北京市著名商标”荣誉称号；2003年3月，“牛栏山牌”珍品二锅头荣获中国食品工业协会颁发的中国白酒典型风格金杯奖；2004年2月，“百年牛栏山”获第五届中国国际葡萄酒及烈酒评酒会特别金奖；2006年1月5日，“牛栏山”商标经国家工商总局认定为“中国驰名商标”；2006年，经过中国酿酒工业协会专家评定，牛栏山酒厂生产的清香型（二锅头工艺）牛栏山二锅头，被认定为中国白酒清香型（二锅头工艺）代表，这标志着专家和消费者对牛栏山二锅头的肯定；2006年12月，中国酿酒工业协会授予了牛栏山酒厂厂长李怀民同志“中国酿酒大师”最高荣誉称号，成为全国32名获得此酿酒最高荣誉称号者之一，牛栏山酒厂也成为北京地区白酒业唯一具有“中国酿酒大师”的白酒企业；2007年，经中国食品工业协会白酒专业委员会认定，牛栏山酒厂生产经营的牛栏山牌二锅头（经典）酒（52度、45度，大曲清香型）及牛栏山珍品二锅头（珍品三十年）酒（53度、46度，大曲清香型），获准使用纯粮固态发酵白酒标志；2007年6月，牛栏山酒厂成功与外交部签约，经典、珍品三十年等5个产品入选外交部采购名录，成为我国247个驻外机构的特供酒，为酒厂产品和品牌成功登上国际舞台奠定了良好的基础；牛栏山二锅头酒传统酿造技艺于2007年6月成功入选市级非物质文化遗产名录。2008年6月7日，“北京牛栏山二锅头酒酿制技艺”作为北京二锅头酒传统酿造技艺的代表，正式被列入国家级非物质文化遗产名录蒸馏酒传统酿造技艺项目；2007年12月12日，酒厂检测中心获得了中国合格评定国家认可委员会颁发的实验室认可证书，成为继茅台酒厂之后中国白酒行业第二个国际承认的企业实验室；2008年2月1日，“地理标志产品牛栏山二锅头酒”国家标准由国家标准化管理委员会正式批准发布，并于2008年5月开始实施。此次国家标准的批准发布，意味着牛栏山酒厂成为唯一将二锅头酒写入国家标准的酒厂，同时将在推广民族精品、提升产品国际竞争力方面发挥不可替代的作用。

曲阜孔府家酒业有限公司

曲阜孔府家酒酿造有限公司位于伟大的思想家、教育家孔子的故乡——曲阜，公司的前身是孔府自家私酿酒坊，据典籍及唐宋碑文记载，曲阜酿酒的历史可追溯到两千年前的周代，同璀璨的传统文化一道盛传至今，特别是经过近几十年的发展、壮大，目前厂区占地面积40余万平方米，是山东省唯一获得国优奖牌的粮食酒生产厂家。酿制的白酒是历代衍圣公（孔子后裔）进奉宫廷和馈赠达官贵人的专用酒。曲阜孔府家酒酿造有限公司是以白酒生产为主业的大型企业公司，历史悠久、驰名中外，公司率先通过了ISO9001：2000质量管理体系和ISO14001环境管理体系认证，是山东省白酒行业首家通过双认证企业。

曲阜孔府家酒酿造有限公司有一支过硬的技术队伍和一套先进的检测装备。到目前为止，公司拥有高级工程师6人，工程师34人，国家级品酒师2人，省级品酒师10人；先进的检测设备有：美国安捷伦气相色谱仪2台，日本岛津气相色谱仪1台，日本岛津原子吸收分光光度计1台等，检测技术在国内同行业处于领先水平。

孔府家主导产品已经形成孔府家酒•大陶、孔府家酒•道德人家、孔府家酒1988、孔府家酒•儒家风范、孔府家酒•窖藏、孔府家酒•府藏、儒雅香孔府家酒、中国家孔府家七大系列，产品低、中、高度兼备，高、中、低档齐全。孔府家酒素以三香（闻香、入口香、回味香）、三正（香正、味正、酒体正）而著称，加之古朴典雅的包装及厚重的儒家文化内涵，1988年荣获国家质量银质奖章，产品畅销全国并远销20多个国家和地区，连续8年出口量雄居全国第一。2005年9月，孔府家酒工业旅游园经山东省工农业旅游示范点评定委员会核准为“山东省工业旅游示范点”。2008年10月，孔府家公司连续7届荣获“山东省消费者满意单位”。

为了进一步丰富产品结构，2008年7月，孔府家公司通过近两年精心打造的高端新品儒雅香孔府家酒问世。孔府家公司精心打造的高端产品——儒雅香孔府家珍藏酒，充分融合了中国白酒清、浓、酱、芝麻香四大香型之所长，体现了中国白酒传统的酿造精华，符合中国传统哲学“中庸和谐”的价值理念，是现代酿酒行业体现企业形象与生产、贮存规模的最佳表现形式，也是中国白酒业未来冲击高端消费的利剑，没有丰厚的酿造基础和贮存实力，就无法涉足珍藏酒市场。儒雅香孔府家酒的研制成功，标志着孔府家公司开始对产品结构进行战略性调整，加大孔府家高端产品的研发力度，加速其品牌的价值回归步伐，以全新的孔府家品牌形象重新回归中国名酒阵营。孔府家儒雅香地下珍藏酒融中国传统的儒家文化于一体，它的出现是孔府家酒丰厚酿造底蕴的最好展现，必将极大地推动鲁酒品牌的升级。

和谐拼搏、开拓创新的孔府家人以弘扬儒家文化为己任，秉承“爱心”酿家酒、“诚信”拓市场、“礼仪”赢天下的经营理念，深度挖掘孔府家品牌的文化内涵，重点打造“儒家文化标志品牌”、“中国礼仪文化酒”，用传统的老五甑酿酒工艺与现代技术有机结合，酿制出独具儒家文化底蕴的孔府家酒。

企业荣誉（省级以上）

（1）1984年获国家级酒类质量大赛铜奖；

（2）1986年获山东省优秀包装产品奖；

（3）1987年获山东省白酒十佳；

（4）1988年39度孔府家酒在国家质量审定委员会国家技术监督局举办的全国第五届评酒会上荣获银质奖章、首届中国食品博览会金奖；

（5）1989年获首届北京国际博览会金奖、国际节约能源二级企业；

（6）1987—1991年获山东省优质食品奖、山东名酒；

（7）1989年获省级浓香型白酒轻工业科技进步特等奖；

（8）1990年12月，孔府家酒在首届全国轻工业博览会上被授予金奖；

（9）1990—1992年获世界级阿姆斯特丹质量评比会金奖、山东省名酒称号；

（10）1991年10月，54度孔府家酒经国家质量审定委员会国家技术监督局批准荣获银质奖章；

（11）1990—1992年，孔府家酒连续三届荣获世界优质产品质量评审会世界最高金奖（布鲁塞尔），并在第三届被授予终身最高大奖；

（12）1991年获国家级优质产品奖杯、省级效益杯质量杯；

（13）1993年获山东省最畅销国产商品金桥奖、中华人民共和国行业50强最佳效益工业企业，山东省优质产品，中国保护消费者基金会1993年度推荐产品，山东省最畅销国产商品金桥奖；

14.1995年全国轻工业优秀企业、中国国际优质食品巨星、山东省工业百强企业、山东省重合同守信用企业、全国最畅销商品、95中国国际食品加工暨机械展览会金奖、白酒类商品全国市场占有率第一百强单位（第45名）、山东省食品行业最佳产品质量奖；

15.2002年3月，“孔府家”酒荣获“山东省白酒行业十大品牌”称号。

中华老字号的复兴
——天津义聚永酒业酿造有限公司

天津义聚永酒业酿造有限公司的前身为大直沽义聚永烧锅。1956年实行公私合营，天津仅存的十家私营酒庄合并到中国食品出口公司天津分公司，即天津食品进出口股份有限公司的前身。

天津食品进出口股份有限公司、恒丰公司和香港华人酒业有限公司合资于1994年在宁河经济开发区选址兴建了年产能力万吨、占地六万多平方米的天津华人酒饮有限公司（现天津义聚永酒业酿造有限公司）。现在酒厂拥有员工700多人，50吨的储酒罐40个，20吨的储酒罐20个。生产严格遵循操作规范，目前该公司已成为我公司最大的生产型货源基地。

义聚永玫瑰露酒是采用上等高粱酒为原料，配以海拔800米以上向阳山坡所生产的良种玫瑰花，经蒸发、蒸馏和勾兑而成的美酒。传统的酿造工艺，保证出品的每瓶酒的窖藏期都在两年以上。该酒花香宜人，酒香醇厚，是纯天然食品。

义聚永高粱酒是以华北特产高粱为原料，配以大麦、豌豆、小麦做曲，博采中国传统酿酒工艺之精华，精工酿造，陈贮老熟。具有清香馥郁，醇厚协调，绵柔悠长，心怡神爽之特点。适量饮用能抵抗疲劳，促进新陈代谢，实为酒中上品。

义聚永五加皮酒是用上等高粱酒为主料，配以五加皮、当归等20多种名贵中药材精华加工制成，选料考究，酒液呈宝石红色，带有药用植物之芳香，晶莹透明、浓厚挂杯、光泽怡人、酒药和味、口感清新、和谐悦人，有祛风除湿、舒筋活血、行气活力、顺气开胸、健脾养胃、扶正祛邪等保健功效。

义聚永五加皮酒已获得国家食品监督管理局颁发的“国食健字”号证书，同时酒厂达到保健食品良好生产规范要求（GMP），获得保健食品卫生许可证。2006年11月，义聚永酒业酿造有限公司获得国家商务部首批命名的中华百年老字号。2007年6月，义聚永酒业酿造有限公司建立的天津市首家酒文化博物馆正式开馆，集中展示了天津酒文化七百年的悠久历史和义聚永两百多年的出口史。2009年1月被评为国家AAA级旅游景区，同时义聚永厂区进行了文化景观改造，正式对海内外游人开放，成为天津市工业旅游的一大亮点。

四川水井坊股份有限公司

四川水井坊股份有限公司作为四川省扩张型和重点优势企业、成都市重点扶持的大企业大集团及纳税大户、中国500家最大工业企业、行业50强最佳工业企业与全国质量效益型先进企业之一，系中国老八大名酒生产厂家，是以主营酒类产品的生产和销售、兼营房地产开发的上市公司。

水井坊企业前身为1952年成立的川西专卖局大曲酒厂。1953年，川西专卖局将下属的“花果露酒厂”、“长春黄酒厂”、“大曲酒厂”合并组建四川省专卖公司成都市国营酿酒厂，20世纪60年代中期改为地方国营成都酒厂，70年代中期更名为四川省成都酒厂，1985年启用四川省成都全兴酒厂企业名称，90年代中期通过改制、重组并整合四川制药股份有限公司，构建成为一个新型上市公司——四川全兴股份有限公司。2006年，企业顺利完成股权分置改革，并在适应酒税政策变化、加快产品结构调整、实施品牌创新战略、提升经营业绩等方面取得显著进步，当年底，公司名称变更为四川水井坊股份有限公司（股票简称：水井坊，股票代码：600779），现公司注册资本4.89亿元，2008年总资产25.13亿元，实现利税5.4亿元。

公司长期致力于我国白酒悠久历史酿造文化的传承发掘，坚持“古典与现代、技术与艺术、传统与时尚相结合”的科学发展观，通过多年发展,正逐步形成以“水井坊”、“全兴”、“天号陈”等品牌为支撑的生产经营体系，其中水井坊以“穿越历史，见证文明”为品牌核心理念，博采众长，关注“文物、文化、文明”，聚天时、地利与人和，集历史、文化、时尚于一体。

水井坊酒色、香、味、格极为考究。其色，晶莹剔透、酒液挂杯持久；其香，雅致、细腻、醇正、陈香；其味，甜、净、爽、香；其格，陈香飘逸，甘润幽雅，为我国浓香型白酒中独具风格之佳酿，并以优异的品质、精美的包装和独特的文化营销理念，在社会各界不断博得好评和青睐，改变了国内高档白酒的竞争格局。水井坊酒被认定为“国家地理标志（原产地域）保护产品”，荣获“中国历史文化名酒（001号）”、“21世纪奢华品牌榜中国顶级品牌（唯一白酒品牌）”；其包装被评为“第30届莫比广告奖包装设计金杯奖（单项）和最高成就奖”（全场总评）；“水井坊酒传统酿造技艺”被国务院列为“国家非物质文化遗产”；“水井坊”商标被认定为“中国驰名商标”；水井坊遗址先后被列为“1999年全国十大考古新发现”、“全国重点文物保护单位”。

为了实现将“水井坊”品牌打造成国际白酒知名品牌、使水井坊产品走向世界的企业夙愿，让中国白酒真正进入国际烈性酒主流消费渠道，通过对国际各类酒品市场和我国白酒出口情况的深入分析、研究，企业认识到要使产品真正成长为国际名品、世界品牌，必须要使产品进入以现代品牌推广体系、现代营销组织体系、现代物流配送体系为支撑的国际主流营销渠道。为降低进入主流市场渠道的门槛费及品牌拓展、广告宣传、终端营销等费用，公司在“共享品牌”的理念导引下，寻求全球拥有资源优势和主流网络的长期战略合作伙伴，最终与全球最大的跨国酒业公司DIAGEOPLC（音译：帝亚吉欧，世界著名500强企业，总部设在英国伦敦，分别在伦敦和纽约证券交易所上市，2005年营业额185亿美元，市值500亿美元）达成协议并结成战略合作伙伴。现双方正积极推进水井坊产品外销事宜的合作，努力促进水井坊的品牌建设和海外市场拓展，力争使企业实现超常规、跨越式发展。

“追求卓越品质，确保饮用安全”，这是水井坊企业继承与弘扬我国传统白酒文化精髓的责任所在，也是公司树立中国高端白酒全新价值的根本理念。目前，水井坊酒已率先执行国内、国际“双重检测”，每批次产品不仅要达到我国国家标准（地理标志产品GB／T18624）的严格检测，而且从2006年11月起还要按国际市场准入标准和食品安全的要求，在国际合作伙伴帝亚吉欧洋酒集团的协助下，送往英国苏格兰TCE（欧洲技术中心）严格检测，使水井坊酒在质量安全和检测技术方面实现了向国际标准的突破性迈进。正是这种国内、国际“双重检测”的率先执行，从根本上确保了水井坊的超然品质，为水井坊酒不断拓展广阔的国际市场空间提供了坚实保障。2008年，水井坊酒出口量同期比增长24.58%。目前，水井坊已远销韩国、缅甸、泰国、南非、日本、菲律宾、新加坡、澳大利亚、美国等国家，2009年新增出口至加拿大和欧盟诸国。

去年的“5•12”汶川大地震，没有动摇水井坊企业合作伙伴帝亚吉欧公司继续投资成都的信心，在2008年6月四川省人民政府组织的“四川•跨国公司携手同行”活动中，帝亚吉欧与四川省商务厅签署了《合作谅解备忘录》，充分表达了其继续投资四川的决心，并于2008年7月追加投资2000多万美元，目前双方就建立包装物料国际采购平台、促进水井坊酒国际销售、共同开发中国白酒创新产品、考察论证洋酒灌装项目、提升酒品质量检验水平、引进风险控制和危机管理等先进经验和技术等方面取得了阶段性成果。

“文明的发展”，这是水井坊企业一贯秉承的发展观，也是水井坊作为中国高端白酒品牌的社会责任与历史担当：携手合作伙伴帝亚吉欧为灾区捐款1200万元人民币、北京奥运会中与国家体育总局训练局签约“中国体育军团指定庆功酒”、2006年后的连续三年全程独家冠名中国经济年度盛典“水井坊2008CCTV中国经济年度人物评选”……水井坊见证了文明发展、社会进步的每一重要时刻，充分显现了社会对水井坊品牌的高度认同！

目前，以我国680多年的大雅文化为依托，倡导中国传统的从容、优雅、和谐的生活理念，水井坊不断创新与超越，致力于为当代的高尚人士量身打造品质上乘、形象尊贵的品牌白酒。作为我国高端白酒的典范，它赢得了各界良好的口碑，成功缔造了“中国白酒第一坊——水井坊”的品牌神话，其尊贵的身份与高雅的品位已成为众多成功、知名人士心目中的理想品牌，被赞誉为“时尚与传统的融合、技术与艺术的结晶、经济与文化的汇集”，被颂扬为我国酒类行业的一个商业奇迹和文化传奇，构建了现代“中国高尚生活”不可或缺的元素！

江苏省丹阳酒厂

丹阳黄酒历史悠久，史籍记载以及境内出土文物佐证其酿造史已有3000余年，文化底蕴极其深厚。1949年后，公私合营，与丹阳境内福源、源茂、恒升、万兴昌等有名酿酒坊合并，于1958年组建了地方国营丹阳酒厂，企业由小到大，现已发展成为国内甜黄酒生产规模企业。主产品封缸酒、黄酒、老陈酒多次荣获国际、国内大奖，在国内有很高的知名度和美誉度。

“旦阳”牌黄酒系列产品采用优质糯米为原料，用千年传统工艺结合当代先进技术精酿而成，富含多种氨基酸、肽、维生素及矿物质微量元素，合理科学饮用，实为营养、保健、养生佳品。

企业现有国家级黄酒评委1人，国家级非物质文化遗产传承人1人，江苏省黄酒评委2人，高中级技术人员20人，高级酿酒师1人，高中级酿酒技师18人，中国酿酒工业协会黄酒分会专家委员会委员1人，中国食品科学技术学会黄酒分会技术委员会委员1人。企业现为中国酿酒工业协会会员单位，黄酒分会理事单位，江苏省黄酒协会副会长单位。企业拥有雄厚的技术力量及过硬的产品质量。

近年来，企业形象、黄酒文化、品牌建设都得到了发扬光大，拥有“国家级非物质文化遗产传承基地”、“国家原产地地理标志保护产品”、“中国历史文化名酒”、“中国驰名商标”、“国家A级绿色食品”、“全国酒类产品质量安全诚信推荐品牌”、“全国酿酒行业AA级信用企业”、“全国酿酒行业劳动关系和谐企业”“全国食品安全示范单位”等多项国家级荣誉。

承载历史，酿造文化，江苏省丹阳酒厂以弘扬丹阳黄酒历史文化为己任，努力做大做强黄酒产业，为广大消费者奉献绿色健康的低糖、营养、保健黄酒产品，用真情构筑、做亮“丹阳城市名片”。

河北衡水老白干酒业股份有限公司

河北衡水老白干酒业股份有限公司坐落于素有京南明珠之称的河北省衡水市。这里有国家级湿地自然保护区华北最大湿地——美丽的衡水湖。优美的环境，怡人的气候，加之两千年酿造历史造就的微生物环境，使衡水老白干这朵中国历史名酒园中的奇葩，散发着更加迷人的芬芳。

衡水老白干酒有着悠久的酿造历史，据文字记载，可追溯到汉代（公元104年），知名天下于唐代，正式定名于明代，并以“醇香清雅，甘洌丰柔”著称于世。几十年来，我们把现代化管理与传统的工艺相结合，使产品质量不断提高，产品品种不断增加，目前已形成了从67度到35度几十个品种规格的老白干香型系列白酒，公司产品以优良的品质多次在重大评比中获奖，衡水老白干酒更是早在1915年便荣获“巴拿马万国物品赛会最高奖——甲等金质大奖章”；2004年公司双喜临门，衡水老白干注册商标“衡水及图”被国家工商管理总局认定为“中国驰名商标”，成为享誉全国的驰名品牌，“老白干”香型也通过了国家标准委员会的认定。2005年公司被国家旅游总局批准为全国第一批工业旅游示范点；2006年衡水老白干又被国家商务部认定为“中华老字号”；2008年，衡水老白干传统酿造工艺又被评选为国家非物质文化遗产，“十八酒坊”品牌被评为“中国驰名商标”……这都成为衡水老白干发展史上的一个又一个里程碑。使衡水老白干这一中国白酒流派，焕发出勃勃生机。

河北衡水老白干酒业股份有限公司以荣获中国驰名商标、中华老字号为契机，实施名牌战略，积极开拓市场，使公司实现了跨越式发展。无论是衡水老白干酒的品牌，还是市场占有率都得到大幅度提升。公司将以衡水老白干酒为主业，并充分利用资金和人才优势，将衡水老白干这一品牌打造成全国知名品牌。

河北衡水老白干酒业股份有限公司大事记

★1915年，巴拿马万国物品赛会获甲等金质大奖章；

★1946年，“冀南行署地方国营衡水制酒厂”正式成立；

★1988年，衡水老白干酒在中国首届食品博览会上获得金奖；

★1989年，“老桥牌”注册商标被河北省工商行政管理局评为河北省著名商标；

★1991年，衡水老白干在中国食品工业十年新成就展览会上被授予“优秀新产品”奖牌和证书；

★1992年，衡水老白干荣获香港国际食品博览会金奖；

同年，衡水老白干获中国名优酒博览会金奖，为河北省唯一金奖；

★1993年，改名为“河北衡水老白干酒厂”；

同年，衡水老白干获双金奖，新闻发布会在北京人民大会堂召开；

★1994年，率先在河北省通过IS09001产品质量认证和质量管理体系认证，取得了出口贸易的通行证；

★1996年，“河北衡水老白干酿酒（集团）有限公司正式成立；

★2002年，以衡水老白干酒业公司为主发起人的河北裕丰实业股份有限公司在沪上市，成为河北省白酒行业目前唯一一家上市公司；

★2004年，衡水老白干酒的注册商标衡水及图案被国家工商管理总局认定为“中国驰名商标”，成为河北省首家获此殊荣的白酒品牌；

★2004年，由衡水老白干倡导并发起的“老白干香型”定型工作获得成功，成为中国“老白干香型”的鼻祖和品鉴代表。

★2005年，公司被国家旅游总局批准为全国第一批工业旅游示范点；

★2006年，衡水老白干被国家商务部认定为“中华老字号”；

★2008年，衡水老白干传统酿造工艺被评选为“国家级非物质文化遗产”；

★2008年，衡水老白干酒业股份有限公司的“十八酒坊品牌”被认定为“中国驰名商标”，公司从此同时拥有两个“中国驰名商标”。

……

百年酒企 小曲飘香

重庆市江津酒厂（集团）有限公司坐落在美丽的长江之滨——重庆江津，占地200余亩，是集酒类科研、生产、销售于一体的民营企业集团。公司历经百年风雨，现拥有固定资产逾2亿元,员工1000余人。

公司连续8年跻身“重庆工业五十强”，连续14年荣登“江津工业十强”榜，位居全国白酒百强企业第34位，是全国最大的小曲清香白酒生产企业。

江津酒厂集团集聚了大量酒类专家和技术人才，其中国家级评委2人，白酒注册评酒师5人，高中级技术人员100多人。中国著名白酒专家沈怡方、曾祖训、赖高淮、高月明、于桥、高景炎等都曾亲临江津酒厂集团指导工作，盛赞江津酒。公司生产、检测和检验设备先进，技术力量雄厚，已通过ISO9001:2000国际质量管理体系认证。

集团公司于1997年和2002年进行了两次改制，于2003年至2006年成功向外扩张，共投资6000多万元收购了渝西地区四家酒企，即重庆市笛女酒业有限责任公司、重庆市石松酒业有限责任公司、重庆市露华浓酿酒厂、重庆阳城酒业有限公司。目前拥有“几江”、“笛女”、“石松”、“百年好合”、“露华浓”、“阳城”、“古钓鱼城”7大品牌100多个酒类品种。其中，“几江牌”商标已经被认定为中国驰名商标。

近年来，江津酒厂集团抓住市场机遇，得到了快速发展。短短5年时间，固定资产由4000万元增至2亿多元，产销量由1万吨增加到3万多吨，销售收入由1.2亿元增加到5亿多元，利税由1200万元增至8500万元，产品销售立足成渝两地，辐射到广东、福建、河南、山东、湖北、贵州、西藏等20多个省市（自治区）。“金江津元帅酒”的成功问世，填补了江津无高档酒的历史空白，正式吹响了江津酒厂集团向高端白酒市场进军的号角。预计2009年全年销售将突破6亿元，利税超1.2亿元。

作为全国最大的小曲清香型白酒生产企业，江津酒厂集团本着对消费者健康和安全高度负责的态度进行了大量的研究、论证，提出了“再造一个江津酒厂”的宏伟目标，投资2亿元在德感工业园区创建金江津酿酒工业生态园，力争到2012年，实现“产值10亿元、税利2亿元”的目标，为企业的可持续发展打下坚实的基础，使金江津酒从普通意义上的“生产经营”，跨步到“质量经营”，又从“质量经营”迈上“生态化经营”的台阶。

“坚持做大做强清香型白酒，打造区域强势品牌”是江津酒厂集团近年来持之以恒的发展战略。金江津酿酒生态工业园的建设已成为江津酒厂集团未来3年的重点工程，新兴的生态园年产清香型白酒5万吨，将以生态酿酒、工业旅游、酒文化展示为三大亮点，全面提升企业形象和品牌内涵。在生态园建设过程中，江津酒厂集团将通过一系列技术创新、技术改造，不断增强企业的核心竞争力，确保江津酒厂集团在小曲白酒行业内的领先地位，让企业进入全国优秀白酒企业行列。

南山庄园葡萄酒——您理想的选择

烟台南山庄园葡萄酒有限公司是南山集团公司于2001年投资2亿人民币筹建的大型、现代化、庄园式的专业葡萄酿酒公司。该公司位于国家AAAA级南山旅游风景区内，集旅游观光、葡萄酒酿造和葡萄酒文化于一体。周围环境优雅，空气清新。南山庄园以酿造高质量的精品葡萄酒为追求目标，并从以下六个方面给予了全方位的保证。

优质的原料保证

为酿造出高质量的葡萄酒及白兰地，公司首先从葡萄基地抓起，选择国际著名的适合本地区气候条件的蛇龙珠、赤霞珠、梅鹿辄、贵人香、雷司令、霞多丽等葡萄品种，从葡萄园的管理、病虫害防治、施肥管理等方面严格按照绿色食品基地的管理办法，积极和农业技术推广中心合作，对基地实行信息化管理，力争使每款葡萄酒都能追溯到原料的产地来源。

现代化的资源配置保证

公司厂区占地面积5万多平方米，其中生产车间4万多平方米，地下酒窖1万平方米。整个生产车间全部采用钢筋框架结构，宽敞明亮，清洁舒适。设计能力为年生产优质葡萄酒3万吨，白兰地5千吨。

公司从意大利、德国、法国引进了国际上最先进的葡萄酒酿造设备，如全自动卧式旋转发酵罐、立式自动控温发酵罐、真空气囊压榨机、高速离心过滤机、连续酒石稳定处理系统、夏朗德壶式蒸馏锅、法国进口橡木桶等。有从意大利进口的12000瓶/小时的全自动灌装生产线，该生产线从上瓶、洗瓶、灌装、压塞、封帽、贴标、喷码、纸箱成形、装箱、封箱、打垛等工序全部实现自动化，它是目前国内葡萄酒行业中配套最齐全的全自动化葡萄酒灌装流水线之一。

人力资源保证

烟台南山庄园葡萄酒有限公司现有职工101人，大专以上学历占31%，中高级技术人员10人，国家级葡萄酒技术专家1人。除此之外，还拥有一批高素质的管理人才和精干的营销队伍及比较完善的营销网络。

产品质量保证

高品质的原料、先进的生产设备及雄厚的技术力量为生产优质、高档的葡萄酒奠定了坚实的基础。

南山庄园干红葡萄酒系精选中国葡萄与葡萄酒名城烟台地区优质的酿酒葡萄为原料，采用法国进口设备，将传统工艺和现代酿酒技术有机结合起来，在严格控温条件下发酵，并经法国优质橡木桶陈酿而成。酒体呈宝石红色，具有香草、烤烟和胡椒的香气，橡木香细腻，酒香优雅，口感醇厚饱满，诸味协调，回味绵长。在16～18℃下饮用，搭配牛、羊肉、鸭、鹅等，口味更佳。每天适量饮用对预防心脑血管疾病、动脉硬化等有显著疗效。红葡萄酒中的酚类物质——白藜芦醇具有抗癌的奇效。

南山庄园系列干白葡萄酒选用山东烟台地区优质的白葡萄品种霞多丽、贵人香等为原料，采用法国进口设备，将传统工艺和现代酿酒技术有机结合起来，低温发酵而成。酒体呈禾秆黄色，清澈透亮，具有苹果、橙子和芒果的香气，入口清爽、优雅，回味怡悦。在10℃左右下搭配海鲜类、白斩鸡或盐水鸭等清淡菜肴饮用，更能体现干白葡萄酒的特色。每天适量饮用，对肺部及泌尿系统具有一定的保健作用。

完善的售后服务体系保证

1.网络平台的建立

公司为每个经销商建立了个人网络平台，经销商可以在网上及时了解掌握产品的库存、销量、本公司销售政策的调整等动态消息，大大提高了工作效率。

2.电话回访

销售部由专人负责每周定期对经销商（客户）进行电话回访，及时了解产品质量及相关事宜。

3.协作互助

对于有特殊要求的经销商，本公司派专人协助其开发市场，并对市场进行维护。

良好的信誉度保证

本公司高标准、严要求、重质量、抓管理，先后顺利通过了ISO9001、ISO14001、HACCP质量、环境及食品安全管理体系认证；2004年12月通过“绿色食品”认证；2006年12月，“南山庄园”牌葡萄酒荣获“山东省名牌产品”称号；2007年8月“南山庄园”商标被评定为山东省著名商标；2008年6月公司顺利通过ISO10012:2003测量管理体系认证。

所有南山员工将凭着锲而不舍的南山精神和孜孜不倦的工作作风携手并进，树立南山庄园葡萄酒品牌形象，始终本着对社会、对行业、对消费者负责的心态，使之成为消费者完全信赖的中国驰名品牌。

山西梨花春酿酒集团有限公司

山西梨花春酿酒集团有限公司是山西省第二大酿酒企业。公司总资产8000万元，员工800余名，专业技术人员160名。其中国家品酒委员1名，省品酒委员5名。集团下设白酒灌装分厂、白酒酿造厂、彩印包装厂、纸板厂。具有年产白酒2.5万吨的能力。梨花春酒主要有清香、浓香两大类，高中档齐全的五大系列110多个规格品种。主产品荣获“莫斯科名优产品博览会金奖”、“中国国际食品博览会金奖”，先后14余次被评为“山西名牌产品”、“山西优质产品”、“山西省信誉质量AAA级标准”，被国家食品工业协会评为“国家质量达标食品”、“中国白酒质量优质产品”，被国家食品科学技术学会评为“全国推荐产品”。

公司坚持“质量第一、诚信经营、用户至上、精诚服务”的经营理念，加强与广大用户的合作，梨花春系列白酒以高质量、高品位赢得了广大消费者的欢迎，产品畅销山西80多个市、县以及内蒙、河北、京津、黑龙江、辽宁等地。连续多年保持了良好的经济效益，累计上缴利税约3.6亿元，居全省同行第二，成为全县第一利税大户。梨花春集团为国家和地方的经济建设作出了巨大的贡献，多次受到了上级的表彰奖励，被省委、省政府评为“山西省优秀企业”，荣获“山西省五一劳动奖章”。被国家白酒协会评为“全国白酒行业先进企业”、“中国酒行业明星企业”。2002年被中国社会经济决策中心以及三个国际组织评为“世界白酒制造业500强”。2004年通过了国际ISO9001质量管理体系、ISO14001环境管理体系双认证，同年被国家工商行政总局评为“全国守合同重信用单位”。2007年10月入选“中国农业品牌100强”，同年12月被山西省食品科学技术学会推荐为“2007年度山西名优企业”，“梨花老”品牌经中国品牌资产评价中心评估品牌价值为“1.27”亿；2008年“梨花老”商标荣获中国驰名商标，同年梨花春酒传统酿造技艺被列入国家级非物质文化遗产。

山西纪元玉米产业有限公司

山西纪元玉米产业有限公司位于全省玉米主产区之一的忻定盆地定襄县境内，企业现有规模为注册资本7604万元，员工810余人，总资产3.9亿元，具备年产10万吨食用酒精，9万吨DDGS蛋白饲料生产能力。

山西纪元玉米产业有限公司是在破产倒闭的原定襄酒精厂基础上改制组建的股份制民营企业。2000年成立后，在百废待兴的条件下，公司投入500多万元，对旧厂房、旧设备、旧环境进行全面整治改造，在短期内实现启动复产。近十年中，经过两次大规模技改扩建，生产能力由3万吨提高到5万吨、10万吨，年生产总值由5000万元提高到2008年的近5亿元，成为省内规模最大的食用酒精生产企业。

建厂以来，公司依托当地丰富的自然资源，积极实施“公司建基地，基地连农户”的产业化经营模式，与种粮农民缔结紧密的利益连接机制。在忻州市6个县区建立6大区域、36个种植基地，引导带动90个各种类型农民专业合作社，涉及农户10.3万户，基地种植面积逐步扩大到120万亩。公司采用订单农业的方法与农户签订种植收购合同，有效促进了种粮农民稳定增收，保证了企业生产原料充足供应。在玉米加工过程中，不断延伸开发，提高资源综合利用水平，先后完成8300吨玉米油生产线项目和余热发电工程，逐步构建循环经济发展框架。被八部委确定为农业产业化国家重点龙头企业，被评为“全国农产品加工示范企业”，“山西省农副产品加工骨干企业”。

公司坚持以科技创新为先导，吸收国内外先进生产技术，不断革新工艺，先后采用喷射液化技术、双酶法发酵技术、差压蒸馏工艺、真空降膜浓缩工艺、卧螺离心工艺等新技术，有效降低生产成本，提高生产效率。公司研发中心积极开展科技攻关活动，自主研发的“GY——多元生物活性系列饲料”项目，经专家鉴定，属国内领先水平，获山西省科技进步二等奖，忻州市科技成果推广应用特等奖，被市政府评为“科技型企业”。

在技改扩建同时，公司把环境保护作为企业可持续发展的重要内容，累计投入亿元资金，对废水、烟气进行综合治理，醪液固物回收率提高到90%以上，经过生物处理，各种污染物指标得到有效控制。经过双碱湿法脱硫和水膜除尘，实现废水、废气全面达标排放。被市政府授予“节能减排先进企业”。

公司坚持诚信经营，全面实施“品牌战略”，“晋人”牌食用酒精荣获山西省著名商标、山西省名牌产品称号，产品质量稳定，行销全国八省两市，深受用户好评。连续被省工商局认定为“守合同重信用”企业，被省质检局评定为质量信誉AA级企业，被中国酿酒工业协会评为A级信用企业，荣获山西省首届百家信用示范企业，“山西省百强民营企业”称号。

董事长曾纪元被评为“全国乡镇企业家”，全国劳动模范。总经理曾宪虎荣获山西省“五一”劳动奖章。

十年发展，十年辉煌，公司未来的发展思路是：不断做强玉米加工产业，以加工为龙头，带动种植业，推动养殖业，完善循环经济发展框架，以农业产业化经营促进全市农民持续稳定增收。以生产清洁、资源节约、环境友好为目标，积极推进节能减排，走新型工业化发展道路。主产品向化工醇方向发展，加大废弃物综合利用力度，建设粉煤灰制砖项目、二氧化碳回收项目，使企业的经济效益、社会效益、环保效益同步发展，为改善民生、构建和谐社会作出新贡献。

金川保健啤酒 经营健康 酿造快乐

内蒙古金川保健啤酒高科技股份有限公司是我国酒类行业中首家国家重点高新技术企业，中国啤酒工业十佳企业，内蒙古自治区第一批农业产业化龙头企业，巴彦淖尔市重点骨干企业，也是我国唯一具有天然矿泉保健啤酒生产专利技术的企业。“金川”商标为中国驰名商标，目前生产规模为年产保健啤酒15万吨。

金川保健啤酒含有人体所需的20多种矿物质及微量元素、18种必需的氨基酸和11种维生素，还含有对人体十分有益的多酚类黄酮类物质，被誉为“中国保健啤酒第一品牌”。它秉承我国“药食同源”的传统食疗理论，吸收现代保健学营养元素平衡原理，采用当今世界一流的啤酒生产设备酿制而成。经中国预防医学科学院等多家医学权威机构试验证实，并经国家卫生部批准，金川保健酒具有“改善胃肠道功能（对胃黏膜有辅助保护作用）”，此外，国家食品药品监督管理局也证实金川益生啤酒具有“延缓衰老”功能。我国首席健康教育专家洪昭光教授亲临公司考察研究后题词，“养生保健，延寿十年”。

在目前全国中小型啤酒企业普遍亏损的形势下，金川围绕自身特点，敏锐地把握财富第五波之机会，挺进啤酒保健业领域，大力构筑特色品牌，走差异化之路，企业保持了连续15年赢利，开辟了中小啤酒企业发展的新天地，被业内人士称为“金川现象”；同时还创造了“中国五个唯一”的奇迹：唯一天然矿泉保健啤酒发明专利，唯一由国家卫生部、食品药品监管局认定的保护胃肠道和延缓衰老保健啤酒，唯一获得“吉尼斯之最”的保健啤酒和矿泉水、唯一列入国家“973”前期研究专项的酒类产品，酒类行业中唯一国家重点高新技术企业。

面对21世纪的巨大机遇和挑战，金川的战略目标是：加强国际国内技术合作，推进保健啤酒机理研究；继续提高产品质量，扩大生产规模，积极开拓区内外两个市场，实现金川品牌的全国化提升；5年内达到20万吨，10年内达到30万吨产能，把金川建成国内保健啤酒研发、生产基地，一步一步向着国际知名企业迈进！

山东即墨妙府老酒有限公司

山东即墨妙府老酒有限公司是中国北方传统黄酒生产企业，公司创建于1993年，拥有员工267人，年发酵能力1万吨，灌装能力2万吨，现有总资产1.12亿元，其设施、设备水平、生产规模和产品质量在我国北方处于领先地位。

企业发展中始终遵循“质量是企业发展的命和本，传统是企业进步的根和基”的原则，以四千年酿酒文化和三千年“古遗六法”工艺为发展支撑点，精心打造北方传统黄酒“妙府老酒”品牌，企业先后通过ISO9001:2000国际质量管理体系、ISO14001:2004国际环境质量管理体系、ISO22000:2005国际食品安全管理体系、GB/T19630—2005有机认证；ISO18001职业健康安全管理体系，是全国首批获“QS”认证企业。企业在内蒙、辽宁、吉林有15万亩黍米原料基地，建立了绿色、无公害、安全生产链。

人物篇

包括中国酿酒行业领域做出突出贡献的专家、学者、知名人士介绍，中国酿酒骨干企业中做出突出贡献的知名企业家、酿酒专家介绍。

陈云昌

Chen Yunchang

YEARBOOK FIGURE

陈云昌，隆华集团有限公司董事长，中粮君顶酒庄有限公司总裁。

主要社会兼职：中国绿色食品协会副会长，中国酿酒工业协会葡萄酒分会副理事长，蓬莱产区葡萄与葡萄酒商会会长，烟台市慈善总会荣誉会长等。

自1999年起，带领中粮长城葡萄酒（烟台）有限公司在几年的时间里实现了跨越式发展：2002年成功进入全国同行业前5强，2003年、2004年综合业绩进入全国同行业前4名，2005年行业效益前3名；建立起了遍布全国的营销网络；按照国际化的模式建设酿酒葡萄基地，创造了被国内外专家誉为“中粮模式”的农业产业化新模式，为提高中国酿酒葡萄种性做出杰出的贡献，也为建设社会主义新农村探索出一条值得借鉴的新途径。

中国酿酒工业协会
中国就业培训技术指导中心
中国财贸轻纺烟草工会全国委员会
中国轻工业职业技能鉴定指导中心
中酒协[2009]69号

关于“诺玛科杯”全国首届葡萄酒品酒职业技能竞赛的表彰决定

各省、自治区、直辖市酿酒工业（酒业）协会，财贸轻纺烟草（轻工、轻纺）工会及各有关企业：

为深入贯彻落实党的十七大精神和国务院关于进一步加强高技能人才队伍建设的工作要求，引导和激励全国广大葡萄酒品酒从业人员学习知识、钻研业务、创新技术、提高技能，促进我国葡萄酒制造业技能人才队伍发展，中国酿酒工业协会、中国就业培训技术指导中心、中国财贸轻纺烟草工会、中国轻工业职业技能鉴定指导中心共同举办了“诺玛科杯”全国首届葡萄酒品酒职业技能竞赛活动。

“诺玛科杯”全国首届葡萄酒品酒职业技能竞赛活动启动以来，各地酿酒工业（酒业）协会、产业工会高度重视，精心组织；各葡萄酒生产企业和相关单位积极响应，大力支持；广大从事葡萄酒品酒工作的从业人员踊跃报名，积极参与。经过初赛、决赛，涌现出一批理论知识扎实、品评技能高超的选手。根据《关于举办“诺玛科杯”全国首届葡萄酒品酒职业技能竞赛的通知》精神，竞赛组委会研究决定：对取得葡萄酒品酒职业技能竞赛优异成绩的选手及认真组织竞赛活动和对竞赛活动给予大力支持的单位进行表彰。对获得全国决赛第一名的选手，将按规定和程序向全国总工会申报授予“全国五一劳动奖章”荣誉称号；对获得全国决赛前三名的选手，将按规定和程序向人力资源和社会保障部申报授予“全国技术能手”荣誉称号；对获得全国决赛第4至15名的选手，将按规定和程序向中国轻工业职业技能鉴定指导中心申报授予“全国轻工（酿酒）行业技术能手”荣誉称号；对进入全国决赛的第16至55名的选手授予“竞赛优秀奖”。同时，授予在竞赛活动中组织工作突出的山东省葡萄与葡萄酒协会、山东省轻工纺织工会“优秀组织奖”称号；授予在竞赛活动中作出积极贡献的诺玛科瓶塞（烟台）有限公司“特殊贡献奖”称号。

希望受到表彰的个人和单位发扬成绩，再接再厉，为推动我国葡萄酒品酒技能水平的提高，促进葡萄酒行业的发展作出新的更大的贡献。全国广大葡萄酒品酒从业人员要以受到表彰的先进个人为榜样，更加勤奋学习，努力钻研业务，不断提高自身技能和技术创新水平。广大葡萄酒生产企业和相关单位要更加重视葡萄酒品酒从业人员队伍建设，积极营造培育葡萄酒品酒高技能人才成长的氛围，为推动葡萄酒行业又好又快发展作出更大的贡献！

"诺玛科杯"全国首届葡萄酒品酒职业技能竞赛表彰名单

获得第1至3名选手名单

第一名：中粮酒业有限公司 于庆泉
第二名：中法合营王朝葡萄酿酒有限公司 吕 文
第三名：中国长城葡萄酒有限公司 李福东

获得第4至15名选手名单

中法合营王朝葡萄酿酒有限公司 王 方
张裕葡萄酿酒股份有限公司 樊 玺
中法合营王朝葡萄酿酒有限公司 邢 凯
山东威龙葡萄酒股份有限公司 慕翠玲
中粮长城葡萄酒（烟台）有限公司 李泽福
中国长城葡萄酒有限公司 陈佳威
中国长城葡萄酒有限公司 罗 飞
广夏（银川）贺兰山葡萄酒有限公司 张 健
山东威龙葡萄酒股份有限公司 阮仕成
中粮华夏长城葡萄酒有限公司 段雪荣
广夏（银川）贺兰山葡萄酒有限公司 吴鸿福
河南民权九鼎葡萄酒有限公司 张诗玲

获得"优秀选手"称号名单（按姓氏笔画排序）

广夏（银川）贺兰山葡萄酒有限公司 丁玉镯
潍坊三语葡萄酒业有限公司 仇 净
甘肃莫高实业发展股份有限公司 牛育林
蓬莱华鲁酒业有限公司 王向孔
山东密水葡萄酿酒有限公司 王志锋
新疆中信国安葡萄酒业有限公司 卢丕超
张裕葡萄酿酒股份有限公司 司合芸
陕西丹凤葡萄酒厂 刘龙富
香格里拉酒业股份有限公司 刘拉玉
中粮华夏长城葡萄酒有限公司 孙建平
宜宾五粮液股份有限公司 朱国华
中粮酒业有限公司 江 涛
张裕爱斐堡国际酒庄有限公司 阮仕立
甘肃皇台酒业股份有限公司 张玉萍
新疆中信国安葡萄酒业有限公司 张如意
中国长城葡萄酒有限公司 张利中
北京丰收葡萄酒有限公司 李春彩
蓬莱万德福酒业有限公司 李洪波
中国长城葡萄酒有限公司 杜玉斌
新疆和硕康红酒业有限公司 杜展成
香格里拉酒业股份有限公司 杨俊梅
河北沙城家和酒业有限公司 杨振琴
青岛华东葡萄酿酒有限公司 邵 丽
广西中天领御酒业有限公司 陈华鹏
德州市奥德曼葡萄酒厂 陈晓科
张裕葡萄酿酒股份有限公司 周 元
烟台蓬珠酒业有限公司 金凤伟
内蒙古云中酒业有限责任公司 姜 美
新疆天珠葡萄酒业有限公司 郝冬曙
中粮华夏长城葡萄酒有限公司 凌 云
德州市奥德曼葡萄酒厂 徐 义
中国长城葡萄酒有限公司 袁 猛
宜宾五粮股份有限公司 高杰楷
民权龙邑葡萄酒业有限公司 梁道钦
云南高原葡萄酒有限公司 彭华锋
张裕葡萄酿酒股份有限公司 温春光
烟台蓬莱阁葡萄酒有限公司 葛裕久
牙克石兴安岭酒业集团有限公司 董建梅
广州骏德酒业连锁有限公司 谭飞龙
中国长城葡萄酒有限公司 魏成军

获得"优秀组织奖"称号名单

山东省葡萄与葡萄酒协会
山东省轻工纺织工会

获得"特殊贡献奖"称号名单

诺玛科瓶塞（烟台）有限公司

中国酿酒工业协会关于向王国春同志颁发“中国酒业功勋奖”的决定

王国春同志于1985年担任四川五粮液酒厂厂长，20多年来，在他的带领下，五粮液酒厂从一个作坊式小厂发展成为以五粮液及其系列酒生产为主，以制造业、包装印务、光化玻璃、橡胶制品、制药等多元产业为辅，具有深厚的企业文化的现代化企业集团。企业规模、效益连续14年居中国白酒业之首，2008年，五粮液集团实现销售收入300亿，实现税利60亿元，相当于1986年前的160个五粮液酒厂。

王国春同志勤奋好学执著钻研，在企业质量管理、市场营销、企业文化、多元化发展等方面都有很多创新和贡献，被授权专利中，有发明专利3件，实用新型18件，外观专利110件；他对工艺美术和建筑业有较高造诣，亲自动手设计五粮液商标、广场标志性建筑雕塑，在他的总体设计下五粮液十里酒城风景如画，填补了我国企业建筑环境艺术的空白，荣获“国际建筑师协会第二十届世界建筑师大会”创作成就奖；在企业做大做强后，王国春同志更加支持地方政府的工作，主动履行社会责任。几年来，五粮液先后为社会提供了30000个劳动就业岗位，在全市9个县区建立了其酿酒专用粮食产业带，有效推动了“订单农业”的发展；“5•12”汶川特大地震灾害发生后，五粮液身处灾区，自身也受到影响，但仍积极抗灾、救灾，送物资、建学校、献爱心，累计为灾区捐赠款物达5000多万元。

王国春同志入主五粮液酒厂以来，大胆改革、勇于创新、精于管理、善于继承。在他的带领下五粮液集团领导班子大力实施战略创新、科研创新、管理创新，使企业在企业管理、技术进步、人才聚集、品牌建设、循环经济、多元发展、社会责任、企业文化等方面都走到了行业的最前列。他们创造的企业文化、循环经济等宝贵经验，特别是首创品牌总经销制获得成功，产生了良好的示范效应，引领了整个白酒界的品牌开发，创造了一种新的白酒业运营模式，为行业的快速发展带了头，闯了路，争了光。

20多年来，五粮液打破门户界限，满腔热忱服务社会，服务行业。近几年来，每年从全国各地专程来宜宾学习五粮液企业文化建设的专业人员，高达上万人次。

为了鼓励和褒奖王国春同志，中国酿酒工业协会决定向王国春同志颁发中国酒业功勋奖。并希望业内人士通过认真学习五粮液集团和王国春同志的宝贵经验和先进事迹，为我国酿酒行业作出更大的贡献。

王国春

——四川省宜宾五粮液集团有限公司董事长

王国春，四川中江人，1946年12月16日，1970年7月毕业于重庆大学机械系机械制造专业，高级经济师。1985年1月担任四川省宜宾五粮液酒厂厂长，1993年兼任厂党委书记，现任四川省宜宾五粮液集团有限公司党委书记、董事长，宜宾市政协副主席（兼）、中共十五大代表、中共四川省委第八届委员。

20多年来，五粮液集团有限公司在以王国春同志为首的领导班子的带领下，坚持体制、技术和管理创新，用高新技术和先进适用技术改造传统产业，走质量、规模、效益和多元化发展的路子，使五粮液集团由20世纪80年代初不到千人的传统酿酒小厂发展为拥有涉及塑胶加工、生物工程等产业的19个子公司、2万多名职工的多元化现代大型企业集团；由20世纪80年代初的生产能力仅为3000多吨，扩展到如今40余万吨的生产能力；由1985年的产值2177万元、利税980万元增长到2005年实现销售收入156.65亿元、利税41.85亿元的骄人业绩。从1986年至2005年，五粮液集团共为国家创造利税261.7958亿元。目前，五粮液集团公司的经济效益已相当于1986年前的160个五粮液酒厂，并且连续实现13年高速增长，连续12年居全国食品行业之冠，“五粮液”已成为中国三大最大价值品牌之一。

同时，王国春同志为中国酒类事业的质量提高、技术进步、管理创新、人才培养等方面作出了突出贡献，先后荣获了“全国劳动模范”、“五一劳动奖章”、“有突出贡献的中青年专家”（国务院授予）、“国务院特殊津贴专家”、“全国优秀经营管理者”、“全国优秀质量管理工作者”、“全国食品工业优秀企业家”、“中国经营管理大师”、“1993年四川十大英才”、“四川省杰出贡献企业家”等数十项省部级以上奖励。

创新质量管理，引领企业高速发展

王国春同志率先提出并始终坚持“质量是生命、效益是核心”的理念，实施了以目标管理为主线，标准化管理为基础，覆盖全员、全过程、全企业的质量管理，建立完善了从产品原料入库到成品酒出厂的涉及酿酒生产各个环节、工序的管理体系和操作流程，亲自编写了《直线职能与部分矩阵相结合的生产经营运行机制》、《工作标准》、《生产工艺纪律》等规章制度来指导实践，依靠现代酿酒科技提高名优酒的品质，引领企业走质量规模效益多元化发展道路，使公司的质量管理达到了国际一流水平。首家获得国家一级方圆标志产品质量认证合格证书；首批获得国家一级合格证书；首批获得国家计量一级合格证书，首批获得国家外贸商标合格证书，并在1994年7月率先通过法国国际质量检验局的BVQI国际质量认证，达到了ISO9002标准和欧洲标准；酒类行业唯一一家两次获得“国家质量管理奖”称号；顺利通过质量体系认证复评、中酒联合（北京）质量认证中心产品质量安全审核及批量生产认证产品与型式试验合格的样品的一致性复评。

推进技术创新，成效显著

在多年的实践中，王国春同志始终如一地贯彻落实科技是第一生产力的战略，亲自抓技术创新、产品创新、技术改造，带领公司技术人员紧紧围绕国家酒类发展方向，加大生物技术与传统工艺的结合，加速传统产业的技术升级，不断推动企业科技进步，技术创新，支撑企业快速发展。在王国春同志的领导和主研下，公司共研制出科研成果100多项，其中获部、省级以上的科技进步奖96项。特别是“五粮液计算机勾兑专家系统研究”成果不仅填补了国内空白，还开创了科学指导勾兑的新局面。

（1）酿酒工艺技术创新。1989年，王国春同志在深入研究浓香型大曲酒生产工艺共性及五粮液生产工艺个性的基础上，主持编写了五粮液酿酒《工艺文件》及《五粮液酿酒工艺要素培训资料》。同时，作为项目负责人和主研人完成的“新窖老熟”、“T”法工艺、“FL”法工艺、“320”工艺、“310”工艺、“微机配料系统”、“双开、高排酒曲发酵室的设计与应用”、“特大型综合型发酵车间的工艺研究及设计”、“酒包装物外观设计”等主要科研成果多达30余项，酿酒理论创新成果三个，即“浓香型酒类‘T’法工艺的研究”及其深化项目“‘窖泥液’的研制及应用”创新、特大型综合型发酵车间的工艺研究及设计创新、链式开发废弃酒糟资源综合利用创新。“浓香型酒类‘T’法工艺的研究”项目解决了浓香型白酒生产一直沿用的开放式泥窖发酵的被动落后生产工艺，为生产规模的超常规扩展奠定了坚实的基础，获得1993年度四川省科技进步二等奖及1992年度宜宾地区科技进步一等奖；“双开、高排酒曲发酵室的设计与应用”项目及“特大型综合型发酵车间的工艺研究及设计”项目有效促进了新窖老熟及固态发酵酿酒用酒曲发酵过程中的发酵工艺稳定，满足了五粮液生产过程中提高优质品率对曲药的要求。两个项目分别获得了国家级科学技术特等奖和一等奖。

（2）酿酒环保工艺技术创新。为解决规范扩大后的废弃酒糟污染环境的问题，王国春同志率领公司技术人员在白酒行业率先对丢弃酒糟进行研究，主持并参与了以固态发酵酒糟——复糟二次发酵蒸馏——燃酒糟锅炉——糟灰提取白炭黑的链式资源化开发项目《丢弃酒糟无害化、效益化处理的工艺技术》项目，成果达到了国内领先水平。不仅减少了环境污染，节约了大量的粮食和能源，还产生了巨大的经济效益和社会效益。五粮液也因此成为国内酒类行业中首家实现循环经济的企业。该项目2002年获得了四川省政府科技进步一等奖；2003年获得了国家科学技术一等奖，并多次受到国家环保总局的表彰。

在此基础上，王国春同志近年来组织技术人员开展了白酒生产废水的研究，相继发明了酿酒底锅黄水生产乳酸及乳酸钙技术、用稻壳工业化生产白炭黑及稻壳白炭黑废渣生产活性炭等技术，成为白酒行业彻底解决废渣、废水的最佳方案，为国内废水、废渣的综合利用，摸索出一条成功的经验。

（3）营销策略创新。针对全国白酒新品牌不断涌现、市场竞争白热化、顾客消费习惯改变的现状，王国春同志充分运用目标市场细分理论，组织精干勾兑技术人员，以市场为先导，精心进行酒体设计，相继成功开发出了五粮春、五粮醇、五粮神、五湖液等“五”字头的全国性品牌和金六福、浏阳河、京酒等系列区域性品牌，走出了一条具有五粮液特色的产品结构调整之路，并针对不同消费群体，开发出了五粮液饮用型、精品型、珍品型、豪华型等系列品种，极大地提高了产品市场占有率，为企业创造了巨大的经济效益，实现了公司的跨越式发展。

坚持用健康发展的事业凝聚人才

在人力资源开发工作中，王国春同志坚持“唯才是举”的用人观，注重在加大自我培养人才力度的基础上，不受地域限制广纳群贤，依托项目聚集人才、吸引人才，使公司人才资源得以迅速补充并形成良性循环，公司聚合了一批国内外的各路精英。王国春同志坚持人才引进和送出去培养相结合，不断完善员工教育培训体系，加强现有员工队伍的培养。一是建立培训基地，成立兼职教师队伍，外聘行业专家担任授课教师，加强分层分类、多种形式的经常性内外部相结合的培训；二是建立学习激励机制，变“要我学”为“我要学”；三是鼓励员工结合企业需要、岗位需要，带着问题学习，增强解决问题的动手能力。目前，公司拥有国家级评委6名，省级评委10名，国家级专家组成员3名，省级专家组成员4名，酿酒技术（勾兑）高等级操作技术人员4516人，酿酒工程系列任职专业技术人员2000多名。

王国春同志为五粮液集团公司和中国酿酒业的发展作出了巨大贡献，取得了卓越成绩，在中国白酒行业具有广泛的影响力，具有优秀专家的先进性和代表性。

王 群

——华润雪花啤酒（中国）有限公司董事总经理

王群毕业于中国人民大学，并获金融学学士学位，具有中国经济师资格。加入华润创业有限公司前，曾任职于中国国家经济委员会。1994年加入华润创业有限公司，为香港华润创业有限公司副董事总经理以及华润雪花啤酒（中国）有限公司的董事总经理，主要负责集团啤酒业务的全盘运作。在他的带领下，2006年，华润雪花啤酒的销量超过500万千升，不但突破了雪花啤酒单品销量第一，并且成为中国销量最大的啤酒企业。

王群本人，经历了一段和雪花一起成长的过程。王群在1994年加入华润创业有限公司，此时的华润对啤酒行业有着勃勃的雄心。在1996年，将渤海啤酒厂收入囊中后，时任沈阳办事处主任王群担任总经理，带领团队进入大连。王群首先对大连公司导入华润的管理和营销思想，将其改造成为华润版图上一个有机部分。之后在王群接手大连华润的第二年，公司彻底打了个翻身仗，共卖出7万吨啤酒，不仅使这家工厂第一次赚了钱，而且市场占有率也第一次超过对手。第三年，公司市场占有率从15%升到了70%，而对手则从70%变成了15%。2001年4月，中国啤酒史上最经典的蛇吞象上演：华润大连啤酒厂全面收购了五年前曾大它5倍、每年赚几千万元利润，但5年后竟无力经营下去的大连啤酒厂。更重要的是，华润完成了大东北战略，有了自己的根据地，王群一战成名。而当宁高宁把啤酒业务完全交到王群手里的时候，华润啤酒就如同技艺娴熟的舞蹈家一样，在做大与做强两个点上跳着相当平稳的舞蹈。根据华润创业2001年年报显示，华润啤酒业务在营业额、净利润、产销量三项指标上均已经超过青岛啤酒与燕京啤酒。而此时也恰恰是华润啤酒狮子口大张、抢占市场制高点的时候。之后的华润雪花一路高歌，先后收购了48家啤酒企业，其中不乏蓝剑、龙津这样的地方龙头啤酒企业。此时的王群，已经从一名战士成长为华润啤酒版图的设计者，拥有了大片“疆土”的华润雪花，开始把品牌建设放到战略地位，统一标识、勇闯天涯、非奥运营销，在王群的带领下，雪花做得如火如荼。

雪花啤酒有句耳熟能详的广告语“雪花啤酒，畅想成长”。王群认为，这个口号的提出不仅仅是针对消费者。对于雪花本身，雪花的经销商也做成长。可以说在和被并购企业的融合上，雪花做得比较成功。雪花有着比被并购企业更成熟的系统，有比它们更有效的管理方式，这样就容易整合，因为雪花的优势是这些企业所不具备的。另外在整合中，雪花也不断积极吸收这些企业优势的东西，不断完善自身，这样再经过两次整合，雪花就融合在一起了。

对于未来的啤酒行业发展趋势，王群认为，随着几大品牌布局的完成，区域之间的碰撞将会加剧。雪花会按照既定的策略不断前进，因为竞争会加速雪花的成长，雪花喜欢畅想成长。

曲喆

——中粮集团总裁助理、中国食品有限公司总经理兼中粮酒业有限公司董事长

具有19年国际投资贸易经验，是长城葡萄酒品牌大整合的发起者，“中国葡萄酒产业新洋务运动”理念的创立者和企业柔性管理的倡导者。

在盛大的奥运开幕式庆功宴上，国际奥委会主席罗格与各国元首举杯欢聚。他在这全球瞩目的时刻为中国葡萄酒界留下了一段难忘的佳话，他说：“我从这杯长城葡萄酒中品到了世界的味道……”

这浓郁的酒香背后既浓缩着一部民族葡萄酒的复兴史，也折射着一个国际化、专业化卓越团队的睿智与执著，而这个团队的灵魂人物便是中粮集团总裁助理、中国食品有限公司总经理（简称中国食品）兼中粮酒业有限公司（简称中粮酒业）董事长曲喆。

辨风识水者，得先机

2001年，世界贸易组织在卡塔尔首都多哈正式通过中国成为WTO成员国。也就是这一年，曲喆开始酝酿旗下长城葡萄酒品牌整合，这场被称为“影响中国葡萄酒界走向世界”的大戏由此拉开帷幕。

一沙一世界，先机往往蕴藏在见微知著之中。表面上看，一个品牌的整合与一个国家的抉择只是极为巧合地跨过同一个时间的门槛，但善于辨风识水的曲喆，已听到了来自葡萄酒全球化竞争的涛声。

改革开放之初，面对中国葡萄酒产业整体落后于欧美的现状，全球500强企业中粮集团首家相继在河北沙城、河北昌黎、山东烟台三大葡萄黄金产地投资建厂，严格按照国际葡萄酒酿造标准生产长城品牌葡萄酒，他们酿造的中国第一瓶干白、第一瓶干红、第一瓶起泡葡萄酒拉开了国产葡萄酒正规化的序幕。

20世纪末期，三大生产长城葡萄酒的企业在中国葡萄酒界各领风骚，其市场份额总和名列行业首位，但由于过去形成的三家分头经营的局面，使品牌分割的现象也随之出现。销售各自为政、内部无序竞争、左手打右手的内耗，造成资源浪费，限制了长城葡萄酒作为强势品牌的应有效应。与此同时，中粮集团与三大生产厂复杂的产权结构，也影响了中粮集团对长城品牌的控制力。除昌黎的生产厂外，其余两家酒厂皆为合资企业，各自的管理思路出现了不同版本。

2000年，曲喆接任中粮酒业总经理，他决心以国际经营理念实施专业化管理，为品牌升级再创新优势。他认为，在过去品牌的培育期，中粮集团作为主体投资人和品牌拥有者的职责主要体现在投资和立项上，而现在到了品牌发展期，就必须要求投资者对品牌的长远发展作出正确的战略规划，建立持久竞争力。

而这一整合是牵一发动全身的系统工程，是巩固自身行业领袖地位的一场领跑大提速。涉及品牌整合、资本整合、产品线整合、市场渠道整合及组织架构整合等全方位资源优化。对此，业界仁者见仁、智者见智，既有“整活还是整死”的忧虑，也有“整合是一招决胜妙棋”的赞许。在众说纷纭中，这场品牌变革把曲喆推到了这场震动酒坛的风暴中心，而每一种评论都在考验着曲喆的智慧和勇气。

刚到中粮集团工作不久，这位毕业于上海外贸学院的年轻学子，便以务实稳健的风格走进管理层，后来受集团委派，先后到泰国、美国的凤凰城和芝加哥拓展粮油、房地产和金融业务。多年对外投资及贸易的经验，使他准确地把握了国内外酒市场的脉搏。

20世纪初，面对每年两位数增幅的中国葡萄酒市场，海内外商家无不对其垂涎。在国内，各路资本纷纷涌入，一夜间新建、扩建葡萄酒企业热火朝天；在国外，随着中国入世后进口葡萄酒关税大幅下调，海外葡萄酒巨头相继入境。长城葡萄酒所面对的是门内有土狼分食、门外有雄狮张望。曲喆从高脚杯里不仅品到了酒香，也闻到了浓浓的火药味。虽然当时长城葡萄酒的市场占有率仍高于竞争对手，但如果五个指头不再攥紧拳头整体出击，就有被各个击破的危险，品牌碎片化的隐忧已初露端倪。

佛曰：“骏马见到鞭影，不用扬鞭自奋蹄。”曲喆面对自己阵地周围的四面埋伏，不畏山高路远，一马当先提前反击。他的目标是以“大眼界、大整合、大规模、大品牌”的视野来打造中粮酒业美酒荟萃的王国，而整合后的“大长城”则是这个王国的基石。

伴着他发出的“统一利润中心、统一品牌形象、统一市场渠道、统一生产管理”的整合指令，一场场战役随之打响。通过与品牌咨询公司合作，统一了长城品牌形象；通过收购沙城、烟台两大葡萄酒厂股权，实现了全资控股，统一了利润中心；通过梳理重建生产、销售两大体系，极大地降低了酿酒成本，提高了销售网络的运营速度，统一了市场渠道和生产管理。整合后的第一年，销售额便实现了40%的大幅增长，相继跨入中国驰名商标、中国葡萄酒标志性品牌行列。2006年，长城以125.87亿元的品牌价值居行业第一强，以绝对优势奠定了其领袖品牌地位。

整合之初，曲喆阐明：“长城整合决不是简单的加法而是乘法。”八年后，长城品牌各项指标的几何级数增长印证了他的预言。

先厚其基，而后求其高

企业的决策者，既是设计师，也是牧师。设计师就是为企业这艘大船搭建结构和指明航向，牧师就是不断地吸收世界优秀经营成果，形成自身企业文化，讲企业文化的“道”。

扮演这两种角色的曲喆，最早提出了“中国葡萄酒产业新洋务运动”的全新理念。他认为，面对欧美葡萄酒兵团和他们身后几百上千年的酒文化底蕴，中国葡萄酒需要发起“求新图强”的储备运动，这和洋务运动具有神似之处。只有从葡萄酒产业链的各个环节上储备有生力量，推动产业升级，才能应对未来竞争。

如果把这一论断命名为“曲氏储备运动”，那么他在建构中粮酒业这座品牌大厦时，则精准地把握了“先厚其基，而后求其高”的先贤治世规则。如果只求其“厚”，而无其“高”，就如同建造楼房只打地基而不封顶一样，只有二者兼备，才能基业长青。

“曲氏储备运动”最具代表性的决策是“酒庄储备、人才储备、产地储备和酒文化储备”，这套重磅组合拳的每个动作对中国葡萄酒界都具有里程碑意义。

建立世界级酒庄是他剑指高端的信号。中粮酒业在蓬莱产区经过7年培育成熟了葡萄基地之后，于2004年7月投资亿元建立中粮君顶酒庄。酒庄是世界发达葡萄酒国的主要生产模式，也是中国葡萄酒在全球化竞争中占有优势地位的前提。君顶酒庄的建成，融合了旧世界葡萄酒的传统精湛技艺和新世界葡萄酒的现代酿酒科技，成为东方葡萄酒的典范之作。而经过30年积累孕育的长城桑干酒庄则体现了“得天者，独厚”的风范。同时，中粮酒业同世界多家知名酒庄联合成立了“世界名庄（中国）俱乐部”，这个以曲喆为理事会主席的权威组织，为中外酒庄交流搭建了平台。

如果说酒庄储备在产品层面先人一步，那么中粮酒业与中国农业大学联合成立的长城葡萄酒学院则是在人才层面占领高地。中国农大的食品发酵及葡萄酒科研成果在世界上处于前沿地位，而长城葡萄酒多年来也积累了雄厚的研发能力，二者强强联合，既为中国葡萄酒行业建立了一所MBA级的“黄埔军校”，也为中粮酒业自身人才版本升级提供了孵化器。

曲喆认为，品牌国际化是实现市场最大化的战略武器，中国葡萄酒如果在竞争中拥有主动权，必需要拥有强势的品牌文化话语权和品牌国际影响力。2006年，中粮酒业不失时机地赢得了北京2008年奥运会葡萄酒独家供应商资格，使长城品牌在奥运的光环下一跃跨入国际舞台。

曲喆“厚其基，求其高”的经营成果不仅得到了集团最高首脑的肯定，也在业界引起广泛关注。他与茅台集团、娃哈哈集团的领导人一道被评为“中国食品行业十大影响力领袖”以及营销界“金麒麟奖之十大标杆人物”。

以品格为重，虽柔必强

“中国食品”作为在港上市公司，是一支庞大的舰队，旗下除中粮酒业板块外，还有与其平行的食用油板块、休闲食品板块、饮料板块及方便面板块。作为这支舰队的指挥官，如果没有独特的管理艺术就难以实现万舰齐发，无法让每个水手全速驶向彼岸。

曲喆为舰队指明了三大航向，一是形成优秀的品牌运营能力，推动中国食品品牌及旗下各产品品牌的价值提升，担当行业领导者；二是形成强大的渠道掌控能力，打造专业化营销团队，建立高效开放的渠道网络；三是形成卓越的产品创新能力，以产品持续升级引领消费走向。而为这三大目标保驾护航的则是曲喆一贯倡导的柔性管理。

道家主张“天下莫柔弱于水，而攻坚强者莫之能胜”。在曲喆的管理字典里，加强领导者自身品格修养和以人为本、让员工与公司共成长的理念是柔性管理的内核。他说：“从深层次看，管理是通过设计和培植一种文化环境来协同和激励人的行为。”他强调：“制度是刚性的，有棱角的，拼接在一起总是有空白和死角，只有靠柔性的、深沉的文化来充实，才是成熟的管理模式。”

在他营造的职场空间里，60分的能力可以拥有发挥80分的舞台，无论是大胆赋予有潜力员工具有更大的挑战性职务，还是创造开放、平等的国际化培训机会，无不激励着每个人的创造性和能动性。他的助手对此深有感触地说：“在一个团队里快乐工作是每个人的希望，这能让工作效率提高，难度降低，沟通变得容易，创造力能够发挥到极致。”

这种管理的另一种表现形式是对普通员工的“宽”和对中层管理者的“严”，企业里发生任何一件过错，管理者要承担80%的责任，而具体操作者只承担20%责任，反映了权力和责任的统一。

早在2004年中粮酒业实施ERP销售系统的动员会上，曲喆曾说：“也许有人会问，长城葡萄酒总体销售业绩已经是行业第一了，为什么还要花这么大的力气来推行这个项目呢？但作为企业的管理者要考虑长远，今年的任务完成了，明年的呢？5年后、10年后、20年后长城怎么发展？哪个部门如果耽误了软件系统实施的进度，我就首先追究哪个部门领导的责任。”这既让人看到了曲喆在管理上以柔克刚的一面，又体现出他居安思危的敬业品格。

学会感恩，懂得欣赏，也是曲喆柔性管理的内涵之一。杜甫曾在动乱年代写过“烽火连三月，家书抵万金”。曲喆也曾怀着一腔牵挂写过一封“家书”：

“中国食品有限公司在川的同事们：5月12日惊悉四川汶川县及相关地区发生8.1级强烈地震，公司领导和全体员工心情十分悲痛！在川同事们的安危牵动着我们的心……你们每个人都是中国食品大家庭中的一员，是我们的亲人，在灾害和困难出现的时刻，公司将不遗余力地汇集全体力量，对受灾地区的亲人提供帮助，公司愿与你们一同共度难关……”这也许是中国企业界管理者之中最先送上的心灵鸡汤。

韦尔奇曾说：“把一群人有机地结合起来，给这个集体注入精神和生命，并树立明确的挑战目标，不断赢得胜利，是一个领导者的首要任务。”曲喆的“以品格为重，虽柔必强”的带兵方略，深刻体现了管理大师的精髓，他和他强大的团队在超越中不断创造着奇迹。

2008年2月28日，曲喆与来访的美国纳帕谷酒庄协会负责人David Metzne就葡萄酒市场走势交换了意见。David Metzne希望通过会谈增进相互了解，促进合作，期盼中国食品旗下的长城葡萄酒能更多地销往美国市场。

美国纳帕是全球著名的葡萄酒圣地之一，David Metzne投来的橄榄枝对中国食品具有标志性意义，美酒之间没有距离，长城葡萄酒已被David Metzne视为“中国风格的代表”。

然而，面对杯中流光溢彩的长城佳酿，今天的人们很难想到，在30年前的数次外国元首访华国宴上，因中国正宗葡萄酒酿造处于空白而遗憾缺席。30年后，曲喆执掌的美酒品牌，在全球欢聚的北京奥运盛宴上，被国际奥委会主席罗格打出了最高分。

古人云：先谋者，不败。当海内外爱酒人沉浸于中国食品旗下的经典美酒之中，不仅会领略到从未有过的个性化、高品位体验，同时也会从酒中品出一位品牌管理者的智慧，这种智慧和陈年美酒一样，散发着厚积薄发的耀眼光芒。

吴 飞

——中粮酒业有限公司总经理

2006年起担任中粮酒业有限公司总经理。作为一家世界级酒类品牌运营商的少帅，前瞻性提出了“国际化布局与专业化营销并行，坚持自主品牌创新与引进国际知名品牌并重”的经营理念。承前启后地完成了旗下长城品牌的深度整合，通过系统化、专业化和多元化的奥运营销实战，实现了长城品牌国际化飞跃。

2007年5月18日，深圳大中华国际交易中心。

在第三届中国国际文化产业博览交易会国际酒文化高峰论坛上，中粮酒业少帅吴飞与茅台、古越龙山等酒界巨头煮酒论道，共同探索中国酒业的发展走向和自强之路。

面对这场思想者盛宴，吴飞以客观翔实的分析，高屋建瓴地提出了“以个性化大品牌推动中国葡萄酒朝阳产业进程”的理念，引起酒界领袖共鸣。

曾有人说，吴飞少年老成、绵里藏针。这只是对他的片面描述。而走近他的人会发现，这位把工作当成终生事业的经理人，内心深处既有“夜里挑灯看剑”的运筹帷幄，也有“一片冰心在玉壶”的坦荡操守。

这种“内圣外王”的性格张力，使他执掌的中粮酒业在温和中包容并蓄，在竞争中敢为人先，在开放中缤纷多元。

内：建立一支能征善战的阳光团队

拥有“中国酒界航母”之称的中粮酒业，是全球500强企业中粮集团旗下专业化、一体化酒类品牌运营商，主要经营葡萄酒业务，同时涉足黄酒、代理进口酒。下辖中国长城葡萄酒有限公司、中粮君顶酒庄有限公司、中粮华夏长城葡萄酒有限公司、中粮长城葡萄酒（烟台）有限公司和中粮绍兴酒有限公司。要实现如此庞大的酒业集团的高效运转，需要管理者具有超常的智慧。

在酒海中搏击了17年的吴飞，对团队建设具有独到见解。“团队是否具有快捷、精准的执行力，是团队素质的标准，而执行力首先源于凝聚力和协调力”，基于这种理念，“人本管理”成为吴飞企业管理的核心。他常用这样的比喻：“企业领导者就像一位酿酒师，把每个员工视为珍贵的葡萄树，为他们提供水土阳光极佳的生长地，让他们结出丰硕的果实，酿出个性鲜明的美酒。”

“品牌的实质是背后的一群人，中粮酒业在生产名牌产品的同时，重要的是‘生产’人才”，这是吴飞多次强调的人本理念。在人才吸纳上，通过建立与国际接轨的薪酬体系激励人才，使优秀员工在作出一流贡献的同时得到一流的待遇；在人才塑造上，以专业化岗位培训为平台，突破职业枯竭的怪圈，实现人才版本升级，使个体成员的人生价值与企业的长远发展成果共赢共享；在人才素质上，通过营造多元企业文化，使每个人拥有发挥特长的空间。

而员工的精神世界也是吴飞关怀的焦点。在一位员工家中，至今还摆放一张他新婚时与吴飞的合影。他指着这张具有纪念意义的“全家福”说：“我和爱人的家都在外地，结婚时没什么亲朋好友，吴总像长兄一样，担任了我们的证婚人，每当想起那一幕，心里总感到非常温暖。”

也许关于吴飞与他团队成员之间的故事还有许多，都藏在往日的岁月里。所谓企业凝聚力，决不是砖与水泥的冰冷结合，它是一个企业管理者品格的自然流露，最终通过心灵的交换形成一个团队的向心力和执行力。

面对中粮酒业这支朝气蓬勃的阳光团队，吴飞总是骄傲地称他们为战无不胜的“梦之队”。

圣：以战略变局为突破口，开创品牌新境界

一个企业或一个品牌的兴盛是一场不断提速的接力赛。2006年，吴飞披挂上阵，接任中粮酒业总经理。如何使长城整合以“软着陆”的理想状态完美收官，同时加快生产销售的持续增长，是摆在吴飞面前的考卷。

他对企业流程进行全面梳理，调整了战略远景和经营目标，在坚持葡萄酒为主业，国内市场为主导的前提下，不断寻求品类扩展，优化销售网络，把经营目标定位在“成为中国具有领导地位的跨酒种品牌运营商”。

首先进行的销售渠道梳理重组，无疑要展开一场经销商“削藩”。如果处理不当，将会引起激烈的人事震荡和销售停滞。

吴飞采取以点带面的策略，从样板区域市场进行“并网”，然后向全国市场层层渗透、步步推进。原本被业界视为一场“战争”的渠道整合，在他的腾转挪移中波澜不惊。

透过长城销售模式的成功转型，会发现吴飞舞动的四大杀手锏提高了渠道的掌控力。一是设计公平、公开的游戏规则，科学制定全国性统一销售策略，统一配置相应的市场资源；二是市场结构“变脸”为扁平化，市场投入向终端下沉，提高网络运行效率和覆盖面；三是主导产品逐步实现控价销售，实现各区域市场间的公平竞争；四是加快销售团队建设，实现销售队伍的扩张和融合。由于这四招准确点穴，销售收入大幅提升。

与渠道优化同步进行的还有长城产品线梳理。过去长城产品结构重叠现象比较严重，这个“手术”同样具有挑战性。

对此，吴飞提出了“推高拉低”策略，从以往单一的长城整体品牌推广，转向以高端和重点产品推广带动产品线为主。这种“推动”高端，“拉动”整体的营销策略，实现了原有产品线的瘦身计划。

吴飞邀请国家权威机构与中粮酒业联合推出了《长城葡萄酒专业品质等级标准》，根据法国、意大利、美国等世界主流葡萄酒国的惯例，找准葡萄产地、葡萄种植工艺、葡萄筛选工艺、葡萄酒酿造工艺、葡萄酒储藏工艺等八项葡萄酒品质指标，把长城葡萄酒分为“特别珍藏级、珍藏级、特别精选级、高级精选级、精选级、日常餐酒级”六大级别，增强了产品竞争力，极大地降低了生产及销售成本。既为中国葡萄酒行业产品分级提供了国际化坐标，也为消费者选购提供了品质与价格依据。

外：奏响奥运营销铿锵三步曲

尽享奥运盛宴，是每个企业的梦想，但要步入这座世界级品牌殿堂，向全球展现自身品牌实力，则需要过五关斩六将才能成为奥运宠儿。中粮酒业从获得北京奥运会葡萄酒独家供应商入场券到惊艳出场，每一步都使旗下长城葡萄酒充满了国际化品牌的力量，而幕后的总导演就是吴飞。

他在制定奥运营销策略时，超越了产品营销层面，而是站在国际化制高点上布局谋篇。他说：“长城品牌启动国际化布局，包含两个层面内容，一是通过奥运走出去，即产品输出、品牌输出；二是资本输出，占有海外葡萄酒最佳资源。”

在这宏大营销视野下，吴飞制定了系统化的营销策略，避免了奥运营销工程的随意性和盲目性，被业界营销专家称道“长城奥运营销三步曲”。

第一步是2006年以“共品长城，同享中国”为主题的品牌宣言，通过媒体组合传播、销售渠道传播、产品奥运标识传播，高效赢得奥运共识。第二步是2007年以“相约长城，相约奥运”为主题的品牌之约，通过品牌提升计划、品质领先计划、酒文化推广计划，强化品牌人文色彩。第三步是2008年以“举杯长城，荣耀中国”为主题的品牌共享，通过品质提升行动、美酒体验行动、感恩分享行动，把长城品牌推向巅峰时刻。

伴着吴飞手中“指挥棒”的节奏，一场盛大的交响乐层层递进地演绎着多元化传播组合和个性化营销创意。

借助由国际奥委会主席罗格出席的“国际奥委会奥林匹克珍藏品中国巡回展”，北京2008年奥运会葡萄酒独家供应商中粮酒业长城葡萄酒以全球化经营视野，把此次巡展纳入以“相约长城，相约奥运”为主题的人文奥运新战略，立足品牌提升、品质领先和文化推广，为此次奥运珍品中国行打开了一片新天空。

这次奥运珍品巡展找到了最准确的品牌传播契合点，从北京启动后，纵横青岛、南京、武汉、长沙、澳门、广州、香港、福州、杭州、上海、沈阳、天津共13座城市，于2008年奥运会开幕前夕结束，历时整整一年。这既是一次奥林匹克运动的历史之旅、魅力之旅，也是长城葡萄酒导演的一次体验之旅、文化之旅。

针对社会精英阶层的“鉴赏眼光”，吴飞的“乐队”又上演了一场场优雅的“阳春白雪”。从全国性的长城奥运城市酒标设计大赛到超越2008奢华限量奥运酒的推出，从长城酒伴奥运火炬手登顶珠峰庆功到长城奥运冠军酒窖落成，从担当达沃斯论坛、APEC会议等政务商务指定用酒到奥运酒的慈善拍卖及收藏，无不把酒文化传播与人文奥运高度结合，为品牌国际化储备了软实力。

为了全面激活自身雄厚的酿酒资源，吴飞艺术化地把长城桑干庄酒推向奥运舞台的最前沿，以其国际品质登顶全球酒庄酒金字塔。当长城桑干酒庄酒以火炬登顶庆功酒的身份香飘珠峰，代表中国向五大洲发出了盛情邀请；当长城桑干酒庄酿制的“超越2008奥运限量珍藏酒”被瑞士洛桑奥林匹克博物馆永久收藏，奥运有史以来的唯一典藏美酒，让世界的访客感受到了美酒与艺术的完美交融。

吴飞对此自信地表示：“我们的目标就是将长城品牌推向世界，既让每一位奥运贵宾都沉醉于味蕾的狂欢，也让全球来宾知道中国不仅拥有体育世界冠军，还拥有葡萄酒世界冠军。”吴飞话音刚落，奥运的礼花绽放在北京夜空，来自世界各地的百位国家元首、皇室成员及450万游客在长城的碰杯声中尽情畅饮，长城品牌成为奥运赛场外的另一大主角。

奥运落幕后，长城品牌营销实战成果先后被国际奥组委及相关部门授予“2008奥运十佳品牌营销奖”、“北京2008年奥运会特别贡献奖”，与联想、中国移动等品牌被北京奥组委列为“奥运营销十大经典案例”，除营销之冠外，中粮酒业也同步摘取了长城葡萄酒的销量之冠、品牌价值之冠。

王：强化自主品牌创新与引进国际知名品牌同步领先的集群效应

2008年，面对海外酒类抢占中国市场，吴飞为中粮酒业未来五年制定了发展规划，主张追求内涵式增长和外延式增长齐头并进。他指出：“在未来中粮酒业将启动全球葡萄酒产地资源的整合，加速自主品牌创新和引进国际知名品牌的集群升级，持续提高市场份额与品牌溢价能力。”为实现上述目标，吴飞还提出“自主品牌创新与引进知名品牌并重，产品多元开发和品牌集群并行”。

在自主品牌方面，中粮绍兴酒打破原有海派和老派饮用习惯的束缚，在风格上、口感上不断突破，已打入欧洲市场。而长城品牌则定位为“葡萄酒专家”，以“产区好、酒才好”作为传播主张，力求在全球知名葡萄酒产区建立生产基地。由于不同产区会形成不同风格的产品，有的浓郁、有的清新、有的芬芳、有的平顺，将为消费者提供多元选择。2008年长城品牌市场占有率继续以绝对优势稳居行业首位，而且登陆加拿大、韩国市场，至此长城出口国已达20个，出口量连年保持业界第一。

伴随吴飞执掌的中粮酒业这座美酒帝国的壮大，不断引领着民族葡萄酒品牌的走向，提升了中国葡萄酒市场在世界范围内的影响力，这种具有风向标意义的品牌势力尽展“王”者风范。

所谓“内圣外王”之道，其本质是“内蕴圣贤之德才，外施王道之韬略”。如今这一儒家思想仍在现代企业管理中熠熠生辉。只有内部完善成“圣”，才能对外彰显“王”者气度，只有通过“内圣”的修炼达到强基固本，才能在市场上无坚不摧。如果说中粮酒业的人本管理和长城品牌优化是“对内求圣”的缩影，那么奥运营销和兼收并蓄的品牌格局则是“对外求王”的体现。当吴飞运用先贤智慧修炼自己、扩大版图时，如同一位武林高手打通了任督二脉，剑指长空，登顶而舞，往日梦寐以求的品牌佳境此刻尽收眼底。

乔天明
——四川剑南春股份有限公司董事长

他，儒雅、自信。藏锋于袖却又寓情于怀。

在平凡而又普通的外表的敛饰下，藏喜怒哀乐于胸、蕴荣耀光芒于内。他就像一座山，巍然屹立在那里，你从不同的侧面、不同的视角得到的感受却是如此的迥然有异。

他，坚毅、硬朗。恒心素著却又百折不挠。

在业界，他素以办事果敢、作风干练而著称。但有时也坚持己见、固执而又自信。一旦认定的事情，不达目的誓不罢休。坚持所见、不屈不挠，这种倔犟的性格曾让他吃过不少苦头，但依然不悔。他的刚毅、智慧以及对人情世故洞若观火的审察都藏匿在他行事低调且又宁折不屈的身影之后。

他是一位不屈的行者。

在中国白酒界变化莫测的风云时代里，坚持着自己的坚持、奉献着自己的奉献、不屈着自己的不屈、创新着自己的创新……

不为传统所撼、不为世俗所动、不为艰难所阻、不为利益所困，他依然是他，依然保持着那份内心的平静与矜持。如果不是2008年5月12日那一场震惊世界的大劫难，他依然以自己的方式隐匿在群雄混战的白酒硝烟里。

他，就是中国三大名酒之一的剑南春集团公司董事长——乔天明。

乔天明，男，高级经济师，享受国务院特殊津贴的有突出贡献的高级专家，高级企业经营管理者。1982年12月调绵竹剑南春酒厂工作，先后任干事、党委办副主任、党委副书记、党办主任、德阳市曲酒厂厂长。1989年3月任绵竹剑南春酒厂副厂长、剑南春酒类经营公司经理，1994年4月任四川剑南春股份有限公司副董事长、副总经理，1996年8月任四川剑南春集团有限责任公司常务副董事长、常务副总经理，1997年7月任四川剑南春集团有限责任公司常务副董事长、总经理。现任四川剑南春集团有限责任公司董事长、总经理、党委副书记。

对于剑南春来说，乔天明的加入，无疑给剑南春带来了长足发展。1968年毕业于绵阳地区水利电力学校的乔天明，被分配到绵竹清平磷矿工作。14年后的1982年，一个偶然的机会，乔天明被调到剑南春酒厂，自此以后，乔天明一路走来，一直做到今天四川剑南春集团有限责任公司董事长的宝座上。在身份的变化中，他集技术生产、销售、管理等种种经验于一身。在20多年的拼搏中，他带领着他的团队，把剑南春这个品牌响亮地树在人民心中。

1995、1996年，剑南春连续两年获“全国质量效益型先进企业”称号。1997年，剑南春以销售收入11.8亿元，税利4.1亿元，跃至年度行业前五强。1998年，在白酒动荡和困惑之时，剑南春跃至行业第三名；2000年，剑南春实现销售收入13.88亿元，实现税利5.8亿元。2004年实现销售收入25亿元，入库税金6.05亿元；2005年实现销售收入27亿元，入库税金6.78亿元；2006实现销售收入31亿元，入库税金8.35亿元；“茅五剑”成为业界名酒的排列顺序。这些都是乔天明加入剑南春之后取得的辉煌战果。

我们毫无理由地相信，乔天明执掌剑南春的时代，正是剑南春大踏步前进的时代。

李秋喜

——山西杏花村汾酒集团有限责任公司董事长、总经理、党委副书记

李秋喜，男，汉族，1960年11月生，山西省晋城人，研究生学历，高级政工师，1984年12月加入中国共产党。现任汾酒集团有限责任公司董事长、总经理、党委副书记。

1983年8月，李秋喜同志从太原化学工业学校毕业后参加工作，历任天脊集团（原山西化肥厂）机械维修部团总支书记、建修车间党支部书记、厂团委书记、复肥一车间党支部书记；1992年7月任集团党委组织部部长；1994年5月任集团党委组织部部长兼合成氨厂党委书记；1997年7月任集团党委副书记兼组织部部长。1999年8月至2001年5月在西安交大MBA硕士研究生班学习毕业。2001年1月任晋牌水泥集团公司董事长、党委书记。2004年9月至2005年1月在中央党校培训结业。2005年7月至2009年10月任汾酒集团有限责任公司副董事长、总经理、党委委员；2009年10月22日开始任汾酒集团有限责任公司董事长、总经理、党委副书记。

在汾酒集团有限责任公司工作期间，李秋喜同志于2005年11月被山西团省委、省中小企业局、省青年企业家协会授予“山西省杰出青年企业家”称号；2007年11月，被中共山西省委、人才工作领导组、省委组织部评选为“中共山西省委联系的高级专家”；2008年2月，任山西省十届政协委员；2008年10月，被授予“全国优秀职业经理人”称号。

李秋喜同志接任汾酒集团有限责任公司董事长后，大刀阔斧地进行了一系列的创新改革。他将汾酒定位为“国酒之源，清香之祖，文化之根”，要求全体汾酒人要坚持用心酿造，专注做好汾酒这一品牌，高举清香之帆远航，开创清香大未来。李秋喜同志一再强调一定要以“清香汾酒、文化汾酒、绿色汾酒、安全汾酒”为经营理念。首先，要做消费者信得过的产品，狠抓产品质量安全，在消费者心中树立良好的企业和产品形象。其次，要全面继承汾酒的文化，加大宣传力度，推广清香文化，倡导纯粮酿造健康饮酒。在同行业激烈竞争的当前，必须要以市场为导向，服从于市场，服务于市场，树立“全员营销”的观念，全体员工要服务于公司的营销工作，根据市场的变化适时调整工作，一切都要为营销提供可靠保障。

李秋喜同志接任董事长伊始便提出了“百年金奖，百亿汾酒”的发展战略，即用五年时间，到2015年，在汾酒获得巴拿马金质大奖章100年的时候，实现汾酒销售收入达到一百亿。这一目标一经提出，极大地鼓舞了汾酒人的士气，增强了广大职工的信心，同时也提升了投资者的投资信心。董事长倾斜一线职工的政策，得到职工一致好评。注重人才培养，重用人才的政策，激发了一大批高学历、高素质、高水平人才的干劲：公司内部，管理体制正在发生着变化，一批年轻有为的干部正在接受公司的强化培训，逐步走向重要岗位；市场上，安排了一批训练有素的管理人员，专项负责市场维护、信息反馈工作；同时优秀的技术人员也在接受更专业的培训，不断增强公司的技术、科研能力。如今，各个岗位都显现出一派欣欣向荣的景象，公司三大基地的建设正在稳步推进，生产运营正在按照“追赶、超越、领先”三个步骤奋力前进。

李福成
——燕京啤酒集团董事长

李福成的名字，北京人并不陌生，如果再说起他的燕京啤酒，一种清爽的感觉会油然而生，那种亲切感仿佛就像你的亲朋挚友；20年来，无论冬夏，燕京啤酒已经成了北京人家餐桌上最得意的伙伴。

李福成本人呢？他似乎比啤酒更容易让人亲近：笑眯眯的一双眼睛，憨厚的面容，说话是平实亲切的京腔……论商业成就，他所代表的燕京理所当然是中国啤酒业三分天下有其一的行业巨鳄，但第一眼望过去就让人感觉亲切温和的李福成，浑身洋溢着的是中国第一代创业型企业家特有的执著和热情。

20多年前，位于北京东郊与首都机场相邻的顺义啤酒厂，还是个名不见经传的啤酒小厂，李福成是它的第二任厂长，那时的他刚过而立之年。如今，在他的带领下，经过20年快速健康的发展，燕京已经成为中国最大的啤酒企业集团之一。2004年啤酒产销量283千升、销售收入69亿元、实现利税15.5亿元。李福成带领燕京用20年的时间跨越了世界啤酒业100年的发展历程。

当年，燕京啤酒在北京市场刚刚打开局面时，市场占有率达到1/3。怎样才能百尺竿头，更进一步？李福成领导燕京啤酒员工集思广益，对内在干部、职工中广泛征求建议，对外听取专家和消费者意见，开发研制新产品。

有一次，李福成带着被一位知名专家赞许的新品种啤酒来到北京酿酒总厂，请专家品尝。质量检测监督站奚桂萍处长品尝后问："你们造酒给谁喝？"李福成一时愕然。"各国人的口味习惯不尽相同，如果你们造酒给口味偏重的欧洲人喝，这酒相当不错，如果给中国老百姓喝，我建议你们造口味清淡些的啤酒。"奚桂萍接下来的话让曾当过品酒师的李福成顿时眼前一亮。

1986年，当全国啤酒厂还在坚持传统发酵工艺时，李福成前瞻性地决定向代表国际潮流趋势的发酵罐工艺进军，于是燕京啤酒集团公司把中国发酵研究所（现中国发酵科学研究院）管敦仪教授等专家请进厂，实现专家、科研、企业一体化，搞科研、做实验，中国轻工业部推广的12项科研成果率先在燕京使用，开创了中国啤酒企业与科研院所合作的先河，使得燕京啤酒生产工艺和酿造技术发生了革命性的变化。

1987年9月，11度清爽型燕京啤酒问世，在中国首先提出了"清爽"概念，填补了国产啤酒的空白。它口味醇正、清爽怡人、泡沫丰富，口感清冽，立即受到市场消费者强烈反馈。

11度清爽燕京啤酒1988年生产销售3.5万吨，以后产销量逐年上升，2000年以来，每年销量都在60万吨以上，成为了中国单一产量最大的品种，产量合计552万吨。清爽型燕京成了北京人啤酒杯里的当家品种，而燕京也从此成为广大消费者心中喜爱的名牌。

如今，在清爽型啤酒的基础上，燕京啤酒集团公司相继推出了11度精品啤酒、纯生啤酒、无醇啤酒、本色啤酒等不同层次、不同口味的品种100多个。

说起"燕京"啤酒的过硬品质，李福成自豪地总结出最重要的两个因素：一个归功于顺义的优质矿泉水，另一个就是燕京多年来一直不断地坚持技术改造。多年来燕京啤酒尝到技术改造的甜头，体会到科技的魅力，李福成将燕京的技术改造当做核心工作，燕京近来基本实现了水、废气物的循环使用和开发利用，为此燕京成立了生物医药的研究机构，科技还会给燕京创造新的增长点。

如今，据北京名牌事务研究所评估，燕京品牌价值的增长速度在中国最有价值品牌中一直名列前茅。燕京品牌价值1997年为13.50亿元，2004年为137.45亿元，年均增长41%。

追溯燕京的发展轨迹，我们不难看出"创新"这条主线，而这也正是李福成这位掌舵人的思想之魂。在20多年企业经营过程，他以超凡的胆识，实施多项创新举措，使燕京不断完成一个个自我超越。

白智生

——中法合营王朝葡萄酿酒有限公司董事长

我们做酒的人，不能仅仅把酒作为一种职业，而要作为一种事业来做；我们做酒的人应该有一种社会责任，引导、教育消费者学会饮酒；我们做酒的人，要不负历史重任，把酒做得更好。

在经济全球化和区域经济一体化深入发展之际，为了给消费者提供产品质量卓越、品牌美誉度好的葡萄酒，提升中国葡萄酒行业整体水平，作为中国中高档葡萄酒领军企业的王朝公司，立足“国际化、现代化、一流的大型企业集团”的战略定位，不断进取与创新，取得了更大的进步。

原料基地规范化建设，制定西北大转移方针

葡萄酒是一个基地先行的产业，葡萄酒质量的好坏首先取决于葡萄原料的质量。中国葡萄酒欲接轨国际市场，必须有良好的原料作保障，而良好的原料来源于科学的产区选择和规范的基地建设。王朝以发展西部酿酒葡萄基地作为未来工作的重点方向，在我国优良的酿酒葡萄产区宁夏、新疆等地以多种合作形式建立原料基地，实现基地良种化、良种优质化，确定基地建设向西北转移的总策略，全面提升王朝葡萄酒的品质。

坚持和倡导科技领先的理念，注重技术创新

科技和创新是一个民族进步的灵魂，王朝公司的腾飞离不开科技和创新的助力。近年来，通过加大科研资金投入、积极引进技术人才、建立与科技院校技术合作平台等途径，使公司连年来获得丰硕科技成果，实现了技术引领行业潮流。2005年，公司的技术中心获得了一次质的飞跃，经国家发改委等四部门审核评定为国家级企业技术中心。在此基础上，公司斥资2亿多元建造了一座具有纯正法兰西风格的葡萄酒酒堡，这将对传播葡萄酒文化、推广酿酒理念、展示企业风采等方面具有不可估量的价值。

深化优势，倡导国际战略联盟的形成

葡萄酒在欧洲历史悠久，有着深厚的文化传统和先进的酿酒理念，酿酒技术处于领先地位。因此，要逐步赶上和超过世界先进水平，王朝除了坚持自身风格以外，要始终站在巨人的肩膀上，把“洋”字做足做透。在加深与“人头马”技术合作外，公司还不断加大国际合作力度，初步形成了高端产业战略联盟：先后与世界上最大葡萄酒设备制造商意大利贝德拉索公司、法国最大的橡木桶制造商圣哥安集团、欧洲第一大世界第三大零售商德国麦德龙集团及欧洲最大葡萄酒分销商法国吉赛孚集团等知名企业签订了战略合作协议，形成从国际一流设备，到世界先进技术、市场销售的系统化战略联盟。这些举措加速了王朝葡萄酒国际化进程，提升了王朝葡萄酒在国际市场上的影响力，在葡萄酒全球化竞争中打出了一张有效的“王朝牌”。

坚持走中高档产品路线

当前国内葡萄酒的消费已日趋多元化，消费者对葡萄酒的认识逐渐加深，鉴赏能力逐步提高，居民收入水平的提高推动消费层次的提升，这些因素促进中高品质酒的发展。因此，王朝未来的产品定位就是要走中高档路线。同时为细分市场，为满足高端人士需求，王朝公司联合天津建设银行、天津信托共同推出鼎樽理财、顶尊生活——王朝酒业鼎樽期酒产品，真正属于高端人群的红酒。在此基础上，公司在北纬41°五女山下桓龙湖畔建立酿酒基地，以纯种“威戴尔”葡萄为原料开发出酒中精品——冰酒。

借助世界大舞台，成就民族大品牌，是王朝人共同的奋斗目标和方向。未来王朝优良品种葡萄基地种植面积将达到20万亩；生产能力达到到8～10万吨。其中高档酒由现在的2000吨发展到5000吨到1万吨，王朝将朝着更大更优的方向步步向前。

曹 杰

——安徽古井（集团）有限责任公司董事长

现年41岁的曹杰是名酒企业中最年轻的“当家人”之一，之前是古井酒店集团的董事长。他带领古井酒店集团一路发展，通过标准化建设和打造学习型企业，使公司成为一个集酒店业、商业和旅游服务业等为主体的大型酒店集团，并被评选为“2006年中国饭店业民族品牌20强”。

在回归总部后，他做了大量的调研工作，包括与不同部门的职工沟通，与关键部门、岗位的管理人员和员工交流。他领导整个团队首先在内部作了调整，包括在生产上、质量上、采购上、物流配送上都采取了一系列的举措，收到了明显的效果。其次在市场营销方面上作了一些调整与创新。

从2007年4月上任伊始，曹杰主持重组了古井集团旗下四大产业集团的领导班子，吹响了回归主业的“号角”：以对白酒行业与消费者负责、贡献的态度，践行“重塑美酒精神”的承诺，先后推出了淡雅香型与年份原浆系列产品，引领了中原白酒“淡雅香型”的兴起，并确立了年份白酒的原浆级典范。在一系列有力措施的推动下，作为“中国老八大名酒”之一的古井贡酒迎来了重焕“青春”的历史转机，走上了重塑辉煌的稳健之路。

在总结古井这两年的发展时，曹杰使用最多的词汇就是“回归”。从一开始确立“白酒产业为主，其他产业协调发展”的企业发展战略，并及时提出了“回归主业、回归高端、回归到古井历史辉煌位置”的发展计划，一系列的举措，都在曹杰的手上妙笔生花。

面对“臃肿”繁多的产品，曹杰大规模压缩产品数量，从800个品种缩减到200多个，理清了产品线，集中资源做好主导产品。

2007年10月，古井联合中国食品工业协会成立了淡雅香型中国白酒研究院，标志着淡雅香型被古井确立。

2008年7月，曹杰又重磅推出了战略产品“年份原浆古井贡酒”，引起业界震动。

2009年3月，“古井贡酒年份原浆”在众多白酒品牌中脱颖而出，被选为2009年全国政协第十一届二次会议唯一指定高端白酒用酒，重返国宴。在2009年中国500最具品牌价值排行榜中，古井贡以46.60亿元位居第175位，并获选“影响世界的民族品牌”、“安徽省代表性品牌”等荣誉。

截至目前，古井通过一系列调整与努力，克服了外部经济困难的不利条件，实现了主要经营指标的全面增长，尤其是主业白酒在大环境不利的情况下也取得了非常好的业绩，显示出强劲的发展势头。

曹杰，戴着一副近视眼镜，言辞之间始终透露着文人墨客的气质，而这与白酒行业领导人多豪气者相差甚远。但是“思维清晰、稳重、善于用人”，这也是他给人们留下的主要印象。

曹杰，这个男人用了2年的时间完成了一个对白酒管理经验一无所知到游刃有余的巨大转变，而正是他的这种执著才成就了今天古井的飞跃。可以说，曹杰在完成了古井主业回归之后，也将沉寂了多年的“徽酒”重新带到了世界的眼前。

刘自力

——贵州茅台酒厂（集团）习酒有限责任公司董事长、总经理

刘自力，男，贵州仁怀市人，生于1955年5月，中共党员，大学学历，高级经济师、高级政工师。

1983年9月任茅台酒厂厂史办编撰副主任；1991年8月任茅台酒厂党委办副主任、主任；1996年10月任中国贵州茅台酒厂（集团）有限责任公司党委委员、工会主席；1998年10月至今任茅台酒厂（集团）公司董事、党委委员、副总经理，贵州茅台酒厂（集团）习酒有限责任公司董事长（法人代表）、总经理。刘自力同志担任企业领导以来，把握市场经济脉搏、紧抓机遇、深化改革、强化管理、创造性地开展工作，使企业全面协调持续发展，效益连年递增。

他著有《以"无情不商"为内核的战略管理》、《企业在生产与营销中的诚信管理》、《提升品牌，张扬个性——重整黔酒之浅见》、《永葆金牌质量，再创国酒辉煌》等著作，其中《以"无情不商"为内核的战略管理》和《酿酒企业在生产和营销中的诚信管理》分别荣获省级、国家级企业管理现代化创新成果一等奖、二等奖；主持的《应用生物工程技术提高浓香型习酒优质品率的应用研究》科研课题荣获中国食品工业协会科学技术奖一等奖。他曾先后荣获"全国白酒行业百名先进个人"、"全国食品行业质量管理优秀领导者"、"全国诚信经营优秀企业家"、"贵州省优秀企业家"、"贵州省食品工业杰出企业家"、"贵州省省管专家"、"贵州省劳动模范"、"遵义市经营管理优秀领导者"、"遵义市市管专家"、遵义"撤地设市十周年"十大杰出建设者、"习水县十佳经理厂长"等荣誉称号。刘自力同志还光荣当选为中共遵义市第二次党代会代表，中共贵州省第八次、第十次党代会代表，贵州省第十届、第十一届人代会代表。2001—2008年，因对地方经济和社会所作出的突出贡献，他连续八年受到遵义市人民政府嘉奖。

陈 林

——四川宜宾五粮液股份有限公司董事、总经理、总工程师

陈林，高级工程师，现任四川宜宾五粮液集团公司董事、五粮液股份公司董事、总经理、总工程师、五粮液保健酒有限公司董事长兼党支部书记、宜宾学院生物工程系客座教授、宜宾市第六批拔尖人才。

陈林同志师从于著名勾兑大师范玉平，她长期坚持自学酿酒、发酵等专业知识，重视理论和实践相结合，潜心探究勾兑工艺技术，很好的掌握了白酒勾兑技术，成果突出。成为白酒勾兑技术的权威专家，是我国白酒行业新一代拔尖人才。

陈林同志的主要科研开发项目：

1985年，作为主研人员参与北京科学院自动化一所共同研制成功省级项目《五粮液计算机勾兑专家系统、组合基础系统》。

1985年，参与工厂列入"星火计划"的《五粮液低度酒生产及产品开发项目》研究，研究成果填补了工厂无低度白酒的空白。

1987年，作为主研人员参与研制成功《五粮液计算机勾兑专家系统、调味系统》。

1991年，作为主研人员之一，与有关人员改进勾兑工艺，将基酒改为大桶组合方法，使一次勾兑成功率由原来的90%提高到了98%。

1993年，作为主研人员参与五粮液精品开发科研项目，主要负责项目实物样酒勾兑。根据公司当时的生产特点和市场消费需求，设计出勾兑方案20个，最终研制成功“珍藏珍品五粮液”。

1994年至1995年，作为主研人员之一，参与实施企业“三二0”工程项目研究。

1996年至1997年，作为主研人员参与完成《白酒中金属元素懂得测定及酒质的关系》项目研究，通过了省级技术鉴定。

1999年，主持公司“风味调味酒”项目研究。

2002年，参与研究增进系统烈酒呈味物质的萃取工作。现该项目研究成果——超临界萃取液体技术已获得国家专利技术（公示期）。

以上科研开发成果为企业创造了巨大的经济效益和社会效益，推动了五粮液品牌价值的迅速增长。

在酿酒生产技术方面，主持和参与的技术开发及应用，为企业产生了极大的经济效益。

TD工艺实验项目的成功开发和应用，提高了优质品率，降低了成本。该工艺达到提高酒质的目的，主体香味物质比原来提高了30%以上，酒味更浓，更老陈。

国内开首创的双开、高排酒曲发酵室的成功设计和投入应用，满足了五粮液生产过程中提高优质品率对曲酒的要求，为企业获得了较大直接、间接的经济效益。

“特大型综合性发酵车间的工艺研究及设计”，该项目属于国内首创，节约了大量的土地和投资，改善了工人的劳动条件，提高了产品数量和质量，产生了显著的经济效益和社会效益，在首届中国白酒科技大会上被评为“首届中国白酒优秀科技成果一等奖”，2005年获得中国食品工业协会科学技术特等奖。

充分发挥公司强大的技术力量，开发新产品，落实多元化产业，为企业的多元化发展注入新的活力。

适应公司规模、效益发展需要，与有关技术人员组成联合试制小组，针对不同消费层级、消费区域、消费心理开发各种档次五粮液系列产品。主持和参与了珍品五粮液、五粮春、五粮醇、浏阳河、金六福等60余种五粮液系列新产品开发，特别在开发68度五粮液酒勾兑组合和调味方面取得了重大的技术突破，更好的保持和完善了五粮液固有的醇厚、味全面的风格特点。

陈林在白酒技术方面取得的成就和业绩，不仅为五粮液集团公司的多元化发展做出了突出的贡献，在科研方面获得的成就，也为推动行业的发展贡献了力量。

谢义贵

——四川剑南春股份有限公司副总经理

谢义贵，汉族，四川绵阳人，1961年9月出生，研究生毕业，中共党员，高级工程师。1980年经考核合格后进入剑南春酒厂工作，从事酿酒生产工作；1981年8月在酒体设计中心从事尝评、勾兑工作；1987年8月在质检处从事质量检验工作，任副处长；1988年经考试合格被聘为第五届中国白酒国家级评委员；1991年8在标准计量处从事标准计量工作，任处长；1993年2月在剑南春酒厂德阳分部从事生产经营管理工作，任部长；1997年2月任剑南春集团公司技术开发部部长；2000年经考核被聘为第六届中国白酒国家级评委员；2001年2月至今任四川剑南春集团有限责任公司副总经理。

在1986—1990年，由其参加的科研项目“低度剑南春的研究”获四川省商业厅科研成果二等奖，该成果的推广运用使公司的产品结构调整为以生产中、低度名优酒为主的轨道上来，为实现高度酒向低度酒的转化，降低产品成本以及增加市场的占有率，为剑南春及其系列产品迅速占领市场作出了贡献。每年为企业创造上亿元的经济效益。作为第一主研人：“SNTM调味酒的研制”每年为企业净增经济效益6千多万元。他主持研制开发的新产品“东方红”酒以极其高贵的品质，华丽的包装，丰富的内涵，受到消费者的好评和专家的认可，自上市以来，供不应求为企业创造了显著的经济效益。通过产品结构的调整，企业形成了以剑南春名牌系列、东方红高档系列以及浓香型大曲系列等品种合理的产品结构，大大增强了企业的活力和竞争能力。自1991年至1997年以来，企业的年产量、销售收入、利税均以30%以上的速度递增，其本人也被评为四川省推进企业技术进步优秀工作者二等奖及全国内贸系统劳动模范等荣誉称号。

谢义贵同志1980年参加工作。1986年至1990年，作为主研人员之一，参与了28%（vol）剑南春酒的开发研制，该产品于1990年获省技术进步奖。1991年至1993年任标准计量处处长期间，主持建立了一套较为完善并有效运行的标准化与计量管理体系，包括技术标准、管理标准、工作标准、通用标准四大类共计500多个。主持制定了《产品内控标准》，在稳定产品质量的同时，突出了“剑南春”系列的独特风味。2001年，主持进行了SNTM调味酒的研制工作。2002年根据国家《酒精标准》，制定了《酒精质量指标及检验方法》。

谢义贵同志在工作20余年间，为剑南春集团的发展和白酒事业的发展作出了贡献。

周洪江

——张裕葡萄酿酒股份有限公司总经理

周洪江，烟台张裕葡萄酿酒股份有限公司总经理。

20世纪80年代末90年代初，周洪江硕士研究生毕业后来到张裕，如今，他已成为张裕葡萄酿酒股份有限公司的总经理。2005年，张裕销售收入突破30亿元，利税达8.2亿元。2006年，张裕销售收入38亿元，利税达10.25亿元。2006年8月，美国的《商业周刊》和Interbrand，联合评出的2006年“中国品牌20强”，张裕荣登第16位。2006年10月，《福布斯》杂志评选出亚洲销售额不超过10亿美元的优秀企业，在29个中国企业中，张裕榜上有名。

有远见的人，往往满怀忧患。在张裕公司近几年发展比较好，成为业内领军企业之一的时候，周洪江却谦虚谨慎、居安思危，业内人士评价周洪江，是一个有着忧患意识的人。

周洪江曾有两种身份，一种是官方的，当过一个区的副书记、副区长；另一种是企业界的，现在是张裕股份公司的总经理。或许正是这双重身份，才使得他的视线，延伸到了更远的地方。

周洪江1988年硕士研究生毕业后，来到张裕公司。在80年代末90年代初张裕最困惑、最艰难的时期，他和许多职工一样，与张裕不离不弃，咬牙坚持，一起渡过难关。正因为体验过张裕这种艰难创业、艰苦发展的历程，周洪江对张裕始终怀有一份特殊的感情。

1988年，张裕面临着“指令性生产型企业”马上向“市场经济型”转向的关键时刻。

一时间，张裕的产品大量堆在仓库里却销售不出去。因为原来的销售科就是为调拨开票，从银行贷款生产出来的产品销售不出去，企业严重亏损，职工工资都发不出，百年张裕差点“寿终正寝”。和那时许多制造企业一样，1991年前后，张裕的企业管理开始痛苦地向销售导向型转变。这个过程无疑是极其艰难的。

1994年，在周洪江做张裕的销售经理时，公司一年销售额仅2个亿左右，应收账款却高达七八千万，企业现金流极为困难。

1995年，张裕率先从“销售导向型”向“销售管理导向型”转变。

2001年，张裕进入“营销导向型”阶段。

2001年，张裕与法国葡萄酒第一厂商卡斯特集团进行全方位的战略合作，除在廊坊建立合资公司外，双方斥资6千万元合建的张裕•卡斯特酒庄，正式开业、投产。至此，张裕迈上国际化快车道。

继2002年烟台张裕卡斯特酒庄建成投产后，2006年，北京张裕爱斐堡国际酒庄、辽宁张裕冰酒酒庄、新西兰张裕凯利酒庄等先后亮相，张裕“四大酒庄”阵营凸现。同时，2006年，24万瓶张裕解百纳成功出口德国，汉莎航空公司还把张裕解百纳用在飞往亚洲各地航班的头等舱上，中国具有自主知识产权的干红产品，第一次大规模进入欧洲。

面对这一系列的成绩，周洪江坦承压力很大。

张裕上市公司的属性，要求企业每年的经营指标都要有稳健的增长，这构成了周洪江的第一层压力；市场竞争就像是跑马拉松，张裕虽然现在跑在前面，但后面的跟跑者追得很紧，如果自身体力不支，竞争者就会后来居上，这构成了他的第二层压力。葡萄酒产业是个国际化程度较高的行业，中国葡萄酒业包括张裕在内，离世界顶尖级的葡萄酒企业在企业规模、市场观念、现代管理等方面还有相当大的差距，这构成了他的第三层压力。

这三层压力让周洪江时时反思。这些反思体现在具体工作上，一是采取有效措施，保证公司管理团队和骨干队伍，不发生流失；二是避免决策性错误；三是保证1500人的销售队伍和3000家经销商快速适应公司和市场的发展；四是在国内不断推广、宣传葡萄酒文化。

有周洪江以及张裕优秀的经营管理团队，相信百年张裕的国际化会越走越远。

陈云昌

——中粮君顶酒庄有限公司总裁

陈云昌，男，汉族，生于1957年2月，山东平度人，中共党员，1977年参加工作，大学文化，山东省第十届人大代表、山东省劳动模范，山东省富民兴鲁劳动奖章获得者。

1993—1998年 山东隆华投资有限公司 董事长兼总经理

1999—2005年 中粮长城葡萄酒（烟台）有限公司 副董事长兼总经理

2006年至今 隆华集团有限公司 董事长；中粮君顶酒庄有限公司 总裁

主要社会兼职：中国绿色食品协会副会长，中国酿酒工业协会葡萄酒分会副理事长，蓬莱产区葡萄与葡萄酒商会会长，烟台市慈善总会荣誉会长等。

陈云昌先生自1999年起，带领中粮长城葡萄酒（烟台）有限公司在短短几年的时间里实现了企业的跨越式发展：2002年成功进入全国同行业前5强，2003、2004年综合业绩进入全国同行业前4名，2005年行业效益前3名；通过市场网络化的营销模式建立起了遍布全国的营销网络；按照国际化的模式建设酿酒葡萄基地，建立“一体化经营，标准化生产”，自有葡萄基地6000亩，紧密型合作基地10000亩，创造了被国内外专家誉为“中粮模式”的农业产业化新模式，为建设社会主义新农村探索出一条值得借鉴的新途径；2005年与法国阿海威苗木公司合资成立国内首家生产优良脱毒嫁接苗木的专业公司中法合资中粮长城•阿海威葡萄苗木研发有限公司，搭建起国际技术交流合作平台，也为提高中国酿酒葡萄种性作出了杰出的贡献。

陈云昌先生为蓬莱产区“百年立市”产业的发展做出了突出的贡献：作为龙头企业的带头人带动了当地葡萄酒产业快速规范的发展；作为2004年在蓬莱召开的中国•蓬莱世界七大葡萄海岸专家论证会和2005年世界七大葡萄海岸高峰论坛的主要发起者，他为成功构建蓬莱产区世界七大葡萄海岸奠定了理论基础，使蓬莱产区的发展得到了国际顶级葡萄酒产区的认可。

陈云昌先生一直以来致力于葡萄酒文化的推广并积极探索一条适合中国特色的葡萄酒发展之路。2006年由中粮集团与隆华集团有限公司共同投资兴建中粮君顶酒庄有限公司正式注册成立。作为世界最大、最具个性的葡萄酒庄项目，君顶酒庄于2004年正式启动，2007年9月23日盛大揭幕。酒庄创始人陈云昌先生，秉承五千年华夏文明蕴涵的“天人合一”理念，融合新旧世界葡萄酒的传统艺术和现代工艺，使君顶葡萄酒完美体现人与自然的和谐状态，使其成为东方葡萄酒的典范，并将倾力打造为以顶级葡萄酒生产为核心，涵盖优质酿酒葡萄苗木研发和种植、葡萄酒文化推广、世界顶级葡萄酒交流、葡萄酒主题休闲旅游、会所及专卖店经营等的产业集群。君顶酒庄复合型产业集群不仅创新了葡萄酒企业的发展模式，也使君顶品牌成为以葡萄酒为主题的全新生活方式的倡导者。

杨振海

——广东顺德酒厂有限公司董事长兼总经理

杨振海，广东顺德酒厂有限公司董事长兼总经理，一位出身自“中国制造”之乡的地道的顺德人，言行品德处处濡染着南国人的特有质地：低调平和的气格，敢为天下先的胆识，蓄势待发的干劲。他的整个工作生涯与顺德酒厂休戚与共，彼此相融，企业的成长渗透了他近40载的年华与心血。

他40年的工作生涯与企业休戚与共，可谓每到关键必逢君。1993年，他带领公司参与政府首批国企产权改革，让企业生机重现；2003—2008年，以每年1万吨的销量增幅实现企业的跨越式发展；至今，企业年产销各类饮料酒达9万吨，成为豉香型米酒、广东地产保健酒销量最大的专业酿酒企业；先后被评为“中国白酒工业百强企业”、“广东省百强民营企业”、国家信用等级“AAA级信用企业”，获得“广东省酒类市场最佳品牌产品”称号，“红荔”被认定为中国驰名商标。

作为一位闯荡商海数十年的实业家，杨振海一直带领着他的团队孜孜求进，四两拨千斤，解难于无形。经过他默默地努力，成就了广东产销量最大的酿酒企业。尽管如此，他却能一直与员工共勉：哪怕今天是第一，也不代表明天是第一，更不是永远的第一！胜败兵家事不期，企业人心中应以品质为先，诚信为本，抱着力争第一的信念，不断超越自我，这是对生命力的起码尊重，也是企业活力的真谛所在，更是不断丰富和彰显“红荔”品牌价值的关键。

金志国

——青岛啤酒股份有限公司董事长

金志国，1956年7月出生，中欧国际工商学院EMBA毕业，青岛大学理学博士。第十届、第十一届全国人大代表，荣膺2005年“中国品牌十大年度人物”、2006年“十大人民尊敬企业家”、2007年“十大中国经济年度人物”、2008年“品牌中国年度人物”、“改革开放30年30人”、“2008中国十大杰出CEO”，2009年中央电视台“60年60品牌”评选活动中成为荣获“品牌杰出贡献奖”的全国七位企业家之一，是享受国务院特殊津贴专家，现任青岛啤酒股份有限公司（以下简称“青岛啤酒”）董事长。

金志国1975年进入青岛啤酒公司前身青岛啤酒厂工作，历任职员、动力处处长，1994年任青岛啤酒厂厂长助理，1996年10月出任青岛啤酒西安有限公司总经理，2000年8月任青岛啤酒总经理助理兼北方事业部总经理、西安公司总经理，2001年8月，他临危受命，从一个部门经理接掌了青啤帅印。在他的领导下，青岛啤酒实现了由“做大做强”到“做强做大”的重要战略转变。青岛啤酒的品牌价值、市场占有率、产销量、销售收入等指标均居行业之首。

2007年，青岛啤酒产销量已进入世界啤酒行业前十名，产品出口到50多个国家和地区。

2007年，他带领他的团队，创造了奥运营销的典范，倾力打造“青岛啤酒•我是冠军”、开展奥运大篷车全国巡演以及赞助中国跳水队等，取得了丰硕的成果，青岛啤酒的奥运营销理念得到了广泛认同。把“激情成就梦想”的品牌主张灌输给每一个消费者，激起全民参与奥运的热潮，让人们一起分享奥运的激情与梦想。

2008年6月就任青岛啤酒股份有限公司董事长。

就任青岛啤酒公司总裁以来，金志国适时调整公司战略，提出了由“做大做强”向“做强做大”、由“外延式增长”向“内涵式增长”的战略转变，确立了将青岛啤酒发展成为国际化大公司的战略目标。

在他的带领下，青岛啤酒的年销售收入从2002年的69亿元增长到2008年的157.81亿元。

杨廷栋

——江苏洋河酒厂股份有限公司董事长

杨廷栋，1960年出生，江苏省淮安市人，硕士研究生，高级经济师，高级工程师。江苏省第九届人大代表，江苏省十大杰出青年，江苏省优秀企业家，江苏省劳动模范，第九届全国青年委员，中国食品工业优秀企业家，十六大党代表，十七大党代表，全国劳动模范。现任江苏洋河酒厂股份有限公司董事长、党委书记。

从1997年到今天，杨廷栋已在洋河度过了10年。回忆这10年走过的路，杨廷栋意味深长：“这10年，是我人生的黄金时节，我无怨无悔地全部献给了我深爱的洋河事业。”

洋河是中国八大老名酒，拥有4000多名员工，20世纪90年代中期前一直呈现“皇帝女儿不愁嫁”的局面。但随着竞争的加剧，企业的发展陷入窘境。1997年，年仅37岁的杨廷栋从众人十分看好的常务副县长职位上调到洋河做老总。

对于毕业后一直在机关工作的杨廷栋来说，企业经营管理当时在头脑中几乎是一片空白。为了不辱使命，他放下架子在学习中实践，在实践中学习，很快实现了从酒业“外行”到“行家里手”的转变。

面对企业当时的困境，杨廷栋坦言：“企业的一时低迷并不可怕，关键是要及时认清危机，正确寻找原因和对策。白酒作为传统产业，面对不断加快的战略整合步伐，要想立于不败之地，只有加快科技创新。”为此，杨廷栋带领公司一班人马进行了长达半年的市场选样，在全国八大片区、十大省市，就酒产品的口感、度数、消费诉求、市场价位等进行调研。在此基础上，不断加快企业技术创新步伐，终于使洋河产品在传统基础上实现新的突破。

如今的洋河，主营业务由三年前的全国排序第15位跃升到去年的全国前六。今年1～7月份，洋河销售收入和利润总额同比分别增长56.8%、577.5%。这些成绩的取得离不

李宗平

——湖南浏阳河酒业有限公司总经理

李宗平，1960年出生于湖南澧县，1976年高中毕业，1978年任中学民办教师，1981年招工到澧县供销合作社，1983年考入湖南电视广播大学经济管理专业，1989年加入中国共产党，1992年获会计师职称。1999年下海应聘到湖南中商集团公司任副总经理至今。2008年任湖南浏阳河酒业有限公司总经理。

李宗平最大的功绩是：倾力协助中商集团董事长彭潮创建浏阳河酒业公司，打造浏阳河品牌，开拓浏阳河营销市场。目前浏阳河酒业发展成为拥有万名员工、22个市场管理大区、营销网络覆盖全国31个省份的大型白酒销售企业。“浏阳河”成为中国驰名商标和全国重点保护品牌，创下了价值逾100亿的无形资产价值。2000年10月3日，在北京人民大会堂举行的第27届奥运会中国体育代表团庆功宴会上，浏阳河酒被指定为“专用庆功酒”，时任中共中央政治局常委、国家副主席胡锦涛专门接见了李宗平。

李宗平自2008年主持浏阳河酒业工作后，在全球金融危机和国内外经济下滑的严峻形势下，不惧艰难，逆势而上，务实创新，采取了一系列改革举措：

一是浏阳河“迁都”北京，做强北京市场，用“北京模式”辐射全国，带动和促进全国各地市场蓬勃发展。

二是调整战略，精简机构，实行“自主经营、自主管理”，不仅使全国各地市场销售持续稳定发展，而且提高了经营效益。

三是强化厂商精诚合作，首次推行“一对一”的市场操作模式，加大了业务员为经销商服务的力度，提高了服务质量，增强了经销商经营浏阳河的信心。

四是从自身做起，狠抓执行力，注重企业文化建设，努力打造精锐团队。首次提出了新型企业文化的“十种精神”和“有情的领导、无情的管理、绝情的制度”的管理理念。

五是在推进浏阳河知名度的同时，提高浏阳河的美誉度。浏阳河酒业自成立以来扶贫济困，反哺慈善，回报社会。浏阳河酒业在2009年2月被湖南省人民政府授予“湖南慈善奖”，4月荣膺“中国十大慈善企业”。

六是开展国际交往。今年6月作为食品安全与生态安全国际论坛的合作商之一的浏阳河酒业，除浏阳河酒获“会议指定用酒”外，还签署了战略性合作协议，与国际生态安全合作组织一道呼吁、宣传，承担食品与生态安全的建设。

共和国六十年茅台六十年群像故事之一

郑义兴：打破神秘行规奉献酿造技艺

人物点评：技艺精湛 大公无私

时代背景：20世纪50年代，那是一个举国上下迸发出翻身做主热情的时代，饱经战乱的中国人开始在一穷二白的基础上创建一个新的国度。1951年，新中国成立的第三年，政府在收购三家私人烧坊即华茅、王茅、赖茅的基础上，成立了地方国营茅台酒厂。当时总资产仅区区10万元，年产酒能力不足百吨。

1951年，地方国营茅台酒厂成立。国酒茅台开始了长达半个多世纪的工业化进程。

1953年进入国营茅台酒厂工作的酒师郑义兴，在当年，绝对是个家喻户晓的人物。

后来的人们通常以充满传奇色彩的口吻来描述这位奇才：“几个老板要请他，一年前就得和他订约，定金是几根金条，而且还得看他高兴。”成立国营茅台酒厂前，他是茅台镇上著名的几大私人烧坊成义、荣和、恒兴不惜重金争夺的对象。这位天才酒师精通酿酒的每个环节，聘请他的烧坊，从最早的下料到最后的勾兑，全部都要依靠他的经验来完成。

新中国成立后，旧的经济制度土崩瓦解，私人烧坊被合并为地方国营茅台酒厂。时年58岁的郑义兴，职业心态出现了180度的大转弯。跨入国营酒厂大门的他，明显感受到了社会变革带来的变化是多么与众不同：每个工人都是国家的主人，乐于为祖国作奉献。

成为“国家的主人”后，火一样的激情深深感染着郑义兴。这是旧社会从不曾有过的感觉。畅快之下，他作出一个惊人决定，让整个酿酒行业为之发生了一场地震，彻底颠覆了酒师行业的行规。那就是把郑家祖上和自己30多年的酿酒经验感悟，口述整理成文字，献给茅台酒厂，并作为资料存世，世代流传。

在当时，“传徒不传子”的行规还让酒师这个行业蒙上了很厚重的神秘色彩，师傅传授徒弟也是口口相授，秘而不宣，个中奥秘全靠自己去领悟。学得成与不成，就看个人悟性高低。从客观的原因来说，出现这种行规的现实条件是酿酒是个重体力活，从事这个行业的多是从农村出来的壮劳力，没多少文化。主观的原因则是，技术是酒师的看家吃饭本领，谁又会傻到到处曝光自己的酿造技艺呢，就算是教徒弟都还留一手呢。

就在郑义兴做出这一大胆决定的时期，还有着一个深刻的背景：随着国营茅台酒厂的产量逐年扩大，技术力量却跟不上了。原因在于，“传徒不传子”是一个族谱式的培养模式，培养出的技术人员相当有限。当时的茅台酒厂酒师奇缺，而国家的扩产扩建却还在继续。

对国酒茅台的归属感，超越了作坊时代的生存之道，开启了工业化时代茅台酿酒技术的总结模式。

郑义兴的决定，对于当时人才奇缺的茅台酒厂来说，无疑是久旱逢春雨。他的决定，也是茅台酿制技艺传承从作坊走向现代工业的重要标志性事件。

随着这位天才的酿造技艺被一点一点传授于世，茅台酒厂很快便成长起一批各怀绝技的后起之秀，这批“少侠”中有一位在10多年后给茅台酒酿造技艺做出了划时代贡献，他的名字就叫做——李兴发。

从那以后，众多类似郑义兴这样的酒师以及技术人员，打破了旧有的保守、封闭传统，对茅台酿制工艺不断总结与提升，为今天国酒茅台形成在世界酒业独一无二的地位做出了巨大的贡献。

这是茅台工业化转型初期的一个英雄群体。他们对国酒的忠诚与奉献，至今仍镌刻于茅台人的心中。

今天，茅台酒厂的一些退休老工人说到当年的老厂长郑义兴时，言语之中无不流露出对这位天才的敬重，他爱好“玩酒”的故事也被当作传奇来津津乐道。

据说，在当年茅台酒厂分给郑义兴的那间小屋里，常年摆放着几百种酒，白天在厂里酿酒的他，晚上回到自己的小屋还像摩挲美玉一样把玩着挚爱的各色美酒，他时而勾兑，时而用嘴砸吧砸吧，时而紧缩眉头凝神思索，完全陶醉在一个人的世界。

就是这样一个在生命中人与酒融为一体的人，为茅台贡献了毕生经验，到最后却未能看到茅台强盛的模样。1978年，正值中国打开国门，进行改革开放的第一年，这位传奇人物驾鹤西去，享年83岁。

共和国六十年茅台六十年群像故事之二

王绍彬：建厂元老闯过艰苦岁月

人物点评：朴素如树 执著似牛

时代背景：新中国成立后，遭到西方国家联合抵制，中国经济在封闭状态下缓慢发展。而国人追赶西方发达国家的心情又是如此迫切。激情澎湃的人们在全国各地兴起了各种形式的生产热潮。由于政府连年加大投入，扩大生产，茅台酒生产纳入国家计划经济轨道，国营茅台酒厂1956年的产量达到了274吨。国内大中城市，除西北、华北、西藏等地外，均开始销售茅台酒。1954年，中央组织茅台酒在印度尼西亚展出，拉开茅台酒进军国际市场的序幕。

在世人看来，王绍彬是一个典型的“苦孩子”。自幼父母双亡，8～10岁讨饭为生，12岁当佣工，稍长为人做长工。1930年，进入茅台镇的荣和酒坊做烤酒工人，学得一手烤酒绝活。若没有中国历史上那一次最为深刻的变革，也许他就在私人烧坊的酒师职业生涯中度过一生。

但是当历史车轮行进到公元1949年时，乾坤彻变。那一年，新中国成立，处在社会底层的工农群众翻身做了主人。1951年，地方国营茅台酒厂成立。同年，在酒师郑永福的推荐下，他进入茅台酒厂任一车间二班酒师。对于王绍彬来说，这是真正的命运转折点。

一个四处飘零的穷苦人，开始以国家主人的姿态掌握自己的命运。

此后几十年，他以农村人的质朴本色在国营茅台酒厂度过后半生。从酒师至车间主任，再到副厂长，直至老死在工作岗位。

直到今天，茅台酒厂40岁以上的老员工都还对王绍彬留有深刻印象：穿着土布对襟衣，憨厚和蔼的笑容，经常混迹在工人中铲糟、背糟。

就是这样一位让职工长久怀念的“工人式厂长”，记录他的文字资料却只是语焉不详的只言片语。倒是职工中流传的一些故事，还可生动地看到那个时代人们的生活状况。有些故事，今天看来也绝对堪称经典。

1958年，王绍彬因吃苦耐劳、贡献突出，被评为当年的全国劳模。而次年的全国劳模中则出现了一位影响中国几代人的著名精神典范——王进喜。生活在20世纪50年代中国的人们，建设祖国的热情是发自内心的。不计艰苦地无条件付出，成为那个时代的行为范本。

评上了全国劳模，就要去北京接受表彰，受到毛主席的接见，在当时，那可是莫大的荣耀。怎么去？坐车呗。任何一个现代人都会不假思索地张口而出。王绍彬坐的也倒是车，只不过是“牛车”，时速不超过10华里，还一路晃荡。在茅台已建成高速公路的今天，人们可能想象不到的是：那时，从茅台到遵义是不通汽车的。他到了遵义换乘汽车到省城，再从省城坐火车到达北京，已是好几天以后了。

就在同年，席卷全国的“大跃进”开始，茅台也未能幸免，在“高指标”的影响下，茅台酒的生产陷入重数量轻质量的误区，一些传统生产工艺被篡改，茅台酒产量猛增，然而不合格酒大超，后来只得作为红粮窖酒处理。

这期间，劳模王绍彬却力排众议，固执如牛，主张坚守传统工艺，并广带学徒，把多年的感觉和经验传给茅台的新生力量，他的徒弟中有多人后来成长为茅台的中坚力量。当岁月沧海桑田，一些人事后回过头来看当年的王绍彬，却是为他捏了一把冷汗，在那个思想极“左”的年代，这样的“另类”举动，无疑是要冒极大政治风险的。

但是，时间证明了王绍彬的固执是正确的。并且，人们也在茅台后来历届领导者身上看到了坚守传统工艺——这一果敢气质的一脉相承。

王绍彬的另一经典故事则是古稀之年学写字。现任茅台集团总经理助理的罗双全在1978年进厂后，曾与王绍彬同室而居近3年。据他回忆，20世纪70年代末，王绍彬已出任茅台酒厂的副厂长，分管生产、财务等，而王是文盲，斗大的字不识一个。在古稀之年，却逼着自己开始学写字了。他的方法倒也简单实用，即从最常用的字学起，例如，刘同清（当时茅台酒厂的党委书记）、张善乐（当时茅台酒厂厂长），还有他自己的名字。罗双全经常看到的情形是：一位老人满头大汗地趴在一张报纸上练字，由于用力过猛，常常“力透纸背”，但写出来的字却歪歪倒倒难以辨认，王绍彬的“彬”字也时常少掉了一个木字而成为“杉”。之后，他又开始学写“同意”等签署文件的用语。

在罗双全的记忆里，以厂为家是王绍彬的真实生活状态，当时还没有双休日的概念，一周仅休一天，他也是偶尔才回家。但是，每到吃饭时间，他的夫人就从五六百米开外的家中给他送饭来了，一个土碗之中，七分包谷三分米饭，上面盖着一些南瓜、茄子、豇豆之类的素菜，日日如此。

在那个火热的时代，在“把有限的时间和精力，投入到无限的为人民服务中去”的时代精神感召下，王绍彬——这位国营茅台酒厂的建厂元老，与那个时代的人们一道像红烛一样为茅台发展奉献了一生，直至1984年辞世。

共和国六十年茅台六十年群像故事之三

李兴发：划分三种典型体命名“茅台香型”

人物点评：悟性极高 突破感觉

时代背景：20世纪60年代的中国，人们先是在“大跃进”之后的三年自然灾害中受到饥寒的痛苦煎熬，继而又开始接受“文化大革命”前期的洗礼。中国经济由此沉入“寂静的10年”。而这时的西方国家，却开始进入经济高速增长的“黄金期”。1960年受到“大跃进”影响，茅台酒产量不顾质量地发展到912吨，之后又回落到正常水平。1961年至1965年，茅台酒总产量达到1530吨，年均产量306吨。1963年，茅台建立外贸机构，归外贸部门经营。

在茅台，李兴发这个名字本身就是一座里程碑。这个人物的标本意义显而易见，即，成功地划分了茅台酒香型的三种典型体——酱香、醇甜和窖底，并将茅台酒命名为酱香型。

作为中国国酒的茅台，1935年红军四渡赤水时曾用它疗伤，1949年开国大典用它宴请四海宾朋，1958年毛主席要求茅台搞它1万吨……从国家元首到开国元勋，从地方要员到一般工人，都急切地想把茅台酒产量搞上去。

但是，茅台酒本身工艺复杂，生产全凭酒师多年积累的经验和感觉，而每个酒师的经验和感觉又各有不同。这就意味着，生产出来的茅台酒存在着各种不同的风格，质量也会出现忽高忽低的状况。这引起了那些对茅台酒怀有特殊情感的开国元勋们的极大关注。

寻找到一个统一的标准解决这些问题，成为这一时期茅台发展首先要解决的时代命题。

解题的人就是李兴发。

据李兴发的徒弟——如今茅台集团副总经理吕云怀回忆：有几年，李兴发几乎成天泡在酒库里，一只大手上，吊着十几个小酒杯，装了不同年份、不同轮次的茅台酒，勾兑、品尝，再勾兑、再品尝……如是反复，然后把结果记录在一个随身携带的笔记本上。不管是谁，只要遇到了李兴发，准会被叫住，尝上三四杯调好的酒，如果说不出个子丑寅卯，就休想走掉。

他通常一天要尝取五六十坛酒，最多一天要品尝上百坛。很多次，他因劳累过度而晕倒。后来的茅台酒厂党委书记兼厂长邹开良回忆说，有一次，李兴发甚至在品酒的过程中吐血。

李兴发的女婿赵汝强说，为了保持勾酒时的灵敏味觉，岳父对自己的要求近乎不近人情，作为贵州人，生活中却不吃辣椒、醋等刺激性食物，仅就蔬菜蘸点酱油。

1964年，在保持这种几近走火入魔的状态4年以后，一个寒夜，李兴发从家里带了三种酒，匆匆地赶到驻厂工作组宿舍。当他把三种酒让三位专家品尝，三位专家异口同声地认为三种酒的口味不一样。

于是，他分别把它们取名，酱香味好，口感幽雅细腻的称为“酱香”；用窖底酒醅酿烤，有突出窖泥香味的称为“窖底”；香味不及酱香型但味道醇甜协调的称为“醇甜”。

后来，这三种香型被证实为构成茅台酒香型的三种典型体。香型的确定，为茅台酒实现质量稳定打下了坚实基础。

但是，经验丰富的李兴发由于缺乏文化知识，苦于无法科学系统地表述他的科研成果。那时的茅台，职工绝大部分来自农村，没什么文化，无人能解李兴发的苦恼。再到后来，又开始了“文化大革命”，直到20世纪80年代中期，改革开放以后，茅台职工的学历结构才得以显著提升。

1964年，在周恩来总理关心下，茅台酒厂来了一对发酵专业的大学生情侣，他们是茅台酒厂的第一批大学生，男的名叫季克良，多年以后成为茅台集团董事长。

大学生的到来，让李兴发的问题迎刃而解。

1965年，在四川泸州市召开的全国第一届名白酒技术协作会上，时任茅台酒厂技术员的季克良宣读了用科学理论总结整理的李兴发科研小组科研成果——《我们是如何勾酒的》，引起了强烈反响和各厂家代表的高度重视。

1965年下半年，轻工部在山西召开的茅台酒试点论证会上正式肯定了茅台酒三种典型体的确立和酱香型的命名。

有资料显示：茅台酒的分型，是白酒界一场革命性的巨大变革，并成为中国白酒香型划分的雏形。后经周恒刚等酒界泰斗的悉心研究，1979年，在全国白酒评酒会上明确了中国白酒划分为五种香型——酱香、浓香、清香、米香、其他香。中国的白酒业掀起了一场技术革新热潮，之后香型更加丰富。

这其中，后来成为终生厂长的李兴发功不可没。

共和国六十年茅台六十年群像故事之四

周高廉：创“大庆”式企业终结16年亏损

人物点评：果敢坚毅 承前启后

时代背景：20世纪70年代末的中国，人们刚从10年“文革”的浩劫中走出来，举国上下百废待兴。而此时的西方国家却进入了20世纪经济最为强盛的时期。1966年至1970年，由于文化大革命的干扰，茅台酒产量下降，5年总产1435吨，年均287吨。到1972年也仅为550吨。在全国进行拨乱反正的同时，1978年，邓小平提出改革开放，打开国门，让“一部分人、一部分地区先富起来”，由此以深圳特区等沿海开放城市崛起为信号的改革开放，在中国大陆涌起第一波春潮。

1977年，“文革”结束后的第一年。为了扭转茅台酒厂的被动局面，省委、省政府决定调时任中共仁怀县委书记、县长周高廉出任茅台酒厂党委书记、厂长。周高廉的出现预示着茅台命运的又一次转折。

当日的周高廉是带着省里的“死命令”来的：必须完成当年生产任务。

但摆在眼前的现实是，自1962年起，茅台酒厂已经连续15年没能完成国家下达的生产任务和销售计划，连续16年亏损达444万元。

而周高廉到任时，据1978年新年钟声敲响仅4个月时间。

好在周高廉的目标非常明确。

他与新的领导班子达成共识，提出“说了算，定了干，遇到困难都不变”，大战100天，全面完成国家计划，并提出了一个响亮的口号：建“大庆”式企业。

雷厉风行的一系列工作旋即展开，有如注入一针“强心剂”。

面对三年自然灾害中，工人为解决肚皮问题兴建的300多间猪圈，周高廉一声令下“撤”。那让现代人无法想象的猪圈林立、污水遍地的场景顿时烟消云散。

此后又在车间班组推行文明生产，大大改善了企业面貌。

环境整治只是表象，如何点燃生产激情才是要解决的根本问题。

厂里迅速重新启动在“文革”中陷于停顿的三车间建设，在“大庆”精神激励下，大战20天，在最短时间内投产。

周高廉回忆说，他到任时，生产任务仅完成了400吨，而国家下达的任务是750吨。4个月过去，国营茅台酒厂实现了建厂以来的“三个历史性突破”：1977年，茅台酒产量突破生产计划，完成了763吨；销售完成了387吨，是建厂以来最好的一年；结束了连续15年没有完成国家生产和销售计划的历史；亏损下降到16年来的最低水平2万元。

第二年，一声春雷唤醒沉睡的中国。1978年，党的十一届三中全会召开，正式确立了改革开放的国策。

春潮席卷而来。

周高廉与厂领导班子商议后，一个大胆的决策出炉了：打破“大锅饭”，在厂里实行经济责任制，让职工多劳多得，同时厉行节约，实现企业增产增效。要知道，在当时的中国，是否恢复企业奖金制度还是一个很有争议的话题。

那一年，一些新鲜名词开始在茅台酒厂干部职工口中流传——三级核算制、五定、四包、一奖。

在生产车间实行的“五定”包括：定产量、定质量、定周期、定人员、定费用。“四包”则是包工资、包岗位津贴、包高温补贴、包夜餐补贴。

在包装车间则实行“一奖”——节约奖，内容包括了计分计奖、超额奖励。

在现实收益刺激下，职工的积极性一下子爆发出来。

1978年，成为茅台发展新篇章的元年。

当年产量首次突破千吨大关，结束了连续16年的亏损，实现赢利6.5万元。职工敲锣打鼓地欢庆“胜利”。

1979年，茅台酒厂再度双喜临门，先是被贵州省委、省政府授予“大庆式企业”称号，又荣获国家最高质量奖——金奖。

周高廉回忆起当年获金奖的一些细节，颇耐人寻味。1979年获金奖的茅台酒是国家评奖部门直接从市场上抽查的，没有任何“运作”的可能。周高廉也是接到省里通知，才知道茅台酒得了国家最高质量奖。

为后人所不知的是，作为勾兑茅台酒最重要的酱香型酒在周高廉到茅台酒厂上任时，在年产量中所占比例不足8%。周高廉看到这一致命生产“缺陷”，明确酱香型酒为重中之重，立马调整产品结构，把酱香型酒所占生产比例大幅提高到了14%左右。直到今天，“14%”一直是茅台酒厂始终坚持的一个生产标准。而茅台酒的新酒合格率也逐年上升，1977年为87%，1982年则达到96.5%。所以才有了市场抽查获金奖的这一出经典故事。

从周高廉执掌茅台开始，茅台的发展曲线就开始一路上扬，再也没有出现亏损的局面。

共和国六十年茅台六十年群像故事之五

邹开良：改革激荡中剑指茅台现代化

人物点评：深谋远虑 锐意创新

时代背景：20世纪80年代，国门大开，中国与西方国家站在世界的两极伸出合作之手。全国工作重心转到以经济建设为中心上来，为追赶世界强国，中央制定了一个庞大的复兴计划，而国人对于怎样走改革开放这条路，全无经验，只能摸索前行。从1986年始，茅台取得10年快速发展，进入20世纪90年代中期，资产总值由1951年的不到10万元，发展到近5亿，产量从1951年的70吨，发展到4000吨。

20世纪80年代中期，已故著名诗人顾城发表了一首仅有18个字的诗歌《一代人》——“黑夜给了我黑色的眼睛，我却用它寻找光明”。喊出了压抑十年的一代中国人在内心涌动的渴望。

思想的大解放在那个时代成了最灵敏的感应器，从中能真切感知当时中国人渴求发展的热切。

就在这样激动人心的社会背景下，涌现出了一位对茅台后来走向现代企业具有奠基意义的人物，他就是邹开良。1985年，邹开良出任茅台酒厂党委书记兼厂长，而此前他已在茅台工作了12年。

邹开良上任的时候，中国沿海的非公经济已经呈现出了朝气蓬勃的局面，国企改革试点工作开展亦是动人心弦。而此时的茅台却多少显得有点落寞了——铁桶般的计划贯穿每个环节。茅台酒厂仍然只似国家的一个生产车间，国家计委制定分配计划，销售则完全依赖各地糖酒公司。计划加专卖的体制，严重制约了企业的发展活力。

20世纪80年代中期，中国开始实行价格“双轨制”。邹开良抓住这一契机反复给省委打报告，要求企业提留超产产品的一部分或者少部分，自行销售，但均被打回。

1985年的一天，机会终于来临。

海军副司令、老红军周仁杰代表中央到茅台酒厂视察。周问：“厂里现在有什么困难？”“资金困难。”邹答。“要多少钱？”周又问。“我们不要钱……我们要政策。”邹壮着胆子把厂里想提留超产部分的30%，自行销售，所得资金用于茅台酒厂滚动发展这一想法作了汇报。周听完甚为欣慰，当即表态亲自去国务院汇报此事。不久这一愿望实现。

后来，邹开良又向省里打报告，要求超产部分全部留给企业，自主销售，所得收入用于滚动发展茅台。也许是看到了茅台的良好发展势头，时任贵州省省长的王朝文很快作出批复，同意茅台酒厂的方案。

这时的茅台已经具有了一定的灵活性，在计划经济体制内具有了一定的自主权。但这远远不够。后来的事实也充分证明了这点。

1989年，国家开始治理整顿，在紧缩银根，抑制物价上涨的同时，出现了市场疲软，经济滑坡。同时廉政浪潮席卷全国，茅台酒作为控购商品，退出公费宴请。

一边是各地糖酒公司卖不出货，一边是不断生产出的茅台酒挤爆仓库。

时局逼着邹开良和他的班子作出决断。邹开良决定亲自带队建立自己的销售渠道，他们一个点一个点地走了20多座城市，最后在包括香港在内的多个沿海及内地大城市购买房子，建立销售公司，搭建了今日茅台销售网络的雏形。并在广州市中心打出了第一个商业广告，成为当年轰动一时的新闻。

次年，茅台酒的销售全面回暖。同时也宣告了在计划经济时代，茅台与国营糖酒公司长期建立的“销售协议”自然“解约”。由此，茅台酒产品全部由企业进入市场，当年销售就超计划完成。

“茅台得以彻底摆脱计划经济桎梏，也是时势造就啊。”多年后，邹开良不无感慨。

随着中国对外经济交往的增多，邹开良经常走出国门，到一些国外大企业参观学习。眼界的开阔让邹开良敏锐地意识到，在未来的某一天，中国企业一定会像西方企业一样走向科技化、制度化、集团化。而这首当其冲的是人才，他开始大规模输送年轻人到高校带薪脱产学习，这些人中有一个叫袁仁国的，多年后成为今天百亿茅台的掌门人之一。

为了留住当时厂里的技术一号人物——季克良，邹开良借出差上海的机会，在大年腊月二十七，零下10多摄氏度的气温下专程赶到江苏南通，分别给季克良的生父母和养父母拜年，到季克良老家时，他已被冻得说不出话来。多年后，成为茅台集团董事长、中国白酒行业泰斗的季克良说，当时他被邹开良深深感动，最终选择留了下来。

在今日看来，当年邹开良大刀阔斧进行的大大小小几十项改革，都是具有远见卓识的。而在当时，几乎每一个举措都会引发争议。

面对怀疑和争议，邹开良的表现与上世纪80年代红极一时的小说《乔厂长上任记》里的经典画面如出一辙，“若不成功，乌纱帽随时取走”。

邹开良和他的领导班子，以那个年代特有的决心和信心，在风口浪尖艰难前行，使每项改革都取得了成功，为茅台后来走向现代化企业，实现跨越式发展奠定了良好基础。

1992年，邹开良从德国西门子公司考察回来，深受触动，感到股份制改造是未来的方向，于是将这一想法报请国家有关部门，恳求在香港以H股上市。但有关方面最终的态度是：茅台是世界名酒，步子放缓一点。而这一缓就是近十年，2001年茅台才实现上市目标。而最早提出这一想法的邹开良却已在1996年退休回家养老。

“若茅台早在1992年就上市，现在又该是一番怎样的情形啊！”晚年的邹开良时常在回忆起那段充满激情的岁月时发出这样的感叹。

共和国六十年茅台六十年群像故事之六

季克良：破解神秘茅台引领健康酒时代

人物点评：谦和儒雅 兼容并包

时代背景：20世纪90年，中国进入跌宕起伏的十年。1992年，邓小平南巡，中共十四大提出建立社会主义市场经济体制的目标。1996年，中国国企大面积上市。国家经贸委宣布“抓大放小”，打造“世界500强”的梦想。1997年，中国经济迎来第一个“崩溃之年”，亚洲金融风暴爆发，秦池崩盘，中国酒企倒掉一片。1999年，国务院开征利息税，鼓励消费政策显现。1998年，茅台成功兼并贵州习酒总公司。1999年，控股遵义啤酒公司。1999年，贵州茅台酒股份有限公司成立。

季克良正式接过邹开良“手中的枪”，第二次出任茅台酒厂厂长是在1991年。这时的他已经在茅台酒厂干了整整27年，当年的俊朗书生，早在长期的生产科研中锻造成了功力深厚的“大侠”级人物。

在茅台的历史上，季克良不仅是这家企业引进的最早的发酵专业大学生，更是未来企业迈向智慧型产业的预兆——当年他和夫人长途跋涉，从无锡轻工业学院毕业来到茅台时，这里看起来更像中世纪的工厂。

和郑义兴、李兴发等上一代酒师不同，发酵专业科班毕业的季克良，手里多了一份武器——现代科学的意识和手段。

这是工厂从传统走向现代的必由之路。

当季克良再度担当茅台领军者重任时，中国已在改革开放的大潮中游弋了10多年，生产力的解放使商品经济出现了繁荣景象，当人们发现各色商品让人眼花缭乱时，中国已悄然间从卖方市场转入了买方市场。商品的繁荣具象到白酒这个行业的表现就是：几年间，如雨后春笋般出现了几百家大大小小的酒企，百姓餐桌不再是几种白酒一统天下。

那是一个“好酒也怕巷子深”的年代，一个企业不但要会生产好酒，还要会叫卖酒。

这时，季克良所学专长开始大显身手。

他在奠定日后中国白酒产业格局这盘棋中运筹帷幄排兵布阵，走了几着漂亮的“绝棋”，大师风范渐露锋芒。

他所走的第一步棋是，在长期科研中以科学方法总结提炼了茅台酒的10大独特工艺，即高温堆积、高温发酵等，使茅台酒在1995年之后实现了质量、产量恒久如一。

接下来第二步棋是，发表了自己的独到见解：茅台酒是先古根据酿酒原理创造的集天地之灵气的产物，茅台镇独特的地理位置、微生物、水等是生产茅台酒的先决条件，离开茅台镇酿不出茅台酒。

再接下来第三步棋是，一直为神秘茅台所吸引的季克良花了近30年的时间，在研究中发现，茅台酒具有有利于人体健康的多种因子，例如，茅台酒中的有益酸性物质，居然和号称具有养颜功能的红酒有得一拼，是其他白酒的好几倍……

之后是第四步，他与科研人员一道破析出茅台酒中有近千种香气香味物质，为世界蒸馏酒之“最”，这为中国白酒赢得了美誉。

再后来的第五步棋是，他根据市场需求设计了陈年茅台酒，进行市场细分。

最后第六步棋是，他公开发表大量论文，论述了神秘茅台与人体健康的N种关系，宣称适量饮用茅台酒有利身体健康。并亲自代言茅台，以喝了至少两吨茅台酒却依然风姿卓雅的身姿，现身说法。

就在荷包日渐鼓起来的中国人正在为选择喝什么牌子的酒而烦恼时，季克良的科研成果一经媒体广泛披露，立即引起了轰动效应，茅台销售直线向上狂飙。

健康饮酒成为20世纪末最热门的话题之一。

正当茅台人与举国上下的人们一同翘首企盼更辉煌的明天时，一场灾难却出其不意地降临。

1997年，亚洲金融危机爆发。

所有企业顿时风雨飘摇，中国的酒企此时倒掉了一片，包括当年央视广告标王秦池。

第一次，茅台人真真切切感受到了什么叫江湖险恶。

这段时间，与老季一道挥刀上阵打天下，杀出一条“血路”来的，还有一个叫袁仁国的年轻人，1998年，他出任茅台集团总经理，后来成为茅台集团另一掌门人。日后，这两人因创造了非凡业绩，在中国众多企业老总中，成为最耀眼夺目的“双子星”之一。

而颇具戏剧色彩的是，就在季克良工作的前20年，他还一直打报告要求调回江苏老家，侍奉父母颐养天年。但是，如今年届70的他却经常风趣地说，现在想赶也赶不走了。看到自己付出了一生心血的茅台一路走来风光无限，从手工作坊式工厂成长为花园式现代化企业，总资产从20世纪90年代末的19亿元发展到现在的200多亿元、市值1500多亿，产量由20世纪90年代的4000吨，发展到如今的20000吨……

那种类似父亲哺育孩子的复杂情感，不是三言两语就能说清楚的。

季克良经常公开在各种场合说：“是茅台成就了我。”但从某种程度上说，又何尝不是季克良成就了茅台呢？

共和国六十年茅台六十年群像故事之七

袁仁国：谋略制胜开创国酒春天

人物点评：激情开拓　勇者无疆

时代背景：进入21世纪，中国让西方为之惊呼：沉睡的东方巨龙醒来了！2001年，中国加入WTO、北京申奥成功、上海召开APEC年会。2002年，上海获得世博会主办权。2007年，中国股市冲破6000点，股民集体狂欢。2008年，汶川地震、奥运开幕，全球爆发金融危机。茅台随着祖国强大，一路走强，2001年，成功上市，此后股价一度突破200元，创造“中国第一股”神话。2003年，茅台完成毛主席遗愿，产量达10000吨。2008年，产量实现20000吨，销售收入突破百亿大关。茅台跻身全球上市公司500强之列。

人们在反观历史前进步伐时，有时候会发现：历史在某些时候会出现惊人的雷同。

正如1998年的茅台，人们似乎又看到了1989年时的情形：皇帝的女儿又一次风光不再。

后来业界经常用来形容当时茅台惨淡销售的一个词语是——门可罗雀。

之前的大背景是，1997年的亚洲金融危机蔓延全球，中国企业唇亡齿寒地倒下了一片。

此时，茅台集团长期以来“重生产、轻销售”的软肋暴露无遗。

1998年时间过半，却只销售了700吨，与全年任务2000吨相差甚远。

那一年，袁仁国上任茅台集团总经理，全面主持营销工作。之前，他是分管销售的副总经理。由此可见此人“临危受命”的色彩之浓非同一般。

少帅上马，做的第一件事情就是——组建了一支17人的“敢死队”，奔赴全国推销茅台。

这和当年的邹开良之举很相似啊！当历史出现巧合，人们惯用的思维是进行比对。

但是两人之举相隔了近10年，社会背景早已是天差地别。

此时袁仁国所面对的问题，已不是建几个销售公司就能解决。

在市场经济体制已建立的当时，层出不穷的营销手段已是各大企业司空见惯的花样。

“渠道为王”曾是那个年代最为流行的用语。市场营销被商界推崇为制胜谋略。

那年，袁仁国为他的也是茅台的“敢死队”饯别，一壶茅台，一句誓言。大有“风萧萧兮易水寒”之意。

袁仁国成功了，他的成功再一次让茅台人认识到了市场营销的重要：那是一种驾驭市场的能力。一个企业一旦有了一个深谙市场、谋略过人的掌门人，就如同千军万马有了有勇有谋的将领——打胜仗，指日可待。

2000年，茅台集团又发生了一件大事：袁仁国在集团公司内部全力推行干部末位淘汰制，并将原来的“干部、工人”称谓统统改称“员工”，中层干部实行一年一聘制度。“以前都是固定职工，现在都成了临时工”。此举一举打破了以前的干部终身制状态，极大地激发了集团内部活力。

2001年，茅台集团成功上市，募集资金23亿元。

2002年，茅台冲击全国管理最高奖——全国质量管理奖成功。

2003年，茅台引入卓越绩效管理模式。

……

至此，茅台彻底摆脱计划经济的庇护，走向现代企业，员工精神面貌焕然一新。“爱我茅台，为国争光”的企业精神具化为企业行动。

茅台销售队伍开始在全国乃至全球迅速攻城略地，一张巨大的销售网络铺天盖地而来。业界惊呼，袁仁国带出的是一支嗷嗷叫能打硬仗的队伍！

与此同时，茅台人于2003年实现了毛主席的夙愿，产量达10000吨。

2008年，茅台产量再翻一番，达到20000吨，销售收入达到百亿。

不经意间，茅台已走过辉煌10年，取得了连续10年跨越式发展，茅台“立足主业，一品为主，多品开发，做好酒的文章；一业为主，多种经营，走出酒的天地”的集团化发展蓝图已成现实，茅台旗下白酒、红酒、啤酒全面开拔市场，麾下证券、金融业业绩不菲。

这让一些长期关注茅台的经济学家兴趣甚浓，称之为“茅台模式”“茅台现象”。

经历10年市场洗礼的袁仁国，市场销售心得就像老熟的茅台酒一样芳香四溢，他根据多年心得总结了八条，即工程营销、文化营销、感情营销、服务营销、诚信营销、个性营销、事件营销、网络营销。这“八个营销”如今已成为茅台这个经历艰难岁月成长的国有企业的销售圣经。

2008年距1998年又是一个10年，又是一次金融危机，这次的风暴来得更加猛烈，全球经济受到重创极度萎缩。而此时的茅台却岿然不动，袁仁国多年营建起来的严密销售网络，就像一堵密不透风的防火墙，把金融海啸的冲击一波又一波地堵在了国酒大门之外。

今日的茅台已今非昔比。王者之风令人感叹！

袁仁国坚信，迟早有一天茅台这个中国民族品牌会打进世界500强。就如当年制定2020年产能4万吨的中期愿景时，人人都觉得那是个遥不可及的梦。但是，今天，距2020也仅10年。

又是一个无法预料而又让人充满期待的10年……

谱写草原美酒华彩乐章

——锐意进取的鄂尔多斯酒业人

鄂尔多斯酒业夺人眼球的起步。1997年，一位企业家并购了国营东胜制酒厂，鄂尔多斯酒业公司宣告成立，开创了鄂尔多斯乃至内蒙古私营企业转制的先河。一个负债累累、濒临倒闭的老企业起死回生，并连续三年成为自治区第一纳税大户。人们形容它像一匹横空出世的黑马，在内蒙古白酒业纵横驰骋。酒业集团迈出从一元化向多元化发展的道路。这位勇挑重担、迎难而上的企业家名叫武世荣，走过了一条不同寻常的创业路。

集团总裁武世荣先生运筹帷幄，企业转制以来，不断投资更新生产设备，改进工艺流程，白酒年生产能力达2万吨。拥有自治区级白酒研发中心，白酒及相关产品获得十几项国家专利，酒业公司一跃成为“全国白酒工业百强企业”，荣登“中国成长企业百强第八名”，2008年，被评为“最具潜力的中国企业”、“改革开放三十年内蒙古先锋企业”、“最具影响力企业”荣誉称号。每年为社会增加300多个就业机会，十多年来累计接收下岗再就业职工1200多人。武世荣先生为构建和谐社会作出突出贡献，成为“优秀中国特色社会主义事业建设者”、“自治区劳模”、“全国乡镇企业家”、自治区“改革开放三十年经济人物”、“内蒙古最具影响力企业家”。

如今，站在新的创业起点上，企业从庞大的生产经营实际出发，充分发扬“超越自我、超前应变、超常创新”的创业精神，以科技为先导，靠品质创品牌，酒业生产销售连年实现着新的突破。特别是近几年来，利税每年跨越一个较高的台阶。被评为中国饮料制造业纳税百强企业第49位，居内蒙古第一；“全国酒类产品质量安全诚信品牌”等多项殊荣。在这辉煌的业绩背后，支撑的是一支支能争善战的队伍，一个个精诚合作的团队，企业拥有200多名优秀的管理人才和高、精、尖科技研发人才。同时不断培养、引进优秀管理和技术人才，成为企业走向辉煌的根基。

企业的元老级功臣副总裁郑存厚，为鄂尔多斯白酒的振兴和发展立下汗马功劳。他以其丰富的管理经验、独特的领导才能、锐意创新的胆识，带领全公司上下卧薪尝胆，励精图治，使酒厂经受住了各种压力的考验，取得了长足发展，让“鄂尔多斯”白酒品牌产品畅销大江南北。他本人多次受到有关部门的表彰、奖励，1996年，被中华酒文化研究会授予“中国酿酒企业最有贡献的人”。酒业公司的总经理、国家一级品酒师、自治区酿酒大师、鄂尔多斯市五一劳动奖章获得者焦二满就是企业的尖端人才。他的卓越才能为企业攻克了一个又一个技术难题。他先后参与并主持了鄂尔多斯敬酒、甘草酒、宴酒等系列白酒的研发，并经过潜心钻研和与国家级白酒专家探讨协作，改变了鄂尔多斯白酒个别酒种口感变硬现象，解决了饮酒头痛等难题，控制了成品酒固形物杂质的出现以及冷混浊现象等难题，确保了鄂尔多斯系列酒质量的稳定和提高。被国内业界专家誉为引导白酒生产和消费的新一代精品。他成功地开发出公司的拳头产品鄂尔多斯敬酒荣获“国家清香型白酒优质产品奖”，这在内蒙古是独此一家，在市场上具有很强的竞争力。五谷精华出佳酿，经年累月益芬芳。焦二满同志经从普通技术型干部成长为专业扎实、学术领先、精通管理的复合型人才。由于他在工作上的出色才能和突出贡献，多次受到国家有关部门和地方政府及集团的奖励表彰。焦二满无愧于鄂尔多斯酒业的标杆人才、标志性人物。销售总经理高宇程也是酒业公司一位功不可没的人物，他对工作兢兢业业，责任和奉献是他的美德，一心为企业出谋划策。勇做“鄂尔多斯”品牌的开拓者，准确把握市场脉搏，创新营销战略，成就了酒业每年都以上亿元的速度稳步增长。他个人也多次被评为先进管理者，2009年被地方政府评为“劳动模范”。正是类似于他这样优秀的酒业人让鄂尔多斯酒跨出了豪迈的步伐，踏上了更广阔的竞技舞台。

中国白酒
百强企业

山東景陽岡酒業有限公司

景阳冈酒业董事长
山东省劳动模范 徐怀谦

陽穀人厚
景陽酒香

徐怀谦董事长陪同著名书法大师欧阳中石先生参观，品尝景阳冈陈酒。

景陽岡酒都賦

徐懷謙

中國是卓立世界的文明古國 中國是酒的故鄉 中華民族五千年歷史長河中 酒和酒文化一直占據着重要地位 酒是一種特殊的食品 是屬于物質的 但酒又融注于人們的精神生活之中 詩詞歌賦 琴棋書畫 歌舞戲劇無不因酒而情韵無窮 政治經濟禮儀慶典 軍事 民俗無不因酒而意蘊深邃 酒是東方文明寶庫中一顆璀璨的明珠 被譽爲歷史名酒的景陽岡酒 興于唐宋 而盛于元明 宋人早有詩盛贊景陽岡酒 造成玉液流霞 香甜津潤堪誇 開壇隔壁醉三家 過客停車駐馬 洞賓曾留寶劍 太白當過烏紗 神仙愛酒不歸家 醉倒景陽岡下 古典文學名著 水滸 和 金瓶梅 以警世妙筆對景陽岡酒的生動描寫 更使這別名 出門倒 透瓶香 三碗不過岡 的好酒數百年盛傳不衰 而當代尤被世人推崇青睞 景陽岡酒已成爲獨樹一幟的中國英雄酒 不僅蘊含着降服强暴的威力和尊嚴 而且給人以奮進的膽識和必勝的信念 更富有景陽岡人淳樸美德和良好的祝願 新中國成立後 特别是改革開放的新時代 景陽岡酒風靡大江南北 遠銷海內外 并冠以南茅 茅臺 北虎 景陽岡 之美譽 陽谷古城堪爲英雄名酒的釀造基地 我們願借助意蘊豐厚的景陽岡酒文化 廣交朋友 在品評英雄酒 領略酒文化的同時 指點江山 抒陽剛之氣 慶勝利的喜悦 堅定信念 在求索 創新的改革大潮中 譜寫更加輝煌壯麗的篇章！

中国驰名商标　中国白酒十大品牌　中国名牌商品

景陽岡酒　英雄的酒

董事长徐怀谦向一贯关心和支持景阳冈酒业发展的各级领导和各界朋友致谢!

地址：山东省阳谷县城紫石街17号　电话：0635-6383115　网址：www.jingyanggang.com　Email：06356819@163.com

西北农林科技大学葡萄酒学院简介

西北农林科技大学葡萄酒学院于 1994 年 4 月 20 日成立，是亚洲第一所专门培养从事葡萄与葡萄酒生产、销售、教学、科研工作的高级专门人才的学院。

历经 15 年的探索与实践，葡萄酒学院构建了国内首创、国际知名的科研推广体系和人才培养模式，具备学士、硕士、博士等多层次培养条件。现有在校本科生 500 余名，博、硕士研究生 110 余名。学院于 1997 年成为国家级评酒员培训基地，2000 年设立陕西省葡萄与葡萄酒工程技术中心，2003 年设立全国葡萄酒、果露酒职业技能鉴定站。

学院秉承“ 耕土耕心，酿酒酿人 ”的院训，在创始人李华教授的带领下，各项事业得到了长足的发展。《葡萄酒工艺学》获国家精品课程，《葡萄酒品尝学》获陕西省精品课程及双语示范课程，葡萄与葡萄酒工程专业获批陕西省特色专业建设点。李华教授获“ 第四届高等学校教学名师奖 ”、“ 陕西省师德标兵 ”及“ 改革开放 30 年中国酒界领军人物 ”称号，王华院长获“2009 中国葡萄酒天使 ”。

学院先后荣获国家级优秀教学成果二等奖两项，陕西省优秀教学成果特等奖两项。《我国葡萄酒技术体系研究与产业化开发》获陕西省科学技术一等奖，多项科研成果先后获得国家教委科技进步二等奖、中国高校科学技术进步二等奖、陕西省科技进步二等奖等。主持选育优质抗病葡萄新品种 1 个、新品系 3 个，获批国家发明专利 7 项、实用新型专利多项。

学院坚持开放式办学，自 1999 年以来，在杨凌成功举办国际葡萄与葡萄酒学术活动 11 次，亚洲葡萄酒质量大赛 3 届，为葡萄酒行业构筑了学术交流的广阔平台。学院与国际葡萄与葡萄酒研究机构和高校建立了广泛的合作关系，61% 的专职教师先后在法国、西班牙、美国、澳大利亚等国家研修及合作研究，10 余名博士研究生在国外进行联合培养。

学院重视学生复合型知识和综合能力的培养，先后涌现出国家级三好学生和全国先进班集体，毕业生深受用人单位的重用和普遍好评。人才与技术的输入促进了中国葡萄酒产业的技术进步和健康发展，取得了良好的经济效益、社会效益和生态效益，学院被葡萄酒行业誉为“ 人才的摇篮、技术的源泉、产业的支点 ”。

进入新世纪，学院提出了“ 立足中国葡萄与葡萄酒产业的需求，建设世界一流葡萄酒学院 ”的建设总目标。在葡萄与葡萄酒行业广大同仁的支持下，学院将在人才培养、学科建设、科学研究、教学科研平台建设及产学研结合等方面不断创新，做出无愧于伟大时代的历史成绩。

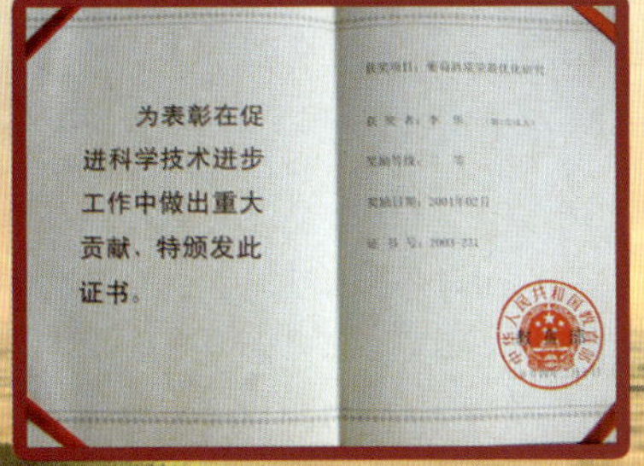

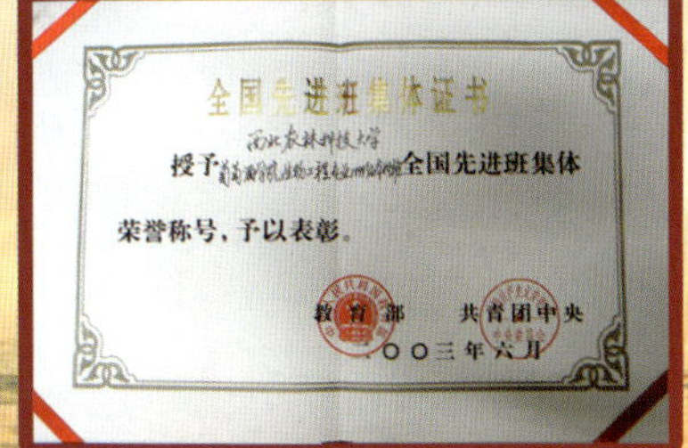

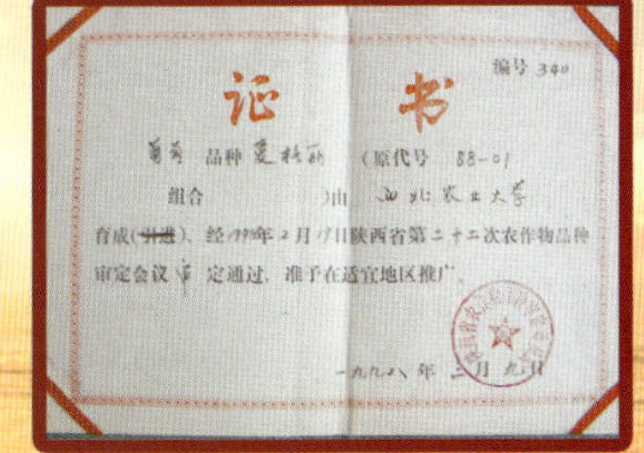

耕土耕心 酿酒酿人 李华

深圳2011世界大运会全球合作伙伴

金威啤酒(中国)有限公司

KINGWAY BREWERY (ZHONGGUO) CO., LTD.

集团总裁 叶旭全

与深圳大运会签约成为其全球合作伙伴

金威啤酒集团办公大楼

企业简介

金威啤酒集团有限公司为香港上市公司（股票代码0124），是广东省政府在香港最大企业粤海投资控股有限公司的旗下控股企业。金威啤酒（中国）有限公司为其委托的国内业务管理公司。2004年8月金威啤酒集团成为香港恒生综指成份股。金威啤酒集团专业从事啤酒酿造和销售，下辖深圳金威啤酒有限公司、深圳金威啤酒酿造有限公司、金威啤酒（汕头）有限公司、金威啤酒（东莞）有限公司、金威啤酒（天津）有限公司、金威啤酒（西安）有限公司、金威啤酒集团（成都）有限公司、金威啤酒（佛山）有限公司、粤海金威啤酒销售有限公司等全资子公司。2004年1月国际知名企业喜力集团通过喜力亚太酿酒（中国）私人有限公司加盟金威，持有金威啤酒集团约21%的股份，成为金威啤酒的战略合作伙伴。

企业实力

至2009年，金威已拥有一百七十万吨产能，成为国内大型啤酒集团之一，是粤啤全国战略扩张的第一品牌。金威啤酒拥有目前国内乃至世界上最先进的现代化啤酒生产技术和设备，享有“科技金威”的美誉。2003年3月金威啤酒绿色工艺应用研究正式通过国家级权威专家鉴定，并于2004年6月成为科技部国家科技成果重点推广项目。金威成为国内“不添加甲醛酿造”的绿色啤酒首倡者。

金威啤酒是国内首家获得ISO9000质量保证体系（BSI）国际认证的啤酒生产企业，以“让每瓶啤酒都得100分”为企业的质量方针，建立起了以顾客为导向的品质保证体系，产品以健康、安全、时尚的形象深受广大消费者的青睐。2005年4月金威通过HACCP、ISO14001、OHSAS18001三项认证，是全国啤酒行业中首家一次性通过该三项认证的企业。

金威啤酒产品主要销售广东、天津、陕西、四川等建厂地，同时销往广西、福建、湖南、江西、江苏、安徽、陕西、黑龙江等20多个省市自治区及香港、澳门、东南亚等地区，在香港市场上居国产啤酒销量第一位。

领导风采

金威啤酒集团行政总裁叶旭全曾被评为全国劳动模范、广东省劳动模范、广东省十大杰出青年、广东省十大经济风云人物、中国营销大奖十大营销人物、全国酿酒行业百名先进个人，并两次被评为广东省“优秀共产党员”。他同时也是中国著名的词作家，中国音乐文学学会副主席，他创作的《春天的故事》、《永远跟你走》等歌词作品曾多次荣获全国“五个一工程奖”、音乐最高奖“金钟奖”。 2009年叶旭全获颁“改革开放三十年影响深圳三十个经济人物”奖；12月被华南师大特聘为客座教授。

企业荣誉

2002年8月8日，金威啤酒获“中国名牌产品”称号并于2005年9月蝉联；金威啤酒获2004至2005年度第二届“香港超级品牌”称号，并于2007年再度蝉联2006至2007年度“超级品牌”称号；2004年，金威啤酒产品通过国家“绿色食品”认证；2005年9月24日，获“全国食品安全百佳先进单位”，集团董事局主席叶旭全获“全国食品安全管理百佳先进个人”称号；2005年11月6日，获中国企业联合会、中国企业家协会颁发的“2005全国企业文化优秀奖”；2007年4月，金威啤酒荣获“全国五一劳动奖状”。2008年荣获“广东省食品行业突出贡献奖”称号，荣获“广东省最具社会责任企业”称号，荣获“广东省酿酒产业最具影响力品牌”称号；2009年1月，金威啤酒荣获2008深圳百强企业；4月，金威啤酒获“广东标杆企业”称号；7月金威集团荣获“广东省健康文化十大杰出贡献单位”，8月，深圳金威荣获“2008年度全国外商投资双优企业”称号；11月，金威啤酒五度蝉联“全国食品安全示范单位”。

金威啤酒(中国)有限公司
KINGWAY BREWERY (ZHONGGUO) CO., LTD.
地址：深圳市罗湖区布心东昌路1号
电话：0755-25516328
传真：0755-25516039

品牌篇

收录了酒类企业各类评选活动的名单以及品牌介绍及相关资料。

刘自力

Liu Zili

YEARBOOK FIGURE

刘自力，1998年10月至今任茅台酒厂（集团）公司董事、党委委员、副总经理，贵州茅台酒厂（集团）习酒有限责任公司董事长（法人代表）、总经理。

自担任企业领导以来，刘自力同志准确把握市场经济脉搏，紧抓机遇，深化改革，强化管理，创造性地开展工作，使企业全面协调持续发展，效益连年递增。

中国驰名商标

（酿酒行业部分名单）

国家工商行政管理总局在北京公布了2008年“中国驰名商标”及其企业名单，商标局和商标评审委员会在商标管理案件、商标异议案件和商标争议案件中，新认定驰名商标228件，其中9家酒企商标榜上有名。

枝江、高炉家、石库门及图、舍得、五粮春、蓝色经典、红荔HONGLI及图、MOUTAI及图、沙洲SZ及图。

2008年影响世界的中国力量品牌500强排行榜部分酒品牌名单

2009年1月1日，由世界著名品牌大会和世界品牌组织、美中经贸投资总商会、环球城市电视台世界企业研究中心联合推选，主要采用品牌的知名度、美誉度、信用度、满意度、忠诚度、影响度、成长度、创新度等8个方面的18个指标，对包括港、澳、台在内的中国3000多个企业品牌进行综合评价和多轮筛选，最后由国际专家委员会审核确定68类品牌入选的“2008年度影响世界的中国力量品牌500强排行榜”结果出炉。其中酒企入围的名单包括：

白酒

茅台、五粮液、郎酒、洋河、国窖1573、剑南春、水井坊、杏花村、沱牌、酒鬼酒、古井贡酒

红酒

张裕、王朝、长城、威龙、通化、新天

黄酒

古越龙山、会稽山、嘉善、塔牌、女儿红

啤酒

青岛、燕京、雪花、山城、金威、珠江、哈尔滨、金星、雪津

保健酒

黄金酒、劲酒、椰岛鹿龟酒、竹叶青酒、张裕三鞭酒、古岭神酒、鹿鞭酒、昂立养身酒、香山枸杞酒、龙虎酒、雪莲虫草补酒

2008年中国企业500强部分酒企名单

酒企：

名称	排行	利润
四川宜宾五粮液集团有限公司	199名	2523807万元
青岛啤酒股份有限公司	339名	1370922万元
北京燕京啤酒集团	444名	1038393万元

涉酒企业：

名称	排行	利润
中粮集团有限公司	26名	15487213万元
华润（集团）有限公司	37名	11330190万元
新华联控股有限公司	376名	1249915万元

2009年中国企业500强部分酒企名单

酒企：

名称	排行	利润
四川宜宾五粮液集团有限公司	200名	300.4738亿元
青岛啤酒股份有限公司	336名	160.23亿元
北京燕京啤酒集团	457名	116.72亿元
中国贵州茅台酒厂有限责任公司	488名	107.74亿元

涉酒企业：

名称	排行	利润
中粮集团有限公司	19名	1885.26亿元
华润（集团）有限公司	46名	1218.24亿元
新华联控股有限公司	358名	149.18亿元
四平红嘴集团总公司	433名	109.63亿元

看好中国消费 华润雪花力推纯生

2009年3月，华润雪花在全国各地市场大规模推出雪花纯生，这款雪花精品酒“家族”新成员很快获得了市场正面评价。

目前，雪花纯生已经成为全国政协十一届二次会议“指定用酒”。“2008年夏季达沃斯论坛指定用酒”也确定为雪花啤酒，鲜明中国特色的包装、甘洌的啤酒，让来自全球的政要和企业家精英们对雪花啤酒印象深刻。

行业人士认为，由于纯生产品利润水平较高，这将有助于提升华润雪花财务表现。这也意味着，华润雪花不但致力于延伸市场广度，还在拓展市场深度。在宏观经济向冷的情况下，实力雄厚的华润雪花正通过“快跑”方式度过经济寒冬。

品牌支撑

目前，雪花纯生市场进展顺利。

在与消费者前期沟通中，雪花纯生已经获得高度评价，不少消费者还表示，中国最大啤酒集团华润雪花重拳冲击的高档产品值得期待。

行业人士认为，市场层面对雪花纯生接受如此顺利，反映出雪花品牌经过多年积累，已经取得相当成果，品牌力量已能够支撑产品向高端市场进军。显然，除资本外，华润雪花手中的“品牌之剑”正在日加锋利。

2002年以前，华润雪花掀起的并购狂潮曾引起行业瞩目，可强力主品牌的缺失一直困扰着华润雪花，于是华润雪花邀请科特勒为其进行品牌规划，这是当时国内啤酒行业中第一次系统打造品牌进行的举措。

此后，华润雪花开始推广“雪花啤酒 勇闯天涯”活动，2005年首次推出探秘鲁藏布大峡谷，2006年探源长江之旅，2007年远征国境线，2008年开展极地探险。2008年上半年，华润雪花出资1000万赞助清华大学建筑历史与文物建筑保护研究所，开展关于中国古建筑的学术研究，并组织其在全国各地的公司全力支持中国古建筑研究成果的普及与传承。

华润雪花作为中国企业，一直强调品牌的成长要与中华民族传统文化荣辱与共。华润雪花作为一个具有强烈社会责任感和远见的企业，跨越行业与学科的界限，认识到中国古建筑作为中华文明的历史结晶和真实见证，素来有着广泛的教育意义和影响力。

在过去几年中，雪花啤酒所倡导的对自然环境和人类文化所保持的思索、观察和体验的精神，已经与消费者产生共鸣并获得认可。放眼中国啤酒行业，品牌的打造已经成为各大巨头的重中之重，雪花的进步最令人瞩目。品牌积淀达到一定程度时，推出雪花纯生也顺理成章。

行业人士认为，雪花品牌的异军突起，已引起中国啤酒品牌格局的变化，而品牌格局的变化将带来市场格局的深刻变动。今后除主流酒市场外，雪花预计将加强在中高档以上市场的渗透，这将更多对洋品牌形成挑战。

“生”时代来临

纯生时代离中国消费者越来越近。

中国啤酒的发展速度令世界瞩目，过去几年中都是以两位数字的速度增长。

目前，中国居民生存型消费需求已基本得到满足并正向享受、发展型消费需求升级过渡。行业人士预计，随着人民生活水平的提高，对中高档以上啤酒的需求将越来越强烈。特别是现在食品安全事故频发，人们对食品安全更加重视，而纯生啤酒也正能符合这一趋势。

生产一瓶高质量纯生需要严格控制微生物，对原料、水、二氧化碳甚至空气都有着严格的无菌要求，这直接保证了雪花纯生的安全性。

中国在20世纪80年代开始生产纯生啤酒，目前，全国现投产的纯生啤酒生产线约50条，总销量在100万吨左右。但与中国4000多万的啤酒总产量相比，占比不足5%。而在日本、韩国和德国，这一数字分别为90%、70%和70%。

不过，中国纯生啤酒市场的发展速度非常迅速。据公开数据，1997年中国纯生啤酒产量不到1万吨，2007年中国纯生产量已达到70万吨，年平均增长速度为14%，中国纯生正驶入前所未有的发展快车道。一家国际品牌2006年进入纯生啤酒市场后，发展速度曾达到450%。

过去几年中，中国各大啤酒集团都相继推出自己的纯生产品，华润雪花在部分区域市场也都推出自己的纯生产品，并有着不俗表现。不过，中国纯生啤酒市场还处在爆发增长的前夜。

行业专家认为，有以下四点原因：纯生新产品开发尚处于初级阶段，同质化现象严重；终端价格过高；销售范围存在较大的局限性，如没能开拓家庭消费等；由于产品技术标准滞后等问题，目前市场上的纯生啤酒在质量方面仍然存在良莠不齐的现象。

这给华润雪花大规模开发纯生市场创造了机会。目前，各大巨头都开始对纯生啤酒市场更加重视，纯生啤酒市场竞争也将更加激烈。

“快跑”过冬

由华尔街开始的金融危机正演变成全球性的经济衰退，中国经济也受到影响。2008年，中国啤酒增长速度降到个位数。如何“过冬”，成为啤酒巨头们面对的首要问题。

各家企业有着不同的“过冬”招数，共同点之一是停下发展的脚步，而在这一点上，华润雪花的策略则完全不同：“快跑”过冬。2008年年底，华润雪花在上海投资6.5亿元建设40万吨工厂；今年2月底，又投下7.49亿收购安徽、辽宁、浙江3家啤酒厂；现在又开始大规模进军纯生啤酒市场。

不少分析人士把目光投向华润雪花的背后：实力雄厚的华润和SAB两大股东。这种分析有一定道理，但并非主要原因，很多在华国际啤酒巨头实力并不比华润雪花逊色，为何也开始放慢脚步？有行业资深人士指出，华润雪花之所以能够“快跑”另有原因：拥有行业最出色的风险控制能力。

过去多年，华润雪花进行数十次并购，其在实践中摸索出一套整合思路，让并购风险大大降低，对这套颇为神秘的整合经验华润雪花很少谈及，但鲜有败绩的成绩单却足以说明一切。如果不具备出色的并购风险控制能力，不必等到现在的经济寒冬，华润雪花就已经失败。

华润雪花对成本风险的控制也颇为出色。1000多万吨产能背后的统一采购，让华润雪花原材料成本控制水平一直处于行业领先。同时，华润雪花对市场扩张的风险也一直有不错的把控能力。

行业认为，这才是寒冬时节华润雪花能够“快跑”的原因。

现在，进入啤酒行业近15年的华润雪花的实力已今非昔比：经过几年打造，品牌知名度和美誉度大大提升，品牌对销售拉动越来越明显；在东北、四川、安徽等市场拥有稳固基础，而在华东等市场的进展，也比预想顺利。这都给华润雪花拥有“快跑”的自信。

雪花啤酒 勇闯天涯

“雪花啤酒 勇闯天涯”活动是由华润雪花啤酒中国（有限）公司独立创新的具有原创性的品牌推广活动。它不仅是国内啤酒品牌规模最大、区域最广泛的一次全国范围的品牌推广活动，更是雪花啤酒为回馈中国消费者所创立的一个独特的文化品牌。

至今，“雪花啤酒 勇闯天涯”活动已经成功地举行了五届。

2005年，雪花啤酒在全国范围内差异化地组织推出了“雪花啤酒 勇闯天涯”雅鲁藏布大峡谷探索成长之旅的消费者活动。雪花啤酒联合美国DISCOVERY亚太电视网，组织了对世界第一大峡谷——雅鲁藏布大峡谷的探索活动。

作为一个有社会责任感的企业，华润雪花啤酒公司一直关注环保，关注水资源的保护问题。2006年，“雪花啤酒 勇闯天涯 探源长江之旅”活动的探索队员们从青藏铁路的起点西宁出发，日夜兼程，一路历经艰辛，克服严重的高原反应，穿越大可可西里区域，抵达了圣洁的长江源头冈加曲巴冰川。面对着尚未受到污染的母亲河源头，队员立下誓言要做一个坚定的环保人士。

2007年，“雪花啤酒 勇闯天涯 之远征国境线”活动分为五大纵队，远征足迹遍布中尼、中缅、中老、中越、中朝、中俄、中哈、中巴等十余个边境地区，穿越四十多个县市，行程近两万公里。五路远征队伍的队员们克服了途中塌方、泥石流等恶劣自然环境的考验，积极应对高原反应、晕船、中暑等种种不适，最终不但完成了本次远征活动，还开展了捐助国境沿线贫困学校、慰问边防哨所等系列公益活动，将“勇闯天涯”的坚韧精神和宝贵品质传播到了祖国的万里边疆。

2008年，由来自全国各地的五十多名探索队员们和DISCOVERY摄制组、户外探险志愿者以及专业人士组成的“雪花啤酒 勇闯天涯”之“极地探索”科考队，经过十余天的艰险跋涉，成功穿越了柴达木盆地和塔克拉玛干沙漠，对中国境内位于塔克拉玛干沙漠的“干极”若羌和“风极”库尔勒进行考察。在达3000多公里的征途中，队员们翻越海拔4800米高原，克服高原反应和沙漠戈壁的酷暑高温，徒步走过60公里无人区，在地质专家的指导下对“干极”和“风极”的各项极限指标进行了详细的现场考察和比较论证，记录下了中国地理自然之极的现状。

2009年，雪花啤酒在秉承了历届活动所倡导精神的同时，“雪花啤酒 勇闯天涯”的脚步跃上了一个全新的高度，挑战的目标变得更加富有意义。为了契合这个时期伟大民族求新求变、敢为人先的自强足迹。雪花啤酒精心策划，与全国“勇者”的代表一起挑战了地球上最难以攀登和征服的世界第二高峰，希望通过“知难而进，勇于挑战”的精神，激发广大消费者面对巨大挑战的斗志和潜能。

作为全球销量第一的啤酒企业，华润雪花啤酒多年来一直坚持倡导“积极、进取、挑战、创新”的品牌精神。正是秉承这一精神，雪花啤酒通过短短十几年的时间，得到了迅速发展和壮大。而这些，恰恰都离不开广大消费者的支持与厚爱。

集杂成醇 五粮液2010年再登中国白酒之冠

2009年的白酒行业，一系列冲击波此起彼伏，给白酒企业带来了前所未有的压力。但是，五粮液却在产品、营收、资本市场上都跨越拐点，登上了一个全新的高度。

逆市上扬 五粮液再夺中国白酒之冠

2009年12月3日，“2009年度中国最有价值品牌”在美国发布，其中，五粮液以472.06亿元位居中国最有价值品牌百强榜第四，连续第15年成为中国食品行业最具价值的品牌。数据显示，2009年五粮液集团公司实现销售收入350.28亿元，同比增长16.54%；实现利税70亿元，同比增长16.67%；股票市值增幅达137%，远高于同行业平均水平。

以质量为生命 把产品做到极致

一瓶五粮液从原材料到销售终端，要经过36道质量“关键点”以及由“36道防线”衍化提升的10个关键过程和72个专检点，完全符合甚至超出了新《食品安全法》的要求。与此同时，五粮液还全面建立起产品追溯体系，对每一瓶酒都能够做到销售流程追溯，为五粮液的质量安全又加了一道保险，这在国内白酒企业中是唯一的。

正是在这样严密的质量控制体系下，五粮液在2009年获得“年度食品工业科技进步优秀企业七连冠特别荣誉奖”，成为国内唯一获此殊荣的食品企业。同年9月，公司再度被四川省授予“2009年四川省质量管理特别奖”，又成为全省工业企业中唯一获得这项殊荣的企业。

为往圣继绝学 以弘扬民族文化为己任

从2009年开始，12月18日“酒圣节”已被确立为宜宾市的法定节日，宜宾市也被中国轻工业联合会、中国酿酒工业协会正式授予“中国白酒之都”的称号。

白酒被世界科技界誉为“中国的第五大发明”，而五粮液所做的就是在生产中使用传统技艺，在经营和销售中弘扬传统文化。文化，既是企业生存与发展的客观需要，更是历史赋予五粮液的神圣使命。

为发展清障碍 借整改驶上快车道

五粮液在2009年12月份发布的《关于进一步完善公司治理结构的整改方案》中，包括了完善法人治理、解决关联交易、解决投资损失、信息披露等8个方面。使五粮液集团与五粮液正式解除托管，股份公司增资五粮液酒类销售公司，从而使困扰多年的关联交易问题从根本上得到解决，股份公司全年可望增加净利润4亿元以上。

五粮液系列酒的产量和产品结构上也有了大幅提升与优化，而支撑五粮液销量增长的主要力量来自公司多年来完善的销售体系。另外，在四川地方政府借助发展酒都宜宾来进一步打造“中国白酒金三角”的战略规划中，五粮液发挥着领头羊的作用。

2010年国家经济正在进一步回暖，五粮液作为中国白酒企业和中国传统文化的代言人，将坚决地在这个领域中保持和发挥自身优势，做国粹的守望者和传播者，以此迎接更大的机遇和挑战。

三十年日夜只为今日奢华，长城桑干开启中国酒庄酒历史

对于大多数热爱葡萄美酒的消费者来说，“Château SUNGOD（长城桑干酒庄）”这个名字大概还稍显陌生，虽然人们对长城这一中国最知名、最具影响力的葡萄酒品牌可谓耳熟能详，但对长城桑干酒庄却了解甚微。而对于众多熟知中国葡萄酒历史的资深人士来说，长城桑干酒庄正是他们心目中被誉为中国“拉斐”的第一酒庄。

揭开30年的神秘面纱，长城桑干酒庄终于在2009年走进人们的视线：与法国波尔多同纬度，拥有全球唯一泥河古化石群土壤，中国唯一的30年黄金树龄葡萄树，百年法国橡木桶精心陈酿，得天独厚的条件注定这里为顶级葡萄酒而生。

长城桑干酒庄正是中国最古老和最正统的葡萄酒酒庄，也正是北京奥运会上胡锦涛主席宴请80多国政府元首、王室成员、国际奥委会委员等世界级贵宾的国宴用酒，得到了包括美国前总统布什、国际奥委会主席罗格在内的世界级领袖的赞誉。

细数长城桑干酒庄的“厚重历史”，从实现中国酒庄零的突破，到建立行业最高酒庄标准，再到奥运会上的大放光彩，长城桑干酒庄酒是中国酒庄酒历史的开启者，也是世界认识中国顶级酒庄和高端葡萄酒的典范标杆。

1979，中国酒庄酒肇始元年

中国是世界上最早掌握酿酒技术的国家，也是世界三大古酒的发源地，浓烈的白酒不仅深受国内老百姓的喜爱，更为中国制酒业赢得了国际声誉。但是，在葡萄酒这个真正的世界性饮品的发展领域，中国却一直停滞不前，30年前，老百姓甚至分不清葡萄酒和葡萄汁，更别说建设具备国际知名度的高端酒庄了。

1972年中美建交时，连尼克松总统也了解到中国葡萄酒十分缺乏，他访华时特意带了Schramsberg酒庄的起泡酒来庆祝打破中美坚冰，并开玩笑地说：“中国很大，但缺少葡萄酒和时尚女性。”一句玩笑话，揭露了当时中国葡萄酒业窘迫的状况，使中国领导人意识到，葡萄酒不仅是一种世界性的饮品，也是一个国家经济及文化发展水平的缩影。

从那时开始，“酿造属于中国的真正葡萄酒”便成了中国人的一个理想。1978年，国家五部委联合组织专家组

共同在全国范围内考察，最终通过比较阳光、土壤、水分等各方面综合因素，一致认为，河北沙城怀涿盆地是我国最理想的建立葡萄原料基地之一，于是选择了河北沙城桑干河畔作为中国葡萄酒的原料和研发基地，成立了国家级葡萄酒研究中心，这就是长城桑干酒庄的前身。

1979年，也正是改革开放元年，长城桑干酒庄在国家的支持下正式成立，中国从此有了自己的第一座葡萄酒酒庄，中西方交流也因此多了一条文化的纽带。因为坐落在世界上最适宜葡萄种植的北纬40度“黄金地带”，阳光充足、热量适中，便有了“SUN GOD”（太阳神）一名。同年，中国第一瓶干白葡萄酒在长城桑干酒庄诞生，一个中国葡萄酒的全新时代拉开了帷幕。

30年，第一筑就业界标准

当时的中国葡萄酒业与国际葡萄酒业相比，起步晚，技术落后，要想在国际上有一席之地，必须要向国际高标准靠拢，而不是盲目地引资、扩张、炒概念。为此，桑干酒庄坚持标准化建设，率先把中国葡萄历史与西方酿酒工艺完美结合，发展成为集基地建设、葡萄栽培、科学研究、产品开发、规模生产于一体的正统酒庄。

在30年来的发展历史中，长城桑干酒庄时时刻刻精益求精，凭借对自身的高要求创下了许多个中国业内第一，一手筑就了中国葡萄酒行业的最高标准：

第一个成功研制出干白葡萄酒和起泡葡萄酒，开启了中国葡萄酒的全新时代，实现了中国葡萄酒零的突破。

第一个引进国际名种酿酒葡萄，让西方的高贵血统与中华文化基因完美融合，如今长城已拥有五万四千株、多达13个国际名种的葡萄，葡萄树的平均年龄更值28岁，是其他中国酒庄所遥不可及的。

第一个获得“中国诺贝尔奖”，即国家科技进步奖的二等奖，这是国家能够给予食品饮料行业的最高奖项，并且长城桑干酒庄是唯一两次荣获此奖的酒庄，超凡的科研实力使桑干酒庄在中国酒庄界具有不可替代的示范作用。

第一个严格按照国际葡萄酒组织OIV规定，实施一体化无缝隙细节监控。在桑干酒庄1122亩泥河古化石葡萄园中，从葡萄种植到最终的采摘、酿造，都采用定点、定人、定时的全程监控，每一颗葡萄微妙的成熟度，都逃不过一流酿酒师的火眼金睛……

这些“第一”成就了长城桑干酒庄葡萄酒卓越的品质，使其先后获得香港、巴黎、布鲁塞尔、马德里、伦敦等国际评酒会金奖，获奖数量之多、奖项之高均创历届评酒会纪录。这种获奖之最为中国葡萄酒在国际葡萄酒殿堂里赢得了最尊贵的一席。

同时，品质卓越的桑干酒庄酒也受到了国家领导人的青睐，成为了“御用佳酿”。1986年法国总统希拉克访华时，桑干酒庄酒就被作为国宴用酒，曾经品过无数美酒的希拉克总统被长城桑干酒的中国风格所陶醉，评价该酒毫不逊色于世界名门佳酿。

2008，奥运“国宴”艳惊世界

在长城桑干酒庄标准化的带动下，国内的酒庄界得到了较快的发展，但同时也面临着新一轮的挑战：一方面，许多酒庄走进了重概念、轻品质的误区；另一方面，中国酒庄与国际一流酒庄相比，在品牌影响力上还有很大差距。如何加强业界的品质意识，开启葡萄酒的国际化进程，成为长城桑干酒庄思考的课题，“奥运”两字此时进入了它的眼帘，借奥运，长城桑干酒庄要打开中国酒庄的国际大门。

30年来的专业立身注定了长城桑干酒庄在奥运上的空前成功，这座名副其实的中国第一葡萄酒庄一揭开它神秘的面纱便艳惊国际社会。不但“超越2008”全球奥运限量珍藏酒成为了国际奥委会洛桑奥林匹克博物馆的镇馆之宝，之后的长城桑干酒庄起泡葡萄酒亦成为了奥运圣火登顶的庆功用酒，与人们的奥运梦想一同被刻进了世界的记忆。

而在2008北京奥运会期间，长城桑干酒庄葡萄酒更为来自全球的100多个国家的元首、政府首脑、皇室成员、数万奥运代表团官员、超过3万名的媒体记者提供了美酒巅峰体验。这些遍尝世界佳酿的美酒权威们惊诧于中国也拥有可媲美法国玛歌、拉斐的顶级酒庄，他们毫不吝啬自己对长城桑干酒庄酒的赞美，国际奥委会主席罗格畅饮后评价说：“没想到中国也有这么高品质的葡萄酒，我在长城桑干酒庄酒里品到了世界的味道！”

从1979年的“缺少葡萄酒”到2008年的“世界的味道”，三十年的努力换来了国际社会的认可，中国人“酿造属于中国的真正葡萄酒”的理想终于得到了实现。

当然，这还远远不是终点。进入2009年，长城桑干酒庄有了一个新的目标，那就是“酿造真正国际顶尖的中国葡萄酒”，奥运带来的光辉只是璀璨而短暂的，中国酒庄的知名度和文化积淀同欧洲古老的酒庄相比还有差距，只有不断突破自身，时刻引领国际标准，加强文化积累才能在全球化竞争中掌握主动权。对于长城桑干酒庄来说，一万个日夜积累下来的精华必将在今后的全球化竞争中大放光彩，中国酒庄酒辉煌的明天亦指日可待。

“产区好，酒才好”长城葡萄酒赢在根本

关于美酒，有这样一个故事：20世纪90年代，葡萄酒在美国掀起一阵风潮，有人跃跃欲试打算在加州开创自己的葡萄园，可是不管怎么酿造，酒中总有一股泥土的味道。酿造师感到很不满意，于是在实验室苦心研究，终于通过先进的技术将这股泥土味去除，可是葡萄酒的品质却下降了，口感也变得平淡无奇。这个过程让酿造师终于明白，恰恰是这泥土的味道，才让她的酒有了灵气和质感。

葡萄酒行业有一条公认的真理：“七分原料、三分工艺。”好的葡萄是酿造优质葡萄酒的根本，好的葡萄更离不开好的土壤的孕育。葡萄的播种、生长、收获是葡萄酒进行酿造前的“重中之重”，而这一切都离不开优秀的葡萄酒产区。葡萄种植对气候和土壤的要求特别高。在14世纪，欧洲修道士开始建造城堡种植葡萄时，就已经发现了一个秘密，土壤、朝向、坡度等所有可以想象的细节都可能因为一点变化而孕育出葡萄千差万别的风貌，而酿造出的葡萄酒则会呈现截然不同的天地。

为了在举世瞩目的日子里担当好“大国美酒使者”的角色，第29届奥运会独家供应商长城葡萄酒以其自身同时拥有的沙城、昌黎和蓬莱三大中国葡萄酒原产地保护区的优势资源，在奥运期间为6大赛区，37个场馆，近200家奥运酒店，80多位国政府元首、数千名全球精英名流，3万名海内外记者，450万来自全球的观众提供高品位、多元化的饮酒享受。据中粮酒业的总经理吴飞介绍，长城葡萄酒能够成为奥运会的特供酒，不仅源于其优秀的品质和品牌美誉，更是因为一个可以公开的“秘密”：“产区好，酒才好。”

依山傍水、桑洋两河交汇处形成的独特小气候，让长城葡萄酒沙城产区得到上天格外的恩惠，北纬40度世界公认的“黄金地带”上光照充足、热量适中，1122亩全球唯一的泥河古化石群葡萄园的化石层土壤也让葡萄有了绝佳的孕育之所。这里的葡萄经过严格的采摘、酿造、存储，终于在2008年这个世界瞩目的时刻绽放光彩，将长城桑干酒庄的芬芳美酒倾献于世，共贺全球盛事。在奥运年里，市场上表现卓越的“华夏葡园小产区系列”，也因为拥有亿年火山坡形成的三层土壤结构和六条河流围绕着的凤凰山而倍显奕奕神采。更令人欣喜的是，来自长城葡萄酒的黄金产地——蓬莱南王山谷的长城葡萄酒，带着浓浓海洋风情，将长城海岸系列葡萄酒的风情传递给所有崇尚自然和美好的人们。长城葡萄酒每个产区迥然的特质造就了不同系列的葡萄酒的永恒经典，也让长城葡萄酒出类拔萃的秘密尽显其中。

还记得电影《云中漫步》里的梦幻场景吗？漫山的葡萄营造着一个又一个梦想，热情的人们为自己喝彩、为丰收喝彩，更为自己的土地喝彩。回到现实，在远隔万里的东方国度，在2008年这个特殊的日子里，这里的人们也将为这片国土喝彩，更为神奇土地中所酝酿出的民族品牌林立于世界而雀跃。如果说奥林匹克运动会就是实现“第一”和“唯一”并超越自我的过程，那么长城葡萄酒也是在不断超越自我的过程中锻造最好的产区的过程。我们有理由相信，长城的今天，因奥运而荣耀；长城的明天，会让中国为长城而荣耀！

"茅台王子酒，王子尊天下"　　茅台王子酒品鉴之一

一脉相承的茅台酒品位

"莫道此生不识酒，杯中得来味更长"——在好几次朋友聚会席间，我们当中的那几位"酒仙"总是这样赞叹，"如果不看包装，单凭品酒，还以为这就是53度茅台！"

也别说，以往常喝茅台酒的我们，一经与"茅台王子"交上了朋友，久而久之，便对它生发出一种格外偏爱的情谊。一来，省去了不少酒资；二来，又能享受到喝"贵州茅台"的韵味——耐品、受吞、不刺喉、不口干，即使过了量，也不会产生像喝其他高度白酒那样"头昏脑涨"、"扯肠翻胃"的生理反应。

有一回，我们去红枫湖逐浪。不巧，湖上酒家只有茅台王子酒上柜，于是便认准"贵州茅台酒股份有限公司出品"的商标，将就凑兴起来。谁想到，七八个人一喝就干了五瓶，竟在畅饮与漫尝浅酌间找到了一种心仪的审美体验：斟酒入杯，只见珠珠酒花串挂杯沿，恰似晨露飘荷，晶莹剔透，颇让人赏心悦目；随之，又觉有一股浓郁的茅台酒香味香气和着鼻息沁入肺腑，顿时挑逗起大家的豪饮情绪；及至瓶空、杯尽，依然觉得未尽其兴。

茅台王子酒推向市场已有五年多，可它的身价仍未被多数人所认知。打个不恰当的比喻："藏在深闺人未识。"

其实，酒的品位与人的品位一样，只是一种人的意念理想状态，只有对它进行消费，才能从真实体验中逐步获得视觉、嗅觉和味蕾的审美感。法国社会学家皮埃尔•布迪厄就说过，"判断品位的关键是，相似但不相同"。

茅台王子酒出身名门，生成"基因"自然而然就决定了它的品质与品位具有一脉传承的"茅台品位"。

"茅台王子酒与53度茅台酒是什么样的亲缘关系？"出于好奇心，我们曾请教过茅台集团董事长、总工程师季克良。

这位在中国白酒业界很有影响力的酿酒大师和蔼地笑了笑说："这不能简单地等同起来讲。53度茅台酒无疑是中国最好的酱香型白酒；但茅台王子酒，不管是53度的精品包装，还是其他包装，或其他酒浓度系列，都是品质优秀、茅台酒品位风格很鲜明突出的高档酱香型白酒。"

季总还向我们解释，这样定位的根据有三条：一、茅台王子酒采用的原料与茅台酒一样，都是茅台酒原料生产基地出产的优质糯高粱，还有优质小麦和优质赤水。二、完全按照茅台酒的酿造工艺与质量管理标准要求来生产。采用季节性生产，高温制曲、高温堆积、高温接酒，精心勾兑等。三、尽管平均酒龄没有达到五年，但在勾兑工序上，是用生产过程中自然生成的酱香、醇甜香和窖底香这三种典型体酒进行"酒勾酒"融合而成，酒体中绝不含有任何外来的添加物质成分。论品质，与茅台酒相似，是绿色、有机、健康的饮品。

季董事长还透露，茅台王子酒的勾兑，也是用不同轮次酒、不同香型酒、酒精浓度酒和不同储存时间的酒精心勾兑而成的。因此，说品味，具有"酱香明显，幽雅舒适，酒体丰满，醇和协调，回味悠长，空杯留香"的风格，以及饮后不上头的个性化特征；很适合那些喜欢喝酒，但酒量不太大的消费者。

"扶花的绿叶同样美。"茅台王子酒正是国酒茅台为了让广大老百姓都喝得起茅台酒，而精心研制开发的一个不可复制的"经典"。借宋代大诗人陆游的名句——"杨柳不遮春色断，一枝红杏出墙头"来赞美茅台王子酒，实不为过誉之词。

“茅台王子酒，王子尊天下”　　茅台王子酒品鉴之二

自然与艺术的完美结晶

看了茅台王子酒的生产环境，访过中国白酒行业唯有的国家级茅台酒技术中心的专家，耳濡目染，不由得不令人惊叹：茅台王子酒内涵的品质美和品味风格美，简直就是一个自然与艺术完美结晶的巧夺天工之作！

一般说来，国内其他传统白酒酿造，一年四季都可以投料，最多经过三四次蒸馏取酒，便完成一个生产周期。而茅台王子酒酿造，则完全像茅台酒一样依循自然法则来进行：顺应季节规律，一年一个生产周期，“端午踩曲，重阳下沙投料”；同一批原料，要历经八次摊凉、八次加曲堆积发酵和入池发酵、九次蒸煮、七次取酒的复杂漫长过程。

茅台集团党委书记、总经理、贵州茅台酒股份有限公司董事长袁仁国如是画龙点睛说：“茅台酒和茅台王子酒酿造工艺的精髓所在，就是高温制曲、高温堆积、高温入池、高温发酵、高温润湿原料、高湿蒸馏取酒。”

此种道法自然酿造工艺的形成与升华，是世世代代茅台人认识自然、理性利用自然资源的智慧结晶。

譬如说，作为“茅台酒之血”的赤水河，每年一进入端午节至重阳节期间，河水便因雨季而变成了紫红色；而这时，恰好是酿酒活动的歇甑阶段；从当年重阳节过后直到来年端午节前，已经融解了含有大量有益健康微量元素的河水，又自然而然地变得清亮起来，这期间，是蒸馏取酒大量用水的时候。此种撷大自然之美为己所用的“天人合一”，达到了出神入化的至高境界！

在茅台采风，我们对茅台人确立和践行的“健康从土地开始”的社会人文关怀精神，感受至深。

平常，在电视、报纸等媒体空间，众多白酒企业高唱的“纯粮酿造”之词，总是那么的惹眼。殊不知，这所谓“纯粮”的概念外延是十分宽泛的，其中就包括着高粱、小麦、玉米、荞麦、豆类及薯类等；并且，还有一层商家避讳之意，即“纯粮”也有新鲜优质品与低质甚至是“陈化粮”的根本区别。

在赤水河畔一片挂满着沉甸甸糯高粱穗的地坎上，一位农业技术人员告诉我们，在赤水河流域的仁怀市和习水县乡村，专业户种植茅台酒酿造原料——本地糯高粱的生产基地，面积有60余万亩。

他还说：“这些高粱和小麦在种植中，从不使用化肥和农药，因此粮体中绝不含任何有害于人体健康的化学物质残留成分，品质完全达到国家‘绿色食品’、‘有机食品’的标准要求。每年，茅台集团用于扶持原料生产基地发展生产的投入，就达500万元以上……”

时下，人们对美的认识，评判的标准，越来越趋向于“自然美才是真正的美”的时代审美价值取向。茅台王子酒酿造，将自然美融入艺术美，并已步入化艺术美为自然美的高格境界，其演绎的发展前景有多么美好，是可想而知的。

“茅台王子酒，王子尊天下”　茅台王子酒品鉴之三

茅台王子酒演绎时尚生活

有人曾这样赞赏：“茅台王子酒，王子尊天下。”

这句赞美之语意味着：茅台王子酒的质量和品位风格，在中国白酒中是一流的。物与人同。茅台王子酒是茅台家族中的一位年轻“王子”，他虚怀若谷，“尊”消费者、经销商、市场为“上帝”，并以“海纳百川”的胸襟与气度，秉赋青年一代特有的青春朝气与激情活力，显得格外的活泼、潇洒、开放、大度，在众多年轻中国时尚男女的心智空间，已经跨越历史积淀厚重的传统白酒“代沟”，引发人们的情感共鸣，激起追逐时尚潮流的新鲜活力。

当今时代，市场化经济及竞争，一方面大大加快了人们的生活、工作节奏，另一方面也给人们带来了“生存发展底线”，随时都有可能受到强烈冲击的压力。首当其冲，时年20岁出头至35岁左右的一代人，更备感此种压力的沉重。前一类，刚走出大学校门，就业竞争的挑战便迎面扑来；后一类，成家立业、赡老抚幼的责任感，又无时无刻不在拨动着他们敏感的神经。

这一代人太需要减负、需要排解、需要放松、需要宣泄。因此，每当夜幕降落、华灯初上，他们最想做的一件事情，就是寻找一家别具情调的酒家或酒吧，置身柔和的灯光下，或同亲人进餐，或与朋友畅饮，亦或独择一隅自斟自酌，借由酒精催化的微醺，卸下层层心灵包袱，宣泄压抑的精神，倾诉深藏的情感，找回自我，恢复自我，释放自我。

此时此境，茅台王子酒作为一种情感表征的“液体语言”，其时尚的品位、高雅的情调，每每能给人们带来超越物质具象的快乐享受。

今年五一，我们去北京旅游，曾几度造访镶嵌在京都街巷间的“休闲酒吧”、“激情酒吧”。在那里，我们看到，茅台王子酒演绎的时尚生活，给京都之夜勾勒出了一道道随意与温馨、激越与静谧交相辉映的景观——

许多装扮入流的年轻“泡吧者”，品饮茅台王子酒的方式十分别致：不分性别，清一色用高脚大玻璃杯；酒，只斟大半杯，然后，用手将酒杯轻轻地转动，摇晃几下，接着就熟练地观色、闻香；只见他们时而轻啜，时而豪饮，并伴随酒后的种种亲昵与附耳呢喃，不时地发出充满激情的笑声……

“这叫烈酒软喝”——在京工作的一位朋友戏谑道，“这可不像你们贵州人，抱着茅台酒坛子睡觉——随喝，缺少品酒寻求快乐、品味生活的情趣。”

“茅台是传统的：传统的产业，传统的企业，传统的产品，传统的历史，传统的荣誉……传统中凝聚着优秀的积累结果，需要我们继承；传统中沉淀厚重的积压，需要我们舍弃……”贵州茅台酒股份有限公司总经理乔洪在《旧金山断想》这篇文章中抒发的感慨，虽然已时过三年，但于我们，却音犹在耳。

“茅台迎宾酒，迎宾迎天下”

如果把享誉全球的贵州茅台酒喻作世界蒸馏酒的一簇奇葩，那么，茅台迎宾酒与其他茅台品牌系列产品便是花枝上的一片片绿叶，错落有致，风姿绰约，既不是“陪衬”，也不是“点缀”，而是与花同根而来的自然美物，一样具有很高的审美价值。

科技创新的“经典”之作

大凡人间佳酿，皆由“曲、粮、水”经巧夺天工的技艺相融造就而成。茅台迎宾酒近似贵州茅台酒品质品味风格的形成，一个很重要的方面，即与酿造原料系茅台酒的“酒醅”关系甚大。

茅台酒的酿造原料——地产优质糯高粱和小麦的绿色、有机、健康品质属性，在中国白酒中首屈一指，自不待言。然而正是这个鲜为少有的物质条件，给茅台迎宾酒带来了先天的品质品味风格“基因”。

一方面茅台酒“酒醅”，虽经七次高温蒸馏接酒，但其中所含的淀粉量仍然很高；另一方面，茅台酒道法自然的“高温制曲”工艺给“酒醅”带来的大量香味物质和香味前驱物质，在茅台酒酿造完成七次取酒后，依然十分丰富。于是，睿智的茅台人在认识和把握这一事物本质及规律的基础上，依靠科技创新，研制开发了茅台迎宾酒。

当然，其酿造过程，除了依循茅台酒的酿造工艺操作规程，精心勾兑，以及严格执行茅台酒生产的质量标准之外，还导入了一些新的科技手段和方法。譬如：在原“酒醅”中引进新的酿酒微生物，添加部分优质原料，采取再生产发酵蒸馏法，等等。

可以这样说，按照传统工艺，茅台酒同批原料只蒸馏七次，而酿造茅台迎宾酒，通过科技创新，则进行了第八次蒸馏取酒。

酿造茅台迎宾酒，虽然不需要像茅台酒那样长期贮存，但它同样需要一定比例的茅台酒进行勾兑。因此，它禀赋了茅台酒独具的优秀品质和品味风格特征，如其香气中，就保持了茅台酒鲜明突出的酱香、醇甜香、窖底香三种典形体的香味香气，同时又具有自身的特点——“酒体干净，色泽透明，窖香突出，品感协调醇和”，凸显出一种别致的“焦（煳）香”及细腻、幽雅的“个性”；品饮不刺喉，酒后不口干、不上头，很适合那些喜欢喝茅台酒，但酒量又不太大的消费者。

也正因为，茅台迎宾酒酿造是对茅台酒传统的七次蒸馏取酒后的科技创新，酿造过程的用时大大缩短了，节约了生产成本，这便在价格定位上具有了为大众消费者创造“价廉物美，经济实惠”顾客利益的广阔空间。

个性鲜明的文化韵味

古往今来，中国名优传统白酒在饮食文化中具有十分特殊的地位，或者说，它作为社会交换的一种“形态”，渗透着许多中华传统文化的涵义与韵味。

茅台人以“迎宾酒”来作为这款茅台系列产品的名称标识，意在传承历史久远的中华民族文化中的“敬重友情”的人性意识，为人们营造一种“座上客常满，樽中酒不空”的祥和生活氛围。

大凡对中国酒文化稍有了解的人都知道，酒在社交场合中，可以称之为缔结友谊的“使者”。历史上流传至今的“酒友”之说，出处就十分典雅。据唐代大诗人白居易《醉吟先生传》记载，他在晚年间，就曾“与嵩山僧如满为空友，平泉客韦楚为山水友，彭城刘梦得为诗友，安定皇甫为酒友”。自此，“酒友”一词便得以流芳千古，为文人雅士们相约聚饮、交友结情而津津乐道。

好客，敬宾，原本就是东方民族，特别是中华民族优秀文化的内涵之一。经典古籍《论语》中一句“有朋自远方来，不亦乐乎”，似乎已成为古今之人在社交活动中常持有的喜悦心态。“相逢未必曾相识”，以酒迎宾客，广交天下友……可见，茅台迎宾酒的文化意韵是多么的深远与厚重。

茅台迎宾酒“迎宾迎天下”的产品定位，还有一种更为宽泛的思想意义，即视消费者、经销商、市场为“天下宾客”，竭诚相待，以“迎”为“赢”，等等。

在当代商业社会，人们对酒的消费意识，一般说来，尽管十分看重产品的有形质量及品味风格，但从来都不会忽视产品所具有的文化品位。往往，一个品牌的名称标志，“此处无声胜有声”，极易在顷刻间引发人们超越物产品的具象，将品牌抽象的感觉化为一种情感的交流与沟通，融入消费心智的空间之中。

“茅台迎宾酒，迎宾迎天下”，还意味着，要以一流的产品质量、一流的营销服务，去笑迎天下嘉宾，笑迎（赢）市场竞争之得。其心态之坦然，胸襟之博大，跃然于举首抬足之间，着实使人不由得击掌赞叹！

顺理成章的“厚积薄发”

茅台迎宾酒的创新推出，从根本上说来，是国酒茅台关注市场、关爱广大消费者的社会人文精神的一种彰显，也是企业贯彻实施“一品为主，多品开发，做好酒的文章”品牌发展战略的一个重要举措。

国酒茅台作为中国民族工业最优秀的品牌之一，高度关注人民群众消费利益的社会责任感和使用感，历来就十分浓郁和强烈。早在20世纪中后期，茅台人就弘扬“爱我茅台，为国争光”的企业精神，在精心酿造茅台酒的同时，即已付诸“既节约粮食，又做好喝的酒”的创新实践，积极审慎地投入研制开发茅台酒的系列产品。

从某种意义上说，茅台迎宾酒的问世，既是国酒茅台应对市场竞争的一种策略，也是为了让大众消费者都喝得上、喝得起茅台酒的一种真诚奉献。此种顺理成章的“厚积薄发”，体现了国酒茅台依靠科技创新谋求可持续发展的时代精神与魄力。

如今，随着我国社会生活水平的日益提高，广大人民群众的消费理念正日益发生着前所未见的深刻嬗变。就贵州茅台酒的生产与经营而言，一方面市场需求量越来越大，另一方面由于茅台酒生产受到环境条件、酿造工艺等因素的制约，“供需断面”的弥合尚待长期的艰苦努力。

客观地分析，在当今社会崇尚自然、追求健康这一“和谐消费”生活理念的推动之下，茅台迎宾酒与茅台其他系列产品的开发，对于缓解53度茅台酒的供不应求，培养中国酱香型白酒消费群体，无疑将产生重大的积极作用。这也是国酒茅台为中国传统白酒健康发展做出的一大贡献。

诗酒天下杏花村

山西，地处黄河流域腹地，是中华民族的发祥地，是黄河文化的摇篮。说起黄河文化，人们自然会首先提到晋商文化，提到汾酒文化，提到山西杏花村。

杏花村是汾酒文化的发祥地。1982年吉林大学考古系与山西省考古研究所组成的山西晋中考古队对汾阳县杏花村遗址的权威考古证明，杏花村的酿酒史源于4000年前的龙山文化。南北朝时期汾酒成为宫廷御酒，受到北齐武成帝的赞誉；晚唐大诗人杜牧畅饮汾酒，挥毫《清明》诗流传千古；晋商的辉煌，巴拿马赛会的金质大奖使汾酒名扬华夏，香飘万国。到了近代汾酒所获桂冠殊荣更是数不胜数。

清香至尊的杏花村美酒，吸引了无数儒雅睿智的文人墨客，汾酒激发着诗的灵感，诗句飞扬着汾酒的神韵，酿就了“借问酒家何处有，牧童遥指杏花村”的千古绝句，也铸就了杏花村灿烂的汾酒文化。

几千年来，勤劳智慧的杏花村人，用灿烂的酒文化，谱写出无数绚丽的诗篇。杏花村是汾酒文化的源泉、是汾酒的象征、是汾酒的世界，诗和酒在杏花村汇成了海洋。

汾酒巴拿马金质大奖章

在汾酒集团文化广场的彩色浮雕墙上，雕有一块甲等金质大奖章。说起这块奖牌，还有一段令国人自豪的故事：

1915年，“庆祝巴拿马运河开航，太平洋万国博览会”在美国旧金山开幕，31个国家参加，参展商品20万种。开幕当天，观众多达21万，盛况空前。

山西人带着杏花村的老白汾酒在海上漂泊半年后抵达美国。美国前总统参观中国馆时拿起老白汾酒仔细端详，工作人员请总统品尝，瓶盖一开清香飘逸，总统赞不绝口。

同年8月，巴拿马赛会的500名审查官，对世界各地选送的展品进行严格评审，山西杏花村的老白汾酒作为独立的品牌白酒，荣获巴拿马赛会甲等金质大奖章。

对于这一国际性荣誉，杏花村遗址《申明亭》有碑文记载："巴拿马赛会航海七万里之遥，陈列其间冠绝岛国，得邀金牌之奖。"

《并州新报》以"佳酿之誉，宇内交驰，为国货吐一口不平之气"的醒目大标题向国人欢呼："老白汾酒大放异彩于南北美洲，巴拿马赛会一鸣惊人。"

从此，山西杏花村老白汾酒享誉世界，名扬天下。

汾酒的酿造秘诀

1933年春天，又是一个雨纷纷的日子，一位二十多岁的年青人来到山西杏花村探究汾酒酿造的奥秘，他就是后来成为中国酒文化研究会会长，现代著名微生物发酵专家的方心芳。

在往后的十多天里，他和汾酒掌柜杨得龄促膝交谈，推心置腹，白天守在发酵室，蹲在烧锅前，搞调查、做笔记、分析化验；晚上一盏油灯两杯汾酒，俩人一聊到天亮。对汾酒的酿造过程进行了系统的研究后，方心芳写出了中国制曲酿酒的经典论文《汾酒酿造情形报告》。道出了汾酒人千年酿酒实践中的七大秘诀：

"人必得其精，水必得其甘，曲必得其时，粮必得其实，器必得其洁，缸必得其湿，火必得其缓。"

这七大秘诀，包含了汾酒酿造过程中对自然环境、原料、器皿、工艺及酿酒人等各种因素的严格要求。

精工细作双品牌

汾酒是中国传统白酒中清香型酒的典型代表，口感清纯，自然脱俗，品质高贵。以色、香、味"三绝"为特征，酒液晶莹透明，散发着一种淡淡的清香。秦含章、周恒刚、辛海庭等著名酿酒专家都一致认为："汾酒卫生指标好，清纯自然，是最容易与国际接轨的中国传统名酒。"汾酒秉承了杏花村传统酿酒工艺，以高粱、大麦、豌豆为主要原料，配以深层地下水，地缸分离发酵，清蒸二次清，形成了独特的酿造工艺。后来汾酒的继承者、管理者继承汾酒酿造的七大秘诀，又增加了"料必得其准，工必得其细，管必得其严"成为汾酒酿造的"十大秘诀"。

汾酒酿造技术的博大精深，体现在一个"清"字：人要神清，气要清新，水要清净，原料要清选，酒醅要清蒸，工用具要清洁，大曲固态地缸发酵，清蒸二次清，一清到底，水纯工艺巧，终酿出千年名酒——汾酒。新酿汾酒至少需经两年半的酒库贮存，方可出厂。汾酒按公司内部品质标准分为一级、二级、三级，由于清香型汾酒具有"历久弥香"的特点，汾酒按贮存时间可分为：普通产品（贮存2～3年），5年陈酿，10年陈酿，20年陈酿，30年陈酿。现已形成高档酒以青花瓷汾酒为代表，中档酒以老白汾酒系列为代表，普通酒以玻汾、杏花村酒、金家酒系列为代表的格局。

竹叶青酒是以汾酒为基酒，加泡十余味中药材精心配制而成的，具有汾酒的清香和自然药香相融合的特殊风格，其特点是：酒液金黄微翠，芳香浓郁，味道醇厚，兑加汽水、冰块和冷开水饮用，更具风味，是调制鸡尾酒的绝佳用酒。经名医研究，对心脏病、高血压、关节炎具有疗效，据专家试验分析，具有改善人体肠道菌群、排毒养颜之功效。1998年被国家卫生部批准为保健酒。按所用基酒的品质不同，由低到高分为普通竹叶青、特制竹叶青、国宝竹叶青、保健竹叶青。三春竹叶青，曾连续3次荣获中国名酒称号，1987年荣获法国巴黎国际酒类展评会金奖第一名。

用心酿造 实现"百亿"目标

当你置身风光优美、酒香长飘、历史文化悠久的酒都杏花村时，无论你信步"广场"，畅游"杏园"，还是远观天造地化般的汾酒工业园林，你时时刻刻都能感受到"诚信，坚韧，创新，开放，儒雅，时尚"的汾酒文化精神。

的确，汾酒人以诚信面对天下，用心酿造精品，以实实在在的质量使香远益清的汾酒发扬光大，源远流长。

在市场经济波澜壮阔的今天，汾酒集团领导集体以高瞻远瞩的目光，为今朝的汾酒集团描绘了一幅动人的蓝图：以"清香汾酒、文化汾酒、绿色汾酒、安全汾酒"为经营理念，在2015年实现"百年金奖，百亿汾酒"的目标。

汾酒人正迈着"追赶、超越、领先"的步伐，高歌奋进，如今集团公司，经济效益快速增长，企业实力明显增强，职工待遇不断提高，管理体制在创新中发展，内部改革不断深化，市场营销取得突破，科技创新力度加大，生产系统保障有力，对外开放不断扩大，企业文化全面提速，三个基地建设正在推进，企业文化得以传承发扬……

汾酒人用赤诚的心怀、远大的志向和开拓创新、与时俱进的时代进取精神，在这片好山、好水、好风光的土地上，用心酿造人才，用心酿造生活，用心酿造美酒，让清香醇厚的汾酒香飘四海，誉满天下……

这就是汾酒人执著的追求——用心酿造，创"百亿汾酒"目标！

古井贡酒的复兴之路

曹操独创了中华第一贡：古井贡酒

古井贡酒，之所以被世人誉为“中华白酒第一贡品”，其渊源可上溯到三国时期，一代枭雄曹操独创了中华白酒第一贡品——古井贡酒。该酒的酿制工艺承袭了1800多年前“九酝春酒”的工艺。

公元196年，曹操将家乡亳州产的“九酝春酒”和酿造方法进献给汉献帝刘协，并上表说明九酝春酒的制法。曹操在请奏书中写道：“臣县故令南阳郭芝，有九酝春酒。用曲三十斤，流水五石（dan）。腊月制曲，正月冻解。用好高粱，三日一酝酿，九日一循环，如此反复……臣得此法，酿之，常善。今谨上献。”上述九酝酒法既是对当时亳州造酒技术的总结，也是亳州的九酝春酒曾作为贡品的最早的文字记载。

这便是距今已有1800多年历史的古井贡酒的源头。因而，从东汉建安年间起，该酒便自然而然地有了“中华白酒第一贡品”的美誉了。而且，酒以人传，皇室贡品的名声就越传越盛。从明朝万历年间（1573-1620）起，一直到明清两个朝代三四百年来，均被正式列为皇室的贡品，且年年进贡，年年受宠。所以，“古井贡酒——中华白酒第一贡品”的得名就从此叫开了，并因酒质的优美而名闻天下。

据《亳州志》记载：古城亳州，历史上曾称“谯”，是中华民族的发祥地之一。这座具有3000多年历史的文化名城，可谓物华天宝，人杰地灵。盛产高粱、大麦、小麦和豌豆等酿酒原料。历史上亳州大小酒坊林立，酿酒工艺十分发达，其中尤以“九酝春酒”的工艺最为独特。

新中国成立后的1959年，当地的省政府还是将亳州产的美酒命名为“古井贡酒”，并在酒类商品中，首批获得人民大会堂的专供品荣誉。这真是应了杨得志将军的一首题词——“古井自古有名，贡酒应贡人民。”

古井贡“友好营销”赢市场

努力做一个友好的、和谐共赢的企业公民，一直是古井贡追求的目标。对顾客友好、对员工友好、对商界客户友好、对政府和股东友好、对自然环境和社会各界友好等，正是古井为实现这一目标所遵循的“友好营销”法则。

古井集团追求利润，但这并非是企业追求的唯一目标。古井一直认为只有做一个负责任的企业，做一个友好型的企业，谋求和谐共赢，才会获得那份属于自己的合理的利润。

对顾客友好，主要体现在为顾客的消费体验负责，提供让顾客满意的产品或服务上，这是作为企业公民的首要职责。市场竞争，最终将会是产品质量上的竞争、服务的竞争，还有企业综合素质的竞争。让顾客感觉亲切、舒服，像在家里一样，切切实实做到“把困难留给自己，把方便让给别人”，这是古井对顾客友好的具体体现。

对员工友好，主要体现在为员工提供合理的薪酬和技能培训以及创造良好的工作环境上。古井的发展历史表明，凡是员工的利益得到保证的时候，就是企业发展最好的时候；当员工利益受到损害的时候，企业就可能出现这样或那样的问题。古井管理人员每年都要切切实实地为员工做几件实事，帮助员工解决实际困难，依法保障员工的合理利益，营造和谐的氛围。

对商界客户友好，主要体现在双赢合作，营造利益共同体上。适应当今市场经济的深化，企业之间不光有竞争，更多的时候还要合作。竞争是为了促进发展，合作更是直接推动共同的发展。致力于在竞争中合作、在合作中竞争，形成良性的竞合关系，这是古井一直以来特别倡导与追求的。

对政府和股东的友好，主要体现在追求股东收益的最大化以及营造和谐政企关系上。作为国有企业，必须对政府和股东负责，对所经营的资产负责。这是原则所在，更是经营者的职责所在。

对自然环境和社会各界的友好，主要体现在建设生态文明、营造和谐社区、推进企业持续发展上。古井的发展包括古井贡酒原产地域保护政策的落实，都离不开社会各界的关心与支持，离不开当地社区的鼎力扶助，同时也离不开一个良好自然环境的保障。对自然友好，对社会友好，就是对于古井的未来与长远负责。这是古井作为一名企业公民，为促进社会和谐、推动古井又好又快发展所应尽的义务。

古井的“友好”营销，不仅为自己赢得了更大的市场，更是对自己、对他人、对产品、对社会的友好和尊重，她带动着更多的企业把经营的天平倾向于“义”而非“利”。

古井贡酒•年份原浆重返国宴

2009年3月12日，随着全国政协第十一届二次会议的胜利闭幕，获选此次全国政协会议高档白酒用酒的古井贡酒年份原浆，也圆满完成了她的国宴“接待”任务，并以其“色清透明，窖香幽雅、醇香怡人、协调丰满、余味悠长、浓香纯正”的品质特点，深得出席会议的全国各地政协委员、媒体记者和各方人士的好评。

古井贡酒，是全国老八大名酒之一，曾经四次蝉联全国白酒评比金奖，销售收入也曾经连续7年在行业排名前三甲，被世人誉为“酒中牡丹”。早在1987年，古井贡酒就入选“国宴用酒”。近两年来，古井集团新的经营团队成立后，毅然决然地提出了“回归主业白酒、回归市场高端”的“回归与振兴”发展战略。在高端白酒领域，他们不满足于辉煌的过去，紧随现代人绿色、时尚、自然、和谐的生活品位和消费习惯，经过深入的市场调研并历尽几年探索、研发而成了现在的古井贡酒年份原浆酒。

据国家级白酒评委、古井贡酒首席酒体设计师查枢屏先生介绍，古井贡酒年份原浆酒是以优质高粱、大米、小麦、糯米、玉米为原料，传承古井贡酒千年独门酿酒秘籍“九酝酒法”，采千年魏井之“无极水”、用阳春三月“桃花曲”酒曲、在六百年明代窖池中发酵，然后通过“择层取醅”、“择时摘酒”工艺方法，得到最精华的原酒。并把原酒经地下恒温窖藏多年，使其自然老熟，最后经精心调配成最好的美酒献给世人。目前，该工艺已正式申报国家非物质文化遗产。

古井贡酒年份原浆自2008年7月正式上市以来，短短半年时间就销售上百万瓶，深得业内人士的高度认可和消费者的广泛认同与赞誉。2009年1月9日，在由安徽省经济委员会主办的“古井贡酒创新产品鉴定会”上，古井贡酒年份原浆更得到沈怡方、高景炎等白酒专家的称赞。他们认为古井贡酒年份原浆是在传承千年传统工艺基础上，结合现代高科技检测技术，经过科技人员无数次跟踪试验，使得传统酿酒工艺的各项技术参数和操作规范更加合理谐调，完美体现了“纯正原浆，手工酿造”的工艺精髓，按此工艺酿造出的古井贡酒年份原浆酒体中的大分子杂质含量，远远低于国内同类名优白酒；酒体中酸、酯、醇等微量成分的比例更加协调，突出了原浆级年份白酒特有的味，更加健康、更加好喝，酒后感觉好，使年份酒的品质到达完美境界。他们认为，古井贡酒年份原浆酒的问世，为中国白酒混乱的年份酒市场正了名，开创了中国年份白酒的新纪元，向广大消费者真实展现了原浆级年份酒的制造标准，堪称中国原浆级年份酒的典范。

此次古井贡酒被选为全国政协会议用酒，意义重大，这是对古井企业发展、食品安全工作的高度认可与肯定。她既是企业的光荣，也是安徽的光荣。为此，古井集团专门选定设备最好、环境最优的新车间，成立了专供用酒灌装专线。同时，他们还严格按照国际质量管理标准体系，从供应商选择、原料采购、生产、成品出厂的全过程加强控制，以确保产品质量合格率100%。

据了解，全国政协会议期间，来自全国各地的政协委员品尝了古井贡酒年份原浆酒，他们不仅对年份原浆酒的产品形象和品质特点给予高度赞赏，并十分看好古井集团良好的发展态势。

业内人士认为，这次古井贡酒年份原浆酒当选2009年全国政协会议用酒，也为众多政务、商务人士在鱼龙混杂的白酒品牌中做出最佳选择，提供了可资参考的指南。

至此，古井贡酒真正实现了其回归之路。

王朝公司的品牌创新之路

王朝公司的科技创新是在葡萄栽培技术、葡萄酒酿造工艺、酿酒设备创新三位一体的有机结合基础上，根据市场需求和学科发展方向，采用引进、吸收、创新的方法完成的。产品是在吸取国外先进技术和经验的基础上，结合葡萄原料、酿造工艺和酿造设备的具体情况以及消费者的欣赏水平，生产出了具有中国特色的中高档葡萄酒系列，为我国葡萄酒酿造行业提供了原料栽培、工艺技术、设备引进创新等系统技术，促进我国葡萄酒酿造业进入了新的发展阶段，同时带动了农村产业结构的调整，促进了山区绿化和脱贫致富，取得了巨大的经济、社会和生态效益。

原料、工艺和设备三位一体，为优质葡萄酒的生产提供充分保障

1. 原料保障

中国的葡萄酒要在世界上取胜，必须选择具有适宜中国地域特点的国际酿酒葡萄名种。葡萄园是葡萄酒生产的第一车间。我们对天津地区及全国优良产区的气候、土壤等地理区域资源特点进行了调查和数据分析，用28年的时间经多项次、多区域栽培试验、多年份的酿酒试验及栽培技术的研究和推广工作，明确了蓬莱、蓟县和昌黎作为东部产区；宁夏和新疆作为西部产区。同时以科研和生产实践为基础，划定了各个产区的主栽品种，选择天津东部沿海一带轻度盐碱土壤种植玫瑰香，其浓郁而独特的香味及色泽全国第一；选择天津中西部沙质土壤平原区种植贵人香；选择北部缓坡半山区的多石灰岩土壤种植赤霞珠与梅鹿辄，西部产区以生产高档陈酿型酒种为主的国际酿酒名种葡萄霞多丽、赤霞珠与梅鹿辄，西部的开发，规避了东部葡萄病虫害严重、酒体薄、颜色浅等缺点，建立了干红葡萄酒、干白葡萄酒优质原料的质量保障体系，并通过葡萄良种化和区域化、种苗无病毒化以及栽培规范化、规模化等技术措施得以实现；在国内率先进行了酒用葡萄栽培生态和生理方面的理论研究。在国内酿酒葡萄名种区域化、无病毒化和梅鹿辄栽培难题解决等方面一直居于国内领先地位，并相继实施了原料基地由东部向西部的战略性转移，实现了王朝葡萄酒的东西大勾兑。培育和建立县、乡、村三级技术服务网络，并通过该网络使规范的栽培技术落实到各农户，提高了农民技术水平，保证了葡萄质量，并在6个产区分别建立了5000～10000吨生产能力的葡萄原酒加工厂，实现了葡萄基地良种化、区域化、无病毒化、管理网络化和规范化。使企业在新世纪得到了持续、快速、健康发展。

2. 酿造工艺

葡萄酒的生产既有传统操作方法，又有大量高科技手段，创新品牌必须探索新的生产工艺技术与设备，我们综合分析了法国、意大利为代表的“旧世界”传统酿造工艺与美国、澳大利亚为代表的“新世界”现代酿造工艺的优点，结合我国的特点，从浸渍、发酵、分离、存贮及菌株培养等各个环节反复试验，开拓创新，研制了王朝公司系列葡萄酒工艺技术，形成了自主知识产权。产品具有国际先进水平、中国地域特点、王朝不同风格的独特性：在产品上既有传统型的陈酿高档酒，又有迎合年轻化的大众消费酒。在技术上既吸收了“旧世界”（以法国、意大利、西班牙等传统葡萄酒酿造大国为代表的）严谨的栽培、酿造工艺，如注重原料基地，按传统工艺做精品；又学习了“新世界”（以美国、澳大利亚、智利等新型酿酒国家为代表的）工业化生产的先进酿造方法，研究采用不同地区不同葡萄品种及酒种，改善并创新葡萄酒口味，根据中国消费者的特点，多民族、多口味以及丰富的饮食文化，结合国内葡萄原料的不同特性，生产出了具有欧洲风格，又体现中国地域特色的葡萄酒。

3. 设备创新

产品的竞争就是科学技术的竞争，王朝公司先后投资1.5亿人民币科学引进了世界先进的葡萄酿酒设备。在引进世界先进水平酿酒设备的同时也把新工艺、新技术带进了国内，消化吸收，在创新的基础上，按工艺要求自行设计国内领先的酿造配套设备，走技术进步的捷径，加速企业规模发展，在国内酿酒企业中起到了带头示范作用。

企业中长期发展方向与目标

王朝公司28年来持续、快速、健康的发展体现了自

主创新能力的不断提高和完善，创新是企业发展不竭之源泉。面对国际和国内葡萄酒市场竞争激烈的现实，王朝公司的发展战略思路是科技先行，把公司建设成现代化、国际化的一流大型企业集团。

科技研究开发的主攻方向是葡萄原料品种区域化、良种化、酒种化，生产工艺设备的现代化、规范化，产品品种的优质化、多样化。研究生产安全、卫生、富有个性化的产品，定位是中高档葡萄酒。任务是准备五代产品，即畅销的一代、初期进入市场的一代、准备投入市场的一代、试验中的一代和构思中的一代，创造出王朝品牌丰富的文化内涵，以适应国内外不同消费者对产品的需求。继续建立适应我国自然条件的优良品种园和生产园，开发并规范西北宁夏葡萄产区，实现葡萄酒的东西结合，使王朝公司发展成为亚洲最先进、生产规模最大的生产厂家之一。

作为中国中高档葡萄酒的领军企业，王朝公司为谋求更大的发展，计划在未来的几年里，王朝葡萄酒的原料基地面积要翻一番，在2015年要达到20万亩，生产能力要从目前的年产4万余吨，增加到8～10万吨。其中高档酒由现在的2000吨发展到5000吨～1万吨。

王朝葡萄酒

王朝XO白兰地简介

王朝XO白兰地采用优质名种白玉霓葡萄为原料，经软压取汁、低温酒精发酵、夏朗德壶式二次蒸馏、法国力木森地区生产170升鼓型小桶陈酿十年以上精心制成。

王朝XO白兰地其特点：酒呈金黄色，澄清透明、晶莹剔透，具有独特果香、优雅酒香和木桶香，以及数年陈酿产生的多种高雅生化香，各种香气融合一体，构成浓郁、完美的白兰地香气；味甘润、适口、醇厚、细腻，酒体完整，回味无穷，具有典型的高涅克风格。

王朝冰葡萄酒

王朝冰葡萄酒以生长在北纬41度五女山桓龙湖畔的纯种威戴尔葡萄为原料，经过自然冰冻、园内精选、破冰榨汁、低温发酵、特酿处理后，贮存于法国高级橡木桶中，并在地下酒窖中贮藏。

王朝冰葡萄酒似天宇流金、璀璨夺目、卓尔不凡。观之，酒体丰满、其色如金、亮丽耀眼；闻之，芳香浓郁，花香、蜜香、果香、木香、酒香，香香扑鼻，沁人心脾；品之，口感滑润、醇厚甜美，入口后余香缭绕，久久芬芳。

君顶优秀产品介绍

葡萄酒有新旧世界之分，旧世界将酿酒称为艺术，新世界将酿酒视为技术。追求创新的君顶酒庄，秉承五千年东方文明蕴涵的“天人合一”理念，融合新旧世界传统文化和现代意识，开创世界葡萄酒“第三极”，缔造蕴涵东方神韵的东方葡萄酒传奇。

君顶天悦高级干红葡萄酒

橡木桶发酵

品种：赤霞珠80%，西拉15%，美乐5%

赤霞珠

苗木种源：法国　　引种时间：1998年

品系编号：169　　采摘时间：2005年11月初

西拉

苗木种源：法国　　引种时间：1998年

品系编号：470　　采摘时间：2005年9月底

美乐

苗木种源：法国　　引种时间：1999年

品系编号：181　　采摘时间：2005年10月初

年份：2005　　**酒精度**：13.8%vol

色泽：宝石红色

嗅香：带有典型的黑醋栗香气，萦绕着雪松子和烤坚果香气

口感：酒体丰满圆润，口感紧致，良好的单宁结构令人难以忘怀

适饮温度：15～18℃

酿造工艺：手工精选，500升和5000升纯法国橡木桶发酵，24个月法国橡木桶陈酿

君顶尊悦高级干红葡萄酒

橡木桶陈酿

品种：赤霞珠85%，西拉15%

赤霞珠

苗木种源：法国　　引种时间：1998年

品系编号：169　　采摘时间：2005年11月初

西拉

苗木种源：法国　　引种时间：1998年

品系编号：470　　采摘时间：2005年9月底

年份：2005　　**酒精度**：13.6%vol

色泽：宝石红微棕

嗅香：带有馥郁的红浆果味和少许黑醋栗味，伴有黑胡椒和雪茄盒香气

口感：酒体丰满，复杂平衡，余韵绵长

适饮温度：15～18℃

酿造工艺：手工精选，60%不锈钢罐发酵，40%的5000升法国橡木桶发酵，18个月美国橡木桶陈酿

君顶尊悦高级干白葡萄酒

手工精选

品种：霞多丽

霞多丽

苗木种源：法国　　引种时间：1999年

品系编号：96　　采摘时间：2006年9月中旬

年份：2006　　**酒精度**：12.5%vol

色泽：金黄色

嗅香：带有蜂蜜和盛夏果实的味道，后味略带香草味

口感：酒体圆润，果香浓郁新鲜，回味悠长

适饮温度：7～12℃

酿造工艺：手工精选，法国橡木桶发酵，带酒泥在法国橡木桶中陈酿4个月

君顶东方高级干红葡萄酒

手工精选

品种：赤霞珠85%，美乐15%

赤霞珠

苗木种源：法国　　引种时间：1998年

品系编号：169　　采摘时间：2005年11月初

美乐

苗木种源：法国　　引种时间：1999年

品系编号：181　　采摘时间：2005年10月初

年份：2005　　**酒精度**：13.5%vol

色泽：深宝石红带棕

嗅香：带有成熟浆果的香气和少许薰衣草和巧克力气味

口感：酒体丰满圆润，富有层次感的单宁，让人回味无穷

适饮温度：15～18℃

酿造工艺：手工精选，65%不锈钢罐发酵，35%法国橡木桶发酵，美国橡木桶12个月陈酿

君顶东方高级干白葡萄酒

手工精选

品种：雷司令

雷司令

苗木种源：德国　引种时间：1999年

品系编号：49　采摘时间：2006年9月下旬

年份：2006　酒精度：12.0%vol

色泽：淡黄微绿

嗅香：浓郁的柠檬香气烘托，使这款酒在嗅觉上给人带来难以忘怀的新鲜果香和怡人酒香

口感：清新舒爽，回味宜人

适饮温度：7～12℃

酿造工艺：手工精选，不锈钢罐低温发酵

品鉴张裕百年酒窖 葡萄酒圣殿的酒魂之舞

烟台，张裕百年地下大酒窖4号洞——两旁的橡木桶向遥远的尽头延伸，长长的甬道里原木桌台被洁白的桌布包裹，水晶杯中醇香的液体在灯光中显得愈发剔透，跳动的光影投射到斑驳的岩壁上，似乎是酒的精灵在舞蹈……这里在举行一场国际品鉴会，也是一百多年来百年地下酒窖所举行的唯一一场品鉴会。

“天使的份额”：诉说酒窖百年传奇

之所以破例将品鉴会放在百年地下酒窖举行，是因为品的不是别的什么酒，而是在这个中国最古老葡萄酒窖酿制的“张裕百年酒窖”系列——中国唯一一个万元收藏级葡萄酒品牌。法国葡萄酒学院名誉院长罗伯特•丁洛特、国际葡萄与葡萄酒组织（OIV）主席Yves Bénard、OIV总裁卡斯特•卢奇、法国勃艮第桑德内酒庄董事长亨利•考贝尔等国际葡萄酒大师共同见证了这一传世荣耀。

张裕百年大酒窖，是中国唯一一座超过百年历史的葡萄酒窖，在很多葡萄酒爱好者眼里，它就是中国葡萄酒的地标和源头，是孕育葡萄酒生命的圣地。进入酒窖，映入眼帘的是有着“亚洲桶王”之称的3只巨型橡木桶，惊叹于张裕的百年酿造史同时，也让国际葡萄酒大师们对本次品鉴会增添了几分期待。

来到4号拱洞，数百只老橡木桶倚墙而立，斑驳的墙上满是橡木桶中葡萄酒挥发而留下的菌斑痕迹。西方人诗意地将这种痕迹称为“天使的份额”，因为酒在窖中陈酿会越来越量少，他们认为是天使喝掉了一部分。

但不是每座酒窖都有天使光临，只有这样历经百年沧桑的老酒窖里才能找到她的痕迹。她就像酒的灵魂，在酒窖昏暗的深处，轻轻诉说着百年张裕的传奇历史，令人对封存于百年酒窖中的传世佳酿充满遐想。

味蕾盛宴：每一瓶都是品位绝然的稀世珍藏

在众人期待中，来自张裕百年酒窖家族的张裕馆藏干红、张裕百年酒窖干红、张裕品重醴泉干红、张裕金星高月白兰地、张裕1914年第一桶白兰地五款佳酿悉数亮相。每一瓶酒的背后都有着一个时光悠远的故事，无不凝聚着张裕百年历史上深具文化魅力的辉煌瞬间。

当侍酒师小心翼翼地将带有深邃红宝石色泽的液体缓缓注入每个人面前的水晶酒杯中，所有人的神经都已被满溢酒窖的香气牵动。即使是见惯了大场面、一生阅历无数好酒的国际葡萄酒大师也不自觉地屏气凝神，生怕自己的一点响动会惊扰了在百年酒窖中沉睡多年的酒魂。

举起酒杯，罗伯特•丁洛特先生将鼻子深深埋入酒杯，似乎想要一口气把所有的酒香深吸进肺里。再将酒杯送至唇边，舌尖轻触酒液，让馥郁芬芳的液体缓缓滑过口腔，让每一颗味蕾都张开双臂去拥抱沉睡数十载的佳酿。

此刻微闭双眸，仿佛一个似曾相识的身影正在隔壁的3号拱洞劳作——一百多年前，张裕第一代酿酒师、一个长着络腮胡须的奥地利伯爵拔保正在将最好的原酒注入橡木桶。张裕百年酒窖产品正源自于这些在酒窖中封存了数年的原酒，经过传统工艺精心调配，每一瓶都是品位绝然的稀世珍藏。

在丁洛特先生眼里，张裕百年酒窖产品是世界级的珍品，"百年酒窖干红有着罕见的醇厚窖藏风味，凝重的后味久久萦绕，并慢慢转化为悠长甜润的回味。只有经过岁月磨砺的顶级红酒才会产生这样的感觉"。

限量发行：典藏时光记忆

品鉴的最后一款酒是张裕1914年第一桶白兰地，平均酒龄至少50年，全球限量发售1000瓶，是目前市场上为数不多的万元级葡萄酒。想到只要多喝下一小口，这1000瓶珍贵的白兰地就更少一点，珍惜之情油然而生。

百年地下大酒窖留存于世的，除了品质绝佳的稀世美酒，更有张裕百年来所传承的精酿精神。在昏黄的灯光中，百年酒魂仿佛在这葡萄酒的圣殿里舞蹈，在饮者的味蕾上舞蹈。

百年酒窖品鉴会国际大师语录

1.张裕馆藏干红（售价1988元，限量发售5万瓶）

点评人：OIV主席Yves Bénard

作为一款陈年的酒，还很好喝，这是其他许多酒做不到的。虽然时间流逝，但这款酒确实留下了很多优点，也发展得很好。品尝起来，它的果香味非常浓郁，甚至有点法国松露的香气。

2.张裕百年酒窖干红（售价3888元，限量发售2万瓶）

点评人：OIV总裁卡斯特•卢奇

首先，从颜色上来看，非常和谐、漂亮；再者，从口感上来说，红果的口味比较明显，还有突出的樱桃味道，单宁的平衡感也非常好；香味留在口中的时间也是相当持久的，有点像是果酱的感觉。简而言之，这款酒的口感优美，果味厚重，可以判断出它存在的时间是比较长的。

3.张裕金星高月白兰地（售价5888元，限量发售5000瓶）

点评人：法国葡萄酒学院名誉院长罗伯特•丁洛特先生

从颜色上就可以看出这款酒的年份非常悠久，闻着和喝着所感觉的香味也很持久，我数了一下，持续了12-15秒的时间，非常有意思。

4.张裕1914年第一桶白兰地（售价19888元，限量发售1000瓶）

点评人：法国勃艮第桑德内酒庄董事长亨利•考贝尔先生

能够喝到这样的酒，本身就是让人非常感动的一件事，想来已经有一百多年的历史了。虽然时间这么悠久，但可以感觉到它陈年陈得特别好，既有上年纪的酒的优点，而口感又非常细腻。所以，这是一款弥足珍贵、非常难得的酒。

探秘“黄金冰谷” DIY珍稀礼物

向最珍惜的人表达心意，您会选择什么独特礼物？鲜花、巧克力还是价格昂贵的钻石？或许你愿意一掷千金，但有一份独一无二的珍稀礼物却千金难买：一瓶透着黄金般晶莹光泽的冰酒静卧在精致礼盒内，瓶身贴着别出心裁的手绘图案与祝福语——这瓶散发着神秘高贵气质的冰酒是由送礼人在-8℃严寒的凌晨，来到葡萄园里摘下冰葡萄，亲手压榨出的果汁酿制而成。

感受零下十几度的严寒，经受住重重考验，亲身体验了张裕黄金冰谷冰酒诞生的整个独特过程，做出一份蕴涵自己真情实意的珍贵礼物，献给心中最珍惜的人。而这样的机会，一年之中只会出现在不超过15天的短暂时间内。

探秘地处北纬41度的黄金冰谷

“黄金冰谷”在哪里？只有来到位于北纬41度的辽宁省桓龙湖畔，你才能找到答案。桓龙湖散落着数个小岛，从高空俯瞰，蜿蜒的湖水有如长龙，故得其名。乘船漫游，遥见桓龙湖边的一片平缓山坡遍地是黄褐色的星星点点，这就是冰酒优良品种威代尔葡萄。

桓龙湖畔之所以被国际专家称为“黄金冰谷”，是因为其具备在全球范围内罕见的冰葡萄生长所需的各种理想因素。首先是纬度合适，北纬41度造就冬季零下8℃的严寒环境，是生产冰酒的绝佳地带；然后是依山傍水、海拔380米的地理条件下形成的独特小气候区域，寒冷但不干燥，每年12月-8℃的冰冻时间超过24小时，能确保每年都有冰酒出产，而加拿大和德国大多数冰酒产区则不能做到，往往要隔3～4年才能酿造一次冰酒；还有就是当地的土壤偏酸性，有机质含量高，含大量营养元素，非常适合威代尔葡萄的生长。

冰酒的特点之一是浓烈动人的甜蜜味道，黄金冰谷的优越条件令这里的冰葡萄经压榨后的葡萄汁糖度完全达到甚至高于加拿大酒商质量联盟（VQA）和国际葡萄与葡萄酒组织（OIV）的标准。全球最大的冰酒酒庄——张裕黄金冰谷冰酒酒庄就坐落于此。一睹黄金冰谷真面目后，大家对严寒大自然的礼物——冰酒更加充满兴趣，热切地期盼着次日凌晨的冰酒体验之旅。

挑战凌晨－8℃极度严寒

人们为了给最珍惜的人送上最珍稀的礼物，往往不惜挑战凌晨零下十多度的严寒，穿上厚衣，围上围巾，裹得严严实实地开始了冰酒体验活动的第一个环节：在凌晨气温最低时开始采摘，并赶在日出后气温升高前完成冰葡萄的采摘。

“采摘”看似简单，能否保证在-8℃的气温下进行，实际上是冰酒酿制的第一个关键环节。加拿大规定冰葡萄应当在气温降到-8℃以下并持续稳定12小时后才能进行人工采收，而在一年中，符合这种采摘条件的只有几天的时间。而在黄金冰谷，冰葡萄要在达到-8℃的自然低温并持续24小时的条件下才能被采摘。

在寒冷气温下经过自然风干及结冰，冰葡萄的水分已大大散失，糖度则得到增加。在采摘冰葡萄前，先要把上面的积雪轻轻抖落掉，以减少压榨期间的外来水分。风干结冰后的冰葡萄像石头一样坚硬，梗端部位也一样，因此在剪摘时要注意控制力度，既要适当加大用力，也不要一味用蛮劲。

邂逅冰雪与葡萄的珍稀缘分

为什么冰酒通常会让人联想到值得珍惜的人与情？这或许与极富传奇色彩的冰酒起源故事有关。冰酒诞生至今已有百多年的历史，据说在1794年，德国法兰克尼亚地区的一个葡萄酒庄碰上一个极好的年份，却因酒庄主人外出未能及时赶回，挂在枝头的成熟葡萄错过了正常的采收时间。

紧接着一场比往常早到的暴风雪突如其来，严寒的低温将葡萄冻成了一颗颗“小石头”。酒庄主人不舍得就此放弃，采摘并压榨“冰葡萄”后，从极少量果汁中酿制而出的葡萄酒，却风味独特、芬芳异常。这个意外之得就是后来以产量稀少、品质高贵闻名的冰酒，如今已成为西方上流社会交际场合里的“葡萄酒女王”，象征着人与人之间一切值得珍惜的珍贵缘分与情感。

DIY独一无二珍贵冰酒

DIY冰酒的第二个步骤就是“压榨”。由于坚硬得像小石头一样的冰葡萄不能用手工方式破碎，通常采用的是机械法破碎方式，因此大家在指导下把冰葡萄倒入橡木桶做成的压榨机。经过缓慢的压榨，许久才见金黄色的浓稠液体慢慢流出，清香怡人的甘甜果香扑鼻而来。

冰葡萄经过了自然结冰和风干后已高度浓缩，而在压榨时，冰葡萄中处于结冰状态的水分与压出的果汁会被分离开，使果汁得以进一步浓缩。冰葡萄第一道的出汁率仅有5%，到第二道压榨出汁率也仅在10%左右，冰酒产量的稀少可想而知。

一瓶DIY的张裕黄金冰谷冰酒融合了冰雪严寒与人间温情，最珍稀的酒当然应该送给最珍惜的人。

张裕解百纳“全球葡萄酒顶级品牌”

一提起汽车顶级品牌，人们会想到奔驰、宝马，而葡萄酒的顶级品牌有哪些呢？不久前，法国国际食品和饮料展览会（SIAL）国际葡萄酒及烈酒评酒会评出全球葡萄酒“Top Brand(顶级品牌)”，来自法国、美国、澳大利亚等国的30个品牌入选，我国最早干红葡萄酒品牌——张裕解百纳也跻身其中，成为亚洲地区的唯一代表。

张裕解百纳之所以取得如此的成绩，完全是凭借其优异的产品与市场表现才得到了专家评审的认可。

70余年历史沉淀顶级基因

作为中国最早的干红葡萄酒品牌，张裕解百纳是现今尚存的为数不多的民族品牌之一。1931年，张裕以自己培育的葡萄品种——蛇龙珠葡萄作为主要酿酒原料，酿造出一种全新口味的葡萄酒，时任张裕总经理的徐望之先生从张裕创始人张弼士倡导的“中西融合”、“携海纳百川”的经营理念得到灵感，将它命名为“解百纳”。1937年，张裕公司经当时的政府部门批准，正式注册了解百纳商标，注册证书号为“第33470号”，该文件现存于南京的中国第二历史档案馆。

“好酒一定是文化传承、经历时间考验的产物，欧洲的顶级葡萄酒一般均有上百年甚至数百年的历史。”葡萄酒专家陈庄认为，张裕解百纳经过几代酿酒师70余年的漫长摸索与传承，在对土地和品种特性的认识、酿造工艺的掌握等方面形成了自己的核心技术。对于葡萄酒来说，悠久的历史沉淀是成就一个顶级品牌的内在基因。

“神秘的东方风格”征服专家评审

“作为顶级品牌，葡萄酒产品一定要有独特的风格与风味。”专家们认为，葡萄酒不同于其他产品，没有独特的风味，就很难得到挑剔的高端消费者的认可。

张裕解百纳之所以能从那么多葡萄酒中脱颖而出，完全是因为它以独具典型性的风味征服了SIAL的评审专家。“它们的风格不同于世界上的其他任何产区，最引人注目的是独特的香气。”由于其原料蛇龙珠葡萄仅有中国种植，他们将其风味称之为“神秘的东方风格”。

国际知名的华人品酒家钟正道先生表示，张裕解百纳口感醇厚，具有独特而明显的梅子香气，更可贵的是，它与海鲜的搭配性非常高，和海胆、各种海贝搭配都能产生和谐的口感。

葡萄酒独特风味的形成，与原料紧密相关。酿制张裕解百纳的主要葡萄原料——蛇龙珠，是迄今为止唯一被国际上认可的、由中国人培育的酿酒葡萄品种。一百多年，它被张裕移植到中国，经过一个世纪的栽培改良，已经与烟台的风土融为一体，形成了自己独特的区域特点及口感风味。目前，张裕公司在烟台拥有全球最大的蛇龙珠葡萄种植基地，其产量占了烟台地区蛇龙珠总产量的80%，占了全国总产量的70%。

出口欧洲：中国文化派出的“亲善大使”

在评出的顶级品牌30强中，传统葡萄酒强国法国以16席占据了半壁江山，而新兴市场国家也崛起了多个顶级品牌。陈庄分析说，张裕解百纳、E&J Gallo Winery等跻身顶级品牌30强，这要放在二三十年前是不可想象的，这表明新兴市场国家在酿酒技术、品牌推广等方面正在迅速进步。

近年来，随着葡萄酒文化在中国的兴起，张裕解百纳凭借中国最早干红葡萄酒的金字招牌，成为中国高端市场最具影响力的高档品牌。从2005年开始，张裕解百纳迈出了进军欧洲市场的步伐，出口到德国、意大利、法国、奥地利、荷兰等14个欧洲主流葡萄酒消费市场。

欧洲市场是法国葡萄酒的大本营，消费者喝惯了波尔多顶级葡萄酒，口味非常挑剔。但张裕解百纳仅用一年时间便打破法国葡萄酒对高端市场的垄断“坚冰”，成功打入欧洲邮购销售系统、葡萄酒专卖店、大型超市、五星级饭店等主流葡萄酒渠道。如今已成为欧洲热销的顶级品牌之一。

随着北京奥运会的成功举办，西方民众对中国文化产生了空前浓厚的兴趣，来自中国的张裕解百纳更是受益匪浅。

“张裕葡萄酒已经有上百年的历史，解百纳已经发展了70多年，深厚的历史文化内涵，使它们完全可以成为中国文化的载体。”英国Bibendum酒行负责销售的哈塞尔先生说，“在欧洲消费者的心目中，印有‘百年张裕’方印图案的张裕解百纳酒瓶，张裕葡萄酒不仅体现了一种独特的中国葡萄酒风味，更是神秘的中国文化派出的‘亲善大使’。”

张裕解百纳获得的国际荣誉

1987年：在第25届布鲁塞尔世界优质产品评选会上，张裕解百纳荣获金奖；

2005年：在《Wine&Dine》杂志“亚洲最佳酒类”（SAWA2005）评选会上，张裕解百纳荣获亚洲最佳红酒称号。

2008年：在第9届SIAL国际食品和饮料展览会上，张裕解百纳荣获全球30个顶级品牌之一。

冬天不冬眠 复苏再领先
青啤跨越2009“金融危机年”

按照惯例，年头岁尾是各行业企业大盘点的高潮期，特别面对刚刚过去的“新世纪以来最为困难一年”，总结“越冬”经验以利将来更是一个核心话题。其中实体经济，尤其品牌企业的表现，则备受关注。

而在这样一个大背景下，关心啤酒行业的人们自然会将目光聚焦行业的领导者——青岛啤酒身上。在某种程度上，她的一举一动、她的表现与结果，既可呼应中央的决策与措施，也能深刻反映中国制造真实的抗风险能力与水平。

精准战略支撑“冬暖”

对一个上市公司而言，最终年报恐怕还要等上一些时间，但根据青岛啤酒去年前三季度财报显示，2009年1月至9月，该公司累计完成啤酒销量494万千升，同比增长10.2%，实现主营业务收入人民币145.7亿元，同比增长13.0%；实现净利润人民币125,496万元，同比增长79.3%。

相对很多企业这一年的艰难步履，青岛啤酒的业绩无疑让人眼亮和欣慰。但这就带来一个问题，同样的严冬，为什么青啤就能化危为机，有所作为？

据了解，危机前的精准判断给青啤优秀业绩奠定了基础。一向注重战略研究和定位的青岛啤酒，其实对于这个冬天早有认识和判断，甚至于2008年在清醒判断基础上制定了有效防范和突破战略。而2009年初，在被看作是吹响青啤集结号的“青岛啤酒经销商年会”上，青啤更是准确而有针对性提出“三个全力以赴”战略，即全力以赴开拓市场，在保证质量的前提下全力以赴降低成本，全力以赴防范金融风险。可以说，正是“三个全力以赴”，成为了青啤在这个冬天“抱团取暖”、“不冬眠”和“有所作为”的坚韧利器。

对此，青啤公司董事长金志国在回味这一战略出台背景时深有感触地说，早在金融危机来临前，青啤就在公司战略研究分析中发现了股市、楼市疯狂的泡沫和全球经济发展的趋势隐藏着秋后收获后的冬季萧条，感觉到经济衰退周期马上就会出现，已感知并开始准备企业需要的“过冬”资源了。

很快青啤的判断应验了。危机之下，很多企业的资金链断链了，但青啤未雨绸缪，率先在金融危机爆发之前融资15亿，此时“保暖”效果彰显。而恰恰是在别人缺乏市场投入资金、科研开发收缩、广告大幅减量的环境下，青岛啤酒显示出了优势，这也为青啤在冬天的大有作为提供了难得机会。

全力开拓，活水增“源”

现在说来，青啤之所以在极不平凡的2009年取得全面丰收，除了决策层高瞻远瞩的正确战略外，更重要的在于对战略的高效运筹，亦就是董事会正确领导下的各管理团队的努力进取。

“全力以赴开拓市场”是为企业“开源”。很显然，相对于不少企业的怎么减少市场投入，如何来压缩各项费用的思维与做法，青啤恰恰有着与众不同的理解与措施，而且亮点颇多。

这一年，围绕市场开拓，青岛啤酒啤除了加大了面对市场，加大组织结构调整，突出发挥制造、营销两个专业团队在产品组合和高中低端市场开拓外，尤其注重新市场机遇的捕捉，有意加大有效性的市场投入，即在巩固和开拓“基地市场”基础上，通过品牌优势，对一些竞争相对薄弱的“机会市场”予以投入。

我们注意到，一年来，青啤紧紧围绕“体育营销”这个路线，继续赞助“NBA”，组织的青岛啤酒“炫舞激情”NBA拉拉队选拔活动，精彩纷呈，成为年度最具热度的体育娱乐活动。通过拉拉队选拔等激情四射的体育娱乐活动，加大与青岛啤酒品牌主张的联系，进而影响广大消费者，尤其年轻的消费者。其中，以青岛啤酒为高端的形象品牌，以山水、崂山、汉斯为中端的第二品牌，以地方诸如烟台啤酒、趵突泉啤酒为亲和品牌的组合拳异常有力和有效。

而在继续实施“整合与扩张并举”战略上，2009年的青啤基地市场整合同样带给人们很大惊喜。一个突出的案例就是在继2008年年底收购烟啤仅仅半年攻克了省内另一“要塞”——济南市场“趵突泉”。

众所周知，青啤的战略是“打造山东基地市场”。但长期以来，山东市场竞争异常激烈，尤其青岛东西两个主要市场难以统一，而在收购了“烟啤”巩固了东大门之后，青啤抓住金融危机这个机遇，加速了并购“趵突泉”啤酒的步伐。

分析人士说，“这一在全国影响巨大的收购案，既反映了青啤善于抓住战略机遇，也有着不同以往的创新意义。青啤收购的是无形资产，是它的品牌，它的销售网络，是整个济南市场。它的一个螺丝钉都没有收购，一块土地也没有，一个设备都没有，一个厂房都没有，而且它的员工都基本保留。”

青啤的全力以赴“开源”还反映在资本市场上。2008年和2009年青岛啤酒董事会先后两次前瞻性地资本市场运作，有效支持了公司实施新的发展战略，尤其在2009年10月13日至19日的行权期内共募集资金11.9亿元，成为2008年以来国内权证行权及资本市场融资的成功范例。

创新管理，增效促成降成本

对于做企业的人来说，降低成本恐怕是一个最不陌生的话题。在这个金融冬天，青岛啤酒超越精打细算的降成本模式，采用技术创新、提升效率的方式，找到了新的降成本路径，为人们诠释了青啤特色的越冬之路。

体现在生产上，最突出的亮点莫过于通过科技创新降低消耗。凡是新建的工厂、改建的工厂均采用国际最先进的设备，以逐渐在改造糖化设备为例，这是耗能最主要的一个工序。经过创新和投入，糖化设备不仅达到了国际一流，而且能把所有的热能都加以回收。除此之外，工厂还把过去排到空中的蒸汽都回收回来，压缩之后把水加热，然后用于生产过程。现在，热能消耗可以说是比过去没有改造之前减少了30%以上。

而据青啤有关方面提供的数据，类似的创新不止一项。比如，仅麦汁热浪煮沸设备及新煮沸工艺推广应用一项，年可节约价值900多万元；青啤还加强了碳管理，增加了一批二氧化碳回收设备，不仅可以年减少CO_2排放量9215吨，预计取得经济效益4251万元，还可以减少碳排放，产生良好的社会效益；可以说，技术创新使得青啤在生产效率、产能利用率等方面，都走在了全行业前列。

体现在管理上，突出的亮点在于提高企业的运行效率，而与以往不同，这种效率不是通过生产原材料的节约来实现的，而在于提高效率。重点是打造系统效率、生产系统效率，以及物流体系。在此基础上，加快资产，尤其是流动资产周转率、存货等周转率，从另一方面降低了成本，提升了竞争能力。

全力以赴防范金融风险

对任何企业来讲，如何防范金融风险都是一个严峻课题，尤其在金融危机之时更是如此。对此，这个具有百余年的企业和中国最早走向国际赛场的企业又是怎么做的呢？

表面上，这个冬天也好，或是2009年也罢，青啤的以品牌为核心的市场投入和带动不仅没有减少，相反大幅增加，重大并购举措也连续不断，但为什么青啤却有如此底气和智慧规避了金融风险，实现平稳乃至超常运行？

实际上，青啤在这方面更有着极其缜密的措施。核心的理念和做法是，把“全力以赴防范金融风险”的工作重点落实在公司总部，而公司总部“防范金融风险”首先是防范投资风险。

在防范投资风险上，青啤对于所有的投资采取了更为慎重的逐步研究审核措施，只有符合青啤品牌带动战略的才可以考虑，凡是不符合战略的，凡是为了数量没有质量的，或者是质量低的，则一律筛选掉。2009年的投资更是做了严格的控制。另一方面，就是严格控制现金流量。主要的做法则是通过开源的形式来增加，而不是通过压缩，减少支出、压缩费用的形式来投入。

成功的风险防范源于良好的公司治理，青啤在日常经营管理中，注重治理结构的优化、领导力的培养和系统力的提升。前不久，青啤就将“最佳董事会”和“最佳领导力培养公司”等荣誉收入囊中。

勇担社会责任，更显行业领导风范

“岁寒知松柏”，在金融危机带来的“冬天”之下，青岛啤酒表现出越是在大环境不利的时候，越能够展现一个具有传统优秀文化品德大企业应有的社会责任，对于公益事业的热心在2009年丝毫不减，勇担企业社会责任，不断出手公益，更显其作为行业领导者的良好风范。

从去年3月董事长金志国在全国“两会”期间，对应对金融危机、促进食品安全、加快酒法立法等问题发表看法，直至促成这一法律实施，再到青岛啤酒首份《企业社会责任报告》发布，以及资助的带着“北川梦想”而来“青啤男孩”武大伟圆梦NBA，启动“重塑激情 成就梦想”四川地震灾区心理援助计划，第一时间捐款救助台湾水灾，举行第30个“提高质量纪念日”系列活动，学习《食品安全法》，加强质量安全教育，提升质量意识，联合大专院校启动“职业实习生计划”，在吉林、湖南、湖北等地启动青岛啤酒QSL青少年体育发展基金，援建希望小学和捐建希望工程快乐体育园地等一系列举措，青岛啤酒似乎有着永远也讲不完的责任故事。

不仅如此，为了更好和长期履行企业和社会的双重责任，董事长金志国更是不遗余力打造青啤的“七层系统力”，让公司朝着国际化的愿景不断积累、不断前进。

青岛国资委有关领导评价说，青啤的责任观、使命感是骨子里的东西，越是在大是大非面前，这种固有品性越发表现得强烈。也正是如此，青岛啤酒在这个冬天赢得了社会的广泛赞誉和越来越多投资者、消费者的信任。

回眸青啤的2009年，让人们看到了青啤这个百年品牌的激情与活力，经过危机考验的青岛啤酒让人们有理由相信，系统力的推进会让这个百年品牌距离国际化的梦想越来越近！

真情山水 绿色习酒

习酒（46%vol～52%vol）是茅台集团习酒公司的主要产品之一，是中国驰名商标、贵州省著名品牌，是纯粮固态发酵、绿色食品。习酒在其独特的酿造环境中，充分利用当地酿造资源，选用当地优质高粱作原料，用小麦粉碎后，自然接种，制成中温曲为糖化发酵剂，采用露地堆积糖化，入池发酵，多次蒸馏，储存脂化，吸自然之气、引自然之理，创新融入习酒悠久酿造工艺，赋予酒体生命和灵性，再经过多年窖藏，最终由酿造大师精雕细琢而成。

习酒产品严格执行白酒窖藏期，必须达到的相应年份才能勾调成品酒。产品原产地的资源环境，具有得天独厚、无可复制的“稀有性”；产品具有绿色、有机、自然、健康的先天纯净资禀，这些都为习酒彰显稀有、纯净、贵重的卓越品质打下了良好的基础。习酒具有无色透明，清澈晶亮、酱香突出、幽雅细腻、协调丰满、窖香幽雅、绵柔细腻、醇厚丰满、谐调爽净、回味悠长、空杯留香不息等独特的质量风格特征，这些特征突出了黔酒地域特色。在生产工艺方面，习酒技术创新明显，坚持单粮与多粮结合，风味卓越不凡，韵味与众不同，习酒产品突出了浓中显酱而不露的典型风格，既不同于四川浓香，也不同于苏、鲁、豫、皖淡雅浓香。2007年在茅台集团主持的习酒鉴评会上，著名白酒专家沈怡方、于桥、庄名扬、胡永松、曾祖训、高景炎、丁祥庆等专家学者对习酒进行科学客观的鉴评：“多粮和谐共生、浓酱工艺相融、科技人文并茂、健康品味同享。”这是对习酒质量风格特征最好的诠释，独领黔派浓香。

习酒以其上乘的品质先后多次获得国内、国际大奖。1984年评为遵义地区名酒，贵州省优质名酒；1986年获贵州省名酒金樽奖；1988年获商业部优质产品金爵奖，同年在全国第五届评酒会上荣获国家优质酒称号(即银质奖)；1989年获香港中华文化名酒博览会金奖。1992年在美国洛杉矶国际酒类展评交流会上获金鹰金杯奖；1993年获国际名酒香港博览会特别金奖，同年8月获1993年布鲁塞尔世界优质产品金奖；2002年被评为中国畅销品牌。在2004年国家定期质量监督抽查中，习酒因质量好，列入国家白酒红榜；在2005年中国酿酒工业协会组织的“全国浓香型白酒普查工作”中，习酒列入浓香型白酒优质产品；2007荣获中国驰名商标称号；2008年荣获“2008贵州名酒”称号。

南粤红荔 平凡中的大方之家

在山灵水秀的祖国南隅，广东顺德酒厂有限公司经过长期的默默耕耘，2009年产销各类饮料酒达9万吨，年销售广东地产米酒（豉香型米酒）6万多吨，保健酒1万多吨，其他各类饮料酒1万多吨，“红荔”被认定为中国驰名商标。其中拳头产品红荔牌红米酒美名远播，成为了广东地产米酒极具代表性的主力销售产品。

南粤百姓自宋代起喜酿米酒，据《熙宁酒课》记载，“五月朔日饮菖蒲酒，初五日饮雄黄酒，社日醉芋酒”，足见当时民间酿制和饮用时令酒的风俗已盛行。酒品也颇受赞誉，吴奎光有诗曰：“酒楼酒楼汝知有，人间不死之丹丘。”梁佩兰诗曰：“酒香满盏不惜醉，月色上衣从著身。”

米酒的酿制技术经过历代不断摸索发展，后来成为了一方水土百姓人家的重大特色，各处酒坊蓬勃。新中国成立后，顺德人抓住机遇，在政府的大力支持下，建立了地方国营顺德酒厂，经过博采众家之长，不断地发展和突破创新，终以善酿纯正米酒而著称。广东米酒的最大特色，也是红荔牌红米酒的秘诀之一在于酿酒的最特殊工序：把新蒸出来的米酒导入大酒缸中，然后浸入经过精心挑选的品质上乘的肥猪肉，再经过陈藏和精心勾兑，新蒸酒的杂味、杂质便得以祛除，酒体玉洁冰清，滋味特别醇和，爽净甘洌。每一块猪肉一般可以用好几年，直至被酒完全泡溶于无形。这种工艺沿续至今，经过顺德酒厂资深酿酒师、技师的不断改良创新，研发应用了更符合现代食品安全、规模发展要求、全国首创的连续浸肉技术。陈藏浸肉的大缸采用了全密封式设计，最大限度地减少乃至避免了浸泡过程的“跑冒滴漏”、疏风、交叉污染等不良现象，并通过专门的监控检测仪器，更科学准确地控制肉、酒的比例、流量，从而实现米酒生产过程的安全卫生，自动化程度也相应大大提高，更可贵的是整个工艺的创新改良能更完好地保持了豉香型米酒的传统风味，品质更胜一筹。品质的不断创新突破，力臻完美，是产品生命的无限追求，也就无怪乎红荔牌红米酒的年产销量能屡创新高，更难怪时人豪情勃跃，认为“饮杯红米酒，鸿运自当头！”

为了进一步稳固发展基础，寻求营销方面的突破，近年广东顺德酒厂有限公司明确品牌产品的市场定位，确立以红荔牌红米酒为主导的品牌营销战略，部分地区市场占有率高达90%以上，发挥出品牌效应作用，推动企业持续发展。同时，该公司积极贯彻“以品质求生存，以品种求发展”的发展方针，陆续研发出适合市场需求、顾客口味的新产品，在曲酒、果酒、黄酒，还有极具潜力的保健酒领域均有佳品逐步成功登陆市场，产品相继获得“广东省酒类市场最佳品牌产品”、“佛山市民最喜爱的品牌企业”等称号，“红荔”品牌美誉度得到不断提升。

我们有这样的理由相信，广东顺德酒厂有限公司能以产品质量、食品安全为生命，市场需求为指导，品牌建设为主线，继续提高研发能力，改进工艺技术，朝绿色生产、清洁生产、规模生产的可持续发展道路迈进，用实力创造好品质，用稳定优良的品质来赢得顾客的长期信任和社会的肯定，那么，企业将赢取更长远广阔的发展空间，成为与消费者共同成长的酒业大方之家。

“红星开国酒”的成长之路

前言：1949年，新中国“开国大典”震撼了世界。伴随着这一历史性的事件，中国白酒界也在演绎着一场轰轰烈烈的“开国大典”——这就是红星二锅头“开国献礼酒”的诞生。作为新中国的第一瓶二锅头酒，红星不仅见证了共和国成立的历史时刻，更开创了二锅头酒这个独具特色的白酒品类，以一代宗师的风范，树立了二锅头发展史乃至中国白酒史上一个重要的里程碑。

抚今追昔，以鉴来者。在共和国60华诞即将到来之际，红星也迎来了60周年建厂庆典。作为与共和国同步成长的见证者，这可谓是中国白酒史上一个里程碑式的重大事件。

一纸红头文件，改写酒业格局

红星“开国献礼酒”的诞生，源于中央税务总局下发的一纸红头文件。在那个特殊的时代，行政指令色彩浓厚，可以说，红星从一开始，就贴上了鲜明的时代背景和红色属性。而这个文件，却彻底改写了中国白酒业的格局。

历史回到1949年。北平刚刚和平解放，正是人心振奋、百业待兴的一派社会景象。由于白酒行业的特殊性，中国白酒业也必然面临着一场巨大的变革。另一方面，随着开国大典的日益临近，为这个举世瞩目的盛典献上美酒也成了迫在眉睫的生产课题。鼎故革新的社会巨变，开国大典的迫切需求，再加上人们对新生活的热切向往，为红星二锅头孕育了破土而出的历史机缘。

4月，中央税务总局下发《关于成立华北酿酒实验总厂的通知》的红头文件。中央决定：对白酒实行专卖，停止私人生产经营，全面关闭北京各地的老烧锅，同时成立华北酒业专卖公司实验厂（红星前身）。红星酿酒厂应时而生，北京酿酒业的大变革就这样轰轰烈烈地展开了。5月，红星收编了"龙泉"、"同泉涌"、"永和成"、"同庆泉"等十二家京城著名烧锅老字号，并在北京建国路90号创建工业化酒厂。

在红星史料室，笔者有幸看到了这份珍贵的历史文件。从华北酿酒实验总厂，到华北酒业专卖公司，到北京红星酿酒厂、到今天的北京红星酿酒集团……跨越60年的峥嵘岁月，成就二锅头酒业的一代宗师，可以说，这份红头文件居功至伟。

一位传奇老人，追忆如火青春

新成立的华北酿酒实验厂（红星前身）全面继承了十二家京城老烧锅的酿造工艺和生产设备，更汇集了一大批二锅头酿造技艺的传人、技师。由此，红星不但成为新中国规模最大的酒厂，也成为全国技术力量最为雄厚的酒厂。

说到红星二锅头的传人，不能不提到一位传奇式的老人，她就是红星二锅头酿造技艺第七代传人——王秋芳女士。

1949年，怀着对新生活的憧憬和热情，王秋芳加入了红星建厂筹备小组，和首批红星创业者开始了日以继夜的"开国献礼酒"生产。王秋芳女士回忆说："那个时候生产连建厂同时进行，早上睁开眼就干活，晚上干累了就睡觉，没有休息天，也没有上班下班，都住在厂子里……当时大家伙儿干得挺高兴，因为刚解放，心情也不一样。"9月下旬，在连续奋战四个多月后，红星人终于在开国大典前夕，捧出了第一批以高粱作原料的白酒——这批产量仅为20.5吨的红星二锅头，就是至今为人们津津乐道的"开国献礼酒"。

激情的岁月抒写传奇，如火的青春结出了硕果。此后，王秋芳一直在红星酿酒公司工作，作为红星二锅头第七代传人，带领技术团队不断开拓二锅头事业。在红星史料室里，笔者看到了王秋芳年轻时的工作照，时隔数十年仍然可以感受到她当时的青春活力、意气风发。就是在这样可敬的老一代红星创业者的艰苦拼搏下，"开国献礼酒"才得以顺利诞生，为开国大典做出了特殊的历史贡献。

一瓶二锅头酒，开创崭新时代

红星"开国献礼酒"，自诞生之日起就成了一个时代的经典，一个行业的丰碑。红星二锅头的诞生不仅具有非凡的时代意义，也为中国白酒界做出了卓越的贡献——首创以酿酒工艺名命名白酒，开辟中国白酒的二锅头品类。

事实上，在红星二锅头之前，没有"二锅头"的叫法，只有烧刀子、烧酒、白干之称。作为新中国的"开国献礼酒"，作为与共和国同龄的时代新生儿，很显然的，红星不再适宜沿用烧酒等旧有名称。为了表达对新中国的热爱，同时也为了向革新二锅头酿造工艺的赵氏兄弟致敬，红星人采用了最具有时代特色的符号——红星，并直接用二锅头酿造工艺，直接将其命名为"红星二锅头"。由此，红星奠定了"二锅头宗师"的地位。

因此，从某种意义上说，"开国献礼酒"不仅见证了一个新时代的开创，也开创了二锅头的新时代。正是从那一刻开始，红星以开创性的姿态，真正把二锅头酒从"烧酒"中升华起来，造就一个全新的名称；真正把二锅头酒从传统白酒中独立出来，成为一个全新的品类；真正把二锅头酒作为一个行业发扬光大，极大影响了此后中国白酒业的格局。

凤凰腾飞正当时

西凤酒曾四次荣获“中国名酒”称号，九次夺得国际金奖，是中华老字号、中国驰名商标、国家原产地域保护产品，是中华酒林中的一朵瑰丽奇葩。

面对金融危机，陕西西凤酒集团股份有限公司紧紧围绕企业长远发展战略，始终坚持科学发展观，内抓管理，外拓市场，不断优化产品结构，科学运作市场，保持了飞跃发展的强劲态势。

五十年铸就中华酒林中瑰丽奇葩

虽然西凤酒起源于6000多年前的仰韶文化时期，形成于3000多年前的殷商晚期，但真正得以新生是在建国后。1956年10月，在周恩来总理的亲切关怀下创建了国营陕西省西凤酒厂，彻底结束了过去小作坊式的生产历史，使西凤酒开始走上了规模生产的道路。

陕西西凤酒集团股份有限公司坐落在八百里秦川西陲的凤翔县柳林镇，这里地域辽阔，土肥物阜，水质甘美，颇具得天独厚的兴农酿酒之地利，是中国著名的酒乡——西凤酒便产于此地。1979年，西凤酒厂饮料酒生产能力仅为1600吨，远远不能满足市场需要；20世纪80年代末，西凤酒厂饮料酒生产能力达到了8800吨，生产的机械化水平不断提高，生产条件得到了很大改善，满足了市场需要。1999年，在经过不断的磨砺、思考和市场实践以后，西凤企业积极适应市场需要，创新发展思路，实行公司制发展，组建成立了陕西西凤酒股份有限公司……近年来，西凤以建立现代企业为目标，深化体制机制改革，不断扩人生产规模、优化生产环境，推行先进的管理模式和办法，以品牌战略为突破口加强产品研发和创新，以全新的营销模式及手段开拓市场，企业经济效益大幅攀升，社会影响力不断扩大——连续五年，西凤酒产品销售收入以40%以上的速度快速增长。

2008年，西凤集团正式成立，企业迈上集团化、规模化发展之路。

2009年，西凤企业深入学习实践科学发展观，以“加快发展、协调发展、持续发展”为主线，抢抓国家保增长、扩内需的政策机遇，在宝鸡市委、市政府“坚持四个第一，实现五大突破”的战略部署指引下，采取种种有力措施，有效应对金融危机的影响和行业的激烈竞争，生产经营继续保持了快速健康发展的良好态势，呈现出一片朝气蓬勃的喜人景象。

50年来，西凤企业从一个建厂时仅百余人、年产量不足千吨的小工厂，发展成为了今天年产名优白酒50000多吨、技术力量雄厚、酿造工艺精湛、生产设备精良、产品质量稳定、管理技术先进的国家名酒生产大型骨干企业，是西北地区规模最大的国家名酒制造商、陕西省利税大户之一。

目前，西凤酒进行扩建技改项目，实现大发展的战略措施。工程项目计划征地1000亩，分两期分别兴建西凤酒灌装中心和原酒生产基地。目前，项目建设已经全面开始实施。工程建成后，西凤酒的产能将得到大幅提高，企业占地面积是目前的1.5倍，这将对西凤企业加快挺进全国白酒四强、推动宝鸡工业强市建设、带动地方经济发展起到积极的促进作用。

内外攻克实现中国白酒至高荣誉

创新是企业发展的不竭动力，创新是企业发展的永恒主题。西凤酒正是通过“技术创新和营销创新”内外攻克从而一举实现了中国白酒革命性的突破，开创了行业先河，被白酒界专家授予“中国白酒至高荣誉”。

据了解，建厂初期，西凤酒传统工艺通过挖掘、整理和改造，确立了“混蒸混烧续楂法”、“老五甑操作法”等西凤酒传统工艺，奠定了企业的生产发展基础。1984年，西凤酒香型研究工程历时十年，最终确立了西凤酒的独特香型——凤型，这也是西凤发展历史上的一个里程碑，从此，凤型被列为中国白酒一个独立的香型。1997年以后，西凤在企业内部组织科技攻关。在经过多年、数万次试验之后，成立了浓香型白酒生产车间，逐步形成了自己独特的生产工艺，成功研制开发出了浓香型产品，并以差异型个性化产品创新为重点，创造性地研制开发了具有凤兼浓风格特点的凤型特制精品西凤酒和具有凤、浓、酱三位一体风格特点的凤型珍品西凤酒，突破了中国传统白酒的香型界限，开创了行业先河，被白酒界专家称赞“新西凤实现了中国白酒工艺革命性的突破”。

在企业发展的进程中，科技创新给西凤带来了无限的生机与活力，夯实了企业进步的基石和支撑。近年来，他们不断组织科技人员参加全国各类酿造知识培训，经常特聘白酒界专家来单位授课、亲临现场指导工作，逐步更新生产设备，提高装备水平，各成品酒生产车间全部采用具有先进水平的精量灌装机和自动化灌装生产线，储存、勾兑、科研、检验、质量监控、生产供给等环节均投入了大量先进设备和仪器，获得纯粮固态发酵白酒标志，形成了严密、精湛的技术质量工作网络……企业不断加大科技投入，采用现代分析技术手段，细化优化传统工艺，去粗存精、吸取精华，使西凤酒无论从口感、品质还是外观等方面更加具有时代特色且不失老名酒本色。

与此同时，西凤人解放思想、转变观念，成立了西凤酒营销公司，迈出了征战全国市场的第一步。近年来，西凤人积极转变经营理念，创新营销思路，大力实施品牌战略，从调研市场入手，针对西凤酒的区域市场、重点市场、成熟市场的不同情况调整产品结构，使销售收入直线上升，特别是近几年来，西凤从3亿元开始跨步，5亿、7亿、10亿、15亿、20亿，实现了超常规跨越式发展。

在此基础上，企业针对白酒产品市场销售区域化特征愈来愈明显的现状，进一步细分市场，大力实施“1369”工程（即打造一款旗舰产品、三款全国性品牌、主推六款个性化产品、畅销九款区域强势品牌），形成了多种香型、口感并存，高中低档次、高中低酒度兼有的产品结构，满足了市场需求，极大地提高了产品的市场竞争力。特别是其“1”字号产品——红西凤酒，以中国凤文化为依托，以贴近百姓红红火火的生活为基调，既承载着西凤酒厚重的历史文化，又洋溢着鲜明的时代特征，是传统工艺和现代科技的完美结合。她的成功上市，为西凤进一步加强品牌建设、提高经济效益、扩大影响力起到了积极的推动作用。

五关十八卡造就西凤品质始终如一

“做酒如做人，酒品就是人品。”建厂五十多年来，西凤企业不断完善和加强各种质量管理制度，产品质量稳步提高，从而使千年美酒“经盛衰而不废，历百代而作珍”。

随着科技手段的日益普及，西凤酒与时俱进，大力推行全面质量管理，引入了先进的科学检测仪器，使原来的经验式酿酒变为科学指导下的大生产，企业在中国西北地区率先通过了中国方圆委GBT9002-ISO9002：94标准质量体系和产品认证。企业在“追求质量卓越，打造优质精品”的宗旨下，始终坚持“预防为主、过程从严”的原则，以“质量、品牌、创新”为主题，以百分之百满足消费者需求为目标，建立和完善了质量管理体系，在各个生产环节设立了五道关卡十八道防线，质量管理工作涵盖了从原料进厂、生产管理、质量检验、过程控制、成品出厂、售后服务的全过程，形成了多层次、全方位、多系列的质量控制网。

在实际工作中，大力实施质量管理“456”工程，即坚持严格要求、严格检查、严格考核、严格奖惩的“四严”标准；做到不合格原材料不得入库，上道工序不合格品不得进入下道工序，理化分析不合格不得进入包装，总检不合格不准出厂，出现问题不查明原因绝不放过的“五不”制度；把好原材料入库关、生产工艺关、半成品分级验收关、勾兑品评关、理化分析关和出厂总检关的“六道关口”，从可能影响产品质量的每一个细微之处入手，加强原料、酿制、储存、勾兑、灌装的每一道工序的质量监督检验，为广大消费者奉献安全优质的西凤酒产品。繁复和近似于苛刻的多种程序，铸就了牢固的质量控制系统，使西凤酒的品质始终如一。

为了不断提高产品质量，西凤引进了先进的分析检测仪器，从各个环节上加大质量检验监督力度，从而获得2008年度“全国食品安全示范单位”荣誉称号，他们以自身的诚信和努力，经受住了考验，获得了消费者的认可和信赖。

慷慨解囊，回馈社会

近几年来，西凤企业对外合同的履约率达100%，企业多次取得“重合同、守信用”单位称号，深受广大消费者和客户的信赖。企业每年向国家交纳的税金呈20%以上的速率递增，成为宝鸡市的纳税大户和地方财政支柱企业，也是陕西省上缴国家税收最多的白酒龙头企业。

饮水思源、回馈社会，重视公益事业，在企业发展壮大的同时不忘回报社会也是西凤的传统美德。随着企业的不断发展和经济效益的快速提高，企业回馈社会的力度正在逐年加大，慷慨解囊赞助多项公益活动，捐巨资支持慈善事业，把西凤人爱心的种子播撒在中华大地。为国家经济建设，为社会和谐发展，尽到了企业的责任，做出了应有的贡献。

汤沟两相和品牌的发展之路

历史回眸

汤沟原名汤家沟，古属海西诸侯国，有史料可查距今已有800多年酿酒历史。北宋年间，山西酿酒名师黄玉生惹上官司遭追杀，逃难至汤沟，在当地有名的文人汤福新家中打工。他见镇上有一鳖状池塘，气涌萦绕，便在塘边挖一口井，取水酿酒，芳香浓郁，此井得名香泉，后汤沟酒产业越做越大。福新公也被后人称为汤沟酿酒产业的创始人。

明朝天启年间，汤沟镇有“玉生”、“香泉”、“天泉”等糟坊30多家，汤沟酿酒达到鼎盛。康熙年间，戏剧家洪昇北上探友途经汤沟镇，写下了“南国汤沟酒，开坛十里香”的名句。汤沟酿酒从此有了字号，南来北往的商贾把汤沟酒销往全国各地。清乾隆年间，滨海殷福记号商船还把汤沟酒远销日本和东南亚一带。民国4年，汤沟大曲荣获莱比锡国际博览会银奖,汤沟酒有了超越物质价值的名牌元素。

民国13年（1924年），国民政府将“玉生”糟坊更名为“义源永记”酒厂，汤沟酒从此就以企业形态存在，加入振兴民族工业行列。

1952年，曙红区人民政府将义源永记酒厂与汤沟镇6家私营糟坊合并，在香泉井旧址上成立汤沟酒厂，全面接收汤沟酒生产，成为汤沟字号的传承人；1963年，汤沟酒厂与县酒厂合并改名为地方国营灌南县酒厂；1973年又改为地方国营灌南县汤沟酒厂。

振兴崛起

国运昌，企业旺。党的十一届三中全会以后，改革开放国策引领汤沟酒业走上崛起振兴之路。

1979～1986年的7年间，政府共计投资2097万元，连续进行四次扩建，占地面积由3万平方米增加到19万平方米，年产量由416吨登上万吨台阶，年上缴税利和入库税收由101万元增加到1050万元，占全县财政收入的60.9%；年产值达到2150万元，占全县工业产值的10%。灌南县汤沟酒厂升格为江苏汤沟酒厂，跻身国家大型企业行列，曾获得全国500家、全国轻工系统200家和江苏省50家经济效益最佳工业企业称号。

1984～2000年，产品结构调整推动企业产销规模进一步扩大。38度汤沟特液、53度汤沟特曲相继问世，45度汤沟精品、45度汤沟珍品成功占领白酒高端市场，销售收入最高的1993年达到19600万元，入库税收最高的1999年达到4730万元，成为全国重点酿酒企业，与洋河、双沟、高沟并称为“三沟一河”，是江苏白酒代表。2000年企业改制为国有控制的江苏汤沟酒业有限公司，拉开创建现代企业制度的序幕。

在销量提升的同时，汤沟酒知名度、美誉度也不断扩大：

1984年被我国赴南极考察队选为专用酒，带到南极乔治岛。

1985年，以汤沟酒成功进入北京市场为标志，汤沟酒由地产名酒成为全国知名品牌。1988年召开的党的十二大，汤沟酒入选本次大会专用酒。

争优创牌

争优创牌是汤沟酒业的另一道风景线，凝聚了全体汤沟酒业人乃至全县人民“唯标是夺、勇于争先”的精神。

1979年：汤沟大曲在江苏省评酒会上获得第一名，同年获得江苏省优质产品证书。

1984年：38度汤沟特液、53度汤沟特曲参加江苏省评酒会，蝉联第一，并双双获得江苏省优质食品证书；同年参加轻工业部酒类质量大赛，分获金杯奖和银杯奖，企业的产品由省优跃入部优、国优行列。同年，在第四届全国评酒会上，汤沟酒实物评分名列第二，但因规模原因，与八大名酒失之交臂。

1987年：38度汤沟特液被评为全国旅游产品“金樽奖”，被誉为“消费者最喜爱的低度白酒”。

1988年：55度汤沟优质大曲、38度汤沟特液、53度汤沟特曲荣获轻工部优质产品出口“金龙腾飞奖”。38度汤沟特液、53度汤沟特曲和55度汤沟优质酒荣获首届中国食品博览会两枚金牌、一枚银牌。

1989年：53度汤沟特曲、38度汤沟特液在第五届全国评酒会上实物评分名列前茅，汤沟酒业成为国家名优酒厂。同年被国家质量技术监督局授予“方圆”质量认证标志，成为国家质量认证免检产品。

1990年：38度汤沟特液、53度汤沟特曲双双荣获首届全国轻工业博览会金奖。

1992年：38度汤沟特液、53度汤沟特曲分获建国43周年全国首届优质产品消费者信任奖、中国名优酒博览会金奖。同年，“汤沟”注册商标被评定为江苏省著名商标。

1993年：53度和45度汤沟特曲、38度汤沟特液获得全国驰名白酒精品奖。38度汤沟特液获得中华酒文化包装装潢一等奖。45度汤沟特曲获得中华酒文化包装装潢大赛二等奖。

1996年：汤沟蛇精液、53度汤沟特曲荣获第34届布鲁塞尔国际博览会最高金奖和特别金奖。

2001年：39度汤沟特曲在中国食品工业协会组织的白酒质量评比中，被评为“中国白酒著名创新品牌”。

2005年：汤沟两相和品牌被中国酿酒工业协会评为全国酒类质量安全诚信推荐品牌。

2006年：汤沟两相和产品被中国酿酒工业协会评为中国白酒十大创新品牌。同年，“两相和”注册商标被评为“江苏省著名商标”。

2007年：汤沟酒酿造技艺被江苏省人民政府列为江苏省非物质文化遗产。

2008年：汤沟两相和酒业被中国酿酒工业协会评为AAA级信用企业。

2009年：“汤沟”被评为“中国驰名商标”。

历史跨越

进入新的世纪，汤沟酒业人肩负续写昨日辉煌、创造今日奇迹的使命，踏上二次创业的征程。

2002年，在继续传承汤沟酿酒技艺的基础上，注册两相和品牌，深含着祥和安定、和谐共处、合作双赢、共生共荣的喻意，是中国最早以文化为诉求点的白酒品牌。“两相和”的文化魅力和“汤沟”的历史渊源相得益彰，企业进入文化营销时代。两相和品牌歌曲《和是我们共唱的歌》在2006年军民联欢会上唱响中南海。

2004年9月，江苏汤沟两相和酒业有限公司注册成立，成功收购江苏汤沟酒业有限公司部分资产，以8500万元的成本，全部置换原国有企业职工身份和拖欠的职工劳动债权，完成了从国有到民营的历史性跨越。江苏汤沟两相和酒业有限公司成为汤沟酿酒技艺和品牌的继承人，拉开了二次创业的序幕。

企业首先确立打造中国一流品牌和三年实现翻一番的长远战略和近期目标，实现了二次创业的第一阶段目标，销售收入年均增长22%，税收贡献连续三年突破千万元增幅关口，2008年超亿元，为实现快速发展奠定了扎实的基础。2007年，以汤沟窖藏上市为标志，汤沟酒营销战略出现重大转折。首创的“香而不艳、净而不寡、绵而不淡、甜而不腻”的醇和型风格在浓香型白酒中独树一帜，逐步被消费者认知和接受。2008年，以汤沟窖藏成为央视上榜品牌为标志，汤沟开始实施“战略在全国”的目标，传递着汤沟酒在稳健中突然发力的强烈震憾，经济效益再次刷新纪录。2009年，面对金融危机，汤沟展现出的是勃勃生机和强烈发展欲望，通过引进资本、加大品牌推广力度，再次蓄积了巨大发展潜力和竞争优势，同时顺势利导，倾力推出两相和系列酒“天和酒、地和酒、人和酒”，这是汤沟两相和酒业开创的又一个全新品牌，也是即将在白酒市场上展现“后发”优势的高端竞争者。

在未来的征程中，汤沟正以“实现跨越发展，重振名酒雄风”的宏伟目标，奋力挺进中国白酒第一方阵。

宋河 张扬“中国性格”领跑豫酒复兴

借华夏8万里锦山秀水，中国5000年的华夏文明，奠定了世界的文化遗产；集炎黄仪狄曲法酿术，连绵数千年，酒像血液一样在华夏文化的脉络里汩汩流淌。历史的年轮走进2009年，位于道教鼻祖老子故里及道教文化的发源地宋河酒业，高擎“中国性格与白酒文化”之大旗，在庆祝新中国成立60年之际，重磅推出“宋河粮液 中国性格”，其高、中端产品——宋河粮液“盛世系列”——“国尊”、“国典”、“国风”，作为“中华国礼”，向新中国献礼、向5000年华夏文明史献礼，共享盛举。这在全国酒类企业中可谓是屈指可数、前无古人的壮举。

盛世情结，是自古国人埋藏在心灵最深处的渴望，是华夏千万志士的梦想。放眼今日中国，经历了汶川之难的众志成城，经历了北京奥运会的刹那绽放，老百姓可以铿锵有力地畅谈大国之崛起，而深深埋在老百姓心中的盛世大梦，随着祖国60华诞的到来，宋河开始演绎中国之性格。

张扬“中国性格”，提升品牌

周瑜搭弓上箭，蓄势待发，其后分立着一脸刚毅的枭雄曹操，锁眉沉思的诸葛孔明，中间是宋河酒业的新品——宋河粮液。如今，宋河的这幅宣传海报已经随处可见，宋河粮液借《赤壁》的东风演绎王者归来。

也许《赤壁》的编导——吴宇森怎么也不会想到，他镜头下的三国英雄在赤壁古战场之外，在电影院的恢宏景象之外，还在另一个“战场”演绎着新的攻城略地。

2009年伊始，新品宋河粮液携大片《赤壁》众人物“王者归来”，众英雄再献盛世佳酿：“盛世国风”、“盛世国典”、“盛世国尊”。此前呼之欲出的品牌性格跃然展现在消费者眼前——“盛世情怀，中国性格”，这就是宋河品牌所传递的深层理念和核心价值。

宋河的广告语可谓几经交替，最初的“东奔西走，要喝宋河好酒”，后来是“男人喜欢一种酒，不需要理由”，然后是“分享宋河，共赢天下”，到今天的“中国性格”诉求，宋河品牌的价值取向一路攀高。

多年以来，宋河都是河南白酒行业无可争议的领头羊，有人将之称为“孤独的领跑者”。宋河的决策者们认为，宋河在未来要想实现长远发展，就必须走和谐、共赢的路线，将品牌立足于中华文明和传统文化。“中原是华夏文明的发祥地，豫酒要实现复兴，就必须从这里汲取力量，形成强有力的品牌组合体系，叫响豫酒品牌，以整体拉动局部，进而实现共赢。”

如今，宋河将产品打上了“中国性格”的鲜明印记，“共赢”的视野更加开阔了。此次金融危机的影响再次证明，全球经济与市场越来越趋于一体化，洋酒不断向中国市场渗透，新一代消费者的文化、审美取向已与传统大相径庭，中国白酒明天即将迎来国际化竞争。

重产能更重质量，铸造完美品质

白酒企业产能的重要性不言自明。去年七八月份，在其他酒厂中高端白酒闹起酒荒的时候，拥有5万吨优质原酒的存量，使宋河在同行业中未受任何影响。这是令宋河人深感自豪的事情。无论中高端产品还是中低端产品，其品质的保证有两点最为重要：一是酒要好；二是酒质要稳定。这对具有强大原酒储备的企业无疑是重大的利好。也许像宋河这样的企业，会很快地将中国白酒的地方名酒拉进一个力拼产能的时代。产能时代下地方名酒比的是品质，是成本、价格，是经销网络的周密和服务的到位。

宋河酒业已经与安徽远景营销展开专业营销合作，涉及营销的诸多工作环节，他们都已下了苦工，要把营销工作做得跟其酿造工艺一样超水准，以十足的信心和最大的努力去塑造中高端产品品牌，在全国酒类产品中占据颇有分量的位置，为豫酒争取一个中高端酒的席位。据了解，对于宋河酒业已经上市的几个中高端产品，也是在经过了公司专家充分的品牌论证之后，才重磅推出的，而不是一时的心血来潮。经过一段时间的经营之后，宋河中高端产品的实际市场数据表明，其销售业绩远远超越了预期目标，可谓初战告捷。

2007年5月，宋河酒业全面启动了万吨储酒罐工程，至此宋河酒业的生产厂区占地面积达到了80万平方米，建筑面积达到了45万平方米，整体规模在全国同行业中位居前三位。2007年原酒产量上提高接近2万吨，在原酒生产能力上，宋河酒业已步入全国十强，在长江以北稳居第一位。从2002年改制以来，宋河酒业已经积累了5万吨优质原酒。

领跑豫酒复兴，王者归来

就目前的河南酒业市场而言，虽然包括宋河在内的真正拥有中高端产品的酿酒企业数量寥寥，但是，已经上市的中高端白酒主要还是集中在大型酒厂。因为只有他们，才具备酿造好酒的实力，更具备完整、全面、长足的营销攻略，企业的核心竞争力优势明显，因此，他们具备生产中高端酒的持续力，这为今后中高端市场的繁荣奠定了坚实的基础。宋河在这些大型酒厂中间起到了很好的牵头作用，为河南省其他酒企步入中高端市场提供了参考。豫酒巨头进驻中高端市场，标志着河南酒业的综合运营实力今非昔比。面对来自全国各地的中高端名酒，豫酒也做好了充分的准备，丝毫不畏惧与他们兵戎相见。

宋河酒业认为，豫酒定位升级不是企业的简单商业化运作，也不是仅仅为了增加GDP贡献率，而是一场豫酒文化重新崛起的重大革命，是一种地域文化自我拯救意识的觉醒。豫酒企业肩负着沉重的社会责任感和历史使命感，他们同样也站在社会的高度去振兴和发扬河南千年的文化精神。对此，朱云武告诉记者："宋河是豫酒企业的龙头，一头连着整个河南白酒业的发展，一头连着当地农村的千家万户，宋河与豫酒有着荣辱与共的使命感，与农民有着血肉相连的关系，只有把豫酒企业发展壮大了，才能把当地的农民带富。"他还告诉记者："宋河人有信心，也有能力，树立起豫酒品牌的良好形象，当好豫酒的领头羊，领跑豫酒早日复兴。"

2009年，宋河酒业全方位整合媒体资源，囊括电视、广播、报刊以及众多户外媒体，并与新浪网深度合作，成为国内第一家涉足电子商务营销的白酒企业，以前所未有的大气魄，隆重推出新品盛世系列宋河粮液。重塑豫酒文化是宋河的使命，宋河酒业五大行业专家潜心六年研发的新品宋河粮液，就是在寻求中国白酒与中国文化之间的内在契合。

宋河酒业已对这次的新产品投入了空前的人力和物力，无论是酒质、口感、香型、回甘，还是瓶型、包装及细节设计，均大量采用中国文化的精髓，既能够回味酒中蕴涵的那份中国式哲学思维和价值观，更突出了中国文化中可以赏玩的艺术细节，融历史性、时尚性、艺术性为一体，追求内在与表象的一致，更达成虚实相承的综合意境。

新品宋河粮液拥有如此夯实的品牌根基和文化价值，背托文化东风，无疑会成为宋河酒业未来强大的核心产品，以强大的品牌自信实现中国豫酒的文化和品牌复兴。

劲牌 责任重于泰山

如何理解企业的社会责任？

是环保，是慈善，还是解决就业，答案莫衷一是。

令人震惊的三鹿事件中，人们开始反思这个并不深奥的命题。

历经55年"陈酿"，劲牌给出回答：为社会提供安全的高品质的产品。

这是企业对社会的庄严承诺。

不达标的酒，一滴也不能出厂；不安全的药材，损失再大也要放弃。

1999年，劲酒市场销售出现拐点。特别是湖南，市场需求势如"井喷"。

受需求鼓动，湖南、福建、浙江的经销商用麻袋拎着钞票，带车前来讨货。

一时间，厂前车如长龙。经销商宁愿抬价，只求早发货、多发货。

是不是厂里没酒呢？也不是。只因生产标准规定，原酒必须陈酿3个月才能进入调配。大量的未到陈酿期的原酒眼巴巴躺在地下。

“两个月和三个月，谁能喝得出来呢？”经销商苦苦相求。

“不达标的酒，一滴也不能出厂！”劲牌纹丝不动。

其实，企业内部，大伙也捏着一把汗。市场需求旺盛，你却供应不上，结果必然是对手趁虚而入，假货借机泛滥，丧城失地在所难免。

果然，湖南告急连连，2000年销售额从上年4000万元跌至2000万元。

“坚守承诺，失去是暂时的；不守承诺，失去是长远的。”劲牌用这个观点说服大伙，坚守住了企业的生产标准。

市场验证了劲牌的判断。几年来，劲酒市场份额直线上升。去年湖南市场销售额突破2亿大关。

GAP保证原料纯正，GMP保障制作精良

劲酒含有多种中药材。这些中药材采自何方？重金属含量和农药残留会不会超标？是否被硫黄熏蒸过？用不用防腐剂？诸如此类，是消费者十分关心的问题。

这些问题，也一再被提到劲牌决策层的会议上。

1992年，劲牌告别“中药看成色”的传统采购方式，按《本草纲目》等医学名著的提示，在全国各药材地道产区建立了10多个原料直供或种植基地。公司派出技术人员，指导药农严格按照GAP（《中药材生产质量管理规范》）标准体系种植和采收，并统一提供无公害、无残留的有机农药及化肥。

种植的关口把住了，每年2000多吨中药材，怎样存放和保鲜呢？

公司先后投入400多万元，建立了5个恒温仓库。基地药材，实行随采随收。然后根据药材不同的保鲜要求，分别存放在冷冻、冷藏和阴凉三种库房中。

最近，一位同行参观劲牌的药材仓库，不禁感叹：“你们的药材住得比人还舒服！”而这种“舒服”的代价，是每年100多万元的仓储成本。

2004年，劲牌又提出一个新理念：用做药的标准生产保健酒。

这一理念的实物形态，是该公司投资5亿元打造的保健酒一期、二期生产基地。

新的保健酒基地，严格执行《药品生产质量管理规范》(GMP)的各项规范和要求，满足《食品企业通用卫生规范》、《保健食品良好生产规范》及国际上食品安全认证的HACCP硬件要求。车间工段间物料采用食品不锈钢管输送，生产过程避免产品暴露、污染。车间地面采用水磨石和树脂处理，在产品灌装和压盖暴露工序设置了空气净化系统，洁净区达到30万级。

这是我国保健酒业第一个高标准的生产基地。

从传统浸泡到单药提取，用高科技支撑高品质

正如世界上没有两片完全相同的树叶，同是采自宁夏中宁的同等数量的枸杞，其有效成分的含量也会有些微差别。

那么，以多种中药材为原料制成的劲酒，怎样保持品质的稳定性和一致性呢？

开始，他们将中药材按一定比例合成，加上原酒，浸泡在酒缸中，按时翻动。药效的获得，靠的是基酒在浸泡中的自然吸收。

这就是在中国传承了几千年的浸泡法，当然有其合理的成分。但现代医学检测发现，不同的药材，有效成分分离的时段是不一样的。同样泡10天，枸杞则可能泡“过”了，而人参的功效也许还没泡出来。

1998年，一种较为先进的渗漉技术代替了传统浸泡法。药罐中一定比例的中药材，经原酒循环流动，反复浸滋，使药效相对均匀地实现分离。

科学没有止境，劲牌人的追求也没有止境。

2005年，劲牌大胆采用中药现代化成果，实施单药提取工程。他们使用热提取罐，采用膜分离技术，将草药中的杂质剔除，进一步提取、分离、纯化其有效的生理活性成分。

眼下，一个与之配套的数字化生产车间已然建成。这条生产线上，分布着500多个数据采集点，采用红外探头自动获取产品信息。从各种中药材中提取的有效成分，将通过自动化系统，均匀分配到同一品质的每一瓶酒中。

从原料决定品质，到品质选择原料；从功能因子的模糊获取，到功能因子的均匀调配。劲牌凭借高科技的平台，实现了保健酒的革命性飞跃。

1591项标准，造就一瓶“小方劲”

一瓶“小方劲”，是1500多项标准的产物。

从原料的采集到储存，从单药的提取到调配，从原酒的陈酿到罐装，劲牌生产、营销过程的每个环节，都由这一个个的标准控制着。

到目前为止，劲牌全面导入标准有效文件1591个，其中195项标准高于国家标准。

为什么要自设门槛呢？劲牌人认为，国家标准是企

业的底线，是每个企业必须做到的；内控标准高于国家标准，是企业竞争力的表现。

这绝非空话！

目前，我国中药材中，《中国药典》仅对黄芪的农残和重金属含量定有标准。而劲牌采集的所有中药材，均对农残、二氧化硫、重金属含量等定有严格标准。为了控制中药材的有害物质含量，公司光购置液相色谱仪、气相色谱仪、原子吸收光谱仪等检测设备，就花了数百万元。

对保健酒中有害物质含量的控制，劲牌更是严之又严。

酒中的铅含量，国家标准每升不超过1毫克，劲牌控制在0.001毫克；锰含量国家标准每升不超过2毫克，劲牌控制在0.02毫克；杂醇油含量国家标准每升不超过2克，劲牌控制在0.5克。

标准的控制，是通过一道道门槛来实现的。

酒中的甲醇含量，国家标准每升不超过0.4克，劲牌内控标准为0.3克，具体到工艺设计环节、车间调配环节、预罐装环节，则是层层递减。通过这一道道工序的把守，这一指标常年实际控制在0.07克。

让全世界的消费者都看到劲酒的生产过程

2002年9月，吉林抚松的一片人参种植基地上，亮出了“劲牌”的旗帜。来自全国各地的50多名消费者，亲眼看到劲牌药材的原产基地。

从这一年起，每年都有一批幸运的消费者，到劲牌的中药材基地，到基酒的陈酿基地，到调配车间、罐装车间，实地观察企业的生产状况。

把企业的内部运作袒露在阳光之下，是劲牌一贯的追求。

2004年，他们又别出心裁，把劲酒的整个生产过程搬上了互联网。

如今，任何一位消费者，只要打开互联网，点击劲牌网站的视频中心，再进入劲牌直播，就能从不同角度实时看到劲牌的仓储、生产场景。

为此，他们在生产车间和药材仓库等场所安置了120个摄像头，其中16个与互联网联通。鼠标一点，全世界的消费者都能看到生产现场同步直播。

劲牌认为：“让消费者都能看到劲酒的生产过程，让公司每个员工都能感受到来自消费者的监督，劲牌才能谨守企业对社会的承诺。”

积极履行社会责任是企业价值的重要体现

劲牌公司每年以各种形式捐资助学超过500万元，近十年来累计捐助各项公益慈善事业近1亿元。

2008年5月13日上午九时，在接到四川汶川发生重大地震灾害的消息后，劲牌第一时间向中国红十字总会捐赠现金100万元。19日上午，劲牌第二次向中国红十字总会捐赠528万元现金。截止到5月22日，劲牌及其控股企业共向四川灾区捐赠现金1180余万元。同时，劲牌还计划2009年在四川省汉源县建立“劲牌助学金”，资助当地贫困高中生和大学生每人每年2000元的助学金，帮助他们完成学业。

劲牌高度重视环境保护，将“三废”当做自己的产品对待，生产工程与环境工程同步建设。原酒基地及保健酒生产基地共建设了四座污水处理站，总投资2200万元。

2007年，劲牌投入156万元实现了污水24小时实时在线监控，污水处理内控标准高于国家标准一倍。这套监控系统，既保证企业能有效监控污水处理，又确保国家、省、市环保部门能随时掌握和监督排放状况。

枝江 向品牌的深度与广度拓展

作为全国知名白酒品牌，“枝江”在拥有了“中国驰名商标”、“中国新名酒”等硬实力的同时，获得了绿色食品认证和质量、环境、食品安全管理体系认证。枝江白酒2008年销售18亿元，连续7年蝉联中国白酒十强。枝江酒业从三个方面向品牌的深度与广度拓展。

把规模做“大”

枝江酒业人认为，做“大”酒业规模，实现跨越式发展，依然是枝江酒业的“重中之重”。做“大”枝江酒业，除了枝江酒业自身努力之外，地方政府给予了高度重视和全力支持，为枝江品牌的发展做好科学规划。有了规划，就有了方向，就有了目标，就有了动力。枝江酒业现有“一厂两地”，共占地约800亩。2008年，向枝江酒业总部的西边扩展，建设占地约2000亩的“枝江酒业工业园”。目前，这个“工业园”已被省政府确定为全省重点产业集群。枝江酒业投资2.1亿元的酿酒基地于2009年底竣工投产。今后，在这个“工业园”内，除了扩大优质白酒的酿酒规模外，还将大力发展与酿酒相关联的印刷、包装、瓶盖、制瓶、礼品、仓贮、运输等产业，形成一个以酿酒为龙头的“产业链”。2000年，枝江酒业投资1000万元，兴建了省级技术开发中心，并与湖北工业大学、三峡大学和710研究所建立了良好的合作关系。2006年，枝江酒业又投资5000万元，兴建了国家级技术开发中心。2007年，枝江酒业再次投资1亿元，兴建科技大楼和年产4万吨的灌装中心。配备了具有国际一流水平的检测仪，全力引进和培养高层次专业人才。目前，枝江酒业技术中心已发展到拥有大学学历技术人员166人，其中中级职称人数30人，高级职称人数16人，研究生7人，国家级白酒评委6人，国家级露酒评委2人，享受国务院特殊津贴的白酒专家1人，国家级酿酒大师1名。截至至今，公司已拥有专利数85个，其中外观设计78个，发明专利4个，实用新型专利3个，获得科技成果奖3项，具有自主知识产权技术标准3个，获得注册商标共69个。2009年9月9日，湖北省酿酒工程技术研究中心在枝江酒业隆重挂牌，这是枝江酒业在建立“湖北省博士后枝江酒业产业基地”之后摘取的又一技术新高。“枝江”在人才和技术上为品牌腾飞奠定了坚实的基础。

把市场做“广”

对“枝江”的市场营销，蒋红星和曹生武都是极其重视的。这些年来，枝江酒业之所以神奇崛起，一个极其重要的因素就是他们高度重视市场开发。目前，枝江酒业的销售网络虽然覆盖到全国200多座城市，年销售额也突破了18亿元，但市场拓展的潜力和空间还是相当大的。比如，枝江酒业2008年在武汉市场的销售额就超过5个亿。目前，过亿元的省外市场就有6个。当前和今后，白酒市场的竞争会愈演愈烈。枝江酒业人认为，枝江酒业在市场开发策略上，除了继续稳住本埠市场外，还要大胆跳出湖北，强力拓展外省市场，在外省拿到更多的市场份额。为支持枝江酒业开拓外省市场，枝江市委和市政府已从2007年起，为枝江品牌拓展市场给予优惠政策，即枝江酒业开发一个省级市场，市政府奖励500万元。2009年10月，枝江酒业与维维携手，与其强强联合，充分利用维维的全国化网络，为枝江品牌的全国化提供便利。

把品牌做“优”

枝江酒业2007年荣获“全国五一劳动奖状”、“全国质量效益先进企业”、“中国酒业营销金爵奖”、全国酒业“文化百强”等荣誉，从2003年开始，枝江市政府就与枝江酒业一道进行申请“枝江酒”国家地理标志保护产品的工作。这项申请于2007年通过了评审程序，并获得国家有关权威机构授权，从此以后，非经枝江市政府批准，任何同类产品不得冠以“枝江酒”称号。打造品牌，是一项繁杂的系统工程，需要各方努力，需要长期努力。从2006年起，枝江市委、市政府拿出100万元，重奖枝江酒业等创造品牌的有功者。近年来，枝江市委、市政府又制定了《枝江市质量振兴和品牌经济发展五年规划》，把扶持枝江酒业打造全国知名品牌纳入重要内容。除此之外，枝江人不仅把“枝江大曲”当做酒的品牌，而且当做“城市名片”。在枝江市委、市人大、市政府、市政协领导到所有部办委局负责人的名片上，都印有“枝江大曲的故乡”的字样，此举在社会上引起了很大反响。

枝江品牌，目前拥有了维维这样的拥趸者，将迎来新一轮的大发展。枝江酒业董事长蒋红星在回答记者提问时说："我们已经知道维维之所以投资枝江酒业是因'枝江'未来的发展空间和潜力，只有继续做大'枝江'，维维才能获得预期的投资回报。人类靠一己的力量最多只能跳过2.45米，而如果有根撑杆的话，结果会不一样。现在枝江酒业已经拿到了自己的撑杆。相信，这次飞跃会带给我们更大的惊喜！"

云南红的品牌之路

2009年4月，"云南红"商标获国家工商总局核准注册，从而结束了其长达12年的品牌申请长征。一时间，云南红在媒体上的曝光率激增，又一次站到舆论大潮的风口浪尖。

霸气背后的品质

作为云南红酒产业的头号品牌，"云南红"最终成功实现含省级地理标志"落户"，并成为全国第一支以省来命名的葡萄酒，让人不禁感叹这一品牌标识的霸气。正如云南红酒业集团董事长武克钢所说："云南能生产最好的葡萄酒，她就应该叫'云南红'。"

然而，霸气绝非霸道。正所谓，品质成就梦想，"云南红"品牌的孕育过程长达12年之久，在此之间，云南红在产品品质上一直坚持不懈地努力着，正是这种坚持成就了品质，而品质最终成就了品牌。

云南红建厂之初就引进了欧洲葡萄酒先进设备，在原材料上，云南红一直采用自己的种植基地——云南弥勒红土地上的优质葡萄。

1998年7月，在全国食品质量研讨会上，滇云牌云南红干红葡萄酒经国家葡萄酒、果酒专家评委鉴评，达到同行业同类产品先进水平。99昆明世博会上，云南红被指定为国宴用酒，充分显示了其品质认可度。2000年，云南红成为钓鱼台国宾馆国宴用酒。目前，云南红已占到云南葡萄酒市场销量的80%以上。

品牌之路初战告捷

云南红的品质以及本土市场的认可已经证明了其本身的实力。但是，在"云南红"商标获核准注册的喜悦之后，如何把"云南红"这一品牌影响力做得更大，冲击一线红酒品牌，甚至打造国际品牌影响力就成为摆在云南红案前的一大课题。

早在1999年，在武汉召开的中国国际食品博览会上，云南红就被评为"市民心目中的最佳品牌"。2005年，在中国名牌战略推进委员会公布的"中国名牌"名单上，"云南红"榜上有名。而就目前来看，人们想到云南红，就自然地想到云南，但要让人们一想到云南，就自然地想得到"云南红"，云南红酒业集团要走的路或许还很长。

在"云南红•高原樽2009年颠覆式营销论坛"上，云南红酒业集团董事长武克钢表示，云南红销量虽已位居中国葡萄酒前五名，但相比于国内张裕、长城等知名品牌，差距甚远。

此前相关资料显示，在中国葡萄酒市场中，张裕稳居榜首，占据了19%的市场份额，长城、王朝、威龙紧随其后。而在市场方面，云南红也表示2009年将推出葡萄烈酒以配合老树葡萄和水晶干白等年度主打产品，这或许在释放一种信号，云南红在产品设计和推广上力图突出地域资源优势，继而开拓市场。从云南气候以及葡萄的品质和特性来看，这无疑是稳妥而明智的。

品牌国际化之路

2007年初，云南红获得全球知名的私人股权投资机构得克萨斯太平洋集团的投资。

TPG基金第一笔1500万美元（1.2亿元人民币）投资汇入了云南红酒业有限公司后，按照协议，TPG还将分期投资助推"云南红"加快市场和品牌的国际化，生产的规模化，实现上市目标。此次"云南红"商标的核准注册，无疑为TPG所提出的推动该品牌国际化埋下伏笔。

当时，TPG增长基金北亚区负责人王兟对媒体表示，TPG进入后首先要协助云南红建立一个全国销售网络，做大云南红的规模。而与TPG联手后，武克钢说道："云南红的前十年是做产品、打市场、创品牌的十年，未来十年将是人才引进、技术力量更新、财务和管理上向国际化迈进的十年。"

在武克钢的"三步走"战略中，最后一步即实现品牌国际化，他表示，在实现资本国际化之后，云南红将通过管理国际化，最终实现市场和品牌的国际化。

一品景芝 三味天下

目前，国酒有酱香、浓香、清香、米香、芝麻香、药香、兼香、凤香、豉香、特香和老白乾香11大香型。其中，由山东景芝酒业股份有限公司创立的芝麻香型白酒，是建国以来白酒界两个创新香型之一。其代表产品——一品景芝，被商务部酒类流通管理办公室和中国酿酒工业协会联合授予中国白酒芝麻香型代表；2008年被授予国家地理标志保护产品；2009年荣获中国轻工业科技成果一等奖、中国白酒质检红榜第一名。

作为芝麻香型白酒的创始者，景芝酒业自1957年在中华老字号景芝白乾中发现"芝麻香"引子后，历经半个世纪的不懈研究和实践，终于总结出了芝麻香型白酒的工艺特点，成功开发出芝麻香型白酒——一品景芝。它以优质高粱、小麦为主要原料，加适量麸皮，泥底砖池，清蒸续渣，量质分级，长期储存，科学勾兑。具有"四高一长"的特点：高氮配料、高温曲与强化菌混合使用、高温堆积、高温入池发酵、贮酒时间长。集酱、浓、清三大香型生产工艺之精华，融合大曲、麸曲酒之优点，多种微生物混合发酵，使其达到了闻香幽雅、香甜醇厚、绵柔舒适、余香悠长的芝麻香风味。

2006年9月8日，由中国酿酒工业协会、山东省白酒工业协会主办的"中国芝麻香型白酒高峰论坛"在景酒公司举行。中国酿酒工业协会理事长王延才、副理事长栗永清、白酒分会秘书赵建华、著名酿酒专家梁邦昌、沈怡方、高月明、庄名扬、熊正河等参加了高峰论坛，对一品景芝的芝麻香典型性给予高度评价。同年，景酒公司在原QB/T 2187-1995的基础上，与全国食品发酵标准化中心共同完成了芝麻香型白酒国家标准（GB/T 20824—2007）的起草。2007年7月1日，经国家质检总局和国家标准化管理委员会共同颁布实施。

半个世纪以来，芝麻香型白酒在生产实践中发现并发展起来。在这个过程中，景芝酒业公司坚持走传统工艺与现代科技相结合、企业与科研院所和高等院校相结合的科研之路，在周恒刚、沈怡方、胡国栋、沈尧绅等著名专家和白酒协会等部门的指导与支持下，孜孜以求，将工艺方面的探索与微生物方面的研究和香味成分分析密切结合，不断取得科研投入，使研究工作成效显著，不但总结出了更为成熟的生产工艺，而且优质品率有了较大幅度的提高，产品的芝麻香典型性更加突出。

五大独特优势 一瓶泰山美酒

随着山东白酒领军企业泰山生力源集团2009年销售收入突破十亿元大关，“十亿鲁酒”的梦想终于变成了现实。泰山特曲如何能够畅销大江南北，创造这一奇迹的呢？该公司总经理张铭新介绍说，五大独特优势造就了一瓶泰山美酒，成就了今天的“泰山现象”。

优势一：得天独厚的生态环境

泰山是世界自然与文化遗产，世界地质公园，也是世人公认的国家森林公园，特有的微生物群落给酿酒提供了得天独厚的生态环境。酿酒行业有一句话，叫做“水是酒之血”，可见名酒必有好水。泰山复杂独特的地质结构和400多种长年累月生长于此的药材植物，大量对人体有益的微量元素和营养成分，经岩石层层过滤溶入龙潭水脉。正是神奇的泰山龙潭泉水为泰山酒“绵、甜、爽、净”的特点提供了天然的条件。

优势二：独一无二的“小窖”工艺

纯粮酿造的精髓是“一窖二曲三工艺”，其中窖池排在第一位。泰山“小窖”有两个特点：一是一个“小”字，单个“小窖”的容积为5立方米，表面积为14.5平方米，这种窖池加大了窖泥与发酵物的接触面积，从而使发酵更均匀，微生物的营养来源更充分，酿出的酒品质自然更胜一筹；二是一个“大”字，3000个窖池全部集中在3万平方米的同一个车间内（该车间获世界基尼斯纪录之最），室内温度、湿度、酿酒微生物的种类和分布等生产环境十分接近，对产品质量起到了锦上添花的作用。

优势三：博大精深的泰山酒文化

泰山以博大的胸襟、厚重的文化被世人称为“五岳之首”、“五岳独尊”，被誉为“岳中之孔子”。泰山生力源集团就位于泰山之阳、汶水之滨，南临大汶口文化的发祥地。泰山的酒文化源远流长，大汶口文化遗址出土的酒器证明，在距今三四千年的大汶口文化时期就已经有了酿酒的历史。自秦始皇开始，历代帝王大都到泰山举行封禅大典，以祈求风调雨顺、国泰民安。据考证，当时的封禅用酒就取自泰山脚下的酿酒作坊，清乾隆皇帝更是12次登祭泰山，并把泰山酒钦定为宫廷御酒。

优势四：科学完善的质保体系

“没有质量就没有市场，没有市场就没有一切。”这是泰山生力源长期树立的质量价值观。目前，泰山生力源集团建立健全了六大质保体系——国际质量管理体系、完善计量检测体系、企业标准化体系、环境管理体系、食品安全管理体系和中食协的产品质量认证。其中，在计量检测方面，是通过“C”标志的企业，并被评为“国家计量工作先进单位”；在标准化方面，是自2005年起即被确认为“AAAA级国家标准化良好行为企业”的单位。科学完善的管理为泰山酒品质的提高提供了坚实的保证。

优势五：至高无上的品牌荣誉

优异的品质加上强劲的市场表现，使泰山酒摘得了许多桂冠：1991年，39度泰山特曲获得第29届布鲁塞尔世界优质产品金奖；1992年，泰山特曲进入人民大会堂成为“国宴用酒”；2006年，泰山特曲荣膺“中国白酒十大竞争力品牌”，继而“泰山牌”白酒商标被认定为“中国驰名商标”；2007年，泰山特曲入选第六届“中国名酒”公示名单，并在山东首批获得纯粮固态发酵白酒标志；在历届苏鲁豫皖白酒峰会上，五岳独尊酒也连获金奖……

正是有了以上五大优势，泰山系列酒才得以驰骋华南、华东、华北市场十余年，在鲁酒潮起潮落的时候，才能够始终勇立潮头，并责无旁贷地担负起振兴鲁酒的重任。

起承转合竞九粮液品牌风流

翻阅甘肃滨河集团九粮酒业公司的酿造史，犹如老农眼里的春夏秋冬，亦如大家笔下的佳构策论，“起、承、转、合”的轨迹异常清晰。而且，每一个发展阶段又似乎总与一个“九”字相关。问人说事，这其中，也许蕴涵了某种神秘的契合与必然。

起：一个古老的传说

汉武帝元狩二年，匈奴屡犯边，武帝命骠骑将军西征。初战，大捷，匈奴败北。将军鸣金而驻守于胭脂山下。为图长久，遂令士卒民众筑八卦营。时值深秋，细雨绵绵，数日不止，筑营人等寒气袭身，腹胀如鼓。遍访名医疗治，亦无济于事。当此时，军中窃传匈奴知息，欲卷土重来。将军心急如焚。一日，帐前禁卫报，有“民生坊”掌柜荷担来见，将军许之。掌柜屈膝释担，侃侃而言曰：“此乃天地阴阳缔合之物也，可驱寒。寒去，腹疾自消。”遂启封，举室香彻。将军浅尝之，周身通畅，热血沸腾。将军喜不自禁，急令分而饮之。一时三刻，痊愈，且力倍加也。庶几日，营成，诱敌陷八卦阵而不可自拔。敌首携残而遁，将军率轻骑袭之，即擒，凯旋而归，班师长安。论功受赏一毕，专事奏彰“民生坊”忠义之举。武帝闻奏，欣然朱笔题赐“民生坊”三字，且将其神功秘籍冠以御用，名曰“御用九坛春酒法”。自此，“民生坊”声名大振，历千载而代有传人。

这个传说出自河西宝卷《霍去病长剑逐匈奴》。此卷虽存，人事已非。至今，霍去病筑成的八卦营遗址仍然横陈于华光清月之下，其规制造势依稀可见。距离八卦营近在咫尺的龙形山岗上，汉墓群落荒草萋萋。但从中出土的兵器、酒器却名目繁多，这从另一个侧面证明，民生坊的传说并非空穴来风。一个不容置疑的事实则是，霍将军赶走匈奴之后，将大部分士卒留在了当地，使其担当戍边和屯垦的双重任务。然而，这些留下来的勇士却遇到了两个麻烦：一是水土不服带来的经常性的腹胀；二是背井离乡带来难以平复的寂寞。于是，喝酒驱寒、喝酒消愁遂成为他们生活的常态。

日月如梭，光阴似箭。“民生坊”的字号因为时代的变迁，虽然经历了一而再、再而三的改换门匾，解放后又四易其名，但是，“九坛春酒法”的工艺精粹却一直未曾埋没，传承至今，一脉相连，真正是“历千载而代有传人”。

时间推进到1984年，由“九坛春酒法”启迪的生动与精彩，终于次第展开，老树绽放出明丽的新芽。

承：一次历史性的交接

1984年，厚重的祁连山回应着锣鼓与鞭炮的山响，滨河酒厂正式成立了。在新酒厂落成的庆典仪式上，县长把委任状郑重地交到了新任厂长许福林的手上。谁也没有想到，这一刻，已然成为滨河酒厂的凤凰涅槃，成为民乐酒业由手工业作坊向现代化迈进的一次历史性交接。正是从这一刻起，许福林和滨河把一个几乎被人遗忘的历史使命承接了过来，这便是：再启“九坛春酒法”的盛况，再续陇酒酿造史的华章。也正是从这一刻起，滨河的名气沾着粮液的馥郁升腾、四溢、远播，不仅令陇原陶醉，而且令华夏大地上的酒界大老们把惊讶的目光投向河西走廊，投向那个曾经孕育了边塞诗的地方。

然而，回到当时的起点，昨日重现，谈何容易？

当时的滨河酒厂，充其量就是一个手工业作坊，一个由泥腿子、半文盲组成的职工队伍。作为新厂长的许福林明白，要振兴，必须推倒重来。“推倒重来！”几乎成为当时滨河酒厂的“主题词”。于是，一切都从推陈出新入手，一切都从创新开始……

狭促的制曲房推倒了，代之而起的是保暖通风均匀的偌大曲房，皮薄菌富的优良曲药从此诞生；

单个的酿造房推倒了，代之而起的是一屋之下的一千个窖池，管理成本骤降；

寒酸的办公室、大门推倒了，代之而起的是高楼、重门的厚重与气派，顾客眼里的滨河形象急剧飙升，订单纷至沓来；

僵化的用人机制推倒了，代之而起的是广纳天下英才、兴办滨河电大，一时间，滨河成了各类人才心向往之的所在；

落后的工艺推倒了，代之而起的是重新挖掘和整理包括“九坛春酒法”在内的优秀工艺成果，构建一流的制造水准，打造促使滨河腾飞的翅膀……

正是在那个意气风发的日子里，滨河迅速形成了自己坚实的基础设施、科研机构和优秀团队；迅速形成了自己的战略构想和先进理念；迅速开发出滨河粮液、九粮液等中高档品牌；并迅速开拓了属于自己的广阔市场……从此，滨河便完成了痛苦的扬弃、愉快的分蘖，完成了承上启下的交接，企业总资产由1984年180万元上升到4个多亿，为日后的发展预设了光明的前景。

滨河在承接中前进，九粮液在蒸馏中升华。

转：一个惊人的创举

滨河的起步虽然盛况空前，但那是古人的骄傲；滨河的传承虽然轰轰烈烈，但毕竟属于草创；真正称得上精彩纷呈的，应该是滨河“九粮九轮发酵工艺”的成功创建。不论从哪个角度而言，这都是滨河酿造水平的一次更本性提升，一次由低水准制造向依靠科技进步，全面提升企业经济质量的战略性转折。

毋庸置疑，“九粮九轮工艺”是全新意义上的系统工程，用全面的观点来衡量，由此引发的硬件设施、软件设施、企业管理和科技团队建设上，都无一例外地上升到一个更高的平台。单从纯技术的角度而言，它的整体科研水平，已经步入全国先进行列，其成果受到国家首届白酒科技大会的表彰奖励，其中不少成果是属于原创性的，填补了中国白酒制造业的技术空白，解决了制约白酒业快速发展的若干瓶颈性难题。九粮配方工艺、制曲工艺、单菌分离培养工艺、窖池富化工艺、储藏工艺等多项成果，已申报或取得国家专利。

我们之所以说，“九粮九轮工艺”的创建，是滨河走向自由王国的一个标志，是滨河发展历程上的一次重大转折，是基于如下理由的：

第一，在数十年的探索中，滨河找到了一条利用现代科技改造传统产业的金钥匙。这便是：用边际创新催生生物技术的成熟，用生物技术解决生物酿造工程上的疑难杂症。这样的探索虽然还处于起步阶段，但是，目前呈现出来的态势，已经清楚地昭示了一种不可限量的前景。

第二，在数十年的联合攻关中，滨河找到了一条产学研结合的路子。这便是：在互惠互利原则下，与相关科研院所建立了设备共享、智慧共享、信息共享、成果共享的科研平台，使得滨河具有了持续创新与进步的力量源泉。滨河已然站在了技术开发的前沿高地。

第三，在数十年的产品研发中，滨河找到了一条赢得广大消费者信赖的法宝。这便是：任何时候、任何情况下，都必须把产品质量作为企业的生命线，倾心竭力地为消费者提供物有所值、物超所值的产品。由质量信誉树立的市场信誉，把滨河与消费者之间的买卖关系变成了一种良性互动。因此有了“九粮液好喝”的普遍赞誉；也有了“九粮液好卖”的最大回报。

合：一个品牌的升起

大树是否长成，硕果是它的标志；滨河是否成熟，品牌是它的旗帜。九粮液品牌的跃然升起，标志着滨河终于完成了它起、承、转、合的鸿篇巨制。

因此，从滨河的奋斗史、创业史来审视，“合”是最终目的，“合”是想要的结果。滨河几十年来所吃的苦、所花的钱、所付出的智慧，其根本目的，就是为了打造自成一派的九粮液品牌。

独树一帜，是滨河人倾注于九粮液的画龙点睛之“合”。九粮液品牌所展示的特质，是一种坚定不移的购买心理区隔。所谓购买心理区隔，就是消费者内心形成的认同程度，就是一个品牌区别于另一个品牌的鲜明标记。不过，真正决定消费者认死理购买“这个”而拒绝购买“那个”的心理区隔，还是由表象“代言”的品质。消费者购买九粮液的心理区隔是长期形成的，其鲜明的心理区隔是“稀贵”。九粮液品质的卓越与消费者的认同是一致的，它集色、香、味、格和丰富的营养、高贵的文化等优秀元素于一体，向消费者提供了物质和精神的双重享受。它是一个品牌的大和，也是滨河这篇大文章的主题和灵魂。

九粮液品牌的主要标志是：其一，市场规模实现了由省内向全国的转变。至2008年底，滨河集团的市场半径已拓展到全国12个省市，销量日增。其中九粮液、九粮国风、国风干红以卓越的品质和西部唯一的品牌入选进北京钓鱼台国宾馆，成为国宾馆常备国宴用酒。其二，经营活动实现了由卖产品向树品牌的转变。品牌战略取得丰硕成果，“滨河”商标连续四届蝉联甘肃省著名商标，并于2008年被认定为中国驰名商标。滨河九粮液连续两届被评为甘肃省名牌产品。

九粮液，开创了千家万户餐桌上有“九”的岁月。

富金牌、朱家角牌产品风格

上海富金酿酒有限公司创建于1985年秋，原属上海武警总队处职单位，2000年12月转制。占地面积40余亩，建筑面积12000平方米。公司地处上海西部国家佘山旅游风景区和淀山湖风景区之间，专业生产黄酒、碳酸饮料。优美的地理环境、先进的生产设备、雄厚的技术力量、完善的检测设备、健全的管理制度、熟练稳定的职工队伍，制造出优质产品。产品以其富金特色和千年古镇朱家角上海老酒风格，及独特风味深受消费者欢迎；产品畅销四省一市，特别是上海地区；产品种类多，规格全，有坛装、瓶装、袋装三大系列20多个品种，黄酒有普通型、清爽型、营养型，适合多层次消费需求。

公司的产品历年曾获20多种荣誉和奖项。如1991年富金牌特加饭被上海市经委评选为市优质产品。1994年5月富金牌特加饭被中国食品工业协会推荐为全国食品行业名牌产品。2000年被上海市工商管理局授予工商免检企业。2003年富金牌上海滩老酒在首届上海市场优质酒评选活动中被评为优秀品牌。2006—2008年富金牌黄酒和朱家角老酒被上海市食品协会评为上海市名优食品。

公司20多年来能获得这么多的奖项和荣誉，主要来自四个方面：

产品风格和质量

黄酒在长三角地区来说是家喻户晓的产品，当然，长三角也是全国黄酒销量最大的地区。从家庭自酿、手工操作到机械化发展，黄酒至今已经经历了三个历史性的转折，并逐渐成为人们离不开的生活用品。经科学证明，常年适量饮用黄酒对人体有舒筋活血、健胃养身作用，因为它有17种人体所需氨基酸。黄酒的作用在《本草纲目》中也被提到过，江泽民主席曾题字“黄酒是天下一绝”的美称。对于企业来说，产品的风格与质量很重要，必须要在保持传统古老风格的基础上适应现代人们的需求，产品安全、质量、口感、市场要求企业要建立一整套质量管理体系，只有这样才能确保产品的质量，达到时尚兼保健的特殊风格。

我公司在2005年就通过了QS产品生产许可证和ISO9001—2000国际质量管理体系认证。

传统工艺、纯粮精酿、手工操作

在生产工艺方面，公司20多年来一直坚持采用古老传统工艺，手工操作。它的特点与机械化黄酒不同，机械化黄酒可全年生产，而传统工艺、手工操作的酿酒方法，它的特征是每年8月下旬采用优质小麦，然后使用传统手工制曲，做成砖曲，凉爽后陈放。10月中旬进入黄酒传统发酵工艺，采用优质糯米与粳米，先把米浸入缸内，一般来说是浸泡5～10天，然后开始蒸饭、发酵。黄酒的发酵在酒坛中发酵40～60天左右，再过滤澄清、杀菌、储存。使用这种方法酿造出来的黄酒的特点是口感、风味与众不同，且质量上乘，有着黄酒独特传统风格，但是产量却不高。

采用高科技手段与技术

黄酒是一种传统古老的酒种，几千年的历史发展演变至今，渐渐地变成人们生活中的必需品。有专家说黄酒是液体蛋糕，它本身所含有的营养物质不可小量。随着时代的发展，为了满足人们生活需求的变化和对时尚的追求，黄酒产业对黄酒的品种作出一些创新性的改良。比如我公司生产的黄酒就在黄酒发酵中融入话梅、枸杞、蜂蜜等微量元素，这种工艺酿造出来的黄酒不仅提高了产品质量风格与口感，也适应了男女老少及各种消费层次的口味需求，产品得到社会各界的一致好评。

水的质量

黄酒发酵主要靠水，水是黄酒的主要原料，水质的好坏直接影响黄酒的质量。古籍记载：黄酒有三大要素，曲（麦曲）是酒中的骨，米（糯米）是酒中的肉，水是酒中的血，黄酒主要依靠这三大要素来酿造。一个企业在酿制黄酒过程中，水的质量是关键，水质不能过硬也不能太软，水质要中性，清亮透明，无异味，只有这样才能酿造出好的黄酒。

公司生产的富金牌上海老酒、上海滩老酒、上海优黄、特加饭酒、黄酒和朱家角牌上海老酒，在上海及周边省市的各类商超在销售业绩上均取得了骄人成绩。

极富情趣的鄂尔多斯白酒品牌文化

品牌文化是社会物质财富和精神财富在品牌中的凝结，是文化特质在品牌中的沉积，是消费心理和价值取向的高度融合。品牌文化分布于品牌的各个层面，科学技术、道德规范、宗教信仰、风俗习惯、文学艺术、情感归属等都丰富和深化着品牌内涵。人们透过品牌的经济现象，可以解读其中的文化意蕴。鄂尔多斯白酒品牌文化极具竞争优势，有着超凡的魅力。

注重实施品牌战略，提升白酒企业竞争力

市场营销和品牌竞争的实践都已证明，只有文化内涵才是品牌价值的核心资源，是提升品牌附加值和竞争力的动力源泉。鄂尔多斯酒业的品牌个性内涵是“鄂尔多斯蒙古民族敬酒文化”、“草原文化”、“农耕文化”、“青铜器文化”等与酒有历史渊源的文化资源，进行整合提炼而形成独特的风格。将几千年来孕育产生的“鄂尔多斯文明”作为鄂尔多斯酒业品牌的载体，进行品牌个性的塑造，把“鄂尔多斯酒文化”作为企业的品牌传播核心理念进行全面推广。体现出鄂尔多斯品牌的文化个性与特色，更会给鄂尔多斯白酒带来显著的生命力和竞争力。尤其是鄂尔多斯牌白酒系列中的主打核心产品“鄂尔多斯敬酒”品牌极富情趣。

“鄂尔多斯”牌粮食白酒，一直坚持纯粮酿造。目前，年白酒生产能力达2万吨，有清、浓、兼三大香型，高、中、低不同档次和度数近百余种产品，远销全国20多个省区。荣誉接踵而来，2005年，鄂尔多斯酒业入选“中国白酒工业百强企业”，并被认定为年度信用3A级企业。近年来，被自治区酒业协会评为“自治区酿酒行业经济效益先进单位”，“鄂尔多斯敬酒”被中国酿酒工业协会评为“全国酒类产品质量安全诚信推荐品牌”，“鄂尔多斯系列酒”商标为“自治区著名商标”、“鄂尔多斯敬酒”为内蒙古名酒，荣获“中国草原美酒第一品牌”称号，“鄂尔多斯”牌粮食白酒被誉为“改革开放30年内蒙古最具影响力的品牌”，“鄂尔多斯敬酒”被内蒙古消协评为“2008—2009年度消费者推荐产品”，2009年鄂尔多斯酒荣膺“第十一届亚洲艺术节指定用酒”等百余项大奖。酒业公司以万正投资集团作为依托，为其在更高层次上实现高水平发展，提供了强大的物质基础和人才保障。近几年来，销售收入以每年平均上亿元以上的速度增长。从1998年至今，近十年来酒业公司向国家上缴税款增长17倍，企业被列为中国饮料制造业纳税百强企业第49位，居内蒙第一，为国家和地方政府的经济建设作出了贡献。

加强白酒生产的管理，保证品牌的高质量

合理规划品牌形象，强调着重培养和提升企业核心竞争力，利用品牌优势，拓展系列产品，提高市场覆盖率，不断打造消费者心目中的崇高品牌形象。“鄂尔多斯”清香型白酒是内蒙古自治区清香型白酒的典范。白酒产品从外包装到产品的口味、风格都体现出了历史和现代的完美结合。企业生产的深受消费者喜爱的“鄂尔多斯牌”敬酒、二十年陈酿、公斤酒、珍藏等系列白酒，就是选用优质高粱为原料，精心酿制而成。“内外兼修”可谓集中了酒厂几十年酿酒历史之精华，其酒质和文化内涵具有清香型酒的典型风格。如2009年开发的新产品鄂尔多斯“珍藏”坛装酒全新上市，包装考究，格调高雅，备受欢迎。这几年“鄂尔多斯酒”已稳步跨入健康发展的“快车道”，白酒品牌建设完成了高档名酒形象的重塑与再造，赢得市场广泛认同。白酒品牌的防伪功能更加科学、先进，酒文化内涵独特，代表着鄂尔多斯酒业雄厚的实力。

今后企业将紧紧围绕“大企业、大市场、大发展、大目标”的四大战略，以科学发展观为指导，以品牌建设为重点，以提高技术含量为目标，不断增强企业核心竞争力。以精耕细作的态度，全面提升鄂尔多斯白酒品质，满怀豪情地去开发更广阔的白酒市场。为打造中国驰名白酒品牌，为实现“建设长寿企业”的宏大战略构想不断超越，促进鄂尔多斯酒业实现又好、又快发展进行不懈的努力！

又踏层峰望眼开

实施“走出去”战略，白云边集团在川建万吨原酒基地

2009年10月16日，在四川成都第十届中国西部国际博览会暨第二届中国西部国际合作论坛隆重开幕，国务院总理温家宝出席开幕式，白云边集团董事长李欣应邀出席大会及重大相关活动。

当日下午，成都世纪城国际会展中心5楼水晶大厅，湖北白云边集团董事长李欣先生代表白云边集团与宜宾县政府及宜宾吉鑫酒业有限公司签订《战略投资合作协议书》。三方约定，由白云边集团控股组建宜宾吉鑫制酒有限公司，计划一期工程投资2亿元以上人民币在宜宾建设“原酒生产和技改项目”，作为白云边酒业在有“中国酒都”之称的四川省宜宾县的战略生产基地。项目总建设周期为3年，2009年10月开工建设，2012年10月前建成投产。该项目建成后，可新增1万吨原酒产能，最终白云边酒业在宜宾的生产基地可形成年产原酒2万吨以上的生产能力。

白云边继销售实施“走出湖北”战略取得阶段性成果之后，为进一步综合利用省内、省外两个市场和省内、省外两种资源，开始积极实施对外资本扩张。白云边集团的此次重大战略投资举措，为白云边酒业可持续发展再添强大后劲；为白云边昂首阔步，实现做强做大的目标奠定了坚实的基础；更为白云边决胜千里、逐鹿浓香型白酒市场，提供了广阔的发展空间。

品牌大提升，为企业大发展插上腾飞的翅膀

2008年5月28日，“白云边”注册商标被认定为中国驰名商标，连续18年的湖北省著名商标在这一天实现了量变到质变的飞跃。2009年5月21日，国家质量监督检验检疫总局、国家标准化管理委员会联合下发2009年第5号《中华人民共和国国家标准批准发布公告》。公布《浓酱兼香型白酒国家标准》（GB/T23547—2009）已于2009年4月14日批准，将于2009年12月1日实施。以白云边公司为第一起草单位、以白云边公司总工程师熊小毛为第一起草人的《浓酱兼香型白酒国家标准》的发布实施，进一步肯定了白云边作为全国浓酱兼香型白酒的代表地位和行业的龙头企业地位，意义重大，影响深远。

一个“国家标准”，加上一个“中国驰名商标”，再加上此前被确定的“中国兼香型白酒代表”，白云边已经实现了由一个区域性品牌向全国性品牌的蝶变，由二线品牌向一线品牌的成功跨越。企业是船，品牌是帆。扬帆远航，白云边必将拥有更大的市场空间、更多的消费群体、更好的发展机遇。

企业系列战略投资举措相继实施，白云边剑指中白酒行业第一方阵

目前，白云边集团除了在四川宜宾控股投资2亿元建设原酒基地外，其位于湖北松滋的总投资达4.2亿元的白云边工业园项目完成一期建设，实现“两个翻番（2008年9月，白云边新酿造基地如期建成投产，酿造产能顺利实现了翻番；2009年9月，白云边工业园包装中心竣工投产，实现了综合产能整体翻番）”后，顺利进入二期建设。二期项目围绕“工业旅游”理念，以中国传统民居四合院为原型，通过空间结构表现解读、诠释传统文化，再现江南水乡园林风格，以最优美的环境，酿最好的美酒。

为进一步扩大白云边原酒产能，白云边投资1亿的原四期技改工程重新上马。按照“边维修、边建设、边投产”的原则进行整体规划，分步实施。集团计划经过第二阶段的投资，在2010年新增年产1万吨半成品酒产能，为白云边酒业的长远发展储备新的原酒资源，使白云边的优质原酒常年储备量达到5万吨。

在白云边已提前1年实现公司“十一五”规划的利好形势下，白云边集团决定乘势而上，加快发展，通过一系列的战略投资和优势扩张，先做强、再做大，以白酒主业为支撑，规划在“十二五”期末实现企业年主营业务收入过30亿元，进一步巩固和发展“浓酱兼香型白酒第一品牌”，强势挺进中国白酒行业第一方阵。

阿拉老酒宁波酒文化的突围与复兴

中国黄酒与德国啤酒、法国葡萄酒并称为“世界三大古酒品种”。作为国之瑰宝的黄酒，发源地在哪里？绝大多数人想到的是绍兴，但正确的答案却是宁波。拥有7000年历史的宁波黄酒长期沉寂的局面，直到阿拉老酒的出现才得以改变。

一个潜伏7000多年的民间传统，如今却能举起河姆渡的古老文化的旗帜，在现代市场中重新夺回过去的声誉，并传播至海外，这就是阿拉老酒在改革开放中的表现。

7000年酒文化的复兴

余姚河姆渡，这个有7000年历史的新石器时期文化遗址，显示了黄酒发源于宁波的直接证据：有发酵和储酒的陶罐，还有温酒的陶鬶、盛酒的陶盉，以及饮酒的陶钵、陶杯。但是，这个有着悠久历史的老酒，在改革开放前期则从黄酒行业竞争中完全溃败，只有手工作坊式的民营酒厂肯定无法与国营酒厂对抗，于是宁波黄酒在艰苦中挣扎。

宁波黄酒将就此败退？阿拉老酒的发展给出了相反的答案，证明了草根出身也能挺起千年的脊梁：完全由民营资本承担的宁波黄酒博物馆目前正在筹建中，阿拉老酒投资1.5亿人民币新建的5万吨优质黄酒生产基地于2008年底使用，阿拉老酒正突破长三角、越过长江黄河、越过大洋销售到世界各地……

从名不见经传到业界新贵，只有短短三年。上述事实距离他们2004年正式启用“阿拉”品牌，只有三年，这三年的背后，其实是宁波黄酒默默耕耘30年的厚积薄发，更是阿拉老酒民营化活力的充分展现，凭借“阿拉的、民族的、世界的”的文化主张和一系列创新，宁波黄酒终于迎来了自己的春天。

黄酒市场也就长三角而已？阿拉老酒不相信，于是“打过长江以北去”的过江战略，成为他们的新诉求。

经过反复斟酌与精心谋划，阿拉采取了“卖文化”方式来做大黄酒这块蛋糕，简单地说就是：阿拉的、传统的、民族的、世界的。

为进一步加强阿拉作为宁波黄酒领导品牌的形象，阿拉老酒启动了立体传播攻势：赴北京聘请专业广告公司以“阿拉老酒，我的酒，我们的酒”这一广告语拉开了宣传攻势；赞助中国女排国际比赛宁波赛场，利用电视转播的全国辐射频频露脸；在当地日报、电视台启动高频次的广告插播；在主要的公交线路上做整车流动广告以及一些城市交通要道上的车站户外广告；借助《中国酒》与《中国黄酒》等行业媒体配合宣传，并参与了有关食品与酒类的许多展览会、博览会，立体化地进行了品牌传播。

讲悠久历史，讲独特工艺，讲文化礼仪，讲营养健康，讲饮酒情调，等等，配以品质出色的“阿拉老酒”中高端产品，阿拉做了“想别人不敢想，做别人不敢做”的事情，逐渐扭转了黄酒仅在江、浙、沪一带，仅在国内打转的传统局面。

阿拉老酒的文化突围

传统企业跨入到现代化企业，最重要的依靠是人才。因而他们的主张是：选最好的人才，上最好的设备，用最好的工艺，这便是“阿拉老酒”的明天，也是中国黄酒的明天。

他们先在行业内找到几名具有优秀酿造技术经验的师傅，先期做好酒基。随后，宁波阿拉又斥资数百万元与国内实力最雄厚的酿酒人才和酿酒科研基地——江南大学联手成立黄酒研发中心，合作开发酿酒新技术，培养高层次人才。不久，这一研发中心研制的一项动态发酵控制技术在“阿拉老酒”成功应用。这项新技术能控制黄酒的口感和质量，可以使“阿拉老酒”饮后不上头、不口干，而且营养保健、安全卫生各项指标均有显著提高。

为了确保产品质量的稳定提高，“阿拉老酒”砸下重金在安徽建立了固定的优质糯米生产基地，生产用水全用优质水库泉水，精心酿造得别有风味。就这样，一步一个脚印的阿拉，终于在营养酒市场上一步领先步步领先。

荣誉接踵而至：2006年被中国酒文化专业委员会授予中国历史文化名酒的称号，成为中国国际服装节、中国开渔节、2005—2007年中国食品博览会、中国消费品博览会、第99届广交会等唯一指定的黄酒。公司投资1.5亿人民币新建的优质黄酒酿造基地即将投入生产，届时，产能达到年产5万吨优质黄酒，进入全国黄酒行业前8强，成长为国内最大的民营黄酒企业之一。

松茸酒的王者之路

松茸又名松覃、玉姆鲁，属于我国国家濒危保护物种，是世界上最珍贵的天然野生药用菌，位列松茸、灵芝、冬虫夏草、牛肝菌这四大菌王之首。1945年8月美国在日本广岛原子爆炸后，唯一在岛上生长的就只有松茸。目前全世界都不能人工培植松茸，必须依靠天然野生采摘，才可以获得这种珍贵生物，因此，松茸在所有的真菌物种里被称为白金菌种。松茸的抗辐射和抗癌性，是得到了世界公认的，这也是它受到人们青睐的原因所在。

亚细亚松茸酒业股份有限公司的工厂就设在距高品质松茸产区不到40公里处，这样可以保证人们在8小时内将新采摘的鲜松茸投入提取流程中。松茸酒用上好的基酒，也就是当地特有的“龟泪山泉水”和几十年纯粮酿造的陈酿，通过一道特殊工艺酿出了中国第一款天然的营养保健酒，这款特殊的保健酒现已被收入“中国中华之最荣誉大典”之中。它口感极佳，可与国内任何一种顶级美酒相媲美。此外，经相关部门检测发现，该酒中的松茸腺苷和松茸多糖含量是普通松茸泡酒的9～11倍，这正是松茸酒的品质所在。

七大优势，助其成就行业领导王者地位。

1.饮用健康、白酒革命

亚细亚松茸酒业系列产品成功开创了白酒的营养健康时代。

2.产品包装、独一无二

新颖独特，具有领先性的营养白酒包装，已获得国家知识产权局证书，让松茸酒系列产品在视觉上与其他产品明显区隔开来。

3.绝佳产地、天然有机

松茸酒系列产品产自“中国松茸产地第一县”。这里是迄今为止人类保存最完好的松茸产地，是国内最大的松茸野生采摘生产基地。

4.独特品种、绝无仅有

鸡东县因其独特的地域特色和气候所致，所产的松茸是完全天然野生生长的。其营养成分高于任何地区，是其它地域不可复制的。

5.科研开发、强强联合

松茸酒系列产品由中国资力最深的调酒师精心调制，并整合了业界顶尖的科技开发力量，为产品始终走在行业尖端注入无限生机。

6.生产工艺、国际领先

松茸系列产品采用国际领先的全自动、全电脑监控现代化生产设备及独家生产工艺，其生产过程在全封闭无污染条件下进行，充分保证了消费者对食品安全的需求。

7.政府特供、总统认可

松茸酒产品不仅成为了政府特供的饮品，还得到了韩国总统的认可。

随着社会经济的快速发展和人们的生活水平不断提高，现今的人们越来越关注健康有品位的生活。而亚细亚松茸酒业股份有限公司正是独具慧眼地发现了人们的这种需求，他们在满足人们需求的同时，也开辟了自己独具特色的发展之路，在良好利用本身优势的基础上，最终成就了自己王者地位。

BLUEBERRY CHATEAU
越橘庄园
BLUEBERRY CHATEAU
越橘庄园
BLUEBERRY CHATEAU
野生蓝莓酒（半干）
blueberry wine
越橘庄园
BLUEBERRY CHATEAU
野生蓝莓酒
2005
12%vol

装备篇

系统介绍了酿酒行业技术装备领域发展概况以及重点技术装备企业风采。

李宗平

Li Zongping

YEARBOOK FIGURE

李宗平，1960年出生于湖南澧县，1976年高中毕业，1978年任中学民办教师，1981年招工到澧县供销合作社，1983年考入湖南电视广播大学经济管理专业，1989年加入中国共产党，1992年获会计师职称。1999年下海应聘到湖南中商集团公司任副总经理至今。2008年任湖南浏阳河酒业有限公司总经理。

李宗平最大的功绩：倾力协助中商集团董事长彭潮创建浏阳河酒业公司，打造浏阳河品牌，开拓浏阳河营销市场。目前浏阳河酒业发展成为拥有万名员工、22个市场管理大区、营销网络覆盖全国31个省份的大型白酒销售企业。“浏阳河”成为中国驰名商标和全国重点保护品牌，创下了价值逾100亿的无形资产价值。

明确发展目标 调整和振兴装备制造业

装备制造业是为国民经济各行业提供技术装备的战略性产业，产业关联度高、吸纳就业能力强、技术资金密集，是各行业产业升级、技术进步的重要保障和国家综合实力的集中体现。

为应对国际金融危机的影响，落实党中央、国务院关于保增长、扩内需、调结构的总体要求，确保装备制造业平稳发展，加快结构调整，增强自主创新能力，提高自主化水平，推动产业升级，装备制造业应做好以下几个方面的工作。

装备制造业现状及面临的形势

经过多年发展，我国装备制造业已经形成门类齐全、规模较大、具有一定技术水平的产业体系，成为国民经济的重要支柱产业。特别是《国务院关于加快振兴装备制造业的若干意见》（国发〔2006〕8号）实施以来，装备制造业发展明显加快，重大技术装备自主化水平显著提高，国际竞争力进一步提升，部分产品技术水平和市场占有率跃居世界前列。我国已经成为装备制造业大国，但产业大而不强、自主创新能力薄弱、基础制造水平落后、低水平重复建设、自主创新产品推广应用困难等问题依然突出。同时，受国际金融危机影响，2008年下半年以来，国内外市场装备需求急剧萎缩，我国装备制造业持续多年的高速增长势头明显趋缓，企业生产经营困难、经济效益下滑，可持续发展面临挑战。

应该看到，我国目前正处于扩大内需、加快基础设施建设和产业转型升级的关键时期，对先进装备有着巨大的市场需求；金融危机加快了世界产业格局的调整，为我国提供了参与产业再分工的机遇，装备制造业发展的基本面没有改变。必须采取有效措施，抓住机遇，加快产业结构调整，推动产业优化升级，加强技术创新，促进装备制造业持续稳定发展，为经济平稳较快发展作出贡献。

指导思想、基本原则和目标

1. 指导思想

全面贯彻落实党的十七大精神，以邓小平理论和“三个代表”重要思想为指导，深入贯彻落实科学发展观，依托国家重点建设工程，大规模开展重大技术装备自主化工作；通过加大技术改造投入，增强企业自主创新能力，大幅度提高基础配套件和基础工艺水平；通过加快企业兼并重组和产品更新换代，促进产业结构优化升级，全面提升产业竞争力，努力推进装备制造业由大到强的转变。

2. 基本原则

坚持装备自主化与重点建设工程相结合。加强政策支持和市场引导，充分利用实施重点建设工程和调整振兴重点产业形成的市场需求，加快推进装备自主化，保障工程需要，带动产业发展。

坚持自主开发与引进消化吸收相结合。支持企业自主开发新产品，鼓励开展引进消化吸收再创新，引导企业逐步由依赖引进技术向自主创新转变，大力推进技术产业化。

坚持发展整机与提高基础配套水平相结合。努力实现重大技术装备自主化，带动基础配套产品发展。提高基础件技术水平，开发特种原材料，扭转基础配套产品主要依赖进口的局面。

坚持发展企业集团与扶持专业化企业相结合。支持装备制造骨干企业通过兼并重组发展大型综合性企业集团，鼓励主机生产企业，由单机制造为主向系统集成为主转变，引导专业化零部件生产企业向“专、精、特”方向发展，形成优势互补、协调发展的产业格局。

3. 规划目标

（1）产业实现平稳增长。保持装备制造业生产经营稳定，增加值占全国工业增加值的比重逐步上升，为扩大内需、转变发展方式、确保国民经济稳定增长提供保障。

（2）市场份额逐步扩大。提高国产装备质量水平，扩大国内市场，国产装备国内市场满足率稳定在70%左右，巩固出口产品竞争优势，稳定出口市场。

（3）重大装备研制取得突破。全面提高重大装备技术水平，满足国家重大工程建设和重点产业调整振兴需要，百万千瓦级核电设备、新能源发电设备、高速动车组、高档数控机床与基础制造装备等一批重大装备实现自主化。

（4）基础配套水平提高。基础件制造水平得到提高，通用零部件基本满足国内市场需求，关键自动化测控部件填补国内空白，特种原材料实现重点突破。

（5）组织结构优化升级。形成若干家具有国际竞争力的科工贸一体化大型企业集团，形成一批参与国际分工的“专、精、特”专业化零部件生产企业。

（6）增长方式明显转变。生产组织方式和重要生产工艺得到改进，现代制造服务业得到发展，单位工业增加值能耗、物耗和污染物排放显著降低，劳动生产率显著提高，大型企业集团的现代制造服务收入占销售收入比重达到20%以上。

产业调整和振兴的主要任务

1.依托十大领域重点工程，振兴装备制造业

（1）高效清洁发电。以辽宁红沿河、福建宁德和福清、广东阳江、浙江方家山和三门、山东海阳以及后续核电站建设工程为依托，推进二代改进型、AP1000核电设备自主化，重点实现压力容器、蒸汽发生器、控制棒驱动机构、核级泵阀、应急柴油机等主要设备的国内制造。以东北、西北、华北北部和沿海地区大型风电场工程为依托，推进风电设备自主化，重点实现变频控制系统、风电轴承、碳纤维叶片等产品的国内制造。进一步提高70万千瓦以上水电设备、大型抽水蓄能机组、百万千瓦级超临界/超超临界火电设备、大型燃气机组、垃圾焚烧发电设备等技术装备的性能质量。开发太阳能发电设备。发展大型火电、核电站辅机。

（2）特高压输变电。以特高压交直流输电示范工程为依托，以交流变压器、直流换流变压器、电抗器、电流互感器、电压互感器、全封闭组合电器等为重点，推进750千伏、1000千伏交流和±800千伏直流输变电设备自主化。

（3）煤矿与金属矿采掘。以平朔东、胜利东二号、白音华、朝阳等10个千万吨级大型露天煤矿，酸刺沟等10个深井煤矿，以及大型金属矿建设为依托，大力发展新型采掘、提升、洗选设备，重点实现电牵引采煤机、液压支架、大型矿用电动轮自卸车、大型露天矿用挖掘机等设备的国内制造。

（4）天然气管道输送和液化储运。以西气东输二线、陕京三线等天然气管道输送工程为依托，发展长距离输送管道燃压机组、大型管线球阀和控制系统等装备；以浙江、江苏、珠海、青岛等液化天然气接收站工程为依托，发展大型液化天然气运输船及接收站等设备。

（5）高速铁路。以在建的京沪、京广、京沈、沪昆等约1万公里高速铁路客运专线，以及西部干线铁路、煤运通道建设项目为依托，组织实施铁路交通设备自主化，实现高速动车组、大功率交流传动电力/内燃机车、重载货车、大型养护机械等装备的国内制造。

（6）城市轨道交通。以北京、上海、广州、深圳等17座城市近70条线路工程项目为依托，重点实施城市轨道交通车辆、信号系统、列车网络控制系统、制动系统、主辅逆变器等机电设备自主化。

（7）农业和农村。以国家新增千亿斤粮食工程为依托，大力发展大功率拖拉机及配套农机具、节能环保中型拖拉机等耕作机械，通用型谷物联合收割机、新型半喂入式水稻联合收割机、高效玉米联合收割机、自走式采棉机等收获机械，免耕播种机、节水型喷灌设备等。适应新农村建设、农业现代化的需要，重点发展农产品精深加工成套设备、灌溉和排涝设备、沼气除料设备、农村安全饮水净化设备等。

（8）基础设施。适应交通、能源、水利、房地产等行业发展需要，以大型隧道全断面掘进机、大型履带吊和全路面起重机、架桥机、沥青混凝土搅拌和再生成套设备等为重点，发展大型、新型施工机械；以空管设备和空管自动化系统、行李和货物高速分拣系统、安检设备与智能化监测系统、航显综合系统及设备、机场信息集成系统及设备等为重点，发展机场专用装备；以大型斗轮堆取料机、翻车机、装卸船机等为重点，发展港口机械。

（9）生态环境和民生。适应环境保护和社会民生需要，大力发展污水污泥处理设备、脱硝脱硫设备、余热余气循环再利用设备、环境在线监测仪器仪表，食品、药品、煤矿瓦斯等安全检测设备，重大事故应急救援设备，数字化医疗设备等。

（10）科技重大专项。加快实施高档数控机床与基础制造装备科技重大专项，重点研发高速精密复合数控金切机床、重型数控金切机床、数控特种加工机床、大型数控成形冲压设备、重型锻轧设备、清洁高效铸造设备、新型焊接设备与自动化生产设备、大型清洁热处理与表面处理

设备等八类主机产品，基本掌握高档数控装置、电机及驱动装置、数控机床功能部件、关键部件等的核心技术。

2.抓住九大产业重点项目，实施装备自主化。

（1）钢铁产业。以钢铁产业调整和振兴规划确定的工程为依托，以冷热连轧宽带钢成套设备、大型板坯连铸机、彩色涂层钢板生产设备、大型制氧机、大型高炉风机、余热回收装置等为重点，推进大型冶金成套设备自主化。

（2）汽车产业。结合实施汽车产业调整和振兴规划，重点提高汽车冲压、装焊、涂装、总装四大工艺装备水平，实现发动机、变速器、新能源汽车动力模块等关键零部件制造所需装备的自主化。

（3）石化产业。以石化产业调整和振兴规划确定的工程为依托，以千万吨级炼油、百万吨级大型乙烯、对苯二甲酸（PTA）、大化肥、大型煤化工和天然气输送液化储运等成套设备，大型离心压缩机组、大型容积式压缩机组、关键泵阀、反应热交换器、挤压造粒机、大型空分设备、低温泵等为重点，推进石化装备自主化。

（4）船舶工业。结合实施船舶工业调整和振兴规划，重点提高焊接、涂装工艺装备水平，实现船用柴油机、曲轴、推进器、舱室设备、甲板机械等关键零部件制造所需装备的自主化。

（5）轻工业。结合实施轻工业调整和振兴规划，以食品机械、制浆造纸机械、塑料成型机械、制革制鞋机械、光机电一体化缝制机械、包装设备以及食品安全检测设备等为重点，推进轻工机械自主化。

（6）纺织工业。结合实施纺织工业调整和振兴规划，以粗细联、细络联、高速织造设备，非织造成套设备，专用织造成套设备，高效、连续、短流程染整设备等为重点，推进纺织机械自主化。

（7）有色金属产业。结合实施有色金属产业调整和振兴规划，以高精度轧机、大断面及复杂截面挤压机等为重点，推进有色冶金设备自主化。

（8）电子信息产业。结合实施电子信息产业调整和振兴规划，以集成电路关键设备、平板显示器件生产设备、新型元器件生产设备、表面贴装及无铅工艺整机装联设备、电子专用设备仪器及工模具等为重点，推进电子信息装备自主化。

（9）国防军工。结合国防军工发展需要，以航空、航天、舰船、兵器、核工业等需要的关键技术装备，以及试验、检测设备为重点，推进国防军工装备自主化。发挥军工技术优势，促进军民结合。

3.提升四大配套产品制造水平，夯实产业发展基础

（1）大型铸锻件。重点发展大型核电设备铸锻件，百万千瓦级超临界/超超临界火电机组铸锻件，70万千瓦以上等级大型混流式水轮机组铸锻件，石化、煤化工重型容器锻件，冷热连轧机铸锻件，大型船用曲轴、螺旋桨轴锻件，大型轴承圈锻件等。

（2）基础部件。重点发展大功率电力电子元件、功能模块，大型、精密轴承，高精度齿轮传动装置，高强度紧固件，高压柱塞泵/电动机、液压阀、液压电子控制器、液力变速箱，气动元件，轴承密封系统、橡塑密封件等。加快发展工业自动化控制系统及仪器仪表、中高档传感器等。

（3）加工辅具。重点发展大型精密型腔模具、精密冲压模具、高档模具标准件，高效、高性能、精密复杂刀具，高精度、智能化、数字化量仪，高档精密磨料磨具等。

（4）特种原材料。重点发展耐高温、耐高压、耐腐蚀电站用钢（钢管），大型变压器用高磁感取向硅钢，高压、特高压输变电设备用绝缘材料，高速列车转向架、轮对用特种钢，飞机用高档铝型材，轴承、齿轮、模具、量具、刃具、高强度紧固件用特种钢，机床滚珠丝杠和直线导轨专用钢材，高耐磨钢、高强度、耐高温、低磨损、长寿命复合密封材料等。

4.推进七项重点工作，转变产业发展方式

（1）加快产业组织结构调整。重点支持装备制造骨干企业跨行业、跨地区、跨所有制重组，逐步形成具有工程总承包、系统集成、国际贸易和融资能力的大型企业集团。加大对重点基础配套企业的投入力度，引导民营资本和外资投向基础零部件、加工辅具等领域，发展一批高起点、大规模、专业化企业，健全产业配套体系。

（2）增强自主创新能力。加大科研投入力度，集中攻克一批长期困扰产业发展的共性技术。加快建设一批带动性强的国家级工程研究中心、工程技术研究中心、工程实验室等，提升企业产品开发、制造、试验、检测能力。推进以企业为主体的产学研结合，鼓励科研院所走进企业，支持企业培养壮大研发队伍。

（3）提高专业化生产水平。改进企业生产组织方式，合理配置资源，整合区域内铸造、锻造、热处理、表面处理四大基础工艺能力，建设专业化生产中心。

（4）加快完善产品标准体系。加快制（修）订装备产品技术标准，提高标准水平，促进新技术、新工艺、新设备、新材料的推广应用，淘汰落后产品。跟踪国际先进技术发展趋势，注重与国际标准接轨，积极参与国际标准制

（修）订工作，促进自主创新产品进入国际市场。

（5）利用境外资源和市场。充分吸收借鉴境外先进管理经验，有选择地引进先进技术，为海外专业技术人才回国工作创造良好条件，提高我国装备制造业技术水平。支持有条件的企业兼并重组境外企业和研发机构。稳定和扩大装备产品出口，提高出口产品技术含量、附加值和成套水平。

（6）发展现代制造服务业。围绕产业转型升级，支持装备制造骨干企业在工程承包、系统集成、设备租赁、提供解决方案、再制造等方面开展增值服务，逐步实现由生产型制造向服务型制造转变。鼓励有条件的企业，延伸扩展研发、设计、信息化服务等业务，为其他企业提供社会化服务。

（7）加强企业管理和人才队伍建设。引导装备制造企业加快改革步伐，优化产权结构，转换经营机制，建立现代企业制度，加强企业管理，全面提高科学决策和生产、经营水平，增强参与国际竞争和防范市场风险的能力。改进企业生产组织方式，加强产品质量管理，落实各项安全生产措施，提高生产效率和产品质量。

政策措施

1. 发挥增值税转型政策的作用

充分发挥增值税转型政策对企业技术进步的促进作用，鼓励企业加大技术改造力度，加快装备更新，调整产品结构，推动企业技术进步。

2. 加强投资项目的设备采购管理

中央预算内投资项目要支持自主创新的技术装备。项目申报文件中须附有设备采购清单，项目咨询评估阶段需对设备采购方案进行评估，项目实施阶段要加强对设备招投标的监督和指导，确保自主创新设备采购方案的落实。

3. 鼓励使用国产首台（套）装备

建立使用国产首台（套）装备的风险补偿机制。鼓励保险公司开展国产首台（套）重大技术装备保险业务。

4. 加大技术进步和技术改造投资力度

制定《装备制造业技术进步和技术改造项目及产品目录》，支持使用国产首台（套）重大技术装备，支持目录内装备的自主化、节能节材减排改造、企业兼并重组后内部资源整合、区域性四大基础工艺中心建设、发展现代制造服务业等。

5. 支持装备产品出口

完善出口退税政策，适当提高部分高技术、高附加值装备产品的出口退税率。鼓励金融机构增加出口信贷资金投放，支持国内企业承揽国外重大工程，带动成套设备和施工机械出口。

6. 调整税收优惠政策

鼓励开展引进消化吸收再创新，对生产国家支持发展的重大技术装备和产品，确有必要进口的关键部件及原材料，免征关税和进口环节增值税。在对铸件、锻件、模具、数控机床产品增值税实行先征后返的政策到期后，研究制定新的税收扶持政策，调整政策适用范围，引导发展高技术、高附加值产品。

7. 推进企业兼并重组

制定鼓励境内企业跨地区、跨行业、跨所有制重组的政策措施，妥善解决富余人员安置、债务核定与处置、财税利益分配等问题；对重组企业发行股票、企业债券、公司债券、中长期票据、短期融资券以及申请贷款等予以支持；对境内企业并购境外制造企业和研发机构，可给予相关项目贷款贴息支持。鼓励金融机构在风险可控的条件下开展境内外并购贷款业务。

8. 落实节能产品补贴和农机具购置补贴政策

用好节能产品补贴资金，对购买高效节能装备产品的终端用户给予补贴，2009年先行开展对高效电机推广应用的补贴。抓紧落实好农机具购置补贴政策，及早兑现到户。

9. 建立产业信息披露制度

适时向社会发布产业政策导向、项目核准、企业重组、产能利用、进出口、生产销售库存等信息，为企业投资决策、银行贷款、土地预审等提供信息指导。

10. 支持产品检验检测和认证机构建设

加强产品质量检验检测能力建设，提高质量检测水平。建设高速铁路、城市轨道交通等新型装备产品检验检测和认证机构，完善国家强制性产品认证体系。

规划实施

国务院有关部门要根据《规划》分工，尽快制定完善相关政策措施，密切配合，形成合力，确保《规划》顺利实施。要适时开展《规划》的后评价工作，及时提出评价意见。

各地区要按照《规划》确定的目标、任务和政策措施，结合当地实际，抓紧制定具体落实方案，确保取得实效。具体工作方案和实施过程中出现的新情况、新问题要及时报送发展改革委、工业和信息化部等有关部门。

食品设备企业的机会
——增值税转型改革解读

国务院总理温家宝在2008年11月5日主持召开的国务院常务会议上，研究部署了进一步扩大内需促进经济平稳较快增长的十大措施，其中有一项措施可以说是影响到了各行各业：自2009年1月1日起，在全国所有地区、所有行业全面实施增值税转型改革。

所谓增值税转型，就是将中国现行的生产型增值税转为消费型增值税。在现行的生产型增值税税制下，企业所购买的固定资产所包含的增值税税金，不允许税前扣除；而如果实行消费型增值税，则意味着这部分税金可以在税前抵扣。世界上采用增值税税制的绝大多数市场经济国家，实行的都是消费型增值税。同时，作为转型改革的配套措施，将相应取消进口设备增值税免税政策和外商投资企业采购国产设备增值税退税政策，将小规模纳税人征收率统一调低至3%，将矿产品增值税税率恢复到17%。

增值税转型减轻企业税负

本次增值税转型改革方案最大亮点是全额抵扣、全行业转型，取消增量限制。增值税转型对于各个行业的影响不一，对存在增值税销项且新购置设备较多的行业优惠较多。中金公司研究报告称：通过对《中国固定资产投资统计年鉴》中各个行业的新购置工器具设备数据，按照不同行业的增值税税率来计算增值税转型带来的税收优惠，发现橡胶制品业，印刷业，造纸及纸制品业，木材加工及其制品业，金属制品业，食品制造业，纺织业，家具制造业，电力、热力的生产和供应业，非金属矿物制品业等产业受益最为明显，达到10%以上。其中，橡胶制品业最高，达14.3%，食品制造业达到10.5%。

据相关测算，明年实施增值税转型改革将减少当年增值税收入约1200亿元，城市维护建设税收入约60亿元，教育费附加收入约36亿元，增加企业所得税约63亿元，增减相抵后将减轻企业税负共约1233亿元。

增值税转型鼓励产业投资、结构调整

在原有的生产型增值税税制下，纳税人购进固定资产所含的税款不予抵扣，谁投资谁纳税，尤其是高新技术产业和基础产业等固定资产投资比重大的企业，税收负担尤其沉重，同时抑制了企业对于高新技术的投资；更有少数经营者为了在最短的时间内实现最大的经济效益，无视固定资产的运行状况进行掠夺性生产经营，更谈不上固定资产再投资。这样，使得原本落后的基础产业发展更加滞后，整体发展水平低，与产业结构的发展相悖。

实施新的增值税税制后，会减轻设备型、资产型企业税负，会促进企业设备的更新换代，有利于基础产业和高新技术产业发展，促进产业结构调整。

增值税转型提高自主创新和设备国产化

减轻企业税负，鼓励企业进行固定资产投资，这样会使企业有更多的资金进行再投资，调动企业进行技术改造和产业升级的积极性。

原有生产型增值税政策进口免税设备范围较宽，且内资企业进口设备的免税范围小于外资企业；而新的税制将取消进口设备增值税免税政策和外商投资企业采购国产设备增值税退税政策，企业购买设备，不管是进口的还是国产的，其进项税额均可以抵扣，内外资企业有公平的税负。这样，有利于国产设备和进口设备平等竞争，相应地提高了国产设备的竞争力，有利于我国装备制造业的振兴。其产生的利润又可以进一步促进企业投入到技术改造和产业升级中。

食品设备生产企业的机会

此次拉动内需的十大措施，各行各业都会受益，对于食品企业来讲，也是一样。目前许多企业，设备老化，技术落后，产品性能差，生产规模小，受增值税转型改革的刺激与鼓舞，为适应市场经济发展的需要，必然也必须进行全面的更新改造。这对食品设备生产企业来说是一个很大的发展机遇。

增值税转型，会推动企业进行产业结构调整，加快自主创新步伐，生产出具有国际领先水平的机械设备，这样会提升企业的国际竞争力。这一点与拉动内需的十大措施第六条“加快自主创新和结构调整，支持高技术产业化建设和产业技术进步”相契合。以下一些数据也可以说透露着商机，引发我们思考：据相关统计，近三年来，我国食品和包装机械进口总额保持在20亿美元左右（2007年中国食品和包装机械进口总额22.72亿美元），增长幅度并不明显；出口总额从2005年的6.07亿美元，跃升到2007年的12.94亿美元，出口呈现快速增长的态势。进口产品主要为具有国际领先水平的产品，而出口的产品也由低端、单机开始转变为高端成套设备。另据中国机械工业联合会预计，从2011年到2015年，食品与包装机械业总产值有望突破6000亿元，每年平均增速约维持在16%的水平。

在看到美好发展前景的同时，也必须要清醒地认识到许多技术含量高的成套设备仍然依靠进口，而能够出口的产品也多是高端设备，要想与国际领先企业一争高下，占领20亿美元的进口份额，继续加大出口总额，对企业的技术创新能力和领先能力提出了更高的要求，而此时增值税转型改革对此起到了促进和保障的作用。食品设备生产企业一定要把握住扩大内需促进经济平稳较快增长的大好机遇，及时果断地做出正确决策，充分分享到政府利好政策，创造更多的经济效益和社会价值。

提示

需要注意的是，现行增值税征税范围中的固定资产主要是机器、机械、运输工具以及其他与生产、经营有关的设备、工具、器具，因此，转型改革后允许抵扣的固定资产仍然是上述范围。房屋、建筑物等不动产不能纳入增值税的抵扣范围。

适用转型改革的对象是增值税一般纳税人，改革后这些纳税人的增值税负担会普遍下降，而规模小、财务核算不健全的小规模纳税人（包括个体工商户），由于是按照销售额和征收率计算缴纳增值税且不抵扣进项税额，其增值税负担不会因转型改革而降低。

附：我国增值税改革历程

◆1994年，我国选择采用生产型增值税，一是出于财政收入的考虑，另外则是为了抑制投资膨胀。

◆2004年7月1日，增值税转型试点在东北三省的装备制造业等八大行业进行。

◆2007年7月1日，试点范围扩大到中部六省26个老工业基地城市的电力业、采掘业等八大行业。

◆2008年7月1日，试点范围扩大到内蒙古自治区东部五个盟市和四川汶川地震受灾严重地区。

◆2008年11月10日，对外公布转型方案，决定自2009年1月1日起施行。

我国首次引进国外啤酒瓶装设备制造技术

1984年3月6日，我国第一次从国外（联邦德国）引进啤酒瓶装设备制造技术，引进工作由轻工业部中国轻工业机械总公司牵头，技术引进使用的厂家为广东轻工业机械厂（现更名为广东轻工业机械有限公司）。

一个工业的变迁

1958年，我国在天津、杭州、武汉、重庆、西安、兰州、昆明等大城市投资新建了一批规模在2000千升左右的啤酒厂，成为我国啤酒工业发展的第一批骨干企业。

1979年，全国啤酒厂总数达到了90多家，啤酒产量达37.3万千升，比新中国成立前增长了50多倍。

然而，我国啤酒业真正意义上的大发展，是在改革开放后的10年间，其间我国啤酒工业每年以30%以上的高速度持续增长，啤酒厂遍及神州大地，啤酒年产量已从1982年的117万千升增至1984年的224万千升，处于高速发展的初级阶段。

此时，20000瓶/时灌装生产线制造技术的适时引进，成为我国啤酒工业腾飞的催化剂和助推器。

在引进技术之前，国内啤酒厂使用的大都是广东轻工业机械厂生产的8000瓶/时灌装生产线，以及当时国际贸易交流进口的东欧线。这些线效率普遍不高，年产量在万吨左右，而20000瓶/时灌装生产线年产量在3万千升左右，并且大大降低了酒损和破瓶率。

样机试制成功后，20000瓶/时灌装生产线成为国内啤酒厂的"抢手货"。1987年开始，广东轻工业机械厂每年都生产20～30条20000瓶/时灌装生产线，加上国内其他厂家生产的，每年有50条左右的20000瓶/时灌装生产线供应市场，即每年仅新增设备的因素就使啤酒产量增加150万千升。

1984年，我国啤酒产量是224万千升，到1988年，我国啤酒厂家增至813个，总产量达656万千升，仅次于美国、德国，名列第三（到1993年位列第二，到2002年跃居第一），而1998年正是20000瓶/时灌装生产线批量生产的成熟时期，当年的啤酒产量比引进技术前的1984年增长了193%。20000瓶/时灌装生产线的引进和使用，促使我国成为了名副其实的啤酒生产大国。

一种速度的追求

从8000瓶/时跨越到20000瓶/时，助推啤酒工业向前迈出了一大步。这不仅是技术上的飞跃，更是一代人对速度的不懈追求。

1982年，轻工业部根据国家"为了提高啤酒机械的产品档次，发展我国大型啤酒生产企业"的产业政策，提出了引进联邦德国20000瓶/时啤酒灌装生产线的制造技术，并将其纳入"啤酒一条龙"计划。

1984年3月，由轻工业部中国轻工业机械总公司牵头，我国第一次从国外（联邦德国）引进啤酒瓶装设备制造技术，该技术引进后首先在广东轻工业机械厂使用。

1985年2月，广东轻工业机械厂党委书记梁铭三、厂长张学铭、副总工程师吴松寿、工艺科张安良等人赴联邦德国考察，并与联邦德国SEN公司具体签订了引进技术协议。

1985年5～7月，广东轻工业机械厂派出总工程室主任何镜鸿等有关领导、技术人员和工人到SEN公司参加技术培训。

从1985年初起，广东轻工业机械厂依靠自己的力量开始了20000瓶/时啤酒灌装生产线样机的试制工作。仅用了半年时间，技术人员们就完成了511份样机资料、5641份自然张数设计图纸的引进转化工作，并补充了1370张图纸。经过1年8个月的奋战，终于在1986年8月成功制造出两套样机，并且通过了中德双方的机械鉴定验收。

值得一提的是，这两套样机在山东威海啤酒厂和广州啤酒厂安装好后，由于当时的人们缺乏起动大型、先进灌装生产线的经验，在试生产前曾经有员工提出是否请几位联邦德国的专家指导员工操作。可是德方的回信是，除了要求全包德国专家的交通、食宿以外，还要支付每人每天700马克的专家费用。而这在当时的条件下，对企业是一个很大的负担。还是广轻人有志气，完全依靠自己的经验和智慧，硬是在没有一个外国专家指导的情况下，一次试产成功，以良好的生产实绩顺利通过部级鉴定。人们引进、消化、吸收联邦德国先进的制造技术，自行制造的20000瓶/时啤酒灌装生产线在1987年获轻工业部优质产品奖，1988年又获得国家银质奖（最高奖项）、广东省科技进步二等奖。

正是由于这一个又一个从遇见困难到克服困难的过程，才实现了广轻人以及与该技术有关的更多人对速度的追求。

背景资料

始建于1958年的广东轻工业机械有限公司2009年正好50岁。

在20世纪80年代，广东轻工业机械厂是轻工业部中国轻工业机械总公司的直属企业，是10多个直属企业中规模最大、装备最好、技术最优、效益最好的龙头企业，也是国家"六五"计划认定的重点技术改造企业。同时，广东轻工业机械厂还是国内最早研制生产啤酒灌装设备的企业。

早在1965年，该厂就开始试制单室式平面阀灌装机。20世纪70年代中期，该厂试制成功8000瓶/时啤酒灌装生产线，1978年开始批量生产，1983年整线被评为轻工业部优质产品。

由于制造啤酒设备的技术和经验在国内独领风骚，中国轻工业机械总公司把引进20000瓶/时啤酒灌装生产线制造技术的使用放在了广东轻工业机械厂。

广东轻工业机械厂作为国家"六五"到"八五"计划期间重点技术改造企业之一，曾圆满地完成多项啤酒饮料灌装生产线引进技术的消化吸收和国产化工作。其后继续开发的新型36000瓶/时、20000瓶/时啤酒瓶装生产线、20000瓶/时纯生啤酒无菌灌装线已通过鉴定，20000瓶/时纯生啤酒无菌灌装线还获得"2002年度国家重点新产品”、“广东省科学技术二等奖”和“广州市科学技术二等奖”称号。

2005年12月，具有总线控制技术的36000瓶/时啤酒瓶装生产线通过广州市科技局鉴定。

2007年，36000瓶/时无菌冷灌装技术获得年度包装行业“荣格技术创新奖”，24000瓶/时纯生啤酒无菌灌装线顺利在长春华润啤酒公司投产。

2008年8月，36000瓶/时啤酒瓶装生产线的总线控制技术和节能节水杀菌机获“广东省企业技术创新优秀奖”。

目前，广东轻工业机械厂产品有部分机组的技术水平已接近国际水平，受到国内外用户与供应商的青睐。

啤酒灌装设备在发展中逐渐成熟

中国啤酒工业近十年来取得了举世瞩目的发展成就，连续多年保持世界第一大啤酒生产国，可以说，快速发展、成绩卓著的我国啤酒业所创造的辉煌，离不开与其一路相伴并同样发展迅速的啤酒灌装设备产业。

啤酒灌装设备伴随着我国啤酒工业的稳步发展，在积极地吸收和创新中不断得到发展壮大。

有业内专家分析认为，通过行业尤其骨干企业的不懈努力，目前，我国啤酒生产所用的灌装设备包括大型、先进的灌装机、贴标机基本上都能实现国产化，并较好地满足市场需要。这使国内啤酒企业在节约成本、方便备件和设备维修乃至提高生产效率上受益匪浅，也更使我国啤酒工业如虎添翼，整体灌装设备质量和市场竞争力得到进一步提高。这也充分显示着国内啤酒灌装设备产业已进入了一个新的发展时期。

“十年磨一剑。”尤其国内啤酒包装设备业中的一部分骨干企业在与国外先进同行的交流和竞争中，充分锻炼了自己，有效提高了市场竞争力，不但成为国内市场的主力军，甚至在国际市场上大显身手，核心竞争力不断提升。

有关统计数字显示，中国啤酒包装设备业尤其大型啤酒灌装线和高性能贴标机的生产，在近10年的时间里实现了突破性的发展。

啤酒灌装线和贴标机作为啤酒厂生产过程中最重要的包装设备，多年来一直成为制约国内啤酒业真正实现“国产化”设备发展过程的“瓶颈”。这主要是因为啤酒灌装线和贴标机的生产相比其他啤酒包装设备，对一系列的技术性能要求更高、更精细。20世纪90年代末以前，国内知名啤酒厂使用的大型啤酒灌装线（主要是36000瓶/时生产线）和现代化贴标机，大部分都是进口国际行业生产巨头德国克朗斯及KHS公司的产品。尽管进口设备价格昂贵，而且还要面对一系列的不便之处，但国内啤酒厂一致反映他们也是不得已而为之，言外之意，国内主要啤酒包装设备与国际先进水平尚有较大的差距。

“知耻而后勇。”也许，巨大的反差深深刺痛了国内啤酒包装设备业的有识之士，更激发了他们瞄准国际先进水平、积极创新、迎头赶上的斗志。行业一部分骨干企业通过积极引进、消化国外先进技术，加大科技投入和创新，有效地接近甚至达到了国际同行的先进水平。

近10年来，我国的啤酒包装设备业取得了一系列的成就，甚至在啤酒灌装线和贴标机生产上业绩卓著。但是，我们还是要清楚地认识到与国际同行的先进水平还是有许多差距的，我们只有充分认识到这些差距，不断创新，不断提高，才能更快地达到国际的先进水平。

套标帮助异型瓶走向主流

在国家经济不断飞速发展、液态食品行业不断全面扩张、包装领域不断强势渗透的今天，包装产业在不断地追求完美，这个过程同时带动了包装理念的不断变更。作为液态食品（酒、饮料及调味品）行业的主要包装形式，瓶型与标签不仅紧密结合，其具体结构也在潜移默化中改变。

饮料种类和功能越来越复杂化和多元化是必然的发展趋势，要适应这种变化，也为了体现出这种变化和与众不同的风格，相应的包装结构和形式必须也要随之变得五彩缤纷，这样就为异型瓶发展奠定了坚实的基石。异型瓶的尝试使用是从近两三年开始的，乐百氏公司生产的“脉动”就在这种尝试中获得了很大的成功。食品行业讲究“色、香、味俱全”，而在饮料行业上异型瓶的盛装登场就是“色”的体现。异型瓶打破了传统的包装理念，最大限度地诠释了这种包装理念，也是消费者享受饮品的第一步。从液态食品（酒、饮料及调味品）瓶的外型来讲，早期一般是普通的圆柱体型，现在，除了已在人们脑海中形成品牌定式的少数饮品外（主要是水），每一种新品牌的涌现，其瓶型都是“奇形怪状”的，或棱角分明或线条圆润，总是让人产生强烈的视觉冲击感和触摸欲望。多边型、四方型、旋转型乃至球体型都已经屡见不鲜；组合型瓶型对于我们来说也不再稀有，如下面是圆柱体、上面是球体，或是下面是多边形体、上面是螺旋体等，组合型瓶在设计上具有随意性并具备动感效果，使饮品以更靓丽的面目出现，其展现的效果已深深吸引住了广大消费者的视线。从市场长远发展来看，组合的异型瓶瓶型将会在饮品市场上占据最大份额的地位。

与此同时，异型瓶的飞速发展带动了收缩标签的飞速发展，为什么收缩标签的应用在液态食品行业有如此得天独厚的优势？主要表现在它不但可以用于不规则形状瓶型的包装，且收缩贴标、套标能与异型瓶包装天衣无缝地贴合，有良好的包装外观。另外，收缩标签具有良好的透明性及光泽性，可以在视觉上达到立体效果，提高商品的外观装饰性。收缩标签越有优势，市场就越大，竞争也就更激烈。在液态食品行业不断进步的时候，作为液态食品生产厂家的设备供应商，上海全众机械有限公司紧紧跟随时代的步伐、配合市场的运行，在机器的研制过程中就已经考虑到了生产企业灌装速度和瓶型的变化，不论是异型瓶还是其他瓶型的套标、贴标都具备超强的稳定性，只要在有效的直径范围内，经过工程师对进行机器调试后，可以保证机器的套标速度和套标、贴标的速度和标签精确度达到最高的稳定性。正因为这些包装供应商的超前意识为异型瓶的包装精度和进度提供了保障，也为异型瓶的发展提供了保障。上海全众机械有限公司认为当产品外包装最大收缩直径和最小收缩直径相差超过70%时，必须要求采用收缩率较大的PET或OPS膜材，否则很难达到平整、服帖的套标效果。

异型瓶本身是不规则瓶，它因为不同瓶型的直径不一，以及瓶身的各种不规则形状而需要不同的套标工艺。为了完美且有效地控制瓶型的曲线收缩，就必须调整吹气口的位置，给予瓶身稳定的控制收缩的温度和时间；使用较好的或者进口的减压阀；要求标签供应商提供收缩率稳定的收缩标签；输送带速度以生产线的最大生产量为准，最好不经常调整。异型瓶的多样性、相应套标标签图案色彩新颖诱人、套标牢固，产品在包装后还形成了个性化，很容易给消费者带来很大的诱惑力和冲动购买欲等特点，都巩固了异型瓶在饮料行业的优势地位。异型瓶及相应标签在包装方面的尝试应用中，不仅为饮料的包装市场开拓出一条宽阔的路径，而且反响巨大、收获颇丰。随着异型瓶应用走出尝试并逐渐深入，消费者对它越来越欢迎，异型瓶必定会越来越受各大厂商的青睐。随着异型瓶的套标水平和加工工艺的日趋完善，以及收缩效果和市场结构日渐成熟，异型瓶的市场发展将一日千里，前景不可限量。可以断言，异型瓶一定会成为饮品行业在瓶型上的首要选择，并在逐渐完善的过程中，成为这个行业的瓶型主流。

国内外酒用过滤机的种类及开发应用

啤酒、葡萄酒、黄酒等是食品发酵业的一大支柱，清亮、透明、稳定性好的成品酒外观不仅体现了酒质量高，也能诱发消费者的饮用欲望。而酿酒工艺过程中的酒过滤设备对保证酒透明澄亮十分重要，国内外相继开发应用过滤精度及效能高的酒用过滤机，有力地推动了酿酒业的发展。

啤酒过滤机

（1）硅藻土过滤机。它是使用硅藻土等作为过滤助剂的过滤机，用于啤酒过滤时，在过滤支体上先用硅藻土等预涂形成滤层，并作为整体给料、边添加过滤助剂边进行过滤，有过滤能力大、价格低、运行费低、可自动化、不影响啤酒风味性状等优点，为当今啤酒厂过滤的主流机械及必备的过滤装置。

硅藻土过滤机因过滤机的结构和支持体不同分有多种类型，开发应用的有：

①板框式硅藻土过滤机。有的是以超低碳不锈钢制造，有防锈耐蚀性好、过滤速度快、酒质高、酒损失少、二氧化碳损失少、对过滤前酒质要求低、操作简易等特点。过滤机利用板框与硅藻土或仅用纸板作过滤介质通过截流筛粉、深度效应和吸附作用达到过滤效果。

②烛式过滤机是一种新型的过滤机，采取在烛式滤管表面涂敷预滤膜（硅藻土）和在过滤机内加压进行的方式，具有较高的分离精度，能从啤酒中分离出酵母菌、胶体沉淀物，生产出清澈透明的啤酒。

最新的烛光型硅藻土过滤机，其部件间的间隙仅30μm（比通常的硅藻土过滤机部件间隙小一倍左右）。该过滤机的硅藻土预涂层不需要熔化助剂的烧制品，采用中等助剂一次预涂即可，有缩短预涂助剂、减少助剂用量、洗涤容易、节约洗涤水量、使用过滤时间长等优点。

③离心卸料圆盘式过滤机。内有席型网，有良好的过滤性能及澄清滤流，密闭加压过滤，隔绝空气、无污染，过滤后固相分布均匀，可自动控制沉渣及清洗滤网。硅藻土助滤剂能吸附大量蛋白质等胶体颗粒，使啤酒澄清。该过滤机还有占地面积小、过滤面积大、结构紧凑等优点。

（3）深度薄膜隔板支架型过滤机。设置在硅藻土过滤机后段使用，用于收集补充从硅藻土过滤机取除下来的助滤剂和酵母等。该机主要有机械筛的作用，利用筛的结构直接去除沉渣和过滤的吸附作用，不影响啤酒风味、香味和质量，能充分除去固形物，啤酒质量稳定，运行费适中，已被啤酒厂应用。

（4）交叉流量隔板过滤机。为在管状膜组件内侧流程上过滤前液做高流速的循环流动，沿着流动液体垂直方向取得滤液。透过膜表面的流动液体有长时间的过滤作用。使用膜材有聚醚砜、陶瓷、聚丙烯等。

（5）多层薄板过滤机。使用纤维素、硅藻土、珍珠岩、烧结玻璃等材质，由黏结剂将这些材料黏结成厚达25毫米的成型层积物，过滤能力达15千升／平方米•时，可用氢氧化钠与酸再生处理，过滤后的啤酒澄清透亮。

（6）振动式膜过滤机。它是欧洲应用的一种圆盘式过滤机，于水平方向振动，可给予过滤原液高撕断应力，可在较小环流速下取得很高的透过液体和高浓度倍率的过滤效果，可用于残流中回收酵母及啤酒成分。

（7）烛式双流过滤机（简称TFS）。可控制啤酒过滤的整个工序，调节滤液流量，即对两股局部的过滤和非过滤流量准确调节，明确确定出过滤器有区域，并使经过调节的流量进入过滤区，滤片通过管道系统被集中，滤液直接排出，流量均匀，提高过滤效率10%。使用的过滤棒还可明显改善反向流的速度，采用密集和均匀的硅藻土板，混合物大大减少，还大大减少了硅藻排除的水耗，有超常的生物安全性与高过滤水平。

（8）液体袋式过滤器。液体袋式过滤器是封闭式过滤系统，利用压力过滤。整套袋式过滤器包括过滤容器、支撑网和过滤袋三部分，被过滤液体从被支撑网的过滤袋顶部流入，使保持整个过滤表面得以分布均匀，整个过滤介质中流动分布面也均匀一致，不会产生紊流的负面效应，过滤后液体流出袋外，固形物截留在袋内。大多过滤容器由优质不锈钢制造，支撑网由高强度不锈钢制造，过滤袋采用聚丙烯材料。流体袋式过滤器可用于啤酒厂的啤酒精滤、纯生啤酒除菌过滤、回收啤酒过滤、取代硅藻土过滤机的切向流过滤系统、酿造水过滤，无菌水制备及发酵罐、酵母培养罐、糖化冷麦汁通风等空气的除菌过滤。液体袋式过滤器的通用、高效、经济特性已逐步应用于啤酒厂中啤酒、水和清洗液等的过滤。

（9）膜过滤机。膜过滤是改革传统的过滤工艺，即改革发酵液经硅藻土粗滤后再经纸板精滤，用来替代纸板精滤，利用微孔滤膜过滤技术取代啤酒原用的巴氏杀菌和高温瞬时杀菌，可在常温下把啤酒中的残存酵母菌和污染菌分离除去，用于生产生鲜啤酒，运行费低，节能省时，啤酒又能保持生啤酒原有风味，且产出的啤酒口味更纯，营养无损。国际上普遍应用微孔滤膜过滤机大多为2～3级串联过滤，前面过滤用的滤件采用大孔径的深层滤芯（PP滤芯等），终端膜中1微米的滤芯可以是超细聚丙烯纤维滤层，0.22微米或0.45微米孔径的膜复合滤芯采用耐酸碱的聚偏氟滤膜、聚砜类等。由于采用两层孔径不同的膜复合而成的滤芯，外层可滤去颗粒较大的胶体及酵母菌，减轻后层膜负担，从而提高了啤酒过滤的质量及数量。膜过滤机材质一般为不锈钢。膜过滤生产鲜生啤酒应用前景十分广阔。NORIT公司开发的啤酒过滤的新膜过滤系统，其标准组件结构可连续过滤不同类型的啤酒，且全面化，极具竞争力。

黄酒过滤装置

（1）管式膜过滤装置。用这种膜黄酒在0.3兆帕、40℃温度下过滤，平均透液通量可达75千克／平方米•时左右，杂菌总数去除98%以上，不溶性固形物全部去除，粗蛋白除去率亦高，对酒精度影响极小，营养物可保留86%以上。过滤机代替传统的热力杀菌（煎酒），即用外压与膜除浊除菌，得到酒体丰满、酒味醇厚的生鲜黄酒。

（2）膜式充气压滤机。主要由机架、压滤板、液压系统三大部分组成。分明流与暗流两种。该机采用液压锁紧、膜式充气压榨等结构，在黄酒生产中能起过滤和压榨双重效果，且密封性好，过滤布（涤纶）不易损坏，生产效率高。

（3）新型压滤机。在结构上实现机、电、液一体化。与传统压滤机比，把主机同油压控制系统、泵站油箱、电器开关串联为一体，实现锁紧滤板、进料过滤、空气压榨等工序自动化，各操作程序由控制板集中控制。主机机架为优质碳钢构件，新型压滤板为聚丙烯材，强度及韧性高。该机采用新型的点状排列大栅板、过滤阻力小，具有过滤速度快、压榨时间短、出酒率高、成本低的优点。

葡萄酒用过滤机

TMC毛细管膜错流过滤机，专用于葡萄酒的过滤、澄清。其中聚醚毛细管膜直径约1.5毫米，是整套设备的核心。每张膜过滤面积约10平方米，根据过滤产品的类型，过滤速度可达350～550升／时。过滤机整体由AIS1340不锈钢制造，备有离心式送料泵、低速离心循环泵、预过滤器、视镜、压力和温度、流量传感器、清洗水与预过滤器的接口，过滤机N_2与CO_2排空连接。不锈钢制造的控制面板上安装有泵控制、压力排污计时器、高温和缺料报警装置。

使用错流过滤机过滤，能保持葡萄酒的原始风味，能完全除去酒中的微生物，可显示过滤过程中的过滤指数，促进酒石酸稳定、回收酒石酸盐晶体，无须使用其他过滤助剂，具有过滤效率高、方便经济、卫生等优点。

我国与发达国家食品包装机械之间的比较

我国与发达国家食品包装机械之间的比较：我国食品和包装机械形成行业仅二三十年，基础相对薄弱，技术及科研力量不足，其发展相对滞后，在某种程度上拖了食品和包装工业的后腿。如何能够尽快地赶上并且抓住这个巨大的市场是我国迫切需要解决的问题。

发达国家食品包装机械的发展现状：就食品的销售包装而言，现今最常用、最基本的包装工艺方法有两大类，即充填与裹包。充填方法几乎适用于一切物料和各类包装容器。具体讲，对流动性较好的液体、粉体、散粒体，主要依靠自身重力，必要时辅以一定的机械帮助便可完成包装过程。而对黏性较强的半流体或体形较大的单件、组合件，则要求采用相应的挤压、推入、拾放等强制性措施。至于裹包方法却与此有所差异，它主要适用于外形规整、有足够硬性、挺性，且要求包装得较紧实的单件或组合件，多用柔性的塑料及其复合材料，借助机械作用进行裹包。

近十余年来，国际包装界十分重视提高包装机械及整个包装系统的通用能力和多功能集成能力，为市场开拓日新月异的多样化商品提供及时灵活应变的生产手段。同时，基于合理简化包装和优势包装工艺方法的实际需要，不断探索，明显地加快了自身技术革新的步伐。尤其是与现代自动机床同步发展相呼应，逐步明确。要想建立多样化、通用化、多功能集成化的包装机械新体系，首先必须着重解决组合化和机电一体化的大问题，无疑这是今后的重要发展方向。但与世界强国相比，我国产品品种及成套数量少，大多以生产单机为主，而国外大多为配套生产，单机生产销售上利润微薄，无法获得成套设备销售的高效益。且产品可靠性差，技术更新速度慢，新技术、新工艺、新材料应用少。我国的食品和包装机械单机多、成套少，通用机型多、满足特殊要求、特殊物料的设备少。技术含量低的产品多，高技术附加值、高生产率的产品少，智能化设备还处于研制阶段。

随着人们日常工作节奏的加快，营养保健食品的丰富，环境保护意识的增强，今后对食品及其包装也必然会提出许多新的要求。但也要看到我国食品和包装机械的优势，我国食品和包装机械技术适中、价廉物美，非常适合发展中国家和地区的经济条件，今后向这些国家和地区的出口前景广阔，部分设备也可向发达国家出口。

我国食品机械的未来发展还是掌握在众多的企业手中，在政府有利的政策支持下，企业只有切实地坚持上述的方向，走一条长远发展的道路，相信在不久的将来，我们能够看到中国食品机械的新亮点！

酒类产品包装防伪技术

酒盖的防伪技术

1.传统酒盖防伪技术

酒类包装防伪技术主要有两大类：即信息防伪和破坏防伪。信息防伪存在两个致命的缺点：一是，其瓶和盖可以被回收再次使用。造假酒者所做的二次包装的酒产品，其外观所有特征与原包装几乎无差异，使得造假者很容易实现经济利益。其二，要对产品辨真伪，要求消费者必须去做与消费过程无关的事情，如学习防伪的方法和特征、加护套或拨打查询电话等。而破坏性防伪技术最大的优点是包装物不可重复使用。如开瓶毁盖，瓶盖破坏后不再具备密封包装功能，不能再用。由于瓶盖多采用塑料、铝合金等易破坏材料制造，所以毁盖技术相对来说比较容易实现。

由某公司开发成功的一种结构破坏性防伪包装极大地发挥了破坏防伪的优势，并具有独特之处。这种酒包装防伪方案，根据玻璃材料的破坏机理，充分考虑消费者的消费习惯，通过在瓶盖与瓶口之间设置受力元件，使消费者在轻轻旋开瓶盖时整体拧断瓶口和毁盖后酒包装的外观完好如初。在整个开瓶毁盖过程中，不需任何附加工具，不用任何多余的动作。这一完美创新产品的成本与普通瓶盖无差异并有国家专利的保护，因而受到众多酒厂的欢迎。

2.RFID技术在瓶盖上的应用

射频识别技术（RFID）通过与互联网技术的结合可以实现全球范围内物品的跟踪和信息共享，它是未来企业信息化发展的方向。RFID技术用于物流、制造与服务等行业，可以大幅提高企业的管理和运作效率，并降低流通成本；用于身份识别、资产管理等领域则可以实现快速批量的识别和定位，并根据需要可以进行长期跟踪管理。基于RFID技术的酒类防伪系统及方法，利用大规模集成电路制造，拥有加工难度高、成本低、可由企业对商品信息进行认证等特点，将给酒类防伪技术带来革命性突破。

这套解决方案将RFID技术应用于酒类及其他带有瓶盖的容器中，通过瓶体结构设计和后台认证系统实现商品的防伪。该系统由经过特殊设计的瓶盖和瓶体、RFID读写器、通信网络和防伪数据库服务器组成。当酒瓶被开启时，位于酒瓶瓶口的切割装置锐利面将切断天线和芯片的连接，致使RFID读写器无法读取该酒瓶盖顶部芯片的编码，从而防止酒瓶的二次利用。这套系统中除了射频芯片具有唯一编码，读写器也具有唯一编码，并且在酒厂或第三方的防伪数据库中注册。读写器唯一编码与注册使用者（一般为销售终端的商店或饭店）绑定，只有已注册的读写器才可对芯片编码信息进行查询。因此只有正规渠道销售的商品才可以访问防伪数据库。对消费者来说，通过查看销售者读写器显示屏幕上的信息，便可判断该酒的真伪。

关于实现该系统，酒业厂商只需在原生产线的酒盖和酒瓶加工环节加装RFID相关设备，并建立防伪数据库即可。厂商生产时利用集成技术在原瓶盖和瓶体上附加专用的射频芯片和天线等，并将这些标签对应编码注册到防伪数据库中的产品信息中。同时向该产品的销售批发商或饭店推销员提供成本在数百元的专用读写器设备，并要求其在防伪数据库进行注册。这样对于生产厂家，不仅可以根据读写器提供的信息了解产品的所有销售终端分部，还可以对销售情况进行统计。

该系统的具体使用方法如下：对于未开启的酒瓶，瓶盖顶部内侧附有射频芯片，通过附于瓶盖壁内侧的芯片引线连接于瓶盖上不同位置的金属带条，位于酒瓶本体上的天线本体与金属带条相连构成通路，瓶盖上的切割装置位于射频芯片和天线本体之间，其带有的锐利面随瓶盖的旋转可以切断二者之间的连接，射频识别读写器读取射频标签的编码，与读写器唯一编码一起通过短信方式发送到防伪数据库服务器进行认证，如果两个编码均经过授权则通过验证，并发回确认信息短信；酒瓶一旦开启，切割装置将破坏天线，射频芯片无法获得足够的激发电压而失效，以此实现商品防伪。

这种防伪方法利用RFID技术，硬件上使用大规模生产的集成电路芯片和标签天线等装置，生产厂商很容易制造，而伪造者为了仿造这些技术却需花费不菲；RFID芯片和读写器编码都是在全局统一协调下使用唯一编码，不会给伪造者以缝隙，同时这种双重认证机制也是由厂家来管理和控制的，为系统提高了可靠性；酒瓶开启后，无论对酒瓶还是瓶盖，切割装置对芯片和天线通路损坏都是不可逆转的，这样也杜绝了利用旧瓶装新酒的现象，进一步断绝了防伪者成功的可能。在以上三重防伪设计的保障下，理论上这种防伪方法的可靠性完全能够满足酒类生产企业的要求。

酒瓶的防伪技术

酒瓶的结构防伪无非是从结构设计上达到容器要求，在满足消费者审美要求的同时达到防伪的目的。

在我们的日常生活中，有许多形态各异的酒瓶。总的来说，有圆柱形、方形、异形，等等。这些瓶体的设计，有的时尚典雅，有的古香古色，有的充满豪气，极大地丰富了内容物的内涵，同时也吸引了消费者的眼球，带来了良好的商业效应。而与繁复的设计相对应的，则是要求生产方具有高技术、高精度的制模工艺。假冒方在无法以巨资满足酒瓶的制作工艺时，想要仿冒就只能依靠回收旧瓶重新灌装。此时若该酒瓶具有破坏性设计，假冒者便无法制假了。

瓶体结构设计上美观与防伪发挥同样出色的可数名酒“水井坊”。

水井坊产地在成都，其产品的主打概念便是“尊贵”二字，因此其设计产品充分体现了或精致、或奢华、或剔透的美。水井坊的水晶玻璃系列产品全部是由模具机械成型或加以简单雕刻，产品造型设计独特、美观大方，具有白度透明、折光率达1.54以上、透光性好等特点。有些产品还会使用玻璃浮雕、玻璃腐蚀等工艺。仿冒者若以手工制作，光瓶体的制作成本价就需要人民币300～800元。若购置模具机械，投入资金则不是普通仿冒者可以承受的。如此以来，不仅可以达到良好的视觉效果，而且也会使仿冒者望而却步。

另如名酒X.O的酒瓶，还体现了瓶体的弧度制作特点。对于玻璃弧度的制作，也是有极高的工艺要求的。X.O酒瓶，具有多层次的弧度，瓶身浑圆，弧线流畅，触手圆滑。在武汉市，一个X.O酒瓶的回收价格要几百元人民币，由此可见其制作工艺的难度之高。

高档酒类的瓶体，由于良好的美观性、艺术性，具有极大的收藏价值。即使包装上投入较大，许多消费者出于收藏、审美的考虑，也能接受较高的价格。

纸类包装的防伪技术

酒类的纸类包装包括纸张、纸板、纸箱在包装上的运用。

在2005年的包装市场上，防伪技术展示了更加成熟和实用的风采。

1. 创新性的防伪技术

（1）包装使用特殊或特制的包装纸，如分层染色防伪纸板。这种新型包装防伪材料是在纸板制造过程中对内部纸浆进行分层染色，利用纸板本身的可撕性和可打磨性，将防伪识别功能延伸到纸板的内部结构，使外部印刷技术无法仿冒，从而达到防伪的目的。

（2）包装盒采用局部防伪技术或与包装材料合而为一的特殊标识技术。如全息镭射烫印技术，已为烟草、酒类、化妆品及药品等包装广泛采用。

（3）对应或相互解码技术。其主要原理是采用镭射打码或喷码机随机喷码技术，将包装物和内容物用编码实施个性化和防伪串货处理，通过电脑资料库管理真伪，同时两个编码可以相同或存在某种对应换算关系来防止包装的再次利用。

（4）小包装盒内面采用防伪网底设计和安全印刷技术。如西安利君制药沙片剂包装盒的内面就使用了此技术，并使用解码片来识别包装物的真伪；石家庄制药集团有限公司的“维宏”阿奇微素片包装等也采用了该技术。

（5）小包装盒外表面采用整体防伪网底安全设计和安全印刷技术。这种技术既使商品包装产生美观和良好的视觉冲击效果，也使普通商业印刷采用的电子分色、照相制版、电子扫描等常规手段失去效力。

2. 纸张防伪的运用

防伪纸张是指在造纸过程中使用特殊工艺和装备加入防伪标记，如水印、安全线、荧光纤维等，防伪纸张一般可以分为防伪水印纸、防伪纤维纸、防伪安全线纸张等以及同时使用几种综合防伪技术的防伪纸张。防伪纸张在良好的印刷适性、绿色环保等基本要求下还可发挥特有的防伪效应。

（1）防伪水印纸。其原理为在造纸过程中，在丝网上安装水印图纹印版，使得纸浆按图纹形成厚薄不同、密度不同的特种纸张。成品后因纸的纤维密度不同，其透光性也有所差距，可以显示出所设计的图纹。

水印纸多用于纸币和专用证件、护照、发票等方面，而现在一些烟草和酒包装企业也使用了这些技术，如黄果树集团的某些香烟、红星二锅头酒的标识等。

（2）纸张安全线防伪。安全线是在造纸过程中，在纸张的特定位置上植入特定的金属丝、聚脂类塑料线、微缩文字的印刷线、荧光线以及热敏安全线等的一种特种纸。在安全线防伪印刷的同时，还可以采用微缩文字印刷、荧光彩色印刷、无色荧光印刷、金银墨印刷、隐形埋没无色荧光印刷等印刷工艺。

在烟酒业中，近期出现了一种热敏安全线，当用手指给局部加温时，会显现出微缩印刷的文字。比如它可以用在香烟的过滤嘴上，当手指触摸或点燃香烟后产生的热量会使它显现出微缩的文字。

（3）防伪纤维丝纸张。防伪纤维丝是在造纸时均匀加入纸浆中的，待纸张造好以后，可以通过肉眼或使用紫外灯激发可见荧光后在纸张中看到这些防伪纤维丝，以此作为鉴别真伪纸张的标志之一。防伪纤维丝包括日光下可以观察到的彩色纤维丝，使用长波或短波荧光照射可以激发出红色、黄色、蓝色、绿色荧光的彩色纤维丝以及无色荧光纤维丝。

（4）新型材料——喷铝纸。真空喷铝纸，或称喷铝纸、镀铝纸或蒸镀纸，外观呈金属色，光亮、美丽，有亚光和亮光等品种，具有极好的柔韧性、稳定可靠的印刷性能及可降解、可回收的环保性，加上材料成本较为低廉，使该产品一经问世就被广泛用于香烟、食品、酒类、药品、饮料、化妆品等高档商品的包装，以及各类壁纸、装潢材料、防伪商标、标签、证件、广告、礼品、壁画等高档装饰方面，并有逐步取代成本较高、污染环境的铝箔卡纸的趋势。

3. 纸板的防伪运用

（1）局部区域分层染色防伪纸板。一种防伪纸板及其制造方法，其特征在于该纸板至少由二层纸浆层叠合而成，至少一层纸浆层中有一条以上的带状区域，该区域内纸浆的颜色明显区别于该纸浆层中其他部分，其差异可以是纸浆色彩不同，也可以是在带状区域中加入彩色纤维，该结构的防伪纸板必须是专门设计制造的多层纸板机才能生产，普通纸板机不能为之；利用纸板的可撕性及可打磨性，识别也十分容易。

（2）分层染色防伪纸板。分层染色防伪纸板是一种新型包装防伪材料，所涉及的防伪技术为大众化防伪技术，即不需要任何专门知识，也不需要借助任何仪器便能识别的防伪技术。在防伪纸板制作的纸包装（纸盒）上有识别导语，消费者依导语提示撕开纸盒后即可方便识别。导语内容一般为“撕开纸盒，可见红、绿、蓝三层染色纸浆，无为假货”。分层染色纸板是在造纸过程中对内部纸浆层进行分层染色，利用纸板本身的可撕性及可打磨性，将防伪功能延伸到造纸过程中完成，其他的任何外部印刷技术都不可能仿冒，而这种分层染色纸板具有难仿制、易识别、低成本等特点。

目前在我国国内尚未达到纸板防伪的大面积运用。大部分商品对纸板的使用，仅仅是为了满足商品的中、内包装。由于纸板承重性能良好，重量较轻，硬度较强，故纸板在酒类包装中也很常见。如武汉产的“枝江大曲”，其内部的纸板有几处特殊设计，这些弯折、具有孔洞的纸板刚好将酒瓶置入其中。开启时，必须将最外层固定并套住瓶口的一层纸板撕开，这样就达到了破坏性防伪的目的。纸盒底部将纸板折叠起来，四面做成台阶状，中间刚好放入酒瓶。此结构利用盒内掏空的圆来固定酒瓶，在打开盒子后也便于展示商品，而且成型后占用空间较小，外观便于装潢设计。在未开启包装之前，即使将酒盒反复摇动也能保证酒瓶不受损伤。这样的纸板包装设计不仅起到了酒类包装防震、固定的作用，满足了物流要求，而且能在一定程度上达到防伪的目的。

4.纸箱的防伪运用

轻质高强的三层、五层、七层的轻型和重型瓦楞纸箱的生产技术和成套设备，可满足生产机电、家电等中、重型产品的外包装需要。它可以在最新的带有真空输送设备的滚筒模切机上加工，甚至可在板模切机上加工。瓦楞纸箱替代了传统纸箱、纸盒板，是一项重大革新。目前假七层、假九层多功能瓦楞纸板生产线，已在华东、中原、东北及华南地区得到良好的应用与发展。

蜂窝纸板方面要开发研制适合我国国情的高效、高精度、高性能的高柔性蜂窝纸板生产线，冲破当前影响蜂窝纸板大面积推广的“瓶颈”；要开发研制适合我国国情的高效、高精度、高性能的高柔性蜂窝纸制品生产设备；要开发研制低成本的防潮、阻燃、防静电、防伪的蜂窝纸板制品生产工艺和相应的各种辅料。在其开发研制中特别要注意防伪包装材料的安全卫生。蜂窝纸板制品必须安全、卫生，尤其是与商品直接接触的制品，更要符合相关的卫生标准。

上述是纸箱的功能性表现，其实在国内纸箱的防伪运用并不多见。运用在纸箱上的防伪技术多为标签防伪、不干胶的防伪技术及在纸箱上做防伪标记等。若能将纸板的彩芯防伪观念运用在纸箱的制作上，也将是一个好的防伪发展方向。包装产品、包装结构、包装开启与使用方法、包装材质等的多样化，使得结构防伪包装技术也层出不穷。很多防伪结构是通过包装开启部位与开启方式结构而进行防伪的。兼有销售包装与运输包装于一体的瓦楞纸箱防伪包装，在装入物品封口后，其封口处很难打开（成全封闭型），要打开取出箱内物品，只能通过特制（在制箱制版时制作的）一次性开启拉条（拉环）或拉舌，使纸箱破坏（变成两半）方可得到。某些纸箱的结构防伪是将结构与其他物理化学变化结合于一体而实现的。例如，日本三菱燃气化学公司有两项结构防伪包装技术就是融结构与化学技术于一身：其一，是在包装开启处加入变色技术，未开启时开启处呈绿色，一旦打开后便变成了红色；另一种是在开启部内层加放小包氧化亚铁，一旦开启，内部缺氧环境便被破坏，氧化亚铁被氧化为氧化铁，开启部颜色发生改变。这种变色防伪技术同样也可以运用到酒盖的防伪上。

食品包装机械需符合国家食品机械安全卫生要求

目前国家加大力度实施食品质量安全市场准入制度，国家质检总局已将28类食品纳入了食品质量安全市场准入制度管理，随后有关食品包装材料、加工、包装的设备也将逐步纳入食品质量安全准入体系中来。

食品质量安全市场准入制度“通则”提出，食品生产加工企业保证食品质量安全的10个必备条件，包括环境卫生要求、生产资源要求、原辅材料要求、生产加工要求、产品要求、人员要求、检验要求、贮运要求、包装和标签标识要求以及质量管理要求。这些要求是保证实施该项制度的关键。《食品生产加工企业必备条件现场核查表》中重点对质量管理职责(组织领导、质量目标和管理职责)、企业场所(厂区要求、车间要求和库房要求)、生产资源提供(生产设备、人员要求、技术标准、工艺文件和文件管理)、采购质量控制(采购制度、采购文件和采购验证)、过程质量管理(过程管理、质量控制和产品防护)、产品质量检验(检验设备、检验管理、过程检验和出厂检验)提出审查要求。

包装机械领域中，用于一次包装的机器大部分广泛应用在食品领域里，如奶粉充填包装机、酸奶塑杯成型灌装封切机、饮料啤酒灌装机、果冻充填包装机、饼干和面包枕式包装机、薯片充填包装机、灌酱机、肉类真空包装机、坚果类充填包装机、豆腐充填封口机、食用油灌装机等。

以上这些用于食品行业的包装机必须要符合食品机械安全的相关要求和规定，如食品表面接触的材料要求如下：

（1）不锈钢应无毒、无吸收性、耐腐蚀，推荐采用GB3280中规定的0Cr19Ni9、0Cr18Ni12等牌号不锈钢或与上述材料性能相近似的不锈钢，如1Cr18Ni9等；

（2）铝合金应具有一定抗腐蚀能力，无毒性，无吸收性。用于形状复杂的具有产品接触表面的零部件。推荐采用GB1173，GB3190中ZL104，LY12号铝合金或与之在性能上相近似的铝合金，其砷、镉、铅的含量应不超过0.01%；

（3）塑料用于产品接触表面的塑料应无毒，无影响产品的气味，耐磨，在清洗、消毒及工作条件下应能保持其固有形态、形状、色泽、透明度、韧性、弹性、尺寸等特性，并应满足GB9687～GB9692的有关卫生要求；

（4）橡胶具有产品接触表面的橡胶制品应符合GB4807和GB4808的卫生要求。在工作环境中应具有耐热、耐酸碱、耐油的稳定性，可接受正常清洗和消毒，不溶解，无毒性、无吸收性，不得有影响产品的气味；

（5）焊接材料应具有与被焊接材料相近的性能要求，在焊区内应形成紧密、坚固的组织，并应符合无毒性、耐腐蚀等条款。

另外，对设备结构的安全要求有：设备的结构、产品输送管道和连接部分不应有滞留产品的凹陷及死角；外部零部件伸入产品区域处应设置可靠的密封，以免产品受到污染；任何与产品接触的轴承都应为非润滑型；润滑型轴承如处于产品区域，轴承周围必须具有可靠的密封装置以防止产品被污染；产品区域应与外界隔离，在某些情况下至少应加防护罩以防止异物落入或害虫侵入；工作空气过滤装置应保证不得使5微米以上的尘埃通过；零件及螺栓、螺母等紧固件应可靠固定、防止松动，不应因震动而脱落；设备的齿轮、皮带、链条、摩擦轮等运动部件应设置防护罩，使之在运行时，人体任意部位难于接触；设备上具有潜在危险因素的，对人身和设备安全可能构成威胁的人孔盖、贮罐上的罐盖、可能经常开启的转动部分的防护罩，应具有联锁装置；机械的外表面应光滑、无棱角、无尖刺；在工作过程中，当操作人员的手经常会与产品相接触时，启动和停车应不采用手动操作，而应采用足踏或膝盖控制的开关等条款。

关于设备的可清洗性也有相应的要求：产品区域开启方便，处于该区域不能自动清洗的零部件的拆卸和安装必须简单、方便；不可拆卸的零部件应可自动清洗；允许不用拆卸进行清洗时，其结构应易于清洗，并达到良好的洗净效果；处于产品区域槽、角及圆角应利于清洗；非产品接触表面粗糙度Ra值不得大于3.2微米，无疵点、无裂缝，如需电镀和油漆，镀面和漆面与本底应结合牢固，不易脱落，形成的表面应美观、耐久、易于清洁；对于既有产品接触表面又有非产品接触表面，需要拆卸清洗的零件，不得喷涂油漆；产品接触表面上所有连接处应平滑，装配后易于自动清洗；永久连接处不应间断焊接，焊口应平滑，无凹坑、针孔，须经磨光或抛光处理，其Ra值不得大于3.2微米；非产品接触表面上的焊缝应连续焊接，焊口应符合平滑，无凹坑、针孔等条款。

国内的食品包装机械企业真正能达到食品机械安全卫生要求的估计并不是很多，但在国内、国外的大趋势下，企业如果要想寻求更长远的发展，必须要有这方面的意识及采取相应的必要生产措施，才能在激烈的市场竞争中长久生存下去。

绿色缓冲纸包装材料的开发应用

包装用缓冲材料是指包装物品在流通过程中因受外力的作用而遭受到冲击和震动时，能吸收外力产生的能量，以防止产品遭受损坏而使用的保护材料。此类材料包括的范围非常广泛，有天然材料，也有人造材料，但一般都采用具有高度的压缩性能和复原性能的弹性材料。其中纸质缓冲包装材料以其优良的缓冲性能和环境绿色性得到了广泛的应用，成为现代缓冲包装材料的研究热点。

缓冲包装材料应具有的特性

缓冲包装材料的主要目的是用来缓和被包装产品在运输、装卸过程中受到的冲击和震动外力，从而保护产品不被损坏。因此这类材料应具有以下特性：

1. 对冲击能量和震动具有相应的吸收性

缓冲包装材料应能吸收受到冲击所产生的能量，但要注意材料的吸收性大小应与所受冲击能量相适应，绝不是吸收性越大的材料就越好；同时还应具有吸收震动外力，达到衰减震动的性能。

2. 具备良好的复原性

缓冲包装材料加上负荷后会产生一定的变形情况，当除去外加负荷后，材料的变形应能较好地恢复到原来的形状，这就是复原性。缓冲材料必须具备复原性，吸收能量大而复原性不好的材料不宜作为缓冲材料。

3. 对温度、湿度具有较广泛的适应性

缓冲材料应具备广泛的温度、湿度适应性，在环境温度、湿度出现较大波动时都能够保持其良好的缓冲性能，从而保证产品在运输、装卸、储存过程中不受损坏。

4. 无污染、符合现代环保潮流

如蜂窝纸板全部由可循环再生的纸材制作，可节木代木，替代EPS塑料缓冲衬垫，使用后可全部回收再利用。瓦楞纸箱生产过程中的废品及边角余料也可模切后进行黏合，制成各种形状的蜂窝状瓦楞纸板缓冲衬垫，即使弃之不用，也可自然降解、吸收，是很好的绿色环保包装材料。

纸质缓冲包装材料的主要类型

在大量使用泡沫塑料做缓冲包装材料之前，人们主要将麦草、稻壳、刨花、纸屑、木丝和藤丝等用于包装容器内的空隙填充，起限位隔离和缓冲作用。但是这些材料不仅易吸潮、易发霉生虫、零散使用操作较为困难，而且使缓冲性能难以预测，拆卸时凌乱烦杂，所以不能用于高、精、尖产品的包装，更不适合于礼品包装。在改进和研发新的缓冲包装材料的同时，出于减轻环境负担、保护环境的考虑，人们开发了一系列绿色缓冲包装材料，其中纸质缓冲包装材料以其优良的缓冲性能和环境绿色性得到了广泛的应用，成为现代缓冲包装材料的研究热点。

目前，纸质缓冲包装材料按材质主要分为3类，即纤维状物质（纸、纸浆模塑材料等）、气泡结构类物质（废纸和植物纤维制包装用泡沫填料）、瓦楞纸和蜂窝纸等。目前具有开发应用前途的有以下几种：

1. 纸浆模塑包装制品

纸浆模塑包装制品是以废旧报纸、纸箱纸等植物纤维为主要原料，经水力机械碎浆、模具吸附成型，再经干燥而成。其产品应用领域可涵盖电子、机械零部件、工业仪表、电工工具、玻璃、陶瓷制品、农产品等行业，还可用于一次性餐具。

纸装模塑制品的主要优点是可以制成各种形状的立体成型的纸制品，可按用户要求加入各种助剂，使产品能够耐酸、耐碱、耐晒、防水、防油、不渗漏、不变形；产品为整体结构，无黏结缝，无皱折，强度好，使用方便，具有良好的抗震性和缓冲性，利用悬吊方式产生绝佳吸附性能，能够有效保护产品免受搬运途中的损坏，因而可以取代EPS发泡塑料制作一次性餐具和缓冲衬垫，是防止“白色污染”的有效途径之一。纸装模塑制品体积比发泡塑料小，可重叠，运输方便；该产品在生产过程中无公害，不添加任何有害物质，生产用水能够反复利用不排放，其废弃物能循环复用，弃置后可迅速被生物降解，在产品整个生命周期中对人体及环境不会造成公害。

目前纸浆模塑制品在国内外已广泛应用于制作一次性纸模餐具，该产品在强度、抗油、抗水、耐热、消毒、无味等指标上完全达到或超过了有关标准要求，已被使用单位和消费者所接受；该产品原料广、无污染、可回收、易降解、能再生的优越性使其在几类塑料餐具替代品中脱颖而出，一跃成为取代目前流行于国内市场各类塑料餐具的最佳产品。有人将当前使用的5种快餐具（包括发泡塑料型、光降解塑料型、纸浆模塑型、植物纤维型、淀粉掺和型），按照原料性能、生产工艺、生产成本、产品使用性能、生产环境影响、回收性能、降解性能、市场接受程度、企业建设难易等指标作综合评价，证明纸浆模塑型名列第一，淀粉掺和型名列第二，可见其优越性。

纸浆模塑制品作为缓冲包装材料的抗震耐冲击性能主要是通过制品的几何结构来保证，将纸浆模塑材料的缓冲曲线与聚苯乙烯的相似曲线作比较，发现纸浆模塑在低应力和一次性冲击的情况下，比聚苯乙烯泡沫塑料具有更好的缓冲性能，在静态载荷为211～563千克/平方米范围内时所起的保护作用最好。因为时下国内已拒绝发泡塑料包装物进口，迫使我国的内衬包装尽快走上“以纸代塑”的道路。使用纸浆模塑材料做衬垫，同样具有可塑性好、缓冲力强的优点，其生产工艺简单，不污染环境，生产成本易于控制，适合大规模生产和应用。目前，纸浆模塑缓冲包装材料已广泛应用于食品、药品包装和电器衬垫、易碎产品隔垫、军火包装等领域。

2.瓦楞纸板

瓦楞纸板具有优越的加工性能、生产成本低、使用温度范围比泡沫塑料宽、无包装公害等优点。瓦楞纸板按照瓦楞的形状分为U、V、UV形瓦楞；按照瓦楞层截面的结构可分为A、B、C、D、E5种瓦楞纸板；按照瓦楞层数的多少还可分为一层、双层、三层、五层、七层纸板（即三重瓦楞纸板）。这些多层瓦楞纸板具有容积大、体积小、质轻、强度高、缓冲性能好、适于折叠、节省存储空间、搬运方便等特点，特别适合于机械、机电等重型产品的运输包装。但瓦楞纸板也存在一些缺陷，如耐潮湿性能差，强度受湿度影响大，复原性小；表面较硬，在包装高级商品时不能直接接触内装物的表面，容易使内装物与缓冲纸板之间出现相对移动，而损坏内装物表面等。

针对瓦楞纸板表面较硬的缺点，近年又开发研制出一种新型缓冲包装结构——瓦楞纸板与塑料薄膜相结合的瓦楞纸复合板，它不仅克服了瓦楞纸板表面较硬这个缺点，而且对各种形状的产品都可采用相同的包装形式，省去了加工特殊形状缓冲衬垫这道工序的费用和时间。该产品质量轻、强度高、不变形、刚性好、缓冲性能强、隔声隔震效果好，经适当处理后可阻燃、防潮、防水；且其原材料来源比蜂窝纸板充足，可采用回收的废纸、黄纸板、旧瓦楞纸箱，使用后又可回收再生，符合资源循环再生的要求。瓦楞纸复合板在包装方面应用广泛，可以制成各种精密仪器、机电设备、家用电器、陶瓷制品的包装箱及衬垫，也可制成各种规格的托盘、缓冲衬垫、航空周转箱等。

3.蜂窝纸板

针对瓦楞纸板复原性小的缺点，专家提出将瓦楞纸板做成互相平行、垂直和交错的多层结构，使其形状如蜂窝，这样就能大大提高其缓冲性能。蜂窝纸板是具有新型夹层结构的环保节能型包装材料，具有成本低、用料少、吸声隔热、抗冲击性好、缓冲性强、运输成本低、可回收再生利用、减少环境污染等优点，目前已广泛应用于电子、电器等物品的包装，尤其适合较重的家电、机电产品、机械零件、陶瓷制品等工业产品的缓冲包装，具体可制作为蜂窝托盘、蜂窝包装箱及蜂窝包装内衬等形式。

近年来，蜂窝纸板制品作为木质材料、EPS发泡塑料等包装材料的主要替代品，市场需求量越来越大，已成为业界关注的热点包材。据悉，经过多年的潜心研究、开发和不断改进提高，目前我国蜂窝纸板生产技术日臻完善，已成功研制开发出第六代、第七代蜂窝纸板生产专用设备。目前我国蜂窝纸板生产工艺形式大致上有：缠绕式蜂窝纸板生产工艺、盛层式蜂窝纸板生产工艺、从进纸到出板的蜂窝纸板全自动连续生产工艺和连续全自动任意宽度蜂窝纸芯生产工艺等，其中部分技术填补了蜂窝纸板领域的国内外空白，达到了国际先进水平。作为包装行业中的一个新兴产业，蜂窝纸板制品的推广应用，对促进“以纸代木”、“以纸代塑”将发挥重要的作用。

不锈钢薄壁容器在白酒生产中的应用

泰山集团泰安市普瑞特机械制造有限公司是国家一、二类压力容器设计、制造单位，具有机电设备工程安装三级资质和危险化学品包装物、容器生产企业定点资格以及国家质量监督检验检疫总局颁发的全国工业产品生产许可证，从事不锈钢设备和容器制造已有三十多年的历史。

20世纪90年代，根据中国葡萄酒和果汁及食品工业的发展需要，普瑞特公司在国家有关部门的支持下，从意大利、德国、法国引进了不锈钢薄壁容器设计和制造技术，为中国葡萄酒和果汁行业制造了各类不锈钢薄壁容器3万多台，有力地促进了中国葡萄酒和果汁行业的发展。

2005年，受国家发改委委托，负责起草、制订了中国《食品工业用不锈钢薄壁容器行业标准》，引导和规范了不锈钢薄壁容器的生产和制造。根据白酒行业的生产特点，普瑞特公司从2002年起开始在白酒行业宣传、推广薄壁不锈钢容器，目前已在茅台、郎酒、金六福、稻花香、枝江、酒鬼酒、黄鹤楼、湘窖、天之衡、汾酒、古井贡、宣酒、金种子、口子窖、四特、洋河、今世缘、双沟、沛公、泰山生力源、扳倒井、兰陵、花冠、水浒、宝丰、宋河等著名白酒企业生产应用，制造各类贮罐、勾兑罐、调配罐等3000多台，效果显著。本文专门就不锈钢薄壁容器在白酒生产中的应用及容器制造加工制作过程质量、安全控制要点，详细加以论述。

白酒生产中不锈钢薄壁容器的特点

白酒是我们国家的国粹之一，具有几千年的生产和制造历史，其生产过程中所用容器也随着材料和技术的进步有了较大的发展和变化，从水泥池和血料容器到陶罐，到20世纪70年代以后的铝容器和80年代后期的不锈钢容器，再到安全食品级不锈钢薄壁容器。就现在各酒厂广泛应用的不锈钢容器而言，设计上普遍采用的是化工容器的理念和标准，存在着成本过大、选材粗糙、制造工艺简单不合理、附件配置有待改进、生产管理困难等因素，容器本身与食品工业的洁净卫生要求也有一定的差距，因此长期以来白酒界就一直期盼着能有一种既适应大规模白酒生产需要，又安全、洁净，符合安全、文明生产需要，可以接口现代自动化信息管理技术，同时能降低成本和造价的不锈钢容器制造技术。

在此背景下，泰山集团普瑞特公司在国内率先推出了安全卫生级不锈钢薄壁容器这一产品，解决了困扰我国白酒生产多年的卫生、洁净、安全、消防老大难问题。本着为行业繁荣服务、为客户负责的精神，普瑞特公司在总结不锈钢薄壁容器在葡萄酒、果汁、乳制品等行业成功应用经验基础上，结合白酒行业生产中的安全、消防课题，充分考虑白酒这一介质的易燃、易爆及挥发性强这一特质，根据《食品工业用不锈钢薄壁容器》行业标准，普瑞特公司又进一步制订了白酒行业用薄壁不锈钢容器设计和制造规范，从而保证了该类产品在白酒行业中的运用和推广，得到了白酒界专家和相关设计院认可和支持。

需要特别指出的是，普瑞特公司在制订《食品工业用不锈钢薄壁容器》行业标准时就大量地引用《钢制焊接常压容器》的条款和设计准则，借鉴了压力容器制造规程和质量保证体系的要求，因此根本不存在与钢制焊接常压容器相冲突、不融合之处。

白酒生产中不锈钢薄壁容器的优点

（1）由于不锈钢薄壁容器大量采用了优质的冷轧不锈钢板（500m³以上也大量采用热轧不锈钢），在结构设计上着力进行加强和优化，因此可极大节省容器罐体不锈钢使用量，节约制造成本，以100m³酒罐为例，采用不锈钢薄壁容器成本仅为传统不锈钢容器的2/3，制造过程中采用卷板成圆生产工艺，尽量减少焊缝，每节筒体只有一道纵焊缝，采用氩气保护焊焊接工艺，优化了工艺，减少了制造周期，从而也降低了人力成本，保证了容器制作过程中的质量和制作周期，因此，为白酒企业的规模扩张提供了一条优化节约的可行之路。

（2）由于薄壁不锈钢容器在设计中广泛地引入了食品卫生级概念和设计理念、制造工艺，因此制造出的不锈钢容器外形美观漂亮，焊缝少且处理整洁美观，所有接口圆滑过渡，内部不留死角，易清洗，满足了白酒企业文明生产洁净的需要，也符合世界上对食品类产品生产工艺设备的标准需要，为中国白酒这个世界上三大蒸馏酒之一走向世界提供了工艺装备方面的保障。

由于在设计制造时突出了容器的安全可靠性，引入了钢制焊接容器设计时的强度设计软件和方法，制造时对关键焊缝和接口进行表探或射线探伤，在人孔和防火安全呼吸阀等配件上大量采用石油化工容器成熟技术，因此能够完全满足危险化学品包装物、容器生产的需要。

（3）相对于陶罐而言，不锈钢薄壁容器造价更为便宜，除了基本不含K、Cu等离子，造成贮存新酒老熟较慢这个缺点以外，其容积可大到上千吨、小到几吨，不产生酒损，安全可靠，室内露天均可，对大规模调制同品质酒，确保同批次酒的质量具有极大的优势。相对于铝罐而言，不锈钢薄壁容器更具有容积大的优点，在质量、性价比上具有极大的优势。

（4）从吨酒单位成本计算，使用铝罐费用超过了不锈钢薄壁容器数倍以上。相对于传统不锈钢容器，不锈钢薄壁容器除了造价低1/3左右外，更由于不锈钢薄壁容器注重了食品级的设计和制造，在安全性等同的同时，在生产过程中，能有效地解决清洗难的问题，给生产中的贮存管理带来极大的改进，降低生产成本，保证酒的质量，同时也降低了清洗等费用，给现场管理带来极大愉悦感。

（5）相对于传统不锈钢容器，不锈钢薄壁容器力求在符合白酒生产工艺时，注入更多的现代化生产技术和工艺，例如针对大罐贮存时需要定期进行搅拌，采用空气分布器置于罐的底部，定期对大罐用无菌空气压缩机压进空气对大罐内的酒密封搅拌，促进酒的老熟和均质。针对大罐贮存和勾调过程中会向大气中散发酒蒸汽，设计制造上采用了石油化工容器中的防火安全呼吸阀技术，解决了“水封”方法的弊病。

（6）不锈钢薄壁容器只是一个静态大罐，我们在推广这一产品时，是按系统优化工程而考虑的。在设计时充分考虑了白酒行业对自动化管理技术的要求，力求在不锈钢容器上加入更多的智能化因子，例如大量选用磁翻板液位计、压差变送液位计、温度显示装置等，我们形象地将容器设计比喻为“巧其身、俊其貌、慧其脑”。它的设计是一个整体工艺，包括洁净化、安全性及工艺管道的优化设计、安装，特别是厂家引用了现代自动化的勾调贮存系统和技术后，采用微机自动化控制，可大大节省人力，提高自动化生产水平，符合白酒的规模化生产、稳定性的质量要求。

白酒行业不锈钢薄壁容器在设计、制造时的质量要点和安全配置要求

（1）由于白酒是一种易挥发、易燃、易爆的介质，特别是贮存的基酒度数较高，设计时首先要满足危险化学品容器设计需要，布局上要服从和满足消防安全设计要求，强度设计上要引用JB/T4735钢制焊接常压容器设计准则，选用焊接系数应不大于0.7，如有的企业出于成本控制要求，选用系数也必须不大于0.85（并且应有必要的工艺保证），但在制造过程中必须对关键焊口和焊缝进行探伤，并在结构设计上予以加强，零部件配置上要突出安全性。对特殊地理环境和地质构造上建设的白酒企业，设计上要充分考虑台风和地震等自然灾害的影响。

（2）材料使用上要选用优秀钢板生产厂家的304系列优质钢板，并符合国家标准对板厚要求。钢板厚度严禁低于国家标准通用标准。并对材料进行适当的化学成分抽样检验。由于目前市面上流通的不锈钢板厚度普遍低于国家标准板厚要求，因此，我公司是与张浦、宝钢等厂家直接订货，或是和大明、东方等大公司订货，确保钢板质量，并且我公司投资一百多万元专配钢板开卷机对板厚和表面质量进行抽检。

（3）制造上要采用钨极氩气保护焊，3毫米以下的钢板焊接宜采用普瑞特公司的水焊接法，并保证焊缝饱满焊透，焊接过程中注意焊接接头的相位变化，必要时要做金相分析，保证焊缝成形后的内在质量，下封头和4毫米以上钢板，要采用双枪焊接法，保证焊缝饱满焊透。

（4）质量控制上要突出白酒介质的特性，对重点焊缝和部位进行重点控制，对下封头所有焊缝和下筒体与下封头间的环焊缝必须进行100%的表探，表探合格后进行盛水试漏试验。

（5）由于白酒生产工艺中经常使用活性炭对白酒进行澄清处理，去除酒体中的异杂味，而活性炭的成分中含有大量的氯离子，处理酒体的过程中，活性炭会沉附于罐底，氯离子会对不锈钢产生腐蚀，形成所谓的“点状”锈蚀，影响容器的使用寿命。因此，在生产使用过程中，要勤清理活性炭附着物，也可在此类罐底部涂附环氧树脂，隔离活性炭中氯离子对不锈钢的侵蚀。

由于白酒生产中不锈钢薄壁容器涉及安全、消防重要性，因此要特别注重其安全可靠性

在保证安全性的前提下，要满足其文明生产的需要，降低建设成本的需要，因此在设计制造时要慎之又慎，我们认为为了能使不锈钢薄壁容器在白酒行业中健康发展，设计时必须注意其对安全可靠的特殊需要，制造过程要借鉴压力容器质保体系，从设计、选材、配件选购、制造过程、检验手段上切实可控，因此我们认为必须具备以下条件的企业才能更好地制造不锈钢薄壁容器。

（1）具有危险化学品包装物、容器生产企业定点资格和国家质量监督检验检疫总局颁发的全国工业产品生产许可证。

（2）具有压力容器设计批准证书和压力容器制造资格的企业，企业拥有完善的运转正常的压力容器制造质保体系。

（3）具有机电工程安装资质，能确保工程安装现场制造质量。

（4）具有精良的设备保证，包括计量、理化、检测手段，拥有经验丰富的技工人员。

以上是普瑞特公司在长期的实践中总结出来的宝贵经验，也是我公司为配合《食品工业用不锈钢薄壁容器行业标准》在白酒行业中的推广而应做的工作。普瑞特公司作为行业的领军企业、中国机械行业500强企业、中国信息化百强企业，拥有四家子公司和两处现代化制造加工基地，拥有行业内唯一一家省级企业技术中心。公司经过几代人的不懈努力，积累了大量、成熟的不锈钢设备和容器制造工艺和技术，拥有精良的制造不锈钢设备和容器的加工装备，具有一大批从事不锈钢设计和制造的高中级专业技术人员和技工队伍。“追求完美，致力服务”是普瑞特精致品牌内涵的永恒诉求，先进的理念、雄厚的实力和高精的技术召唤我们：有责任，有信心，也有能力与全国白酒行业中的各位领导和专家一起努力，为推动中国白酒的安全、平稳、健康发展作出更大贡献。

山东泰山恒信机械有限公司

山东泰山恒信机械有限公司是上海神农机械有限公司与泰安合作方在泰安市高新技术开发区投资兴建的企业。注册资本1280万元，主要为酒、果汁、油脂、生物工程等行业提供不锈钢蒸发器及薄壁不锈钢容器，公司已取得中华人民共和国化学危险品包装物、容器生产定点企业资格证书、国家质量监督检验检疫总局A2级压力容器生产资格，并通过ISO9000质量认证。

公司成立以来，白酒行业已为贵州茅台，江苏洋河、今世缘、双沟酒业、梅兰春，北京红星，四川金六福、泸州老窖、绵阳丰谷、华夏酒业、泸州联源、南溪天成、重庆通川酒业，湖北稻花香集团，湖南雁峰，江西章贡，安徽口子窖、迎驾酒业、临水、英雄坊，河北衡水老白干，河南宋河、汝阳杜康、皇沟、棠河，山东景芝、泰山生力源、趵突泉、兰陵酒业、天下第一店、黄河龙、滕州今缘春、郓城黄河、陈王酒业，黑龙江玉泉、三得利、老村长，内蒙古奥淳、鄂尔多斯，甘肃金徽，广西桂林湘山等企业及青岛啤酒公司；葡萄酒行业已为中法合营王朝葡萄酒，青岛华东，甘肃紫轩酒业、莫高酒业、祁连酒业、香格里拉、北京龙徽、北京波龙堡、宁夏鹤泉、中卫芳香、安徽喀塔斯酒业；果汁行业已为海升果汁、通达果汁、中鲁果汁、恒兴果汁、真爱果汁、营口特仕泰、湖滨果汁、鼎峰食品、森美公司、四川元坤、锦州优利果业以及蒙牛乳业；生物工程行业已为通辽梅花、河北梅花、济宁菱花、西王集团、美国嘉吉公司、完美（中国）公司等大中型企业制作安装了大批不锈钢设备。

公司拥有多支长年在酒、食品、果汁、饮料、乳制品行业及非标机电设备等进行制作安装的优秀加工队伍。并秉承专一、专注、专业制作薄壁不锈钢产品，争做薄壁不锈钢容器中国第一制造商（品质第一、价值第一、服务第一）。

公司拥有专业的营销队伍，成熟完善的营销网络。并立志打造恒久的品质，赢得客户的信任。“恒久品质、信誉九州”是公司追求的目标，恒信公司愿以泰山般的稳健给客户提供优质的服务。

佛山市南海潜达酿酒设备厂

在全球提倡低碳经济，国家要求生产企业以环保为主，节能减排为目标，降低劳动成本为方向，逐步淘汰高耗能、低效率的生产企业的环境下，佛山市南海潜达酿酒设备厂不断创新，开发出多种节能产品。

（1）米酒蒸馏设备。本设备采用醪液先预热后蒸馏，预热的热能主要来源于蒸馏过程的酒气作加热能源，醪液作冷却酒气的部分冷却能源，节省了用蒸汽加温的时间和热能源，缩短蒸馏时间，大大提高了生产效率，降低了生产成本。

（2）米饭自动蒸饭机。本设备能在泡米进行滤水处理后自动进入机内进行连续蒸煮，熟米饭按气温不同自动冷却到合适温度，并且自动配麴粉，对比传统的人工煮饭减少了大量的劳动成本。本设备可以对蒸饭、淋米补充热水回收作为泡米之用，还配置有剩余蒸汽、米饭热汽进行收集的热能回收装置，将冲洗输送带的废水经过滤回收处理输送到烟囱热交换器，与排放的高温废气进行热交换，变为热水再利用到煮饭过程及泡米补充水源之用。

（3）针对目前市场上同类型干瓶机能耗高、瓶底不干的缺点，佛山市南海潜达酿酒设备厂潜心打造了一款新型的风刀式干瓶机，并已经申请专利（专利号：ZL 2008 20046334.2）。设备能耗低：产量2000～5000瓶/小时，功率为3千瓦；产量5000～10000瓶/小时，功率为4千瓦；产量10000～20000瓶/小时，功率为5千瓦。瓶身能满足贴标要求，瓶底可以满足包装要求，进瓶段输送带为湿带，出瓶段输送带为干带，还可以采用特殊方法满足倒锥形玻璃瓶的生产。

杭州余杭新兴过滤机厂

专利号：200910100137.3

名称说明：空气压缩机专用大栅板

申请（专利权）人：杭州余杭新兴过滤机厂

本发明涉及一种能够从根本上提高食品安全质量等级及黄酒口感的空气压缩机专用大栅板，硅橡胶大栅板面由多圈凸筋构成凹凸流液面，凹凸流液面上开着导流孔。其优点在于：

一是硅橡胶大栅板，无毒、无味、耐酸、耐碱、耐高低温，不易被氧化和光化，寿命长，不仅不会对黄酒的口感产生任何影响，而且真正实现了黄酒制造过程中的原汁原味，极大地提高了食品的安全等级；

二是有效地提高了对被压榨物料的压榨效率，使物料的出料率提高了10%以上，有效地降低了被压榨物的出料成本；

三是硅橡胶大栅板报废后可回收利用，有利于保护环境。

徐州强力过滤机械有限公司

徐州强力过滤机械有限公司位于徐州经济开发区，是集产品开发、设计、制造、安装、服务于一体的专业从事轻工机械产品生产的企业。公司拥有先进的生产设备和加工工艺以及完备的检测手段。公司2003年已通过“1S09001-2000”国际质量管理体系认证，拥有一支实力雄厚的管理队伍，并以严谨求实的科学态度，开拓进取的工作作风和求实勤奋的奉献精神致力于产品开发和应用，更好地为广大用户服务。主要产品有厢式隔膜系列过滤机、自动化卧式蒸饭机及冷饭机(变频、电磁)、自动化摊凉机、输送机等及其配套相关设备。

徐州强力过滤机械有限公司生产的“强力”牌系列机械广泛用于黄酒、白酒、啤酒、酶制剂、味精、果蔬汁、柠檬酸、发酵、制药等行业，其中过滤机、自动化蒸饭机和冷饭机在黄酒领域运用广泛；输送机、自动化摊凉机在白酒行业受到青睐。尤其是新研制的蒸饭机组及摊凉机与原来传统酿造相比具有先进性和安全性，在不改变原有工艺、原产品风味基础上保证产品质量，并使得产品质量大大提高；此外，劳动强度、生产成本也因此大大降低。

强力牌系列压滤机具有高效、节能两大特点。产品防腐性能好，外表采用不锈钢包覆，美观卫生。滤室密封性能强，过滤强度高。可以满足各种行业不同用户的需求。

冀州市耀华器械仪表厂

冀州市耀华器械仪表厂专业生产销售各种标准检定槽、恒温槽、精密数字温度计、玻璃浮计、玻璃温度计。所有产品经计量部门检测，如有不合格产品，经复检属实，冀州市耀华器械仪表厂负担检测费。该厂与中国计量研究院编写了《玻璃液体温度计》、《酒精密度浓度和温度换算常用数据表》，参与修订了《标准玻璃温度计检定规程》、《石油专用温度计检定规程》等。

（1）为保证产品的安全，解决酿酒、食品加工企业在生产过程中对产品的污染，避免“三鹿”事件的再次发生，该厂专门生产了永不褪色、无污染的温度计。

（2）一、二等标准酒精计，精密及工作用酒精计，生产葡萄酒用的纪吕沙克糖液计和专用于生产果酒、黄酒的0～40%vol的8支组成套酒精计和用于白酒生产的30%～65%vol的7支组成套酒精计，并配有精密温度计、150毫升或100毫升的量筒，体积小，采样少，精确度高，使用方便。

（3）一、二等标准温度计，石油、焦化、气象、酿造专用温度计和工作用温度计、湿度计。

（4）一、二等标准密度计、石油密度计、海水密度计、焦化密度计、酒精计、糖量计及各种工作用玻璃浮计，等等。

（5）实验用精密温度计和精密数字温度计，量程宽，精确度高，稳定性强，操作方便。

（6）各种标准检定槽、恒温槽，精确、稳定，终身保修。

（7）塑料量筒、量杯、烧杯、洗瓶、漏斗及各种实验室器械。

温馨提示：你可以不选“耀华”的产品，但一定要选择合格的计量器具。

万昌印刷包装集团有限公司

万昌印刷包装集团有限公司是一家以标签印制为主营业务的大型企业，拥有广东万昌印刷包装有限公司、济南万昌印刷包装有限公司、万昌印刷包装（沈阳）有限公司、广东万昌科艺材料有限公司和成都万昌印刷包装有限公司等五个生产基地。公司投资总额超过7亿元，现有员工1300多人。公司拥有世界最先进的印刷和配套的印前、印后设备以及高档包装纸材生产设备，以啤酒标签印制为主营业务，产品涵盖酒品与食品类标签、包装箱（盒）以及高档包装纸材等三大系列。

目前企业的标签业务覆盖全国及东南亚和中亚地区，辐射韩国及欧洲部分区域，为百威-英博、青岛、华润、燕京、珠江、金威、重啤、嘉士伯、金龙泉等180多家啤酒企业和海天味业、顺德米酒、天地一号等近40多家白酒、葡萄酒、食品等类别企业长期合作伙伴。万昌被公认为亚洲最大的啤酒标签专业印制企业。

作为万昌集团总部的广东万昌印刷包装有限公司，是一家总投资约4亿元的外资企业，始建于1987年。在改革开放的浪潮里，经过顽强拼搏，企业得到持续健康发展，并构成了万昌集团发展的根基。目前厂区占地约50亩，建筑面积10万多平方米，是一座由办公大楼、研发中心、员工生活服务区、生产区等几大区域构成的花园式工厂。

2005年12月，万昌印刷包装（沈阳）有限公司正式投产，揭开了万昌布局东北的新篇章。2008年初，成都万昌印刷包装有限公司进入实质性建设阶段；2009年11月，已雄驻于齐鲁大地的济南万昌印刷包装有限公司移址新建占地60亩的新工厂正式投产；10月，广东万昌科艺材料有限公司正式投产，迈开了万昌产品线战略发展的新步伐。目前，万昌已基本实现印刷业务就近服务客户、有计划地全国布局的战略，并开始把业务拓展的方向向高端包装纸延伸。

依托广东万昌印刷包装有限公司组建有广东省级企业技术中心、佛山市绿色与数字印刷技术工程中心、佛山市顺德区标签印刷技术工程中心。“中心”目前已拥有总值达2000多万的实验、检测和技术转化的研发设备，年独立承担研发课题8项以上，创造了巨大的经济效益和社会效益。以本公司为核心组建的“广东省教育部绿色包装与数字印刷产学研战略联盟”有力促进了企业技术的进步和创新能力的提升。依托本公司还建有广东省印刷技术标准委员会（筹）。企业拥有核心自主知识产权和强大的创新能力，目前，已拥有高新技术产品6项、广东省重点新产品4项，申请专利12项（其中发明专利4项）、软件著作权1项。

广东万昌印刷包装有限公司凭借自己的实力和各界的支持，荣获国家级“高新技术企业”、“中国创新百强企业”、广东省“两个密集型企业”、“广东省著名商标”、“广东省乡镇百强企业”等称号，连续6年荣登“中国印刷业百强企业”排行榜前列，连续5年获得 “佛山纳税大户”称号，连续多年被评为“重合同守信用企业”和金融机构“黄金客户”等，2009年被顺德区政府授予“总部企业”称号。

广东万昌印刷包装有限公司管理规范、科学，管控体系持续提升，在生产经营过程中已建立起一整套适合企业和市场特点的严谨管理制度和管理流程。2001年公司通过ISO9001质量管理体系认证，2003年公司建立生产资源管理系统，2008年导入ERP系统。目前公司已实现管理标准化、办公自动化和网络化。在以“万昌企业，员工事业”为核心价值的企业文化的感召和吸引下，公司凝聚了一大批德才兼备的优秀人才。

万昌印刷包装集团有限公司将坚持以标签印刷为核心产业、实施低度多元化发展的经营战略，在印刷包装行业创建万昌品牌。在全球经济一体化的过程中，企业本着“务实拼搏、追求进取”的经营理念，以深厚的文化、超群的技术、先进的设备、精益的品质及服务，在“信赖万昌，信赖专业”的目标指引下，正朝着国际化的目标迈进。

Chateau SunGod
GREATWALL
长城桑干酒庄

EXPO 2010 SHANGHAI CHINA
中粮 COFCO
中国2010年上海世博会高级赞助商
Senior Sponsor of Expo 2010 Shanghai China

大事记

主要包括2008—2009年中国酿酒工业发展的重大事件和重要活动。

2008年酒业大事记

1月酒业大事记

1月1日，山东蓬莱地区开始启用“蓬莱产区葡萄酒产品专用标志”。

1月1日，葡萄酒新国家标准《葡萄酒》（GB15037-2006）在生产领域正式实施，并由推荐性国家标准改为强制性国家标准。

1月3日，《遵义市白酒产业发展规划》通过了专家评审。

1月6日，国家酒检中心实验基地在四川省泸州市奠基。

1月12日，“酒类立法”列入吉林省人大议案。

1月15日，发改委对酒类等重要商品启动临时价格干预措施。

1月17日，酿酒师、品酒师国家职业标准通过终审。

1月29日，中国企业首次收购波尔多酒庄。青岛龙海国际贸易有限公司在法国著名葡萄酒产地波尔多，正式购得有约500年历史的Latour-Laguens酒庄。

2月酒业大事记

2月21日，国家质量监督检验检疫总局要求加快推进产品质量电子监管网建设。

2月25日，中国标准化中心在四川省泸州市召开地理标志产品国窖1573、泸州老窖特曲、洋河大曲酒国家标准审查会。三大名酒国家标准均顺利通过审查，拟报有关部门审批后正式颁布实施。

2月25日，国家环保总局正式发布了关于绿色证券的指导意见。这是2008年国家环保总局连续推出的第三项环境经济政策。

2月25日，30余家食品企业建议统一食品安全标准。

2月27日，香港的啤酒税以及葡萄酒税（俗称红酒税）全面取消，令香港有机会成为一个主要的葡萄酒以及啤酒的贸易中心，但是针对烈酒的税项则维持不变。

3月酒业大事记

3月5日，国务院总理温家宝在十一届全国人大一次会议上作政府工作报告时强调，要加强产品质量安全工作。

在2008年两会上，来自食品、酿酒行业的人大代表、政协委员认真履行自己的职责，围绕经济、产业发展以及群众利益等方面的问题积极建言献策，特别是对社会责任、酒业发展等热点话题提出了诸多建设性的意见以及建议。

4月酒业大事记

4月8日，中国酿酒工业协会三届五次理事会（扩大）会议在武汉召开。

4月14日，2008中国葡萄酒竞争力调查活动开幕。

4月，中国名牌产品复评周期改为5年。

4月，国家工商总局全面推进商品交易市场信用分类监管。

5月酒业大事记

5月1日起，《啤酒工业污染物排放标准》（GB1982—2005）在啤酒及麦芽酒生产企业全面执行。

5月5日，酒界泰斗秦含章出版新著《酒文化小品集》，庆祝活动在京举行。

5月7日，《烟台葡萄酒国家标准》通过审查。

5月8日，140余名国家级白酒评委齐聚四川省成都市温江区东方幸运城对原酒进行品评。这也是国家级白酒评委首次集中对原酒进行品评。

5月9日，46项节能法配套国家标准全部完成制修订工作。

5月7日至8日，中国酿酒工业协会白酒分会组织的2008年国家级白酒评酒委员年会在四川省成都市温江区召开。

5月12日，在北京市召开的第40届国际食品添加剂法典委员会会议上，国际食品添加剂法典委员会主席、中国疾控中心营养与食品安全所研究员陈君石表示，我国食品添加剂正在向国际标准接轨，并且已在卫生部成立了相关的专家组以检测食品添加剂。

5月12日，四川省汶川县发生里氏8.0级大地震。为了抗震救灾，酒业吹响了集结号。

5月16日，山东省轻工业学院复粮芝麻香研究基地在山东扳倒井集团揭牌。

5月27日，在第5届亚太区国际葡萄酒及烈酒商贸展（Vinexpo）上发布的一项调查结果显示，中国葡萄酒消费量居亚洲第一，预计到2011年，在全球的消费量排名由第10位升至第8位。

6月酒业大事记

6月1日，由中华慈善总会和中国酿酒工业协会联合会主办的世界名酒慈善赈灾拍卖晚会在北京举行，最终现场酒品拍卖筹得善款182.98万元。此外，加上现场捐款共计总额266.98万元，所有款项全部捐赠给汶川灾区，用于重建校园。

6月2日，世界品牌实验室在京发布了2008年（第五届）《中国500最具价值品牌排行榜》，其中五粮液、茅台、青岛啤酒等22个酒类品牌榜上有名。

6月6日，地理标志保护产品《昌黎葡萄酒国家标准》通过审定，这标志着昌黎葡萄酒将与绍兴黄酒、龙井茶一起享受市场保护的权利，这在葡萄酒行业尚属首例。

6月10日，青岛啤酒更换“掌门人”，金志国成为青岛啤酒股份有限公司第六届董事会董事长。

6月11日，全国项目管理标准化技术委员会在北京成立。

6月19日至20日，全国清香类型白酒企业高峰论坛在山西召开。

6月，国家标准化委员会发布了国家标准《限制商品过度包装要求•食品和化妆品》的征求意见稿，要求：饮料酒、化妆品等4类商品的包装层数不得超过3层，商品包装的成本总和不应超过售价的12%。

7月酒业大事记

7月1日，全国变性燃料乙醇和燃料乙醇标准化技术委员会成立大会暨一届一次会议在河南省南阳市召开，此次会议标志着中国生物乙醇行业进入到了一个新的发展时期。

7月22日，四川省白酒业年会暨行业质量检评会在成都隆重召开。

7月28日，第十届中国国际啤酒节在大连市星海广场圆满落下帷幕。

7月，蓬莱制定《葡萄酒质量监管地方标准》。

8月酒业大事记

8月1日，《中华人民共和国垄断法》正式实施。

8月8日，北京奥运会开幕式举行，燕京、青啤、百威等酒企为2008 奥运会赞助商。

8月12日，澳门取消酒类产品税。

8月19日，中国香港特别行政区与法国签署葡萄酒相关业务合作谅解备忘录。

8月25日，《食品安全法》删除了监管码内容。

9月酒业大事记

9月1日，国家质量监督检验检疫总局最新颁布的《食品标志管理规定》正式实施。

9月18日，苏、鲁、豫、皖第五届白酒峰会在江苏省淮安市连水县宾馆隆重召开。

9月22日，中国酿酒工业协会澄清“酒类产品抽查出现致癌物质”传闻。

9月22日，首家保健酒国家实验室落户劲牌企业。

10月酒业大事记

10月12日，剑南春荣膺“国家认定企业技术中心”授牌企业。

10月18日到20日，2008年秋季全国糖酒商品交易会在长沙举行，成交总额达163.27亿元。

10月19日到20日，由中国酿酒工作协会与国际酒饮料政策研究中心联合主办的2008世界酒业大会在北京举行。

10月20日，中国酿酒工作协会啤酒分会技术委员会2008年度扩大会议在北京召开。

10月20日到23日，2008中国国际啤酒、饮料制造技术以及设备展览会在北京中国国际展览中心举行。

11月酒业大事记

11月4日至9日，深圳举办第三届德国啤酒节。

11月11日，国内首家酵母研究联合实验室成立。Acker Merrall & Condit在香港香格里拉大酒店举行了本年度秋季名酒拍卖会。

11月16日，中法酒文化交流暨法国南部产区葡萄酒文化推广论坛在上海举行。

11月18日，中美互设食品安全监管机构。

11月19日，商务部酒类流通管理工作座谈会在上海举行。

11月19日，山东省济宁市酒业协会成立大会在孔府家酒业有限公司召开。

11月20日至21日，中意国际葡萄酒展览会亮相上海。

12月酒业大事记

12月2日，国际名酒中国市场座谈会于北京召开。

12月3日，《软木塞国家标准》审查会召开。

12月5日，贺郭其昌先生九十寿辰暨中国葡萄酒发展座谈会在京举行。

12月7日，2008年果露酒产品税收等专题座谈会在海南三亚召开。

12月10日，宁夏首家免费专利技术展示交易中心正式挂牌运营。

12月11日至13日，2008年国家级葡萄酒评委年会在云南召开。

12月18日，全国首个地级红酒文化促进会在吉林成立。

12月18日，2008首届中国酒文化节在贵州省贵阳市展览中心隆重举行。

12月19日至2009年1月3日，首届中国国际啤酒节在海南三亚凤凰岛举行。

12月20日，中国黄酒保健、安全、创新、发展论坛暨黄酒技术委员会换届会议在上海举行。

12月24日，2008中国苏州国际酒饮食品展览会暨海峡两岸美食文化交流节在苏州体育中心举行。

12月26日，四川省召开酒类管理工作座谈会。

12月26日，台湾烟酒公司宣布，“台湾啤酒”已经顺利通过了大陆商标管理部门的审查，将于2009年2月全面进入大陆市场。

12月26日，全国白酒标准化技术委员会浓香型白酒分技术委员会成立大会暨第一届一次委员大会在五粮液集团总部召开。

12月，中国酿酒工业协会制定酿酒行业振兴规划。

12月，国家九部委联查滥用食品添加剂的专项行动开始进行。

12月，《啤酒小麦芽国家标准》通过审定。

12月初，《奶酒国家标准》通过审定。

2009年酒业大事记

1月酒业大事记

1月5日，商务部发出通知，要求各地商务主管部门及时上报国外不良进口商的有关情况，并通过适当的方式告知出口企业，帮助企业及时控制风险。

1月10日，广东省佛山科学院酒文化研究中心揭晓，成为我国高校设立的第一家酒文化研究机构，也是全国第一家专门从事酒文化研究的专业学术组织。

1月10日，2009全国企业诚信建设大会在北京召开，五粮液荣膺“中国最佳诚信企业”。

2月酒业大事记

2月3日，商务部市场运行司发出《商务部办公厅关于做好2009年酒类流通管理工作的通知》，要求各地相关部门2009年加大对酒类流通的监管力度。

2月25日，中国酿酒工业协会第三届七次理事（扩大）会议暨食品安全金融信息论坛在京隆重召开。

2月25日，中国酿酒工业协会拟建立食品安全预警机制。

2月25日，中国酿酒工业协会2008年度优秀科技论文奖公布。

2月，商务部加大农村市场建设，将进一步促进酒类销售。

3月酒业大事记

3月1日，《清洁生产标准•葡萄酒制造业》开始实施。

3月12日，安徽省出台了《食品生产加工环节风险监控实施办法》，将对食品生产实行风险监控。

3月12日至14日，2009中国国际啤酒、饮料制造技术及设备博览会举办。

3月，《食品安全法》获高票通过，将于2009年6月1日起实施。

3月，河南酒协荣获工业突出贡献奖。

4月酒业大事记

4月5日至6日，2009年华北春节糖酒副食交易会在河北石家庄举办。

4月16日至17日，2009年第二届国际食品安全高峰论坛举办。

4月10日至12日，2009年春季山东省糖酒商品交易会在潍坊富华国际展览中心举行。

4月10日，消费与发展——消费者信任食品品牌调查结果揭晓，国酒茅台获消费者信任酒品牌第一名。

4月16日，山东省第二届葡萄酒行业技能大赛举行，蓬莱产区获佳绩。

4月17日，吉林省工商局新设食品流通监督管理处。

4月22日，河北白酒葡萄酒工业协会举行换届大会。

4月24日，第六届中国（青岛）国际食品加工与包装设备展览会在青岛开幕。

4月30日至5月2日，第七届中国（厦门）国际食品交易博览会在厦门举办。

5月酒业大事记

5月9日到11日，第三届中国（内蒙古）安全食品博览会（CIDE）在内蒙古呼和浩特开展。

5月19日到21日，SIAL CHINA——2009第十届中国国际食品和饮料展在上海隆重开展。

5月21日到23日，第二届西安国际食品、乳品饮料、酒类及酒店餐饮服务展览会在西安举办。

5月22日，吉林省第二批省级“非遗”名录推荐项目出炉。

5月26日，长江上游白酒经济带科技推进会在四川泸州举行。

6月酒业大事记

6月1日，《食品安全法》正式实施，酒类产品作为单列项目成为国家相关部门重点监管的对象，《食品安全法》增加了设立食品安全委员会、统一食品国家安全标准、建立食品安全风险监测评估制度、取消食品“免检制度”、对“问题食品”实行召回制度、权益受损消费者可要求十倍赔偿、民事赔偿优先、“问题食品”代言者承担连带责任、保健食品宣传不得涉及治疗功能、规范食品添加剂使用等一系列新条例。

6月1日，由国家质量监督检验检疫总局和国家标准化管理委员会联合发布的《白兰地国家标准》（GB/T11856-2008）正式实施。

6月3日，为保证《食品安全法》顺利施行，国家工商总局制定并发布了《食品流通许可证管理办法》、《流通环节食品安全监督管理办法》、《流通环节食品安全示范店规范指导意见》和《流通环节食品安全监管“八项制度”》。这些规章和规范性文件，进一步明确了工商机关的职责，对食品流通许可、流通环节食品安全监督管理做出了具体规定。

6月5日，国家卫生部、工业和信息化部、农业部、商务部、工商总局、质检总局、食品药品监督管理局联合发出《关于贯彻实施<食品安全法>有关问题的通知》，要求各地认真贯彻实施《食品安全法》，做好食品生产、流通和消费各监管环节工作衔接，严格履行食品安全监管职责，有力、有序、有效地开展食品安全整顿工作。

6月6日至7日，2009环渤海（唐山）糖酒商品交易会召开。

6月8日，财政部、国家税务总局发布通知，提高薯类蒸馏酒、酒精等多个行业的出口退税率，酿酒行业内多个领域享受此项政策优惠。

6月10日，第六届中国国际食品饮料加工与包装工业展览会在广州举办。

6月10日至13日，2009年全国葡果酒行业年会在新疆焉耆县召开。

6月16日至17日，武威国际葡萄酒产业研讨会暨2009年中国葡萄酒技术委员会年会在甘肃武威市召开。

6月25日至27日，2009中国（重庆）国际食品工业展览会在重庆举办。

6月，国家酒类暨饮料食品检测中心设立仁怀分中心。

7月酒业大事记

7月3日至5日，2009中国国际酒业博览会在京举行。

7月3日，中国白酒工业化发展论坛在京举行。

7月4日，2009食品安全与酒饮公共政策高峰论坛召开。

7月4日，中国酿酒工业协会市场委员会成立。

7月3日至4日，2009年酒精制造技术及装备高层论坛在京召开。

7月3日至5日，酒类包装设计大赛在京召开。

7月17日，2009年国家级白酒评酒委员年会在江南大学召开。

8月酒业大事记

8月15日，第19届青岛国际啤酒节正式拉开帷幕。

8月16日至22日，2009第七届中国北方糖酒副食品展销洽谈会举行。

8月19日至20日，2009东北（沈阳）秋季糖酒商品交易会举行。

8月24日，秋季山东省糖酒商品交易会在广饶闭幕。

9月酒业大事记

9月1日，从本日起，纸杯等食品用品包装、容器必须有QS标志才能在市场上出售，国家质量监督检验检疫总局将在全国范围内查处未获得相关制品生产许可证而生产、销售或者在经营活动中使用的行为。

9月7日，北京市工商局颁发了首批食品流通许可证。

9月10日，国家商标战略实施示范城市（区）、示范企业工作正式启动。

9月12日，第十届中国（怀来）葡萄采摘暨葡萄酒节在“中国葡萄酒之乡”河北省怀来县举行。

10月酒业大事记

10月1日，新的《啤酒国家标准》（GB4927—2008）正式实施，无醇啤酒、果蔬类啤酒作为新分类得到认可。

10月15日至18日，由中国酿酒工业协会白酒分会组织的2009年中国酿酒工业协会白酒分会技术委员会（扩大）会议在湖南省常德市召开。会议举办了中国白酒标准研讨及论文交流，探讨了当前白酒国家标准、行业标准、企业标准以及白酒产品质量安全问题，一致认为白酒行业应简化、强化国家标准，大力推行企业标准，改变白酒企业标准无人管理的状态。

10月20日，中国酿酒工业协会啤酒原料专业委员会成立大会暨产业发展论坛在北京召开。

10月21日至22日，由中法合营王朝葡萄酒有限公司承办的华北区首届葡萄酒发展论坛在天津市召开，论坛围绕葡萄酒质量与安全及华北地区以及国内、国际葡萄酒现状进行了讨论。

10月25日，泸州酒业集中发展区隆重举行南A区集体开工典礼。泸州酒业集中发展区南A区项目是在成功运作北区项目的基础上按照四川省委、省政府提出的“打造长江上游白酒经济带、川南经济圈、承接产业转移基地”的规划开工建设的，首批22家企业将入住泸州酒业集中发展区南A区。

10月26日，国家食品药品监督管理局发出通知，要求各地进一步推进餐饮服务环节食品安全整顿工作，确保整顿目标的实现。即日起至12月，各地食品药品监管部门将对此前的餐饮服务食品安全整顿进行阶段性检查。

11月酒业大事记

11月4日，第二届香港国际美酒展在香港会议展览中心隆重开幕。

11月6日，中国吴江•苏南酒乡第七届黄酒文化旅游节在江苏省吴江市隆重召开。

11月7日至8日，2009华北秋季糖酒副食交易会举办。

11月19日至21日，亚洲区首个葡萄酒及烈酒保税展览会在上海外高桥保税区召开。

11月20日至22日，2009第四届（山东）国际糖酒副食交易会在济南国际会展中心召开。

11月26日至28日，第三届广州国际名酒展暨第五届世界名酒节在广州隆重召开。

12月酒业大事记

12月1日，经国家质量监督检验检疫总局、国家标准化管理委员会联合下发公告批准的《浓酱兼香型白酒国家标准》（GB/T23547—2009）正式实施。

12月18日，由42名委员组成的第一届国家食品安全风险评估专家委员会在北京成立。

12月22日，吉林省科技厅组织有关专家，对通化天池葡萄酒有限责任公司承担的吉林省科技发展计划项目《山葡萄酿酒品质研究及成分分析》进行鉴定。

EXPO 2010 SHANGHAI CHINA
中粮
COFCO
中国2010年上海世博会高级赞助商
Senior Sponsor of Expo 2010 Shanghai China
Chateau SunGod
GREATWALL
长城桑干酒庄
特别珍藏
Special Reserve
2005
西拉
Syrah
桑洋谷地·泥河古化石群葡园
酒精度13.5%vol.
中粮酒业有限公司出品
COFCO WINES & SPIRITS CO.,LTD
PRODUCE OF CHINA
净含量750ml
长城
中国2010年上海世博会
唯一指定葡萄酒

雪花啤酒
勇闯天涯
挑战乔戈里
挑战
是另一种姿态的拥抱！
炫目于　你的桀骜与孤高；
垂直极限　是另一个高度的地平线，
喷薄的太阳　是我渴望凌绝顶的
倔强容颜！
渺小与伟岸的可笑对比？
我从未觉得，
我只知足于　实现了仰慕和亲近你的夙愿！
狂徒与神明的绝望距离？
我不曾在乎，
我只想一生一次的体验——
你幽蓝铁青的枯寒　我热血沸腾的温暖
……

附录

酿酒行业相关科研机构、大专院校、相关网站、媒体、书刊的介绍。

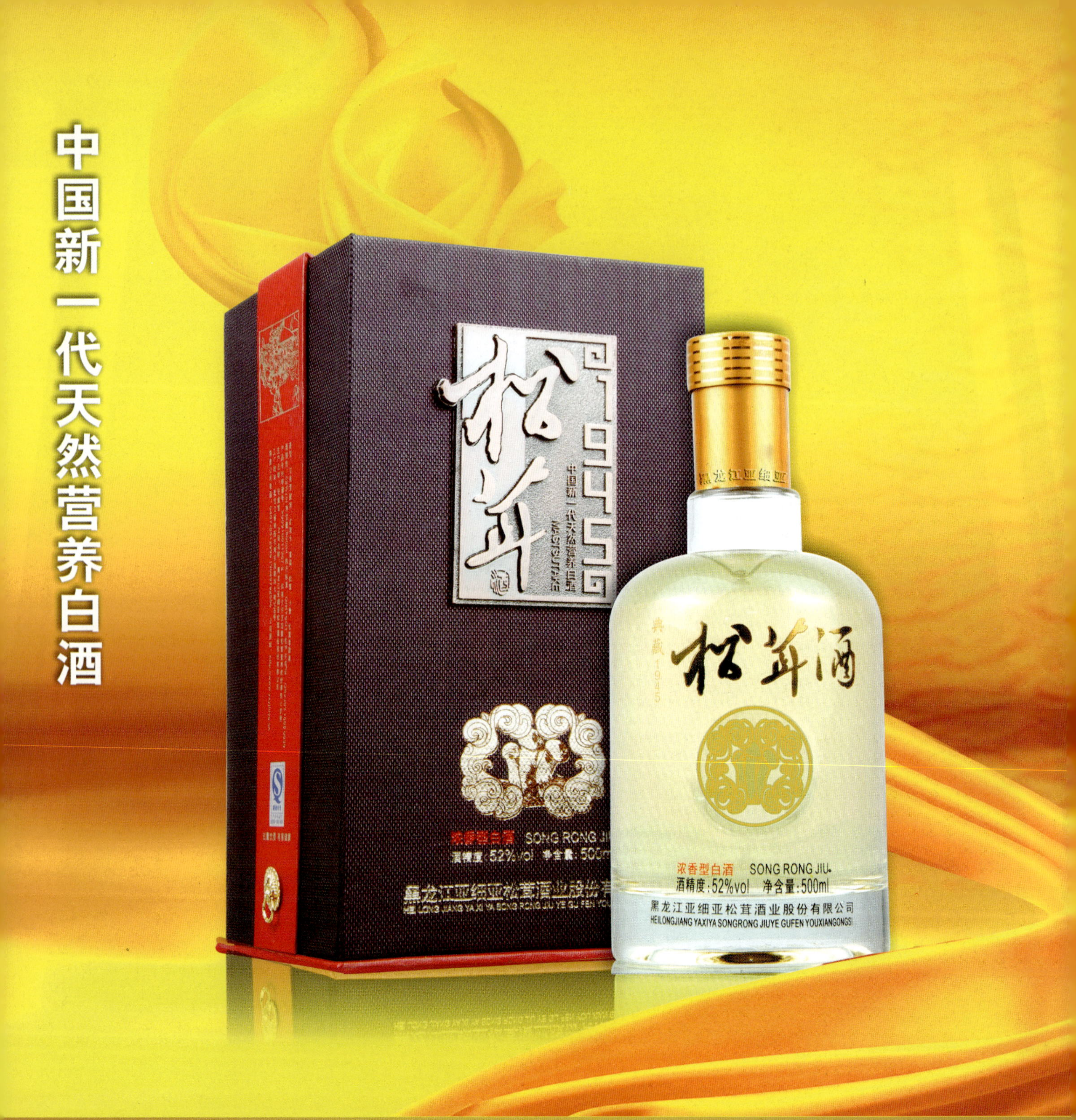
中国新一代天然营养白酒
松茸
1945
典藏
1945
松茸酒
浓香型白酒 SONG RONG JIU
酒精度:52%vol 净含量:500ml
黑龙江亚细亚松茸酒业股份有限公司
HEILONGJIANG YAXIYA SONGRONG JIUYE GUFEN YOUXIANGONGSI

共創明朝錦繡天

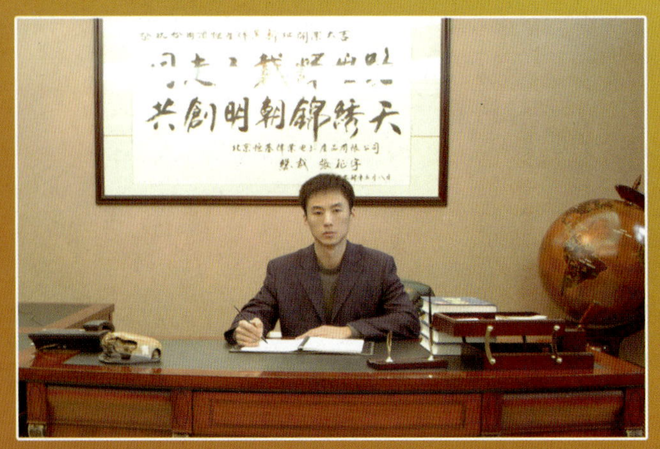

黑龙江亚细亚松茸酒业股份有限公司它的前身是鸡东白酒厂，酒厂始建于1965年12月，是鸡东县百万富翁企业的摇篮，公司位于鸡东县南华大街306号，地处群山之下，青松杨柏怀抱之中，走进工厂一股纯净质朴的气息迎面而来，工厂占地面积22918平方米，2栋办公楼，生产车间和库房共计21栋，房屋总建筑面积7303平方米，办公设备齐全，员工102人，国家高级酿酒师3名，工程师5名，拥有大型仓储室三个，有各种储藏室40个，酒坛260个，总储量达700吨。固定资产和流动资产3000万元。研究生和技术工人组成的销售精英们遍布全国的大江南北，销售业绩屡创佳绩。

本公司有多个品牌系列白酒，并拥有中华之最的松茸系例营养保健酒。松茸酒不仅在黑龙江省内享有盛誉，外阜市场有很大的销售量，并远销到俄罗斯、日本和韩国。并有很高的占有率。我公司在当地的市场占有率有普及率均是第一。

科研机构、大专院校

中国食品发酵工业研究院

中国食品发酵工业研究院创建于1955年2月，是我国规模最大、历史最久的搞食品研究与开发的科技型企业。中国食品发酵工业研究院的前身可追溯到解放前，当时它是国民党政府中央研究所的一个研究室；新中国成立后，于1955年发展成为轻工业部上海试验所的食品研究室和发酵研究室；1969年，在北京合并成为轻工业部食品发酵工业科学研究所；1995年1月，更名为中国食品发酵工业研究所；1999年7月，转制为中央直属科技型企业；2002年，更名为中国食品发酵工业研究院；2003年进入中国轻工集团公司。

目前，研究院研究领域覆盖食品工业领域中的食品质量控制，食品原料特性、食品添加剂以及食品安全性等方面，拥有食品、发酵、酿酒、检测、标准信息和国际贸易六大研发部门；拥有国家食品质量监督检测中心、中国工业微生物菌种保藏中心、全国食品发酵标准化中心、全国食品发酵工业科技情报信息中心、全国食用菌研究开发中心和食品生物技术国际培训中心等六个国家级中心，以及北京食品发酵综合经营部和北京中食品发酵生化工程设计咨询有限公司两个全资子公司。

研究院设有1个一级学科硕士授权点，1个专业博士后流动站。目前拥有教授级职称人员40人，高级职称人员104人，博士9人，硕士42人，拥有国家级有突出贡献中青年专家2人，享受政府特殊津贴20多人。建院50年来，研究院科技创新硕果累累，承担并完成国家科研项目500多项，其中荣获国家科技进步奖和发明奖57项，各类省部级科技进步奖120项，获得国家发明专利21项。

中国食品发酵工业研究院作为国内食品发酵工业技术领域的最具影响力的机构，已经建成从事食品发酵技术研究的分析检测实验室、微生物菌种资源实验室、食品研发实验室、酿酒技术研发实验室以及中试、小试生产线。

在酿造科技攻关的基础设施方面，研究院拥有目前国内领先亚洲的一流实验仪器和装备。包括离子色谱、气相色谱/质谱联用、液相色谱、原子吸收、PCR、超速离心机、显微操作系统等仪器，拥有良好的啤酒小试及中试装备，如啤酒小型试验生产装置。此外，研究院从德国引进了单体规模为100升的啤酒试验全套装置，该装置包含小型麦芽制备设备，糖化、发酵、冷冻后处理，啤酒稳定性处理装置以及啤酒灌装装备等设备，主要从事啤酒新工艺、新产品等项目的研究性试验。这些设施为开展酿造科学领域基础和应用研究提供了系统完善的硬件保证。

中国食品发酵工业研究院研究领域包括酿酒原料、菌种资源、资源与环境、酒类安全性、教育以及基本技能培训等方面，涉及啤酒原料、酿造过程控制、新型包装材料开发、啤酒副产物资源化研究与开发、啤酒与人体健康等。

作为国家级的科研成果推广及转化的科研机构，研究院科技先导作用突出。长期以来研究院非常注意以市场化方式整合、完善现有技术成果，积极构筑形成食品发酵工程应用基础研究、技术开发、成果工程化转化平台。研究院与各相关行业协会都保持着良好的合作基础，紧密结合行业、企业和市场直接需求，积极承接行业内大中型企业的科研开发任务，使项目的研究起点始终立足在市场开发需求上。如与我国重点啤酒企业——北京燕京、广州珠江、深圳金威、福建雪津、河南金星、浙江石梁等各啤酒股份有限公司均建立和保持着长期的紧密型技术合作关系，这些企业在国内总产量约占全国总产量的1/4以上，我院先前开发的“啤酒大罐发酵技术”“麦汁一段冷却技术”，目前已经在绝大多数的啤酒企业中推广使用，成为企业合理利用能源和资源的典范成果，为企业创造了上百亿的经济效益，成为推动我国啤酒工业发展最具历史意义的技术。

西北农林科技大学葡萄酒学院

西北农林科技大学葡萄酒学院于1994年4月20日成立，是亚洲第一所专门培养从事葡萄与葡萄酒生产、销售、教学、科研工作的高级专门人才的学院。

历经15年的探索与实践，葡萄酒学院构建了国内首创、国际知名的科研推广体系和人才培养模式，具备学士、硕士、博士等多层次培养条件。现有在校本科生500余名，博士、硕士研究生110余名。学院于1997年成为国家级评酒员培训基地；2000年，设立陕西省葡萄与葡萄酒工程技术中心；2003年，设立全国葡萄酒、果露酒职业技能鉴定站。

学院秉承“耕土耕心，酿酒酿人”的院训，在创始人李华教授的带领下，各项事业得到了长足的发展。《葡萄酒工艺学》获国家精品课程，《葡萄酒品尝学》获陕西省精品课程及双语示范课程，葡萄与葡萄酒工程专业获批陕西省特色专业建设点。李华教授获“第四届高等学校教学名师奖”、“陕西省师德标兵”及“改革开放30年中国酒界领军人物”称号，王华院长获“2009中国葡萄酒天使”称号。

学院先后荣获国家级优秀教学成果二等奖两项，陕西省优秀教学成果特等奖两项。《我国葡萄酒技术体系研究与产业化开发》获陕西省科学技术一等奖，多项科研成果先后获得国家教委科技进步二等奖、中国高校科学技术进步二等奖、陕西省科技进步二等奖等。主持选育优质抗病葡萄新品种1个、新品系3个，获批国家发明专利7项、实用新型专利多项。

学院坚持开放式办学，自1999年以来，杨凌成功举办国际葡萄与葡萄酒学术活动11次，亚洲葡萄酒质量大赛3届，为葡萄酒行业构筑了学术交流的广阔平台。学院与国际葡萄与葡萄酒研究机构和高校建立了广泛的合作关系，61%的专职教师先后在法国、西班牙、美国、澳大利亚等国家研修及合作研究，10余名博士研究生在国外进行联合培养。

学院重视学生复合型知识和综合能力的培养，先后涌现出国家级三好学生和全国先进班集体，毕业生深受用人单位的重用和普遍好评。人才与技术的输入促进了中国葡萄酒产业的技术进步和健康发展，取得了良好的经济效益、社会效益和生态效益，学院被葡萄酒行业誉为“人才的摇篮、技术的源泉、产业的支点”。

进入新世纪，学院提出了“立足中国葡萄与葡萄酒产业的需求，建设世界一流葡萄酒学院”的建设总目标。在葡萄与葡萄酒行业广大同仁的支持下，学院将在人才培养、学科建设、科学研究、教学科研平台建设及产、学、研结合等方面不断创新，做出无愧于伟大时代的历史成绩。

中国农业大学葡萄酒科技发展中心

本中心多年来致力于我国葡萄与葡萄酒产业的新产品和新技术开发以及相关科研成果的产业化，并通过葡萄与葡萄酒成果的产业化带动中国农业大学葡萄与葡萄酒工程学科的发展。

中心先后在我国西部甘肃天水、新疆和硕地区以及北京延庆县帮助当地政府规划了具有国际水准的酿酒葡萄基地，并实际推动了上述地区酿酒葡萄基地的产业化建设，同时，中心在这些地区建立了分中心。中心在中国农业大学新兴的优势和特色学科“葡萄与葡萄酒工程学科”的平台上，在中国农业大学食品科学一级学科硕士研究生点和博士研究生点招收葡萄与葡萄酒工程学科的硕士生和博士生。在葡萄逆境生理和分子生物学、葡萄酒化学与酿造工艺、葡萄与葡萄酒风味物质代谢等方向居国内领先水平，并在食品科学博士后流动站吸纳上述研究方向的高级人才。

现主持、承担国家自然科学基金、国家攻关项目、“948”、“863”项目等国家、省部级科研项目和企业委托项目50余项，合同总经费2000余万元。

主要科研项目：

（1）国家自然科学基金。

（2）高等学校博士学科点专项科研基金。

（3）北京市科委重大项目：延庆庄园葡萄酒产业化示范工程项目。

（4）北京教委产、学、研项目：高档干红葡萄酒微氧化陈酿技术体系开发。

主要科研成果有：

（1）葡萄弱光生理：该研究属基础理论研究，达国际先进水平。主要完成人：黄卫东、战吉宬、王秀芹、侯智霞等。

（2）SA与葡萄抗逆性生理：该研究属基础理论研究，达国际先进水平。主要完成人：黄卫东、王利军、潘秋红、战吉宬、王秀芹等。

（3）葡萄酒新品研究和开发：该研究已开发祁连新鲜干红葡萄酒、祁连冰红葡萄酒、祁连冰白葡萄酒等。该成果分别达到国内先进水平和国际先进水平。2005年，获北京市科技进步二等奖。主要完成人：段长青、张大鹏、潘秋红等。

（4）威代尔（Vidal）冰葡萄酒生产技术及其酚类物质研究：通过教育部组织的科技成果鉴定，总体达到国际先进水平。主要完成人：黄卫东、李景明、战吉宬、温鹏飞、潘秋红、王秀芹等。

江南大学生物工程学院

江南大学生物工程学院是在1952年设立的南京工学院发酵工程专业的基础上建立起来的，是我国同类学科领域中最早设立的学科点。学院下设生物科学系、发酵工程系、生物制药系、生物化工系和环境科学与工程系。其中，发酵工程学科为国家级重点学科、江苏省十一个“重中之重”学科之一，是国内首批硕士学位授予点、最早的博士学位授予点之一。学院拥有轻工技术与工程一级学科学位授予权（涵盖包括发酵工程在内的4个博士点）和环境工程博士学位授予点，设有发酵工程、环境工程、生物化工、微生物学、生物化学与分子生物学、微生物与生化药学等6个硕士学位授予点，建有生物工程、环境工程、制药工程、生物科学4个本科专业。生物工程专业被评为江苏省高等学校品牌专业。

目前，学院专任教师中有中国工程院院士1名，教授24名、副教授43名，博士研究生导师16名，硕士生导师41名，一批青年博士已成为师资队伍的中坚力量，在国内外工业生物技术领域颇有影响。学院两次被评为“江苏省普通高校优秀学科梯队”。

生物工程学院围绕食品、能源、资源和环境等重大问题开展对国民经济发展具有重要理论意义和应用价值的研究，承担了一大批包括国家“973”、“863”、国家自然科学基金、国家科技攻关、江苏省科技攻关等研究项目，形成了以工业生物技术为特色、以国家科技进步奖、国家技术发明奖为代表的一大批科研成果，是我国生物技术产业重要的技术依托和政策制定单位之一。

进入21世纪，生物工程学院将以创新的精神，与时俱进、团结拼搏，努力在科研水平、人才培养、学科建设等方面做出新的成绩，为加快我国生物技术产业的发展而奋斗。

山东省食品发酵工业研究设计院

山东省食品发酵工业研究设计院是集食品与发酵工程研究、工程设计和质量检测为一体的专业化工程技术咨询服务机构，原名称先后为山东省轻工业科学研究设计院、山东省食品发酵工业研究所等。建院45年来，共为千余家企业提供了数千项技术成果和工程咨询服务。通过几十年的改革和创新，本院造就了一支精干的、专业齐全的、以服务于生物发酵高科技领域为重点的专业化设计队伍，不断积累和拥有了自己的专有技术和专业特色，成为技术力量雄厚、掌握国内外领先技术的专业研究设计单位，为我国的酿酒工业发展做出了突出贡献。共完成酿酒和酒精行业领域的咨询服务项目数百项，其中酿酒方面的研究成果获省部级科技进步奖9项，获省级优秀工程勘察设计奖3项。

食品发酵工程设计所组建于1985年11月，是经山东省工商局注册的相对独立的院属非法人机构。主要从事食品与发酵行业工程建设项目的可行性研究、初步设计和施工图设计工作，同时也承担一些项目建议书、资金申请报告、项目申请报告、商业计划书的编制和酿酒工业园区的规划及民用建筑设计等工作。现有国家一级注册建筑师1名、二级注册建筑师1名、一级注册结构工程师3名，国家注册咨询(投资)工程师9名，土建及给排水、电气、暖通、动力、环保、概预算、技术经济等专业的高级工程师16名。形成了以资深专家、学术带头人和拔尖人才为龙头的一个老、中、青相结合的具有较强创新能力的设计团队。现有资质为建设部颁发的食品(主导工艺)工程设计甲级、商物粮行业乙级、农林行业(果蔬加工)设计乙级，国家发展和改革委员会颁发的工程咨询(食品工程)甲级、原国家经贸委颁发的工商领域固定资产投资咨询(轻工、包装、烟草)乙级。

食品发酵工程设计所多年来坚持“质量求生存，科技求发展”的管理理念，积极推行优化设计实践，取得了累累硕果，在酿酒工程设计方面积累了丰富设计经验，在白酒和葡萄酒厂的新建、扩建和技术改造工程设计方面独树一帜，业绩遍布省内外，成为酿酒工程设计专家。我们将继续保持在全国食品发酵行业的领头羊地位，始终站在高新技术发展的前沿，将最新科技成果应用到工程实践中，积极采用高新技术和先进适用技术，使工程设计所成为新技术、新工艺、新设备、新材料应用的主力军，加快传统产业技术升级。牢固树立和实践科学发展观，强化专业特色，不断提升企业的核心竞争力，不断提高设计服务工作的质量和档次。积极配合国家经济结构调整战略，把改造传统产业同发展高新技术产业紧密结合起来，在设计工作中注重改善产品质量、节能降耗、防止污染，把节能减排放在更加突出的位置。努力推动整个行业的优化升级和结构调整，为我国酿酒工业的持续发展精心绘制更完美的蓝图。

媒 体

《中国酒业》

《中国酒业》杂志是由中国酿酒工业协会主办的全国酿酒行业指导性刊物。《中国酒业》作为酒类行业协会的主流媒体，具有权威性、全面性、广泛性、专业性的特点。

《中国酒业》的办刊宗旨：认真贯彻执行党和国家有关宣传出版的政策法规，依托协会和各地方行业组织的信息资源，以服务酿酒企业为己任，以构建和谐社会为目标，致力于促进我国酿酒行业的健康发展。

《中国酒业》的办刊方向：及时准确地传达国家重大产业政策及行业法规，贯彻落实协会的各项工作职能，深入研究行业在改革中出现的新情况、新问题和新观点，探索和提供酿酒行业的管理经验、产销动态、市场信息，在推动生产、树立品牌、促进销售等方面发挥积极的作用。

为了体现协会主办刊物的权威性和全面性，遵照潘蓓蕾副会长“办好《中国酒业》，满足市场需要”的指示精神，《中国酒业》在继续秉承已有的办刊宗旨和指导方针的基础上，锐意改革，不断创新，贴近市场，服务企业，扩大对我国酿酒行业优秀企业的宣传力度，加强名优品牌的树立和推荐，为推动我国酿酒行业生产、流通、管理、销售等各个方面健康、稳定、持久发展做出努力。

《中国酒业》为月刊，大16开本，全彩印刷，是优秀酒类企业树立形象、宣传品牌、扩大影响、提高消费认知度、推动产品销售的权威推荐平台；也是酒类经销商选择品牌、推广市场的最佳依据。

电话：010-64654788　传真：010-64670934
投稿专线：010-84485301　发行专线：010-64651607
E-mail：zg91@vip.sina.com　网址：www.zgnj.org
地址：北京市朝阳区新源西里中街甲15号五层
邮编：100027

《华夏酒报》

《华夏酒报》于1989年创刊，是公开发行的经济新闻报纸，内容涵盖酒类生产、流通、营销、配套、消费等整个酒类产业链。目前，《华夏酒报》已经形成集报纸出版、网络平台、创新联盟、会议活动等于一体的整合营销传播体系。

《华夏酒报》拥有一支以硕士研究生、大学本科生为主体的专家型新闻编辑记者队伍，以新闻的视角、对酒业负责任的态度，报道酒业、服务酒业，与读者分享酒类行业的各项成就。《华夏酒报》以“提供酒类行业增值服务”为核心价值，以“酒类行业商务管理者”为服务对象，以做“中国酒业负责任的媒体”为办报宗旨，以“权威、专业、公信力”为品牌内涵，加大对政府、行业、企业的服务和支撑力度，加速传媒数字化转型，为实现“中国酒业风向标”的社会定位而不懈努力。

《酿酒》

《酿酒》杂志是我国酿酒行业创办的第一个专业性期刊。出版时间早，发行量大，反映讯息快，在国内酿酒界有很高声誉。深受企业、科研机构、大中专院校、广大管理干部和科技人员的欢迎。

《酿酒》杂志及时宣传国家有关行业的指导方针和产业政策，反映企业的一些实际情况，在政府主管部门和企业之间起到了桥梁作用。它为全国酿酒行业服务，在宣传党的方针政策，交流生产、经营、管理经验，促进科技进步，传递信息，推动改革开放，提高企业经济效益等方面，起到了积极的促进作用。

《酿酒》杂志能从我国酿酒行业现状出发，有目的地选编文章，积极有效地指导了酿酒企业的生产技术工作，对酿酒行业技术水平的提高起到了促进作用。

在过去三十余年中，《酿酒》杂志不定期地出版增刊，向同行介绍经典文献和重要著作。如：《欧洲啤酒协会分析方法》、《黄酒酿造》、《酿酒译丛》、《小麦与小麦啤酒生产工艺》、《全国白酒评酒资料汇编》、《白酒生产工艺学》、《制麦与啤酒科学》、《美国酿造化学家协会啤酒分析方法》、《啤酒科学》和《酿酒文献题录》等，对行业的发展起到了积极作用。

《酿酒》杂志于1974年创刊，原名《黑龙江发酵》，为季刊，1982年改名为《酿酒》，1985年改为双月刊。它是国内外公开发行的专业技术性刊物。

《酿酒》杂志创办以来，曾获原轻工部优秀期刊三等奖，黑龙江省科学技术委员会颁发的科技情报成果奖一等奖，黑龙江省优秀期刊二等奖等奖项，第二届黑龙江省出版奖提名奖。2000年获“全国中文核心期刊”，中国学术期刊综合评价数据库来源期刊，《中国期刊网》、《中国学术期刊（光盘版）》全文收录期刊。为《美国化学文摘》摘选为来源期刊，为全国统计源期刊。

《酿酒》杂志多年来得到了业界人士的大力支持和认可，著名酿酒专家沈怡方、高月明、高景炎、徐占成、栗永清、赖登燡为本刊高级顾问。《酿酒》杂志为我国酒行业发展做出了巨大贡献。

《酿酒》杂志由中国标准化协会、黑龙江省轻工科学研究院和黑龙江省酒业协会主办，国内外公开发行。

国内统一连续出版物号CN23-1256，国际标准连续出版物号ISSN1002-8110，国外代号BM6776。

赵彤，《酿酒》杂志主编，女，汉族，1963年出生，北京人，中共党员，研究员级高工。

1982～1986年在哈尔滨师范大学生物系学习；1984年6月加入中国共产党；1986年哈师大毕业，分配到黑龙江省轻工科学研究院从事技术工作；1987年被评为助理工程师，同年到《酿酒》编辑部工作，任责任编辑，从事《酿酒》杂志编辑工作；1991年评为工程师，并担任《酿酒》杂志副主编；1996年晋升为高级工程师，并担任《酿酒》杂志主编，总编，黑龙江省轻工科学研究院信息中心主任；2000年任黑龙江省轻工科学研究院党委成员，多次荣获黑龙江省轻工业厅厅直机关“优秀党员”“先进工作者”等称号；2002年晋升为研究员级高工。

社会兼职：黑龙江大学兼职副教授，中国酿酒工业协会理事，中国食品工业协会白酒专业委员会理事，黑龙江省酒业协会常务理事，黑龙江省科技期刊协会理事，黑龙江省出版理论研究会理事，1997国际酒文化学术研讨会组织委员会委员，2000年第四届国际酒文化学术研讨会组织委员会副主任，2004届第五届国际酒文化学术研讨会学术委员会委员。

网 站

中国酿酒工业协会网

中国酿酒工业协会网是由中国酿酒工业协会主办的一个专业性特色网。中国酿酒工业协会网设有协会概况、协会动态、行业资讯、政策法规、科技交流、会员之窗、大家论坛、培训鉴定、信息资料、酒业精英、酒市营销、专题导航、精品推荐、理性饮酒、酒文化、会员专区、会员注册、回执专区、白酒、啤酒、葡萄酒、黄酒、果露酒、酒精、科技装备、环境保护、协会期刊等多个主要网络频道，展示中国酿酒工业协会的基本概况和酒类信息。

中国酿酒工业协会网的展示对象——中国酿酒工业协会（英文缩写 CADA,CHINA ALCOHOLIC DRINKS INDUSTRY ASSOCIATION）是由应用生物工程技术和有关技术的酿酒生产企业及为其服务的有关部门和相关单位自愿组成的全国性行业组织。协会于1992年6月22日经中华人民共和国民政部登记注册成立，接受国家经济贸易委员会的业务指导，接受社团登记管理部门国家民政部的监督管理。该协会宗旨是遵守中华人民共和国的宪法，接受政府委托，开展行业管理工作；反映行业情况和意见，维护会员的合法权益，全心全意为行业服务；适应社会主义市场经济发展需要，推动酿酒行业生产、管理、装备、流通、科技水平的逐步提高；协调与其他行业之间的合作与交流；不断扩大国际间的交往；为促进行业的健康发展和国民经济发展做出应有的贡献。

中国酿酒工业协会网是促进中国酿酒工业协会发展的信息平台，是该协会的主要宣传媒介，为一个颇具特色的专业性信息资讯网。

中国酿酒网

中国酿酒网（www.zgnj.org ）是一个以酿酒企业为服务对象，以酿酒、酒类经销贸易及其相关环节为服务重点的电子商务网站。自成立以来，坚持切合实际、着眼贸易、适应需求、洞察市场、服务企业的宗旨，为来自不同地区的企业及经销商在第一时间传递第一手的信息，提供第一流的网上商务服务，促进全面的酿酒及酒类经销贸易的发展。

中国酿酒网拥有一批高素质的人员队伍，利用IT技术服务于传统产业，使网上、网下有机地结合起来，致力于提供全方位的关于酿酒生产及酒产品流通领域的专业信息与贸易服务，促进企业间的交流、沟通，为企业提供更多的商贸机会，给企业开辟一片更广阔的发展空间。

“把握行业方针、政策，提供酒业权威信息，洞察市场变化，沟通商企产销关系。”以敏锐的新闻洞察力对行业重大事件进行报道，关注行业风云；以深刻、系统的商业理论剖析行业与市场发展趋势、动态；在厂家、商家、消费者之间架起信息沟通的桥梁；提供快捷、准确的营销咨询服务，帮助企业了解行情，促销产品，把握商机，开拓市场，拓展酿酒行业的电子商务，为厂家、商家、消费者提供全新的商品流通服务。

中国轻工业网

中国轻工业网（中轻网，www.clii.com.cn）是由中国轻工业联合会（原中华人民共和国轻工业部、国家轻工业局）主办，中国轻工业联合会信息统计部、中国轻工业信息中心承办的中国轻工行业最具权威的政府网站和行业门户网站。

中轻网作为中国轻工业联合会唯一指定的新闻发布平台网站，授权独家发布中国轻工业联合会的新闻资讯。自1997年创办以来，历经十几年的建设，建成了集新闻资讯、电子商务、数据分析、行业研究为一体的，包含30多个行业频道的综合性行业门户，赢得了行业的普遍认同，为促进中国轻工业的发展，加强国际间的交流与合作发挥了重要作用。

中轻网是全国最大的轻工行业新闻集散地

自1997年创办以来，中轻网累计发布轻工行业新闻、资讯50多万条，覆盖食品、家电、造纸、塑料、酿酒、鞋业、五金、工艺美术、日用玻璃、缝制机械等27个行业，日均新增信息近200条，是展示我国轻工行业形象，了解我国轻工行业、企业发展的窗口。

中轻网是全国最大的轻工行业研究平台

中轻网依托中国轻工业信息中心行业研究平台，对轻工行业运行情况和行业热点问题进行研究分析，定期发布研究成果，为行业发展和企业生产经营提供决策依据。

中轻网是行业数据和预测、预警的工作平台

中轻网无缝集成数据中心和全国轻工行业预测、预警平台，用户还可通过中轻网实时查询轻工行业上市企业股价变动，重要产品价格变动趋势，并通过轻工行业预测、预警平台，了解行业运行情况，规避潜在风险。

中轻网是全国轻工行业知名企业的展示平台

中轻网依托强大的电子商务功能，免费为知名轻工企业搭建展示平台，企业可通过该系统发布企业新闻，展示热销产品，捕捉商业信息。

商务部酒类管理信息系统

商务部酒类管理信息系统（http://jlscyxs.mofcom.gov.cn/vino/html）。

为了贯彻落实《国务院关于进一步加强食品安全工作的决定》(国发〔2004〕23号)精神，加强流通领域食品安全工作，指导、协调各地开展畜禽屠宰和酒类流通管理，成立商务部酒类流通管理办公室。

商务部酒类流通管理办公室为非常设机构，具体工作由商务部市场运行调节司承担。其职能：拟订酒类流通管理相关标准并组织实施；研究提出政策建议，协调解决有关重大问题；深化酒类流通管理体制改革，加强行业管理，以及处理其他有关事项等。

中国食品招商网

中国食品招商网（http://www.spzs.com）依托中国糖酒业最大的商务平台《糖烟酒周刊》，通过九年的不断努力已经成为糖酒食品行业最具规模的网络招商平台。显著的优势和特点如下：

大容量、多形式的招商信息

中国食品招商网每日发布大量的招商信息，涉及供货信息、求购信息、产品信息、生产企业和经销商资料库等方方面面,日均商机发布量达数万条，吸引了众多糖酒食品商网上招商，为生产企业与经销商搭建起一个开放的网上交易平台。

全面及时的行业新闻资讯

中国食品招商网以其海量的行业市场资讯、专题，最新的行业动态、品牌资讯、市场信息等为糖酒食品商了解市场动向、把握市场脉搏提供最新风向标。

独一无二的特色栏目

拓市宝典：覆盖全国所有省市。包括各个省市最详尽、最全面的地区资讯、市场调查、终端资料、经销商、生产企业、相关行业、供求信息、产品信息等商务资料，为糖酒食品生产企业开拓区域市场提供准确实用的参考数据。

个性化的增值服务

易食通：中国食品招商网提供的高级会员服务，为会员企业提供专业、全面的资讯以及商务、宣传服务，目前有易食通经典版与易食通相关行业版。

更自由、更活跃的超人性化展示空间

品牌社区：中国食品招商网特辟栏目，该“社区”以独立品牌为单位，设立了几十个知名品牌分社区，领域涉及白酒、啤酒、葡萄酒、黄酒、乳品、饮料等。点击该站点进入相应的社区，与该品牌相关的所有热点新闻、产品信息便会尽现您的眼底。社区论坛倡导“更包容、更纯粹、更真实”，成为糖酒食品行业提升品牌价值、探讨品牌变革的“第一社区”。

中国酒品牌网

中国酒品牌网（www.9ppw.com）成立于2008年3月，是酒行业门户网中的后起之秀，是国内最大酒类交易招商资讯平台之一，是基于网络的酒行业品牌营销专家。网站自成立以来，为酒行业提供了大量优质的服务，日独立IP20000多个。该网与中国互联网第一股的生意宝科技有着密切的合作，是其广告联盟的典型合作伙伴，并携手生意宝掀起行业“纵横营销”活动。本着“传承酒文化，助力酒企业”的宗旨，为广大酒企业、酒商、酒爱好者提供行业资讯，成为酒类交易招商平台。中国酒品牌网通过传统媒体、网络传播、食品酒类博览会等各种途径的宣传，为酒类品牌带来了商机和品牌的提升。该网站是由成功运营茶叶门户（www.fjcha.com）和中国茶叶品牌网（www.cyppw.com）的团队全新打造，是酒行业招商和品牌推广的一种新模式，促进了酒文化在网络上的传播，促进了酒行业电子商务的发展。我们将以自身雄厚的实力、精湛的技术和成熟的售后服务继续为广大客户提供更全面、更周到的电子商务解决方案！希望与您携手并进，共享成功，把握酒类网上商机！

优势

（1）强势的推广，为客户带来品牌度和销售力的提升；
（2）专业的服务，为客户出谋划策，赢在电子商务；
（3）首创酒业网络招商模式；
（4）首创酒业电子优惠券消费模式；
（5）首家集结网络、茶博会、传统媒体进行推广的行业网站，节约成本，覆盖全国市场。

2009年合作的博览会

（1）2009第四届中国（上海）国际保健产业博览会；
（2）第三届中国（北京）国际酒业博览会；
（3）2009年第二届西安国际食品、饮料、酒类及酒店餐饮服务展览会；
（4）第九届中国（北京）国际绿色食品及暨首届中日健康食品经贸洽谈会；
（5）2009年长沙国际啤酒狂欢节；
（6）2009年中国（重庆）国际啤酒饮料及技术设备展览会；
（7）2009年山东秋季糖酒会；
（8）2009年中国酒文化大会（第二届世界酒类协会交流大会）；
（9）2009年深圳国际名酒节；
（10）第十届中国（北京）国际绿色食品及有机食品展览会；
（11）2009第二届中国绿色食品博览会；

中国酒品牌网为您打造优质服务：

（1）酒类网站建设；
（2）专业酒品牌推广，酒行业电子商务，酒企业招商加盟推广。

合作网站

中国茶叶品牌网(www.cyppw.com)：交易招商资讯门户网；
茶叶门户网(www.fjcha.com)：最大茶叶交易招商资讯平台；
中国品牌食品网(www.pp-sp.com)：品牌成就未来。

中国洋酒网

中国洋酒网(www.chinaliquor.net)是中国洋酒行业最具影响力的专业性大型门户网站，旗下网站有：中外名酒网（www.zwmjw.cn），购酒网（www.gojiu.cn），上海洋酒网（www.yjwsh.cn），江苏洋酒网（www.jsyjw.net）；网站致力服务于洋酒（威士忌、白兰地、伏特加、龙舌兰、力娇酒、进口葡萄酒及礼盒等)供应商和采购商以及配套厂家；并坚持为普及和推广洋酒文化知识而努力!网站由博洛哥酒业(福州)有限公司全程高效运营。

中国洋酒网是由福州易酒网络技术有限公司全程监制，中企动力重点开发，相关行业协会大力支持,全国众多洋酒相关企业踊跃参与的大型行业服务网站。网站由福州易酒网络技术有限公司（福州市工商局正式批准注册，注册号：35011100001359）提供技术支持，是中国企业网的主要成员之一，获得中华人民共和国电信与信息服务业务经营许可证，编号：闽ICP备07017450号。自正式开通以来，以全球洋酒行业为着眼点，赢得了世界各地厂商和国内众多商家朋友的一致好评。

中国洋酒网是为满足互联网时代的洋酒各流通渠道用户需求而设计的，以整个洋酒行业为着眼点，通过互联网技术和手段将洋酒企业的各种核心业务通过Web方式集成在一起，让供应商、各类经销商、合作伙伴以及企业员工能以不同的方式（如PC、手机、笔记本等）访问与之相关的应用和功能；同时强调商务智能化的企业战略规划设计，帮助企业实现业务流程重组，为企业提供一个优化高效的流程工作环境，以便更有效的管理市场、销售、各类经销用户、技术服务等资源。

目前，中国洋酒网已经确立了自己在洋酒生产、经销、招商发布等各方面的知名网络品牌，与国内外上千家公司建立了密切的合作关系和业务往来，并拥有几十万的网络用户。在创建一体化的洋酒企业网络销售服务过程中，中国洋酒网走在了行业最前列。

中国洋酒网利用目前在洋酒行业的影响及优势，进一步整合资源，最终将形成集所有类型洋酒的网站为一体的规模优势，借助互联网无地域性、无时间性、无限客户的优势，以多语种的版本向国内及国外市场推广和宣传相关企业和产品。我们提供给用户的将是一个无限空间的产品选择平台、成套方案设计平台、技术服务发布平台、信息共享交流平台。在这四个平台上用户与生产商之间、生产商与生产商之间可以直接通过互联网进行面对面的交流，包括使用过程中的技术指导和方案设计过程中的各种讨论。用规模化的优势引导和帮助用户选择成本最低、性能最高的方案，是中国洋酒网向用户提供系统化解决方案的最终目的。

中国洋酒网将坚持一贯的“用户至上”的服务原则，以高科技的手段，提供完善周到的服务。同时，本站诚邀国内外同行，八方企业加盟本站，携手开拓国内外广阔的市场空间。您的优质产品，我们四通八达的商业网络和覆盖全国的网站群，再加上多方位和多层次的合作模式，必将打造新一代的网络销售旗舰！

经营理念：洋为中用 古为今用 他山之石 可以攻玉

服务精神：专一 专心 专注 专业

经营目标：打造中国洋酒行业第一品牌网站

中外烟酒茶

烟酒茶行业品牌全面覆盖——合法媒体传播；网络媒体（www.zwyjc.com）——中文＋英文两大语系媒体优势双重传播；直接投递目标群体＋全国邮局报刊统一征订发行——两大发行渠道有效整合；直接辐射全国烟酒茶行业、大型企业和主要娱乐场所——强力覆盖价值人群；

主要栏目

（1）**海外推广**：国内品牌走向海外，需要卓越的网页形象和流利的通用外语。如有特别需要，也可以提供日语版等其他预言版本。中外烟酒茶有独特优势，愿与致力于国际市场的品牌共铸辉煌。海外品牌亦可以借助我们的平台，走向中国。

（2）**茶新闻**：提供最前沿的茶叶市场有关资讯。

（3）**酒新闻**：提供最前沿的酒品市场有关资讯及酒类相关新闻和信息。

（4）**烟新闻**：提供最前沿的烟草市场有关资讯及烟草品牌和企业相关新闻、社会对烟草行业的各种反馈。

（5）**视角**：推介烟酒茶三大产业的新产品、营销的新思维；也报道对行业品牌的独到看法。

（6）**观点**：对烟酒茶生产、消费的不同认识感受，畅所欲言，不拘一格；行家行业发展洞见等。

（7）**展会**：提供全国各地烟酒茶行业及与之相关的大型展会信息，推动烟酒茶行业的健康发展。

（8）**封面故事**：烟酒茶行业的有趣、真实、感人的故事，或对当前发生与烟酒茶相关的重大事件或生活方式进行深度报道。

（9）**专题**：围绕烟酒茶的一个话题说深说透。

（10）**人物**：每期介绍一个与烟酒茶有关的时尚人物。

（11）**品牌**：专门为推介烟酒茶品牌而设的栏目。

（12）**曝光**：烟酒茶行业中不合格产品及对消费者造成明显伤害的现象，此栏目进行严肃曝光。

（13）**投诉**：这是与曝光配套的一个栏目，发布消费者对烟酒茶行业投诉的稿件，促进市场健康发展。

（14）**政策法规**：与烟酒茶相关的各种法律规范、国家政策，提供烟酒茶企业的政策参考。

（15）**企业名录**：烟酒茶行业的企业名称、地址、联系方式、所属类别等相关通讯信息。

（16）**收藏**：烟具、酒具、茶具及烟酒茶文化的收藏家藏品、心得报道交流。

（17）**奢侈**：一种高品质的烟酒茶消费休闲生活状态。

（18）**烟酒茶乐**：享受茶酒、部分健康香烟带来的生活之趣以及相关的消费指导讯息。

（19）**洋酒视野**：提供国外酒类品牌的相关资讯，尤其是国外具体酒业品牌特色资讯。

（20）**中华茶艺坊**：茶艺专栏。

（21）**品牌大厅**：针对海内外品牌，提供消费者自由评论空间，帮助企业发现问题，健康成长。

“中外烟酒茶”网站每日及时更新，流量大，提供烟酒茶行业在线资讯服务，与期刊相辅相成，互动互补，信息迅速及时，全面反映烟酒茶最新行业动向，提供烟酒茶行业资讯在线传播服务。开设“品牌大厅”：设立烟酒茶品牌、名牌论坛，提供品牌知名度、美誉度、市场反馈资讯；博客空间为各类网站读者提供个人风采展示平台；烟酒茶在线购物系统正在计划运作之中，为品牌提供优质在线代理销售的电子商务服务。

自然之选
雪花
SNOW
纯生
雪花
纯生
雪花
SNOW
纯生
合格
净含量:500ml
啤酒
DRAFT BEER
BREWED USING ORIGINAL AND NATURAL PROCESSES, USING CHOICE HOPS, RICE AND BARLEY MALT. RELAX AND ENJOY THIS FINE TASTING BEER.

中粮
COFCO
CHATEAU JUNDING
领袖共识之地
东方葡萄酒生活方式
中粮出品

继“长城”品牌之后，进军中国高端葡萄酒市
的重要战略举措，君顶酒庄将倾力打造以顶级
涵盖优质酿酒葡萄苗木研发和种植、葡萄酒文
文化交流、葡萄酒主题休闲旅游、会所及专卖
创新了葡萄酒企业发展模式和商业模式，开创
纪元

原 重塑你我

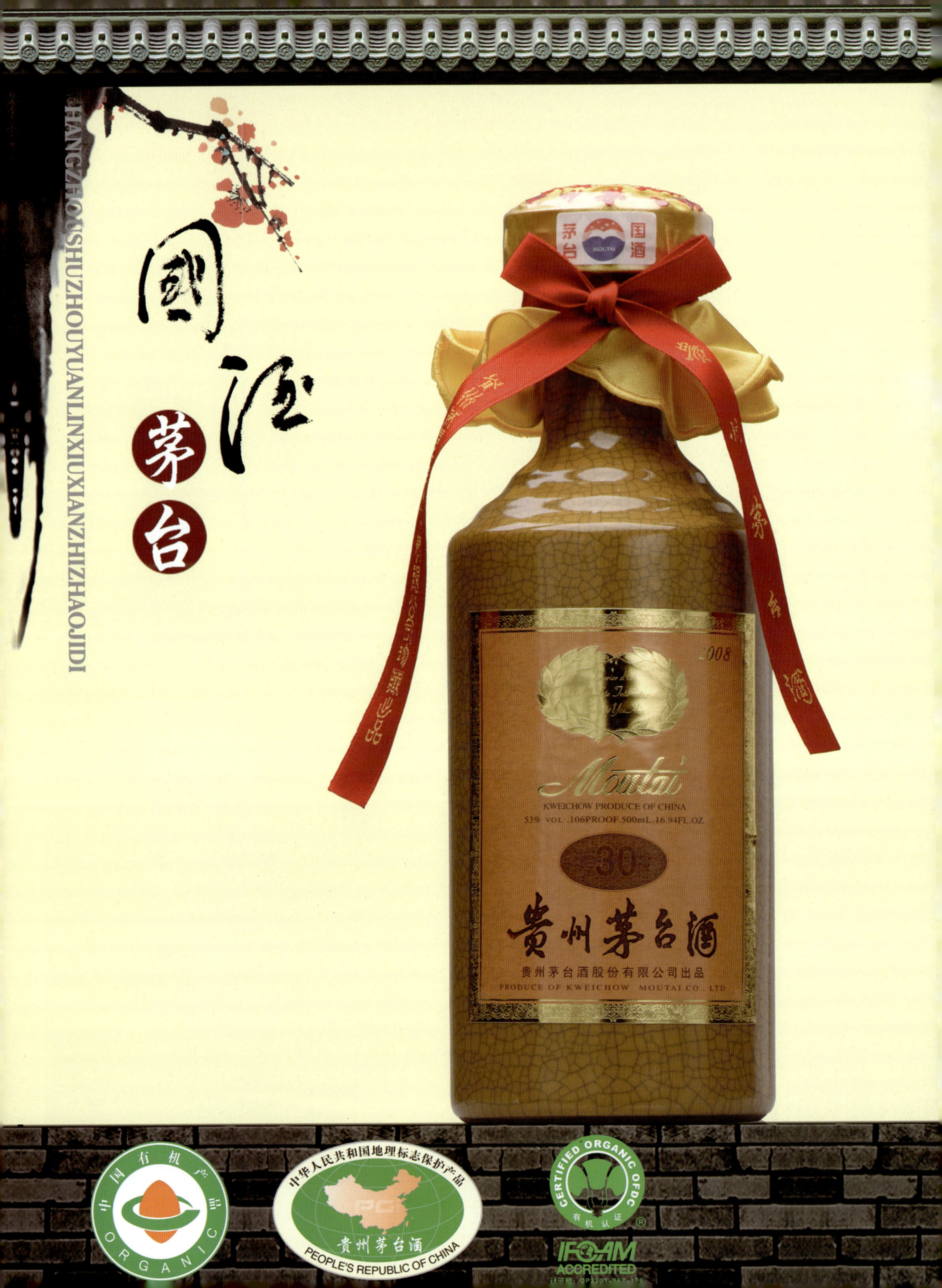

國酒
茅台
HANGZHOUSHUZHOUYUANLINXIUXIANZHIZHAOJIDI
茅台 国酒
MOUTAI
2008
Moutai
KWEICHOW PRODUCE OF CHINA
53% VOL .106PROOF.500mL.16.94FL.OZ.
30
贵州茅台酒
贵州茅台酒股份有限公司出品
PRODUCE OF KWEICHOW MOUTAI CO., LTD
中国有机产品
ORGANIC
中华人民共和国地理标志保护产品
贵州茅台酒
PEOPLE'S REPUBLIC OF CHINA
CERTIFIED ORGANIC OFDC
有机认证
IFOAM
ACCREDITED

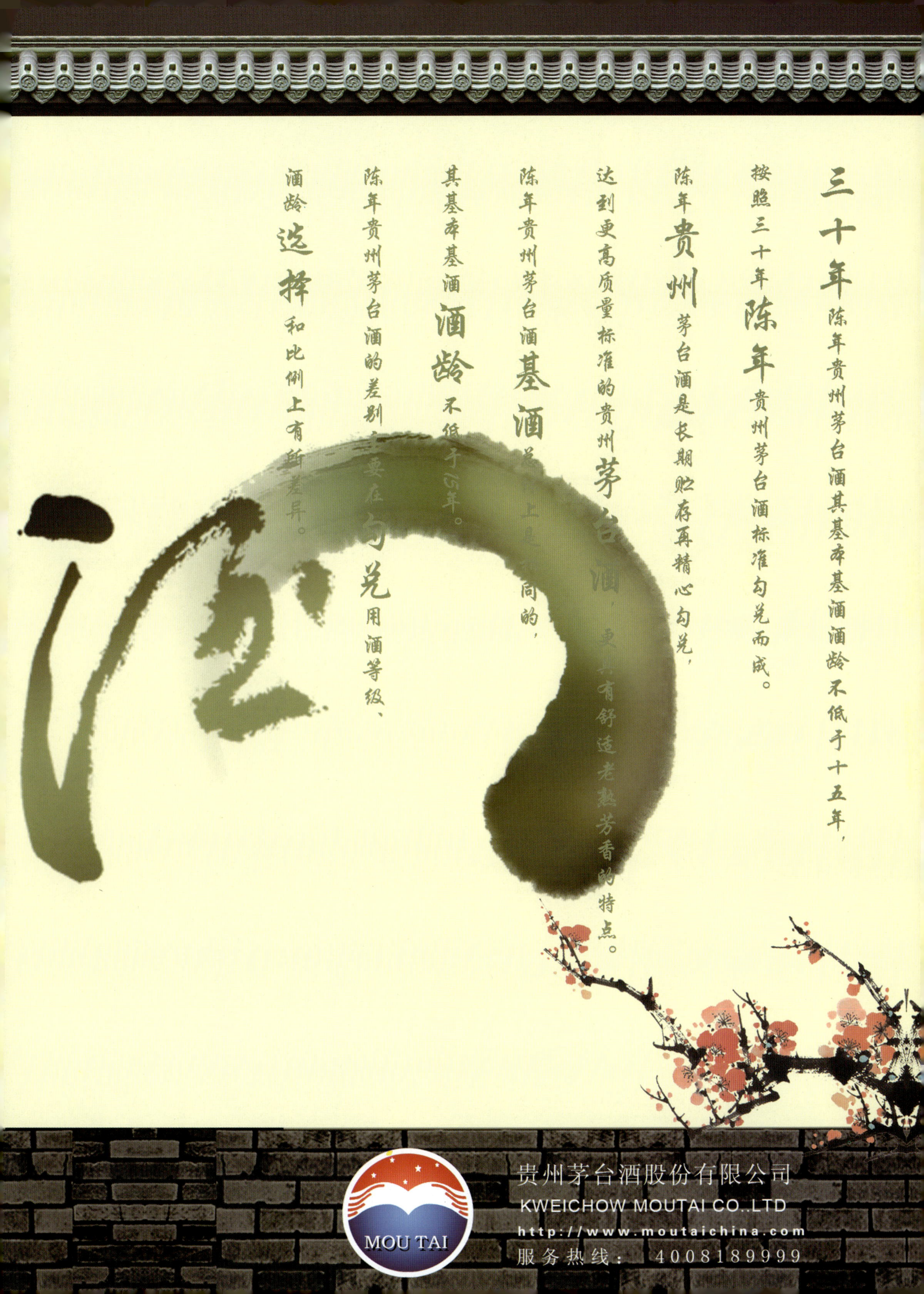

三十年陈年贵州茅台酒其基本基酒酒龄不低于十五年，
按照三十年陈年贵州茅台酒标准勾兑而成。
陈年贵州茅台酒是长期贮存再精心勾兑，
达到更高质量标准的贵州茅台酒，更具有舒适老熟芳香的特点。
陈年贵州茅台酒基酒基本上是相同的，
其基本基酒酒龄不低于15年。
陈年贵州茅台酒的差别主要在勾兑用酒等级、
酒龄选择和比例上有所差异。
MOU TAI
贵州茅台酒股份有限公司
KWEICHOW MOUTAI CO.,LTD
http://www.moutaichina.com
服务热线： 4008189999

养生有道
竹叶青
酒
中国驰名商标
中国 名酒
杏花村
杏花村
竹叶青
国宝
山西杏花村汾酒厂股份有限公司出品
PRODUCED BY SHANXI XINGHUACUN FENJIU DISTILLERY CO.,LTD.
山西杏花村汾酒集团有限责任公司
SHANXI XINGHUACUN FEN JIU GROUP CO.,LTD.

浆
原 8 浆
GUJINGGONGJIU
古井貢酒
年份原浆

品 质 至 上

燕京啤酒
清爽怡人
Beijing 2008
燕京啤酒
YANJING BEER
北京2008年奥运会赞助商
Official Sponsor of the Beijing 2008 Olympic Games
燕京啤酒
Yanjing Beer
10°P清爽型啤酒
净含量:600ml
纯生
感动世界 超越梦想

纯鲜生活

燕京啤酒

YANJINGBEER

燕京啤酒

中国名牌

燕京啤

中国名牌

纯生

燕京啤酒

This draft beer is carefully brewed with select natural ingredients to reach the distinctively refreshing and uniquely smooth taste for you.

净含量:500ml 8°P啤酒

北京燕京啤酒股份有限公司

BEIJING YANJING BREWERY CO.,LTD.

北京燕京啤酒股份有限公司

地址：北京市顺义区双河路九号 服务电话：010－89495998 89491219

500ml 燕京纯生精品啤酒

DYNASTY
XO
DYNASTY
酒的王朝
DYNASTY
XO
王朝 白蘭地
DYNASTY
DYNASTY

Dynasty
ICEWINE
王朝®冰葡萄酒
五星级
DYNASTY
王朝酒